Edição 2014

COMO PASSAR

Coordenador da Coleção: WANDER GARCIA

EM

CONCURSOS DA POLÍCIA MILITAR E CORPO DE BOMBEIROS

EDITORA FOCO

Edição 2014

ALEXANDRE GIALLUCA · FLÁVIO DAHER · LICÍNIA ROSSI · MARCELO BORSIO
Coordenadores

COMO PASSAR EM CONCURSOS DA POLÍCIA MILITAR E CORPO DE BOMBEIROS

Edição 2014

1.250 QUESTÕES COMENTADAS

Coordenador da Coleção: WANDER GARCIA

EDITORA FOCO

Coordenador da Coleção: Wander Garcia
Coordenadores: Alexandre Gialluca, Flávio Daher, Licínia Rossi e Marcelo Borsio
Autores: Abelardo Rocha, Adriano Barbosa, Alexandre Henriques, Christiane Lourenço, Diego Amorim, Elisson Costa, Gabriella Pousa, Flávio Daher, Gustavo Stteel, Isaac Marra, Luciano Ramos, Marcos Desteffeni, Paulo Sérgio Borges, Rafael Andreatta, Rafael Roberto Nascimento, Ricardo José, Roberta Cordeiro, Sandro Lúcio Dezan, Todd Marshall
Editor: Márcio Dompieri
Gerente Editorial: Paula Tseng
Equipe Editora Foco: Érica Coutinho, Georgia Dias e Ivo Shigueru Tomita
Capa: Wilton Garcia – WCG Propaganda e R2 Editorial
Projeto gráfico e diagramação: R2 Editorial

Dados Internacionais de Catalogação na Publicação (CIP)
(Câmara Brasileira do Livro, SP, Brasil)

Garcia, Wander
Como passar em concursos da Polícia militar e Corpo de bombeiros / Wander Garcia. -- Indaiatuba, SP : Editora Foco Jurídico, 2014. -- (Coleção como passar)

1. Concursos públicos – Brasil 2. Corpo de Bombeiros – Concursos 3. Polícia militar – Concursos I. Título. II. Série.

ISBN: 978-85-8242-069-0

13-09788 CDU-34:351.78.614.84(81)(079.1)
-351.746(81)(079.1)

Índices para catálogo sistemático:
1. Brasil : Concursos : Corpo de Bombeiros : Direito 34:351.78.614.84(81)(079.1)
2. Brasil : Concursos : Polícia militar : Direito 351.746(81)(079.1)

Atualizações e erratas: a presente obra é vendida como está, sem garantia de atualização futura. Porém, atualizações voluntárias e erratas são disponibilizadas no site www.editorafoco.com.br, na seção *Atualizações*. Esforçamo-nos ao máximo para entregar ao leitor uma obra com a melhor qualidade possível e sem erros técnicos ou de conteúdo. No entanto, nem sempre isso ocorre, seja por motivo de alteração de *software*, interpretação ou falhas de diagramação e revisão. Sendo assim, disponibilizamos em nosso site a seção mencionada (*Atualizações*), na qual relataremos, com a devida correção, os erros encontrados na obra. Solicitamos, outrossim, que o leitor faça a gentiliza de colaborar com a perfeição da obra, comunicando eventual erro encontrado por meio de mensagem para contato@editorafoco.com.br.

Editora Foco Jurídico Ltda
Rua Alberto Santos Dumont, 1697 – sala 07 – Cidade Nova
CEP 13334-150 – Indaiatuba – SP
E-mail: contato@editorafoco.com.br
www.editorafoco.com.br

APRESENTAÇÃO

A experiência diz que aquele que quer ser aprovado deve fazer três coisas: a) entender a teoria; b) ler a letra da lei, e c) treinar. A teoria é vista em cursos e livros à disposição no mercado. O problema é que ela, sozinha, não é suficiente. É fundamental "ler a letra da lei" e "treinar". E a presente obra possibilita que você faça esses dois tipos de estudo. Aliás, você sabia que mais de 90% das questões de Concursos da Polícia Militar e Corpo de Bombeiros são resolvidas apenas com o conhecimento da lei, e que as questões das provas se repetem muito?

Cada questão deste livro vem comentada com o dispositivo legal em que você encontrará a resposta.

E isso é feito não só em relação à alternativa correta. Todas as alternativas são comentadas.

Dessa forma, você terá acesso aos principais dispositivos legais que aparecem nas provas e também às orientações doutrinárias e jurisprudenciais.

Estudando pelo livro você começará a perceber as técnicas dos examinadores e as "pegadinhas" típicas de prova, e ganhará bastante segurança para o momento decisivo, que é o dia do seu exame.

É por isso que podemos afirmar, com uma exclamação, que esta obra vai lhe demonstrar COMO PASSAR EM CONCURSOS DA POLÍCIA MILITAR E CORPO DE BOMBEIROS!

SOBRE OS AUTORES

Abelardo Julio da Rocha
Capitão da Polícia Militar do Estado de São Paulo, Chefe da Seção de Justiça e Disciplina do Comando de Policiamento da Capital. Professor nos Cursos de Polícia Judiciária Militar na Corregedoria da Polícia Militar do Estado de SP e de Tecnologia de Letalidade Menor na Escola de Educação Física da Polícia Militar de SP. É especialista em Direito Militar e Professor no Curso de Pós Graduação em Direito Militar da Escola Paulista de Direito e na Escola Superior da Advocacia da OAB/SP. Autor de diversas obras de Direito Administrativo Militar.

Adriano Barbosa
Delegado de Polícia Federal. Mestre em Defense *Analysis pela Naval Postgraduate School* (NPS), em Monterey, CA, EUA. Ttítulo acadêmico revalidado pela Universidade de Brasília (UnB) com o Grau de Mestre em Relações Internacionais. Professor da Escola Superior de Polícia da Academia Nacional de Polícia da Polícia Federal para os cursos de Pós-Graduação na seara da Ciência Policial. Professor da Rede de Ensino LFG para cursos de Pós-Graduação e Preparatório para Concursos. Professor da Universidade de Brasília (UnB) para a Graduação em Direito. Palestrante. Articulista e Membro do Conselho Editorial da Revista Brasileira de Ciências Policiais.

Alexandre Henriques
Capitão da Polícia Militar do Estado de São Paulo. Mestrando em "Adolescente em Conflito com a Lei" na Universidade Bandeirante. Possui graduação em Ciências Jurídicas e Sociais pela Universidade São Francisco (2004), graduação em Curso de Formação de Oficiais pela Academia de Polícia Militar do Barro Branco (1994) e especialização em Direito Militar pela Universidade Cruzeiro do Sul (2007). Atualmente é professor do Lessa Cursos Jurídicos, professor da Rede de Ensino LFG e coordenador e professor de cursos da AFAM Educacional. Tem experiência na área de Direito, com ênfase em Direito Penal e Administrativo, atuando principalmente nos seguintes temas: Direito Penal Militar, Processo Penal Militar e Direito Administrativo Disciplinar Militar.

Christiane Lourenço
Graduada em física pela Universidade de Brasília (bacharel/2004 e licenciada/2005). Mestre em física (na área de física estatística com dissertação intitulada "Processos estocásticos e interações de longo alcance") pela Universidade de Brasília. Professora do Colégio Leonardo da Vinci com ampla experiência de regência de sala de aula em outras instituições de ensino (Sigma, Objetivo, La Salle/Asa Sul, Santa Dorotéia). Especialista reconhecida em elaboração de questões e itens de avaliação com profundidade e abrangência e autora da série "física interativa" de fascículos digitais para ipad. Autora de livros digitais e impressos de física para o primeiro e segundo anos do ensino médio e nono ano do ensino fundamental pela Editora Enovus. Professora do Instituto Federal de Brasília dos cursos técnico e tecnológico, em exercício a partir de 19/07/2012.

Diego Amorim
@professordiego
É formado em licenciatura em letras - espanhol com especialização em Análise do Discurso e língua portuguesa pela Universidade de São Paulo. O professor atua em diversos preparatórios para vestibular e concursos espalhados pelo país e ainda em universidades particulares da cidade. Atualmente é professor da Rede LFG de ensino e do Grupo Gran Cursos.

Elisson Costa
@elisson_costa
Doutorando em Saúde Ambiental pela USP. Mestre em Direito Ambiental pela Universidade Católica de Santos. Especialista em Direito pela FGV. Professor Universitário de Direito Administrativo e Ambiental. Professor de Direito Administrativo de cursos preparatórios para concursos públicos. Autor de diversas obras jurídicas. Advogado concursado da Petrobras Transporte S/A.

Gabriella Pousa
Bacharel em Química pela Universidade de Brasília. Licenciada em Química pela Universidade de Brasília. Mestre em Físico-Química pela Universidade de Brasília. Especializada em Química de Petróleo - Área de Engenharia Poço pela Universidade PETROBRAS. Atuou como docente na área de química em cursos pré-vestibulares e ensino médio entre 2001 e 2008. Desde 2008 trabalha no setor de óleo e gás como química de petróleo.

Gustavo Stteel
Delegado de Polícia Federal. Ex-advogado da Caixa Econômica Federal. Professor de Direito Constitucional e Direitos Humanos em cursos preparatórios para concursos no RJ. Graduado pela Faculdade Nacional de Direito-UFRJ e pós-graduando em Direito Constitucional pela UGF.

Isaac Marra
historia@folha.com.br
É historiador, especialista em História Cultural (UNICEUB) e Mestre em História Social (UNB). Possui ampla experiência na área da docência de História e Atualidades e é especialista em provas de concursos públicos e vestibulares. Autor e revisor de livros didáticos, paradidáticos e específicos para concursos.

Luciano Ramos
É licenciado em teologia pelas Faculdades Integradas de Brasília - FIB. Também é Bacharel em teologia pela Faculdade Unida de Vitória (ES). Graduado em Segurança e Ordem Pública pela Universidade Católica de Brasília e bacharel em Direito pela Faculdade Processus de Direito. Pós-graduado em Docência do Ensino Superior pelo Instituto Superior de Ciências Policiais. Atualmente, é militar da ativa, pertencente aos quadros da Polícia Militar do Distrito Federal - PMDF. Professor em cursos preparatórios para concursos nas áreas de Segurança, Segurança Pública e em Direito Administrativo.

Marcos Desteffeni
Promotor de Justiça do Patrimônio Público e Social da Capital. Membro da Assessoria Jurídica do Procurador-Geral de Justiça. Doutor e Mestre em Direitos Difusos. Mestre em Direito Processual Civil. Professor Exclusivo da Rede LFG.

Paulo Sérgio Borges
É especialista em trânsito pela Policia Militar do DF. Instrutor e Examinador de Trânsito pela ABDETran. Pedagogo. Pós-graduado em letras - gramática e docência do ensino superior, membro do grupo de trabalho que elaborou o Manual de Policiamento e Fiscalização de Trânsito-MPFT/DETRAN-DF e autor do Manual do Condutor para Habilitação, Renovação de CNH e Concursos Públicos da Editora Meridional - 1ª edição/2011. Palestrante em diversos órgãos públicos e particulares e professor de Legislação de Trânsito e Legislação aplicada à PMDF (Estatuto/RDE/Lei de remuneração/LOB/Lei de promoções) em diversos cursos preparatórios para concursos há mais de 14 anos.

Rafael Andreatta
Bacharel em direito pela USU, Delegado de Polícia Federal. Ex- Diretor da ADPF - Associação dos Delegados de Polícia Federal - Regional RJ (2008-2012). Pós-graduado em direito penal e processual penal. Autor de livros e artigos jurídicos. Palestrante de cursos preparatórios para concursos públicos.

Rafael Roberto Nascimento
Superior Técnico - Redes de Computadores e Internet (Universo). Administração de Empresas - (cursando) Estácio de Sá. Executivo Sênior PolibrásNet - de Janeiro/2010 à Janeiro 2013 (3 anos). Executivo Sênior Digital Solutions / Totvs. Colégio Lúcia Vasconcelos - Professor de Informática desde 2003.

Ricardo José
Graduado em Matemática, especialista em Álgebra Linear pela Universidade de Brasília, especialista em Orientação Educacional, Gestão escolar e Raciocínio Lógico. Ministra cursos de Raciocínio lógico e Matemática Financeira em cursos preparatórios para diversos níveis. Autor e revisor de materiais distintos da área.

Roberta Cordeiro
Juíza de Direito do Tribunal de Justiça do Distrito Federal e Territórios, Mestre em Direito pelo (IDP) Instituto Brasiliense de Direito Público, Doutoranda em Direito e Políticas Públicas pelo UNICEUB. Professora de Direito Penal da Escola Superior da Magistratura do Distrito Federal, do Instituto Brasiliense de Direito Público, do UNICEUB e de cursos preparatórios para concursos.

Sandro Lúcio Dezan
Mestre em Direitos e Garantias Constitucionais Fundamentais pela Faculdade de Direito De Vitória – FDV; Professor de Direito Administrativo, Direito Penal, Direito Processual Penal, Direitos Humanos e Direitos Fundamentais, em Faculdades e Cursos Preparatórios para Concursos Públicos. Autor de livros e artigos jurídicos, dentre os quais: "Ilícito Administrativo Disciplinar: Da atipicidade ao devido processo legal substantivo" (Editora Juruá), "Fundamentos de Direito Administrativo Disciplinar", 1.ª e 2.ª Edições (Editora Juruá), "Ilícito Disciplinar em Espécie. Comentários às infrações previstas na Lei 8.112/90" (Editora Juruá) e "Direito Administrativo Disciplinar. Princípios fundamentais, direito material e direito processual", em 3 Volumes (Editora Juruá). Delegado de Polícia Federal, Coordenador da Escola Superior de Polícia do Departamento de Polícia Federal.

Todd Marshall
Possui doutorado em Língua e Literatura Luso-brasileira da Universidade da Carolina do Norte (EUA). Tem publicações nas áreas de poesia e teoria literária, é professor de inglês como segunda língua por quase 20 anos, é palestrante para professores de inglês e escreve materiais didáticos para uso em sala de aula de inglês como segunda língua. Foi o coordenador de cursos da escola de inglês ICBEU-BH e hoje é dono e diretor da Pennsylvania English Consultoria e Traduções LTDA.

SUMÁRIO

COMO USAR O LIVRO

Para que você consiga um ótimo aproveitamento deste livro, atente para as seguintes orientações:

1º Tenha em mãos um ***vademecum*** ou **um computador** no qual você possa acessar os textos de lei citados.

2º Se você estiver estudando a teoria (fazendo um curso preparatório ou lendo resumos, livros ou apostilas), faça as questões correspondentes deste livro na medida em que for avançando no estudo da parte teórica.

3º Se você já avançou bem no estudo da teoria, leia cada capítulo deste livro até o final, e só passe para o novo capítulo quando acabar o anterior; vai mais uma dica: alterne capítulos de acordo com suas preferências; leia um capítulo de uma disciplina que você gosta e, depois, de uma que você não gosta ou não sabe muito, e assim sucessivamente.

4º Iniciada a resolução das questões, tome o cuidado de ler cada uma delas **sem olhar para o gabarito e para os comentários**; se a curiosidade for muito grande e você não conseguir controlar os olhos, tampe os comentários e os gabaritos com uma régua ou um papel; na primeira tentativa, é fundamental que resolva a questão sozinho; só assim você vai identificar suas deficiências e "pegar o jeito" de resolver as questões; marque com um lápis a resposta que entender correta, e só depois olhe o gabarito e os comentários.

5º **Leia com muita atenção o enunciado das questões**. Ele deve ser lido, no mínimo, duas vezes. Da segunda leitura em diante, começam a aparecer os detalhes, os pontos que não percebemos na primeira leitura.

6º **Grife as palavras-chave, as afirmações e a pergunta formulada.** Ao grifar as palavras importantes e as afirmações você fixará mais os pontos-chave e não se perderá no enunciado como um todo. Tenha atenção especial com as palavras "correto", "incorreto", "certo", "errado", "prescindível" e "imprescindível".

7º Leia os comentários e **leia também cada dispositivo legal** neles mencionados; não tenha preguiça; abra o *vademecum* e leia os textos de leis citados, tanto os que explicam as alternativas corretas, como os que explicam o porquê de ser incorreta dada alternativa; você tem que conhecer bem a letra da lei, já que mais de 90% das respostas estão nela; mesmo que você já tenha entendido determinada questão, reforce sua memória e leia o texto legal indicado nos comentários.

8º Leia também os **textos legais que estão em volta** do dispositivo; por exemplo, se aparecer, em Direito Penal, uma questão cujo comentário remete ao dispositivo que trata da falsidade ideológica, aproveite para ler também os dispositivos que tratam dos outros crimes de falsidade; outro exemplo: se aparecer uma questão, em Direito Constitucional, que trate da composição do Conselho Nacional de Justiça, leia também as outras regras que regulamentam esse conselho.

9º Depois de resolver sozinho a questão e de ler cada comentário, você deve fazer uma **anotação ao lado da questão**, deixando claro o motivo de eventual erro que você tenha cometido; conheça os motivos mais comuns de erros na resolução das questões:

DL – "desconhecimento da lei"; quando a questão puder ser resolvida apenas com o conhecimento do texto de lei;

DD – "desconhecimento da doutrina"; quando a questão só puder ser resolvida com o conhecimento da doutrina;

DJ – "desconhecimento da jurisprudência"; quando a questão só puder ser resolvida com o conhecimento da jurisprudência;

FA – "falta de atenção"; quando você tiver errado a questão por não ter lido com cuidado o enunciado e as alternativas;

NUT – "não uso das técnicas"; quando você tiver se esquecido de usar as técnicas de resolução de questões objetivas, tais como as da **repetição de elementos** ("quanto mais elementos repetidos existirem, maior a chance de a alternativa ser correta"), das **afirmações generalizantes** ("afirmações generalizantes tendem a ser incorretas" – reconhece-se afirmações generalizantes pelas palavras *sempre, nunca, qualquer, absolutamente, apenas, só, somente exclusivamente* etc.), dos **conceitos compridos** ("os conceitos de maior extensão tendem a ser corretos"), entre outras.

Obs.: recomendo o curso *online* de "Ténicas de Resolução de Questões Objetivas" do IEDI (www.iedi.com.br), ministrado por nós.

10º Confie no **bom senso**. Normalmente, a resposta correta é a que tem mais a ver com o bom senso e com a ética. Não ache que todas as perguntas contêm uma pegadinha. Se aparecer um instituto que você não conhece, repare bem no seu nome e tente imaginar o seu significado.

11º Faça um levantamento do **percentual de acertos de cada disciplina** e dos **principais motivos que levaram aos erros cometidos**; de posse da primeira informação, verifique quais disciplinas merecem um reforço no estudo; e de posse da segunda informação, fique atento aos erros que você mais comete, para que eles não se repitam.

12º Uma semana antes da prova, faça uma **leitura dinâmica** de todas as anotações que você fez e leia de novo os dispositivos legais (e seu entorno) das questões em que você marcar "DL", ou seja, desconhecimento da lei.

13º Para que você consiga ler o livro inteiro, faça um bom **planejamento**. Por exemplo, se você tiver 30 dias para ler a obra, divida o número de páginas do livro pelo número de dias que você tem, e cumpra, diariamente, o número de páginas necessárias para chegar até o fim. Se tiver sono ou preguiça, levante um pouco, beba água, masque chiclete ou leia em voz alta por algum tempo.

14º Desejo a você, também, muita **energia**, **disposição**, **foco**, **organização**, **disciplina**, **perseverança**, **amor** e **ética**!

Wander Garcia
Coordenador

1. Língua Portuguesa

Diego Amorim

Leia o texto abaixo e responda às questões propostas.

Segurança e medo

Nas últimas décadas, muitos indicadores sociais do Brasil melhoraram. Entre eles, os índices de mortalidade infantil, de expectativa de vida, de pessoas alfabetizadas, de crianças e jovens cursando o ensino fundamental. Mas em matéria de segurança do cidadão e, portanto, de avanço da criminalidade, chegamos a níveis insuportáveis. É preciso insistir no tema, mesmo com o risco de repetir coisas sabidas, quando mais não fosse para enfrentar a resignação e a banalização da violência na vida cotidiana.

[...]

Por que chegamos a essa situação? [...] À desigualdade – uma constante da nossa história – veio se juntar a crise da instituição familiar, a quebra generalizada de valores, a busca da "felicidade imediata", a qualquer preço, tendo por objeto do desejo os bens de consumo multiplicados – dos tênis de marca numa ponta aos carrões de luxo, na outra.

O crescimento econômico, se associado à ampliação do emprego, pode melhorar o quadro aqui sumariamente descrito. Mas não há automatismo entre o que ocorre na área da economia e na área da criminalidade. Basta lembrar um dos aspectos mais graves do problema – o tráfico e consumo de drogas, opção tentadora de ganhos vultosos, em que não só gente da favela como de classe média está envolvida pesadamente.

[...] É justo reconhecer que medidas vêm sendo tomadas no sentido de reverter o quadro atual.

[...] algumas experiências que combinam medidas preventivas e repressivas com uma constante atuação social, numa associação entre prefeituras, polícia e ONGs, têm produzido efeitos localizados positivos [...].

As indicações positivas não pretendem significar, nem de longe, que o quadro geral de insegurança está em franca desaparição. Se muitas distorções sociais e muitos erros levaram ao cenário atual, sua reversão demandará um leque variado de iniciativas, em macro e microescala, envolvendo redução do desemprego, oportunidades educacionais atraentes, medidas policiais eficazes, preventivas e repressivas, como sabem os especialistas melhor do que eu. Mas as indicações positivas demonstram que é possível atuar eficazmente, tendo como meta garantir a tranquilidade dos cidadãos, entregues muitas vezes à descrença e ao desespero.

(Boris Fausto. **Folha de S. Paulo** 7/10/2005)

(Soldado Combatente da Polícia Militar/AC – 2012 – FUNCAB) Qual das frases abaixo melhor resume o assunto tratado no texto?

(A) "Nas últimas décadas, muitos indicadores sociais do Brasil melhoraram."
(B) "Entre eles, os índices de mortalidade infantil, de expectativa de vida, de pessoas alfabetizadas, de crianças e jovens cursando o ensino fundamental."
(C) "Mas em matéria de segurança do cidadão e, portanto, de avanço da criminalidade, chegamos a níveis insuportáveis."
(D) "O crescimento econômico, se associado à ampliação do emprego, pode melhorar o quadro aqui sumariamente descrito."
(E) "À desigualdade – uma constante da nossa história – veio se juntar a crise da instituição familiar, a quebra generalizada de valores, a busca da 'felicidade imediata' [...]"

A: incorreta, pois os indicadores sociais terem melhorado é um fato secundário do texto e não resume realmente assunto do texto como um todo; **B:** incorreta, pois, ao enumerar os índices que melhoraram apenas se faz uma explicação do assunto secundário e não do assunto principal; **C:** correta, pois se introduz o assunto principal – criminalidade –, sendo a falta de segurança do cidadão chegado a níveis insuportáveis; **D:** incorreta, pois o crescimento econômico impulsionando o quadro de insegurança constitui uma solução para o assunto principal e não ele **mesmo**; **E:** incorreta, pois, nesta assertiva, elencam-se as causas da falta de segurança e da criminalidade, este sim o assunto principal.

Gabarito "C"

(Soldado Combatente da Polícia Militar/AC – 2012 – FUNCAB) De acordo com as ideias veiculadas no texto:

(A) o total descomprometimento das autoridades aguça os índices de criminalidade.
(B) a desigualdade social é uma das causas do aumento da criminalidade.
(C) as constantes discussões sobre segurança acarretaram o aumento da violência.
(D) a questão econômica está diretamente vinculada à questão do aumento da criminalidade.
(E) um país com índices educacionais elevados interrompe o processo de aumento da criminalidade.

A: incorreta, pois não há no texto menção ao total descomprometimento das autoridades, aliás, sequer se fala de autoridades descompromissadas; **B:** correta, pois, no texto, se diz que "À desigualdade (...) veio se juntar a crise da instituição familiar (...)", sendo que se somam várias causas do aumento da criminalidade referida no texto; **C:** incorreta, pois, ao contrário, no texto, as discussões ajudam a resolver localizadamente o problema da criminalidade e serve de exemplo para uma situação macro; **D:** incorreta, pois, de acordo com o texto, todos são vítimas da violência, assim como podem estar envolvidos nela, como se expressa no final do 1º parágrafo; **E:** incorreta, pois ter o índice educacional elevado é um dos fatores que ajudam no combate ou na diminuição da criminalidade e não o interrompe de vez, como fora dito.

Gabarito "B"

(Soldado Combatente da Polícia Militar/AC – 2012 – FUNCAB) As conjunções destacadas podem ser substituídas, no contexto, respectivamente, por:

"MAS em matéria de segurança do cidadão e, PORTANTO, de avanço da criminalidade, chegamos a níveis insuportáveis."

(A) Porém - contudo
(B) Pois - entretanto
(C) Então - no entanto
(D) Todavia - por conseguinte
(E) Logo - mas também

A: incorreta, pois, na 1ª conjunção, 'porém', a troca é válida porque ambas trazem a ideia de contrariedade, oposição, adversidade, mas a 2ª conjunção, 'contudo', que traz ideia de adversidade e oposição, não condiz com o texto, que contém sentido consecutivo, de consequência; **B:** incorreta, pois as duas conjunções da assertiva não se encaixam no texto dado – a 1ª porque traz a ideia de explicação enquanto o texto traz a ideia de oposição de ideias, a 2ª traz ideia de oposição quando no texto se tem a ideia de consequência; **C:** incorreta, pois, no texto, pedem-se conjunções de adversidade e de consequência, respectivamente, porém a assertiva traz conclusão e adversidade, respectivamente; **D:** correta, pois, 'todavia' traz a ideia de adversidade como MAS no texto e 'por conseguinte' traz a ideia de consequência como PORTANTO no texto em que se insere; **E:** incorreta, pois ao colocar 'logo' e 'mas também' traz-se a ideia de conclusão e de soma, respectivamente, diferentes do texto em questão, que pede adversidade e consequência, respectivamente.

Gabarito "D"

Releia o trecho a seguir antes de responder às questões abaixo:

"É justo RECONHECER que medidas vêm sendo tomadas no sentido de reverter o quadro atual." (parágrafo 4)

(Soldado Combatente da Polícia Militar/AC – 2012 – FUNCAB) Assinale a opção em que a oração destacada acima foi corretamente desenvolvida, de acordo com o texto.

(A) mesmo que se reconheça
(B) caso se reconheça
(C) mas também se reconhece
(D) porque se reconhece
(E) que se reconheça

A: incorreta, pois a oração desenvolvida do trecho do texto é como uma oração subordinada substantiva com valor de sujeito e não como oração subordinada adverbial concessiva como nesta assertiva; **B:** incorreta, pois assim se tem oração subordinada adverbial condicional e não com valor de sujeito, como no trecho em questão; **C:** incorreta, pois, esta assertiva traz uma oração coordenada de soma, adição e não com valor de sujeito como no trecho analisado; **D:** incorreta, pois, neste caso, a oração é subordinada adverbial causal e não com o valor substantivo de sujeito como se pede na oração destacada; **E:** correta, pois o desenvolvimento da oração reduzida de infinitivo RECONHECER é mesmo 'que se reconheça', respeitando-se o sentido original, tempo verbal, e correção gramatical.

Gabarito "E"

(Soldado Combatente da Polícia Militar/AC – 2012 – FUNCAB) A oração destacada exerce, em relação à primeira, a função de:

(A) sujeito.
(B) objeto direto.
(C) objeto indireto.
(D) aposto.
(E) predicativo.

A: correta, pois o valor de substantivo da oração destacada, juntamente com o fato de ser o sujeito da oração principal É JUSTO, em que se consegue com a seguinte formulação: troca-se a oração subordinada por 'isso', assim se tem uma oração com valor de substantivo, porque o substantivo pode ser substituído por pronome; depois, percebe-se como se comporta sintaticamente o pronome 'isso', ficando 'Isso é justo', sendo 'isso' – substituto da oração em análise – o sujeito da oração principal; **B:** incorreta, pois, na oração principal, não há verbo de natureza transitiva que solicitasse o objeto direto; **C:** incorreta, pois, na oração principal, não há verbo de natureza transitiva que solicitasse o objeto indireto; **D:** incorreta, pois, para ser aposto a oração destacada deveria ser de natureza explicativa de um termo substantivado, o que não ocorre, pois não se tem na oração principal termo com essa natureza; **E:** incorreta, pois na oração principal já existe o predicativo 'justo', impedindo a expressão em análise ser desta natureza também.

Gabarito "A"

(Soldado Combatente da Polícia Militar/AC – 2012 – FUNCAB) Apenas um dos substantivos abaixo forma o plural assim como CIDADÃO / CIDADÃOS. Assinale-o.

(A) cristão.
(B) peão.
(C) capitão.
(D) alemão.
(E) tabelião.

A: correta, pois 'cristão' tem como plural 'cristãos', conforme se pede no comando da questão; **B:** incorreta, pois o plural de 'peão' é 'peões', diferente, portanto, do que se pede na questão; **C:** incorreta, pois o plural de 'capitão' é 'capitães', diferente, portanto, do que se pede na questão; **D:** incorreta, pois o plural de 'alemão' é 'alemães', portanto distinto do que se pede na questão; **E:** incorreta, pois o plural de 'tabelião' é 'tabeliães', não corroborando como o comando da questão.

Gabarito "A"

Releia o trecho a seguir para responder às questões abaixo:

"À desigualdade – uma constante da nossa história – VEIO SE JUNTAR a crise da instituição familiar, a quebra generalizada de valores, a busca da felicidade imediata', a qualquer preço, tendo por objeto do desejo os bens de consumo multiplicados – dos tênis de marca numa ponta aos carrões de luxo, na outra." (parágrafo 2)

(Soldado Combatente da Polícia Militar/AC – 2012 – FUNCAB) No trecho apresentado, a forma verbal destacada, no singular, se justifica pela concordância:

(A) com o objeto direto.
(B) com o núcleo do sujeito mais próximo.
(C) com o núcleo do sujeito simples.
(D) com o núcleo de objeto mais próximo.
(E) com o sujeito composto de pessoas diferentes.

A: incorreta, pois não se concorda o verbo com o objeto direto e sim com o sujeito; **B:** correta, pois o núcleo mais próximo do sujeito composto é 'crise', no singular, respeitando-se a regra gramatical de se concordar o verbo com o núcleo mais próximo ou com todos os núcleos quando o sujeito for composto e posposto ao verbo; **C:** incorreta, pois o sujeito não é sequer simples ao conter vários núcleos enumerados; **D:** incorreta, pois não se concorda o verbo com o objeto, sendo este termo subordinado a ele, verbo; **E:** incorreta, pois a pessoa gramatical do sujeito nesta frase é 3ª pessoa e não diferentes.

Gabarito "B"

(Soldado Combatente da Polícia Militar/AC – 2012 – FUNCAB) Quanto aos sinais de pontuação empregados no trecho, os travessões foram corretamente utilizados para:

(A) indicar o vocativo.
(B) destacar o aposto.
(C) separar termos de mesma função sintática.
(D) indicar uma enumeração.
(E) separar o adjunto adverbial.

A: incorreta, pois, sendo o vocativo um termo de chamamento e da pessoa com quem se fala, não é classificado como vocativo o termo destacado entre travessões; **B:** correta, pois o termo entre travessões é um aposto explicativo, razão pela qual deve ser separado do termo explicado. Entende-se por aposto o termo substantivo referente a outro termo substantivo, neste caso com o núcleo substantivo do aposto 'constante' referente ao núcleo substantivo 'desigualdade'; **C:** incorreta, pois os termos não têm a mesma função sintática, porque o termo a que está ligado o termo destacado é objeto indireto do verbo 'se juntar' e o termo entre travessões tem a função de aposto; **D:** incorreta, pois não há sequer enumeração no texto destacado; **E:** incorreta, pois o termo destacado não é classificado como adjunto adverbial, pois para isso deveria estar ligado a um verbo, advérbio ou adjetivo e está ligado a substantivo.

Gabarito "B"

(Soldado Combatente da Polícia Militar/AC – 2012 – FUNCAB) Assinale a opção que completa, correta e respectivamente, as lacunas da frase abaixo.

____ localizar as páginas do livro que ____ especificamente ____ àquele assunto.

(A) Restava – era – dedicadas.
(B) Restavam – era – dedicado.
(C) Restava – eram – dedicado.
(D) Restavam – eram – dedicadas.
(E) Restava – eram – dedicadas.

A: incorreta, pois o termo do meio 'era' deveria estar no plural para concordar com a palavra 'páginas' representada pelo pronome relativo 'que'; **B:** incorreta, pois há dois erros: 'Restavam' deve ser no singular porque seu sujeito é a oração infinitiva seguinte 'localizar as páginas do livro (...)', e 'dedicado' deveria estar no plural para concordar com 'páginas', já que elas serão dedicadas 'àquele assunto'; **C:** incorreta, pois há erro de concordância em 'dedicado' que deveria estar no plural para concordar com 'páginas', já que elas serão dedicadas 'àquele assunto'; **D:** incorreta, pois há erro em 'Restavam', que deveria ser no singular, pois tem como sujeito uma oração inteira; **E:** correta, pois as concordâncias estão corretas gramaticalmente: 'Restava', no singular por ter como sujeito uma oração; 'eram', para concordar com 'páginas', representada pelo pronome relativo 'que'; e 'dedicadas', para concordar também com 'páginas', representada pelo pronome relativo 'que'.

Gabarito "E"

(Soldado Combatente da Polícia Militar/AC – 2012 – FUNCAB) Em: "Mas não há automatismo entre o QUE OCORRE NA ÁREA DA ECONOMIA E NA ÁREA DA CRIMINALIDADE", a oração destacada classifica-se como:

(A) subordinada substantiva predicativa.
(B) coordenada sindética explicativa.
(C) subordinada adverbial consecutiva.
(D) subordinada substantiva subjetiva.
(E) subordinada adjetiva restritiva.

A: incorreta, pois a oração destacada não tem valor substantivo, não pode ser trocada pelo pronome 'isso' e ainda não há verbo de ligação para ser predicativa; **B:** incorreta, pois a oração destacada não é coordenada já que não é independente de função sintática nem se caracteriza como explicação; **C:** incorreta, pois a oração do trecho não tem valor adverbial de consequência, não sendo ligada a verbo, advérbio ou adjetivo, condição necessária para ser adverbial a oração; **D:** incorreta, pois não tem valor substantivo a oração em destaque nem tem valor de sujeito; **E:** correta, pois é uma oração dependente – portanto, subordinada –, tem valor adjetivo, ao caracterizar o pronome demonstrativo 'o', equivalente a 'aquilo', e por fim tem valor restritivo ao especificar o pronome 'o'.

Gabarito "E"

(Soldado Combatente da Polícia Militar/AC – 2012 – FUNCAB) Assinale a opção em que, de acordo com a norma culta da língua, o termo destacado foi INCORRETAMENTE substituído pelo pronome pessoal oblíquo.

(A) "[...] de crianças e jovens cursando O ENSINO FUNDAMENTAL." ... de crianças e jovens cursando-o.
(B) "[...] mesmo com o risco de repetir COISAS SABIDAS [...]" ... mesmo com o risco de repeti-las.
(C) "[...] para enfrentar A RESIGNAÇÃO E A BANALIZAÇÃO DA VIOLÊNCIA NA VIDA COTIDIANA." ... para enfrentar-lhes.

(D) "[...] tendo como meta garantir A TRANQUILIDADE DOS CIDADÃOS [...]" ... tendo como meta garanti-la.

(E) "[...] tomadas no sentido de reverter O QUADRO ATUAL." ... tomadas no sentido de revertê-lo.

A: incorreta, pois a troca fora perfeita e o que se pede é a troca errada. a troca pelo pronome deve respeitar o fato de se comportar como objeto o termo destacado, sendo assim, por ser objeto direto (OD) do verbo transitivo direto (VTD) 'cursando', deve ser substituído por 'o', pois o termo é masculino e singular, como fora feito. **B:** incorreta, pois a troca foi feita de acordo com a norma padrão e, como se pede a incorreta, esta assertiva não deve ser marcada. O termo destacado na oração foi substituído por 'as' e acrescentou-se o 'l' porque o verbo termina em 'r' (o que também ocorre com terminações 'z' e 's'), ficando 'repeti-las'; **C:** correta, pois, essa deve ser a marcada porque se pede a que está com a troca errada, e a troca não respeitou a norma culta ao substituir o termo destacado por 'lhes', que, quando ligado a verbo, deve representar o objeto indireto (OI) e, como o verbo da oração é VTD e não VTI (verbo transitivo indireto), a troca correta se daria por 'enfrentá-la'; **D:** incorreta, pois a troca respeitou a norma padrão ao substituir o termo em destaque por 'la', sendo o termo OD do verbo 'garantir'; **E:** incorreta, pois a substituição fora correta pelo 'lo', respeitando a norma padrão, sendo OD do verbo 'reverter'.

Gabarito "C"

(Soldado Combatente da Polícia Militar/AC – 2012 – FUNCAB) Em qual das opções abaixo o acento indicativo de crase foi corretamente indicado?

(A) O dia fora quente, mas à noite estava fria e escura.

(B) Ninguém se referira à essa ideia antes.

(C) Esta era à medida certa do quarto.

(D) Ela fechou a porta e saiu às pressas.

(E) Os rapazes sempre gostaram de andar à cavalo.

A: incorreta, pois o termo ' a noite ' é sujeito da oração 'estava fria e escura', não podendo receber preposição, portanto não podendo haver o acento indicativo de crase; **B:** incorreta, pois o pronome 'essa' impede o uso do artigo 'a', não configurando a fusão para a crase; **C:** incorreta, pois 'a medida certa do quarto' é predicativo do sujeito e, assim, não recebe a preposição 'a' para formar a crase; **D:** correta, pois 'as pressas' é uma expressão feminina e toda expressão feminina deve ter o acento de crase; **E:** incorreta, pois 'a cavalo' é uma expressão masculina e não contém, portanto, o 'a' artigo para se formar a crase.

Gabarito "D"

(Soldado Combatente da Polícia Militar/AC – 2012 – FUNCAB) Apenas uma das frases abaixo foge à norma culta no que se refere à colocação pronominal. Aponte-a.

(A) Enviar-lhe-ei por Sedex os documentos solicitados.

(B) Quem se candidataria à prefeito nesse momento?

(C) O jogo que realiza-se hoje contará com a presença de políticos eminentes.

(D) Viu-se obrigado a tomar uma atitude que não desejava.

(E) Realizar-se-á uma nova eleição.

A: incorreta, pois se pede que se marque a errada de acordo com a norma culta e esta assertiva está correta ao usar a mesóclise (pronome no meio do verbo), pois o verbo está no futuro e não há a presença de palavras atrativas para a próclise (pronome antes do verbo); **B:** incorreta, pois se respeitou a norma padrão ao se usar a próclise pela presença de atração no pronome 'Quem'; **C:** correta, pois há erro de colocação, tendo sido pedido no comando que se marcasse a incorreta quanto à norma de colocação pronominal. O 'que' é um fator de atração para o pronome oblíquo átono, portanto deveria ser escrito '(...) que se realiza hoje (...)'; **D:** incorreta, pois no começo de frase, como não há fator de atração, deve-se usar a ênclise (pronome depois do verbo), portanto sendo correta a assertiva e não podendo ser marcada, pois se pedia a errada; **E:** incorreta, pois o verbo está no futuro e sem fator de atração, devendo-se usar mesóclise. Portanto, esta assertiva não pode ser marcada, porque se pediu a errada de acordo com a norma culta.

Gabarito "C"

(Soldado Combatente da Polícia Militar/AC – 2012 – FUNCAB) Assinale a alternativa em que a classe gramatical da palavra destacada foi corretamente indicada entre parênteses.

(A) "Nas últimas décadas, muitos indicadores SOCIAIS do Brasil melhoraram." (adjetivo)

(B) "[...] chegamos A níveis insuportáveis." (artigo)

(C) "[...] mesmo COM o risco de repetir coisas sabidas [...]" (conjunção)

(D) "[...] gente da favela como de classe média está envolvida PESADAMENTE." (substantivo)

(E) "[...] e, portanto, de AVANÇO da criminalidade [...]" (verbo)

A: correta, pois 'sociais' caracteriza o substantivo 'indicadores', portanto a classificação morfológica é de adjetivo mesmo; **B:** incorreta, pois quem chega, chega a algum lugar, sendo uma preposição pedida pelo verbo e não artigo como indicado, porque artigo define um substantivo e neste caso não há artigo para 'níveis'; **C:** incorreta, pois 'com' é uma preposição e não 'conjunção' como indicado. Preposição é caracterizada por unir termos da oração e a conjunção por unir orações; **D:** incorreta, pois 'pesadamente' é um advérbio, caracterizado por se unir a verbo, a advérbio e a adjetivo, como na oração em análise, ligado ao adjetivo 'envolvida'; **E:** incorreta, pois 'avanço' é substantivo por nomear uma ação de avançar, este sim um verbo.

Gabarito "A"

(Soldado Combatente da Polícia Militar/AC – 2012 – FUNCAB) Quanto ao uso do SE, a norma culta NÃO admite uma das construções abaixo. Assinale-a.

(A) Recebem-se donativos.

(B) Aluga-se bicicleta.

(C) Não se vá tão cedo!

(D) Conserta-se instrumentos musicais.

(E) Vive-se bem nesta região.

A: incorreta, pois, ao se pedir a incorreta quando à norma padrão, este 'se' é uma partícula apassivadora, fazendo com que o verbo concorde com o termo paciente, classificado como sujeito da oração na voz passiva 'donativos'; **B:** incorreta, pois se pede a errada de acordo com a norma culta e na frase não há erro, porque o 'se' desta oração é partícula apassivadora e o verbo concorda com seu sujeito paciente 'bicicleta'; **C:** incorreta, pois o 'se' nesta assertiva se classifica como sendo expletivo de realce, sem função sintática, mas que pode ser utilizado para realçar a frase, obedecendo à norma padrão. Esta assertiva não deve ser marcada porque se pede a errada de acordo com a norma; **D:** correta, pois está em desacordo com a norma culta, conforme pedido no comando, porque o 'se' é partícula apassivadora e deveria fazer com que o verbo concordasse com seu sujeito paciente, que neste caso está no plural; **E:** incorreta, pois o 'se ' é índice de indeterminação do sujeito, fazendo com que o verbo permaneça no singular e, portanto respeitando a regra. Devendo esta não ser a resposta já que se pede a errada na norma culta.

Gabarito "D"

(Soldado Combatente da Polícia Militar/AC – 2012 – FUNCAB) Em: "[...] medidas policiais eficazes, preventivas e repressivas, como sabem OS ESPECIALISTAS melhor do que eu.", o termo destacado exerce função sintática de:

(A) sujeito.
(B) objeto direto.
(C) objeto indireto.
(D) predicativo.
(E) adjunto adnominal.

A: correta, pois o termo em destaque é o sujeito posposto do verbo 'sabem', estando na ordem inversa à frase; **B:** incorreta, pois, para ser OD, o verbo deveria ser VTD e neste caso é VI (verbo intransitivo); **C:** incorreta, pois, ao se classificar como OI, diz-se que está ligado a VTI, e o verbo 'sabem' é VI; **D:** incorreta, pois não pode ser predicativo porque não caracteriza nenhum substantivo, como deveria ser um predicativo. O termo está ligado a um verbo, 'sabem', e não a substantivo; **E:** incorreta, pois não está ligado a um nome para ser adjunto adnominal, está ligado a um verbo.

Gabarito "A"

(Soldado Combatente da Polícia Militar/AC – 2012 – FUNCAB) Assinale a opção em que se utiliza o sentido conotativo da linguagem.

(A) "[...] jovens cursando o ensino fundamental."
(B) "[...] banalização da violência na vida cotidiana."
(C) "[...] um dos aspectos mais graves do problema [...]"
(D) "[...] o tráfico e consumo de drogas [...]"
(E) "[...]um leque variado de iniciativas [...]"

A: incorreta, pois não há palavras em sentido fora do que é natural, como se requer na conotação. Todas as palavras são denotativas, em sentido real do termo; **B:** incorreta, pois as palavras utilizadas nesta assertiva estão em denotação, sentido real, e não conotação, sentido figurado como se pede; **C:** incorreta, pois as palavras têm o sentido real delas e não figurado, portanto são denotativas; **D:** incorreta, pois não há sentido figurado na frase, o que caracterizaria o sentido conotativo; **E:** correta, pois a palavra 'leque' está usada como metáfora, configurando o sentido conotativo como se pede no comando da questão.

Gabarito "E"

(Soldado Combatente da Polícia Militar/AC – 2012 – FUNCAB) Apenas uma das opções abaixo está correta quanto à concordância nominal. Aponte-a.

(A) O Brasil apresenta bastante problemas sociais.
(B) A situação ficou meia complicada depois das mudanças.
(C) É necessário segurança para se viver bem.
(D) Esses cidadãos estão quite com suas obrigações.
(E) Os soldados permaneceram alertas durante a manifestação.

A: incorreta, pois 'bastante' está ligado a um substantivo, devendo concordar com ele em número, escrevendo-se 'bastantes', porque funciona como um adjetivo, então variável; **B:** incorreta, pois 'meia' é advérbio, portanto invariável, ao ser ligado a 'complicada', que é adjetivo. Deveria ser escrito 'meio'; **C:** correta, pois não há erro de concordância nominal e de nenhuma natureza na frase. 'necessário' deve permanecer no masculino devido à ausência de artigo ou pronome em 'segurança', conforme a regra gramatical; **D:** incorreta, pois 'quite', adjetivo, deveria estar no plural para concordar com 'cidadãos', seu substantivo; **E:** incorreta, pois 'alertas' deveria ser escrito no singular porque funciona como advérbio de modo do verbo 'permaneceram'.

Gabarito "C"

(Soldado Combatente da Polícia Militar/AC – 2012 – FUNCAB) Marque a opção correta quanto à grafia da palavra destacada.

(A) PORQUE eles não assumiram essa posição?
(B) Eles desistiram PORQUÊ não concordavam com as ordens.
(C) Eles sabem o PORQUE de estarem aqui?
(D) Não entendo PORQUE você tomou essa decisão.
(E) Ninguém foi preso PORQUE não houve delito.

A: incorreta, pois, em um pergunta o porquê dever ser grafado separadamente e sem acento, e não junto como está na assertiva; **B:** incorreta, pois o vocábulo deveria ser grafado sem o acento gráfico, porque somente deve ter acento – e junto como está por ser uma expressão explicativa – se for substantivado com artigo ou pronome; **C:** incorreta, pois o vocábulo deve ser grafado com acento por estar substantivado pelo artigo 'o'; **D:** incorreta, pois, sendo uma expressão interrogativa, deveria ser grafada separadamente; **E:** correta, pois é uma expressão explicativa/causal, sendo então grafada como apenas um só vocábulo como está.

Gabarito "E"

(Soldado Combatente da Polícia Militar/AC – 2012 – FUNCAB) No trecho: "O crescimento econômico, se associado à ampliação do emprego, PODE melhorar o quadro aqui sumariamente descrito.", se passarmos o verbo destacado para o futuro do pretérito do indicativo, teremos a forma:

(A) puder.
(B) poderia.
(C) pôde.
(D) poderá.
(E) pudesse.

A: incorreta, pois o tempo verbal pedido não é este. 'Puder' está no futuro do subjuntivo; **B:** correta, pois 'poderia' é a conjugação do verbo no futuro do pretérito do modo indicativo, conforme foi solicitado no comando da questão; **C:** incorreta, pois 'pôde' está no pretérito perfeito do modo indicativo e não está de acordo com o comando; **D:** incorreta, pois está no futuro do presente e não do pretérito como fora pedido; **E:** incorreto, pois o verbo está no pretérito imperfeito do subjuntivo.

Gabarito "B"

Texto 1:

Pessoas habitadas

Martha Medeiros

Estava conversando com uma amiga, dia desses. Ela comentava sobre uma terceira pessoa, que eu não conhecia. Descreveu-a com sendo boa gente, esforçada, ótimo caráter. "Só tem um probleminha: não é habitada." Rimos. É uma expressão coloquial na França — *habité* — mas nunca tinha escutado por estas paragens e com este sentido. Lembrei-me de uma outra amiga que, de forma parecida, também costuma dizer "aquela ali tem gente em casa" quando se refere a pessoas que fazem diferença.

Uma pessoa pode ser altamente confiável, gentil, carinhosa, simpática, mas se não é habitada, rapidinho coloca os outros pra dormir. Uma pessoa habitada é uma pessoa possuída, não necessariamente pelo demo, ainda que satanás esteja longe de ser má referência. Clarice Lispector certa vez escreveu uma carta a Fernando Sabino dizendo que faltava demônio em Berna, onde morava na ocasião. A Suíça, de fato, é um país de contos de fada onde tudo funciona, onde todos são belos, onde a vida parece uma pintura, um rótulo de chocolate. Mas falta uma ebulição que salve do marasmo. Retornando ao assunto: pessoas habitadas são aquelas possuídas por si mesmas, em diversas versões. Os habitados estão preenchidos de indagações, angústias, incertezas, mas não são menos felizes por causa disso. Não transformam suas "inadequações" em doença, mas em força e curiosidade. Não recuam diante de encruzilhadas, não se amedrontam com transgressões, não adotam as opiniões dos outros para facilitar o diálogo. São pessoas que surpreendem com um gesto ou uma fala fora do script, sem nenhuma disposição para serem bonecos de ventríloquos. Ao contrário, encantam pela verdade pessoal que defendem. Além disso, mantêm com a solidão uma relação mais do que cordial.

Então são as criaturas mais incríveis do universo? Não necessariamente. Entre os habitados há de tudo, gente fenomenal e, também assassinos, pervertidos e demais malucos que não merecem abrandamento de pena pelo fato de serem, em certos aspectos, bastante interessantes. Interessam, mas assustam. Interessam, mas causam dano. Eu não gostaria de repartir mesa de um restaurante com Hannibal Lecter, "The Cannibal", ainda que eu não tenha dúvida de que o personagem imortalizado por Anthony Hopkins renderia um papo mais estimulante do que uma conversa com, sei lá, Britney Spears, que só tem gente em casa porque está grávida. Zzzzzzzzzz.

Que tenhamos a sorte de esbarrar com seres habitados e ao mesmo tempo inofensivos, cujo único mal que possam fazer é nos fascinar e nos manter acordados, uma madrugada inteira. Ou a vida inteira, o que é melhor ainda.

As cem melhores crônicas brasileiras.

(Soldado da Polícia Militar/AM – 2011 – ISAE) A tese principal da crônica de Martha Medeiros é:

(A) "..., Britney Spears, que só tem gente em casa porque está grávida.";
(B) "Eu não gostaria de repartir mesa de um restaurante com Hannibal Lecter, "The Cannibal"...";
(C) "Uma pessoa pode ser altamente confiável, gentil, carinhosa, simpática, mas se não é habitada, rapidinho coloca os outros pra dormir.";
(D) "Clarice Lispector certa vez escreveu uma carta a Fernando Sabino dizendo que faltava demônio em Berna, onde morava na ocasião.".

A: incorreta, pois a tese principal desta crônica não é, com certeza, Britney Spears; **B:** incorreta, pois 'repartir a mesa' com Hannibal Lecter não é a tese principal, mas um exemplo apenas; **C:** correta, pois a tese da autora gira em torno do interesse que outra pessoa pode despertar, muito bem representada por esta assertiva, mas que ainda está meio incompleta. Porém, dentre as que estão expostas, é a melhor resposta; **D:** incorreta, pois a menção a Clarice Lispector é apenas uma pequena fuga da tese principal para elucidar um comentário anterior. A própria autora diz que voltaria ao assunto logo depois do comentário.

Gabarito "C"

(Soldado da Polícia Militar/AM – 2011 – ISAE) Em "Mas falta uma ebulição que salve do **marasmo**.", o vocábulo assinalado pode ser substituído sem prejuízo do sentido original por:

(A) vigor;
(B) indiferença;
(C) covardia;
(D) fraqueza.

A: incorreta, pois 'marasmo', no texto em questão, tem sentido negativo e não positivo como 'vigor'. Isso a cidade já tinha; **B:** correta, pois sendo as duas palavras negativas, 'marasmo' e 'indiferença', são o que se chama de sinônimos idênticos contextuais; **C:** incorreta, pois o pedido da escritora Clarice Lispector era que a cidade tivesse mais ânimo e não que ela fosse 'covarde'; **D:** incorreta, pois 'fraqueza' não representa o significado real nem aproximado do que se propõe no sentido do texto.

Gabarito "B"

(Soldado da Polícia Militar/AM – 2011 – ISAE) Em "São pessoas que surpreendem com um gesto ou uma fala fora do script, sem nenhuma disposição para serem **bonecos de ventríloquos**.", a expressão assinalada representa um exemplo de:

(A) metonímia;
(B) silepse;
(C) elipse;
(D) metáfora.

A: incorreta, pois metonímia se caracteriza pelo uso de palavra no lugar de outra, em que sejam unidas pelo sentido que trazem naturalmente entre si, como por exemplo 'Lia Machado de Assis ontem à noite'; **B:** incorreta, pois silepse se configura como uma concordância ideológica, ou seja, com a ideia e não com a palavra escrita, como por exemplo 'A maioria chegaram cedo."; **C:** incorreta, pois elipse é uma supressão do termo de uma oração, como por exemplo 'Minha mãe saiu, meu pai também'; **D:** correta, pois metáfora se configura como o uso de palavras fora do sentido real, numa comparação indireta de termos, como exemplo 'bonecos de ventríloquos', que se compara ao fato de alguém que não tem opinião própria.

Gabarito "D"

(Soldado da Polícia Militar/AM – 2011 – ISAE) As palavras "simpática", "ótimo" e "ventríloquos" devem obrigatoriamente receber acento gráfico porque são:

(A) paroxítonas;
(B) oxítonas;
(C) monossílabos tônicos;
(D) proparoxítonas.

A: incorreta, pois paroxítonas são palavras que têm a sílaba tônica na penúltima sílaba, no caso todas são proparoxítonas; **B:** incorreta, pois oxítonas são palavras que têm a sílaba tônica na última sílaba, no caso todas são proparoxítonas; **C:** incorreta, pois monossílabos tônicos são vocábulos que possuem apenas uma sílaba e são tônicos por terem significado próprio; **D:** correta, pois as palavras possuem a sílaba tônica localizada na antepenúltima sílaba, e todas as proparoxítonas são acentuadas graficamente.

Gabarito "D"

(Soldado da Polícia Militar/AM – 2011 – ISAE) Em "Descreveu-**a** com sendo boa gente, esforçada, ótimo caráter." (primeiro parágrafo), o pronome em destaque refere-se a:

(A) uma amiga;
(B) outra amiga;
(C) terceira pessoa;
(D) uma expressão.

A: incorreta, pois a autora acabara de fazer menção a uma terceira pessoa, portanto não pode ser a 'uma amiga', esta sim é a pessoa com quem se conversa, sendo a 2ª pessoa do discurso e não a 3ª como se pede; **B:** incorreta, pois 'outra amiga' está como exemplo posterior ao comentário e ao pronome referido, como uma outra 3ª pessoa que não havia sido posta no discurso quando da frase em questão; **C:** correta, pois é a 'terceira pessoa' a quem se refere o pronome destacado no texto em análise. A essa expressão se refere o termo proposto; **D:** incorreta, pois 'uma expressão' sequer cabe como sentido no texto com está.

Gabarito "C"

(Soldado da Polícia Militar/AM – 2011 – ISAE) "Os habitados estão preenchidos de *indagações, angústias, incertezas*, mas não são menos felizes por causa disso."

A sequência de palavras destacadas no trecho representa a classe de palavras do:

(A) substantivo;
(B) adjetivo;
(C) artigo;
(D) advérbio.

A: correta, pois substantivo entende-se por palavra que nomeia seres, ações, sentimentos, emoções, coisas e pessoas. Sendo assim, as palavras destacadas na frase do item em questão são todos nomes, portanto são classificadas como substantivos; **B:** incorreta, pois se entende por adjetivo termo que caracteriza um substantivo, dando-lhe qualidade, estado, características em geral, o que não ocorre nas palavras destacadas; **C:** incorreta, pois artigo é a classe de palavras que se caracterizam por definirem o substantivo, o que não acontece no caso analisado; **D:** incorreta, pois advérbio é a classe de palavras que se caracteriza por modificar e dar circunstâncias ao verbo, advérbio ou adjetivo, o que não ocorre no caso em questão.

Gabarito "A"

(Soldado da Polícia Militar/AM – 2011 – ISAE) "É uma expressão coloquial na França — *habité* — mas nunca tinha escutado por estas paragens e com este sentido."

O duplo travessão do fragmento poderia ser substituído sem qualquer prejuízo semântico-sintático pela seguinte pontuação:

(A) É uma expressão coloquial na França *habité* mas nunca tinha escutado por estas paragens e com este sentido;
(B) É uma expressão coloquial na França, *habité*, mas nunca tinha escutado por estas paragens e com este sentido;
(C) É uma expressão coloquial na França *habité*, mas nunca tinha escutado por estas paragens e com este sentido;
(D) É uma expressão coloquial na França, *habité* mas nunca tinha escutado por estas paragens e com este sentido.

A: incorreta, pois a ausência de pontuação para separar o termo explicativo não está correta na norma padrão, influenciando no sentido da frase, deixando-a sem sentido; **B:** correta, pois a separação de um termo explicativo por meio de vírgula em substituição aos travessões está correta; **C:** incorreta, pois o uso de apenas uma vírgula colocada após o termo explicativo a ser destacado configura erro gramatical bem como influencia no sentido original do texto; **D:** incorreta, pois o uso de apenas uma vírgula anteposta ao termo explicativo a ser destacado configura erro gramatical bem como influencia no sentido original do texto

Gabarito "B"

(Soldado da Polícia Militar/AM – 2011 – ISAE) Em "Estava conversando com uma amiga, **dia desses**.", o termo assinalado exerce a função sintática de:

(A) sujeito;
(B) objeto direto;
(C) adjunto adverbial;
(D) adjunto adnominal.

A: incorreta, pois o sujeito da oração é oculto/elíptico 'eu'; **B:** incorreta, pois não há verbo transitivo direto na frase em análise, o que impede a aparição de um objeto direto; **C:** correta, pois 'dia desses' traz a circunstância de tempo em relação à ação verbal, ou seja, é um elemento ligado ao verbo, sendo-lhe modificador, portanto AADV – adjunto adverbial; **D:** incorreta, pois adjunto adnominal – AADN – se configura por ser uma caracterização de um nome, propriamente um substantivo, porém a expressão em destaque está ligada a um verbo e não a um nome, impedindo a classificação como AADN.

Gabarito "C"

(Soldado da Polícia Militar/AM – 2011 – ISAE) É possível substituir o verbo assinalado no fragmento "Entre os habitados **há** de tudo..." pela seguinte estrutura sem que haja qualquer inadequação sintático-semântica:

(A) Entre os habitados haveriam de tudo;
(B) Entre os habitados existiriam de tudo;
(C) Entre os habitados existiam de tudo;
(D) Entre os habitados existe de tudo.

A: incorreta, pois ao colocar o verbo no plural erra-se na concordância porque o verbo haver no sentido de existir é impessoal e deve ficar no singular, pois não possui sujeito. E ainda ao se trocar o tempo verbal muda-se o sentido original do texto, outro erro; **B:** incorreta, pois o tempo e a concordância verbal estão incorretos. Não se deve trocar o tempo verbal sob pena de mudança de sentido, bem como o verbo existir estar no plural se configura que seu sujeito esteja no plural, o que não ocorre; **C:** incorreta, pois ainda está no plural o verbo, configurando o sujeito no plural, o que não ocorre, e ainda o tempo verbal fora mudado, trazendo a troca do sentido original; **D:** correta, pois o verbo haver na frase em análise possui o sentido de 'existir' e, assim, pode ser substituído por ele, desde que se mantenha o tempo verbal e se respeite a concordância na nova frase. Isso fora respeitado na frase desta assertiva, pois o sujeito da oração passa a ser 'tudo', em que a preposição 'de' é um termo expletivo, sem valor e função.

Gabarito "D"

(Soldado da Polícia Militar/AM – 2011 – ISAE) O emprego da 1ª pessoa do plural em "Que tenha**mos** a sorte de esbarrar com seres habitados e ao mesmo tempo inofensivos, cujo único mal que possam fazer é nos fascinar e nos manter acordados uma madrugada inteira." justifica-se porque:

(A) a narradora está também se incluindo na manifestação do seu desejo;
(B) a narradora apenas deseja que para ela e sua amiga seu desejo se cumpra;

(C) trata-se apenas de um efeito estilístico, não dizendo respeito a própria narradora;

(D) trata-se de um emprego obrigatório, não haveria outra possibilidade de construção.

A: correta, pois, ao usar a 1ª pessoa do plural, nós, a narradora se manifesta a entrar no comentário e optatividade feita. Ela deseja tudo o que disse a todos e a ela mesma; **B:** incorreta, pois a amiga não está mais no discurso e, portanto não pode ser recuperada por coesão de tempo verbal simplesmente. Deveria ser feita nova alusão à amiga para que se pudesse interpretar a 1ª pessoa como inclusiva apenas das duas; **C:** incorreta, pois não há efeito estilístico com um plural dito majestático em que se inclui, necessariamente, o interlocutor e o autor do texto; **D:** incorreta, pois a narradora poderia ter optado por não se incluir, fazendo apenas uma alusão aos interlocutores, usando a seguinte construção: "Que tenham [todos] a sorte (...) é fasciná-los e mantê-los acordados (...)".

Gabarito "A"

Texto 2:

Ana Hickmann e a humanidade sitiada
Quando tudo o que é humano vira tumor
(Adaptado)

Eliane Brum

Duas reportagens publicadas na *Folha de S. Paulo* na semana passada são chocantes pelo que revelam – e pelo despudor com que revelam. A primeira saiu na coluna de Mônica Bergamo. E conta sobre o "produto" Ana Hickmann. A outra é uma matéria sobre uma reunião do Conselho Comunitário de Segurança de Santa Cecília, em São Paulo, assinada por Afonso Benites. Nela, moradores e comerciantes anunciaram uma campanha oposta àquela com que Betinho uniu o país nos anos 90: a deles é para pressionar ONGs e restaurantes a parar de dar comida aos sem-teto que vivem nas calçadas. Nesta, que pode ser chamada de "campanha pela fome", ou os mendigos morrem de inanição ou vão assombrar ruas fora das fronteiras do bairro.

Pelas reportagens, descobrimos que Ana Hickmann, a modelo e apresentadora da Record, é uma coisa, decidiu ser uma coisa. E que os bons cidadãos de Santa Cecília consideram os mendigos não uma coisa, mas gente. É por ser gente – e não coisas – que devem ser expulsos. Ou desinfetados, como anunciou uma comerciante. Com o despudor de quem tem a certeza de que está do lado certo da força, ela contou que lança desinfetante nos que vivem em frente à sua loja.

Olhamos para Ana Hickmann, fisicamente tão bela, tão perfeita, com pernas de 94 centímetros. "Uma elfa", como diz um amigo meu que um dia a encontrou nos corredores da Record. E aí ouvimos Ana Hickmann falar sobre como vê a si mesma. Ela diz: "Sempre me considerei um produto. Parece cruel, mas é verdade". Diz mais: "O Alê (marido e sócio) me chama de general. Fala que sou truculenta pra caramba. E sou mesmo. Exigente, como sempre foram comigo. Nunca me deram a chance de errar". Alexandre Corrêa, o Alê, dispara uma sequência de frases antológicas sobre a mulher e sócia: "A gente vai entregar para o mercado uma Ana Hickmann diferente, sem esses problemas (referindo-se a dificuldades de dicção, que estão sendo corrigidas por uma fonoaudióloga)"; "A palavra 'perder' não está no nosso dicionário"; "A Ana Hickmann tem que ir para o domingo para matar ou morrer. Tem que acordar todos os dias com sangue nos olhos. Se não odiar o concorrente, você é um frouxo. Com mão mole, não machuca ninguém. Fere, mas não tira a pessoa de combate". O romantismo foi deixado de lado, ele explica: "por um tempo pra gente investir e enxergar nosso crescimento sem deslumbramento. Porque com romantismo vêm férias em Paris, esquiar em Aspen, fazer compras em Nova York. E o trabalho e as obrigações ficam para trás. Se ficar com 'mela mela', todo problema profissional vira sentimental. O circo pegando fogo e você 'amorzinho', abraçando o outro para se lamentar? Ah, por favor!"

Ana Hickmann e seu sócio-marido falam sobre "o produto Ana Hickmann" sem nenhum pudor. Se dizem o que dizem para um jornal de âmbito nacional, é porque acreditam que estão dizendo aquilo que é certo dizer. Mais do que certo – já que o certo ou errado não parece ser lá uma questão muito relevante nesse contexto: dizem aquilo que é valorizado no discurso contemporâneo. Algo que deveria, no seu modo de ver o mundo, despertar admiração no público. Afinal, eles são "produtos" de um mundo em que tudo pode – e deve – ser coisificado para ser consumido. E tudo o que tem valor só tem valor porque é mercadoria.

Ao contrário de como Ana Hickmann vê a si mesma, os moradores e comerciantes de Santa Cecília não veem os mendigos como "coisas". Se fossem coisas, teriam valor, nem que fosse o valor de vendê-las para a reciclagem. Como são gente, a solução é suspender sua comida. Sim, porque gente come. Ao decidirem interromper o acesso à alimentação, eles acreditam que encontraram a solução para seus problemas. E seus problemas resumem-se a gente que não serve para nada. Nem para virar coisa.

Se alguém contraria esse discurso, em ambos os casos, pode ser acusado de hipócrita. Ou ingênuo. Porque, afinal, é assim que o mundo funciona. Ou você produz, ainda que como mercadoria com alto valor agregado, como é o caso de Ana Hickmann, ou você deve ser eliminado dos olhos e do mundo de quem produz – com desinfetante ou por inanição. Em ambos os casos, o que é humano atrapalha. Tem de ser eliminada da vida do produto Ana Hickmann, tem de ser eliminado das calçadas dos moradores e comerciantes de Santa Cecília.

Na vida do produto Ana Hickmann são os sentimentos que têm de ser eliminados – os ligados à gente frouxa, pelo menos, que atrapalham o sucesso, já que ódio, ambição, "sangue nos olhos" são valorizados. Devem ser eliminados o romantismo, o erro, a condição falível do humano, o que seu sócio-marido tão bem define como "mela mela". Na vida cotidiana dos moradores de Santa Cecília, o que tem de ser eliminado é gente que não produz, que não toma banho, que não se veste bem, que faz sujeira, que às vezes é mal-educada, xinga e briga. Gente que pede coisas e não tem dinheiro para pagar pelas coisas.

Ninguém gosta de ver pessoas morando na rua diante de sua casa ou pedindo comida na sua porta. Sempre imaginei que fosse porque o sofrimento do outro, a indignidade desta condição, nos afeta. Ainda que não gostemos também porque algumas dessas pessoas façam sujeira na rua e não se espera que alguém aprecie sujeira diante da sua casa ou da sua loja, o que espanta é achar que não temos nada a ver com isso. Não se trata aqui de achar que todo morador de rua é bonzinho ou de que todo sentimento humano é agradável. Trata-se sim de pensar sobre o que faz com que se acredite que ambos devam ser exterminados – da vida cotidiana do bairro, da vida de cada um.

O que espanta é acreditar que pessoas e sentimentos são sujeira, lixo orgânico, lixo não reciclável – e, portanto, sem valor. O que espanta é que Ana Hickmann se anuncie como produto e isso seja confundido com sucesso. Que pessoas vivam sem condições mínimas e um grupo de pessoas acredite que o que pode fazer de melhor é lhes tirar a comida. Ou que se sinta tão impotente a ponto de acreditar que a fome pode ser a solução. Espanta também que na reunião estivessem presentes representantes de várias instâncias do poder público: polícia, subprefeitura da Sé e guarda civil. E também do hospital Santa Casa. E que nenhuma voz tenha se manifestado contra a proposta. (...)

Concordar com Ana Hickmann e com os cidadãos de Santa Cecília é acreditar que nossa humanidade é um tumor que deve ser extirpado de nosso corpo coisificado. Uma sujeira que, como os mendigos, deve ser eliminada por fome e esterilizada com desinfetante. De fome, acho que muitos de nós estão se matando mesmo. Não a fome que vem da falta de comida, mas a que vem da falta de espírito, de transcendência, de sonho, de projeto coletivo, de potência transformadora, de tudo que não é estranho ao humano – só às coisas. Mas a esterilização ou anestesia por medicamentos, esta parece que não está adiantando muito. (...)

(http://revistaepoca.globo.com)

(Soldado da Polícia Militar/AM – 2011 – ISAE) A articulista Eliane Brum elegeu fazer um artigo a partir de duas matérias publicadas na *Folha de São Paulo* porque havia em comum entre elas uma possibilidade de reflexão sobre:

(A) a pobreza;
(B) o lixo orgânico;
(C) o sentimento de humanidade;
(D) a vida dos moradores de um bairro da cidade de São Paulo.

A: incorreta, pois a pobreza não está presente no fato sobrea apresentadora de TV, portanto não é completa; **B:** incorreta, pois em nenhum dos casos se fala como principal do lixo orgânico; **C:** correta, pois os dois casos falam sobre o sentimento da humanidade, embora de uma maneira negativa nos dois casos; **D:** incorreta, pois é incompleta ao não falar da apresentadora de TV, Ana Hickmann.

Gabarito "C"

(Soldado da Polícia Militar/AM – 2011 – ISAE) No 3º parágrafo, Ana Hickmann é comparada a uma "elfa", uma forma feminina para "elfo", que nomeia "seres belos e luminosos, ou ainda seres semidivinos, mágicos, semelhantes à imagem literária das <u>fadas</u> ou das <u>ninfas</u>". Porém, este mesmo parágrafo apresenta uma ideia que contradiz essa imagem expressa em:

(A) "com pernas de 94 centímetros.";
(B) "fisicamente tão bela";
(C) "tão perfeita";
(D) "sou truculenta pra caramba.".

A: incorreta, pois esta expressão corrobora com o fato de ser uma elfa e não contradiz como se pede no texto; **B:** incorreta, pois ser 'fisicamente tão bela' é um atributo de ser elfa e não uma contradição para isso; **C:** incorreta, pois ser 'tão perfeita' corrobora com a informação de ser uma elfa e não se configura uma contradição; **D:** correta, pois ser 'truculenta pra caramba' não está de acordo com o que se vê e se percebe com o ser uma elfa, sendo-lhe uma contradição semântica do fato.

Gabarito "D"

(Soldado da Polícia Militar/AM – 2011 – ISAE) Em "**<u>Se</u>** dizem o que dizem para um jornal de âmbito nacional, é porque acreditam que estão dizendo aquilo que é certo dizer.", o vocábulo assinalado representa a classe de palavras de:

(A) pronomes;
(B) substantivos;
(C) conjunções;
(D) preposições.

A: incorreta, pois se entende por pronomes a classe de palavras que acompanham ou substituem um substantivo. O que não ocorre no caso, pois o termo destacado apenas une duas orações; **B:** incorreta, pois substantivo é a classe de palavras que se caracteriza por nomear seres, emoções, sentimentos, coisas e pessoas, o que não ocorre na frase em si; **C:** correta, pois se entende como conjunção a classe de palavras que servem para unir duas orações para que se configure um sentido entre elas. Neste caso, houve a união de duas orações com o sentido circunstancial de condição; **D:** incorreto, pois preposição se configura por unir termos de uma mesma oração, união mais gramatical, mas que pode ter função semântica também.

Gabarito "C"

(Soldado da Polícia Militar/AM – 2011 – ISAE) A melhor forma de explicar a concordância verbal executada em "Como **<u>são gente</u>**, a solução é suspender sua comida." é:

(A) silepse de pessoa;
(B) silepse de gênero;
(C) silepse de número;
(D) elipse.

A: incorreta, pois silepse de pessoa entende-se por uma concordância com a ideia de pessoa oculta na frase, por exemplo 'Os brasileiros [3ª pessoa] somos [1ª pessoa] mais gentis'; **B:** incorreta, pois silepse de gênero se caracteriza por uma concordância com a ideia de gênero oculta na frase, por exemplo: 'São Paulo [masculino] está suja [feminino]'; **C:** incorreta, pois se entende por silepse de número a concordância ideológica com o singular ou o plural oculto na frase, por exemplo: 'A maioria [singular] chegaram [plural] mais cedo hoje' Isso não se configura na frase em análise, apesar de ter sido apontado como gabarito oficial. Houve certa confusão da banca ao apontar esta assertiva como correta. **D:** correta, pois a elipse se caracteriza pela supressão de um termo na frase que está facilmente subentendo no contexto exposto, portanto, no caso em análise, pode-se afirmar que isso se dá no contexto do texto exposto. O 'são' concorda com o 'eles', sujeito oculto/elíptico da oração, representativo de 'mendigos', por coesão textual.

Gabarito "D"

(Soldado da Polícia Militar/AM – 2011 – ISAE) Em "Tem de ser **eliminado** da vida do produto Ana Hickmann, tem de ser **eliminado** das calçadas dos moradores e comerciantes de Santa Cecília." (sexto parágrafo), o termo assinalado refere-se a:

(A) humano;
(B) ingênuo;
(C) hipócrita;
(D) desinfetante.

A: correta, pois a característica 'humano' é que está sendo questionada na frase analisada; **B:** incorreta, pois não se fala em ingenuidade no texto em relação às duas histórias contadas como base de análise; **C:** incorreta, pois a hipocrisia também não fora tratada no texto como sendo o estopim na convergência das histórias narradas; **D:** incorreta, pois o desinfetante não é o objetivo a ser eliminado nas duas referências feitas no texto em questão.

Gabarito "A"

(Soldado da Polícia Militar/AM – 2011 – ISAE) Ao examinarmos a oração "Devem ser eliminados o romantismo, o erro, a condição falível do humano...", verificamos que:

(A) não foi executada a correta concordância entre sujeito e seu predicado;
(B) não foi executada a correta concordância entre o sujeito composto e o verbo principal;
(C) foi executada a correta concordância entre sujeito e predicado porque se utilizou o recurso da silepse;
(D) foi executada a correta concordância entre sujeito e predicado porque se utilizou a regra básica para esses casos.

A: incorreta, pois está correta a concordância da locução verbal com os núcleos do sujeito composto, conforme a regra faculta tal concordância, assim como poderia ser concorde com apenas o núcleo mais próximo, quando o sujeito composto está posposto; **B:** incorreta, pois está correta a concordância da locução verbal com os núcleos do sujeito composto, conforme a regra faculta tal concordância, assim como poderia ser concorde com apenas o núcleo mais próximo, quando o sujeito composto está posposto; **C:** incorreta, pois não há o recurso da silepse, que se configura como concordância com a ideia, isso não ocorre no texto em questão; **D:** correta, pois a regra básica é a concordância com todos os núcleos do sujeito composto. O que prontamente fora feito na frase em questão.

Gabarito "D"

(Soldado da Polícia Militar/AM – 2011 – ISAE) No terceiro parágrafo do texto 2 foram utilizadas repetidas vezes as aspas com a finalidade de marcar:

(A) ênfase no discurso da articulista Eliane Brum;
(B) ênfase no discurso das outras reportagens;
(C) o discurso/fala das outras pessoas que não a articulista Eliane Brum;
(D) tudo que não é discurso/fala das outras pessoas.

A: incorreta, porque as aspas no parágrafo em questão demarcam o uso de discurso direto, transportando para o texto a 'fala' de outras pessoas, não sendo a autora quem fala; **B:** incorreta, porque a ênfase é dada aos elementos do discurso direto das personagens do próprio texto e não outras reportagens; **C:** correto, porque o discurso direto das personagens fora marcado pelas aspas e não são, portanto, palavras da autora; **D:** incorreta, porque as aspas marcam exatamente tudo o que é discurso direto e não o contrário como se afirma na assertiva

Gabarito "C"

(Soldado da Polícia Militar/AM – 2011 – ISAE) "De fome, acho que muitos de nós estão se matando mesmo. Não a fome que vem da falta de comida, mas a que vem da falta de espírito, de transcendência, de sonho, de projeto coletivo, de potência transformadora, de tudo que não é estranho ao humano – só **às** coisas.". A correta explicação para o emprego do acento grave como marca de uma crase no caso destacado é:

(A) "coisas" é um termo regido por "transformadora", por isso o emprego do acento grave;
(B) "coisas" é um termo regido por "estranhos", por isso o emprego do acento grave;
(C) "coisas" é um termo regido por "transcendência", por isso o emprego do acento grave;
(D) "coisas" é um termo regido por "potência", por isso o emprego do acento grave.

A: incorreta, porque não fora regida pela palavra 'transformadora' a preposição 'a' na formação da crase; **B:** correto, porque a junção do 'a' preposição regida pelo termo 'estranho' e o 'as' da palavra 'coisas' forma a crase; **C:** incorreta, porque não fora regida pela palavra 'transcendência' a preposição 'a' na formação da crase; **D:** incorreta, porque não fora regida pela palavra 'potência' a preposição 'a' na formação da crase

Gabarito "B"

(Soldado da Polícia Militar/AM – 2011 – ISAE) Os vocábulos "é", "só" e "nós" recebem acento gráfico porque são:

(A) monossílabos tônicos;
(B) monossílabos átonos;
(C) oxítonas;
(D) proparoxítonas.

A: correta, porque monossílabos tônicos terminados em A(s), E(s), O(s), são acentuados graficamente, o que ocorre nos vocábulos destacados para análise; **B:** incorreta, porque não são monossílabos átonos os vocábulos destacados e sim tônicos, que se configuram por possuírem sentido; **C:** incorreta, porque os vocábulos não são oxítonas, que se configuram com a sílaba tônica na última sílaba; **D:** incorreta, porque os vocábulos não são proparoxítonas, que se configuram com a sílaba tônica na antepenúltima sílaba.

Gabarito "A"

(Soldado da Polícia Militar/AM – 2011 – ISAE) A principal tese do artigo de Eliane Brum é:

(A) "Concordar com Ana Hickmann e com os cidadãos de Santa Cecília";
(B) "...acreditar que nossa humanidade é um tumor que deve ser extirpado de nosso corpo coisificado.";
(C) não acreditar que "nossa humanidade é um tumor que deve ser extirpado de nosso corpo coisificado.";
(D) não acreditar que "que muitos de nós estão se matando mesmo.".

A: incorreta, porque nem de longe a autora concorda com a atitude de Ana Hickmann nem sequer com a dos cidadãos de Santa Cecília; **B:** incorreta, porque o que se afirma nesta assertiva é justamente o que a autora combate nesses exemplos escolhidos como base de análise pela autora; **C:** correta, porque a autora do texto não acredita mesmo que a humanidade seja um tumor que deva ser extirpado de nosso corpo coisificado, nem sequer que nosso corpo seja uma coisa e que seja coisificado; **D:** incorreta, porque a autora do texto acredita sim que muitos estão se matando em prol das coisas e do comércio e por isso escreveu o texto.

Gabarito "C"

TEXTO para as próximas questões:

Ética Policial: uma necessidade institucional

No mundo dos negócios, quando uma corporação antiética fere os consumidores, o governo interfere e implementa formas de controle para salvaguardar o público. A indústria privada tem que praticar autorregulamentação ou se adequar à regulamentação governamental. Muitas profissões, tais como as de médicos, advogados, engenheiros etc. usam código de ética como uma forma de autorregulamentação. Curiosamente os estudos científicos sobre ética não mencionam organizações policiais como um exemplo das entidades que possuem códigos de ética. Entretanto, muitas organizações policiais possuem código de ética. Infelizmente o que ocorre é que elas não priorizam a necessidade de institucionalizar tais códigos; eles têm pequena significância operacional. De fato, um estatuto de padrões morais ou de valores organizacionais é uma coisa, e outra é um código de ética profissional.

Destarte, tal como nas corporações executivas, os dirigentes policiais têm que praticar autorregulamentação ou sofrer as consequências. Eles precisam se certificar de que seus subordinados tomem decisões éticas, em todos os níveis, no dia a dia do trabalho policial, ou arriscar a perda da confiança pública. Quando os cidadãos desconfiam da polícia, seja esta desconfiança real, seja uma perspectiva, eles irão eventualmente reagir ao controle e exercê-lo por meio de ataques à instituição com reclamações, críticas, moções etc., demandando também controle externo da atividade policial e, até mesmo, o que se pretende fazer atualmente: mudança na legislação para tirar das mãos consagradas de profissionais experientes e competentes, atribuições tipicamente policiais que, se desenvolvidas por outras instituições, poderiam levar a investigação criminal ao caos.

Na realidade, o comportamento ético está implícito na polícia há muitos anos. Entretanto, as complexidades de uma sociedade pluralística com valores flutuantes ditam mais do que códigos de ética.

Os dirigentes de organizações policiais deveriam seriamente considerar a institucionalização da ética além de lutarem por uma legislação orgânica de regimento interno, pois ela significa a aquisição da ética formal e explicitamente dentro do trabalho cotidiano da organização. Significa fazer da ética uma regularidade, como parte normal do policiamento. Isso requer a colocação da ética no topo da política organizacional e por meio de códigos formais.

Um código de ética tem vantagens distintas. Ele proporciona um estável guia permanente de condutas aceitáveis e não aceitáveis; oferece diretrizes para a solução de situações eticamente ambíguas; e age como um aferidor sobre os poderes autocráticos dos servidores.

Enfim, a institucionalização da ética não é uma coisa que se pode visualizar a curto prazo ou como único critério para tomada de decisões da organização policial. A integração da ética é um lento e contínuo processo. Algumas organizações policiais do país já tomaram essa iniciativa e incorporaram um código de ética profissional. Será que as organizações policiais do Distrito Federal poderiam fazer menos do que isso?

ÉSPER. João Kleiber Ésper. In: ACADEPOL. Disponível em: <http://www.acadepol.mg.gov.br/index.php?option=com_content&view=article&id=38:etica-policial-uma-necessidade-institucional&catid=15&Itemid=19>. Acesso em: maio 2012.

(Oficial da Polícia Militar/BA – 2012 – CONSULTEC) A leitura do texto permite afirmar que

(A) a justificativa para a não concretização do código de ética nas organizações representativas do Brasil é a certeza de que a sua implantação é um processo lento, burocrático e longo.

(B) a ausência da institucionalização do código de ética para uma organização policial pode gerar a falta de crença dos cidadãos, que passam a criticar essa organização.

(C) a instituição policial, ao contrário de todas as outras instituições, não se preocupa em elaborar um código de ética.

(D) o controle das condutas éticas e dos valores contemporâneos considerados múltiplos e complexos está condicionado à criação de um código de ética policial.

(E) toda organização apresenta o seu código de ética, no entanto nenhuma delas se preocupa em institucionalizá-lo.

A: incorreta, pois ser um processo longo, lento e burocrático não fora apontado no texto nem sequer como justificativa da não concretização do código de ética; **B:** correta, pois a relação de causa e consequência feita na assertiva está correta, porque o texto faz a mesma relação quando afirma que se corre o risco de ser criticada a instituição pelos cidadãos descrentes por conta da ausência de institucionalização do código de ética em uma organização policial; **C:** incorreta, pois o texto diz exatamente o contrário do que diz a assertiva, porque a instituição policial já tem seu código de ética, o que não acontece com/em outras instituições; **D:** incorreta, pois o controle das condutas éticas e dos valores contemporâneos está condicionada à NÃO criação de um código de ética policial; **E:** incorreta, pois nem toda a instituição apresenta ou institucionaliza seu código de ética.

Gabarito "B"

(Oficial da Polícia Militar/BA – 2012 – CONSULTEC) Segundo o enunciador do texto, o código de ética nas organizações policiais

(A) torna-se desnecessário, por causa da condição inerente de ética do policial.

(B) torna-se aspecto fundamental diante das outras profissões, sendo, portanto, mais importante.

(C) segue uma linha de raciocínio diferente dos códigos de ética de outras profissões.

(D) possibilita as mais diversas ações policiais, garantindo a multiplicidade de soluções de acordo com a especificidade de cada caso.

(E) garante a autorregulação cotidiana, permitindo que os policiais tomem sempre decisões éticas e que não sejam destituídos de atribuições inerentes à sua profissão

A: incorreta, porque o código de ética deve ser elevado ao topo de conduta policial e não é desnecessário, ao contrário, mas necessária a cada dia; **B:** incorreta, porque não se fala no texto qual código de ética é mais importante do que outro, não havendo relação comparativa entre eles; **C:** incorreta, porque a linha de raciocínio do código de ética policial é a mesma do dos outros códigos e não se faz comparação em relação a diferenças entre códigos; **D:** incorreta, porque se fala apenas de um código norteador de condutas aceitáveis ou não aceitáveis e não com multiplicidade de soluções caso a caso; **E:** correta, porque o que a assertiva diz é praticamente um resumo do texto em questão.

Gabarito "E"

(Oficial da Polícia Militar/BA – 2012 – CONSULTEC) Quanto à organização dos parágrafos do texto, é correto afirmar:

(A) O primeiro parágrafo traz a enumeração de profissões e instituições que apresentam o mesmo contexto dos policiais, quanto à institucionalização do código de ética.
(B) O segundo parágrafo apresenta uma consequência da situação apresentada no primeiro parágrafo.
(C) O terceiro parágrafo desenvolve um raciocínio de causa e consequência.
(D) O quarto parágrafo contradiz, em sua essência, o que foi defendido nos parágrafos anteriores.
(E) O último parágrafo retoma a enumeração apresentada no primeiro parágrafo, sugerindo que a organização policial precisa elaborar um código de ética superior a qualquer outra profissão.

A: incorreta, porque não se enumeram instituições no 1º§, e quando é citada a organização policial, tem-se a ausência dela na lista e não o mesmo contexto como se afirma na assertiva; **B:** incorreta, porque o uso de 'entretanto' deixa claro que a relação entre o 1º§ e o 2º é de contrariedade, oposição, e não de consequência; **C:** correta, porque há mesmo a relação de causa e consequência das atitudes das instituições policiais quando não têm o cuidado com a prática da autorregulação e da observância na obediência aos princípios éticos; **D:** incorreta, porque não há contradição no 4º§ em relação aos demais parágrafos e sim dentro de suas próprias acepções, com o uso da conjunção 'entretanto' novamente; **E:** incorreta, porque não há relação de comparação de superioridade entre códigos no texto, bem como o último parágrafo não retoma enumeração nenhuma feita no 1º§.

Gabarito "C"

(Oficial da Polícia Militar/BA – 2012 – CONSULTEC) A palavra "Destarte" (*l.* 19) pode ser substituída, sem prejuízo semântico, por

(A) *na verdade.*
(B) *no entanto.*
(C) *dessa forma.*
(D) *por outro lado.*
(E) *de qualquer maneira.*

A: incorreta, pois 'destarte' significa 'dessa forma', 'dessa maneira', 'desse jeito' e não há relação semântica contextual com 'na verdade'; **B:** incorreta, pois 'no entanto' significa contrariedade, oposição, adversidade e não modo como na expressão em análise; **C:** correta, pois a expressão 'destarte' significa 'dessa forma', 'dessa maneira', 'desse jeito', uma relação modal; **D:** incorreta, pois 'por outro lado' significa dar outra acepção, outra visão, e não uma relação de modo, como na expressão em destaque; **E:** incorreta, pois 'de qualquer maneira' significa uma maneira aleatória, quando a expressão 'destarte' significa uma maneira específica, 'dessa maneira'.

Gabarito "C"

(Oficial da Polícia Militar/BA – 2012 – CONSULTEC) Quanto aos aspectos morfossintáticos e semânticos que estruturam o texto, é correto afirmar:

(A) A oração "para salvaguardar o público" (*l.* 3-4) completa o sentido de duas formas verbais "interfere e implementa" (*l.* 2-3), evidenciando a consequência das ações praticadas.
(B) Na locução verbal "tem que praticar" (*l.* 4), por meio de um "que", funcionando como preposição, desenvolve-se uma ação considerada obrigatória.
(C) A palavra "se" (*l.* 22) apresenta o mesmo valor morfossintático do "se" (*l.* 33), explicitando um sentido de dúvida ou hipótese.
(D) A oração "fazer da ética uma regularidade" (*l.* 45) apresenta, na estrutura em que está inserida, uma função subjetiva.
(E) A pergunta "Será que as organizações policiais do Distrito Federal poderiam fazer menos do que isso?" (*l.* 61-62) permite ao interlocutor mais de uma resposta, evidenciando, portanto, a complexidade do tema abordado.

A: incorreta, porque a expressão em análise traz a ideia de finalidade e não de consequência como fora dito; **B:** correta, porque a ação obrigatória é trazida pela expressão como uso de 'que', conjunção no lugar da preposição 'de', que daria uma condição mais branda ao termo em questão; **C:** incorreta, porque o 'se' da linha 22 é morfologicamente um pronome pessoal oblíquo e funciona como parte integrante do verbo, sendo-lhe complementar; já o 'se' da linha 33 é morfologicamente é uma conjunção adverbial de condição, pois une duas orações; **D:** incorreta, porque a oração em análise tem uma função objetiva direta, pois o verbo ao qual está ligada a oração em análise é verbo transitivo direto (VTD), e não é uma relação subjetiva, que indica ser o sujeito de tal oração; **E:** incorreta, porque a pergunta feita depois de toda argumentação feita pelo autor do texto permite apenas uma resposta: não.

Gabarito "B"

Texto para as próximas questões

BOTYR. Disponível em: <http://www.matutando.com/charge-violencia-no-brasil/>. Acesso em: maio de 2012.

(Oficial da Polícia Militar/BA – 2012 – CONSULTEC) A charge tem como principal denúncia a

(A) desigualdade social, que gera a violência.
(B) ignorância dos assaltantes.
(C) falta de humanidade da polícia.

(D) crise econômica em razão da violência urbana.
(E) banalização da violência.

A: incorreta, porque não há menção a desigualdade social na charge; **B:** incorreta, porque não se pode dizer que houve ignorância dos assaltantes, no sentido de falta de conhecimento; **C:** incorreta, porque não sequer a polícia fora citada na charge; **D:** incorreta, porque não há menção à crise econômica, principalmente, em razão de violência urbana; **E:** correta, porque a violência, sendo exposta numa cena de assalto, é banalizada pela frequência passada e pela forma como os assaltantes tratam a atitude do comerciante.

Gabarito "E"

(Oficial da Polícia Militar/BA – 2012 – CONSULTEC) O discurso da primeira personagem é marcado por **modificadores verbais** que evidenciam as mais diversas circunstâncias.

A única alternativa que apresenta um termo ou expressão com outra função morfossintática é

(A) "aqui".
(B) "quando eu estive aqui".
(C) "bem"
(D) "ontem".
(E) "pela manhã".

A: incorreta, porque 'aqui' tem a função sintática de adjunto adverbial (AADV) de lugar, dando ideia de circunstância; **B:** incorreta, porque 'quando eu estive aqui' possui a função sintática de AADV de tempo; **C:** correta, porque, mesmo sendo ADV por natureza, funciona como predicativo do sujeito, relação sintática, e a classe morfológica de 'bem' é de advérbio, assim como as outras assertivas; **D:** incorreta, porque 'ontem' tem a função sintática de adjunto adverbial (AADV) de tempo, dando ideia de circunstância; **E:** incorreta, porque 'pela manhã' tem a função sintática de adjunto adverbial (AADV) de tempo, dando ideia de circunstância.

Gabarito "C"

Texto para as próximas questões:

Conheço excelentes profissionais que, apesar de possuírem muitos anos de serviço prestado à instituição e de terem idade superior àquela tida como imprescindível para o exercício da atividade policial em determinadas Unidades, se mantêm permanentemente empenhados e vibrantes nas ocorrências que se envolvem durante a execução do serviço, além de cônscios da importância da função que desempenham para a preservação da ordem pública.

Por outro lado, também há integrantes dos órgãos de segurança pública que mal ingressaram nas suas fileiras e já se mostram cansados, apáticos e indiferentes aos problemas e soluções afetas ao seu objeto de trabalho.

Dedicação e responsabilidade não se medem por idade ou tempo de serviço prestado. Esses são requisitos essenciais e sempre presentes no bom profissional, independente da percepção de benefícios de ordem financeira (gratificações, horas-extras ou diárias) ou do reconhecimento institucional (elogios ou recompensas do serviço) que, diga-se de passagem, são sempre bons de ser recebidos, mas que não podem (ou não deveriam) se constituir objetivo final ou único das ações empreendidas.

CARDOSO, Rosuilson. Opinião. Disponível em: http://abordagempolicial.com/2011/09/dedicacao-e-responsabilidade-naoexigem-tempo-de-servico/. 26 set. 2011>. Acesso em: maio 2012.

(Oficial da Polícia Militar/BA – 2012 – CONSULTEC) De acordo com a leitura do texto, o bom profissional é aquele que

(A) apresenta tempo de serviço suficiente para conhecer as principais funções executivas de um policial.
(B) se dedica exclusivamente a sua profissão, mesmo diante de propostas de trabalho mais vantajosas.
(C) evidencia, já no início de sua carreira, reverência e respeito para com a sua corporação policial.
(D) preserva-se dedicado e responsável ao seu trabalho, independente do tempo de serviço, da aquisição de benefícios ou do reconhecimento institucional.
(E) reconhece a importância da sua função social à medida que há reconhecimento institucional.

A: incorreta, pois o texto não faz essa relação de sentido para o bom profissional, o tempo de serviço, de acordo com o texto, não é fator de profissionalismo; **B:** incorreta, pois não se fala de exclusividade como forma de ser bom profissional; **C:** incorreta, pois reverência e respeito não são mencionados no texto; **D:** correta, pois a dedicação e o senso de responsabilidade em relação ao trabalho é a forma que o profissional tem de ser bom, prescindindo do tempo de serviço, da aquisição de benefícios ou do reconhecimento institucional, como se percebe no texto como um todo explicitamente.

Gabarito "D"

(Oficial da Polícia Militar/BA – 2012 – CONSULTEC) "Conheço excelentes profissionais que, **apesar de possuírem muitos anos de serviço prestado à instituição** e de terem idade superior **àquela** tida como **imprescindível** para o exercício da atividade policial em determinadas Unidades, **se mantêm** permanentemente empenhados e **vibrantes** nas ocorrências que se envolvem durante a execução do serviço, além de **cônscios** da importância da função que desempenham para a preservação da ordem pública." (*l.* 1-9)

Quanto aos aspectos linguísticos que estruturam o fragmento retirado do texto, é correto o que se analisa em:

(A) A oração "apesar de possuírem muitos anos de serviço prestado à instituição" explicita uma ideia de consentimento quanto à afirmação que introduz o fragmento em destaque.
(B) O pronome demonstrativo "àquela" caracteriza-se pelo uso facultativo do sinal gráfico da crase.
(C) O vocábulo "imprescindível" é formado a partir de uma parassíntese, cujo prefixo só tem sentido diante da existência do sufixo.
(D) O termo "se", em "se mantêm", indica a indeterminação do termo que pratica a ação verbal.
(E) A pista linguística "vibrantes" apresenta um valor morfossintático diverso do termo "cônscios", embora se refiram ao mesmo elemento textual.

A: correta, porque se reconhece o fato de os profissionais possuírem anos de serviço prestado à instituição, o que se afirma no início da oração em análise. A locução conjuntiva 'apesar de' traz a ideia contrária, mas em relação à oração anterior à qual é ligada; **B:** incorreta, porque o uso do sinal de crase é obrigatório já que o 'a' preposição exigida pelo vocábulo 'superior' é obrigatório e se junta por crase à palavra 'aquela'; **C:** incorreta, porque não é parassíntese, porque não se caracteriza o prefixo com sentido somente diante da existência do sufixo. O que ocorre na palavra em questão é a formação derivação por prefixação e sufixação, em que se pode retirar qualquer dos elementos que a palavra ainda existe; **D:** incorreta, porque o termo que pratica a ação verbal é, no texto, excelente profissional, linha 1, portanto o vocábulo 'se' é parte integrante do verbo apenas; **E:** incorreta, pois o valor morfossintático de ambos os termos é o mesmo: predicativo do sujeito, e não diverso como alude a assertiva.

Gabarito "A"

(Oficial da Polícia Militar/BA – 2012 – CONSULTEC) O termo coesivo "mal" (*l.* 11) sugere, no contexto em que está inserido, uma ideia de

(A) modo defeituoso.
(B) condição escassa.
(C) modo pouco comum.
(D) algo imediatamente posterior a uma ação.
(E) negação explícita a uma afirmação anterior.

A: incorreta, porque o termo em questão não indica nada negativo como 'defeituoso'; **B:** incorreta, porque 'mal' no contexto em que se insere não apresenta condição nenhuma, nem sequer sendo escassa; **C:** incorreta, porque o termo em destaque não indica modo e sim tempo; **D:** correta, porque o termo em análise, 'mal', expressa a circunstância de tempo em relação ao verbo, ou seja, ação à qual se refere; **E:** incorreta, porque o termo em questão não tem sentido de negação e sim de tempo.

Gabarito "D"

(Oficial da Polícia Militar/BA – 2012 – CONSULTEC) O texto em destaque é uma campanha para o desarmamento de pessoas que não têm o porte legal de armas.

A única análise impossível de ser referendada no texto é

(A) A campanha utilizou-se de gêneros discursivos diferentes para compor o texto.
(B) O discurso da criança, na oração, busca sensibilizar o interlocutor para a necessidade de um comportamento cidadão através da denúncia de indivíduos que têm o porte ilegal de armas.
(C) O uso do gênero discursivo denominado oração explicita a presença de um vocativo, caracterizado como o próprio interlocutor da campanha social.
(D) O uso do imperativo no texto, além de ser um recurso comum em orações religiosas, tem como objetivo convencer o interlocutor da necessidade de denunciar quem faz uso do porte ilegal de armas.
(E) O discurso de desarmamento nesta campanha corresponsabiliza o interlocutor do texto diante do silêncio de quem sabe e não denuncia pessoas que possuem ilegalmente armas de fogo.

A: incorreta, porque se pede a assertiva que não pode ser referendada pelo texto, e o que se afirma neste item está correto, pois há gêneros distintos como a dissertação, quando se afirma que a responsabilidade da criminalidade é também de quem sabe e não denuncia, e outro gênero presente no cartaz é o narrativo, presente no diálogo da menina; **B:** incorreta, porque é coreto dizer que o discurso da criança serve para sensibilizar o interlocutor para que possa se sentir impelido a denunciar, mas como se pede o incorreto em relação ao texto, esta assertiva é errada; **C:** correta, porque não há gênero discursivo denominado de oração, nem sequer o vocativo não é o interlocutor da campanha, pois não se fala com Deus, vocativo em questão, para que denuncie pessoas com armas ilegais, portanto correta; **D:** incorreta, porque realmente o imperativo, sendo o modo verbal que indica ordem e desejo, serve para a força do argumento; **E:** incorreta, porque a última frase do texto corrobora com o fato de fazer com que o interlocutor também se responsabilize pelo crime, ou a criminalidade, ao se manter em silencia, sem denunciar.

Gabarito "C"

Texto para as próximas questões

Violência

O movimento começou, o lixo fede nas calçadas.
Todo mundo circulando, as avenidas congestionadas.
O dia terminou, a violência continua.
Todo mundo provocando todo mundo nas ruas.
A violência está em todo lugar.
Não é por causa do álcool,
Nem é por causa das drogas.
A violência é nossa vizinha,
Não é só por culpa sua,
Nem é só por culpa minha.
Violência gera violência.
Violência doméstica, violência cotidiana,
São gemidos de dor, todo mundo se engana...
Você não tem o que fazer, saia pra rua,
Pra quebrar minha cabeça ou pra que quebrem a sua.
Violência gera violência.
Com os amigos que tenho não preciso inimigos.
Aí fora ninguém fala comigo.
Será que tudo está podre, será que todos estão vazios?
Não existe razão, nem existem motivos.
Não adianta suplicar porque ninguém responde,
Não adianta implorar, todo mundo se esconde.

É difícil acreditar que somos nós os culpados,
É mais fácil culpar Deus ou então o diabo.
O crime é venerado e posto em uso por toda terra,
De um polo a outro se imolam vidas humanas.
No reino de Zópito os pais degolam os próprios filhos,
Seja qual for o sexo, desde que sua cara não lhes agrade.
Os coreanos incham o corpo da vítima à custa de vinagre
E depois de estar assim inchado, matam-no a pauladas.
Os irmãos Morávios mandavam matar com cócegas"

TITÃS. Violência. Disponível em: <http://letras.terra.com.br/titas/86522/>. Acesso em: maio 2011.

(Oficial da Polícia Militar/BA – 2012 – CONSULTEC) O eu poético da letra de música

(A) é cético em relação ao ser humano, que, para ele, alimenta a própria violência.
(B) acredita na capacidade humana de reverter a situação, gerando um mundo de paz e solidariedade.
(C) não acredita na atuação da polícia, pois é ela mesma que gera a violência.
(D) só vê violência nas ruas distantes de sua casa.
(E) vê em suas próprias atitudes exemplos de como evitar a violência urbana.

A: correta, porque, para o eu poético, a violência é inerente ao próprio ser humano, vem dele e para ele; **B:** incorreta, porque não há paz nem solidariedade no texto, somente escuridão e iniquidade humana; **C:** incorreta, porque não há menção à polícia no texto e quem gera a violência é o próprio ser humano e não a polícia; **D:** incorreta, porque a violência no texto é exposta em todos os lugares e não somente distante de casa; **E:** incorreta, porque não há no texto menção a atitudes de como evitar a violência urbana.

Gabarito "A"

(Oficial da Polícia Militar/BA – 2012 – CONSULTEC) O texto "violência" se diferencia de um texto oficial por

(A) apresentar variações linguísticas sociais e etárias, o que não é permitido no texto oficial.
(B) caracterizar-se a partir da linguagem figurada e da função emotiva e poética, ao contrário do texto oficial, que precisa ser objetivo, imparcial e conciso.
(C) apresentar-se em versos, rimas e ritmo, embora a linguagem e abordagem sejam as mesmas utilizadas nos textos oficiais.
(D) desconstruir estruturas linguísticas próprias de um texto oficial com o objetivo de invalidar os textos formais e padronizados.
(E) utilizar uma linguagem essencialmente denotativa, enquanto o texto oficial apresenta uma linguagem conotativa.

A: incorreta, porque o texto em questão é um texto lírico, poético, escrito em versos e sem compromisso com a linguagem formal e uniforme, que é exigida num texto oficial, além de ser objetivo, impessoal e claro, o que o texto não é; **B:** correta, porque o texto em questão possui a linguagem emotiva, subjetiva, ficcional, o que no texto oficial é o contrário, o texto deve ser impessoal, objetivo, claro, formal, uniforme para que possa refletir a administração pública ao comunicar; **C:** incorreta, porque a linguagem utilizada e sua forma de abordagem não são características do texto oficial e sim de textos lúdicos; **D:** incorreta, porque se descontruírem estruturas linguísticas próprias do texto oficial para invalidar os textos formais e padronizados ferem o texto oficial, que tem por características justamente a padronização e os textos formais, assim fica sem sentido; **E:** incorreta, porque é justamente o contrário que ocorre o texto em análise é conotativo, linguagem figurada, e o texto oficial denotativo, linguagem real.

Gabarito "B"

(Oficial da Polícia Militar/BA – 2012 – CONSULTEC) Sobre os gêneros discursivos denominados Ofício e Memorando, identifique com V as afirmativas verdadeiras e com F, as falsas.

( ) O **ofício** é uma correspondência oficial e externa, enviada normalmente a funcionários ou autoridades públicas.
( ) O **memorando** é a modalidade de comunicação entre unidades administrativas de um mesmo órgão, que podem estar hierarquicamente em mesmo nível ou em níveis diferentes.
( ) O **memorando** é uma comunicação essencialmente interna, já o **ofício** é uma comunicação entre órgãos da Administração Pública ou a particulares.
( ) O **ofício** é uma correspondência mais simples e ágil que o **memorando,** por se tratar de uma comunicação entre autoridades.
( ) Somente o ofício exige um fecho com a assinatura do signatário com sua devida identificação.

A alternativa que contém a sequência correta, de cima para baixo é a

(A) F V V V F
(B) V F F F V
(C) F F F V V
(D) V V V F F
(E) V V V V V

A 1ª assertiva é verdadeira porque se define a função do ofício corretamente. A palavra 'normalmente' está muito bem empregada por que pode também o ofício ser enviado a particulares; A 2ª assertiva é verdadeira porque esta definição está exatamente assim no Manual de Redação da Presidência da República – MRPR, e tem como correta a informação acerca do memorando; A 3ª assertiva é verdadeira porque a diferenciação entre memorando e ofício está perfeita, correta e completa; A 4ª assertiva é falsa porque acontece o contrário do que se descreve: o memorando é ágil e simples, enquanto o ofício é comunicação entre autoridades públicas; A 5ª assertiva é falsa porque todos os documentos oficiais devem conter a identificação do signatário e sua assinatura, à exceção da Mensagem, feita pelo Presidente da República, que prescinde da identificação.

Gabarito "D"

(Oficial da Polícia Militar/BA – 2012 – CONSULTEC) Quanto à linguagem e à estrutura dos textos oficiais, a **única alternativa** que foge à proposta é a

(A) É essencialmente técnica e detalhista, pormenorizando os fatos, a partir do uso recorrente de adjetivos e advérbios exigidos em um contexto formal.
(B) Há obrigatoriedade do uso padrão culto da língua, apagando as diferenças lexicais, morfológicas ou sintáticas regionais, além das idiossincrasias linguísticas e garantindo a ampla compreensão do texto por todos os interlocutores envolvidos.

(C) O tratamento é impessoal, resultante da ausência de impressões individuais de quem comunica e do caráter impessoal do próprio assunto tratado.

(D) Exige-se o uso frequente e adequado dos pronomes de tratamento, garantindo a formalidade do texto.

(E) A estrutura é uniforme e padronizada, e a linguagem é clara e concisa

A: correta, porque se pede a que não condiz com o texto oficial. Esta não condiz porque o texto oficial não pode conter uma linguagem técnica nem detalhista e si simples e clara, objetiva; **B:** incorreta, pois está certo o que se diz na assertiva na medida em que o padrão culto é exigido na linguagem oficial, sem regionalismos, pois atrapalham a clareza; **C:** incorreto, porque é certo o que se diz na assertiva, pois há de se ter impessoalidade no texto oficial em face do caráter impessoal do texto, do assunto e de quem comunica; **D:** incorreta, porque é correto o que a assertiva afirma, pois o texto oficial é formal e exige o uso correto de pronomes e formas de tratamento; **E:** incorreta, porque é certo o afirmado na assertiva, pois concisão, clareza, uniformidade e padronização são princípios da linguagem oficial.

Gabarito "A"

Texto para as próximas questões

SOLDADO DESCONHECIDO. Após a Primeira Guerra Mundial, autoridades dos países aliados verificaram que os corpos de muitos soldados mortos em combate não podiam ser identificados. Os governos da Bélgica, França, Grã-Bretanha, Itália e Estados Unidos da América decidiram homenagear, de forma especial, a memória desses soldados. Cada governo escolheu um soldado desconhecido como símbolo, enterrou seus restos mortais na capital nacional e ergueu um monumento em honra do soldado.

A Bélgica colocou seu soldado desconhecido em um túmulo na base da Colunata do Congresso, em Bruxelas. A França enterrou seu soldado desconhecido embaixo do Arco do Triunfo, no centro de Paris. A Grã-Bretanha enterrou o seu na abadia de Westminster. O soldado desconhecido da Itália jaz defronte ao monumento a Vítor Emanuel I, em Roma. No Brasil, os 466 mortos brasileiros integrantes da Força Expedicionária que haviam sido enterrados, após a Segunda Guerra Mundial, no cemitério militar de Pistoia, na Itália, foram transportados em urnas para o Brasil, em aviões da Força Aérea Brasileira, em 11 de dezembro de 1960. As urnas chegaram ao Rio de Janeiro em 16 do mesmo mês, ficando expostas à visitação pública no Palácio Tiradentes. No dia 22 de dezembro, os restos mortais dos heróis foram trasladados para o Monumento Nacional aos Mortos da Segunda Guerra Mundial.

Enciclopédia Delta Universal. Rio de Janeiro: Editora Delta, s/d, v. 13, p. 7.384 (com adaptações).

(Soldado da Polícia Militar/CE – 2012 – CESPE) Considerando as ideias, a estrutura e a tipologia do texto acima, que constitui um verbete de enciclopédia, julgue os itens a seguir.

(1) Depreende-se do texto que, para as homenagens ao soldado desconhecido, não foram considerados nem o lugar nem a época em que tombaram os soldados combatentes.

(2) O emprego da palavra "soldado" no singular, em todo o trecho entre as linhas 10 e 15, permite que se conclua que os países aí mencionados prestam homenagem à memória de apenas um soldado desconhecido.

(3) Esse verbete se organiza em três tópicos, na seguinte ordem temática: primeiro – como surgiu a ideia de se homenagear o soldado desconhecido; segundo – como o fizeram alguns países; terceiro – como o fez o Brasil.

(4) O texto, que se caracteriza, quanto à tipologia, como a descrição dos sentidos da expressão "soldado desconhecido", está em consonância com os verbetes de dicionários e enciclopédias.

1: anulada, mas não precisava ser, porque no texto não se faz menção à época correta em que os soldados tombaram, devendo ser considerada incorreta, apenas; **2:** incorreta, porque a palavra usada no singular, neste contexto, simboliza o soldado escolhido para homenagear os outros todos; **3:** correta, porque o fato de as nações não identificarem muitos de seus soldados é o 1º tópico citado, o 2º tópico diz respeito ao modo como as nações resolveram o problema, o 3º e último diz respeito ao fato de como o Brasil fez sua resolução; **4:** incorreta, porque não há descrição neste trecho apresentado, muito menos a descrição conforme verbete de dicionário, o texto se configura como dissertativo expositivo.

Gabarito 1ANULADA, 2E, 3C, 4E

(Soldado da Polícia Militar/CE – 2012 – CESPE) Com relação à grafia e a aspectos morfossintáticos e semânticos do texto apresentado, julgue os itens que se seguem.

(1) No contexto em que ocorrem, as palavras "embaixo" (L.12) e "defronte" (L.15) podem ser substituídas, respectivamente, por **debaixo** e **enfronte**, sem prejuízo ortográfico.

(2) A frase "os corpos de muitos soldados mortos em combate não podiam ser identificados" (L.2-4) não contém o agente da ação de identificar.

(3) Caso o verbo **decidir** seja suprimido da expressão "decidiram homenagear" (L.5), o verbo **homenagear**, que se conjuga pelo modelo de **odiar** deverá ser grafado **homenagiaram**.

1: incorreta, porque a palavra escolhida 'enfronte' não se encaixa no contexto em questão, pois ela é verbo e não tem o mesmo significado de 'em frente'; **2:** correta, porque o agente da passiva não está descrito na frase, portanto sem agente aparente, sendo ele indeterminado no trecho. Há somente o sujeito paciente da ação verbal; **3:** incorreta, porque não se grafa homenagearam com a letra 'i' e sim com a letra 'e', portanto errado.

Gabarito 1E, 2C, 3E

Ao reverenciar o dia do Soldado, estamos homenageando o homem brasileiro na sua dedicação à Pátria e no seu desprendimento em servir à Nação. Jovens brasileiros das diversas regiões do País dedicam-se à importante tarefa de prestar o serviço militar, na certeza de que estão iniciando a conquista da cidadania.

Simples, modestos, esperançosos, idealistas, lá vão eles diariamente para seus quartéis com a satisfação e o orgulho de estarem seguindo o exemplo de Luiz Alves de Lima e Silva, Duque de Caxias, expressão maior e símbolo do soldado brasileiro.

Caxias, que se destacou na conturbada fase de consolidação do Estado brasileiro como um dos baluartes da pacificação das províncias, conseguiu, com seu descortino invulgar, consolidar a paz interna e contribuir para que nenhum dos movimentos deflagrados, ora nas regiões Norte e Nordeste, ora na região Sul, se convertesse em fragmentações do País.

Internet: <www.senado.gov.br> (com adaptações).

(Soldado da Polícia Militar/CE – 2012 – CESPE) Com relação a aspectos gramaticais e semânticos do texto, julgue os próximos itens.

(1) Os adjetivos “Simples, modestos, esperançosos, idealistas” (L.7) estão no plural para concordar com “eles” (L.8).

(2) A crase que ocorre no segmento “dedicação à Pátria” (L.2) consiste no fenômeno gramatical de se fundir a preposição “a”, requerida por “dedicação”, ao artigo “a”, que acompanha o nome “Pátria”.

(3) O emprego da inicial maiúscula confere aos vocábulos “Pátria” (L.2), “Nação” (L.3) e “País” (L.4 e L.17) sentido particular e determinado, elevando-os à categoria de alto conceito político ou nacionalista.

(4) Estaria mantida a correção gramatical do texto caso o trecho “estarem seguindo o exemplo” (L.9) fosse reescrito da seguinte forma: **estarem aderindo ao exemplo**.

(5) De acordo com as normas gramaticais, a vírgula presente na primeira linha do texto tem caráter opcional, dado o valor adverbial da oração “Ao reverenciar o dia do Soldado”.

1: correta, porque os referidos adjetivos estão ligados a ‘eles’ por meio de catáfora – elementos referente ao posterior –, portanto dizem respeito ao elemento em questão tornando o item correto; **2:** correto, pois a formação da crase depende de dois elementos vocais ‘a’, neste contexto, um elemento, preposição, vindo da palavra ‘dedicação’, outro elemento, artigo, vindo da palavra Pátria; **3:** correta, porque o uso de maiúsculas é exigido também pelo fato de particularizar, singularizar elementos nominais; **4:** correta, porque neste contexto ‘seguir’ e ‘aderir’ têm o mesmo sentido e, quanto à correção, respeitou-se o fato de aderir ser VTI, solicitando o complemento verbal indireto, com preposição ‘a’, tendo sido feito o ajuste do objeto; **5:** incorreta, porque é exatamente por ter caráter adverbial deslocado da oração principal que a oração adverbial vem separada por vírgula obrigatória.

Gabarito 1C, 2C, 3C, 4C, 5E

Na última década, a questão da segurança pública passou a ser considerada problema fundamental e principal desafio ao estado de direito no Brasil. A segurança ganhou enorme visibilidade pública e jamais, em nossa história recente, esteve tão presente nos debates tanto de especialistas como do público em geral.

Os problemas relacionados com o aumento das taxas de criminalidade, o aumento da sensação de insegurança, sobretudo nos grandes centros urbanos, as dificuldades relacionadas à reforma das instituições da administração da justiça criminal, a violência policial, a ineficiência preventiva de nossas instituições, a superpopulação nos presídios, as rebeliões, as fugas, a degradação das condições de internação de jovens em conflito com a lei, a corrupção, o aumento dos custos operacionais do sistema, a ineficiência da investigação criminal e das perícias policiais e a morosidade judicial, entre tantos outros, representam desafios para o sucesso do processo de consolidação política da democracia no Brasil.

Internet: <www.observatoriodeseguranca.org> (com adaptações).

(Oficial Policial Militar de Administração/DF – 2010 – CESPE) Com relação às ideias e estruturas do texto acima, julgue os itens a seguir.

(1) Segundo o texto, a consolidação política da democracia depende, entre outros fatores, das conquistas alcançadas no âmbito da segurança pública.

(2) O emprego de “como” (L.6) está articulado ao emprego do antecedente “tanto” (L.5).

(3) O emprego de vírgula logo após “policial” (L.11), “instituições” (L.12) e “rebeliões” (L.13) deve-se a regras gramaticais diferentes.

(4) O emprego do pronome “nossas” (L.12) é um recurso discursivo que insere o leitor no texto e, nesse caso, especificamente, por meio do apelo à sua identidade nacional.

(5) A palavra “degradação” (L.14) está sendo empregada no texto com o sentido de transformação, sem nenhum juízo de valor.

1: correta, porque todo o segundo parágrafo serve para corroborar com a ideia de que as conquistas na segurança pública é fator preponderante para a consolidação democrática; **2:** correta, porque ‘como’ faz parte da locução conjuntiva de valor aditivo ‘tanto isso como aquilo’. **3:** incorreto, porque a regra que rege o uso de vírgula nestas três palavras é a mesma: separar termo enumerados; **4:** correto, porque o uso de 1ª pessoa do plural se configura por incluir o interlocutor no texto, assim como se afirmar a presença do autor do texto no texto; **5:** incorreta, porque ‘degradação’ tem valor negativo e não significa no texto transformação.

Gabarito 1C, 2C, 3E, 4C, 5E

Ética, cidadania e segurança pública são valores entrelaçados. Não pode haver efetiva vigência da cidadania em uma sociedade que não se guie pela ética. Não vigora a ética onde se suprima ou se menospreze a cidadania. A segurança pública é direito do cidadão, é requisito do exercício da cidadania. A segurança pública é também um imperativo ético.

A luta pela ética, pela construção da cidadania e pela preservação da segurança pública não constitui dever exclusivo do Estado. Cabe ao povo, às instituições sociais, às comunidades, participar desse processo político de sedimentação de valores tão essenciais à vida coletiva.

Internet: <www.dhnet.org.br> (com adaptações).

(Oficial Policial Militar de Administração/DF – 2010 – CESPE) Com base nas ideias e estruturas do texto acima, julgue os itens que se seguem.

(1) Esse texto é predominantemente narrativo.

(2) A seleção vocabular e as estruturas sintáticas do texto são impróprias para emprego em uma correspondência oficial, que deve sempre prezar por objetividade e clareza.

(3) A palavra “imperativo” (L.7) está sendo empregada, nesse texto, com o sentido de exigência, necessidade, dever.

(4) O emprego do acento grave em “às instituições sociais” (L.10) e “às comunidades” (L.11) justifica-se pela regência de “Cabe” (L.10) e pela presença de artigo definido feminino.

(5) A informação original do período seria alterada se a palavra “sedimentação” (L.12) fosse substituída por consolidação.

1: incorreta, porque não há nenhum trecho narrativo neste texto, apenas existe o gênero discursivo dissertativo; **2:** incorreta, porque o texto sendo dissertativo possui exatamente as características do texto oficial: objetividade e clareza; **3:** correta, porque o contexto permite que se tenha o sentido mesmo de dever, necessidade para o termo 'imperativo'; **4:** correta, porque o sinal indicativo de crase depende da junção de dois 'a': um, preposição que, neste contexto, vem da regência do verbo 'Cabe', VTI, outro, artigos dos substantivos femininos 'instituições' e 'comunidades'; **5:** incorreta, porque as palavras são sinônimas fora e dentro do texto, cabendo perfeitamente ao contexto.

Gabarito 1E, 2E, 3C, 4C, 5E

Todos os seres humanos necessitam de segurança. Todos os seres humanos têm o direito de serem protegidos do medo, de todas as espécies de medo.

O medo tem raízes profundas na alma dos seres. Radica-se no inconsciente e é objeto constante da pesquisa científica, com destaque para a psicanálise.

Temos medo do abandono, de passar necessidade e privações, medo das agressões, da doença, da morte.

Uma sociedade que se funde no "espírito de solidariedade" procurará construir modelos de convivência que afastem o medo do horizonte permanente de expectativas. Em uma sociedade fraterna, o homem não será *lobo* do outro homem.

Nossa Constituição determina que a segurança pública é dever do Estado, direito e responsabilidade de todos. Será exercida para a preservação da ordem pública e da incolumidade das pessoas e do patrimônio.

Internet: <www.dhnet.org.br> (com adaptações).

(Oficial Policial Militar de Administração/DF – 2010 – CESPE) A partir do texto acima, julgue os itens subsequentes.

(1) A repetição do segmento "Todos os seres humanos" (L.2) confere ênfase à informação do texto.

(2) Em "Radica-se" (L.5), o pronome indica que o sujeito é indeterminado.

(3) A primeira pessoa do plural, expressa em "Temos" (L.7) e "Nossa" (L.14), confere ao texto um nível de subjetividade impróprio para o emprego em correspondências oficiais.

(4) O segmento "Será exercida" (L.16) refere-se ao antecedente "Nossa Constituição" (L.14).

(5) A palavra "incolumidade" (L.17) está sendo empregada com o sentido de estado ou situação livre de perigo, intacto, ileso, são e salvo.

1: correta, porque a ênfase dada por meio da repetição de um termo ou expressão chama-se anáfora, que é um recurso linguístico; **2:** incorreta, porque o 'se' é apenas parte integrante do verbo, sendo o sujeito do verbo o pronome 'ele', oculto, referido ao termo 'medo' da oração anterior; **3:** incorreta, porque impessoalidade do texto oficial se dá não pelo uso de pronomes ou verbos em 1º pessoa e sim pela ausência de impressões individuais e pelo assunto ser o assunto oficial; **4:** incorreta, porque se refere mesmo a 'segurança pública' e não a 'Nossa Constituição'; **5:** correta, porque o contexto permite perfeitamente a troca de sentidos entre a palavra em destaque e as sugestões da assertiva, pois não alteram o sentido do texto.

Gabarito 1C, 2E, 3E, 4E, 5C

Julgue os itens seguintes quanto à correção gramatical e à grafia das palavras.

(1) O poder público, com a participação da sociedade, há de provêr a segurança pública como caminho para o exercício da cidadania.

(2) No provimento da segurança pública deverá o Estado estar atento ao conjunto dos direitos humanos, e dos direitos do cidadão.

(3) Não se justifica que, em nome de uma pretensa exigência de segurança pública, sejam sacrificados determinados direitos humanos ou determinados direitos inerentes à cidadania.

(4) A busca da segurança pública e a busca da cidadania plena deverão constituir um projeto solidário do poder público e da sociedade.

(5) O provimento da segurança pública e o estabelecimento de condições para o florescimento e o exercício da cidadania cabem, antes de tudo, à União e aos estados.

1: incorreta, porque 'prover' não possui acento por ser uma oxítona terminada em 'r'; **2:** incorreta, porque é obrigatório o uso de vírgula depois da palavra 'pública' para marcar o deslocamento de um termo adverbial; **3:** correta, porque não há erro de natureza morfossintática ou gráfica na assertiva; **4:** correta, porque não há erro de natureza morfossintática ou gráfica na assertiva; **5:** correta, porque não há erro de natureza morfossintática ou gráfica na assertiva.

Gabarito 1E, 2E, 3C, 4C, 5C

(Oficial Policial Militar de Administração/DF – 2010 – CESPE) Levantamento da Companhia de Planejamento do Distrito Federal (CODEPLAN) mostra que 260 mil pessoas, ou 10% da população do DF, vivem com até 2 salários-mínimos por mês. Desses, 85% ganham até um salário-mínimo e 15%, entre um e dois. A população de baixa renda está espalhada por 62 mil casas, em 15 das 30 regiões administrativas. Ceilândia, Planaltina, Samambaia, Gama e Santa Maria concentram 65% dos domicílios e moradores do DF que recebem até 2 salários-mínimos. Quase 100% têm acesso à água potável; 83% têm rede para esgotamento sanitário; 84% têm asfalto nas proximidades. Mais de 10% dos domicílios não possuem cozinha e 63% das pessoas de baixa renda possuem aparelho de DVD; 1,5% tem TV de plasma e 1% tem *notebook*; 8% contam com Internet paga; e 22% têm carro. Mais de 40% dos moradores de baixa renda não completaram o ensino fundamental. Mais da metade das supracitadas 260 mil pessoas é natural do DF.

Correio Braziliense, 13/8/2009, p. 42 (com adaptações).

Considerando as informações do texto acima, julgue os itens que se seguem a respeito da distribuição de renda no DF.

(1) No DF, migrantes de outros estados compõem a maioria da população que vive com menos de 2 salários-mínimos por mês, porque o mercado de trabalho local paga salários mais baixos do que a média nacional.

(2) A população com renda inferior a 2 salários-mínimos está espalhada de maneira uniforme em todo o DF.

1: incorreta, porque não há menção à média nacional de salários nem são migrantes de outros estados a maioria da população e sim metade apenas, como citado no final do texto; **2:** incorreta, porque estão concentradas em apenas 15 das 30 regiões do DF.

Gabarito 1E, 2E

(Oficial Policial Militar de Administração/DF – 2010 – CESPE)

A partir de 7/8/2009, entrou em vigor, no estado de São Paulo, a nova legislação antifumo. Ficou proibido fumar em ambientes fechados de uso coletivo como bares, restaurantes, casas noturnas e outros estabelecimentos comerciais. Fumódromos em ambientes de trabalho e áreas reservadas para fumantes em restaurantes ficam proibidas. A medida acompanha cidades como Nova Iorque, Londres, Paris e Buenos Aires. A responsabilidade por garantir que os ambientes estejam livres de tabaco será dos proprietários dos estabelecimentos. Em caso de desrespeito à lei, o estabelecimento receberá multa, que será dobrada em caso de reincidência. Se o estabelecimento for flagrado uma terceira vez, será interditado por 48 horas. E, em caso de nova reincidência, a interdição será de 30 dias.

Internet: <www.leiantifumo.sp.gov.br> (com adaptações).

Com relação ao texto acima, julgue os itens que se seguem.

(1) A nova lei paulista proíbe o ato de fumar em qualquer espaço urbano, tal qual ocorre em cidades como Nova Iorque, Londres, Paris, Buenos Aires.

(2) Os fumantes não serão alvo de punição, pois a responsabilidade pelo cumprimento da nova lei será dos proprietários de estabelecimentos.

(3) A nova legislação não estabelece ambientes 100% livres do tabaco, já que serão permitidos os fumódromos em restaurantes.

1: incorreta, porque não se proíbe o fumo em qualquer ambiente urbano e sim em ambiente de trabalho e áreas reservadas para fumantes; **2:** correta, porque nos períodos finais do trecho se fala em punição apenas aos estabelecimento e nada se diz sobre os fumantes em si; **3:** incorreta, porque não serão permitidos fumódromos em restaurantes.

Gabarito 1E, 2C, 3E

Texto para as questões seguintes

A análise da história brasileira demonstra uma sociedade caracterizada pela reprodução de modelos e conceitos provenientes de culturas em destaque mundial. Com isso, devido à falta de correspondência ao momento vivenciado pela realidade nacional, muitas determinações legislativas e comportamentais disciplinadas não foram efetivamente incorporadas. Na abertura política promovida pela Constituição Federal de 1988, houve a legitimação de garantias sequer questionadas na época, tornando imprescindível o planejamento de sua implementação. A lacuna gerada pela ausência dessa etapa resultou na atuação incoerente dos órgãos atingidos por essa mácula.

A segurança, como dever e garantia da cidadania, tornou-se um dos mais relevantes instrumentos da democracia. Entretanto, mobilizada segundo orientações arcaicas, promoveu o retrocesso aos valores totalitários. Ainda predomina na população a compreensão da segurança como função exclusiva da polícia, bem como de que a redução da violência e da criminalidade se obtém com o aumento do contingente policial, de sua manifestação invasiva e rigorosa.

Ocorre que o fenômeno da criminalidade, por ser demasiadamente complexo, envolve questionamentos que superam as meras exigências provenientes da crescente demanda por serviços de proteção. A violência propriamente dita é considerada uma reação a algo, uma resposta ao fracasso, às frustrações, ao desrespeito e à prepotência. Enfim, pode assumir significados que extravasam as relações interpessoais, abrangendo o processo de vitimização, a violência estrutural propagada pela desigualdade da distribuição de renda e pela dominação de classes. Portanto, a violência e a criminalidade podem ser consideradas sintomas sociais que exigem o diagnóstico de sua causa, para o tratamento específico.

A atenção ao diagnóstico, à avaliação e ao planejamento de ações em segurança pública pelo Estado adquiriu relativa estabilidade somente a partir de 2000, com o Plano Nacional de Segurança Pública, e em 2003, com a consolidação da Secretaria Nacional de Segurança Pública, órgão responsável pela implantação e execução da política nacional de segurança. Atualmente, a noção de Segurança Cidadã constitui referência central na luta pela exclusão definitiva do modelo repressivo e pela construção de um novo paradigma.

Fernanda da Rosa Cristino. Segurança pública e democraciA: um novo paradigma. *In*: **Revista Jus Vigilantibus**. 8/10/2008.

Internet: <http:// jusvi .com> (com adaptações).

(Oficial Policial Militar/DF – 2010 – CESPE) No que concerne às ideias do texto, julgue os itens subsecutivos.

(1) O texto defende a ideia de que o planejamento é uma etapa fundamental para que as leis tornem-se exequíveis.

(2) Depreende-se do texto que, no Brasil, o número de policiais é inversamente proporcional ao índice de criminalidade.

(3) Na metáfora utilizada no texto, a desigualdade na distribuição de renda é apontada como uma das faces de um mal que aflige a sociedade, do qual a violência e a criminalidade são sintomas.

(4) Segundo o texto, a repressão por parte da polícia é considerada apenas parte do tratamento do problema da violência e da criminalidade na sociedade brasileira; em vista disso, a concepção de Segurança Cidadã tem-se fortalecido.

(5) A autora do texto demonstra imparcialidade ao tratar do tema segurança pública.

(6) Infere-se do texto que a sociedade brasileira sempre teve papel decisivo na definição das leis que vigoram no país.

1: correta, porque o 1º§ traz exatamente a informação de que a falta de planejamento fez com que existissem leis inócuas; **2:** incorreta, porque não há esse tipo de informação no texto. O que há mesmo é a menção de que é costume se pensar que a solução para a criminalidade é o aumento do efetivo policial, porém noção errônea; **3:** correta, porque a metáfora a que se refere o texto é a de comparação indireta da criminalidade com uma doença social; **4:** incorreta, porque nem a repressão aparece no texto como parte da solução para a criminalidade, nem a concepção de Segurança Cidadã tem como foco a repressão policial, mas sim a prevenção e um novo paradigma; **5:** correta, porque em nenhum momento do texto a autora se inclui nas informações e argumentos tratados. O que há no texto é apenas a explanação de argumentos; **6:** incorreta, porque é exatamente o contrário o que se diz no texto, pois a ideia de que raramente o povo é consultado na criação de leis no Brasil.

Gabarito 1C, 2E, 3C, 4E, 5C, 6E

(Oficial Policial Militar/DF – 2010 – CESPE) Com referência aos aspectos gramaticais do texto, julgue os itens subsequentes.

(1) O trecho "pela exclusão definitiva do modelo repressivo e pela construção de um novo paradigma" (L.40-42) completa, no texto, o sentido de "luta" (L.40).

(2) A substituição do termo "repressivo" (L.41) por **repressor** manteria a coerência das ideias do texto.

(3) No período iniciado na linha 7, a oração reduzida de gerúndio introduz uma consequência advinda de decisão tomada à época da redemocratização ocorrida no Brasil na década de 80 do século passado.

(4) Na linha 13, a expressão "como dever e garantia da cidadania" restringe o sentido do termo "a segurança", que o antecede.

(5) A colocação de vírgula logo após o termo "constitui" (L.40) manteria a correção gramatical e o sentido do texto.

1: correta, porque a expressão nominal 'luta' tem regência na expressão citada na assertiva; **2:** correta, porque são expressões sinônimas que se encaixam no contexto em questão de forma perfeita; **3:** correta, porque se dá a consequência na forma da ação que acontece depois da ação principal, que no caso em questão começa na oração 'houve a legitimação (...)'; **4:** incorreta, porque o termo apenas explica o termo antecedente, inclusive separado dele por vírgula para indicar tal explicação; **5:** incorreta, porque o uso de vírgula após o verbo citado na assertiva separaria o verbo de seu objeto, impedindo a ordem direta.

Gabarito 1C, 2C, 3C, 4E, 5E

Texto para as questões seguintes

Questão de princípio

A justiça do Rio concedeu liminar que suspende o sistema de cotas nas universidades do estado. Os desembargadores concluíram que o sistema fere o princípio de igualdade para todos, previsto na Constituição. Não é a primeira vez que a justiça derruba as cotas — e certamente não será a última. Elas já foram suspensas, já voltaram, já caíram e ressurgiram.

O Rio tem um intrincado sistema que mistura cotas raciais, preferência para alunos de escolas públicas e cotas para deficientes. Como fica o caso de um filho de um pedreiro branco? Está fora das cotas e tem boas chances de ser obrigado a pagar faculdade. *OK*, cotas raciais não são boas. Vamos fazer, então, cotas sociais. Pobres terão direito às vagas; ricos, não. E como definir quem é rico? E os filhos da classe média, que investiu na formação e agora é punida por ter conseguido um pouco mais na vida? Como fazer um sistema de cotas sem abrir mão da meritocracia?

Nelito Fernandes. *In*: **Época**, 1.º/6/2009. Ed. Globo (com adaptações).

(Oficial Policial Militar/DF – 2010 – CESPE) Acerca das ideias expressas no texto, julgue os seguintes itens.

(1) Desde que surgiram, as cotas nas universidades têm-se mostrado tema polêmico e motivo de divergências entre as autoridades judiciais.

(2) Segundo o texto, o sistema de cotas no estado do Rio de Janeiro segue o mesmo padrão do adotado nas demais unidades federativas brasileiras.

(3) Depreende-se do texto que o sistema de cotas no Rio de Janeiro, tal como apresentado, desfavorece determinados segmentos da sociedade.

(4) De acordo com os desembargadores do estado do Rio de Janeiro, a suspensão do sistema de cotas é ação contrária a princípios contidos na Carta Magna.

1: correta, porque o tema central do texto é exatamente a polêmica acerca do sistema de cotas nas universidades; **2:** incorreta, porque no 2º§ o texto explicita o sistema fluminense de cotas, inclusive chamando-o de 'intrincado'; **3:** correta, porque são priorizados elementos que acabam por excluir outros, como exemplo fora dado o filho de um pedreiro branco como merecedor de ajuda para estudar, mas que estaria fora do sistema atual de cotas; **4:** incorreta, porque a suspensão do sistema de cotas é ação que corrobora com os princípios constitucionais sobre a igualdade.

Gabarito 1C, 2E, 3C, 4E

(Oficial Policial Militar/DF – 2010 – CESPE) A respeito da estrutura linguística do texto, julgue os itens a seguir.

(1) Uma estrutura sob a forma interrogativa indireta equivalente a "Como fica o caso de um filho de um pedreiro branco?" (L.10-11) e que respeita as normas gramaticais vigentes é **Pergunta-se como fica o caso de um filho de um pedreiro branco?**

(2) De acordo com a organização das ideias no texto, é correto afirmar que as formas verbais "Está" e "tem", ambas na linha 11, podem se referir tanto a "filho" (L.10) quanto a "pedreiro branco" (L.10-11).

(3) O sinal indicativo de crase em "às" (L.13) é facultativo.

(4) As três últimas formas verbais do texto apresentam complemento.

(5) O vocábulo "meritocracia" (L.17) diz respeito ao sistema de recompensa fundamentado no mérito pessoal.

(6) A forma verbal "concedeu" (L.1) pode ser substituída, sem prejuízo para o sentido original do texto, por **aprovou**.

(7) O termo "que" tem como antecedente, na linha 1, o vocábulo "liminar" e, na linha 3, o vocábulo "desembargadores".

1: incorreta, porque o verbo 'fica' deveria flexionar-se em 'ficaria'. Além disso, no texto em questão, branco é o filho e não o pedreiro, como na assertiva; **2:** incorreta, porque, pelo contexto apresentado, as formas verbais se referem apenas ao filho do pedreiro e não a ele; **3:** incorreta, porque a formação da crase se dá pelo encontro de duas vogais 'a'. Neste caso, um 'a' é preposição vinda da palavra 'direito', somada ao 'as', artigo de 'vagas'; **4:** correta, porque as três últimas formas verbais do texto são: 'investiu', VTI; 'fazer', VTD; e 'abrir', VTD; **5:** correta, porque, dado o contexto em que se encontra o termo analisado, pode-se afirmar tal definição para o termo 'meritocracia', termo formado por elementos que também permitem afirmar tal definição; **6:** incorreta, porque conceder – significando uma ação direta do sujeito – tem o sentido diferente de aprovar – significando uma ação apenas mais passiva do sujeito –, deixando o sentido do trecho em questão diferente do original; **7:** incorreta, porque o primeiro 'que' realmente se refere ao termo 'liminar', porém o segundo 'que' não se refere a nenhum termo, pois é conjunção integrante e não pronome relativo.

Gabarito 1E, 2E, 3E, 4C, 5C, 6E, 7E

(Soldado Combatente do Corpo de Bombeiros/ES – 2011 – CESPE)

Quem já teve a oportunidade — e o privilégio — de observar filhotinhos de cães ou gatos brincando, certamente, percebeu a alegria com que simulam lutas, rolam por cima uns dos outros, inventam usos curiosos para objetos do cotidiano. Com seres humanos não é diferente. Essa atividade começa cedo, quando o bebê descobre o quanto os próprios pés e mãos podem ser divertidos. Ao longo do tempo, o brincar assume papel fundamental e contribui para o desenvolvimento. Não por acaso, a multiplicação mais intensa de neurônios se dá justamente nos períodos em que práticas lúdicas e criativas são mais frequentes. À medida que crescemos, deixamos, porém, esse hábito tão importante relegado a planos secundários, bem distantes de nossas prioridades, que passam a ser formação profissional, trabalho, relacionamentos afetivos... Enfim, coisa de gente grande. Estudos recentes têm mostrado, entretanto, que brincar de forma livre tem influências positivas em áreas "sérias" da vida.

Mente e Cérebro, n. 216, 2011, p. 3 (com adaptações).

A partir do texto acima, julgue os itens a seguir.

(1) O vocábulo "relegado" (l.12) pode ser substituído por recusado, sem que haja prejuízo para a correção gramatical e o sentido do texto.

(2) Da leitura do texto depreende-se que as brincadeiras apresentam potencial benéfico em todas as fases da vida.

(3) Segundo o texto, os adultos desempenham atividades lúdicas com mais seriedade que as crianças.

(4) O trecho isolado por travessões (l.1) marca a opinião do autor acerca da observação de brincadeiras de filhotinhos.

(5) Sem que se contrarie o sentido original do texto, o trecho "certamente, percebeu a alegria com que simulam lutas" (l.2-3) pode ser reescrito da seguinte forma: com certeza, notou a alegria com a qual simulam lutas.

(6) A vírgula após a expressão "Ao longo do tempo" (l.7) pode ser suprimida sem prejuízo para a correção gramatical, pois é marca de estilo do autor do texto.

1: incorreta, porque a regência no nome 'relegado' não é a mesma regência de 'recusado', tornando errada a substituição de um termo por outro; **2:** incorreta, porque o potencial benéfico das brincadeiras, de acordo com o texto, acontece em áreas 'sérias' da vida e não em todas as fases, como se afirma na assertiva; **3:** incorreta, porque não há relação de comparação entre adultos e crianças acerca do nível de seriedade em brincadeira, nem com qualquer outro elemento; **4:** correta, porque 'privilégio' é uma palavra que, da forma como fora usada no texto, indica opinião pessoal do autor acerca do assunto; **5:** incorreta, porque, ao utilizar 'com a qual', dá-se o sentido ao texto de que fora utilizada 'alegria' para simular lutas, contrariando o sentido original; **6:** incorreta, porque é uma expressão adverbial de longa extensão deslocada e deve ser separada para indicar tal deslocamento.

Gabarito 1E, 2E, 3E, 4C, 5E, 6E

(Soldado Combatente do Corpo de Bombeiros/ES – 2011 – CESPE)

Sim, são romances. Mas são tão reais, com tantos detalhes e fatos minuciosos, que chegam a se parecer com livros escritos por renomados pesquisadores de história — só que narrados com sentimento e emoção. As prateleiras de literatura estrangeira estão apinhadas desse tipo de obra, que os fãs conhecem como romances históricos. A fronteira entre história e ficção, de fato, é próxima nesse gênero literário, tanto que, muitas vezes, até quem conhece o tema se confunde. A verdade é que os autores dedicam anos à fase de pesquisa antes de escrever sequer uma linha. O objetivo é claro: fazer com que a obra mostre o retrato de uma época.

Revista da Cultura, n. 38, p.30 (com adaptações).

A partir do texto acima, julgue os próximos itens.

(1) O vocábulo "apinhadas" (l.5) pode ser substituído por **abarrotadas**, sem que se altere o sentido do trecho.

(2) Os textos escritos por historiadores, segundo o texto, carecem de emoção, por serem obras menos detalhistas que as obras de ficção.

(3) O romance histórico baseia-se sempre em fatos reais que são, segundo a criatividade do autor, organizados de modo a prender a atenção do leitor.

(4) Com correção gramatical e sem prejuízo para o sentido pretendido no texto, a expressão "só que" (l.3-4) pode ser substituída por **a** menos que.

1: correta, porque 'abarrotado' tem o mesmo significado, valor semântico, de 'apinhado' no contexto em que se insere; **2:** incorreto, porque os textos escritos por historiadores, no texto em questão, carecem sim de emoção, mas são tão detalhistas quanto os romances, ao contrário do que se afirma na assertiva; **3:** correto, porque os autores dos romances, segundo o texto, têm uma longa pesquisa para que seus textos sejam o 'retrato de uma época' (linha 11); **4:** incorreta, porque 'só que' traz a ideia de adversidade ao trecho a que pertence, já o termo 'a menos que' confere ao trecho o sentido de condição, não mantendo, portanto, o valor original do texto.

Gabarito 1C, 3C, 4E

(Soldado Combatente do Corpo de Bombeiros/ES – 2011 – CESPE)

A rigor, não há um só momento em que a humanidade esteja livre das preocupações ou das limitações que o tempo lhe impõe. Isso se verifica com referência não só a um breve giro de relógio, mas também à folhinha sobre a mesa. Tudo, e sempre, fala do tempo que se escoa sem avanço e sem atraso, mostrando-se, fazendo-se sentir no amadurecimento dos frutos, na ida e vinda do calor e do frio, da chuva e da estiagem, no montar e descer das marés, na infância que se torna juventude e na velhice que tateia a morte, na memória que vacila e na canção que se perde a distância!

A humanidade não pode fugir ao sacrifício que o tempo lhe exige. Para não perder esse encontro fatal com o fugitivo criador-destruidor, essa mesma humanidade passou toda a sua história criando sistemas, construindo aparelhos, conferindo dados, apelando para os astros no esforço de conhecer, medir, controlar e, se possível, prender o esguio, o inexorável aliado e inimigo, auxiliar e carrasco — o tempo!

Hernani Donato. **História do calendário**. São Paulo: Melhoramentos, 1976 (com adaptações).

Com base no texto acima, julgue os itens subsequentes:

(1) Infere-se do texto que a humanidade percebe a passagem do tempo e tenta, inclusive com o uso da ciência, medi-lo de diversas formas.

(2) O trecho "A rigor, não há um só momento em que a humanidade esteja livre das preocupações ou das limitações que o tempo lhe impõe" (l.1-3) admite, sem prejuízo para a correção gramatical e para o sentido do texto, a seguinte reescrita: A rigor, não tem um só momento que a humanidade se livre das preocupações ou restrições a ela impostas pelo tempo.

(3) No trecho "na ida e vinda do calor e do frio, da chuva e da estiagem" (l.7), há menção às estações do ano.

(4) A forma verbal "tateia" (l.9) foi empregada com sentido figurado.

(5) O autor do texto sugere que a humanidade firmou um pacto com o tempo.

1: correta, porque no final do texto se diz exatamente isso, sendo a medição do tempo um dos elementos que a humanidade procura em relação ao tempo; **2:** incorreta, porque o verbo ter não pode ser usado no sentido de haver/existir, e ainda falta a preposição 'em', obrigatória neste tipo de construção, depois da palavra 'momento'; **3:** correta, porque é correta a relação de inferência em relação às estações do ano como verão, inverno, por exemplo; **4:** correta, porque tatear se refere ao sentido do tato, de 'tocar com', de tocar algo, e no texto não há como tocar algo abstrato como a morte, sendo utilizada a palavra com o sentido irreal, imaginário, figurado, conotativo; **5:** incorreta, porque não há menção de pacto algum entre a humanidade e o tempo, nem sequer há no tempo tal tentativa, senão o fato de a humanidade conhecer, medir, tentar subjugar o tempo.

Gabarito 1C, 2E, 3C, 4C, 5E

(Soldado Combatente do Corpo de Bombeiros/ES – 2011 – CESPE)

Imagine que você está no seu quarto. A cama, o armário e a escrivaninha estão lá onde sempre estiveram. De repente, a luz acaba e, quando volta a acender, tudo está diferente. A cama não se parece com a sua, tampouco os outros móveis. Você procura a saída e descobre que até mesmo a porta mudou de lugar. A única coisa que você reconhece é a maçaneta. Parece assustador? Pois algo como isso aconteceu com os físicos em 1998.

Naquele ano, os cientistas perceberam que não faziam a menor ideia do que havia em 73% do universo conhecido. Eles perceberam que estrelas recém-nascidas estavam afastando-se de uma forma muito mais rápida do que a esperada. Ou seja, havia ali algo que ninguém vê e que estava provocando a aceleração, como se fosse uma gravidade ao contrário. Na falta de mais informações sobre o assunto, batizaram essa força com o misterioso nome de energia escura.

Revista **Darcy**, n.º 5, 2010, p. 20 (com adaptações).

A partir do texto acima, julgue os itens que se seguem.

(1) A palavra "tampouco" (l.4) pode ser substituída pela conjunção nem, sem que se altere o sentido do texto.

(2) Seria mantida a correção gramatical do texto caso a palavra "rápida" (l.12) fosse substituída por rapidamente.

(3) Infere-se das informações contidas no texto que o fato de o referido fenômeno ter ocorrido na escuridão do espaço motivou a atribuição da denominação "energia escura" à força desconhecida pelos cientistas.

(4) O texto refere-se à dificuldade enfrentada pelos cientistas para compreender o que existe de fato no universo.

(5) A forma verbal "Imagine" (l.1) pode ser substituída por Suponha sem prejuízo para o sentido pretendido no texto.

1: correta, porque, apesar de o gabarito oficial definitivo afirmar que seja incorreta a troca de uma palavra por outra, o sentido do texto, seu contexto, permite perfeitamente a troca sem que haja prejuízo semântico ou mesmo sintático ao texto, portanto o item é correto no que afirma; **2:** incorreta, porque a troca acarretaria erro gramatical, não cabendo a mudança de um adjetivo por um advérbio neste contexto, e o texto, da maneira como fora escrito, não permite a troca nem semanticamente; **3:** incorreta, porque não fora pelo fato de acontecer na escuridão do espaço o que levou cientistas a batizarem o fenômeno de energia escura e sim o fato de ser desconhecida; **4:** correta, porque o texto gira em torno de tentar explicar o que ocorreu com os cientistas quando descobriram que não sabiam de 73% do universo conhecido; **5:** correta, porque ambas as formas têm o mesmo sentido e regência, tornando possível a troca no contexto dado.

Gabarito Oficial 1E (Nosso Gabarito 1C), 2E, 3E, 4C, 5C

Texto para as próximas questões

A democracia é o único regime que permite ao cidadão ser contra, dentro da lei. Os demais regimes recusam ou reprimem esse direito e permitem ao cidadão apenas ser a favor ou neutro, jamais ser contra. Portanto, para funcionar bem, a democracia precisa garantir ao cidadão aquilo que a distingue dos demais regimes: o direito legal de ser contra.

Eleições no mundo todo são feitas somente com o voto a favor e não há como distinguir a democracia da ditadura, pois esta também permite o voto a favor. Muitos ditadores do mundo submeteram-se a eleições e foram "reeleitos", sempre com votos a favor.

No Brasil, há muitos políticos que, embora rejeitados por muitos, acabam sendo eleitos por poucos, lamentavelmente com votos suficientes para ganhar o cargo. O voto a favor, sozinho, não garante a democracia.

As eleições atuais não detectam verdadeiramente a vontade da maioria dos cidadãos — um dos traços da democracia —, pois não levam em conta a rejeição dos eleitores ao candidato. É uma democracia pela metade.

Para que uma eleição seja democrática, cada eleitor deveria receber duas cédulas, uma para o voto a favor do candidato preferido e outra para o voto contrário ao candidato que ele não quer. Seriam apurados os votos a favor, os contrários e o saldo de votos. Assim, estaria eleito o candidato com o maior saldo de votos. Puro, simples e democrático.

A primeira eleição seria talvez um pouco confusa para o eleitor e para o candidato, mas as vantagens seriam tão grandes que ambos aprenderiam logo para a eleição seguinte.

De início, a vantagem seria a imediata exclusão de políticos "profissionais", picaretas, enganadores, populistas, marqueteiros, tudo de acordo com as regras democráticas, pelo voto; nesse caso, tanto o voto a favor quanto o contrário. Mas a principal vantagem seria fazer funcionar plenamente a democracia, ao dar ao eleitor aquilo que a distingue, o direito de oposição legal.

Milton Nogueira. **Voto a favor, voto contrário**.

Internet: <www.cartacapital.com.br> (com adaptações).

(Soldado Combatente da Polícia Militar/ES – 2010 – CESPE) Com base no texto, julgue os itens de 1 a 7.

(1) Segundo o texto, regimes democráticos e ditatoriais assemelham-se ao garantir o voto a favor.

(2) Infere-se do texto que, nos regimes ditatoriais, todos os cidadãos votam a favor da reeleição.

(3) O emprego da expressão "oposição legal" (l.35) indica que o processo eleitoral proposto pelo autor é um processo justo.

(4) O saldo de votos mencionado no texto refere-se à subtração do número de votos contrários do total de votos a favor.

(5) A mudança no processo eleitoral, conforme proposto no texto, não exclui, por si só, os maus políticos da vida política.

(6) De acordo com o texto, a democracia vigente no Brasil não garante, de forma plena e efetiva, a representatividade dos políticos eleitos.

(7) Infere-se do texto que eleições com voto a favor e contra não são realizadas com frequência, porque são dispendiosas, pois exigem grande quantidade de papel para cédulas e de pessoas para realizarem a apuração dos votos.

1: correta, porque da linha 7 à 11, diz-se exatamente a semelhança quanto ao tipo de voto entre a Democracia e a Ditadura; **2:** incorreta, porque não é a favor da reeleição que se vota e sim simplesmente 'a favor' do candidato, termo implícito no contexto; **3:** incorreta, pois o emprego da referida expressão é apenas para corroborar com o fato democrático de poder ser contrário e não se é mais justo ou não o processo; **4:** correta, porque o saldo de votos é a simples subtração dos votos contrários dos votos favoráveis para obter o resultado final, linhas de 23 a 25; **5:** incorreta, porque, de acordo com o último parágrafo do texto, já em seu início, seria uma exclusão imediata de maus políticos; **6:** correta, porque, para garantir a representatividade plena, o sistema de votação deveria levar em conta os votos contrários também; **7:** incorreta, porque não fora feita menção nenhuma a gastos com papel ou qualquer outra forma de gastos.

Gabarito 1C, 2E, 3E, 4C, 5E, 6C, 7E

(Soldado Combatente da Polícia Militar/ES – 2010 – CESPE) Com relação a aspectos estruturais do texto, julgue os itens subsequentes:

(1) A oração "embora rejeitados por muitos" (l.12-13) exerce função adverbial no período em que se encontra e é isolada por vírgulas por estar intercalada em outra oração.

(2) A formação dos vocábulos "lamentavelmente" (l.13) e "plenamente" (l.33) ocorre de maneira idêntica: a partir do acréscimo do sufixo -mente a um adjetivo.

(3) A oração "Seriam apurados os votos a favor, os contrários e o saldo de votos" (l.23-24) está na voz passiva.

(4) A expressão "Puro, simples e democrático" (l.25) qualifica o processo eleitoral verdadeiramente democrático proposto pelo autor do texto.

(5) O vocábulo "confusa" (l.26) foi empregado no texto com sentido denotativo.

(6) O vocábulo "populistas" (l.30) poderia ser substituído, sem prejuízo à correção gramatical e ao sentido do texto, por populares.

(7) O trecho "o direito de oposição legal" (l.34-35) exerce a função de complemento da forma verbal "dar" (l.34).

(8) A conjunção "ou" (l.3) é empregada, no texto, com o objetivo de ligar termos sinônimos.

(9) O emprego do acento grave em "voto a favor" (l.8) manteria a correção gramatical do texto.

(10) Os vocábulos "democracia" e "ditadura", ambos na linha 8, são antônimos.

1: correta, porque a oração em destaque exerce a função de advérbio de concessão, estando intercalada entre termos subsequentes 'que' e 'acabam', tendo obrigatoriamente de usar a s vírgulas para indicar essa intercalação; **2:** correta, porque os adjetivos lamentável e pleno sofreram acréscimo de sufixo para que se transformassem em advérbios de modo; **3:** correta, porque o sujeito da oração 'os votos a favor, os contrários e o saldo de votos' é paciente, ou seja, sofre a ação verbal de serem apurados; **4:** correta, porque os adjetivos estão ligados por coesão ao processo democrático explicado no início do parágrafo em que se inserem; **5:** correta, porque denotação é o sentido real, originário de uma palavra, e assim o termo a que se refere a assertiva tem seu sentido real apresentado no contexto dado; **6:** incorreta, porque o sentido dos vocábulos em questão são distintos, tendo o vocábulo 'populistas' um sentido pejorativo e 'populares' não; **7:** incorreta, porque o termo destacado na assertiva funciona como aposto do termo 'aquilo que a distingue', este sim complemento direto do verbo 'dar'; **8:** incorreta, porque 'recusam' e 'reprimem' no contexto em que estão inseridos não são sinônimos, portanto o 'ou' não tem essa função. Sua função é a de representar apenas uma não exclusão, podendo garantir que sejam as duas ações, ou apenas uma delas a serem postas em prática pelos demais regimes que não o democrático; **9:** incorreta, porque, sendo a crase a junção de dois 'a', um preposição e o outro artigo ou pronome, o vocábulo 'favor' é masculino e não admite o uso de artigo 'a', impedindo o uso do avento indicativo de crase; **10:** correta, porque a relação de antonímia é imprescindível para o entendimento do texto, que fora construído pela antítese destes dois vocábulos.

Gabarito 1C, 2C, 3C, 4C, 5C, 6E, 7E, 8E, 9E 10C

Texto para as próximas questões

Em menos de 30 dias, a lata de refrigerante que você descartou hoje voltará para as suas mãos. É isso mesmo. O ciclo de reutilização da latinha de alumínio — que vai do descarte, passa pela coleta seletiva e pela fundição, até chegar ao fabricante de bebidas, que a recoloca no mercado consumidor — não dura mais que um mês no Brasil. A rapidez do processo é um dos sinais da maturidade da reciclagem do alumínio no país. Outro marco é o volume reciclado. Em 2008, 91,5% de todas as latinhas consumidas pelos brasileiros voltaram para a indústria.

Apesar de menor que em anos anteriores — quando chegou a 96,5% —, o percentual mantém o país como o maior reciclador do mundo, à frente de nações desenvolvidas como o Japão e os Estados Unido da América. Mais: o Brasil é o maior reciclador de latinhas de alumínio há oito anos consecutivos. Ainda não há previsões para o resultado de 2009, quando a indústria recicladora começou a se recuperar da crise econômica, tampouco estimativas para este ano. Henio De Nicola, da Associação Brasileira do Alumínio (ABAL), afirma estar curioso sobre o desempenho deste ano. Como a estatística é feita a partir da compra de latinhas pelas empresas recicladoras — e não pelo total de unidades consumidas ou coletadas pelos sucateiros e cooperativas —, é provável que o volume reciclado em 2010 supere o número de latas produzidas no país. "2010 será um ano interessante. A tendência é que a reciclagem ultrapasse os 100%", afirma De Nicola, coordenador do Comitê de Reciclagem da ABAL.

Os números mostram que o setor conseguiu resolver uma equação muito complicada, que é fazer o lixo voltar ao mercado como matéria-prima nobre. Qualquer empresa que usa sucata em suas linhas de produção enfrenta o grande desafio de encontrar fornecedores que garantam três condições contratuais: qualidade do reciclado, prazo de entrega e volume.

Karla Spotorno. Latinhas de alumínio são campeãs em reciclagem. Internet: <http://epocanegocios.globo.com> (com adaptações).

(Soldado Combatente da Polícia Militar/ES – 2010 – CESPE) Julgue os itens subsequentes com base no texto:

(1) Segundo o texto, embora a qualidade do alumínio reciclado seja inferior à do metal primário, as empresas dão preferência ao produto reciclado por motivos ambientais e sociais.

(2) A principal razão apresentada pelo texto para o alumínio ter conquistado uma taxa de reutilização tão alta é o preço dessa matéria-prima.

(3) Infere-se do texto que o fato de o Brasil ser o maior reciclador de latinhas de alumínio do mundo deve-se à falta de empregos no país, o que leva grande número de pessoas a se tornar catadores de lata.

(4) Em 2010, a quantidade de latas recicladas no Brasil pode suplantar o total de latas produzidas no país, segundo as informações do texto.

(5) A habilidade e a prática no processo de reciclagem conferem-lhe agilidade.

(6) Afirma-se, no texto, que, em oito anos, o Brasil apresentou índices crescentes no volume de latas recicladas.

1: incorreta, porque não há no texto a menção ao fato de se dar preferência a um produto reciclado ou não; **2:** incorreta, porque não se menciona o valor do alumínio nem sequer sua comparação com a taxa de reutilização; **3:** incorreta, porque o motivo de o Brasil ser o maior reciclador do mundo não é o desemprego. Isso nem sequer fora tratado no texto; **4:** correta, porque as linhas 25 e 26 do texto tratam exatamente dessa porcentagem; **5:** correta, porque o último parágrafo do texto deixa a entender que a habilidade e a prática fazem com que se tenha maior agilidade em reciclar alumínio; **6:** incorreta, porque os índices não foram crescentes sempre, houve declínio mas o Brasil não perdeu a liderança por conta deste declínio.

Gabarito 1E, 2E, 3E, 4C, 5C, 6E

(Soldado Combatente da Polícia Militar/ES – 2010 – CESPE) Considerando que os itens abaixo apresentam propostas de reescrita de trechos do texto indicados entre aspas, julgue-os quanto à correção gramatical e à manutenção do sentido original do texto.

(1) "Qualquer empresa (...) entrega e volume" (l.30-33): Empresas, que usam sucata em suas linhas de produção, tem dificuldade em encontrar fornecedores por causa da qualidade e do volume do material reciclado e do prazo de entrega.

(2) "O ciclo de reutilização (...). no Brasil" (l.3-6): No Brasil, o ciclo de reutilização das latinhas de alumínio demoram cerca de um mês. Esse ciclo compreende o descarte, a coleta seletiva, a fundição e o retorno ao fabricante de bebidas, que a recoloca no mercado consumidor.

(3) "Ainda não há (...) este ano" (l.16-18): Ainda não existe previsões para os resultados de 2009 e 2010, quando a indústria recicladora começou a se recuperar da crise econômica.

(4) "Os números mostram (...) matéria-prima nobre" (l.28-30): Os números mostram que o setor de reciclagem conseguiu superar um obstáculo muito difícil: fazer o lixo voltar ao mercado como matéria-prima nobre.

1: incorreta, porque a vírgula depois de 'Empresas' está empregada de forma errada, pois indica uma explicação quando sua ausência deveria indicar restrição. O verbo 'tem' deveria ser grafado com acento, pois seu sujeito está no plural 'Empresas'. O primeiro fato faz com que o sentido original tenha sido alterado; **2:** incorreta, porque o verbo 'demoram' deveria ser grafado no singular, pois seu sujeito está no singular 'o ciclo'. O 'a' em 'a recoloca' deveria estar no plural para concordar com 'latinhas', palavra que representa. Quanto ao sentido, o item manteve sua ideia original; **3:** incorreta, pois o verbo existir deve ser flexionado conforme seu sujeito presente na frase 'previsões', devendo ser grafado como 'existem'; **4:** correta, porque não se encontram erros gramaticais de nenhuma natureza, e o sentido original fora preservado.

Gabarito 1E, 2E, 3E, 4C

(Soldado Combatente da Polícia Militar/ES – 2010 – CESPE) Julgue os próximos itens, acerca da estrutura do texto.

(1) O emprego do presente do subjuntivo na forma verbal "supere" (l.24) decorre da presença da expressão "é provável que" (l.23).

(2) Os dois-pontos empregados na linha 14 introduzem uma explicação.

(3) A substituição da forma verbal "há" (l.16) por fazem mantém o sentido e a correção gramatical do período.

(4) Na linha 16, o termo "previsões para o resultado de 2009" é sujeito da forma verbal "há".

(5) O vocábulo "tampouco" (l.18) equivale a muito menos e é empregado, no texto, para reforçar uma negação.

1: correta, porque a dúvida trazida pela expressão 'é provável que ' é perfeitamente mantida quando do uso do modo subjuntivo, modo este que explicita a dúvida, a incerteza; **2:** correta, porque o fato de o Brasil ser o maior reciclador de latinha há oito anos acrescenta informação ao texto naquilo que fora explicitado anteriormente, portanto também explicando um fato; **3:** incorreta, porque o sentido do verbo haver na linha 16 não é o de tempo decorrido e sim o de existir, portanto não sendo substituível por fazer, não mantendo assim nem o sentido nem a correção gramatical; **4:** incorreta, porque o verbo haver no sentido de existir, com está na linha 16 do texto, não possui sujeito, é impessoal, fica na 3ª pessoa do singular, é, portanto, uma oração sem sujeito. O termo destacado funciona como complemento direto do verbo haver; **5:** correta, porque ambas têm o mesmo sentido negativo, o mesmo valor adverbial, sendo sinônimas contextuais.

Gabarito 1C, 2C, 3E, 4E, 5C

(Soldado Combatente da Polícia Militar/ES – 2012 – EXATUS) Leia o texto atentamente e assinale a opção incorreta:

Noturno de Belo Horizonte

[...]

Que importa que uns falem mole
[descansado
Que os cariocas arranhem os
[erres na garganta
Que os capixabas e paroaras
[escancarem as vogais?
Que tem si o quinhentos réis
[meridional
Vira cinco tostões do Rio pro norte?
Juntos formamos este assombro
[de misérias e grandezas.
Brasil, nome de vegetal!...

Mário de Andrade

(A) A partir da leitura desse texto, percebemos que dependendo de onde o falante viveu durante certo número de anos, ele tem uma pronúncia característica.

(B) À maneira particular que uns falantes de uma região têm de pronunciar as palavras e as frases dá-se o nome de *sotaque*: sotaque nordestino, sotaque mineiro, sotaque gaúcho, entre outros. Como exemplo disso temos, "os cariocas arranhem os erres na garganta".

(C) De região para região do país, observam-se formas distintas de falar. Tais variações podem ser identificadas no aspecto sonoro (pronúncia), no vocabulário, bem como em certas estruturas de frases e nos sentidos particulares atribuídos a determinadas palavras e expressões. A esse tipo de "diferença" na língua dá-se o nome de *variação sociocultural*.

(D) "Quinhentos mil reis e tostões" são maneiras diferentes de referir-se a mesma coisa, portanto, trata-se de uma variação linguística.

(E) "Paroaras e capixabas" designam pessoas naturais do Pará e do Espírito Santo.

A: incorreta, pois, apesar de não se fazer menção ao número de anos que se passa em determinada região para a indicação da pronúncia de cada um, infere-se que a pronúncia é característica disso, e como se pede a marcação da incorreta esta não é a assertiva a ser marcada; **B:** incorreta, pois, apesar de o texto não dizer nada sobre sotaque em si na sua escrita, infere-se que os que se diz da fala de cada uma é suficiente para a formação do sotaque de cada povo, cultura, região; **C:** correta, pois o que se diz nesta assertiva é correto em quase toda sua extensão, porém quando se tenta nomear o fenômeno descrito anteriormente comete-se um erro quase imperceptível: não é variação sociocultural, pois a variação social não interfere na pronúncia, o correto é variação linguística; **D:** incorreta, pois, como dito na assertiva anterior, dá-se o nome de variação linguística à variação presente no poema; **E:** incorreta, pois os adjetivos indicadores de regiões, chamados gentílicos, estão corretamente distribuídos para as suas regiões mesmo: paraenses ou paroaras para os que são do Pará; capixabas para os que são do Espírito Santo.

Gabarito "C"

(Soldado Combatente da Polícia Militar/ES – 2012 – EXATUS) Assinale a opção que completa corretamente as frases a seguir:

Digam-me (1)____ ele sumiu.

As ruas (2)____ passamos eram sujas.

Não fui à feira (3)____ choveu.

Ele não veio não sei (4)____.

Todos sabem o (5)____ de seu medo.

(A) (1) por que, (2) por que, (3) porque, (4) por quê e (5) porquê.
(B) (1) por que, (2) porque, (3) porque, (4) por quê e (5) porquê.
(C) (1) porque, (2) por que, (3) porque, (4) por quê e (5) porquê.
(D) (1) por que, (2) por que, (3) porque, (4) porquê e (5) por quê.
(E) (1) porque, (2) por que, (3) por que, (4) por quê e (5) porquê.

Sabendo-se que o 'por que' escrito em duas palavras e sem acento configura-se como um questionamento; que o 'porque' escrito em uma palavra apenas configura-se como uma conjunção de explicação ou causa; que o 'por quê' escrito com duas palavras e com acento configura-se como um questionamento e que o termo interrogativo encontra-se perto de sinal de pontuação, tornando o 'que' tônico; que por fim o 'porquê' escrito junto e com acento configura-se como um substantivo indicativo de motivo, causa e deve sempre ser determinado por artigo ou pronome. Portanto, na primeira lacuna, por ser uma pergunta indireta sem estar perto de pontuação, o correto é que se escreva desta maneira: 'por que'; na segunda lacuna o 'por que' deve ser assim grafado por se tratar de um pronome relativo antecedido por uma preposição 'por' solicitada pelo verbo 'passamos'; na terceira lacuna, o 'porque' deve ser grafado junto e sem acento porque se configura como a causa da oração anterior; na quarta lacuna, o 'por que' deve ser escrito separado e com acento por ser uma pergunta indireta e estar perto de pontuação final; e na quinta lacuna, o 'porquê' deve ser grafado junto e acentuado por ser um substantivo determinado pelo artigo 'o'. A assertiva que descreve a sequência correta é de gabarito A.

Gabarito "A"

(Soldado Combatente da Polícia Militar/ES – 2012 – EXATUS) Com relação às orações coordenadas sindéticas, assinale a opção incorreta:

(A) Em: "Nem viajei, *nem estudei para o exame*", a oração destacada e uma oração coordenada sindética aditiva.
(B) Em: "Ela se indignou com o fato, *porém manteve a calma*", a oração destacada e uma oração coordenada sindética adversativa.
(C) Em: "Oriente seu irmão, ou ele terá prejuízos nos negócios", a oração destacada e uma oração coordenada sindética alternativa.
(D) Em: "*Ele pediu demissão*, portanto estamos sem chefe", a oração destacada e uma oração coordenada sindética conclusiva.
(E) Em: "Não fume, *porque o cigarro é um veneno*", a oração destacada e uma oração coordenada sindética explicativa.

A: incorreta, pois a oração destacada é se sentido de soma de ações, trazida pela conjunção 'nem', portanto correta, porém, ao se pedir que se marque a assertiva incorreta, esta não pode ser a que deveria ser a marcada por estar correto o que se disse em sua afirmação; **B:** incorreta, porque o fato trazido pela oração destacada é de oposição em relação à oração anterior, trazido pela conjunção 'porém', porque manter a calma estando indignado é uma adversidade; **C:** incorreta, porque a conjunção utilizada 'ou' trouxe a ideia de opção/alternância para a ação da oração antecedente, portanto correto o que se disse, mas como se pede a incorreta, esta não é a que deve ser marcada; **D:** incorreta, porque, da maneira como está feita a oração destacada, ela é mesmo uma conclusão para a anterior, ainda mais trazida pela conjunção 'portanto', então a assertiva é correta, mas o comando da questão solicitou a incorreta; **E:** incorreta, porque o que se disse na assertiva está correto ao chamar a oração em destaque de explicativa, trazida pela conjunção 'porque', sem erros, portanto em todas as assertivas, o que torna esta questão sem possibilidade de ser gabaritada.

Gabarito Oficial "D" (Nosso Gabarito "Nenhuma resposta correta")

(Soldado Combatente da Polícia Militar/ES – 2012 – EXATUS) Assinale a alternativa em que o sinal indicativo de crase é facultativo:

(A) A estrada vai ate a praia.
(B) Cheguei as dez horas.
(C) Voltamos a vila em breve.
(D) Esfriava a medida que escurecia.
(E) Maria saiu a procura de ajuda.

A: correta, porque com a preposição 'até' pode-se usar a preposição 'a' facultativamente, e nesta assertiva junta-se ao 'a' artigo de praia formando a crase facultativamente; **B:** incorreta, porque a crase nesta frase é obrigatória por conter a preposição 'a' obrigatória exigida pelo verbo chegar somado ao 'as' de 'dez horas', também obrigatório; **C:** incorreta, porque a crase nesta frase é obrigatória por conter dois 'a' de natureza obrigatória: um pela regência do verbo outro pelo substantivo feminino determinado; **D:** incorreta, porque 'à medida que' é uma expressão feminina, portanto possui os dois 'a' formadores da crase, como todas as expressão dessa mesma natureza; **E:** incorreta, porque 'à procura' é também uma expressão feminina, portanto possuem a crase obrigatoriamente.

Gabarito "A"

(Soldado Combatente da Polícia Militar/ES – 2012 – EXATUS) Assinale a opção que não apresente um pronome relativo:

(A) Conheço a cidade onde você nasceu.
(B) Esse e o lavrador cujo celeiro desabou com o temporal.
(C) Hoje e você quem paga.
(D) O rapaz que chegou agora e nosso vizinho.
(E) Algum amigo ira visitá-lo no hospital.

A: incorreta, porque esta assertiva possui sim um pronome relativo: 'onde' é relativo a 'cidade'; **B:** incorreta, porque essa assertiva também possui pronome relativo: 'cujo' é relativo a 'lavrador'; **C:**

incorreta, porque 'quem' é pronome relativo a 'você'; **D:** incorreta, porque 'que' é pronome relativo a 'rapaz'; **E:** correta, porque não há pronome relativo na frase dada para análise, já que pronome relativo é aquele que está relacionado com um substantivo anterior, sendo-lhe relativo quanto à oração adjetiva a que pertence.

Gabarito "E".

(Soldado Combatente da Polícia Militar/ES – 2012 – EXATUS)

Assinale a alternativa em que o adjunto adverbial expressa circunstância de concessão:

(A) Sem minha autorização, você não irá.
(B) Apesar do estado precário do gramado, o jogo foi bom.
(C) Preparam-se para o exame.
(D) Fiz a prova a lápis.
(E) Com o calor, o poço secou.

A: incorreta, porque o adjunto adverbial – AADV – 'Sem minha autorização' é de condição; **B:** correta, porque o AADV 'apesar do estado precário do gramado' tem valor concessivo, que mesmo sendo contrário não anula o fato principal; **C:** incorreta, porque não há AADV na frase desta assertiva; **D:** incorreta, porque 'a lápis' é AADV de modo; **E:** incorreta porque 'Com o calor' é AADV de causa.

Gabarito "B".

(Soldado Combatente da Polícia Militar/ES – 2012 – EXATUS)

Assinale a opção em que o advérbio expressa a circunstância de negação:

(A) Aqui somos felizes.
(B) Talvez ela volte hoje.
(C) De modo algum irei lá.
(D) Realmente eles sumiram.
(E) Ele agia pacientemente.

A: incorreta, porque o AADV da frase é de lugar: Aqui; **B:** incorreta, porque há dois AADV na frase, porém 'Talvez' é de dúvida e 'hoje' de tempo; **C:** correta, porque 'De modo algum' é AADV de negação do verbo 'irei'; **D:** incorreta, porque 'realmente' é AADV de afirmação; **E:** incorreta, porque 'pacientemente' é AADV de modo.

Gabarito "C".

(Soldado Combatente da Polícia Militar/ES – 2012 – EXATUS)

Marque a opção em que o verbo apresentado na frase tenha a mesma conjugação do verbo pôr:

(A) Eles viajarão a noite.
(B) Os marinheiros dormiram na praia.
(C) Ele vive perigosamente.
(D) A criança sorri para a mãe.
(E) Ele partira amanha.

Sabe-se que o verbo 'pôr' é um verbo da 2ª conjugação, a que tem por afixo final de infinitivo ER, porque sua origem latina se dá no verbo 'poner', que se transformou em 'poer', culminando em 'pôr'. Sendo assim, o verbo de mesma conjugação tem de ser um que seja da 2ª conjugação verbal. Isso ocorre apenas na assertiva C, em que se encontra o verbo 'viver'. As outras assertivas possuem verbos na 1ª conjugação, terminada em AR: viajar, letra A e verbos na 3ª conjugação, terminada em IR: dormir, sorrir, partir. A assertiva correta a ser marcada é a C.

Gabarito "C".

(Soldado Combatente da Polícia Militar/ES – 2012 – EXATUS)

Assinale a opção em que a frase está na voz passiva sintética:

(A) O rapaz se feriu com a faca.
(B) O velho edifício foi implodido.
(C) Casas são construídas.
(D) Reformaram-se as casas.
(E) Os marinheiros dormiram na praia.

A: incorreta, porque o sujeito age e sofre a ação verbal, caracterizando a voz reflexiva e não passiva; **B:** incorreta, porque o sujeito sofre a ação verbal, configurando a voz passiva, porém não é sintética por não possuir o SE, partícula apassivadora, sendo somente voz passiva analítica; **C:** incorreta, porque o sujeito sofre a ação verbal, configurando a voz passiva, porém não é sintética por não possuir o SE, partícula apassivadora, sendo somente voz passiva analítica, exatamente como na assertiva anterior; **D:** correta, porque o SE presente na frase é partícula apassivadora, ligado a um VTD e a frase em questão tem como sujeito paciente 'as casas', sendo voz passiva sintética; **E:** incorreta, porque o sujeito da oração em questão age, configurando a voz ativa.

Gabarito "D".

(Soldado Combatente da Polícia Militar/ES – 2012 – EXATUS)

Assinale a opção que evidencia qual é o recurso morfológico utilizado na seguinte frase: "O amor que a exalta e a pede e a chama e a implora" (Machado de Assis):

(A) Assíndeto.
(B) Anacoluto.
(C) Silepse.
(D) Repetição.
(E) Polissíndeto.

A: incorreta, porque assíndeto é a ausência de conjunções no período, o que não ocorre na frase em questão; **B:** incorreta, porque anacoluto significa rompimento abrupto da lógica da frase, configurando geralmente um erro na frase, isso não ocorre na frase dada; **C:** incorreta, porque silepse é a concordância com a ideia e não com as palavras. Tal concordância pode ser de gênero, de número ou de pessoa, porém nenhuma dessas acontece na frase em destaque; **D:** incorreta, porque repetição não se configura como figura de linguagem, nem como recurso morfológico, sequer acontece na frase nenhum tipo de repetição; **E:** correta, porque polissíndeto consiste em se ter várias vezes repetidas uma conjunção. Neste caso, a conjunção 'e', dando uma ideia gradativa enfática no texto

Gabarito "E".

(Soldado Combatente da Polícia Militar/ES – 2012 – EXATUS)

Assinale a opção que evidencia qual é o recurso semântico utilizado na seguinte fras**E:** "Meus olhos estão tristes porque você decidiu partir":

(A) Antítese.
(B) Eufemismo.
(C) Metonímia.
(D) Ironia.
(E) Hipérbole.

A: incorreta, porque antítese consiste em se ter na mesma sequencia frasal duas palavras em sentido contrário, o que prontamente não ocorre na frase dada; **B:** incorreta, porque eufemismo é o abrandamento de uma ideia, a sua suavização, e isso não acontece no texto em questão; **C:** correta, porque metonímia é o fato de se usar uma palavra no lugar de outra, mas unidas pelo sentido. Isso está na frase quando se diz 'Meus olhos estão tristes', porque não são os olhos que estão tristes e sim a pessoa toda, pegou-se a parte no lugar do todo; **D:** incorreta, porque ironia consiste em dizer o contrário do que se expressou verbalmente, o texto não contém essa figura; **E:** incorreta, porque hipérbole consiste em exagerar fatos e expressões, isso não ocorre na frase.

Gabarito "C".

(Soldado Combatente da Polícia Militar/ES – 2012 – EXATUS) Assinale a opção que evidencia qual é o recurso semântico utilizado na seguinte frase: "A floresta gesticulava nervosamente diante do fogo que a devorava":

(A) Gradação.
(B) Metáfora.
(C) Prosopopeia.
(D) Ironia.
(E) Hipérbole.

A: incorreta, porque gradação consiste em escrever algo em que se proporcione uma escala que pode ser decrescente ou crescente de valores. Isso não ocorre no texto dado; **B:** incorreta, porque metáfora significa usar um termo fora do seu sentido real e compará-lo a outro indiretamente. Isso não acontece no texto dado para análise; **C:** correta, porque prosopopeia consiste em dar características humanas a serem e coisas, e o uso de 'gesticulava' e 'devorava' com dois elementos inanimados como 'floresta' e 'fogo' configura-se como prosopopeia ou personificação; **D:** incorreta, porque ironia consiste em usar um termo, mas com intenção de dizer exatamente o contrário; **E:** incorreta, porque hipérbole consiste em exagerar um fato dado.

Gabarito "C"

(Soldado Combatente da Polícia Militar/ES – 2012 – EXATUS) Leia atentamente o texto e assinale a opção incorreta:

Pronominais
<u>Dê-me um cigarro</u>
Diz a gramática
do professor e do aluno
E do mulato sabido
Mas o bom negro e o bom branco
Da Nação Brasileira
Dizem todos os dias
Deixa disso camarada
<u>Me dá um cigarro</u>

Oswald de Andrade.In: **Literatura Comentada**. São Paulo, Nova Cultura, 1988.

(A) A gramática referida no segundo verso e a que normalmente se ensina nas escolas, denominada gramática normativa.
(B) No texto, a comparação entre o primeiro e o último verso exemplifica uma das muitas diferenças entre a língua "do professor e do aluno" e a do "bom negro e do bom branco".
(C) Para se comunicar, o falante não precisa, necessariamente, dominar as regras da gramática normativa.
(D) "Dê-me um cigarro" é a forma considerada correta pela gramática normativa, em oposição a "Me dá um cigarro". O titulo do poema, "Pronominais", brinca com essa colocação pronominal formal e informal.
(E) Em: "Dê-me um cigarro", foi utilizada a próclise como colocação pronominal.

A: incorreta, porque, ao se pedir a incorreta, esta assertiva não pode ser marcada por estar certa ao afirmar que a gramática do 2º verso é a normativa porque se se faz alusão ao professor e aluno, no verso 3; **B:** incorreta, porque é exatamente essa a forma que o autor encontrou para contrapor as duas línguas: usou a colocação pronominal correta em ênclise no 2º verso e errada em próclise no último, sendo certa não é a que o comando pede; **C:** incorreta, porque é certo dizer o falante da língua já se comunica sem precisar de regras; **D:** incorreta, porque a assertiva é certa, pois traz a formalidade da ênclise em começo de frase e a informalidade quando se começa uma frase com pronome átono; **E:** correta, porque o comando da questão solicita que se marque a incorreta e esta assertiva afirma erradamente ser próclise – que se configura quando se tem o pronome colocado antes do verbo – a frase que na verdade consiste em ênclise, que se configura com o pronome depois do verbo.

Gabarito "E"

(Soldado Combatente da Polícia Militar/ES – 2012 – EXATUS) Assinale a alternativa em que alguma palavra esteja grafada incorretamente:

(A) Enxoval, maisena e cereja.
(B) Faizão, pousada e rouxinol.
(C) Encaixado, lojista e canjica.
(D) Gueixa, enchente e arejar.
(E) Privilegio, estiagem e enxó.

A: incorreta, porque as palavras que estão nesta assertiva estão grafadas corretamente; **B:** correta, porque a palavra 'faisão' se escreve com 's' e não com 'z' como está, portanto esta é a assertiva a ser marcada; **C:** incorreta, porque não há palavra escrita indevidamente nesta assertiva; **D:** incorreta, porque as palavras desta assertiva estão corretas; **E:** incorreta, por não haver palavra escrita errada nesta assertiva, mesmo com a palavra 'privilegio' sem acento, porque se refere ao verbo privilegiar na 1ª pessoa do singular do presente indicativo, e mesmo com a palavra enxó mais conhecida como a ferramenta chamada de enxadão.

Gabarito "B"

(Soldado Combatente da Polícia Militar/ES – 2012 – EXATUS) Assinale a alternativa em que a palavra foi formada por derivação parassintética:

(A) Esfarelar.
(B) Infeliz.
(C) Critica.
(D) Refazer.
(E) Chuveiro.

A: correta, porque 'esfarelar' é formada por parassíntese ao possuir dois afixos que são obrigatórios na sua formação e se retirados fazem com que a palavra fique errada, não exista; **B:** incorreta, porque 'infeliz' é formada por derivação prefixal; **C:** incorreta, porque 'critica' é uma palavra primitiva, sem derivação; **D:** incorreta, porque 'refazer' é formada por prefixação; **E:** incorreta, porque 'chuveiro' é formada por sufixação.

Gabarito "A"

(Soldado Combatente da Polícia Militar/ES – 2012 – EXATUS) Leia os versos de Mário Quintana e assinale a alternativa que indica o processo de formação da palavra em destaque:

"Onde estão os meus **<u>verdes?</u>**
Os meus azuis?
O Arranha-Céu comeu!"

(A) Derivação Imprópria.
(B) Derivação Parassintética.
(C) Derivação Regressiva.
(D) Derivação Prefixal.
(E) Derivação Sufixal.

A: correta, porque derivação imprópria consiste em trocar a classe gramatical da palavra. Isso ocorre na palavra grifada nos versos de Mário Quintana: 'verdes', que é adjetivo originalmente, é usado como substantivo; **B:** incorreta, porque derivação parassintética consiste em formar palavras a partir de prefixos e sufixos simultâneos e obrigatórios; **C:** incorreta, porque derivação regressiva ocorre quando um substantivo tem valor de ação, denota ação, que é própria de verbos; **D:** incorreta, porque derivação prefixal consiste em agregar um prefixo a um radical para formar uma palavra nova; **E:** incorreta, porque derivação sufixal consiste em agregar um sufixo a um radical para forma palavra.

Gabarito "A"

(Soldado Combatente da Polícia Militar/ES – 2012 – EXATUS)

Assinale a alternativa em que todas as palavras foram formadas pelo processo denominado "hibridismo":

(A) Televisão, burocracia e surfista.
(B) Lobisomem, planalto e pernilongo.
(C) Pontapé, girassol e couve-flor.
(D) INCRA, ONU e PUC.
(E) Fone, moto e pneu.

A: correta, porque hibridismo é o processo de formação de palavras que consiste em juntarem-se dois ou mais radicais de línguas diferentes. Exatamente o que ocorre nas palavras desta assertiva; **B:** incorreta, porque a palavra 'planalto' é formada por aglutinação e não hibridismo; **C:** incorreta, porque 'pontapé', 'girassol' e 'couve-flor' são formadas por justaposição; **D:** incorreta, porque as palavras são siglas; **E:** incorreta, porque as palavras são formadas por redução, abreviação vocabular.

Gabarito "A"

(Soldado Combatente da Polícia Militar/ES – 2012 – EXATUS)

Assinale a alternativa que explicita o processo de formação da palavra destacada no seguinte trecho do texto de Guimarães Rosa:

"O projétil bateu musical na água, e deve ter caído bem no meio da flotilha de marrecos, que grasnaram: - <u>Quaquaracuac</u>!"

(A) Hibridismo.
(B) Onomatopeia.
(C) Abreviação vocabular.
(D) Estrangeirismo.
(E) Prosopopeia.

A: incorreta, porque hibridismo é o processo de formação que une os radicais de línguas diferentes; **B:** correta, porque onomatopeia consiste na tentativa de imitação de sons e ocorre na palavra destacada no texto; **C:** incorreta, porque abreviação vocabular significa a redução de palavras formando ainda outra palavra sem alterar seu sentido original; **D:** incorreta, porque estrangeirismo significa usar palavras estrangeiras com equivalente em português; **E:** incorreta, porque prosopopeia é dar características humanas a seres e coisas.

Gabarito "B"

(Soldado Combatente da Polícia Militar/ES – 2012 – EXATUS)

Assinale a alternativa que preenche correta e ordenadamente as palavras parônimas e seus respectivos significados:

1 - Emergir.
2 - Ratificar.
3 - Retificar.
4 - Imergir.
5 - Vultoso.
6 - Vultuoso.

( ) Volumoso, ( ) subir à superfície, ( ) mergulhar, ( ) confirmar, ( ) corrigir e ( ) inchado.

(A) 5, 1, 4, 3, 2 e 6.
(B) 6, 4, 1, 3, 2 e 5.
(C) 5, 1, 4, 2, 3 e 6.
(D) 6, 1, 4, 2, 3 e 5.
(E) 6, 4, 1, 2, 3 e 5.

A sequência que evidencia corretamente os significados é a da letra C.

Gabarito "C"

(Soldado Combatente da Polícia Militar/ES – 2012 – EXATUS)

Assinale a alternativa que preenche correta e ordenadamente as palavras homônimas e seus respectivos significados:

1 - Cerrar.
2 - Serrar.
3 - Esterno.
4 - Externo.
5 - Espiar.
6 - Expiar.

( ) fechar, ( ) nome de um osso, ( ) ver ou observar, ( ) de fora, ( ) cortar e ( ) pagar uma culpa.

(A) 2, 4, 6, 3, 1 e 5.
(B) 2, 3, 5, 4, 1 e 6.
(C) 1, 4, 5, 3, 2 e 6.
(D) 1, 3, 6, 4, 2 e 5.
(E) 1, 3, 5, 4, 2 e 6.

A sequência que está correta em relação aos significados é a de letra E.

Gabarito "E"

(Soldado Combatente da Polícia Militar/ES – 2012 – EXATUS)

Numere a segunda coluna de acordo com o significado das expressões da primeira e assinale a alternativa que apresenta a sequência correta de cima para baixo:

(1) Instrumento óptico.	( ) a língua.
(2) Preocupação, suspeita.	( ) o cisma.
(3) Intérprete.	( ) o lente.
(4) Professor.	( ) o língua.
(5) Separação, dissidência.	( ) a cisma.
(6) Músculo do aparelho digestivo; idioma.	( ) a lente.

(A) 6, 5, 4, 3, 2 e 1.
(B) 6, 2, 4, 3, 5 e 1.
(C) 6, 5, 1, 3, 2 e 4.
(D) 1, 5, 4, 3, 2 e 6.
(E) 1, 2, 3, 4, 5 e 6.

A sequência correta é a de letra A, sem grandes problemas a não ser nas palavras o lente e o língua, porém facilmente deduzíveis do contexto das respostas.

Gabarito "A"

(Soldado Combatente da Polícia Militar/ES – 2012 – EXATUS) Aponte, entre as alternativas abaixo, a única em que todas as lacunas devam ser preenchidas com a letra j:

(A) ( )irau, cacan( )e e can( )ica.
(B) Ri( )eza, ( )erico e au( )e.
(C) Tan( )erina, abori( )ene e here( )e.
(D) Sar( )eta, ( )iló e fu( )ir.
(E) Apo( )eu, ar( )ila e tra( )e.

A: correta, porque as palavras elencadas são grafadas com 'j'; **B:** incorreta, porque 'auge' se escreve com 'g'; **C:** incorreta, porque 'tangerina', 'aborígene', 'herege' se escrevem com 'g'; **D:** incorreta, porque 'fugir' se escreve com 'g'; **E:** incorreta, porque 'apogeu' e 'argila' se escrevem com 'g'.

Gabarito "A"

(Soldado Combatente da Polícia Militar/ES – 2012 – EXATUS) Assinale a alternativa que conceitua corretamente o fenômeno linguístico da palavra destacada no poema de Manuel Bandeira:

Beijo pouco, falo menos ainda.
Mas invento palavras que traduzem a ternura mais funda
E mais cotidiana. Inventei, por exemplo, o verbo **teadorar.**
Intransitivo
Teadoro, Teodora.

(A) Hibridismo.
(B) Neologismo.
(C) Estrangeirismo.
(D) Metáfora.
(E) Personificação.

A: incorreta, porque hibridismo consiste em formar palavras a partir da junção de radicais de línguas estrangeiras; **B:** correta, porque neologismo consiste em criar novas palavras e isso é o que ocorre com a palavra 'teadorar'; **C:** incorreta, porque estrangeirismo consiste em usar palavras estrangeiras já existentes na nossa língua portuguesa; **D:** incorreta, porque metáfora consiste em usar palavras fora do sentido real, comparando-a indiretamente; **E:** incorreta, porque personificação ou prosopopeia consiste em dar características humanas a seres ou coisas.

Gabarito "B"

(Soldado Combatente da Polícia Militar/ES – 2012 – EXATUS) Em "A casa era tão cara que ela desistiu da compra", a oração em destaque é:

(A) Oração Subordinada Adverbial Consecutiva.
(B) Oração Subordinada Adverbial Explicativa.
(C) Oração Subordinada Adverbial Final.
(D) Oração Subordinada Adverbial Conformativa.
(E) Oração Subordinada Adverbial Concessiva.

A: correta, porque a oração destacada é adverbial por estar ligada ao verbo da oração anterior, é consecutiva porque indica a consequência de a casa ser cara; **B:** incorreta, porque sequer existe uma oração que seja adverbial explicativa senão adjetiva explicativa ou mesmo coordenada explicativa; **C:** incorreta, porque não indica finalidade da oração anterior e sim a consequência do fato, mesmo porque a finalidade é sempre uma suposição e no texto é uma afirmação, certeza da ação verbal; **D:** incorreta, porque não é conformidade a ideia que se passa na frase dada e sim consequência; **E:** incorreta, porque a concessão significa ser contrário à ação verbal sem que a anule e isso não ocorre.

Gabarito "A"

(Soldado Combatente da Polícia Militar/ES – 2012 – EXATUS) Assinale a alternativa em que o sinal de crase foi empregado incorretamente:

(A) Perguntarei à que chegar primeiro.
(B) A tripulação do navio desceu à terra.
(C) Atrevia-se a escrever à Drummond.
(D) Refiro-me à diretora.
(E) Prefiro a tela da direita à da esquerda.

A: incorreta, porque, como se pede a incorreta, esta não poderá ser marcada, por estar correta quanto ao uso de crase, pois se tem dois 'a': um 'a', preposição de perguntar, outro de 'aquela' pronome demonstrativo; **B:** correta, porque não há crase no 'a' porque terra é uma palavra que neste contexto não recebe artigo 'a', portanto sem crase; **C:** incorreta, porque o 'a' com crase indica a maneira com que se atreve a escrever; **D:** incorreta, porque há dois 'a', um vindo do verbo referir-se e outro da palavra 'diretora'; **E:** incorreta, porque a crase fora empregada corretamente pelo 'a' vindo de preferir e outro 'a' pronome demonstrativo no lugar de 'tela'

Gabarito "B"

(Soldado Combatente da Polícia Militar/ES – 2012 – EXATUS) Assinale a alternativa que completa corretamente as frases abaixo:

I. Ele foi quem 1 _____ tentou, ainda assim, não conseguiu.
II. Trata-se de um 2 _____ administrador.
III. O caminhão foi 3 _____ muro.
IV. Haverá uma palestra 4 _____ das consequências das queimadas sobre a temperatura ambiental.

(A) 1- mais, 2- mau, 3- de encontro ao e 4- acerca.
(B) 1- mas, 2- mal, 3- ao encontro de e 4- há cerca.
(C) 1- mais, 2- mau, 3- ao encontro de e 4- acerca.
(D) 1- mais, 2- mau, 3- de encontro ao e 4- há cerca.
(E) 1- mais, 2- mal, 3- de encontro ao e 4- acerca.

Pelo contexto dado: 1) 'mais' significa somatório sem grafado com 'i' e não contrariedade que seria grafado 'mas', 2) 'mau' é adjetivo de administrador e não 'mal' que seria um advérbio, que não caberia no contexto, 3) 'de encontro a', que significa chocar-se com algo de acordo com o contexto e não 'ao encontro de', que significa ir se encontrar com, ser a favor de algo, 4) 'acerca de' significa a respeito de, sobre, no contexto dado e não 'há cerca de', que significa tempo passado aproximado. Portanto, letra A.

Gabarito "A"

(Soldado Combatente da Polícia Militar/ES – 2012 – EXATUS) Marque a alternativa em que a concordância nominal está incorreta:

(A) Estavam vazios a sala e o quarto.
(B) E necessário paciência para te suportar.
(C) O recibo seguirá anexo a carta.
(D) Elas estavam meia preocupadas.
(E) Só usa sapato e roupa nova.

A: incorreta, porque não há erro de concordância nominal, pois 'vazios' concorda com os dois substantivos pospostos ao adjetivo, podendo inclusive concordar com o mais próximo apenas; **B:** incorreta, porque não há erro de concordância nominal, pois 'necessário' não concorda com 'paciência' porque não existem o artigo ou pronome determinando o substantivo; **C:** incorreta, porque não há erro de concordância nominal, pois 'anexo' concorda com 'recibo' normalmente; **D:** correta, porque há um erro de concordância nominal, pois 'meia' deveria ficar no masculino e invariável na sua forma 'meio' por ser advérbio ao modificar 'preocupadas', que é adjetivo, portanto invariável; **E:** incorreta, porque não há erro de concordância nominal, pois 'nova' concorda com 'roupa', substantivo mais próximo, mas poderia também concordar com os dois.

Gabarito "D"

(Soldado Combatente da Polícia Militar/ES – 2012 – EXATUS) Marque a alternativa em que a concordância verbal está incorreta:

(A) Precisam-se de motoristas experientes.
(B) Divulgaram-se os planos secretos.
(C) Perto de vinte alunos faltaram à prova.
(D) Vossa Excelência enganou seus eleitores.
(E) Foram os professores que pediram as explicações.

A: correta, porque se pede a incorreta, sendo assim esta assertiva está incorreta pois o verbo 'precisar' deveria ser grafado no singular, o 'SE' indica a indeterminação do sujeito, o que faz com que o verbo seja usado no singular. 'motoristas experientes' é objeto indireto e não sujeito; **B:** incorreta, porque é uma assertiva correta quanto à concordância verbal, pois o 'SE' é partícula apassivadora e a concordância se dá com o elemento 'planos secretos, sujeito; **C:** incorreta, porque o verbo concorda corretamente com o sujeito 'Perto de vinte alunos'; **D:** incorreta, porque a concordância verbal se dá corretamente com 'Vossa Excelência', que mesmo estando em 2ª pessoa, faz com que o verbo concorde em 3ª pessoa; **E:** incorreta, porque o sujeito simples está no plural 'os professores', fazendo com que o verbo seja flexionado no plural.

Gabarito "A"

(Soldado Combatente da Polícia Militar/ES – 2012 – EXATUS) Assinale a alternativa em que a regência verbal esteja correta:

(A) Prefiro macarrão do que pizza.
(B) Desobedecia o regulamento.
(C) O médico assiste ao doente.
(D) Ele visa ao cargo de gerente.
(E) Nós aspiramos ao ar poluído.

A: incorreta, porque quem prefere prefere algo a outro, o verbo 'preferir' é regido pela preposição A e não pela expressão 'do que', expressão usada em comparações; **B:** incorreta, porque quem desobedece desobedece a algo, o verbo 'desobedecer' tem regência com a preposição a; **C:** incorreta, porque, mesmo que algumas gramáticas e professores considerem que o verbo 'assistir' no sentido de ajudar tenha regência dupla, sendo VTD e VTI com preposição a, a gramática normativa e as bancas em sua totalidade não aceitam tal fato. O correto é ter o 'assistir' com o sentido de ajudar como VTD e o verbo 'assistir' com o sentido de ver como VTI regido pela preposição a. **D:** correto, porque o verbo 'visar' no sentido de ter como objetivo tem regência em a e é VTI; **E:** incorreto, porque quem aspira aspira algo, no sentido de sorver o ar, respirar.

Gabarito "D"

(Soldado Combatente da Polícia Militar/ES – 2012 – EXATUS) Assinale a alternativa que apresentar informações errôneas:

(A) As palavras: "faixa, andou e patrão", possuem ditongos, ou seja, encontro de dois sons vocálicos na mesma sílaba.
(B) As palavras: "suado, possuir e notícia", possuem hiatos, ou seja, encontro de dois sons vocálicos pronunciados um numa sílaba e o outro na imediatamente seguinte.
(C) As palavras: "passar, falha e nasça", possuem dígrafos.
(D) As palavras: "iguais, saguão e averiguei", possuem tritongos.
(E) Em: "enguiçado, delícia e ruim", temos, respectivamente, dígrafo, ditongo e hiato.

A: incorreta, porque as informações que esta assertiva passa estão corretas, porém se pede a que indica informações erradas. Há ditongo 'ai', 'ou' e 'ão'; **B:** correta, porque as informações dadas na assertiva estão erradas conforme pedido. A palavra 'notícia' não possui hiato e sim ditongo, apesar de alguns gramáticos afirmarem ser um ditongo instável. Porém, a gramática e não a fonética é cobrada em provas de concursos, portanto é um ditongo mesmo; **C:** incorreta, porque a assertiva está correta, pois 'ss', 'lh', 'sç' são dígrafos, possuem duas letras com apenas um som; **D:** incorreta, porque 'uai', 'uão', 'uei' são os tritongos; **E:** incorreta, porque 'gu' – dígrafo –, 'ia' – ditongo –, 'ui' – hiato.

Gabarito "B"

(Soldado Combatente da Polícia Militar/ES – 2012 – EXATUS) As orações: "Não convinha que vocês se desentendessem com o chefe" e "É verdade que não sabiam do caso", são respectivamente:

(A) Oração subordinada substantiva objetiva direta e oração subordinada substantiva completiva nominal.
(B) Ambas são orações subordinadas substantivas subjetivas.
(C) Oração subordinada substantiva objetiva indireta e oração subordinada substantiva completiva nominal.
(D) Oração subordinada substantiva objetiva direta e oração subordinada substantiva predicativa.
(E) Oração subordinada substantiva apositiva e oração subordinada substantiva completiva nominal.

A: incorreta, porque as orações são respectivamente subordinadas subjetivas – estão no lugar do sujeito da oração principal – e não objetiva direta e completiva nominal; **B:** correta, porque ambas são sujeito de suas orações principais: 'Não convinha ISSO' e 'É verdade ISSO' – cada uma seu sujeito natural; **C:** incorreta, porque as orações são respectivamente subordinadas subjetivas – estão no lugar do sujeito da oração principal – e não objetiva indireta e completiva nominal; **D:** incorreta, porque as orações são respectivamente subordinadas subjetivas – estão no lugar do sujeito da oração principal – e não objetiva direta e predicativa; **E:** incorreta, porque as orações são respectivamente subordinadas subjetivas – estão no lugar do sujeito da oração principal – e não apositiva e completiva nominal.

Gabarito "B"

(Soldado Combatente da Polícia Militar/ES – 2012 – EXATUS) Classifique a oração destacada da seguinte poesia de João Cabral de Melo Neto:

"Seu José, mestre capina,
que habita este lamaçal,
sabe me dizer se o rio
A esta altura dá vau?"

(A) Oração subordinada adjetiva restritiva.
(B) Oração subordinada substantiva objetiva direta.
(C) Oração subordinada adjetiva explicativa.
(D) Oração subordinada substantiva completiva nominal.
(E) Oração subordinada adverbial final.

A: incorreta, porque a oração em destaque se classifica como subordinada adjetiva explicativa e não como restritiva; **B:** incorreta, porque a oração em destaque se classifica como subordinada adjetiva explicativa e não como substantiva objetiva indireta; **C:** correta, porque a oração em destaque se classifica como subordinada adjetiva explicativa ao estar ligada a um substantivo, 'mestre', e torná-lo único, dando-lhe ideia de totalidade; **D:** incorreta, porque a oração em destaque se classifica como subordinada adjetiva explicativa e não como substantiva completiva nominal; **E:** incorreta, porque a oração em destaque se classifica como subordinada adjetiva explicativa e não como adverbial final.

Gabarito "C"

(Soldado Combatente da Polícia Militar/ES – 2012 – EXATUS)

Classifique a oração destacada da seguinte poesia de Manuel Bandeira:

"E tão mansa ela esmorece
Tão lentamente no céu de prece
Que assim parece toda repouso..."

(A) Oração subordinada adverbial consecutiva.
(B) Oração subordinada adjetiva restritiva.
(C) Oração subordinada adjetiva explicativa.
(D) Oração subordinada substantiva objetiva direta.
(E) Oração subordinada substantiva completiva nominal.

A: correta, porque a oração em destaque se classifica como subordinada adverbial consecutiva, ao ser consequência da oração anterior "ela esmorece Tão lentamente no céu de prece'; **B:** incorreta, porque a oração em destaque se classifica como subordinada adverbial consecutiva, ao ser consequência da oração anterior "ela esmorece Tão lentamente no céu de prece' e não como adjetiva restritiva; **C:** incorreta, porque a oração em destaque se classifica como subordinada adverbial consecutiva, ao ser consequência da oração anterior "ela esmorece Tão lentamente no céu de prece' e não como adjetiva explicativa; **D:** incorreta, porque a oração em destaque se classifica como subordinada adverbial consecutiva, ao ser consequência da oração anterior "ela esmorece Tão lentamente no céu de prece' e não como substantiva objetiva direta; **E:** incorreta, porque a oração em destaque se classifica como subordinada adverbial consecutiva, ao ser consequência da oração anterior "ela esmorece Tão lentamente no céu de prece' e não como substantiva completiva nominal".

Gabarito "A"

(Soldado Combatente da Polícia Militar/ES – 2012 – EXATUS)

Com relação à concordância verbal, assinale a opção correta:

(A) Em: "Os capitães trovoavam ordens a torto e a direita" (Jose Lins do Rego), o verbo destacado deveria estar no singular já que é impessoal e designa um fenômeno da natureza (trovoar).
(B) Em: "Mas **havia** jardins, **havia** manhãs naquele tempo!" (Carlos Drummond de Andrade), os verbos em destaque deveriam estar no plural (haviam) concordando com jardins e manhãs.
(C) Em: "**Faz** escuro, mas eu canto" (Ferreira Gullar), o verbo destacado é impessoal, por isso fica no singular.
(D) Em: "**Eram** doze de maio e a noiva sorria branco" (Clarice Lispector), o verbo destacado deveria estar no singular por ser impessoal.
(E) Em: "O desejo dela, **são** uns panos chamativos lá da lojinha" (J. J. Veiga), o verbo destacado deveria estar no singular, concordando com o sujeito simples (O desejo).

A: incorreta, porque, mesmo designando um fenômeno fora usado como declaração de um termo que lhe cabe como sujeito, além de estar sendo usado na frase como conotativo, sem o sentido real, como sentido figurado, podendo, assim, estar no plural para concordar com o sujeito no plural; **B:** incorreta, porque o verbo haver no sentido de existir/ocorrer é impessoal, não tem sujeito e deve ser grafado no singular, como no caso; **C:** correto, porque o verbo fazer está sendo usado como impessoal, como fenômeno da natureza; **D:** incorreta, porque o verbo ser não segue a regra de concordância dos verbos impessoais, pois mesmo sendo impessoal concorda com os numerais a que se refere; **E:** incorreta, porque o verbo ser pode concordar com o predicativo do sujeito, quando o predicativo e o sujeito não forem pessoas ou pronomes pessoais.

Gabarito "C"

(Soldado Combatente da Polícia Militar/ES – 2012 – EXATUS)

Assinale a alternativa que completa adequadamente as frases abaixo:

(1) __ ____ entrada de crianças desacompanhadas.

As mulheres ficaram (2) ____.

Os animais ficam (3) ____.

Ah! Esses (4) ____ -advogados!

(A) (1) É proibido, (2) sós, (3) alerta e (4) pseudo.
(B) (1) É proibida, (2) sós, (3) alerta e (4) pseudo.
(C) (1) É proibido, (2) só, (3) alerta e (4) pseudos.
(D) (1) É proibida, (2) sós, (3) alertas e (4) pseudo.
(E) (1) É proibida, (2) só, (3) alerta e (4) pseudo.

A: correta, porque a concordância no 1º caso se dá quando há artigo ou pronome, como não foram usados, fica no masculino singular, no 2º caso, a concordância se dá com o substantivo a que é ligada a expressão, portanto 'sós', no 3º caso, o advérbio alerta na frase fica invariável, e no 4º caso, 'pseudo' é invariável. **B:** incorreta, porque no 1º caso não se faz a concordância pela falta do determinante do substantivo, os demais estão corretos; **C:** incorreta, porque 'só' e 'pseudos' estão errados; **D:** incorreta, porque 'proibida' e 'alertas' estão errados, tendo de ser 'proibido' e 'alerta'; **E:** incorreta, porque 'proibida', 'só' estão errados, tendo que ser 'proibido' e sós'.

Gabarito "A"

(Soldado Combatente da Polícia Militar/ES – 2012 – EXATUS)

Assinale a alternativa que completa adequadamente as frases abaixo:

A faculdade é acessível (1) ___ todos.

O crítico fez alusão (2) ___ Grécia.

Fumar é prejudicial (3) ___ saúde.

Amar é essencial (4) ___ vida.

É preferível teatro (5) ___ cinema.

(A) (1) a, (2) à, (3) à, (4) para a e (5) a.
(B) (1) para, (2) a, (3) a, (4) para e (5) a.
(C) (1) a, (2) da, (3) a, (4) para a e (5) do que.
(D) (1) a, (2) a, (3) para, (4) para e (5) a.
(E) (1) para, (2) a, (3) a, (4) a e (5) do que.

A: correta, porque a sequência correta das orações é 'A faculdade é acessível a todos', 'O crítico fez alusão à Grécia'. 'Fumar é prejudicial à saúde'. 'Amar é essencial para a vida', e 'É preferível teatro a cinema'; **B:** incorreta, porque a sequência não condiz com as lacunas as frases dadas à analise; **C:** incorreta, porque a sequência não condiz com as lacunas as frases dadas à analise; **D:** incorreta, porque a sequência não condiz com as lacunas as frases dadas à analise; **E:** incorreta, porque a sequência não condiz com as lacunas as frases dadas à analise.

Gabarito "A"

(Soldado Combatente da Polícia Militar/ES – 2012 – EXATUS) Com relação aos verbos, assinale a alternativa incorreta:

(A) Em: “Talvez eu **vá** ao tribunal” e “ Esperamos que **aconteça** o que desejamos”, os verbos destacados estão no modo subjuntivo.
(B) Em: “**Vá** ao tribunal” e “**Sejamos** felizes”, os verbos destacados estão no modo imperativo.
(C) Em: “Eu canto porque o instante existe”, os verbos destacados estão no modo indicativo.
(D) Em: “Doralice já **comera** uma dúzia de macas e **tomara** três copos de suco quando a vi sentada no cantinho” (Martinho Lutero), os verbos destacados estão no tempo pretérito mais-que-perfeito.
(E) Em: “Gutemberg, o inventor da imprensa, **desejava** economizar o tempo gasto na copia a mão”, o verbo destacado esta no tempo pretérito perfeito.

A: incorreta, porque se pede a incorreta e esta assertiva é certa pois os verbos ‘vá’ e ‘aconteça’ estão no modo subjuntivo, o modo que indica incerteza da ação verbal; **B:** incorreta, porque se pede a incorreta e esta assertiva é certa pois os verbos ‘vá’ e ‘sejamos’ estão no imperativo, o modo que indica ordem, desejo; **C:** incorreta, porque se pede a incorreta e esta assertiva é certa pois ‘canto’ e ‘existe’ estão no modo indicativo, que indica certeza da ação; **D:** incorreta, porque se pede a incorreta e esta assertiva é certa pois os verbos ‘comera’ e ‘tomara’ estão no tempo pretérito mais-que-perfeito; **E:** correta, porque ‘desejava’ está no tempo pretérito imperfeito e não perfeito como se disse.

Gabarito “E”

(Soldado Combatente da Polícia Militar/ES – 2012 – EXATUS) Com relação à classe dos substantivos, assinale a alternativa incorreta:

(A) “Cliente, capitalista, doente e estudante” são substantivos que apresentam uma só forma para os dois gêneros e são classificados como comuns de dois gêneros.
(B) “Cônjuge, carrasco, criança e diarista” são substantivos classificados como sobrecomuns.
(C) “Onça, cobra e mamoeiro” são substantivos classificados como epicenos.
(D) “Amazonas, Indico e Titicaca” são substantivos masculinos.
(E) Os substantivos “capital, língua e lotação” adquirem sentidos diferentes quando assumem os gêneros masculinos e femininos.

A: incorreta, porque se pede a incorreta e esta assertiva é certa pois se diz: a/o cliente, a/o capitalista, a/o doente e a/o estudante, por isso comum de dois gêneros; **B:** correta, porque a palavra ‘carrasco’ possui seu feminino comum em ‘carrasca’ e não em sobrecomuns – palavras com apenas um gênero para designar masculino e feminino –, como as demais palavras; **C:** incorreta, porque se pede a incorreta e esta assertiva é certa pois epicenos designam-se substantivos que precisam das palavras fêmea e macho para definir o gênero; **D:** incorreta, porque se pede a incorreta e esta assertiva é certa pois designam respectivamente o rio, o oceano, o lago; **E:** incorreta, porque se pede a incorreta e esta assertiva é certa pois o capital equivale a dinheiro e a capital a cidade sede político-administrativa de um país, o língua equivale a falador, fofoqueiro, e a língua a designação de um idioma oi mesmo um membro do corpo humano, a lotação equivale ao tanto de gente que preenche um ambiente e o lotação o veículo de transporte coletivo urbano.

Gabarito “B”

(Soldado Combatente da Polícia Militar/ES – 2012 – EXATUS) Assinale a alternativa incorreta:

(A) Tertúlia e um substantivo coletivo que designa intelectuais reunidos.
(B) “Abreugrafia, alcoômetro e bígamo” são palavras formadas pelo processo denominado hibridismo.
(C) No verbo “falávamos”, a sílaba “–va” e uma desinência de modo e tempo.
(D) Em: “gas**O**duto”, o termo destacado e uma vogal temática.
(E) “Arranjador” é uma palavra derivada por acréscimo de afixo.

A: incorreta, porque se pede a incorreta e esta assertiva é certa pois tertúlia é o coletivo de intelectuais; **B:** incorreta, porque se pede a incorreta e esta assertiva é certa pois as palavras possuem radicais de línguas diferentes; **C:** incorreta, porque se pede a incorreta e esta assertiva é certa pois designa o modo indicativo e o tempo pretérito imperfeito; **D:** correta, porque gasoduto não possui vogal temática, pois a palavra primitiva é gás, sem a vogal temática; **E:** incorreta, porque se pede a incorreta e esta assertiva é certa pois a palavra possui um sufixo de infinitivo.

Gabarito “D”

(Soldado Combatente da Polícia Militar/ES – 2012 – EXATUS) Assinale a alternativa em que alguma palavra esteja grafada incorretamente:

(A) Caçula, enrubescer, retenção e hidrolise.
(B) Perspicaz, caxemira, graxa e nicho.
(C) Lêndea, algoz, anarquizar e gorjear.
(D) Azar, tijela, majestade e pixaim.
(E) Archote, acreano, acareação e algibeira.

A: incorreta, porque se pede a incorreta e esta assertiva é certa pois todas as palavras estão grafadas corretamente; **B:** incorreta, porque se pede a incorreta e esta assertiva é certa pois todas as palavras estão grafadas corretamente; **C:** incorreta, porque se pede a incorreta e esta assertiva é certa pois todas as palavras estão grafadas corretamente; **D:** correta, pois a palavra tigela se escreve com G e não com J; **E:** incorreta, porque se pede a incorreta e esta assertiva é certa pois todas as palavras estão grafadas corretamente.

Gabarito “D”

(Soldado Combatente da Polícia Militar/ES – 2012 – EXATUS) Assinale a alternativa incorreta:

(A) Em: “**Com** toda essa idade ainda tenho medo”, o vocábulo destacado é uma preposição que estabelece a relação de concessão.
(B) Em: “Ele aguentou a polêmica, **pois** provocou bastante”, o vocábulo destacado e uma conjunção coordenativa que estabelece uma relação de explicação.
(C) Em: “Colocar-se **ante** o juiz”, o vocábulo destacado e uma preposição que estabelece a relação de lugar.
(D) Em: “Anda logo **que** estou com pressa”, o vocábulo destacado e uma conjunção subordinativa explicativa.
(E) Em: “Espero **que** vocês me chamem logo”, o vocábulo destacado e uma conjunção integrante.

A: incorreta, porque se pede a incorreta e esta assertiva é certa pois a concessão se dá pela ideia contrária à principal, mas que não chaga a anular o que diz como principal; **B:** incorreta, porque se pede a incorreta e esta assertiva é certa pois se percebe que a preposição inicia um explicação da oração anterior; **C:** incorreta, porque se pede a incorreta e esta assertiva é certa pois ante se refere ao lugar onde se colocou 'em frente' ao juiz; **D:** correta, porque a conjunção na verdade é adverbial causal, pois indica ações que são certeza de acontecimentos; **E:** incorreta, porque se pede a incorreta e esta assertiva é certa pois, ao se poder trocar por ISSO toda a oração, se caracteriza a subordinação e o valor substantivo, sendo integrante a oração que a inicia.

Gabarito "D"

(Soldado Combatente da Polícia Militar/ES – 2012 – EXATUS) Com relação aos termos essenciais da oração assinale a alternativa incorreta:

(A) No período: "João Gostoso bebeu, cantou, dançou, depois se atirou na Lagoa Rodrigo de Freitas e morreu afogado", João Gostoso é o sujeito simples da primeira oração. Já nas outras quatro orações os sujeitos são ocultos.
(B) Nas orações: "Falaram mal de mim" e "Alugam-se casas", os sujeitos são indeterminados.
(C) Nas orações: "**Há** editores ilustres no Brasil" e "**Fazia** muito frio naquela cidade", os verbos destacados são impessoais e as orações são sem sujeito.
(D) Em: "O carregador de feira livre João Gostoso bebeu", o predicado é "bebeu".
(E) Em: "As glórias que vêm tarde já vêm frias", temos um período composto por duas orações.

A: incorreta, porque se pede a incorreta e esta assertiva é certa pois o sujeito João Gostoso é replicado de forma oculta com o pronome 'ele' nas demais orações; **B:** correta, porque na 1º oração está correto o que se diz pois o termo ao qual se diz algo não está na frase e nem pode ser facilmente determinado pelo pronome 'ele', oculto, mas na 2ª frase o sujeito é simples: casas, na voz passiva, sendo o SE partícula apassivadora; **C:** incorreta, porque se pede a incorreta e esta assertiva é certa pois os verbos não têm sujeito e são impessoais, não indo ao plural; **D:** incorreta, porque se pede a incorreta e esta assertiva é certa pois o predicado verbal é apenas o verbo, que não tem complementos; **E:** incorreta, porque se pede a incorreta e esta assertiva é certa pois as orações são 'vêm tarde' e 'vêm frias'.

Gabarito "B"

(Soldado Combatente da Polícia Militar/ES – 2012 – EXATUS) Assinale a alternativa incorreta:

(A) Em: "Batalhavam pelo **renascer** da carreira", o termo destacado e o núcleo do objeto indireto.
(B) Em: "Vi-**a**, ontem, sim. Deixei-**a** na esquina de casa", os termos destacados são pronomes oblíquos que funcionam como objeto direto.
(C) Em: "**Comi a feijoada** e bebi **o vinho**", os termos destacados são objetos diretos.
(D) Em: "**Aos pais**, todos os adoram em princípio..." (Camilo Castelo Branco), os termos destacados funcionam como sujeito da oração.
(E) Em: "Esse romance, ainda não **o** li completamente", o vocábulo destacado e um objeto direto pleonástico.

A: incorreta, porque se pede a incorreta e esta assertiva é certa pois quem batalha, batalha por algo, sendo VTI e o verbo em destaque seu OI; **B:** incorreta, porque se pede a incorreta e esta assertiva é certa pois quem vê, vê algo, sendo VTD e o A seu OD, e quem deixa, deixa alguém em algum lugar, sendo VTD e o A seu OD; **C:** incorreta, porque se pede a incorreta e esta assertiva é certa pois quem come, come algo, sendo VTD e o termo destacado seu OD, e quem bebe, bebe algo, sendo VTD e o termo destacado seu OD; **D:** correta, porque não há sujeito preposicionado, e como o termo destacado está preposicionado não pode ser o sujeito. É em verdade o OD preposicionado deslocado do verbo 'adoram'; **E:** incorreta, porque se pede a incorreta e esta assertiva é certa pois o termo destacado se refere ao já OD 'esse romance'.

Gabarito "D"

(Soldado Combatente da Polícia Militar/ES – 2012 – EXATUS) Assinale a alternativa incorreta:

(A) Em: "A pergunta **do advogado** foi pertinente", os termos destacados são chamados de adjunto adnominal.
(B) Em: "A explicação do advogado **aos jurados** tinha fundamento", os termos destacados são chamados de complemento nominal.
(C) Em: "Perguntaram **de tudo**, falaram **de crimes**, **de pecados**" (Chico Buarque de Holanda), os termos destacados são adjuntos adverbiais que indicam assunto.
(D) Em: "Maria das Dores, **solteira, funcionária pública**, declara a todos que...", os termos destacados são apostos.
(E) Em: "Há uma gota de sangue **em cada poema**..." (Mario de Andrade), os termos destacados são adjuntos adnominais.

A: incorreta, porque se pede a incorreta e esta assertiva é certa pois o termo destacado é agente da ação de perguntar, sendo assim é AADN; **B:** incorreta, porque se pede a incorreta e esta assertiva é certa pois o termo destacado é paciente a ação de explicar, sendo assim CN do termo substantivo; **C:** incorreta, porque se pede a incorreta e esta assertiva é certa pois os termos destacados são AADV por estarem ligados aos verbos respectivos e têm valor de assunto; **D:** incorreta, porque se pede a incorreta e esta assertiva é certa pois os termos destacados são substantivos ligados a outros substantivos, explicando-os, o que caracteriza o substantivo; **E:** correta, porque os termos destacados são AADV de lugar e não AADN por não estarem ligados a nome.

Gabarito "E"

(Soldado Combatente da Polícia Militar/ES – 2012 – EXATUS) Em: "Estou vendo o Spielberg de novo" e "Amo-te assim: meio odiosamente" (Augusto dos Campos), foram utilizadas as seguintes figuras de linguagem:

(A) Metonímia e Metáfora.
(B) Metonímia e Paradoxo.
(C) Metáfora e Paradoxo.
(D) Eufemismo e Antítese.
(E) Ironia e Antítese.

A: incorreta, porque 'Spielberg' está em metonímia, que se configura como uma palavra sendo usada no ligar de outra sendo unidas pelo sentido, mas a 2ª oração possui um paradoxo, que se configura como ideias sendo usadas em sentido contrário, como ocorre em amar odiosamente, e não metáfora, que consiste em usar palavra fora do sentido real; **B:** correta, porque 'Spielberg' está em metonímia, que se configura como uma palavra sendo usada no ligar de outra sendo unidas pelo sentido, e a 2ª oração possui um paradoxo, que se configura como ideias sendo usadas em sentido contrário, como ocorre em 'amar odiosamente'; **C:** incorreta, porque incorreta, porque 'Spielberg' está em metonímia, que se configura como uma palavra sendo usada no ligar de outra sendo unidas pelo sentido e não em metáfora, que se configura como uso de palavra fora do sentido real, mas a 2ª oração possui um paradoxo, que se configura como ideias sendo usadas em sentido contrário, como ocorre em amar odiosamente; **D:** incorreta, porque 'Spielberg' está em metonímia, que se configura como uma palavra sendo usada no ligar de outra sendo unidas pelo sentido e não eufemismo, que se configura como a suavização de ideias, e a 2ª oração possui um paradoxo, que se configura como ideias sendo usadas em sentido contrário, como ocorre em amar odiosamente, e não antítese, que se caracteriza com palavras com sentido contrário e não ideias; **E:** incorreta, porque 'Spielberg' está em metonímia, que se configura como uma palavra sendo usada no ligar de outra sendo unidas pelo sentido e não ironia, que se configura como dizer o contrário do que se escreveu, e a 2ª oração possui um paradoxo, que se configura como ideias sendo usadas em sentido contrário, como ocorre em amar odiosamente, e não como antítese.

Gabarito "B"

(Soldado Combatente da Polícia Militar/ES – 2012 – EXATUS)

Assinale a alternativa incorreta:

(A) Os verbos "reaver, precaver e colorir" são verbos defectivos.

(B) Na frase: "E necessário que você **venha** para cá, que **converse** comigo, dizia o telegrama de papai" (Fernando Sabino), os verbos destacados estão no tempo presente do modo subjuntivo.

(C) Os verbos "morrer, isentar e suspender" possuem duas formas de particípio.

(D) Em: "**Partireis** ao amanhecer?", o verbo destacado está no tempo futuro do presente do modo indicativo.

(E) Em: "Ontem, o menino **pode** ir a festa", o verbo destacado esta corretamente empregado no tempo pretérito perfeito do modo indicativo.

A: incorreta, porque se pede a incorreta e esta assertiva é certa pois os verbos mencionados não possuem conjugação em todas as pessoas, apenas na 1ª e 2ª pessoas do plural; **B:** incorreta, porque se pede a incorreta e esta assertiva é certa pois os verbos destacados estão no modo subjuntivo, que se caracteriza pela incerteza da ação; **C:** incorreta, porque se pede a incorreta e esta assertiva é certa pois os verbos mencionados são classificados como abundantes, que possuem dois particípios, são eles: morto/morrido, isento/isentado, suspendido/suspenso; **D:** incorreta, porque se pede a incorreta e esta assertiva é certa pois o tempo e o modo verbal estão corretos: indicativo futuro do presente; **E:** correta, porque para configurar o pretérito perfeito do indicativo o verbo dever ser grafado com acento: pôde, estando sem o acento está no tempo presente do mesmo modo.

Gabarito "E"

(Soldado Combatente da Polícia Militar/ES – 2012 – EXATUS)

"Se você **cantasse,**/ Se você **gemesse**,/ Se você **dançasse** a valsa vienense..." (Carlos Drummond de Andrade), os verbos destacados estão no:

(A) Pretérito perfeito do modo indicativo.

(B) Pretérito imperfeito do modo indicativo.

(C) Pretérito mais-que-perfeito do modo indicativo.

(D) Pretérito imperfeito do modo subjuntivo.

(E) Futuro do pretérito do modo indicativo.

A: incorreta, pois os verbos estão todos no modo subjuntivo e no tempo pretérito imperfeito e não no indicativo e pretérito perfeito; **B:** incorreta, pois os verbos estão todos no modo subjuntivo e no tempo pretérito imperfeito e não no modo indicativo; **C:** incorreta, pois os verbos estão todos no modo subjuntivo e no tempo pretérito imperfeito e não no tempo mais-que-perfeito e no modo indicativo; **D:** correta, porque os verbos estão todos no modo subjuntivo e no tempo pretérito imperfeito; **E:** incorreta, pois os verbos estão todos no modo subjuntivo e no tempo pretérito imperfeito e não no modo indicativo e no futuro do pretérito.

Gabarito "D"

(Soldado Combatente da Polícia Militar/ES – 2012 – EXATUS)

Assinale a alternativa incorreta:

(A) Existem ditongos em: "trégua, farmácia e herói".

(B) As palavras: "atlas, brisa e prega", possuem encontros consonantais imperfeitos.

(C) "Saara, coroa e caí" são palavras que possuem hiatos.

(D) As palavras: "tempo, minto e álbum", possuem dígrafos vocálicos.

(E) As palavras: "chave, filho e crescer", possuem dígrafos consonantais.

A: incorreta, porque se pede a incorreta e esta assertiva é certa pois são ditongos: 'ua', 'ia' e 'oi'; **B:** correta, porque são encontros consonantais perfeitos porque ficam na mesma sílaba quando da separação silábica: a-tlas, bri-sa, pre-ga; **C:** incorreta, porque se pede a incorreta e esta assertiva é certa pois são hiatos: Sa-a--ra, co-ro-a, ca-í; **D:** incorreta, porque se pede a incorreta e esta assertiva é certa pois são dígrafos as palavras que contêm duas letras mas um só som, fonema, e são vocálicos quando envolvem vogais: 'em', 'in', 'um'; **E:** incorreta, porque se pede a incorreta e esta assertiva é certa pois são dígrafos: 'ch', 'lh', 'sc'.

Gabarito "B"

(Soldado Combatente da Polícia Militar/ES – 2012 – EXATUS)

Assinale a alternativa que completa corretamente as frases abaixo:

Ignoro o motivo (1) ____ ele se demitiu.

De onde vens e (2) ____ vais?

(3)____ começou a andar, já brincava pela casa inteira.

Fizemos a (4) ____ de todos os bens ao chefe da casa.

Não o vejo (5)____ meses; nem sei como está agora.

(A) (1) por que, (2) aonde, (3) Mal, (4) cessão e (5) há.

(B) (1) porque, (2) aonde, (3) Mau, (4) seção e (5) a.

(C) (1) porque, (2) onde, (3) Mal, (4) cessão e (5) há.

(D) (1) por que, (2) aonde, (3) Mau, (4) cessão e (5) há.

(E) (1) por que, (2) onde, (3) Mal, (4) sessão e (5) a.

A: correta, porque ao ser uma pergunta indireta o vocábulo 'por que' deve ser grafado separadamente, aonde está com A porque o verbo 'vais' pede A, mal está grafado com L porque equivale a um advérbio e assim se escreve com L, cessão vem do verbo cessar e por isso se escreve com C inicial e SS no final, e há equivale a FAZ e se grafa com H; **B:** incorreta, porque ao ser uma pergunta indireta o vocábulo 'por que' deve ser grafado separadamente e não junto como está, aonde está com A porque o verbo 'vais' pede A, mal está grafado com L porque equivale a um advérbio e assim se escreve com L e não com U, cessão vem do verbo cessar e por isso se escreve com C inicial e SS no final e não com S e com Ç, e há equivale a FAZ e se grafa com H e não sem; **C:** incorreta, porque ao ser uma pergunta indireta o vocábulo 'por que' deve ser grafado separadamente e não junto como está, aonde está com A porque o verbo 'vais' pede A e não sem o A como está, mal está grafado com L porque equivale a um advérbio e assim se escreve com L, cessão vem do verbo cessar e por isso se escreve com C inicial e SS no final, e há equivale a FAZ e se grafa com H; **D:** incorreta, porque ao ser uma pergunta indireta o vocábulo 'por que' deve ser grafado separadamente, aonde está com A porque o verbo 'vais' pede A, mal está grafado com L porque equivale a um advérbio e assim se escreve com L e não com U como está, cessão vem do verbo cessar e por isso se escreve com C inicial e SS no final, e há equivale a FAZ e se grafa com H; **E:** incorreta, porque ao ser uma pergunta indireta o vocábulo 'por que' deve ser grafado separadamente, aonde está com A porque o verbo 'vais' pede A e não sem o A como está, mal está grafado com L porque equivale a um advérbio e assim se escreve com L, cessão vem do verbo cessar e por isso se escreve com C inicial e SS no final e não com S e SS como está, e há equivale a FAZ e se grafa com H e não sem o H.

Gabarito "A"

(Soldado Combatente da Polícia Militar/ES – 2012 – EXATUS) Assinale o item em que o elemento mórfico está incorretamente analisado:

(A) Tecnocracia (-o) = consoante de ligação.
(B) Garoto (-o) = desinência nominal de gênero.
(C) Mexera (-e)= vogal temática.
(D) Estudariam (-m) = desinência número-pessoal que caracteriza a terceira pessoa do plural.
(E) Estudásseis (-sse)= desinência modo-temporal que caracteriza o pretérito imperfeito do indicativo.

A: incorreta, porque o termo destacado está corretamente analisado ao unir dois radicais; **B:** correta, porque o termo destacado é vogal temática e não desinência de gênero, porém o gabarito oficial não apontou esta como correta, tendo outra errada; **C:** incorreta, porque a vogal temática de verbo é sempre a vogal que se une ao radical do verbo no infinitivo, portanto mexer; **D:** incorreta, pois o termo destacado realmente designam o tempo número e a pessoa do verbo em análise; **E:** incorreta, pois o termo desatacado designa o modo subjuntivo e não o indicativo.

Gabarito "E"

(Soldado Combatente da Polícia Militar/ES – 2012 – EXATUS) Com relação à flexão de grau dos substantivos, todas alternativas estão corretas, exceto:

(A) Saiote é o diminutivo de saia.
(B) Glóbulo é o diminutivo de globo.
(C) Povaréu é o aumentativo de povo.
(D) Vagalhão é o aumentativo de vagão.
(E) Homúnculo é o diminutivo de homem.

A: incorreta, porque se pede a incorreta e esta assertiva é certa pois é mesmo seu diminutivo, também como opção se tem saiazinha; **B:** incorreta, porque se pede a incorreta e esta assertiva é certa pois existe esta terminação como opção para diminutivo; **C:** incorreta, porque se pede a incorreta e esta assertiva é certa pois é um aumentativo pejorativo às vezes, mas usado como correto; **D:** correta, porque está errada ao se dar como vagalhão – que designa uma espécie de onda – e não vagão; **E:** incorreta, porque se pede a incorreta e esta assertiva é certa pois esta terminação é uma terminação possível como diminutivo.

Gabarito "D"

(Soldado Combatente da Polícia Militar/ES – 2012 – EXATUS) Com relação à classe dos adjetivos, assinale a alternativa incorreta:

(A) Em: "Mulher **macérrima**", o termo destacado e o superlativo absoluto sintético de magra.
(B) Belacíssimo e um adjetivo derivado de beleza.
(C) "Brasileiro, encantador e burguês" são adjetivos biformes.
(D) Em: "Noites lítero-musicais", o flexão de número do adjetivo composto esta corretamente aplicada.
(E) Em: "Leda foi **a menos** simpática de nosso grupo", o termo destacado indica o superlativo relativo de inferioridade.

A: incorreta, pois se pede a marcação da errada, porém esta assertiva está certa porque o superlativo de magra pode ser macérrima como dito ou mesmo magérrima, pois vem do latim *macer*; **B:** correta, porque se pede a errada e nesta assertiva tem-se que belacíssimo advenha de belo, porém belacíssimo é o superlativo de belaz, que significa guerreiro, guerreador, lutador; **C:** incorreta, pois se pede a marcação da errada, porém esta assertiva está certa porque adjetivo biformes são aqueles que possuem duas formas para o gênero, uma no masculino e outra no feminino: brasileiro/brasileira, encantador/encantadora, burguês/burguesa; **D:** incorreta, pois se pede a marcação da errada, porém esta assertiva está certa porque quando se tem adjetivos compostos, o primeiro termo fica invariável e o segundo varia em gênero e número: histórico-culturais; **E:** incorreta, pois se pede a marcação da errada, porém esta assertiva está certa porque o termo destacado se refere à inferioridade do adjetivo dado e se utiliza de dois vocábulos, configurando o superlativo relativo de inferioridade.

Gabarito "B"

(Soldado Combatente da Polícia Militar/ES – 2012 – EXATUS) Todas alternativas estão incorretas, exceto:

(A) Em: "Sentíamos a nítida sensação *de que os olhos malévolos nos espiavam de todos os cantos*" (Lygia Fagundes Telles), a oração destacada é subordinada substantiva objetiva indireta.
(B) Em: "Saia logo, *que eu preciso de você*", a oração destacada é coordenada sindética conclusiva.
(C) Em: "Não tenho nenhuma esperança nestas crenças tão voláteis – *em cujos parcos conhecimentos colocas tantas interpretações*" (Josué Montello), a oração destacada é uma oração subordinada adjetiva restritiva.
(D) Em: "À proporção que falava, *convenciam-se da falsidade dela*", a oração destacada é uma oração subordinada adverbial proporcional.
(E) Em: "*Sabe-se que o rio é fundo*", a oração destacada é subordinada substantiva subjetiva.

A: incorreta, porque a oração em destaque está relacionada a um nome 'sensação', portanto não pode ser objetiva indireta, mas sim completiva nominal; **B:** incorreta, pois a oração em destaque na verdade explica o fato de ter de sair logo, portanto é explicativa e não conclusiva; **C:** incorreta, porque a oração em destaque está separada do substantivo a que se liga, portanto é explicativa e não restritiva, ainda mais ao trazer a ideia de totalidade ao termo ao qual está ligada; **D:** incorreta, porque a oração que fora destacada é a oração principal e não a subordinada, esta sem destaque mas com ideia de proporcionalidade; **E:** correta, porque a oração em destaque exerce mesmo a função substantiva de sujeito, pois o SE ligado ao verbo da oração principal é partícula apassivadora, deixando a frase na voz passiva e fazendo com que o termo que sofra a ação verbal seja considerado sujeito desta ação.

Gabarito "E"

(Soldado Combatente da Polícia Militar/ES – 2012 – EXATUS)
Leia atentamente a poesia de Gregório de Matos e assinale a alternativa incorreta:

Ó tu do meu amor fiel traslado
Mariposa entre as chamas consumida,
Pois se à força do ardor perdes a vida,
A violência do fogo me há prostrado.

Tu de amante o teu fim hás encontrado,
Essa flama girando apetecida;
Eu girando uma penha endurecida,
No fogo, que exalou, morro abrasado.

Ambos de firmes anelando chamas,
Tu a vida deixas, eu a morte imploro
Nas constâncias iguais, iguais nas chamas.

Mas ai! que a diferença entre nós choro,
Pois acabando tu ao fogo, que amas,
Eu morro, sem chegar à luz, que adoro.

(A) Em: "A violência do fogo me há **prostrado**", o vocábulo destacado foi empregado no sentido de "abatido".
(B) Até a terceira estrofe, o poema desenvolve a imagem detalhando as semelhanças entre o seu amor e a atração que a chama exerce sobre a mariposa.
(C) O sujeito lírico faz uma comparação entre a sua situação e a da mariposa, explorando as semelhanças, para, na última estrofe, ponto culminante do soneto, estabelecer a grande diferença: seu sacrifício e mais terrível do que o dela, porque inútil.
(D) Em: "Ambos de firmes **anelando** chamas", o vocábulo destacado foi utilizado no sentido de "diminuindo".
(E) Em: "Essa flama girando **apetecida**", o vocábulo destacado foi utilizado no sentido de "desejada, intensamente cobiçada".

A: incorreta, pois se pede a marcação da errada, porém esta assertiva está certa porque o significado contextual de prostrado é mesmo de abatido, derrotado; **B:** incorreta, pois se pede a marcação da errada, porém esta assertiva está certa porque há uma comparação direta entre o amor do eu-lírico e a mariposa, a atração dele pela amada e da mariposa pela chama; **C:** incorreta, pois se pede a marcação da errada, porém esta assertiva está certa porque na última estrofe o eu-lírico se mostra mais derrotado do que a mariposa ao ver que todo seu amor é sublime, inalcançável, inútil, pior que o da mariposa que pode consumar sua atração pela chama; **D:** correta, porque se pede a errada, ou seja, anelando significa envolvendo e não diminuindo com se diz na assertiva; **E:** incorreta, pois se pede a marcação da errada, porém esta assertiva está certa porque o vocábulo destacado vem de apetecer, sentir vontade de, atração por, estando correta a análise.

Gabarito "D"

(Soldado Combatente da Polícia Militar/ES – 2012 – EXATUS)
Leia atentamente a notícia "Conflito no Líbano mata 4 israelenses" e assinale a alternativa correta:

Ao menos quatro militares israelenses foram mortos durante conflitos com radicais islâmicos na madrugada de hoje (noite de ontem no Brasil) no sul do Líbano, informou a "France Press".

Citando fontes dos serviços de segurança libaneses, a agência noticia que os militares viajavam em um helicóptero fora da zona de segurança – faixa do território sul do Líbano ocupada por Israel desde 1982.

Os combates ocorreram próximo a aldeia de Nsarieh, a 20 km ao sul da cidade de Sidon.

"Nosso grupo estava patrulhando a área quando os israelenses pousaram. Os combates ainda continuam", disse um membro do grupo radical islâmico Hilbollah (Movimento de Resistência Islâmico).

"Acreditamos que os israelenses sofreram baixas e estão tentando pousar para salvar seus companheiros", afirmou.

Membros do grupo Amal (xiita pro-Síria) também se envolveram nos combates, segundo a "France Press".

(Folha de Sao Paulo, 5/9/97)

(A) O primeiro parágrafo de *Conflito no Líbano mata 4 israelenses*, apresenta o "fato em si": menos de quatro militares israelenses foram mortos no confronto com radicais islâmicos.
(B) Oficias da agência presenciaram os helicópteros sobrevoando fora da área de segurança.
(C) As mortes foram causadas pelo confronto entre israelenses e xiitas que se envolveram nos combates, conforme noticiou a "France Press".
(D) A notícia tem como principal objetivo informar. Essa informação deve ser uma veiculação objetiva de um fato real que desperte interesse e chegue ao leitor de maneira rápida e eficiente. Por isso, o primeiro parágrafo apresenta um apanhado de fatos gerais e aos demais parágrafos cabe a particularização dos aspectos mais importantes.
(E) Quatro militares israelenses foram mortos em um conflito que ocorreu entre a aldeia de Nsarieh e a cidade de Sidon. Eles confrontaram com membros do grupo radical islâmico Hilbollah.

A: incorreta, porque não são menos de quatro mortos e sim ao menos quatro, no mínimo quatro; **B:** incorreta, porque não há vários helicópteros e sim apenas um, e não há no texto menção ao fato de presenciarem o helicóptero voando fora da área de segurança; **C:** incorreta, porque a agência de notícias afirmou há membros xiitas envolvidos mas não israelenses, pois fora dito que os israelenses apenas sofreram baixas; **D:** correta, porque a divisão deste trecho fora esta mesmo: generalizações no 1º parágrafo e explicações nos demais, sendo assim um texto jornalístico informativo; **E:** incorreta, porque o grupo islâmico Hilbollah, no texto, apenas relata o fato sem participar dele diretamente com diz a assertiva.

Gabarito "D"

(Soldado Combatente da Polícia Militar/ES – 2012 – EXATUS) Assinale a alternativa que associa correta e ordenadamente as colunas abaixo de cima para baixo:

1 - Cocho.	( ) Manco.
2 - Coxo.	( ) Produzir efeito.
3 - Recrear.	( ) Divertir, alegrar.
4 - Recriar.	( ) Vasilha de madeira.
5 - Sortir.	( ) Criar novamente.
6 - Surtir.	( ) Abastecer.

(A) 2, 6, 3, 1, 4, e 5.
(B) 1, 6, 3, 2, 4 e 5.
(C) 1, 5, 3, 2, 4 e 6.
(D) 2, 6, 4, 1, 3 e 5.
(E) 1, 5, 3, 2, 6 e 4.

A: correta, porque os significados são os especificados na sequencia numérica feita nesta assertiva. As demais estão incorretas porque tal sequência não se repete.

Gabarito "A"

(Soldado Combatente da Polícia Militar/ES – 2012 – EXATUS) Assinale a alternativa incorreta:

(A) Em: "A cadela da sua irmã foi passear", existe uma duplicidade de sentido, por falta de clareza, que e denominada ambiguidade.
(B) Regências e concordâncias incorretas, frases inacabadas, inadequação ou ambiguidade no emprego de pronomes, entre outros fatores, podem contribuir para a ruptura da coesão textual, como no seguinte caso: "Fazem cinco anos que estou na seleção brasileira".
(C) Em: "Foi um comício **monstro**", o vocábulo destacado e um substantivo adjetivado, portanto, ocorreu uma derivação imprópria.
(D) O artigo serve, entre outras funções, para distinguir palavras parônimas e definir seus significados, como em: "o praça e a praça; o cura e a cura".
(E) Preposição é uma classe de palavras invariáveis que liga dois termos, estabelecendo entre eles uma relação de dependência. É o caso de: "Começou **a** circular o expresso 2222 **da** Central do Brasil. Que parte direto **de** Bonsucesso **pra** depois **do** ano 2000" (Gilberto Gil).

A: incorreta, pois se pede a marcação da errada, porém esta assertiva está certa porque denomina-se ambiguidade o fato de se ter dois sentidos em uma mesma sentença, causando a falta de certeza naquilo que se queria realmente dizer, como no trecho em questão em que se tem 'a cadela de sua irmã' sem saber ao certo se está-se falando da cachorra, o animal, ou mesmo, se está-se xingando a sua irmã; **B:** incorreta, pois se pede a marcação da errada, porém esta assertiva está certa porque realmente se prejudica a coesão textual quando se tem o uso inadequado de verbos, como no caso o 'estou' – fazendo o quê? Trabalhando, servindo, acompanhando, gritando? –, e a falta de concordância em 'fazem', que no sentido de tempo não tem plural por ser um verbo impessoal, sem sujeito; **C:** incorreta, pois se pede a marcação da errada, porém esta assertiva está certa porque a derivação imprópria se dá pela troca de classe gramatical do vocábulo, portanto o que ocorre com 'monstro', por ser um substantivo sendo usado como adjetivo; **D:** correta, porque se pede a errada e esta assertiva está errada na medida em que está correto o que se disse sobre ser o artigo também responsável pela distinção de significado de algumas palavras, porém não parônimas, porque são parônimas as palavras que são parecidas no som e na grafia, tendo esta semelhança, e não igualdade, o que as diferenciam entre si. No trecho mostram-se palavras que são homônimas perfeitas, que têm a mesma grafia e som, precisando de auxílio para serem diferenciadas; **E:** incorreta, pois se pede a marcação da errada, porém esta assertiva está certa porque a definição de preposição está correta e os exemplos dados no mesmo trecho também.

Gabarito "D"

(Soldado Combatente da Polícia Militar/ES – 2012 – EXATUS) Examine as frases a seguir para identificar em qual alternativa a palavra destacada tem valor de advérbio:

(A) Pedi **meia** porção de batata frita.
(B) Ha **bastantes** pessoas insatisfeitas com seus salários.
(C) Ela ficou **meio** nervosa quando soube o resultado da prova.
(D) O time perdeu **bastantes** oportunidades para marcar pontos.
(E) Ela esperou na fila ate meio-dia e **meia**.

A: incorreta, porque, como se pede o valor de advérbio, o termo destacado possui o valor de adjetivo, ao estar ligado a um substantivo, 'porção'; **B:** incorreta, porque não é advérbio o termo destacado e, sim, adjetivo, porque está ligado a um substantivo, 'pessoas'; **C:** correta, porque o termo em destaque funciona como advérbio na frase, ao estar ligado a um adjetivo, 'nervosa'; **D:** incorreta, porque o termo destacado não é advérbio e sim adjetivo, pois está ligado ao substantivo 'oportunidades'; **E:** incorreta porque o termo destacado é adjetivo e não advérbio, porque está ligada ao substantivo elítico 'hora'.

Gabarito "C"

(Soldado Combatente da Polícia Militar/ES – 2012 – EXATUS) Assinale a alternativa incorreta:

(A) A vírgula, entre outras funções, deve ser utilizada quando um adjunto adverbial é antecipado, como em: "Sábado passado, estudei para a prova". Também é necessária quando utilizamos o aposto ou qualquer elemento de valor explicativo: "Maria das Dores, aquela moca alegre, tinha, pois, um nome errado" (Fernando Sabino).
(B) Entre as diversas funções do travessão estão: indicar com que pessoa do discurso está a fala, isolar palavras ou frases, isolar a parte final de um enunciado, entre outras.
(C) Em: "A Genilda? Bom... não sei... acho que ela nem chegou ainda..." (Rubem Braga), as reticências serviram para indicar que houve hesitação por parte do locutor.

(D) Em: "Fazia um silêncio sepulcral na casa; todos, pensava eu, tinham saído ou morrido" (Clarice Lispector), o "ponto-e-vírgula" foi utilizado para marcar uma pausa, função idêntica a da vírgula.

(E) Os dois-pontos podem introduzir citações, esclarecimento, enumerações como em: "Aristides costumava fechar a questão em três pontos: honra, dinheiro e mulheres" (J. C. Carvalho).

A: incorreta, pois se pede a marcação da errada, porém esta assertiva está certa porque são duas regras básicas da pontuação e o uso de vírgulas: separar termos deslocados e de valor adverbial, e separar termos explicativos dos termos explicados; **B:** incorreta, pois se pede a marcação da errada, porém esta assertiva está certa porque todas as situações elencadas servem para o uso de travessões, ou seja, é correta sua utilização quando destas situações; **C:** incorreta, pois se pede a marcação da errada, porém esta assertiva está certa porque a hesitação do locutor pode ser marcada por reticências, como fora feito, sendo correta sua utilização; **D:** correta, porque se pedia a incorreta e esta assertiva está errada pois o ponto-e-vírgula tem a função de separar termos e orações que já estejam cortados por vírgulas ou mesmo de enumeração extensa, sendo o motivo alegado na assertiva errado, ainda mais quando se diz que a função da vírgula e do ponto-e-vírgula seja marcar pausa em leitura; **E:** incorreta, pois se pede a marcação da errada, porém esta assertiva está certa porque a definição de dois-pontos está completa, inclusive no exemplo dado de uma enumeração explicativa separada, iniciada por dois-pontos.

Gabarito "D"

(Soldado Combatente da Polícia Militar/ES – 2012 – EXATUS) Assinale a alternativa correta:

(A) Em: "**Senão** houver seriedade, o país não será da situação em que se encontra", o vocábulo destacado foi corretamente empregado no sentido de "caso não".

(B) Em: "O carro **foi ao encontro** do poste", os vocábulos destacados foram corretamente empregados no sentido de "oposição, choque, colisão".

(C) Em: "Mostrou-se capaz de inúmeras coisas **afim de** nos enganar", os vocábulos destacados foram corretamente empregados no sentido de "para", indicando a ideia de finalidade.

(D) Em: "A ansiedade aumentava **na medida em que** o prazo ia chegando ao fim", os vocábulos destacados foram corretamente empregados indicando a ideia de proporção.

(E) Em: "As moedas fortes mantém o câmbio **ao par**", os vocábulos destacados foram corretamente empregados indicando uma relação de equivalência ou igualdade entre os valores financeiros.

A: incorreta, porque no sentido de 'caso não', condicional, o vocábulo correto é 'se não' e não 'senão'; **B:** incorreta, porque no sentido de oposição, choque, colisão, a expressão correta é 'de encontro a' e não 'ao encontro de', que significa juntar-se a; **C:** incorreta, porque, para indicar a ideia de finalidade, a expressão correta é 'a fim de', pois 'afim' significa semelhante; **D:** incorreta, porque 'na meda em que' indica causa e não proporcionalidade, cuja locução correta é 'à medida que'; **E:** correta, porque 'ao par' significa junto, equivalente, ao passo que 'a par' significa consciente, por dentro.

Gabarito "E"

Leia o texto abaixo e responda às próximas questões referentes a ele.

Texto I:

Segurança pública começa em casa

A segurança pública começa na família, quando pequenos gestos e ações dos pais vão determinar o comportamento dos filhos na coletividade. Não nos preocupamos em observar o que fazemos na frente de nossos filhos, achamos engraçado quando pronunciam um palavrão e mostramos como se fosse um prêmio a falta de educação, a nossa e a deles.

Esquecemos que somos modelos para as nossas crianças, ao deixar de usar o cinto de segurança, desrespeitar um sinal fechado, fumar onde não devemos e atirar lixo pela janela do carro.

Aceitamos quando eles não arrumam o quarto e não querem levantar para auxiliar na limpeza da casa, dizemos tudo bem, eles são crianças.

Somos pais que não se preocupam em pedir licença, dizer obrigado e solicitar por favor quando conversamos com nossos familiares, numa onda de desrespeito que se reflete num comportamento equivocado de nossas crianças na idade tenra, quando desrespeitam os pais e avós dentro de casa.

Também, erroneamente, procuramos dar a eles tudo que pedem, sem impor limites, deixamos que façam o que querem dentro de casa, rolem no chão quando pedem um brinquedo no supermercado e rimos da situação, quando na verdade faltou-nos autoridade, mas não nos preocupamos. Afinal, a escola e os professores vão dar um jeito nisso.

Chegando à escola, uma nova realidade, uma turma de novos colegas, uma professora impondo regras, horários, responsabilidade, quanta coisa para nossos pobres filhos. Não acompanhamos os cadernos, não auxiliamos na realização dos trabalhos, nem criamos horários para que estudem.

Afinal, são crianças e devem brincar. Passado o tempo, vamos lá, nas avaliações, reclamar das notas baixas de nossos filhos. Afinal, a culpa é da escola, dos professores e da direção, que não souberam ensinar as nossas crianças.

Adiante, os nossos filhos passam a andar com amigos estranhos, que não gostam de ir para a escola, mas isto não é problema nosso, nossos filhos apenas andam com esses amigos. Chega um dia que nos pedem um tênis importado, estranhamos. Afinal, não temos dinheiro para comprar e dizemos não.

Então, no dia seguinte, aparecem com o que queriam. Perguntamos como conseguiram, dizem que ganharam de presente de algum amigo. Que maravilha um amigo que gosta de nossos filhos, que cuida deles enquanto trabalhamos.

Um dia, um telefonema. Nosso filho foi preso roubando outro tênis importado.

(FRANQUILIN, Paulo. **Segurança pública começa em casa**. Zero Hora, Porto Alegre, 21 out. 2010, p. 23. Adaptado).

(Soldado Combatente da Polícia Militar/ES – 2013 – FUNCAB) A frase "Segurança pública começa em casa", do ponto de vista de quem a escreveu, pode ser entendida como:

(A) Os professores sabem educar.
(B) Uma ironia na exposição da ideia.
(C) Uma dúvida sobre como educar.
(D) Intensificação poética da ideia de educar.
(E) Os pais são os responsáveis por educar.

A: incorreta, porque o tema principal não são os professores e sua obrigação de ensinar e, sim, os pais em casa; **B:** incorreta, porque não há ironia – dizer o contrário do que se disse – no que se disse em ralação ao título, está no sentido denotativo mesmo; **C:** incorreta, porque não se demonstra dúvida no título e sim uma certeza que se pretende provar no texto; **D:** incorreta, porque não há intensificação do sentido de educar, apenas responsabilização dos pais; **E:** correta, porque este é o tema central do texto e do título: a responsabilidade dos pais em educar seus filhos.

Gabarito "E"

(Soldado Combatente da Polícia Militar/ES – 2013 – FUNCAB) Embora "Segurança" represente um drama particular, é possível entrever nele um debate de natureza:

(A) social.
(B) econômica.
(C) regional.
(D) linguística.
(E) hierárquica.

A: correta, porque a sociedade toda sofre com a segurança, mesmo aquela que começa em casa como diz o texto; **B:** incorreta, porque nada se diz sobre os impactos econômicos no texto em análise; **C:** incorreta, porque regionalismo é uma situação específica que o texto não tratou apenas se fez análise e crítica geral, sem demarcações espaciais; **D:** incorreta, porque não se discute nada relacionado a linguística, sequer se tem relação entre segurança e língua; **E:** incorreta, porque não se fala de questão de hierarquia e sim de educação, não se é vertical e sim horizontal no ensino, fala-se sim em autoridade dos pais e não hierarquia propriamente dita.

Gabarito "A"

(Soldado Combatente da Polícia Militar/ES – 2013 – FUNCAB) Os fragmentos abaixo estão corretamente associados a atitudes da família em relação aos filhos, **EXCETO**:

(A) "Esquecemos que somos modelos para as nossas crianças, ao deixar de usar o cinto de segurança, desrespeitar um sinal fechado [...]" (transgressão)
(B) "[...] procuramos dar a eles tudo que pedem, sem impor limites [...]" (permissividade)
(C) "Não acompanhamos os cadernos, não auxiliamos na realização dos trabalhos [...]" (negligência)
(D) "Afinal, a culpa é da escola, dos professores e da direção, que não souberam ensinar as nossas crianças" (comprometimento)
(E) "Afinal, não temos dinheiro para comprar e dizemos não." (autoridade)

A: incorreta, pois se pede a marcação da errada, porém esta assertiva está certa porque trata de atitudes que influenciam os filhos ao transgredirmos regras; **B:** incorreta, pois se pede a marcação da errada, porém esta assertiva está certa porque trata de atitudes que não educam os filhos e sim os deseduca, ao sermos permissivos; **C:** incorreta, pois se pede a marcação da errada, porém esta assertiva está certa porque na o acompanhamos nossos filhos e damos-lhes segurança, ao negligenciarmos participação; **D:** correta, porque está errado ao se dizer que a culpa é dos outros sem assumir a culpa que lhe é inerente, na verdade é a falta de comprometimento pessoal familiar; **E:** incorreta, pois se pede a marcação da errada, porém esta assertiva está certa porque ao dizermos 'não' mostramos autoridade, do que os filhos precisam para saberem como se comportar na vida.

Gabarito "D"

(Soldado Combatente da Polícia Militar/ES – 2013 – FUNCAB) Reescrevendo a oração "[...] pequenos gestos e ações dos pais VÃO DETERMINAR o comportamento dos filhos [...]", passando o verbo para a voz passiva analítica e fazendo as modificações necessárias, tem-se:

(A) O comportamento dos filhos seria determinado por pequenos gestos e ações dos pais.
(B) O comportamento dos filhos é determinado por pequenos gestos e ações dos pais.
(C) O comportamento dos filhos será determinado por pequenos gestos e ações dos pais.
(D) O comportamento dos filhos foi determinado por pequenos gestos e ações dos pais.
(E) O comportamento dos filhos seja determinado por pequenos gestos e ações dos pais.

A: incorreta, porque 'seria determinado' está na voz passiva, mas não respeitou o tempo verbal no futuro do presente do original; **B:** incorreta, porque 'é determinado' está na voz passiva, porém não respeitou o tempo verbal original, o futuro do presente; **C:** correta, porque o tempo verbal original fora respeitado, assim como a voz passiva da frase em que se tem o OD da voz ativa transformado em SUJEITO na voz passiva, e o SUJEITO da voz ativa transformado em AGENTE DA PASSIVA; **D:** incorreta, porque não se respeitou o tempo verbal de futuro do presente da frase original; **E:** incorreta, porque não se respeitou sequer o modo o indicativo da frase original, colocando o verbo no subjuntivo.

Gabarito "C"

(Soldado Combatente da Polícia Militar/ES – 2013 – FUNCAB) Dentre os seguintes ditos populares, qual corresponde à primeira parte do segundo parágrafo?

(A) "Filho que os pais amargura, jamais conte com ventura."
(B) "Quem meu filho beija, minha boca adoça."
(C) "Os filhos do ferreiro não têm medo de fagulhas."
(D) "Um grama de exemplos vale mais que uma tonelada de conselhos."
(E) "Quem tem telhado de vidro não atira pedra no do vizinho."

A: incorreta, porque o ditado desta assertiva se refere a o fato de os filhos magoarem os pais, mais adequado aos últimos parágrafos; **B:** incorreta, porque o ditado desta assertiva diz respeito ao fato de se agradar os filhos e assim agradar aos pais; **C:** incorreta o ditado desta assertiva diz respeito ao fato de que os filhos se acostumam à vida dos pais, não tendo medo de consequências advindas das atitudes do pai; **D:** correta, porque o texto realmente trata de que atitudes são mais valiosas e têm mais efeitos que conselhos; **E:** incorreta, porque o ditado desta assertiva trata do fato de não se poder criticar quando se tem motivos para críticas, em nada corrobora com o texto.

Gabarito "D"

(Soldado Combatente da Polícia Militar/ES – 2013 – FUNCAB) Reescrevendo a frase "[...] achamos engraçado QUANDO pronunciam um palavrão [...]", a palavra em destaque pode ser substituída, mantendo o mesmo sentido, por:

(A) quanto menos.
(B) visto que.
(C) a menos que.
(D) uma vez que.
(E) sempre que.

A: incorreta, porque a expressão destacada é de cunho temporal e não proporcional como nesta assertiva; **B:** incorreta, porque a expressão destacada tem valor temporal e não causal como nesta assertiva; **C:** incorreta, porque a expressão em destaque tem valor temporal e não condicional como nesta assertiva; **D:** incorreta, porque a expressão destacada tem valor temporal e não causal como nesta assertiva; **E:** correta, porque as duas expressões, tanto a destacada quanto a da assertiva, têm valor temporal.

Gabarito "E"

(Soldado Combatente da Polícia Militar/ES – 2013 – FUNCAB) Seria mantida a correção gramatical e o mesmo valor semântico do texto, caso o primeiro período do quinto parágrafo fosse iniciado da seguinte forma:

(A) Se chegasse à escola, uma nova realidade...
(B) Ao chegar à escola, uma nova realidade...
(C) Como chegou à escola, uma nova realidade...
(D) Apesar de chegar à escola, uma nova realidade...
(E) Para que chegasse à escola, uma nova realidade...

A: incorreta, porque a oração do texto tem o valor temporal e não pode ser substituído pelo valor condicional presente na assertiva; **B:** correta, porque o mesmo valor temporal é encontrado nas duas expressões, podendo assim ser trocadas entre si sem prejuízo gramatical ou semântico; **C:** incorreta, porque a oração do texto tem o valor temporal e não pode ser substituído pelo valor causal presente na assertiva; **D:** incorreta, porque a oração do texto possui o valor temporal e não pode ser substituído pelo valor concessivo presente na assertiva; **E:** incorreta, porque a oração do texto tem valor temporal e não pode ser substituída pelo valor de finalidade presente na assertiva.

Gabarito "B"

2. Língua Inglesa

Todd Marshall

Read the text below and answer the questions which follow it.

Australia's plan to ban cigarette logos

Australia has unveiled what it claims are the toughest anti-smoking measures in the world. They would completely ban logos and branding on packets of cigarettes. Packets would also be plain olive green; the color that smokers apparently find least attractive. The color olive green is the latest weapon in the ongoing battle between the Australian government and big tobacco. Under aggressive new proposals, billed as the toughest in the world, every packet of cigarettes sold in Australia would be packaged in that color after research showed that olive green was the most off-putting for smokers.

Logos and any form of distinct branding would be completely banned. Instead, the brand names would appear in a standard size and font, making them as bland and anonymous as possible. A greater area of the packaging would also be taken up with grotesque pictures of cancerous tumors and the health effects of tobacco.

Claiming a global first, the Australian government says it wants to remove any remaining glamour from cigarettes, but the big tobacco companies have questioned the legality of the legislation.

Worried about the possible worldwide knock-on effects of Australia introducing such stringent regulations, they've vowed to put up a fight – saying the new measures infringe international trademark and intellectual property laws.

AUSTRALIA plan to ban cigarette logos. Disponível em:<www.bbc.co.uk/worldservice/learningenglish/language/wordsinthenews/>. Acesso em: 13 maio 2012.

(Oficial da Polícia Militar/BA – 2012 – CONSULTEC) Fill in the parentheses with **T** (True) or **F** (False). It's stated in the text:

( ) Australia has already forbidden cigarette logos.

( ) Australia has had a hard time fighting the big tobacco companies.

( ) Tobacco companies are willing to give up confronting the Australian government.

( ) The Australian government wants people to view cigarettes as unattractive and unhealthy.

According to the text, the correct sequence, from top to bottom, is

(A) F T T F
(B) T T T T
(C) F T F T
(D) T T F F
(E) F T F T

A questão tem por objetivo identificar se as afirmativas estão corretas ou incorretas de acordo com o texto.

Afirmativa 1: incorreta, pois, o texto utiliza o tempo verbal condicional, "would completely ban", que refere-se a uma possibilidade que poderia acontecer caso a medida fosse aprovada pelo congresso da Austrália. A afirmativa utiliza o tempo verbal do presente perfeito, o qual inclui o tempo do passado e do presente, mas não do futuro; Afirmativa 2: correta, pois, o texto e a afirmativa referem-se a uma batalha constante ("ongoing battle"), que sugere tempos difíceis na sua luta contra as empresas de tabaco; Afirmativa 3: incorreto, pois, essa afirmativa defende que as empresas estão prontas para "desistirem" do confronto com o governo australiano, o que contradiz o texto. Na linha 26 do texto, diz: "...they've vowed to put up a fight...". A expressão "to put up a fight" significa que prometem "ir à luta contra" o governo australiano, portanto a afirmativa diz exatamente o oposto do que foi apresentado no texto em si; Afirmativa 4: correta, pois, a afirmativa defende que o governo australiano quer que o seu povo veja os cigarros como algo não atrativo e que prejudica a própria saúde. O texto também defende essa mesma ideia no parágrafo 3, ao se referir ao fato de que todas as marcas teriam o mesmo padrão de fonte de letras nas embalagens, tornando-os anônimos e sem graça ao olhar do consumidor. O texto continua a defender que imagens impactantes de tumores cancerígenos deveriam aparecer nas embalagens para mostrar os efeitos colaterais que causam os cigarros.

Gabarito "E".

(Oficial da Polícia Militar/BA – 2012 – CONSULTEC) According to the Australian government plans, all packets of cigarettes

(A) should be bright green.
(B) must have the same color.
(C) could have any dark color.
(D) may come in different tones of green.
(E) would have Australia's national colors.

A questão se baseia no ponto gramatical dos verbos modais e o seu grau de certeza ("degree of certainty") na língua inglesa. Vale a pena relembrar a ordem desse grau de certeza, que segue o seguinte padrão: "could, might, and may" – possibilidade; "can (e could, quando usado no passado)" – habilidade; "should e ought to" – sugestão/conselho; "need to" – necessidade; "must/had better" – forte sugestão; "must e have to" – obrigação; "will" – certeza absoluta. Nas linhas 9-10 do texto, diz: "...every packet of cigarettes sold in Australia would be packaged in that color..." O verbo modal "would" implica que a nova medida forçaria a todos os fabricantes, no futuro, a fabricarem todas suas embalagens em uma só cor (verde oliva), como estipulado pelo governo. Assim sendo, o texto estabelece uma "obrigação" a ser cumprida pelos fabricantes.

A: incorreto, pois o verbo modal"should" oferece uma sugestão de uma cor brilhante, e não "sem graça" como indica o termo "off--puttng" (linha 11); **B:** correto, pois "must" oferece uma obrigação dos fabricantes de produzirem embalagens, todas da mesma cor; **C:** incorreto, pois, o verbo modal"could" oferece uma possibilidade da embalagen ser de uma cor escura, o que o texto não menciona; **D:** incorreto, pois, o verbo modal "may" oferece uma possibilidade das embalagens serem produzidas em vários tons de verde, enquanto o texto defende somente um só tom de verde – verde oliva; **E:** incorreto, pois, o verbo modal"would" oferece uma condição da possibilidade de, no futuro, as embalagens serem produzidas nas cores da bandeira australiana, o que o texto não menciona.

Gabarito "B"

(Oficial da Polícia Militar/BA – 2012 – CONSULTEC) As to cigarette brand names, the only alternative that **disagrees** with the information from the text is that they should

(A) present letters in different styles.

(B) have no unusual features.

(C) not be easily identified.

(D) have the same size.

(E) be uninteresting.

56

Como em todos os exames de concurso, é sempre importante analisar o que a questão de fato pede. Nesta questão, a palavra grifada, "disagrees", significa "que **NÃO** está de acordo com o texto". Portanto, a opção correta seria justamente a afirmativa que estaria incorreta, de acordo com o texto, referente às marcas dos cigarros e como devem ser apresentadas nas embalagens.

A: correto, pois, esta afirmativa contradiz aquilo apresentado no texto nas linhas 14-15, "Instead, the brand names would appear in a standard size and font...", o que significa que as marcas deveriam ser apresentadas nas embalagens em um tamanho e uma fonte padrão. Essa afirmativa defende que as letras ("letters") deveriam utilizar fontes diferentes ("diferente styles"), o que contradiz o texto em si e, portanto, responde corretamente ao que se pede no enunciado; **B:** incorreto, pois, esta frase está de acordo com o texto na linha 13 ao dizer "distinct branding would be completely banned", o que significa que uma marca não poderia ter nenhuma característica própria de si mesma, como também está de acordo com a linha 15 do texto que defende um tamanho e fonte padrão; **C:** incorreto, pois, esta frase está de acordo com o texto na linha 16 que defende que todas as marcas deveriam ser "anônimas" ("anonymous"), o qual poderia ser inferido da frase "not easily identified"; **D:** incorreto, pois, esta frase está de acordo com o texto na linha 15 onde defende que todas as marcas deveriam ter um tamanho e uma fonte padrão ("standard size and font"), "standard" nesse caso, seria sinônimo de "same"; **E:** incorreto, pois esta frase está de acordo com o texto na linha 14 que defende que as marcas deveriam ser sem graça ("bland"), "bland", nesse caso seria sinônimo de "uninteresting".

Gabarito "A"

(Oficial da Polícia Militar/BA – 2012 – CONSULTEC) Based on the text, the only pair of opposites is in alternative

(A) "least" (*l*. 5) – most.

(B) "the latest" (*l*. 6) – the most recent.

(C) "big" (*l*. 8) – huge.

(D) "stringent" (*l*. 25) – strict.

(E) "new" (*l*. 27) – young.

Esta questão é gramatical e tem como objetivo identificar os termos que são opostos na língua inglesa, baseado especificamente no uso do primeiro termo de cada opção no contexto do texto.

A: correto, pois, o termo "least" ("o menos") seria o oposto do termo "most" ("o mais"), ambos em termos do uso do superlativo na língua inglesa; **B:** incorreto, pois, os termos "the lastest" e "the most recent" são sinônimos que significam "o mais recente"; **C:** incorreto, pois, os dois termos, "big" e "huge" são sinônimos no que se refere a "tamanho grande" e se diferem somente em grau de tamanho – "huge" é maior que "big", mas não são opostos; **D:** incorreto, pois, os dois termos, "stringent" e "strict", significam "rígido" ou "inflexível", portanto, não são opostos; **E:** incorreto, pois, o termo "new" ("novo") refere-se ao tempo de existência da medida enquanto o termo "young", apesar de ter a mesma tradução em português como "novo"e "jovem", e somente poderia ser usado com a idade de uma pessoa ou um objeto, o termo "young" não poderia ser usado com o termo "measures" ("medidas") em inglês.

Gabarito "A"

(Oficial da Polícia Militar/BA – 2012 – CONSULTEC) Considering verb forms in the text, it's correct to say:

(A) "infringe" (*l*. 27) is in the Infinitive form.

(B) "they've vowed" (*l*. 26) describes an action dissociated from the present time.

(C) "says" (*l*. 21) refers to an action completed in the past.

(D) "would appear" (*l*. 14-15) refers to a possible situation in the future.

(E) "sold" (*l*. 9) is in the Simple Past tense.

Esta questão é gramatical e tem como objetivo identificar os tempos verbais dos verbos assinalados no contexto do texto.

A. incorreto, pois, o termo "infringe", na frase "new measures infringe international trademark and intelectual property laws" está sendo usado no tempo verbal do presente simples e não na forma do infinitivo, que seria "to infringe"; **B:** incorreto, pois, a expressão "they've vowed" também poderia ser escrita como "they have vowed", o que se refere ao tempo verbal do presente perfeito; o presente perfeito na língua inglesa, necessariamente, inclui tanto o passado como o presente, portanto esta frase não poderia ser "desassociada" ("disassociated") do presente; **C:** incorreto, pois, o verbo "says" é um conjugação no tempo verbal do presente simples e nunca poderia referir-se a uma ação terminada no passado; **D:** correto, pois, o verbo "would be" está na forma de um condicional do presente que serve para criar uma hipótese sobre uma possível situação no futuro; **E:** incorreto, pois, apesar da forma do verbo parecer como o tempo verbal do passado simples, é preciso lembrar que, em inglês, em muitos casos, o passado simples tem a mesma forma que o particípio do passado, e nesse caso, na frase "...every packet sold in Australia..." também poderia ser escrita como "every packet that is sold in Australia...", portanto, "sold" está sendo usado como o particípio do passado em uma frase relativa reduzida ("reduced relative clause").

Gabarito "D"

Read the text below and answer the questions which follow it

Chileans told to take off ties

Chilean President Sebastian Pinera (on the right) is often seen wearing a tie

The government in Chile has come up with a new way of saving energy. It's advised Chilean men to take off their ties during the summer months, so they won't need to switch on the air conditioning.

It's a common sight during the Southern Hemisphere summer to see Chilean men sweltering in suits and neckties. From December to March, the temperature in the capital regularly tops 30 degrees Celsius. In the bone-dry north of the country it gets even higher.

So the government's told the country's menfolk to shed their ties, undo their top buttons and turn down the air conditioning. It estimates that by doing so Chile can save around US$ 10 million during the four hottest months of the year, and save 120,000 tons in carbon emissions.

The government launched its initiative with a video in which four ministers ripped off their ties. Energy conservation is a key issue in Chile, which, unlike many countries in Latin America, produces virtually no oil and gas. It relies heavily on hydro-electric power, but that often runs low during the summer, when the country's reservoirs are frequently hit by drought.

CHILEANS told to take off ties. Disponível em: <www.bbc.co.uk/worldservice/learningenglish/language/wordsinthenews/>. Acesso em: 13 maio 2012.

(Oficial da Polícia Militar/BA – 2012 – CONSULTEC) In order to save energy, the government in Chile has advised Chilean men

(A) to wear ties all year round.
(B) to button their shirts up to the neck.
(C) to get rid of their ties during the hot season.
(D) to always go to work wearing formal clothes.
(E) to wear long-sleeved shirts during the summer.

Esta questão indaga o que o governo de Chile sugere que os homens de seu país façam para diminuir os gastos com a energia. O texto define isso nas linhas 2-3 quando diz: "É sugerido que os homens chilenos tirem suas gravatas durante os meses do verão para que não precisem ligar o ar-condicionado, indicando uma maneira de poupar a energia.

A: incorreto, pois, a expressão "wear ties all year round" significa "usar suas gravatas o ano todo", que é o oposto do que diz o texto em si; **B:** incorreto, pois, a expressão "button up their shirts to the neck" significa "abotoar suas camisas até o pescoço; como o sentido do texto seria de se livrar de roupa para não precisar do ar-condicionado, abotoar até o pescoço faria o efeito oposto, assim precisando de ar-condicionado e gastando energia desnecessariamente; **C:** correto, pois, a expressão "get rid of their ties" significa "se livrar das suas gravatas" durante o verão ("hot season"), o que seria a ação mais adequada, de acordo com o texto, de poupar a energia do país; **D:** incorreto, pois, o texto defende que os homens chilenos têm o costume de usar roupas inadequadas, como ternos e gravatas (linha 7), para o verão quente da região, o que contradiz a iniciativa de tentar poupar a energia do país; **E:** incorreto, de novo, aqui o termo "long-sleeved shirts" significa "camisas formais de manga comprida", que representa roupa inadequada para o verão quente da região, o que levaria os homens a usarem o ar-condicionado e a gastar energia inapropriadamente.

Gabarito "C"

(Oficial da Polícia Militar/BA – 2012 – CONSULTEC) Fill in the parentheses with **T** (True) or **F** (False).

The text contains questions to the following answers:

( ) What benefits can the government's advice bring to the Chilean community?
( ) How did the Chilean government announce its new measures?
( ) Why do the Chilean men insist on wearing formal clothes?
( ) Who took part in the official video advertisement?

According to the text, the correct sequence, from top to bottom, is

(A) T T F T
(B) F T F T
(C) T T T F
(D) F T T F
(E) T T T T

Esta questão tem como objetivo identificar quais perguntas poderiam ser respondidas com informação oferecida no texto.

Pergunta 1: correto, pois a pergunta pede quais os benefícios que os conselhos do governo chileno poderiam trazer para a comunidade chilena; assim, nas linhas 13-15, o texto cita que o Chile poderia economizar cerca de 10 milhões de dólares durante os quatro meses mais quentes do ano e deixar de emitir em torno de 120.000 toneladas de gás carbono, o que responde perfeitamente à pergunta; Pergunta 2: correto, pois a pergunta pede "como" foi que o governo chileno anunciou suas nova medidas, assim, na linha 16, o texto diz que o governo lançou um vídeo sobre suas iniciativas, o que responde perfeitamente à pergunta; Pergunta 3: incorreto, pois a pergunta pede a razão pela qual os homens chilenos insistem em usar roupas formais, porém o texto fala do "costume" dos homens chilenos de usarem roupas formais, mas não defende que os homens "insistem" em manter este costume, pelo contrário, o texto defende que o costume deveria ser descartado em favor de roupas mais leves para economizar na energia, portanto, essa pergunta não teria uma resposta lógica dentro do texto em si; Pergunta 4: correto, pois a pergunta indaga quem participou do vídeo oficial de propaganda lançado pelo governo, assim, na linha 17, o texto cita que foram quatro ministros ("four ministers") que participaram dos vídeos retirando suas gravatas, portanto, responderia perfeitamente à pergunta.

Gabarito "A"

(Oficial da Polícia Militar/BA – 2012 – CONSULTEC) The only piece of information **not mentioned** in the 4th paragraph of the text is in alternative

(A) Chile depends a lot on energy generated with the use of flowing water.
(B) Chile isn't known as a producer of oil and gas.

(C) During the summer, the supply of hydro-electric power in Chile isn't enough to cope with people's demands.
(D) To compensate for its lack of oil and gas, the Chilean government plans to invest heavily in alternative energy.
(E) There are usually long periods without rainfall during the Chilean summers.

Esta questão refere-se diretamente ao quarto parágrafo, portanto, todas as informações dos outros parágrafos devem ser dispensadas para chegar à resposta certa. Também, a questão pede para identificar qual afirmativa **NÃO** foi mencionada no quarto parágrafo, portanto, a informação incorreta seria a opção certa.

A: incorreto, pois, a afirmativa defende que o Chile depende muito de energia produzida como o uso de água corrente, que está de acordo com o quarto parágrafo, linha 20, no que se refere à "energia hidroelétrica" ("hydro-electric power") que utiliza água corrente dos rios e represas para gerar energia; **B:** incorreto, pois, a afirmativa defende que Chile não é reconhecido como um produtor de petróleo e gás natural, que está de acordo com o quarto parágrafo, linha 19, quando diz que Chile quase não produz petróleo e gás natural ("...Chile...produces virtually no oil and gas."); **C:** incorreto, pois, a afirmativa defende que durante o verão, o fornecimento de energia hidroelétrica no Chile não é suficiente para lidar com a demanda do povo, o que está de acordo com o texto, linha 21, quando diz que, durante o verão, o país frequentemente fica com pouco fornecimento de energia produzida pela hidroelétricas ("...that often runs low during the summer"); **D:** correto, pois, a afirmativa defende que para compensar a falta de fornecimento de petróleo e gás natural, o governo chileno pretende investir fortemente em energia alternativa; o texto não oferece nenhuma informação sobre investimentos em energia alternativa, portanto, esta afirmativa não foi mencionada no quarto parágrafo do texto; **E:** incorreto, pois, a afirmativa defende que há longos períodos sem chuvas durante o verão chileno, o que está de acordo com o quarto parágrafo, linha 22, que explica que as reservas são, frequentemente, afetadas pela seca (drought) in the region..

Gabarito "D".

(Oficial da Polícia Militar/BA – 2012 – CONSULTEC) The expression "bone-dry" (*l.* 9) should be understood as

(A) *completely free of moisture.*
(B) *slightly humid.*
(C) *extremely hot.*
(D) *soaking wet.*
(E) *very wet.*

Esta questão trabalha o lexical e tem como objetivo identificar o sinônimo de termo "bone-dry" de acordo com o seu uso no texto, o que significa "completamente sem água ou sem umidade".

A: correto, pois, a expressão "completely free of moisture" significa "completamente sem umidade", o que é a definição exata do uso do termo "bone-dry" nesse contexto; **B:** incorreto, pois, a expressão "slightly humid" significa "um pouco úmido"; como "bone-dry" não pode conter umidade, esta opção está incorreta; **C:** incorreto, pois, a expressão "extremely hot" significa "extremamente quente"; essa expressão representa o estágio antes de "bone-dry", pois precisa do calor para ressecar toda a umidade da região, mas a expressão produziria o resultado de "bone-dry", mas não é o sinônimo; **D:** incorreto, pois, a expressão "soaking wet" significa "completamente molhada", que conteria muito água e umidade, o que seria o oposto da expressão "bone-dry"; **E:** incorreto, pois, a expressão "very wet" significa "muito molhada", que, assim como na opção D, conteria muito água e umidade e, portanto, seria o oposto da expressão "bone-dry".

Gabarito "A".

(Oficial da Polícia Militar/BA – 2012 – CONSULTEC) "So the **government's** told the country's menfolk to shed their ties" (*l.* 11-12) The' *s* in "government's" is the

(A) contraction of is.
(B) contraction of was.
(C) contraction of has.
(D) plural ending.
(E) genitive case.

Nesta questão é cobrada a gramática, tendo como objetivo a identificação do uso do apóstrofe e a letra "s" após a palavra "governo". Nesse caso, esse uso se refere à contração do sujeito "governo" com o verbo auxiliar do tempo verbal do presente perfeito "has" para dar um sentido de uma ação no passado que afeta diretamente o presente.

A: incorreto, pois, a contração do verbo "is" criaria a voz passiva, o que inverteria o sentido da frase, pois, com a voz passiva, o governo não faz a ação, a ação o afeta, o que mudaria o sentido do texto como um todo; **B:** incorreto, pois, não se pode fazer uma contração com o verbo "was" na língua inglesa; as palavras teriam que ser escritas separadamente; além disso, também formaria uma frase na voz passiva mudando o sentido do texto; **C:** correto, pois, a expressão "government's told" também poderia ser escrita como "government has told", o que daria o sentido de uma ação que começou no passado e que afeta diretamente o presente, que é o mesmo sentido oferecido pelo texto; **D:** incorreto, pois, para a letra "s" significar a forma plural em inglês, não se poderia usar o apóstrofe; **E:** incorreto, pois, para criar o "genitive case", teria necessariamente de ser o uso do possessivo antes de um verbo na forma do gerúndio, o que não é o caso desta frase.

Gabarito "C".

Read the text below and answer the questions which follow it:

Senior service

Japan

Japan faces an ageing population and disappearing rural communities as the young move to the city in search of work. After this March's Tsunami event devastated parts of the countryside, it became apparent there weren't even enough young people to help with the reconstruction effort. 'Shunran-no-Sato' was set up by a group of elderly people to help keep their village alive. The project offers ecotourism with guestrooms in the villagers' own homes and an opportunity to take part in traditional agricultural activities. It now caters for nearly 5,000 visitors a year as young urbanites come back to the country to rediscover their traditional culture and reconnect with the land outside the megacities

SENIOR service Japan. Disponível em: <www.theworldchallenge.co.uk/finalists/5/senior-service>. Acesso em: 13 maio 2012.

(Oficial da Polícia Militar/BA – 2012 – CONSULTEC) It's stated in the text that, in Japan,

(A) the young population is on the rise.
(B) rural communities are getting very crowded.
(C) there's a growing number of old people.
(D) most young people would like to go on living in the countryside.
(E) the elderly people who live in the rural area can't wait to move to the city.

A questão tem como objetivo identificar qual das afirmativas pode ser encontrada no texto.
A: incorreto, pois, a afirmativa defende que a população jovem está aumentando no Japão, enquanto na primeira linha do texto, o autor defende que o Japão enfrenta uma população que está envelhecendo ("Japan faces an ageing population..."), o que é o oposto da afirmativa; **B:** incorreto, pois, a afirmativa diz que as comunidades rurais estão ficando superpopulosas, enquanto o texto, nas linhas 2-3, defende que os jovens estão se mudando para as cidades em busca de emprego, o que implica uma diminuição na população das comunidades rurais; **C:** correto, pois,a afirmativa defende que há um aumento no número de pessoas idosas no Japão, o que está de acordo com a expressão da primeira linha do texto "ageing population" (uma população que está envelhecendo); **D:** incorreto, pois, a afirmativa defende que a maioria dos jovens gostaria de continuar a morar no interior, o que contradiz a frase das linhas 2-3 do texto que defende que "the young move to the city in search of work" (os jovens estão se mudando para as cidades em busca de emprego; **E:** incorreto, pois, a afirmativa defende que os idosos que moram nas áreas rurais estão ansiosos para se mudaram para as cidades, enquanto o texto não menciona nenhuma mudança feita pelos idosos, somente pelos jovens das áreas rurais para as cidades.
Gabarito "C"

(Oficial da Polícia Militar/BA – 2012 – CONSULTEC) According to the text, the young Japanese are leaving the rural areas because they

(A) refuse to help with the household tasks.
(B) would like to have a more exciting life.
(C) can't stand the countryside any more.
(D) don't want to work hard.
(E) want to find a job.

A questão tem como objetivo identificar no texto a razão pela qual os jovens japoneses estão deixando as áreas rurais.
A: incorreto, pois, a afirmativa defende que os jovens estão se recusando a ajudar nos afazeres domésticos, enquanto o texto apenas defende que não havia jovens o suficiente para ajudar na reconstrução da região depois do tsunami; o texto não menciona nada sobre "afazeres domésticos"; **B:** incorreto, pois, a afirmativa defende que os jovens japonese gostariam de ter uma vida mais agitada; o texto apenas defende que os jovens estão a procura de emprego, o que não implica em vida mais agitada; **C:** incorreto, pois, a afirmativa defende que os jovens japoneses não aguentam mais ficar no interior, que não foi mencionado no texto, inclusive, o texto defende que alguns jovens estão voltando para se religarem com as suas raízes culturais; **D:** incorreto, pois, a afirmativa defende que os jovens japoneses não querem "nada com dureza" em relação ao trabalho, enquanto o texto defende que os jovens estão se mudando para as cidades justamente à procura de emprego, o que implica que querem sim trabalhar; **E:** correto, pois, a afirmativa defende que os jovens japoneses estão se mudando para a cidade em busca de emprego, o que está de acordo com o texto, nas linhas 2-3, que diz "the young move to the city in search of work".
Gabarito "E"

(Oficial da Polícia Militar/BA – 2012 – CONSULTEC – Adaptado) Fill in the parentheses with **T** (True) or **F** (False).

About the "Shunran-no-Sato' project, it's correct to say that it

( ) was started by a small number of young adults.
( ) aims at not letting their village disappear.
( ) gives people the chance to be in contact with nature.
( ) can house its guests in comfortable hotels.

According to the text, the correct sequence, from top to bottom, is

(A) F T T F
(B) T F F T
(C) F T F T
(D) T F T F
(E) T T T T

Esta questão tem como objetivo identificar se as afirmativas estão corretas ou incorretas de acordo com o texto em relação ao projeto "Shunran-no-Sato".
Afirmativa 1: incorreto, pois, a afirmativa defende que o projeto foi fundado por um pequeno número de jovens, enquanto o texto, nas linhas 6-7, explica que o projeto foi fundado por um grupo de idosos ("Shunran-no Sato was set up by a group of elderly people..."); Afirmativa 2: correto, pois, a afirmativa defende que o projeto tem o objetivo de não deixar a sua vila desaparecer, o que está de acordo com o texto, na linha 7, que diz que os idosos ajudam para manter a sua vila viva ("group of elderly people to help keep their village alive..."); Afirmativa 3: correto, pois, afirma que o projeto dá chance para as pessoas ficarem em contato com a natureza, o que está de acordo com o texto, na linha 8, quando refere-se ao "ecoturismo" e nas linhas 9-10 ao dizer que oferece a oportunidade de participar em atividades agrícolas ("...an opportunity to take part in the traditional agricultural activities."); Afirmativa 4: incorreto, pois, a afirmativa defende que o projeto pode oferecer hospedagem para os visitantes em hotéis confortáveis, enquanto o texto, nas linhas 8-9, explica que os visitantes podem ficar em quartos especiais dentro das próprias casas dos moradores da vila ("...guestrooms in the villagers' own homes...").
Gabarito "A"

(Oficial da Polícia Militar/BA – 2012 – CONSULTEC) The doctor is trying to ______________ the patient.

"No need to feel embarrassed...the whole world has gone insane."

GLASBERGEN. Disponível em: <www.glasbergen.com/?s=toon+402>. Acesso em: 13 maior 2012.

According to this cartoon, the alternative that suitably completes the blank is

(A) hurt.
(B) contest.

(C) dismiss.
(D) encourage.
(E) disappoint.

Para responder a essa questão, é preciso entender o sarcasmo da charge. A imagem mostra um paciente na cadeira de um psicólogo, o que muitos iriam inferir que o paciente está "louco" ou que "endoidou". O médico é sarcástico ao dizer: "Não se preocupe...o mundo todo endoidou", para tentar encorajar o paciente. Assim, a questão pede para preencher a frase de acordo com aquilo que pode ser inferido pela charge: "O médico está tentando ------- o paciente".
A: incorreto, pois, o verbo "hurt" significa "machucar", o que não é o sentido da charge; **B:** incorreto, pois, o verbo "contest" significa "contestar/discordar", o que não é o sentido da charge; **C:** incorreto, pois, o verbo "dismiss" significa "dispensar", o que não é o sentido da charge; **D:** correto, pois, o verbo "encourage" significa "encorajar", o que é o sentido que pode ser inferido pela charge; **E:** incorreto, pois, o verbo "disappoint" significa "desapontar", o que não é o sentido da charge.

Gabarito "D"

Mnemonics

Throughout the centuries humans have been concerned with the practical art of memory. Everyone knows that normally it is difficult to memorize things. Yet a few people have always known special techniques that make the task possible with apparent ease. In the past, psychologists tended to ignore these techniques because they were thought to be more tricks and sophistry the practitioners exhibited themselves as stage entertainers or advertised themselves and their methods in unrespectable classified advertisements. But the techniques work. In fact, we ought to examine procedures that simplify the job of memorizing with great care. Not only might they be useful in our lives, but the secrets of those who practice the art of memory ought to shed some light on the organization and operation of the mechanisms involved in memory. Certainly, the things one must do in order to learn material easily bear some relationship to the way that information processes operate.

The study of methods for improving memory has long been popular, for a good memory can serve its owner well in many activities. Who among us has not wished for better ability to retain important material? Through the years a number of systems have been developed for the purpose of improving memory. The details of the systems are not always known, for often their designer has kept them secret , hoping to gain either an advantage over his competitors or wealth from his students. But a study of must public systems (and guesses about the techniques used by practitioners of secret systems) indicates that they all have similar bases : they teach the user to pay attention and to learn how to organize.

(NORMAN,Donald A. – Memory and Attention.)

(CFO – Oficial da Polícia Militar/MG – 2010) In the author´s opinion, everybody:

(A) Would like to develop the ability to memorize things.
(B) Should look for people who have a good memory.
(C) Ought to improve the information process.
(D) Must discover the secrets of memorization at once.

Esta questão foca no uso dos verbos modais, modificando as referências a cada modal. O candidato deve fica atento à "pegadinha" que é comum em exames de concurso – quando uma palavra ou expressão é repetida na mesma forma apresentada no texto, na grande maioria das vezes, a afirmativa será incorreta.
A: correto, pois, a afirmativa defende que todos gostariam de desenvolver a habilidade de memorizar coisas; o que está de acordo com o texto na primeira linha quando diz que os seres humanos vêm se preocupando com a arte prática de memória (humans have been concerned with the pratical art of memory"), insinuando que "todos os seres humanos" ("humans") têm procurado desenvolver essa arte; também, nas linhas 1-2, o texto defende que todos sabem que normalmente é difícil memorizar coisas ("Everybody knows that normally it is difficult to memorize things"), o que também insinua que todos sabem da dificuldade de memorizar coisas, portanto, gostaria de aprender a desenvolver esse dom; **B:** incorreto, pois, a afirmativa defende que todos deveriam procurar pessoas que têm uma memória boa, enquanto o texto, na linha 7, não defende que deveria procurar pessoas "que já têm uma memória boa", mas sim, deveria procurar "os segredos das pessoas que praticam essa arte de memória"("secrets of those who practice the art of memory"); **C:** incorreto, pois, a afirmativa defende que todos deveriam melhorar o processo de informação; o texto, nas linhas 8-9, não defende o processo de informação em si, mas defende que a maneira pela qual funciona esse processo de informação tem uma relação direta com todas as coisas que uma pessoa deveria fazer para aprender o material com mais facilidade ("Certainly, the things one must do in order to learn material easily bear some relationship to the way that information processes operate."); **D:** incorreto, pois, a afirmativa defende que todos devem descobrir os segredos de memorização imediatamente, enquanto o texto, na linha 13, afirma que os criadores de sistemas de memorização têm mantido esses segredos sob sigilo, mas, em nenhum momento defende que todos deveriam descobrir ou adquirir esses segredos imediatamente.

Gabarito "A"

(CFO – Oficial da Polícia Militar/MG – 2010 – Adaptado) The details about the systems of improving memory are not popularized because:

(A) Their designers have financial interests over their students.
(B) The few people who know such details are never seriously questioned about them.
(C) There are so many systems that their designer keeps them secret to avoid competition.
(D) There has always been a lack of interest in them.

Esta questão tem como objetivo identificar qual afirmativa explica a razão pela qual os detalhes sobre os sistemas para melhorar a memória não são popularmente divulgados.
A: correto, pois, a afirmativa defende que os criadores dos sistemas tem interesses financeiros com os alunos, o que está de acordo com o texto, nas linhas 13-14, quando explica que os criadores têm mantido os segredos sob sigilo com a intenção de ganhar dinheiro dos próprios alunos ("...hoping to gain ... wealth from his students"); **B:** incorreto, pois, a afirmativa defende que os poucos que sabem tais detalhes raramente são questionados em relação a esses segredos, enquanto o texto, nas linhas 3-4, apenas faz uma alusão ao fato de como esses sistemas eram vistos como um tipo de malandragem no passado ("...they were thought to be more tricks and sophistry..."); em nenhum lugar o texto fala sobre a possibilidade de pessoas serem questionados sobre esses segredos; **C:** incorreto: pois, a afirmativa defende que há tantos sistemas que os seus criadores preferem mantê-los em segredo

para evitar concorrência, enquanto o texto não menciona a existência de "muitos sistemas", nem faz referência desses sistemas com a concorrência, apenas defende, na linha 13, que os seus criadores querem ganhar vantagem em cima da sua concorrência por manter os "detalhes" (não os "sistemas") em segredo ("... hoping to gain advantage over his competitors..."); **D:** incorreto, pois, a afirmativa defende que sempre houve uma falta de interesse nesses sistemas de memória, o que contradiz o texto, na linha 10, que diz que o estudo desses métodos para melhorar a memória tem sido populares por muitos anos ("The study of methods for improving memory has been long popular...").

Gabarito "A".

(CFO – Oficial da Polícia Militar/MG – 2010- Adaptado) The Simple Past of these verbs: to light / to say / to call / to teach / to be are:

(A) lit/ said / called / taught / was – were.
(B) lighted / say / call / taught / been.
(C) lit / says/ called / taught / been.
(D) lit / says / calls/ teach / been – was.

A questão tem como objetivo identificar o tempo verbal do passado simples dos verbos.
A: correto, pois, todos os verbos estão escritos no tempo verbal do passado simples; **B:** incorreto, pois, os verbos estão nos seguintes tempos verbais: "lighted" – particípio do passado ou passado simples (considerado forma arcaica na língua inglesa), "say"—presente simples, "call" – presente simples, "taught" – passado simples, "been" – particípio passado; **C:** incorreto, pois, os verbos estão nos seguintes tempos verbais: "lit" – particípio passado ou passado simples (considerado forma mais moderna na língua inglesa), "says" – presente simples, "called" – particípio do passado ou passado simples, "taught" – particípio passado, "been" – particípio passado; **D:** incorreto, pois, os verbos estão nos seguintes tempos verbais: " lit presente simples, "says" – presente simples, "calls" – presente simples, "teach" – presente simples, "been" – particípio passado, "was" – passado simples.

Gabarito "A".

(CFO – Oficial da Polícia Militar/MG – 2010 – adaptdo) The Noun correspondent to the verb : "to grow" is:

(A) Grew.
(B) Growht.
(C) Growth.
(D) Grow.

A questão tem como objetivo identificar a forma do substantivo do verbo "to grow".
A: incorreto, pois, "grew" é o passado simples do verbo; **B:** incorreto, pois, a ortografia da palavra "growht" está incorreta; **C:** correto, pois, "growth" é a forma correta do substantivo do verbo "to grow"; **D:** incorreto, pois, "grow" é o presente simples do verbo.

Gabarito "C".

(CFO – Oficial da Polícia Militar/MG – 2010 – Adaptado) The sentence "Why is entrepreneurial America increasingly female?" in Reported Speech is:

(A) Helen Fischer said that why was entrepreneurial America increasingly female?
(B) Helen Fisher asked why entrepreneurial America was increasingly female.
(C) Helen Fisher asked entrepreneurial America why it was increasingly female.
(D) Helen Fischer asked that entrepreneurial America is increasingly female.

A questão tem como objetivo identificar a afirmativa que reescreva a pergunta na forma de discurso indireto ("Reported Speech").
A: incorreto, pois, na forma de discurso indireto, não se pode usar "that" com "why", como também o sujeito e o verbo não podem ser invertidos; **B:** correto, pois, na forma de discurso indireto uma pessoa (Hellen Fischer) pergunta (asked) porque (why) someone (entrepreneurial America) ficou mais e mais feminina, o que é a forma correta; **C:** incorreto, pois, a ordem das palavras muda o sentido da frase; ao colocar "asked entrepreneurial America why", a frase diz que a pergunta foi feita diretamente às empresas norte-americanas e não sobre as empresas norte-americanas; **D:** incorreto, pois, o verbo "asked" na discurso indireto não pode ser seguido do marcador "that", o qual funciona como uma conjunção.

Gabarito "B".

Read the text below and answer the questions which follow it.

2010 census shows Brazil's inequalities remain
November 17, 2011 By Joe Leahy in São Paulo

Brazil has a long way to go to become a more egalitarian society in spite of significant advances over the past decade, when millions of poor joined the ranks of the middle classes, the country's 2010 census shows.

Among the most glaring inequalities, the figures found that 25 per cent of the population still lived on an average monthly income per capita of up to R$188 ($106) and half the population on up to R$375. This was compared to the minimum wage in 2010 of R$510. "The results of Census 2010 show that income inequality is still very strong in Brazil, despite the declining trend observed in recent years," the government data bureau, the Brazilian Institute of Geography and Statistics – known as the IBGE – said. 61

Once notorious for its rich/poor divide, Brazil has made great strides over the past decade. The rise of a new middle class, which is attracting a flurry of international investment as multinationals from car companies to snackfood producers compete to grab a share of the market, was made possible by increases in the minimum wage, improved welfare benefits and stable economic management.

In particular, successive governments were able to put an end to runaway inflation, which eroded the value of the wages and savings of lower income earners while benefiting those rich enough to buy property or save in dollars.

According to a study by the Getúlio Vargas Foundation, an academic institution, an estimated 33m people have risen to the ranks of the so-called "new middle classes" or above since 2003.

Today, 105.5m Brazilians out of a total population of 190m are members of this group, earning between R$1,200 and R$5,174 per household.

But the census indicates tens of millions of people have yet to catch up or have been left behind completely. Discrepancies between races are among the greatest. The average monthly income of whites was R$1,538 and Asians R$1,574, nearly double that of blacks and those of mixed race with R$834 and R$845 respectively, and more than twice as much as indigenous people with R$735.

Whites were also living longer while blacks and those of mixed race accounted for a higher proportion of people below 40 years.

"Whites have a higher proportion of elderly people – over 65 years and especially over 80 years of age – which is probably linked to differences in living conditions and access to healthcare, and unequal distribution of income," the IBGE said.

The same pattern was represented in levels of illiteracy. Although the national rate of illiteracy among the population aged 15 years or older had fallen from 13.63 per cent in 2000 to 9.6 per cent in 2010, it was still as high as 28 per cent in some medium-sized municipalities in the poorer north-east. Illiteracy among blacks was at 14.4 per cent and among those of mixed race 13 per cent in 2010, nearly triple that of whites at 5.9 per cent.

(www.ft.com/intl/cms/s/0/71352352-112c-11e1-ad22-00144feabdc0.html#axzz1wrL3w1LE)

(Oficial da Polícia Militar /SP – 2012 – VUNESP) Segundo o texto, o Brasil

(A) conta com mais da metade de sua população incluída na classe média.

(B) ostenta uma classe média tradicional que vive em grandes centros urbanos.

(C) conseguiu dominar a inflação galopante, mas diminuiu os rendimentos dos salários.

(D) é um país que apresenta oportunidades para todas as classes sociais.

(E) apresenta um crescimento da população idosa, principalmente entre os mais pobres.

A: correto, pois, o texto, na linha 16, diz que 105,5 milhões de brasileiros de um total de 190 milhões são membros desse grupo ("Today, 105.5m Brazilians out of a total population of 190m are members of this group..."), no qual o adjetivo "this" refere-se à expressão do parágrafo anterior "new middle classes" ("as novas classes médias"); esse número refere-se a "mais da metade" da população da classe média; **B:** incorreto, pois, o texto não se refere a nenhuma classe média "tradicional", e sim a uma classe média emergente, além disso, o texto não se refere nem às áreas rurais nem aos centros urbanos; **C:** incorreto, pois, o texto defende no parágrafo 7 que os salários aumentaram como um todo para todas as raças do censo; **D:** incorreto, pois, o texto não defende que há oportunidades para "todas as classes sociais"; o texto foca mais no sentido das raças do último censo da IBGE, mas não compara as classes sociais; **E:** incorreto, pois o texto somente fala do crescimento da população idosa para os brancos, mas não menciona se esses são ricos, de classe média ou pobres.

Gabarito "A"

(Oficial da Polícia Militar /SP – 2012 – VUNESP) According to the text,

(A) the new middle class started to consume the same goods as the upper class.

(B) although income disparity is striking, it has dropped recently.

(C) just one in four families had a monthly income below the average minimum wage.

(D) wealthy Brazilians travel and acquire property abroad in dollars.

(E) the minimum wage is still too low compared to multinational standards.

Esta questão tem como objetivo identificar a afirmativa correta de acordo com as informações oferecidas no texto.

A: incorreto, pois, a afirmativa defende que a nova classe média começou a consumir os mesmo produtos que a classe alta; essa comparação entre os bens de consumo das duas classes não é mencionado em nenhum lugar no texto, seria informação trazida do próprio candidato para impor sobre o texto, o que está sempre incorreto; vale apenas o que está escrito no texto em si; **B:** correto, pois, a afirmativa defende que apesar da disparidade entre as rendas ser impactante, ela tem diminuído recentemente, o que está de acordo com o texto que explica, nas linhas 5-7, que a desigualdade de renda ainda está muito forte no Brasil mesmo com a tendência recente de queda nas rendas ("...income inequality is still very Strong in Brazil, despite the declining trand in recente years..."); **C:** incorreto, pois, a afirmativa defende que somente uma em cada quatro famílias teve uma renda mensal abaixo do salário-mínimo; a expressão "uma em cada quatro" refere-se aos 28% apresentados no texto, porém essa porcentagem não se refere à renda e sim ao analfabetismo dessa população, portanto, a referência está incorreta; **D:** incorreto, pois, a afirmativa defende que os brasileiros mais ricos viajam e adquirem terrenos no exterior em dólares; essa é uma "pegadinha" no qual muitos caem pois é informação que muitos concordariam, mas não é apresentada nesse texto em si, na verdade, o texto defende na linha 13, que os ricos estão comprando terrenos sim, mas não diz que essas compras são feitas no exterior ("those rich enough to buy property"), além do mais, a referência a "dólares" é apenas para enfatizar que os ricos estão "guardando dinheiro em dólares" ("save in dollars"). **E:** incorreto, pois, a afirmativa defende que o salário-mínimo ainda está muito baixo quando comparado com os padrões internacionais; o texto apenas menciona os valores dos salários de várias etnias na população brasileira, mas, não faz nenhuma comparação com um padrão nem multinacional nem internacional.

Gabarito "B"

(Oficial da Polícia Militar /SP – 2012 – VUNESP) Conforme o texto, os aumentos do salário-mínimo, a melhoria nos benefícios sociais e a estabilização da economia

(A) atraíram bancos de investimento internacionais.

(B) desenvolveram a exportação de automóveis populares.

(C) reduziram a fatia de mercado dos alimentos industrializados.

(D) incentivaram os depósitos em poupança.

(E) provocaram o crescimento da nova classe média.

A: incorreto, pois, o texto defende nas linhas 9-10 que os aumentos em salários atraíram investimentos dos fabricantes de automóveis e da indústria de alimentos industrializados, mas não de bancos de investimento; **B:** incorreto, pois, o texto defende na linha 9 que os aumentos nos salários causaram um desenvolvimento na "importação" (não a "exportação") de automóveis populares; **C:** incorreto, pois o texto defende na linha 10 que os aumentos nos salários "aumentaram" a fatia de mercados dos alimentos industrializados (não "reduziram"); **D:** incorreto, pois, o texto não menciona nenhum incentivo para depósitos em poupanças causados pelos aumentos em salários; **E:** correto, pois, o texto nas linhas 14-15 defende que 33 milhões de pessoas já ascenderam para a nova classe média ("... an estimated 33m people have risen to the ranks of the so-called "new middle classes" or above since 2003.").

Gabarito "E"

(Oficial da Polícia Militar /SP – 2012 – VUNESP) In racial terms, the group that is the least favoured concerning income is the

(A) white population.
(B) Asian population.
(C) indigenous population.
(D) mixed race population.
(E) black population.

Essa questão tem como objetivo identificar, em termos de etnias, qual seria o grupo que foi menos favorecido em relação à renda. O texto nas linhas 19-21 apresenta uma comparação entre as rendas individuais das etnias brancas, asiáticas, negras, pardas e indígenas: The average monthly income of whites was R$1,538 and Asians R$1,574, nearly double that of blacks and those of mixed race with R$834 and R$845, respectively, and more than twice as much as indigenous people with R$735." Com essa informação podemos identificar que a renda mais baixa de todas as etnias apresentadas no texto seria da etnia indígena, com um salário mensal de apenas R$735. Portanto, a única opção correta seria opção C, "indigenous population".

Gabarito "C".

(Oficial da Polícia Militar /SP – 2012 – VUNESP) A palavra **glaring** no trecho do segundo parágrafo – *Among the most glaring inequalities...* – equivale, em português, a

(A) perplexas.
(B) iluminada.
(C) ofuscantes.
(D) flagrantes.
(E) fixa.

Esta questão aborda o lexical e tem como objetivo identificar o termo em português que seria a tradução mais apropriada para a palavra "glaring" de acordo com o seu uso no texto em si. É sempre bom lembrar que palavras em inglês podem ter vários significados e que o candidato deve prestar atenção apenas no significado que está sendo utilizado no texto em si e não nos outros significados. A "pegadinha", muitas vezes, é que os examinadores colocarão outras definições da própria palavra que não são encontradas no próprio contexto para confundir o candidato que não está prestando atenção; como podemos ver na opção B, com a palavra "iluminada", que tem a definição de "glaring", mas em outro contexto. No contexto desse texto, a palavra "glaring" significa algo que está "óbvio ao observador" ou que "não deixa sombra de dúvidas". A única palavra das cinco opções que seria semelhante a essa definição seria "flagrantes", portanto, a opção correta seria opção "D".

Gabarito "D".

(Oficial da Polícia Militar /SP – 2012 – VUNESP) No trecho do segundo parágrafo –... *despite the declining trend observed in recent years...* –, a palavra ***despite*** introduz uma

(A) alternativa.
(B) condição.
(C) ressalva.
(D) conclusão.
(E) causa.

Esta questão tem como objetivo identificar o uso gramatical mais apropriado do termo "despite" de acordo com o seu uso no texto em si. Aqui, não precisamos traduzir o termo, mas sim, entender a estrutura gramatical do contexto da frase. O termo "despite" apresenta uma contradição à informação anterior, respeitando o fato de que uma tendência decrescente na desigualdade de renda no Brasil tem sido observada nos últimos anos, para confirmar e enfatizar que, mesmo com essa tendência decrescente, ainda há uma significativa desigualdade no país. Com essa definição, o uso gramatical seria de "ressalva", portanto, a opção correta seria opção C.

Gabarito "C".

(Oficial da Polícia Militar /SP – 2012 – VUNESP) No trecho do terceiro parágrafo – ... *Brazil has made great strides over the past decade.* –, a palavra *strides* equivale, em português, a

(A) superou.
(B) retrocessos.
(C) profusão.
(D) desequilibrados.
(E) avanços.

Esta questão tem como objetivo identificar o termo em português que seria a tradução mais apropriada para a palavra "strides" de acordo com o seu uso no texto em si. Como na questão 5, o candidato precisa prestar atenção nas múltiplas definições da palavra "strides" e escolher apenas a opção de acordo o seu uso nesse contexto. Por exemplo, o uso de "strides over" se usado com um substantivo, "strides over an obstacle" seria o sentido da opção A. Porém, o uso da palavra nesse contexto traduziria como "avanços, progresso, desenvolvimento, evolução", portanto, a opção correta é a opção "E".

Gabarito "E".

(Oficial da Polícia Militar /SP – 2012 – VUNESP) O trecho do sexto parágrafo – ... *millions of people have yet to catch up...* – tem o sentido de que milhões de pessoas

(A) já conseguiram.
(B) estão se desenvolvendo assim mesmo.
(C) não têm nenhuma chance.
(D) ainda precisam recuperar o atraso.
(E) já devem estar completamente integradas.

Essa questão tem como objetivo identificar a expressão em português que seria a tradução mais apropriada para a expressão "have yet to catch up" de acordo com o seu uso no texto. Para isso, precisa-se observar a expressão em duas partes: "have yet to" que significa "ainda não conseguiram" e "catch up" que significa "alcançar/recuperar". Dentro do contexto, então, significa que milhões de pessoas precisam alcançar o patamar da renda da média da população brasileira. Com essa informação, a única opção apropriada para a tradução dessa expressão seria opção "D", "ainda precisam recuperar o atraso".

Gabarito "D".

(Oficial da Polícia Militar /SP – 2012 – VUNESP) O trecho do oitavo parágrafo – *The same pattern was represented in levels of illiteracy.* – permite concluir que

(A) os mestiços são mais escolarizados que os negros e os indígenas.
(B) a distribuição da longevidade por raça se repete na distribuição da alfabetização.
(C) o padrão de distribuição da longevidade não é proporcional ao padrão de alfabetização.
(D) em cidades pobres, no nordeste, há uma maioria de analfabetos.
(E) há mais brancos analfabetos acima de 80 anos que negros analfabetos.

A chave dessa questão está na referência da frase "the same pattern", o que contem uma referência pronominal, "the same". O objetivo, portanto, é apenas identificar qual padrão nos parágrafos anteriores que poderia ser comparado com "levels of illiteracy". No texto como um todo, o texto apresenta várias comparações entre as etnias e no parágrafo anterior a essa frase, o texto explica que os brancos possuem vidas mais longas do que as outras etnias, portanto, a "longevidade" é o foco da inferência, o que eliminaria opções A, D e E, pois não mencionam esse conceito de "longevidade". Também, como a comparação do texto é inteiramente referente a etnias ou raças, a opção correta teria que combinar "longevidade" com "raça". Nesse sentido, apenas a opção "B" inclui esses dois pontos chaves da comparação na frase original e da referência pronominal.

Gabarito "B".

(Oficial da Polícia Militar /SP – 2012 – VUNESP – Adaptado) In the eighth paragraph...– *... it was still as high as 28 per cent in some medium-sized municipalities in the poorer north-east.* the word it refers to:

(A) rate of illiteracy.
(B) population aged 15 years or older.
(C) the same pattern.
(D) medium-sized municipalities.
(E) the poorer north-east.

Esta questão tem como objetivo identificar a referência do pronome "it" no texto. A primeira dica seria de entender que "it" é um pronome singular, portanto o substantivo teria, necessariamente, de estar na forma singular, o que eliminaria automaticamente a opção "D". Percebendo que a frase constrói uma comparação entre a taxa de analfabetismo para a população de jovens da idade de 15 anos ou mais com a mesma taxa em municipalidades de tamanho médio, é fácil perceber que o pronome "it" é utilizado para não repetir o mesmo sujeito da frase, "a taxa de analfabetismo" ("rate of illiteracy"), o que seria a opção "A".

Gabarito "A".

3. REDAÇÃO

Diego Amorim

1. MANUAL DE REDAÇÃO DISCURSIVA

A redação discursiva tem sido o calcanhar-de-Aquiles dos candidatos a uma vaga para a carreira pública. Então, que tal fazer o passo-a-passo para se redigir uma redação de excelência? Vamos às etapas!

1º – Direto ao tema da redação: leia o tema da redação em primeiro lugar. Nenhum dos textos da prova ajuda a entender as nuances do tema. Pode até ser que haja uma espécie de linha condutora para a prova, por exemplo, ética – porém em nada os textos podem ajudar: primeiro porque não se pode usar trecho ou frases do texto em si; segundo, porque eles podem até mesmo atrapalhar, confundindo o candidato quanto à correção da premissa utilizada.

A leitura do tema faz com que nossa cabeça comece a pensar o que sabemos sobre aquele determinado assunto. Assim, as ideias aparecem com toda a força. Umas boas, outras nem tanto. Nesse momento, precisaremos da segunda etapa.

2º – Jogando ideias no papel: anote todas as ideias que aparecerem na sua cabeça ao pensar sobre o tema, não deixe nada de fora. Isso, na publicidade, na administração, chama-se *brain storm* – chuva de ideias, em uma tradução mais livre.

Nessa etapa, as ideias estarão desordenadas e parecerão não ter algo em comum. Agora é a hora da 3ª etapa.

3º – Organizando as ideias: procure pontos em comum que possam unir vários desses tópicos elencados para fazer parte de um parágrafo; e outros elementos que possam se juntar em outro parágrafo. O mínimo de parágrafos de desenvolvimento de um texto é dois. Três parágrafos são ideais.

Há tipos conhecidos de organização e muito utilizados em textos dissertativos. Desenvolvimento por:

- Causa/consequência/solução – em que se apontam as causas do problema apresentado e as consequências de tal problema; expor as soluções pode ser uma opção/conclusão boa a esse tipo de texto.
- Comparação/contraste – consiste em apresentar os contrastes do tema apresentado e compará-lo a outro tópico relacionado.
- Alusão histórica – neste desenvolvimento, faz-se um histórico sobre o tema acentuando as qualidades ou os defeitos do problema apresentado.
- Detalhamento/exemplificação – dá-se quando o texto é construído com exemplos e detalhes daquilo que se quer dizer; chega-se a se confundir com um texto descritivo, mas ainda serve para defender a tese em questão. Este tipo é muito comum em texto em que se tem de dizer os prazos de prescrição de leis e comissões, por exemplo.
- Conceituação – há temas que exigem conceitos de tratamentos, leis, fundamentos, assim este tipo de texto serve muito bem. Geralmente, em temas de saúde se pede muito tal tipo de desenvolvimento.
- Explicação/afirmação – de longe o mais utilizado dos tipos de desenvolvimento, este deve apontar as afirmações sobre o tema, reforçando a verdade dos fatos escolhidos para embasar a tese. Temas mais atuais se utilizam desse tipo de texto para que se perceba a acuidade do escritor quanto à formulação de assertivas/premissas verdadeiras.

Existem outros tantos tipos de desenvolvimento, porém menos utilizados em provas de concursos. Devemos nos lembrar de que há possibilidade de se escrever parágrafos de um mesmo texto com tipos de construção diferentes. Então, podemos ter o primeiro parágrafo de um texto construído por exemplificação e outro por comparação e contraste. Para isso, contudo, deve-se dominar bem a arte de escrever para que não se caia em erro de coesão.

Agora que sabemos construir um pensamento bem estruturado, pelo menos em conceito, podemos partir para as outras etapas para a redação de excelência.

4º – Tecendo o desenvolvimento: chegou a hora de colocar a mão na massa, ou melhor – na caneta! Começa-se a escrever o texto pelo desenvolvimento – afinal de contas, ele já está pronto, pois a própria divisão dos assuntos será a divisão dos parágrafos.

A razão por que devemos escrever o desenvolvimento antes da introdução é simples. O parágrafo de introdução consiste em apresentar o texto ao leitor – no nosso caso, o examinador do concurso – de maneira abrangente com uma linguagem geral. Sendo assim, como escrever um parágrafo para apresentar algo, se nada temos escrito ainda?

Já o desenvolvimento está sendo construído em nossa mente desde o momento em que lemos o tema da redação, passando pela exposição das ideias e terminando na organização dessas ideias.

5º – Tecendo a introdução: para escrever a introdução de um texto dissertativo, é necessário que se faça um resumo dos parágrafos do desenvolvimento. A introdução deve conter o assunto e a tese a serem analisados, a exposição clara e objetiva dos argumentos que serão explicados e o que se pode esperar da conclusão do texto.

6º – Tecendo a conclusão: a conclusão talvez seja o mais difícil dos parágrafos a serem escritos. Sendo o último, fatalmente corre-se o risco de ser redundante e repetitivo quando da sua confecção. Para que isso não aconteça, basta que se escreva um parágrafo com olhos para o futuro, ou seja, com indicação de soluções ao que se tenha apresentado, e ainda saídas para o que se expõe como problemas.

7º – Fazendo a prova objetiva: depois de fazer o rascunho da redação, com tudo escrito e bem marcado cada parágrafo, deve-se fazer a prova objetiva. Começa-se pela matéria que mais se sabe, em ordem decrescente, devendo-se fazer a prova toda. Depois, ainda devem passar para o gabarito definitivo as respostas.

Esta etapa é de suma importância. Com ela, consegue-se o distanciamento necessário para que o cérebro tenha o descanso adequado. Assim, possibilita-se a correção dos pequenos equívocos que podem ter ocorrido na hora de escrever o texto. Quando se lê o texto no mesmo momento em que se escreve, apenas lembramos o que fora escrito e não se lê efetivamente. Com a prova objetiva feita, as matérias relembradas fazem com que se esqueça a escrita. Os erros gramaticais têm tirado muitos candidatos bons da competição, por décimos!

8º – Passando a limpo: passe a limpo sua redação, escrevendo-a com uma letra que deve ser legível, não se preocupe com seu tipo de letra. Seja ele qual for, atente apenas para sua legibilidade.

Com cuidado, corrija os possíveis escorregões que se tenha cometido. Principalmente de clareza e objetividade. Não reescreva nenhum parágrafo, não refaça ou queira inserir um argumento para o texto. O momento de organização já passou e você foi muito coerente com ele, não é mesmo?

Esses são os oito passos para se redigir um excelente texto. Contudo, algumas dicas são necessárias para diferenciar o modo de correção das bancas. Exceto o Cespe, todas as outras bancas exigem uma redação discursiva completa: com introdução, desenvolvimento e conclusão.

E o Cespe não exige isso tudo? Não. O Cespe, em noventa e nove por cento dos comandos, solicita que se disserte sobre três tópicos, já determinando, assim, os parágrafos do desenvolvimento. Anos de experiência me permitem afirmar que não se precisa de introdução nem de conclusão quando se solicitam os tópicos. Basta que – de maneira organizada, clara e objetiva – se façam as explanações necessárias acerca de cada tópico e cada tópico em seu parágrafo.

A última dica é sobre a escrita do parágrafo em si. O que deve compor um parágrafo para que ele esteja completo é a mesma estrutura de uma redação completa: introdução, desenvolvimento e conclusão. Na introdução do parágrafo, deve-se apresentar o assunto do que se escreve, de forma mais clara e objetiva possível. No desenvolvimento do parágrafo, deve-se explicar apenas o assunto de que se trata, de maneira completa e específica. E, por fim, na conclusão do parágrafo, pode-se tanto fechar a ideia tratada quanto unir o parágrafo em questão ao próximo.

As dicas deste artigo visam a orientar o candidato para a confecção do bom texto. São sugestões a serem seguidas e de comprovado sucesso nos certames mais difíceis do país. Portanto, aproveitem, treinem bastante, exercitem seu cérebro, façam muitas redações e peçam orientação profissional para aparar as arestas restantes. Lembre-se de que conteúdo + técnica = redação de excelência. Escrevam!

Professor Diego Amorim

REDAÇÃO

Tema I

Ao observarmos o quadro atual da violência urbana, muitas vezes não nos atentamos para os fatores que conduziram a tal situação, no entanto, podemos exemplificar o crescimento urbano desordenado. Em razão do acelerado processo de êxodo rural, as grandes cidades brasileiras absorveram um número de pessoas elevado, que não foi acompanhado pela infraestrutura urbana (emprego, moradia, saúde, educação, qualificação, entre outros); fato que desencadeou uma série de problemas sociais graves.

Algumas cidades do país apresentam um percentual de mortandade proveniente de atos de violência que equivale aos do Iraque, país em guerra.

O Brasil responde por 10% de todos os homicídios praticados no mundo, segundo dados de um estudo realizado a pedido do governo suíço, divulgado no ano de 2008, em Genebra.

FREITAS, Eduardo de. Violência urbana no Brasil. Disponível em: <http://www.mundoeducacao.com.br/geografia/violencia-urbana-no-brasil.htm>. Acesso em: 10 maio 2012.

Após a leitura do texto acima e de suas reflexões sobre o assunto, escreva um texto dissertativo-argumentativo sobre **a influência do crescimento urbano desordenado na violência que assola os grandes centros metropolitanos.**

COMENTÁRIO PRÉVIO

O comando da redação pede que se escreva um texto dissertativo-argumentativo. Bom, isso significa que o examinador espera que você defenda um ponto-de-vista, uma opinião, uma tese acerca do assunto geral. Ele também espera que você se utilize de argumentação para defender tal tese, conforme a pergunta feita pela banca.

O tema está bem claro, contudo, convém que se leia de novo retirando as palavras-chave. Por exemplo: **crescimento urbano**; **violência**; **metrópoles**.

Separadas as palavras, como o tema não possui tópicos, você deve escolher quais os melhores argumentos a serem expostos para a defesa da tese. Para isso, faça um breve *brain storm*, jogue as ideias no papel de maneira rápida e sem se preocupar com quais palavras você está escrevendo. Tudo o que vier à sua cabeça sobre o tema serve.

Vejamos algumas sugestões de ideias:

Menos emprego	Efetivo policial insuficiente	Aumento de assaltos	Sequestros relâmpagos	Individualização das pessoas	Criação de zonas/ bolsões de pobreza
Falta de segurança	Falta de moradia	Educação precária	Qualificação profissional deficiente	Problemas sociais graves	Políticas públicas para a solução de problema
Aumento do efetivo e qualificação policial	Oportunidade de qualificação profissional e emprego	Sensação de impunidade	Celeridade de questões de segurança / violência	Ações conjuntas nas áreas de educação, saúde, moradia e emprego.	Armamento civil e campanhas de desarmamento
Inclusão social	Exclusão social	Crime organizado	Corrupção de agentes de estado	Celeridade da justiça na punição dos infratores	Dinheiro do crime organizado

Pronto! Agora chegou a hora de você dividir suas ideias em pelo menos duas partes a serem usadas como parágrafos de seu desenvolvimento. **São muitas ideias, porém**, você se utilizará apenas de algumas. Escolha aquelas com que você mais se identifica – com as quais você esteja mais à vontade – assim fica mais fácil.

A escolha do tipo de desenvolvimento a ser usado na redação é a decisão mais importante da confecção de um texto dissertativo. Ele é o coração do seu texto, é aquilo que leva os argumentos para o examinador avaliar. Portanto, seja bem criterioso e atento a esta etapa.

Há vários tipos de desenvolvimento. Você pode escrever, por exemplo, em causa e consequência; alusão histórica; pontos positivos e pontos negativos; comparação e contraste.

Comecemos pelo mais comum, e mais utilizado e aceito pelas bancas: causas e consequências. Ou seja, causas da violência nas metrópoles por conta do crescimento urbano desordenado; consequências dessa violência.

Vejamos as divisões possíveis:

Causas	Consequências
Problemas sociais advindos do crescimento urbano desordenado pela falta de emprego, educação de qualidade, qualificação profissional, moradia.	Aumento da violência, com aumento do número de armas sem o devido acompanhamento do aumento do efetivo.
Aumento de assaltos, sequestros-relâmpagos, homicídios, aliados à falta de punibilidade e lentidão da justiça pelo aumento de demanda sem o acompanhamento adequado ao crescimento urbano. Formação de crime organizado, culminado com a corrupção de agentes do estado.	Outra consequência dessa influência é a dificuldade de se combater o crime organizado sem políticas públicas efetivas, devido à quantidade de pessoas pelo número de agentes do estado para combater tal crime.

Outra dica importante é já pensar no parágrafo de conclusão. Um parágrafo em que você tem de reafirmar a tese, ou mesmo – e bem melhor – dar as soluções para os problemas apontados no desenvolvimento. Isso é fácil, basta você selecionar entre as ideias que já teve aquelas que sejam como uma opção de solução para a tese. Neste caso, não precisa explicar o porquê dos tópicos citados, pois não se trata de outro desenvolvimento, mas sim de uma pequena exposição de soluções, apenas isso.

Conclusões
Promoção de políticas públicas em que se valorize a educação, promoção da empregabilidade e a estabilidade social, com inclusão social séria e longeva.
Celeridade nas apurações de crimes bem como na investigação de atos de corrupção
Justiça mais célere na punibilidade de infratores e criminosos

Modelo de redação – Introdução

Os grandes centros urbanos sofrem diversos problemas em sua estrutura e pela forma como foram desenvolvidos. O crescimento desordenado dessas metrópoles é um dos principais responsáveis pelo aumento de violência. Organizações criminosas são formadas pela falta de estrutura suficiente para empregar tantas pessoas bem como fornecer educação, moradia e acesso à saúde de qualidade. A negação do acesso a esses direitos implica dificuldade em combater a violência e suas causas. A promoção de políticas públicas para resolução dos problemas sociais bem como o efetivo combate ao crime de forma organizada são algumas atitudes necessárias para minimizar a violência.

O que você achou? Não foi tão difícil transformar as ideias em frases coerentes e estas frases em um parágrafo de introdução. Você também pode tentar.

Tema II

A formação profissional do Soldado da Polícia Militar deve ser guiada por políticas de segurança criativas, inteligentes, socialmente sensíveis, participativas, transparentes, democráticas, eficientes e intrinsecamente comprometidas com o respeito aos direitos humanos. O profissional formado pela nova grade curricular deverá ter um estilo diferenciado de policiamento caracterizado por maior interação entre policiais e cidadãos, visando ao estabelecimento de uma relação de confiança e cooperação, para que as prioridades e estratégias policiais possam estar em sintonia com as diversas realidades. O currículo profissionalizante é uma oportunidade de integrar-se: gestão, supervisão, análise, avaliação, cidadania e interinstitucionalidade.

LUIZ, Ronilson de Souza & CERQUEIRA, Homero de Giorge. **A Formação Profissional do Soldado na Polícia Militar**. Disponível em: <http://www.sbpcnet.org.br/livro/58ra/SENIOR/RESUMOS/resumo_117.html>. Acesso em: 10 de maio, 2012. Adaptado.

A partir da leitura acima, escreva um texto dissertativo-argumentativo, **defendendo a importância da formação do policial contemporâneo voltada para o comprometimento cidadão em todos os âmbitos sociais.**

COMENTÁRIO PRÉVIO

Mais uma vez, o comando da redação pede que se escreva um texto dissertativo-argumentativo. Então, comece por reler o texto dado. Sim, desta vez, o comando da questão deixa claro que o texto deve servir como base para que se desenvolva a dissertação. Entenda cada parte dele. Uma dica importante é antes de reler o texto, ler o comando da redação. Ele dará a você o objetivo do examinador ao fazer a pergunta, ao expor o tema. Assim você conseguirá ler o texto-base com mais atenção para assim procurar nele o que possa ajudar na confecção do texto dissertativo.

Que tal tirar as palavras-chave do comando da questão dissertativa? São elas: **formação do policial**; **comprometimento cidadão**; **âmbitos sociais**. Cuidado! Há uma palavra importantíssima no comando: 'defendendo'. Ela diz a você qual posicionamento a ser defendido no seu texto. Você deverá defender a formação do policial voltada aos direitos humanos, ao âmbito social, ao bem-estar social.

Separadas as palavras, de novo o tema não possui tópicos; então, você deve escolher quais os melhores argumentos a serem expostos para a defesa da tese; você criará os tópicos, os argumentos. Lembrando que todos os argumentos devem ser favoráveis ao tema proposto Para isso, faça um breve *brain storm*, jogue as ideias no papel de maneira rápida e sem se preocupar com quais palavras você está escrevendo. Tudo o que vier à sua cabeça sobre o tema serve.

Vejamos algumas sugestões de ideias:

Direitos humanos	Polícia comunitária	Interação policial-cidadão	Cidadão partícipe	Políticas de segurança com direitos humanos	Eficiência e transparência
Cooperação	Confiança mútua	Gestão	Curso de formação diferenciada	Novos tempos na relação policial-cidadão	O policial como cidadão
Proximidade do policial com a comunidade	Direitos do policial	Inclusão social do policial com cidadão	Visão social	Interinstitucionalidade	Integração de gestão, supervisão, análise, avaliação, cidadania
A importância da avaliação	Ações supervisionadas	Importância para a diminuição da violência da integração do policial na sociedade	Prevenção dos crimes por meio de denúncias da sociedade	Campos de atuação policial e da sociedade	Promoção da integração entre o efetivo policial e a sociedade

Ufa! Estamos na fase de escolher qual o melhor desenvolvimento melhor se encaixa nessas ideias. Como no primeiro exemplo, do primeiro tema, escolha com calma os argumentos que serão utilizados.

O desenvolvimento por causas e consequências não mais são adequados a este tema. Eleja outro tipo para seu texto agora. Dois deles se encaixam bem ao tema proposto: alusão histórica e pontos positivos. O primeiro diz respeito a uma comparação temporal da formação do policial, explicando como era antes tal formação e como ela está sendo tratada hoje. Esse tipo é muito específico e requer um conhecimento profundo do assunto. Se você se sente seguro com os pontos passados e os presentes, mãos à obra. Contudo, se há algo que faça você titubear diante do passado da formação policial, aborte a ideia e passe ao segundo tipo. Ele trata de explanar os pontos positivos acerca do tema.

Comecemos por escolher dois aspectos positivos, no mínimo, para fomentar a importância da formação contemporânea do policial comprometida com os direitos humanos e com os cidadãos no âmbito social.

Vejamos as divisões possíveis:

Pontos positivos
1º§ desenvolvimento – Maior integração entre o policial e a sociedade, com uma relação de confiança para efetiva cooperação no combate ao crime e diminuição da violência.
2º§ desenvolvimento – Integração de gestão, supervisão, análise, avaliação, cidadania para a promoção cada vez mais intensa da formação do policial contemporâneo, avaliando-o, supervisionando-o.

Neste caso, a conclusão pode ser feita como uma forma de reafirmação da tese defendida. Sendo assim, reforçar as medidas positivas e propor aumento gradativo das ações que promovam a efetividade policial.

Conclusão
Promoção da integração entre o efetivo policial e a sociedade
Políticas de segurança com direitos humanos
Acréscimo de disciplinas aos cursos de formação do policial que promovam melhor a cidadania e a integração com a sociedade

Modelo de redação – Conclusão

A formação profissional do policial contemporâneo deve permear a constante progressão no sentido de aplicação dos direitos humanos na sociedade. A integração do policial com o cidadão é imprescindível para uma segurança pública moderna e ligada a ações de confiança e cooperação entres estes dois agentes. As políticas públicas de segurança devem valorizar essa relação e um meio disso consiste no acréscimo de disciplinas aos cursos de formação do policial que promovam melhor a cidadania e essa integração com a sociedade.

Novamente, a escrita do parágrafo depois de ter selecionado as ideias ficou mais fácil, não? Neste caso, fora dado um exemplo de parágrafo de conclusão. Sua vez!

DISCURSIVA

Utilize de 20 a 30 linhas para desenvolver a questão a seguir.

A defesa de José ingressou com Mandado de Segurança contra Delegado de Polícia que, com base no Artigo 20, do Código de Processo Penal, insistia em não lhe franquear acesso às peças do inquérito policial. Com base no enunciado apresentado, elabore texto dissertativo abordando os seguintes aspectos:

a) natureza jurídica do inquérito policial.

b) finalidade do inquérito policial.

c) características e princípios que regem o inquérito policial.

d) atuação do órgão jurisdicional e do Ministério Público no inquérito policial.

COMENTÁRIO PRÉVIO

O texto dissertativo é o texto solicitado para se escrever esta redação. Desta vez, no lugar de se colocar um tema isolado, uma frase, um enunciado para ser desenvolvido por completo, pediu-se que seguisse um roteiro, itens que chamamos de tópicos.

Lembrando: quando o comando da redação estiver em tópicos, deve-se seguir a ordem dada no comando; deve-se simplesmente responder ao que se pergunta ou ao que se pede de maneira objetiva e direta, sem rodeios e sem acréscimos desnecessários.

Perceba também que há um pequeno enredo no comando da questão dissertativa. Neste caso em específico, o caso relatado não serve para nada para sua redação. Entenda que os tópicos pedidos são genéricos e não se referem à história relatada. Então, não há que se retratar o caso narrado na sua redação. Ignore-o!

Neste caso, não há como separar as palavras-chave porque simplesmente elas são claras e isoladas em cada tópico. Logo, para cada tópico solicitado, devem-se retirar todas as ideias e palavras do que fora pedido pelo comendo de cada um dos tópicos.

Vejamos ideias / o que se sabe sobre **natureza jurídica do inquérito policial**:

Administrativa	Investigatória	Inquisitório	Escrito	Preparatório da ação penal	Não é um processo devidamente dito.

Vejamos ideias / o que se sabe sobre **finalidade do inquérito policial:**

Apuração	Autoria	Infração penal	Destinação do inquérito

Vejamos ideias / o que se sabe sobre **características e princípios que regem o inquérito policial:**

Escrito	Instrumental (art.5º, 3º§ CPP)	Dispensável (art. 39, 5º§ CPP)	Informativo	Sigilo (art 20 CPP)	Inquisitivo
Indisponibilidade	Discricionariedade	Temporário			

Vejamos ideias / o que se sabe sobre **atuação do órgão jurisdicional e do Ministério Público no inquérito policial:**

Papel do órgão jurisdicional no IP	Papel do MP no IP	Campo de atuação de cada um no IP	O que não podem fazer num IP

Veja que essa redação requer de você um conhecimento técnico bastante avançado, com informações acerca de leis e seus artigos, códigos legais e outras inferências sobre o tema proposto. Sendo assim, ter a técnica para escrever é de suma importância para que dê tudo certo na hora de escrever seu texto. Seu intuito aqui é explicar com clareza e objetividade cada um dos tópicos além de ser o mais completo possível, com as informações mais corretas possíveis.

Caso queria dar o direcionamento legal para suas ideias, pode fazê-lo, porém com correção. Caso não se lembre do artigo, não tente adivinhá-lo, apenas cite onde se encontra tal artigo. Se quiser citar um autor ou pensador, também pode, mas lembre-se de citar quem é tal autor e de onde tirou a afirmação dele.

Que tipo de desenvolvimento é o ideal para esta redação? Não dá para fazer por causa e consequência, pois não é essa a ideia das perguntas. Veja **só: as causas dos princípios do inquérito policial. Não existe essa verten**te para uma redação de concurso, qual seja dar as causas para obter a doutrina acerca do inquérito policial.

A conclusão desta redação pode ser feita como uma forma de reafirmação do inquérito policial e suas características. Contudo, a preferência de conclusão pode ser feita com o último tópico para fechar o texto. Perceba que a própria pergunta feita na letra D leva-nos a pensar em um fechamento de ideias.

Conclusão:

Papel do órgão jurisdicional no IP	Papel do MP no IP	Campo de atuação de cada um no IP	O que não podem fazer num IP

Modelo de redação – desenvolvimento letra B

O inquérito policial tem como finalidade a apuração da infração penal em si e sua autoria. É ele que se presta a colher fatos, depoimentos, indícios, testemunhas. O inquérito policial se presta à averiguação dos fatos colhidos para se informar com precisão e com intuito de instruir a ação penal. A finalidade do inquérito policial é, em suma, a de apurar autoria e infração penal.

Este tipo de redação permite que sejamos diretos e sem preocupações com conectivos ou mesmo com ligações impossíveis com o próximo parágrafo. O examinador espera apenas a resposta direta e completa. Fácil de escrever e o mais complicado é adquirir o conhecimento técnico suficiente para este tipo de questão.

REDAÇÃO

Tema muito debatido na atualidade é a proposta de redução da maioridade penal. Sobre esse assunto, leia a coletânea de textos a seguir.

Texto 1

Art. 5º Nenhuma criança ou adolescente será objeto de qualquer forma de negligência, discriminação, exploração, violência, crueldade e opressão, punido na forma da lei qualquer atentado, por ação ou omissão, aos seus direitos fundamentais.

Art. 6º Na interpretação desta Lei levar-se-ão em conta os fins sociais a que ela se dirige, as exigências do bem comum, os direitos e deveres individuais e coletivos, e a condição peculiar da criança e do adolescente como pessoas em desenvolvimento.

BRASIL. Lei nº 8.069, de 13 de julho de 1990. Estatuto da Criança e do Adolescente. Título I: Das Disposições Preliminares. Disponível em: <http://www.febem.sp.gov.br/files/pdf/eca.pdf> Acesso em: 24 nov. 2012.

Texto 2

O STJ (Superior Tribunal de Justiça) decidiu que jovens menores de 18 anos que forem flagrados traficando drogas pela primeira vez não podem mais ser internados em instituições de reabilitação. A internação só pode ocorrer quando houver reincidência, descumprimento da punição anterior ou nas situações em que a infração for cometida mediante grave ameaça ou violência. O efeito imediato da decisão deve ser a reincorporação de uma verdadeira tropa de adolescentes às facções criminosas. Além disso, é de esperar que outros jovens sejam atraídos para a criminalidade. As punições máximas agora são a liberdade assistida e o regime de semiliberdade em que o jovem traficante é obrigado a dormir em alguma instituição paga com dinheiro público. Em vez de amenizar punições e tratar traficante de drogas como se fosse um simples pichador, o país deveria discutir com maturidade a redução da maioridade penal. Não dá para tratar sujeitos de 17 anos com a mesma compreensão, tolerância e brandura com que são tratados os garotos de 12.

GENTILE, Rogério. Favor ao crime. Disponível em: <http://www1.folha.uol.com.br/colunas/rogeriogentile/1141622-favor-ao-crime.shtml>. Acesso em: 24 nov. 2012. (Adaptado).

Texto 3

O Código Civil criou para os jovens de 18 anos responsabilidades, uma vez que, ao afirmar a maioridade deles, os inclui mais cedo na incidência legal. O mesmo raciocínio não se aplica, porém, à maioridade penal, cujo debate leva alguns a quererem admiti-la aos 16 anos. A responsabilidade penal antes dos 18 anos é sustentada pela afirmação do pleno conhecimento das consequências da conduta criminosa. Contra, há a sustentação das diferenças culturais no espaço interno deste país heterogêneo, a desaconselhar o agravamento da punibilidade.

CENEVIVA, Walter. Limites da maioridade penal. **Folha de S. Paulo**. São Paulo, 5 ago. 2006. p. C2. (Adaptado).

Texto 4

Ao menos quatro entre cinco brasileiros concordam com a redução da maioridade penal para 16 anos, revela a pesquisa “Retratos da Sociedade Brasileira: Segurança Pública”, feita pelo Ibope e divulgada hoje pela Confederação Nacional da Indústria (CNI). Mostram-se totalmente a favor da medida 75% dos entrevistados e parcialmente a favor, 11%. Os que são contrários, total e parcialmente somam 9%. “Os crimes praticados por menores é uma preocupação da população, que também demanda ações mais severas nesses casos”, afirma o documento. Além disso, os que acham que atribuição da responsabilidade penal somente a partir dos 18 anos incentiva a participação de menores de idade em crimes somam 83%, enquanto os que discordam são 9%.

PESQUISA mostra que 75% da população apoia redução da maioridade penal. Disponível em: <http://www.estadao.com.br/noticias/geral, pesquisa mostra-que-75-da-populacao-apoia-reducao-da-maioridade-penal, 787559,0.htm> Acesso em: 24 nov. 2012.

Com base na leitura da coletânea, escreva um texto dissertativo argumentativo discutindo a seguinte questão tema **Redução da maioridade penal: um favor ao crime ou um favor à sociedade?**

COMENTÁRIO PRÉVIO

O texto dissertativo é largamente o mais solicitado em provas discursivas de concurso público. Em relação a este tema solicitado, tema aberto, deve-se sempre pensar em jogar as ideias no papel e depois selecioná-las. Agora, perceba que o comando da questão, quando elaborou o tema, dividiu-o em dois elementos: um favor ao crime ou um favor **à** sociedade.

Assim, dividido, fica muito mais tranquilo de se dividir também o desenvolvimento, pois ele tomará a mesma forma do tema. Portanto, no 1º§ de desenvolvimento, você poderá se utilizar do primeiro questionamento: 'um favor ao crime'. E o 2º§ de desenvolvimento, você poderá se utilizar do segundo elemento questionado: 'um favor à sociedade'.

Na introdução, deve-se expor o tema, sua tese – qual lado você irá defender – e os argumentos que serão expostos. Nos desenvolvimentos, você explicará cada um dos lados que se expôs, em parágrafos diferentes. Na conclusão, você pode ter três atitudes dissertativas: 1. Defender que as duas vertentes são válidas e coexistem; 2. Defender apenas o lado de ser a favor do crime; e 3. Defender apenas o lado de ser a favor da sociedade.

Há outras formas de você escrever esta redação, mas lembre-se de que o examinador forneceu este tema para você, logo ele espera que você o trate dessa forma que fora exposta. Escrever é um ato livre, mas para concurso você tem de seguir seu objetivo, que é o de passar. Para isso, quanto mais fiel ao tema você for, mais nota você conquistará.

São outras formas: causas e consequências / comparação e contraste. Mas não haveria tempo nem linhas suficientes para fazê-los. Escolha a melhor forma possível e a mais confiável de se escrever o tema, sempre com o examinador na sua cabeça. Ele dará sua nota, portanto ele é o que importa.

A estrutura ficará assim:

Introdução: exposição do tema e das duas propostas de argumento
Explicação da 1ª argumentação: um favor ao crime
Explicação da 2ª argumentação: um favor à sociedade
Conclusão: 1. Os dois argumentos são corretos; 2. o argumento 1 se sobressai 3. o argumento 2 se sobressai

Modelo de redação – introdução

> A redução da maioridade penal consiste em uma reflexão acerca da sociedade e do crime. De um lado, os anseios da sociedade em diminuir a criminalidade de qualquer forma; de outro, o crime não se baseia em questões legais ou morais para se organizar. Sendo assim, reduzir a idade penal pode ser tanto benéfico para a sociedade quanto para o crime em si.

Nessa introdução, a escrita privilegia a conclusão que será feita defendendo que os dois lados seriam beneficiados com a redução da idade penal. Você pode construir outras introduções. Mãos à obra para fazer as redações propostas aqui. Dê continuidade e completude aos parágrafos que aqui estão expostos.

DISCURSIVA

Utilize de 20 a 30 linhas para desenvolver a questão a seguir.

(Soldado da Polícia Militar/GO – 2010 – FUNCAB) Conforme ensinamento de Marcellus Polastri Lima, in Manual de Processo Penal, 3ª edição, "O Estado, na preservação da harmonia e estabilidade da sociedade, opõe-se ao delito através da prevenção e da repressão. Assim, uma vez praticado o fato vedado no direito objetivo penal, inicia-se a persecução criminal com a investigação, onde será esclarecido o fato e sua autoria, e, posteriormente, surge o direito do Estado -Administração de pedir ao Estado-Juiz a aplicação da lei penal: é a ação penal".

Discorra sobre o tema, elaborando texto dissertativo, abordando os seguintes aspectos da ação penal:

a) As espécies de ação penal existentes no ordenamento jurídico brasileiro.

b) Tratando-se de crime comum, o prazo para oferecimento da denúncia pelo Ministério Público, na hipótese de réu solto e na hipótese de réu preso.

c) Tratando-se de crime comum, o prazo para encerramento do Inquérito Policial na hipótese de réu solto e na hipótese de réu preso.

d) O que é permitido ao particular, no caso de o Ministério Público se manter inerte na propositura da ação penal que lhe compete, com o fim de que o fato criminoso seja processado e julgado.

COMENTÁRIO PRÉVIO

Mais uma vez, temos aqui um tema dissertativo com tópicos. Ou seja: o esquema de redação quanto aos parágrafos de desenvolvimento está pré-estabelecido pelo comando. Logo, o *brain storm* deve ser feito em cada um dos tópicos, separando tudo aquilo que você sabe sobre aquela pergunta.

Vejamos ideias / o que se sabe sobre **as espécies de ação penal existentes no ordenamento jurídico brasileiro**:

Vejamos ideias / o que se sabe sobre **tratando-se de crime comum, o prazo para oferecimento da denúncia pelo Ministério Público, na hipótese de réu solto, e na hipótese de réu preso:**

Vejamos ideias / o que se sabe sobre **tratando-se de crime comum, o prazo para encerramento do Inquérito Policial na hipótese de réu solto. E na hipótese de réu preso:**

Vejamos ideias / o que se sabe sobre **o que é permitido ao particular, no caso de o Ministério Público se manter inerte na propositura da ação penal que lhe compete, com o fim de que o fato criminoso seja processado e julgado**:

Não! Não deixei em branco por esquecimento ou displicência. É um desafio a você! Complete você os espaços deixados com seus conhecimentos e faça a redação da maneira explicada ate aqui.

Essa redação também requer de você um conhecimento técnico bastante avançado, com informações acerca de leis e seus artigos, códigos legais e outras inferências sobre o tema proposto. Sendo assim, ter a técnica para escrever é de suma importância para que dê tudo certo na hora de escrever seu texto. Seu intuito aqui é explicar com clareza e objetividade cada um dos tópicos além de ser o mais completo possível, com as informações mais corretas possíveis.

Caso queria dar o direcionamento legal para suas ideias, pode fazê-lo, porém com correção. Se não lembra o artigo, não tente adivinhá-lo, apenas cite onde se encontra tal artigo. Se quiser citar um autor ou pensador, também pode, mas se lembre de citar quem é tal autor e de onde tirou a afirmação dele.

Que tipo de desenvolvimento é o ideal para esta redação? Não dá para fazer por causa e consequência, pois não é essa a ideia das perguntas. Veja **só: as causas dos princípios do inquérito policial. Não existe essa vertente para uma redação de concurso, qual** seja dar as causas para obter a doutrina acerca do inquérito policial.

A conclusão desta redação pode ser feita como uma forma de reafirmação do inquérito policial e suas características. Porém, a preferência de conclusão pode ser feita com o último tópico para fechar o texto. Perceba que a própria pergunta feita na letra D leva-nos a pensar em um fechamento de ideias.

Conclusão:

O que se permite particular quando o MP se mantém inerte?	Competência do MP na ação penal	Garantia de que o fato criminoso seja processado e julgado

Modelo de redação – introdução

O Estado se utiliza da repressão e da prevenção para combater o delito no intuito de se preservar a harmonia e estabilidade da sociedade. A persecução criminal tem início a partir do fato contrário ao ordenamento penal. A investigação levará à autoria do fato e, por conseguinte, haverá a aplicação da lei penal, a chamada ação penal.

De forma geral, foi exposto o tema abrangente da redação que será realizada. Como os tópicos são muito diversos entre si, pode-se fazer a introdução de forma mais abrangente e depois, no desenvolvimento, faz-se a especificação por assunto. Você já terminou sua parte? Já jogou as ideias e completou as lacunas acima? Então, o que está esperando para escrever seu texto?

Para responder às questões, observe rigorosamente as instruções a seguir:

INSTRUÇÕES

1. Focalize o tema proposto.
2. A resposta deve, necessariamente, referir-se ao texto de apoio ou dialogar com ele. Atenção, evite usar mera colagem ou reprodução.
3. Organize a resposta de modo que preencha entre 10 (mínimo) e 15 (máximo) linhas plenas, considerando-se letra de tamanho regular.
4. Use a prosa como forma de expressão.
5. Comece a desenvolver a resposta na linha 1.

(Soldado da Polícia Militar /PR – 2010 – UELCOPS)

Tema 1

LEGADO ÀS FUTURAS GERAÇÕES

O mundo avança em vertiginosas transformações: ele se transforma a todo o momento em nossos usos e costumes, na vida, no trabalho, nos governos, na família, nos modelos que nos são apresentados, em nossa capacidade de fazer descobertas, no progresso e na decência. Se há 100 anos a vida era mais previsível — o pai mandava e o resto da família obedecia, o professor e o médico tinham autoridade absoluta, os governantes eram nossos heróis e havia trilhas fixas a serem seguidas ou seríamos considerados desviados — hoje ser diferente pode dar *status*.

Não adianta falar em ética, se vasculho bolsos e gavetas de meus filhos, se escuto atrás da porta ou na extensão do telefone — a não ser que a ameaça de drogas justifique essa atitude. Não adianta falar de justiça, se trato miseravelmente meus funcionários. Nem se deve pensar em respeito, se nós desrespeitamos quem nos rodeia, e isso vai dos empregados ao parceiro ou parceria, passando pelos filhos, é claro. Se eu sou tirana, egoísta, bruta; se sou tola, fútil, metida a gatinha gostosa; se vivo acima das minhas possibilidades e ensino isso aos meus filhos, o efeito sobre a moral deles e sua visão de vida vai ser um desastre. Nós somos aquele primeiro modelo que crianças recebem e assimilam, e isso passa pelo ar, pelos poros, pelas palavras, por silêncios e posturas.

(Adaptado de: LUFT, L. Legado aos nossos filhos. Veja. São Paulo, Edição 2082, p. 24, 15 out. 2009.)

Com base na reportagem, elabore um texto dissertativo cujo foco seja a contribuição que podemos deixar aos nossos jovens em relação à ética e cidadania.

COMENTÁRIO PRÉVIO

O tema desta redação é completamente aberto. Pede-se que se escreva sobre a contribuição que podemos deixar aos jovens em relação a dois elementos: ética e cidadania. Então, pode-se separar o texto em dois desenvolvimentos distintos: um para contribuição em relação à ética e outro para contribuição em relação à cidadania.

Lembre-se de que é você quem deve criar suas ideias acerca disso. Duas contribuições para cada um dos elementos é suficiente, perfazendo quatro contribuições.

Vejamos como fazer os desenvolvimentos:

Contribuições para ética	Reforço de valores éticos e atitudes éticas	Ensinar conceito de errado e certo de acordo com nossa cultura com atitudes pessoais e exemplo.
Contribuição para cidadania	Reforço de valores de cidadania e atitudes que corroborem com esses valores	Ensinar conceito de cidadania e atitudes corretas e erradas acerca de cidadania.

Sendo assim, o texto se construirá em dois parágrafos distintos, conforme feito acima. Cada linha consiste em um parágrafo, com seus assuntos respectivos. Agora, basta resumir seu texto na introdução, deixando claro que os argumentos dizem respeito às contribuições aos jovens acerca de ética e cidadania. E basta escrever a conclusão, com uma afirmação sobre a importância das contribuições aos jovens, ou mesmo, com uma reafirmação da tese exposta.

Introdução:

Resumo dos argumentos e exposição do tema proposto.

Conclusão:

Reafirmações das premissas / argumentações expostas no desenvolvimento

Modelo de redação – introdução

> A responsabilidade em relação à educação, ao ensinamento do que seriam atitudes consideradas éticas e atitudes que estão de acordo com cidadania é de todos. Os mais experientes, as pessoas mais vividas devem deixar suas contribuições para os jovens acerca desses dois conceitos para que saibam como lidar com certas situações ao longo de sua vida.

Com uma introdução dessas, percebe-se que houve um direcionamento do examinador para os dois elementos tratados no desenvolvimento. Sempre deixando claro e objetivo o texto, facilita-se a leitura e compreensão do exposto. Que tal completar essa introdução com seus argumentos? Tente!

(Soldado da Polícia Militar /PR – 2010 – UELCOPS)

Tema 2

TRABALHO INFANTIL, ONTEM E HOJE

A noção de que a infância é uma fase peculiar da vida, com necessidades, ritmo e tolerância diferentes, é uma descoberta recente. Até o século XIX, as crianças trabalhavam ao lado dos pais em indústrias e lavouras. Isso era comum mesmo em países mais desenvolvidos. A conscientização de que o lugar da criança é na escola é coisa que só chegou para os pobres dos Estados Unidos ou da Europa nos primeiros anos do século XX. No Brasil, o ensino obrigatório até os 14 anos só entrou na Constituição em 1937 e demorou décadas até alcançar as regiões mais pobres. Leis contra o trabalho infantil são ainda mais recentes. A prática passou a ser denunciada e combatida nos últimos anos depois de uma conclusão óbvia: os pais só irão recolocar os filhos na escola se isso não ameaçar o sustento da família.

(Disponivel em: <http://www.midiaindependente.org/blue/2007/11/402823.shtml> Acesso em: 3 dez. 2009.)

(KAISER, A. Ao sabor do café: fotografias de Arminio Kaiser. Organizadores Edson Vieira e Tati Costa. Londrina: Câmara Clara, 2008.)

Apesar das ligeiras quedas nos indicadores de trabalho infantil e abandono da escola, a situação de boa parte da juventude brasileira ainda é dramática. Considerando o texto e a foto, elabore um texto dissertativo apresentando o seu ponto de vista sobre o assunto.

COMENTÁRIO PRÉVIO

Mais uma vez, o tema desta redação é completamente aberto. Pede-se que se escreva sobre o trabalho infantil. Neste caso, podem-se escolher vários tipos de desenvolvimento. Lembre-se sempre de que a escolha é sua, mas deve ser feita com o pensamento no examinador. Escolha aquela que mais deixa você à vontade para escrever. Então, causa e consequência / somente consequências / exposição de exemplos / comparação ente antes e depois / questões legais do trabalho infantil. Enfim, há uma infinidade de textos que podem ser escritos.

Escolha feita, mãos à obra para desenhar nosso esquema e termos ideias para tal tema.

Ideias:

Vejamos algumas sugestões de ideias:

Trabalho infantil	Inclusão / Exclusão social	Necessidade básica	Falta de perspectiva futura
Políticas públicas para assegurar escola, saúde, moradia, alimentação.	Educação consciente	Punição severa	Fiscalização
Leis mais rígidas	Celeridade da justiça	Exemplos de: carvão, costura, coco, fábricas, lavoura	Questão social

Pronto de novo! Agora chegou a hora de você dividir suas ideias em, pelo menos, duas partes a serem usadas como parágrafos de seu desenvolvimento. Chegou a hora de escolher qual desenvolvimento será utilizado. São muitas ideias, porém você se utilizará apenas de algumas. Escolha aquelas com as quais você mais se identifica, com as quais você esteja mais à vontade, assim fica mais fácil.

Comecemos pelo mais comum e mais utilizado e aceito pelas bancas: causas e consequências. Mas desta vez, faremos como consequências do trabalho infantil e as soluções para este tipo de trabalho.

Vejamos as divisões possíveis:

Consequências	**Soluções**
Exclusão social da criança	Políticas públicas para tirar a criança deste estado, oferecendo educação, moradia, saúde e alimentação.
Atraso nos estudos ou evasão escolar	Aumentar fiscalização e multas a empresas e empresários que se utilizam deste tipo de trabalho
Continuidade da miséria	Aumentar a celeridade nos julgamentos e na punição dos infratores, promotores de trabalho infantil.
Perda da fase lúdica da criança	Juntar sociedade, governo e justiça no combate ao trabalho infantil.

Como nos utilizamos das soluções como sendo argumentos a serem tratados como desenvolvimento, nós devemos criar a conclusão como forma de reafirmação das medidas propostas e do lado negativo do trabalho infantil.

Conclusão
Reafirmação das medidas propostas / reafirmação lado negativo do trabalho infantil

Modelo de redação – Conclusão

O trabalho infantil é um dos problemas mais sérios da nossa sociedade e deve ser combatido com veemência. Deixar crianças fora do ideal de sua infância e da educação é um crime por si só, ainda mais colocando-a, para isso, no mercado de trabalho. Se a justiça, o governo, e a sociedade se emprenharem, o cenário se reverte e se conseguirá colocar a criança em seu devido lugar: na escola; fazendo o que é seu papel: brincando e aprendendo..

Não é tão difícil assim, é? Você pode completar esta redação tranquilamente.

REDAÇÃO

Orientações aos candidatos para a prova de Redação

- Seu texto deve ser escrito na modalidade padrão da língua portuguesa.
- Desenvolva seu texto em prosa: não redija narração, nem poema.
- O texto deve ter no mínimo 15 (quinze) e no máximo 20 (vinte) linhas escritas.
- Observe que fuga ao tema implica nota zero.
- Seu texto tem de ser escrito à tinta preta ou azul.
- Quaisquer anotações no verso da redação serão desconsideradas para efeito de correção.

Com base na leitura dos textos motivadores seguintes e nos conhecimentos construídos ao longo de sua formação, redija um texto dissertativo-argumentativo sobre um dos temas abaixo apresentados.

Texto 1

A internet é uma nova forma de comunicação digital que quebra com a normalidade da comunicação social. Através da internet as pessoas conseguem se comunicar com outras a quilômetros de distância instantaneamente. A informação entra em todas as camadas urbanas tornando-a muito mais acessível já que qualquer pessoa pode buscá-la.

Publicado em: 9 de julho de 2008 | Leituras: 4.160 | Canal: Tecnologia | Autor: Vinicius Zimmer (texto adaptado)

www.oficinadanet.com.br/.../_comunicacao_digital_aproxima_ou_afasta_as_pessoas

Tema 1
A comunicação digital aproxima ou afasta as pessoas?

COMENTÁRIO PRÉVIO

Mais uma vez, o comando da redação pede que se escreva um texto dissertativo-argumentativo, de um tema aberto. Então, vamos às ideias acerca do que fora proposto.

O tema é comunicação digital e seus efeitos no relacionamento das pessoas.

Vejamos algumas sugestões de ideias:

Comunicação digital	Redes sociais	Relacionamento	Influência nos relacionamentos
Busca por pessoas	Bom para arrumar amigos, mesmo que virtuais.	Comércio mais acirrado	Cuidados com esse relacionamento
Afastamento de relacionamentos reais	Comunicação instantânea	Atitudes para não se viciar em isolamento digital	bullyng

Você já sabe dividir os tópicos e escolher o melhor desenvolvimento. Vejamos: que tal escrever pontos positivos e pontos negativos da comunicação digital?

Vejamos as divisões possíveis:

1º§ – Pontos positivos
Aumento das redes de relacionamento / amigos virtuais / facilidade de acesso / rapidez na comunicação
2º§ – Pontos negativos
Afastamento das pessoas reais / isolamento social / bullyng / crimes virtuais

Neste caso, a conclusão pode ser feita como uma forma de reafirmação da tese defendida: de que há os dois lados e de que a tecnologia tanto pode ser benéfica quanto maléfica para seus usuários no que diz respeito aos relacionamentos pessoal.

Conclusão
Não há consenso entre o que seja bom ou ruim ao extremo e sim um cuidado e equilíbrio no uso da comunicação digital quanto aos relacionamentos pessoais.

Modelo de redação – Conclusão

Não há consenso entre o que seja bom ou ruim ao extremo e, sim, um cuidado e equilíbrio no uso da comunicação digital quanto aos relacionamentos pessoais. Sabendo dosar o uso das redes de relacionamento e suas conquistas reais, pessoais mesmo, faz-se um bom uso de meios que vieram para ficar, mas que nos permitem também simplesmente desligar e sair às ruas. Ou ainda nos permitem fechar a porta de casa, ligar o computador e viajar com diversas pessoas e amigos, que sequer vimos ou tocamos, mas com quem temos também afinidades. Bom senso e equilíbrio são as chaves de uma excelente comunicação, seja ela digital ou não.

Um paragrafo escrito de forma mais jocosa e livre, mas que não saiu do propósito de se expor as conclusões a que se chegou quanto ao tema.

Texto 2

A verdade acontece naturalmente, a mentira é antinatural.

A verdade não deixa dúvidas, a mentira alimenta-se delas.

A verdade esclarece e mostra que não só há um caminho, enquanto a mentira confunde mostrando vários.

A verdade nasce e prevalecerá eternamente, enquanto que a mentira será aniquilada.

A verdade é eterna, enquanto que a mentira se desfaz.

mariahelecosta.blogs.sapo.pt/21034.html (texto adaptado)

Tema 2
A mentira tem perna curta.

COMENTÁRIO PRÉVIO

Tema de ideário popular, um provérbio, um dizer que temos em nossa cultura. Tema aberto e que necessita dos mesmos passos para se lograr êxito. Portanto, vamos ter as ideias?

Vejamos as ideias:

Mentira	Verdade	Pessoas	Necessidade de mentir
Ética e moral	Pessoas verdadeiras	Questões sociais	Exemplos de mentira necessária?
Omissão é mentira?	Diferença entre mentir e esconder a verdade	Maquiar a verdade para não ferir a outra pessoa	O que é o certo sempre? Há o certo sempre?

Difícil essa não? O tema envolve questões sobre as quais geralmente não pensamos muito, apenas agimos de acordo com nossa conveniência.

Temos de separar as ideias em parágrafos coerentes para escrever nosso texto. Sugiro, das que vimos ate aqui, que escolhamos o desenvolvimento mais comum: 1º§ – valores sociais em relação à verdade e à mentira, em termos absolutos e peculiares; 2º§ – situações em que se admite a mentira em nossa cultura e quando ela não é tolerada.

Faremos um desenvolvimento de conceito e exemplificação. Esse também é um modo para se escrever um desenvolvimento.

Vejamos as divisões possíveis:

1º§ desenvolvimento – valores sociais em relação à verdade e à mentira, em termos absolutos e peculiares
2º§ desenvolvimento – situações em que se admite a mentira em nossa cultura e quando ela não é tolerada

Neste caso, a conclusão pode ser feita como uma forma de reafirmação da tese defendida.

Conclusão
As situações permeiam a atitude de mentir em detrimento da de falar a verdade.

Modelo de redação – introdução

Os valores sociais de nossa cultura têm um conceito diferente do ideário ocidental de verdade e mentira. Nossa cultura é mais permissiva quanto a mentir em determinados momentos em prol de valores que se consideram mais importantes. Sendo assim, sempre uma mentira pode ser descoberta em curto prazo, porque sempre há de se mentir mais ainda para se sustentar a primeira mentira.

Outro tema que se fez mais difícil pelos valores abstratos que carrega. Mas ainda assim dá para fazer se seguirmos os passos descritos.

REDAÇÃO

(Oficial da Polícia Militar/SC – 2010 – IESES) A liberdade de discordar, mesmo em relação aos pontos mais importantes de uma organização social, jurídica, política e econômica é essencial para o Estado democrático. Os primeiros defensores dessa liberdade entenderam que os problemas que podem ser causados pela liberdade de pensamento devem ser aceitos, para que possam ser evitados os perigos, muito maiores, das inquisições e das censuras, porque não pode existir autogoverno sem que o povo possa ter liberdade de opinião, espírito crítico e liberdade de escolha.

(Adapt. de Fernando Machado da Silva Lima: http://jus2.uol.com.br/doutrina/texto)

"é livre a expressão da atividade intelectual, artística, científica e de comunicação, independentemente de censura ou licença."

"A manifestação do pensamento, a criação, a expressão e a informação, sob qualquer forma, processo ou veículo não sofrerão qualquer restrição, observado o disposto nesta Constituição." (Constituição Federal de 1.988; respectivamente, artigos 5, Inc. IX, e 220.)

Para você, a liberdade de informação é necessária para a consolidação da democracia e o respeito aos valores humanos, considerando a diversidade sociocultural do país em que vivemos?

Responda a essas questões **redigindo uma dissertação**. Defenda sua posição – favorável ou contrária – com argumentos convincentes.

COMENTÁRIO PRÉVIO

Mais uma vez, temos aqui um tema dissertativo com tópicos. Tome muito cuidado com o tema, pois ele pede que se escolha entre ser contrário ou favorável ao tema. Sendo assim, suas ideias guiarão você no que concerne a escolher o que **é** ideal para você. Aquele que mais se identifica nem sempre é o melhor a se escrever, escolha sempre o que mais pode ser argumentado teoricamente.

Este é o tema: Para você, a liberdade de informação é necessária para a consolidação da democracia e o respeito aos valores humanos, considerando a diversidade sociocultural do país em que vivemos?

Vejamos as ideias: a favor ou contra?

Liberdade de expressão	Informação a todos	Acesso à informação	Direito de ter acesso
Julgamento individual do que seja melhor quanto à informação	Democracia se constrói com liberdade de informação	Valores humanos	Poder ser responsabilizado por questões que ferem outros direitos.

Agora deixarei com você a escolha do desenvolvimento melhor para este tipo de texto. Que tal você reler as informações todas que demos até aqui para que saiba que tipos de desenvolvimentos existem e qual o melhor para este tema.

Desenvolvimento:

1º§ desenvolvimento
2º§ desenvolvimento

A conclusão desta redação pode ser feita como uma forma de reafirmação do seu posicionamento, aquele que você escolheu para dissertar.

Conclusão:

Modelo de redação – introdução

Lembre-se de que deixei estes tópicos para que você faça todos os passos. Deixei ideias, mas sei que terá mais e as completará. Muito boa sorte!

REDAÇÃO

(Soldado do Corpo de Bombeiros Militar/SC – 2012 – IESES) Considerando as práticas reconhecidas de Primeiros Socorros, redija um texto **dissertativo** sobre a importância da utilização das mesmas no exercício profissional da função de Bombeiro Militar, com no mínimo 20 (vinte) linhas e no máximo 30 (trinta) linhas, sob pena de ser atribuída nota zero àquelas que não atenderem ao referido quantitativo mínimo/máximo de linhas, apresentando argumentos que justifiquem sua posição.

COMENTÁRIO PRÉVIO

O tema proposto é para se defender uma tese. Ou seja, dissertação! Mais uma vez, será um texto dissertativo para se desenvolver os argumentos. Um tema direcionado mas sem tópicos, o que nos permite criar mais acerca do que será dito, com menos conhecimentos específicos, porém sem se descuidar da correção.

O tema pede que dissertemos sobre a importância das medidas de primeiros socorros no exercício da profissão de Bombeiro Militar.

Vejamos algumas sugestões de ideias:

Socorro médico	Preparação para que os médicos assumam	Estabilização dos acidentados	Primeiros socorros
São os primeiros a chegar ao local	Obrigação da profissão	Sem os primeiros socorros, risco de vida aumenta	Bombeiros militares e suas funções

Depois da escolha das ideias, devemos encontrar o melhor desenvolvimento para o texto dissertativo exposto. Minha sugestão é a de que escolhamos o desenvolvimento por exemplificação e conceituação.

Vejamos as divisões possíveis:

1º§ desenvolvimento – funções da profissão de bombeiro militar
2º§ desenvolvimento – primeiros socorros: sua importância, as medidas a serem tomadas, a quem cabe tal ação e o papel do bombeiro militar quanto aos primeiros socorros.

Neste caso, a conclusão pode ser feita como uma forma de reafirmação da tese defendida. Dada a importância da profissão de bombeiro militar e dada a importância ser dele a função primordial de primeiros socorros.

Conclusão
Reafirmação da importância dos bombeiros militares quanto aos primeiros socorros prestados.

Modelo de redação – **Conclusão**

Que tal agora você construir tudo a partir de agora?

4. Matemática e Raciocínio Lógico

Ricardo José

(Soldado Combatente da Polícia Militar/AC – 2012 – FUNCAB)

Considerando a matriz quadrada **A** abaixo, e det(A) seu determinante, calcule o valor de 5 det(A).

$$A=\begin{bmatrix} 7 & -13 \\ 2 & 4 \end{bmatrix}$$

(A) 10
(B) -140
(C) 270
(D) 130
(E) -35

Trata-se de uma questão sobre o cálculo do determinante. No caso da matriz A devemos calcular a diferença entre o produto dos números da diagonal principal pela diagonal secundária, assim obtemos: det(A)=7.4-2.(-13) = 54. A questão pede para que seja marcada a alternativa correspondente a 5.det(A) desta forma temos 5.54 = 270.

Gabarito "C".

(Soldado Combatente da Polícia Militar/AC – 2012 – FUNCAB)

Sendo **D** o número de divisores naturais de 252, e **N** o número de divisores naturais de 1296, então o valor de 2.D + 3.N será:

(A) 18
(B) 25
(C) 43
(D) 75
(E) 111

Divisibilidade. Para determinarmos os divisores de um número é necessário que haja a decomposição deste em fatores primos, decompondo o número 252 temos $2^2.3^2.7^1$, o número de divisores é encontrado ao somar uma unidade a cada expoente e assim calcular o produto entre eles, veja (2+1).(2+1).(1+1) = 3.3.2 = 18 (o número 252 possui 18 divisores). Utilizando o mesmo método, o número 1269 = $3^4.2^4$, desta forma o número de divisores será (4+1).(4+1) = 25. A questão pede o valor de 2D+3N = 2.18+3.25=111.

Gabarito "E".

(Soldado Combatente da Polícia Militar/AC – 2012 – FUNCAB)

Considere A = $(11000)_2$ e B = $(10001)_2$, números escritos no sistema de numeração de base 2.

Escreva-os no sistema de numeração de base 10 e determine o valor de A- B.

(A) -7
(B) 41
(C) -17
(D) 0
(E) 7

Transformação de base. A questão exige do canditado a transformação de base dois (números binários) para a base dez, o número A=11000 é descrito como 2^4, 2^3, 2^2, 2^1, 2^0, assim a casa onde houver zero será desconsiderada, ou seja, teremos 16+8+0+0+0=24. O mesmo será feito com o número B=10001 é descrito como 2^4, 2^3, 2^2, 2^1, 2^0, onde houver zero desconsideramos a casa, ou seja, 16+0+0+0+1=17. Assim A-B=24-17=7.

Gabarito "E".

(Soldado Combatente da Polícia Militar/AC – 2012 – FUNCAB)

Sendo **D** o Maior Divisor Comum entre os números 525 e 1120, e **M** o Mínimo Múltiplo Comum entre eles, determine o valor de M- 250.D.

(A) 8050
(B) 8750
(C) 16000
(D) 16835
(E) 16765

Maior divisor comum e mínimo múltiplo comum. Devemos decompor os números 525 e 1120 em fatores primos assim obtemos 2.2.2.2.2.3.5.5.7, sendo que os números 5 e 7 conseguiram dividir ambos os números. Desta forma o maior divisor comum será o produto de 5 e 7, que resulta em 35. O mínimo múltiplo comum será obtido pelo produto de 2.2.2.2.2.3.5.5.7 = 16800. Assim M-250. D=16800-250.35=8050.

Gabarito "A".

(Soldado Combatente da Polícia Militar/AC – 2012 – FUNCAB)

Sabendo que uma função quadrática possui uma raiz igual a -2 e que obtém seu valor máximo quando x = 5 determine o valor da outra raiz dessa função.

(A) 3
(B) 7
(C) 10
(D) 12
(E) 15

Função do 2° grau. Ao plotar o gráfico de uma função podemos observar que o vértice da parábola concide com o ponto médio das raízes da função, assim a distância entre o ponto 5 e -2 será a mesma entre o ponto 5 e a outra raiz (desconhecida), ou seja, a outra raiz será o ponto 12.

Gabarito "D".

(Soldado Combatente da Polícia Militar/AC – 2012 – FUNCAB) Determine o valor em decímetros de 0,375 dam.

(A) 3,75 dm
(B) 0,0375 dm
(C) 3750 dm
(D) 37,5 dm
(E) 375 dm

Conversão de medidas. Para que haja a conversão de decâmetro para decímetro devemos multiplicar por 100 o valor em questão. 0,375.100=37,5dm.
Lembre-se: quilômetro, hectómetro, decâmetro, metro, decímetro, centímetro, milímetro.
Gabarito "D"

(Soldado Combatente da Polícia Militar/AC – 2012 – FUNCAB) Sabendo que o cobrador de um ônibus arrecadou a quantia de R$ 42,55 após ter cobrado 23 passagens, quanto ele terá arrecadado após cobrar 117 passagens?

(A) R$ 216,45
(B) R$ 217,15
(C) R$ 215,85
(D) R$ 215,05
(E) R$ 215,95

Regra de três simples, devemos montar a seguinte afirmação 42,55 está para 23 assism como x está para 117, desta forma obtemos $\frac{42,55}{23} = \frac{x}{117}$, 23x=42,55.117 → 23x=4.978,35 → x=4.978,35/23 → x=216,45.
Gabarito "A"

(Soldado Combatente da Polícia Militar/AC – 2012 – FUNCAB) Sabendo que o salário do porteiro de um condomínio é R$ 950,00, calcule o valor do salário que irá receber esse porteiro após um aumento de 12,5%.

(A) R$ 1.064,25
(B) R$ 1.068,75
(C) R$ 1.066,85
(D) R$ 1.073,50
(E) R$ 1.069,70

Porcentagem. Vamos inicialmente calcular 12,5% de R$950,00 através do produto 950.0,125=118,75. Como houve um aumento devemos somar o salário inicial com a parte acrescida, R$950,00 + R$118,75 = R$1.068,75.
Gabarito "B"

(Soldado Combatente da Polícia Militar/AC – 2012 – FUNCAB) Determine o valor da expressão -1 + 6 x (7 – 4 ÷ 2).

(A) 7,5
(B) 29
(C) 8,5
(D) 24
(E) 32,5

Expressão numérica, -1+6.(7-4/2) = -1+6.(7-2) = -1+6.5 = -1+30 = 29. Devemos lembrar a ordem de resolução: 1° Potência e raiz, 2° Multiplicação e divisão e 3° Soma e subtração, esta regra pode ser alterada por força dos sinais de separação.
Gabarito "B"

(Soldado Combatente da Polícia Militar/AC – 2012 – FUNCAB) A área de um triângulo isósceles cujos lados iguais medem 4, e dois de seus ângulos medem 45º, corresponde a:

(A) 4 u.a.
(B) 8 u.a.
(C) 12 u.a.
(D) 16 u.a.
(E) 20 u.a.

Relações trigonométricas. Devemos obter o valor da altura do triângulo através do uso do cosseno e em seguida tangente, cos45°=cateto adjacente/hipotenusa → cos45°=ca/h → Sabemos que o cos45°= $\sqrt{2}/2 \rightarrow \sqrt{2}/2 = ca/4 \rightarrow ca = 2\sqrt{2}$. Agora com o cálculo da tagente podemos obter a altura "h" $\rightarrow tg45° = h/2\sqrt{2} \rightarrow h = 2\sqrt{2}$.
A área é obtida da seguinte forma $A = \frac{4\sqrt{2}.2\sqrt{2}}{2} = 4.2 = 8$.
Gabarito "B"

(Soldado da Polícia Militar/AM – 2011 – ISAE) Se f(x) = 3 – 2x, x real, então f(–5) é igual a:

(A) – 7;
(B) – 2;
(C) 7;
(D) 13.

Função do 1° grau, f(-5) = 3-2.(-5) = 3+10 = 13.
Gabarito "D"

(Soldado da Polícia Militar/AM – 2011 – ISAE) Se f(x) = | x – 3 | – | 2 – x | então f(– 2) é igual a:

(A) 1;
(B) 0;
(C) 1;
(D) 2.

Função modular. Para determinar o valor de f(-2) deve-se substituir o x por -2 na função dada. Lembre-se que o módulo de um número é sempre positivo, ao substituir obtemos 5-4 =1.
Gabarito "C"

(Soldado da Polícia Militar/AM – 2011 – ISAE) O número de miniaturas de carros da coleção de Rogério aumenta, a cada mês, de acordo com uma progressão aritmética. No sexto mês, a coleção tinha 40 miniaturas, no oitavo tinha 52. No vigésimo mês, a coleção terá a seguinte quantidade de miniaturas:

(A) 86;
(B) 112;
(C) 124;
(D) 420.

Progressão Aritmética, an =a1+(n-1).r → a6=a1+5.r → 40=a1+5r, enquanto isso a8=a1+(n-1).r → 52=a1+7r, com isso temos duas equações isolando a1 em ambas e igualando obtemos 40-5r=52-7r → r=6. Sabemos ainda que a1=40-30=10. No vigésimo mês temos o a20=a1+(n-1).r → 10+19.6 = 124. Considere como a1 o 1° termo da sequência e r a razão.
Gabarito "C"

(Soldado da Polícia Militar/AM – 2011 – ISAE) Outra maneira de dizer que "o número de formigas num formigueiro aumenta 10% a cada mês" é dizer que, a cada mês, o número de formigas aumenta de acordo com uma progressão...

(A) geométrica de razão 1,1;

(B) geométrica de razão 10;
(C) aritmética de razão 10;
(D) aritmética de razão 0,1.

Progressão geométrica. Já que o número de formigas aumenta 10% em relação ao mês anterior isso significa que o mês anterior é multiplicado por 1,1 = 100%+10%, ou seja, trata-se de uma progressão geométrica.
Gabarito "A"

(Soldado da Polícia Militar/AM – 2011 – ISAE) A matriz A = (a ij) a seguir indica a quantidade de grãos (em toneladas) produzidas nas fazendas i nos meses j, i = 1,..., 5, j = 1, ...,4.

$$A = \begin{bmatrix} 1,2 & 2,0 & 1,5 & 1,8 \\ 0,8 & 1,0 & 1,4 & 1,2 \\ 1,3 & 1,5 & 1,6 & 1,3 \\ 1,2 & 1,5 & 1,3 & 1,7 \\ 1,6 & 1,8 & 1,7 & 1,4 \end{bmatrix}$$

As cinco fazendas fazem parte de uma mesma cooperativa. O mês em que a cooperativa mais produziu foi o:

(A) 1;
(B) 2;
(C) 3;
(D) 4.

Matrizes. Ao observar a matriz notamos que mês j = coluna, assim a somatória das colunas resulta nos números 6,1/ 7,8 / 7,5 / 7,4. Desta forma o mês que mais produziu foi o 2° mês com 7,8.
Gabarito "B"

(Soldado da Polícia Militar/AM – 2011 – ISAE) O determinante da matriz

$$A = \begin{bmatrix} 2 & 1 & 0 \\ 4 & 1 & 2 \\ 1 & 0 & 2 \end{bmatrix}$$

é igual a:

(A) - 2;
(B) - 1;
(C) 1;
(D) 2.

Cálculo do determinante. O cálculo do det(a)=2.1.2+1.2.1+0.4.0-0.1.1-2.2.0-1.4.2 = 4+2+0-0-0-8 = 6-8 = -2.
Gabarito "A"

(Soldado da Polícia Militar/AM – 2011 – ISAE) Um anagrama de uma palavra é uma reordenação qualquer de suas letras. Por exemplo, ASAC é um anagrama de CASA, CAAS é outro anagrama de CASA. A palavra MILITAR tem a seguinte quantidade de anagramas:

(A) 252;
(B) 504;
(C) 2.520;
(D) 5.040.

Análise combinatória. O cálculo de anagramas é feito com o uso do fatorial, a questão envolve anagrama com repetição, assim devemos dividir o número total de anagramas em fatorial pelo número de anagramas repetidos também em fatorial. 7!/2! = 7.6.5.4.3 = 2520.
Gabarito "C"

(Soldado da Polícia Militar/AM – 2011 – ISAE) Uma carta náutica foi planejada na forma de um sistema de coordenadas cartesianas em que cada unidade equivale a 100 milhas. Assim, se o sistema mostra que uma embarcação se deslocou, em linha reta, do ponto (0,0) ao ponto (2,0) isso significa que ela percorreu 200 milhas na direção leste.

Se a carta indica que um determinado barco se deslocou em linha reta do ponto (2,1) até o ponto (2,3) e, em seguida, ainda em linha reta, do ponto (2,3) até o ponto (6,3), concluímos que o barco percorreu, na realidade, a seguinte distância, em milhas:

(A) 500;
(B) 600;
(C) 700;
(D) 800.

Geometria analítica. Devemos calcular a distância entre os pontos AB e BC. Distância entre A e B → $d = \sqrt{(2-2)^2 + (1-3)^2} = \sqrt{4} = 2$ e distância entre B e C $d = \sqrt{(2-6)^2 + (3-3)^2} = \sqrt{16} = 4$. Assim temos 2 + 4 = 6, cada unidade vale 100 milhas, então percorreu 600 milhas.
Gabarito "B"

(Soldado da Polícia Militar/AM – 2011 – ISAE) Um polígono regular de 20 lados tem a seguinte quantidade de diagonais:

(A) 150;
(B) 160;
(C) 170;
(D) 180.

Número de diagonais. O número de diagonais é obtido pela regra d=n.(n-3)/2 → 20.(20-3)/2 → 10.17 → 170 diagonais.
Gabarito "C"

(Soldado da Polícia Militar/AM – 2011 – ISAE) Ao mostrar um projeto para um amigo, um arquiteto diz: "Este arco terá cinco pi sobre seis radianos". O amigo entendeu que o arquiteto se referiu a (5 π) / 6 rad, converteu para graus e obteve:

(A) 140°;
(B) 150°;
(C) 160°;
(D) 170°.

Conceitos trigonométricos básicos, $\frac{5\pi}{6} rad = \frac{5.180}{6} = 150°$.
Gabarito "B"

(Soldado da Polícia Militar/AM – 2011 – ISAE) O coeficiente do termo em x^4 da expansão $(x – 2)^{10}$ é:

(A) 64;
(B) 1.024;

(C) 5.120;
(D) 13.440.

Polinômios. o termo geral é obtido por $Tk+1=(Cn,k)x^{n-k}.y^k = (C10,6)x^{-4}(-2)^6 = 210.x^4.64 = 13440x^4$, desta forma o coeficiente é 13.440.
Gabarito "D"

(Oficial da Polícia Militar/BA – 2012 – CONSULTEC) Em certa localidade, sabe-se que

- todos os militares têm porte de arma;
- nem todas as pessoas que têm porte de arma trabalham em quartéis.

Com relação a essa localidade, alguém faz as seguintes afirmações:

( ) Somente militares trabalham em quartéis.
( ) É possível que existam militares que não trabalhem em quartéis.
( ) Algumas pessoas que trabalham em quartéis não têm porte de arma.

Analisando-se tais afirmações e classificando-as como verdadeiras **V** ou falsas **F**, pode-se afirmar que, considerada de cima para baixo, a sequência correta é a

(A) V F F
(B) F V F
(C) F V V
(D) F F V
(E) V F V

1ª afirmação: Incorreta, esta afirmação não é afirmada em momento algum, sabemos que militares tem armas e nem todos trabalham no quartel; 2ª afirmação: Correta, ficou claro que existem militares que não trabalham no quartel, 3ª afirmação: Incorreta, não se pode fazer esta afirmação apenas com os dados apresentados.
Gabarito "B"

(Oficial da Polícia Militar/BA – 2012 – CONSULTEC) Em uma blitz, foram encontradas no interior de um automóvel, duas garrafas, de mesma capacidade, cheias com uma mistura não identificada de bebidas alcoólicas. Após análise, verificou-se que uma das garrafas continha uma mistura das bebidas X e Y na razão de 1 para 2, enquanto a outra garrafa continha uma mistura das mesmas bebidas, porém na razão de 3 para 2.

Despejando-se o conteúdo das duas garrafas em um terceiro recipiente, obter-se-á uma nova mistura de X e Y, na razão de

(A) 7 para 8.
(B) 5 para 4.
(C) 3 para 4.
(D) 2 para 1.
(E) 1 para 1.

Proporção. A garrafa 1 apresenta 1/3 de mistura x e 2/3 de mistura y, enquanto a garrafa 2 apresenta 3/5 de mistura x e 2/5 de mistura y. Ao somar as misturas de x obtemos: 1/3+3/5=14/15 e ao somarmos as misturas de y obtemos 2/3+2/5=16/15. Assim a nova razão é obtida por (14/15)/(16/15)= 14/16=7/8.
Gabarito "A"

(Oficial da Polícia Militar/BA – 2012 – CONSULTEC) Dois colegas de trabalho C_1 e C_2 devem ler as 124 páginas de um relatório, a partir do qual terão os subsídios necessários para, conjuntamente, emitirem um parecer técnico sobre determinada questão.

Admitindo que os dois comecem a leitura no mesmo dia, na página 1, suponha que

- C_1 lerá quatro páginas no primeiro dia e, a cada dia subsequente, lerá o dobro do número de páginas do dia anterior, com única exceção possível no último dia de leitura.
- C_2 lerá duas páginas no primeiro dia e, a cada dia subsequente, lerá mais quatro páginas do que no dia anterior, com única exceção possível no último dia de leitura.

Nessas condições, pode-se afirmar que

(A) O número total de páginas lidas por C_1, em t dias, pode ser calculado pela expressão $f(t) = 2^{t+2} - 4$.
(B) O número total de páginas lidas por C_2, em t dias, pode ser calculado pela expressão $f(t) = 2^{t2} + t$.
(C) C_1 e C_2 concluirão a leitura em um mesmo número de dias.
(D) C_1 concluirá a leitura quatro dias antes de C_2.
(E) C_2 concluirá a leitura dois dias após C_1.

Função e contagem. C1 lerá o seguinte número de páginas 4,12,28,60,124 enquanto C2 lerá 2,6,10,14,18,22,26,26. Ao substituir os valores apresentados para C1 observamos que a função dada no item A corresponde a tais valores. f(1)=4, f(2)=12, f(3)=28,f(4)=60 e f(5)=124.
Gabarito "A"

(Oficial da Polícia Militar/BA – 2012 – CONSULTEC) Como parte de sua preparação física, um atleta foi aconselhado por um nutricionista a acrescentar a sua dieta algum suplemento alimentar, como X ou Y, dos quais se tem as seguintes informações:

X contém 2 unidades de fibras, 1 unidade de proteína, 3 unidades de vitaminas e cada unidade desse suplemento custa r reais.

Y contém 1 unidade de fibra, 2 unidades de proteínas, 2 unidades de vitaminas e cada unidade desse suplemento custa 2r reais.

Sendo recomendada a ingestão diária mínima de 4 unidades de fibras, 5 unidades de proteínas e 8 unidades de vitaminas, pode-se afirmar que a despesa com os suplementos será mínima, se o número de unidades de X e de Y ingeridos forem, respectivamente, iguais a

(A) 1 e 2.
(B) 2 e 1.
(C) 2 e 2.
(D) 2 e 3.
(E) 3 e 2.

Para obtermos a quantidade de fibras podemos comprar apenas 2x, para obtermos a proteina 2y+x e a vitamina 2x=y, a opção que atende simultaneamente estas necessidades é 2x+2y.
Gabarito "C"

Texto para responder as duas questões seguintes.

Suponha que na figura 1 as linhas da malha representam ruas que delimitam quadras de um bairro e que, para ir de automóvel de um ponto P a um ponto Q, desse bairro, o motorista deverá fazer o percurso ao longo dessas linhas, horizontal ou verticalmente. A menor soma das medidas dos lados dos quadrados que podem ser percorridos na malha para ir de um ponto a outro é conhecida como a distância do taxista de P a Q.

Assim sendo, considerando-se um sistema de coordenadas cartesianas, no qual $P(x_1, y_1)$ e $Q(x_2, y_2)$, a distância do taxista entre esses pontos é definida, analiticamente, através da expressão $d(P, Q) = |x_1 - x_2| + |y_1 - y_2|$.

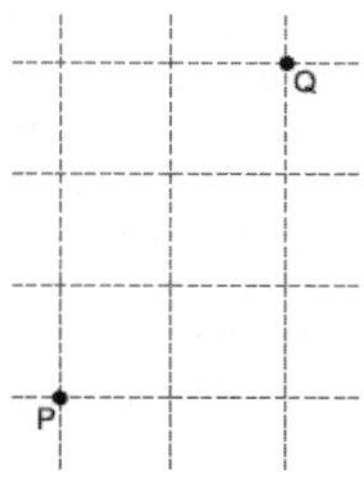

Figura 1

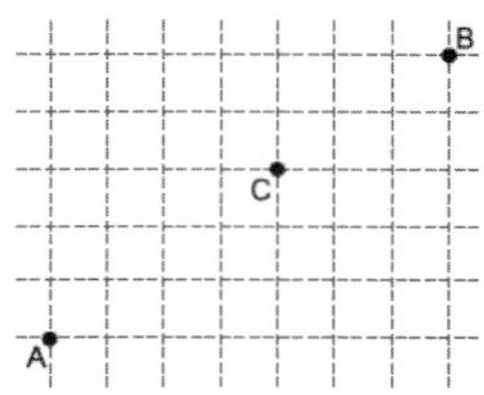

Figura 2

(Oficial da Polícia Militar/BA – 2012 – CONSULTEC) Sendo x e y números inteiros, o ponto O a origem do sistema de coordenadas cartesianas e considerando-se a distância do taxista d(M,O), é correto afirmar que o número de elementos do conjunto $X = \{M(x, y); d(M, O) \leq 4\}$ é

(A) 64
(B) 41
(C) 36
(D) 25
(E) 16

Plano cartesiano. Considerando a origem do plano cartesiano como sendo o ponto (0,0), devemos contar todos os pontos no qual a distância resulte em valores menores ou iguais a 4 unidades, estes pontos são (0,4),(-1,3),(0,3),(1,3),(-2,2),(-1,2),(0,2),(1,2),(2,2),(-3,1),(-2,1),(-1,1),(0,1),(1,1),(2,1),(3,1),(-4,0),(-3,0),(-2,0),(-1,0),(0,0),(1,0),(2,0),(3,0),(4,0),(-3,-1),(-2,-1),(-1,-1),(0,-1)(1,-1),(2,-1),(3,-1),(-2,-2),(-1,-2),(0,-2),(1,-2),(2,-2),(-1,-3),(0,-3),(1,-3),(0,-4), totalizando assim 41 possibilidades.

Gabarito "B"

(Oficial da Polícia Militar/BA – 2012 – CONSULTEC) Com base na figura 2, considere-se uma pessoa que se encontra no ponto A e deve, percorrendo a distância do taxista, se deslocar até o ponto B, passando por C. O número máximo de trajetos distintos que ela poderá fazer é igual a

(A) 45
(B) 96
(C) 120
(D) 244
(E) 350

Análise combinatória. Para que seja feita a contagem de possibilidades devemos analisar duas situações, primeiro o total de possibilidades de A até C e em seguida o total de possibilidades de C até B. Este trajeto deverá ser feito utilizando "combinações" de comandos no sentido para direita(d) e para cima(c), De A até C observamos que o trajeto será composto pela permutação de "d d d d c c c", assim a permutação com repetição desta sequência será $P = \frac{7!}{4!.3!} = 35$ possibilidades. De C até B temos o trajeto dddcc, a permutação com repetição desta sequência será $N = \frac{5!}{3!.2!} = 10$. Consideramos que temos 35 possibilidades de A até C, e 10 possibilidades de C até B, o total obtido pelo produto = 35.10 = 350 possibilidades.

Gabarito "E"

(Oficial da Polícia Militar/BA – 2012 – CONSULTEC) Durante uma reunião de trabalho, foi servido um cafezinho bem quente aos seus participantes.

Admitindo-se que a variação da temperatura do café, T (em °C), em função do tempo x (em minutos), é definida pela expressão $T(x) = 20 + 64(2^{-0,25x})$, pode-se afirmar que um participante dessa reunião que prefira o cafezinho menos quente, pode calcular o tempo de espera x, para que a temperatura T desejada seja atingida, através da expressão

(A) $24 + 40\log(T - 20)$
(B) $24 - 4\log_2(T - 20)$
(C) $24 - 4\log(T - 20)$
(D) $44 - \frac{1}{4}\log(T - 20)$
(E) $\frac{1}{4}\log_2(T - 20) - \frac{3}{2}$

Logaritmo. Para a solução vamos desenvolver a função dada

$$\to T(x) = 20 + 64(2^{-0,25x}) \to T(x) = 20 + 64\left(\frac{1}{2^{0,25x}}\right) \to$$

$$T(x) = 20 + \frac{64}{2^{0,25x}} \to T(x) = 20 + \frac{64}{2^{\frac{x}{4}}} \to \frac{64}{2^{\frac{x}{4}}} = T - 20 \to$$

$$64 = (T-20).2^{\frac{x}{4}} \to 2^{\frac{x}{4}} = \frac{64}{T-20} \to \log_2^{\frac{64}{T-20}} = \frac{x}{4} \to$$

$$4.(\log_2^{64} - \log_2^{(T-20)}) = x \to 4(6 - \log_2^{(T-20)}) = x \to$$

$$x = 24 - 4.\log_2^{(T-20)}$$

Gabarito "B"

(Oficial da Polícia Militar/BA – 2012 – CONSULTEC) Após ser notificada a respeito de um assalto, a policia foi informada de que os ladrões fugiram de automóvel pela Avenida I, podendo ter entrado nela por X ou por Y. O esquema indica os acessos X e Y da avenida, suas transversais T_1 e T_2, e os respectivos sentidos de transito através delas.

Sabe-se que

- dos automóveis que circulam pela avenida, 60% entram por X.
- 40% dos automóveis que vêm por X vão para T_2.
- 30% dos automóveis que vêm por Y vão para T_1.

Assim sendo, a probabilidade de os ladrões não entrarem em qualquer das duas transversais, pode ser estimada em

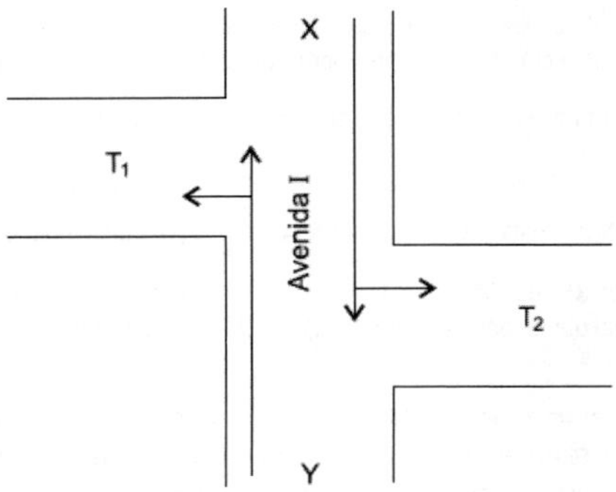

(A) 12%
(B) 24%
(C) 28%
(D) 36%
(E) 64%

Porcentagem, 60% dos carros vêm por x, destes 60% não entram em T2, ou seja, 0,6.0,6 = 0,36=36%. 40% dos carros vêm por y destes 70% não entram em T1, ou seja, 0,4.0,7=0,28=28%. Assim 36% + 28% = 64% dos carros não entram em qualquer das travessas.

Gabarito "E"

(Oficial da Polícia Militar/BA – 2012 – CONSULTEC)

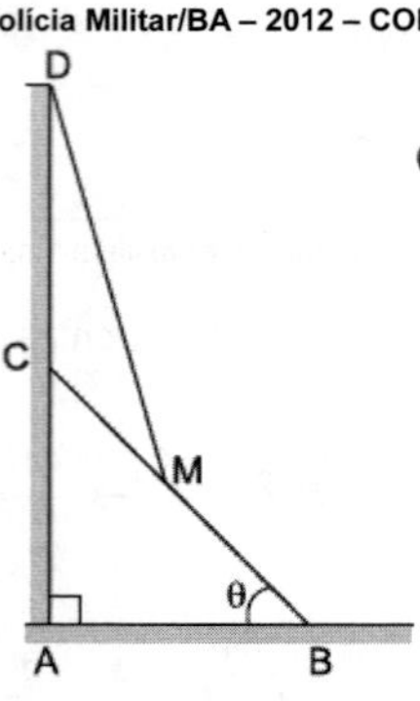

$\overline{CM} = \overline{MB}$

$H = \overline{AD}$

$\theta = 30°$

Na figura, os segmentos CB e DM representam duas escadas cujas extremidades superiores C e D apoiam-se em uma parede vertical e as extremidades inferiores, B e M, apoiam-se, respectivamente no solo e em CB.

Sabendo-se que as duas escadas têm a mesma medida de comprimento — 1,20m — pode-se afirmar que a medida de H, em metros, é igual a

(A) $\dfrac{3\sqrt{13}}{10}$

(B) $\dfrac{3}{5}(2+\sqrt{15})$

(C) $\dfrac{2\sqrt{14}}{5}$

(D) $\dfrac{3}{10}(1+\sqrt{13})$

(E) $\dfrac{3\sqrt{15}}{5}$

Trigonometria no triângulo. Chamando DC de W e AC de y, vamos aplicar a lei dos cossenos → $1{,}2^2 = 0{,}6^2 + w^2 - 2.0{,}6.w.\cos 120°$ → $w^2 + 0{,}6w - 1{,}08 = 0$, devemos calcular as raízes desta equação onde $\Delta = 0{,}36 + 4{,}32 = 4{,}68$ assim encontramos as raízes $-0{,}6 \pm \sqrt{468/100}/2$ como estamos procurando uma medida temos que considerar o valor positivo → $-3+3\sqrt{3}/10$. No triângulo ACB temos sen30°=y/1,2 que resulta em y =0,6. Considerando h=w+y temos $h = \dfrac{-3+3\sqrt{3}}{10} + 0{,}6 = \dfrac{-3+3\sqrt{3}+6}{10} = \dfrac{3+3\sqrt{3}}{10} = \dfrac{3}{10}.(1+\sqrt{3})$.

Gabarito "D"

(Oficial da Polícia Militar/BA – 2012 – CONSULTEC) A figura representa um terreno retangular dividido por um muro CFOP, sendo CF e OP paralelos do lado menor e FO paralelo ao lado maior do terreno, medindo, respectivamente, 24m, 6m e 25m. Para a finalidade a que se destina, foi constatado que as duas partes em que o terreno está dividido seriam mais bem aproveitadas se, sem alterar a medida de suas áreas, o muro existente fosse substituído por outro, em linha reta. Por questões técnicas, como o novo muro não pode ser paralelo aos lados do terreno, optou-se por um muro obliquo, como indicado pelo segmento CM.

Nessas condições, pode-se afirmar que CM divide FO em dois segmentos FR e RO, tais que a razão entre suas medidas é um valor pertencente ao intervalo de..

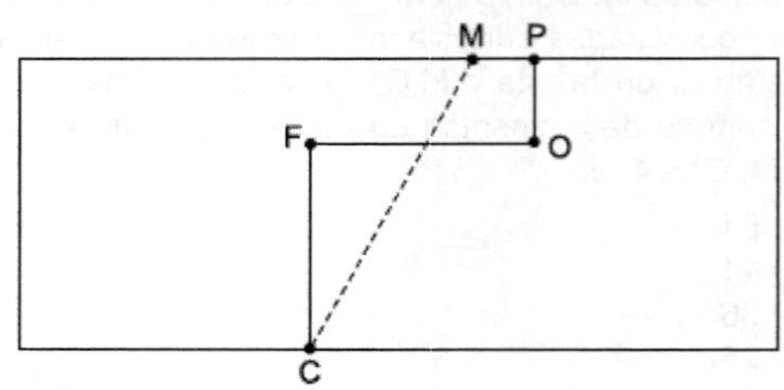

(A) $\left[\dfrac{1}{3}, \dfrac{7}{17}\right[$

(B) $\left[\dfrac{7}{17}, \dfrac{1}{2}\right[$

(C) $\left[\dfrac{1}{2}, \dfrac{5}{6}\right[$

(D) $\left[\dfrac{5}{6}, 1\right[$

(E) $\left[1, \dfrac{3}{2}\right]$

Cálculo de área. Inicialmente vamos prolongar o segmento CF de tal forma a interceptar o lado maior do triângulo, formando assim o ponto W, a figura em si vamos chamá-la de retângulo ABDE sendo A o vértice superior esquerdo. Assim temos que a área da figura AMCE é igual a da figura APOFCE, ou seja, $\dfrac{(EC.AM).30}{2} = 30.EC + 25.6$

$\rightarrow 30EC + 30AM = 60EC + 300 \rightarrow -30EC = -30AM + 300$

$\rightarrow 30EC = 30AM - 300 \rightarrow EC = AM - 10$, desta forma sabemos que AM excede EC em 10 m. Agora vamos fazer a semelhança usando o triângulo MWC $\rightarrow \frac{WM}{WC} = \frac{FR}{FC} \rightarrow \frac{10}{30} = \frac{FR}{24} \rightarrow$

$30FR = 240 \rightarrow FR = 8$ .Desta forma a razão $\frac{FR}{RO} = \frac{8}{17} = 0,47$.

Gabarito "B"

(Oficial da Polícia Militar/BA – 2012 – CONSULTEC) Em um certo país, as moedas são feitas do mesmo material, têm a mesma espessura e têm massa diretamente proporcional ao seu volume. Nesse país, as moedas de 10 centavos e 25 centavos têm massas, respectivamente, iguais a 4,8g e 7,5g, sendo o diâmetro da primeira igual a 20mm.

Considerando-se uma moeda M tal que os raios da moeda de 10 centavos, de M e da moeda de 25 centavos, nessa ordem, formam uma progressão geométrica, pode-se afirmar que a moeda M tem diâmetro, em mm, aproximadamente igual a

(A) 23,5
(B) 23,1
(C) 22,8
(D) 22,3
(E) 21,2

Cálculo de volume. O volume do cilindro é calculado pela fórmula $V = \pi.r^2.h$, a moeda de 10 centavos possui raio igual a 10mm, assim $\pi.10^2.h = 4,8 \rightarrow h = \frac{4,8}{100\pi}$ .Desta forma na moeda de 20 centavos temos $7,5 = \pi.r^2.h$, considerando o valor encontrado de h temos $7,5 = \pi.r^2.\frac{4,8}{100\pi} \rightarrow 7,5.100.\pi = \pi.r^2.4,8 \rightarrow$

$r^2 = \frac{7,5.100}{4,8} \rightarrow r^2 = 156,25 \rightarrow r = 12,5mm$. Considerando r=12,5mm temos o diâmetro igual a 25mm. A sequência então será 20, m, 25, sebemos que na progressão geométrica a divisão entre o termo seguinte e o anterior gera a razão da P.G. $\rightarrow \frac{25}{m} = \frac{m}{20}$

$\rightarrow m^2 = 500 \rightarrow m = 22,3$.

Gabarito "D"

(Soldado da Polícia Militar/CE – 2012 – CESPE) O batalhão de polícia militar de uma cidade constituída dos bairros B1, B2 e B3 será dividido em três pelotões distintos de modo que cada um fique responsável pelo policiamento ostensivo de um desses bairros. As populações dos bairros B1, B2 e B3 são, respectivamente, iguais a 60.000, 66.000 e 74.000 pessoas; o batalhão possui um efetivo de 4.000 militares dos quais 300 trabalham exclusivamente em uma central única de comunicação e inteligência, não caracterizando atividade policial ostensiva; e todos os militares do batalhão residem na cidade.

Com base nessa situação hipotética, julgue os itens a seguir.

(1) Se todos os militares da central única de comunicação e inteligência trabalham com a mesma eficiência e se 5 deles atendem a 30 chamadas telefônicas a cada duas horas, então, para o atendimento de 36 chamadas a cada hora, são necessários mais de 15 militares.

(2) Se as quantidades de policiais do sexo feminino em cada um dos três pelotões são números que satisfazem à inequação $x^2 - 520x + 64.000 < 0$, então, no batalhão, há mais de 600 policiais do sexo feminino.

(3) Considere que, em determinada manifestação política nessa cidade, os organizadores tenham estimado a presença de 12.000 pessoas e a polícia militar tenha estimado a presença de 4.500 pessoas. Nessa situação, se a estimativa da polícia correspondeu a 90% da quantidade de pessoas presentes à manifestação, então, para os organizadores, a quantidade dos que faltaram à manifestação corresponde a mais de 150% dos presentes.

(4) Considere que uma viatura policial adquirida por R$ 80.000,00 se desvalorize à taxa composta de 5% ao ano. Nesse caso, considerando-se 0,6 como valor aproximado para $0,95^{10}$, é correto afirmar que, 10 anos após a compra, a viatura valerá menos de R$ 45.000,00.

(5) Se o efetivo for dividido de forma diretamente proporcional às quantidades de habitantes dos bairros, então mais de 1.200 militares ficarão responsáveis pelo policiamento ostensivo do bairro B2.

1: Incorreta, vamos montar a regra de três composta

Polícia	chamada	horas
↓5	30	2
x	36	1

, assim temos $\frac{5}{x} = \frac{30}{36}.\frac{1}{2} \rightarrow \frac{5}{x} = \frac{30}{72}$

$\rightarrow$ 30x=360 $\rightarrow$ x=12, sendo assim seriam necessários mais 7 militares, afinal já haviam 5 trabalhando;

2: Correta, vamos considerar $x^2 - 520x + 64000 = 0 \rightarrow$ considerando os coeficientes a=1, b=-520 e c=64000 temos $\Delta = 14400$ e 320 e 200 como raízes desta equação, considerando que o menor valor inteiro neste intervalo (]200,320[) que x pode assumir para a equação seja menor que zero é 201, temos 201.3=603, ou seja, é maior que 600;

3: Incorreta, considerando que os 4500 estimados pela polícia representaram 90% do número de pessoas que de fato estavam no evento, assim temos $\begin{matrix} 4500 \rightarrow 90\% \\ x \rightarrow 100\% \end{matrix} \rightarrow$ x=5000 (total efetivamente presente), para os organizadores havia uma previsão de 12000, levando em consideração que tivemos 5000, então 7000 foram considerados faltosos. Assim 150% dos presentes são 7500 pessoas, ou seja, os faltosos representaram menos de 150% do total de presentes segundo estimativa dos organizadores

4: Incorreta, $m = c.(1+i)^t \rightarrow m = 80000.0,6 = 48000$;

5: Correta, vamos distribuir a proporção da seguinte forma:

$$\frac{60000}{x}=\frac{66000}{y}=\frac{74000}{z}=\frac{200000}{3700} \rightarrow \frac{66000}{y}=\frac{200000}{3700}$$

$$\rightarrow 200000y=244200000 \rightarrow y=\frac{244200000}{200000} \rightarrow$$

$y=1221$.

Gabarito 1E,2C,3E,4E,5C

(Soldado da Polícia Militar/CE – 2012 – CESPE) Acerca da proposição R: "A população aprende a votar ou haverá novos atos de corrupção", julgue os itens seguintes.

(1) A proposição "Enquanto a população não aprender a votar, haverá novos casos de corrupção" tem o mesmo valor lógico da proposição R.

(2) Se P e Q forem, respectivamente, as proposições "A população aprende a votar" e "Haverá novos atos de corrupção", então a proposição R estará corretamente assim simbolizada: $P \wedge Q$.

1: Correta, o conectivo "ou"(disjunção) é tido como um conectivo de inclusão, assim a proposição só será falsa se ambas as afirmações forem falsas; **2:** Incorreta, $\wedge$ representa o conectivo "e", $\vee$ representa a disjunção(ou).

Gabarito1C, 2E

(Soldado da Polícia Militar/CE – 2012 – CESPE) Para o policiamento ostensivo e ininterrupto de uma cidade, o comando local estabeleceu a escala de 24 horas de plantão por 48 horas de folga para cada policial local e, em cada plantão, por razões de segurança, determinou que nenhum policial poderá trabalhar sozinho.

Com base nas informações da situação hipotética acima apresentada, julgue os itens que se seguem.

(1) Caso o comando local disponha de 12 policiais e 4 deles devam estar de plantão a cada dia, então, nesse caso, haverá mais de 500 maneiras distintas de se escolher a equipe que trabalhará no primeiro dia.

(2) Para que a escala atenda ao estabelecido, o comando local necessita de, pelo menos, 6 policiais.

(3) Considere que, entre os 12 policiais do comando local, sejam sorteados dois prêmios distintos e que um mesmo policial não receba os dois prêmios. Nesse caso, existem mais de 100 maneiras distintas de se distribuírem esses prêmios.

1: Incorreta, vamos utilizar a combinação $C_{12,4}=\frac{12!}{8!.4!}=\frac{12.11.10.9}{4.3.2}=495$;

2: Correta, considerando a folga (24 de trabalho por 48 de folga) e que não se pode trabalhar sozinho, temos a necessidade de 2 policiais para o 1° dia, 2 para o 2° dia, 2 para o 3°dia, no 4° dia a dupla que trabalhou no 1° já pode trabalhar, desta forma 6 policiais é suficiente; **3:**Correta, a ordem é importante pelo fato dos prêmios serem diferentes, assim temos $A_{12,2}=\frac{12!}{10!}=11.12=132$.

Gabarito1E,2C,3C

(Oficial Policial Militar de Administração/DF – 2010 – CESPE) A PMDF está disponibilizando à Diretoria de Assistência, Urgências e Emergências da Secretaria de Saúde do DF uma equipe de médicos e de técnicos para a prevenção da pandemia de gripe H1N1. A equipe, formada por 20 profissionais da saúde, trabalha desde o dia 24 de agosto, de segunda a sexta-feira, das 14 h às 19 h.

Internet: <www.pmdf.df.gov.br> (com adaptações).

Com base nas informações apresentadas no texto acima e considerando que cada profissional da equipe trabalhe com a mesma eficiência e que a equipe atenda a 300 pacientes por dia, julgue os itens a seguir.

(1) Para atender semanalmente a 1.800 pacientes, o regime de trabalho da equipe deverá ser superior a 8 h por dia.

(2) Caso se torne necessário fazer 1.200 atendimentos diários, com uma jornada de trabalho de 8 h, a equipe terá de contar com mais de 60 profissionais.

(3) Se 5 profissionais deixassem a equipe, então o número de atendimentos diários seria reduzido em 25%.

1: Incorreta, 14 às19 h→5h/diárias, 1 hora são atendidas 60 pessoas, para atender 1800 semanalmente, teríamos 360 por dia, assim é necessário aumentar 1 hora semanal; **2:** Incorreta, cada profissional atende 3 pacientes por hora (300/20=15 e 15/3=5), 60 profissionais atuando 8 h/dia resultaria em 60.8.3=1440 pacientes por dia; **3:** Correta, 20.25% = 4.

Gabarito 1E, 2E, 3C

(Oficial Policial Militar de Administração/DF – 2010 – CESPE) João e Manoel compraram, em sociedade, R$ 10.500,00 em ações, sendo que João investiu R$ 6.000,00 e Manoel, o restante. Após 6 meses, eles venderam as ações adquiridas por R$ 16.100,00, dividindo a quantia obtida proporcionalmente, de acordo com a participação de cada um na compra das ações.

Com base nesses dados, julgue os itens subsequentes.

(1) Com a venda das ações, Manoel recebeu o valor bruto de R$ 8.050,00.

(2) O lucro de João foi superior a 50% do valor investido por ele.

1: Incorreta, João investiu=6000/10500=57,15%, assim Manoel investiu 42,85%. Então 42,85% de 16.100,00 = R$ 6.898,85; **2:**Correta, João investiu R$6.000,00 e obteve R$ 9.201,15.

Gabarito 1E,2C

(Oficial Policial Militar de Administração/DF – 2010 – CESPE) Um grupo de pessoas dispôs-se a arrecadar R$ 1.800,00 para comprar uma cadeira de rodas para doação, dividindo a importância em partes iguais. Sabendo da iniciativa, outras 5 pessoas se propuseram a ajudar, de modo que cada pessoa precisou contribuir com R$ 12,00 a menos do que deveria, se o grupo não tivesse aumentado.

Com base nessas informações, julgue os próximos itens.

(1) Antes da entrada dos novos membros no grupo, a contribuição individual era inferior a R$ 70,00.

(2) Se o grupo tivesse aumentado em 15 membros, em vez de 5, a contribuição de cada membro do grupo teria sido reduzida em R$ 27,00.

1: Incorreta, chamaremos o número de pessoas de x e o valor pago de y, x.y=1800 e (x+5).(y-12)=1800, isolando y na 1° afirmação obtemos y=1800/x, substituindo no desenvolvimento da segunda obtemos xy-12x+5y-60=1800 → $1800-12x+5.(1800/x)-60=1800$ → $-12x^2-60x+9000=0$ → obtemos uma equação do 2° grau de raízes -30 e 25 por se tratar de número de pessoas vamos considerar a raiz postiva (25), substituindo 25 em x.y=1800 obtemos y=72.Lembre-se y é o valor pago;

2: Correta, aumentando 15 pessoas teríamos 40 pessoas, assim cada um contribuiria R$45,00, ou seja, reduzia em R$ 27,00 em relação ao valor inicial que era de R$72,00.

Gabarito 1E,2C

(Soldado Combatente do Corpo de Bombeiros/ES – 2011 – CESPE) Julgue os itens seguintes, relativos às funções polinomiais f(*x*) = *x*+1 e g(*x*) = x^2 + *x* + 2, em que *x* é um número decimal.

(1) A equação 4g(f(*x*)) = 7 é satisfeita para um único valor de *x*.

(2) Existem 2 valores distintos de *x* nos quais g(*x*) = f(*x*).

1: Correta, 4g(f(x))=7 → 4g(x+1)=7 → 4[(x+1).(x+1)+x+1+2]=7 → $4(x^2+2x+1+x+1+2)=7$ → $4(x^2+3x+4)=7$ → $4x^2+12x+9=0$ → Esta equação apresenta delta igual a zero, ou seja, obtemos apenas um valor real;

2: Incorreta, Ao igualar g(x)=f(x) → $x+1=x^2+x+2$ → $x^2+1=0$ → $x=\sqrt{-1}$, esta afirmação é possível no conjunto dos números complexos.

Gabarito1C,2C

(Soldado Combatente da Polícia Militar/ES – 2010 – CESPE) Considerando que um pai pretenda distribuir a quantia de R$ 4.100,00 a 3 filhos, de 11, 13 e 17 anos de idade, em valores diretamente proporcionais às suas idades, julgue os itens a seguir.

(1) O filho mais novo receberá uma quantia superior a R$ 1.150,00.

(2) Os 2 filhos mais velhos receberão, juntos, uma quantia inferior a R$ 2.900,00.

1: Errado, temos 4100/41=(x/11).(y/13).(z/17) → assim temos:41x=4100.11 → x=1100. Assim temos 41y=4100.13 → y=1300. Assim temos 41z=4100.17 → z=1700. A soma das idades é 41, assim temos 4100/41=x/11 → x=1100.

2: Errado, o filho de 13 anos receberá 4100/41=y/13 e o filho mais velho 4100/41=z/17 → z=1700, totalizando R$3.000,00.

Gabarito 1E, 2E

(Soldado Combatente da Polícia Militar/ES – 2010 – CESPE) Considerando que um investidor tenha aplicado R$ 12.000,00 a juros simples mensais e, ao final de um ano, tenha obtido o montante de R$ 19.200,00, julgue os itens que se seguem.

(1) O montante dessa aplicação ao final de um semestre foi inferior a R$ 15.000,00.

(2) A taxa mensal de juros dessa aplicação foi superior a 4,5%.

1: Incorreta, ao final de 1 ano rendeu R$7.200,00, ou seja, em 6 meses rendeu R$ 3.600,00, totalizando R$15.600,00; **2:** Correta, I=c.t.i, onde "i" representa o rendimento, "c" o capital,"t" o tempo e "i" a porcentagem, assim temos 7200=12000.12.i → i=0,05 → 5%.

Gabarito 1E, 2C

(Soldado Combatente da Polícia Militar/ES – 2010 – CESPE) Considerando que os tempos de serviço, em anos, de 3 servidores públicos estejam em progressão geométrica e tenham média aritmética igual a 7 anos, e sabendo que a média geométrica entre o menor e o maior tempo de serviço é 6 anos, julgue os itens seguintes.

(1) O menor tempo de serviço é igual a 30% do maior tempo de serviço.

(2) Se os tempos de serviço estiverem em ordem crescente, a razão da progressão geométrica será inferior a 2,5.

(3) O maior tempo de serviço é superior a 10 anos.

1: Incorreta, os termos são x/p, x, xp. A média aritmética (x/p+x+xp)/3=7 e a média geométrica → $\sqrt{\frac{x}{p}.xp}=6$ simplificando o "p" obtemos → $\sqrt{x^2}=6$ então x=6, desta forma substituindo x na média aritmética $\frac{6}{p}+6+6p=21$ → $6+6p+6p^2=21p$ → $6p^2-15p+6=0$ → esta equação gera as raízes 2 e ½. Considerando a progressão crescente observamos que p deve ser 2, assim temos x=6 e p=2, os termos são 3,6,12. Observamos que aquele que possui menor tempo de serviço apresenta 25% em relação ao com maior tempo de serviço;

2: Correta, a razão será 2;

3: Correta, o maior tempo de serviço possui 12 anos.

Gabarito 1E, 2C, 3C

(Soldado Combatente da Polícia Militar/ES – 2010 – CESPE) Considerando que os números x, x + 7 e x + 8 sejam as medidas, em centímetros, dos lados de um triângulo retângulo, julgue os próximos itens.

(1) A soma das medidas dos lados desse triângulo é superior a 28 cm.

(2) A área desse triângulo é inferior a 32 cm^2.

1: Correta, considerando os lados x, x+7 e x+8, e que se trata de um triângulo retângulo vamos aplicar o teorema de pitágoras: $(x+8)^2=(x+7)^2+x^2$ → $x^2+16x+64=x^2+14x+49+x^2$ → $x^2-2x-15=0$ esta equação apresenta como raízes os números 5 e -3, como se trata do lado de um triângulo vamos considerar o valor positivo (5), Assim verificamos que os lados deste triângulo medem 5,12,13, somando 30;

2: Correta, o maior lado é a hipotenusa, então a área será obtida pelo resolução (5.12)/2 = 30.

Gabarito1C, 2C

(Soldado Combatente da Polícia Militar/ES – 2010 – CESPE) A área de um retângulo é 23 m^2 e a soma das medidas de seus 4 lados é 20 m. Com relação a esse retângulo, julgue os itens seguintes.

(1) As diagonais do retângulo em apreço são medidas, em metros, por números não fracionários.

(2) As medidas dos lados desse retângulo, em metros, são números fracionários.

1: Incorreta, partindo do ponto que a área é igual a 23 temos e chamando ao lados de "a" e "b", temos a.b=23 e que 2a+2b=20 → a+b=10, isolando "a" na 1° afirmação temos a=23/b, substituindo na 2° afirmação 23/b+b=10 → $23+b^2=10b$ → $b^2-10b+23=0$,

esta equação possui como raízes os números $\frac{10\pm\sqrt{8}}{2}$;

2: Incorreta, os valores obtidos no cálculo anterior mostra uma raiz no numerador, portanto não se trata de um número fracionário, pois este deve conter tanto no numerador quanto no denominador números inteiros.

Gabarito 1E, 2E

(Soldado Combatente da Polícia Militar/ES – 2010 – CESPE) Julgue os itens que se seguem, a respeito de operações com logaritmos.

(1) Se $\log_5 b = 0{,}1$, em que b é um número positivo, então $\log_b 25 = 0{,}01$.

(2) Tomando 0,301 e 0,477 como os valores aproximados de $\log_{10} 2$ e $\log_{10} 3$, respectivamente, é correto inferir que $\log_{10} 72 = 1{,}578$.

1: Incorreta, $\log_5$ b=0,1, $\log_{5^1}^{72}=0{,}01$, $(5^{0,1})^{0,01}=(5^{\frac{1}{10}})^{\frac{1}{100}}=$ $5^{1/1000}=5^{0,001}=x$, provamos que não é possível, **2:** Incorreta, $\log_{10}^{72}=\log_{10}^{2^2.2.3^2}$ e utilizando a propriedade dos logaritimos temos $\log_{10}^{2^2}+\log_{10}^{2}+\log_{10}^{3^2}=2.\log_{10}^{2}+\log_{10}^{2}+2.\log_{10}^{3}=$ 2.0,301+0,301+2.0,477=1,857.

Gabarito 1E, 2E

(Soldado Combatente da Polícia Militar/ES – 2010 – CESPE) Três caixas de água têm os seguintes formatos: paralelepípedo retângulo, com altura de 1 m e base quadrangular de 2 m de lado; cilíndrico, com altura de 1 m e base circular de raio igual a 1 m; e cone invertido, com base circular de 1 m de raio e altura igual a 3 m. Com referência a essas informações, tomando 3,14 como o valor aproximado da constante π e desprezando a espessura das paredes das caixas, julgue os itens subsequentes.

(1) A caixa com o formato cônico tem um volume de 3,14 m³.

(2) A caixa com a maior capacidade é a que tem o formato de um paralelepípedo retângulo.

(3) A caixa com o formato cilíndrico tem capacidade menor que a caixa com formato cônico.

1: Correta, Volume do cone $=\frac{1}{3}\pi.r^2.h$ → $\frac{1}{3}.3{,}14.1.3=3{,}14m^3$;

2: Correta, Volume do paralelepipedo $=2.2.1=4m^3$ e o volume do cilindro $=\pi.r^2.h=3{,}14.25.1=3{,}14m^3$ portanto o paralelepípedo apresenta maior volume;

3: incorreta, as duas apresentam a mesma capacidade.

Gabarito 1C, 2C, 3E

(Soldado Combatente da Polícia Militar/ES – 2010 – CESPE) A respeito das equações e funções polinomiais do 1° e 2° graus, julgue os itens seguintes.

(1) Se as funções polinomiais f(x) = ax – 2 e g(x) = x² – x + 2 forem iguais em um único valor de x, então a > 6.

(2) Se a < 0, então as funções polinomiais f(x) = x + a e g(x) = x² + 3x + 1 não assumem o mesmo valor para nenhum valor de x.

(3) As funções polinomiais f(x) = 3x + 3 e g(x) = x² + 2x + 1 assumem o mesmo valor em um único valor de x.

1: Incorreta, $ax-2=x^2-x+2$ → $x^2-ax-x+4=0$

→ $x^2-x(a+1)+4=0$ → $\Delta=b^2-4ac=0$ →

$(a+1)^2-4.1.4=0$ → $a^2+2a+1-16=0$ →

$a^2+2a-15=0$, assim $\Delta=64$ e as raízes são -5 e 3;

2: Correta, $x+a=x^2+3x+1$ → $x^2+3x-x-a+1=0$

→ $x^2+2x-a+1=0$ → $\Delta=b^2-4ac\langle 0$, assim

$4-4.1.(-a+1)\langle 0$ → $4a\langle 0$ → $a\langle 0$;

3: Incorreta, $3x+3=x^2+2x+1$ → $x^2-x-2=0$, assim temos delta igual a 9, ou seja, dois valores para a.

Gabarito 1E, 2C, 3E

(Soldado Combatente da Polícia Militar/ES – 2010 – CESPE) Considerando que o triângulo ABC seja retângulo no vértice A, que a hipotenusa desse triângulo meça 10 cm e que AH seja a altura desse triângulo relativa ao vértice A, julgue os itens que se seguem.

(1) Se a área desse triângulo for 15 cm², então a medida do segmento BH, em centímetros, não será um número fracionário.

(2) Se esse triângulo for isósceles, então a altura AH medirá 5 cm.

(3) Se o segmento BH medir 2 cm, então as medidas, em centímetros, dos catetos desse triângulo serão números fracionários.

1: Incorreta, se a área do triângulo é 15 temos $15=\frac{10.altura}{2}$ →

$Altura=3$, utilizando as relações métricas no triângulo retângulo temos $h^2=m.n$ (h é altura e m, n projeções dos catetos) →

$3^2=m.n$ → $9=m.n$ e $m+n=10$, isolando n na primeira temos $n=\frac{9}{m}$, substituindo na segunda $\frac{9}{m}+m=10$ →

$9+m^2-10m=0$ → as raízes são 1 e 9;

2: Correta, $h^2=5.5=25$ → $h=\sqrt{25}=5$,

3: Incorreta, $c^2=m.a$ (c é cateto, m projeção deste cateto e a hipotenusa) → $c^2=2.10=20$ → $c=\sqrt{20}=2\sqrt{5}$ (irracional).

Gabarito 1E, 2C, 3E

(Soldado Combatente da Polícia Militar/ES – 2010 – CESPE) Considerando que a soma das idades de 2 meninos seja igual a 8 anos, que essas idades, em anos, sejam medidas por números inteiros e que cada menino tenha pelo menos 2 anos de idade, julgue os itens a seguir.

(1) Se a diferença entre as idades dos meninos for 2 anos, então o produto das medidas dessas idades, em anos, será inferior a 14.

(2) Se a diferença entre as idades dos meninos for maior que 3 anos, então um dos meninos terá idade superior a 5 anos.

1: Incorreta, se x-y=2 então $x.y\langle 14$, desta forma o produto será 15, **2:** Correta, se $x-y\rangle 3$, um dos meninos terá idade superior a 5 anos, considerando a hipótese de um ter 6 anos e o outro 2 anos, conseguiremos atender as exigência.

Gabarito 1E, 2C

(Soldado Combatente da Polícia Militar/ES – 2012 – EXATUS) Dos poliedros regulares abaixo, não é considerado como sendo um poliedro de Platão:

(A) Tetraedro.
(B) Pentaedro.
(C) Hexaedro.
(D) Octaedro.
(E) Dodecaedro.

Poliedros. Para um poliedro ser considerado de Platão ele deve respeitar a relação de euler V-A+F=2, onde V representa os vértices, A as arestas e F as faces, o pentaedro não respeita tal regra.

Gabarito "B"

(Soldado Combatente da Polícia Militar/ES – 2012 – EXATUS) Um retângulo possui área de $6x^2 + 5x - 4$, sendo que sua largura é de $2x - 1$. O comprimento desse retângulo é de:

(A) $3x + 4$.
(B) $2x + 8$.
(C) $3x - 1$.
(D) $4x - 3$.
(E) $2x - 5$.

Divisão de polinômios, $(6x^2+5x-4):(2x-1)=3x+4$ com resto zero.

Gabarito "A"

(Soldado Combatente da Polícia Militar/ES – 2012 – EXATUS) Duas amigas saem às compras de Natal. Lúcia compra 3 calças e 5 camisetas por R$ 524,00. Gláucia comprou na mesma loja, 2 calças e 3 camisetas por R$ 333,00. O preço de cada camiseta é de:

(A) R$ 37,00.
(B) R$ 45,00.
(C) R$ 49,00.
(D) R$ 55,00.
(E) R$ 67,00.

Sistema de equações. Vamos chamar de x o número de calças e de y o número de camisetas, assim temos duas equações 3x+5y=524 e 2x+3y=333, para tanto vamos resolver o sistema, $\begin{cases}3x+5y=524\\2x+3y=333\end{cases}$, multiplicando a 1° equação por 2 e a 2° por 3 obtemos $\begin{cases}6x+10y=1048\\6x+9y=999\end{cases}$, somando as equações obtemos y=49.

Gabarito "C"

(Soldado Combatente da Polícia Militar/ES – 2012 – EXATUS) O comprimento de um arco com ângulo central mede de 120°, contido numa circunferência de raio 15 cm é de:

(A) 10π cm.
(B) 8π cm.
(C) 6π cm.
(D) 4π cm.
(E) 2π cm.

Noções básicas de trigonometria. Vamos utilizar a regra $\alpha=\frac{l}{r}$ onde a α é o ângulo em radianos em questão, r o raio e l o comprimento, $120°=\frac{2\pi}{3} \rightarrow \frac{2\pi}{3}=\frac{l}{15} \rightarrow l=10\pi$ cm.

Gabarito "A"

(Soldado Combatente da Polícia Militar/ES – 2012 – EXATUS) Um cone é dividido em duas partes, por uma secção que determina um cone menor, e um tronco de cone com alturas iguais. O tronco de cone gerado por essa secção possui volume equivalente a:

(A) 1/2 do volume do cone original.
(B) 2/3 do volume do cone original.
(C) 3/5 do volume do cone original.
(D) 5/6 do volume do cone original.
(E) 7/8 do volume do cone original.

Volume de sólidos. O volume do cone é calculado pela regra $\frac{1}{3}.\pi.r^2.h$, assim o volume do cone original é $\frac{1}{3}.r^2.h$. O volume do novo cone será calculado da seguinte forma → $\frac{1}{3}.\pi.\left(\frac{r}{2}\right)^2.\frac{h}{2} \rightarrow \frac{1}{3}.\pi.\frac{r^2}{4}.\frac{h}{2} \rightarrow \frac{\pi.r^2.h}{24}$, perceba que nestes cálculos o raio e a altura foram divididos por dois pelo fato do sólido inicial ter sido dividido em 50% em sua altura, assim vamos dividir o volume novo pelo antigo afim de obter a relação entre os dois → $\left(\frac{\pi.r^2.h}{24}\right):\left(\frac{\pi.r^2.h}{3}\right) \rightarrow 3/24 \rightarrow 1/8$, a relação encontrada é gerada pelo cone, como a questão quer saber do tronco, devemos subtrair um inteiro da relação 1/8, assim determinando 7/8.

Gabarito "E"

(Soldado Combatente da Polícia Militar/ES – 2012 – EXATUS) O número de anagramas da palavra MOSSORO é:

(A) 840.
(B) 420.
(C) 210.
(D) 105.
(E) 35.

Análise combinatória. O número de anagramas é calculado utilizando o fatorial, será o número total de palavras em fatorial dividido pelas palavras repetidas também em fatorial, $\frac{7!}{3!.2!} \rightarrow \frac{7.6.5.4}{2} \rightarrow 420$.

Gabarito "B"

(Soldado Combatente da Polícia Militar/ES – 2012 – EXATUS) Uma pirâmide quadrangular regular de aresta da base medindo 10 cm e altura de 12 cm possui área lateral de:

(A) 120 cm$^{2.}$
(B) 130 cm$^{2.}$

(C) $240\ cm^2$.
(D) $260\ cm^2$
(E) $480\ cm^2$.

Área de prismas. Devemos começar a trabalhar com a face já que se trata de um triângulo isósceles, para isso vamos chamar de "a" a medida do apotema desta pirâmide → $a^2 = 12^2 + 5^2$ → $a^2 = 169$ → $a = 13$, desta forma a área de uma face pode ser calculada por A= $\frac{10.13}{2}$ →65, como se trata de quatro faces → $65.4 = 260cm^2$.

Gabarito "D".

(Soldado Combatente da Polícia Militar/ES – 2012 – EXATUS) Martinho aplicou um capital de R$ 1040,00 à taxa de juros simples de 4% a.m., de maneira que fará a retirada do montante final quando este for equivalente ao dobro do capital aplicado. Dessa forma, é correto afirmar que esse capital deverá permanecer aplicado por:

(A) 15 meses.
(B) 18 meses.
(C) 21 meses.
(D) 25 meses.
(E) 30 meses.

Juros simples. Vamos utilizar a regra I=c.t.i, onde I é o rendimento, c o capital, t o tempo e i os juros → 1040=1040.t.0,04 → t=1040/41,6 → 25 meses, observe que 4%=0,04.

Gabarito "D".

(Soldado Combatente da Polícia Militar/ES – 2012 – EXATUS) Um chefe de cozinha possui a sua disposição 6 ingredientes para serem utilizados na elaboração dos pratos que serão servidos na noite de Ano Novo. Se ele idealizar receitas com 4 ingredientes, poderá elaborar:

(A) 7 tipos de pratos diferentes.
(B) 15 tipos de pratos diferentes.
(C) 21 tipos de pratos diferentes.
(D) 30 tipos de pratos diferentes.
(E) 60 tipos de pratos diferentes.

Análise combinatória. Vamos utilizar a regra de combinação, visto que a ordem não importa, $C_{6,4} = \frac{6!}{2!.4!}$ → $\frac{6.5}{2}$ → 15 tipos de pratos.

Gabarito "B".

(Soldado Combatente da Polícia Militar/ES – 2012 – EXATUS) Sobre multiplicação de matrizes, Fabiana escreveu as seguintes sentenças em seu caderno:

I. $A_{4X2} . B_{2X3} = C_{4X3}$
II. $A_{2X2} . B_{2X3} = C_{3X2}$
III. $A_{2X4} . B_{3X4} = C_{2X4}$
IV. $A_{1X2} . B_{2X1} = C_{1X1}$

Está correto o que Fabiana afirma:

(A) apenas em I.
(B) apenas em II.
(C) apenas em III.
(D) apenas em I e III.
(E) apenas em I e IV.

Matrizes. Para que a multiplicação de matrizes seja possível é necessário que o número de colunas da 1° matriz seja igual ao número de linhas da 2° coluna, desta forma a matriz resultado terá o número de linhas da 1°matriz e o número de colunas da 2° matriz, as alternativas que respeitam esta regra são I e IV.

Gabarito "E".

(Soldado Combatente da Polícia Militar/ES – 2012 – EXATUS) Um cone reto de diâmetro 8 cm e altura de 15 cm possui volume de:

(A) $40\pi\ cm^3$.
(B) $60\pi\ cm^3$.
(C) $80\pi\ cm^3$.
(D) $120\pi\ cm^3$.
(E) $320\pi\ cm^3$.

Volume do cone. O volume é calculado pela regra $\frac{1}{3}.\pi.r^2.h$ → $\frac{1}{3}.\pi.16.15$ → $80\pi cm^3$

Gabarito "C".

(Soldado Combatente da Polícia Militar/ES – 2012 – EXATUS) Em um poliedro que satisfaz a relação de Euler, o número de faces é equivalente a 2/3 do número de arestas, e o número de vértices é 12. Esse poliedro possui:

(A) 12 faces.
(B) 18 faces.
(C) 24 arestas.
(D) 30 arestas.
(E) 36 arestas.

Poliedros. Vamos utilizar a relação de Euler V-A+F=2, onde V é o número de vértices, A o número de arestas e F o número de faces; considerando F=2A/3 e V=12, vamos substituir na relação de Euler 12-A+2A/3=2 → 36-3A+2A=6 → -A=6-36 → -A=-30 → A=30 arestas.

Gabarito "D".

(Soldado Combatente da Polícia Militar/ES – 2012 – EXATUS) Um grupo de turistas é formado por 24 paranaenses, dos quais 3/8 são mulheres, e por mais 6 paulistas. Será oferecido um passeio de cortesia, a ser sorteado de maneira aleatória, entre todas as pessoas desse grupo. A probabilidade de um homem paranaense ser sorteado é de:

(A) 1/4.
(B) 3/8.
(C) 1/2.
(D) 3/5.
(E) 5/8.

Probabilidade. Temos 24 paranaenses dos quais 9 são mulheres e 15 são homens, assim a probabilidade será P=15/30 = ½ = 50%.

Gabarito "C".

(Soldado Combatente da Polícia Militar/ES – 2012 – EXATUS) O maior número primo, composto por dois algarismos é:

(A) 99.
(B) 97.
(C) 93.
(D) 91.
(E) 83.

Número primo. Número primo é aquele o qual só pode ser divisível por um ou por ele mesmo, exceto o próprio numeral um (01), assim o número 97 cumpre esta regra.

Gabarito "B".

(Soldado Combatente da Polícia Militar/ES – 2012 – EXATUS) No que se refere aos conjuntos numéricos e suas relações de pertinências, é correto afirmar que:

(A) todo numero inteiro e um numero natural.
(B) todo numero racional e um numero inteiro.
(C) todo numero natural e um numero racional.
(D) todo numero complexo e um numero real.
(E) nem todo numero irracional e um numero real.

Conjunto numérico. O conjunto dos números naturais é subconjunto de todos os outros, assim todo número natural será também inteiro, racional e real.
Gabarito "C"

(Soldado Combatente da Polícia Militar/ES – 2012 – EXATUS) Em um cilindro reto, o raio mede a quinta parte da altura. Sabe-se que a área da secção meridiana desse cilindro é de 90 cm^2. O volume desse cilindro é de:

(A) 45π cm^3.
(B) 90π cm^3.
(C) 135π cm^3.
(D) 180π cm^3.
(E) 1080π cm^3.

Volume de sólidos, como o raio mede a quinta parte da altura temos que a secção meridiana mede $a.\frac{2a}{5}$ → $a.\frac{2a}{5} = 90$ → $2a^2 = 450$ → $a^2 = 225$ → $a = 15$, agora podemos calcular o volume $V = \pi.r^2.h$ → $\pi.3^2.15$ → $135\pi cm^3$.
Gabarito "C"

(Soldado Combatente da Polícia Militar/ES – 2012 – EXATUS) A empresa onde Fúlvio trabalha cedeu-lhe algumas peças de uniforme, a saber: 2 pares de sapatos, 3 calças e 4 camisas. Considere como sendo uniforme da empresa o conjunto formado por um par de sapatos, uma calça e uma camisa. Por quantos dias consecutivos Fúlvio poderá ir para o trabalho sem repetir o mesmo conjunto sapato-calça-camisa?

(A) 2 dias.
(B) 5 dias.
(C) 6 dias.
(D) 12 dias.
(E) 24 dias.

Análise combinatória. O total de possibilidades é obtido pelo produto dos termos → 2.3.4 = 24 possibilidades.
Gabarito "E"

(Soldado Combatente da Polícia Militar/ES – 2012 – EXATUS) A ilustração gráfica que melhor representa a função y = 2x – 1 é:

(A)
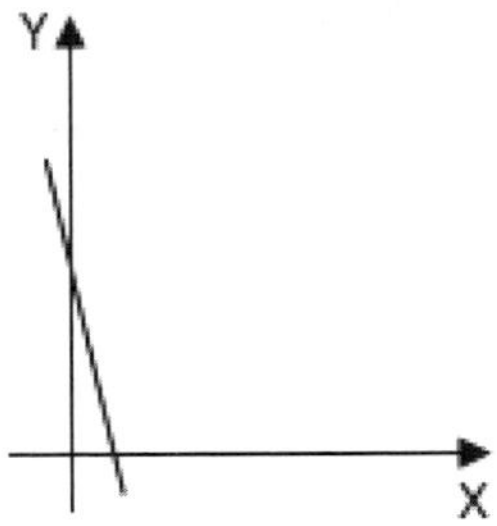

(B)
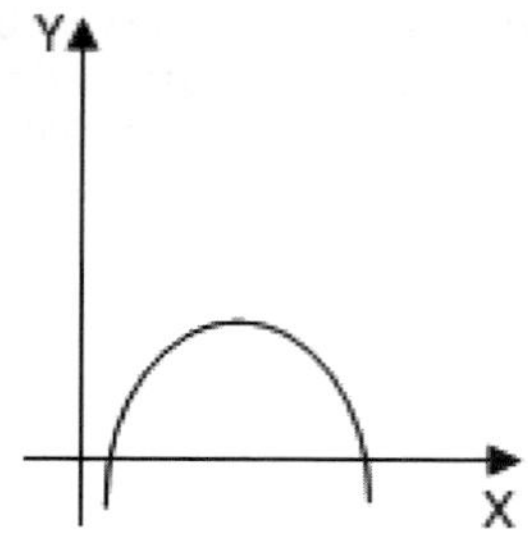

(C)
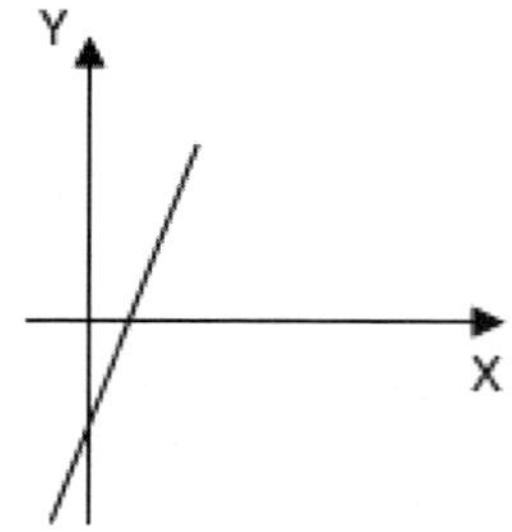

(D)
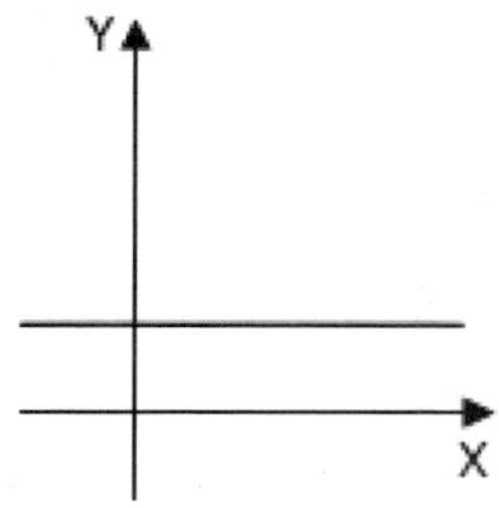

(E)
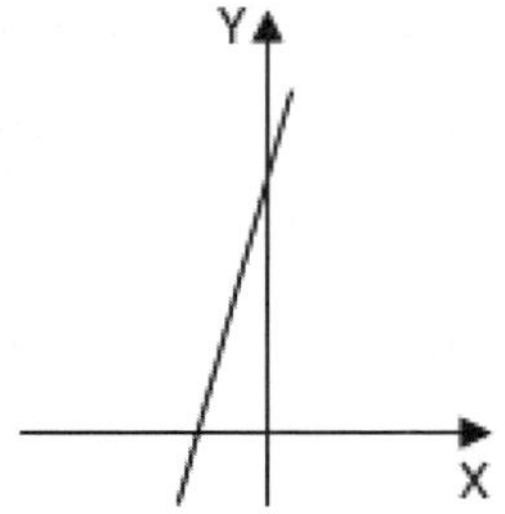

Função do 1° grau. A função f(x)=ax+b, quando $a > 0$ temos a reta voltada para a direita e neste caso temos b=-1, o coeficiente b indica o ponto onde a reta tocará o eixo y.
Gabarito "C"

(Soldado Combatente da Polícia Militar/ES – 2012 – EXATUS) Uma cobertura possui formato de hemisfério, cujo raio mede 25 cm. A superfície externa dessa cobertura é de:

(A) 5000π cm^2.
(B) 2500π cm^2.
(C) 1250π cm^2.
(D) 625π cm^2.
(E) 50π cm^2.

Volume do sólido. O hemisfério corresponde a 50% do volume de uma esfera, assim vamos calcular o volume da esfera e dividir por dois → $V = 4.\pi.25^2$ → 2500π, este valor corresponde ao volume da esfera, assim vamos dividi-lo por 2 → $2500\pi / 2$ → $1250\pi cm^3$.
Gabarito "C"

(Soldado Combatente da Polícia Militar/ES – 2012 – EXATUS) Um triângulo retângulo apresenta hipotenusa medindo 14 cm e um dos catetos igual a 6 cm. A medida do outro cateto é de:

(A) $8\sqrt{5}$ cm.
(B) $2\sqrt{6}$ cm.
(C) $10\sqrt{2}$ cm.
(D) $8\sqrt{2}$ cm.
(E) Nenhuma das alternativas anteriores.

Teorema de Pitágoras. Considerando o teorema $a^2 = b^2 + c^2$, temos $14^2 = 6^2 + x^2 \rightarrow 144 = 36 + x^2 \rightarrow x^2 = 108 \rightarrow x = \sqrt{108} = 6\sqrt{3}$.
Gabarito "E".

(Soldado Combatente da Polícia Militar/ES – 2012 – EXATUS) Keila e mais cinco amigos chegam para assistir a uma peça de teatro na escola, e observam que apenas 4 cadeiras estão disponíveis para se sentarem. Considerando que Keila nunca fique de pé, essas cadeiras poderão ser ocupadas:

(A) de 240 maneiras diferentes.
(B) de 120 maneiras diferentes.
(C) de 80 maneiras diferentes.
(D) de 60 maneiras diferentes.
(E) de 20 maneiras diferentes.

Análise combinatória, vamos utilizar a regra do arranjo visto que a ordem é importante neste exercício $\rightarrow A_{5,3} = \frac{5!}{2!} = 5.4.3 = 60$ possibilidades; calculamos apenas as possibilidades das cinco amigas, contando que Keila terá quatro opções para sentar visto que apenas três cadeiras serão ocupadas temos 60.4 = 240 possibilidades totais.
Gabarito "A".

(Soldado Combatente da Polícia Militar/ES – 2012 – EXATUS) O dobro de um número adicionado a sua terça parte é igual a 56. Esse número é:

(A) 32.
(B) 24.
(C) 18.
(D) 16.
(E) 12.

Expressão algébrica. Vamos representar a frase acima da seguinte maneira: $2x+x/3=56 \rightarrow 6x+x=168 \rightarrow 7x=168 \rightarrow x=24$.
Gabarito "B".

(Soldado Combatente da Polícia Militar/ES – 2012 – EXATUS) O valor do seno de um arco de 240º é igual ao valor de:

(A) – sen 60º.
(B) – sen 45º.
(C) sen 75º.
(D) sen 45º.
(E) sen 30º.

Conceitos básicos de trigonometria. Vamos inicialmente reduzir este seno para o 1º quadrante, desta forma devemos inverter o sinal, 240/90=2,666..., ou seja, 240=180+60 assim sen240° = -sen60°.
Gabarito "A".

(Soldado Combatente da Polícia Militar/ES – 2012 – EXATUS) Marquinhos jogou um dado duas vezes e a soma dos resultados obtidos foi igual a 8. A probabilidade de ter ocorrido um resultado par no segundo lançamento é de:

(A) 1/5.
(B) 2/5.
(C) 1/2.
(D) 3/5.
(E) 2/3.

Probabilidade. Para que possamos calcular a probabilidade vamos descrever as possibilidades: 6e2, 2e6, 4e4, 3e5, 5e3, temos 5 possibilidades e que seja par o 2º lançamento 3 possibilidades assim P=3/5.
Gabarito "D".

(Soldado Combatente da Polícia Militar/ES – 2012 – EXATUS) Três amigos, Antonio, Gustavo e Tiago disputam uma corrida. Supondo que os três tenham as mesmas condições físicas, a probabilidade de Antonio chegar a frente de Gustavo é de:

(A) 2/3.
(B) 20%.
(C) 1/3.
(D) 40%.
(E) 50%.

Probabilidade. Vamos listar as possibilidades de chegada: AGT,ATG,TAG,TGA,GTA,GAT, os casos onde Antônio chega na frente de Gustavo são AGT,ATG,TAG, assim temos que a probabilidade será → P=3/6 → P=1/2 → 50%.
Gabarito "E".

(Soldado Combatente da Polícia Militar/ES – 2012 – EXATUS) Tifany escreveu algumas sentenças em seu caderno:

I. Todo paralelogramo é um retângulo.
II. Todo quadrado é um retângulo.
III. Circunferência é a linha que limita um círculo.
IV. A soma dos ângulos internos de um triângulo é 240º.

Está correto o que Tifany escreveu:

(A) apenas em I.
(B) apenas em II.
(C) apenas em IV.
(D) apenas em II e III.
(E) apenas em III e IV.

I: Incorreta, para ser paralelogramo basta ter os lados opostos paralelos;
II: Correta, para ser retângulo é necessário que cada ângulo interno seja igual a 90° e possua os lados opostos paralelos;
III: correta, o círculo é a parte interna da circunferência;
IV: Incorreta, a soma dos ângulos internos do triângulo é igual a 180°.
Gabarito "D".

(Soldado Combatente da Polícia Militar/ES – 2012 – EXATUS) Ao duplicarmos a medida do diâmetro de um círculo, sua área será multiplicada por:

(A) 2.
(B) 4.
(C) 6.
(D) 8.
(E) 16.

Área do círculo. Vamos utilizar a regra $A = \pi.r^2$,isto para raio r, caso consideramos o raio igual a 2r temos $A_2 = \pi.(2r)^2 \rightarrow A_2 = \pi.4r^2$,podemos observar que ao duplicar o raio a área foi multiplicada por 4.

Gabarito "B".

(Soldado Combatente da Polícia Militar/ES – 2012 – EXATUS) Ana e Britney possuem juntas, R$ 199,60. Sabe-se que Ana possui a terça parte do que possui Beatriz. O valor que pertence a Britney é de:

(A) R$ 149,70.
(B) R$ 147,90.
(C) R$ 138,50.
(D) R$ 135,80.
(E) R$ 128,50.

Sistema de equações. Para a resolução deste problema vamos construir duas equações conforme orientações do enunciado, são elas: a+b=199,60 e a=b/3, se a=b/3 então 3a=b, vamos substituir esta equação na primeira encontrada, 3a+a=199,60 → a=49,90, desta forma b=3a → b=3.49,90=149,70.

Gabarito "A".

(Soldado Combatente da Polícia Militar/ES – 2012 – EXATUS) Em um grupo de 28 moças, 16 usam brincos, 12 usam pulseira e 3 não usam nem brincos nem pulseiras. O número de moças que usam brincos e pulseiras é:

(A) 2.
(B) 3.
(C) 4.
(D) 5.
(E) 6.

Conjuntos numéricos. Se de 28 moças, 3 não usam brinco nem pulseira,consideramos que 25 usam um ou os dois, assim podemos dizer que 9 usam apenas brinco, 3 usam brinco e pulseira e 13 usam apenas pulseira.

Gabarito "B".

(Soldado Combatente da Polícia Militar/ES – 2012 – EXATUS) No que se refere aos tipos de ângulos, é correto afirmar que ângulo raso é todo ângulo de:

(A) 180°.
(B) 100°.
(C) 90°.
(D) 45°.
(E) 0°.

Classificação de ângulos. Por definição o ângulo cuja medida seja igual a 180° é chamado de ângulo raso.

Gabarito "A".

(Soldado Combatente da Polícia Militar/ES – 2012 – EXATUS) Cinco torneiras enchem um tanque com capacidade para 6 m³ de água em 4 horas. Se fossem 6 torneiras, teriam despejado 4,5 m³ de água no tanque em:

(A) 130 minutos.
(B) 150 minutos.
(C) 180 minutos.
(D) 210 minutos.
(E) 250 minutos.

Regra de três compostas. De acordo com o enunciado podemos montar a seguinte proporção:

	Torneira	*m³*	*horas*
	↓5	↑6	↑4
	6	4,5	*x*

, assim temos

$\frac{6}{5}.\frac{6}{4,5} = \frac{4}{x}$, assim 36x=90 → x=90/36 → x=2,5 horas → 2,5 horas = 150 minutos.

Gabarito "B".

(Soldado Combatente da Polícia Militar/ES – 2012 – EXATUS) Num grupo 20 de amigos, verificou-se que 40% são torcedores do São Paulo F. C., sendo que destes, 25% são mulheres. O número de homens que torcem para o São Paulo F. C. nesse grupo de amigos é:

(A) 2.
(B) 3.
(C) 4.
(D) 5.
(E) 6.

Porcentagem. 40% de 20 → 20.0,4=8 torcedores do São Paulo, destes 8, 75% são homens, assim 8.0,75=6.

Gabarito "E".

(Soldado Combatente da Polícia Militar/ES – 2012 – EXATUS) Três amigos estão participando de uma gincana e devem realizar uma prova em formato de circuito com obstáculos, devendo cumprir o circuito a maior quantidade de vezes possíveis em determinado período de tempo. Abel demora 90 segundos para completar cada volta no circuito, Bianca demora 2 minutos e Cintia demora 3 minutos. Considerando que os três partiram juntos, é correto afirmar que passarão juntos novamente no ponto de partida:

(A) em 3 minutos.
(B) em 4 minutos.
(C) em 6 minutos.
(D) em 7 minutos.
(E) em 9 minutos.

Mínimo múltiplo comum. Convertendo todas as unidades para segundos obtemos, Abel=90, Bianca=120 e Cintia=180, o m.m.c.(90,120,180)=360 segundos → 360 segundos/60 = 6 minutos.

Gabarito "C".

(Soldado Combatente da Polícia Militar/ES – 2012 – EXATUS) Doze pessoas cumprem determinada tarefa em 5 horas de trabalho. Se fossem 8 pessoas, trabalhando no mesmo ritmo, a tarefa seria cumprida em:

(A) 3,33 horas.
(B) 4,2 horas.
(C) 5 horas.
(D) 6,3 horas.
(E) 7,5 horas.

Regra de três simples. de acordo com o enunciado vamos montar a seguinte proporção

pessoas	*horas*
12↓	5↑
8	*x*

, assim temos → $\frac{12}{8} = \frac{x}{5}$

→ 8x=60 → x=7,5 horas.

Gabarito "E".

(Soldado Combatente da Polícia Militar/ES – 2013 – FUNCAB) A Banda Junior da PMES atualmente atende cerca de 250 alunos da rede pública de ensino da Grande Vitória. Desde sua criação, já passaram pela Banda Júnior cerca de 1.000 alunos. O percentual de alunos, atualmente atendidos por esse projeto cultural da PMES, em relação ao total de alunos que já passaram por ele desde a sua criação corresponde a:

(A) 15%
(B) 20%
(C) 25%
(D) 30%
(E) 35%

Porcentagem, 250/1000=0,25=25%.
Gabarito "C"

(Soldado Combatente da Polícia Militar/ES – 2013 – FUNCAB) O RPMont, Regimento de Polícia Montada da Polícia Militar, vem prestando sessões de equoterapia à comunidade capixaba.

Supondo que 15 profissionais capacitados atendam aos atuais 50 praticantes de equoterapia, o número de novos profissionais que deveriam ser capacitados para que fossem atendidos 30 novos praticantes, seria de:

(A) 5
(B) 7
(C) 8
(D) 9
(E) 10

Regra de três simples. Cada profissional atende 50/15 (coeficiente de trabalho)= 10/3, desta forma chamando y o número de funcionários contratados teríamos y.(10/3)=30 → 10y=90 → y=9 funcionários.
Gabarito "D"

(Soldado Combatente da Polícia Militar/ES – 2013 – FUNCAB) O Batalhão de Polícia Militar Ambiental da PMES contava com um efetivo de 30 policiais em 1987. Em 2012, contava com um efetivo de 180 policiais. Supondo linear a taxa de crescimento do efetivo de policiais no Batalhão de Polícia Militar Ambiental nos últimos 25 anos, e que a mesma taxa de crescimento permanecerá constante nos próximos cinco anos, o número total de policiais no Batalhão de Polícia Militar Ambiental, ao final desses cinco anos, será de:

(A) 200
(B) 210
(C) 220
(D) 230
(E) 240

Proporção. Em 25 anos houve um aumento de 150 policiais, ou seja, 6 policiais por ano. Em cinco anos teremos um aumento de 30 policiais, totalizando 210 policiais (180+30).
Gabarito "B"

(Soldado Combatente da Polícia Militar/ES – 2013 – FUNCAB) "Em 2011, O Batalhão de Polícia de Trânsito da PMES confeccionou 4.230 autos de infração contra condutores de veículos de carga. A multa referente ao descumprimento das proibições de tráfego em determinados horários e locais é de natureza média (4 pontos e R$ 85,13 de multa), e está prevista no art. 187 I do Código de Trânsito Brasileiro (CTB)." O valor total arrecadado, em reais, em decorrência das multas aplicadas, segundo o texto, foi de:

(A) R$ 326.999,90
(B) R$ 329.000,90
(C) R$ 340.099,90
(D) R$ 350.990,90
(E) R$ 360.099,90

Multipicação de números racionais, 4230.85,13 → R$360.099,90.
Gabarito "E"

(Soldado Combatente da Polícia Militar/ES – 2013 – FUNCAB) A tabela abaixo representa os dados dos balanços das operações do Batalhão de Polícia de Trânsito (BPTran) da Polícia Militar – ES em três grandes feriados nacionais do ano de 2012.

Feriados	Nº total de acidentes	Nº total de mortos	Nº total de feridos
Dia do Trabalho	220	2	78
Dia de Finados	186	2	54
Proclamação da República	219	1	51

(Fonte: <http://www.pm.es.gov.br/bptran/>)

O valor que melhor representa a média do número de feridos, de acordo com a tabela acima, é:

(A) 57
(B) 59
(C) 61
(D) 63
(E) 65

Média aritmética, (78+54+51)/3 =61 feridos.
Gabarito "C"

(Soldado Combatente da Polícia Militar/ES – 2013 – FUNCAB) Com o objetivo de levar orientação e entretenimento, o grupo de Teatro da Polícia Militar do Espírito Santo serve como um elo de aproximação entre a população e a instituição. Ao longo de todos os anos de atuação, o grupo já atraiu um público aproximado de 160 mil pessoas em suas 250 apresentações já realizadas em todo o Espírito Santo. O número médio de pessoas, por apresentação do Grupo de Teatro da Polícia Militar do Espírito Santo, de acordo com o texto acima, foi de aproximadamente:

(A) 640
(B) 650
(C) 660
(D) 670
(E) 680

Divisão de números inteiros, 160.000/250=640 pessoas.
Gabarito "A"

(Soldado Combatente da Polícia Militar/ES – 2013 – FUNCAB)
Observe a receita da torta capixaba que é especialmente servida pelos capixabas por ocasião da Semana Santa.

Ingredientes:

Cebola, alho, azeite doce, azeitona, limão, coentro, cebolinha verde, tomate a gosto

- 500 g de palmito natural previamente cozido
- 200 g de siri desfiado e cozido
- 200 g de caranguejo desfiado e cozido
- 200 g de camarão cozido
- 200 g de ostra cozida
- 200 g de sururu cozido
- 200 g de badejo desfiado e cozido
- 500 g de bacalhau desfiado e cozido

(Fonte: <http://www.es.gov.br/EspiritoSanto/paginas/torta_capixaba.aspx>)

Tabela de preços de alguns ingredientes.

Ingredientes	Valor por 1 kg (1.000 g)
Palmito natural	R$ 20,00
Siri desfiado	R$ 30,00
Caranguejo desfiado	R$ 30,00
Camarão	R$ 40,00
Ostra	R$ 25,00
Sururu	R$ 10,00
Badejo	R$ 35,00
Bacalhau	R$ 32,00

O custo total, em reais, com a compra dos camarões e do bacalhau utilizados na receita de uma torta capixaba, de acordo com a tabela, é de, aproximadamente:

(A) R$ 40,00
(B) R$ 32,00
(C) R$ 26,00
(D) R$ 24,00
(E) R$ 16,00

Operações com racionais. Considerando o Kg do camarão sendo R$40,00, vamos calcular o valor de 200g → 200.40/1000=R$8,00. No caso do bacalhau temos o Kg a R$32,00, 500g sairá por R$16,00 (50%), Assim o valor total será R$16,00+R$8,00=R$24,00.

Gabarito "D".

(Soldado Combatente da Polícia Militar/ES – 2013 – FUNCAB)
Polícia Militar apreende mais de 3 kg de pasta base de cocaína em Linhares.

Em uma mochila foram apreendidos 84 tabletes plastificados de cocaína e um tablete grande medindo 20 x 10 cm da mesma substância, totalizando cerca de 3 quilos de cocaína, e R$ 91,00 em espécie.

(Fonte: <http://www.pm.es.gov.br/noticia/noticia.aspx>)

Caso o tablete grande mencionado tenha o formato de um paralelepípedo reto retângulo com 6 cm de altura, o valor do volume total de cocaína desse tablete,em cm³, será de:

(A) 400
(B) 600
(C) 800
(D) 1.000
(E) 1.200

Volume do paralelepípedo. O volume do pacote é obtido pelo produto de suas dimensões. → $20.10.6 = 1.200cm^3$

Gabarito "E".

(Soldado Combatente da Polícia Militar/ES – 2013 – FUNCAB)
Supondo as dimensões internas de cada pino plástico utilizado na embalagem de cocaína como sendo um cilindro de raio 0,5 cm e altura 4 cm, o valor do volume total de cocaína, desse pino plástico, completamente cheio,em cm³, será de: (Adote o valor aproximado de $\pi = 3$)

(A) 2,5
(B) 3
(C) 3,5
(D) 4
(E) 4,5

Volume do cilindro, utilizaremos a regra $V = \pi.r^2.h$ → $V = 3.0,5^2.4$ → $V = 3cm^3$.

Gabarito "B".

(Soldado Combatente da Polícia Militar/ES – 2013 – FUNCAB)
Desde 8 de janeiro de 2012, o valor da tarifa do transporte coletivo convencional é R$ 2,35 e do transporte seletivo, R$ 2,50.

(Fonte: <http://www.vitoria.es.gov.br/setran.php>)

Pedro utiliza diariamente, de segunda a sexta-feira, dois coletivos e dois seletivos para seu transporte. O valor mínimo, em reais, que ele gastará no mês de abril de 2013, com transporte, será:

ABRIL 2013

D	S	T	Q	Q	S	S
	1	2	3	4	5	6
7	8	9	10	11	12	13
14	15	16	17	18	19	20
21	22	23	24	25	26	27
28	29	30				

(A) R$ 213,40
(B) R$ 236,30
(C) R$ 243,80
(D) R$ 251,20
(E) R$ 263,10

Operações básicas. De acordo com a tabela acima temos 22 dias úteis, o gasto diário com transporte será: transporte coletivo = 2. 2,35=4,7; Transporte seletivo =2.2,5 =5. Assim o gasto total diário será R$9,70, multiplicado por 22 dias →9,70.22=R$213,40.

Gabarito "A".

Texto para responder as duas questões seguintes.

Um Batalhão da Polícia Militar de outro Estado concluiu a reforma e ampliação da pista para pousos e decolagens de helicópteros e passou a dotar sua Unidade Militar de uma excelente estrutura física para operar helicópteros.

As obras resultaram na ampliação de 256 metros quadrados de pista, elevando a sua área para 400 metros quadrados (20 metros x 20 metros), com área de toque de 13 metros x 13 metros, o que capacita operar com helicópteros com dimensões de até 4 toneladas.

(Soldado Combatente da Polícia Militar/ES – 2013 – FUNCAB) Sendo as pistas para pousos e decolagens de helicópteros figuras planas, quadradas e considerando o texto acima, determine em metros, a medida dos lados dessa pista, anterior à ampliação.

(A) 10m
(B) 11m
(C) 12m
(D) 17m
(E) 18m

Cálculo de área, $400-256=144m^2$ → para obtermos o lado basta calcular $\sqrt{144}$ =12m.

Gabarito "C"

(Soldado Combatente da Polícia Militar/ES – 2013 – FUNCAB) De acordo com os dados do texto, a diferença entre a área total da pista e a área de toque, após a ampliação, é de, aproximadamente:

(A) 213 m^2
(B) 231 m^2
(C) 238 m^2
(D) 251 m^2
(E) 283 m^2

Cálculo de área. Area total $400m^2$, área de toque $13.13=169m^2$, então a diferença $400-169=231m^2$.

Gabarito "B"

(Soldado Combatente da Polícia Militar/ES – 2013 – FUNCAB) Observe a tabela abaixo.

Valor	Descrição	Circulação
R$ 20,00 1ª família de notas	Frente: Efígie da República, interpretada como uma escultura. Verso: mico-leão-dourado Dimensões: 140 x 65 mm	2002 – 2012
R$ 20,00 2ª família de notas	Frente: Efígie da República, interpretada como uma escultura. Verso: mico-leão-dourado Dimensões: 142 x 65 mm	2012 – atual

(Fonte: <http://pt.wikipedia.org/wiki/>)

De acordo com os dados da tabela acima, o valor da área de papel moeda utilizado a mais para produzir cada nota de R$ 20,00 da segunda família de notas em relação a da primeira família de notas, corresponde, em mm^2, a:

(A) 65
(B) 130
(C) 150
(D) 330
(E) 350

Cálculo de área. 1ª família → $140.65=9100mm^2$,
2ª família → $142.65=9230mm^2$ →
a diferença → $9230-9100=130mm^2$.
Gabarito"B"

(Soldado Combatente da Polícia Militar/ES – 2013 – FUNCAB) O subsídio bruto do candidato aprovado neste concurso da Polícia Militar do Estado do Espírito Santo enquanto aluno é de R$ 1.023,32; após incorporação, passa a R$ 2.421,76.

(Fonte: <http://www.funcab.org/>)

Suponha que um candidato aprovado faça um investimento, no sistema de juros simples, de R$ 2.000,00 do seu primeiro salário depois de incorporado, a uma taxa de juros de 5% ao mês, durante 24 meses. O valor total dos juros, em reais, ao final desse período, será de:

(A) R$ 2.400,00
(B) R$ 2.800,00
(C) R$ 3.600,00
(D) R$ 4.000,00
(E) R$ 4.800,00

Juros simples. O cálculo dos juros simples é feito pela regra I=c.t.i, onde I é o rendimento, c o capital, t o tempo e i os juros. Assim temos I=2000.24.0,05 = R$2.400,00.

Gabarito "A"

(Soldado Combatente da Polícia Militar/ES – 2013 – FUNCAB) Um policial, pesquisando para comprar seu primeiro imóvel, encontrou o seguinte anúncio:

R$ 100.000,00 – vende-se apartamento

Apartamento padrão, 2 quartos, 1 banheiro, 60 m², sala, cozinha, área de serviço, gesso, ventilador de teto, armário na cozinha, box, sol da manhã.
Valparaíso, Serra – ES.

Ele conseguiu um financiamento pelo qual deverá pagar uma entrada correspondente a 10% do valor do imóvel e o restante financiado em 360 parcelas iguais e sem juros. O valor, em reais, de cada parcela a ser paga por ele será:

(A) R$ 175,00
(B) R$ 200,00
(C) R$ 225,00

(D) R$ 250,00
(E) R$ 300,00

Porcentagem. 10% do valor do imóvel = 100.000,00. 0,1=10.000,00 (valor de entrada), o saldo restante → 90.000,00 → 90.000,00/360=250,00 (valor da parcela).
Gabarito "D"

(Soldado Combatente da Polícia Militar/ES – 2013 – FUNCAB)
Existe um número que somado com seu triplo é igual ao dobro desse número somado com doze.

O valor desse número é:

(A) 3
(B) 4
(C) 5
(D) 6
(E) 7

Equação de 1° grau. x+3x=2x+12 → 2x=12 → x=6.
Gabarito "D"

(Soldado Combatente da Polícia Militar/ES – 2013 – FUNCAB)
O conjunto solução da equação $x^2 - 3.x - 10 = 0$, é:

(A) S= {- 5; -1}
(B) S= {- 2; 0}
(C) S= {- 2; 5}
(D) S= {- 2; -5}
(E) S= {- 5; 0}

Equação de 2° grau. Devemos calcular as raízes da equação, para tanto temos de obter o valor de delta utilizando o valor dos coeficientes a=1, b=-3 e c=-10. $\Delta = b^2 - 4ac$ → $\Delta = (-3)^2 - 4.1.(-10) =$ $9 + 40 = 49$, assim as raízes serão $x = \frac{3 \pm \sqrt{49}}{2} = 5\ e\ -2$.
Gabarito "C"

(Soldado Combatente da Polícia Militar/ES – 2013 – FUNCAB)
Sendo log 2 = 0,30 e log 3 = 0,47, o conjunto solução da expressão E= $\log 2.10^8 + \log 3.10^{-5}$ é:

(A) S= {6,17}
(B) S= {5,33}
(C) S= {4,37}
(D) S= {3,91}
(E) S= {3,77}

Logarítmo. $\log 2 + \log 10^8 + \log 3 + \log 10^{-5}$ → log2+8.log10+log3-5. log10, (considerando log10=1) → 0,30+8.1+0,47-5.1=3,77.
Gabarito "E"

(Soldado Combatente da Polícia Militar/ES – 2013 – FUNCAB)
A figura abaixo (meramente ilustrativa e fora de escala) representa um triângulo ABC retângulo em A, dividido em dois triângulos, ACD e ABD, ambos retângulo sem D.

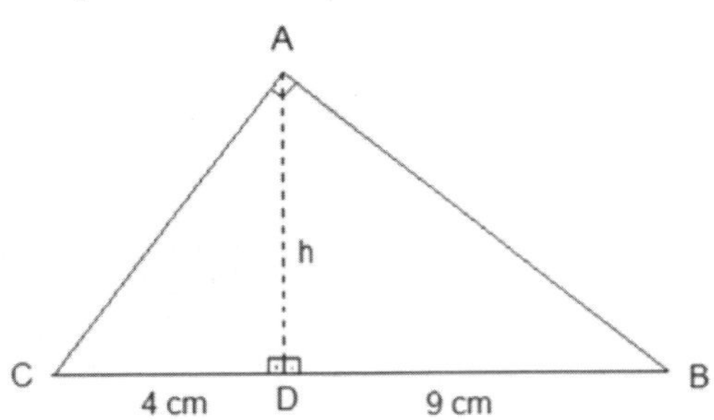

O valor, em cm, de $\overline{AD}$ = h, é:

(A) 6 cm
(B) 7,2 cm
(C) 8 cm
(D) 8,4 cm
(E) 9 cm

Relações métricas no triângulo retângulo, $h^2 = 4.9$ → $h^2 = 36$ → $h = \sqrt{36} = 6cm$.
Gabarito "A"

(Soldado Combatente da Polícia Militar/ES – 2013 – FUNCAB)
Num churrasco, estima-se que 4 kg de carne são suficientes para satisfazer dez pessoas. Para satisfazermos 120 pessoas, a quantidade mínima de carne, em kg, de acordo com a estimativa anterior, deve ser de:

(A) 32 kg
(B) 36 kg
(C) 40 kg
(D) 42 kg
(E) 48 kg

Regra de três, $\frac{4}{10} = \frac{x}{120}$ →10x=480 → x=48Kg.
Gabarito "E"

(Soldado Combatente da Polícia Militar/ES – 2013 – FUNCAB) Em um estacionamento, (1/3) dos veículos é automóvel, (1/4) dos veículos é caminhão e os dez veículos restantes são motocicletas.

O total de veículos nesse estacionamento é:

(A) 18
(B) 20
(C) 24
(D) 28
(E) 30

Equação do 1° grau. x/3+x/4+10=x → com m.m.c. obtemos 4x+3x+120=12x → 4x+3x-12x=-120 → -5x=-120 → 5x=120 → x=120/5 → x=24 veículos.
Gabarito "C"

(Soldado Combatente da Polícia Militar/ES – 2013 – FUNCAB)
O ano de 2012 terminou com 1.660 pessoas assassinadas no estado do Espírito Santo. Esse número mostra que a redução de homicídios no ano passado foi de x%, em relação a 2011, quando 1.708 pessoas foram mortas.

(Fonte:<www.sitebarra.com.br>)

De acordo com o texto, o valor aproximado de é:

(A) 1,47
(B) 1,79
(C) 2,21
(D) 2,81
(E) 3,18

Porcentagem. Vamos calcular a porcentagem de um valor em relação ao outro, para isso devemos dividir o novo valor pelo antigo valor →1660/1708=0,9719, assim 1-0,9719 =0,0281, em porcentagem 0,0281.100=2,81%.
Gabarito "D"

(Soldado Combatente da Polícia Militar/ES – 2013 – FUNCAB) João vai dividir um tablete de doce de leite que tem a forma de um paralelepípedo de dimensões 8 x 10 x 6 cm,em cubinhos iguais. O número total de cubinhos de doce de leite, de aresta igual a 2 cm, obtidos por João, depois da divisão, será de:

(A) 50
(B) 60
(C) 70
(D) 80
(E) 90

Volume do paralelepípedo, 8.10.6=480, o volume do cubo 2.2.2=8, dividindo 480/2 = 60.
Gabarito "B".

(Soldado Combatente da Polícia Militar/ES – 2013 – FUNCAB) Um para-raios, instalado em um determinado prédio, protege uma área circular de raio R = 20 m no solo. O valor total da área do solo, em metros quadrados, protegida por esse para-raios, é de:

(Adote o valor aproximado de π = 3,14)

(A) 1.256 m²
(B) 1.294 m²
(C) 1.306 m²
(D) 1.382 m²
(E) 1.416 m²

Cálculo de área, $A = \pi.r^2$ → $3{,}14.20^2$ → 3,14.400 → $1.256m^2$.
Gabarito "A".

Texto para responder as três questões seguintes.

Você sabe como se calcula a quantidade de pessoas em uma multidão?

De acordo com engenheiros e estudiosos, o número de pessoas que cabem em 1 m², em um local com grande concentração de pessoas, é de no máximo 7. Isso com as pessoas se espremendo umas nas outras. É mais objetivo levar em consideração um número de 3 a 4 pessoas, mas este número ainda pode variar.

(Fonte: <http://www.rastro101.com.br>)

(Soldado Combatente da Polícia Militar/ES – 2013 – FUNCAB) Na praia de Copacabana, a área que vai do início da faixa de areia até o calçadão é de aproximadamente 403.500 m². Utilizando uma concentração estimada de sete pessoas por metro quadrado, o número de pessoas que assistiram à tradicional queima de fogos do Réveillon na praia de Copacabana foi de aproximadamente:

(A) 2.426.500 pessoas.
(B) 2.824.500 pessoas.
(C) 2.984.500 pessoas.
(D) 3.124.500 pessoas.
(E) 3.834.500 pessoas.

Operações básicas. Devemos multiplicar os metros quadrados pela previsão do número de pessoas que podem caber em cada metro quadrado, 403500.7=2.824.500 pessoas.
Gabarito "B".

(Soldado Combatente da Polícia Militar/ES – 2013 – FUNCAB) Para calcular o número de pessoas que compareceram a um evento, os limites foram estipulados analisando diversas fotos originais feitas por ocasião do evento. Com a ajuda do Google Earth, foi traçada a área total de 2.835 m² que multiplicada pelo número de pessoas, por metro quadrado, estimou-se em aproximadamente 8.505 o número de pessoas presentes, desconsiderando o total de pessoas nos arredores e espalhados fora da área calculada.

O número aproximado de pessoas por m², dentro dos limites da área calculada, é de aproximadamente:

(A) 2
(B) 2,5
(C) 3
(D) 3,5
(E) 4

Operações básicas. Para isso devemos dividir o total de pessoas pela metragem dada → 8500/2835=3 pessoas por metro quadrado.
Gabarito "C".

(Soldado Combatente da Polícia Militar/ES – 2013 – FUNCAB) Uma festa no pátio de uma escola reuniu um público de 2.800 pessoas numa área retangular de dimensões **x** e **x** + 60 metros.

O valor de **x** em metros, de modo que o público tenha sido de, aproximadamente, quatro pessoas por metro quadrado, é:

(A) 5m
(B) 6m
(C) 8m
(D) 10m
(E) 12m

Equação do 2° grau. Levando em consideração que reuniram 2800 pessoas e que tenha 4 pessoas por metro quadrado, concluímos que existe uma área de 700 metros quadrados. Assim obtemos $x.(x+60)=700$ → $x^2+60x-700=0$ → $\Delta = b^2-4ac$ → Coeficientes a=1, b=+60 e c=-700 temos $\Delta = 6400$ → as raízes serão obtidas pela regra $x = \frac{-b \pm \sqrt{\Delta}}{2a}$, substituindo os valores temos as raízes 10 e -70, por se tratar de unidade de medida vamos considerar o valor positivo (10).
Gabarito "D".

(Soldado Bombeiro Militar/MA – 2012 – FGV) Em certo estado, a Polícia Civil está realizando um concurso para preenchimento de 150 vagas para os cargos que estão na tabela a seguir.

Cargos	Vagas
Auxiliar de Perícia Médica	30
Escrivão de Polícia	40
Investigador de Polícia	70
Perito Criminal	10
Total	150

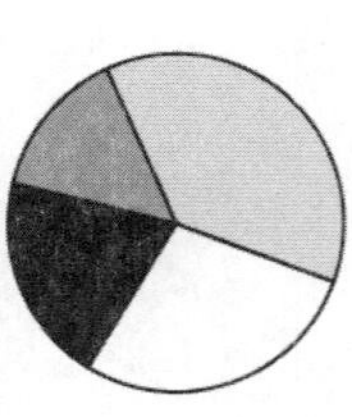

Para realizar a relação entre os números de vagas, foi feito um gráfico de setores. Nesse gráfico, o ângulo central de cada setor é proporcional ao número de vagas do cargo correspondente.

O ângulo central do setor correspondente ao cargo de escrivão de polícia será de

(A) 40°.
(B) 72°.
(C) 80°.
(D) 96°.
(E) 128°.

Gráfico. Para obtermos a medida em graus do ângulo central basta pegarmos a porcentagem e multiplicá-la por 3,6. Assim 40 escrivões representa 26,6% do total discriminado → 26,6.3,6 = 96°.

Gabarito "D".

(Soldado Bombeiro Militar/MA – 2012 – FGV) Na delegacia de certo bairro os policiais Abel, Bento, Cleber e Danilo estão escalados para trabalhar no dia 31 de dezembro deste ano. Entretanto, dois deles serão sorteados para trabalhar na noite do Ano Novo.

A probabilidade de que Abel **não** seja sorteado é

(A) 25%.
(B) 40%.
(C) 50%.
(D) 60%.
(E) 75%.

Probabilidade. Para que seja feita esta conta podemos descrever as possibilidades AB/AC/AD/BC/BD/CD, assim temos um total de 6 possibilidades onde 3 estão sem Abel, assim P=3/6 = 50%.

Gabarito "C".

(Soldado Bombeiro Militar/MA – 2012 – FGV) Cinco soldados possuem alturas diferentes e devem formar uma fila. O capitão diz que o mais alto e o mais baixo dos soldados não podem ocupar os extremos da fila, ou seja, nenhum dos dois pode ser nem o primeiro nem o último da fila.

O número de maneiras diferentes que essa fila pode ser organizada é:

(A) 12.
(B) 18.
(C) 24.
(D) 36.
(E) 48.

Análise combinatória. Levando em consideração as exigências feitas pelo enunciado temos para o 1° lugar apenas 3 pessoas, analisando o último lugar temos apenas 2 pessoas, assim temos as seguintes possibilidades para cada posição da fila: 3,1,2,3,2. Desta forma devemos multiplicar estas possibilidades 3.1.2.3.2=36.

Gabarito "D".

(Soldado Bombeiro Militar/MA – 2012 – FGV) A reta r passa pelos pontos (−1, 1) e (2, 3). Entre os pontos abaixo, o único que pertence à reta r é:

(A) (30, 21).
(B) (31, 22).
(C) (32, 23).
(D) (33, 24).
(E) (34, 25).

Determinante da matriz. Para encontrarmos a equação qua passa por estes pontos devemos calcular o determinante da matriz que apresenta estes pontos.

$$\begin{vmatrix} -1 & 1 & 1 \\ 2 & 3 & 1 \\ x & y & 1 \end{vmatrix}$$ → -1.3.1+1.1.x+1.2.y-x.3.1-(-1).1.y-1.2.1 → -3+x+2y-3x+y-2=0 → -2x+3y-5=0. Desta forma o par (32,23) é o único que satisfaz esta equação, veja -2.32+3.23-5 = 0.

Gabarito "C".

(Soldado Bombeiro Militar/MA – 2012 – FGV) Cinco pessoas, Luiz, Mário, Nilton, Otávio e Pedro trabalham juntos e possuem idades diferentes. Luiz, Otávio e Pedro sabem as idades de todos e fazem as seguintes afirmações:

- Luiz diz que é mais novo que Nilton e mais velho que Otávio.
- Pedro diz que só há uma pessoa mais velha que ele.
- Otávio diz que ele não é o mais novo.

Organizando uma fila com essas pessoas em ordem crescente de idade, ou seja, a primeira é a mais nova e a última a mais velha, pode-se concluir que:

(A) Otávio é o terceiro da fila.
(B) Pedro está na frente de Luiz.
(C) Luiz não é o terceiro da fila.
(D) Mário é o segundo da fila.
(E) Nilton é o último da fila.

Raciocínio lógico. De acordo com a afirmação de Luiz temos a ordem: Otávio, Luiz e Nilton. Como Pedro diz que só há uma pessoa em sua frente então Pedro terá de ficar antes de Nilton. Se Otávio diz que não é mais novo então é Mário o mais novo, desta forma temos: Mário, Otávio, Luiz, Pedro e Nilton.

Gabarito "E".

(Soldado Bombeiro Militar/MA – 2012 – FGV) Para tornar uma mensagem secreta, uma palavra foi codificada de acordo com as instruções a seguir:

I. Você deve substituir cada letra pelo número correspondente da tabela a seguir:

A	10	H	17	O	24	V	31
B	11	I	18	P	25	W	32
C	12	J	19	Q	26	X	33
D	13	K	20	R	27	Y	34
E	14	L	21	S	28	Z	35
F	15	M	22	T	29	θ	36
G	16	N	23	U	30		

II. Se o número for múltiplo de 3, você deve subtrair duas unidades dele. Se não for, some uma unidade a ele;

III. Substitua cada novo número pela letra correspondente.

Por exemplo, a palavra PAULO corresponde à sequência 25-10-30-21-24, que após ser modificada será 26-11-28-19-22, formando a palavra codificada QBSJM.

A palavra EGJBO está codificada. Decodificando-a, você obtém

(A) DILAN.
(B) DENIS.
(C) CELSO.
(D) FHKCM.
(E) DFKCO.

Raciocínio lógico. Devemos observar as alternativas, DILAN vai gerar conforme proposto no enunciado a sequência 13-18-21-10-23, decodificando obtemos a sequência 14-16-19-11-24 que corresponde a palavra EGJBO.
Gabarito "A".

(Soldado Bombeiro Militar/MA – 2012 – FGV) Um pai propõe um jogo ao filho:

"*Vou lançar esta moeda três vezes. Cada vez que der cara você ganha 3 reais e cada vez que der coroa você perde 2 reais*".

A probabilidade que o filho tem de ganhar 4 reais é:

(A) 1/8.
(B) 1/4.
(C) 1/3.
(D) 3/8.
(E) 1/2.

Probabilidade. Temos que levantar todas as possibilidades de jogadas para este evento, são elas (Ca, Ca, Ca)=9, (Ca,Ca,Co)=4,(Ca,Co,Ca)=4, (Ca,Co,Co)=-1, (Co,Ca,Ca)=4,(Co,Ca,Co)=-1,(Co,Co,Ca)=-3,(Co,Co,Co)=-6. Assim 8 possibilidades e logo a frente o quando cada uma rendeu em dinheiro, destas 8 possibilidades temos 3 que rendeu 4 reais, desta forma a probabilidade será 3/8.
Gabarito "D".

(Soldado Bombeiro Militar/MA – 2012 – FGV) Lucas é vigia noturno de uma empresa e deve escolher os três dias em que trabalhará na próxima semana. Para fazer isso ele deve preencher uma ficha como a apresentada a seguir.

	2ª	3ª	4ª	5ª	6ª	S	D
Lucas		X			X		X

O número de maneiras diferentes que Lucas pode preencher essa ficha é:

(A) 35.
(B) 70.
(C) 105.
(D) 210.
(E) 343.

Análise combinatória. Vamos utilizar a combinação visto que a ordem não importa para tal. $C_{7,3} = \frac{7!}{4!.3!} = \frac{7.6.5}{3.2} = 35$ possibilidades.
Gabarito "A".

(Assistente Administrativo da Polícia Militar/MG – 2012 – FCC) Parte de uma estrada está dividida em cinco trechos iguais por postos de combustíveis. De acordo com a figura abaixo, o carro estacionado no posto A está localizado no quilômetro 250,4 e o B está no quilômetro 376. O carro C está localizado no quilômetro

(A) 350,88.
(B) 325,76.
(C) 300,64.
(D) 275,52.

Operações básicas. Para isso devemos efetuar 376-250,4=125,6. Vamos dividir este valor por cinco (número de trechos) 125,6/5=25,12. Assim para chegar em C temos três trechos que resulta em 3.25,12=75,36. Este valor devemos somar ao já existente (ponto A) → 75,36+250,4=325,76.
Gabarito "B".

(CFO – Oficial da Polícia Militar/MG – 2010) Sejam C, F e O os conjuntos tais que:

$$C \cup F \cup O = \{x \in N^*; x \leq 10\}$$
$$C \cap F = \{3,5,7\}$$
$$C \cap O = \{3,8\}$$
$$F \cap O = \{3,4,6\}$$
$$C \cup F = \{x \in N^*; x \leq 8\},$$

Os elementos do conjunto O são:

(A) {3,4,6,8,9,10}
(B) {1,2,9,10}
(C) {3,4,6,8,9}
(D) {9,10}

Diagrama de Venn. Podemos observar que o número 3 participa da intersecção dos três conjuntos, de acordo com as informações podemos construir o seguinte diagrama.

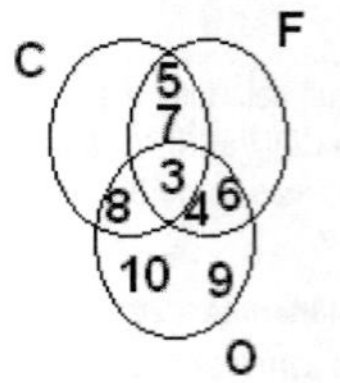

Gabarito "A".

(CFO – Oficial da Polícia Militar/MG – 2010) Uma função é tal que, $\forall x \in R$, temos f(2x)=2.f(x). Se f(4)=32, então o valor de f(1) é:

(A) 8
(B) 10
(C) 12
(D) 14

Função do 1° grau. Temos que f(2x)=2.f(x) → f(2.4)=2.f(4) → f(8)=2.32=64, então considerando f(x)=ax+b, temos 64=8a+b e 32=4a+b, desta forma b=64-8a, substituindo 32=4a+64-8a → -4a=-32 → a=32/4 → a=8. Assim b=0, f(x)=8x → f(1)=8.1 → f(1)=8.
Gabarito "A".

(CFO – Oficial da Polícia Militar/MG – 2010) Sejam A e B duas matrizes quadradas de ordem 2 tais que B=4A. Assim sendo, é correto afirmar que:

(A) det(B)=4.det(A)
(B) det(B)=8.det(A)
(C) det(B)=16.det(A)
(D) det(B)=12.det(A)

Determinante da matriz. Por conceito, ao multiplicar uma matriz quadrada de ordem n por x, o valor do seu determinante será multiplicado por (x elevado a n). No caso 4 elevado a 2 que resulta em 16.
Gabarito "C".

(CFO – Oficial da Polícia Militar/MG – 2010) Para medir a área de sua fazenda que possui uma forma triangular, um fazendeiro contratou um agrimensor. Esse utilizou um sistema de localização por satélite e encontrou como vértices do triângulo os pontos cujas coordenadas são: A (2,3), B(1,8) e C(-5,2) no plano cartesiano, com as medidas em Km. A área dessa fazenda em Km2 é de:

(A) 17 Km^2
(B) 20 Km^2
(C) 18 Km^2
(D) $4\sqrt{17}$ Km^2

Área de figuras planas. Considerando que temos três pontos, basta calcularmos o módulo do determinante resultante destes pontos e dividir por dois. $\begin{vmatrix} 2 & 3 & 1 \\ 1 & 8 & 1 \\ -5 & 2 & 1 \end{vmatrix}$ → 2.8.1-3.5.1+1.1.2+5.8.1-2.1.2-3.1.1=36, assim temos que o módulo de 36 = 36, dividindo por 2 temos 36/2 = $18km^2$.

Gabarito "C"

(Oficial da Polícia Militar/PA – 2012 – UEPA) A área do triangulo formado pelos pontos de interseção das parábolas $y_1 = -x^2 + 4x$, definida de [0,4] em **R+** ; $y_2 = -x^2 + 8x - 12$, definida de [2,6] em **R+** ; $y_3 = -x^2 + 12x - 32$, definida de [4,8] em **R+** e o vértice de y_2 é exatamente igual a:

(A) 5 unidades de área
(B) 4 unidades de área
(C) 3 unidades de área
(D) 2 unidades de área
(E) 1 unidade de área

Cálculo de Área. Para calcularmos a área deste triângulo devemos conhecer as coordenadas de seus vértices, conhecendo as retas que o forma podemos fazer a intersecção de duas a duas afim e obter as coordenadas de cada vértice, em seguida calculamos o determinante da matriz formada por estes vértices, deste devemos extrair o módulo e dividi-lo por dois. Intersecção de $y_1 e y_2$: $-x^2 + 4x = -x^2 + 8x - 12$ → $x = 3$, sendo x este valor vamos substituí-lo em y_1 → $-(3)^2 + 4.3 = -9 + 12 = 3$, assim obtemos o par(3,3).

Intersecção de $y_1 e y_3$: $-x^2 + 4x = -x^2 + 12x - 32$ → $-8x = -32$ → $x = 4$, sendo x este valor vamos substituí-lo em y_2 → $-(4)^2 + 8.4 - 12 = 4$, sendo assim encontramos outro par ordenado (4,4).

Intersecção de $y_2 e y_3$: $-x^2 + 8x - 12 = -x^2 + 12x - 32$ → $-4x = -20$ → $x = 5$, sendo x este valor em y_3 → $-(5)^2 + 12.5 - 32 = 3$, assim determinamos o terceiro par ordenado que compõe este triângulo. Agora vamos calcular o determinante → $\begin{vmatrix} 3 & 3 & 1 \\ 4 & 4 & 1 \\ 5 & 3 & 1 \end{vmatrix}$ = 3.4.1+3.1.5+1.4.3-1.4.5-3.1.3-3.4.1=-2, o módulo de -2 é 2, dividindo 2 por 2 obtemos 1, ou seja, este triângulo possui 1 unidade de área.

Gabarito "E"

(Oficial da Polícia Militar/PA – 2012 – UEPA) O número de modos distintos que podemos dispor as letras da palavra *permuta* de tal modo que todas as consoantes fiquem sempre juntas, uma ao lado da outra, sem que nenhuma vogal esteja entre elas é:

(A) 648
(B) 576
(C) 144
(D) 128
(E) 116

Análise combinatória. As consoantes são p,r,m,t, assim devemos permutar e desta forma obter 4!=24 possibilidades. Considerando as consoantes como um bloco único (afinal de contas elas deverão sempre estar juntas), vamos permutar as vogais (são três) e este bloco obtendo 4!=24. Este valor terá alem disso mais 24 variações devido o bloco poder permutar entre si. Assim a resposta será obtida por 24.24=576 possibilidades.

Gabarito "B"

(Oficial da Polícia Militar/PA – 2012 – UEPA) Uma série é dada pelos valores dispostos na sequencia (a_1, a_2, a_3, a_4, a_5). Quando se calcula A *média aritmética simples* desses dados *não agrupados* encontra-se a_m distinto de cada um dos elementos da série. Nessas condições é correto afirmar que:

(A) a_m não pode ser o valor representativo da série (a_1, a_2, a_3, a_4, a_5) a partir do conceito de média aritmética simples, pois é distinto de todos os valores da série.
(B) a_m ó poderá ser o valor representativo da série (a_1, a_2, a_3, a_4, a_5) a partir do conceito de média aritmética simples, se e somente se, o termo central da série, a_3, for a igual a $a_{1+}a_5$.
(C) a série (a_1, a_2, a_3, a_4, a_5) não admite a existência de uma média aritmética simples.
(D) a_m é de fato a média aritmética simples da série (a_1, a_2, a_3, a_4, a_5) e dizemos que possui existência não concreta.
(E) a_m não é de fato a média aritmética simples da série (a_1, a_2, a_3, a_4, a_5) mesmo tendo existência concreta.

Média aritmética. Quando a média aritmética não é um número presente na sequência dizemos que a média não tem existência concreta, trata-se de uma questão conceitual.

Gabarito "D"

(Oficial da Polícia Militar/PA – 2012 – UEPA) Considere uma sequencia de cubos de arestas respectivamente iguais a "p", "p+1", "p+2", "p+3"... "p+n", com "p" real positivo e "n" inteiro positivo. Nestas condições é correto afirmar que:

(A) os números que expressam os volumes desses cubos respectivamente na ordem em que foram dadas suas arestas estão em Progressão Aritmética cuja razão é dada por $\frac{n^2}{2} + \left(p - \frac{1}{2}\right) \cdot n - p$.
(B) os números que expressam as áreas totais desses cubos respectivamente na ordem em que foram dadas suas arestas estão em Progressão Geométrica cuja razão é dada por $\frac{n^2}{2} + \left(p + \frac{1}{2}\right) \cdot n + p$.

(C) suas arestas estão dispostas em Progressão Aritmética cuja soma de seus termos em função de "p" e "n" é dado pela expressão $\frac{n^2}{2} + \left(p + \frac{1}{2}\right) \cdot n + p$.

(D) suas arestas estão dispostas em Progressão Geométrica cuja soma de seus termos em função de "p" e "n" é dado pela expressão $n^2 + (2p - 1).n + 2p$.

(E) suas arestas estão dispostas em Progressão Aritmética cuja soma de seus termos em função de "p" e "n" é dado pela expressão $n^2 - (2p - 1).n + 2p$.

Progressão aritmética, ao desenvolvermos a fórmula da soma de n termos de uma PA finita obtemos → $S_n = \frac{(a_1 + a_n)}{2}$ → $S_n = \frac{(p+p+n).(n+1)}{2}$ → $S_n = \frac{(2p+n).(n+1)}{2}$ → $S_n = \frac{2pn+2p+n^2+n}{2} = pn + p + \frac{n^2}{2} + n$. E ao desenvolver a regra dada pela questão temos $\frac{n^2}{2} + (p + \frac{1}{2}).n + p$ → $\frac{n^2}{2} + pn + \frac{n}{2} + p$, Achamos expressões equivalentes.

Gabarito "C".

(Oficial da Polícia Militar/PA – 2012 – UEPA) Considere um triangulo isósceles de lados congruentes iguais a "L" e base medindo "m". Se os ângulos formados pelos lados de medidas "L" e a base "m" possuem medidas iguais a φ então, a altura "h" desse triangulo isósceles, em função de L e de φ, pode ser dada por:

(A) $L.\sqrt{4 + \cos^2 \varphi}$

(B) $L.\sqrt{3 - \cos^2 \varphi}$

(C) $L.\sqrt{2 + \cos^2 \varphi}$

(D) $L.\sqrt{1 - \cos^2 \varphi}$

(E) $2L.\sqrt{1 + \cos^2 \varphi}$

Conceitos trigonométricos básicos. Para melhor entendimento da questão podemos desenhar o triângulo em questão onde l é a medida de dois de seus lados, m de sua base, φ a medida dos ângulos da base e h a altura. $sen\varphi = \frac{h}{l}$ → elevando ao quadrado ambos os termos → $sen^2\varphi = \frac{h^2}{l^2}$ → $1 - \cos^2\varphi = \frac{h^2}{l^2}$ → $h^2 = l^2.(1 - \cos^2\varphi)$ → $h = l.\sqrt{1 - \cos^2\varphi}$.

Gabarito "D".

(Oficial da Polícia Militar/PA – 2012 – UEPA) Recentemente o Planetário de Belém abriu suas portas recebendo a comunidade estudantil para uma semana especial de atividades. Numa dessas atividades um grupo de alunos do Ensino Médio participou do "*desafio das cores*". Nesse desafio os alunos deveriam descobrir de quantos modos distintos poderiam pintar uma faixa de papel retangular dividida em cinco quadrados, *conforme ilustra a figura abaixo*, utilizando para isso três cores diferentes, de tal modo, que dois quadrados consecutivos, não fossem pintados com uma mesma cor.

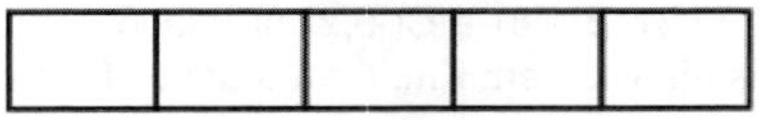

Nestas condições a resposta correta para o "desafio das cores" é:

(A) 40
(B) 42
(C) 44
(D) 46
(E) 48

Análise combinatória. Para o primeiro quadrado temos 3 opções de cores, visto que não se pode repetir, para os demais quadrados temos 2 opções de cores, assim as possibilidades serão 3.2.2.2.2=48.

Gabarito "E".

(Soldado da Polícia Militar /PR – 2010 – UELCOPS) Sejam quatro cidades designadas por *A*, *B*, *C* e *D*. Considere que há três rodovias que ligam a cidade A com a cidade *B*, duas rodovias que ligam a cidade B com a cidade *C* e quatro rodovias que ligam a cidade *C* com a cidade *D*. Se desejarmos ir de *A* até *D*, passando pelas cidades *B* e *C*, de quantas formas poderemos realizar tal percurso?

(A) 12
(B) 16
(C) 24
(D) 30
(E) 36

Análise combinatória. O total de possibilidades será obtido pelo produto das opções: 3.2.4=24 possibilidades.

Gabarito "C".

(Soldado da Polícia Militar /PR – 2010 – UELCOPS) Considere as afirmativas.

I. A função logarítmica na base 2, $f(x) = \log_2 x$, para $x > 0$, é sempre positiva.

II. A função logarítmica natural, $f(x) = \ln x$, para $x > 0$, é sempre crescente.

III. A função cosseno, $f(x) = \cos x$, para $x > 0$, é sempre positiva.

IV. A função tangente, $f(x) = tg\ x$, para $0 < x < \pi/2$, é sempre crescente.

Assinale a alternativa correta.

(A) Somente as afirmativas I e II são corretas.
(B) Somente as afirmativas II e IV são corretas.
(C) Somente as afirmativas III e IV são corretas.
(D) Somente as afirmativas I, II e III são corretas.
(E) Somente as afirmativas I, III e IV são corretas.

Funções. I: Incorreta, considerando que a base é 2 temos que ela é crescente porém nem sempre positiva;
II: Correta, é crescente devido sua base ser maior que zero;
III: Incorreta, não pois a função poderá assumir valores negativos por exemplo para x=120°;
IV: Correta, a função tangente é sempre positiva no 1° e 3° quadrante.

Gabarito "B".

(Soldado da Polícia Militar /PR – 2010 – UELCOPS) Três números estão em uma progressão aritmética (PA) crescente. O produto dos três é 66 e a soma deles é 18. Determine o próximo termo dessa progressão aritmética.

(A) $\alpha_4 = 12$
(B) $\alpha_4 = 13$
(C) $\alpha_4 = 14$
(D) $\alpha_4 = 15$
(E) $\alpha_4 = 16$

Progressão aritmética. Para tal consideremos a PA x-r, x, x+r → considerando o produto igual a 66 temos (x-r).x.(x+r) = 66 e x-r+x+x+r=18 → 3x=18 → x=6 substituindo (6-r).6.(6+r)=66 → $(36-r^2)=\frac{66}{6}$ → $-r^2=-25$ → $r=5$, assim conhecendo r e x temos $a_1=1, a_2=6, a_3=11$ e $a_4=16$.

Gabarito "E".

(Soldado da Polícia Militar /PR – 2010 – UELCOPS) Considere o sistema linear a seguir:

$$\begin{cases} 2ax + 2y &= 2 \\ 3x + 3y &= b \end{cases}$$

Para quais valores dos parâmetros a e b o sistema tem solução x e y única?

(A) $a = 1$ e $b = 2$
(B) $a = 1$ e $b \neq 2$
(C) a qualquer e $b \neq 2$
(D) $a \neq 1$ e b qualquer
(E) a qualquer e $b = 2$

Sistema linear, para obtermos o valor de a vamos usar o determinante → $\begin{vmatrix} 2a & 2 \\ 3 & 3 \end{vmatrix} \neq 0$ assim temos $6a-6 \neq 0$ → $a \neq 1$, para saber se o sistema é possível e determinado o determinate terá de ser diferente de zero e $a \neq 1$ conforme acabamos de calcular.

Gabarito "D".

(Soldado da Polícia Militar /PR – 2010 – UELCOPS) Qual deve ser o capital inicial que um cidadão deve aplicar em um fundo de renda fixa, que utiliza o sistema de juros compostos e que rende 20% ao ano, de modo que ele tenha R$ 1.440,00 ao final de dois anos?

(A) R$ 960,00
(B) R$ 975,00
(C) R$ 1.000,00
(D) R$ 1.003,00
(E) R$ 1.010,00

Juros compostos. Vamos utilizar a fórmula $M = C.(1+i)^t$, de acordo com enunciado temos i=20%=0,2 e M=1.440,00 (montante), assim temos $1440 = C.(1+0,2)^2$ → $1440 = C.1,44$ → $C = 1440/1,44$ → $C = 1.000,00$ (capital investido).

Gabarito "C".

(Soldado Combatente da Polícia Militar /RR – 2013 – UERR) Qual das sentenças declarativas abaixo **NAO é uma proposição?**

(A) O Brasil é o maior país da América do Sul.
(B) Todos os paulistas são brasileiros.
(C) Um ano tem 365 dias.
(D) A baleia é um peixe.
(E) -5 > 2.

Raciocínio lógico. Vamos relembrar o conceito de proposição: é todo conjunto de palavras ou simbolos que representam um pensamento completo. No caso da alternativa C, a afirmação em relação ao ano vai gerar discordância pelo fato de haver o ano bissexto, desta forma a afirmação se torna "vaga".

Gabarito "C".

(Soldado Combatente da Polícia Militar /RR – 2013 – UERR) Considerando o valor lógico das proposições **p**, **q** e **r**, assinale a única proposição que tem valor lógico verdadeiro.

p: A capital do Estado da Bahia é Vitória.
q: A Terra gira em torno do Sol.
r: A 1ª Guerra Mundial terminou em 1945.

(A) ~q
(B) p ^ q
(C) p v r
(D) q ^ ~r
(E) p v ~q

Raciocínio lógico. p: Incorreta, a capital da Bahia é Salvador; q: Correta, a terra gira em torno do sol; r: Incorreta, a 1ª guerra mundial terminou em 1918. Comentário: Quando utilizamos o conectivo e, o valor da tabela verdade é verdadeiro quando ambas as proposições são verdadeiras, assim temos q verdadeira e não r também verdadeira afinal de contas r é falsa.

Gabarito "D".

(Soldado Combatente da Polícia Militar /RR – 2013 – UERR) Considerando o valor lógico das proposições **p**, **q** e **r**, assinale a única proposição que tem valor lógico falso.

p: Onze é um número primo.
q: Evaporação é a passagem do estado sólido para o gasoso.
r: O cloreto de sódio é utilizado para cozinhar.

(A) q ↔ r
(B) q → ~r
(C) ~r → ~p
(D) p ↔ ~q
(E) p → r

Raciocínio lógico. p: Correta, números primos são aqueles divisíveis apenas por um e por ele mesmo exceto o próprio número um; q: Incorreta, damos a este evento o nome de sublimação; r: Correta, o clotero de sódio é chamado de sal. Comentário: A bicondicional é falsa quando a 1ª proposição é falsa e a segunda é verdadeira.

Gabarito "A".

(Soldado Combatente da Polícia Militar /RR – 2013 – UERR) Uma sentença aberta pode ser transformada numa proposição se for atribuído valor a uma variável.

Dada a sentença aberta p(y): $y^2 > 10$, assinale o valor a ser atribuído para tornar a proposição p(y) verdadeira:

(A) x = 4

(B) y = -2
(C) y = 1
(D) x = 0
(E) y = 5

Raciocínio lógico. O valor a ser substituido deve ser y e não x como sugerem algumas alternativas; deste modo, quando observamos y=5, ao elevar este ao quadrado obtemos um valor maior que 10.
Gabarito "E"

(Soldado Combatente da Polícia Militar /RR – 2013 – UERR) Um número natural é escolhido ao acaso dentre os números 1, 2, 3, 4,..,20. A probabilidade do número escolhido ser um número par é:

(A) 60%
(B) 45%
(C) 50%
(D) 40%
(E) 20 %

Probabilidade. Entre os números 1 a 20 temos 10 números pares, assim a probabilidade de obtermos um número par é 10/20=1/2=50%.
Gabarito "C"

(Soldado Combatente da Polícia Militar /RR – 2013 – UERR) Luís disse a Fabrício: – Eu jogo futebol ou você não joga basquete. Fabrício retrucou: – Isso não é verdade. Sabendo que Fabrício falou a verdade, **é correto concluir que:**

(A) Luís joga futebol e Fabrício não joga basquete.
(B) Luís joga futebol e Fabrício joga basquete.
(C) Luís não joga futebol e Fabrício não joga basquete.
(D) Luís joga futebol ou Fabrício joga basquete.
(E) Luís não joga futebol e Fabrício joga basquete.

Raciocínio lógico. A afirmativa de Luiz é uma disjunção (conectivo ou), considerando que Fabrício disse a verdade e ele negou o valor da proposição de Luiz então a proposição de Luiz é falsa, por conceito temos que uma disjunção é falsa quando as proposições que a compõem são falsas, desta forma Luiz não joga futebol e Fabrício joga basquete.
Gabarito "E"

(Soldado Combatente da Polícia Militar /RR – 2013 – UERR) João tem 01 lápis a menos que Ivone. Ivone tem 1 lápis a menos que Amélia, que tem o dobro de João. **Quantos lápis tem cada um?**

(A) João tem 2 lápis, Ivone tem 6 lápis e Amélia tem 4 lápis.
(B) João tem 2 lápis, Ivone tem 3 lápis e Amélia tem 4 lápis.
(C) João tem 4 lápis, Ivone tem 3 lápis e Amélia tem 2 lápis.
(D) João tem 1 lápis, Ivone tem 3 lápis e Amélia tem 4 lápis.
(E) João tem 5 lápis, Ivone tem 3 lápis e Amélia tem 4 lápis.

Operações básicas. Vamos associar valores algébricos a cada um dos personagens de acordo com informações obtidas do enunciado: João =x, Ivone = x+1 e Amélia =x+2, desta forma temos a equação algébrica x+2=2x, ou seja, x=2(lembre-se que x representa o número de lápis de João).
Gabarito "B"

(Soldado do Corpo de Bombeiros Militar/SC – 2012 – IESES) Qual é o 10º termo de uma Progressão Geométrica de razão dois, sabendo que o quarto termo dessa sequencia é 4?

(A) 512
(B) 128
(C) 256
(D) 16

Progressão geométrica. A fórmula do termo geral de uma PG é dada pela regra $a_n = a_1.q^{n-1}$, de acordo com informações obtidas no enunciado temos n=4, q=2 (razão da P.G.), já que buscamos o 4° termo → $a_4 = a_1.2^{4-1}$ → $a_4 = a_1.8$ → considerando o 4°termo sendo igual a 4 → $4 = a_1.8$ → $a_1 = 8/4$ → $a_1 = \frac{1}{2}$.

Assim $a_{10} = \frac{1}{2}.2^9$ → $\frac{1}{2}.512 = 256$.
Gabarito "C"

(Soldado da Polícia Militar /SC – 2011 – IESES) Qual o juro obtido em uma aplicação financeira de um capital de $100.000,00 durante o período de dois meses à taxa de juros simples de 60% ao mês?

(A) $110.000,00
(B) $140.000,00
(C) $60.000,00
(D) $120.000,00

Juros simples. Para a resolução desta questão vamos utilizar a fórmula I=c.t.i (I = rendimento, c = capital, t = tempo e i = juros), substituindo I=100000.2.0,6=$120.000,00.(considere 60%=0,6).
Gabarito "D"

(Soldado da Polícia Militar /SC – 2011 – IESES) Mário comprou uma casa por $175.000,00. Para o pagamento foi dada uma entrada de $145.000,00 e o restante parcelado a juros simples com taxa de 12% ao ano durante 5 anos. Qual é o valor total dos juros?

(A) $36.000,00
(B) $18.000,00
(C) $16.000,00
(D) $24.000,00

Juros simples. De acordo com o valor dado na entrada da compra temos que a valor parcelado foi de R$ 30.000,00, para tal vamos utilizar a fórmula dos juros simples, I=c.t.i (I = rendimento, c = capital, t = tempo e i = juros), I=30000.5.0,12=$18.000,00, (considere 12%=0,12).
Gabarito "B"

(Soldado da Polícia Militar /SC – 2011 – IESES) Se o raio de uma circunferência tiver um acréscimo de 50% então o acréscimo percentual em seu comprimento será igual a:

(A) 25%
(B) 50%
(C) 100%
(D) 150%

Porcentagem. Para a resolução desta questão vamos utilizar a fórmula para o cálculo do perímetro da circunferência ($C = 2.\pi.r$), teremos duas situações: 1° para r (raio) sem acréscimo, assim consideremos $C = 2.\pi.r$, 2° situação quando r= $\frac{3r}{2}$ (com 50% de acréscimo), neste caso teremos $C = 2.\pi.\left(\frac{3r}{2}\right) \rightarrow = 3.\pi.r$.

Desta forma quando o valor do comprimento foi de $2\pi r$ para $3\pi r$ houve um acréscimo de 50% em relação ao valor inicial.

Gabarito "B"

(Soldado da Polícia Militar /SC – 2011 – IESES) João fez compras em quatro Shoppings diferentes. Em cada estabelecimento gastou metade do que possuía, e ao sair de cada Shopping pagou \$2,00 de estacionamento. Se, no final, ainda tinha \$8,00, qual era a quantia que João tinha antes de sair de casa?

(A) \$188,00
(B) \$220,00
(C) \$204,00
(D) \$196,00

Operações básicas. Uma dica seria realizar a conta partindo do valor final (\$8,00), ao sair com \$8,00 e pagar \$2,00 de estacionamento ela saiu então do último shopping (4° shopping) com \$10,00 (gasta sempre a metade, se gasta a metade sai com outra metade), \$20,00+estacionamento = \$22,00, entrou no terceiro com \$44,00, assim \$44,00 + estacionamento = \$46,00, então entrou no 3° shopping com \$92,00, \$92,00 + estacionamento = \$94,00, sendo assim entrou no 1° shopping com \$188,00.

Gabarito "A"

(Soldado da Polícia Militar /SC – 2011 – IESES) Em uma corrida com 10 atletas competindo pergunta-se: de quantos modos distintos (combinações) podem ser conquistadas as medalhas de Ouro, Prata e Bronze?

(A) 800
(B) 1000
(C) 720
(D) 300

Análise combinatória. Para ganhar a medalha de ouro temos 10 possibilidades, após esta premiação nos resta 9 possibilidades para medalha de prata e 8 possibilidades para medalha de bronze. O número total de possibilidades será obtido pelo produto 10.9.8=720.

Gabarito "C"

(Soldado da Polícia Militar /SC – 2011 – IESES) Certo cometa foi visível da Terra por alguns dias nos anos de 1774, 1787, 1800, etc., tendo sempre mantido essa regularidade. A próxima aparição deste cometa ocorrerá novamente no ano de:

(A) 2020
(B) 2023
(C) 2019
(D) 2021

Sequência. Ao observar os números 1774, 1787,1800, notamos que se trata de uma sequência de números onde a cada termo aumenta 13 anos, para isso vamos subtrair as opções de resposta por 1774 e o que apresentar resultado que for divisível por 13 será a opção correta. Veja: 2021-1774=247, onde 247/13=19. Desta forma em 2021 veremos um cometa.

Gabarito "D"

(Soldado da Polícia Militar /SC – 2011 – IESES) João tem 100 moedas, umas de 10 centavos, e outras de 25 centavos, perfazendo um total de R\$20,20. O número de moedas de 25 centavos que João possui é:

(A) 54
(B) 68
(C) 32
(D) 76

Sistemas de equações. Para a resolução deste problema vamos associar x ao número de moedas de dez centavos e y ao número de moedas de vinte e cinco centavos, de acordo com as inforações obtidas no enunciado temos: $\rightarrow \begin{cases} x + y = 100 \\ 10x + 25y = 2020 \end{cases}$ → estamos considerando R\$20,20 como 2020 centavos → substituindo a 1° equação na 2° equação: 10(100-y)+25y=2020 → 1000-10y+25y=2020 → 15y=1020 → y=68.

Gabarito "B"

(Soldado da Polícia Militar /SC – 2011 – IESES) Leia as afirmações a seguir:

I. Os números Naturais são aqueles inteiros não positivos mais o zero.

II. Os números Irracionais são aqueles que representam dízimas periódicas.

III. Os números Reais representam a soma dos números Racionais com os Irracionais.

Assinale a alternativa correta:

(A) Somente a assertiva II está correta.
(B) Somente a assertiva III está correta.
(C) Somente a assertiva I está correta.
(D) Somente as assertivas II e III estão corretas.

Conjuntos numéricos.
I: Incorreta, os números naturais são os inteiros positivos e o zero ou inteitos não negativos;
II: Incorreta, números racionais são aqueles que podem ser descritos em forma de fração, um exemplo são as dízimas periódicas, os números irracionais são as dízimas não periódicas;
III: Correta, o conjunto dos números reias de fato é formado pelo união entre racionais e irracionais.

Gabarito "B"

(Soldado da Polícia Militar /SC – 2011 – IESES) Se um pai tem o triplo da idade de um filho e os dois somados têm 76 anos. Qual é a idade do pai?

(A) 50
(B) 45
(C) 57
(D) 62

Sistema de equações. Para a resolução desta questão devemos montar um sistema que retrate os dados apresentados no enunciado $\rightarrow \begin{cases} p = 3.f \\ p + f = 76 \end{cases}$, assim substituindo a 1° equação na 2° equação 3f+f=76 → 4f=76f=76/4=19. Sabendo do valor de f, basta substituir este valor em qualquer uma das equações → p=3.f → p=3.19 → p=57.

Gabarito "C"

(Soldado da Polícia Militar /SC – 2011 – IESES) Com base na seguinte progressão geométrica: {2; 4; 8; 16; 32; 64;... } o próximo valor da sequência seria:

(A) 96
(B) 128
(C) 92
(D) 144

Progressão geométrica. Podemos observar que a razão da P.G. é obtida pela divisão do termo pelo anterior, assim 4/2=2 (assim a razão q=2), desta forma o próximo termo da sequência será 64.2=128.

Gabarito "B"

(Soldado da Polícia Militar /SC – 2011 – IESES) Qual é o valor de x que poderá satisfazer a equação do primeiro grau: 3x + 4(1+x)+2= 5x-x-6?

(A) 4
(B) -4
(C) 2
(D) 3

Equação de 1° grau, 3x+4+4x+2=5x-x-6 → 7x+6=4x-6 → 3x=-12 → x=-4.

Gabarito "B"

(Soldado da Polícia Militar /SC – 2011 – IESES) Duas empresas **A** e **B** têm ônibus com 50 assentos. Em uma excursão para Balneário Camboriú, as duas empresas adotam os seguintes critérios de pagamento: A empresa **A** cobra $25,00 por passageiro mais uma taxa fixa de $400,00. A empresa **B** cobra $29,00 por passageiro mais uma taxa fixa de $250,00. Pergunta-se: Qual é o número mínimo de excursionistas para que o contrato com a empresa **A** fique mais barato do que o contrato da empresa **B**?

(A) 37
(B) 38
(C) 35
(D) 40

Equação 1° grau. As situações descritas serão representadas por A=400+25p e B=250+29p, assim vamos igualar para que possamos determinar o ponto em comum → 400+25p=250+29p → 150=4p → p=37,5. O valor 37,5 faz com que as duas expressões tenham o mesmo valor, ou seja, o valor 37,5 será o divisor de águas. Para o valor 37 obtemos A=1325 e B=1323, assim observamos que neste caso B está mais em conta. Para 38 (próximo valor acima de 37,5) temos A=1350 e B=1352, assim notamos que A é mais em conta. Podemos concluir que para valores acima de 38 a empresa A será mais conveniente.

Gabarito "B"

(Soldado da Polícia Militar /SC – 2011 – IESES) Dois automóveis percorreram a distância entre as cidades A e B. Ambos saíram da cidade A e não realizaram paradas durante as viagens. O primeiro partiu às 9 horas e o segundo às 10 horas, chegando juntos na cidade B às 14 horas. Se a velocidade média do primeiro foi de 50 km/h, qual é a velocidade média do segundo automóvel?

(A) 72,5 km/h
(B) 60 km/h
(C) 65 km/h
(D) 62,5 km/h

Velocidade média. A velocidade média é obtida pela distância percorrida dividida pelo tempo gasto, assim considerando um veículo a 50km/h com viagem de 5 horas (9 horas às 14 horas) temos $50 = \frac{espaço}{5}$ → $espaço = 250$, vamos agora calcular a velocidade de um veículo que percorre 250 km em 4 horas (10 horas às 14 horas) → $Vm = \frac{250}{4} = 62{,}5km/h$.

Gabarito "D"

(Soldado da Polícia Militar /SC – 2011 – IESES) Em um colégio com 520 alunos, 330 estudam inglês, 185 estudam Espanhol e 63 estudam ambas as línguas. Pela teoria dos conjuntos pergunta-se: Quantos alunos não estudam nenhuma das duas línguas?

(A) 68
(B) 5
(C) 57
(D) 131

Conjuntos numéricos. De acordo com as informações obtidas no enunciado podemos construir o seguinte diagrama:

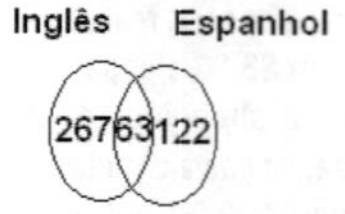

Assim o número de pessoas que não estudam nenhuma das duas disciplinas pode ser obtido pela operação: 267+63+122=452 (452 fazem um ou os dois cursos), 520-452=68 pessoas não fazem nenhum dos cursos.

Gabarito "A"

(Soldado da Polícia Militar /SC – 2011 – IESES) Um determinado comerciante resolveu promover uma liquidação em todos os produtos de sua loja. Os preços foram reduzidos em 20%, mas quando a liquidação terminar o comerciante pretende voltar a praticar os preços anteriores. Qual deverá ser o percentual de aumento nos produtos em liquidação para que sejam alcançados os preços originais?

(A) 27,50%
(B) 20%
(C) 25%
(D) 22,50%

Porcentagem. Considerando x como sendo o valor antes da liquidação, já que houve uma redução de 20% em relação a x, ficamos com 0,8x, assim (considerando que w é o percentual de aumento)

$0{,}8x.\frac{w}{100} = x$ → $80.x.w = 100.x$ → $80w = 100$ →

$w = \frac{100}{80}$ → $w = 1{,}25$ ao observar o valor encontrado em w podemos afirmar que deve haver um aumento de 25%.

Gabarito "C"

(Soldado da Polícia Militar /SC – 2011 – IESES) O pagamento do 13º terceiro salário aos trabalhadores de uma empresa deverá acarretar uma despesa em dezembro de 2011 de R$96.600,00, valor 15% maior que o valor pago no ano anterior. Pergunta-se: Qual foi o valor pago pelo 13º terceiro salário de 2010 aos trabalhadores desta empresa?

(A) R$ 84.000,00

(B) R$ 77.280,00
(C) R$ 111.090,00
(D) R$ 82,110,00

Porcentagem. Considerando que x seja o valor pago em 2010, assim

$$x+\frac{15x}{100}=96600 \rightarrow 10x+15x=9660000 \rightarrow$$

$$115x=9660000 \rightarrow 115x=9660000 \rightarrow x=84.400{,}00.$$

Gabarito "A".

(Soldado da Polícia Militar /SC – 2011 – IESES) Em um processo seletivo, a prova de Língua Portuguesa eliminou 30% dos candidatos inscritos, e a prova de Conhecimentos Gerais eliminou 20% dos candidatos restantes. Pergunta-se: Qual foi o percentual do total de candidatos inscritos que essas duas provas juntas eliminaram?

(A) 44%
(B) 46%
(C) 56%
(D) 50%

Porcentagem. Considerando que língua portuguesa eliminou 30% então restaram 70%, destes 70%, 20% foram eliminados em conhecimentos gerais, assim 70%=0,7 e 20%=0,2, vamos calcular o produto 0,7.0,2=0,14=14% (este valor representa a porcentagem de eliminados em conhecimentos gerais), assim o total de eliminados serão 30% (lingua portuguesa)+ 14% (conhecimentos gerais) = 44%.

Gabarito "A".

(Soldado da Polícia Militar /SC – 2011 – IESES) Um determinado pesquisador tem que entrevistar 500 pessoas. Sabendo-se que a cada 7 dias ele entrevista 49 pessoas e que não ocorrem pausas nos feriados e finais de semana, pergunta-se: Qual é a porcentagem de pessoas entrevistadas após 30 dias?

(A) 38% do total.
(B) 53% do total.
(C) 42% do total.
(D) 45% do total.

Porcentagem. Temos que 49/7 = 7 (número de pessoas que foram entrevistadas por dia), desta forma em 30dias teremos 30.7 = 210 pessoas no total. A porcentagem é obtida pela divisão de 210 por 500 que resulta em 0,42 = 42%.

Gabarito "C".

(Soldado da Polícia Militar /SC – 2011 – IESES) Com o fim da estação de inverno uma loja de roupas deseja oferecer 20% de desconto em todas as peças. O cliente que comprar uma camisa que antes do desconto custava R$43,00 receberá, em reais, um desconto de:

(A) R$ 8,60
(B) R$ 4,30
(C) R$ 7,30
(D) R$ 6,20

Porcentagem, 20% de R$43,00 é calculado pelo produto 43.0,2= R$8,60.

Gabarito "A".

(Soldado da Polícia Militar /SC – 2011 – IESES) Uma cidade, no ano 2000, tinha uma população de 1,5 milhões de habitantes. Essa mesma cidade, no ano 2010, apresentou uma população de 6 milhões de habitantes. Qual foi a taxa de crescimento percentual dessa população no período entre 2000 e 2010?

(A) 40%
(B) 300%
(C) 400%
(D) 200%

Porcentagem. Para obtermos a porcentagem podemos dividir 6 milhões por 1,5 milhão que resultará no número 4, assim 4 representa 400% (4.100 = 400%), 400% representa o valor final, já que estamos procurando apenas o crescimento devemos subtrair 400%-100% = 300%.

Gabarito "B".

(Cabo da Polícia Militar /SP – 2012 – CETRO) No bloco A de certo presídio, há o triplo de presos do bloco B e, no bloco C, há a metade de presos do bloco B. Sabendo que o total de presos nos três blocos é igual a 7.506, pode-se concluir que, no **bloco A,** há

(A) 5.000 presos.
(B) 5.004 presos.
(C) 5.018 presos.
(D) 5.046 presos.

Equação do 1° grau, vamos associar uma expressão algébrica a cada situação: Bloco A=3x, Bloco B=x e Bloco C = x/2, de acordo com os volores apresentados no enunciado da questão temos → 3x+x+x/2=7506 → 6x+2x+x=15012 → 9x=15012 → x=1668. Assm no bloco A temos 3x → 3.1668 = 5004 pessoas.

Gabarito "B".

(Cabo da Polícia Militar /SP – 2012 – CETRO) O gráfico abaixo representa o salário bruto (S) de um policial militar em função das horas (h) trabalhadas em certa cidade. Portanto, o valor que este policial receberá por 186 horas é

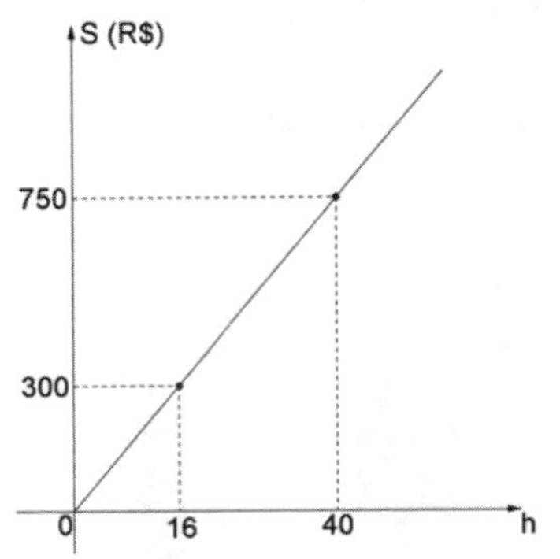

(A) R$3.487,50.
(B) R$3.506,25.
(C) R$3.534,00.
(D) R$3.553,00.

Função de 1° grau, como o gráfico é uma reta podemos formar uma regra de três → $\frac{40}{750}=\frac{186}{x}$ → 40x=186.750 → 40x=139500 → x=3.487,50.

Gabarito "A".

(Cabo da Polícia Militar /SP – 2012 – CETRO) Assinale a alternativa que apresenta o número de anagramas da palavra QUARTEL que começam com AR.

(A) 80.
(B) 120.
(C) 240.
(D) 720.

Análise combinatória, considerando que o anagrama deve começar com AR, podemos permutar a letras restantes v 5.4.3.2.1=120 possibilidades.

Gabarito "B"

(Cabo da Polícia Militar /SP – 2012 – CETRO) A Polícia Militar de determinado Estado deve ampliar em 12% o seu efetivo até o final de 2012. A corporação realizará um concurso para contratar X soldados, sendo que 60% das vagas são destinadas à carreira e o restante a temporários. Atualmente, a PM deste Estado conta com 115 mil em seu contingente. Logo, o número de vagas de carreira e de temporários é de, respectivamente,

(A) 7.520 e 6.280.
(B) 7.926 e 5.874.
(C) 8.280 e 5.520.
(D) 8.354 e 5.446.

Porcentagem. Vamos inicialmente calcular 12% de 115.000 (115000.0,12=13800, número de deve ser ampliado), assim 60% (carreira) será → 13800.0,6=8280, e 40% (temporário)será → 13800.0,4=5520.

Gabarito "C"

(Cabo da Polícia Militar /SP – 2012 – CETRO) A população carcerária de um país, em 2011, era de 500 mil presos. Se a taxa de crescimento anual ficar em torno de 2%, a população carcerária, no ano de 2016, será de, aproximadamente,

(A) 541.216 presos.
(B) 552.040 presos.
(C) 563.081 presos.
(D) 570.020 presos.

Porcentagem e juros compostos. De 2011 a 2016 passaram 5 anos assim $M = C.(1+i)^t$ (M é montante, C o capital, t e o tempo e i a taxa de juros), $M = 500000.(1+0,02)^5$ → 500000.1,10408=552040.

Gabarito "B"

(Cabo da Polícia Militar /SP – 2012 – CETRO) De um total de 120 oficiais que se destinam às modalidades: montado, ambiental e de choque, sabe-se que:

- 40 são da polícia montada e, destes, 10 são do sexo feminino.
- O total de oficiais do sexo masculino é 80, dos quais 30 são da polícia de choque.
- 20 moças pertencem à Polícia Ambiental.

Sorteando-se, ao acaso, um oficial desse grupo, a probabilidade de que ele pertença à Polícia de Choque, sabendo que é do sexo feminino, é de

(A) 25%.
(B) 35%.
(C) 40%.
(D) 50%.

Porcentagem. Temos 40 oficiais de sexo feminino, destes 10 são da tropa de choque, assim a probabilidade será obtida por 10/40=25%.

Gabarito "A"

Observe o gráfico abaixo e responda as duas questões seguintes.

Percentual de pessoas que se sentiam seguras no seu domicílio, bairro e cidade, na população de 10 anos ou mais de idade, por local, segundo as Grandes Regiões – 2009.

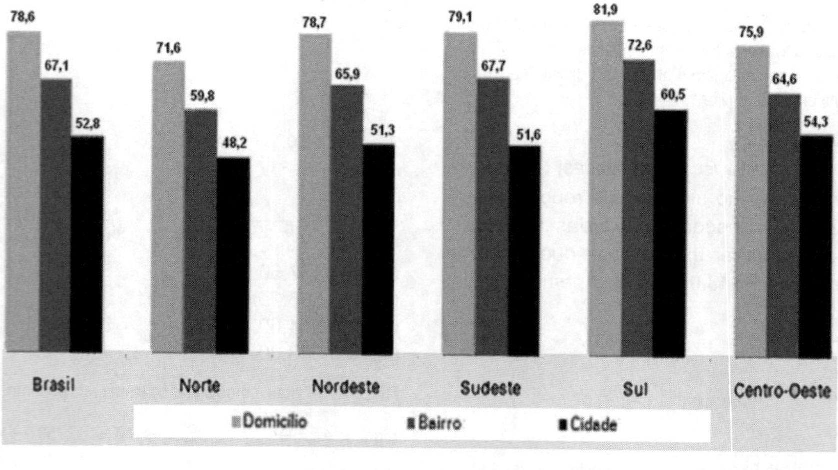

Fonte: IBGE, Diretoria de Pesquisas, Coordenação de Trabalho e Rendimento, Pesquisa Nacional por Amostra de Domicílios, 2009.

(Cabo da Polícia Militar /SP – 2012 – CETRO) Leia o trecho abaixo e, em seguida, assinale a alternativa que preenche correta e respectivamente as lacunas.

"Na região Sudeste, em 2009, ____ das pessoas de 10 anos ou mais de idade não se sentiam seguras no domicílio em que residiam, ____ no bairro e ____ na cidade."

(A) 21,3%/ 27,4%/ 39,5%
(B) 20,9%/ 32,3%/ 48,4%
(C) 21,3%/ 34,1%/ 39,5%
(D) 20,9%/ 32,9%/ 48,4%

Porcentagem. Os valores apresentados no gráfico representam a porcentagem de pessoas que se sentem seguras, desta forma vamos subtrair estes valores de 100% para que possamos determinar a porcentagem que não se sentem seguras: domicílo 100%-79,1%=20,9%, bairro 100%-67,7%=32,3% e cidade 100%-51,6%=48,4%.

Gabarito "B"

(Cabo da Polícia Militar /SP – 2012 – CETRO) Considerando que foram entrevistadas, no Brasil, 162,8 milhões de pessoas com 10 anos ou mais de idade, é correto afirmar que

(A) 127.960.800 se sentiam seguras em seu bairro.
(B) 109.238.800 se sentiam seguras em sua cidade.
(C) 85.958.400 não se sentiam seguras em sua cidade.
(D) 53.561.200 não se sentiam seguras em seu bairro.

Porcentagem. Vamos trabalhar com os dados apresentados no Brasil, inicialmente vamos determinar a porcentagem de pessoas que não se sentem seguras em seu bairro → 100%-67,1%=32,9%, devemos agora calcular 32,9% de 162.800.000 → 0,329.162800000=53.561.200.

Gabarito "D"

(Cabo da Polícia Militar /SP – 2012 – CETRO) Para participar da Corrida Ciclística da Polícia Militar, um policial faz o seguinte treinamento: na primeira hora, ele percorre 30 km; na segunda hora, ele percorre 27 km, e, assim por diante, em progressão aritmética. Portanto, após 5 horas de treinamento, ele terá percorrido

(A) 90km.
(B) 100km.
(C) 110km.
(D) 120km.

Progressão aritmética, observamos a sequência 30,27,..., assim r=-3 (razão), a fórmula do termo geral é $a_n = a_1 + (n-1).r$, vamos determinar o 5° termo e em seguida calcular a soma destes $a_5 = 30 + (5-1).(-3) = 30 - 4.3 = 18$, concluimos que $a_5 = 18$, agora vamos calcular a soma dos 5 primeiros termos $S_n = \frac{(a_1 + a_n).n}{2} \rightarrow S_n = \frac{(30+18).5}{2} \rightarrow S_n = 120$.

Gabarito "D"

(Cabo da Polícia Militar /SP – 2012 – CETRO) Uma lei de certo país determinou que as placas das viaturas de polícia deveriam conter 3 algarismos seguidos de 4 letras do alfabeto grego (24 letras). Sendo assim, o número de placas diferentes será igual a

(A) 175.760.000.
(B) 183.617.280.
(C) 331.776.000.
(D) 358.800.000.

Análise combinatória. O número de placas será obtido pelo produto de 10.10.10.24.24.24.24=331.776.000 possibilidades.

Gabarito "C"

(Cabo da Polícia Militar /SP – 2012 – CETRO) Para certo crime, com pena de reclusão de seis a vinte anos, poderá ocorrer a diminuição da pena de um sexto a um terço. Supondo que ao infrator tenha sido aplicada a diminuição mínima sobre a pena máxima, a pena atribuída a ele é de

(A) 14 anos e 4 meses.
(B) 15 anos e 3 meses.
(C) 16 anos e 8 meses.
(D) 17 anos e 2 meses.

Operações básicas. De acordo com os dados apresentados no enunciado temos que a pena máxima é de 20 anos e a diminuição mínima é de 1/6, assim 1/6 de 20 = 20/6, ou seja, ele deverá cumprir 5.(20/6)=100/6=16,666..., notamos que 16,666... = 16+0,666... considerando 1 ano = 12 meses vamos fazer uma regra de três

1 – 12
0,666... – x → x=12.0,666... → x=7,999...(aproximadamente 8 meses), assim temos um tempo total de 16 anos e 8 meses.

Gabarito "C"

(Cabo da Polícia Militar /SP – 2012 – CETRO) Assinale a alternativa que apresenta o número de maneiras diferentes que um capitão pode escalar 4 praças, tendo à sua disposição 12 cabos.

(A) 48.
(B) 120.
(C) 360.
(D) 495.

Análise combinatória, neste caso a ordem dos termos não importam, desta forma vamos utilizar a fórmula da combinação

$$C_{n,p} = \frac{n!}{(n-p)!p!} \rightarrow C_{12,4} = \frac{12!}{8!4!} \rightarrow C_{12,4} = \frac{12.11.10.9}{4.3.2} = 495.$$

Gabarito "D"

(Oficial da Polícia Militar /SP – 2012 – VUNESP) Na reunião convocada pelo comandante geral, cada oficial sob seu comando teria 27 minutos para expor o seu plano de metas para o próximo semestre. Entretanto, um dos oficiais não pôde comparecer, por motivo de força maior, e, assim, cada um dos oficiais presentes teve o seu tempo de exposição aumentado para 30 minutos. O tempo total reservado pelo comandante para a exposição de seus oficiais era

(A) 3 h 45 min.
(B) 4 h 15 min.
(C) 4 h 30 min.
(D) 4 h 50 min.
(E) 5 h 15 min.

Equação do 1° grau. De acordo com as informações retiradas do enunciado vamos considerar x como sendo o número de oficiais → x.27=(x-1).30 → 27x=30x-30 → -3x=-30 → x=10. Assim obtemos o número de oficiais que foram convocados, como cada um teria 27 minutos então temos 10.27 = 270 minutos, convertendo para horas obtemos 4 horas e 30 minutos.

Gabarito "C"

(Oficial da Polícia Militar /SP – 2012 – VUNESP) Os valores das parcelas mensais estabelecidas em contrato para pagamento do valor total de compra de um imóvel constituem uma PA crescente de 5 termos. Sabendo que $a_1 + a_3 = 60$ mil reais, e que $a_1 + a_5 = 100$ mil reais, pode-se afirmar que o valor total de compra desse imóvel foi, em milhares de reais, igual a

(A) 200.
(B) 220.
(C) 230.
(D) 250.
(E) 280.

Progressão aritmética, a soma dos termos de uma progressão aritmética é obtida pela fórmula → $S_n = \frac{(a_1 + a_n).n}{2}$ →

$S_5 = \frac{(100000).5}{2} = 250.000$.

Gabarito "D"

(Oficial da Polícia Militar /SP – 2012 – VUNESP) O paralelogramo ABCD foi construído com a junção de dois triângulos retângulos congruentes, ABD e BCD, conforme mostra a figura.

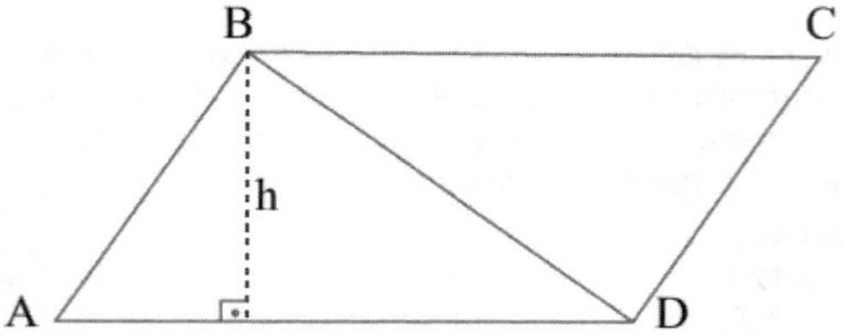

Se os lados de um triângulo medem 12 cm, 16 cm e 20 cm, então a altura indicada por h na figura mede, em centímetros,

(A) 10,7.
(B) 9,6.
(C) 8,0.
(D) 7,5.
(E) 6,7.

Relação métrica do triângulo retângulo. Considerando AD = 20, AB=12 e BD=16, temos h.AD=AB.BD → h.20=12.16 → h=192/20 → h=9,6cm.

Gabarito "B"

(Oficial da Polícia Militar /SP – 2012 – VUNESP) Um determinado produto, comprado por R$ 300,00, foi vendido com um lucro correspondente a 60% do preço de venda. Sendo o lucro igual ao preço de venda menos o preço de custo, pode-se concluir que esse produto foi vendido por

(A) R$ 750,00.
(B) R$ 640,00.
(C) R$ 550,00.
(D) R$ 500,00.
(E) R$ 480,00.

Porcentagem. Chamaremos de x o preço de venda, assim o lucro será obtido pela diferença entre o preço de venda e o preço de compra, considerando o preço de venda x e lucro de 60% (60/100) temos $x - \frac{60x}{100} = 300$ →100x-60x=30000 → 40x=30000 → x=750,00.

Gabarito "A"

(Oficial da Polícia Militar /SP – 2012 – VUNESP) O valor de mercado de determinado produto decresce linearmente com o tempo (t) de uso, em anos, conforme mostra o gráfico, até atingir um valor mínimo igual a 25% do valor da compra inicial, quando se estabiliza.

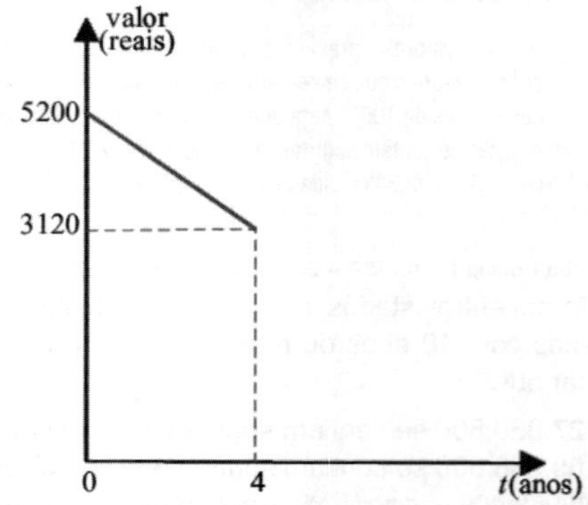

Se o valor de compra, hoje (t = 0), é de R$ 5.200,00, ele atingirá o valor mínimo daqui a

(A) 7,5 anos.
(B) 8 anos.
(C) 9,5 anos.
(D) 10 anos.
(E) 11,5 anos.

Função. Em quatro anos o valor caiu de R$5200 para R$3120, ou seja, R$ 520 por ano, desta forma 25% de 5200 equivale a 3900, assim 3900:520 = 7,5 anos.

Gabarito "A"

(Oficial da Polícia Militar /SP – 2012 – VUNESP) Considere o polinômio $P(x) = x^4 + x^2 + bx + c$, em que b e c são números inteiros. Sabe-se que P(x) é divisível por h(x) = x – 2 e que deixa resto igual a 4 quando dividido por g(x) = x + 2.

Nessas condições, b e c valem, respectivamente,

(A) 1 e –18.
(B) –1 e –18.
(C) –2 e –12.
(D) –3 e 12.
(E) –4 e –8.

Polinômios. Sendo o polinômio P(x) divisível por h(x)=x-2 temos que o valor 2 é raiz de P(x), substituindo temos $2^4 + 2^2 + b.2 + c = 0$ → $2b + c = -20$, considerando que P(x) é divisível por g(x) com resto quartro temos $(-2)^4 + (-2)^2 - 2b + c = 4$ → $-2b + c = -16$, para isso vamos montar um sistema da equações $\begin{cases} 2b + c = -20 \\ -2b + c = -16 \end{cases}$, somando as duas equações c=-18 e b=-1.

Gabarito "B"

5. INFORMÁTICA BÁSICA

Rafael Roberto Nascimento

1. SISTEMA OPERACIONAL WINDOWS

(Soldado Combatente da Polícia Militar/AC – 2012 – FUNCAB) Observe abaixo os arquivos exibidos no Windows Explorer.

Nome	Data de modificaç...	Tipo	Tamanho
recibo abr 2012	17/06/2012 12:39	Documento do Mi...	54 KB
recibo jun 2012	29/04/2012 16:12	Documento do Mi...	54 KB
recibo mai 2012	17/06/2012 12:38	Documento do Mi...	54 KB
recibo mar 2012 - Atalho	01/07/2012 11:08	Atalho	2 KB
recibo mar 2012	29/04/2012 16:09	Documento do Mi...	54 KB

É correto afirmar que:

(A) ao excluir o atalho "recibo mar 2012 – Atalho", o arquivo correspondente ao atalho criado "recibo mar 2012" também será excluído.

(B) ao excluir o arquivo "recibo abr 2012", ele será removido do seu computador ainda que esteja aberto em um editor de textos.

(C) ao renomear o arquivo "recibo jun 2012" para "recibo mai 2012", o arquivo renomeado irá se sobrepor ao arquivo existente.

(D) a marcação em torno das informações do atalho "recibo mar 2012 – Atalho" indica que o mesmo foi criado recentemente.

(E) um duplo-clique sobre o atalho "recibo mar 2012 – Atalho" abrirá o arquivo "recibo mar 2012".

A: Incorreta, pois a exclusão de um "atalho" não exclui automaticamente o arquivo original; **B:** Incorreta, pois para excluir um arquivo é necessário que o mesmo não esteja em execução; **C:** Incorreta, pois, não é possível que dois arquivos tenham formatos e nomes idênticos na mesma pasta/diretório; **D:** Incorreta, a marcação indica que o arquivo está selecionado; **E:** Correta, a execução do arquivo do tipo atalho abrirá o arquivo correspondente.

Gabarito "E"

(Assistente Administrativo da Polícia Militar/MG – 2012 – FCC) Na escola onde Marcelo trabalha utiliza-se apenas o Sistema Operacional *Windows* e um *software* para a criação e edição de textos. Em um momento de agitação do trabalho diário, ele apagou por engano um documento importante do *pen drive* utilizando a tecla *delete*. Arrependido, Marcelo deu um duplo clique no ícone da lixeira na área de trabalho e

(A) clicou com o botão direito do *mouse* no arquivo excluído selecionando em seguida a opção Restaurar.

(B) observou que o arquivo excluído não estava na lixeira.

(C) selecionou a opção Restaurar Arquivos.

(D) selecionou o arquivo que havia sido excluído clicando em seguida a opção Desfazer.

Quando apagamos arquivos de uma unidade de disco removível (como CD, DVD, PenDrive, Disquete) ou de outras pastas da Rede, tais documentos/arquivos não são encaminhados para a Lixeira do usuário, ou seja, o documento/arquivo é definitivamente apagado.

Gabarito "B"

(Soldado Combatente da Polícia Militar /RR – 2013 – UERR) Considerando Sistemas Operacionais, assinale a alternativa **CORRETA**.

(A) O Sistema Operacional Windows recebe esse nome devido a sua interface gráfica ser compatível com os padrões internacionais de usabilidade.
(B) O Sistema Operacional Linux é de propriedade da Microsoft.
(C) Tanto o Sistema Operacional Windows quanto o Linux usam seu sistema de armazenamento de arquivos baseados em estruturas hierárquicas.
(D) O Sistema Operacional Linux é uma derivação do Sistema Operacional Ubuntu.
(E) O Sistema Operacional Linux foi lançado pela primeira vez pela Microsoft em 1973.

A: Incorreta, pois, o Sistema Windows tem esse nome por ser um dos pioneiros na execução de tarefas por meio de Interface Gráfica e consequentemente possuir "Janelas" para facilitar a visualização das atividades; **B:** Incorreta, pois, o Sistema Linux é concorrente do Sistema Windows. Linus Torvalds foi o criador do sistema Linux, inspirado pelo seu primeiro projeto conhecido por "Minix" e que futuramente iria ser mundialmente conhecido por Linux; **C:** Correta, pois, o modelo de armazenamento de arquivos dos dois sistemas é parecido. Hoje, até as interfaces gráficas de ambos são amigáveis o que permite também a troca de arquivos e dados entre ambos; **D:** Incorreta, pois, "Ubuntu" é uma de várias distribuições do Linux, podendo ser chamado do Linux Ubuntu. Existem outras como: Linux RedHat, LinuxKubuntu, LinuxPqui, Linux Suse e outros; **E:** Incorreta, pois a primeira versão Oficial do Linux foi criado em 05 de Outubro de 1991 por Linus Torvalds.

Gabarito "C"

(Soldado Combatente da Polícia Militar /RR – 2013 – UERR) Assinale a alternativa que representa uma versão do Sistema Operacional Windows.

(A) "Windows 8 Publisher".
(B) "Windows 7 Home Premium"
(C) "Windows NT Arcade"
(D) "Windows 95 Freeware"
(E) "Windows 2000 Office"

A: Incorreta, pois, Windows 8 Publisher não existe. O nome correto seria, Windows Publisher, *software* de Editoração Eletrônica usado para diagramações; **B:** Correta, pois, Windows 7 Home Premium é uma versão do Sistema Windows. Existem outras, como: Windows 7 Professional, Windows 7 Basic, Windows 7 Ultimate; **C:** Incorreta, pois a versão "NT Arcade" não existe. Podemos afirmar que existe apenas a versão NT para Windows; **D:** Incorreta, pois, não há uma versão Freeware do sistema Windows conforme descrito na alternativa; **E:** Incorreta, pois Office é um conjunto de ferramentas para escritório da Microsoft (Word, Excel, PowerPoint....) e o nome correto é: Microsoft Office 2000.

Gabarito "B"

2. SISTEMA OPERACIONAL LINUX

(Soldado Combatente da Polícia Militar/AC – 2012 – FUNCAB) O comando para tornar um usuário em usuário *root* dentro de uma sessão Shell no sistema operacional Unix é:

(A) root –
(B) su –
(C) ur –
(D) cp –
(E) rm –

A: Incorreto, pois "Root" é o nome dado ao usuário Administrador do sistema, aquele que tem todas as permissões de uso, gravação e edição; **B:** Correta, pois o comando "Su –" que significa "Super Usuário", permite que um usuário padrão obtenha permissões de um usuário Root; **C:** Incorreto, pois esse comando não existe no ambiente Unix/Linux; **D:** Incorreta, pois esse comando, "cp", tem a função de Copiar arquivos ou diretórios; **E:** Incorreto, pois "rm" é o comando usado para remover arquivos e diretórios..

Gabarito "B"

(Soldado Combatente da Polícia Militar/AC – 2012 – FUNCAB) No sistema operacional Linux, o comando find /users -name '*.txt' busca:

(A) usuários que possuem acesso a arquivos com extensão txt.
(B) usuários do NotePad.
(C) diretórios contendo arquivos com extensão txt.
(D) arquivos sem extensão txt.
(E) no diretório "users", arquivos com extensão txt.

O comando "find /users –name '*.txt' busca no diretório "users", arquivos com a extensão ".txt". O comando find significa "Pesquisar/buscar" e o comando "*.txt" diz que deve buscar apenas arquivos com a terminação .txt.

Gabarito "E"

(Soldado Combatente da Polícia Militar/AC – 2012 – FUNCAB) No Linux, o parâmetro que deve ser informado no comando "tar" para extração do conteúdo de um *backup* é:

(A) t
(B) e
(C) x
(D) c
(E) m

A: Incorreta, pois, "t" é um parâmetro usado para exibir o conteúdo de um arquivo no formato "Tar"; **B:** Incorreta, pois o parâmetro "e" não é usado no comando TAR; **C:** Correto, pois o parâmetro "x" é específico para se extrair documentos que estão compactados em formato TAR; **D:** Incorreto, pois, "c" é um parâmetro permite criar um novo arquivo TAR; **E:** Incorreto, pois, "e" é o parâmetro usado para criar, listar ou extrai um arquivo multivolume.

Gabarito "C"

(Soldado do Corpo de Bombeiros Militar/SC – 2012 – IESES) Considere o seguinte cenário: Você está conectado em um terminal Linux, e na pasta em que o "*prompt*" se encontra tem os seguintes arquivos: teste1.txt, teste2.txt, teste3.txt, teste4.new, teste5.new.

Analise afirmativas abaixo (desconsidere as aspas nos comandos, são apenas para facilitar o texto):

I. O comando "ls *.txt" irá listar apenas os arquivos: teste1.txt, teste2.txt, teste3.txt
II. O comando "ls teste?.txt" neste caso, irá listar todos os arquivos que terminam com a extensão ".txt"
III. O comando "ls *.new" irá listar todos os arquivos que iniciam com "teste" no nome
IV. O comando "ls teste*" não listará nenhum arquivo, pois tem erro no comando

Assinale a alternativa correta:

(A) Apenas a afirmativa III está incorreta.
(B) Apenas a afirmativa II está correta.

(C) Apenas as afirmativas I e II estão corretas.
(D) Estão incorretas apenas as afirmativas II e IV.

I: Correta, pois o comando "ls" é usado para listar listas de arquivos e o *.txt Asterisco+extensão TXT é usado para listar arquivos de qualquer nome que contenha a extensão .TXT; **II**: Correta, pois de acordo com o cenário, o comando irá listar todos os arquivos que começam com a palavra teste e terminam com a extensão TXT; **III**: Incorreta, pois o comando irá listar todos os arquivos que tenham a extensão .new; **IV**: Incorreta, pois o comando irá listar todos os arquivos que começam com o nome teste e que seja de qualquer extensão.

Gabarito "C"

3. SEGURANÇA DA INFORMAÇÃO

(Oficial Policial Militar/DF – 2010 – CESPE) Com relação aos conceitos de segurança da informação e gerenciamento de arquivos nos ambientes Linux e Windows, julgue os itens de **1** a **3**.

(1) Enquanto o Windows XP utiliza o Windows Explorer para o gerenciamento de pastas e arquivos, o Linux não possui um aplicativo padrão para o gerenciamento de arquivos em modo gráfico; há distribuições do Linux que permitem, para esse fim, o uso de programas como o Konqueror e o Nautilus; este, por padrão, integra o gerenciador de janelas Gnome.

(2) Caso um computador tenha sido infectado por um cavalo de troia, a presença de um *firewall* instalado na estação de trabalho será irrelevante, já que este tipo de programa, apesar de impedir que dados indesejados entrem no computador, não consegue impedir que o cavalo de troia transmita informações do usuário desse computador para outros computadores.

(3) A criptografia, muito utilizada em transações pela Internet, é um procedimento de segurança que cifra dados utilizando um processo matemático, de forma que apenas o destinatário consiga decifrá-los, o que impede que o possível interceptador de uma mensagem consiga modificá-la.

1: Correta, pois, Nautilus é um gerenciador de arquivos padrão Gnome. Gnome é uma das Interfaces Gráficas presente em diversas distribuições Linux. Konqueror é um Browser ou Navegador Web comum nas distribuições Linux, porém, permite também navegar pelos arquivos locais do sistema. **2:** Incorreta, pois, a função do Firewall é aplicar regras e políticas de segurança em uma rede de computadores. Além de dificultar e tentar impedir o acesso não autorizado à uma rede privada, assim, pode impedir que *Malwares* instalados forneçam dados internos para usuários não autorizados; **3:** Incorreta, pois a Criptografia (do grego *kryptós*, "escondido", e *gráphein*, "escrita") tem por objetivo dificultar que a mensagem seja lida/interpretada por alguém não autorizado. Uma mensagem e/ou conteúdo criptografado não está protegido de modificações.

Gabarito 1C, 2E, 3E

(Soldado Combatente da Polícia Militar/AC – 2012 – FUNCAB) O procedimento que pode colocar em risco a segurança do seu computador é:

(A) a manutenção de programas antivírus sempre ativos e atualizados.
(B) a verificação de arquivos com extensão "exe" antes de executar seu *download.*
(C) o cancelamento de *download* de arquivos iniciados automaticamente.
(D) o *download* de arquivos recebidos por email de pessoas conhecidas.
(E) a utilização de um *Firewall* em sua rede de computadores.

A: Incorreta, pois é necessário manter os programas "Antivírus" sempre ativos e atualizados para não colocar a segurança do computador em risco; **B:** Incorreta, é importante verificar os arquivos "exe" (arquivos executáveis) antes de executá-los, pois, podem conter ameaças que trarão prejuízo e risco ao seu computador; **C:** Incorreta, pois existem inúmeras ameaças virtuais, como os chamados "*Spywares*" que se instalam em nossos computadores por meio de "*Downloads*" realizados sem a ação voluntária do usuário, como por exemplo, a instalação de *Plug-ins* ou outros complementos distribuídos em sites maliciosos da internet; **D:** Correta, pois, existe um risco enorme de contaminação por *Malwares* quando recebemos *e-mails* com anexos, mesmo que seja de uma pessoa conhecida. Tentativas como esta são comuns no mundo virtual; **E:** Incorreta, pois, "Firewall" é um serviço muito comum na proteção e na segurança de um computador ou de uma rede de computadores de invasões e ataques externos. Esses ataques virtuais visam principalmente a quebra de segurança dos dados da rede.

Gabarito "D"

(Soldado da Polícia Militar /RJ – 2010) Como são conhecidas as cópias de segurança de arquivos?

(A) *Backup.*
(B) *Backdoor.*
(C) *Background.*
(D) *FileLog.*

A: Correta, pois "*Backup*" é a cópia de segurança de arquivos; **B:** Incorreta, pois, "*Backdoor*" é uma falha de segurança que pode existir em um programa de computador ou sistema operacional que pode permitir a invasão por um *cracker* para que ele possa obter um total controle da máquina da vítima; **C:** Incorreta, pois, a definição de "*Background*" é para imagem de fundo / fundo de tela. Por exemplo, na Área de Trabalho do Windows é possível colocar fotos de *Background.* Em uma página da internet é possível incluir uma imagem de fundo, um *Background*; **D:** Incorreta, pois o termo "FileLog" se refere à um documento que permite visualizar todas as atividades dos usuários em determinado sistema.

Gabarito "A"

(Soldado da Polícia Militar /RJ – 2010) Os aplicativos (*softwares*) utilizados para obter informações de forma indevida e/ou danificar arquivos existentes no computador são definidos como

(A) *backup.*
(B) *malware.*
(C) *selfware.*
(D) *middleware.*

A: Incorreta, pois, o termo "*Backup*" se refere à "Cópia de Segurança" de arquivos; **B:** Correta, pois o tempo *Malware* (Programa Malicioso) se refere aos *Softwares* (Programas) que podem, desde copiar informações digitadas pelo usuário até paralisar o sistema do mesmo. São exemplos de *Malwares*: *Trojan* (Cavalo de troia) e *Worm*; **C:** Incorreta, pois, o termpo Selfware pode ser definido como um *Software* Próprio: Existem dispositivos como Celulares e *Smartphones* que possuem sistemas próprios criados pela própria Empresa; **D:** Incorreta, pois *Middeware* é um *software* que faz a mediação entre um *software* e as demais aplicações. Exemplo: Servidores Java, B.I, BPM, entre outras aplicações.

Gabarito "B"

(Soldado Combatente da Polícia Militar /RR – 2013 – UERR) Assinale a alternativa **CORRETA.**

(A) Uma rotina de *backup* bem executada pode ser eficiente na prevenção, detecção e eliminação de pragas virtuais.
(B) Um programa padrão de correio eletrônico pode ser classificado como um *spyware*.
(C) Um firewall deve executar o *backup* do sistema regularmente.
(D) Todo antivírus é também um *antispyware*.
(E) Um *antiSpyware* pode ser considerado um antivírus.

A: Incorreta, pois, a prevenção, detecção e eliminação de pragas virtuais podem ser bem executadas e de forma eficiente por meio de um conjunto de ferramentas como: Antivirus, *Antispywares* e Firewalls. Uma rotina de *backup* bem executada é eficiente na proteção e preservação de cópia de arquivos importantes; **B:** Incorreta, pois, um programa padrão de correio eletrônico pode ser: Outlook Express, Mozilla Thunderbird e outros. Os *Spywares* são programas com a finalidade de coletar dados, costumes e perfis de usuários de um computador; **C:** Incorreta, pois, o objetivo de um Firewall é monitorar as atividades internas e principalmente portas de acessos via comunicação externa de uma rede de computadores. Inúmeras tentativas de acesso indevido à um ambiente operacional são bloqueados por meio dos chamados Firewalls, através de um conjunto de parâmetros criados para este fim; **D:** Incorreto, pois, Antivirus e *Antispyware* executam ações distintas. Existem, atualmente, *Softwares* (programas) que são um Combo, ou seja, possuem esses dois aplicativos e um único programa; **E:** Correta, pois, o *Antispyware* pode detectar um "*Spyware*" que carrega consigo um Vírus específico. Por exemplo: Trojan Horse (Cavalo de Troia) é um programa hospedeiro considerado por muitos um *Spyware*. Dentro do *Trojan* há um vírus. Se um *Antispyware* bloquear o *Trojan*, automaticamente estará impedindo a contaminação pro vírus.

Gabarito "E"

(Soldado do Corpo de Bombeiros Militar/SC – 2012 – IESES) Analise as afirmativas abaixo sobre boas praticas de utilização de serviços bancários pela internet:

I. Certifique-se da procedência do site e da utilização de conexões seguras ao realizar transações bancárias via Web;
II. Somente acesse sites de instituições bancárias digitando o endereço diretamente no navegador Web, nunca clicando em um *link* existente em uma página ou em uma mensagem;
III. Não utilize um site de busca para acessar o site do seu banco;
IV. Responda prontamente mensagens de instituições bancárias com as quais você não tenha relação, principalmente aquelas que solicitem dados pessoais ou a instalação de módulos de segurança.

(A) Todas as afirmativas estão corretas.
(B) Apenas a afirmativa IV está incorreta.
(C) Somente a afirmativa I está correta.
(D) Estão corretas apenas as afirmativas I e III.

I: Correto, pois é importante, antes de realizarmos qualquer ação inicial em uma página do banco observarmos os seguintes itens: Se a URL(endereço da página) que aparece é a mesma divulgada pelo Banco. Observar se na página onde são solicitados dados como senha, CPF, nº do cartão e outros o protocolo utilizado é o HTTPS, exemplo: https://www.banco.gov.br. Observar ícones que indicam que a página é certificada por uma empresa Certificadora Segura, por exemplo, esse ícone: ; **II**: Correta, pois, apesar de não ser 100% seguro essa prática, ela ao menos evita que você ao clicar em um *link* existente em uma página ou mensagem, seja direcionado para uma página falsa; **III**: Correta, pois, quando pesquisamos sites de bancos em páginas de busca, também corremos o risco de cairmos em uma "pegadinha" e acessarmos uma página similar à página do banco; **IV**: Incorreta, pois, não devemos responder, clicar ou acessar *links* de mensagens de bancos que solicitam informações e dados pessoais dos seus clientes. Hoje, nenhum banco ou instituição séria solicita dados para seus clientes via *e-mail*, *chat* ou outras páginas que não sejam páginas bancárias.

Gabarito "B"

4. REDES DE COMPUTADORES

(Soldado Combatente da Polícia Militar /RR – 2013 – UERR) Considerando os conceitos de Redes de Computadores é **CORRETO** afirmar que a arquitetura de protocolos utilizada na Internet é:

(A) TCP/IP
(B) OSI
(C) TCP/UDP
(D) OSI/IP
(E) TCP/OSI

A arquitetura padrão que nos fornece um conjunto de protocolos necessários para comunicação de dados na internet é o conjunto de protocolos TCP/IP. A arquitetura de protocolos TCP/IP é formado por 4 camadas: Rede, Inter-rede/Internet , Transporte e aplicação. Diferentemente da camada OSI que é formada por 7 camadas: Fisica, Dados, Rede, Transporte, Sessão, Apresentação e Aplicação. HTTP, FTP, POP3, SMTP, DHCP são alguns exemplos de protocolos que pertence ao conjunto TCP/IP.

Gabarito "A"

(CFO – Oficial da Polícia Militar/MG – 2010) A Polícia Militar necessita, por questões de segurança de uma conexão permanente entre suas Unidades e a provedora dos serviços de internet. Este tipo de serviço é chamado de:

(A) Contínuo.
(B) Persistente.
(C) Dedicado.
(D) Full-Time.

O serviço necessário para manter a Polícia Militar *online* e de forma segura é por meio de uma conexão Dedicada. As conexões dedicadas também são muito utilizadas para comunicação de agências bancárias e outros órgãos onde as informações necessitam estar disponíveis todo o tempo.

Gabarito "C"

(Soldado da Polícia Militar /RJ – 2010) A tecnologia *Wireless* permite a conexão de equipamentos através de

(A) cabeamento estruturado.
(B) cabeamento não estruturado.
(C) infravermelho ou radiofrequência.
(D) energia elétrica.

A tecnologia *Wireless*,que significa Sem-fio, permite a comunicação de equipamentos, dispositivos e periféricos através de tecnologias como Infravermelho e Radiofrequência. Exemplo são os próprios *smartphones*, Roteadores sem fio, modem sem fio e outros.

Gabarito "C"

5. *HARDWARE*

(Assistente Administrativo da Polícia Militar/MG – 2012 – FCC) Na secretaria da escola ABCD, Maria imprime seus documentos utilizando uma impressora a laser. Em um típico dia de matrícula, Maria percebe que a impressão começa a ficar clara e a apresentar falhas devido ao fim do material utilizado pela impressora para imprimir os conteúdos dos documentos na superfície do papel.

Para continuar seu trabalho, Maria então troca, na impressora,

(A) os cartuchos de tinta.
(B) a bobina.
(C) o toner.
(D) a fita.

A: Incorreta, pois os "cartuchos de tinta" são comumente utilizados nas impressoras do tipo DeskJet; **B:** Incorreta, pois, as "bobinas" são utilizadas nas impressoras do tipo Térmicas / Fiscais; **C:** Correta, pois o "Toner" é utilizado em Impressoras a *Laser* para realizarem a impressão de documentos. Ele é uma espécie de "Tintas em Pó"; **D:** Incorreta, pois "A Fita" é comumente utilizada em impressoras Matriciais.

Gabarito "C"

(CFO – Oficial da Polícia Militar/MG – 2010) A Polícia Militar usa em uma de suas redes um equipamento que converte um sinal analógico em digital e vice-versa, estamos falando de um(a):

(A) Roteador.
(B) Modem.
(C) *Wireless*.
(D) HUB.

A: Incorreta, pois o "Roteador" tem a função de definir um IP para um usuário na Rede e permitir a distribuição de dados entre esses computadores, ou seja, são responsáveis pelo tráfego de dados da Rede; **B:** Correta, pois Modem é o equipamento que converte sinais digitais em analógicos e vice-versa permitindo a comunicação na Rede Mundial; **C:** Incorreta, pois, o termo "*Wireless*" é a definição para Redes Sem Fio; **D:** Incorreta, pois, HUB é o equipamento que interliga compoutadores numa rede. Além do HUB temos o Switch que pois recursos mais avançados que o primeiro.

Gabarito "B"

(Soldado do Corpo de Bombeiros Militar/SC – 2012 – IESES) Considere que você tem disponíveis quatro "*pen-drives*" com as capacidades hipotéticas abaixo e vazios, com todo o seu espaço livre, você precisa copiar nele um arquivo que ocupa o espaço de 2048Mb, em qual deles é possível copiar esse arquivo inteiro:

(A) 1024Mb.
(B) 3Mb.
(C) 4Gb.
(D) 4096Kb.

O *PenDrive* ideal para armazenar 2048Mb de arquivos é o dispositivo que possui uma capacidade de 4Gb ou 4048Mb.

Gabarito "C"

(Soldado da Polícia Militar /SC – 2011 – IESES) Sobre *Bit* e *Byte* é correto afirmar que:

I. *Bit* é um conjunto de 8 *Bytes*.
II. *Byte* é um conjunto de oito *Bits*.
III. *Bit* é a menor unidade de informação. Pode ser 0 ou 1.
IV. Se tivéssemos 2 *bits*, poderíamos ter apenas as seguintes combinações representadas a seguir: {0;0), {0;1}, {1;0}, {1,1}.

A sequência correta é:

(A) Apenas as assertivas III e IV estão corretas.
(B) Apenas as assertivas II e III estão corretas.
(C) Apenas as assertivas I, II e III estão corretas.
(D) Apenas as assertivas II, III, e IV estão corretas.

I: Incorreto, pois a definição correta é: 1 Byte é um conjunto de 8 bits. Bit é a menor unidade computacional formado pelos números 0 (zero) ou 1 (um); **II:** Correta, pois uma sequencia de 8 bits conseguimos formar uma palavra e/ou caractere, ou seja, 1 Byte; **III:** Correta, os dois valores representativos (0 e 1) são considerados também como valores falso e verdadeiro.; **IV:** Correta, a combinação descrita na alternativa está verdadeira.

Gabarito "D"

(Soldado da Polícia Militar /SC – 2011 – IESES) Sobre *Hardware*, *Software* e *Peopleware* é correto afirmar que:

I. *Hardware* é todo o equipamento do computador, ou seja, a impressora, o *mouse*, a placa-mãe e o Sistema Operacional.
II. *Software* são os programas que utilizamos em um computador.
III. A planilha eletrônica é um exemplo de *Software* Aplicativo.
IV. *Peopleware* é a parte humana que se utiliza das diversas funcionalidades dos sistemas computacionais, seja este usuário um Analista de sistema ou, até mesmo, um simples cliente que faz uma consulta em um caixa eletrônico.

A sequência correta é:

(A) Apenas as assertivas I, II e III estão corretas.
(B) Apenas as assertivas II, III, e IV estão corretas.
(C) Apenas as assertivas I, III e IV estão corretas.
(D) Apenas as assertivas III e IV estão corretas.

I: Incorreta, pois Sistema Operacional não é um tipo de hardware e sim, um tipo de *Software*; **II**: Correta, *software* é um conjuntos de instruções criadas por programadores e que são executadas pelo processador de um computador; **III**: Correta, *software* aplicativo é todo programa que possui uma funcionalidade específica, como por exemplo as "Planilhas Eletrônicas"; **IV**: Correta, pois o termo *peopleware* é utilizado para identificar um usuário de computador.

Gabarito "B"

(CFO – Oficial da Polícia Militar/MG – 2010) O que se entende por um número fixo de setores adjacentes tratados como uma unidade de armazenamento pelo sistema operacional:

(A) Cluster.
(B) Trilhas.
(C) Cilindros.
(D) Blocos.

A: Correta, pois, *Cluster* é definido sim por "um número fixo de setores adjacentes"; **B:** Incorreta, pois, "Trilhas" é um caminho circular na superfície de um disco ou disquete no qual a informação é magneticamente gravada e do qual a informação gravada é lida; **C:** Incorreta, pois, "Cilindro" é uma divisão de dados em uma unidade de disco, como a usada no modo de endereçamento de um disco rígido (ou disquete); **D:** Incorreta, pois, Blocos são grupos de setores contíguos.

Gabarito "A"

(Soldado da Polícia Militar /SC – 2011 – IESES) Após a leitura do enunciado apresentado a seguir, identifique a afirmação correta: *Computadores grandes que utilizavam válvulas, eram de difícil manutenção e consumiam grande quantidade de energia.* (André Luiz N. G. Manzano. Maria Izabel N. G. Manzano. **Informática Básica** – Estudo Dirigido. Erica, 6ª ed. 2004, p. 55)

Dizem respeito à:

(A) 4ª Geração de Computadores.
(B) 3ª Geração de Computadores.
(C) 1ª Geração de Computadores.
(D) 2ª Geração de Computadores.

A 1ª Geração de Computadores foi a dos Grandes Computadores que utilizavam válvulas. Conforme enunciado, tais computadores eram de difícil manutenção e consumiam uma grande quantidade de energia para executar, o que hoje, seriam os recursos mais básicos como somar, multiplicar, subtrair e dividir.

Gabarito "C"

6. BANCO DE DADOS

(Soldado do Corpo de Bombeiros Militar/SC – 2012 – IESES) Um sistema de gerenciamento de banco de dados (SGBD) é um *software* que possui recursos capazes de manipular as informações do banco de dados e interagir com o usuário. Identifique a alternativa abaixo que apresenta apenas SGDB:

(A) AutoCAD, Firefox, Oracle, MySQL.
(B) SQL Server, Ubuntu, MySQL, Photoshop.
(C) Oracle, SQL Server, DB2, PostgreSQL.
(D) Oracle, Chrome, DB2, MySQL.

SQL Server, Oracle, DB2 e PostGreSQL são alguns exemplos de Sistemas de Gerenciamento de Banco de Dados (SGBDs). Estes programas permitem armazenar, modificar e extrair informações de um banco de dados.

Gabarito "C"

(Soldado da Polícia Militar /SC – 2011 – IESES) Qual modelo de banco de Dados coloca os dados em tabelas bidimensionais?

(A) Hierárquico
(B) Relacional
(C) Normalizado
(D) Rede

N modelo Relacional os dados são apresentados como Tabelas Bidimensionais. SQL é um exemplo de linguagem que usa este tipo de Tabela.

Gabarito "B"

(Soldado da Polícia Militar /SC – 2011 – IESES) Sobre Mineração de dados (*data mining*) é correto afirmar que:

I. É um banco de dados que coleta informações sobre o negócio, que tem origem em muitas fontes na empresa e que cobrem todos os aspetos dos processos, produtos e clientes.
II. É uma ferramenta de análise de informações que envolvem a descoberta de padrões e relações em um depósito de dados.
III. O objetivo da mineração de dados é extrair padrões, tendências e regras dos depósitos de dados para prever, medir estratégias propostas de negócio objetivando aumentar lucros e a competitividade.
IV. É um subconjunto do depósito de dados denominado armazém de dados. Utiliza um Banco de dados monolítico.

A sequência correta é:

(A) Apenas as assertivas I, e III estão corretas.
(B) Apenas as assertivas II, e IV estão corretas.
(C) Apenas as assertivas II e III estão corretas.
(D) Apenas as assertivas III e IV estão corretas.

A "Prospecção de Dados" ou "Mineração de dados" conhecido por *Data Mining* é uma ferramenta de informações que envolvem a descoberta de padrões e relações em um banco de dados e extrair padrões, tendências e Regras para prever, medir estratégias de negócios.

Gabarito "B"

7. MICROSOFT WORD

(Assistente Administrativo da Polícia Militar/MG – 2012 – FCC) Tiago prepara ofícios e relatórios com frequência utilizando o *Microsoft Word* e o *BrOffice Writer*. Nesses editores de texto, Tiago possui grande agilidade nas tarefas rotineiras de criação e edição de textos. Normalmente, ele copia blocos de texto de um documento e cola em outro utilizando, respectivamente, as combinações de teclas

(A) CTRL + C e CTRL + P.
(B) CTRL + C e ALT + C.
(C) ALT + C e ALT + V.
(D) CTRL + C e CTRL + V.

As funções padrões tanto no Word e BrOffice Writer, assim como no Windows são: CTRL+C para Copiar e CTRL+V para Colar.

Gabarito "D"

(Soldado Combatente da Polícia Militar /RR – 2013 – UERR) Considerando o editor de texto "Microsoft Word 2010" é **INCORRETO** afirmar que o mesmo, no ato de salvamento em "Salvar como", permite salvar o arquivo como:

(A) Documento PDF.
(B) Página da Web.
(C) Documento do Word 97-2003.
(D) Documento XML do Word 2003.
(E) Documento do Windows 8.

A: Correta, pois, a partir da versão 2007 do pacote Office (que inclui o Word) já é possível salvar documentos em formato PDF; **B:** Correta, pois é possível salvar documentos de texto do Word em formato HTM, HTML (formado de páginas da Web); **C:** Correta, pois mesmo sendo um padrão antigo, as atuais versões do Word permite tanto salvar como ler documentos em versões anteriores; **D:** Correta, pois apesar de não ser um formato específico do Word (assim como tantos outros formatos), é possível salvar os documentos em edição no formato XML; **E:** Incorreto, pois, não encontramos na janela "Salvar como..." do Word a opção da alternativa, "Documento do Windows 8".

Gabarito "E"

(Soldado Combatente da Polícia Militar /RR – 2013 – UERR) Considerando o editor de texto "Microsoft Word 2010", assinale a alternativa **INCORRETA.**

(A) A combinação das teclas "Ctrl + c" copia um texto seleccionado.
(B) A combinação das teclas "Ctrl + v" cola um texto copiado.
(C) A combinação das teclas "Ctrl + n" cria e abre um novo arquivo.
(D) A combinação das teclas "Ctrl + a" dá opção para abrir um arquivo existente.
(E) A combinação das teclas "Ctrl + z" desfaz a ação anterior.

O conjunto de teclas "CTRL+N" não dá a opção de criar e abrir um novo documento, pois essa tecla é usada na formatação em **Negrito** de um texto e/ou palavra. A Tecla usada para abrir um novo documento é o conjunto de teclas CTRL+O (na versão em português).

Gabarito "C"

(Soldado do Corpo de Bombeiros Militar/SC – 2012 – IESES) O Microsoft Word 2007 possui no seu menu "inicio" alguns painéis contendo vários ícones com as mais diversas funções, agrupados por tipo de funcionalidade. A ferramenta "Formatar Pincel" pertence a qual dos painéis:

(A) Estilo.
(B) Fonte.
(C) Parágrafo.
(D) Área de Transferência.

A opção "Formatar Pincel" encontramos no painel Área de Transferência, conforme imagem abaixo.

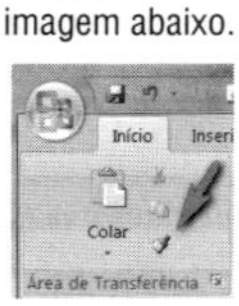

Gabarito "D"

(Oficial Policial Militar/DF – 2010 – CESPE)

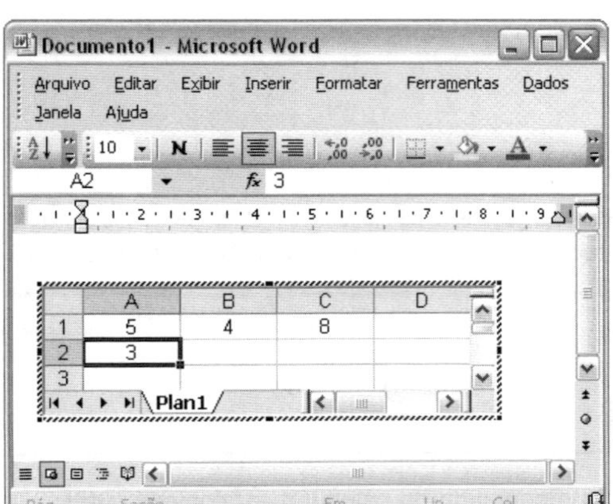

Com referência aos programas Word e PowerPoint, que compõem a suíte de aplicativos do Microsoft Office 2003, aos programas que compõem a suíte de aplicativos do BROffice e à figura acima, que mostra uma planilha do Excel em processo de edição, inserida em um documento do Word (Documento1) também em processo de edição, julgue os próximos itens.

(1) O conjunto de aplicativos do BROffice dispõe, entre outros, do BROffice Writer e do BROffice Presentation.
(2) Considerando que a planilha exibida na figura tenha sido inserida utilizando-se o botão , que não é mostrado nessa figura, para se inserir na célula D2 o resultado da soma dos valores contidos nas células A1, B1, C1 e A2, é suficiente realizar, sucessivamente, o seguinte procedimento: clicar a célula D2; digitar no local apropriado =SOMA(A1:C1;A2); teclar Enter.
(3) Considerando que o documento em edição apresenta-se no modo de exibição de Layout da Web, para que ele passe para o modo de exibição de Layout de Impressão é suficiente clicar o ícone , que se encontra no canto esquerdo inferior da figura.

1: Incorreto, pois o conjuntos de aplicativos do BrOffice não dispõe do BrOffice Presentation. O nome correto é BrOffice Impress, aplicativo usado na criação e edição de *slides* de apresentação;
2: Correto, a função soma permitirá o excel calcular os valores contidos nas células A1 até C1 e A2 conforme descrito na fórmula;
3: Correto, pois o botão em destaque é conhecido por Modo Layout de Impressão.

Gabarito 1E, 2C, 3C

(Soldado Combatente Militar/MA – 2012 – FGV) Assinale a afirmativa que indica a opção da caixa de diálogo Fonte que foi aplicada ao texto a seguir.

Você está respondendo uma questão sobre o Microsoft Word 2007

(A) Oculto.
(B) Itálico.
(C) Tachado.
(D) Relevo.
(E) Baixo-relevo.

O texto presente na Caixa de Diálogo está em formato "Itálico".

Gabarito "B"

(Soldado da Polícia Militar /SC – 2011 – IESES) Sobre Macros, do Microsoft Office é correto afirmar que:

I. O objetivo de uma macro é automatizar as tarefas usadas com mais frequência.
II. Embora algumas macros sejam simplesmente uma gravação de pressionamentos de teclas ou de cliques do *mouse*, macros VBA mais potentes são criadas por desenvolvedores que utilizam um código capaz de executar vários comandos no computador.
III. Um usuário mal-intencionado poderá introduzir uma macro perigosa através de um documento que, se for aberto, permitirá que ela seja executada e possivelmente espalhe um Vírus.
IV. As macros VBA são consideradas um *possível* risco à segurança.

A sequência correta é:

(A) Apenas as assertivas I, II e III estão corretas.
(B) Apenas as assertivas II, III e IV estão corretas.

(C) Todas as assertivas estão corretas.
(D) Apenas as assertivas I, III e IV estão corretas.

I: Correta, pois Macro são comandos personalizados que podem ser adicionados às ferramentas de aplicativos como Word e Excel. O objetivo de tais "macros" é automatizar tarefas específicas nestes documentos; **II**: Correta, o termo VBA vem de *Visual Basic for Aplications*, o que permite a criação de Macros bem mais elaboradas por seus desenvolvedores; **III**: Correta, pois existem inúmeros vírus de Macro que são enviados através da rede para disseminar a contaminação por diversos tipos de *Malwares*. O bloqueio de Macros é recomendado ao abrir documentos enviados à você sem a sua solicitação; **IV**: Correta, pois qualquer tipo de Macro, do tipo VBA ou não, são considerados *possíveis* risco à segurança de um sistema computacional.

Gabarito "C"

(Soldado da Polícia Militar /SC – 2011 – IESES) A seguinte pesquisa por palavras chaves e entrada de operador no mecanismo de busca Google: **vírus–computador,** trará como interpretação do referido mecanismo de busca:

(A) Pesquisar páginas com a palavra computador.
(B) Pesquisar páginas com a ocorrência da palavra vírus ou da palavra computador.
(C) Pesquisar páginas com a palavra vírus, mas não a palavra computador.
(D) Pesquisar páginas com a ocorrência das palavras vírus e computador.

As referidas palavras chaves permitirão pesquisar por ocorrências de páginas que tenham a palavra "vírus" e eliminando do resultado da pesquisa páginas que tenham a palavra "Computador".

Gabarito "C"

8. MICROSOFT POWERPOINT

(Soldado Combatente Militar/MA – 2012 – FGV) Um usuário preparou uma apresentação usando o Microsoft PowerPoint 2007 e, posteriormente, foi convidado a fazer uma nova apresentação sobre o mesmo tema. Ele, no entanto, deseja fazer algumas alterações no arquivo original.

Nesse contexto, considerando os recursos do PowerPoint, assinale a afirmativa correta.

(A) O usuário pode modificar o arquivo original para incluir as alterações, mas não há como preservar o arquivo original.
(B) O usuário pode fazer as alterações necessárias e, para preservar o arquivo original, salvar o arquivo alterado com um novo nome.
(C) Arquivos pptx, uma vez salvos, não admitem alterações nem duplicações de *slides*. O usuário deveria tê-lo salvo com a extensão ppsx
(D) O usuário pode modificar o arquivo original e incluir as alterações, mas ele tem de salvar o arquivo alterado com outra extensão.
(E) O usuário pode inserir novos *slides* no arquivo, mas não é possível modificar os conteúdos dos *slides* do arquivo original.

É possível realizar modificações nos documentos de apresentação, sejam nos formatos PPT, PPTX ou PPS, PPS, porém, conforme a alternativa diz, para preservar o documento original será necessário salvar o documento com outro nome.

Gabarito "B"

(Soldado Combatente da Polícia Militar/AC – 2012 – FUNCAB) A extensão padrão de um arquivo PowerPoint salvo em modo "Apresentação" é:

(A) ppt
(B) pps
(C) xls
(D) doc
(E) app

A: Incorreta, pois, PPT é um formato do PowerPoint salvo em modo de "Edição"; **B:** Correto, pois o formato PPS é um arquivo salvo em modo "Apresentação" permitindo a inicialização do mesmo automaticamente; **C:** Incorreta, o formato XLS pertence ao Microsoft Excel; **D:** Incorreta, pois "DOC" é um formato padrão de documentos Microsoft Word; **E:** Incorreta, pois o termo "APP" é uma abreviação que significa "Aplicativo".

Gabarito "B"

9. MICROSOFT EXCEL

(Soldado Combatente da Polícia Militar/AC – 2012 – FUNCAB) O ícone Σ no Microsoft Office Excel é um atalho para a função:

(A) Soma.
(B) Média.
(C) Contar números.
(D) Max.
(E) Min.

O ícone apresentado em questão é o botão de "AutoSoma" pertencente ao aplicativo Microsoft Office Excel. Apesar de poder ser usado para executar outras funções como Média, Contar Números, Max e Mín, é necessário clicar na "Seta" ao lado do botão.

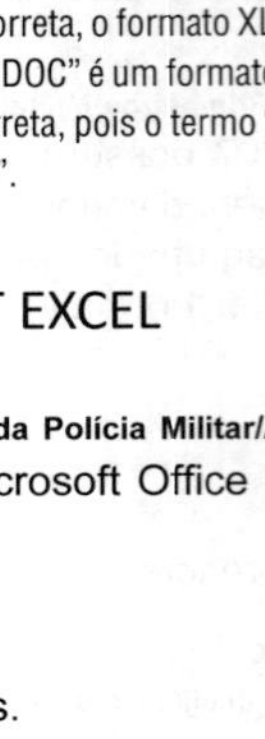

Gabarito "A"

(Soldado Combatente Militar/MA – 2012 – FGV) Observe o trecho a seguir de uma planilha Microsoft Excel 2007:

C1 — fx =SOMA(A$1,B$1)

	A	B	C	D	E	F
1	10	11	21			
2	20	21				
3						

Se o conteúdo da célula C1 for copiado (Ctrl+C) e colado (Ctrl+V) na célula C2, o conteúdo da célula C2 será

(A) 10.
(B) 11.
(C) 21.
(D) 32.
(E) 41.

Há um erro na formula apresentada do enunciado. Com a vírgula separando os fatores a serem somados, gerará um erro. Deveria ter dois pontos ao invés da vírgula. Não há resposta correta nesta questão.

Gabarito Oficial "C"

(Soldado da Polícia Militar /RJ – 2010) Ao utilizar aplicativos como o *Microsoft Excel e OpenOffice Calc*, o objetivo principal é criar, modificar ou visualizar, com recursos apropriados,

(A) textos formatados.
(B) imagens.
(C) planilhas eletrônicas.
(D) sons digitais.

Os aplicativos OpenOffice Calc e Microsoft Excel são usados para criar, modificar ou visualizar Planilhas Eletrônicas. É por meio destas que conseguimos também gerar gráficos e cálculos rápidos por meio das chamadas fórmulas e funções.

Gabarito "C"

(Soldado da Polícia Militar /SC – 2011 – IESES) Das alternativas abaixo, assinale aquela que descreve a funcionalidade da função =PROCV() do Microsoft Excel, aplicativo do Microsoft Office.

(A) Arredonda um número até uma quantidade especificada de dígitos, em que o usuário pode determinar uma precisão de **"n"** casas decimais.
(B) Retorna o resultado de um número elevado a uma potência.
(C) Compara grandezas e, a partir desta comparação, toma uma decisão a respeito de qual caminho seguir.
(D) Tem a característica de poder pesquisar numa tabela um valor correspondente a outro, desta forma retorna o valor de correspondência.

A função "=PROCV()" permite pesquisar numa tabela um valor correspondente numa determinada tabela ou coluna da tabela pesquisada.

Gabarito "D"

10. PACOTE DE APLICATIVOS OFFICE E BROFFICE

(Assistente Administrativo da Polícia Militar/MG – 2012 – FCC) Maria trabalha na secretaria da escola ABCD. Foi incumbida pelo diretor de criar o inventário do patrimônio da escola. Para isso, deverá relacionar em uma planilha todos os bens que compõem o patrimônio escolar, como móveis, veículos e equipamentos. Nessa planilha haverá cálculos e a representação de valores na forma gráfica.

Os *softwares* adequados para Maria realizar essa tarefa são

(A) Microsoft Excel ou BrOffice Calc.
(B) Microsoft Access ou BrOffice Base.
(C) BrOffice Writer ou Microsoft Draw.
(D) Microsoft Publisher ou BrOffice Basic.

Os programas/aplicativos que oferecerão os recursos necessários para as atividades descritas no enunciado para facilitar e agilizar o trabalho de Maria são: Microsoft Excel e seu concorrente BrOffice Calc.

Gabarito "A"

11. INTERNET

(Soldado Combatente da Polícia Militar/AC – 2012 – FUNCAB) Na Internet, o recurso mais recomendado para o envio e o recebimento de mensagens de texto em tempo real é:

(A) *Plug Ins*.
(B) Correio Eletrônico.
(C) Grupos de Notícias.
(D) *Software* de Mensagem Instantânea.
(E) Compartilhamento de Arquivos.

A: Incorreta, pois *Plug-ins* são extensões ou módulo de extensões que adicionam funções a outros programas e aplicativos, incluindo nestes funcionalidades especiais ou específicas; **B:** Incorreta, pois "Correio Eletrônico" é um serviço presente nas redes internet e intranet que permite a troca de mensagens de todos os tipos e com anexos através de um endereço eletrônico específicos (exemplo@mail.com), também conhecido como *E-Mail*, porém o envio e recebimento não é instantâneo; **C:** Incorreta, pois, "Grupo de Notícias" é uma serviço de disponibiliza publicamente postagens de notícias por meio de vários canais e portais da Rede Mundial (Internet); **D:** Correto, pois os "*Softwares* de Mensagem Instantânea" permitem a troca rápida e *online* de mensagens na internet e intranet. Diferente do *e-mail*, a comunicação é realizada em tempo real, como por exemplo: Skype, MSN (já descontinuado), Google Talk, Facebook Messenger e outros; **E:** Incorreta, pois o "Compartilhamento de Arquivos" é um serviço que permite a troca de dados, arquivos e pastas de um ambiente/sistema operacional à outro remotamente por meio das redes de computadores.

Gabarito "D"

(Soldado Combatente da Polícia Militar/AC – 2012 – FUNCAB) Observe abaixo o resultado de uma pesquisa na Internet.

Portal da **Policia Militar** - Governo do Estado do **Acre**
www.**pm**.ac.gov.br/
26 de junho de 2012 PMAC anuncia realização de Curso de Polícia Comunitária . 21 de junho de 2012 **Policia Militar** do **Acre** reune comissão para reformular ...
+ Mostrar mapa de Rua Omar Sabino, 283 - Cj Esperança, Rio Branco - AC, 69906-400

Considerando os padrões adotados na Internet, é correto afirmar que "Portal da Policia Militar – Governo do Estado do Acre" é:

(A) um *link* para o site www.pm.ac.gov.br.
(B) um repositório de arquivos e de informações disponíveis em um provedor da Internet.
(C) um *tag* que facilita a localização de textos buscados na Internet.
(D) uma conta de email.
(E) uma Intranet.

O *link* www.pm.ac.gov.br pode ser acessado ao clicar em "Portal da Polícia Militar – Governo do Estado do Acre" por ser uma página correspondente ao endereço mencionado. Segundo os padrões utilizados na internet, um *link* normalmente pode ser visto como um texto sublinhado.

Gabarito "A"

(Soldado Combatente Militar/MA – 2012 – FGV) Um usuário ligou para o suporte da empresa em que trabalha com a seguinte questão:

"*Abri o Internet Explorer em meu computador e ele está ocupando toda a tela. Estão faltando itens da barra de ferramentas e eu não consigo ver a barra de menus*".

A orientação do suporte, para restaurar a visualização padrão do Internet Explorer por meio do teclado, foi a de que o usuário usasse

(A) F11
(B) Alt+H
(C) Shift+F5
(D) Ctrl+R
(E) F4

A tecla "F11" tem duas funções específicas, Ativar e Desativar o modo Tela Cheia (*Full Screen*) no Internet Explorer.

Gabarito "A"

(Oficial Policial Militar/DF – 2010 – CESPE)

Com referência à figura acima apresentada, que mostra uma página acessada por meio do navegador Internet Explorer 6, e a conceitos de informática básica, julgue os itens subsecutivos.

(1) De acordo com a figura mostrada, é correto afirmar que o sistema operacional utilizado é da família Windows, uma vez que não é possível instalar o Internet Explorer no Linux.

(2) Determinado arquivo que tenha sido criado no Word pode ser alterado usando-se o BrOffice Writer.

(3) Em uma planilha, seja do Excel, seja do Calc, em que apenas as células B1, B2, B3 e B4 estejam preenchidas, respectivamente, com os valores 265, 234, 645 e 700, para se calcular a média desses valores e inseri-la na célula B5, é suficiente clicar essa célula, digitar no local apropriado a fórmula =média (B1:B4) e teclar [Enter].

(4) No endereço https://intranet.pmdf.df.gov.br/, o termo https indica uma página segura.

(5) A página mostrada na figura exibe para o usuário uma mensagem de erro devido ao fato de não ter sido instalado no computador em uso um *hardware* específico, necessário para acessar a *intranet* da PMDF.

(6) Na situação mostrada na figura, ao se clicar a ferramenta , é apresentada a janela para salvar os arquivos que contêm os dados da página.

1: Incorreta, pois é possível instalar o navegador Microsoft Internet Explorer no sistema Operacional Linux.; **2:** Correta, pois há muito tempo encontramos compatibilidade de arquivos entre os dois pacotes de Ferramentas (BrOffice e Microsoft Office). Tanto o Word quanto o Writer conseguem ler documentos um do outro; **3:** Correta, a respectiva fórmula citada na questão permitirá o calculo dos valores do intervalor de B1 até B4; **4:** Correta, pois, HTTPS significa Protocolo Seguro de Transferência de Hipertextos (*Hipertext, Transfer Protocol Secure*). Na ocasião, as informações são criptografadas para torna-las seguras durante a troca de dados sigilosos; **5:** Incorreta, pois, a página de erro que é exibida ao usuário informa que o mesmo não tem permissão de acesso às informações que são restritas à um público específico por ser uma página da Intranet da PM/DF; **6:** Incorreta, pois a ferramenta apresentada se chama " Parar ", ou seja, interrompe a comunicação do navegador com o serviço acessado. Interrompe o download do conteúdo da Página, por exemplo.

Gabarito 1E, 2C, 3C, 4C, 5E, 6E

(Soldado Combatente Militar/MA – 2012 – FGV) Um usuário, ao chegar ao trabalho pela manhã e ligar o seu computador, decidiu usar o Internet Explorer 9 para voltar a uma página que ele havia consultado na véspera. Ele se deu conta, no entanto, que não havia salvado o endereço da página nos seus favoritos e que não se lembrava deste endereço.

Para retornar à pagina desejada, esse usuário deve usar o seguinte recurso:

(A) clicar sobre a tecla "Voltar" do navegador, até voltar à pagina desejada.
(B) procurar pelo endereço da página nos "Arquivos de Internet Temporários".
(C) enviar um *e mail* para internetexplorerbrasil@microsoft.com.br com o assunto "Histórico".
(D) ativar as teclas de atalho (Ctrl+C) e (Ctrl+V) para recuperar os endereços de todas as páginas visitadas anteriormente.
(E) consultar o Histórico de Navegação do Internet Explorer.

O usuário tem a alternativa de consultar o Histórico de Navegação (CTRL+H) ou por meio do Menu Ferramentas do navegador para obter a lista das páginas acessadas anteriormente, mesmo depois de fechado o navegador.

Gabarito "E"

(Soldado Combatente Militar/MA – 2012 – FGV) O aplicativo usado para visualizar páginas *Web* é:

(A) Meu Computador.
(B) Internet Explorer.
(C) Painel de Controle.
(D) Windows Explorer.
(E) *Prompt* de Comando.

A: Incorreta, pois, "Meu Computador" é uma pasta do Sistema Operacional Windows onde conseguimos visualizar as Unidades Fixas e Removíveis, e Diretórios da Rede, por exemplo; **B:** Correta, pois, Internet Explorer é o navegador padrão do Sistema Windows; **C:**

Incorreta, pois, "Painel de Controle" é o local onde encontramos as principais ferramentas de configuração do Sistema Windows, como configuração de Som, Vídeo e Rede; **D:** Incorreta, pois "Windows Explorer" é o Gerenciador de Pastas e Arquivos do Windows; **E:** Incorreta, pois "Prompt de Comando" é uma espécie de "Shell de Comando", onde as operações são executadas por meio de comandos. É como se fosse o antigo DOS.

Gabarito "B".

(CFO – Oficial da Polícia Militar/MG – 2010) Para aumentar as funcionalidades a um navegador de Internet podemos usar:

(A) Internet Explorer.
(B) *Plug-in*.
(C) *Plug&play*.
(D) Extensão virtual.

A: Incorreta, pois Internet Explorer é um tipo de Browser/Navegador; **B:** Correta, pois, *Plug-in* é uma espécie de complemento que permite aumentar as funcionalidades básicas ou incluir outras específicas aos navegadores. Por exemplo, para visualizar um vídeo por meio de uma página da internet será necessário ter um *Plug-in* especifico para esse fim; **C:** Incorreta, pois, Plug&play é uma tecnologia que permite o computador reconhecer automaticamente um dispositivo que seja instalado eliminando a configuração manual; **D:** Incorreta, pois as "Extensões Virtuais" nos permitem adicionar novos recursos ao navegador como: Verificador de *e-mail* do Gmail, mini jogos e outras extensões. Podemos citar um extensão de arquivos (.zip, .mp3 e outros) como extensões virtuais, por exemplo.

Gabarito "B".

(Soldado Combatente da Polícia Militar /RR – 2013 – UERR) Assinale a alternativa **QUE NÃO REPRESENTA** um navegador de Internet:

(A) Mozilla Firefox.
(B) Google Chrome.
(C) Internet Information Server.
(D) Internet Explorer.
(E) Opera.

O programa que não representa um Navegador ou Browser é o aplicativo "Internet Information Server", nome dado à um servidor Web criado pela Microsoft e usado para hospedagem de aplicações *Web*, como páginas da internet. Conhecido por IIS (*Internet Information Service*).

Gabarito "C".

(Soldado da Polícia Militar /SC – 2011 – IESES) Embora se possa conectar à Internet de várias maneiras, o acesso à mesma não está distribuído equitativamente pelo mundo. São exemplos de formas de conectar-se à Internet:

I. Conexão por Servidor LAN junto com um Roteador.
II. Conexão por discagem (Dial-up).
III. Conexão sem fio.
IV. Conexão via Satélite.

A sequência correta é:

(A) Apenas as assertivas II, III e IV estão corretas.
(B) Todas as assertivas estão corretas.
(C) Apenas as assertivas I, II, e III estão corretas.
(D) Apenas as assertiva I, III e IV estão corretas.

A conexão à Rede mundial pode ser realizada por várias formas: Discada (*Dial-up*), Satélite, Sem fio, Rede Local Lan, ADSL (banda larga) e outros.

Gabarito "B".

(Soldado da Polícia Militar /SC – 2011 – IESES) Sobre a WWW (World Wide Web, WWW ou W3) é correto afirmar que:

I. Foi desenvolvida por Tim Berners Lee na CERN, a Organização Europeia para Pesquisa Nuclear em Genebra, na Suiça.
II. Os usuários da Web utilizam *hiperlinks*, textos destacados ou gráficos em um documento da Web que, quando clicado, abre uma nova página da Web ou seção da mesma página apresentando o conteúdo relacionado.
III. Para acessar a Web e visualizar o seu conteúdo, há a necessidade da utilização de um navegador Web.
IV. Todas as páginas Web são armazenadas em servidores locais e replicadas para um único servidor central em cada país onde a Internet é liberada para utilização.

A sequência correta é:

(A) Apenas as assertivas II, e III estão corretas.
(B) Apenas as assertivas III e IV estão corretas.
(C) Apenas as assertiva I, III e IV estão corretas.
(D) Apenas as assertivas I, II e III estão corretas.

I: Correta, pois os criadores da WWW foram Tim Berners da CERN em meados anos 1989, 1990; **II**: Correta, pois as páginas *web* são hospedadas em Servidores *Web* ou WWW para permitir acesso por meio das redes Internet e Intranet; **III**: Correta, é necessário utilizar um navegador *Web* (*Browser*) para acessar as páginas da *Web*; **IV**: Incorreta, pois as páginas *web* são hospedadas em servidores *Web* e replicada para outros servidores da rede mundial.

Gabarito "D".

12. CORREIO ELETRÔNICO

(Soldado Combatente Militar/MA – 2012 – FGV) A imagem a seguir, representa um ícone (adaptado do Outlook Express 6), que aparece ao lado de uma mensagem.

Assinale a afirmativa que indica o seu significado.

(A) A mensagem de *e-mail* foi enviada diretamente para você.
(B) O *e-mail* marcado é uma resposta a um *e-mail* recebido.
(C) A mensagem de *e-mail* está vinculada a um arquivo no disco rígido do usuário.
(D) O usuário encaminhou a mensagem de *e-mail* para outro usuário.
(E) A mensagem de *e-mail* tem um arquivo anexado.

O ícone apresentado no enunciado e que pertence ao aplicativo Microsoft Outlook Express 6 significa que a mensagem recebida pelo usuário foi lida e encaminhada para outro usuário.

Gabarito "D".

(Assistente Administrativo da Polícia Militar/MG – 2012 – FCC) Ana Paula recebe frequentemente *e-mails* com publicidade de produtos que não lhe interessam. Irritada com tal situação, Ana Paula realizou uma ação em sua caixa de *e-mail* que faz com que, ao chegarem, essas mensagens inesejadas não sejam depositadas em sua caixa de entrada.

A ação realizada por Ana Paula foi

(A) enviar um *e-mail* a cada emissor de mensagens indesejadas proibindo-o de lhe enviar *e-mail*.
(B) incluir os endereços de *e-mail* dos emissores no *site* do PROCON.
(C) excluir os *e-mails* indesejados.
(D) selecionar os *e-mails* indesejados e defini-los como *spam*.

Selecionar os *e-mails* indesejados e defini-los como *spam* é a ação indicada quando os usuários são vítimas frequentes de mensagens não solicitadas. Tais mensagens podem conter *malwares* e outras ameaças como o famoso *phishing*, ou seja, informações falsas que podem induzir a pessoa ao fornecimentos de informações e dados pessoais, como senhas e números de cartões de crédito.

Gabarito "D"

(Soldado Combatente Militar/MA – 2012 – FGV) Um usuário enviou uma mensagem de correio eletrônico e alguns segundos depois, recebeu em sua caixa de entrada, um *e- mail* informando que a mensagem enviada não havia sido entregue.

```
This is an automatically generated Delivery Status
Notification.
Delivery to the following recipients failed.
elhianna@ig.com.br
Final-Recipient: rfc822;elhianna@ig.com.br Action:
failed Status: 5.5.0 Diagnostic-Code: smtp;550-5.1.1
The email account that you tried to reach does not
exist. Please try 550-5.1.1 double-checking the
recipient's email address for typos or 550-5.1.1
unnecessary spaces. Learn more at 550 5.1.1
http://support.google.com/mail/bin/answer.py?answe
r=6596 e10si43wix.41
---------- Mensagemencaminhada ----------
From: John Holmes<johnholmes@gmail.com>
To: "elhianna@ig.com.br" <elhianna@ig.com.br>
Cc:
Date: Sat, 3 Nov 2012 14:22:38 +0000
Subject: teste
teste
```

O problema foi causado devido ao fato de

(A) a caixa postal do destinatário está cheia e não pode mais receber *e-mails*.
(B) o endereço do destinatário não segue as regras de endereços válidos de *e-mail*.
(C) o endereço do destinatário não existe
(D) o destinatário bloqueou o remetente da mensagem.
(E) o programa cliente de *e-mail* do destinatário provavelmente está infectado por vírus.

Conforme a mensagem em inglês apresentada, o *e-mail* não foi entregue ao destinatário porque o endereço usado para o envio "Não Existe". Isso pode ser lido no seguinte trecho: *"The email account that you tried to reach does not exist." (A conta de email para qual você tentou enviar a mensagem não existe.)*.

Gabarito "C"

6. Atualidades e Conhecimentos Gerais

Isaac Marra

(Soldado Combatente da Polícia Militar/AC – 2012 – FUNCAB) Em junho de 2012, um dos integrantes da UNASUL, bloco político formado por países da América do Sul, foi alvo de uma intensa instabilidade política que atingiu diretamente o chefe máximo do executivo desse país, o presidente:

(A) Fernando Lugo.

(B) Hugo Chávez.

(C) Álvaro Uribe.

(D) Rafael Correa.

(E) Evo Morales.

Fernando Lugo, então presidente do Paraguai sofreu um processo de impeachment relâmpago, no qual o trâmite do processo no Congresso paraguaio transcorreu em menos de 48 horas. Lugo foi destituído por mau desempenho de suas funções presidenciais, segundo o legislativo paraguaio; países como o Brasil e Argentina não aceitaram o processo de impeachment por avaliar que Fernando Lugo não teve tempo hábil para a sua defesa.

Gabarito "A"

(Soldado Combatente da Polícia Militar/AC – 2012 – FUNCAB) O Senado Federal brasileiro cassou, pela segunda vez na sua história, o mandato de um Senador da República. Demóstenes Torres, contudo, tão logo foi cassado, reassumiu o cargo de:

(A) Economista do IBGE alocado em Goiânia.

(B) Professor do Departamento de Economia da UNB.

(C) Consultor sênior da ANVISA na região Norte.

(D) Procurador de Justiça do Ministério Público de Goiás.

(E) Desembargador da Comarca do Distrito Federal.

No dia 11 de julho de 2012, o Senado Federal cassou o senador Demóstenes Torres por ligações com o bicheiro Carlinhos Cachoeira ficando, assim, inelegível até o ano de 2027. Após ter sido cassado, o ex-senador reassumiu o cargo de Procurador de Justiça do Ministério Público de Goiás, porém, o CNMP (Conselho Nacional do Ministério Público) abriu um processo contra Demóstenes Torres, pois segundo esse órgão, para ser procurador "deve-se manter uma conduta ilibada e irrepreensível na vida pública e particular, guardando decoro pessoal".

Gabarito "D"

(Soldado Combatente da Polícia Militar/AC – 2012 – FUNCAB) No mês de junho de 2012, foi realizado o leilão de faixas de frequência para oferta da tecnologia 4G no Brasil, prometendo acesso à Internet com velocidade muito superior à atualmente usada no país. Esse processo visa à melhoria dos serviços de comunicação, objetivando, principalmente, a Copa do Mundo de 2014 e as Olimpíadas de 2016. O órgão responsável pelo leilão, bem como pela fiscalização do setor no Brasil é:

(A) Telebrasil.

(B) Nextel.

(C) Microsoft.

(D) Embratel.

(E) Anatel.

A função da Anatel (Agência Nacional de Telecomunicações) é promover o desenvolvimento das telecomunicações do País de modo a dotá-lo de uma moderna e eficiente infraestrutura de telecomunicações, capaz de oferecer à sociedade serviços adequados, diversificados e a preços justos, em todo o território nacional. Portanto, a promoção dos leilões na área de comunicação, bem como a sua fiscalização é de responsabilidade da Anatel.

Gabarito "E"

(Soldado Combatente da Polícia Militar/AC – 2012 – FUNCAB) O Conselho de Segurança da ONU é formado por cinco membros permanentes que possuem o direito de vetar qualquer resolução. O ano de 2012 está sendo marcado por críticas generalizadas ao Conselho de Segurança pela demora de ações na Síria que sofre com uma guerra civil em seu território. Um país membro do Conselho de Segurança da ONU que vetou a intervenção da Organização das Nações Unidas na Síria foi:

(A) Rússia.

(B) França.

(C) Alemanha.

(D) Reino Unido.

(E) Estados Unidos.

A Rússia vetou as resoluções do Conselho de Segurança da ONU pelo fato de possuir uma base militar em território sírio, próximo ao Mar Mediterrâneo, portanto de grande importância geopolítica e estratégica, e porque a Síria é uma grande importadora de material bélico russo.

Gabarito "A"

(Soldado Combatente da Polícia Militar/AC – 2012 – FUNCAB) As discussões acerca das mudanças no Código Florestal Brasileiro colocaram frente a frente, as bancadas ruralista e ambientalista. O Congresso conseguiu construir o texto do novo Código Florestal Brasileiro que teve que passar pela aprovação da Presidente da República Dilma Rousseff, que:

(A) o aprovou integralmente.
(B) o aprovou com vetos em alguns pontos.
(C) o aprovou com vetos na maioria dos pontos.
(D) o reprovou integralmente.
(E) o repassou para análise da ONU.

No dia 18/10/2012 o Novo Código Florestal foi aprovado pela presidente Dilma Rousseff com nove vetos à lei original que possui 84 artigos. Entre as mudanças, a recuperação de margens de rios e reflorestar o que já foi desmatado. O veto principal foi para assegurar a recuperação da vegetação nas margens dos rios em médias e grandes propriedades rurais.

Gabarito "B".

(Oficial da Polícia Militar/BA – 2012 – CONSULTEC) O STF [Supremo Tribunal Federal] rompe tabu ao legalizar a interrupção de gravidez de fetos sem cérebro e cria condições para que haja um ambiente digno para as mulheres que precisam usufruir desse direito. Foram dois longos dias de julgamento, mas os ministros do Supremo Tribunal Federal tiraram o país de décadas de atraso ao decidir, por 8 votos a 2, que as grávidas de bebês anencéfalos (sem cérebro) têm o direito de realizar aborto. Salvo raras exceções, esses fetos morrem ainda no útero ou poucos minutos após o nascimento. Por essa razão, mais de dez mil mulheres já recorreram à Justiça para conseguir interromper esse tipo de gravidez. Agora, o STF determinou que as mulheres não mais precisem pedir autorização judicial para ter direito ao aborto nesses casos, assim como acontece quando ela é vítima de um estupro ou corre risco de vida. A decisão é um marco para a sociedade brasileira. (MARTINO. 2012, p. 77).

A decisão do Supremo Tribunal Federal contrariou a posição defendida

(A) pelas religiões de matriz afro-brasileira, devido ao fato de a justiça privilegiar os dogmas cristãos, em detrimento das outras religiões.
(B) pelos médicos, que defendem a possibilidade dos anencéfalos, com cuidados especiais, de desenvolverem uma vida normal como qualquer pessoa sadia.
(C) pelo governo, defensor de uma política de defesa à dignidade humana e contra qualquer forma de preconceito e discriminação.
(D) pelas mulheres, contrárias à necessidade de se recorrer à justiça para dispor do seu corpo como bem entenderem.
(E) pela Igreja Católica e por grande parte das religiões evangélicas, que se posicionam contra o aborto em qualquer situação.

Apesar de o Estado brasileiro ser laico, a Igreja Católica e as religiões evangélicas exercem forte pressão na vida política, principalmente, por meio da Bancada Evangélica no Congresso Nacional. As duas religiões se posicionam totalmente contra o aborto em qualquer situação, pois fere a inviolabilidade da vida prevista no Artigo 5º da Constituição.

Gabarito "E".

(Oficial da Polícia Militar/ BA – 2012 – CONSULTEC) Fora de nossas fronteiras, o porcentual dos que creem que o Brasil nunca teve tanta influência nas relações internacionais e na política mundial é de 57%. É um índice inferior ao apontado na pesquisa pelos otimistas brasileiros (78% acreditam na afirmativa), mas ainda assim é alto. O problema é o pouco eco que ele encontra na realidade. Do ponto de vista da diplomacia, por exemplo, o Brasil colecionou mais derrotas do que vitórias nos últimos anos. Mas nem isso foi capaz de reverter a impressão de que o Brasil está cada vez mais poderoso, o que não é necessariamente ruim. Como disse Thomas Hobbes, tem poder aquele que aparenta ter poder. Ainda que as aparências enganem. (A IMAGEM... 2012, p.72).

A partir das informações do texto e dos conhecimentos sobre o Brasil no mundo globalizado, pode-se inferir:

(A) A atual "boa imagem" do país no exterior, que lhe abriu portas, baseia-se no fato de o Brasil não possuir, atualmente, dívidas externa e interna.
(B) A grandeza absoluta da economia brasileira é inquestionável, até mesmo quando se considera o número de habitantes e a renda per capita.
(C) A ascensão econômica brasileira no cenário internacional é resultante, entre outros fatores, da crise econômica na zona do Euro.
(D) O Brasil é um país emergente, pertencendo à categoria dos países de renda alta, e apresenta indicadores sociais médios e excelentes condições macroeconômicas.
(E) O PIB brasileiro, principal indicador de poderio econômico de uma nação, deverá encerrar o ano de 2012 à frente do PIB dos Estados Unidos, da Inglaterra e da Alemanha.

No mundo globalizado no qual as economias se encontram interligadas, qualquer situação, seja ela favorável ou desfavorável, tem repercussão em nível mundial. A crise econômica europeia vem produzindo alguns reflexos positivos no Brasil, como o deslocamento de investimentos de transnacionais para o território nacional em busca de maior solidez e do mercado consumidor brasileiro, visto que o Brasil é considerado atualmente um país de economia emergente e de grande protagonismo global; enquanto isso, vários países da Zona do Euro passam por sérios problemas econômicos, o que reduz a sua capacidade de geração de emprego e consequentemente de consumo, ampliando-se assim o ciclo da crise europeia, que força esses países a adotarem medidas de austeridade, como aumento de impostos, corte nos gastos públicos, demissões, aumento da idade para a aposentadoria e outras medidas bastante impopulares.

Gabarito "C".

(Oficial da Polícia Militar/BA – 2012 – CONSULTEC)

"Na minha terra havia palmeiras
havia também muito pau-brasil
jacarandá, peroba e jequitibá
que parecia nunca acabar
Mas um dia o homem
resolveu a plantation implantar
dizimou muitas espécies
e também muitos sabiás
pois seu objetivo imediato
era tudo conquistar
ficar rico e poderoso
e o futuro? Pra que pensar!"

Com base na mensagem contida nos versos e nos conhecimentos sobre a ação antrópica no Brasil, marque **V** nas afirmativas verdadeiras e **F**, nas falsas.

( ) O desmatamento provoca a erosão do solo e alterações no clima.
( ) As ações predatórias só ameaçam a fauna de grande porte, pois a de pequeno porte se desloca para outras áreas mais protegidas.
( ) A desagregação ambiental acelera o escoamento superficial e aumenta a carga sólida dos rios.
( ) Os índices pluviométricos aumentam, empobrecendo os solos.
( ) A oferta de terras agriculturáveis aumenta, mas seu valor diminui devido à "lei da oferta e da procura".

A alternativa que indica a sequência correta, de cima para baixo, é a

(A) V F V F F
(B) F F V V F
(C) F F V V V
(D) V V F F V
(E) F V F V V

1: correta, pois quando se retira a cobertura vegetal de um solo, este perde sua consistência, pois a água que antes era absorvida pelas raízes das árvores e plantas, passa a infiltrar no solo. Esta infiltração pode causar a instabilidade do solo e a erosão. Nas regiões tropicais, a retirada da cobertura florestal poderá causar alterações no balanço hídrico, tornando o clima mais seco e quente. A taxa de evapotranspiração da floresta é muito maior do que qualquer cultivo ou pastagem, e com a mudança no uso do solo, o fluxo de vapor de água para a atmosfera diminui sensivelmente, alterando o ciclo hidrológico; **2:** incorreta, pois as ações predatórias afetam toda a fauna local, pois o homem ao retirar a cobertura vegetal provoca um desequilíbrio no ecossistema ameaçando a fauna, independente do porte, afinal as árvores são fontes de abrigo e alimento para os animais; **3:** correta, pois as árvores têm a função de proteger os solos, além de diminuir a velocidade do escoamento superficial da água. A retirada da vegetação expõe o solo aos efeitos das chuvas gerando um processo erosivo. As enxurradas provocam o escoamento de materiais sólidos para o fundo dos rios que vai torná-lo mais raso num processo conhecido como assoreamento; **4:** incorreta, pois o desmatamento provoca uma redução do índice pluviométrico devido à redução do processo de evapotranspiração que corresponde à troca de água da floresta com a atmosfera. Calcula-se que metade das chuvas que ocorrem nas florestas tropicais seja proveniente da evapotranspiração, portanto a retirada da vegetação irá reduzir o índice pluviométrico, além do consequente empobrecimento do solo pela falta de matéria orgânica, podendo gerar um processo de desertificação; **5:** incorreta pois ao provocar o empobrecimento do solo, têm-se menos terras à disposição para promover a agricultura, portanto, menos terras à disposição gerando um aumento do preço dos imóveis rurais pela lei de mercado (oferta x procura). Quando diminui a oferta de um bem ou mercadoria o preço tende a se elevar.

Gabarito "A"

(Oficial da Polícia Militar/BA – 2012 – CONSULTEC)

RIO+20
Conferência das Nações Unidas sobre Desenvolvimento Sustentável

Os dois temas em foco na Conferência das Nações Unidas sobre o Desenvolvimento Sustentável serão a economia verde, no contexto do desenvolvimento sustentável e da erradicação da pobreza, e o quadro institucional para o desenvolvimento sustentável. (RIO+20, 2012).

Em relação à Rio+20, pode-se afirmar que ela

(A) buscou uma solução científica para aumento da seca no planeta e, especialmente, no Nordeste brasileiro, agravada com o processo de transposição das águas do rio São Francisco.
(B) discutiu também o meio ambiente, devido ao fato de a questão ambiental e o desenvolvimento sustentável estarem interligados.
(C) definiu medidas para a redução da incidência de tsunamis e de terremotos, provocados, fundamentalmente, pela ação do homem.
(D) exigiu a saída dos Estados Unidos e da China de todos os organismos internacionais voltados à preservação do meio ambiente, devido ao fato de esses países não terem cumprido as metas da Rio-92.
(E) se estabeleceu como uma ação de marketing político do governador do Rio de Janeiro, como forma de atrair investimentos estrangeiros para a Copa de 2014 e os Jogos Olímpicos de 2016.

Na RIO+20, realizada um junho de 2012, discutiu-se a questão do desenvolvimento sustentável que é a utilização racional e econômica dos recursos naturais de forma que se possa garantir um patrimônio genético para as gerações futuras. Os três pilares da sustentabilidade são: o desenvolvimento econômico, o social e o ambiental. Apesar dos esforços, a conferência deixou a desejar em função de existir mais retórica por parte dos países participantes do que ações e metas efetivas para a preservação ambiental e a equidade socioeconômica.

Gabarito "C"

(Soldado da Polícia Militar/CE – 2012 – CESPE) Em 22/7/2011, dois atentados na Noruega chocaram o mundo. Foi a maior tragédia no país desde a Segunda Guerra Mundial, deixando mais de setenta mortos e mais de sessenta feridos.

Com relação a esses acontecimentos, julgue os itens a seguir.

(1) Um dos atentados ocorreu em uma colônia de férias promovida pelo partido governista.

(2) O autor dos atentados alegou que lutava contra a crise econômica em seu país.

(3) O autor dos referidos atentados inspirou-se em ideias da extrema direita europeia.

(4) Anders Breivik, o autor dos atentados, era conhecido criminoso, com diversas passagens pela prisão.

1: incorreta, pois O Partido Trabalhista (governista) organizou uma colônia de férias para a juventude norueguesa na Ilha de Utoya, local onde ocorreu um dos atentados vitimando 69 jovens; **2:** incorreta, pois o jovem Anders Behring Breivik é um ativista de extrema direita, contra imigrantes (xenofobia) e islâmicos (islamofobia). Em sua defesa diante da corte ele alegou ter agido para defender o Estado norueguês do multiculturalismo; **3:** correta, pois espalhadas por França, Itália, Holanda, Suíça, Áustria, Hungria e países nórdicos, as siglas de extrema-direita ganharam força na última década com um discurso anti-imigração, anti-Islã e fortemente avesso à União Europeia e o jovem Anders Breivik durante a sua adolescência conviveu com esses dogmas ultrarradicais; **4:** incorreta, pois o autor dos atentados era um empresário do setor agrícola, que inclusive lhe proporcionou a oportunidade de poder comprar toneladas de fertilizantes para produzir as bombas que foram detonadas em Oslo (capital da Noruega).

Gabarito 1E, 2E, 3C, 4E

(Soldado da Polícia Militar/CE – 2012 – CESPE) No último mês de novembro, grande quantidade de petróleo vazou de um poço localizado no litoral do estado do Rio de Janeiro e que era explorado pela empresa multinacional Chevron. A respeito desse desastre ecológico, julgue os itens subsequentes.

(1) Em decorrência do desastre, suspendeu-se a licença para a referida empresa multinacional explorar novos poços.

(2) Pelo fato de o acidente ter ocorrido fora das águas territoriais brasileiras, a polícia federal não tem competência para investigá-lo.

1: correta, após os vazamentos, a empresa permaneceu durante um ano com a licença de produção e exploração de petróleo suspensa em território brasileiro, recentemente foi autorizada a produzir petróleo, contudo a licença de exploração de novos poços permanece suspensa; **2:** incorreta, pois o acidente ocorreu em águas brasileiras (120 km da costa do estado do Rio de Janeiro) e a investigação ficou a cargo de vários órgãos, dentre eles a Polícia Federal.

Gabarito 1C, 2E

(Soldado da Polícia Militar/CE – 2012 – CESPE) A operação Choque de Paz, que ocupou as favelas da Rocinha, do Vidigal e da Chácara do Céu, na madrugada de 13/11/2011, no Rio de Janeiro, terminou com a prisão de suspeitos e apreensão de armas e drogas.

Internet: <veja.abril.com.br/>
(com adaptações).

Tendo como referência o texto acima, julgue os itens seguintes a respeito da citada operação.

(1) Entre as várias forças policiais arregimentadas para a operação, as tropas do exército eram a maioria.

(2) O objetivo principal da operação na Rocinha, uma entre várias ocupações de favelas no Rio de Janeiro, é a instalação de unidade de polícia pacificadora.

(3) O sucesso da operação policial, com várias prisões e apreensões de drogas e armas, deve-se ao fato de ter ocorrido de surpresa, sem ser noticiada pela imprensa.

1: incorreta, pois a maior parte das forças utilizadas para o complexo de favelas foi da polícia militar, com o Bope (Batalhão de Operações Especiais) e o Batalhão de choque, com o apoio da Policia Rodoviária Federal, Polícia Civil e da Marinha com seus blindados; **2:** correta, pois o objetivo era instalar na região, a 19ª Unidade de Polícia Pacificadora; **3:** incorreta, pois a operação foi amplamente divulgada pelos veículos de comunicação, atitude questionada por diversos segmentos da sociedade civil.

Gabarito 1E,2C, 3E

(Oficial Policial Militar/DF – 2010 – CESPE) Aos 50 anos, o Distrito Federal (DF) vive um crescimento acelerado do setor imobiliário. Apesar das limitações impostas pelo plano arquitetônico da capital, que impede, entre outras coisas, construções com mais de seis andares, o ramo cresceu mais de 80% nos últimos cinco anos.

Considerando o texto acima como referência inicial, julgue os próximos itens.

(1) A expansão imobiliária para o entorno e cidades-satélites se explica pela excelente qualidade dos transportes públicos do DF e adjacências.

(2) Diversas construtoras de outras unidades da Federação têm sido atraídas pelo mercado brasiliense em razão das perspectivas de lucro.

(3) A escassez de terrenos e o alto custo do metro quadrado têm levado as construtoras a procurar cidades distantes do Plano Piloto.

1: incorreta, pois a especulação imobiliária e o elevado custo de vida no Distrito Federal expulsam a população de baixa renda para as cidades do entorno do DF, gerando uma maior procura por imóveis mais acessíveis ao seu padrão aquisitivo; **2:** correta, pois o crescimento econômico das classes C e D vêm atraindo construtoras para algumas cidades-satélites, como Samambaia e até mesmo de maior poder aquisitivo como Águas Claras. Essas duas cidades apresentam grandes perspectivas de crescimento, principalmente pela facilidade de mobilidade urbana, uma vez que são cortadas pelo transporte metroviário; **3:** correta, pois Brasília apresenta o segundo metro quadrado mais caro do país (Rio de Janeiro está em primeiro lugar), as limitações impostas pelo plano arquitetônico da capital, como foi citado no enunciado, faz com que as construtoras busquem regiões mais condizentes para seus investimentos.

Gabarito 1E, 2C, 3C

(Soldado da Polícia Militar /PR – 2010 – UELCOPS) Leia o texto a seguir:

A desigualdade racial brasileira, já bastante dissecada a partir de indicadores de renda e escolaridade, pode também ser constatada pelo padrão de mortalidade de cada grupo. Entre os homens negros, a principal causa de mortalidade foram as externas (homicídios, acidentes e outras razões não naturais). Entre os brancos, essas causas são o terceiro item mais comum, atrás das doenças do aparelho circulatório e das neoplasias (tumores). Além de negros e brancos apresentarem padrão de mortalidade diferente, em 2005, um estudo dos pesquisadores Marcelo Paixão e Luiz Carvano, da UFRJ, mostra que, desde 1999, cresce a desigualdade entre os dois grupos quando se comparam as taxas de mortalidade por homicídios, HIV, tuberculose e problemas no parto. Em alguns casos, essa desigualdade cresceu porque houve melhoria dos índices entre brancos e piora entre os negros. Foi o que ocorreu, por exemplo, com os homicídios. De 1999 a 2005, a taxa de assassinatos por 100 mil homens brancos caiu de 36 para 34 mortes. No mesmo período, a mesma taxa entre os homens negros aumentou de 52 para 61 por 100 mil.[...] A dificuldade nesse tipo de pesquisa, comparando as causas de morte entre negros e brancos no Brasil, é identificar o quanto desse diferencial é causado pela discriminação racial e o quanto é explicada por razões econômicas ou sociais. Segundo Paixão, no caso dos homicídios, não há dúvida de que há um componente racial.

(Adaptado de: GOIS, Antonio. Violência é a maior causa de mortes entre homens negros. **Folha de São Paulo**, SP, 20 nov. 2007, Cotidiano. Disponível em <http://www1.folha.uol.com.brifsp/cotidianiff2011200715.htm> Acesso em: 2 nov. 2009).

Com base no texto, assinale a alternativa correta.

(A) Entre 1999 e 2005 a melhoria dos índices de morte por homicídio entre os homens brancos contribuiu para homogeneizar o padrão de mortalidade que afeta os diversos segmentos raciais da população.

(B) Os resultados da análise do padrão de mortalidade dos diferentes grupos raciais da população brasileira apontam um aspecto das desigualdades sociais que historicamente afetam com maior gravidade a população negra.

(C) Apesar de sua importância como tema para o debate democrático e para o avanço da sociedade, a discriminação racial não interfere na configuração e evolução dos padrões de mortalidade dos diversos segmentos raciais da população brasileira.

(D) As características do padrão de mortalidade da população masculina negra e da população masculina branca refletem a redução das assimetrias nos padrões de escolaridade e renda entre esses segmentos da sociedade brasileira.

(E) A predominância das causas de morte externas entre a população masculina negra resulta da melhoria dos indicadores de escolaridade desse segmento que, a partir dessa conquista, passou a atuar no mundo do trabalho em funções sujeitas a acidentes e outros riscos não naturais.

O resultado da pesquisa apenas reforça a situação de discriminação socioeconômica e a desigualdade racial em que o negro vive no país. Em geral brancos ganham mais, estudam mais e vivem mais no Brasil do que os negros e pardos de acordo com o Censo de 2010 do IBGE.

Gabarito "B".

(Soldado da Polícia Militar /PR – 2010 – UELCOPS) Leia o texto a seguir:

Parcela expressiva da população de baixa renda encontra o seu local de moradia nas periferias urbanas. Características intrínsecas a essas áreas – como a existência de estoques de terras livres, a ausência de infraestrutura instalada, a precariedade de serviços públicos, a longa distância dos centros urbanos, a baixa qualidade dos loteamentos e a clandestinidade generalizada – rebaixam o seu valor no mercado imobiliário e possibilitam o seu acesso por parte da população de menores recursos. Além do movimento de "periferização" das cidades, observa-se, a partir da década de 1980, um processo crescente de favelização nas regiões metropolitanas brasileiras. [...] Via de regra, a expansão de áreas periféricas e a ocupação de áreas intraurbanas por favelas se processam em áreas desprezadas pelo mercado imobiliário formal e/ou em áreas de restrição de uso – como beiras de córregos, encostas dos morros, terrenos sujeitos a enchentes ou áreas de proteção ambiental -, as quais frequentemente envolvem algum tipo de risco.

(SILVA, Lucia Sousa; TRAVASSOS, Luciana. Problemas ambientais urbanos: desafios para a elaboração de políticas públicas integradas. **Cadernos Metrópole**, n.19, pp. 27-47, 10 set. 2008.)

Com base no texto e nos conhecimentos sobre o tema, analise as afirmativas a seguir:

I. A conjunção entre ausência de políticas públicas de habitação para a população de baixa renda, urbanização acelerada e concentrada e processo de segregação socioespacial agrava os riscos ambientais urbanos nas metrópoles brasileiras.

II. A falta de fiscalização por parte do poder público contribui para a multiplicação de práticas como o parcelamento irregular da terra urbana, o que tem reflexos no aumento de pontos do tecido urbano sujeitos a riscos ambientais graves.

III. No que diz respeito aos riscos ambientais urbanos, os processos de periferização e favelização são complementares e favorecem a ocorrência de deslizamentos, surtos de doenças e vítimas fatais.

IV. Segundo o texto, o aumento do valor dos terrenos periféricos seria uma solução para a questão habitacional nas metrópoles, pois inibiria a expansão desordenada fazendo com que a população de baixa renda deixasse de ocupar áreas propensas a riscos ambientais.

Assinale a alternativa correta.

(A) Somente as afirmativas I e II são corretas.
(B) Somente as afirmativas I e IV são corretas.
(C) Somente as afirmativas III e IV são corretas.
(D) Somente as afirmativas I, II e III são corretas.
(E) Somente as afirmativas II, III e IV são corretas.

I: correta, pois o rápido processo de urbanização pelo qual o Brasil passou no século XX se deu de forma descontrolada repercutindo, atualmente, em metrópoles com grande inchaço urbano (macrocefalismo urbano). A falta de uma política pública de ordenamento territorial redundou em áreas sujeitas à favelização e periferização, na qual os menos favorecidos foram obrigados a se amontoar em espaços urbanos de elevada precariedade infraestrutural, sujeitos a desmoronamentos principalmente no período das chuvas ou então conviver em áreas próximas a lixões a céu aberto estando expostos às mais variadas doenças; II: correta, pois a omissão do poder público em estabelecer um zoneamento territorial, seja ele urbano ou rural faz com que se multipliquem áreas de ocupação irregular. Muitas dessas áreas são estabelecidas próximas às margens de rios, nascentes ou topo de encostas, sujeitas a raves riscos ambientais; III: correta, pois como foram expostos no item I da questão, todos esses problemas são provenientes de um desordenado processo de urbanização conjugado à omissão e incompetência das autoridades governamentais; IV: incorreta, pois é justamente a falta de infraestrutura e a precariedade dos serviços públicos que provoca a desvalorização imobiliária. À medida que forem implantados equipamentos urbanos adequados haverá uma natural valorização do imóvel e consequente expulsão da população menos favorecida para as áreas periféricas das cidades, reproduzindo-se o ciclo de favelização e periferização.

Gabarito "D"

(Soldado da Polícia Militar /PR – 2010 – UELCOPS) Observe o quadro e o texto e responda à questão.

Na contramão da reativação econômica e da redução da pobreza na última década, os índices de violência na América do Sul não cederam ou pioraram. A insegurança crescente contamina a agenda política da região, colocando os governos de centro-esquerda contra as cordas e dando fôlego às oposições. Da Argentina ao Equador e também na Venezuela, a insegurança já supera os problemas econômicos como a principal preocupação da população. Os números são eloquentes: com apenas 8% da população mundial, a América latina e o Caribe respondem por um terço dos homicídios e mais de 50% dos sequestros mundiais.

(**Folha de S. Paulo**, domingo, 15 de novembro de 2009. Mundo, A 21.)

Com base no gráfico, no texto e nos conhecimentos sobre segurança pública, é correto afirmar:

(A) O crescimento econômico em países da América Latina e a redução de pobreza estão desvinculados de fatores redutores da violência no continente.

(B) Os regimes militares que atuaram na América Latina em anos anteriores eram mais eficazes no combate da violência do que as democracias atuais.

(C) A Venezuela possui maior taxa de homicídio em razão de ser um país com forte ideologia socialista.

(D) O Brasil possui a maior população carcerária da América Latina, devido à eficácia policial e prisional no combate ao crime de homicídio.

(E) A América Latina é a região do globo que possui a maior taxa de homicídio em razão de sua polícia agir de acordo com as regras do Estado de Direito.

É preciso primeiro dissociar "cuidadosamente" a violência dos fatores estruturais vinculados a ela e encarar suas causas múltiplas. A disseminação de uma nova droga – como o crack e similares em Buenos Aires ou no Rio – tem de ser considerada como fator, por exemplo. Mesmo tendo apresentado um crescimento econômico e social na última década, a América Latina ainda convive com problemas estruturais que permeiam o continente há décadas.

Gabarito "A"

(Soldado da Polícia Militar /PR – 2010 – UELCOPS) Leia o texto a seguir:

O serviço SOS Tortura, de 30 de outubro de 2001 a 31 de julho de 2003, recebeu 54 denúncias de tortura praticada por agentes públicos no Paraná, sendo 10 na capital, 43 no interior e uma sem identificação de local. Das 54 denúncias, oito foram arquivadas devido a dados insuficientes. Catorze foram enviadas ao Ministério Público, que respondeu estar investigando onze e não prestou informação sobre três. Vinte e três foram encaminhadas à corregedoria da Polícia Civil, que arquivou uma por falta de provas e não prestou informações sobre as outras 22. Nove denúncias foram enviadas à corregedoria da Polícia Militar, que arquivou quatro por falta de provas, devolveu uma por dados insuficientes, respondeu estar investigando uma e não prestou informação sobre as outras três.

(NEV/USP- NÚCLEO DE ESTUDOS DA VIOLÊNCIA. *3° Relatório sobre direitos humanos no Brasil 2003-2005. São Paulo:* USP, 2005)

Com base no texto e nos conhecimentos sobre a tortura é correto afirmar que, no Brasil, esta

(A) é uma prática disseminada socialmente, e as efetivadas pelos agentes de segurança encontram sua legitimidade neste costume do povo brasileiro.
(B) é uma disciplina do currículo informal dos órgãos de segurança pública, especialmente na Polícia Militar, no Exército e na Polícia Civil.
(C) é aceita pela maioria da população como um modo de obter informações e de coibição da violência endêmica que assola o país.
(D) inexiste no conjunto da sociedade, sendo prática também abolida nos órgãos de segurança pública.
(E) é coibida, sendo inclusive punida, visando o fortalecimento da democracia que se funda na garantia dos direitos do cidadão brasileiro.

A Constituição Federal é expressa em repudiar a prática da tortura e penas degradantes, desumanas ou cruéis (artigo 5°. III, XLIII e XLVII), bem como em proteger a integridade física e moral do preso (art. 5°., XLIX). A tortura no Brasil, de acordo com a Carta Magna, além de ser um crime inafiançável, é insuscetível de graça ou anistia.

Gabarito "E"

(Soldado Combatente da Polícia Militar /RR – 2013 – UERR) Os royalties de petróleo são os valores em dinheiro, pagos pelas empresas produtoras aos governos, para ter direito à exploração. Temos atualmente no congresso a votação da distribuição destes valores entre os Estados da Federação.

Assinale a alternativa **QUE APRESENTA** somente Estados produtores de petróleo:

(A) Rio de Janeiro e Acre.
(B) Goiás e Rio de Janeiro.
(C) São Paulo e Mato Grosso.
(D) Bahia e Rio Grande do Sul.
(E) Espírito Santo e Amazonas.

Espírito Santo e Amazonas correspondem respectivamente a 15% e 1,6% da fatia da produção nacional de petróleo, respectivamente.

Gabarito "E"

(Soldado Combatente da Polícia Militar /RR – 2013 – UERR) Qual dos cantores a seguir, grande nome da música popular brasileira, teve comemorado no ano de 2012 cem anos de nascimento?

(A) Roberto Carlos.
(B) Oscar Niemeyer.
(C) Dominguinhos.
(D) Luiz Gonzaga.
(E) Dorival Caymmi.

Nascido em 13 de setembro de 1912, o cantor Luiz Gonzaga, o Rei do Baião, completaria 100 anos em 2012. Para comemorar o centenário de seu nascimento foi lançado o filme Gonzaga – De Pai pra Filho. Luiz Gonzaga morreu no dia 02 de agosto de 1989, vítima de uma parada cardiorrespiratória.

Gabarito "D"

(Soldado Combatente da Polícia Militar /RR – 2013 – UERR) Assinale a alternativa **INCORRETA** a respeito dos royalties do petróleo:

(A) O projeto de Lei prevê que no novo regime de partilha do pré-sal, todos os Estados e Municípios não produtores receberão parcelas significativas dos royalties do petróleo;
(B) O projeto aprovado no Congresso teve alguns artigos vetados pela Presidente Dilma Roussef;
(C) Entre outros pontos, a Presidente vetou o artigo que altera contratos já assinados e que reduziria os royalties de Estados produtores, como Rio de Janeiro e Espírito Santo;
(D) No final do ano de 2012, o Congresso aprovou um requerimento de urgência para apreciar os vetos da Presidente ao Projeto;
(E) O Ministro do Supremo Tribunal Federal Joaquim Barbosa determinou que os vetos do projeto só poderiam ser votados após a votação dos quase 03 (três) mil vetos pendentes no Congresso.

Por seis votos a quatro, os ministros do Supremo Tribunal Federal (STF) decidiram , em fevereiro de 2013, revogar liminar (decisão provisória) que determinou a votação em ordem cronológica, pelo Congresso Nacional, dos mais de 3 mil vetos presidenciais pendentes. O relator da liminar foi o Ministro Luiz Fux e não o presidente do STF, Joaquim Barbosa. O Congresso Nacional deve votar em julho de 2013, o Projeto de Lei que destina 75% dos royalties do petróleo para a educação e 25% para a saúde, além de 50% dos rendimentos do Fundo Social para a educação.

Gabarito "E"

(Soldado Combatente da Polícia Militar /RR – 2013 – UERR) A Usina de Belo Monte será construída com pequenos reservatórios de água, produzindo energia elétrica basicamente com a força da vazão natural dos rios. Essa usina não estoca água para geração nos períodos de seca. Usinas projetadas com essas características reduzem consideravelmente as áreas inundadas. Assinale qual alternativa a seguir diz respeito ao tipo de projeto de construção da Usina de Belo Monte.

(A) Projeto reservatório.
(B) Projeto fio d'água
(C) Projeto escada de peixes;
(D) Projeto indígena;
(E) Projeto de aceleração do crescimento;

A usina de Belo Monte deverá inundar uma área de cerca de 500 km2 usando a tecnologia de fio d'água que não armazena água, sendo a energia gerada praticamente pela vazão natural do Rio Xingu, no Pará. Quando concluída será a terceira usina de maior potencial do mundo, ficando atrás apenas da usina hidrelétrica de Três Gargantas (China) e Itaipu (Brasil/Paraguai).

Gabarito "B"

(Soldado da Polícia Militar /SC – 2011 – IESES) No dia 29 de outubro de 2007, foi eleito (a) presidente da Argentina:

(A) Manoel Zelaya.
(B) Fernando de La Rúa.
(C) Cristina Kirchner.
(D) Néstor Kirchner.

Com cerca de 44% dos votos, a candidata Cristina Kirchner foi eleita na Argentina sendo a primeira mulher a assumir a Presidência da República em seu país. Em outubro de 2011, Cristina Kirchner foi reeleita com quase 54% dos votos.

Gabarito "C"

(Soldado da Polícia Militar /SC – 2011 – IESES) Em junho de 2009 a Organização Mundial de Saúde (OMS) declarou a existência de uma pandemia, que teve início no México e se propagou por quase 100 países, atingindo milhares de pessoas e provocou mortes.

Assinale abaixo a alternativa que apresenta o nome da doença relatada acima:

(A) Gripe Asiática – H2N2.
(B) Gripe Suína – Influenza A H1N1.
(C) Gripe Aviária – Influenza H5N1.
(D) Infecção de HIV.

A Gripe A ou gripe suína como era conhecida até 30 de abril de 2009 é causada pelo vírus influenza tipo A/H1N1 modificado. Esse vírus é resultante da união de material genético de cepas da gripe humana, aviária e suína.

Gabarito "B"

(Soldado da Polícia Militar /SC – 2011 – IESES) Analise as assertivas abaixo e assinale a alternativa que apresenta os itens corretos. Sobre o efeito estufa pode-se afirmar que:

I. O dióxido de carbono é o maior responsável pela intensificação do efeito estufa, seguido de metano, óxido nitroso e clorofluorcarbono.
II. É essencial para a existência da vida.
III. O excesso de gases na atmosfera intensifica o efeito estufa, aumentando o aprisionamento da radiação solar e elevando a temperatura global.
IV. As queimadas contribuem para a diminuição de gases intensificadores do fenômeno.

A sequência correta é:

(A) Apenas as assertivas I e IV estão corretas.
(B) Apenas a assertiva III está correta.
(C) As assertivas I, II, III e IV estão corretas.
(D) Apenas as assertivas I, II e III estão corretas.

I: correta, pois o gás metano tem um potencial 20 vezes maior de retenção dos gases que contribuem para o efeito estufa, porém, por ser lançado em maior quantidade na atmosfera, desde a Primeira Revolução Industrial, no século XVIII, o dióxido de carbônico (gás carbônico) é o maior responsável pelo aquecimento global, seguido dos outros gases citados no item; II: correta, pois a atmosfera terrestre possui um efeito de estufa natural, sendo vital para a manutenção da vida na Terra, pois caso não houvesse esse efeito de estufa natural, a temperatura média global seria de -14° Celsius; III: correta, pois a grande quantidade de gases que o homem vem lançando há mais de dois séculos, por meio da queima de combustíveis fósseis (carvão mineral, petróleo e gás natural), potencializa o efeito de estufa que existe na atmosfera e consequente retem mais calor e elevando a temperatura do planeta. Essa potencialização do efeito estufa natural é chamada de aquecimento global; IV: incorreta, pois as queimadas são grandes responsáveis pelo aumento do efeito estufa. Quando a vegetação queima, a quantidade de dióxido de carbono liberado gera um aumento do aquecimento global. Cientistas afirmam que as queimadas sejam responsáveis por cerca de 20% do aquecimento global.

Gabarito "D"

(Soldado da Polícia Militar /SC – 2011 – IESES) Sobre o Escândalo do Mensalão é **INCORRETO** afirmar que:

(A) Dentre os envolvidos podemos citar o banqueiro Daniel Dantas, o ex-tesoureiro do PT Delúbio Soares, o ex-Ministro Chefe da Casa Civil José Dirceu e o empresário Marcos Valério.
(B) Maior crise política sofrida pelo governo do presidente Luiz Inácio "Lula" da Silva.
(C) Foi um esquema de compra de votos de parlamentares.
(D) Em agosto de 2008, prazo previsto para a conclusão do caso, o ministro do Supremo Tribunal Federal Gilmar Mendes, aceitou a abertura de inquérito contra 40 acusados no escândalo do mensalão.

Em agosto de 2007, o Supremo Tribunal Federal (STF) aceitou denúncia contra os 40 suspeitos de envolvimento no mensalão. O ministro Joaquim Barbosa apontou como operadores do suposto esquema, o ex-ministro José Dirceu, o ex-presidente do PT José Genoíno, o ex-tesoureiro do partido, Delúbio Soares, e o ex-secretário-geral da legenda, Sílvio Pereira.

Gabarito "D"

(Soldado da Polícia Militar /SC – 2011 – IESES) Analise as assertivas abaixo e assinale a alternativa correta. Sobre a franco-colombiana Ingrid Betancourt pode-se afirmar que:

I. Foi sequestrada em 2002 durante sua campanha à presidência da Colômbia.
II. Foi uma das mais importantes reféns das FARC (Forças Armadas Revolucionárias da Colômbia).
III. Permaneceu em cativeiro por quase 4 anos.
IV. Lançou uma autobiografia onde narra o cotidiano no cativeiro, e a intervenção política dos presidentes da Venezuela Hugo Chavez, e da França, Nicolas Sarkozy, que foram determinantes para sua libertação.

A alternativa que apresenta os itens corretos é:

(A) As assertivas I, II, III e IV estão corretas.
(B) Apenas as assertivas I, II e IV estão corretas.
(C) Apenas as assertivas I, II e III estão corretas.
(D) Apenas a assertiva II está correta.

I: correta, pois ex-senadora, Ingrid Betancourt foi sequestrada pelas Farc (Forças Armadas Revolucionárias da Colômbia) em 2002, quando era candidata à presidência da República da Colômbia pelo inexpressivo partido Oxigênio Verde; II: correta, pois a ex--senadora possuía certa popularidade na Colômbia, onde distribuía camiseta contra a corrupção no país. O seu sequestro foi efetuado pelas Farc, um grupo terrorista de esquerda, criado em 1960; III: incorreta, pois Ingrid Betancourt ficou presa em cativeiro de 23 de fevereiro de 2002 a 02 de julho de 2008, portanto, mais de 6 anos; IV: correta, pois em seu livro, *Não há silêncio que não termine,* Ingrid Betancourt expõe todo o seu drama pessoal vivido durante os mais de seis anos em cativeiro e também a participação decisiva do ex-presidente venezuelano Hugo Chávez e o ex-presidente francês Nicolas Sarkozy.

Gabarito "B"

(Soldado da Polícia Militar /SC – 2011 – IESES) A cidade sede dos Jogos-Panamericanos de 2011 foi escolhida por votos unânimes em 2006. Assinale a alternativa abaixo que apresenta o nome da cidade escolhida:

(A) San Antonio.
(B) Nova Iorque.
(C) Detroit.
(D) Guadalajara.

A cidade de Guadalajara (México) foi a sede dos Jogos Pan Americanos em outubro de 2011. Interessante lembrar que a cidade de Guadalajara foi escolhida por unanimidade para sediar o evento pelo simples fato de não ter nenhuma outra candidata na disputa.

Gabarito "D"

(Soldado da Polícia Militar /SC – 2011 – IESES) Coluna "Mercado" da Folha Online assinale a alternativa correta:

"Os controladores da Itaúsa e da Unibanco Holdings comunicam ao mercado que assinaram nesta data, contrato de associação visando à unificação das operações financeiras do Itaú e do Unibanco de modo a formar o maior conglomerado financeiro privado do Hemisfério Sul, cujo valor de mercado fará com que ele fique situado entre os 20 maiores do mundo. Trata-se de uma instituição financeira com a capacidade de competir no cenário internacional com os grandes bancos mundiais", informaram as duas empresas em comunicado ao Mercado (Folha Online, 03/11/2008).

I. Os bancos Itaú e Unibanco uniram-se para formar um megabanco visando, entre outros objetivos, conquistar mercados internacionais.
II. Para que seja concretizada a fusão de bancos, deve haver aprovação pelo Banco Central, e por órgãos reguladores.
III. A crise financeira e a competição interna influenciaram a fusão entre as instituições bancárias.
IV. As duas empresas ficaram mais fortalecidas com a operação.

(A) Apenas as assertivas I e IV estão corretas.
(B) Apenas as assertivas I, II e IV estão corretas.
(C) Apenas as assertivas II e III estão corretas.
(D) As assertivas I, II, III e IV estão corretas.

I: correta, pois a fusão de dois gigantes do sistema financeiro nacional se deu no intuito de fortalecer as duas instituições diante da crise financeira internacional e conquistar praças internacionais; II: correta, pois o Banco Central aprovou a fusão dos dois bancos em 2009 e avaliou que o negócio é uma iniciativa que contribui para a solidez do Sistema Financeiro Nacional na atual conjuntura do Sistema Financeira Internacional; III: correta, pois seguindo uma tendência do mercado para se fortalecer diante das competições internas, a fusão do Itaú e do Unibanco se deu num cenário de alicercamento diante da crise econômica que o mundo vem enfrentando desde 2008; IV: correta, pois com a aprovação do negócio pelo Banco Central em 2009, o conglomerado passou a se chamar IUPAR (Itaú Unibanco Participações S.A.). A instituição financeira encontra-se hoje entre as 20 maiores do mundo. Juntos, os dois bancos somavam, em 2009, um total de ativos de mais de R$ 575 milhões, 18% da rede bancária nacional e 14,5 milhões de clientes com conta-corrente.

Gabarito "D"

(Soldado da Polícia Militar /SC – 2011 – IESES) *"A proposta apresentada pelo Ministério da Cultura do Brasil sobre o montante inicial do Fundo Mercosul Cultural, fixado em US$ 1 milhão, foi aprovada neste sábado (25), em Assunção, durante a XXXII Reunião de Ministros da Cultura do Mercosul (RMC). Para compor esse valor de recursos, caberá a cada Estado--Parte contribuir com percentagens diferenciadas, estabelecidas a partir do Produto Interno Bruto (PIB) de cada país, as quais estão especificadas no documento do Conselho do Mercado Comum, que instituiu o Fundo: Argentina, 27%; Brasil, 70%; Paraguai, 1%, e Uruguai, 2%".* (Glaucia Lira, Ascom/MinC. Portal da Cultura)

I. O objetivo do Fundo é financiar projetos e programas que fomentem a criação, circulação, proteção e difusão dos bens e serviços culturais.
II. São objetivos do projeto, capacitar os quadros técnicos e gerenciais para o desenvolvimento do trabalho e equalizar as capacidades instaladas dos organismos nacionais envolvidos no tema.
III. O Mercado Comum do Sul, como é chamado oficialmente, envolve dimensões econômicas, políticas e sociais.
IV. Os Estados-Partes do Mercosul são os quatro países responsáveis pela criação do bloco, ou seja, Brasil, Argentina, Paraguai e Uruguai.

A alternativa que apresenta os itens corretos é:

(A) Apenas as assertivas I e II estão corretas.
(B) Apenas as assertivas III e IV estão corretas.
(C) Apenas a assertiva I está correta.
(D) As assertivas I, II, III e IV estão corretas.

Avaliação geral da questão: Dois anos após ser criado, o Fundo Cultural do Mercosul que financiará projetos e programas que fomentem a criação e circulação de expressões culturais latino-americanas, ainda precisa ser aprovado pelos Congressos brasileiro e venezuelano. Os outros dois estados partes do bloco, Uruguai e Argentina (Paraguai está temporariamente suspenso), já aderiram. Ainda será decidido como entrarão os Estados associados: Colômbia, Equador, Chile, Peru e Bolívia. O fundo terá valor inicial de US$ 1 milhão e cada país membro contribuirá proporcionalmente de acordo com seu Produto Interno Bruto (PIB).

Gabarito "D"

(Soldado da Polícia Militar /SC – 2011 – IESES) Foram incluídos no programa de 2011 dos Jogos Panamericanos todos os seguintes esportes, **EXCETO:**

(A) Futsal.
(B) Rugby.
(C) Raquetebol.
(D) Pelota Basca.

O Futsal que havia estreado nos Jogos Pan Americanos de 2007 a pedido do Comitê Olímpico Brasileiro, foi excluído em 2011 pela COPAG (Comitê Organizador dos Pan Americanos de Guadalajara). Porém, o futsal voltará a participar dos Jogos Pan Americanos de Toronto (Canadá), em 2015.

Gabarito "A"

(Soldado da Polícia Militar /SC – 2011 – IESES) No Brasil registram-se poucos abalos sísmicos. Ao longo dos anos foram registrados tremores em várias cidades do país, sendo que é na região Nordeste o local onde mais aconteceram tremores. Em 2008, um tremor de terra atingiu o (os) estado (os) de:

(A) Goiás, Mato Grosso e Mato Grosso do Sul.
(B) Rondônia, Amapá, Acre e Pará.
(C) São Paulo, Paraná, Santa Catarina e Rio de Janeiro.
(D) Pernambuco, Paraíba e Rio Grande do Norte.

Em função de a sua estrutura geológica ser bastante antiga e, portanto estável, e também pelo fato de o Brasil estar situado no centro de uma placa tectônica (Placa Sul-americana), não é comum o registro de abalos sísmicos de grande magnitude. Porém, em abril de 2008, um tremor de 5,2 graus na escala Richter foi sentido em todos os estados da Região Sul, São Paulo e Rio de Janeiro sem causar vítimas e nem desabamentos.

Gabarito "C"

(Soldado da Polícia Militar /SC – 2011 – IESES) Relacione as colunas e assinale a alternativa que apresenta a sequência correspondente:

1. A Articulação Brasileira contra a Corrupção e a Impunidade (ABRACCI)
2. O Movimento de Combate à Corrupção Eleitoral (MCCE)
3. Projeto Ficha Limpa

( ) É uma campanha da sociedade civil brasileira com o objetivo de melhorar o perfil dos candidatos e candidatas a cargos eletivos do país.

( ) É uma rede de 78 entidades com a missão de contribuir para a construção de uma cultura de não corrupção e impunidade no Brasil por meio do estímulo e da articulação de ações de instituições e iniciativas com vistas a uma sociedade justa, democrática e solidária.

( ) É uma rede composta por 46 entidades cuja atuação se estende por todo o país. Com sede em Brasília (DF), acompanha de perto a atuação do Tribunal Superior Eleitoral (TSE) e mantém contato com os responsáveis pela adoção de medidas que favoreçam a lisura do processo eleitoral em todo o Brasil.

(A) 1, 2, 3.
(B) 3, 1, 2.
(C) 3, 2, 1.
(D) 2, 1, 3.

1: Projeto Ficha Limpa (Lei Complementar nº 135 de 2010) é um Projeto de Lei de iniciativa popular idealizado pelo juiz Márlon Reis que reuniu cerca de 1,3 milhão de assinaturas com o objetivo de aumentar a idoneidade dos candidatos.A lei torna inelegível por oito anos um candidato que tiver o mandato cassado, renunciar para evitar a cassação ou for condenado por decisão de órgão colegiado (com mais de um juiz), mesmo que ainda exista a possibilidade de recursos; **2:** A Articulação Brasileira Contra a Corrupção e a Impunidade – ABRACCI - reúne organizações da sociedade civil que trabalham no combate à corrupção e à impunidade no Brasil. É uma associação civil sem fins lucrativos e econômicos, democrática e pluralista, que articula em rede, pessoas, entidades e organizações da sociedade brasileira interessadas na luta contra a corrupção e a impunidade; **3:** O Movimento de Combate à Corrupção Eleitoral tem como um dos fundadores o juiz Márlon Reis, o mesmo que idealizou o Projeto Ficha Limpa; segundo a Revista Época, esse juiz foi considerado uma das pessoas mais influentes no Brasil no ano de 2009.

Gabarito "B"

(Soldado da Polícia Militar /SC – 2011 – IESES) *Tendo como suporte o trecho abaixo, publicado em abril de 2010, no Jornal O Estado de São Paulo, assinale a alternativa correta:*

«O que o presidente Lula e sua comitiva não encontraram na comemoração do aniversário da demarcação da Reserva Raposa Serra do Sol, em Roraima, foi a divisão que lá havia, há um ano, entre os índios favoráveis à demarcação contínua e à expulsão dos brancos produtores de arroz ou pecuaristas daquelas terras e os que se opunham à expulsão dos arrozeiros, porque dependiam deles para sua sobrevivência. Desta feita, o que Lula encontrou foi uma completa união: tanto os que eram favoráveis como os que eram contra a exclusividade da ocupação indígena daquelas terras, se tornaram solidariamente contra a demarcação tal como foi feita.» (Tânia Monteiro, **O Estado de São Paulo**.)

I. Os efeitos da queda de produção e escassez de trabalho foram sentidos por ambos os grupos. Muitas famílias passaram a contar apenas com o que recebem do Bolsa-Família e do programa de cestas básicas.

II. A decisão de expulsar os produtores da área implicou na perda de uma grande safra anual de arroz e consequentemente eliminando milhares de empregos diretos e indiretos que eram mantidos pela rizicultura local.

III. O vasto território da Reserva Raposa Serra do Sol conta com uma moderna infraestrutura implantada pelo atual ministro de Minas e Energia.

IV. A construção da mini-hidrelétrica da Cachoeira da Andorinha foi realizada com a parceria da Companhia Energética de Roraima, Secretaria de Estado do Índio e IBAMA.

A alternativa que apresenta os itens corretos é:

(A) Apenas as assertivas II e IV estão corretas.
(B) Apenas as assertivas I, II, III e IV estão corretas.
(C) Apenas a assertiva I e III está correta.
(D) Apenas as assertivas I e II estão corretas.

I: correta, pois a rizicultura (cultura de arroz) e a pecuária constituíam a base econômica dos índios e não índios que viviam na região Raposa Serra do Sol em Roraima. A decisão do STF de promover a demarcação da reserva indígena de forma contínua expulsou os arrozeiros e os pecuaristas da região. Atualmente, as comunidades que lá viviam, tanto índios como não índios, foram obrigadas a se mudar para áreas de favelas próximas à Boa Vista (capital de Roraima), vivendo de cestas básicas e do programa Bolsa Família. Deve ser lembrado que boa parte dos índios já estava aculturada e integrada à economia e a sociedade roraimense; II: correta, pois o comentário do item I responde o item II; III: incorreta, pois quatro anos depois de o Supremo Tribunal Federal (STF) confirmar a demarcação da terra indígena Raposa Serra do Sol, em Roraima, e determinar a retirada dos arrozeiros que ocupavam a área, as antigas culturas estão abandonadas. O gado, que em muitos lugares substituiu as plantações de arroz, morre de sede, as estradas, todas de terra, estão em mau estado de conservação, com muitas pontes sem condições de uso ou mesmo queimadas; IV: incorreta, pois a construção da mini-hidrelétrica Cachoeira da Andorinha ainda não foi finalizada e o Ibama (Instituto Brasileiro do Meio Ambiente e Recursos Renováveis) apenas produziu um Estudo de Impacto Ambiental (EIA) e um Relatório de Impacto Ambiental (Rima), junto as comunidades indígenas da região.

Gabarito "D"

(Soldado da Polícia Militar /SC – 2011 – IESES) Assinale a alternativa **INCORRETA** sobre o ex-vice-presidente do Brasil José Alencar, falecido em 29 de março de 2011, em São Paulo:

(A) José Alencar assumiu a vice-presidência em 2006, durante o primeiro mandato de Luiz Inácio Lula da Silva.
(B) Foi um dos maiores empresários do estado de Minas Gerais. Construiu um império no ramo têxtil, sendo a Coteminas sua principal empresa.
(C) José Alencar lutou contra um câncer no abdome há 13 anos e já havia passado por varias cirurgias.
(D) Só assumiu um cargo público aos 67 anos, em 1999, eleito senador por Minas.

José Alencar elegeu-se vice-presidente do Brasil na chapa de Luiz Inácio Lula da Silva (PT) em 2003, conseguindo a sua reeleição em 2006.

Gabarito "A"

(Soldado da Polícia Militar /SC – 2011 – IESES) Assinale abaixo a alternativa que **NÃO** apresenta um tipo de energia não renovável:

(A) Gás natural.
(B) Biodiesel.
(C) Carvão mineral.
(D) Petróleo

O biodiesel é um combustível renovável e biodegradável sendo extraído de várias plantas oleaginosas, como a soja, a mamona, o amendoim, o girassol e a canola.

Gabarito "B"

(Soldado da Polícia Militar /SC – 2011 – IESES) A ministra da Educação anunciou recentemente que o novo Acordo Ortográfico deverá chegar às escolas no ano letivo 2011-2012. Segundo os linguistas que preparam o acordo, Antônio Houaiss (Brasil) e João Malaca Casteleiro (Portugal), as mudanças são relativamente pequenas. No Brasil aproximadamente 0,5% das palavras e em Portugal apenas 1,6% passarão por mudanças. Analise as alternativas abaixo e assinale a que **NÃO** é coerente com a criação do acordo:

(A) No Brasil, a partir de 1º de Janeiro de 2010, as novas regras ortográficas foram aplicadas ao Governo, organismos, entidades e serviços que dele dependem, assim como à publicação no Diário da República.
(B) São argumentos a favor do acordo a aproximação da oralidade à escrita e simplicidade de ensino e aprendizagem.
(C) O avanço do idioma foi impedido pela presença de duas grafias: uma brasileira e outra portuguesa por anos e anos, por isso, a implementação do Acordo Ortográfico em todos os países lusófonos ajudará a fortalecer os laços de cooperação das nações que falam o português.
(D) As mudanças no idioma visam universalizar a língua portuguesa.

A obrigatoriedade do uso do Acordo Ortográfico de Língua Portuguesa, assinado em 2008 e previsto para entrar em vigor em 31de de dezembro de 2012, foi adiada por mais três anos. O novo prazo para entrada em vigor do acordo é 1º de janeiro de 2016. A presidente Dilma Rousseff assinou um decreto redigido pelo Ministério de Relações Exteriores e publicado na edição do "Diário Oficial da União".

Gabarito "A"

(Soldado da Polícia Militar /SC – 2011 – IESES) O mercado de créditos de carbono começou a funcionar antes mesmo da entrada em vigor do Protocolo de Kyoto, considerado o tratado internacional de maior importância sobre meio ambiente.

Analise as assertivas abaixo e assinale a alternativa correta:

I. Cada tonelada de CO2 não emitida pelos países do Anexo II pode ser "vendida" para as nações industrializadas do Anexo I.
II. O objetivo principal do tratado é reduzir a emissão de gases de efeito estufa.
III. As empresas que conseguem reduzir a emissão de gases além da meta ficam impossibilitadas de comercializar o excedente, gerando assim um mercado de compra e venda de créditos de carbono entre empresas e setores da economia.
IV. A principal ferramenta de emissão dos créditos é o Mecanismo de Desenvolvimento Limpo (MDL), que consiste justamente na implementação de projetos que se utilizem de práticas e tecnologias capazes de reduzir as emissões de gases de efeito estufa.

A alternativa que apresenta os itens corretos é:

(A) Apenas a assertiva III está correta.
(B) As assertivas I, II, III e IV estão corretas.

(C) Apenas as assertivas I, II e IV estão corretas.
(D) Apenas as assertivas I e II estão corretas.

I: correta, pois o Protocolo de Kyoto definiu dois grupos distintos quanto às responsabilidades comuns, porém, diferenciadas. Os países do Anexo I são aqueles que primeiro se industrializaram, e, portanto, há mais de dois séculos vêm queimando combustíveis fósseis e jogando gás carbônico na natureza. Exemplo: Inglaterra, França, Bélgica, Holanda, Alemanha, Itália, Japão, etc. Os países do Anexo II correspondem às nações que se industrializaram após a II Guerra Mundial e que, por conseguinte, são "menos culpados" pelo aquecimento global. Esse grupo é constituído de países emergentes, como o Brasil, a China, a Índia, o México, entre outros. Conforme definido Protocolo de Kyoto, um país industrializado pode compensar suas emissões participando de projetos ou sumidouros de redução de emissões em outro país do Anexo I. Implica, portanto, constituição e transferência de crédito de emissões de gases de efeito estufa do país em que o projeto está sendo implementado para o país emissor. Este pode comprar "crédito de carbono" e, em troca, constituir fundos para projetos a serem desenvolvidos em outros países. Os recursos financeiros obtidos serão aplicados necessariamente na redução de emissões ou em remoção de carbono; II: correta, pois o objetivo do Protocolo de Kyoto é fazer com que as nações do Anexo I reduzam em 5,2% suas emissões de gases que contribuem para o efeito estufa entre 2008 e 2012. Porém, o Protoco de Kyoto foi um fracasso, sendo assim, na Conferência das Partes (COP-18) realizada em Doha (Qatar), no ano de 2012, houve um adiamento dessa meta para 2020; III: incorreta, pois as empresas que atingirem a meta e possuir excedentes **podem comercializá-los** no mercado de carbono. Atualmente uma tonelada de carbono custa em torno de 5 dólares no mercado internacional; IV: correta, pois o Mecanismo de Desenvolvimento Limpo (MDL) é um dos mecanismos de flexibilização, criados pelo Protocolo de Kyoto para auxiliar o processo de redução de emissões de gases do efeito estufa (GEE) ou de captura de carbono (ou sequestro de carbono) por parte dos países do Anexo I.

Gabarito "C"

(Soldado da Polícia Militar /SC – 2011 – IESES) Sobre a ALCA assinale a alternativa correta:

(A) É a formação de um bloco econômico para restringir o comércio nas Américas.
(B) Os Estados Unidos foram os líderes na implementação da Alca, por se tratar da maior economia da América, seguido por Canadá, México, Brasil e Cuba.
(C) A formação de blocos econômicos proporciona aumento nas tarifas alfandegárias, dificultando a circulação de mercadorias e pessoas.
(D) Em oposição à proposta do governo dos Estados Unidos de implantar a ALCA, o presidente venezuelano Hugo Chávez propôs a Alternativa Bolivariana para as Américas (ALBA).

A Alternativa Bolivariana para as Américas tem como principal objetivo integrar diversos países da América Latina e também do Caribe, que tem como base a ideologia de Simón Bolívar, a Alba tem a intenção de ser uma alternativa em relação à ALCA (Área de Livre Comércio das Américas). Essa divergência é proveniente das ideias impostas principalmente pelos Estados Unidos que visa implantar a ALCA para abrir totalmente as fronteiras comerciais entre todos os países americanos, desse modo se limitam somente nas relações econômicas. Já a ALBA quer estabelecer um padrão, ou melhor, tornar equivalentes a realidade de cada país, além disso, visa focalizar os esforços no combate à pobreza, desigualdade social e toda forma de exclusão social. Dentre outros objetivos da ALBA, está ainda o de dar preferência às empresas pequenas e médias, além de considerar que os países desenvolvidos deveriam financiar todo o processo e, por fim, estabelecer os fundamentos no princípio da solidariedade. A ALBA é formada por Venezuela, Cuba, Equador, Bolívia, Nicarágua, Dominica, Antígua, San Vicente e as Granadinas.

Gabarito "D"

7. História e Geografia

Isaac Marra

(Soldado Combatente da Polícia Militar/AC – 2012 – FUNCAB) Pertencente ao tronco linguístico Pano, este grupo é considerado o povo indígena com maior população no Acre. Possui uma vasta cultura material, na qual se destacam os kenê (desenhos geométricos aprendidos da cobra grande), que são aplicados em pinturas corporais, e em uma elaborada tecelagem. Muitos dos trabalhos são divididos entre gênero e idade. (NEVES, Marcos Vinícius. *Povos indígenas do Acre.* Biblioteca da Floresta. Rio Branco, AC Adaptado). O fragmento destaca o seguinte povo indígena:

(A) Cheyenne.
(B) Madija.
(C) Kaxinawá.
(D) Tupi-guarani.
(E) Ashaninka.

Os povos Kaxinawá são uma etnia indígena que está atualmente concentrada numa região de floresta tropical da América do Sul compreendendo desde o extremo-leste do Peru até área central do estado do Acre. São o maior grupo etnolinguístico indígena do Acre com aproximadamente 5.000 indivíduos.

Gabarito "C"

(Soldado Combatente da Polícia Militar/AC – 2012 – FUNCAB) O ano de divulgação dos últimos dados referentes à agricultura nacional foi 2010. Segundo o IBGE, a lavoura permanente com a maior área plantada no estado do Acre em 2010, foi a de:

(A) abacate
(B) banana.
(C) café.
(D) mamão.
(E) palmito.

A: incorreta, pois, segundo o censo do IBGE do ano de 2010, a área plantada da lavoura de abacate foi de apenas 4 hectares, o que não a coloca entre as maiores lavouras do estado; **B:** correta, pois o cultivo de banana no estado ocupou uma área de pouco mais de 2.800 hectares, a lavoura com maior área plantada; **C:** incorreta, pois, apesar de possuir uma área de cultivo considerável no estado com 707 hectares, a lavoura de café ocupa ainda a segunda posição de área de cultivo no Acre; **D:** incorreta, pois a lavoura de mamão ocupa uma área de apenas 87 hectares; **E:** incorreta, pois a lavoura de palmito ocupa uma área de 504 hectares, sendo apenas a terceira maior área plantada do estado.

Gabarito "B"

(Soldado Combatente da Polícia Militar/AC – 2012 – FUNCAB) Em1889, o território do Acre – já vivendo o litígio entre brasileiros e bolivianos –, é proclamado independente. A ação de independência foi organizada, entre outros, por Luis Galvez que contou com a ajuda, principalmente, dos:

(A) mineradores.
(B) indígenas.
(C) pecuaristas.
(D) quilombolas.
(E) seringalistas.

A: incorreta, pois a mineração ainda não era uma atividade bem difundida na região ao final do século XIX; **B:** incorreta, a independência do Acre não representou nenhuma vantagem para os indígenas, ao contrário, o crescente número de brasileiros que migravam para a região foi causa de alguns conflitos com os indígenas; **C:** incorreta, pois a atividade pecuária só veio se difundir a partir da década de 70 do século XX, no fim do século XIX era irrisória a quantidade de pecuaristas na região; **D:** incorreta, a ocupação do Acre ocorre apenas no fim do século XIX, quando o sistema escravista já está em franco declínio, dessa forma não há registros de quilombolas no Acre; **E:** correta, foram exatamente os seringalistas brasileiros que despertaram o interesse no Acre, impulsionados pela alta do preço da borracha no mercado internacional. Uma grande massa de migrantes, oriundos principalmente do sertão nordestino, ocuparam a região anteriormente pertencente à Bolívia e iniciaram a exploração dos seringais, contudo, a Bolívia cobrava pesados impostos dos seringalistas brasileiros, que insatisfeitos apoiaram a tomada de poder e a fundação da república do Acre pelo espanhol Luis Galvez.

Gabarito "E"

(Soldado Combatente da Polícia Militar/AC – 2012 – FUNCAB) O Brasil é considerado um país urbano, contudo ainda existem municípios cujas populações ocupam majoritariamente os espaços rurais. No estado do Acre, o município com a menor taxa de urbanização entre os listados abaixo é:

(A) Porto Acre.
(B) Mâncio Lima.
(C) Cruzeiro do Sul.
(D) Manoel Urbano.
(E) Acrelândia.

A: correta, segundo dados do Ipea, Porto Acre tem uma população de cerca de 12.000 habitantes, dos quais cerca de 1.300 vivem na área urbana, com isso temos uma taxa de urbanização muito baixa, de apenas 10,8%; **B:** incorreta, com uma população de pouco mais de 11.000 habitantes, dos quais 5.800 vivem na área urbana, conclui-se que mais da metade da população de Mâncio Lima reside no espaço urbano; **C:** incorreta, a população de Cruzeiro do Sul é de cerca de 68.000 habitantes, dos quais quase 39.000 residem nas áreas urbanas, portanto, uma taxa de urbanização de quase 60%; **D:** incorreta, a população total de Manoel Urbano é de cerca de 6.000 habitantes, onde cerca de 3.000 residem no espaço urbano, portanto, a taxa de urbanização é de cerca de 50%; **E:** incorreta, com uma população de cerca de 8.000 habitantes, onde cerca de 3.500 vivem no espaço urbano, o município de Acrelândia possui uma taxa de urbanização pouco superior a 40%.

Gabarito "A".

(Soldado Combatente da Polícia Militar/AC – 2012 – FUNCAB) A redefinição dos limites territoriais entre os estados do Acre e do Amazonas foi confirmada pelo Supremo Tribunal Federal em 2008. As análises jurídicas, com base nas demarcações da Linha Cunha Gomes e referendadas pelo IBGE, aumentaram o espaço territorial do estado do Acre, principalmente em alguns municípios. Entre as duplas de municípios a seguir, a que possui limites territoriais que foram demarcados pela Linha Cunha Gomes é:

(A) Tarauacá e Feijó.
(B) Rio Branco e Capixaba.
(C) Porto Walter e Rodrigues Alves.
(D) Jordão e Senador Guiomard.
(E) Assis Brasil e Xapuri.

A: correta, na década de 40 do século XX descobriu-se que os municípios de Taraucá e Feijó, que tiveram grande importância na história do Acre, estavam na verdade dentro do território amazonense, assim os limites da linha foram redefinidos; **B:** incorreta, pois não houve qualquer litígio em relação a esses dois municípios e os limites traçados para o estado; **C:** incorreta, pois os dois municípios se encontram na fronteira com o Peru, onde não houve redefinições de áreas de fronteira; **D:** incorreta, o município de Jordão encontra-se bem distante da linha Cunha Gomes e o município de Senador Guiomard apesar de estar próximo a linha Cunha Gomes não teve prejuízo em sua demarcação territorial; **E:** incorreta, os dois municípios encontram-se bem distantes da linha, o primeiro na divisa entre Peru e Bolívia e o segundo na divisa com o território boliviano.

Gabarito "A".

(Soldado Combatente da Polícia Militar/AC – 2012 – FUNCAB) Um dos traços naturais mais significativos do espaço amazônico é referente ao clima. Sobre o clima do estado do Acre, é correto afirmar que possui a seguinte característica:

(A) influência do fenômeno conhecido como friagem entre os meses de novembro e março.
(B) hidrografia com rios de meandros, típicos de planícies fluviais como a Amazônica.
(C) clima equatorial úmido com temperaturas uniformes e duas estações distintas: úmida e seca.
(D) elevado índice de chuvas devido à umidade proveniente de massas de ar do oceano Pacífico.
(E) temperaturas superiores aos 35° durante todo o ano e períodos de estiagem durante oito meses.

A: incorreta, friagem é o momento do ano em que ocorre uma queda na temperatura e um período de seca, é típica do clima acreano, contudo ocorre entre os meses de maio e outubro; **B:** Apesar da hidrografia da região possuir planícies fluviais com rios de meandros, a questão se refere ao clima do estado do Acre e não à hidrografia; **C:** correta, segundo Köpen, o clima do estado é equatorial quente e úmido com temperaturas que variam entre 24° e 32° Celsius, onde está presente duas estações: úmida e seca; **D:** incorreta, as massas de ar do oceano pacífico não chegam à região amazônica, pois na costa oeste do continente existe a cordilheira dos Andes que impede a passagem de massas úmidas; **E:** incorreta, a amplitude térmica é de aproximadamente 8° Celsius com temperaturas médias variando de 24° a 32° Celsius, no Acre o período de estiagem é de apenas seis meses entre os meses de maio e outubro.

Gabarito "C".

(Soldado Combatente da Polícia Militar/AC – 2012 – FUNCAB) A partir da década de 1970, foram constantes os conflitos pela posse da terra no Acre. Foram diversos os motivos para os conflitos, principalmente entre diferentes setores econômicos. Uma política do Governo Federal que serviu de importante fator na indução dos conflitos foi:

(A) abertura econômica com atração de indústrias multinacionais para a produção de *software*.
(B) oferecimento de recompensas para destruição das plantações de café e de cana-de-açúcar.
(C) implementação de bases militares para fiscalização das fronteiras com a Bolívia e com o Paraguai.
(D) diminuição dos subsídios à produção de borracha e incentivos fiscais ao setor agropecuário.
(E) produção de soja transgênica em larga escala para abastecer o mercado sul-americano.

A: incorreta, em nenhum momento da história acreana observa-se um investimento em infraestrutura que atraia indústrias multinacionais para a produção de programas de computadores; **B:** incorreta, a plantação de café e cana-de-açúcar nunca foram as principais atividades econômicas da região, nem mesmo o solo da região é favorável a tais cultivos; **C:** incorreta, as bases militares foram implantadas para auxiliar na expulsão de narcotraficantes e ocupantes ilegais de terras, o que na verdade contribuiu para a diminuição do conflito pela terra; **D:** correta, durante muitos anos a principal atividade econômica da região foi a extração do látex e produção da borracha, contudo, a partir da década de 70, com o objetivo de povoar o estado, o governo federal ofereceu subsídios para agricultores e pecuaristas ocuparem terras no estado e diminuiu os subsídios para os produtores de borracha que ocupavam a região há quase um século, isso provocou conflitos pela posse de terra, em que Chico Mendes e Marina Silva são símbolos de defesa dos seringalistas; **E:** incorreta, pois na década de 1970 ainda não estava difundida a produção de soja na região Norte, estava, sim, iniciando-se a produção na região Centro-oeste.

Gabarito "D".

(Soldado Combatente da Polícia Militar/AC – 2012 – FUNCAB) Em 1909, foi concretizada a Assinatura do Tratado de Limites e Navegação bilateral, pelo qual é negociado o restante da fronteira com o Peru, correspondente ao território do Acre. Esse ato recebeu a denominação de:

(A) Acordo de Petrópolis.
(B) Tratado Peruano.
(C) Tratado de Tordesilhas.
(D) Acordo do Amazonas.
(E) Tratado do Rio de Janeiro.

O Tratado do Rio de Janeiro foi um acordo diplomático assinado entre Brasil e Peru em 1909, por meio do qual ficou estabelecida a atual delimitação territorial do estado do Acre que, desde então foi elevado ao nível de Unidade Federativa.

Gabarito "E"

(Soldado Combatente da Polícia Militar/AC – 2012 – FUNCAB) O estado do Acre, possui, na faixa fronteiriça, cidades denominadas de cidades gêmeas, ou seja, que possuem uma íntima relação com uma cidade do país vizinho. É considerada uma cidade gêmea com a zona franca de Cobija, na Bolívia, a seguinte cidade:

(A) Rio Branco.
(B) Epitaciolândia.
(C) Acrelândia.
(D) Bujari.
(E) Jordão.

A: incorreta, pois o município de Rio Branco, capital acreana, não faz fronteira com nenhum outro país da América do sul; **B:** correta, o município de Epitaciolândia se localiza na fronteira com a Bolívia e é considerado como uma cidade gêmea de Cobija no país vizinho; **C:** incorreta, Acrelândia não faz fronteira com nenhum outro país do continente, se encontra na verdade na divisa com o estado do Amazonas; **D:** incorreta, Bujari é um município que se localiza no interior do estado do Acre há cerca de 200 km de Rio Branco, portanto, não se localiza em região de fronteira ou divisa; **E:** incorreta, a cidade de Jordão está localizada no interior do estado, dessa forma, não é considerada cidade gêmea de nenhum país fronteiriço.

Gabarito "B"

(Soldado Combatente da Polícia Militar/AC – 2012 – FUNCAB) A Amazônia é frequentemente alvo de debates ecológicos mundiais de caráter generalista e que negligenciam aspectos mais simples e diretos relacionados com seu meio ambiente. Uma relação simples no ecossistema amazônico é estabelecida entre o enunciado abaixo e a alternativa correta. Assinale-a.

Evitar o processo de desmatamento para evitar:

(A) elevado índice pluviométrico e cheias dos rios.
(B) influência direta do fenômeno El Niño sobre a região.
(C) impacto direto das gotas de chuvas contra o solo.
(D) aumento da biodiversidade com novas espécies.
(E) decomposição da matéria orgânica e formação do húmus.

A: incorreta, ao se evitar o desmatamento, preserva-se as reservas hídricas que contribuirão para a formação de chuvas e por consequência as cheias dos rios; **B:** incorreta, o fenômeno do El-Niño não possui qualquer relação com o desmatamento da Amazônia, tal fenômeno é provocado pela mudança de temperatura das correntes marítimas do oceano pacífico que se localizam na costa peruana e australiana; **C:** correta, de fato a vegetação impede que as gotas de chuva tenham um impacto direto sobre o solo e assim ameniza o processo erosivo do mesmo, no caso da Amazônia predomina o latossolo que sem a vegetação é bastante suscetível à erosão; **D:** incorreta, evitar o desmatamento poderia manter a alta biodiversidade já existente na região e até mesmo, após algumas décadas, aumentá-la; **E:** incorreta, a vegetação amazônica possui folhas largas e grande densidade, essas folhas caem constantemente no solo e são decompostas formando uma camada rica de nutrientes chamada de húmus.

Gabarito "C"

(Soldado Combatente da Polícia Militar/AC – 2012 – FUNCAB) "Trata-se de uma área fronteiriça com a República do Peru, na costa oeste do território acreano, sendo que suas terras estendem de norte a sul do Estado. São áreas drenadas pelo Rio Juruá e seus afluentes, destacando como principal o Rio Noa. As características geomorfológicas irregulares demonstram um relevo que estende de planícies às áreas serranas (na Serra do Divisor, que já é formação pré-andina)".

(SILVA, Silvio Simione da. **Das microrregiões geográficas às regionais de desenvolvimentos:** regionalizações das terras acreanas e as possibilidades de novos rearranjos no princípio do século XXI. Universidade Federal do Acre – UFAC, Rio Branco. Adaptado)

O texto refere-se à seguinte microrregião do Acre:

(A) Cruzeiro do Sul.
(B) Tarauacá.
(C) Sena Madureira.
(D) Rio Branco.
(E) Brasileia.

A: correta, pois, entre as cinco microrregiões do estado, a que se encontra na costa oeste é de fato a do Cruzeiro do Sul, onde no extremo oeste, na fronteira com o Peru, ocorrem áreas serranas; **B:** incorreta, pois a microrregião de Tarauacá é a segunda no sentido oeste-leste, compõe juntamente com a microrregião de Cruzeiro do Sul a mesorregião de Juruá, contudo há um predomínio de planícies em seu terreno e não se verifica a ocorrência de serras; **C:** incorreta, pois a microrregião de Sena Madureira faz parte da mesorregião Vale do Acre e não é drenada pelo rio Juruá, nem mesmo possui formações serranas em seu relevo; **D:** incorreta, pois a microrregião de Rio Branco não faz fronteira com o território peruano, apenas com a Bolívia; **E:** incorreta, pois a microrregião de Basileia encontra-se bem distante do rio Juruá, além disso faz fronteira não apenas com o Peru, mas também com a Bolívia.

Gabarito "A"

(Soldado Combatente da Polícia Militar/AC – 2012 – FUNCAB) A cerimônia de assinatura da lei que elevou o Acre da condição de Território Federal para Estado foi realizada durante o governo do presidente:

(A) Getúlio Vargas.
(B) João Goulart.
(C) Fernando Collor.
(D) Tancredo Neves.
(E) Ernesto Geisel.

O Acre permaneceu como território federal até o ano de 1962, situação na qual o então presidente à época, João Goulart sancionou uma lei específica que reconhecia o Acre como Unidade Federativa, a partir dessa data tornou-se definitivamente, Estado brasileiro.

Gabarito "B"

(Soldado Combatente da Polícia Militar/AC – 2012 – FUNCAB) A atividade econômica que possui o maior número de unidades locais no estado do Acre, com a ocupação de 500 ou mais trabalhadores, segundo os últimos dados divulgados pelo IBGE referentes a 2008, é:

(A) atividades ligadas ao setor imobiliário.
(B) indústrias de transformação.
(C) saúde humana e serviços sociais.
(D) administração pública, defesa e seguridade social.
(E) atividades financeiras, de seguros e serviços relacionados.

A: incorreta, pois, segundo o censo IBGE de 2010, a atividade imobiliária emprega apenas 312 pessoas entre homens e mulheres; **B:** incorreta, pois as indústrias de transformação empregam apenas 12.076 pessoas; **C:** incorreta, pois tal atividade econômica emprega apenas 9.698 pessoas no estado; **D:** correta, pois a atividade econômica indicada emprega 26.859 trabalhadores e corresponde ao maior número de unidades locais; **E:** incorreta, pois existem poucas unidades locais para tal atividade econômica, prova disso é o fato de empregar apenas 1.863 trabalhadores no estado.

Gabarito "D"

(Soldado Combatente da Polícia Militar/AC – 2012 – FUNCAB) O estado do Acre é reconhecidamente no Brasil um lugar de práticas ambientais. Essas práticas são visíveis na quantidade de áreas naturais protegidas, das quais se destacam as Unidades de Conservação de Uso Sustentável. Entre as Unidades de Conservação a seguir, a que possui a maior extensão territorial é:

(A) Floresta Nacional São Francisco.
(B) Reserva Extrativista Alto Tarauacá.
(C) Área Seringal Nova Esperança.
(D) Floresta Estadual Rio Liberdade.
(E) Reserva Extrativista Chico Mendes.

A: incorreta, pois a Floresta Nacional São Francisco foi criada em 2001 e possui uma área de 21.000 hectares, contudo, não está entre as maiores unidades de conservação do estado; **B:** incorreta, pois a reserva possui 151.199 hectares de área e é apenas a 7ª maior unidade de conservação do estado; **C:** incorreta, pois a área de relevante interesse ecológico foi criada para proteger a biota regional, especialmente castanheiras e seringueiras, contudo sua área é pequena, possui apenas 2.576 hectares; **D:** incorreta, pois a área da floresta estadual Rio Liberdade é de 325.036 hectares, uma das maiores do estado, abriga em seu território 19 terras indígenas, porém, é apenas a 5ª maior unidade de conservação do Acre; **E:** correta, pois a reserva foi criada por decreto no ano de 1990 e é de fato a maior unidade de conservação do estado com uma área de 970.570 hectares, abrange os municípios de Assis Brasil, Brasileia, Capixaba, Xapurí, Sena Madureira e Rio Branco.

Gabarito "E"

(Soldado Combatente da Polícia Militar/AC – 2012 – FUNCAB) A região amazônica obteve um elevado crescimento populacional no final do século XIX e início do século XX, fazendo com que sua população saltasse, entre 1872 e 1900, de 329 mil para 695 mil habitantes, sendo 260 mil migrantes. O fator econômico que serviu de atração e a região que mais enviou migrantes para a região da Amazônia, respectivamente, foram:

(A) pecuária – Norte.
(B) agricultura – Sul.
(C) café – Centro-Oeste.
(D) borracha – Nordeste.
(E) castanha – Sudeste.

O Ciclo da Borracha foi o fator decisivo para o desenvolvimento da região Norte entre os anos de 1879 e 1912; como determinante econômico, promoveu um intenso fluxo migratório para aquela região, fazendo com que houvesse, em pontos específicos, a concentração demográfica.

Gabarito "D"

(Soldado da Polícia Militar/AM – 2011 – ISAE) Analise o gráfico a seguir.

Matriz Energética Brasileira em 2005

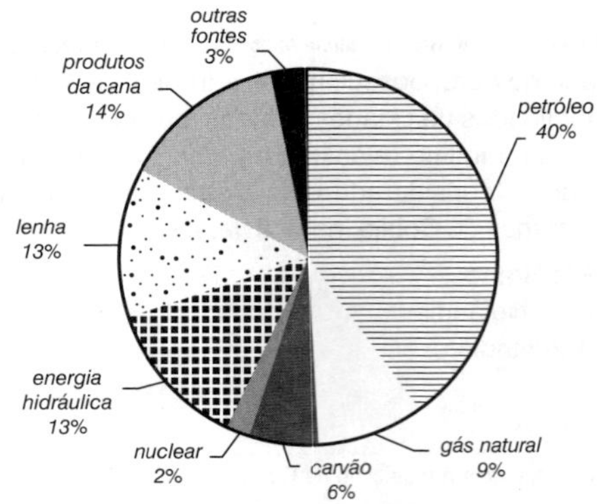

Com relação à matriz energética brasileira é correto afirmar que:

(A) os combustíveis fósseis são responsáveis por mais da metade da energia gerada;
(B) a energia hidráulica e a gerada a partir da biomassa são as principais fontes de energia;
(C) a matriz energética é considerada limpa devido ao predomínio das fontes renováveis;
(D) a fonte de energia primária dominante na matriz energética é o carvão vegetal.

A: correta, pois o petróleo, o carvão mineral e o gás natural compõem o grupo dos combustíveis fósseis, que segundo a matriz energética apresentada no gráfico totalizam 55% do total; **B:** incorreta, pois a energia hidráulica somada com produtos da cana (biomassa) totalizam apenas 27% da matriz energética brasileira; **C:** incorreta, pois o grupo dos combustíveis fósseis, que são consideradas fontes não renováveis correspondem à maior parte da matriz apresentada; **D:** incorreta, pois fontes primárias são aquelas que existem em seu estado natural na natureza, sem nenhuma transformação, a exemplo temos o petróleo, o gás natural, o carvão, a água, portanto, a fonte primária dominante é na verdade o petróleo.

Gabarito "A"

(Soldado da Polícia Militar/AM – 2011 – ISAE) O ponto mais elevado do relevo brasileiro, o pico da Neblina, encontra-se:

(A) nos contrafortes andinos, na fronteira com o Peru;
(B) no altiplano boliviano, na fronteira com a Bolívia;
(C) no planalto das Guianas, na fronteira com a Venezuela;
(D) nas serras amazônicas, na fronteira com a Colômbia.

A: incorreta, a região dos contrafortes andinos encontra-se no estado do Acre e não se caracteriza por elevadas altitudes; **B:** incorreta, o altiplano boliviano atinge sua maior altitude nas proximidades da cordilheira dos Andes e perde altitude a leste da cordilheira, ou seja, na fronteira com o Brasil as altitudes não são tão altas; **C:** correta, o Planalto da Guianas atinge sua maior altitude no pico da neblina com altitude de 2.993 metros e localiza-se ao norte do estado do Amazonas, na fronteira com a Venezuela; **D:** incorreta, as serras amazônicas a oeste, na região de fronteira com a Colômbia, não possuem altitudes expressivas.

Gabarito "C"

(Soldado da Polícia Militar/AM – 2011 – ISAE) Analise o gráfico a seguir.

Participação na produção nacional de soja

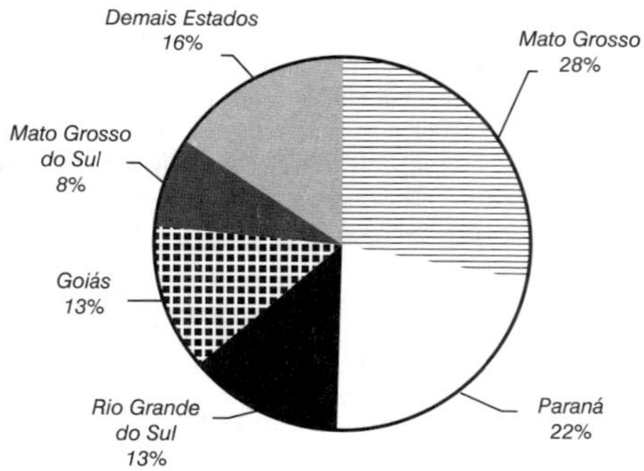

A partir do gráfico é correto afirmar que:

(A) a Região Centro-Oeste produz em torno de 50% da soja brasileira;
(B) a Região Sul é responsável por 25% da produção nacional de soja;
(C) a Região Sudeste produz 20% da soja produzida no Brasil;
(D) a Região Nordeste é responsável por 50% da produção nacional de soja.

A: correta; pois somadas as produções de Mato Grosso, Mato Grosso do Sul e Goiás, estados da região Centro-Oeste representados no gráfico, resulta-se em 49% da produção de soja nacional; **B:** incorreta, pois os dois estados da região Sul (Paraná e Rio Grande do Sul) possuem uma produção 35% da soja nacional; **C:** incorreta, pois toda a produção dos demais estados, que inclui região Norte, Nordeste e Sudeste, resulta em apenas 16% da produção nacional; **D:** incorreta, pois os estados da região Nordeste, Sudeste e Norte estão inclusos no setor do gráfico identificado por demais estados, onde a produção nacional é de apenas 16%

Gabarito "A"

(Soldado da Polícia Militar/AM – 2011 – ISAE) "*Na segunda metade do século XX, a agricultura brasileira, especialmente no Centro-Sul do país, passou por um acelerado processo de modernização. Houve investimentos em equipamentos modernos e introdução de novas técnicas.*"

Assinale a afirmativa que estabelece uma relação correta com o texto acima.

(A) a economia agrícola comportou-se como fonte de força de trabalho para a economia urbana;
(B) a economia rural incorporou maior contingente de trabalhadores alargando o mercado de consumo de bens industriais;
(C) a economia agrícola passou a produzir os serviços que modernizaram o setor urbano-industrial;
(D) a economia agropecuária tornou-se produtora de bens primários em lugar do setor industrial.

A: correta, pois a segunda metade do século XX é marcada por profundas transformações no espaço rural, ocasionadas em grande parcela pela revolução verde, que preconiza a utilização de máquinas, fertilizantes químicos e herbicidas na produção agrícola, contudo, os ganhos produtivos reforçam a concentração de terras e aumenta o desemprego no campo, tais trabalhadores migram, então, para a cidade em busca de novas oportunidades; **B:** incorreta, pois devido à larga utilização de máquinas na produção agrícola o que ocorre é o contrário, o aumento do desemprego no espaço rural; **C:** incorreta, pois a economia agrícola continuou produzindo bens primários, entretanto, em um volume cada vez maior, devido à utilização de técnicas mais avançadas; **D:** incorreta, pois em nenhum momento a economia agropecuária deixou de produzir bens primários, apenas aumentou a produção com técnicas mais avançadas e em alguns casos até realiza a transformação desses bens, que então se tornam secundários.

Gabarito "A"

(Soldado da Polícia Militar/AM – 2011 – ISAE) "O crescimento da economia brasileira, na segunda metade do século XX, gerou uma concentração de renda em que apenas uma pequena parcela da população reteve a maior parte da riqueza nacional".

In **Geografia, a construção do mundo**
Moderna, São Paulo, 2005.

A seguinte afirmativa está relacionada corretamente com o trecho acima:

(A) o estoque de mão de obra qualificada permitia a manutenção de níveis salariais muito baixos;
(B) o modelo econômico criava condições para o crescimento do "bolo" para depois distribuir a riqueza produzida;
(C) a população excluída da economia de mercado sobrevivia, em grande parte, prestando serviço à elite;
(D) a ocupação ilegal da terra urbana mantinha o baixo custo da força de trabalho usada pelo setor produtivo.

O governo ditatorial brasileiro (1964-1985) adotou um modelo econômico que associava o crescimento nacional ao auxílio do capital estrangeiro, incentivando, assim, um significativo aumento da produção e do consumo, situação que ficou conhecida como "Milagre Econômico". No entanto, na prática, esse modelo reafirmava a concentração de renda. O governo reconhecia em parte as limitações, mas nas palavras do ministro da Fazenda à época, Delfim Netto, afirmava: "É preciso fazer o bolo crescer para depois dividi-lo", tornando-se assim uma frase comum entre a classe política.

Gabarito "B"

(Soldado da Polícia Militar/AM – 2011 – ISAE) Com relação à integração da Amazônia às dinâmicas territoriais comandadas pelo Centro-Sul, analise os trechos a seguir.

I. *Um vetor oriental de ocupação estruturou-se a partir da década de 1960. Nas décadas seguintes, uma vasta mancha de povoamento, nucleada por áreas de intensa modificação das paisagens naturais, organizou-se em torno do vetor oriental.*
II. *Um vetor ocidental de ocupação estruturou-se a partir da década de 1970. A colonização agrícola impulsionada por imigrantes do Centro-Sul originou dezenas de núcleos urbanos, dando origem a uma rede urbana original, complexa e diferenciada.*

Assinale a alternativa que apresenta os eixos viários que induziram, respectivamente, o vetor oriental e o vetor ocidental:

(A) Belém-Brasília e Brasília-Acre;

(B) Transamazônica e Cuiabá-Santarém;
(C) Manaus-Boa Vista e Porto Velho-Manaus;
(D) Carajás-Itaqui e Ferrovia Norte-Sul.

I: entre 1956 e 1961, o Brasil foi governado por Juscelino Kubitschek, sua gestão tinha o *slogan*: *50 anos em 5*, devido ao seu desejo desenvolvimentista. JK tinha como um de seus objetivos ocupar vazios demográficos no território brasileiro e, entre as medidas tomadas, houve a construção da rodovia Belém-Brasília, que auxiliou no povoamento de áreas da região Centro-Oeste e Norte do país; II: Prosseguindo com o projeto de integrar o país e ocupar os vazios demográficos, foi criada, na década de 1970, a rodovia Brasília--Acre, que impulsionou a ocupação da região, principalmente por pecuaristas do Centro-Sul brasileiro que mais tarde entrariam em conflito com os seringalistas.

Gabarito "A"

(Soldado da Polícia Militar/AM – 2011 – ISAE) Nas matas de terra-firme, em que a competição pela luz é intensa, as árvores do estrato superior podem alcançar 50 e 60 metros de altura. A copa das árvores forma um dossel contínuo que retém os raios solares, tornando o interior da floresta escuro e úmido. Nos estratos inferiores, sombreados, árvores de menor porte se interpenetram e se emaranham com cipós e lianas, caracterizando uma formação densa e compacta. Essa formação resulta das seguintes condições climáticas dominantes na região, EXCETO:

(A) índice de precipitação acima de 1.800/2.000 mm anuais;
(B) temperaturas médias uniformes e elevadas (26/28° C);

(C) pequena variação anual de temperatura (< 3° C);
(D) menor incidência de energia, devido à posição em latitude.

A: incorreta, pois os altos índices de precipitação anuais fazem parte da característica climática da floresta amazônica, portanto, não constitui uma exceção; **B:** incorreta, pois as altas temperaturas se devem à posição geográfica da região ao longo da linha do Equador, região do planeta de maior incidência de radiação solar, logo, não constitui uma exceção; **C:** incorreta, pois ocorre uma pequena variação de temperatura durante o ano, isso se deve pelo fato de a região se localizar numa área privilegiada em relação à hidrografia, assim a água funciona como um regulador térmico e ajuda a manter as altas temperaturas durante todo o ano, logo, não constitui uma exceção; **D:** correta, pois a floresta está localizada na linha do Equador, local de maior incidência de radiação solar no planeta, a vegetação densa não impede que essa radiação alcance o planeta naquela localidade.

Gabarito "D"

(Soldado da Polícia Militar/AM – 2011 – ISAE) "Os trabalhadores rurais, formalmente livres, endividam-se junto ao proprietário que fornece os instrumentos de trabalho, vestimenta e alimentos para as semanas iniciais, debitando o custo na conta de quem trabalha. Como os ganhos jamais permitem a quitação da dívida, o resultado é o trabalho compulsório."

MAGNOLI, Demétrio. **Geografia:** a construção do mundo.São Paulo: Moderna, 2005.

A modalidade de trabalho apresentada no trecho acima é denominada sistema:

(A) escravista;
(B) de barracão;
(C) de arrendamento;
(D) de meiação.

Desenvolvido em ambientes rurais e numa economia basicamente agrária, o sistema de barracão é assim definido por ser realizado em amplos galpões (denominados barracões) nos quais os trabalhadores ficam confinados em trabalhos e serviços compulsórios, recebem o pagamento em produtos e pagam pelo uso de toda a estrutura de trabalho. Como na maioria dos casos o salário que o trabalhador recebe é insuficiente para quitar sua dívida com o dono do estabelecimento, ele permanece preso ao local e aos serviços, apesar de ser oficialmente livre.

Gabarito "B"

(Soldado da Polícia Militar/AM – 2011 – ISAE) Crescimento demográfico de Manaus:

Ano	População aproximada
1950	280.000
1960	321.000
1970	473.000
1980	922.000
1990	1.011.000
2000	1.347.000
2010	1.802.000

Assinale a alternativa que indica a década de maior crescimento relativo e a razão que o justifica.

(A) 1970/79 – as políticas públicas de incentivo à Zona Franca;
(B) 1980/89 – os investimentos externos devido aos choques do petróleo;
(C) 1990/99 – a abertura da economia brasileira graças à legislação liberalizante;
(D) 2000/09 – o protecionismo estatal estimulando o investimento do capital especulativo.

A: correta, o crescimento demográfico de quase 100% da população na década de 70 foi impulsionado pela criação da Zona Franca de Manaus em 1968, que concedeu incentivos fiscais às empresas que se instalaram na região, logo, o crescimento econômico atraiu muitos imigrantes para o estado; **B:** incorreta, comparado ao crescimento da década de 70, a década de 80 teve um baixo crescimento demográfico, além disso, os choques do petróleo em 73 e 79 diminuíram o investimento externo e provocaram um aumento da inflação; **C:** incorreta, pois, de fato a década de 90 foi marcada pela expansão do neoliberalismo econômico na América Latina, inclusive no Brasil, porém o crescimento demográfico foi de cerca de 30%; **D:** incorreta, apesar de ter ocorrido um crescimento de quase 500.000 habitantes, em termos percentuais foi um crescimento de cerca de 30%, além disso, o protecionismo estatal não favorece o capital especulativo.

Gabarito "A"

(Soldado da Polícia Militar/AM – 2011 – ISAE) A soja produzida no Centro-Oeste perde competitividade no mercado mundial devido às dificuldades de escoamento da produção. Alguns procedimentos para o escoamento mais eficiente estão citados nas alternativas a seguir, **à exceção de uma.** Assinale-a.

(A) a hidrovia Manaus-Belém;
(B) a rodovia Cuiabá-Santarém;

(C) a ferrovia Carajás-Itaqui;
(D) a hidrovia Porto Velho-Itacoatiara.

Questão dúbia! A hidrovia Manaus-Belém constitui importante rota de escoamento da produção de soja brasileira, contudo, devido à grande produção no estado mato-grossense, a rodovia Cuiabá-Santarém é igualmente importante para o escoamento dessa produção.

Gabarito "A"

(Soldado da Polícia Militar/AM – 2011 – ISAE) Um fato responsável pelo agravamento dos problemas espaciais da cidade de Manaus nas últimas décadas foi a:

(A) criação da Região Metropolitana;
(B) adoção do Plano Urbanístico;
(C) instalação da Zona Franca;
(D) política de Desenvolvimento Sustentável.

A dinâmica socioespacial se transformou profundamente na cidade de Manaus a partir da década de 1970, quando se instalou a Zona Franca de Manaus no ano 1967, o objetivo era atrair indústrias nacionais e internacionais a partir de isenções fiscais, contudo, a atração de indústrias provocou um rápido crescimento demográfico, principalmente migrantes em busca de melhores condições de vida, ao mesmo tempo, a cidade não estava preparada para tamanho aumento populacional, o que acarretou a formação de favelas, aumento do desemprego, violência, entre outros fatores.

Gabarito "C"

(Soldado da Polícia Militar/AM – 2011 – ISAE) A extensa faixa de "fronteiras mortas" levou o governo brasileiro a adotar, nas últimas décadas do século XX, ações diante das tensões surgidas com o aumento do narcotráfico e com as questões de fronteiras surgidas na região.

A principal ação adotada nesse sentido foi:

(A) a criação, em 1985, do Programa Calha Norte;
(B) a instalação, em 1970, do Projeto Grande Carajás;
(C) a adoção, em 1978, do Sistema Integrado de Vigilância;
(D) o lançamento, em 1990, da Base de Lançamento de Alcântara.

A: correta, pois Calha Norte é a faixa fronteiriça do extremo norte brasileiro. O nome fronteiras mortas se deve ao fato de apenas 1% da população brasileira residir nessa região. Nessa área existe grandes vazios demográficos, o que facilita a ação de narcotraficantes e contrabandistas. O programa Calha Norte visa o monitoramento para o controle dessas atividades ilícitas, alem de melhoria na saúde, educação e saneamento básico para a população brasileira que reside na região; **B:** incorreta, pois o Projeto Grande Carajás se constitui em uma expansão da mineração no norte do país e não possui nenhuma relação com o combate ao narcotráfico; **C:** incorreta, pois apenas na década de 1990 é que foi implementado um sistema de vigilância da Amazônia a partir do sensoriamento remoto; **D:** incorreta, pois a base de Alcântara no Maranhão é a melhor localidade para se lançar objetos ao espaço e sua criação não possui qualquer relação com o combate ao narcotráfico.

Gabarito "A"

(Soldado da Polícia Militar/AM – 2011 – ISAE) Os principais objetivos do Sistema de Vigilância da Amazônia (SIVAM) estão relacionados nas alternativas a seguir, **à exceção de uma**. Assinale-a.

(A) controle do espaço aéreo;
(B) fiscalização das fronteiras;
(C) mapeamento dos recursos naturais;
(D) monitoramento do crescimento vegetativo.

A: correta, pois, de fato, o SIVAM monitora, através de imagens de satélite, o espaço aéreo brasileiro com o objetivo de combate ao narcotráfico e contrabando; **B:** correta, pois um dos objetivos do SIVAM é a fiscalização das fronteiras, para evitar o contrabando e narcotráfico nessas áreas; **C:** correta, a partir do sensoriamento remoto é possível verificar possíveis retiradas da cobertura vegetal e exploração de recursos minerais em áreas não autorizadas, esse também é um dos objetivos do SIVAM; **D:** incorreta, devendo ser assinalada, pois o crescimento vegetativo se dá a partir da diferença entre a taxa de natalidade e taxa de mortalidade, é portanto, um conceito demográfico, o que não constitui um dos objetivos do SIVAM.

Gabarito "D"

(Soldado da Polícia Militar/AM – 2011 – ISAE) A União Ibérica, que durou exatos 60 anos (1580/1640), provocou profundas transformações no Brasil. Assinale a afirmativa que apresenta uma dessas modificações.

(A) marcou o início do processo de expansão do território ao desobedecer os limites impostos pelo Tratado de Tordesilhas;
(B) iniciou a abertura comercial para os países europeus ao permitir a livre circulação de seus navios pelos portos brasileiros;
(C) reconheceu a autonomia política da região produtora de açúcar ao reconhecer o seu controle pelos holandeses;
(D) admitiu a presença de colonos espanhóis na área de influência portuguesa o que impediu a expansão da criação de gado para o interior.

A União Ibérica (1580-1640) foi o domínio da Espanha sobre Portugal e suas colônias. O território que até 1580 estava dividido entre Portugal e Espanha (Tratado de Tordesilhas/1494) passou a estar sob o domínio majoritário da Espanha, que, por isso, não se atentou à fragilidade do controle de invasões estrangeiras. Tal situação criou um ambiente propício ao avanço territorial português que desprezou os limites dos tratados ultramarinos.

Gabarito "A"

(Soldado da Polícia Militar/AM – 2011 – ISAE) Uma das principais medidas da política pombalina na América Portuguesa foi estabelecer um controle mais rígido sobre a produção e a circulação da riqueza. A medida adotada por esta política para reforçar o monopólio português na Amazônia foi:

(A) instalar, em 1760, a província ultramarina do Alto Amazonas;
(B) separar, em 1772, as províncias do Maranhão e do Grão-Pará;
(C) introduzir, em 1756, o trabalho escravo na área de colonização portuguesa;
(D) estabelecer, em 1750, a presença portuguesa no vale amazônico.

O governo de Marquês de Pombal (1760-1808) concentrou suas ações no controle rígido da geração e extração de recursos naturais. Sua atuação se fez mais notável nas regiões Norte e Nordeste, nas quais além de expulsar os Jesuítas (Cristianismo) instituiu a divisão geográfica de algumas províncias com o objetivo de intensificar o monopólio português no norte.

Gabarito "B"

(Soldado da Polícia Militar/AM – 2011 – ISAE) A economia cafeeira foi essencial para a estabilidade do Império. Ao longo do século XIX, além de se deslocar do Vale do Paraíba para o Oeste de São Paulo, ela sofreu uma importante transformação. Assinale a alternativa que apresenta essa mudança.

(A) no regime de propriedade – evoluiu do latifúndio para a média propriedade familiar;
(B) nas relações de trabalho – passou do trabalho escravo para o trabalho livre;
(C) na infraestrutura de transportes – substituiu o transporte ferroviário pelo rodoviário;
(D) no destino da produção – voltou-se do mercado externo para o mercado interno.

No início do século XIX, a Inglaterra vivia um processo de evolução industrial que culminou no fim da escravidão em seu território nacional. O processo abolicionista inglês incentivou uma campanha pelo fim da escravidão também no Brasil; tal influência se fez sentir inicialmente no oeste paulista e no sul fluminense, e não foi fruto de uma preocupação humanitária, mas, sobretudo, econômica, já que o trabalho livre assalariado havia se propagado por quase toda a Europa.

Gabarito "B".

(Soldado da Polícia Militar/AM – 2011 – ISAE) O período que vai de 1930 a 1954 é conhecido como Era Vargas. (...) Poucos períodos da História do Brasil deixaram uma herança tão extensa e duradoura.

FREIRE, A., MOTTA, M. S. e ROCHA, D. **História em Curso**. Rio de Janeiro: Editora do Brasil/FGV, 2005.

O seguinte elemento dessa herança sobrevive até hoje:

(A) a política econômica estatizante e as instituições criadas, como o Banco do Brasil, para sua implementação;
(B) a legislação trabalhista – CLT, responsável pela organização das relações entre patrões e empregados;
(C) o controle da informação política – DIP, baseada no culto à personalidade, para conquistar as grandes massas;
(D) os princípios políticos estabelecidos pela Constituição de 1937 – Estado Novo, marcados pela centralização do poder.

A Era Vargas (1930-1945) foi um longo período da história do Brasil, marcado, do ponto de vista político, pelo nacionalismo econômico e pela legislação trabalhista. A CLT (Consolidação das Leis Trabalhistas/1943) foi a legislação mais marcante, pois consistia na união das diversas leis já existentes, organizou as relações entre patrão e empregado, fixou a jornada, determinou o salário-mínimo e o direito de férias.

Gabarito "B".

(Soldado da Polícia Militar/AM – 2011 – ISAE) O período 1930-1964 apresenta duas fases distintas: a do populismo autoritário (1930/1945) e a do populismo democrático (1945/1964). As afirmativas a seguir apresentam fatos que marcaram momentos de instabilidade institucional da segunda fase, **à exceção de uma**. Assinale-a.

(A) 1946 – posse do Presidente Eurico Dutra;
(B) 1954 – suicídio do Presidente Getúlio Vargas;
(C) 1961 – renúncia do Presidente Jânio Quadros;
(D) 1964 – deposição do Presidente João Goulart.

O governo de Eurico Gaspar Dutra (1946-1951) teve seu plano de ação direcionado para o desenvolvimentismo internacionalista, isto é, contou com a expressiva participação financeira dos Estados Unidos para acelerar seus projetos de infraestrutura. Apesar de ser caracterizado como governo populista, possuía algumas facetas autoritárias.

Gabarito "A".

(Soldado da Polícia Militar/AM – 2011 – ISAE) A administração Juscelino Kubitschek de Oliveira foi marcada por um vigoroso crescimento econômico e pela manutenção do Estado Democrático de Direito. A estratégia adotada para promover o crescimento da economia e o "slogan" adotado pela administração JK foram respectivamente:

(A) Planejamento e Desenvolvimento / "Brasil Grande";
(B) Plano Quinquenal / "Brasil em marcha-forçada";
(C) Plano de Metas / "cinquenta anos em cinco";
(D) Plano SALTE / "Brasil: país de todos".

O governo JK tinha como slogan o plano de metas, que visava fazer o Brasil avançar 50 anos em apenas cinco de governo. Esse governo foi a expressão pioneira do nacionalismo desenvolvimentista no Brasil, e a sua estratégia privilegiava áreas específicas da infraestrutura, tais como energia, indústria transporte.

Gabarito "C".

(Soldado da Polícia Militar/AM – 2011 – ISAE) Em 10 de abril de 1984 uma enorme manifestação política tomou as ruas do Rio de Janeiro. Cerca de um milhão de pessoas, sob a liderança dos partidos oposicionistas e contando com o apoio de órgãos da sociedade civil como a ABI e a OAB, exigiam a aprovação, pelo Congresso Nacional, da emenda constitucional que determinava:

(A) eleições diretas para a Presidência da República – *diretas já!;*
(B) impedimento do primeiro presidente eleito pós-ditadura – *fora Collor!;*
(C) anistia geral, ampla e irrestrita, para todos os atos políticos – *anistia agora!;*
(D) abertura política lenta, gradual e segura – *o povo no poder!.*

O contexto do ano de 1984 foi marcante, pois o país vivia o momento final da ditadura militar. Em várias cidades importantes do país, diversas passeatas foram realizadas com o apoio de instituições civis, organizações religiosas e sindicais, nas quais se percebia a divulgação de bandeiras semelhantes com os dizeres "Diretas Já!", exigindo eleições diretas para Presidência da República.

Gabarito "A".

(Soldado da Polícia Militar/AM – 2011 – ISAE) A atividade econômica que possibilitou a presença portuguesa no vale amazônico no século XVII foi:

(A) a agricultura comercial da cana-de-açúcar com base no trabalho escravo;
(B) a produção das "drogas do sertão" graças ao conhecimento e ao trabalho de índios catequizados;

(C) o extrativismo mineral devido à chegada de imigrantes portugueses após a expulsão dos jesuítas;

(D) a agricultura de subsistência nos solos férteis das terras firmes segundo as práticas do encoivaramento.

As drogas do sertão, também chamadas de especiarias coloniais, passaram a ser exploradas aproximadamente a partir do ano de 1067, quando o governo metropolitano português direcionou seus esforços para a exploração desses elementos. Nessa economia, a região do vale amazônico concentrou tal exploração, pois ali se encontrava condições climáticas e geográficas necessárias à crescente produção. Em função dos poucos recursos e dificuldades de acesso, lançaram mão da força física dos indígenas para efetiva exploração.

Gabarito "B"

(Soldado da Polícia Militar/AM – 2011 – ISAE) O principal desafio do governo regencial era enfrentar a ameaça à unidade territorial do Império, representada pelas várias revoltas e rebeliões que estouravam em várias províncias como, por exemplo, na província do Grão-Pará, a Cabanagem (1835-1840).

As razões para esses movimentos incluem:

(A) as disputas políticas locais e o descontentamento com a injustiça social;

(B) as dificuldades de comunicação e a intenção de manter unida a América Portuguesa;

(C) a expansão do regime capitalista e o desejo de adotar o regime republicano;

(D) a permanência do regime escravocrata e a vontade de proclamar a República.

O período que compreende os anos de 1831 a 1840 é conhecido como período regencial. Foi um momento de instabilidade política que o Brasil colônia vivia diversas revoltas nativistas que questionavam a unidade política e territorial. A Cabanagem insere-se nesse contexto, pois, por meio de disputas locais, reivindicava autonomia irrestrita, o fim da escravidão, e expressava seu descontentamento com as injustiças sociais.

Gabarito "A"

(Soldado da Polícia Militar/AM – 2011 – ISAE) No início da República, os principais problemas de fronteira, na Região Norte, encontravam-se nos dissídios com a França e a Inglaterra, em função dos limites com as Guianas, e com a Bolívia e o Peru, em razão do Acre. Na solução da questão do Acre, graças à assinatura do Tratado de Petrópolis, a diplomacia brasileira baseou-se no seguinte princípio:

(A) recorrer à arbitragem internacional como forma eficaz de estabelecer a posse;

(B) levantar a nacionalidade dos cidadãos que habitavam a área para definir a posse;

(C) marcar um plebiscito para que a população da área em litígio definisse a posse;

(D) avaliar a superioridade étnica e econômica dos brasileiros para definir a posse.

O Tratado de Petrópolis, estabelecido no ano de 1903, seguiu o princípio da soberania nacional para a afirmação territorial. Apesar pertencer ao seu território, a Bolívia jamais evidenciou interesse pela região do Acre; some-se a isso o fato de a habitação ser definitivamente tomada por cidadãos brasileiros. Dessa forma, o governo brasileiro promoveu o exercício de afirmação nacional que até o século XIX restringia-se a uma realidade regional.

Gabarito "B"

(Soldado da Polícia Militar/AM – 2011 – ISAE) O *sistema de aviamento* é formado por uma cadeia de agentes, cujo primeiro elo concede créditos a intermediários menores. Os médios e pequenos intermediários, por sua vez, repassam o crédito recebido aos últimos elos dessa cadeia, que são os produtores diretos da atividade extrativa.

Raízes da concentração industrial em São Paulo

Assinale a alternativa que apresenta, na ordem correta, a cadeia de agentes do *sistema de aviamento.*

(A) firmas exportadoras – casas aviadoras – seringalista – seringueiro;

(B) casas aviadoras – comissariado – seringalista – colocação;

(C) firmas financeiras – seringalista – seringueiro – casas exportadoras;

(D) firmas exportadoras – seringalista – seringueiro – empate.

Nesse sistema as firmas exportadoras concedem créditos a diversos seringalistas, que contratam trabalhadores (seringueiros) para realizar a extração direta do látex, após a extração, o seringalista envia a mercadoria através de casas aviadoras para o contratante inicial.

Gabarito "A"

(Soldado da Polícia Militar/AM – 2011 – ISAE) *O período autoritário (1964-1985) promoveu grandes transformações na Amazônia. Os militares, amparados por uma suposta ameaça de internacionalização, adotaram uma política de incentivos fiscais e de implantação de grandes projetos para viabilizar o desenvolvimento econômico da Região Amazônica.*

A partir do texto, assinale a alternativa que apresenta a ideia síntese do discurso oficial dos governos militares.

(A) Brasil, ame-o ou deixe-o;

(B) A marcha para oeste;

(C) Preservar para desenvolver;

(D) Integrar para não entregar.

No período ditatorial brasileiro, os governos militares promoveram o plano de integração nacional, que tratava especificamente da Amazônia e das riquezas naturais do país. O lema do programa "Integrar para não entregar" propunha que a região amazônica não fosse objeto de internacionalização. Para isso, os militares deveriam a todo o momento e sob qualquer ameaça afirmar a soberania nacional naquela região.

Gabarito "D"

(Soldado da Polícia Militar/AM – 2011 – ISAE) *A Amazônia é mais falada do que conhecida, mais discutida do que vivida, mais mito do que realidade. (...) A principal razão para que tantos mitos resistam ao tempo deve-se ao baixo grau de escolarização e ao pouco acesso às informações da maior parte dos seus habitantes.*

O livro de ouro da Amazônia.

A partir do texto, analise as afirmativas a seguir que derrubam os mitos em relação à Amazônia.

I. *Pulmão do mundo* – a Amazônia é um bioma em equilíbrio dinâmico; o que ele produz, praticamente consome.

II. *Vazio demográfico* – a Amazônia tem uma população, espacialmente dispersa, com mais de 400 povos indígenas e milhões de habitantes locais, os *caboclos*.

III. *Celeiro do mundo* – A Amazônia tem solos de baixa fertilidade, incapazes de suportar empreendimentos agropecuários sem apresentar impactos ambientais.

Assinale a alternativa correta:

(A) apenas as afirmativas I e II estão corretas;
(B) apenas as afirmativas I e III estão corretas;
(C) apenas as afirmativas II e III estão corretas;
(D) todas as afirmativas estão corretas.

I: correta, pois erroneamente alguns autores se referem à Amazônia como o pulmão do mundo, pois apesar de produzir bastante oxigênio durante o dia, a noite ocorre o consumo desse mesmo gás e liberação do gás carbônico; II: correta, pois, de fato, na Amazônia existe uma baixa densidade demográfica, com uma população dispersa e diversos povos indígenas, além dos caboclos (mistura de branco e indígena); III: correta, pois, na Amazônia predomina o latossolo, naturalmente de baixa fertilidade, que é ainda agravada devido à lixiviação que ocorre quando a água da chuva carrega os nutrientes do solo.

Gabarito "D"

(Oficial da Polícia Militar/BA – 2012 – CONSULTEC)

I. Os povos indígenas na Bahia estão inseridos em dois contextos históricos e regionais básicos e bem definidos: o do semiárido nordestino ao norte do Estado, praticamente todo ele conquistado por frentes de expansão da pecuária durante o século XVII, e onde boa parte da população indígena sobrevivente à conquista foi reunida até o século XVIII, em aldeamentos missionários de ordens religiosas, como as dos jesuítas e franciscanos; e o da Mata Atlântica e litoral ao sul e extremo sul do Estado, onde a conquista se iniciou ainda no século XVI e aldeamentos missionários foram implantados já na segunda metade deste, mas em que o processo de conquista, sobretudo das matas do interior, se fez de modo muito lento, prolongando-se até as décadas iniciais do século XX, quando os dois últimos bandos indígenas ainda autônomos no Estado — Hã-Hã-Hãe e Baenã — foram atraídos ao Posto Indígena Caramuru do SPI (Serviço de Proteção aos Índios), no atual Município de Itaju da Colônia. (SAMPAIO, 2012).

II.

(Oficial da Polícia Militar/BA – 2012 – CONSULTEC) A partir da análise dos textos **I** e **II** e dos conhecimentos sobre a questão indígena no Brasil, pode-se afirmar:

(A) O processo de autorreconhecimento e de luta pela posse da terra tem acirrado os conflitos, no sul da Bahia, entre índios e não índios, e forçado o reconhecimento das terras indígenas pela justiça.
(B) Os benefícios provenientes da industrialização da Região Sul e Sudeste do Estado, com o aumento da rede de atendimento hospitalar e saneamento básico, resultou no aumento da população indígena nessa região.
(C) A utilização exclusiva da mão de obra escrava indígena, na economia canavieira, na Região Sul da Bahia, provocou o surgimento de aldeamentos missionários específicos para sua catequização.
(D) A superioridade intelectual e cultural da civilização europeia e da raça branca possibilitou o processo que resultou na colonização da Bahia.
(E) A expansão da pecuária, durante o período colonial, que exterminou por completo as populações indígenas da Bahia, tornou desnecessária a criação de reservas indígenas no Estado.

O processo de reconhecimento do território indígena é uma questão antiga no Brasil. Desde 1937, o Serviço de Proteção ao Índio (SPI) organizava as áreas limítrofes dos territórios pertencentes às etnias. Em 1988, a Constituição reservou amplo espaço para a defesa dos interesses dos indígenas, que ainda hoje ocupam numerosas pautas no Supremo Tribunal Federal, nas quais se relata conflitos entre tribos e o poder público, além da luta entre índios e posseiros do sul baiano.

Gabarito "A"

(Oficial da Polícia Militar/BA – 2012 – CONSULTEC) O processo de independência da Bahia se insere em um contexto mais amplo do processo separatista do continente americano. Contudo, esse processo nem sempre ocorreu da mesma forma.

A análise dos textos e os conhecimentos esse processo, permitem afirmar:

(A) A separação da Bahia destoou do resto do Brasil, devido ao fato de a independência baiana ter ocorrido paralelamente à abolição da escravidão indígena e africana.
(B) A independência da Bahia caracterizou-se por ter sido um movimento popular, fato simbolizado nas figuras do caboclo e da cabocla, no desfile do 2 de Julho.
(C) O processo de separação política baiana da metrópole possibilitou a alteração da estrutura latifundiária e a doação de terras às comunidades indígenas baianas.
(D) A forte participação dos elementos indígena e africano no processo de independência baiana contribuiu para, após a separação política, se consolidar uma democracia racial na Bahia.
(E) O caráter popular da independência baiana consolidou, no Estado, uma estrutura política democrática, com ampla participação eleitoral das camadas populares.

A independência da província baiana (1823) insere-se no contexto das revoltas coloniais ativistas, ou seja, buscava promover adequações internas, contando com o apoio das classes sociais menos favorecidas, lançando mão de figuras místicas e indígenas (caboclo e cabocla) para que houvesse uma identidade social entre o movimento e as massas populares.

Gabarito "B".

(Oficial da Polícia Militar/BA – 2012 – CONSULTEC) A uma estrutura agrária marcada em vastas áreas, somava-se o total descaso das elites e do governo com as carências da população sertaneja. A tensão explodia com frequência, quase sempre em momentos de seca prolongada, como nas duas últimas décadas do século XIX.

Durante as secas prolongadas, a população perdia suas fontes de sustento e muitas pessoas procuravam sobreviver migrando para outra região. [...]. Também se disseminava, nessas épocas, o misticismo religioso: uma vez condenados à miséria material, os sertanejos passavam a buscar apoio no imaginário espiritual, levando uma vida de devoção religiosa e exaltação mística. O misticismo religioso quase sempre se desenvolvia em torno de um líder carismático, cujo discurso era capaz de mobilizar as populações com promessas, como a salvação eterna, em troca das misérias terrenas. (VICENTINO; DORIGO. 2010, p. 556).

O texto pode ser corretamente relacionado ao movimento social, ocorrido no Brasil,

(A) o Movimento Conselheirista de Canudos.
(B) a Revolta da Vacina.
(C) a Revolta dos Malês.
(D) a Conjuração Baiana.
(E) a Sabinada.

A Guerra de Canudos foi um movimento social ocorrido numa realidade de miséria e carência material. Os indivíduos em situação vulnerável recorriam ao misticismo religioso em busca de respostas. Dessa forma, exaltavam a imagem de Antônio Conselheiro, um líder carismático, que arrebanhava numerosas multidões.

Gabarito "A".

(Oficial da Polícia Militar/BA – 2012 – CONSULTEC)

Fonte: Adaptado de IBGE. *Mapa República Federativa do Brasil - 1999.*

Sobre o Estado da Bahia, é correto afirmar:

(A) Está localizado na porção ocidental da América do Sul, na porção setentrional da Região Nordeste, e faz fronteiras com mais duas regiões do país.
(B) É dividido em cinco mesorregiões, que apresentam o mesmo IDH, mas diferentes níveis de industrialização.
(C) Tem bacias hidrográficas genuinamente baianas, que apresentam características distintas, como as dos rios Paraguaçu, de Contas e Itapicuru, com nascentes localizadas na porção central da Chapada Diamantina.
(D) Sua geologia é responsável pela diversidade dos recursos minerais, que torna o Estado o maior produtor mundial de cobre e de tório.
(E) O rio Paraguaçu, o maior do Nordeste, abastece todas as cidades da porção Ocidental da Bahia e atravessa duas zonas climáticas do Estado.

A: incorreta, pois o estado da Bahia localiza-se na porção oriental da América do Sul, na porção meridional da região Sudeste e faz fronteira com a região Norte, Centro-Oeste e Sudeste; **B:** incorreta, pois o estado apresenta profundas desigualdades socioeconômicas, com áreas extremamente ricas e desenvolvidas e áreas pobre e carentes de infraestrutura; **C:** correta, pois a chapada Diamantina é a área mais alta do estado e de grande importância, pois é onde se localizam as nascentes dos principais rios do estado; **D:** incorreta, pois, de fato, a geologia da região favorece a diversidade de minérios no estado e apesar de ocorrer a produção de cobre e tório, o estado não é o maior produtor mundial de tais recursos minerais; **E:** incorreta, pois o rio São Francisco é na verdade o maior rio da região Nordeste.

Gabarito "C".

(Oficial da Polícia Militar/BA – 2012 – CONSULTEC) A partir da análise da charge, aliada aos conhecimentos sobre a agricultura e a estrutura fundiária brasileiras, marque **V** nas afirmativas verdadeiras e **F**, nas falsas.

( ) O espaço agrário brasileiro é subutilizado, porque predominam os minifúndios por exploração, a produtividade é baixa e as técnicas obsoletas.
( ) Os latifúndios por dimensão são os mais danosos para a economia, por serem improdutivos.
( ) A estrutura fundiária reproduz o tipo de colonização implantada, a de povoamento, com todas as suas implicações.
( ) A existência de grileiros agrava os problemas fundiários do país, tornando a sociedade mais excludente.

A alternativa que indica a sequência correta, de cima para baixo, é a

(A) V V F F

(B) V F V F
(C) F F V V
(D) F F F V
(E) F V F V

I: falso, pois, de fato, o espaço agrário brasileiro é subutilizado, mas isso se deve à presença de latifúndios improdutivos, o que gera uma grande concentração de terras, muitas dessas com baixa produção; II: falso, pois, de fato, a maior parte dos latifúndios são improdutivos, contudo não se pode generalizar, alguns possuem alta produtividade; III: falso, pois no Brasil predominou a colonização de exploração, com uma estrutura fundiária predominante em latifúndio, modelo reproduzido atualmente; IV: verdadeiro, pois a ação de falsificar o documento de propriedade da terra e vendê-la a terceiros, reforça ainda mais a concentração de terras no país e intensifica a exclusão social dos menos abastados.

Gabarito "D"

(Oficial da Polícia Militar/BA – 2012 – CONSULTEC) Os conhecimentos sobre a região Norte brasileira permitem afirmar que seu relevo se caracteriza por ser

(A) formado por um grande escudo cristalino de terrenos quaternários.
(B) resultante de uma falha geológica recente, sujeita à ação de abalos sísmicos.
(C) o maior planalto da América do Sul e, por essa razão, conhecido como o "teto do mundo".
(D) diversificado e constituído por baixos platôs, planícies e planaltos residuais, depressões e tabuleiros litorâneos.
(E) um extenso dobramento moderno, sujeito à ação do tectonismo.

A: incorreta, pois a estrutura geológica da Amazônia é de um grande escudo cristalino, onde se encontram diversos minérios, contudo, a questão aborda o tema do relevo e não da estrutura geológica; **B:** incorreta, pois apesar de existir algumas falhas geológicas na região, a grande distância para a borda da placa tectônica, localizada na região andina e o terreno de maciços antigos, diminuem enormemente a possibilidade de um terremoto; **C:** incorreta, pois a região é formada predominantemente de planícies, depressões e baixos platôs, portanto, áreas de altitude reduzida; **D:** correta, pois, de fato, na Amazônia há uma grande variedade no relevo, predominam as planícies, depressões e baixos platôs, porém, ao norte na fronteira com a Venezuela existe o planalto das guianas e a leste desse planalto, os tabuleiros litorâneos, na costa do Pará e Amapá; **E:** incorreta, pois os dobramentos modernos são as cadeias de montanhas que ocorrem devido à convergência entre duas placas tectônicas, só é possível encontrar essa formação de relevo na borda de placa tectônica.

Gabarito "D"

(Oficial da Polícia Militar/BA – 2012 – CONSULTEC) No Código Eleitoral Provisório (Decreto 21076), de 24 de fevereiro de 1932, o voto feminino no Brasil foi assegurado, após intensa campanha nacional pelo direito das mulheres ao voto. [...]. Em 1934, as restrições ao voto feminino foram eliminadas do Código Eleitoral, embora a obrigatoriedade do voto fosse um dever masculino. Em 1946, a obrigatoriedade do voto foi estendida às mulheres. (NO CÓDIGO.... 2012).

A conquista da cidadania, no Brasil, foi um processo lento, que resultou em diversas lutas e mobilizações da sociedade brasileira, como a da conquista do voto feminino.

Outras lutas sociais foram travadas ao longo da história, a exemplo

(A) das leis trabalhistas, que garantiram direitos às operárias das fábricas, na República Velha.
(B) da ampliação da participação política popular e na criação de uma legislação social que garantia direitos à classe trabalhadora, mas criava mecanismos de controle e de manipulação sobre o movimento operário, na Era Vargas.
(C) da legalização do voto dos analfabetos e dos indígenas, pela Constituição de 1946, no pós-guerra.
(D) do controle do poder político do país pelas centrais sindicais, estabelecendo uma política de distribuição de renda, na República Populista.
(E) da ampliação da participação popular, durante o regime militar, medida que objetivava dar uma maior legitimidade ao governo autoritário.

O historiador Boris Fausto, ao se referir à Era Vargas e seus principais aspectos como a política trabalhista, afirma que ao mesmo tempo em que Vargas concedia amplos direitos a uma nova categoria de cidadãos trabalhadores, criava mecanismos de controle. Na prática, significava que ao ampliar os benefícios trabalhistas, Vargas não permitia a ocorrência de manifestações e greves.

Gabarito "B"

(Oficial da Polícia Militar/BA – 2012 – CONSULTEC) A partir da análise da charge, aliada aos conhecimentos sobre a agricultura e a estrutura fundiária brasileiras, marque **V** nas afirmativas verdadeiras e **F**, nas falsas.

A charge do cartunista Ziraldo faz uma alusão à conquista da taça de tricampeão mundial de futebol, pelo Brasil, na Copa do Mundo de 1970, no México, período em que o país vivia o regime militar.

A crítica à realidade brasileira então vivenciada pela população refere-se à

(A) manipulação política do governo da conquista do tricampeonato, enquanto a população em geral passava por dificuldades econômicas.
(B) euforia da sociedade brasileira com o fato inédito de um país ser três vezes campeão de futebol, em uma competição internacional.
(C) adoção de hábitos estranhos à sociedade brasileira devido ao contato com os costumes de nações estrangeiras.
(D) felicidade da população brasileira com a conquista do título e com a melhoria da qualidade de vida do assalariado durante o regime militar.
(E) indiferença com que a conquista do campeonato foi recebida pelo governo, enquanto a população mais carente festejava a vitória do país na competição.

A imagem representa de forma irônica as prioridades do governo militar brasileiro nos anos 70. "O país vai bem, mas o povo vai mal" diziam os governantes que buscavam afastar qualquer imagem negativa de uma ditadura. Sendo assim, aproveitou-se do bom momento esportivo que o país vivia para associar sua imagem ao sucesso no futebol. Dessa maneira, o êxito no futebol equivalia ao sucesso e bom momento do governo, manipulando a opinião pública.

Gabarito "A"

(Oficial da Polícia Militar/BA – 2012 – CONSULTEC) "A chave da paz seguramente pertence ao presidente, mas a fechadura pertence ao povo". Foi com essa mensagem, divulgada pela ex-senadora colombiana Piedad Córdoba, que as Forças Armadas Revolucionárias da Colômbia (Farc) encerraram a libertação dos últimos dez presos políticos que estavam sob seu poder. (BARBOZA. 2012, p. 106).

As Forças Armadas Revolucionárias da Colômbia (Farc) têm sido, por muitos anos, um grupo

(A) anarquista, defensor da dissolução dos laços sociais urbanos e o retorno a uma vida campestre e rural.
(B) guerrilheiro, defensor da luta armada e do sequestro, visando à instalação do socialismo no território colombiano.
(C) fundamentalista religioso, com a finalidade de impor o catolicismo rústico, em todo o continente latino-americano.
(D) narcotraficante, que busca o estabelecimento de um cartel e a expansão do consumo legal de drogas em nível planetário.
(E) político, que se utiliza da violência para impor a fraude eleitoral na escolha de candidatos aos cargos do poder executivo.

As Farc foram criadas em 1960 com o objetivo claro de implementar uma reforma agrária que realizasse uma melhor distribuição de terras no território colombiano, para alcançar tal objetivo o grupo se utiliza de armas contrabandeadas, formando assim uma guerrilha que atualmente busca instalar um novo sistema na Colômbia: o socialismo, para financiar suas ações o grupo age ilegalmente através do narcotráfico e sequestros de civis e autoridades do governo.

Gabarito "B"

Texto para as duas questões seguintes.

Brasileiros são hoje recebidos em todo o mundo com tapete vermelho, como um dos melhores turistas, dada a sua disposição para compras e gastos de alto valor agregado em hotéis, passeios, aluguel de carros, etc., movimentando a milionária cadeia de serviços que vive dessa demanda. [...]. A Espanha seguiu na direção contrária. Numa postura inarredável, mantém há anos uma política restritiva extrema, com práticas arbitrárias que beiram a intolerância, levando milhares de brasileiros ao constrangimento de serem barrados na fronteira em arrastados interrogatórios, quando não – como ocorre em muitos casos deportados. [...] Curiosamente, hoje é muito maior o fluxo de espanhóis para o Brasil do que o inverso. E o índice de admissão não concedida aqui é inferior a 10% do praticado lá. A Espanha convive atualmente com uma das maiores taxas de desemprego da Europa, da ordem de 22%, enquanto o Brasil experimenta uma primavera de oportunidades e vagas, inclusive importando mão de obra. Seria natural, nessas condições, um maior empenho daquele país em estabelecer facilidades para esse fluxo e, inexplicavelmente, não é o que acontece. Turistas brasileiros deveriam, daqui por diante, adotar o velho princípio de só ir aonde é bem-vindo. E, nesse caso, a Espanha não seria uma opção.

(MARQUES. 2012, p. 20).

(Oficial da Polícia Militar/BA – 2012 – CONSULTEC) Um dos fatores para que certos países da União Europeia adotem uma política mais rígida, em relação às pessoas que a eles se dirigem, se deve à

(A) perda de competitividade comercial, em função da queda da produção, com a adoção do operário imigrante, pouco afeito ao trabalho.
(B) influência que os imigrantes têm exercido sobre a cultura europeia, que vem absorvendo costumes primitivos e atrasados dessas populações.
(C) chegada na Europa de uma mão de obra qualificada e tecnicamente mais bem preparada, que tem retirado os empregos dos europeus.
(D) política europeia de contenção da criminalidade e da violência, provocada pelo aumento do número de roubos e homicídios, com a chegada de turistas.
(E) intolerância política e religiosa em relação aos estrangeiros, exacerbada por ataques terroristas, e tensões e conflitos envolvendo, principalmente, imigrantes islâmicos.

A: incorreta, pois o imigrante geralmente se submete a trabalhos mais penosos e com uma remuneração inferior aos nativos, o que gera menores custos de produção para as empresas desses países, possibilitando que essas maximizem seus lucros; **B:** incorreta, pois se verifica um nacionalismo muito grande por parte dos europeus, que preservam sua cultura, apesar de vários imigrantes também manifestarem os costumes tradicionais de seus países de origem, não se pode falar que uma cultura é superior ou mais evoluída que outra; **C:** incorreta, pois normalmente os imigrantes são aqueles que não possuem oportunidades em seus país de origem e já vivem em uma condição desfavorável, a maior parcela desses imigrantes se submetem a trabalhos braçais que exigem menor qualificação profissional; **D:** incorreta, pois a violência e os furtos não têm uma relação direta com os imigrantes, na verdade, não houve um aumento significativo da violência com a chegada desses ao país, muito menos com os turistas; **E:** correta, pois, de fato, os ataques às torres gêmeas em Nova Iorque modificou a política mundial de entrada de estrangeiros em vários países do mundo, há um forte temor que tais imigrantes possam estar ligados a grupos terroristas, especialmente os islâmicos.

Gabarito "E"

(Oficial da Polícia Militar/BA – 2012 – CONSULTEC) O maior fluxo de imigrantes espanhóis e de outros países, para o Brasil, decorre, dentre outros fatores,

(A) do aumento do desemprego, na Europa, em função do atraso tecnológico dessa região, incapaz de competir com a pujante economia dos países emergentes.
(B) da extinção da desigualdade social e da miséria, nos países que compõem os BRICS, ampliando as oportunidades de emprego.

(C) do bom desempenho da economia brasileira perante a crise de 2008 e das dificuldades financeiras de países, como a Espanha, que impulsionaram a vinda de imigrantes e, inclusive, o retorno de brasileiros que moravam no exterior.

(D) do fundamentalismo étnico europeu, que expulsou, de seu território, os imigrantes latino-americanos que se dirigiram a outros países, em busca de novas oportunidades no mercado de trabalho.

(E) da falta de oportunidade de trabalho para a mão de obra qualificada, na Espanha, aliada à política agressiva de atração dessa força de trabalho para o setor industrial brasileiro, pelo Brasil.

Os grandes processos de imigração contemporâneos decorrem da necessidade de novas condições de vida e melhores ofertas de trabalho e autonomia financeira. O sensível fluxo migratório para o Brasil é resultado do alinhamento de dois fatores: a crise na zona do euro (2008) e o amplo incentivo ao crescimento e ao consumo por parte do governo brasileiro, situação na qual um expressivo número de brasileiros retornou ao país devido às dificuldades de se manterem no contexto de retração salarial e desemprego.

Gabarito "C"

(Soldado da Polícia Militar/CE – 2012 – CESPE) No que se refere a períodos significativos da história do Brasil, julgue os itens subsequentes.

(1) No governo federal, durante a chamada República Velha, predominou a defesa dos interesses da oligarquia agrária.

(2) Durante o período colonial, predominou o trabalho escravo indígena nos engenhos de açúcar do Nordeste brasileiro.

(3) O parlamentarismo no Brasil foi instalado durante o Segundo Império, com a criação da função de presidente do Conselho de Ministros.

(4) Durante a ditadura do Estado Novo, Getúlio Vargas enviou tropas brasileiras para lutarem ao lado dos alemães na II Guerra Mundial.

1: correta, pois a segunda fase da República Velha (1894-1930) é conhecida como República Oligárquica, em que os interesses políticos privilegiados naquela ocasião eram os da Elite Agrária, classe social que se articulava nos municípios a partir da figura dos Coronéis; **2:** incorreta, pois a economia açucareira foi implantada no Brasil por volta do ano 1530, fato que marcou o início efetivo da colonização. Em pouco tempo, a coroa portuguesa percebeu uma sensível queda na arrecadação, dessa forma, promoveu a substituição da base da mão de obra, do índio pelo negro africano. Esse fato se explica, majoritariamente, em função dos altos lucros com o tráfico negreiro; **3:** correta, pois ao assumir o governo, após o golpe da maioridade (1840), D. Pedro II (1840-1889) instalou no Brasil o Conselho de Ministros. Tal órgão era responsável por auxiliar o imperador no exercício de sua função. O objetivo era criar no Brasil um sistema de governo semelhante ao da Inglaterra. O parlamentarismo dessa época era denominado "parlamentarismo às avessas", pois todas as ações eram executadas a partir da vontade exclusiva do imperador; **4:** incorreta, pois apesar de possuir raízes ideológicas históricas com os regimes totalitários, Vargas possuía uma estreita dependência do capital internacional estadunidense, do qual recebia amplos financiamentos para boa parte das obras públicas e de sua política econômica. Portanto, sua submissão financeira o impedia de efetivar seu declarado apoio aos regimes nazifascistas na Segunda Guerra Mundial (1939-1945).

Gabarito 1C, 2E, 3C, 4E

(Soldado da Polícia Militar/CE – 2012 – CESPE) Com relação à história do Ceará, julgue os itens seguintes.

(1) Ao longo do século XVIII, a principal atividade econômica cearense foi a pecuária, por meio da qual se desenvolveu o comércio do charque.

(2) No Ceará, o predomínio das oligarquias na política local teve fim com a Revolução de 1930.

(3) A introdução de bondes de tração animal, do telégrafo e da telefonia, bem como o calçamento e a canalização da água são ações que caracterizaram a modernização de Fortaleza no século XIX.

(4) A cidade de Fortaleza foi fundada no final do século XVIII, para conter a ação de piratas ingleses na costa cearense.

1: correta, pois com o histórico da escassez de recursos e as condições climáticas diversas ao longo da maior parte do ano, o Ceará, bem como suas regiões circunvizinhas, optaram ao longo do século XVIII, pelo desenvolvimento da pecuária com vistas à produção de charque. Esse fator representou socialmente uma ação de resistência frente às intempéries que assolavam e ainda hoje comprometem o desenvolvimento pleno e autônomo da região; **2:** incorreta, pois a Revolução de 1930 colocou fim à República Velha, que tinha como estados líderes Minas Gerais e São Paulo que, respectivamente, eram os maiores produtores de leite e café; **3:** correta, pois visando atender a uma expectativa arquitetônica europeia, divulgada no início do século XIX pela Missão Artística Francesa (1816), as principais cidades brasileiras foram remodeladas e/ou construídas nos padrões europeus, recebendo para isso um amplo sistema urbano de vivência e locomoção; **4:** incorreta, pois os interesses estrangeiros no Brasil ao longo do século XVIII concentravam-se na busca do ouro, portanto, a fundação da cidade de Fortaleza não possui relações com tais interesses. A criação dessa cidade se deu a partir de uma determinação do governo econômico português que queria organizar aglomerados urbanos para facilitar a fiscalização e cobrança de tributos.

Gabarito 1C, 2E, 3C, 4E

(Soldado da Polícia Militar/CE – 2012 – CESPE) Várias foram as propostas de alteração no quadro territorial das unidades da Federação desde o período colonial. A mais conhecida é a da mudança da capital nacional para o interior, efetivada em 1960 com a inauguração de Brasília e a instauração do novo Distrito Federal. Considerando esse assunto e aspectos a ele relacionados, julgue os itens a seguir, acerca do território brasileiro e sua atual estrutura político-administrativa.

(1) O Instituto Brasileiro de Geografia e Estatística (IBGE) delimitou as regiões geográficas, dividindo-as, por exemplo, em mesorregiões, que se subdividem microrregiões.

(2) Considerados os objetivos das políticas públicas e as análises das condições de vida da população, o Brasil está dividido em cinco regiões oficiais: Cerrado, Pampa, Caatinga, Amazônia e Mata Atlântica.

1: correta, pois, de fato, o IBGE delimitou cinco grandes regiões geográficas (Norte, Nordeste, Centro-Oeste, Sudeste e Sul), onde cada uma dessas regiões está subdividida em mesorregiões, que se subdividem em microrregiões, o objetivo de tais regionalizações é diferenciar as áreas para elaborar políticas públicas mais adequadas com a necessidade de cada localidade; **2:** incorreta, a regionalização descrita segue o critério do padrão da vegetação, que não apresenta grande relevância para análise das condições de vida da população.

Gabarito 1C, 2E

(Soldado da Polícia Militar/CE – 2012 – CESPE) A respeito dos aspectos físicos do território brasileiro, julgue os itens seguintes.

(1) Climas distintos predominam nas regiões brasileiras: na região Sul, o clima é subtropical; na região Nordeste, é tropical.

(2) Devido às suas dimensões territoriais, o Brasil é considerado um país continental. Essas dimensões exigem cuidados especiais com os recursos hídricos, considerando-se que o Brasil está localizado a montante da Bacia Amazônica e a jusante da Bacia do Prata.

(3) As áreas conhecidas como mares de morros são assim denominadas em razão de sua localização, nas terras altas da Amazônia.

1: O clima da região nordeste é bastante variável, coexistindo clima semiárido na região da depressão sertaneja e clima litorâneos úmidos **2:** incorreta, pois, de fato, as dimensões do território brasileiro é de nível continental, entretanto, o país se encontra a jusante da bacia amazônica, que tem suas nascentes na cordilheira dos Andes e a formação dos grandes rios em território brasileiro e a montante da bacia do Prata, já que a maior parte das nascentes se encontram no território brasileiro e apenas na fronteira do Uruguai com a Argentina é que se formam os grandes rios da bacia; **3:** incorreta, pois o domínio morfoclimático dos mares de morro se localiza em quase todo o litoral brasileiro; caracteriza-se por uma alta umidade e adentra a porção continental até os morros mais próximos; a vegetação predominante desse domínio é a mata atlântica.

Gabarito 1 ANULADA, 2E, 3E

(Soldado da Polícia Militar/CE – 2012 – CESPE) Julgue os itens que se seguem, acerca de aspectos econômicos e populacionais do Brasil.

(1) O fato de o Brasil possuir mais de cinco mil municípios faz que ele seja considerado um país eminentemente urbano; a despeito desse fato, entretanto, a população brasileira se distribui de modo equilibrado entre campo e cidade.

(2) No Brasil, o setor agropecuário, em que predominam o plantio de grãos e a criação de gado de corte, é um dos que mais contribuem para o PIB. Nas últimas décadas, a região Sudeste foi a que mais sofreu transformações em razão dessas atividades.

1: incorreta, segundo o último censo do IBGE (2010), que utiliza o critério político-administrativo para a classificação de cidades, cerca de 85% da população brasileira vive nas áreas urbanas; **2:** incorreta, de fato a agropecuária é uma das atividades econômicas que mais contribuem para o PIB brasileiro, contudo, as maiores expansões de fronteira agrícola são observadas na região Centro-Oeste e Norte.

Gabarito 1E, 2E

(Soldado da Polícia Militar/CE – 2012 – CESPE) Julgue os itens a seguir, relativos a aspectos geográficos do estado do Ceará.

(1) Mais de 60% do território do estado do Ceará estão inseridos no domínio morfoclimático denominado caatinga.

(2) No Ceará, estado de clima tropical, predominam os tipos quente semiárido, quente semiárido brando, quente úmido e quente subúmido.

(3) O turismo é uma das atividades econômicas mais importantes desse estado e, apesar de o litoral ser o seu principal atrativo, a região do Araripe/Cariri também se destaca nesse ramo, oferecendo elevada quantidade de leitos, o que contribui para o desenvolvimento da referida atividade.

1: correta, pois o domínio da caatinga se caracteriza por uma longa estação seca e cerca de três a quatro meses de baixos índices pluviométricos, a vegetação é xerófila (adaptada à seca) com raízes profundas, esse domínio é predominante na região Nordeste e no estado do Ceará; **2:** correta, pois quase todo o território brasileiro se localiza na faixa tropical do planeta, entre os trópicos de Câncer e Capricórnio, que apresentam altas temperaturas devido à alta incidência de radiação solar, no Ceará, as áreas litorâneas possuem um clima predominantemente úmido e subúmido e no interior do estado predomina os tipos semiárido; **3:** correta, apesar do fluxo turístico se direcionar em maior parte para o litoral, é significante essa atividade na região do Cariri/Araripe, onde se encontram chapadas, sítios arqueológicos, literatura de cordel, além de uma religiosidade que atrais fiéis de todo o Brasil.

Gabarito 1C, 2C, 3C

(Soldado Combatente do Corpo de Bombeiros/ES – 2011 – CESPE) Na região hoje conhecida como Oriente Médio, quase sempre no vale de grandes rios, surgiram algumas das primeiras civilizações. Grécia e Roma antigas legaram à Civilização Ocidental poderosa herança cultural, expressa pelo direito, pela filosofia, pela democracia e pelo teatro. O feudalismo medieval caracterizou-se pela economia agrária de subsistência, pelo trabalho executado essencialmente por servos, pelo poder dos proprietários de terra e pelo predomínio da Igreja Católica. A crise do sistema feudal possibilitou o surgimento de uma nova era, na qual se destacaram as grandes viagens ultramarinas e os Descobrimentos, o Renascimento cultural e a Reforma religiosa. Tendo nessas informações a referência inicial para compreender a história das sociedades ocidentais, da Antiguidade ao período medieval, julgue os itens que se seguem.

(1) Filosofia, teatro e democracia são exemplos da criatividade cultural da Grécia antiga, e o direito constitui importante legado de Roma.

(2) Caracterizaram o sistema feudal: o comércio dinâmico, o uso de escravos, a intensa circulação de moedas nas transações mercantis, além da acentuada vida urbana.

(3) O desenvolvimento da civilização egípcia antiga deveu-se, em larga medida, à existência do rio Nilo, o que se assemelha à relevância dos rios Tigre e Eufrates no florescimento da Mesopotâmia.

1: correta, pois Grécia e Roma integram a chamada civilização clássica. Pela justa razão de que respectivamente deixaram como contribuição política e social a democracia e o Direito; **2:** incorreta, pois o sistema feudal tinha como características principais uma economia agrária e rural que tendia à subsistência e uma economia com mão de obra servil e pouco uso de moeda; **3:** correta, pois as civilizações do Egito e da Mesopotâmia antigos são identificadas historicamente como hidráulicas, ou seja, estabeleceram-se em locais de habitação em função dos rios que banhavam seus territórios e próximos a eles permaneceram adaptando seu cotidiano a eles.

Gabarito 1C, 2E, 3C

(Soldado Combatente do Corpo de Bombeiros/ES – 2011 – CESPE) Ao longo da Idade Moderna, deu-se a crescente afirmação da economia mercantil, à qual se subordinou a colonização da América. A Idade Contemporânea inicia-se sob o signo da transformação revolucionária: no plano material, a Revolução Industrial, que consolidou e expandiu o capitalismo, e, na política, as revoluções liberais burguesas, que atacaram o Antigo Regime, tendo na Revolução Francesa seu maior símbolo. A partir das informações acima, julgue os itens seguintes, relativos à História Moderna e Contemporânea.

(1) A Revolução Industrial foi decisiva para a difusão do sistema capitalista pelo mundo, o que criou condições para o surgimento da atual globalização.

(2) A colonização do Brasil, tal como ocorreu no restante da América, realizou-se sob as diretrizes do feudalismo.

(3) Em termos políticos, a Revolução Francesa voltou-se contra o Absolutismo, tendo sido inspirada em ideias iluministas.

(4) O Brasil e as colônias espanholas na América tornaram-se independentes no contexto de crise do Antigo Regime europeu.

1: correta, pois a segunda fase da Revolução Industrial foi responsável por dinamizar as áreas de produção de mercadorias e organização do trabalho. Ocorrida de maneira pioneira na Inglaterra, a revolução efetivou a integração industrial contribuindo decisivamente para a definição do atual processo de globalização; **2:** incorreta, pois a colonização brasileira ocorreu sob as diretrizes do mercantilismo, sistema econômico da Idade Moderna que fora instituído por meio de duas situações fixas: o trabalho escravo e a exclusividade comercial. Dessa forma não existem semelhanças econômicas possíveis entre o mercantilismo e o feudalismo, posto que neste os serviços eram realizados por trabalhadores livres (servos) e o lucro era convertido em produção; **3:** incorreta, pois a Revolução Francesa (1789) insere-se no contexto das revoluções burguesas, porque expressava a vontade de participação política da burguesia, classe social que até então tinha seus direitos e ações políticas limitados pela relação rei e nobreza. O fundamento ideológico da Revolução foi o Iluminismo, movimento filosófico que divulgava a transformação social por meio dos ideais de igualdade, liberdade e fraternidade; **4:** incorreta, pois o processo de independência das Américas portuguesa e espanhola foi influenciado pela crise do Antigo Regime. Dessa forma, tais independências ocorreram no contexto posterior à queda do absolutismo.

Gabarito 1C, 2E, 3E, 4E

(Soldado Combatente do Corpo de Bombeiros/ES – 2011 – CESPE) Disputas imperialistas entre potências europeias e nacionalismo radical foram fatores decisivos da Grande Guerra de 1914. Nas duas décadas seguintes, o cenário foi de crise da democracia, vitória de regimes totalitários e emergência de grande depressão econômica. Terminada a Segunda Guerra Mundial (1939-45), o mundo viu-se dividido entre duas superpotências, situação que perdurou, com algumas variações, até o colapso da União das Repúblicas Socialistas Soviéticas (URSS). Tendo o texto acima como referência inicial, julgue os itens subsequentes, relativos à História Contemporânea.

(1) No governo de Getúlio Vargas, o Brasil participou diretamente da Segunda Guerra Mundial.

(2) O mundo pós-1945 conheceu a bipolaridade americano soviética, marcada pela Guerra Fria.

(3) Nas duas guerras mundiais do século XX, a Alemanha foi importante protagonista.

1: correta, pois a participação do Brasil na Segunda Guerra Mundial se deu no governo de Getúlio Vargas que enviou para lutar ao lado dos Aliados (Inglaterra, França, Estados Unidos e União Soviética) a Força Expedicionária Brasileira – FEB, somando forças na luta contra o nazifascismo; **2:** correta, pois após a implementação do Plano Marshall (1947), resultante da 2ª Guerra Mundial, o mundo globalizado passou a viver uma constante polarização ideológica que se firmou a partir da oposição política entre Estados Unidos (capitalista) e União das Repúblicas Socialistas Soviéticas (socialista/comunista), esse contexto ficou conhecido como Guerra Fria; **3:** incorreta, pois, na 1ª Guerra Mundial (1914-1919), a Alemanha, unificada tardiamente e com fortes ressentimentos em função do neocolonialismo, invadiu e tomou posse de parte do território francês (Alsácia e Lorena), fato de deu causa imediata à guerra. Como fator causador da 2ª Guerra Mundial (1939-1945), a Alemanha, em plena recuperação da guerra e da crise (decorrente da guerra), viu nascer em seu território um Regime Totalitário de extrema-direita, o Nazismo, que, com sua política expansionista deu causa à 2ª Guerra.

Gabarito 1C, 2C, 3E

(Soldado Combatente do Corpo de Bombeiros/ES – 2011 – CESPE) Por 322 anos, o Brasil foi colônia de Portugal. Latifúndio, monocultura e escravidão foram características marcantes da colonização e deixaram raízes no país. A Independência não alterou as estruturas coloniais básicas. No Brasil, única monarquia na América do Sul, a chegada da República se deu por golpe militar. Na Primeira República, autêntico teatro das oligarquias, poucos detinham o poder, havia inexpressiva participação política da população, alto índice de analfabetismo e profunda exclusão social. A Revolução de 1930, no rastro das manifestações tenentistas, trouxe o ar da modernidade. Com Vargas (1930-1945), o país começou a desenvolver a indústria pesada, conheceu os direitos sociais e sucumbiu ante a ditadura do Estado Novo (1937-1945). Entre 1946 e 1964, o aprendizado democrático avançou, em meio a muitas e dramáticas crises. A queda de João Goulart, em 1964, anunciava o início de duas décadas de regime autoritário.

Tendo o texto acima como referência inicial e considerando aspectos marcantes da História do Brasil, julgue os itens seguintes.

(1) A proclamação da independência significou a integral ruptura do Brasil com seu passado colonial.

(2) Na Era Vargas, consolidou-se a democracia política no Brasil, mas não se avançou na aprovação de leis de proteção ao trabalho.

(3) Com a renúncia de João Goulart à presidência da República, o país mergulhou em profunda crise política.

(4) Ao editar o Ato Institucional n.º 5, em 1968, o regime militar demonstrou seu compromisso com a liberdade política e de expressão, sinalizando para a abertura democrática.

(5) Para promover a colonização, Portugal dividiu o Brasil em capitanias hereditárias, tendo sido uma delas a do Espírito Santo.

1: incorreta, pois pode-se dizer que a proclamação da independência do Brasil, em 1822, significou a ruptura parcial com o passado colonial. Rompeu em parte pois se livrou do domínio metropolitano de Portugal, todavia, passou a ser dependente da Inglaterra, além de permanecer com elementos sociais e econômicos provenientes do período colonial, tais como a escravidão e o latifúndio;**2:** incorreta, pois a Era Vargas (1930-1945) teve como principais características de ação do governo o nacionalismo econômico e a intensa implantação de leis trabalhistas com a finalidade de obter o controle das massas trabalhadoras, concentrando em seus domínios o poder de manipulação, garantindo, assim, a aprovação de seu estilo de governo, o populismo; **3:** correta, pois a crise política após a renúncia de João Goulart foi a ameaça vivida pelas democracias moderna à época das décadas iniciais do século XX, o medo de que uma revolução socialista fosse implantada. Essa crise foi superada parcialmente com a chegada dos militares ao poder executivo do país; **4:** incorreta, pois no regime ditatorial brasileiro a Constituição Federal estava suspensa e as ações legais do governo militar eram efetivadas por meio dos Atos Institucionais. Implantado em 1968, o AI-5 promoveu o aumento da perseguição política aos opositores, o recrudescimento da censura e a deportação de indivíduos classificados como uma ameaça ao regime (país); **5:** correta, pois para promover a colonização do Brasil, Portugal, que era uma monarquia absolutista e descapitalizada recorreu a empréstimos particulares, de indivíduos ligados à nobreza. Esses particulares eram responsáveis por explorar e administrar os recursos da capitania que lhe fosse doada, efetivando assim o sistema de administração colonial. Ao todo, a colônia portuguesa, o Brasil, foi dividida em 14 faixas denominadas Capitanias Hereditárias, dentre as quais a Capitania do Espírito Santo que pertencia ao Capitão Donatário Vasco Coutinho.

Gabarito 1E, 2E, 3C, 4E, 5C

(Soldado Combatente do Corpo de Bombeiros/ES – 2011 – CESPE)É óbvio que a situação se torna mais complexa à medida que há aumento no número de países que adotam medidas para impedir a valorização das moedas. Ninguém quer ficar sem os seus mercados para exportar. O Japão interveio no setor de câmbio – o que não fazia havia sete anos – para desvalorizar o iene. E já acena com a possibilidade de novas investidas. A Tailândia seguiu a mesma receita adotada pelo Brasil, taxando o ganho de estrangeiros em renda fixa. Mas impôs alíquota pesada: 15%. É uma tentativa de frear a alta do *baht*, moeda que se encontra no nível mais elevado desde a crise asiática de 1997. Taiwan foi mais incisiva, proibindo investidores estrangeiros de fazer depósito de curto prazo. A Indonésia foi um pouco mais amena, estabelecendo quarentena para investimentos. Já a Coreia do Sul – com 43% de sua economia dependente de exportações, o maior percentual entre bancos.

Angelo Passos. Internet: <www.gazetaonline.globo.com> (com adaptações).

Considerando o texto acima, julgue os itens seguintes, relativos à Geografia Mundial.

(1) Ao se avaliar a eficácia das redes sociais da Internet no processo de disseminação da informação no cenário global, deve-se considerar que 70% da população mundial não têm acesso à rede mundial de computadores.

(2) De uso corrente nas décadas de 1970 e 1980 para designar as nações do hemisfério sul, a expressão "países subdesenvolvidos", dada a mudança na realidade econômica mundial, caiu em desuso, empregando-se, atualmente, a expressão "países em desenvolvimento" em referência a tais nações, entre as quais se inclui o Brasil.

(3) A globalização econômica implicou um processo de perda de singularidade de culturas locais.

1: correta, pois apesar de haver um aumento considerável do número de usuários da internet nos últimos anos, tal recurso ainda é restrito a uma minoria da população mundial, o que torna a eficácia da informação disseminada parcialmente prejudicada; **2:** incorreta, pois o termo subdesenvolvido ainda é utilizado para designar nações que possuem condições socioeconômicas ruins, entretanto, houve um grupo de países subdesenvolvidos, entre eles o Brasil, que tiveram um crescimento significativo a partir da segunda metade do século XX e passaram a ser designados pelo termo "em desenvolvimento"; **3:** incorreta, pois, apesar de o processo de globalização ter contribuído para a disseminação de bens e serviços semelhantes, em cada espaço local há uma particularidade em relação à aceitação de certos produtos e serviços, um exemplo disso é a Índia, que possui mais de 70% da população seguindo a religião hindu e não se afeiçoa a produtos de *fast food* oriundos de carne bovina.

Gabarito 1C, 2E, 3E

(Soldado Combatente do Corpo de Bombeiros/ES – 2011 – CESPE)

O presidente da Empresa de Pesquisa Energética (EPE), Mauricio Tolmasquim, estimou que o consumo de energia elétrica no Brasil crescerá 5,4% em 2011 em relação a 2010, para um total de 441,4 terawatts-hora (441,4 mil gigawatts-hora). A EPE já havia divulgado o balanço de 2010, que apontava crescimento no consumo de 7,8% para 419.016 GWh. O número ficou abaixo da previsão da EPE, que era de avanço de 8,1%.

Internet: <www1.folha.uol.com.br> (com adaptações).

A partir do texto acima, julgue os itens a seguir, relativos à geração de energia no Brasil.

(1) Os fatores que justificam o reduzido investimento em geração de energia solar são o custo extremamente elevado da tecnologia necessária a tal implementação e os danos à saúde pública decorrentes da exposição dos usuários à radiação ultravioleta.

(2) O processo de geração de energia eólica torna-se vantajoso em casos como o do Sudeste, pois o relevo dessa região favorece a instalação de turbinas eólicas no topo de serras, onde há maior incidência de ventos.

1: divergência de gabarito, questão incorreta, pois a geração de energia solar não expõe seus usuários aos raios ultravioleta; **2:** incorreta, é necessário uma grande área para a instalação das turbinas, apesar de haver vento no topo do morro, o terreno é muito irregular e não favorece a instalação desse tipo de energia, é preferível a instalação em áreas litorâneas, que possuem ventos e terrenos mais favoráveis.

Gabarito oficial 1C (Nosso Gabarito 1E), 2E

(Soldado Combatente do Corpo de Bombeiros/ES – 2011 – CESPE) O grupo de pesquisa Population Reference Bureau projetou, para 2012, a população mundial de 7 bilhões de pessoas, desde que mantida a média global atual de 267 nascimentos e 108 mortes a cada minuto. Ainda que, em alguns países, as taxas de natalidade tenham-se reduzido, a expectativa de vida continua crescendo no cenário mundial.

Considerando as informações acima, julgue os itens seguintes.

(1) Com a recente crise econômica mundial, os Estados Unidos da América deixaram de ser um país atrativo para migrantes latinos.

(2) A redução da taxa de natalidade e o aumento da expectativa de vida nos países desenvolvidos são motivos de crescente preocupação dos governos desses países, visto que, diante dessa realidade, o número de adultos economicamente ativos em relação ao de idosos inativos irá declinar rapidamente.

(3) Dada a menor proporção de pessoas em idade economicamente ativa, os governos têm buscado elevar a idade mínima de aposentadoria e gerar oportunidades de trabalho para os mais idosos, de forma a reduzir o *peso social* de uma população mais velha.

1: A crise econômica provocou uma diminuição da migração de latinos para o território dos Estados Unidos, contudo, o país ainda permanece bastante atrativo devido, entre outros fatores, à sua moeda ainda ser mais valorizada que a maior parte dos países latinos **2:** correta, pois o aumento da expectativa de vida contribui para o aumento de idosos e aposentados, que em muitos casos, recebem por mais tempo sua aposentadoria do que o tempo que ficou trabalhando, uma das formas de amenizar tal conjuntura seria o aumento do número de pessoas economicamente ativa (adultos), contudo, para que isso ocorra é necessária uma maior taxa de natalidade; **3:** correta, pois medidas como o aumento da idade de aposentadoria e retorno de aposentados às atividades que exercia anteriormente são comuns no Brasil e no mundo.

Gabarito 1 ANULADA, 2C, 3C

(Soldado Combatente do Corpo de Bombeiros/ES – 2011 – CESPE) Segundo dados preliminares do Censo de 2010, divulgados pelo IBGE, 85% da população brasileira vive em áreas urbanas. Dessa forma, os ambientes urbanos irão, cada vez mais, exigir atenção da sociedade e, em especial, dos gestores públicos no que concerne não só ao aspecto quantitativo, mas também à complexidade dos elementos envolvidos em análises urbanas, como questões sociais, culturais e ambientais. A respeito desse tema, julgue os itens subsequentes.

(1) Em geral, as cidades brasileiras situadas nas regiões serranas dispõem de complexo sistema de planejamento urbano, fruto de políticas públicas elaboradas pelos planos diretores municipais.

(2) Os fenômenos climáticos extremos ocorrem com mais frequência em áreas urbanas que nas rurais.

(3) Os aglomerados urbanos são áreas de risco para o desencadeamento de processos de eutrofização dos corpos d'água, uma vez que o esgoto doméstico é extremamente rico em N e P.

1: incorreta, pois nas regiões serranas é comum o grande número de favelas que se localizam em morros, precários em infraestrutura urbana e sem grande planejamento; **2:** incorreta, pois nas áreas urbanas, devido à maior aglomeração, atinge-se maior número de pessoas, contudo, eventos extremos não são exclusivos das áreas urbanas e ocorrem com a mesma probabilidade também nas áreas rurais; **3:** incorreta, pois a eutrofização é causada pelo excesso de nutrientes em uma massa d'água, o que pode desencadear processo de diminuição do oxigênio dissolvido na água e consequente morte de organismos desse ambiente, apesar de haver nitrogênio (N) e fósforo (P) no efluentes sanitários, nos grandes centros urbanos existe um processo eficiente de tratamento dos esgotos que evita eutrofização da água.

Gabarito 1E, 2E, 3E

(Soldado Combatente do Corpo de Bombeiros/ES – 2011 – CESPE) O Brasil não difere da maioria dos outros países no que diz respeito às desigualdades sociais. Superar o abismo entre muito ricos (poucos) e extrema pobreza (muitos) ainda é o principal desafio social no cenário mundial. Tal discrepância gera fatos, fenômenos e situações concretas no contexto das sociedades, todos facilmente percebidos, pois estão materializados na estrutura urbana, no campo e nas empresas, entre outros. Com relação a esse tema, julgue os próximos itens.

(1) Dados preliminares do Censo 2010, divulgados pelo IBGE, apontam que um contingente de mais 80% da população vive nos centros urbanos, situação que vem sendo amenizada, nos espaços metropolitanos, pela política de ordenamento do território e pelos planos diretores urbanos.

(2) A estrutura fundiária rural brasileira é tão ampla quanto as próprias dimensões territoriais do país. Esse fato se evidencia ao se compararem as dimensões das propriedades rurais produtoras de soja da região sul, que, em sua maioria, correspondem a mais de 3.000 hectares, àquelas do oeste-baiano, que, via de regra, são bem menores.

(3) O processo de favelização indica, de modo concreto, os problemas da segregação social em ambientes urbanos, os quais decorrem da falta de planejamento urbano e de oferta, à população de baixa renda, de áreas de moradia adequadas.

1: divergência de gabarito, incorreta, pois apesar de haver políticas e planos diretores de ordenamento territorial, a situação de um grande contingente populacional vivendo nos centros urbanos não tem sido amenizada e sim intensificada, dado que ano após ano a taxa de urbanização brasileira está mais alta; **2:** incorreta, pois a estrutura fundiária brasileira é predominante de latifúndios em todo o território nacional, onde mesmo na região Sul e no estado da Bahia, a principal característica fundiária é de grandes propriedades; **3:** correta, pois o rápido processo de urbanização no Brasil não foi antecedido de um planejamento prévio de infraestrutura urbana para receber tamanho contingente, dessa forma, a população de baixa renda teve como último refúgio a ocupação dessas áreas periféricas.

Gabarito oficial 1C (Nosso Gabarito 1E), 2E, 3C

(Soldado Combatente da Polícia Militar/ES – 2010 – CESPE) Considerando a geografia política do mundo atual, notadamente no que concerne aos aspectos econômicos característicos da ordem mundial vigente, julgue os itens seguintes.

(1) Na América Latina, o Mercado Comum do Sul (MERCOSUL) tenta afirmar-se, mas a recente decisão argentina de se afastar desse bloco aponta para o seu enfraquecimento, prenúncio de seu efetivo colapso.

(2) O euro é a moeda adotada pelo conjunto dos países da União Europeia e, do seu lançamento aos dias atuais, viveu trajetória ascendente, livre de crises que pudessem abalar seu prestígio.

(3) Embora tenha sido formada ao longo de décadas e tenha incorporado grande número de países, a União Europeia ainda não abarca as antigas economias socialistas do leste europeu.

(4) O termo globalização é comumente usado para definir a realidade mundial contemporânea, que, a partir da economia, apresenta crescente interdependência de mercados, empresas, instituições e governos.

(5) Como o protecionismo é incompatível com a atual ordem econômica global, ele praticamente desapareceu do cenário do comércio mundial dos dias de hoje.

(6) A formação de blocos econômicos é característica marcante da globalização e tem, na União Europeia, seu exemplo mais avançado.

1: incorreta, pois atualmente o Paraguai encontra-se suspenso do bloco, devido à deposição do ex-presidente Fernando Lugo, porém a Argentina nunca fez um pedido formal de afastamento do bloco; **2:** incorreta, pois nem todos os países do bloco aderiram ao euro, a exemplo do Reino Unido que manteve sua moeda tradicional, além disso o euro passa por uma profunda crise em países como a Grécia, Chipre, Portugal e Espanha; **3:** incorreta, pois, após a derrocada soviética em 1991, vários países do leste europeu ingressaram no bloco, a exemplo temos a Hungria, Romênia, Eslováquia, entre outros; **4:** correta, pois o mercado mundial encontra-se cada vez mais interdependente. Seja matéria-prima, seja investimentos ou bens de alta tecnologia, a produção ocorre em espaços difusos e uma crise econômica em um país pode ocasionar uma crise mundial, como a ocorrida em 2008; **5:** incorreta, pois é comum reclamações formais na Organização Mundial do Comércio (OMC) a respeito de mecanismos protecionistas, a exemplo temos alguns países emergentes formaram um grupo exclusivo para o debate dos subsídios agrícolas; **6:** correta, a União Europeia é o bloco econômico mais avançado no planeta, sua integração é pautada em um mercado comum, onde ocorre a livre circulação de pessoas e capitais e entre alguns países uma união econômica monetária, onde existe uma moeda única e um banco central único para esses países.

Gabarito 1E, 2E, 3E, 4C, 5E, 6C

(Soldado Combatente da Polícia Militar/ES – 2010 – CESPE) Com relação aos aspectos definidores da globalização contemporânea, incluindo a formação dos grandes mercados mundiais, julgue os itens que se seguem.

(1) Desde o advento da Revolução Industrial, a divisão internacional do trabalho reservou ao Hemisfério Norte o papel de fornecedor de matéria-prima e de abundante mão de obra.

(2) Ao surgir no pós-Segunda Guerra Mundial, o conceito de Terceiro Mundo englobava os países pobres e em desenvolvimento.

(3) A rápida circulação de capitais pelos mercados financeiros globais é facilitada pelas inovações tecnológicas que modernizam as comunicações, a exemplo do papel exercido pela Internet.

(4) Os denominados capitais financeiros de risco são aqueles que entram e saem rapidamente dos países, promovendo ataques especulativos contra as moedas locais, a fim de enfraquecê-las, e, com isso, obter a ampliação de seus ganhos.

(5) A ordem global contemporânea pressupõe plena liberdade de comércio, sem regras que o balizem e sem instituição que o monitore em escala mundial.

1: incorreta, pois, no contexto exploratório da Revolução Industrial, os países fornecedores de matéria-prima e mão de obra correspondiam às antigas regiões coloniais, portanto, países que estavam localizados no hemisfério Sul; **2:** correta, pois após a 2ª Guerra Mundial ocorreu o advento na Nova Ordem Mundial, uma economia globalizada que integrava mercados de produção e consumo em níveis jamais vistos. Dessa forma, efetivou-se uma imagem dinâmica e distante entre países desenvolvidos (hemisfério Norte) e países em desenvolvimento (hemisfério Sul); **3:** correta, pois o uso da internet criou amplas possibilidades de comércio, de evolução do consumo, de promover o nível de vendas, de criar novas formas de empreendimentos e ofertou diversas áreas de prestação de serviços; integrando os mercados e instaurando intensa circulação de capitais; **4:** correta, pois a especulação é a razão de existência dos mercados detentores de capitais financeiros de grandes riscos. A ação desses capitais de especulação se manifesta na forma de desvalorização das moedas locais e incentivo ao capital internacional de consumo; **5:** incorreta, pois as economias globalizadas seguem a dinâmica financeira do neoliberalismo, situação na qual o Estado é agente mínimo no acesso aos bens financeiros de investimento, todavia é responsável pela fiscalização e controle dos preços, mercadorias e valores.

Gabarito 1E, 2C, 3C, 4C, 5E

(Soldado Combatente da Polícia Militar/ES – 2010 – CESPE) Quanto à energia que move o sistema produtivo do mundo contemporâneo, julgue os itens subsequentes.

(1) Em geral, eventuais turbulências verificadas em grandes produtores mundiais, a exemplo do Iraque e da Venezuela, bem como o crescimento da economia mundial, costumam elevar o preço do barril de petróleo.

(2) A expressão matriz energética corresponde ao conjunto de recursos de energia de uma dada sociedade e ao modo como ocorre sua utilização, ou seja, o conceito envolve as fontes de energia e as tecnologias de geração.

(3) Embora tenha potencial hídrico pequeno, o Brasil insiste na construção de hidrelétricas.

(4) O petróleo ainda é a principal fonte de energia utilizada pelo sistema produtivo mundial, mas seus custos ambientais tendem a ser crescentemente questionados na atualidade.

1: correta,pois geralmente as turbulências que ocorrem em países produtores de petróleo provocam uma alta no preço do produto, já que ocorre uma diminuição da produção nesses países podendo tornar o produto mais escasso no mercado mundial; **2:** correta, pois a matriz energética identifica todos os tipos de energia utilizados em determinada localidade, bem como a relevância de cada uma dessas fontes; **3:** incorreta, pois o Brasil é o país com maior potencial de produção de energia hidráulica no mundo, devido à grande quantidade de rios de grande vazão; **4:** correta, pois o petróleo ainda é a principal fonte de energia da humanidade, com números crescentes ano a ano, contudo os questionamentos acerca de sua sustentabilidade são cada vez mais incisivos, visto que é uma fonte não renovável e gera grande poluição atmosférica.

Gabarito 1C, 2C, 3E, 4C

(Soldado Combatente da Polícia Militar/ES – 2010 – CESPE) Considerando a questão energética e os aspectos ambientais que envolvem as atividades econômicas contemporâneas, julgue os itens seguintes.

(1) A obtenção de energia de biomassa – de resíduos agrícolas, como o bagaço da cana – foi abandonada devido aos altos custos e à pequena demanda.

(2) Atualmente, a questão ambiental situa-se entre os principais argumentos contrários ao projeto de construção da hidrelétrica de Belo Monte, no Pará.

(3) Encontrar fontes de energia renováveis e limpas constitui, hoje, desafio de amplitude mundial.

1: incorreta, pois a demanda por essa fonte de energia é crescente, considerada uma alternativa às fontes tradicionais a um custo baixo; **2:** correta, pois a usina hidrelétrica de Belo Monte será a terceira maior do mundo, atrás apenas de Três Gargantas (China) e Itaipú (Brasil), contudo a área inundada será de mais de 500 km², o que acarretará um enorme prejuízo ambiental e a perda de terras de algumas tribos indígenas e ribeirinhas; **3:** correta, pois a exigência em relação às questões ambientais se intensifica em todo o mundo, principalmente no que se refere a utilização de fontes limpas, ou seja, que não emitem poluentes à atmosfera e renováveis, para que não se esgotem os recursos naturais do planeta.

Gabarito 1E, 2C, 3C

(Soldado Combatente da Polícia Militar/ES – 2010 – CESPE) Com relação à população mundial nos dias atuais, das tendências demográficas à ocupação dos postos de trabalho, julgue os itens a seguir.

(4) Entre as principais tendências demográficas do mundo contemporâneo, está o aumento da população urbana e da proporção de idosos.

(5) No Brasil, os baixos resultados das campanhas de vacinação em massa elevam a média nacional de mortalidade infantil.

(6) Por ainda apresentar predomínio da população rural sobre a urbana, o Brasil mantém ascendente o ritmo de crescimento da população.

(7) No Brasil, a adoção da política de cotas busca diminuir o abismo social entre brancos e negros.

(8) O quadro de crise econômica em fins do século XX aguçou o problema estrutural do desemprego, que levou à pressão para que fossem flexibilizadas as leis de proteção ao trabalho.

(9) O atual ritmo de crescimento da população mundial é mais lento do que o verificado nos séculos XIX e XX.

1: correta, pois atualmente mais da metade da população mundial vive em áreas urbanas, essa taxa tende a aumentar no próximos anos com a industrialização de países de economia predominantemente agrícola, o processo de urbanização também provoca em médio e longo prazo um aumento da expectativa de vida da população, devido, entre outros fatores, ao acesso a hospitais, vacinas, saneamento básico e melhores condições de higiene; **2:** incorreta, pois as campanhas de vacinação possuem grande adesão no país, o que provocou uma diminuição da taxa de mortalidade infantil nas últimas décadas; **3:** incorreta, pois, segundo dados do IBGE (2010), o Brasil possui cerca de 85% da população vivendo nas áreas urbanas; **4:** correta, pois a política de cotas busca inserir o negro em um processo de qualificação profissional semelhante à maior parte da população mais abastada que é predominante de brancos; **5:** correta, a crise econômica provocou uma diminuição do crédito de muitas empresas, que diminuíram sua capacidade de produção, assim vários trabalhadores foram demitidos e as empresas pressionam os governos para uma flexibilização das leis trabalhistas; **6:** correta, pois apesar de alguns continentes apresentarem taxas expressivas de crescimento demográfico, a exemplo da África com cerca de 2% ao ano, outros continentes como a Europa crescem 0,1%. Em uma média mundial o crescimento é de cerca de 1% ao ano, bem inferior a índices registrados no século passado.

Gabarito 1C, 2E, 3E, 4C, 5C, 6C

(Soldado Combatente da Polícia Militar/ES – 2010 – CESPE) No que concerne à questão dos postos de trabalho no atual sistema produtivo mundial e ao processo de ocupação do território brasileiro ao longo do tempo, julgue os itens que se seguem.

(1) A globalização contribui para reduzir o desemprego ao derrubar as fronteiras tradicionais para a atuação das corporações multinacionais.

(2) Historicamente, a ocupação do território brasileiro foi feita de forma ordenada e equilibrada entre as diversas regiões.

(3) Diferentemente do ocorrido em várias regiões do mundo, a urbanização brasileira procedeu-se independentemente de correntes migratórias vindas do campo.

(4) Na Europa, a crise de desemprego envolveu explícitas manifestações de racismo contra imigrantes oriundos de regiões mais pobres, como a África.

1: incorreta, pois a globalização faz parte da dinâmica capitalista da economia, visando o lucro e a implantação da iniciativa privada e é caracterizada pela presença das multinacionais e, em tempos de crise ou retração financeira, pelos altos índices de desemprego;**2:** incorreta, pois a integração regional e os índices de equiparação socioculturais nunca foram uma realidade efetiva do ponto de vista do desenvolvimento brasileiro; **3:** incorreta, pois o processo de urbanização brasileiro, de maneira mais intensa nos anos de 1960, contou com a massiva presença de indivíduos oriundos de zonas rurais, pois buscavam na vida urbana e na incipiente formação das cidades melhores condições de trabalho e novas oportunidade de vida; **4:** correta, pois a crise do desemprego causada pela crise de 1929, após a 1ª Guerra Mundial, criou ambientes social e político frágeis, capazes de abrigar amistosamente os regimes ditatoriais de origem totalitária, no caso nazista caracterizado pela xenofobia e racismo.

Gabarito 1E, 2E, 3E, 4C

(Soldado Combatente da Polícia Militar/ES – 2010 – CESPE) Considerando aspectos marcantes da Antiguidade Oriental e da Antiguidade Clássica – Grécia e Roma –, julgue os itens seguintes.

(1) A Grécia antiga é considerada o berço da civilização ocidental graças a uma cultura voltada para a valorização do ser humano, de que a filosofia seria exemplo significativo.

(2) O império formado pelos gregos apresentava grande extensão territorial, dominando povos que viviam na Europa e na Ásia.

(3) Roma destacou-se no campo das artes e da literatura, mas pouco produziu em termos de direito (elaboração e aplicação de leis), além de ter sido alvo fácil de inimigos em face de sua reduzida capacidade militar.

(4) Na Antiguidade, muitas civilizações surgiram e prosperaram junto a grandes rios, como foram, entre outros, os casos da Mesopotâmia (Tigre e Eufrates) e do Egito (Nilo).

(5) Em meio à profusão de povos politeístas, os antigos hebreus notabilizaram-se pela crença em um único Deus, o que também ocorreria com os árabes, após Maomé, a partir da Idade Média.

1: correta, pois uma das preocupações mais fortes dos gregos antigos era a formação integral do cidadão (educação holística). O processo de formação educacional era algo tão valioso para os gregos que os indivíduos homens desde os dois anos de idade eram entregues a um pedagogo, indivíduos encarregados de ensinar desde as primeiras letras até os assuntos mais complexos da vida política. Essa herança é utilizada ainda hoje pelas escolas ocidentais, e se enquadra entre as razões pelas quais os gregos são considerados parte da civilização clássica antiga; **2:** incorreta, pois a principal característica de um Império é a expansão e a administração política na forma de províncias. Os gregos não formaram um Império, tampouco, possuíam integração regional entre suas cidades-estados; **3:** incorreta, pois um dos momentos de maior importância da história de Roma foi a fase imperial. Nessa situação os romanos eram praticamente imbatíveis, situação que se sustentou até o século V, da nossa era. Desde essa época, uma das mais expressivas contribuições dos romanos foram o Direito e sua organização legal; elementos jurídicos que até hoje servem de referência na estruturação de códigos de leis, bem como de sua aplicação;**4:** correta, pois, denominadas civilizações hidráulicas, a Mesopotâmia e o Egito Antigo desenvolveram um modo de vida que se adequava às cheias e secas dos rios correspondentes às suas regiões;**5:** correta, pois os hebreus foram um dos primeiros povos na Antiguidade a adotar o modo religioso politeísta, seguidos posteriormente pelos árabes mulçumanos, com a expansão do Islã, a partir das pregações de Maomé, que era representante de Allah, o único deus.

Gabarito 1C, 2E, 3E, 4C, 5C

(Soldado Combatente da Polícia Militar/ES – 2010 – CESPE) No que se refere ao processo histórico europeu a partir do período medieval, julgue os itens seguintes.

(1) O Espírito Santo foi uma das capitanias hereditárias com as quais a Coroa portuguesa dividiu suas terras americanas, visando colonizá-las em parceria com a iniciativa privada, os donatários.

(2) A economia medieval europeia assentava-se na agricultura de mercado, produzindo excedentes a serem comercializados mediante grandes lucros.

(3) Na Europa, a Baixa Idade Média correspondeu ao renascimento da vida urbana e ao surgimento de nova classe social, denominada burguesia.

(4) No início da Idade Moderna, as grandes navegações inscreveram-se no marco da expansão comercial europeia, com a conquista de largas porções da África, da Ásia (Índias) e a descoberta de um mundo novo, a América.

(5) Renascimento e Reforma Religiosa integram o contexto de transformação profunda que, na Europa, marcou a passagem da Idade Média aos Tempos Modernos.

(6) A colonização do Brasil pelos portugueses fez-se em obediência à lógica feudal, daí a ênfase na agricultura, por meio da cana-de-açúcar.

1: correta, pois para efetivar o processo de colonização na lógica mercantilista, a coroa portuguesa promoveu nas terras coloniais na América a divisão geográfica em grandes lotes agrários, as capitanias hereditárias. Membros da aristocracia portuguesa foram convidados pelo rei para assumirem a administração completa dessas áreas, efetivando-se assim a parceria entre a monarquia portuguesa e a iniciativa privada; **2:** errada, pois a economia medieval europeia organizava-se numa realidade agrária e rural que tendia à subsistência, a produção excedente era disponibilizada em grandes feiras; a realização do comércio contava com pouco uso de moeda; **3:** correta, pois a Baixa Idade Média europeia (séculos XI ao XV) corresponde ao período de declínio do modo de vida feudal e a propagação da vida urbana como uma realidade associada ao avanço e a proteção contra possíveis invasões. Nesse contexto, surgiram núcleos urbanos (burgos) originados em torno de castelos que abrigavam intenso número de vendedores ambulantes e visionários comerciantes (burgueses); **4:** correta, pois a expansão marítima e comercial europeia entre os séculos X e XI foi a marca expressiva do início da Idade Moderna. Algumas nações europeias, como Portugal, chegaram a fundar na costa africana (Ceuta) e no sul asiático (Índias) algumas feitorias, e, mais tarde (séculos XV e XVI), realizar a efetiva conquista e colonização da América; **5:** correta, pois o questionamento da ordem social e o experimentalismo científico definem a mentalidade renascentista que influenciou os objetivos das reformas religiosas do século XVI. As transformações decorrentes desse contexto promoveram o afastamento do modo de vida medieval (teocêntrico) e a aproximação da mentalidade moderna (racionalismo); **6:** incorreta, pois a colonização do Brasil insere-se no contexto da lógica mercantilista, pois fundamentou-se a partir do pacto colonial, executada por mão de obra escravizada. Dessa forma, não há semelhanças equivalentes com o feudalismo, haja vista que nesta experiência o trabalho era livre e a mão de obra servil.

Gabarito 1C, 2E, 3C, 4C, 5C, 6E

(Soldado Combatente da Polícia Militar/ES – 2010 – CESPE) A contemporaneidade iniciou-se, entre fins do século XVIII e ao longo do XIX, sob o impacto de dupla revolução: a econômica, representada pela Revolução Industrial, e a política, com a Revolução Francesa de 1789 e as Revoluções Liberais Burguesas de 1820, 1830 e 1848. A moderna industrialização consolidou o capitalismo como sistema econômico dominante, expandindo-se rapidamente (imperialismo e neocolonialismo).

Disputas entre potências levaram às duas guerras mundiais do século XX. O Brasil, independente em 1822, foi a única monarquia americana e manteve a escravidão até 1888. Proclamada a República, o país não deixou de ser elitista e socialmente excludente (República Velha). A Era Vargas iniciou a modernização do país. Entre 1945 e 1964, o Brasil viveu conturbado processo de democratização, interrompido por um golpe de Estado. Depois de 21 anos, a nação recuperou o sentido da democracia e procura avançar em termos de direitos sociais, o que a Constituição de 1988 procura expressar.

Considerando as informações do texto acima e a História Contemporânea mundial e brasileira, julgue os itens de 1 a 11

(1) Após a Segunda Guerra Mundial, o mundo mergulhou na bipolaridade americano-soviética, época de muita tensão, conhecida como Guerra Fria.

(2) A Primeira República brasileira constituiu-se no mais amplo domínio das oligarquias, com eleições fraudulentas e voto a descoberto, o que facilitava a manipulação dos resultados.

(3) São Paulo e Espírito Santo lideraram politicamente a República Velha, especialmente graças à monocultura cafeeira e à pecuária, formando o que se convencionou chamar de política do café com leite.

(4) A projeção do Espírito Santo no cenário econômico e político nacional, já nas primeiras décadas republicanas, deveu-se às correntes migratórias que, vindas do Oriente e da Europa Oriental, colonizaram boa parte do território estadual.

(5) O tenentismo foi um movimento militar que, nos anos 20 do século XX, levantou-se para sustentar os governos da República Velha.

(6) As Revoluções Liberais Burguesas, a começar pela grande Revolução Francesa, derrubaram o Antigo Regime, ou seja, voltaram-se contra o absolutismo, a intolerância e os privilégios sociais.

(7) A independência do Brasil situou-se no contexto da primeira onda revolucionária liberal europeia do século XIX.

(8) A transferência da Corte portuguesa para o Brasil, em 1808, retardou o processo de independência da colônia.

(9) Ao tornar-se independente, o Brasil rompeu com tudo aquilo que prevalecera no período colonial, a exemplo do latifúndio, da monocultura e da escravidão.

(10) Diferentemente da Segunda Guerra Mundial, movida por disputas imperialistas, a Primeira Guerra foi motivada pelo expansionismo japonês.

(11) O Brasil participou da Segunda Guerra Mundial ao lado do Eixo, bloco formado pelos países que viviam sob regime político ditatorial.

1: correta, pois após a Segunda Guerra Mundial, o mundo globalizado passou a viver uma intensa polarização ideológica, política e militar: a Guerra Fria. Sob a influência estadunidense ficaram os países de tendência capitalista, e sob a soviética, os socialistas; **2:** correta, pois os primeiros anos da República brasileira (1889-1930), também chamada de República Velha, foram caracterizados pelo domínio das oligarquias regionais, que tinham na figura do coronel seu principal instrumento de controle e manipulação nos municípios. A partir dessa estrutura e da inexistência de uma Justiça Eleitoral, abriu-se espaço para efetivação de um sistema de votação corrupto e fraudulento no qual era possível identificar até mesmo eleitores que já haviam falecido; **3:** incorreta, pois a República Oligárquica (1894-1930) caracterizou-se na esfera do Poder Executivo Federal pelo domínio das oligarquias regionais dos estados de Minas Gerais e São Paulo, respectivamente maiores produtores de leite e café. Dessa relação, apelidou-se o revezamento nos mandatos presidenciais de política do "Café com Leite"; **4:** incorreta, pois nos primeiros anos da República brasileira a região sudeste, especialmente os estados do Rio de Janeiro e São Paulo, perceberam um intenso fluxo migratório de estrangeiros oriundos do extremo oriente e centro-leste europeu, que vinham em busca de melhores condições de vida e trabalho; **5:** incorreta, pois o Tenentismo, movimento político-militar formado por jovens tenentes recém-formados nas academias de armas nacionais, tinha como objetivo instituir a moralização política no processo eleitoral por meio da criação da Justiça Eleitoral (voto secreto) e implantar o nacionalismo econômico. Motivados pelo ideal de salvação nacional, os tenentes questionavam o modo de governo da República Velha;**6:** correta, pois as revoluções liberais burguesas opunham-se expressamente ao Absolutismo, que era acompanhado pelos privilégios da nobreza e do rei, e pela intolerância monárquica em relação aos seus opositores. As ações revolucionárias burguesas, orientadas pelo Iluminismo, determinaram o fim do Antigo Regime, um contexto histórico de opressão social, perseguição política e exclusividade econômica; **7:** correta, pois a independência do Brasil (1822) foi resultado da influência ideológica da filosofia iluminista e integra o contexto do século XIX; **8:** incorreta, pois forçada pela determinação napoleônica (bloqueio continental – 1806), a coroa portuguesa e a alta burocracia administrativa foram obrigadas a se transferir para o território colonial. Esse fato representou não somente a mudança geográfica do Poder Público, como também contribuiu para a efetivação da autonomia política do Brasil em relação a Portugal, acelerando o processo de independência da colônia; **9:** incorreta, pois a colonização brasileira foi fundamentada no tripé econômico composto pelo latifúndio (grande propriedade), pela monocultura agroexportadora e pela mão de obra escrava. Tais elementos permaneceram presentes no território brasileiro mesmo após a independência, fato que se explica em função do domínio político da elite agrária; **10:** incorreta, pois a Primeira Guerra Mundial foi motivada pelo choque de imperialismos decorrentes do neocolonialismo e das unificações tardias da Itália e Alemanha; já a Segunda Guerra Mundial iniciou-se numa luta implacável contra a expansão nazista e os regimes totalitários de extrema direita; **11:** incorreta, pois a participação do Brasil na Segunda Guerra Mundial se deu no governo de Getúlio Vargas, que enviou a Força Expedicionária Brasileira – FEB – para combater ao lado dos países Aliados (Inglaterra, Estados Unidos, França e União Soviética). Apesar da histórica simpatia que Vargas possuía com os regimes políticos de extrema direita, não podia desprezar os financiamentos e o apoio internacional que recebia dos Estados Unidos.

Gabarito 1C, 2C, 3E, 4E, 5E, 6C, 7C, 8E, 9E, 10E, 11E

(Soldado Combatente da Polícia Militar/ES – 2010 – CESPE) Ainda tendo o texto como referência inicial, julgue os itens seguintes, relativos à Era Vargas e à evolução histórica do Brasil pós-1945.

(1) O Ato Institucional n.º 5 aprofundou o caráter autoritário do regime político instaurado no Brasil em 1964.

(2) Vargas chegou ao poder, em 1930, ao vencer as eleições presidenciais diretas.

(3) A Companhia Siderúrgica Nacional (Usina de Volta Redonda), cuja construção aproveitou-se das circunstâncias geradas pela Segunda Guerra Mundial, simboliza o ponto de partida da moderna industrialização brasileira.

1: correta, pois o Ato Institucional nº 5, outorgado em 1968, promoveu a censura prévia aos veículos de comunicação, suspendeu a viabilização de *habeas corpus*, concedeu plenos poderes judiciais ao Presidente da República, e proibiu as manifestações populares de cunho político; **2:** incorreta, pois a chegada de Vargas ao poder se deu por meio de um golpe de Estado (Revolução de 1930), e contou com o apoio de amplos setores da sociedade, dentre os quais, o Tenentismo e a Aliança Liberal; **3:** correta, pois a construção da Companhia Siderúrgica Nacional (1941) dependeu de financiamento dos Estados Unidos, que naquela ocasião, contexto de guerra, importavam em largas quantias o aço brasileiro. Dessa forma, Getúlio Vargas concretizou seu principal fundamento político, o nacionalismo econômico, viabilizando-se, assim, a instalação efetiva da moderna indústria brasileira.

Gabarito 1C, 2E, 3C

(Soldado Combatente da Polícia Militar/ES – 2010 – CESPE) Na virada dos anos 80 e 90 do século passado, aprofundou-se a globalização econômica, ao tempo em que o chamado socialismo real entrou em verdadeiro colapso. Com relação ao quadro histórico contemporâneo do mundo, julgue os itens subsequentes.

(1) A desintegração da União das Repúblicas Socialistas Soviéticas fez que sua substituta, a Rússia, assumisse a liderança do confronto com os Estados Unidos da América na nova Guerra Fria.

(2) A queda do muro de Berlim foi símbolo expressivo da crise do socialismo no leste europeu.

(3) A globalização praticamente fechou o mercado mundial ao restringi-lo às grandes potências econômicas, como os Estados Unidos da América, o Japão e a Alemanha.

1: incorreta, pois a queda da União Soviética representou o fim da Guerra Fria, período no qual o mundo vivia tensamente a oposição ideológica entre Capitalismo e Socialismo; **2:** correta, pois a queda do muro de Berlim foi a representação simbólica da crise e decadência socialista do leste europeu; **3:** incorreta, pois a globalização abriu e ampliou o mercado global ao possibilitar a participação de diversas áreas do mundo seja fornecendo ou consumindo, não se restringindo a áreas específicas.

Gabarito 1E, 2C, 3E

(Cadete da Polícia Militar/GO – 2010 – FUNCAB) No período da globalização, a velocidade com que os pedaços do território são valorizados e desvalorizados, determinando mudanças de usos, é temerária. As novas políticas das montadoras, no Brasil, parecem ser um exemplo paradigmático. Para produzir modernamente, essas indústrias convocam outros atores a participar de suas ações hegemônicas, levados, desse modo, a agir segundo uma lógica subordinada à da firma global. Dentro dessa lógica, a instalação da Mitsubishi Motors em Catalão, sudeste de Goiás, passou a representar:

(A) atração de diversos investimentos externos.
(B) modificação na composição do PIB goiano.
(C) liderança do processo econômico da região.
(D) abertura de frentes de trabalho pelo interior.
(E) reestruturação espacial da economia goiana.

A instalação de empresas estrangeiras, principalmente de ramos de alta tecnologia como o setor automobilístico, exige uma nova reestruturação do espaço, com o objetivo de que peças e produtos essenciais na produção do bem final cheguem ao seu destino de modo mais rápido e eficiente. Dessa forma, surgem novos polos econômicos e é então necessário uma reestruturação espacial da economia, com obras de infraestrutura que atenda tal demanda.

Gabarito "E"

(Cadete da Polícia Militar/GO – 2010 – FUNCAB) O Parque Nacional da Chapada dos Veadeiros, criado em 1961, protege uma área de 65.514ha do Cerrado de altitude. São diversas formações vegetais, centenas de nascentes e cursos d'água, rochas com mais de um bilhão de anos, além de paisagens de rara beleza, com feições que se alteram ao longo do ano. A transformação do Parque em Patrimônio Natural, também pode ser vista como uma maneira de:

(A) preservar o quadro natural goiano da especulação imobiliária.
(B) tentar preservar áreas que possam representar reservas naturais.
(C) colocar o ecoturismo como alternativa econômica à agropecuária.
(D) impedir que a produção de soja chegue nas suas imediações.
(E) reservar o norte do estado para projetos de colonização agrícola.

A criação de unidades de conservação tem como principal objetivo a preservação dos recursos naturais existentes naquela área, entre eles, a fauna, flora, reservas hídricas e minerais. No caso do Parque Nacional da Chapada dos Veadeiros ocorreu um processo similar, em que o objetivo primordial da unidade de conservação é a preservação.

Gabarito "B"

(Cadete da Polícia Militar/GO – 2010 – FUNCAB) A Secretaria de Estado do Planejamento e Desenvolvimento de Goiás, através da Superintendência de Estatística, Pesquisa e Informação, pretende promover o crescimento da agroindústria, integração entre agricultura e indústria, possibilitando a diversificação na estrutura produtiva estadual, o que irá acarretar importantes avanços da indústria de transformação estadual e atividades relacionadas, proporcionando ganhos de participação em relação ao Produto Interno Bruto brasileiro. Um obstáculo para esse objetivo ser atingido está apontado corretamente em:

(A) salário pago abaixo da média nacional desestimula os interessados.
(B) geração insuficiente de energia para atender a todo o parque industrial.
(C) arrecadações insuficientes para poder conceder incentivos financeiros.
(D) precariedade nas formas de escoamento dos bens que são produzidos.
(E) impossibilidade de conciliar empresas do mesmo ramo em empreitadas.

O desenvolvimento da agricultura e sua integração com a indústria tornam-se limitadas, pois o escoamento da produção direcionado a outras regiões é feita a partir de rodovias precárias, atrasando a distribuição e retraindo a possibilidade de maiores produções.

Gabarito "D"

(Cadete da Polícia Militar/GO – 2010 – FUNCAB) Localizado a 54 km da capital do estado (Goiânia), o Distrito Agroindustrial de Anápolis (Daia) tem se destacado no setor industrial de Goiás por abrigar grandes indústrias, por atrair novos investimentos e por oferecer total infraestrutura. O Daia conta com quase 100 empresas de médio e grande porte em pleno funcionamento, gera mais de 8000 empregos diretos e apresenta perspectivas de novas instalações nos próximos anos. O fator que permitiu a atração de muitas empresas para esse Distrito Industrial foi:

(A) concessão de benefícios fiscais para empresas que se instalassem na região.
(B) promessa de política cambial privilegiada para favorecer as exportações.
(C) inexistência de entraves burocráticos que prejudicam o setor industrial.
(D) oferecer mão de obra capacitada para exercer atividades diversificadas.
(E) terreno para implantação de indústria mais barato que o de outras regiões.

A: correta, pois, no Brasil, o principal atrativo de empresas para cidades mais distantes das principais capitais tem sido os incentivos fiscais, no caso de Anápolis a política atrativa foi semelhante; **B:** incorreta, pois nem o governo estadual, nem mesmo as prefeituras têm qualquer poder em relação à política cambial brasileira, que depende de decisões do Banco Central; **C:** incorreta, pois o setor industrial brasileiro ainda sofre muito com a burocracia extrema e cobranças excessivas de impostos; **D:** incorreta, pois inicialmente o fator atrativo não foi a mão de obra capacitada e sim a mão de obra pouco qualificada e barata; **E:** incorreta, o terreno pode ter algumas isenções fiscais na compra, contudo, não necessariamente será mais barato que em outras regiões.

Gabarito "A"

(Cadete da Polícia Militar/GO – 2010 – FUNCAB) A ocupação do Centro-Oeste passou por duas grandes fases: a primeira ainda no período colonial, no fim do século XVII, e a segunda, nas décadas de 1940 e 1970. Os fatos históricos relativos a esses períodos e que podem ser associados corretamente a essas etapas estão assinalados em:

(A) ciclo do pau-brasil / construção de rodovias de penetração.
(B) ciclo do café / transferência do Distrito Federal para Brasília.
(C) ciclo da exploração do ouro / expansão da fronteira agrícola.
(D) ciclo da cana-de-açúcar / avanço do processo de urbanização.
(E) ciclo da borracha / implantação da indústria automobilística.

A ocupação do Centro-Oeste se efetivou em duas fases distintas e fez parte de um projeto expansão territorial que compreendeu no século XVII a exploração aurífera e no século XX a moderna expansão da fronteira agrícola.

Gabarito "C"

(Cadete da Polícia Militar/GO – 2010 – FUNCAB) Cora Coralina, em um trecho do seu poema "Minha cidade", faz a seguinte referência a Goiás.

"Goiás, minha cidade...
eu sou aquela amorosa
de tuas ruas estreitas
curtas,
indecisas,
entrando,
saindo uma das outras."

Muitos consideram Cora Coralina como a escritora que melhor descreveu os "becos de Goiás" e o modo de viver do povo goiano. Em sua homenagem, a cidade histórica de Goiás Velho foi tombada pela UNESCO porque se trata, do ponto de vista arquitetônico, de um conjunto urbano que reflete:

(A) forte influência da dominação francesa.
(B) traços arquitetônicos do Aleijadinho.
(C) estilo copiado de cidades europeias.
(D) forma paulista de ocupação do espaço.
(E) características da economia mineradora.

A cultura e a organização urbana da cidade de Goiás Velho refletem uma dinâmica associada à economia mineradora, pois sua organização abarcava grandes propriedades (Casa Grande/Latifúndios), ruas estreitas intercaladas em blocos de pedra e cascalho e pequenos becos nos quais era possível identificar rapidamente a fuga de escravos.

Gabarito "E"

(Cadete da Polícia Militar/GO – 2010 – FUNCAB) A terra é o meio de produção fundamental na economia rural. A concentração da propriedade da terra é um dos traços marcantes da economia rural brasileira e, em Goiás, esse processo foi muito acentuado a partir dos anos 1970 quando a soja e o arroz tornaram-se responsáveis pelo desenvolvimento agrícola do estado. Uma consequência desse processo de utilização da terra foi:

(A) estimular movimentos migratórios em direção às cidades.
(B) tornar o estado grande importador de máquinas agrícolas.
(C) constatar que parte da área agrícola já está desertificada.
(D) recuperar áreas consideradas perdidas para a agricultura.
(E) dar para Goiás o título de maior produtor nacional de grãos.

Questão polêmica. Existem três alternativas corretas, pois o processo de ocupação das terras do estado se deu com uma produtividade prioritária por máquinas, o que torna o estado grande importador de máquinário agrícola, consequentemente esse processo gera desemprego nas áreas rurais e assim estimula movimentos migratórios em direção às cidades, pode-se também dizer que essa produção em larga escala por mais de quatro décadas gerou a desertificação em parte da área agrícola.

(Cadete da Polícia Militar/GO – 2010 – FUNCAB) O Centro--Oeste é a penúltima região brasileira quanto às densidades demográficas, com cerca de 6 hab/km². Na verdade, esse valor esconde as diferenças de povoamento, que são imensas, encontradas no interior da região. O estado de Goiás apresenta as densidades mais elevadas da região com 17,4 hab/km² com fortes adensamentos populacionais em Goiânia e Brasília. Uma justificativa para a concentração demográfica nestes pontos pode ser constatada por:

(A) terras ociosas e disponíveis para ocupação.
(B) instalação de novos polos agroexportadores.
(C) chance de obter emprego no setor de serviços.
(D) uma maior proximidade com a região Sudeste.
(E) abertura de várias fábricas nos eixos rodoviários.

A: incorreta, pois nas duas capitais a especulação imobiliária é cada vez maior e o preço das terras muito elevado; **B:** incorreta, pois as duas cidades se destacam pela intensa urbanização, o que não favorece a formação de polos agroexportadores, visto que é necessário uma grande extensão de terra para essa produção; **C:** correta, pois, nas cidades, o setor de comércio e serviços, também chamado de setor terciário, é o que mais emprega a população; **D:** incorreta, pois existem cidades com maior proximidade da região sudeste no estado que não possuem a mesma expressividade econômica, pois não são capitais como Brasília e Goiânia; **E:** incorreta, pois as fábricas produzem prioritariamente por meio de máquinas, o que não gera um grande número de empregos, o setor que mais emprega é o terciário.

Gabarito "C"

(Cadete da Polícia Militar/GO – 2013 – UEG) "O primeiro descobrimento de diamantes [em Goiás], nos rios Claro e Pilões deve ter-se dado em meados de 1733".

PALACIN, Luís. **O século do ouro em Goiás**. Goiânia: Editora da UCG, 2001. p. 56.

Apesar de pouco conhecida por causa da grande visibilidade da exploração do ouro, a exploração de diamantes foi objeto de extrema atenção por parte das autoridades portuguesas. No contexto de Goiás, na segunda metade do século XVIII, a exploração de diamante era

(A) aberta a todos os mineradores, desde que recolhessem o quinto para a Coroa.
(B) aberta a todos os mineradores, desde que recolhessem a taxa de captação.
(C) restrita aos contratadores legalmente autorizados que recolhiam o quinto.
(D) restrita aos contratadores legalmente autorizados que recolhiam a captação.

Iniciada no início do século XVIII a fase da mineração brasileira atraiu os olhares de Bandeirantes paulistas como também de aventureiros portugueses, ambos interessados em obter grandes lucros em pouco tempo. A descoberta do ouro na região das minas gerou intensos conflitos (Guerra dos Emboabas), fato que forçou boa parte dos mineradores a deslocar-se em busca do ouro para outras regiões (Mato Grosso e Goiás). A ação exploratória em outras regiões permitiu a descoberta de diamantes, fato que forçou o governo português a efetivar a cobrança de impostos como também ocorria com o ouro, a exemplo da captação (imposto cobrado sobre cada indivíduo que estivesse envolvido na exploração).

Gabarito "D"

(Cadete da Polícia Militar/GO – 2013 – UEG) Observe a tabela a seguir.

Deputados federais eleitos em Goiás na Eleição de 1982

Deputado	Partido
Ademar Santillo	PMDB
Brasílio Caiado	PDS
Fernando Cunha	PMDB
Genésio de Barros	PMDB
Ibsen de Castro	PDS
Iram Saraiva	PMDB
Irapuan Costa Júnior	PMDB
Iturival Nascimento	PMDB
Jaime Câmara	PDS
João Divino	PMDB
Joaquim Roriz	PMDB
José Freire	PMDB
Juarez Bernardes	PMDB
Siqueira Campos	PDS
Tobias Alves	PMDB
Wolney Siqueira	PDS

Nas eleições para deputado federal em Goiás, em 1982, o fato de elegerem-se candidatos de apenas dois partidos políticos se explica

(A) pela vigência, ainda nessa eleição, do bipartidarismo implantado no Regime Militar.
(B) pelo conservadorismo dos eleitores, que votaram nos dois partidos de direita.
(C) pela maior representatividade eleitoral dos dois partidos frente aos demais.
(D) pelo radicalismo dos eleitores, que votaram nos dois partidos de esquerda.

A majoritária representatividade dos partidos PMDB e PDS explica e justifica a expressiva participação numérica na formação da bancada política. Essa situação favoreceu ambos os partidos no sentido de tomarem a frente dos demais na disputa eleitoral.

Gabarito "C"

(Cadete da Polícia Militar/GO – 2013 – UEG) A criação do gado *vacum* foi importante atividade econômica para a ocupação dos chapadões recobertos por cerrado do Centro-Oeste brasileiro. Em Goiás, a criação do gado vacum ocorreu com mais frequência nas regiões leste, sudoeste e norte do estado, o que se justifica pela

(A) existência de uma rede urbana e comercial que servia de suporte à população.
(B) ocorrência de relevos planos com facilidade para mecanização e formação de pastagens.

(C) ocorrência de vegetação natural rasteira e arbustiva constituída sobretudo por gramíneas.
(D) existência de solos férteis favoráveis à implantação artificial de áreas de pastagens.

A: incorreta, pois a pecuária necessita de grandes áreas, portanto, é preferível que se ocupem áreas rurais para esse tipo de atividade econômica; **B:** incorreta, pois, principalmente ao norte do estado, existe uma significativa variação no relevo, devido em grande parte à existência de chapadas; **C:** correta, pois a formação de vegetação de gramíneas e arbustos é favorável para a criação de gado, pois forma uma pastagem natural para os animais; **D:** incorreta, pois no estado é predominante o latossolo, ácido e de baixa fertilidade, além disso a criação do gado corrobora para a compactação do solo e possível desertificação.
Gabarito "C"

(Cadete da Polícia Militar/GO – 2013 – UEG) Sobre a urbanização e a rede urbana do estado de Goiás até 1970, verifica-se que

(A) mais de 75% dos núcleos urbanos existentes tiveram suas origens diretamente relacionadas às atividades da mineração.
(B) a chegada da ferrovia no sul de Goiás proporcionou o surgimento de uma rede urbana local, que se tornou o principal eixo de industrialização.
(C) ao longo da BR-153 estabeleceram-se empreendimentos industriais de transformação, incentivando a criação de novos municípios.
(D) nenhuma cidade nasceu exclusivamente em função do processo de industrialização, mas cidades goianas sofreram influências significativas da expansão capitalista.

A: incorreta, pois, de fato algumas cidades surgiram devido à mineração, a exemplo de Pirenópolis e Cristalina, contudo, em pontos percentuais tais cidades não correspondem nem a 50% do total; **B:** incorreta, pois a rede ferroviária localizada no sul do estado é de grande importância para a economia local e de fato formou-se uma rede urbana local, porém o principal eixo de industrialização permanece na região Goiânia-Anápolis; **C:** incorreta, pois, de fato ao longo da BR 153 estabeleceram-se diversos empreendimentos industriais, contudo, houve apenas o crescimento dos municípios já existentes nas proximidades de tais estabelecimentos e não a criação de novos municípios; **D:** correta, pois as cidades goianas não surgiram apenas posteriormente ao processo de industrialização, já haviam diversos municípios que foram criados anteriormente com diferentes vocações econômicas, contudo, a indústria e agroindústria contribuíram significativamente para o crescimento econômico e populacional de alguns municípios do estado.
Gabarito "D"

(Cadete da Polícia Militar/GO – 2013 – UEG) Os recursos naturais de uma determinada região podem influenciar diretamente a sua incorporação econômica, uma vez que representam um conjunto de fatores necessários ao processo produtivo – os insumos ambientais – que podem servir como indutores de ocupação. Com base nessas características, no território goiano verifica-se que a microrregião

(A) Chapada dos Veadeiros é caracterizada por um planalto relativamente acidentado, com altitude média superior a 800 metros, abundante em solos ácidos e apresenta baixo potencial para a agricultura mecanizada.
(B) Vão do Paraná apresenta baixo potencial de ocupação agrícola em virtude da presença de relevos muito acidentados, constituídos por solos com alto teor de argila e índices pluviométricos inferiores a 900 mm anuais.
(C) do sudoeste goiano foi palco de um grande desenvolvimento da agricultura mecanizada, devido à existência de grandes chapadões constituídos em sua maioria por solos altamente ricos e relevo de planícies.
(D) de São Miguel do Araguaia, constituída por latossolos argilosos desenvolvidos sobre chapadões planálticos bem drenados, favoreceu o desenvolvimento da pecuária leiteira e de corte, e a agricultura mecanizada.

A: correta, pois a microrregião da Chapada dos Veadeiros apresenta de fato um relevo bastante acidentado, que não favorece a prática da agrícola mecanizada, além disso, o latossolo é predominante na região, muito rico em ferro, o que torna o solo ácido; **B:** incorreta, pois localizada no nordeste goiano, a microrregião Vão do Paraná apresenta um relevo pouco acidentado que favorece as práticas agrícolas; **C:** incorreta, pois, de fato no sudoeste goiano predomina uma agricultura mecanizada, principalmente dos sulistas que migraram para a região na década de 70, contudo, o relevo predominante é de planalto e é necessário realizar a correção do solo, devido à acidez deste; **D:** incorreta, a microrregião está sobre uma área de planície, onde corre o rio Araguaia.
Gabarito "A"

(Soldado da Polícia Militar/GO – 2010 – FUNCAB) O solo do território goiano sempre foi considerado inadequado à agricultura porque possuía uma elevada concentração de alumínio, elemento tóxico para muitas espécies agrícolas. O processo adotado para a sua recuperação foi a:

(A) utilização de sistema agrícola semelhante ao praticado no sul do país.
(B) adoção de rodízio de cultivo da soja com a cana-de-açúcar e o café.
(C) prática da técnica da calagem que reduz a acidez do solo do cerrado.
(D) substituição das florestas que ocupavam a área pelo plantio da soja.
(E) implantação de sistemas de irrigação permanente do solo inadequado.

Para a adequada correção de um solo ácido é utilizado o cal, que contribui para reduzir a acidez do solo, nas áreas onde predomina a vegetação do cerrado é encontrado o latossolo, rico em ferro e alumínio, o que provoca uma alta acidez do solo.
Gabarito "C"

(Soldado da Polícia Militar/GO – 2010 – FUNCAB) A formação territorial de Goiás faz parte de um processo de expansão iniciado por aqueles que invadiram os domínios espanhóis delimitados pelo Tratado de Tordesilhas, caminhando por rios e atravessando florestas superando obstáculos. A iniciativa paulista tinha como objetivo:

(A) expandir seus domínios agrícolas.
(B) cativar índios e buscar ouro.
(C) fugir da dominação portuguesa.

(D) expandir as fronteiras da colônia.
(E) explorar o extrativismo vegetal.

A expansão territorial do Centro-Oeste (Goiás) e a descoberta do ouro em seus domínios ocorreram a partir da ação dos bandeirantes (aventureiros paulistas interessados em ampliar o apresamento indígena para escravidão e a descoberta do ouro), situação que não havia sido adquirida pelos habitantes da América Portuguesa..

Gabarito "B"

(Soldado da Polícia Militar/GO – 2010 – FUNCAB) Um policial militar que estiver de serviço nas ruas da capital ao ser abordado por um turista interessado em conhecer cidades goianas que possam mostrar os aspectos históricos e culturais de Goiás, deverá orientá-lo para conhecer as cidades de:

(A) Anápolis e Itumbiara.
(B) Caldas Novas e Luziânia.
(C) Catalão e Aragarças.
(D) Pirenópolis e Goiás Velho.
(E) Goianésia e Cavalcante.

Pirenópolis e Goiás Velho representam para o estado de Goiás um núcleo de irradiação histórica e riquezas naturais. Ambas as regiões são exploradas e habitadas por colonos estrangeiros desde o período colonial da história do Brasil no século XVI. Dessa forma, o turista pode conhecer e entender parte do patrimônio cultural e histórico de Goiás a partir dessas duas realidades.

Gabarito "D"

(Soldado da Polícia Militar/GO – 2010 – FUNCAB) A formação do estado de Goiás está associada a duas atividades econômicas que atraíram portugueses e brasileiros de vários pontos para o interior. Por volta do final do século XVIII, essas atividades, destacadas em uma das opções abaixo, eram a base da economia da antiga Vila Boa, mais tarde Goiás. Estamos fazendo referência:

(A) mineração e pecuária.
(B) drogas do sertão e pau-brasil.
(C) café e borracha.
(D) cana-de-açúcar e cacau.
(E) algodão e pimenta-do-reino.

O início do século XVIII no Brasil, foi marcado pela descoberta do ouro e pelo incremento, de modo geral, das atividades agropecuárias. Esses novos momentos foram marcados por intensos fluxos migratórios acompanhados pela formação de vilas e cidades. Nesse momento, a fase econômica correspondente era a mineração e a economia auxiliar da pecuária.

Gabarito "A"

(Soldado da Polícia Militar/GO – 2010 – FUNCAB) Em 1988, Goiás foi dividido e sua porção norte passou a constituir o estado do Tocantins. A divisão atendeu a um antigo desejo das autoridades do norte goiano que argumentavam o desejo de separação. Isso está assinalado corretamente em:

(A) tendências separatistas da população daquela área.
(B) superar os problemas relacionados à luta pela terra.
(C) recuperar o atraso econômico em relação à parte sul.
(D) criar polos produtores de matérias-primas da região.
(E) atrair capital estrangeiro para exploração do subsolo.

Desde que foi criado como estado nacional, Goiás sempre teve uma dimensão territorial imensa, fato que gerava amplas diferenças sociais e econômicas de desenvolvimento entre o norte e o sul; o norte sempre experimentou o atraso em relação ao restante das localidades do estado. Dessa forma, autoridades e grandes produtores rurais preocupados com o desenvolvimento da parte norte, fizeram com que juridicamente a parte norte do estado alcançasse sua emancipação e se formasse, em 1988, um novo estado, o Tocantins.

Gabarito "C"

(Soldado da Polícia Militar/GO – 2010 – FUNCAB) Conciliar a expansão da agroindústria e da pecuária com a preservação do cerrado, uma das regiões mais ricas do mundo em biodiversidade, é um dos principais desafios de Goiás. O estado convive com graves danos ambientais provocados pela ocupação predatória do território como:

(A) matas ciliares são destruídas e as reservas permanentes, desmatadas, cedendo lugar às plantações de *pinus* e eucaliptos.
(B) próximo das nascentes dos rios goianos há focos de erosão provocados pelo desmatamento para a implantação de pastagens.
(C) queimadas destroem os horizontes do solo e boa parte da área agrícola disponível já dá sinais de desertificação.
(D) desenvolvimento de cultivos nas encostas tem acelerado o processo de deslizamentos quando chegam as chuvas de verão.
(E) rios assoreados comprometem o abastecimento de água e a situação se agrava nos períodos de estiagem prolongada.

A: incorreta, pois, de fato, em algumas localidade ocorre o desmatamento das matas ciliares, o que acarreta o assoreamento de alguns rios, mas isso se deve principalmente à pecuária e cultivo de soja, milho e outros gêneros agrícolas, *pinus* e eucaliptos não se adaptam a áreas úmidas como as das matas ciliares; **B:** incorreta, pois, apesar do latossolo ter grande suscetibilidade a erosões e de fato elas ocorrem no estado goiano, a maior parte das áreas de nascentes dos rios goianos encontram-se em outras unidades da federação; **C:** incorreta, pois ainda existe uma grande extensão de terras agricultáveis no estado. A prática da queimada (coivara) é utilizada principalmente por pequenos agricultores que não possuem acesso às técnicas avançadas de cultivo, contudo, predomina no estado as grandes produções voltadas para a exportação; **D:** incorreta, pois as maiores áreas de cultivos são planas e favorecem a utilização de maquinário, não sendo comum o deslizamento no estado; **E:** correta, pois a destruição das matas ciliares tem intensificado o assoreamento dos rios, que carregados de sedimentos diminuem a vazão e o volume durante o período de seca.

Gabarito "E"

(Soldado da Polícia Militar/GO – 2010 – FUNCAB) A ocupação do território goiano foi intensificada a partir dos anos 1940 e, em períodos mais recentes, migrantes de vários pontos do país têm procurado o estado. Essa leva de pessoas que chega a Goiás tem se concentrado em pontos como:

(A) cidades do entorno do Distrito Federal e Goiânia.
(B) proximidades de Anápolis e o futuro distrito industrial.

(C) chapadas onde possa ser desenvolvido o ecoturismo.
(D) cidades-satélites criadas pelas autoridades estaduais.
(E) reservas extrativistas que empregam muita mão de obra.

A: correta, pois Distrito Federal e Goiânia são as duas metrópoles da região Centro-Oeste, onde naturalmente há uma maior atração de migrantes que buscam emprego no setor terciário da economia; **B:** incorreta, apesar do seu rápido crescimento industrial, a larga produção do município de Anápolis se direciona para as principais metrópoles da região, gerando mais empregos nessas cidades; **C:** incorreta, pois o ecoturismo não atrai grande quantidade de migrantes, pois não gera quantidade notável de postos de trabalho, além disso, as atividades econômicas são restritas devido ao objetivo de preservação das unidades de conservação; **D:** incorreta, pois o termo cidade-satélite foi amplamente utilizado no Distrito Federal na década de 90 quando ainda existia grandes áreas verdes entre Brasília e essas cidades, contudo, atualmente considera-se todo o Distrito Federal como o complexo urbano de Brasília; **E:** incorreta, ainda existem cidades que possuem e exploram reservas minerais, contudo, atualmente há grande utilização de máquinas e assim não atrai muitos migrantes em busca de postos de trabalho.

Gabarito "A"

(Soldado da Polícia Militar/GO – 2010 – FUNCAB) Em 2008, o estado de Goiás apresentava uma população urbana de 89,8%. Se o estado foi ocupado por meio da expansão da fronteira agrícola, que opção abaixo apresenta corretamente uma justificativa para um índice tão elevado de urbanização:

(A) Projeção social garantida aos moradores dos centros urbanos.
(B) Preço da terra desestimula o investimento na agropecuária.
(C) Obras do governo federal criaram empregos em várias áreas.
(D) Agricultura mecanizada que gera poucos postos de trabalho.
(E) Acesso à moradia garantido pelas prefeituras aos migrantes.

O avanço da fronteira agrícola no estado de Goiás ocorre, em grande parte, com a utilização de maquinário no campo, o que reforça a concentração de terras e aumenta o número de pequenos produtores incapazes de obter competitividade, além de acarretar maior desemprego de camponeses que tiveram sua força de trabalho substituída por máquinas, logo, esses indivíduos buscam melhores condições nos centros urbanos da região.

Gabarito "D"

(Soldado da Polícia Militar/GO – 2010 – FUNCAB) Atualmente, a soja representa 27% das exportações e os resíduos da extração de óleo de soja compõem 12%. Dentre os vários fatores econômicos que promoveram a rápida expansão da cultura deste produto no estado, o que mais se destaca é:

(A) presença do governo estadual e de várias prefeituras que se associaram aos produtores de soja.
(B) baixo valor das terras em Goiás, comparativamente menor que os das regiões Sul e Sudeste.
(C) salários pagos em valores menores aos trabalhadores que fossem contratados pelos agricultores.
(D) isenções fiscais e montagem da infraestrutura necessária, além de garantir o escoamento da produção.
(E) reforma agrária que concedeu vários lotes de terras aos interessados em se tornar produtor da leguminosa.

A: incorreta, pois não houve associações entre governo e produtores de soja. Em alguns casos existiram incentivos fiscais sem a formação de associações já que a propriedade é privada; **B:** correta, pois o crescimento do cultivo de soja foi impulsionado pela revolução verde, que visava um aumento de produtividade por meio da mecanização e utilização de herbicidas e fertilizantes químicos, isso reforçou a concentração fundiária nas regiões Sul e Sudeste aumentando o valor das terras. Vários agricultores decidem assim ocupar as terras da região Centro-Oeste, que possuía incentivos do governo federal; **C:** incorreta, pois não havia grandes diferenças entre os salários dos trabalhadores, além disso a maior parcela da produção era mecanizada; **D:** incorreta, pois sem dúvidas esse foi um fator importante para a ocupação das terras da região Centro-Oeste, contudo, não obtém maior destaque que o atrativo preço das terras; **E:** incorreta, pois não houve a distribuição de terras gratuitamente e sim crédito facilitado para os produtores.

Gabarito "B"

(Soldado Bombeiro Militar/MA – 2012 – FGV) O crescimento do agronegócio significa modernização da agricultura, interdependência entre setores da economia, mudanças nas estruturas espaciais e amplas oportunidades de investimento de capital.

Com relação ao agronegócio no Brasil, analise as afirmativas a seguir.

I. O funcionamento do agronegócio é regulado pela economia de mercado, pelas demandas urbanas e industriais e pelas frequentes fusões entre empresas industriais, comerciais e de serviços.
II. O agronegócio provocou um maior desenvolvimento das indústrias que fornecem insumos e bens de capital para a agricultura e das que processam produtos agropecuários em mercadorias padronizadas para o consumo de massa.
III. Nas adjacências das áreas agrícolas modernizadas, as cidades passaram a ser o lugar que atende à crescente demanda por produtos e serviços, tais como implementos agrícolas, centros de pesquisa em biotecnologia e serviços especializados em genética agrícola.

Assinale:

(A) se somente a afirmativa I estiver correta.
(B) se somente a afirmativa III estiver correta.
(C) se somente as afirmativas I e II estiverem corretas.
(D) se somente as afirmativas II e III estiverem corretas.
(E) se todas as afirmativas estiverem corretas.

I: correta, pois o agronegócio é plenamente inserido no contexto de uma economia capitalista, logo é regulado pelas leis do mercado, pela produção de acordo com a demanda urbana e industrial; II: correta, pois a produção em larga escala exige insumos como adubos, máquinas e herbicidas, além da necessidade de processamento adequado dessa ampla produção antes de chegar ao consumidor final; III: correta, pois, de fato, a tecnologia empregada crescentemente na produção agrícola tem seu principal vetor de criação nos centros urbanos onde existem laboratórios e centros de pesquisas mais avançados nessa área.

Gabarito "E"

(Soldado Bombeiro Militar/MA – 2012 – FGV) Observe os mapas sobre os principais fluxos migratórios no território brasileiro.

Mapa 1
Décadas de 50 e de 60

Mapa 2
Décadas de 60 e de 70

Mapa 3
Décadas de 70 e de 80

(Adaptado de Regina Bega Santos. **Migração no Brasil**. São Paulo: Scipione)

Com relação aos fluxos migratórios e às razões de expulsão e de atração de alguns desses fluxos, analise as afirmativas a seguir.

I. Mapa 1: o crescimento industrial e a ampla oferta de empregos na Região Sudeste atraíram principalmente migrantes nordestinos.

II. Mapa 2: a criação de políticas públicas de incentivo à ocupação da Amazônia, durante os governos militares, atraiu fluxos de nordestinos.

III. Mapa 3: as diversas atividades, como o extrativismo mineral, desenvolvidas por empresas públicas e privadas, atraíram mão de obra migrante para a Amazônia.

Assinale:

(A) se somente a afirmativa I estiver correta.
(B) se somente a afirmativa II estiver correta.
(C) se somente as afirmativas I e II estiverem corretas.
(D) se somente as afirmativas II e III estiverem corretas.
(E) se todas as afirmativas estiverem corretas.

I: correta, pois as décadas de 1950 e 1960 são marcadas pelo intenso processo de industrialização no Sudeste, o que torna a região bastante atrativa, já que gera diversas oportunidades e postos de trabalho, principalmente no setor de comércio e serviços, assim vários habitantes nordestinos migram para a região; II: correta, pois, com o objetivo de povoar a região Norte, o governo criou políticas de incentivo para a ocupação da Amazônia, além disso criou a rodovia transamazônica ligando-a a região Nordeste; III: correta, pois, nas décadas de 1970 e 1980, o governo aumentou os incentivo à ocupação da Amazônia, facilitando o crédito para quem decidisse produzir na região, além de implementar o projeto grande Carajás que intensificou a atividade mineradora.

Gabarito "E"

(Soldado Bombeiro Militar/MA – 2012 – FGV) A estrutura das maiores metrópoles brasileiras apresenta situações e problemas que revelam a complexidade dos grandes espaços urbanos.

As alternativas a seguir apresentam corretamente situações ou problemas relativos à organização interna das metrópoles brasileiras, **à exceção de uma**. Assinale-a.

(A) A segregação residencial exclui grupos de renda mais baixa dos espaços reservados para os grupos economicamente dominantes.
(B) O uso do solo urbano mostra grande diversidade – residencial, industrial, comercial, de serviços ou misto.
(C) A estrutura viária atende com eficiência os fluxos realizados pelos trabalhadores entre suas áreas de moradias e seus locais de trabalho.
(D) A área central corresponde, quase sempre, ao centro histórico e, em alguns casos, ao moderno centro de negócios.
(E) A proliferação de subcentros de comércio e de serviços resulta da expansão da metrópole em termos físicos e populacionais.

A: incorreta, pois se verifica a segregação a partir de áreas centrais que possuem maior infraestrutura e mais próxima dos centros comerciais com valor muito elevado, enquanto à população de baixa renda resta ocupar lugares longínquos e muitas vezes precários de infraestrutura urbana; **B:** incorreta, pois, de fato, nas grandes metrópoles ocorre múltiplos usos do solo, residencial, comercial e serviços são inerentes a toda e qualquer metrópole e na maior parte delas também ocorre a ocupação industrial; **C:** correta, pois a estrutura viária ainda é precária em várias metrópoles brasileiras, onde trabalhadores que se deslocam em longas distâncias enfrentam o sucateamento e a falta de linhas de ônibus às suas residências; **D:** incorreta, pois, de fato, na maior parte das metrópoles a região central corresponde à área de fundação da cidade, onde se iniciaram as primeiras aglomerações, contudo, verifica-se em alguns casos a ocorrência da parte histórica ligada a um centro de negócios ou até mesmo apenas um centro de negócios; **E:** incorreta, pois, sem dúvidas, o crescimento urbano e populacional exige a expansão da oferta de serviços e do comércio em uma cidade, sendo a metrópole superior a 1 milhão de habitantes é natural que ocorra tal proliferação.

Gabarito "C"

(Soldado Bombeiro Militar/MA – 2012 – FGV) O Brasil integrou-se, nas últimas décadas, ao processo de internacionalização da economia mundial. Os fatos que permitiram essa integração estão relacionados a seguir, **à exceção de um**. Assinale-o.

(A) A participação do Brasil no Mercosul o integra aos países sul-americanos como a Argentina e o Uruguai.

(B) A adoção de uma política protecionista por parte do poder público garante mercados externos para os produtos nacionais.

(C) A maior participação no comércio mundial devido ao aumento das exportações de *commodities*, tais como soja e minérios.

(D) A maior abertura aos investimentos diretos de empresas multinacionais que passaram a operar em diversos setores da economia.

(E) A intensificação das conexões com o exterior, graças aos investimentos realizados em infraestrutura de transportes e de telecomunicações.

A política protecionista do governo brasileiro associada a um projeto de isenção tributária e financiamento industrial facilitado por meio do BNDES, favoreceu o crescimento da produção e garantiu o aperfeiçoamento da política de exportações o que fez com que os produtos de origem brasileira obtivessem maiores lucros e representação do mercado internacional.

Gabarito "B"

(Soldado Bombeiro Militar/MA – 2012 – FGV) Dentre as unidades de conservação existentes no Brasil para preservação do meio ambiente, os Parques Nacionais têm como objetivo a preservação de ecossistemas naturais de grande relevância ecológica e beleza cênica. Criado em 1981, o Parque Nacional dos Lençóis Maranhenses garante a proteção de um dos principais patrimônios do estado do Maranhão e do país.

Com relação ao Parque Nacional dos Lençóis Maranhenses, analise as afirmativas a seguir:

I. O parque abrange áreas dos municípios maranhenses de Barreirinhas, Primeira Cruz e Açailândia.

II. Entre as dunas ativas situadas na área do parque ocorrem lagoas temporárias ou permanentes.

III. A pluviometria local é marcada pelo elevado índice de chuvas e pela regularidade da distribuição ao longo do ano.

Assinale:

(A) se somente a afirmativa I estiver correta.

(B) se somente a afirmativa II estiver correta.

(C) se somente a afirmativa III estiver correta.

(D) se somente as afirmativas II e III estiverem corretas.

(E) se todas as afirmativas estiverem corretas.

I: incorreta, pois Barreirinhas e Primeira Cruz fazem parte da área do parque, contudo, o município de Açailândia está incluso nesses limites; II: correta, pois os seis meses de período chuvoso que ocorre entre os meses de janeiro e julho contribuem para a formação de lagoas entre as dunas, que podem ser temporárias ou permanentes; III: incorreta, pois o clima da região é subúmido, caracterizado por uma estação chuvosa (janeiro a julho) e outra seca (agosto a dezembro).

Gabarito "B"

(Soldado Bombeiro Militar/MA – 2012 – FGV) Atualmente, as bacias hidrográficas vêm sendo adotadas como unidades de planejamento ambiental. As bacias limítrofes, compostas por rios que atravessam limites político-administrativos, representam um desafio para a gestão integrada dos recursos hídricos.

Sobre as bacias limítrofes maranhenses, assinale a afirmativa correta.

(A) Entre as bacias limítrofes, a do rio Parnaíba é a que possui a maior área no estado do Maranhão.

(B) A bacia do rio Tocantins abrange, entre outros, os estados de Tocantins, Pará, Maranhão e Piauí.

(C) A bacia do rio Mearim abrange as áreas limítrofes do Maranhão com o estado do Piauí.

(D) A área ocupada pelas bacias limítrofes no território do Maranhão é maior que a área ocupada pelas bacias dos rios genuinamente maranhenses.

(E) O rio Gurupi constitui um trecho da linha limítrofe entre os estados do Maranhão e do Piauí.

A: correta, pois a bacia do rio Parnaíba se localiza entre os estados do Piauí, Maranhão e Ceará e de fato entre as bacias limítrofes é a maior no Maranhão; **B:** incorreta, pois a bacia do rio Tocantins é limítrofe entre os estados de Goiás, Mato Grosso, Pará, Tocantins e Maranhão, porém, não inclui o Piauí; **C:** incorreta, pois a bacia do rio Mearim se localiza exclusivamente no estado do Maranhão; **D:** incorreta, pois o Maranhão possui três bacias que ocupam a maior parte do território do estado, são elas: bacia do rio Mearim, bacia do rio Itapecuru e bacia do rio Pindaré; **E:** incorreta, pois o rio Gurupi se encontra entre os estados do Maranhão e Pará.

Gabarito "A"

(Soldado Bombeiro Militar/MA – 2012 – FGV) Na década de 1970, o cultivo da soja passou a ocupar áreas do Centro-Oeste brasileiro. A partir da década de 1990 uma nova fronteira agrícola surgiu com a expansão da sojicultura nos estados do Maranhão, Piauí, Tocantins e Pará.

Com relação ao cultivo da soja no Maranhão, analise as afirmativas a seguir.

I. As empresas exportadoras de soja se utilizam, além de outros modais, da logística da Estrada de Ferro Carajás para o escoamento da produção.

II. A área plantada e a produção de soja, no período de 1990 a 2005, apresentaram um grande crescimento.

III. Os principais municípios produtores de soja no Maranhão estão situados no sul do estado e na divisa com o estado do Piauí.

Assinale:

(A) se somente a afirmativa I estiver correta.
(B) se somente a afirmativa II estiver correta.
(C) se somente a afirmativa III estiver correta.
(D) se somente as afirmativas I e II estiverem corretas.
(E) se todas as afirmativas estiverem corretas.

I: correta, pois uma das principais formas de escoamento da produção de soja na região se dá pela estrada de ferro de Carajás, a melhor alternativa para que o carregamento chegue aos portos e consequentemente ao exterior; II: correta, pois devido ao aumento da competitividade e a rentabilidade da soja brasileira no mercado internacional, aliado ao avanço da biotecnologia que possibilitou seu cultivo em solos variados, houve o crescimento significativo desse cultivo a partir da década de 1990. No Maranhão grandes produtores buscaram ampliar sua produção em novas terras; III: correta, pois a maior produção nessas áreas se deve ao tipo de solo que se assemelha com o solo do cerrado, onde o cultivo se expandia desde a década de 1970, portanto, havia uma maior oferta de sementes prontas para o cultivo nessas localidades.

Gabarito "E"

(Soldado Bombeiro Militar/MA – 2012 – FGV) O censo de 2010, realizado pelo IBGE, evidenciou que a população total do Maranhão, aproximadamente 6.574.789 habitantes, representava cerca de 3,5% da população brasileira.

Em relação à população do Maranhão, analise as afirmativas a seguir.

I. O Maranhão apresenta o menor índice de urbanização dentre os estados brasileiros.

II. A cidade de São Luís ultrapassou a marca de um milhão de habitantes.

III. A população do Maranhão representa mais de 30% da população da região Nordeste.

Assinale:

(A) se somente a afirmativa I estiver correta.
(B) se somente a afirmativa II estiver correta.
(C) se somente a afirmativa III estiver correta.
(D) se somente as afirmativas I e II estiverem corretas.
(E) se todas as afirmativas estiverem corretas.

I: correta, pois com a taxa de urbanização de pouco mais de 60%, bem inferior à média brasileira de 85%, de fato o estado maranhense apresenta a menor taxa de urbanização entre os estados da região; II: correta, pois, no último censo IBGE (2010), a população de São Luís foi calculada em 1,012 milhões de habitantes, caracterizando o município como a única metrópole do estado: III: incorreta, pois o estado possui a terceira maior população da região, contudo, não corresponde nem a 20% da população total da região.

Gabarito "D"

(Soldado Bombeiro Militar/MA – 2012 – FGV) Analise a pirâmide etária a seguir.

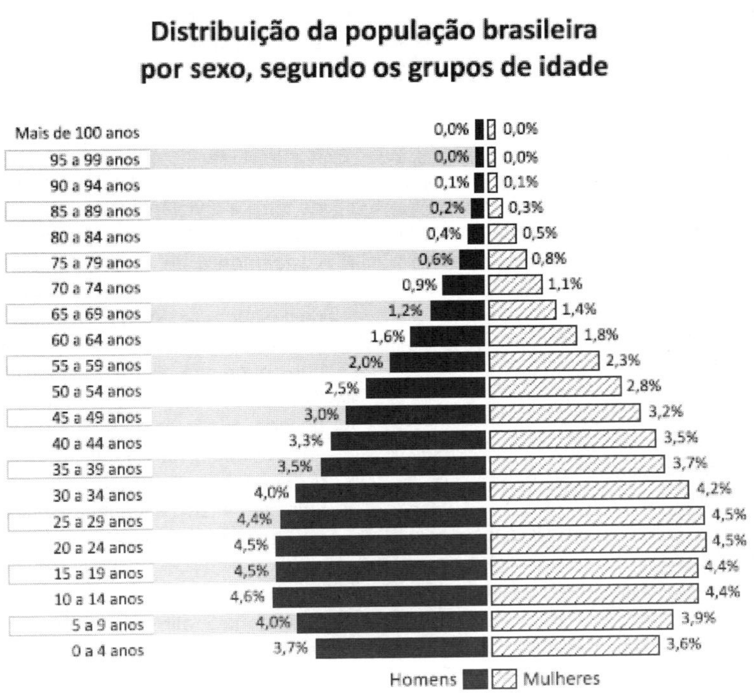

(Adaptado.IBGE: Censo 2010)

A estrutura etária da população brasileira está relacionada com as transformações sociais, econômicas e espaciais ocorridas no país, a partir da Segunda Guerra Mundial. Com relação a essas mudanças, assinale a afirmativa **incorreta**.

(A) O declínio dos níveis de mortalidade, seguido pela diminuição dos níveis de fecundidade, a partir da década de 1960, determinou o padrão de envelhecimento da população brasileira.

(B) O estreitamento da base da pirâmide etária mostra que a participação dos grupos quinquenais de 10 a 14 anos e de 15 a 19 anos de idade suplantou a dos grupos de 0 a 4 anos e de 5 a 9 anos.

(C) As mudanças ocorridas na estrutura etária brasileira resultaram da legislação de controle da natalidade adotada pelo Estado, a partir da Segunda Guerra Mundial.

(D) A queda da mortalidade, a partir da década de 1950, está relacionada com o processo de industrialização que deu forte ímpeto aos movimentos migratórios das áreas rurais para as áreas urbanas.

(E) A queda da fertilidade reflete a maior inserção da mulher no mercado de trabalho e a utilização de métodos anticoncepcionais de maior eficiência.

A: incorreta, pois após a Segunda Guerra mundial, o Brasil intensifica o seu processo de industrialização que tem por consequência o processo de urbanização, as melhores condições de higiene, saneamento básico, acesso a hospitais, vacinas, entre outros fatores que levam à queda da taxa de mortalidade, que se associa à diminuição do número de filhos por mulher (taxa de fecundidade), já que o custo de vida é mais alto que no campo; **B:** incorreta, pois em 10 anos houve a diminuição do número de filhos para cada mulher, logo, a população de 10 a 14 anos se tornou mais numerosa que a da faixa etária de 0 a 4 anos; **C:** correta, pois nunca houve nenhuma legislação de controle de natalidade adotada no Brasil, tais casos são excepcionais como se verifica na China, onde se pode ter apenas 1 filho por casal; **D:** incorreta, pois é justamente após a Segunda Guerra que o país intensifica seu processo de industrialização, o que acarreta na migração em massa do campo para a cidade, onde existem melhores condições de vida e menor taxa de mortalidade; **E:** incorreta, pois, de fato, alguns dos motivos para que os casais decidam ter menos filhos que outrora é o alto custo de vida, o acesso a métodos contraceptivos e a entrada da mulher no mercado de trabalho.

Gabarito "C"

(Soldado Bombeiro Militar/MA – 2012 – FGV) O extrativismo vegetal é uma atividade tradicional do Estado do Maranhão. Dentre os produtos do extrativismo o que mais se destaca é o babaçu. As amêndoas dessa palmeira são transformadas em óleo ou azeite, utilizados no preparo de alimentos, na produção de sabão ou cosméticos e como combustível.

Sobre o extrativismo do babaçu no Maranhão, assinale a afirmativa correta.

(A) A palmeira babaçu só é encontrada no Estado do Maranhão.

(B) A extração do babaçu envolve, atualmente, um alto grau de mecanização.

(C) A legislação não garante o acesso aos babaçuais e a proteção das palmeiras de babaçu.

(D) A Reserva Extrativista Quilombo do Frexal está situada em uma área de grande concentração de palmeiras de babaçu.

(E) A atividade extrativa de babaçu é realizada por homens que se autodenominam "quebradores de coco".

A: incorreta, pois o Babaçú também pode ser encontrado em outros estados, a exemplo do Piauí, Ceará e Pará; **B:** incorreta, pois a extração ainda é feita predominantemente por trabalho manual desde a quebra do coco até à extração do óleo; **C:** incorreta, pois a legislação determina sim o acesso aos babaçuais, porém a extração fica restrita aos moradores da região e sua família, de modo a evitar a exploração predatória e atingir o desenvolvimento sustentável; **D:** correta, pois, localizada no município de Mirinzal e com uma área de mais de 9.000 hectares, a reserva é um dos símbolos da luta negra no estado e onde existe uma forte concentração de palmeiras de Babaçú; **E:** incorreta, pois na verdade há um movimento muito forte que se trata das quebradeiras de coco, que extraem o Babaçú e contribuem para o orçamento familiar.

Gabarito "D"

(Soldado Bombeiro Militar/MA – 2012 – FGV) "O Maranhão passou a ser o primeiro estado brasileiro em número de conflitos agrários. Essa é a constatação da Comissão Pastoral da Terra (CPT), que (...) divulgou oficialmente no estado o seu 27o relatório anual sobre o tema. De acordo com a CPT, no ano passado, no Maranhão, foram registrados 251 casos de conflitos por terra, envolvendo 64.394 pessoas." (g1.globo.com)

Com relação às raízes históricas da violência no campo no Estado do Maranhão, analise as afirmativas a seguir.

I. No início da década de 1970, com o intuito de estimular a ocupação da região, o governo do Maranhão criou a Companhia Maranhense de Colonização (COMARCO), concedendo incentivos fiscais a grandes grupos empresariais, para a aquisição de vastas extensões territoriais a preços simbólicos, o que intensificou os conflitos de terra e a violência no campo.

II. Para viabilizar a implantação do Centro de Lançamento de Alcântara (CLA), o governo maranhense assinou, a favor da União, o decreto de desapropriação de terras ocupadas por comunidades quilombolas, gerando conflitos fundiários que continuam, ainda hoje, em disputa judicial.

III. Com o avanço do agronegócio na primeira década do século XXI, criou-se uma nova fronteira agrícola na região de MAPITOBA (parte do Maranhão, Piauí, Tocantins e Bahia), o que valorizou a terra e aumentou os conflitos com os posseiros tradicionais.

Assinale:

(A) se somente a afirmativa I estiver correta.

(B) se somente a afirmativa II estiver correta.

(C) se somente a afirmativa III estiver correta.

(D) se somente as afirmativas I e II estiverem corretas.

(E) se todas as afirmativas estiverem corretas.

I: correta, pois o governo do Maranhão adotou na década de 1970 uma política expansionista que buscava efetivar o domínio de algumas regiões e terras devolutas que faziam fronteira com o estado. Para efetivar essa política o estado do Maranhão criou em 1971, por intermédio da Lei 3.230, a Comarco – Companhia Maranhense de Colonização – com a finalidade de criar regiões e polos econômicos capazes de despertar o interesse de empresas que se comprometessem em modernizar as áreas disponibilizadas pelo Estado, gerando nos habitantes locais um sentimento de revolta por conta dos baixos preços pelos quais eram vendidas as terras; **II:** correta, pois o Centro de Lançamento de Alcântara – CLA – foi criado com a finalidade de oferecer apoio operacional e de infraestrutura abrindo caminho seguro para projetos futuros do centro espacial brasileiro. Para sua implantação várias famílias foram reintegradas a regiões que ficam 20 quilômetros distantes de Alcântara, muitas das quais não recebeu do governo a devida indenização; **III:** correta, pois, em decorrência da expansão das fronteiras agrícolas no Brasil, surgiu uma nova região conhecida como MAPITOBA, compreende as regiões limítrofes dos estados do Maranhão, Piauí, Tocantins e Bahia. Estima-se que no ano de 2020 a região registre uma produção anual de 20 milhões de toneladas de grãos. A expectativa pela evolução econômica da região se faz sentir nas disputas de especulação travadas entre posseiros tradicionais e grandes corporações.

Gabarito "E"

(Soldado Bombeiro Militar/MA – 2012 – FGV) Quase um ano após o Grito do Ipiranga (1822), a Província do Maranhão ainda se mantinha leal a Portugal e se recusava a aderir ao movimento de independência de D. Pedro I.

A respeito do processo de adesão do Maranhão à independência do Brasil, assinale a afirmativa correta.

(A) A adesão foi atrasada pelas tropas do Ceará e do Piauí, que chegaram ao Maranhão nos primeiros meses de 1823, e apoiaram a formação de uma confederação independente reunindo as províncias do Nordeste.

(B) A Batalha do Jenipapo (março de 1823) foi vencida pelos comerciantes portugueses e pela elite sertaneja ligada ao comércio de gado para o Nordeste, que se recusavam a aderir à independência.

(C) Os comerciantes portugueses de São Luís e os grandes algodoeiros exportadores, mais próximos de Lisboa do que do Rio de Janeiro, não aderiram à independência, preferindo manter-se ligados à Coroa portuguesa.

(D) A vila de Caxias, localizada na região produtora de algodão (vale do rio Itapecuru), foi um dos focos de apoio à independência, em razão do descontentamento com o monopólio comercial imposto pela Coroa portuguesa.

(E) O almirante britânico Lorde Thomas Cochrane aportou em São Luís em julho de 1823, após ter apoiado a independência da província da Bahia, com o intuito de aumentar a presença inglesa no Atlântico Sul.

Uma das grandes dificuldades da instalação integral da independência política do Brasil (1822) foi a inexistência da integração regional ligada ao sentimento de pertencimento. As regiões afastadas da capital sentiam-se mais próximas de Portugal do que da colônia brasileira, havia nesses casos uma identidade cultural portuguesa haja vista que boa parte dos comerciantes e dos latifundiários era de origem portuguesa e não aderir ao projeto de independência da colônia significava manter-se no rumo do pleno desenvolvimento do monopólio mercantilista.

Gabarito "C"

(Soldado Bombeiro Militar/MA – 2012 – FGV) Leia o texto a seguir.

Vai passar
Nessa avenida um samba popular
Cada paralelepípedo da velha cidade
Essa noite vai se arrepiar
(...)
Num tempo página infeliz da nossa história
Passagem desbotada na memória
Das nossas novas gerações
Dormia a nossa pátria mãe tão distraída
Sem perceber que era subtraída
Em tenebrosas transações
Seus filhos erravam cegos pelo continente
Levavam pedras feito penitentes
Erguendo estranhas catedrais
E um dia, afinal
Tinham direito a uma alegria fugaz
Uma ofegante epidemia
Que se chamava carnaval
O carnaval, o carnaval
(Vai passar)
(...)
Meu Deus, vem olhar
Vem ver de perto uma cidade a cantar
A evolução da liberdade
Até o dia clarear
(...)

(Samba-enredo composto por Chico Buarque e Francis Hime. 1984)

Chico Buarque e Francis Hime, assim como outros músicos e compositores brasileiros, usaram a sua arte para relatar fatos censurados e denunciar o regime militar (1964-1984), burlando, poeticamente, a censura.

O trecho do samba-enredo *Vai passar* refere-se

(A) ao fim da ditadura militar, com a vitória das forças políticas de esquerda representadas na eleição da chapa Tancredo Neves e Paulo Maluf, pelo PMDB, em 1985.

(B) ao processo de *impeachment* do presidente Fernando Collor de Melo, primeiro presidente eleito por voto direto em 1989.

(C) à campanha das *Diretas Já*, iniciada no final de 1983, que pressionava os políticos e o governo a aceitarem a emenda Dante de Oliveira, propondo eleições diretas para presidente.

(D) à aprovação do Ato Institucional Número Dois (AI-2), que reativava a democracia e as eleições diretas para presidente no Brasil.

(E) à atuação dos juristas que conseguiram estabelecer as primeiras eleições diretas, por meio do sufrágio universal, em 1984.

No contexto ditatorial brasileiro (1964-1984) o país viveu momentos de desenvolvimento econômico acompanhado da perseguição política e da censura aos opositores do regime político, que era autoritário. Nesse regime de opressão a música e a poesia eram formas de expressar indiretamente (por meio de metáforas) a insatisfação social. As ações dos artistas bem como a criação de músicas expressavam a necessidade imediata de uma aproximação democrática mediante eleições diretas (Emenda Dante de Oliveira – 1983).

Gabarito "C"

(Soldado Bombeiro Militar/MA – 2012 – FGV) Durante o período regencial (1831-1840) ocorreram revoltas nas províncias do norte – Maranhão e Pará – e nas do sul – Santa Catarina e Rio Grande do Sul.

As alternativas a seguir relacionam as causas da Balaiada, revolta que eclodiu no Maranhão em 1838, **à exceção de uma**. Assinale-a.

(A) A disputa política entre grupos da elite provincial, opondo bem-te-vis (liberais) e cabanos (conservadores).

(B) A luta por melhores condições de vida dos sertanejos, liderada pelo artesão Manoel Balaio.

(C) A insurreição dos escravos, conduzida pelo temido quilombola Negro Cosme.

(D) O apoio dos liberais à radicalização popular da revolta, defendendo a abolição da escravidão.

(E) O descontentamento dos exportadores de algodão com as limitações impostas pela Corte à venda direta do algodão para a Europa.

A Revolta Regencial da Balaiada, ocorrida no Maranhão no ano de 1838 foi um levante de origem popular que se opunha ao monopólio político dos latifundiários da região e almejava o fim da escravidão. Com o desenrolar da revolta o movimento foi suprimido com a morte de seus principais líderes, não conseguindo, portanto, concretizar objetivos.

Gabarito "D"

(Soldado Bombeiro Militar/MA – 2012 – FGV) Observe a imagem a seguir.

(http://www.revistadehistoria.com.br. **As próximas eleições de cabresto**)

Nas primeiras décadas do Brasil republicano, um dos problemas mais graves do sistema eleitoral eram as fraudes, às quais se refere a charge para a revista *Careta* (1927).

A respeito da charge, é correto afirmar que

(A) ilustra o controle político que os grandes fazendeiros exerciam sobre os eleitores, conduzindo-os a votar nos candidatos que apoiavam.

(B) denuncia a falsificação das atas eleitorais, com a alteração do número de votantes, resultando nas "eleições a bico de pena".

(C) representa o mecanismo fraudulento de incluir novos nomes na lista dos votantes, de modo a aumentar o número de eleitores.

(D) critica o recurso conhecido como "degola", usado para eliminar o candidato eleito considerado não idôneo, anulando sua eleição.

(E) mostra a ação dos "fósforos", isto é, das pessoas que assumiam a identidade de eleitores mortos ou ausentes para fraudar as eleições.

Os primeiros anos da República no Brasil foram marcados, do ponto de vista político, pela instabilidade do Sistema Eleitoral que não contava com a existência de uma Justiça Eleitoral Federal. Tal fato permitia que o processo eleitoral vivesse situações como o voto aberto, as fraudes, a compra de votos e o voto de cabresto (ao votar o eleitor era observado por um capataz do coronel, e se não votasse em determinado candidato, sofria retaliações, perseguição e, em muitos casos, tortura e morte).

Gabarito "A"

(Soldado Bombeiro Militar/MA – 2012 – FGV) Observe a imagem a seguir.

(Desfile de 1° de maio de 1944, em São Paulo no Estádio Municipal do Pacaembu)

O lema da faixa "*Trabalhador sindicalizado é trabalhador disciplinado*" expressa com precisão o projeto do Governo Vargas (1930-1945) de o Estado arbitrar os conflitos entre capital e trabalho.

Dentre as medidas listadas a seguir, assinale a que indica esse aspecto do trabalhismo de Vargas.

(A) A instituição do salário-mínimo e a regulamentação do direito de greve.

(B) A Consolidação das Leis do Trabalho (CLT) e a regularização do trabalho infantil.

(C) A garantia da estabilidade do emprego e a autonomia sindical.

(D) A intensificação do controle sindical e as grandes solenidades cívicas no dia 1º de maio.

(E) O regime de livre negociação salarial e a liberdade de associação dos trabalhadores.

Uma das grandes marcas da Era Vargas (1930-1945), foi a sua aproximação com o povo, o populismo. Em seu governo, criou uma nova categoria de cidadãos: o trabalhador. Dessa forma ao mesmo tempo em que concedia vantagens e direitos aos trabalhadores, Vargas os controlava chefiando e fiscalizando seus sindicatos e não permitindo o estabelecimento de greves.

Gabarito "D"

(Soldado Bombeiro Militar/MA – 2012 – FGV) Observe a imagem a seguir.

(http://www.rodrigotrespach.com. **O-Imigrante-1908.pdf**)

A imagem acima reproduz a capa do primeiro número (1908) da revista *O Immigrante*, um periódico informativo e de propaganda distribuído para os imigrantes que desembarcavam no porto de Santos, em São Paulo.

A respeito da imagem, assinale a afirmativa correta.

(A) Ela retrata a imigração europeia para o Sudeste, incentivada pela expansão da lavoura do café e pela industrialização nascente.
(B) Ela marca o fim da importação de trabalhadores africanos, em função da abolição do tráfico e do processo de industrialização do Brasil, que requisitava uma mão de obra qualificada.
(C) Ela mostra o custeio, por parte do governo brasileiro, da vinda de imigrantes europeus, para branquearem a nação.
(D) Ela representa o reconhecimento do Brasil como um mercado de investimento de capitais e, por isso, o fluxo intenso de investidores estrangeiros.
(E) Ela especifica que o estado de São Paulo utilizava trabalho assalariado em que predominava a mão de obra de afrodescendentes.

A segunda metade do século XIX foi para o Brasil, especialmente para região Sudeste, um momento de intensa evolução industrial que exigiu, na prática, a alteração da base da mão de obra: o afastamento progressivo da escravidão e a efetivação real do trabalhador assalariado. Essa transição só foi possível em função da necessidade de trabalhadores especializados para a produção cafeeira que nesse caso seriam os imigrantes europeus assalariados..

Gabarito "A"

(Soldado Bombeiro Militar/MA – 2012 – FGV) "Não resta outra coisa senão cada um defender se por si mesmo; duas coisas são necessárias: revogação dos monopólios e a expulsão dos jesuítas, a fim de se recuperar a mão livre no que diz respeito ao comércio e aos índios".

Esta frase é atribuída a Manuel Beckman, um dos protagonistas da chamada Revolta de Bequimão de 1684.

Assinale a alternativa que apresenta a principal motivação dessa revolta.

(A) A oposição dos jesuítas à escravização dos africanos e dos índios aldeados.
(B) O monopólio comercial da Companhia de Comércio do Estado do Maranhão (1682).
(C) O projeto de criar um governo autônomo para o Maranhão, chefiado por Manuel Beckman.
(D) A expulsão dos holandeses do Estado do Maranhão para controlar a produção açucareira.
(E) A eliminação do pacto colonial, estabelecendo um livre comércio interno e externo.

A Revolta dos Beckman (1684) insere-se no contexto das Revoltas Coloniais nativistas que tinha como objetivo a adequação interna das Províncias sem questionar diretamente o pacto colonial. No caso específico do Maranhão, a Coroa portuguesa criou uma Companhia Geral de Comércio e deu a ela a responsabilidade de fornecer alimentos e escravos por baixo preços. O não cumprimento desses objetivos para os quais foi criada levou os nativos a organizarem motins contra o monopólio da Companhia de Comércio.

Gabarito "B"

(Soldado Bombeiro Militar/MA – 2012 – FGV) A ampliação do voto para as mulheres e a instituição do voto secreto são medidas asseguradas na

(A) Constituição de 1891.
(B) Constituição de 1934.
(C) Constituição de 1946.
(D) Constituição de 1967.
(E) Constituição de 1988.

Do ponto de vista social, a Constituição de 1934 foi a mais significativa, pois instituiu reivindicações sociais antigas na ocasião como o voto secreto e deu às mulheres o direito do exercício efetivo da cidadania por meio do voto.

Gabarito "B"

(Soldado Bombeiro Militar/MA – 2012 – FGV) Analise a tabela a seguir.

	Previsão	Realizado	%
Energia elétrica (1.000 kW)	2.000	1.650	82
Carvão (1.000 toneladas)	1.000	230	23
Petróleo – produção (1.000 barris/dia)	96	75	76
Petróleo – refino (1.000 barris/dia)	200	52	26
Ferrovias (1.000 km)	3	1	32
Rodovias – construção (1.000 km)	13	17	138
Rodovias – pavimentação (1.000 km)	5	–	–
Aço (1.000 toneladas)	1.100	650	60
Cimento (1.000 toneladas)	1.400	870	62
Carros e caminhões (1.000 unidades)	170	133	78

Ao ser eleito, Juscelino Kubitschek anunciou o seu Plano de Metas para desenvolver a economia brasileira e gerar, nos 5 anos de seu mandato (1956-1961), um crescimento equivalente a 50 anos.

Com base nos dados da tabela, assinale a afirmativa correta.

(A) A industrialização brasileira, nesse período, caracterizou-se pelo desenvolvimento de bens de consumo correntes voltados para os trabalhadores urbanos de baixa renda.
(B) O setor no qual o Estado brasileiro mais investiu, nesse período, foi o de infraestrutura para a indústria, sobretudo no campo da energia elétrica e do transporte rodoviário.
(C) O setor de bens duráveis – automóveis e eletroeletrônicos – foi o novo setor no qual o Estado brasileiro passou a investir diretamente, financiando a indústria nacional.
(D) O modelo econômico agroexportador continuou predominando, com investimentos no café, na soja e na borracha para complementar a indústria automobilística.
(E) A modernização do setor terciário foi iniciada nesse período, associada aos novos centros urbanos como Brasília, símbolo da integração regional e do desenvolvimento.

A: incorreta, pois o maior incentivo do governo de JK foi para a indústria automobilística, cujo bem de consumo era restrito a uma parcela privilegiada financeiramente da população; **B:** correta, pois uma das exigências das indústrias automobilísticas era o investimento no transporte rodoviário para ampliar o mercado consumidor, além disso o investimento em energia é imprescindível para o funcionamento das indústrias; **C:** incorreta, pois, de fato, houve um grande investimento no setor de bens duráveis, contudo, as indústrias eram predominantemente transnacionais; **D:** incorreta, como o Brasil já não detinha o monopólio da borracha, o governo reduziu os investimentos diretos nesse setor agrícola, além disso, a ideia é não depender de apenas um único produto como no caso da economia cafeeira e, portanto, grande parte dos investimentos diretos nesses setores foram transferidos para a indústria; **E:** incorreta, nesse período ocorreu a modernização do setor secundário, que passou a produzir em larga escala, apenas na década de 1970 verifica-se uma modernização do setor de comércio e serviços.

Gabarito "B".

(Adaptado.IBGE: Censo 2010)

(Soldado Combatente Militar/MA – 2012 – FGV) "*Em 1682, foi criada a Companhia de Comércio do Estado do Maranhão que recebeu do Estado português o privilégio de monopolizar o comércio do açúcar e da arrecadação dos impostos. Em troca, a empresa deveria fornecer escravos, utensílios, equipamentos e alimentos aos colonos a juros baixos, criando uma relação comercial exclusiva.*"

(Adaptado. LACOMBE, Américo Jacobina. **História do Brasil**. São Paulo: Editora Nacional, 1979.)

O não cumprimento desse acordo

(A) permitiu a instalação de um governo autônomo no Maranhão.
(B) foi o principal motivo para a revolta dos colonos maranhenses.
(C) eliminou o Pacto Colonial e abriu os portos às potências estrangeiras.
(D) estimulou o uso do trabalho livre para sustentar as atividades produtivas.
(E) criou um mercado interno exclusivo para o Estado português.

Ao criar a Companhia Geral de Comércio do estado do Maranhão (1682), a coroa portuguesa estabeleceu determinadas regras que deveriam ser seguidas para que o monopólio comercial daquela região permanecesse sob o domínio dessa empresa. O não cumprimento das determinações como os baixos juros e o fornecimento de escravos levou os colonos maranhenses a organizarem revoltas.

Gabarito "B".

(CFO – Oficial da Polícia Militar/MG – 2010) Marque a alternativa **CORRETA.** A paisagem constituída predominantemente de Maquis e Garrigues que acompanha os domínios climáticos das Zonas Temperadas caracterizadas por verões secos e quentes é denominada:

(A) Estepes.
(B) Chaparral.
(C) Savanas.
(D) Pradarias.

Maquis e Garrigues é uma formação típica do domínio climatobotânico de Chaparral, que pode ser encontrado em climas mediterrâneos, a exemplo do sul da América do Sul, África do Sul e sul da Austrália.

Gabarito "B".

(CFO – Oficial da Polícia Militar/MG – 2010) A circulação geral atmosférica redistribui a energia solar pelas zonas de iluminação do planeta e está diretamente associada aos padrões globais de chuvas. Na **Zona Intertropical** quem **expressa** as trocas de energia entre as latitudes equatoriais e as latitudes subtropicais é a:

(A) Célula de Meia Latitude.
(B) Célula marítima.
(C) Célula de Hadley.
(D) Célula Polar.

A célula que circula na zona intertropical do planeta é a de Hadley, que realiza o transporte de calor desde a zona equatorial até a latitude de 30º Norte e 30º ao Sul.

Gabarito "C".

(CFO – Oficial da Polícia Militar/MG – 2010) As unidades das depressões relativas continentais foram geradas por processos erosivos ocorridos no contato das extremidades das bacias sedimentares com maciços antigos. Esses processos erosivos originaram os diferentes tipos de depressão existentes no território brasileiro. A depressão **interplanáltica** é uma área:

(A) que aparece na zona de contato entre terrenos sedimentares e cristalinos. Tem forma alongada. Exemplo: Borda Leste da Bacia do Paraná.
(B) que margeia as bordas de bacias sedimentares. Exemplo: Depressão Norte-Amazônica.
(C) que aparece na zona de contato dos terrenos cristalinos e margeia as bacias sedimentares. Exemplo: Depressão Sul-Amazônica.
(D) de altitude mais baixa do que a dos planaltos que a circundam. Exemplo: Depressão Sertaneja e do São Francisco.

A: incorreta, pois apesar de a depressão da borda leste do rio Paraná se caracterizar como uma depressão interplanáltica, esse tipo de depressão não se forma a partir do contato entre terrenos sedimentares e cristalinos; **B:** incorreta, pois a depressão norte-amazônica é de fato um exemplo de depressão interplanáltica, pois se localiza em altitude inferior aos planaltos das guianas, contudo ela não se forma às margens de bacias sedimentares; **C:** incorreta, pois, de fato, a depressão sul-amazônica se forma na zona de contato entre terrenos antigos (cristalinos) e bacias sedimentares, entretanto, a depressão interplanáltica se forma nas proximidades de um planalto; **D:** correta, pois, de fato, a depressão interplanáltica são aquelas que se originam por um rebaixamento em relação a terrenos planálticos. A depressão Sertaneja e a do São Francisco são exemplos, pois se localizam em terrenos de menor altitude que o planalto da Borborema.

Gabarito "D"

(CFO – Oficial da Polícia Militar/MG – 2010) Nosso planeta ainda não se resfriou totalmente. Dos 6.400 quilômetros, aproximadamente, que separam a superfície da Terra de seu núcleo, o ser humano perfurou cerca de 10 quilômetros. À medida que se aprofunda para o interior, nas camadas superficiais ocorre um aumento médio de temperatura, grau geotérmico, de:

(A) 1 °C a cada 33 metros.
(B) 3 °C a cada 10 metros.
(C) 33 °C a cada 6 metros.
(D) 11 °C a cada 1 metro.

A litosfera, camada rochosa e superficial da Terra, possui espessura média de 40 km, ao perfurar as rochas dessa camada, ocorre o aumento de 1 °C a cada 33 metros, vale ressaltar que em camadas inferiores como o manto e o núcleo, o aumento de temperatura é muito maior, superando os 1.000°C.

Gabarito "A"

(CFO – Oficial da Polícia Militar/MG – 2010) Em 1912, o Geólogo Alemão Alfred Wegener, baseando-se em algumas evidências fósseis e semelhanças entre as estruturas de relevo, formulou a teoria:

(A) Das placas tectônicas.
(B) Da deriva continental.
(C) Da Pangeia.
(D) Da Laurásia.

Alfred Wegener observou o recorte do litoral sul-americano e africano, constatando ali existir um encaixe perfeito, assim aprofundou seus estudos e identificou fósseis animais e vegetais semelhantes nos dois continentes, além disso, a estrutura geológica era a mesma, diante de tais evidências, o geólogo formulou em 1912 a teoria da deriva continental que inicialmente não obteve aceitação da comunidade científica.

Gabarito "B"

(CFO – Oficial da Polícia Militar/MG – 2010) Sobre o fim do período militar no Brasil em 1985, pode-se afirmar que ocorreu de forma:

(A) Lenta e gradual, como desejavam setores das Forças Armadas.
(B) Conflituosa, resultando em um rompimento entre as Forças Armadas e os partidos políticos.
(C) Abrupta e inesperada, como na Argentina do general Galtieri.
(D) Negociada, como no Chile, entre o ditador e os partidos na ilegalidade.

O fim do período ditatorial no Brasil foi iniciado com a implantação da Lei de Anistia (1979) que previa a transição para o modelo democrático de forma lenta, gradual e segura e o retorno de elementos comuns à democracia moderna como o voto direto, a Constituição Federal e o fim das perseguições e censura.

Gabarito "A"

(CFO – Oficial da Polícia Militar/MG – 2010) A Era de Vargas no período de 30-45, apresentou:

(A) O abandono definitivo da política de proteção ao café.
(B) Um respeito aos princípios democráticos, em toda sua duração.
(C) A crescente centralização político-administrativa.
(D) Um leve "surto industrial", resultante da conjuntura da 1ª Guerra.

A Era Vargas (1930-1945) foi marcada do ponto de vista político, especialmente em seus anos finais (Estado Novo/1937-1945) pela centralização do poder exclusiva na figura de Vargas que passou a exercer um governo centralizador e autoritário apoiado pela dinâmica política do populismo. Na prática sua aproximação com povo permitia que a imagem de ditador desse lugar ao "Pai dos Pobres".

Gabarito "C"

(CFO – Oficial da Polícia Militar/MG – 2010) A ideologia desenvolvimentista subordinava o capital nacional ao estrangeiro. O projeto de modernização do país promovia a importação de indústrias e tecnologia, sobretudo no setor de base e bens de consumo duráveis, como automóveis. Estas características identificam um governo e suas consequências econômicas. Assinale-o.

(A) O segundo governo Vargas, contando com forte oposição do capital estrangeiro.
(B) Eurico Gaspar Dutra, que, adotando facilidades alfandegárias, esgotou as reservas acumuladas durante o Estado Novo.
(C) José Sarney e o congelamento de preços e salários do Plano Cruzado, resultando em inflação descontrolada a partir de 1987.
(D) Juscelino Kubitschek, que, embora atingindo um notável crescimento econômico, fez crescer o endividamento externo e as disparidades regionais.

O nacional-desenvolvimentismo se fez presente como característica principal do governo Juscelino Kubitschek, que em nome do progresso da nação contraiu pesados empréstimos com capital internacional, promoveu notável crescimento econômico e o aumento da dívida externa; causando também a acentuação das disparidades regionais do país por conta da execução do Plano de Metas e a construção da nova capital (Meta Síntese).

Gabarito "D"

(CFO – Oficial da Polícia Militar/MG – 2010) No Brasil, a CLT – Consolidação das Leis do Trabalho – foi criada pelo Decreto 5452, de 1943, em meio ao governo de Vargas, para reunir e sistematizar as leis trabalhistas existentes no País. Tais leis representaram a:

(A) Conquista evidente do movimento operário sindical e partidariamente organizado desde 1917, defensor de projetos socialistas e responsável pela ascensão de Vargas ao poder.

(B) Inspiração notadamente fascista, que orientou o Estado Novo desde sua implantação em 1937, desviando Vargas das intenções nacionalistas presentes no início de seu governo.

(C) Participação do Estado como árbitro na mediação das relações entre patrões e trabalhadores de 1930 em diante, permitindo a Vargas propor a racionalização e a despolitização das reivindicações trabalhistas.

(D) Atuação controladora do Estado brasileiro sobre os sindicatos e associações de trabalhadores, permitindo a Vargas criar, a partir de 1934, o primeiro partido político de massas da história brasileira.

Os benefícios trabalhistas provenientes da ação política de Vargas foi resultado de uma imposição legal e não da luta organizada dos trabalhadores. Vargas controlava os sindicatos não permitindo a execução de greves e manifestações. Dessa forma afastava o povo das decisões políticas, manipulando-os.

Gabarito "C"

(CFO – Oficial da Polícia Militar/MG – 2010) Em 1964, um golpe militar interrompeu o governo institucional de JANGO. A partir desse período um regime político ditatorial instalou-se no Brasil. Em 13 de dezembro de 1968, foi anunciado à nação o Ato Institucional Número 5 (AI-5), que determinava:

(A) O fim da censura à imprensa, a criação da Arena e do MDB, a legalização do desquite e do mandado de segurança.

(B) O fechamento da sede da UNE, a ilegalidade do PCB; o fim de todos os partidos políticos e a criação de MDB, Arena e PTB.

(C) A censura prévia de todos os veículos de comunicação, a submissão do poder Judiciário ao Executivo e a supressão de garantias básicas do Estado de Direito, como o *habeas corpus* para crimes políticos.

(D) O fim da censura; a chamada distensão política que sob o comando do General Geisel levou o Brasil para a abertura política.

O Ato Institucional nº 5 foi outorgado em 1968, e promoveu a censura prévia aos veículos de comunicação de massa, suspendeu a viabilização de *habeas corpus* e conferiu plenos poderes judiciais e legislativos ao presidente da República.

Gabarito "C"

(Oficial da Polícia Militar/PA – 2012 – UEPA) A democracia ateniense, surgida nesta pólis grega a partir do século V a.C., significou considerável reorientação da vida política local. A principal característica da nova ordem política correspondeu:

(A) à ascensão de governantes tiranos ao poder, fortemente identificados com os interesses dos demos atenienses.

(B) ao fim da escravidão por dívidas, o que fez desaparecer a instituição escravocrata no sistema socioeconômico da cidade-estado.

(C) à criação da Bulé, ou Conselho dos Quinhentos, que atuava como órgão do poder legislativo, situado acima de quaisquer outras instâncias de poder.

(D) ao desaparecimento da desigualdade de acesso a direitos políticos entre atenienses de origem aristocrática e plebeia.

(E) à aplicação das leis dacronianas, a partir de 621 a.C., o que promoveu o rápido enfraquecimento político dos eupátridas.

A vida política na Grécia Antiga era orientada pela democracia direta da qual participavam apenas os cidadãos, ou seja, indivíduos nascidos na Grécia, filhos de pai e mãe gregos, maiores de 21 anos e possuidores de considerável renda. Dessa forma, criava-se um abismo social entre as classes mais ricas (aristocracia) e os mais pobres (hilotas).

Gabarito "D"

(Oficial da Polícia Militar/PA – 2012 – UEPA) As 95 teses do Padre Martinho Lutero, fixadas na porta da Catedral de Wittenberg em 1517, demarcaram a transição para uma nova fase da história do cristianismo. Dentre sua repercussão mais destacada está:

(A) a defesa da Bíblia escrita em latim como única fonte para a fé.

(B) a crítica da doutrina da infalibilidade dos santos cristãos.

(C) a condenação do comércio de indulgências católicas como meio de salvação.

(D) o reforço da liturgia romana como guia para a comunicação com Deus.

(E) o anúncio de novas doutrinas cristãs para além daquelas das Escrituras Sagradas.

A ação de Martinho Lutero foi uma manifestação de oposição ao ambiente corrupto e degradante que a Igreja Cristã vivia na Europa. Suas críticas eram direcionadas especialmente para problemas políticos e doutrinários do cristianismo europeu tais como: a venda de indulgências (perdão dos pecados) como meio exclusivo da salvação do homem.

Gabarito "C"

(Oficial da Polícia Militar/PA – 2012 – UEPA) A crise sociopolítica interna predominante no período da República Romana, entre 509 a.C e 27 a.C., foi promovida:

(A) pelos levantes de escravos estimulados pelas revoltas plebeias, que colocaram em cheque o sistema monárquico anterior e promoveram o surgimento de um regime republicano de perfil democrático.

(B) pela disputa entre patrícios e plebeus em torno do poder político: os primeiros, pela manutenção de seu *status* dominante; os segundos, por maior participação na vida política da cidade.

(C) pela expansão territorial da colonização romana permitida pelas guerras de conquista que se estenderam durante todo o período republicano, o que serviu de válvula de escape para os conflitos entre patrícios e escravos.

(D) pela ascensão política do senado romano, instituição profundamente republicana, que promoveu radicais transformações na ordem sociopolítica, orientadas para a concessão de direitos políticos a todos os estratos sociais.

(E) pelo permanente estado de guerra em que viveram os cidadãos romanos durante todo o regime republicano. Guerras, como as cartaginesas, criaram um estado de instabilidade social, matriz de revoltas constantes entre a população romana.

A vida política da República Romana foi marcada constantemente pelas disputas entre patrícios e plebeus. Os primeiros interessados na preservação de seu poder político e econômico e o plebeus pleiteando a efetivação de sua participação política para que as leis alcançassem em justa medida seus interesses.

Gabarito "B"

(Oficial da Polícia Militar/PA – 2012 – UEPA) A questão das investiduras consistiu numa disputa política entre o Papado e o Imperador do Sacro Império Romano Germânico, em meados do século X d.C, pelo direito de nomeação de sacerdotes para cargos eclesiásticos. O resultado da disputa foi a ascensão do Papa Gregório VII em 1073, antigo monge da Ordem Religiosa de Cluny, que buscava restaurar a autoridade moral da Igreja. A estratégia papal tomou como princípio:

(A) a proibição da investidura de sacerdotes por representantes do poder temporal e a imposição do celibato sacerdotal.
(B) a criação do tribunal da Santa Inquisição, como medida representativa da política de contrarreforma.
(C) a proclamação das Cruzadas, como medida de unificação da cristandade em torno de um objetivo comum: a libertação da cidade santa de Jerusalém.
(D) a defesa da proeminência do poder espiritual sobre o poder temporal, o que abriu um longo período de enfrentamento bélico entre os reinos medievais e o Vaticano.
(E) a instituição do coroamento dos reis em cerimônias presididas pelo Papa. Assim, a elite eclesiástica assumia o topo do estamento político nos reinos medievais.

A questão das investiduras foi uma ação política da igreja que passou a reprovar de forma contundente a nomeação dos sacerdotes feita por autoridades do poder secular e instituiu o voto de celibato.

Gabarito "A"

(Oficial da Polícia Militar/PA – 2012 – UEPA) O Concílio de Trento, ocorrido entre 1545 e 1563, foi o cerne da reação da Igreja Católica à expansão protestante durante a Reforma. Dentre as medidas de reforço do poder espiritual católico em fins da Idade Média estava(m):

(A) as reformas liberalizantes da Igreja Católica, que permitiram a aproximação entre católicos e protestantes.
(B) a extinção da Companhia de Jesus e o estabelecimento da missão de conversão dos indígenas do Novo Mundo.
(C) a condenação das heresias, em particular do Arianismo, doutrina que defendia a única natureza humana de Jesus Cristo.
(D) a ênfase na ação do Tribunal do Santo Ofício como executor da Santa Inquisição, o que significou perseguição sistemática às heresias.
(E) a especificação das doutrinas católicas da salvação, dos sete sacramentos, do cânone bíblico, unificação do ritual da missa baseada no rito romano.

O Concílio de Trento foi uma das respostas da Igreja Católica ao movimento da reforma Protestante que se estabelecia na Europa ao longo do século XVI. Nessa reunião ficou estabelecida a criação do Tribunal do Santo Ofício, órgão responsável pela execução das Inquisições. Dessa maneira garantia uma perseguição implacável aos questionadores dos dogmas da fé, os hereges.

Gabarito "D"

(Oficial da Polícia Militar/PA – 2012 – UEPA) O termo Revolução Industrial, no sentido estrito, corresponde a / ao:

(A) movimento ascendente da capacidade produtiva de bens de consumo industriais na Inglaterra de fins do século XVIII.
(B) aumento da capacidade inglesa, em fins do século XVIII, de produção de equipamentos para a indústria de base do país.
(C) crescimento vertiginoso da capacidade de compra de produtos têxteis por mercadores ingleses em países de outros continentes.
(D) emprego massivo de mão de obra assalariada nas manufaturas inglesas, regulado por direitos trabalhistas.
(E) fase complementar da revolução urbana, completada com a evolução da manufatura para a maquinofatura, desde fins da Idade Média.

A Revolução Industrial foi um momento histórico ocorrido pioneiramente na Inglaterra no século XVIII e foi marcado pelo avanço acelerado do processo produtivo e da capacidade de criação dos bens de consumo industriais.

Gabarito "A"

(Oficial da Polícia Militar/PA – 2012 – UEPA) O jornal "O Paraense", o primeiro a ser impresso na Amazônia, foi fundado em 1º de abril de 1822 por Felipe Alberto Patroni Martins Maciel Parente. Surgido no contexto da Revolução Liberal do Porto, o periódico teve sua linha editorial orientada pelas atividades de seu editor como representante da Capitania do Pará nas Cortes de Lisboa. O jornal ficou conhecido, na época, entre os políticos liberais portugueses como:

(A) meio informativo inovador e de excelente qualidade.
(B) instrumento de divulgação do ideário liberal português.
(C) arauto das ideias absolutistas e de defesa da recolonização do Brasil.
(D) veículo de subversão política, por apoiar a dissidência brasileira.
(E) libelo republicano inspirado nos ideais emancipacionistas dos Estados Unidos.

No contexto de regimes ditatoriais autoritários, os meios de comunicação coletivos tornam-se instrumentos eficazes para contestação e manifestação de oposição ao regime estabelecido. Durante o século XIX, no Brasil, uma das formas mais comuns de expressar a opinião e demonstrar a insatisfação contra o regime colonial de Portugal perante o Brasil foi a criação e a distribuição de jornais, folhetos e cartazes, a maioria de autoria anônima com mensagens curtas e imagens lúdicas.

Gabarito "D"

(Oficial da Polícia Militar/PA – 2012 – UEPA) Facismo e Nazismo foram movimentos políticos que ascenderam ao poder na Itália e na Alemanha dos anos 1920-30 no contexto da depressão econômica do entreguerras. O clima de radicalismo de direita foi possível nestes países por conta da(o):

(A) aliança dos partidos fascistas europeus com os bolcheviques soviéticos, de forma a contrabalançar o poder econômico dos países democráticos.
(B) atuação de líderes carismáticos que inspiraram o espírito nacionalista em seus países, inclusive entre suas minorias étnicas.
(C) crise econômica partilhada com os demais países comunistas, que viam a política colonialista como solução para o declínio econômico.
(D) temor das elites de uma iminente Revolução Comunista e de sua defesa de um regime político que abolisse a luta de classes.
(E) crescente militarização dessas sociedades e do espírito revanchista contra seus aliados da primeira guerra mundial.

A ascensão e o governo dos partidos políticos de extrema direita, o totalitarismo, só foi possível a partir do contexto do período entreguerras, pois os países europeus tinham acabado de passar pela crise financeira, oriunda dos Estados Unidos e havia por parte das nações europeias uma descrença na democracia liberal, além de as classes médias alimentarem um forte receio de que a expansão socialista dominasse a Europa. Nesse sentido, tais instabilidades geraram um expediente suficiente para que o totalitarismo ascendesse como a esperança para a saída da crise social e política e afastasse a possibilidade de implantação de uma revolução seguida de um governo comunista.

Gabarito "D"

(Oficial da Polícia Militar/PA – 2012 – UEPA) O período conhecido como "Nova República" corresponde à fase de abertura política e redemocratização vivida no país a partir de 1985. No decorrer do período de abertura, os militares foram progressivamente se ausentando do cenário político em favor de grupos políticos civis. Na prática, a redemocratização significou:

(A) o retorno do debate político em torno das Reformas de Base, que havia sido interrompido com a deposição de João Goulart pelo Golpe Militar de 1964. Nos anos 1980, este debate foi retomado pelo recém-criado Partido dos Trabalhadores.
(B) a formação de um regime parlamentarista sustentado por governos de centro esquerda. Esta tendência teve como ponto de partida a aprovação da emenda constitucional que propunha eleição direta para Presidente da República em 1984.
(C) uma guinada política em favor do fortalecimento dos grupos políticos socialistas, já que os partidos comunistas nacionais foram legalizados e passaram a disputar, com grande vantagem, eleições para instâncias do poder executivo e legislativo.
(D) poucas mudanças na ordem política. As estruturas autoritárias de poder herdadas da ditadura militar permaneceram intocadas, na maioria. Daí se poder afirmar que a "Constituição Cidadã" de 1988 foi uma espécie de engodo político.
(E) maior acesso da sociedade civil às instâncias de discussão e de decisão política do país, por meio da promulgação de uma Constituição Democrática e do retorno das eleições diretas para cargos executivos e legislativos.

A redemocratização política do Brasil, logo após a Ditadura Militar (1964-1985) foi um longo processo de devolução do poder a um regime do tipo democrático. Iniciada com a Lei de Anistia (1979), a liberação do regime possibilitou à sociedade civil a discussão e decisão política no país, além de trazer de volta as eleições diretas acompanhadas de uma nova Constituição Federal..

Gabarito "E"

(Oficial da Polícia Militar/PA – 2012 – UEPA) A atuação dos jesuítas no empreendimento colonial do Novo Mundo, ao lado de outras ordens religiosas, contribuiu para o processo de colonização especialmente através do(a):

(A) controle total sobre os povos indígenas, relegando a exploração da mão de obra africana aos donos de engenhos e demais potentados rurais.
(B) aliança entre religiosos missionários, autoridades das capitanias e fazendeiros em torno do uso da mão de obra indígena.
(C) unificação religiosa dos povos indígenas da América Portuguesa, uniformizados em termos religiosos e integrados ao mundo colonial.
(D) organização das missões ou reduções, que objetivavam incorporar os indígenas na cristandade e submetê-los às autoridades colonizadoras.
(E) fortalecimento da aliança entre o Estado Português e o Vaticano, que atuaram conjuntamente na colonização americana.

A ação dos jesuítas no processo de colonização da América foi um elemento acessório à dinâmica mercantilista portuguesa. Presentes no território americano desde o primeiro momento, os jesuítas promoveram sistematicamente a catequização evangelística dos nativos americanos e, para isso, lançavam mão de recursos e ambientes específicos. Esse era o caso das Missões/Reduções, grandes aldeamentos nos quais os índios eram alojados e passavam dias executando tarefas braçais enquanto aprendiam a cultura europeia e os fundamentos da religião cristã.

Gabarito "D"

(Oficial da Polícia Militar/PA – 2012 – UEPA) A escravidão negra na Amazônia remonta ao século XVII, com as primeiras rotas escravistas para o Estado do Maranhão. A consolidação de um movimento regular de fornecimento de escravos africanos para a região ocorre somente no século XVIII, por conta do (a):

(A) fortalecimento do empreendimento açucareiro na Amazônia, especialmente na região do Baixo Amazonas.
(B) suporte das políticas pombalinas à efetivação da Companhia Geral de Comércio do Grão-Pará e Maranhão.
(C) declínio da escravização indígena, o que impulsionou ao uso exclusivo do trabalho compulsório de africanos.
(D) decadência do pacto colonial, que fortaleceu empreendimentos particulares, interessados no abastecimento da Amazônia com escravos amazônicos.
(E) ascensão do contrabando e do tráfico interprovincial de escravos negros no Brasil Colonial.

O fornecimento de escravos para a região Norte do Brasil iniciou-se a partir do século XVIII em função da política adotada pelo Marquês de Pombal que via naquela região um crescente núcleo de desenvolvimento econômico. Sendo assim, estabeleceu a criação de empresas responsáveis por implantar a efetiva exploração dos recursos entre as quais a Companhia Geral de Comércio do Grão-Pará e Maranhão.

Gabarito "B".

(Oficial da Polícia Militar/PA – 2012 – UEPA) Num sentido amplo, define-se a Cabanagem como:

(A) levantes populares no período regencial organizados por lideranças oligárquicas e/ou por clãs rebeldes formados por caboclos, escravos, negros livres, dentre outros, que se opunham à dominação socioeconômica portuguesa na Amazônia.
(B) o levante que se iniciou com a tomada do governo provincial em Belém em 1835 e que se encerrou com a deposição e captura de Eduardo Angelim pelas forças legalistas imperiais do comandante Soares de Andréa.
(C) variedade de motins políticos espalhados pela Província do Pará, que se iniciaram com a Revolução Liberal do Porto em 1821 e se concluíram com a anistia aos cabanos fugitivos concedida pelo Império em 1840.
(D) verdadeira revolução paraense de caráter socialista, que instituiu um regime de democracia do proletariado, invertendo as relações de poder político e dominação econômica na Província do Pará.
(E) uma luta independentista, que objetivava garantir a emancipação do Pará em relação ao Império Brasileiro. Exemplo disso foram as eleições de governantes cabanos para a Presidência da Província.

A Cabanagem (1835-1840) foi uma revolta regencial ocorrida no Império brasileiro e tinha como principais lideranças indivíduos ligados às grandes oligarquias que se articulavam bem entre as classes sociais mais pobres. Os indivíduos envolvidos nessa revolta possuíam interesses em comum, como o fim da exploração colonial portuguesa na região amazônica.

Gabarito "A".

(Oficial da Polícia Militar/PA – 2012 – UEPA) A formação do governo estadual no Pará, após a aclamação da República, se baseou na atuação dos chamados republicanos históricos. As demais personalidades da vida política no início da República no Pará eram identificados pelo partido da situação como "adesistas". Considerando a relação entre estes dois polos políticos, é correto afirmar que ela:

(A) representou o fortalecimento do Clube Republicano, ao qual aderiu o Partido Republicano Democrático.
(B) constituiu um período de tranquilidade nas relações entre grupos políticos à esquerda e à direita.
(C) marcou uma fase de levantes revolucionários populares, iniciados com a insurreição de Veiga Cabral.
(D) foi marcada por intensos conflitos no início da década de 1890, por conta do desequilíbrio político existente entre os grupos oligárquicos.
(E) esteve pautada nas disputas entre os apoiadores de Lauro Sodré e de Antônio Lemos, contendores pelo governo estadual.

O atual estado do Pará, formado logo após a proclamação da República brasileira, viveu em seus primeiros momentos um período marcado por disputas oligárquicas de cunho político as quais resultaram na formação de intensos conflitos, liderados por posições políticas antagônicas: os conservadores, que queriam o retorno às práticas políticas do Império; e os adesistas, que representavam a vanguarda transformadora.

Gabarito "D".

(Oficial da Polícia Militar/PA – 2012 – UEPA) O *slogan* "integrar para não entregar" foi o lema da campanha do Plano de Integração Nacional, criado no governo militar do Presidente Emílio Garrastazu Médice, em 1970. Em linhas gerais, o plano significou:

(A) o assentamento de colonos vindos de outras regiões do país na Amazônia, nas frentes de expansão agrícola e pecuária, baseadas na abertura de estradas.
(B) o incentivo à industrialização da Amazônia, pautado na formação de mão de obra qualificada oriunda da própria região.
(C) uma ação de mobilização militar contra o assim chamado, à época, "inimigo externo", isto é, as potências capitalistas que pretendiam invadir a Amazônia.
(D) um aumento do controle fronteiriço para conter as invasões territoriais de grupos guerrilheiros comunistas de países vizinhos.
(E) o enfrentamento dos grupos guerrilheiros rurais que se opunham ao regime militar e tomavam a Amazônia como base de suas ações.

O governo militar brasileiro colocou em prática o que chamaram de Plano de Integração Nacional. Esse Plano, que tinha como lema "Integrar para não entregar", tratava especificamente da Amazônia e das riquezas naturais do País. Dessa forma, evitariam que a região amazônica fosse internacionalizada e afirmaria a soberania nacional sobre as localidades mais afastadas. A execução desse projeto previa o incentivo da ida de colonos para a região amazônica, que seria acompanhada da expansão das fronteiras agrícola e agropecuária auxiliada por obras de infraestrutura, como a construção de estradas.

Gabarito "A".

(Oficial da Polícia Militar/PA – 2012 – UEPA) É fundamental que o campo seja entendido a partir de suas relações com as cidades, uma vez que o desenvolvimento do modo capitalista de produção trouxe consigo o desenvolvimento e a expansão do urbano. Nesta relação entre o campo e a cidade:

(A) verifica-se que a paisagem rural desapareceu dando lugar a paisagem urbana.
(B) observa-se que o campo industrializou-se e a agricultura familiar desapareceu.
(C) percebe-se a criação das fábricas verdes e a implementação do desenvolvimento sustentável.
(D) o campo se mantém como produtor de alimentos para grandes contingentes populacionais.
(E) a agricultura se tornou atividade quase inexistente com o massivo assalariamento do trabalhador rural.

O modo de produção capitalista pode ser entendido a partir de duas situações: produção e consumo. Nesse modelo econômico a produção é uma atividade que fica sob a responsabilidade do campo (rural) e o consumo um privilégio exclusivo da cidade (urbano), dessa maneira os resultados do desenvolvimento são usufruídos pelos grandes contingente populacionais das cidades.

Gabarito "D".

(Oficial da Polícia Militar/PA – 2012 – UEPA) "Do ponto de vista político-econômico, podemos dizer que houve três modelos de industrialização: a clássica, ou original; a planificada, ou socialista; e a tardia, periférica, ou retardatária. E, do ponto de vista da complexidade tecnológica, ele pode ser dividida em três etapas ou fases: a Primeira, a Segunda e a Terceira Revolução Industrial" (VESENTINI, J. W. **Geografia**: geografia geral e do Brasil. São Paulo: Ática, 2005). São processos associados à Primeira Revolução Industrial:

(A) a invenção dos computadores, o destaque da indústria eletroeletrônica, a redução do consumo dos recursos naturais e o êxodo urbano.
(B) a invenção do tear mecânico, o destaque para a indústria têxtil, o aumento do consumo dos recursos naturais e o êxodo rural.
(C) a invenção do motor à explosão, o destaque para a indústria automobilística, a redução do consumo dos recursos naturais e o êxodo rural.
(D) a invenção da internet, o destaque para as redes sociais, o aumento do consumo dos recursos naturais e o êxodo urbano.
(E) a invenção da informática, o destaque para a indústria de computadores, a redução do consumo dos recursos naturais e o êxodo rural.

A: incorreta, pois a invenção da informática e a difusão da informação por meio desses aparelhos é típico do século XX e está associada diretamente à terceira revolução industrial; **B:** correta, pois a primeira revolução industrial ocorre no final do século XVIII na Europa e o maior destaque é o início da produção por máquinas e a divisão do trabalho, especialmente na indústria têxtil. Além disso, verifica-se uma migração em massa da população do campo para os centros urbanos; **C:** incorreta, pois a invenção da máquina à vapor e posteriormente do motor à explosão são inovações ligadas à segunda revolução industrial. Além disso, desde a primeira revolução, o consumo dos recursos naturais só tem aumentado; **D:** incorreta, pois esse é um evento muito recente, classifica-se ainda dentro da terceira revolução industrial. Contudo, a depender das transformações causadas no sistema produtivo pode se relacionar no futuro a um outro patamar de revolução; **E:** incorreta, pois a invenção da informática está atrelada à terceira revolução industrial.

Gabarito "B"

(Oficial da Polícia Militar/PA – 2012 – UEPA) A segunda metade do século XX é marcada pelo conflito que dividiu o mundo em dois: Guerra fria, como ficou conhecido, ou conflito Leste-Oeste. Como iniciativa das principais potências envolvidas no conflito aponta-se:

(A) que os dois lados do conflito trataram de assegurar alianças econômicas, políticas e ideológicas.
(B) a recuperação dos países pobres envolvidos com a guerra em particular do continente asiático, como o Japão, através do Tratado de Varsóvia.
(C) a divisão da Alemanha na Conferência de Potsdam em 4 setores controlados pelos vencedores da Guerra: Itália e E.U.A. de um lado e de outro a União Soviética.
(D) a corrida pela instalação do socialismo no continente asiático e africano, desencadeando a fúria americana e a consequente criação da KGB pelos E.U.A.
(E) que o terceiro mundo ou países subdesenvolvidos foram alvos pouco requisitados nesta disputa, vindo a compor o bloco de influência dos E.U.A., como por exemplo, Cuba.

O período da Guerra Fria (1947-1989) viveu um contexto marcado pela polarização ideológica entre Estados Unidos (Capitalistas) e União Soviética (Comunistas). Nesse sentido, as potências nacionais buscaram aliar-se a grupos de integração política e econômica que pudessem garantir a plena satisfação de seus projetos hegemônicos, afastando a possibilidade de conflitos armados diretos.

Gabarito "A"

(Oficial da Polícia Militar/PA – 2012 – UEPA) Uma das características da atual fase do sistema capitalista é a formação de blocos econômicos e de organizações econômicas internacionais. São exemplos de organizações ou blocos dos quais o Brasil faz parte:

(A) o Nafta e MERCOSUL.
(B) a OMC e G8.
(C) MERCOSUL e BRICS.
(D) FMI e Pacto Andino.
(E) ALCA e G7.

A: incorreta, pois apesar de o Brasil ser o grande líder do Mercosul, o NAFTA é composto apenas pelos países da América do Norte; **B:** incorreta, pois o país faz parte da Organização Mundial do Comércio(OMC), contudo não faz parte do G8; **C:** correta, pois o Brasil compõe o Mercosul e faz parte da organização BRICS, composta por Brasil, China, Índia e África do Sul, países que tiveram expressivo crescimento na última década e têm potencial para tornarem-se futuras potências mundiais; **D:** incorreta, pois o país não faz parte do pacto andino, que conta apenas com alguns países que se localizam ao longo da cordilheira dos Andes; **E:** incorreta, a área de livre comércio das Américas (ALCA) nunca foi implementada de fato.

Gabarito "C"

(Oficial da Polícia Militar/PA – 2012 – UEPA) Leia o Texto e a charge para responder a questão

> "A globalização não é apenas um processo de integração econômica mundial. Ela tem ao mesmo tempo uma dimensão política, social e cultural. Para se estabelecer mundialmente, a grande empresa precisa da globalização cultural.
>
> O lazer, as formas de vestir, as revistas, os jornais, as formas de consumo precisam ser parecidas em qualquer lugar do mundo, isto é, padronizadas"
>
> (ALMEIDA, L.M.A. de, & RIGOLIN, T.B., **Fronteiras da Globalização**. São Paulo: Ática, 2010).

Disponível em: <www.democraciaesocialismo.blogspot.com>. Acesso em: jul. 2012.

De acordo com o Texto e a charge acima é correto afirmar que a globalização:

(A) é um processo de integração econômica que possibilita uma maior integração cultural, a redução das desigualdades sociais e promove uma maior integração entre as diferentes classes sociais.
(B) é um processo de integração, exclusivamente cultural, que promove a redução das desigualdades econômicas, e, por consequência, uma maior integração entre as classes sociais.
(C) é um processo de padronização que se manifesta nos aspectos sociais, culturais e econômicos, mas não representa a redução das desigualdades sociais ou a plena integração entre as classes sociais.
(D) é um processo de padronização, que se manifesta em todos os níveis, e pode ser verificado pela forma de vestir, pelas formas de consumo e reflete a plena integração e aproximação das classes sociais.
(E) é um processo que manifesta o interesse das grandes empresas de promover uma maior integração entre as classes, que se manifesta por meio da padronização do consumo e da produção.

A globalização é um processo característico da economia capitalista, pois além de buscar o lucro na integração econômica, causando transformações no modo de vida social e cultural, dinamiza a perspectiva econômica. Todavia, não é objetivo de tal processo a diminuição das desigualdades sociais e a plena integração entre as classes, haja vista que a produção de capital se dá por meio do isolamento social de classes econômicas.

Gabarito "C"

(Oficial da Polícia Militar/PA – 2012 – UEPA) No continente europeu, os movimentos separatistas mais violentos aconteceram, nas regiões das cadeias montanhosas do Cáucaso e dos Bálcãs. Sobre os conflitos étnicos e geopolíticos nesta região, enfatiza-se que:

(A) os conflitos étnicos e religiosos ocorridos nesta região desapareceram após a desintegração da antiga potencia comunista.
(B) os conflitos que ocorrem nesta região estão relacionados aos nacionalismos e as diferenças religiosas.
(C) os maiores problemas ocorrem na Chechênia e na Bósnia, e apesar de terem travado guerras contra a Rússia, não conseguiram sua independência.
(D) esta região teve três influência religiosas: a Cristã Ortodoxa, legado russo; o Islamismo, herança Otomana e o Xintoísmo.
(E) o Curdistão após longa guerra contra a Rússia, conquistou sua independência e território.

A: incorreta, pois após a desintegração soviética intensificou-se os conflitos na região, onde diversos grupos étnicos buscaram a independência política e territorial; **B:** correta, pois, de fato, várias minorias nacionais inflamadas pelo sentimento nacionalista e buscando expressar sua cultura, sem repressão aderem ao conflito armado para a conquista da independência política e territorial; **C:** incorreta, pois apesar dos chechenos ainda buscarem sua independência da Rússia, a Bósnia conquistou sua independência em relação aos sérvios em 1995, após uma violenta guerra no país; **D:** incorreta, pois é possível observar uma diversidade religiosa muito maior na região; **E:** incorreta, pois os curdos ainda formam a maior nação sem território do mundo e lutam para a criação de seu território na região entre o Iraque e a Turquia.

Gabarito "B"

(Oficial da Polícia Militar/PA – 2012 – UEPA) O espaço agrário brasileiro apresenta um histórico de conflitos em torno da luta pelo direito a terra e uso dos recursos naturais. Sobre as características das propriedades rurais destacam-se:

(A) as grandes propriedades com extensas áreas destinadas à preservação ambiental.
(B) as pequenas e médias propriedades no Norte e Nordeste com sua produção voltada para o mercado de *commodities* e agrocombustíveis.
(C) as ações do Estado brasileiro, pós Plano Nacional de Produção e Uso do Biodiesel – PNPB, direcionando a produção das grandes propriedades para o mercado interno.
(D) as propriedades camponesas e sua produção para o mercado interno e as grandes propriedades produzindo para atender o mercado externo.
(E) as ações da agroindústria no campo, com destaque para a região Norte, modificando o uso da terra e implantando o assalariamento geral dos trabalhadores rurais.

A: incorreta, pois, de fato, existem grandes propriedades, contudo, apenas uma pequena parcela da terra se destina à Reserva Legal; **B:** incorreta, pois no Norte e Nordeste, assim como em todo o Brasil, é nas grandes propriedades que predomina a produção de *commodities* e agrocombustíveis. Nas pequenas e médias propriedades predomina a agricultura familiar com produção voltada para o mercado interno; **C:** incorreta, pois no Brasil predomina o sistema agrícola de *plantation* com grandes propriedades de terras monocultoras voltadas para o comércio exterior; **D:** correta, pois a maior parte do mercado interno é abastecido pela produção das pequenas e médias propriedades, enquanto os latifúndios têm sua produção voltada para a exportação; **E:** incorreta, pois a agroindústria tem aumentado o desemprego, pois sua produção prioriza a utilização de máquinas para aumentar a produtividade.

Gabarito "D"

(Oficial da Polícia Militar/PA – 2012 – UEPA) O processo de industrialização brasileira ocorreu de forma concentrada na região Sudeste. Contudo, a partir da década de 1990, as mudanças ocorridas no cenário internacional, dentre as quais cabe destacar o surgimento da Ordem Multipolar e a formação de Blocos Econômicos, provocaram uma reorganização na lógica da localização industrial no país, com ênfase para transferência de indústrias para outras regiões. Tal fenômeno recebe o nome de:

(A) Desindustrialização.
(B) Terceirização.
(C) Desconcentração industrial.
(D) Deseconomia de Aglomeração.
(E) Divisão Territorial do Trabalho – D.T.T.

A: incorreta, pois a desindustrialização ocorre com a extinção ou diminuição da capacidade de produção das indústrias. Nesse caso ocorreu apenas a transferências de indústrias para outras localidades e a capacidade produtiva não foi reduzida; **B:** incorreta, pois terceirização é quando parte da produção ou prestação de serviços é comprada de uma outra empresa; **C:** correta, pois, de fato, o que ocorre é uma desconcentração industrial ocasionada pela transferência de indústrias para outra localidade; **D:** incorreta, pois a deseconomia ocorre nas regiões onde já existiam, há algum tempo, um grande número de indústrias. Se dá devido à mão de obra, impostos mais elevados e alta competição entre as empresas, que acarretam o aumento do custo de produção. A deseconomia é a causa para a desconcentração industrial não o fenômeno em si; **E:** incorreta, pois a sigla D.T.T. não existe.

Gabarito "C"

(Oficial da Polícia Militar/PA – 2012 – UEPA) O desenvolvimento econômico do Brasil ocorrido nas últimas décadas, tem sinalizado para uma mudança positiva de perspectiva do país no cenário internacional. Dentre os elementos que concorrem para isso está:

(A) a descoberta do pré-sal e seu agrupamento ao BRICS.
(B) a saída do Brasil do Mercosul e seu isolamento.
(C) o veto ao afastamento do Paraguai do Mercosul.
(D) ao crescimento da inflação e consequente crise do real.
(E) a criação de um bloco econômico independente na América latina.

A: correta, pois a descoberta do pré-sal possui um potencial econômico gigantesco, que pode contribuir para o desenvolvimento do país. Além disso, a inserção do país nos BRICS, grupo de países que apresentam um forte crescimento econômico, pode diminuir a dependência brasileira dos mercados centrais; **B:** incorreta, pois o Brasil ainda é o grande líder do Mercosul; **C:** incorreta, pois o Paraguai permanece suspenso do bloco devido ao golpe de estado no país; **D:** incorreta, pois o crescimento da inflação é uma das grandes preocupações do governo e controlá-la é essencial para manter o ritmo de crescimento; **E:** incorreta, pois o Brasil não compõe nenhum bloco independente na América Latina.

Gabarito "A"

(Oficial da Polícia Militar/PA – 2012 – UEPA) Como estratégia de gestão político-administrativa, o país foi dividido em regiões pelo IBGE, são elas: Norte, Nordeste, Centro-Oeste, Sudeste e Sul. Tal divisão abriu precedentes políticos e teóricos, para que, em vários Estados da federação, surgissem propostas de divisão territorial. No que se refere ao Estado do Pará, a proposta apresentada recentemente em plebiscito, sugeriu a divisão do Estado em:

(A) duas partes, criando o Estado do Xingu e o Pará remanescente.
(B) três partes, criando os Estados do Tapajós, do Xingu e o Pará remanescente.
(C) três partes, criando os Estados do Tapajós, de Carajás e o Pará remanescente.
(D) quatro partes, criando os Estados do Tapajós, do Xingu, de Carajás e o Pará remanescente e duas partes, criando os Estados do Tapajós,
(E) de Carajás.

Foi votado em plebiscito no ano de 2011 a divisão do estado do Pará em Tapajós, Carajás e o Pará restante. Contudo, a população votou contrariamente a esse projeto, que foi arquivado.

Gabarito "C"

(Oficial da Polícia Militar/PA – 2012 – UEPA) Leia o Texto para responder a questão

> Se forem confirmadas as estimativas da quantidade de petróleo da camada pré-sal brasileira, o Brasil poderá se transformar, futuramente, num dos maiores produtores e exportadores de petróleo e derivados do mundo. Porém, os investimentos deverão ser altíssimos, pois, em função da profundidade das reservas, a tecnologia aplicada deverá ser de alto custo".
>
> (disponível em: <http://www.suapesquisa.com/geografia>. Acesso em: jul. 2012).

Os elementos apresentados no Texto sugerem a importância do petróleo para a economia brasileira e enfatizam os custos e a tecnologia. Nesse sentido é correto afirmar que:

(A) o processo de exploração e comercialização do petróleo da camada pré-sal não é importante para o Brasil, pois o país não detém a tecnologia necessária e tem como prioridade a produção de etanol.
(B) o processo de exploração e comercialização do petróleo da camada pré-sal é importante para a economia brasileira, mas representa elevados custos, mesmo sendo o Brasil detentor de tecnologia no que se refere à exploração de petróleo.
(C) o processo de exploração e comercialização do petróleo da camada pré-sal não é importante para a economia brasileira, mesmo sendo o Brasil detentor de tecnologia no que se refere à exploração de petróleo.
(D) o processo de exploração e comercialização do petróleo da camada pré-sal é importante para a economia brasileira, mas a prioridade de investimentos do país é para as fontes alternativas de energia.
(E) o processo de exploração e comercialização do petróleo da camada pré-sal é importante para a economia brasileira, mas os riscos ambientais impedem a atração dos altos investimentos necessários.

A: incorreta, pois o texto enfatiza os ganhos possíveis da exploração da camada pré-sal, podendo lançar o Brasil como um dos maiores produtores e exportadores mundiais de petróleo e derivados; **B:** correta, pois apesar de já existir tecnologia, será necessário um alto investimento para a exploração do petróleo da camada pré-sal que se estende por pelo menos 800 quilômetro no litoral brasileiro, contudo a grande quantidade de petróleo poderá lançar o país como um dos maiores produtores e exportadores de petróleo e derivados; **C:** incorreta, pois a exploração e comercialização desse petróleo será de grande importância econômica para o país; **D:** incorreta, pois apesar de ocorrer um crescimento da utilização de fontes alternativas, o petróleo ainda é a principal fonte da matriz energética brasileira; **E:** incorreta, pois há imenso interesse por parte de grandes petrolíferas internacionais na exploração do petróleo dessa camada, logo, não constitui um problema à atração de investimentos.

Gabarito "B"

(Oficial da Polícia Militar/PA – 2012 – UEPA) Elaborada na década de 1960, por Aziz Ab'Saber a proposta de regionalização que está baseada na inter-relação entre os aspectos naturais ou fisiográficos e divide o Brasil em seis áreas é conhecida como:

(A) Regiões Homogêneas.
(B) Regiões Geoeconômicas.
(C) Regiões Naturais.
(D) Regiões Concentradas.
(E) Domínios Morfoclimáticos.

Em um criterioso estudo do território brasileiro, Aziz Ab'Saber regionalizou o país de acordo com a inter-relação de aspectos naturais como vegetação, clima, solo e relevo e nomeou cada unidade regional de domínios morfoclimáticos, descritos em sua obra **Domínios da natureza do Brasil**.

Gabarito "E"

(Oficial da Polícia Militar/PA – 2012 – UEPA) Leia o Texto para responder a questão

> Bem me diziam que a terra
> se faz mais branda e macia
> quando mais do litoral
> a viagem se aproxima.
> Agora afinal cheguei
> nesta terra que diziam.
> Como ela é uma terra doce
> para os pés e para a vista.
> Os rios que correm aqui
> têm água vitalícia.
> Cacimbas por todo lado
> cavando o chão, água mina.
> Vejo agora que é verdade
> o que pensei ser mentira
> Quem sabe se nesta terra
> não plantarei minha sina?
> Não tenho medo de terra
> (cavei pedra toda a vida),
> e para quem lutou a braço
> contra a piçarra da Caatinga
> será fácil amansar
> esta aqui, tão feminina.
>
> (NETO, João Cabral de Melo. **Morte e vida severina**, 1996)

As características apresentadas no Texto V podem ser relacionadas com:

(A) a região Amazônica, com sua grande diversidade natural e o potencial hidrográfico, sobretudo na Amazônia Oriental.
(B) a região Sudeste, com seu potencial econômico e industrial, sobretudo na região do ABC paulista.
(C) a região Nordeste, com sua diversidade natural e o contraste entre o sertão, semiárido, e a zona da mata úmida.
(D) a região Centro-Oeste, com seu potencial econômico e industrial, em especial no estado do Mato Grosso.
(E) a região Sul, com seu clima frio e seu potencial ligado a agricultura e pecuária, em especial na região dos Pampas.

A: incorreta, pois o texto se refere a uma região litorânea, Amazônia se localiza na porção continental do território brasileiro; **B:** incorreta, pois o texto se refere a uma área de cultivo onde ele irá "amansar" a terra; **C:** correta, pois a referência à Caatinga predominante na depressão sertaneja e a narração da chegada em terras próximas do litoral refere-se, de fato, à região Nordeste; **D:** incorreta, pois a região Centro-Oeste se localiza bem distante das áreas litorâneas, além de possuir solos muito ácidos; **E:** incorreta, pois a região dos Pampas não se localiza nas proximidades do litoral; além disso, o clima dessa área não é frio, na verdade é subtropical.

Gabarito "C"

(Oficial da Polícia Militar/PA – 2012 – UEPA) A dimensão territorial e a diversidade cultural, características tão marcantes, no que diz respeito ao Brasil, são frutos do processo histórico de organização espacial do país. Nesse sentido, julgue os itens a seguir:

I. A configuração das fronteiras nacionais não está relacionada ao processo de expansão capitalista, em sua fase comercial, e ao desenvolvimento de atividades econômicas, como a cana-de-açúcar e as drogas do sertão.
II. O capitalismo comercial e o colonialismo impulsionaram o desenvolvimento de atividades econômicas que contribuíram para a configuração das fronteiras nacionais, tais como: a cana-de-açúcar e as drogas do sertão.
III. Os ciclos ou atividades econômicas foram responsáveis pela diversidade cultural e pela configuração das fronteiras nacionais, pois dinamizaram a ocupação do território, tanto por parte da população nativa, quanto dos escravos e europeus.

De acordo com as afirmativas acima, a alternativa correta é:

(A) I.
(B) I e II.
(C) I, II e III.
(D) II e III.
(E) I e III.

I: incorreta, pois a fase comercial do capitalismo corresponde ao contexto das grandes navegações europeias que está diretamente relacionada à expansão das fronteiras nacionais e ao desenvolvimento econômico da monocultura agroexportadora; II: correta, pois o colonialismo foi um dos principais objetivos do capitalismo comercial e contribuiu decisivamente para a formação das atuais fronteiras nacionais; III: correta, pois as atividades comerciais correspondentes aos ciclos econômicos brasileiros, tais como a cana-de-açúcar e o ouro, foram responsáveis pela formação das atuais fronteiras e a promoção da diversidade cultural unindo elementos nativos e estrangeiros.

Gabarito "D"

(Soldado da Polícia Militar/PR – 2010 – UELCOPS) Experiências "científicas" tendo seres humanos como cobaias e o emprego do terror policial, a perseguição, a tortura e o extermínio de povos considerados inferiores são características do Estado:

(A) Democrático.
(B) Liberal.
(C) Monárquico.
(D) Totalitário.
(E) Republicano.

Os regimes totalitários utilizam como principal ação de governo o terror, buscam assim associar a imagem do regime político, bem como de seu ditador, à imagem da nação, dessa forma promovem a perseguição e a tortura dos opositores e, em casos extremos como o Nazismo, divulgam a supremacia de uma raça e o extermínio de "raças impuras".

Gabarito "D"

(Soldado da Polícia Militar/PR – 2010 – UELCOPS) Leia o texto a seguir:

Os gregos antigos foram os primeiros a atribuir um conceito (...) racional e jurídico à escravidão, e em vez de usarem estigmas físicos e tatuagens, definiram o escravo, ou doulos, com maior precisão legal. O doulo pertenceria (...) a um grupo à parte, e seria um tipo de propriedade com alma. Os romanos seguiram a mesma trilha.

(SILVA, Kalina V. & SILVA, Maciel H. **Dicionário de conceitos históricos**. São Paulo: Contexto, 2005, p. 112.)

Considere as afirmativas a seguir:

I. A Igreja Cristã, desde o início da colonização da América, opôs-se à escravização de africanos.
II. A monarquia liberal brasileira promoveu a abolição da escravidão em território nacional no momento da independência.
III. No mundo greco-romano, a escravidão resultava principalmente das guerras de conquistas e do endividamento.
IV. No mundo moderno, a escravidão foi associada à cor negra, constituindo-se assim uma base racial para aquela instituição.

Assinale a alternativa correta.

(A) Somente as afirmativas I e II são corretas.
(B) Somente as afirmativas I e III são corretas.
(C) Somente as afirmativas III e IV são corretas.
(D) Somente as afirmativas I, II e IV são corretas.
(E) Somente as afirmativas II, III e IV são corretas.

I: incorreta, pois igreja cristã apoiou o discurso colonizador europeu e integrou-se ao projeto de expansionismo moderno com a fé cristã; II: incorreta, pois a abolição da escravatura se deu em 1888, exatamente 66 anos após a proclamação da Independência (1822); III: correta, pois, na antiguidade clássica (Grécia e Roma), a escravidão era do tipo social e se efetivava em três principais situações, a saber: dívidas, guerras e nascimento; IV: correta, pois a escravidão moderna, isto é, a partir do século XV, foi implantada sobretudo aos indivíduos de pele negra, portanto é uma justificativa racial para tal procedimento exploratório.

Gabarito "C"

(Soldado da Polícia Militar/PR – 2010 – UELCOPS) Analise a charge a seguir, considerando que o modo de atuação das instituições sociais, políticas e econômicas nela representada muitas vezes explicita e/ou corrobora a manifestação da violência.

(Disponível em: <http://extra.globo.com/geral/casodepolicia/amendola>. Acesso em: 10 jan. 2010.)

Com base no enunciado e na charge, assinale a alternativa correta.

(A) A violência é responsabilidade de toda a sociedade.
(B) A polícia é, entre as instituições, a que mais causa violência.
(C) O indivíduo é naturalmente responsável pela violência.
(D) A despeito de acreditar na vida, a religião é causa de violência.
(E) A situação de violência está dissociada do desemprego.

Os índices de violência em todo pais bem como as campanhas e ações sociais para contê-los são de responsabilidade direta de toda a sociedade, sem distinções de classe, origem, religião ou funções políticas.

Gabarito "A"

(Soldado da Polícia Militar/RJ – 2010) Leia o texto abaixo.

Durante cerca de trinta anos após a chegada da esquadra comandada por Cabral, o Estado Português não iniciou a colonização de fato do Brasil, ficando o período conhecido como pré-colonial.

Assinale a opção que apresenta características marcantes desse período.

(A) Intensa chegada de colonos de origem espanhola para o Brasil.
(B) Início da produção de café, principalmente na região Nordeste.
(C) Extração do pau-brasil e o uso da mão de obra indígena.
(D) Plantio sistemático de cana-de-açúcar, principalmente na região Centro-Oeste.

A fase da História do Brasil que compreende os anos de 1500 a 1530, corresponde ao chamado período pré-colonial, pois não havia por parte dos colonizadores o interesse imediato de exploração da terra já que a abundancia de recursos era apenas a madeira (pau-brasil) e não o ouro que tanto esperavam encontrar. Como não houve nesses primeiros momentos a efetiva colonização, os portugueses concentraram sua ação na extração do pau-brasil por meio da mão de obra indígena.

Gabarito "C"

(Soldado da Polícia Militar/RJ – 2010) O Regimento de Tomé de Sousa é considerado por alguns uma espécie de "primeira Constituição brasileira", sendo enviado ao governador pelo próprio rei D. João III de Portugal.

No ano de 1548, o governo português estabeleceu, no Brasil, o Sistema de Governo Geral, que tinha como um dos principais objetivos

(A) centralizar a administração da colônia.
(B) ampliar a autonomia das províncias.
(C) transferir a capital de Salvador para o Rio de Janeiro.
(D) diminuir o controle sobre a arrecadação de impostos.

O Governo Geral foi um modo administrativo instituído no Brasil logo após o declínio do sistema de capitanias hereditárias. O seu principal objetivo era facilitar o controle do governo português na colônia por meio da centralização administrativa na figura de um governador geral.

Gabarito "A"

(Soldado da Polícia Militar/RJ – 2010) *Cada ano, vêm nas frotas quantidade de portugueses e de estrangeiros, para passarem às minas. Das cidades, vilas e recôncavos e sertões do Brasil, vão brancos, pardos mulatos e pretos, e muitos índios, de que os paulistas se servem. A mistura é de toda a condição de pessoas: Homens e mulheres, moços e velhos, pobres e ricos, nobres e plebeus, seculares e clérigos, e religiosos de diversos institutos, muitos dos quais não têm no Brasil convento nem casa.*

ANTONIL, André João. Das pessoas que andam nas minas e tiram ouro dos ribeiros. In. **Cultura e opulência do Brasil**, 1ª ed., 1711.

A descoberta de ouro em Minas Gerais, no final do século XVII, despertou a cobiça de uma massa significativa de indivíduos dos mais variados tipos.

Como consequência da descoberta do ouro em Minas Gerais, podemos destacar

(A) o fim dos impostos cobrados por Portugal.
(B) a diminuição da população que vivia na colônia.
(C) o fim do tráfico de escravos para o Brasil.
(D) o aumento da população que passa a viver na colônia.

A descoberta do ouro na região das minas, no final do século XVII, despertou interesses em aventureiros e investidores de diversas regiões, tanto da colônia quanto da metrópole. Esse interesse se expressou no intenso fluxo migratório para região das minas, fato que gerou o aumento da densidade demográfica naquela região e a necessidade de uma configuração urbana para a vida social.

Gabarito "D"

(Soldado da Polícia Militar/RJ – 2010) Art. 91 – Têm voto nestas eleições primárias:

1º. – os cidadãos brasileiros que estão no gozo de seus direitos políticos. [...]

Art. 92 – São excluídos de votar nas assembleias paroquiais: [...]

5º. – os que não tiverem de renda líquida anual cem mil réis por bens de raiz, indústria, comércio ou empregos.

[...]

Art. 94 – Podem ser eleitores e votar nas eleições dos Deputados, Senadores e membros dos Conselhos de Província os que podem votar na Assembleia Paroquial.

Excetuam-se:

1º. – os que não tiverem de renda líquida anual duzentos mil réis por bens de raiz, indústria, comércio ou emprego. [...].

Art. 95 – Todos os que podem ser eleitores são hábeis para serem nomeados Deputados.

Excetuam-se :

1º. – os que não tiverem quatrocentos mil réis de renda líquida, na forma dos artigos 92 e 94. [...]

3º. – os que não professarem a religião do Estado.

Constituição Política do Império do Brasil, de 25 de março de 1824.

De acordo com o texto e seus conhecimentos, é correto afirmar que a Constituição de 1824 estabelecia o(a)

(A) voto feminino.
(B) voto censitário.
(C) República Parlamentarista.
(D) República Presidencialista.

A Constituição de 1824, outorgada por D. Pedro I, estabelecia a monarquia como sistema político e a renda do cidadão como elemento definidor de sua participação política. O direito de voto era associado à renda do individuo e denominado de voto censitário.

Gabarito "B"

(Soldado da Polícia Militar/RJ – 2010) Leia o texto a seguir.

"(...) estava o terreno coalhado de moribundos e feridos inimigos. Vários dos nosso soldados, ébrios da pólvora e do fogo, queriam acabá-los. Horrorizados, debalde esforçavam-se nossos oficiais em lhes arrancar as vítimas às mãos, exprobrando-lhes a indignidade de semelhante chacina."

TAUNAY, Alfredo d'Escragnolle. **A retirada da Laguna:** episódio da Guerra do Paraguai. São Paulo: Melhoramentos, 1929, pp. 90-91.

No período de 1864 a 1870, o Brasil se envolveu num conflito que marcou a história latino-americana, a Guerra do Paraguai.

Com base no texto acima e nos seus conhecimentos, pode-se afirmar que

(A) para o Paraguai o resultado foi desastroso; perdeu parte do seu território, sua economia foi destruída, sua população adulta masculina foi aniquilada, dentre outras mazelas que se abateram sobre o país.

(B) soldados negros constituíram um contingente inexpressivo nas tropas brasileiras contra Solano Lopez.

(C) os governos inglês, alemão e brasileiro formaram, contra o Paraguai, a Tríplice Aliança.

(D) a participação do Brasil no conflito atendeu somente a uma imposição do governo inglês.

A Guerra do Paraguai (1864-1870) foi um importante acontecimento histórico pois definiu a hegemonia inglesa na região do Rio da Prata. Tal evento gerou consequências desastrosas para o Paraguai, pois, além de perder domínios territoriais, teve sua economia inflacionada e percebeu a defasagem demográfica entre homens e mulheres.

Gabarito "A".

(Soldado da Polícia Militar/RJ – 2010) O Estado do Rio de Janeiro se caracteriza por apresentar macrocefalia urbana, ou seja, a cidade do Rio de Janeiro é muito maior do que as outras, abrigando quase metade da população do Estado. Além disso, cidades importantes e populosas como Duque de Caxias, Nova Iguaçu e São Gonçalo localizam-se no seu entorno, estabelecendo uma grande Região Metropolitana.

Sobre a Região Metropolitana do Rio de Janeiro, podemos afirmar que ela

(A) apresenta pequena relevância econômica em relação à Região Serrana.

(B) se destaca pela concentração de atividades econômicas e de problemas sociais.

(C) gera pequena influência nas atividades econômicas do interior do Estado.

(D) se destaca por apresentar poucos problemas sociais e ambientais.

A região metropolitana do Rio de Janeiro é onde se concentram a maior parte das indústrias, comércio e serviços do Estado, devido ao seu maior dinamismo econômico atraiu uma população muito além do que sua infraestrutura suporta, o que acarretou na favelização, aumento da violência, congestionamentos e ocupações irregulares, causando graves problemas socioambientais.

Gabarito "B".

(Soldado da Polícia Militar/RJ – 2010) Segue, abaixo, um mapa com os principais eixos de transportes terrestres do Estado do Rio de Janeiro; observe-o atentamente e responda ao que se pede.

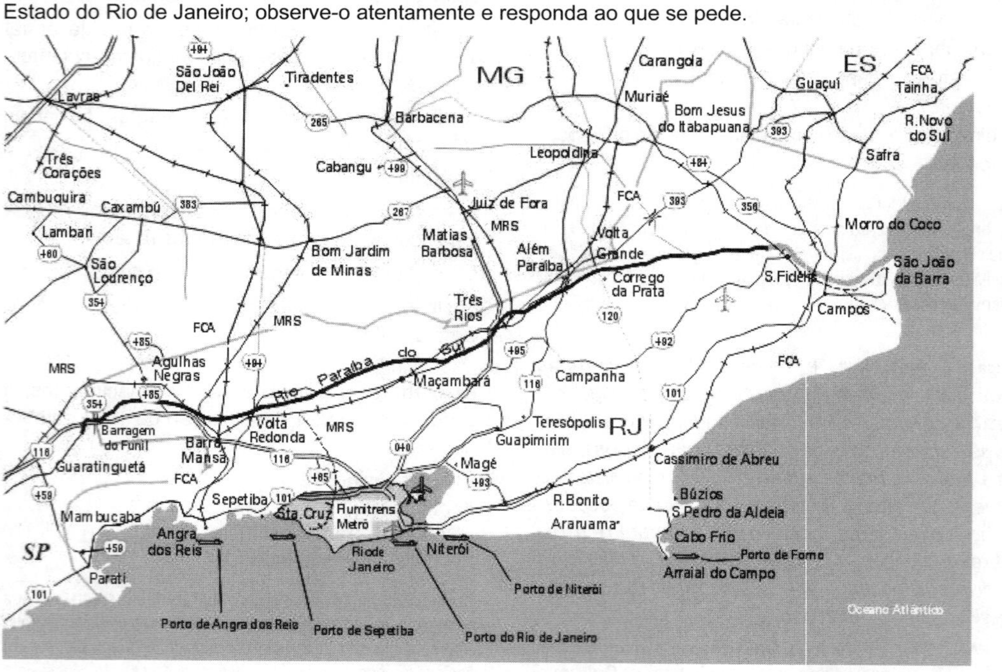

Fonte: <http://www.transportes.gov.br/bit/mapas/mapas-print/estados/RJ.htm> (Ministério dos Transportes).

A descrição mais correta da localização da cidade do Rio de Janeiro, em relação ao Estado do Rio de Janeiro, encontra-se

(A) a leste de Cabo Frio.
(B) ao sul de Volta Redonda.
(C) no extremo norte do Estado.
(D) na Região Serrana.

A: incorreta, pois se localiza a oeste de Cabo Frio; **B:** correta, pois, de fato, o Rio de Janeiro se localiza ao sul de Volta Redonda; **C:** incorreta, pois o Rio de Janeiro se encontra no sul do estado; **D:** incorreta, pois a região serrana se localiza a nordeste do Rio de Janeiro.
Gabarito "B"

(Soldado da Polícia Militar/RJ – 2010) Com base nas informações apresentadas na tabela abaixo e nos seus conhecimentos sobre o assunto, marque a opção que apresenta a afirmativa correta.

População (habitantes)					
Recorte territorial	**1970**	**1980**	**1991**	**2000**	**2008 (estimado)**
Estado do Rio de Janeiro	8.994.802	11.291.520	12.807.706	14.392.133	15.962.549
Região Metropolitana do Rio de Janeiro	6.826.282	8.676.564	9.689.415	10.689.406	11.723.680
Município do Rio de Janeiro	4.251.918	5.090.700	5.480.768	5.851.914	6.232.109
Baixada Fluminense (1)	1.739.468	2.435.661	2.801.917	3.328.271	3.695.703
Leste Metropolitano (2)	834.896	1.150.203	1.406.730	1.599.417	1.795.868

(1) Baixada Fluminense: Belford Roxo, Duque de Caxias, Japeri, Magé, Mesquita, Nilópolis, Nova Iguaçu, Paracambi, Queimados, São João de Meriti, Seropédica.

(2) Leste Metropolitano: Guapimirim, Itaboraí, Niterói, São Gonçalo, Tanguá

Evolução da população do Estado e da Região Metropolitana do Rio de Janeiro (1970-2008).

Fonte: IBGE, censos 1970, 1980, 1991, 2000. Estimativa 2008.Tabulação: PCRJ / SMU / Coordenadoria Geral de Planejamento Urbano

(A) O Estado do Rio de Janeiro pode ser inserido na Região Metropolitana.
(B) A Região Metropolitana do Rio de Janeiro não pode ser considerada parte do Estado do Rio de Janeiro.
(C) Os municípios da Baixada Fluminense não fazem parte do Estado do Rio de Janeiro.
(D) Os municípios da Baixada Fluminense e do Leste Metropolitano fazem parte da Região Metropolitana do Rio de Janeiro.

A: incorreta, pois nem todo o estado faz parte da região metropolitana, onde se concentra a maior parte da população; **B:** incorreta, pois todos os municípios que compõem a região metropolitana do Rio de Janeiro pertencem a este estado; **C:** incorreta, pois todos os municípios da Baixada Fluminense se localizam no estado do Rio de Janeiro; **D:** correta, pois a região metropolitana é integrada por essas duas regiões que se aglutinam ao município e capital do estado: Rio de Janeiro.
Gabarito "D"

(Soldado da Polícia Militar/RJ – 2010) A cidade do Rio de Janeiro é marcada por paisagens muito belas, porém também apresenta paisagens das quais a sua população se envergonha. Algumas áreas residenciais não apresentam infraestrutura sanitária e outras acabam sendo alvo da ação constante de marginais.

Em relação a esses problemas sociais que caracterizam a capital carioca, podemos afirmar que eles são agravados

(A) pela desigualdade social e pela falta de políticas habitacionais eficientes para os mais pobres.
(B) pelo excelente sistema educacional e pela construção de conjuntos habitacionais.
(C) pelo eficiente sistema de transporte e pelo financiamento habitacional público.
(D) pela ação policial preventiva e pela falta de investimento em saneamento básico.

A: correta, pois o grande abismo social e a falta de moradias para a população mais pobre contribuem para que a violência seja vista como uma saída para parcela minoritária da população mais pobre; **B:** incorreta, pois o sistema educacional não oferece grande qualidade e ainda exclui parcela da população. Além disso os conjuntos habitacionais não atendem toda a demanda por moradias na cidade; **C:** incorreta, pois o sistema de transporte ainda é precário ao ligar as regiões centrais à periferia da cidade. Além disso, o financiamento público não atende à maior parcela da população da cidade; **D:** incorreta, pois a ação policial coíbe a violência e o investimento em saneamento existe, porém, não atende a toda a população.
Gabarito "A"

(Soldado da Polícia Militar/RJ – 2010) Observe atentamente as taxas médias de crescimento demográfico anual do Estado do Rio de Janeiro e de suas principais regiões.

Taxas médias de crescimento demográfico anual (%)						
Regiões de Governo e municípios	**1940-1950**	**1950-1960**	**1960-1970**	**1970-1980**	**1980-1991**	**1991-2000**
Estado	2,61	3,68	2,97	2,30	1,15	1,28
Região Metropolitana	3,61	4,36	3,52	2,44	1,03	1,14
Região Noroeste Fluminense	-0,75	0,10	-1,51	-0,12	1,08	0,76
Região Norte Fluminense	0,62	1,66	0,88	0,89	1,58	1,35
Região Serrana	0,91	2,32	1,74	2,18	1,56	0,72
Região das Baixadas Litorâneas	0,33	2,52	2,82	2,36	2,36	3,83
Região do Médio Paraíba	3,18	4,42	2,89	2,99	1,34	1,31
Região Centro – Sul Fluminense	1,60	1,62	0,60	1,33	1,09	0,52
Região da Baía da Ilha Grande	0,70	3,04	3,24	3,39	3,08	1,79

Evolução da população do Estado do Rio de Janeiro por regiões administrativas (1970-2000)

Fonte: IBGE, censos 1970, 1980, 1991, 2000. Tabulação: PCRJ / SMU / Coordenadoria Geral de Planejamento Urbano

Em relação às informações apresentadas acima, marque a opção correta.

(A) De uma forma geral, as taxas de crescimento demográfico anual decresceram no Estado entre 1950 e 1991.
(B) A Região Noroeste Fluminense apresentou grande crescimento populacional em todo o período destacado.
(C) A Região das Baixadas Litorâneas apresentou as menores taxas de crescimento entre 1980 e 2000.
(D) A Região Serrana apresentou a maior taxa de crescimento no período entre 1991 e 2000.

A: correta, pois, desconsiderando algumas particularidades, verifica-se uma queda na taxa de crescimento, apesar de ainda permanecerem positivas; **B:** incorreta, pois, entre 1960 e 1970, a taxa de crescimento foi negativa em 1,51% e, na década seguinte, permaneceu negativa em 0,12%; **C:** incorreta, pois a região teve a segunda maior taxa de crescimento no período referido: 2,56%; **D:** incorreta, pois a região teve uma taxa de crescimento de 1,56% nesse período, o que a posicionou apenas no quarto maior crescimento na década referida.

Gabarito "A"

(Soldado da Polícia Militar/RJ – 2010) *A ideia de cidadania ativa é ser alguém que cobra, propõe, pressiona o tempo todo. O cidadão precisa ter consciência de seu poder.*

Com base nessa afirmação de Herbert de Souza (o Betinho), marque a alternativa cuja situação corresponde à *cidadania ativa*.

(A) Um motorista testemunha um policial desonesto cobrando dinheiro ilegalmente e o denuncia.
(B) Um policial inconformado com a morte de outro policial decide quem é culpado e o mata.
(C) Um trabalhador, para elevar sua renda mensal, aceita trabalhar 12 horas por dia, 7 dias por semana.
(D) Uma criança com fome pede esmola às pessoas na rua.

Considerando o conceito de cidadania ativa proposta por Herbert de Souza, o cidadão com total consciência de seu poder e a disponibilidade para ação em favor do que é bom é o cidadão correto. A primeira alternativa descreve a situação exata que exemplifica esse conceito, pois a identificação da ação errada do policial representa a consciência e a denúncia, a pressão.

Gabarito "A"

(Soldado da Polícia Militar/RJ – 2010) No Brasil, o reconhecimento dos *direitos humanos* ainda é muito restrito.

Marque a única situação em que podemos considerar que existe o reconhecimento de *direitos humanos*.

(A) Mulheres que sofrem violência podem ser atendidas na Delegacia Especial de Atendimento à Mulher.
(B) Homens que batem em suas esposas/companheiras ainda são pouco denunciados.
(C) Crianças e jovens que vivem nas ruas costumam ser maltratados.
(D) Em uma ação policial, é comum que, dentre os revistados, os negros sejam considerados prioridade.

Os direitos humanos estão presentes na história moderna do mundo desde a experiência da Revolução Francesa no século XVIII, passando pelas grandes guerras mundiais chegando aos nossos dias com a grande porta-voz, a ONU. A responsabilidade do reconhecimento dos direitos humanos no mundo ainda tem muito a avançar, especialmente se pensarmos a relação homens *versus* mulheres. Do ponto de vista dos direitos humanos essa é a marca mais acentuada que aponta crescimentos relevantes e índices assustadores, por conta disso, o governo federal brasileiro instituiu as Delegacias de Atendimento Exclusivo/Especial às Mulheres.

Gabarito "A"

(Soldado da Polícia Militar/RJ – 2010) A imagem abaixo simboliza uma declaração em relação à homossexualidade entre homens.

Relacionando essa imagem com a realidade brasileira, podemos afirmar que

(A) está de acordo com a realidade brasileira, onde a homossexualidade é aprovada socialmente, não recebendo nenhum tipo de sanção reprovativa.

(B) está de acordo com a realidade brasileira, pois o coração representa o sangue derramado pela pena de morte existente para os homossexuais.

(C) não está de acordo com a realidade brasileira, onde a homossexualidade, em parte, ainda é reprovada socialmente, recebendo diferentes tipos de sanção.

(D) não está de acordo com a realidade brasileira, pois em nosso país esse comportamento, por ter sido alvo de tantas sanções reprovativas, não mais existe.

A imagem reproduz dois símbolos do escudo de Ares que remete à orientação sexual masculina, tais símbolos tem sua origem na mitologia da Grécia Antiga. Como estão dispostos de forma entrelaçada, fazem referência à uma condição homossexual da orientação do indivíduo que, na prática, ainda sofre amplas discriminações e diversos preconceitos na realidade social brasileira.

Gabarito "C"

(Soldado da Polícia Militar/RJ – 2010) *Em 2001, o Ministério do Trabalho descobriu que um de seus programas sociais mais relevantes, o seguro-desemprego, benefício concedido por até cinco meses a trabalhadores demitidos sem justa causa, tinha um ralo graúdo. Em três anos, foram desviados pelo menos 220 milhões de reais do programa.*

Veja on-line, edição 1.688, de 21 fev. 2001.

Quanto a esse acontecimento, podemos afirmar que

(A) em países como o Brasil o desvio de verbas e a corrupção, apesar de ilegais, devem ser aceitos, pois fazem parte da estrutura do Estado.

(B) em países como o Brasil, transformar bens públicos em bens particulares é tão comum que já existe lei aprovando esse tipo de situação.

(C) o seguro-desemprego é um serviço social oferecido pelo Estado brasileiro e, portanto, é um bem público. Os bens públicos devem se tornar bens particulares, basta saber como fazê-lo.

(D) o seguro-desemprego é um serviço social oferecido pelo Estado brasileiro e, portanto, é um bem público. O desvio de verbas públicas é roubo contra os trabalhadores.

O seguro-desemprego, instituído em 1990, é um serviço social que foi criado em função do bem comum. Por ser oferecido pelo estado brasileiro é um bem publico que utiliza fundos da União, portanto o desvio de verbas destinadas a sua finalidade configura-se como um crime contra sociedade e contra os trabalhadores.

Gabarito "D"

(Soldado da Polícia Militar/RJ – 2010) Em uma sociedade capitalista, dividida em classes sociais, a *mobilidade social vertical ascendente* não se dá de maneira igual para todos os indivíduos. A ascensão social depende muito da origem de classe de cada indivíduo.

Essa afirmação

(A) está incorreta, porque qualquer indivíduo pode ascender socialmente, bastando para isso descobrir e aceitar os caminhos que, mesmo ilegais, sejam prática comum no seu meio profissional.

(B) está correta, porque os indivíduos da classe trabalhadora (proletariado, assalariados) não possuem os meios de produção (terras, indústrias, etc.). Vivendo de seus salários, terão dificuldades em ascender socialmente.

(C) está correta, porque os indivíduos da classe trabalhadora (proletariado, assalariados) não podem ascender socialmente se não houver uma autorização expressa do Estado e da burguesia para isso.

(D) está incorreta, porque todo e qualquer indivíduo, necessariamente, consegue ascender socialmente, pois sua origem de classe em nada interfere.

A sociedade capitalista distingue suas classes, de modo geral, entre dominantes e dominados, realidade na qual a mobilidade social vertical ascendente se efetiva de maneira desigual, pois os dominantes detêm a propriedade dos meios de produção e os dominados submetem sua força de trabalho. .

Gabarito "B"

(Soldado Combatente da Polícia Militar/RR – 2013 – UERR) Assinale a alternativa **INCORRETA:**

(A) O primeiro governador do Território Federal do Rio Branco foi o Capitão Ene Garcez;

(B) Ottomar de Souza Pinto foi o primeiro governador eleito do Estado de Roraima;

(C) A fazenda que com o passar dos tempos se transformou na atual capital do Estado de Roraima foi criada pelo Capitão Inácio Lopes de Magalhães;
(D) O traçado urbano organizado de forma radial, foi planejado pelo engenheiro civil Darcy Aleixo Derenusson;
(E) O então Território Federal do Rio Branco, em 1944, passou a se chamar Território Federal de Roraima.

O Território Federal do Rio Branco foi desmembrado do estado do Amazonas em 1943, e apenas em 1962 foi reconhecido como Território Federal de Roraima; sendo transformado pela Constituição de 1988 no atual Estado de Roraima.
Gabarito "E".

(Soldado Combatente da Polícia Militar/RR – 2013 – UERR) Analise as afirmações e assinale a alternativa **CORRETA**:

I. Em virtude das incursões levadas a efeito por Ingleses, Holandeses e pelos Espanhóis, para garantir a posse e controle da região, os Portugueses ergueram a Fortaleza de São Joaquim;
II. A Fortaleza de São Joaquim foi erguida na foz do Rio Uraricoera e Jatapu;
III. Dos estudiosos que contribuíram para um conhecimento mais objetivo da Bacia do Rio Branco, destaca-se Manoel da Gama Lobo D'Almada, que ao explorar o curso do Rio Branco, concluiu um exame minucioso da Bacia do Rio Branco;

(A) Apenas as afirmações I e III estão corretas.
(B) Apenas as afirmações I, II e III estão corretas.
(C) Apenas as afirmações I e II estão corretas.
(D) Apenas as afirmações II e III estão corretas.
(E) Apenas a afirmação I está correta.

I: correta, pois a Fortaleza de São Joaquim foi erguida para controlar a passagem de embarcações e pessoas na região do ponto de formação do Rio Branco, de modo que se evitasse a invasão de holandeses, espanhóis e demais interessados, por meio das vias fluviais naquela localidade; II: incorreta, pois foi erguido na via de formação do Rio Branco; III: correta, pois Manoel da Gama, geógrafo por formação, foi um dos maiores governantes que a região do Rio Branco conheceu ao contribuir decisivamente para os estudos geomorfológicos e territoriais que fizeram prosperar economicamente a região.
Gabarito "A".

(Soldado Combatente da Polícia Militar/RR – 2013 – UERR) Analise as afirmações e assinale a alternativa **CORRETA**:

I. A lenda de Macunaima é oriunda do grupo étnico Karib, a cujo tronco pertencem os Macuxi.
II. O Pico da Neblina e o Parque Nacional do Pico da Neblina ficam situados no interior da terra indígena Ianomãmi.
III. A Terra Indígena Ianomãmi foi homologada pelo presidente Luiz Inácio Lula da Silva.
IV. A Terra Indígena Raposa Serra do Sol e Terra Indígena São Marcos concentram a grande maioria da população indígena Macuxi.

(A) Apenas as afirmações I e II estão corretas.
(B) Apenas as afirmações I, II e III estão corretas.
(C) Apenas as afirmações III e IV estão corretas.
(D) Apenas as afirmações II e III estão corretas.
(E) Apenas as afirmações I, II e IV estão corretas.

I: correta, pois, de fato a lenda conta que a partir de um eclipse, onde o sol e a lua se cruzaram iluminando as águas de um lago em Roraima e de lá surgira Macunaíma da tribo Macuxi; II: correta, pois, os Ianomâmis vivem na fronteira entre Brasil e Venezuela e ocupam a área onde foi criado o Parque Nacional do Pico da Neblina; III: incorreta, pois as terras Ianomâmis foram homologadas pelo presidente Fernando Collor em 1992, após violentos massacres de garimpeiros a esse grupo indígena; IV: correta, pois os Macuxi ocupam vários países da América do Sul e, no Brasil, localizam-se no leste de Roraima. entre as suas terras estão a Raposa Serra do Sol e São Marcos.
Gabarito "E".

(Soldado do Corpo de Bombeiros Militar/SC – 2012 – IESES) Símbolo de resistência à privação da liberdade e de luta pelo renascimento da cultura dos povos que cruzaram o Atlântico para viver cativos no Brasil colônia, o Quilombo dos Palmares representou a maior ameaça ao período áureo do açúcar e ainda hoje inspira os movimentos da comunidade afro-brasileira em todo o país. Este quilombo ficava localizado:

(A) Na Serra da Barriga, sul da Capitania de Pernambuco.
(B) Na Serra do Piracambú, sul da Capitania do Maranhão.
(C) Na Serra Geral, no interior da Capitania de Ilhéus.
(D) Na Serra de Maranguape, no interior da Capitania do Ceará.

Os Quilombos eram comunidades negras que serviam de refúgio aos escravos negros africanos fugidos de seus proprietários. Tais comunidades entraram para a história do país como o símbolo maior de resistência negra desde os tempos de colonização. A principal comunidade quilombola foi a da região de Palmares, conhecida como o Quilombo dos Palmares, localizava-se em parte do atual estado de Alagoas e pertence ao município de União dos Palmares, situado na Serra da Barriga que à época colonial pertencia a Capitania de Pernambuco.
Gabarito "B".

(Soldado do Corpo de Bombeiros Militar/SC – 2012 – IESES) Em 26 de junho de 1968, durante o regime militar no Brasil, aconteceu no Rio de Janeiro uma gigantesca manifestação popular contra a ditadura. Convocada por entidades estudantis que atuavam na clandestinidade, ela contou com a participação de dezenas de intelectuais, artistas, padres e freiras da Igreja Católica. Sua realização foi uma resposta do povo carioca aos desmandos da ditadura militar, ao cerceamento das liberdades e particularmente ao assassinato de jovens estudantes pela polícia em manifestações anteriores. Essa manifestação popular entrou para a história com o nome de:

(A) Movimento das Diretas-Já.
(B) Passeata dos Cem Mil.
(C) Intentona Comunista.
(D) Coluna Prestes.

Uma das manifestações sociais pacíficas mais marcantes do regime militar brasileiro foi a passeata dos cem mil. Tal evento contou com a participação de lideranças políticas, igreja católica e amplos setores conservadores da sociedade. Na situação reivindicavam um modo de governo aberto e a liberdade de pensamento e expressão bem como se opunham ao regime.
Gabarito "B".

(Soldado do Corpo de Bombeiros Militar/SC – 2012 – IESES) Na virada do século XIX, embora a economia do Brasil continuasse predominantemente agrária, o país passou por um período de mudanças estruturais. A abolição da escravatura, a imigração, a incipiente industrialização e a urbanização criaram novas relações sociais e colocaram em cena novos personagens. As ferrovias, as fábricas e o crescimento do mercado interno indicavam novos rumos modernizadores da economia. Para a maioria da população, no entanto, a modernização não trouxe melhores condições de vida; ao contrário, acabou ampliando as injustiças sociais. Foi nesse contexto de miséria e problemas fundiários que ocorreu o chamado movimento do Contestado. Sobre esse assunto, considere as afirmativas a seguir:

I. O movimento do Contestado foi a mais importante rebelião camponesa ocorrida no sul do Brasil, numa região de fronteira entre o Paraná e Santa Catarina. No Contestado, como a área ficou conhecida por ser disputada pelos dois estados, as terras era dominadas por grandes proprietários, que exploravam a extração de madeira e erva-mate.

II. Em 1908, a empresa Brazil Railway instalou-se no Contestado e deu início à construção da ferrovia que deveria ligar São Paulo ao Rio Grande do Sul. Para tomar posse da área, o proprietário da empresa não hesitou em lançar mão de métodos violentos, expulsando os camponeses que ocupavam as terras como posseiros.

III. Grande parte da população do Contestado era formada por posseiros expulsos de suas terras, desempregados da ferrovia e camponeses submetidos a condições de extrema exploração por fazendeiros.

IV. O movimento do Contestado foi organizado em torno de indivíduos considerados curandeiros ou homens santos, beatos ou monges. Em suas pregações prometiam às pessoas desamparadas, que não tinham a quem recorrer, uma vida melhor no futuro. Dentre esses indivíduos, se destacou a figura mística de Antônio Conselheiro, que atraiu milhares de fiéis.

Assinale a alternativa correta:

(A) Somente as afirmativas I, II e III são verdadeiras.
(B) Somente as afirmativas I, II e IV são verdadeiras.
(C) Somente as afirmativas I, III e IV são verdadeiras.
(D) Todas as afirmativas são verdadeiras.

I: correta, pois a Guerra do Contestado (1912-1916) foi um movimento de origem camponesa que envolveu uma disputa territorial entre os estados de Santa Catarina e Paraná. Entre as reivindicações dos revoltosos estavam a redistribuição das terras cultiváveis e o fim dos monopólios de exploração da erva-mate; II: correta, pois em 1908 o governo brasileiro concedeu à Empresa Brazil Railway a concessão de exploração da ferrovia São Paulo-Rio Grande. Com essa permissão a empresa foi obrigada, para realizar seu projeto, a retirar as comunidades próximas, num raio de quinze quilômetros e utilizou para isso métodos violentos; III: correta, pois a formação social dos grupos que integraram a revolta eram pessoas de baixas condições e muitas vezes refugiados de condições de trabalho degradantes; IV: incorreta, pois o movimento do Contestado tinha em sua liderança figuras religiosas, a exemplo do beato José Maria. A figura mística de Antônio Conselheiro contribuiu em lutas sociais, no entanto sua história transcorreu no contexto do Arraial de Canudos, fato que associa sua imagem à experiência revolucionária no nordeste brasileiro.

Gabarito "A"

(Soldado do Corpo de Bombeiros Militar/SC – 2012 – IESES) Durante o século XVIII, a Revolução Industrial consistiu num fenômeno inteiramente inglês. Mas a partir do século seguinte, começou a se expandir para vários países, provocando grandes transformações na vida das pessoas. Sobre esse assunto, considere as afirmativas a seguir:

I. Do ponto de vista da produção, o sistema fabril acabou se consolidando. Com máquinas cada vez mais sofisticadas, a fábrica tornou-se o local adequado para a produção, favorecendo a divisão do trabalho, a imposição do horário e da disciplina ao trabalhador, além do aumento da produtividade.

II. No âmbito social, surgiu a nobreza, classe social formada pelos trabalhadores fabris e de transportes.

III. Houve um acentuado processo de ruralização causado pela saída do operário de sua cidade para se concentrar nas aldeias ao redor das fábricas.

IV. Surgiram novos ritmos de produção, gerando uma grande acumulação de riqueza das nações e dos proprietários de fábricas.

Assinale a alternativa correta:

(A) Todas as afirmativas são verdadeiras.
(B) Somente as afirmativas I, II e IV são verdadeiras.
(C) Somente as afirmativas I e IV são verdadeiras.
(D) Somente as afirmativas I, III e IV são verdadeiras.

I: correta, pois o sistema de produção fabril inaugurado pioneiramente na Inglaterra consolidou um modo de vida acelerado e formas de produção organizadas com a divisão do trabalho, a implantação de amplas jornadas e a disciplina do trabalhador em busca do crescimento da produtividade; II: incorreta, pois a classe social surgida no contexto fabril foi o proletariado, formado por trabalhadores assalariados; III: incorreta, pois com o advento do modo de produção industrial houve o abandono do modo de vida rural e os trabalhadores passaram a organizar suas habitações em volta das fábricas, formando assim as chamadas vilas operárias; IV: correta, pois a riqueza gerada pela produção fabril ficou restrita ao poder dos donos das fábricas e por meio dos tributos essa riqueza chegava, em parte, às mãos do governo.

Gabarito "C"

(Soldado do Corpo de Bombeiros Militar/SC – 2012 – IESES) Em 1955, Juscelino Kubitschek, conhecido como JK, foi eleito presidente do Brasil. No inicio de seu governo, JK lançou o Plano de Metas, que deixou clara a prioridade de sua política:

(A) A promulgação do Estatuto do Trabalhador Rural, que estendia ao campo os benefícios dos trabalhadores urbanos.

(B) A desapropriação de terras para fins de reforma agrária.
(C) O desenvolvimento dos setores de energia, de transportes e de indústrias de base.
(D) A nacionalização de refinarias de petróleo.

O governo JK assumiu como principal *slogan* de ação política a expressão Plano de Metas que organizava as prioridades do governo em setores específicos tais como: energia, transporte, alimentação, indústrias de base e educação.

Gabarito "C".

(Soldado do Corpo de Bombeiros Militar/SC – 2012 – IESES) Caracterizada como uma floresta latifoliada tropical e de clima tropical úmido, foi a vegetação que mais sofreu devastação no Brasil, restando apenas 7% de sua cobertura original:

(A) Floresta Amazônica.
(B) Cerrado.
(C) Caatinga.
(D) Mata Atlântica.

A grande umidade desse tipo vegetacional se deve às chuvas orográficas muito comuns ao longo do litoral brasileiro, a Mata Atlântica possui uma grande biodiversidade, pois passa por diferentes tipos de solo e clima, contudo, a sua devastação se inicia desde a chegada dos europeus ao Brasil, algo que se intensificou com o passar dos séculos e atualmente resta apenas cerca de 7% da cobertura vegetal da Mata Atlântica.

Gabarito "D".

(Soldado do Corpo de Bombeiros Militar/SC – 2012 – IESES) Diante da necessidade de dividir a administração e o controle do país, foi estabelecida uma fragmentação do território brasileiro em estados, municípios e distritos, além de outras regionalizações, como: as regiões e os complexos regionais. Indique a alternativa que apresenta o número correto de estados brasileiros:

(A) 27 estados.
(B) 23 estados.
(C) 30 estados.
(D) 26 estados.

O país possui atualmente 27 unidades federativas, compostas por 26 estados e o Distrito Federal.

Gabarito "D".

(Soldado do Corpo de Bombeiros Militar/SC – 2012 – IESES) Relativo aos diferentes fusos horários brasileiros, sendo 10 horas em Florianópolis/SC, em Campo Grande/MS será:

(A) 12 horas.
(B) 11 horas.
(C) 8 horas.
(D) 9 horas.

Campo Grande se localiza um fuso a oeste de Florianópolis, logo, estará uma hora atrasada em relação a essa cidade, enquanto são 10 horas em Florianópolis, são 9 horas em Campo Grande.

Gabarito "D".

(Soldado do Corpo de Bombeiros Militar/SC – 2012 – IESES) João Pessoa, Teresina e Natal são respectivamente as capitais de:

(A) Paraíba, Piauí e Rio Grande do Norte.
(B) Roraima, Rondônia e Mato Grosso.
(C) Pará, Pernambuco e Rio Grande do Norte.
(D) Piauí, Sergipe e Tocantins.

João Pessoa é a capital do estado da Paraíba, Teresina é a capital do Piauí e Natal é capital do Rio Grande do Norte.

Gabarito "A".

(Oficial da Polícia Militar/SP – 2012 – VUNESP) Observe o seguinte trecho do Tratado de Methuen.

Artigo 1.º – Sua Sagrada Majestade El-Rei de Portugal promete admitir para sempre de aqui em diante, no Reino de Portugal, os panos de lã e mais fábricas de lanifício da Inglaterra.

Artigo 2.º – É estipulado que Sua sagrada e Real Majestade Britânica será obrigada para sempre, de aqui em diante, de admitir na Grã-Bretanha os vinhos de Portugal, de sorte que em tempo algum não se poderá exigir direitos de Alfândega nestes vinhos.

(Tratado de Methuen – 1703. In: Nelson Werneck Sodré, **As Razões da Independência**. Adaptado)

Entre outros fatores, foi devido ao Tratado de Methuen que

(A) as manufaturas têxteis se desenvolveram muito no Brasil.
(B) Inglaterra e Portugal foram os primeiros países a se industrializarem.
(C) a burguesia portuguesa enriqueceu e lutou contra a monarquia.
(D) o ouro explorado no Brasil foi transferido para a Inglaterra.
(E) Portugal diminuiu o seu interesse pela exploração da colônia.

Em 1703, Portugal e Inglaterra assinaram um acordo comercial que ficou conhecido como Tratado de Methuen, também conhecido como tratado de panos e vinhos. Por meio desse tratado os países envolvidos se comprometiam a limitar um ao outro a quantia de taxas alfandegárias cobradas na importação/exportação de seus produtos, no caso inglês, panos; e para os portugueses, vinho. Foi a partir desse acordo que Portugal superou em parte o declínio da arrecadação aurífera já que boa parte do ouro brasileiro era destinada aos cofres ingleses.

Gabarito "D".

(Oficial da Polícia Militar/SP – 2012 – VUNESP) No século II a.C., os irmãos Tibério e Caio Graco defenderam a reforma agrária em Roma. Tal proposta era consequência de um processo histórico anterior de concentração de terras na sociedade romana, pois

(A) os camponeses, empobrecidos e sem condições de produzir, vinham perdendo suas terras para os patrícios e migrando para as cidades.
(B) os patrícios eram os únicos que poderiam ser proprietários de terra em Roma, já que havia uma clara limitação social relacionada ao direito de propriedade.
(C) a escravidão vinha diminuindo, o que fazia com que os ricos proprietários ampliassem as suas propriedades na tentativa de aumentar a produção em mais terras cultiváveis.

(D) as guerras de expansão tiveram como resultado a ampliação do número de pequenos proprietários, porque formavam-se pequenas propriedades nos novos territórios conquistados.

(E) apenas os grandes proprietários participavam do exército, o que tornava necessário aumentar o número de latifundiários para ampliar e reforçar o poder militar de Roma.

Os irmãos Graco foram importantes lideres políticos para a Roma antiga, seus interesses na defesa dos objetivos dos plebeus garantiu a eles o título de Tribunos da Plebe. Para evitar uma crise social, eles lançaram uma proposta de reforma agrária, acalmando os plebeus e controlando os espíritos revoltosos.

Gabarito "A"

(Oficial da Polícia Militar/SP – 2012 – VUNESP) Durante boa parte do período medieval, a marcação do tempo era controlada pela Igreja Católica, preocupada com o tempo religioso e com os ofícios religiosos a ele relacionados. Nos séculos XIV e XV, no entanto, os relógios mecânicos começaram a espalhar-se pela Europa e popularizou-se a divisão do dia em 24 horas. A afirmação desse tempo leigo perante o tempo religioso representou

(A) o fim do poder da Igreja Católica, muito abalada pelo surgimento do protestantismo.

(B) uma vitória dos servos sobre os seus senhores, pois eles vinham lutando para controlar o próprio tempo.

(C) uma mudança no ritmo de vida, associada ao ressurgimento das cidades e às trocas comerciais.

(D) o domínio do tempo pelos senhores feudais, que passaram a definir comportamentos com base no relógio.

(E) uma mudança cultural pouco significativa, pois as relações de trabalho continuaram a existir da mesma forma.

A partir do renascimento comercial e urbano as antigas cidades medievais tornaram-se centro de organização de uma nova forma de vida, o negócio. A vida moderna impôs ao homem medieval uma realidade afastada das preocupações religiosas e preocupada cada vez mais com a arrecadação de riquezas materiais, situações adquiridas no contexto comercial das cidades.

Gabarito "C"

(Oficial da Polícia Militar/SP – 2012 – VUNESP) A exaltação dos bandeirantes, em São Paulo, está presente na nomenclatura de estradas, avenidas e monumentos. Monumentos que vão desde a bela obra do escultor Brecheret junto ao Parque Ibirapuera até o assustador Borba Gato, gigante de botas plantado no bairro de Santo Amaro. A estátua, aliás, é muito pouco realista, pois existem boas indicações de que muitos bandeirantes marchavam descalços.

(Bóris Fausto, **História do Brasil**)

A exaltação dos bandeirantes descrita costuma omitir, mascarar e esconder algumas das suas atividades. Trata-se de uma tentativa de esquecer e apagar da História algumas ações não tão nobres dos bandeirantes, tais como

(A) a descoberta de metais preciosos nas Minas Gerais.

(B) a contribuição para a extensão territorial do Brasil.

(C) o trabalho relacionado à produção de açúcar.

(D) a contribuição com os jesuítas na catequização de indígenas.

(E) o combate e a repressão aos quilombos.

As Bandeiras foram expedições organizadas pelo governo português que partiam exclusivamente de São Paulo rumo ao sertão brasileiro com o objetivo de promover o apresamento de indígenas e a busca de metais preciosos. Logo após se estabelecerem nas regiões das minas, os bandeirantes recebiam grandes quantias em pagamento no caso de conseguirem desarticular quilombos, como foi o caso do bandeirante Domingos Jorge Velho e do negro Zumbi dos Palmares.

Gabarito "E"

(Oficial da Polícia Militar/SP – 2012 – VUNESP) O dia 21 de abril, data do enforcamento de Tiradentes, tornou-se feriado logo após a proclamação da República. Durante o Império, no entanto, a lembrança do episódio da Conjuração Mineira era incômoda, pois

(A) os inconfidentes tinham demonstrado clara oposição à forma monárquica de governo.

(B) a revolta nas Minas Gerais se declarou muitas vezes contrária à independência.

(C) a escravidão, mantida no Império, foi questionada pelos inconfidentes, que defendiam a abolição.

(D) a elite imperial se identificava com o Iluminismo, negado pelos revoltosos de 1789.

(E) os dois imperadores do Brasil eram contrários aos impostos defendidos pelos inconfidentes.

A Conjuração Mineira (1789) foi um marco importante no contexto das revoltas coloniais emancipacionistas, pois contribuiu antecipadamente com o projeto de independência do Brasil. Influenciados pelos acontecimentos revolucionários europeus e pela filosofia iluminista, os conjurados evidenciaram sua oposição à forma de governo metropolitano (monarquia absolutista), ao modo econômico (mercantilismo) e a dominação colonial (pacto colonial).

Gabarito "A"

(Oficial da Polícia Militar/SP – 2012 – VUNESP) Podemos sintetizar o Estado Novo sob o aspecto socioeconômico, dizendo que representou uma aliança da burocracia civil e militar e da burguesia industrial, cujo objetivo comum imediato era o de promover a industrialização do país sem grandes abalos sociais.

(Bóris Fausto, **História do Brasil**)

Do ponto de vista da burguesia industrial, a aliança com Getúlio Vargas era interessante, pois os industriais

(A) preferiam o autoritarismo de Getúlio ao governo populista e democrático da República Velha.

(B) reconheceram em Getúlio um representante do liberalismo econômico, defensor do não intervencionismo.

(C) acabaram se convencendo de que o incentivo à industrialização dependia de uma ativa intervenção do Estado.

(D) defendiam uma política econômica voltada para a agroexportação, de forma a sustentar a industrialização.

(E) consideravam positiva a ação do Estado em defesa da indústria automobilística, uma marca da Era Vargas.

O Estado Novo, fase ditatorial do governo Vargas, foi implantado por meio de um golpe político, o Plano Cohen, uma grande farsa que enganou boa parte do povo brasileiro quando sustentava o argumento de que havia uma iminente ameaça comunista se aproximando do Brasil. Interessados em afastar tal ameaça e a possibilidade de perderem seu *status* social, a burguesia convenceu-se de que a intervenção do Estado era necessária na vida econômica do país pelo motivo de que somente ele era capaz de agir com firmeza política para impedir tal situação.

Gabarito "C".

(Oficial da Polícia Militar/SP – 2012 – VUNESP) O eixo Berlim--Roma, a aliança da Alemanha nazista e da Itália fascista, foi constituído em Berlim no dia 25 de outubro de 1936, com a assinatura de um tratado de amizade entre os dois países. Na época, a Alemanha e a Itália estavam internacionalmente isoladas.

(**Deutsche Welle**. <http://www.dw.de/dw/article/0,, 310513,00.html>)

O isolamento internacional alemão estava relacionado à

(A) defesa intransigente que a Alemanha nazista fazia dos direitos individuais, sendo rechaçada por outros países.
(B) política externa agressiva de Hitler e ao expansionismo militarista alemão, fundado no princípio do "espaço vital".
(C) neutralidade declarada pela Alemanha na guerra civil espanhola, enquanto a França lutava pelo nacionalista Franco.
(D) tentativa da Alemanha nazista de defender a soberania da Polônia, ameaçada pela Inglaterra.
(E) pressão francesa sofrida por Hitler para perseguir judeus e ciganos, até então bem vistos no nazismo.

No início dos anos de 1930, a Europa viveu momentos marcantes de sua trajetória política, era a implantação de regimes ditatoriais autoritários. O plano de fundo social, econômico e político que se instaurou na Europa, após a 1ª Guerra Mundial, como a crise e os revanchismos nacionalistas, abriu espaço suficiente para que o totalitarismo fundasse suas bases político-ideológicas. Nesse mesmo momento, a Alemanha, em especial, viveu um longo momento de isolamento internacional, pois sua política expansionista militarizada não agradou por muito tempo as nações europeias, adicione-se a isso o fato de a teoria do espaço vital, considerada um retrocesso racial, afastava as parcerias internacionais ao defender a tese de que os alemães (germânicos) eram uma raça superior, a "Raça Ariana".

Gabarito "B".

(Oficial da Polícia Militar/SP – 2012 – VUNESP) A crise da monarquia absolutista na França, às vésperas da Revolução Francesa, esteve relacionada

(A) às lutas de camponeses e trabalhadores contra o Terceiro Estado.
(B) à crítica iluminista, que defendia a manutenção do poder do monarca.
(C) às intenções da burguesia de usufruir dos mesmos privilégios que a nobreza.
(D) à proposta da monarquia francesa de ampliar os privilégios da nobreza.
(E) à tentativa da monarquia de propor a cobrança de impostos à nobreza e ao clero.

A Revolução Francesa (1789) é considerada uma revolução de origem burguesa, pois buscou em todos os momentos efetivar um padrão político que contemplava majoritariamente os objetivos burgueses. Dessa maneira, o declínio e a queda da monarquia francesa, no contexto revolucionário, justificam-se pelo fato de que a burguesia, que já possuía poder econômico, buscava alcançar privilégios e direitos que até então estavam restritos à monarquia e à nobreza, o poder político; ou seja, a burguesia reivindicava a possibilidade de criar leis, pois dessa forma legislariam em causa própria, diminuindo os monopólios, efetivando o fim da escravidão.

Gabarito "E".

(Oficial da Polícia Militar/SP – 2012 – VUNESP) Logo após a Segunda Guerra Mundial, formou-se a Organização das Nações Unidas (ONU). Um dos mais importantes órgãos da ONU é o seu Conselho de Segurança, que conta com cinco membros permanentes com poder de veto: os EUA, a França, a Inglaterra, a China e a Rússia.

A ausência de Japão e Alemanha como membros permanentes do Conselho de Segurança pode ser explicada, entre outros motivos, pelo fato de

(A) se oporem às políticas de pacificação empreendidas pela ONU.
(B) terem sido países derrotados na Segunda Guerra Mundial.
(C) responsabilizarem a ONU pela crise econômica atual.
(D) terem sido os maiores protagonistas da Guerra Fria.
(E) se declararem favoráveis à Liga das Nações, antecessora da ONU.

Alemanha e Japão foram dois países que, logo após o fim da 2ª Guerra Mundial, não integraram o Conselho de Segurança da recém-criada ONU. Essa exclusão se explica pelo fato de que ambos sustentavam regimes ditatoriais totalitários que deram causa à guerra e, portanto, foram efetivados como culpados, situação que tornava incoerente suas presenças em tal organismo internacional.

Gabarito "B".

(Oficial da Polícia Militar/SP – 2012 – VUNESP) O termo Idade Média foi empregado pela primeira vez por humanistas italianos para caracterizar um período intermediário entre a Antiguidade e o Renascimento dos antigos. Tais humanistas queriam se descolar da Idade Média, afirmando ser esta um período de trevas. O termo Renascimento foi criado por Giorgio Vassari (1511-1574), artista italiano, para designar uma redescoberta da Antiguidade, uma volta ao passado.

(Flavio de Campos, **A Escrita da História**)

Para muitos historiadores, o Renascimento representa a ruptura com o mundo medieval e o início da Idade Moderna, pois marca

(A) a transformação do rural agrário para o urbano industrializado.
(B) a retomada dos mitos e deuses antigos em detrimento do cristianismo.

(C) a queda das monarquias absolutistas e a chegada da burguesia ao poder.

(D) a passagem do teocentrismo medieval para o antropocentrismo moderno.

(E) o fim da servidão e a generalização do trabalho assalariado.

O Renascimento foi um momento histórico em que a humanidade buscava afastar-se do domínio ideológico e social da igreja católica; portanto, era necessário ressignificar elementos culturais do passado mais remoto, a Antiguidade clássica, efetivando-se assim o Classicismo. O Renascimento representou, do ponto de vista das mentalidades, o afastamento do teocentrismo e a busca da aproximação com o antropocentrismo moderno.

Gabarito "D"

(Oficial da Polícia Militar/SP – 2012 – VUNESP) Como a obra de arte exige sempre um contato mínimo com um dos sentidos (por exemplo, a música com o ouvido, a pintura com a visão), o ramo da filosofia dedicado a essa experiência deveria invariavelmente chamar-se Estética, na esteira do termo grego *aesthésis*, que designa a sensação. Em completa oposição à lógica, conhecida como a ciência das regras do pensamento, a Estética, ao contrário, deveria ser aquela linha de pensamento dentro da filosofia cujo objetivo fosse determinar as regras, não do pensamento, mas da sensação, a partir das quais se poderia definir uma experiência estética.

(Ulisses Razzante Vaccari.
Por uma reflexão sobre o nascimento da filosofia da arte.
Revista **Filosofia**. Disponível em: <http://filosofia.uol.com.br/ filosofia/ideologia-sabedoria/17/artigo134537-1.asp>.
Acesso em: 07 jun. 2012)

Considerando as colocações do texto e seus conhecimentos, assinale a alternativa correta.

(A) A experiência estética é definida com clareza pelos filósofos a partir de um conceito universal de beleza.

(B) As regras que definem uma experiência estética são racionalmente determinadas por critérios lógicos.

(C) A Estética pode ser caracterizada como a disciplina filosófica que investiga os juízos valorativos da razão humana.

(D) A experiência estética tem por objetivo definir critérios racionais indubitáveis para a apreciação da obra de arte.

(E) A busca pelas regras da sensação na experiência de contato com uma obra de arte é o objetivo central da Estética.

Ao ser considerado como expressão humana, o fazer artístico tem como característica importante a valorização da experiência estética com a finalidade de despertar sensações e estabelecer contatos visuais ou sensitivos. A estética como sinônimo de sensação define a distância entre a experiência ideológica e a estética concreta.

Gabarito "E"

(Oficial da Polícia Militar/SP – 2012 – VUNESP) "Na cidade sois todos irmãos, (...) mas o deus que vos formou misturou ouro na composição daqueles de entre vós que são capazes de comandar: por isso são os mais preciosos. Misturou prata na composição dos auxiliares; ferro e bronze na dos lavradores e na dos outros artesãos. Em geral procriareis filhos semelhantes a vós; mas, visto que sois todos parentes, pode suceder que do ouro nasça um rebento de prata, da prata um rebento de ouro e que as mesmas transmutações se produzam entre os outros metais. Por isso, acima de tudo e principalmente, o deus ordena aos magistrados que zelem atentamente pelas crianças, que atentem no metal que se encontra misturado à sua alma e, se nos seus próprios filhos houver mistura de bronze ou ferro, que sejam impiedosos para com eles e lhes reservem o tipo de honra devida à sua natureza, relegando-os para a classe dos artesãos e lavradores; mas, se destes últimos nascer uma criança cuja alma contenha ouro ou prata, o deus quer que seja honrada, elevando-a à categoria de guarda ou à de auxiliar."

(Platão. **República**. Tradução Enrico Corvisieri.
São Paulo, Nova Cultural, 1996, p. 111)

Nesta passagem da *República*, Platão apresenta uma metáfora que descreve

(A) a consagração de uma concepção democrática na *polis* ideal platônica.

(B) os diferentes tipos essenciais de capacidades humanas segundo Platão.

(C) o modelo militarista da organização social imperante em Esparta.

(D) a organização democrática de Atenas, considerada ideal por Platão.

(E) a igualdade intrínseca que caracteriza todos os habitantes da *polis*.

Platão refere-se de maneira objetiva ao modo como a humanidade pode realizar adaptações em seu modo de experimentar e transformar o mundo, associando as determinações das divindades aos formatos contemporâneos de organização social. Efetiva assim os variados tipos essenciais das capacidades humanas.

Gabarito "B"

(Oficial da Polícia Militar/SP – 2012 – VUNESP) "Tramita no Senado um projeto que reserva 50% das vagas em universidades federais para egressos de escolas públicas. A proposta pode até ser justa, mas, se efetivada, representaria um golpe na excelência dessas instituições. (...) Democratizar-se e manter a qualidade são objetivos até certo ponto contraditórios. Não que seja impossível conciliá-los, mas existe um número ótimo de alunos menos preparados que uma instituição pode incorporar antes de comprometer a qualidade. Um corte linear de 50% em todas as universidades federais dificilmente é a melhor resposta."

(Hélio Schwartsman. "Cotas e ilusões".
Folha de São Paulo, 09.06.2012)

O texto sugere que

(A) instituir o sistema de cotas gera uma contradição entre a democratização das universidades federais e sua excelência.

(B) adotar um critério de mérito no ingresso é necessário para preservar a excelência no ensino superior público federal.

(C) atribuir cotas para ingresso no ensino superior público estabelece privilégios eticamente injustificáveis.

(D) privilegiar alunos de escolas públicas nas universidades federais instaura preconceitos contra alunos de escolas privadas.

(E) admitir cotas de alunos menos preparados como proposto é um imperativo ético de reparação de injustiças históricas.

O texto sugere que aceitar o sistema de cotas sociais para alunos de escolas públicas representaria uma queda sensível no padrão de qualidade do ensino das instituições públicas de educação superior. O autor afirma ainda que excluir as excelências de outras experiências de ensino afasta a democratização de acesso e institui uma contradição entre a facilidade de acesso e o posterior nível de qualidade dos egressos.

Gabarito "A"

(Oficial da Polícia Militar/SP – 2012 – VUNESP) A noção de bioética tem sofrido várias mutações nos últimos anos, mas nos parece que a mais interessante e frutífera continua sendo a proposta por Van Rensselaer Potter. Ele primeiramente sugeriu uma bioética ponte, com a intenção de unir ciência e filosofia para promover a sobrevivência. Mais tarde, esta evolui para a bioética global, visto a necessidade de fusão da ética biomédica com a ecologia, numa escala mais ampla, com a mesma finalidade, trazendo à discussão questões de saúde pública de relevância mundial. Sua missão continua sendo o desenvolvimento da ética para a sobrevivência humana sustentável em longo prazo. Posteriormente, sugere a bioética profunda devido à necessidade de ampliar mais a discussão da bioética, pois a ciência é demasiadamente importante para estar nas mãos somente dos cientistas.

(Cássia R. R. N. Nunes e Amauri Porto Nunes. "Bioética". In: **Revista Brasileira de Enfermagem**, Brasília (DF), 2004, set/out. Adaptado)

A partir das colocações do texto, assinale a alternativa correta.

(A) A noção de bioética permanece cristalizada em torno da discussão sobre as relações entre a filosofia e as ciências naturais.

(B) A bioética global focaliza a sobrevivência humana baseada no controle dos fenômenos naturais por meio do conhecimento científico.

(C) A sobrevivência humana sustentável a longo prazo depende de discussões técnicas conduzidas pelas ciências da saúde.

(D) A bioética enfrenta problemas cuja eventual solução exige uma abordagem simultaneamente humanista e científica.

(E) A bioética ponte se estabelece pela junção entre as ciências médicas e as ciências biológicas para tratar questões éticas.

A: incorreta, pois a sociologia e a biomédica são outras áreas da ciência que se fundem a esse conceito; **B:** incorreta, pois a bioética focaliza nas pesquisas e nas invenções humanas no campo da vida. É necessário compreender as transformações que uma nova pesquisa pode ter na sociedade, ainda hoje somos capazes apenas de prever determinados fenômenos naturais, mas não conseguimos controlar, a exemplo dos furacões e terremotos; **C:** incorreta, pois a sustentabilidade envolve vários campos científicos, como as ciências naturais, a economia, a política, a cultura, além de vários outros campos do saber; **D:** correta, pois o próprio texto ressalta a bioética inicialmente dentro de uma união entre a filosofia (ciência humana), as ciências biológicas, as ciências médicas e naturais; **E:** incorreta, o texto ressalta ainda a importância do diálogo com as ciências humanas e naturais.

Gabarito "D"

(Oficial da Polícia Militar/SP – 2012 – VUNESP) Nas sociedades democráticas do chamado mundo desenvolvido, a ideia, a prática, a defesa e a promoção dos direitos humanos, de uma certa maneira, já estão incorporadas à vida política. Já se incorporaram no elenco de valores de um povo, de uma nação. Mas, pelo contrário, é justamente nos países que mais violam os direitos humanos, nas sociedades que são mais marcadas pela discriminação, pelo preconceito e pelas mais variadas formas de racismo e intolerância, que a ideia de direitos humanos permanece ambígua e deturpada.

(Maria Victoria Benevides. **Cidadania e Direitos Humanos.** Disponível em: <http://www.iea.usp.br/textos/benevidescidadaniaedireitoshumanos.pdf>. Acesso em: 08 jun. 2012)

A partir do texto, assinale a alternativa correta.

(A) A noção de direitos humanos ainda não está definida com clareza nas sociedades democráticas do primeiro mundo.

(B) A promoção dos direitos humanos não é uma preocupação na vida política das chamadas sociedades emergentes.

(C) A discriminação e o preconceito são sinais de que a noção de direitos humanos não foi socialmente incorporada.

(D) A implantação de leis que promovam os direitos humanos é suficiente para evitar o preconceito e a discriminação.

(E) A prática dos direitos humanos nas sociedades democráticas desenvolvidas independe de valores éticos.

O texto relata uma contradição entre os avanços sociais qualitativos e a aplicação de regras morais de cunho social. Apesar de as democracias modernas adotarem leis e promoverem campanhas voltadas para a efetivação do princípio de igualdade, os países respectivos não incorporaram definitivamente a noção de direitos humanos e assumem os maiores índices de discriminação e preconceito.

Gabarito "C"

(Oficial da Polícia Militar/SP – 2012 – VUNESP) Observe a citação e a imagem a seguir.

"O mundo deles é quadrado, eles moram em casas que parecem caixas, trabalham dentro de outras caixas e, para irem de uma caixa à outra, entram em caixas que andam. Eles veem tudo separado, porque são o Povo das Caixas..."

(Frase de um pajé Kaingang sobre os civilizados, recolhida por Lúcia Fernanda Kaingang)

facebook.com/humorinteligente

Assinale a alternativa que melhor corresponde à intenção da citação e/ou da imagem.

(A) Os pajés possuem o costume de enquadrar o mundo.
(B) A citação faz referência exclusiva ao modo de vida dos Kaingang.
(C) Os índios Kaingang não sabem observar modos de vida diferentes dos deles.
(D) Os "civilizados" não possuem costumes estranhos como o de ver e viver num mundo em caixas.
(E) A citação e a imagem ironizam o modo de vida dos "civilizados".

A mensagem da imagem ironiza a condição de vida dos grandes centros urbanos ao estabelecer comparações entre a civilização e o "não civilizado", tais como: associar as casas a caixas, os automóveis a caixas que andam.

Gabarito "E"

(Oficial da Polícia Militar/SP – 2012 – VUNESP) Tereza Caldeira escreveu que a cidadania brasileira é disjuntiva porque, embora o Brasil seja uma democracia política e ainda que os direitos sociais sejam razoavelmente legitimados, aspectos civis da democracia são continuamente violados. Com base nessa ideia, pode-se afirmar que

(A) a democracia brasileira não avançou em relação à ditadura civil-militar.
(B) há poucos registros de violação de direitos civis durante a ditadura civil-militar brasileira.
(C) paradoxos marcam a constituição da democracia no Brasil.
(D) no Brasil, direitos sociais devem ser superiores aos direitos civis.
(E) na história brasileira, a democracia política vem acompanhada do respeito aos direitos civis.

A cidadania no Brasil é considerada incompleta, pois os direitos sociais não estão em equivalência perante os direitos civis e políticos, ou seja, o fato de ter direito ao voto não exclui a possibilidade de estar na miséria. Tal situação representa um paradoxo que é marca principal da democracia brasileira.

Gabarito "C"

(Oficial da Polícia Militar/SP – 2012 – VUNESP) Leia trecho do mais novo livro de Eduardo Galeano, *Los hijos de los días.*

26 de Outubro

Guerra a favor das drogas

Depois de vinte balas de canhão e milhares e milhares de chineses mortos, cantou vitória a rainha Vitória: a China, que proibia as drogas, abriu suas portas para o ópio que os mercadores ingleses vendiam. Enquanto ardiam os palácios imperiais, o príncipe Gong assinou a rendição, em 1860. Foi um triunfo da liberdade: a liberdade de comércio.

27 de Outubro

Guerra contra as drogas

Em 1986, o presidente Ronald Reagan retomou a lança que Richard Nixon havia levantado alguns anos antes, e a guerra contra as drogas recebeu um impulso multimilionário. Desde então, aumentaram os lucros dos narcotraficantes e dos grandes bancos que lhes lavam o dinheiro; as drogas, mais concentradas, matam o dobro de pessoas que matavam; cada semana se inaugura uma nova prisão nos Estados Unidos porque se multiplicam os usuários na nação que mais usuários contém; Afeganistão, país invadido e ocupado pelos Estados Unidos, passou a abastecer quase toda a heroína que o mundo compra; e a guerra contra as drogas, que fez da Colômbia uma grande base militar norte-americana, está convertendo o México num enlouquecido matadouro.

Com base no texto, pode-se inferir que

(A) ao longo da história da humanidade, as drogas sempre foram proibidas.
(B) a guerra contra as drogas tem trazido grandes prejuízos humanos e econômicos.
(C) a Guerra do Ópio findou-se com a proibição do comércio de opioides.
(D) durante a guerra contra as drogas diminuiu o número de presídios e de usuários de drogas nos Estados Unidos.
(E) México e Colômbia são os países que mais lucraram durante a guerra contra as drogas.

Respostas "B" e "E"; de fato, a guerra contra as drogas tem causado grandes prejuízos humanos e econômicos, pois circulam de modo ilegal e envolve um dinheiro não fiscalizado que financia grupos de guerrilha atuantes em diversos países e provocam a morte de inúmeros civis anualmente, ou seja, os resultados tem sido catastróficos e bem distante do objetivo inicial que era acabar com a produção e consumo de drogas no mundo, esse montante de dinheiro ilegal acaba chegando aos países grandes produtores de drogas, a exemplo de México e Colômbia e contribuem indiretamente para a lucratividade de indivíduos residentes nesses países envolvidos com o narcotráfico.

ANULADA

(Oficial da Polícia Militar/SP – 2012 – VUNESP) A ECO-92 trouxe de inédito a emergência de uma vigorosa sociedade civil e de organizações não governamentais em torno da criação de uma nova consciência ecológica. Nessa frente de luta, temas como a Guerra Fria foram substituídos pelas preocupações ambientais e pela defesa dos Direitos Humanos. 20 anos depois, durante a Rio+20, notou-se que

(A) permanece a disputa de poder entre Leste e Oeste, conhecida como "Guerra Fria".
(B) o muro de Berlim ainda está de pé, marcando a divisão entre Ocidente e Oriente, capitalismo e socialismo.
(C) a União Soviética é parte do G20 – o grupo de 20 países mais poderosos do mundo.
(D) as questões ambientais já estão no centro da agenda mundial e seduziram novas gerações.
(E) os direitos humanos mostraram-se "privilégios de bandidos".

A: incorreta, pois a Guerra fria acabou em 1991 com a queda da União Soviética; **B:** incorreta, pois o muro de Berlim foi derrubado em 1989 e a Alemanha foi reunificada no ano seguinte, toda ela capitalista; **C:** incorreta, pois a União Soviética se desintegrou em 1991, atualmente temos a Rússia e vários outros países capitalistas que faziam parte da antiga União Soviética; **D:** correta, pois há uma grande preocupação com o meio ambiente na atualidade. Destruição de florestas, aumento do lixo, contaminação dos recursos hídricos e alterações climáticas são assuntos discutidos por autoridades de vários países do mundo; **E:** incorreta, pois os direitos humanos foram promulgados pela Organização das Nações Unidas após diálogo com vários governos do mundo, é visto que todo o ser humano tem direito à alimentação, saúde, educação e moradia de qualidade, o que vários países ainda desrespeitam.

Gabarito "D"

(Oficial da Polícia Militar/SP – 2012 – VUNESP) Leia o texto.

Historicamente, o mundo insistiu em ignorar o Haiti e sua grandeza.

Ao embargo político e intelectual secular – como definir de outra forma o ostracismo ao qual foi relegado o Haiti após sua vitoriosa revolução que culminou com sua independência em 1804? – sucederam-se intervenções e ocupações que sempre procuraram negar aos haitianos o sentimento do orgulho dos seus feitos; e, por fim, o golpe de misericórdia, a imposição de uma agenda ditada pela Guerra Fria, que, entre os anos 1950 e 1980, destruiu o Estado haitiano, fragilizou suas instituições, criminalizou os movimentos sociais e arrebentou seu sistema econômico.

Não foi a interferência americana que destruiu o plantio de milho e interrompeu as conexões existentes entre o camponês, os fornos e os consumidores? Ou outra intervenção que promoveu a eliminação do porco crioulo, base econômica de famílias? Ou o embargo internacional que promoveu o golpe final nas reservas florestais impondo o uso indiscriminado de carvão vegetal?

Diante da fúria da natureza não cabe outro sentimento que o de uma frustração que deita raízes numa história profunda e que subitamente pode ganhar cor: o mundo dos brancos nos destruiu; o mundo dos brancos diz que quer fazer alguma coisa, mas o que faz, além de nutrir seus telejornais com fotos miseráveis que só fazem alimentar a satisfação autocentrada dos países ditos ocidentais?

(Omar Ribeiro Thomaz, "O Haiti já estava de joelhos, agora está prostrado", **Folha de S.Paulo**, 14.01.2010. Adaptado)

A partir do texto, é correto concluir que

(A) a história do Haiti está marcada por profundas e cruéis interferências externas.
(B) a "fúria da natureza" (isto é, o terremoto no Haiti) fez surgir um sentimento de compaixão entre diferentes etnias.
(C) a interferência externa contribuiu para elevar o Estado Haitiano e o orgulho de seu povo.
(D) o Haiti não teve um passado do qual os haitianos podem se orgulhar.
(E) o plantio do milho e a criação de porco crioulo salvaram o Haiti de uma catástrofe.

A trajetória do Haiti é marcada historicamente por situações de exploração, colonização e resistência. As interferências externas são, desde sua origem, a força de maior relevância política e social. No início da colonização para organizar a exploração natural e, ainda hoje, tais forças estrangeiras organizam-se para aplacar as mazelas temporais e distúrbios naturais, promovendo o nome internacional e afastando a valorização da autonomia do país.

Gabarito "A"

(Oficial da Polícia Militar/SP – 2012 – VUNESP) Sua formalização constituiu-se no marco do ambientalismo contemporâneo. Este documento foi elaborado e aprovado, em 1992, durante a ECO-92, realizada na cidade do Rio de Janeiro/RJ, pelos 179 países participantes. Considerado o principal documento mundial sobre o meio ambiente, ele é entendido como um programa de metas e ações cujo objetivo maior busca garantir a biodiversidade mundial, por meio de um novo padrão de desenvolvimento em âmbito nacional, estadual e municipal, capaz de conciliar os métodos de proteção ambiental, a justiça social e a eficiência econômica, chamado de Desenvolvimento Sustentável. Recentemente, também foi palco de debate e avaliação durante a recente conferência internacional, realizada na cidade do Rio de Janeiro/RJ, em junho de 2012, a RIO+20.

O documento mencionado refere-se

(A) à Declaração do Rio sobre Meio Ambiente e Desenvolvimento.
(B) à Agenda 21.
(C) aos Princípios para a Administração Sustentável das Florestas.
(D) à Convenção da Biodiversidade.
(E) às Convenções sobre Mudança do Clima.

Durante a Eco 92 foi assinado documento que previa a nova forma de desenvolvimento mundial, primando pela sustentabilidade, ou seja, explorar economicamente os recursos naturais de maneira racional para que pudessem se preservar para as gerações futuras. Esse documento foi a Agenda 21.

Gabarito "B"

(Oficial da Polícia Militar/SP – 2012 – VUNESP) Observe o mapa e os climogramas seguintes.

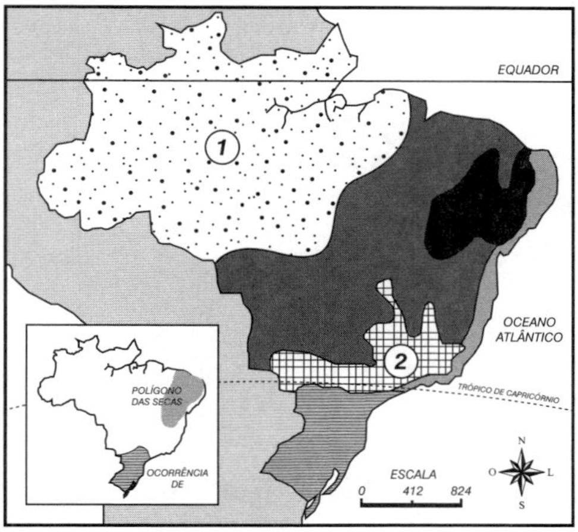

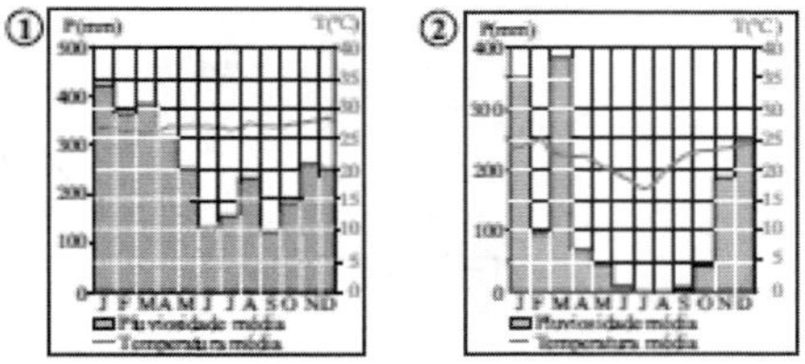

IBGE. Anuário estatístico do Brasil, 1999.

(Lucia Marina & Tércio Rigolin, **Geografia.** 5.ª ed. São Paulo: Ática, 2002. Adaptado)

É correto afirmar que **1** e **2** referem-se, respectivamente, aos climas

(A) equatorial e subtropical.

(B) equatorial e semiárido.

(C) equatorial e tropical de altitude.

(D) tropical úmido e tropical de altitude.

(E) tropical úmido e semiárido.

No climograma, as barras correspondem a cada mês do ano e representam os índices pluviométricos medidos em (mm) e a linha representa a temperatura medida em graus Celsius. No climograma 1, verifica-se um clima de alta temperatura durante todo o ano e altos índices pluviométricos, típico da região equatorial do planeta representada no mapa na região amazônica. Já o climograma 2 apresenta temperaturas médias altas com uma pequena queda no inverno, e índices pluviométricos variáveis e em alguns meses superando a média do equatorial, típico de região de planalto como a Serra do Mar e Mantiqueira representada no mapa no sudeste brasileiro, portanto um clima tropical de altitude.

Gabarito "C"

(Oficial da Polícia Militar/SP – 2012 – VUNESP) A tela retrata um dos mais belos e conhecidos cartões-postais da cidade de Nova York, o Central Park, localizado nos Estados Unidos, um dos países desenvolvidos do mundo.

(Valquíria Pires Garcia & Beluce Bellucci, **Geografia.** 2. ed. São Paulo: Scipione, 2009. v. 4)

Após sua leitura iconográfica, conclui-se que a tela descreve

(A) a falta de itens básicos à população, como alimentação, vestuário e lazer em cidades com elevada densidade demográfica.

(B) a necessidade, cada vez mais crescente, da população por educação em cidades altamente urbanizadas.

(C) a qualidade de vida em países subdesenvolvidos, onde o acesso à alimentação, vestuário e lazer torna-se marcante.

(D) a qualidade de vida de seus habitantes, representada pelo acesso a itens básicos como alimentação, vestuário, área verde e lazer.

(E) os parques lineares, característicos dos países desenvolvidos com baixa densidade demográfica.

A: incorreta, pois a imagem retrata a população convivendo harmonicamente em um espaço de lazer; **B:** incorreta, pois a imagem não faz nenhuma alusão ao sistema educacional; **C:** incorreta, pois a imagem retrata o Central Park em Nova Iorque, no país que possui o 3º maior índice de desenvolvimento humano do mundo; **D:** correta, pois o acesso ao lazer, consumo de bens alimentícios e prática de esportes retrata uma alta qualidade de vida dos habitantes de Nova Iorque; **E:** incorreta, pois há um grande número de pessoas no parque desenvolvendo atividades diversas.

Gabarito "D"

(Oficial da Polícia Militar/SP – 2012 – VUNESP) Considere o texto para responder à questão.

A Crise do Euro

Desde que 2011 começou, mal se passou um mês sem que fosse realizada uma conferência dos países europeus para tomar novas medidas pela salvação da zona do euro. [...] A crise da dívida veio da periferia da zona do euro e atingiu o seu núcleo. Após a Grécia, Irlanda e Portugal, a Espanha, Itália e até a França agora precisam pagar juros tão altos para vender seus títulos governamentais que não podem mais escapar da armadilha do endividamento massivo. [...] Analistas descrevem esse fenômeno como uma "moção de desconfiança para toda a zona do euro". Muitos especialistas não acreditam mais na sobrevivência do euro na sua forma atual. [...] O colapso da zona do euro teria consequências econômicas e sociais desastrosas. Mergulharia o continente em levantes sociais similares aos ocorridos durante a primeira metade do século passado. Nesse contexto, as tensões nacionais na Europa estão aumentando [...].

(Peter Schwarz, World Socialist Web Site. Publicado por International Committee of the Fourth International (ICFI), 30/11/11.

Disponível em: <http://www.wsws.org/pt/2011/nov2011/por2-n30.shtml>. Acesso em: 09 jun. 2012)

Sobre a crise europeia, assinale a alternativa correta.

(A) A crise está relacionada aos avanços das corporações industriais e financeiras que fragilizam as economias mais dependentes da Europa.

(B) A crise está localizada nos países que ingressaram recentemente na UE e que não conseguiram superar problemas socioeconômicos anteriores.

(C) Trata-se de uma crise mundial, associada ao fato de os países europeus não superarem os antagonismos nacionais socialistas, que ressurgem sempre que a crise se intensifica.

(D) A causa básica da crise é o endividamento da Europa, uma vez que a dívida média dos países da UE é consideravelmente maior que a dívida dos EUA e do Japão.

(E) Trata-se de uma crise financeira internacional do socialismo que, assim como atingiu os países da Comunidade dos Estados Independentes (CEI) e os EUA no passado, age agora no continente Europeu.

A crise do euro está relacionada à fragilidade das economias dependentes e frágeis que integram o mercado comum de sua zona financeira. Tal situação está relacionada aos avanços da produção e à necessidade de consumo que as corporações e instituições financeiras promovem perante as economias decadentes. Na prática seria: os que tem mais pagam pelos que nada podem. Dessa forma institui-se uma crise constante.

Gabarito "A"

(Oficial da Polícia Militar/SP – 2012 – VUNESP) Leia o texto e observe as figuras.

Com a competição econômica, política e tecnológica existente entre os países capitalistas por áreas de influência, após a desintegração dos países socialistas a economia se regionalizou, consolidando-se polos econômicos de poder. Esta nova reestruturação dos países do mundo estabeleceu uma Nova Ordem Mundial, com a formação de três grandes blocos.

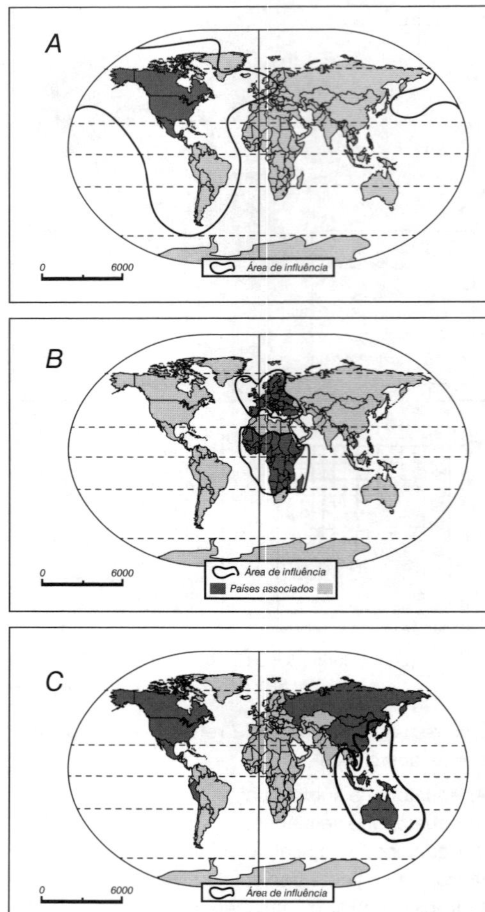

(Marcos de Amorim Coelho e Lygia Terra, **Geografia Geral**: espaço natural e socioeconômico. 4. ed. São Paulo: Moderna, 2008)

Os três grandes blocos mencionados no texto e destacados nas figuras A, B e C correspondem, respectivamente, à:

(A) ALCA (Acordo de Livre Comércio das Américas), UE (Unificação Europeia) e APEC (Cooperação Econômica da Ásia e do Pacífico).

(B) NAFTA (Acordo de Livre Comércio da América do Norte), UE (União Europeia) e APEC (Cooperação Econômica da Ásia e do Pacífico).

(C) MERCOSUL (Mercado Comum do Sul), UE (União Europeia) e APEC (Cooperação Econômica da Ásia e do Pacífico).

(D) ALCA (Acordo de Livre Comércio da América do Norte), MCE (Mercado Comum Europeu) e ZEE (Zonas Econômicas Especiais da Ásia e do Pacífico).

(E) NAFTA (Acordo de Livre Comércio da América do Norte), MCE (Mercado Comum Europeu) e ZEE (Zonas Econômicas Especiais da Ásia e do Pacífico).

Há um erro no mapa B que inclui países africanos no bloco econômico da União Europeia, portanto, nenhuma das alternativas está correta.

ANULADA

(Oficial da Polícia Militar/SP – 2012 – VUNESP) O mapa a seguir ilustra uma nova proposta de regionalização do Brasil defendida pelo Professor Milton Santos e pela Professora Maria Laura Silveira, na qual a "informação" e as "finanças" estão irradiadas de maneiras desiguais e distintas pelo território brasileiro, determinando, conforme os professores, os "quatro brasis" no mapa representado.

(Milton Santos e Maria Laura Silveira. **O Brasil**: *território e sociedade no início do século XXI*. São Paulo: editora Record, 2001)

Assinale a alternativa que contém o nome científico do principal critério definidor do termo regional "quatro brasis".

(A) Meio técnico-científico-conurbado.
(B) Meio científico-polarizado.
(C) Meio científico-informacional-globalizado.
(D) Meio técnico-mecanizado-industrializado.
(E) Meio técnico-científico-informacional.

Milton Santos, em seu livro **A natureza do espaço**, elucida sobre a existência na atualidade de uma ciência que contribui para a criação de novas técnicas (mecanismos) para explorar o espaço e corroborar com a maior circulação da informação no mundo, disse ele vivermos em um meio técnico-científico-informacional e baseado nessa interpretação da realidade surgiu tal regionalização do Brasil, considerando-se a ciência, a técnica e a informação.

Gabarito "E"

(Oficial da Polícia Militar/SP – 2012 – VUNESP) Compare as principais modificações na linha de montagem destacadas pelas imagens na série temporal de 1949 a 2004.

Imagem A – Trabalhadores em uma linha de montagem do Ford Sedan, em Detroit, no Estado de Michigan, Estados Unidos, em 1949.

Imagem B – Linha de montagem do Ford Mustang em Michigan, Estados Unidos, no ano de 2004.

(Valquíria Pires Garcia & Beluce Bellucci. **Geografia**. 2. ed. São Paulo: Scipione, 2009. v. 4.Adaptado)

É correto afirmar que a produção flexível de 2004 aborda temas sobre globalização, tecnologia,

(A) produção, trabalho e desemprego.
(B) comércio e emprego.
(C) produção, capital e emprego.
(D) produção, comércio e emprego.
(E) capital, comércio e desemprego.

As imagens representam o contexto produtivo desenvolvido nas fábricas automobilísticas, todavia a larga produtividade efetivada na linha de 2004 corresponde efetivamente, do ponto de vista da globalização e da tecnologia, à ordem de produção, geração de trabalho e desemprego, causado pela substituição do trabalho humano pela ação programada das máquinas.

Gabarito "A"

(Oficial da Polícia Militar/SP – 2012 – VUNESP) Observe a figura.

(João Carlos Moreira & Eustáquio de Sene. **Trilhas da Geografia**: Espaço Geográfico e Globalização. 2. ed. São Paulo: Scipione, 2009)

Sobre os tecnopolos, é correto afirmar que são

(A) megalópoles em vias de conurbação em detrimento do aumento populacional.

(B) cidades consideradas centros irradiadores das inovações tecnológicas, em função da concentração de indústrias, presença de universidades e centro de pesquisas com alto conteúdo de conhecimento.

(C) megalópoles que se desenvolveram em torno de importantes centros de pesquisas ou universidades.

(D) megalópoles consideradas centros irradiadores das inovações tecnológicas, em detrimento da concentração de indústrias, presença de universidades e centro de pesquisas com alto conteúdo de conhecimento.

(E) cidades em vias de conurbação que se desenvolveram em torno de importantes centros de pesquisas ou universidades, em detrimento do aumento populacional.

Tecnopolos são cidades que desenvolvem o conhecimento no setor tecnológico, o que atrai indústrias para essas cidades. Para ser considerado um tecnopolo são necessárias a existência de centros de pesquisa e de universidades que desenvolvem o conhecimento tecnológico e as indústrias que usufruem desse conhecimento e produzem bens de alta tecnologia.

Gabarito "B".

(Oficial da Polícia Militar/SP – 2012 – VUNESP) O mapa mostra a distribuição das cidades globais e das megacidades pelo mundo.

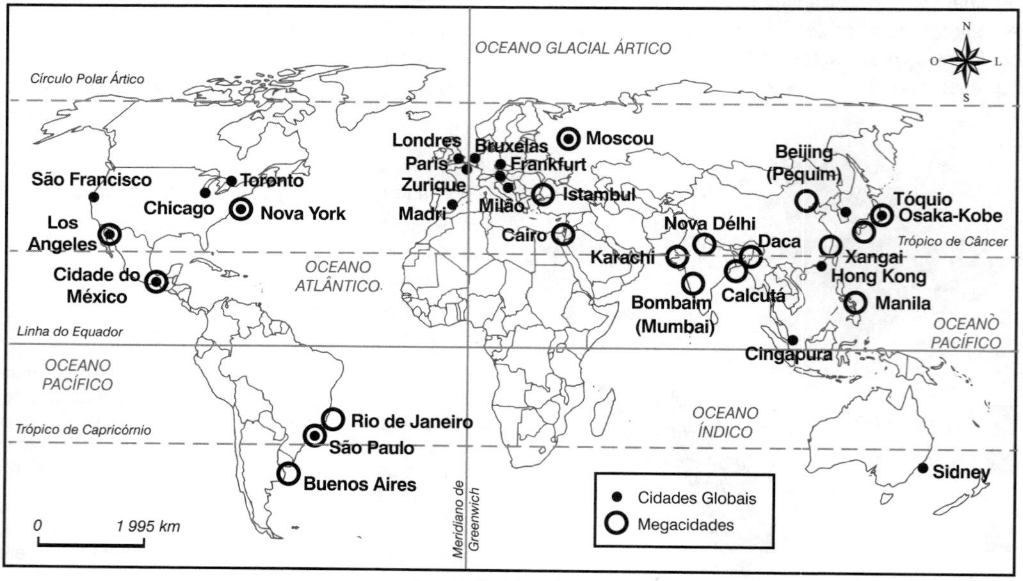

(Lucia Marina & Tércio Rigolin, **Geografia**. 5. ed. São Paulo: Ática, 2002)

De acordo com a informação gráfica, espacializada no mapa, é correto afirmar que

(A) as cidades globais concentram-se em países onde existe distribuição de renda entre a população.

(B) as cidades globais e as megacidades concentram-se em países com alto índice de IDH.

(C) as cidades globais concentram-se principalmente nos países subdesenvolvidos, enquanto a maioria das megacidades encontra-se no mundo desenvolvido.

(D) o Brasil é o único país da América Latina que possui, em seu território, tanto cidade global quanto megacidades.

(E) as cidades globais concentram-se principalmente nos países desenvolvidos, enquanto a maioria das megacidades encontra-se no mundo subdesenvolvido.

A: incorreta, pois as cidades globais são metrópoles conhecidas em todo o mundo e possuem intensa atividade econômica, comercial e turística com investimentos de outros países do mundo. Nessas metrópoles é comum a grande desigualdade socioeconômica; **B:** incorreta, pois não necessariamente as megacidades se localizam em países de grande desenvolvimento socioeconômico, a exemplo temos São Paulo, Rio de Janeiro, Buenos Aires e Cidade do México (maior cidade do mundo); **C:** incorreta, pois as cidades de maior influência no mundo (cidades globais) predominam nos países desenvolvidos; **D:** incorreta, pois o México tem a sua capital: Cidade do México com essas características; **E:** correta, pois megacidades são aquelas que possuem população superior a 10 milhões de habitantes. Como a maior parcela da população se encontra nos países subdesenvolvidos onde ocorreu um rápido processo de urbanização, várias cidades superaram essa marca. Já as cidades globais são aquelas que têm maior influência na economia mundial e como a maior parte da riqueza se concentra nos países desenvolvidos, tais cidades são predominantes nesses espaços.

Gabarito "E".

8. FÍSICA E QUÍMICA

Christiane Lourenço e Gabriella Pousa*

1. FÍSICA

1.1. GRANDEZAS E MEDIÇÕES

(Soldado do Corpo de Bombeiros Militar/SC – 2012 – IESES)
Tempo, temperatura, área e volume são grandezas físicas denominadas:

(A) Escalares.
(B) Aplicação numérica.
(C) Vetoriais.
(D) Aplicação temporal.

A: correta. Grandezas escalares são grandezas dotadas apenas de módulo (valor seguido de unidade de medida). Grandezas vetoriais são grandezas dotadas de módulo, direção e sentido. Temperatura, tempo, área e volume não possuem direção e sentido, portanto são grandezas do tipo escalar.

Gabarito "A"

1.2. CINEMÁTICA

1.2.1. GRÁFICOS

(Soldado Combatente do Corpo de Bombeiros/ES – 2011 – CESPE)
A elaboração e a interpretação de gráficos são duas das habilidades mais importantes que um estudante de ciências deve desenvolver. Ao se analisar um gráfico, pode-se determinar, por meio de uma relação matemática extraída dele, parâmetros que têm significado físico importante no estudo de determinados fenômenos. Exemplo disso é o gráfico a seguir, que pode representar, entre outras coisas, a relação entre duas grandezas físicas: *h*, no eixo das ordenadas, e *d*, no eixo das abscissas.

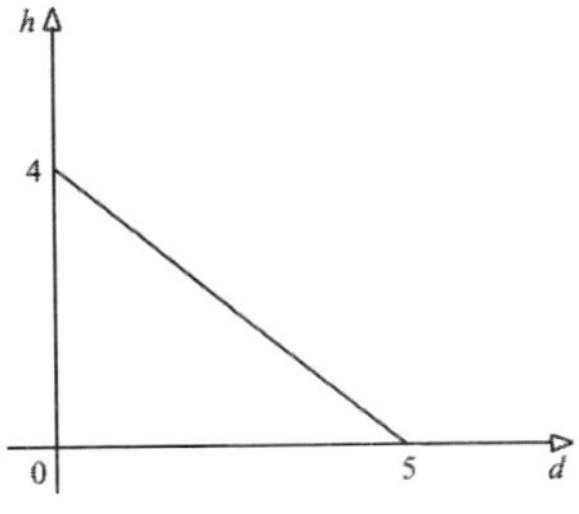

Com base no gráfico apresentado, julgue os itens a seguir, relacionados à cinemática.

(1) Considerando-se que as grandezas *h* e *d* tenham dimensões de comprimento, conclui-se que esse gráfico poderia ser utilizado para descrever o movimento de um objeto que se desloca sobre um plano inclinado.

(2) Quando *d* está entre 0 e 5, a relação entre as grandezas *h* e *d*, mostradas no gráfico, é representada por uma função matemática quadrática, dada pela relação $h = 4d - \frac{4}{5}d^2$.

(3) Considerando-se que *h* represente o espaço percorrido por um objeto, e *d*, o tempo decorrido nesse percurso, é correto afirmar que o gráfico acima ilustra um movimento uniformemente acelerado.

(4) Supondo-se que, no gráfico, *h* represente a velocidade de um objeto, em unidades de m/s, e *d* represente o tempo, em segundos, conclui-se que é igual a 10 m a distância percorrida pelo objeto no intervalo de tempo de 0 a 5 s.

1: correta, pois, neste caso, tratar-se-ia de um gráfico espaço *versus* espaço em que o eixo vertical representaria a altura ocupada pelo móvel na medida em que acontece seu deslocamento horizontal representado no eixo das abscissas; **2:** errada, pois funções matemáticas quadráticas são representadas graficamente por parábolas ou arcos de parábolas e não por linhas retas. Linhas retas são curvas características de funções lineares, ou seja, do primeiro grau; **3:** errada, pois o gráfico de espaço *versus* tempo de um movimento uniformemente acelerado é uma parábola ou um arco de parábola; **4:** correta, pois em gráficos de velocidade *versus* tempo é sempre possível encontrar o espaço percorrido pelo móvel por meio da área sob a curva, isto é, a área compreendida entre a curva do gráfico e o eixo das abscissas (eixo t).

Gabarito 1C, 2E, 3E, 4C

* Christiane Lourenço comentou as questões de Física e Gabriella Pousa as questões de Química.

(Soldado Bombeiro Militar/MA – 2012 – FGV) Um helicóptero de resgate dos bombeiros conseguiu localizar um grupo de excursionistas que se perdeu no interior de uma reserva florestal. O grupo foi localizado em uma pequena clareira existente entre árvores muito altas, o que impedia a descida do helicóptero. O comandante, então, posicionou o helicóptero na vertical, em cima da clareira, para deixar cair de paraquedas, um pacote com material de primeiros socorros.

O gráfico a seguir representa como a velocidade do pacote varia em função do tempo, enquanto cai verticalmente, entre o instante em que foi abandonado (t = 0) e o instante T em que chegou ao solo.

O trecho I mostra como a velocidade do pacote varia antes de o paraquedas se abrir e os trechos II e III, depois de o paraquedas se abrir.

A resultante das forças que atuam sobre o pacote durante a queda é

(A) para baixo em I, para cima em II e nula em III.
(B) para baixo em I, para baixo em II e nula em III.
(C) para baixo em I, para baixo em II e para baixo em III.
(D) para cima em I, para baixo em II e nula em III.
(E) para cima em I, para cima em II e nula em III.

A: correta. Como o pacote está em queda, nos trechos em que o módulo da velocidade de queda aumenta, a resultante das forças (cujo efeito é justamente a aceleração do pacote) é para baixo. Nos trechos em que o módulo da velocidade de queda diminui, temos a resultante das forças e a consequente aceleração do pacote para cima. Nos trechos em que o módulo da velocidade de queda do pacote permanece constante, a resultante das forças é nula e o pacote se move por inércia. Assim, temos que a resultante das forças deve ser "para baixo" em I, "para cima" em II e "nula" em III.

Gabarito "A"

1.2.2. VELOCIDADE ESCALAR MÉDIA

(Soldado Bombeiro Militar/MA – 2012 – FGV) Na parte frontal de um quartel, localizado numa larga avenida, há uma sirene, instalada a uma altura h do solo. A sirene é acionada para convocar os bombeiros em casos de emergência. Certo dia, num caso de emergência, a sirene apresentou defeito: em vez de soar continuamente, deu apenas um silvo breve. José, que está na varanda do seu apartamento, de altura h do solo, situado do mesmo lado da avenida e a 120 m do quartel, ouve dois silvos breves: um emitido diretamente pela sirene e outro, em virtude da reflexão do som na parede localizada do lado oposto da avenida, como ilustra a figura a seguir.

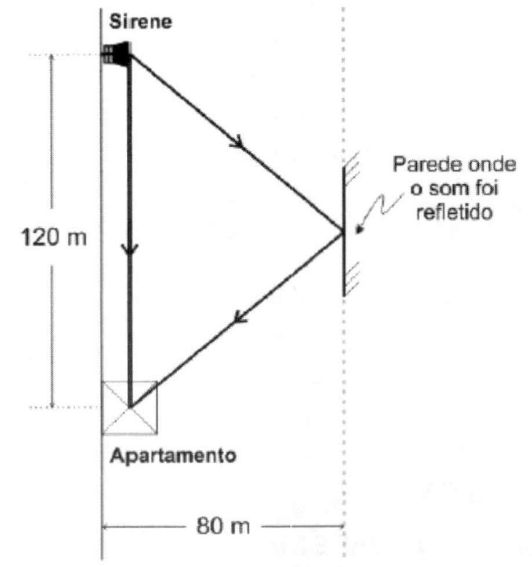

Nesse dia, as condições atmosféricas eram tais que, no local, a velocidade de propagação do som no ar era de 320 m/s. Considerando que a largura da avenida é de 80 m, o intervalo de tempo decorrido entre José escutar o primeiro e o segundo silvo foi de:

(A) 0,12 s.
(B) 0,15 s.
(C) 0,18 s.
(D) 0,20 s.
(E) 0,25 s.

E: correta. Sabendo que a velocidade é a relação entre a distância percorrida e o tempo gasto para isso (v=d/t) e que a velocidade de propagação do som é constante, o tempo gasto para que José escute o primeiro silvo é de (t=d/v) 0,375 s. Já para escutar o segundo silvo, o som deverá percorrer uma distância igual aos dois lados idênticos do triângulo que aparece na figura. Para determinar o comprimento desses lados, podemos traçar altura partindo do vértice do triângulo que fica no espelho e dividindo a imagem em dois triângulos retângulos idênticos. Agora é só calcular, utilizando o teorema de Pitágoras, a hipotenusa de um deles. O valor encontrado será de 100 m. Calculando da mesma maneira que antes, o tempo gasto para que o silvo percorra os 200 m (correspondentes às duas hipotenusas do trajeto) encontraremos um intervalo de tempo de 0,625 s. Assim, o tempo que se passa antes que José escute o segundo silvo é de 0,625 – 0,375 = 0,25 s.

Gabarito "E"

1.2.3. MOVIMENTOS UNIFORME E UNIFORMEMENTE VARIADO

(Soldado da Polícia Militar /PR – 2010 – UELCOPS) Leia a seguir as definições de trajetória e trajeto:

Trajetória é o caminho descrito pelo projétil desde seu ponto de disparo até percutir o alvo. Trajeto é o percurso seguido pelo projétil dentro do alvo.

(CROCE, D.; CROCE JÚNIOR, D. **Manual de medicina legal.** 46: ed., São Paulo: Editora Saraiva, 1998, p.233.)

Uma espingarda a uma certa altura (eixo y) e alinhada paralelamente ao chão (eixo x) dispara um projétil que descreve uma certa trajetória até atingir um alvo.

De acordo com os conhecimentos sobre os movimentos no plano e a trajetória de projéteis, e desconsiderando a resistência do ar, assinale a alternativa correta.

(A) O projétil atingirá o alvo à mesma altura do disparo em relação ao eixo x.

(B) O módulo da componente x do vetor aceleração do projétil é diferente de zero em todo o movimento.

(C) Se a espingarda fosse inclinada a 60° com relação ao eixo x, o projétil atingiria a maior distância possível.

(D) O módulo da componente y do vetor velocidade do projétil é constante em todo movimento.

(E) O módulo da componente x do vetor velocidade do projétil é constante em todo movimento.

A: errada, pois o projétil irá necessariamente atingir o alvo a uma altura menor que a de lançamento já que será acelerado para baixo pela atuação da força peso; **B:** errada, pois como desconsideramos a resistência do ar, não há forças horizontais atuando sobre o projétil. Assim, não haverá aceleração na horizontal e sua velocidade nessa direção será constante ao longo de todo o movimento até atingir o alvo; **C:** errada, pois para que o projétil atingisse a maior distância possível, supondo que ele não encontrasse um alvo antes, deveria ser lançado com um ângulo de 45° com a horizontal; **D:** errada, pois a componente Y sofrerá variação ao longo de toda a trajetória devido à atuação da força peso que irá modificar seu valor e sentido de acordo com a aceleração da gravidade; **E:** correta, pois como já foi tratado, a componente X da velocidade permanecerá constante durante toda a trajetória pela ausência de forças atuando nesta direção.

Gabarito "E"

(Soldado da Polícia Militar /PR – 2010 – UELCOPS) Quando os freios de um automóvel são acionados bruscamente, ele desliza com as rodas travadas numa desaceleração constante. Num teste de reflexo de frenagem, um motorista dirigiu o automóvel sem ingerir bebida alcoólica (situação 1), e em outro teste dirigiu levemente alcoolizado (situação 2). Em ambas as situações o automóvel era mantido numa velocidade constante de 90 km/h e, num mesmo ponto de referência, o motorista deveria acionar os freios bruscamente.

Considerando que o reflexo do motorista levemente alcoolizado é retardado em 1 segundo, quantos metros o automóvel da situação 2 ficará distante do automóvel da situação 1?

(A) 20 m

(B) 22 m

(C) 25 m

(D) 30 m

(E) 28 m

C: correta. Para resolver esta questão, devemos considerar que a mesma coisa acontece para ambos a partir do momento da frenagem. A única diferença entre os dois movimentos reside no período de retardo (1 s) provocado pelo álcool ingerido pelo motorista. Assim, por uma regra de três simples, podemos encontrar o espaço percorrido pelo motorista alcoolizado antes de iniciar a frenagem para encontrar 25 m. Ora, sabemos que ele percorre 90 km em 3.600 s (1 h), precisamos apenas descobrir quanto ele percorre em 1 s. Resolvendo essa regra de três, você encontrará o valor de 0,025 km, que correspondem exatamente a 25 m.

Gabarito "C"

1.3. HIDROSTÁTICA

(Soldado Combatente do Corpo de Bombeiros/ES – 2011 – CESPE) Na hidrostática, um resultado notável conhecido como Teorema de Stevin estabelece que a pressão p_h em um ponto situado à profundidade *h*, dentro de um líquido em equilíbrio, é a soma da pressão sobre a superfície livre (pressão atmosférica, p_0) e do peso da coluna líquida que se situa logo acima desse ponto. Matematicamente, esse teorema pode ser expresso pela equação em que *d* é a densidade $p_h = p_o + dgh$, do líquido em equilíbrio e $g = 10{,}0$ m/s² é a aceleração da gravidade. Considerando essas informações e os princípios relacionados à hidrostática, julgue os itens seguintes.

(1) É nula a pressão hidrostática no interior de líquidos cuja superfície livre esteja sob vácuo, independentemente da profundidade.

(2) Supondo-se que a superfície livre esteja sob pressão atmosférica, a pressão exercida no ponto situado à profundidade de 2 m será o dobro da pressão exercida no ponto situado à profundidade de 1 m.

(3) É possível deduzir a expressão do empuxo a partir da equação básica da hidrostática.

1: errada, pois de acordo com a própria expressão apresentada no texto da questão, mesmo que a pressão sobre a superfície do líquido seja nula, resta ainda uma parcela associada à pressão exercida pela coluna de líquido sobre o ponto em questão. A pressão depende diretamente da profundidade em que se encontra o ponto a ser analisado; **2:** errada, pois a pressão exercida pela coluna de líquido (*dgh*) será o dobro, no entanto, a pressão total sobre um ponto do líquido não é representada apenas por essa pressão e sim por uma soma da pressão exercida pela coluna de líquido com a pressão sobre a superfície livre (p_0); **3:** correta, pois o empuxo é exatamente uma força que aparece por causa da diferença de pressão hidrostática exercida sobre pontos em diferentes profundidades de um corpo imerso em um fluido. Portanto, a expressão para o cálculo do módulo da força de empuxo deriva exatamente da equação básica da hidrostática.

Gabarito 1E, 2E, 3C

1.4. TRABALHO E ENERGIA

(Soldado Combatente do Corpo de Bombeiros/ES – 2011 – CESPE) Uma haste fina, rígida, de massa desprezível e com 0,50 m de comprimento tem uma de suas extremidades fixada sobre uma mesa horizontal e pode girar livremente (sem tocar a superfície da mesa) em torno do ponto fixo. Considere que, na outra extremidade da haste, esteja preso um objeto de massa $m = 4{,}0$ kg, apoiado sobre a superfície da mesa e, inicialmente, em repouso. Suponha que, entre o objeto e a mesa, exista atrito, com coeficiente $\mu = 0{,}1$, e que, em certo momento, o objeto receba um impulso de 2,0 kg m/s, perpendicular à direção sobre a qual se estende a haste e paralelamente à superfície da mesa, comece a girar e pare após certo instante. Com base nessa situação, julgue os itens que se seguem. Considere a aceleração da gravidade $g = 10{,}0$ m/s² e $\pi = 3{,}14$.

(1) O trabalho total efetuado pela força de atrito é igual a 0,5 J.

(2) Durante todo o movimento do referido objeto, a aceleração centrípeta é constante.
(3) O movimento resultante será circular e uniformemente desacelerado.

1: Errada, pois, sabendo que o módulo do impulso é o módulo da variação da quantidade de movimento do corpo e que inicialmente o corpo se encontrava parado, podemos determinar a velocidade inicial do corpo por Q = mv onde Q é exatamente o valor do impulso recebido. Substituindo os valores conhecidos, chegamos à conclusão de que a velocidade inicial do corpo é de 0,5 m/s e, consequentemente, sua energia cinética inicial ($E_c = mv^2/2$) será de 0,5 J. Como o trabalho pode ser determinado pela variação da energia cinética e a energia cinética final do corpo é nula, podemos afirmar que o trabalho total da força de atrito será de -0,5 J. Ademais, a força de atrito atua no sistema como uma força dissipativa e, como toda força dissipativa, deve exercer trabalho resistente (negativo) sobre o sistema; **2:** errada, pois a aceleração centrípeta depende do quadrado da velocidade do corpo ($a_{cp}=v^2/R$, onde v é a velocidade do corpo a cada instante e R é o raio da trajetória) e, como o móvel irá parar, certamente sua aceleração centrípeta terá valor cada vez menor; **3:** correta, pois como a trajetória tem raio constante (limitado pelo comprimento da haste) e a força de atrito será a força resultante no sistema e não vai mudar já que ela depende apenas da força normal e do coeficiente de atrito, a aceleração tangencial (responsável pela mudança no módulo da velocidade) será sempre constante, fazendo com que o movimento seja circular e uniformemente desacelerado.

Gabarito 1E, 2E, 3C

(Soldado Bombeiro Militar/MA – 2012 – FGV) O medidor de energia elétrica na casa que serve de alojamento para os bombeiros (chamado popularmente de relógio) possui um disco, visível externamente, que, ao girar, registra a energia elétrica consumida: 1 rotação completa para cada 3,6 Wh.

Para testar a potência consumida por um equipamento, um bombeiro desligou todos os aparelhos consumidores de energia das tomadas, deixando ligado apenas o equipamento. Verificou, então, que o disco efetuava uma rotação completa a cada 20 s. A potência consumida pelo equipamento é:

(A) 72 W
(B) 180 W
(C) 364 W
(D) 648 W
(E) 826 W

D: correta. Se para cada rotação o equipamento registra 3,6 Wh, isso significa que, em uma rotação completa, houve o registro do consumo de 3,6 W.3600 s (12.960 J) de energia. A potência é sempre definida como a taxa de energia consumida ao longo do tempo, assim, em 20 s são consumidos 12.960 J de energia e, portanto, a potência (P = E/t) será de 12.960/20 = 648 W.

Gabarito "D"

1.5. LEIS DE NEWTON

(Soldado Combatente do Corpo de Bombeiros/ES – 2011 – CESPE) Um sistema físico que representa aproximadamente as propriedades de um movimento harmônico simples (MHS) é o pêndulo simples, que é constituído por um objeto de massa *m* suspenso por um fio ideal (sem massa e não extensível) de comprimento *L* e cuja outra extremidade é fixa, conforme ilustrado na figura abaixo. O módulo da força restauradora em um pêndulo simples é dado por: em $F = -mg \cdot tg(\theta)$, em que θ é o ângulo que o fio faz com a direção vertical. Entretanto, a aproximação de MHS só é válida quando o pêndulo executa oscilações de pequena amplitude, o que permite que a força restauradora no pêndulo simples seja diretamente proporcional ao afastamento lateral x do objeto suspenso em relação à posição de equilíbrio.

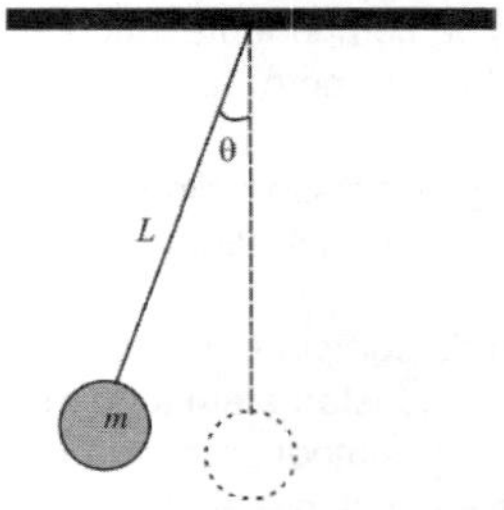

Considerando as informações acima e com base na teoria dos movimentos harmônicos simples e do pêndulo simples, julgue os próximos itens.

(1) Caso a massa *m* do objeto suspenso seja duplicada, a frequência desse pêndulo será quatro vezes maior que a anterior.
(2) Para se medir, com razoável grau de aproximação, a aceleração da gravidade em determinado ponto da superfície da Terra, é suficiente medir-se o período de um pêndulo simples de comprimento *L* conhecido.
(3) Sabendo-se que a aproximação $tg(\theta) \cong sen(\theta)$, justificável para ângulos pequenos, é correto afirmar que a constante de proporcionalidade, ao se considerar que o pêndulo simples executa um MHS, é igual a $\frac{mg}{L}$.

1: errada, pois, para um pêndulo simples que executa um MHS, a frequência só depende do comprimento do pêndulo e da aceleração da gravidade local; **2:** correta, pois, como comentado no item anterior, a frequência de um pêndulo simples é determinada pelo comprimento do pêndulo e pelo valor da aceleração da gravidade local; **3:** correto, pois, caso o afastamento lateral x com relação à posição de equilíbrio seja pequeno, podemos escrever a expressão para o cálculo da força como sendo F = x . mg/L já que x/L será exatamente o seno do ângulo de abertura do pêndulo e, portanto, o coeficiente de proporcionalidade entre F e x será mg/L.

Gabarito 1E, 2C, 3C

1.6. GRAVITAÇÃO

(Soldado do Corpo de Bombeiros Militar/SC – 2012 – IESES) O astrônomo Tycho Brahe (1546-1601) realizou medições de notável precisão. Johannes Kepler (1571-1630), discípulo de Tycho Brahe, utilizando os dados colhidos por seu mestre, descreveu, de modo singelo e preciso, os movimentos planetários. São Leis de Kepler:

(A) Lei das áreas, Lei dos corpos e Lei das órbitas.
(B) Lei das áreas, Lei dos períodos e Lei das órbitas.
(C) Lei dos corpos, Lei gravitacional e Lei dos períodos.
(D) Lei das áreas, Lei gravitacional e Lei das órbitas.

B: correta. Kepler descreveu três leis: a lei das órbitas, a lei das áreas e a lei dos períodos. A lei gravitacional foi descrita por Newton e lei dos corpos não existe.

Gabarito "B"

1.7. ÓPTICA

(Soldado Bombeiro Militar/MA – 2012 – FGV) Um grupo de bombeiros desportistas cogita fundar uma agremiação esportiva que receberia o nome de Clube de Futebol de Bombeiros. Entusiasmados com a ideia, mandaram confeccionar uma camisa regata toda branca onde estava gravada a sigla:

C F B

Um dos bombeiros vestiu a camisa e foi se olhar num espelho plano. Assinale a alternativa que apresenta a imagem que ele viu ao olhar para o espelho.

(A) B F C

(B) 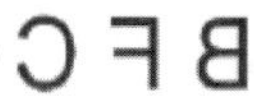

(C) 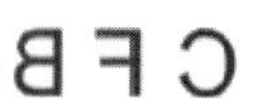

(D) 

(E) 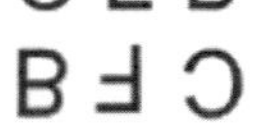

C: correta. Para entender essa questão, basta nos lembrarmos de como são as imagens que vemos nos espelhos planos cotidianamente. São imagens "enantiomorfas", isto é, invertidas com relação à direita-esquerda. É como se a palavra tivesse sido escrita da direita para a esquerda com as letras também invertidas.

Gabarito "C".

1.8. FÍSICA TÉRMICA

(Soldado Bombeiro Militar/MA – 2012 – FGV) Tendo em conta os diversos modos de propagação do calor, analise as afirmativas a seguir.

I. Quando há um incêndio próximo a um reservatório metálico de combustível, joga-se água fria na parede do reservatório do lado oposto ao do incêndio.
II. Se um grupo de pessoas tenta se evadir de uma loja em chamas é recomendável que saiam abaixadas, o mais próximo possível do chão.
III. A placa utilizada, na construção de um painel solar, é escura para absorver melhor a energia radiante do Sol.

Assinale:

(A) se somente a afirmativa III estiver correta.
(B) se somente as afirmativas I e II estiverem corretas.
(C) se somente as afirmativas I e III estiverem corretas.
(D) se somente as afirmativas II e III estiverem corretas.
(E) se todas as afirmativas estiverem corretas.

I: correta, pois, neste caso, tenta-se evitar que o calor se propague para dentro do recipiente resfriando um dos lados do reservatório. Como o metal é um bom condutor de calor, a temperatura de todo o recipiente irá baixar quando qualquer de suas partes for resfriada. O item trata da propagação do calor por condução; II: correta, pois o calor pode se propagar em meios fluidos por convecção. Trata-se de uma forma de propagação de calor em que as massas de ar quente e fria trocam de lugar pela diferença de densidade (o ar frio desce e o quente sobe) fazendo com que as partículas de fumaça sejam carregadas para cima pelo ar quente; III: correta, pois a terceira e última formas de propagação do calor é por irradiação. O calor que sai do Sol chega à Terra por meio de ondas eletromagnéticas que se propagam inclusive no vácuo. A cor branca é a cor que mais reflete radiações, a cor preta é a que mais absorve. Assim, utilizam-se painéis pretos para aumentar a absorção de ondas eletromagnéticas e assim, aumentar o aproveitamento do calor.

Gabarito "E".

(Soldado do Corpo de Bombeiros Militar/SC – 2012 – IESES) O conceito de temperatura entra na termodinâmica como uma quantidade matemática precisa que relaciona calor e entropia. A interação entre essas três quantidades é descrita por uma lei da termodinâmica, segundo a qual é impossível reduzir qualquer sistema à temperatura do zero absoluto mediante um número finito de operações. De acordo com esse princípio, também conhecido como teorema de Nernst, a entropia de todos os corpos tende a zero quando a temperatura tende ao zero absoluto. Estamos nos referindo à:

(A) Terceira Lei da Termodinâmica.
(B) Primeira Lei da Termodinâmica.
(C) Segunda Lei da Termodinâmica.
(D) Lei de Refração.

C: correta. A Segunda Lei da Termodinâmica possui três enunciados bem conhecidos, a saber: nenhuma máquina térmica pode operar produzindo 100% de rendimento, o zero absoluto é uma temperatura inatingível na natureza e o calor sempre flui do corpo de maior para o de menor temperatura. Todos esses enunciados derivam de uma análise comum em que a entropia dos sistemas tende sempre a aumentar em processos espontâneos na natureza, assim, se a temperatura tende ao zero absoluto a entropia tenderá a zero.

Gabarito "C".

(Soldado do Corpo de Bombeiros Militar/SC – 2012 – IESES) À medida que aumenta a temperatura de um corpo, aumenta a amplitude e suas agitações ou vibrações moleculares e, em consequência desse fato, as distâncias médias entre as moléculas aumentam, alterando as dimensões físicas do corpo, que tem seu volume aumentado (dilatação). Quando a temperatura do corpo diminui, temos o efeito contrário: a diminuição do volume (contração). São tipos de dilatação:

(A) Corporal, Superficial e Volumétrica.
(B) Linear, Corporal e Volumétrica.
(C) Linear, Superficial e Corporal.
(D) Linear, Superficial e Volumétrica.

D: correta. A dilatação dos corpos é sempre volumétrica. Ocorre que em certas situações uma ou duas das dimensões do corpo torna-se desprezível em detrimento da(s) outra(s), assim, frequentemente podemos simplificar nosso estudo trabalhando apenas com dilatações lineares (quando o comprimento for a dimensão mais expressiva do corpo), superficiais (quando a área ou superfície for mais expressiva que o volume ou o comprimento) ou volumétrica (quando as três dimensões espaciais forem igualmente importantes ou no caso de líquidos).

Gabarito "D".

1.9. NOÇÕES DE ELETRICIDADE

(Soldado Combatente do Corpo de Bombeiros/ES – 2011 – CESPE) A lei dos nós estabelece que a soma das correntes que chegam e saem de um nó deve ser nula. A lei das malhas estabelece que a soma das diferenças de potencial em um circuito simples fechado deve ser nula. Considere o circuito elétrico abaixo, com duas malhas, indicadas pelos números I (à esquerda) e II (à direita), percorridas por correntes i_1, i_2 e i_3.

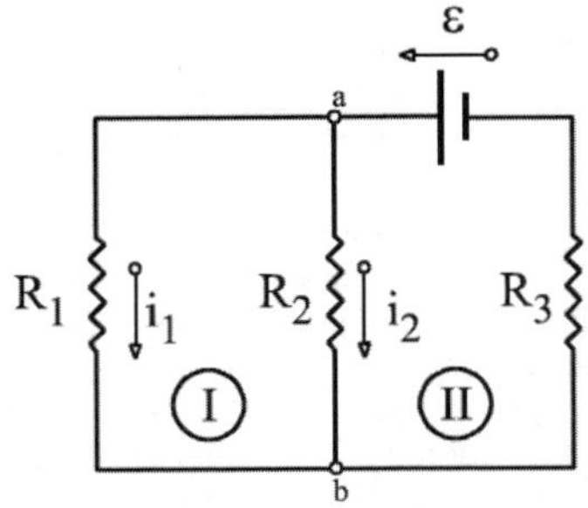

Considerando nesse circuito, o valor da força eletromotriz fornecida pelo gerador igual a ε = 10 V e que os valores das resistências elétricas R_1 , R_2 e R_3 sejam iguais, em cada trecho do circuito, respectivamente a 1 Ω , 2 Ω e 3 Ω , julgue os itens subsequentes.

(1) O circuito apresentado pode ser reduzido a um circuito de uma única malha, bastando substituir as resistências R_1 e R_2 por uma única resistência equivalente e igual a $\frac{2}{3}\Omega$.

(2) O sentido real da corrente i_2 é contrário ao adotado no diagrama do circuito apresentado.

(3) A potência elétrica total gerada pelo gerador é igual a $\frac{200}{11}$W.

(4) Os valores das correntes i_1, i_2 e i_3 serão duplicados se tanto a força eletromotriz quanto as resistências R_1, R_2 e R_3 forem duas vezes maiores do que os valores iniciais.

1: correta, pois as resistências R_1 e R_2 estão associadas em paralelo e podem ser simplesmente substituídas por uma resistência equivalente de 2/3 Ω sem prejuízo para o funcionamento do circuito. Para determinar a resistência equivalente de uma associação em paralelo, devemos fazer $1/R_{eq} = 1/R_1 + 1/R_2$; **2:** errada, pois a corrente que se estabelece no circuito tem sentido determinado sempre pelo gerador (deve atravessar o gerador do menor para o maior potencial, de acordo com o sentido determinado corretamente no desenho), assim, ao atingir o nó "a", a corrente irá se dividir e a parte i_2 terá exatamente o sentido representado na figura; **3:** errada, pois a potencia total produzida no gerador é a potência consumida no circuito. A potência consumida no circuito pode ser calculada por $P = U^2/R_{eq}$. Sabendo que a resistência equivalente do circuito é de 11/3 Ω e que a ddp (força eletromotriz) do gerador é de 10 V, a potência total produzida será de 1.100/3 W; **4:** errada, pois, caso a força eletromotriz seja duplicada e as resistências sejam duplicadas proporcionalmente, as correntes (1_1, i_2 e i_3) permanecem inalteradas, pois a Segunda Lei de Ohm (U=Ri) deve ser obedecida – dobrando-se a ddp e a resistência i permanece com o mesmo valor.

Gabarito 1C, 2E, 3E, 4E

(Soldado do Corpo de Bombeiros Militar/SC – 2012 – IESES) Refere-se às forças de interação (atração e repulsão) entre duas cargas elétricas puntiformes, ou seja, com dimensão e massa desprezível. Lembrando que, pelo princípio de atração e repulsão, cargas com sinais opostos são atraídas e com sinais iguais são repelidas, mas estas forças de interação têm intensidade igual, independente do sentido para onde o vetor que as descreve aponta. Nos referimos à/aos:

(A) Lei do Calor.
(B) Princípios de Pascal.
(C) Lei de Coulomb.
(D) Lei de Newton.

As atrações e repulsões entre cargas têm módulo determinado pela Lei de Coulomb. Princípio de Pascal é relativo à hidrostática, Lei do Calor não existe e as Leis de Newton são leis da Mecânica que tratam do movimento dos corpos e em nada se relacionam com cargas elétricas.

Gabarito "C"

(Soldado da Polícia Militar /PR – 2010 – UELCOPS) A parada cardíaca requer tratamento imediato com um desfibrilador. Esse aparelho envia choques elétricos ao coração, que podem restaurar seu ritmo normal.

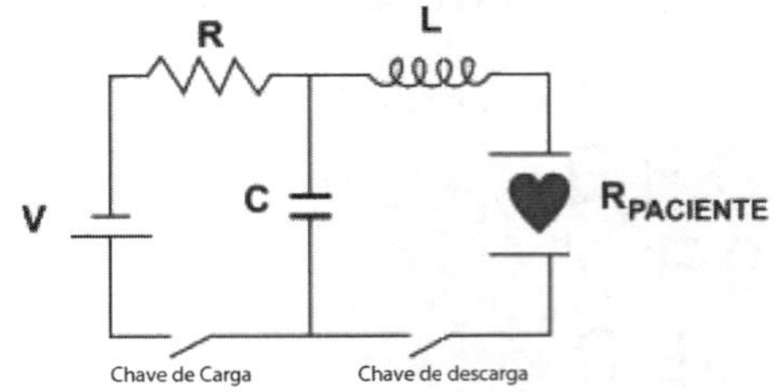

Legenda
R = resistência
L = indutor
C = capacitor
V = fonte de tensão

O circuito do aparelho elétrico da figura é composto de um circuito RC série e um circuito pelo capacitor C.

Com base nos conhecimentos de eletricidade e magnetismo, e sabendo que a chave de carga e a de descarga nunca estarão simultaneamente fechadas, considere as afirmativas a seguir:

I. O tempo de carregamento do desfibrilador depende do valor da capacitância (C) e fonte V.
II. Na descarga, tensões da ordem de kV podem ser conseguidas sobre o coração indutor L.
III. A corrente elétrica produzida no circuito RLC depende da resistência elétrica do paciente.
IV. Entre as etapas de carregamento e descarregamento, o capacitor armazena uma corrente elétrica.

Assinale a alternativa correta.

(A) Somente as afirmativas I e IV são corretas.
(B) Somente as afirmativas II e III são corretas.
(C) Somente as afirmativas III e IV são corretas.
(D) Somente as afirmativas I, II e III são corretas.
(E) Somente as afirmativas I, II e IV são corretas.

I: errada, pois o tempo de carga do capacitor não depende da fonte, depende apenas do produto RC; II: correta, pois o capacitor armazena carga e no processo de descarga pode ser conseguidas tensões altíssimas sobre o indutor; III: correta, pois quanto maior for a resistência do corpo do paciente, menor será a corrente produzida no circuito já que ele está em série com os demais elementos na descarga; IV: errada, pois o capacitor, na etapa de carregamento, armazena carga e não corrente. Na etapa de descarregamento ele está liberando para o circuito a carga que antes foi armazenada.

Gabarito "B"

2. QUÍMICA

CLASSIFICAÇÃO PERIÓDICA DOS ELEMENTOS

	1	2	3	4	5	6	7	8	9	10	11	12	13	14	15	16	17	18
1	1 H 1,0																	2 He 4,0
2	3 Li 6,9	4 Be 9,0											5 B 10,8	6 C 12,0	7 N 14,0	8 O 16,0	9 F 19,0	10 Ne 20,2
3	11 Na 23,0	12 Mg 24,3											13 Al 27,0	14 Si 28,1	15 P 31,0	16 S 32,1	17 Cl 35,5	18 Ar 39,9
4	19 K 39,1	20 Ca 40,1	21 Sc 45,0	22 Ti 47,9	23 V 50,9	24 Cr 52,0	25 Mn 54,9	26 Fe 55,8	27 Co 58,9	28 Ni 58,7	29 Cu 63,5	30 Zn 65,4	31 Ga 69,7	32 Ge 72,6	33 As 74,9	34 Se 79,0	35 Br 79,9	36 Kr 83,8
5	37 Rb 85,5	38 Sr 87,6	39 Y 88,9	40 Zr 91,2	41 Nb 92,9	42 Mo 95,9	43 Tc (98)	44 Ru 101,1	45 Rh 102,9	46 Pd 106,4	47 Ag 107,9	48 Cd 112,4	49 In 114,8	50 Sn 118,7	51 Sb 121,8	52 Te 127,6	53 I 127,0	54 Xe 131,3
6	55 Cs 132,9	56 Ba 137,3	57-71 La-Lu *	72 Hf 178,5	73 Ta 181,0	74 W 183,9	75 Re 186,2	76 Os 190,2	77 Ir 192,2	78 Pt 195,1	79 Au 197,0	80 Hg 200,6	81 Tl 204,4	82 Pb 207,2	83 Bi 209,0	84 Po (209)	85 At (210)	86 Rn (222)
7	87 Fr (223)	88 Ra (226)	89-103 Ac-Lr **	104 Rf (261)	105 Db (262)	106 Sg (266)	107 Bh (264)	108 Hs (277)	109 Mt (268)	110 Ds (281)	111 Rg (272)	112 Uub (285)	113 Uut (284)	114 Uuq (289)	115 Uup (288)			

* série dos lantanídeos	57 La 138,9	58 Ce 140,1	59 Pr 140,9	60 Nd 144,2	61 Pm (145)	62 Sm 150,4	63 Eu 152,0	64 Gd 157,3	65 Tb 158,9	66 Dy 162,5	67 Ho 164,9	68 Er 167,3	69 Tm 168,9	70 Yb 173,0	71 Lu 175,0
** série dos actinídeos	89 Ac (227)	90 Th 232,0	91 Pa 231,0	92 U 238,0	93 Np (237)	94 Pu (244)	95 Am (243)	96 Cm (247)	97 Bk (247)	98 Cf (251)	99 Es (252)	100 Fm (257)	101 Md (258)	102 No (259)	103 Lr (262)

Observação: Massas atômicas com valores arredondados

(Soldado Combatente do Corpo de Bombeiros/ES – 2011 – CESPE)
Embora o peróxido de hidrogênio (H_2O_2) não seja considerado um radical livre, ele é responsável, direta ou indiretamente, por diversas patologias. Em termos químicos, esse óxido é fracamente reativo, porém exerce papel deletério no organismo, por ser capaz de transpor facilmente membranas celulares e gerar o radical hidroxil (•OH), seja por meio de exposição à luz ultravioleta (equação I), seja por interação com metais de transição, como o ferro, por meio do processo conhecido como reação de Fenton (equação II).

(I) $H_2O_2 \xrightarrow{UV} 2\,\bullet OH$

(II) $Fe^{2+} + H_2O_2 \rightarrow Fe^{3+} + \bullet OH + {}^{-}OH$

Química Nova, vol. 33, nº 10, 2010, p. 2.202-10 (com adaptações).

Considerando as informações acima, julgue os itens a seguir.

(1) A configuração eletrônica do íon Fe^3+, segundo o diagrama de Linus Pauling, é $1s^2\ 2s^2\ 2p^6\ 3s^2\ 3p^6\ 4s^2\ 3d^3$.

(2) A equação I é um exemplo de reação química de decomposição, dado que representa a reação que forma o radical hidroxil por meio da exposição do peróxido de hidrogênio à luz ultravioleta.

(3) O trecho "por ser capaz de transpor facilmente membranas celulares" destaca a característica predominantemente apolar do peróxido de hidrogênio.

(4) Na reação de Fenton, o peróxido de hidrogênio atua como agente oxidante.

1: incorreta, pois para realizar a distribuição eletrônica de um íon, utilizando o diagrama de Linus Pauling, deve-se fazer a distribuição eletrônica para o átomo de ferro (número atômico 26) e em seguida efetuar a retirada dos elétrons da última camada (camada de valência), por se tratar de elemento de transição, a camada mais externa do ferro não é a mais energética. Segue a distribuição eletrônica para o átomo de ferro – Fe: 1s2 2s2 2p6 3s2 3p6 4s2 3d6. Para o íon Fe3+ deve-se retirar 3 elétrons da última camada (camada 4 possui 2 elétrons, o terceiro será retirado da camada imediatamente anterior, camada 3). Dessa forma, a distribuição para o íon Fe3+: 1s2 2s2 2p6 3s2 3p6 3d5; **2:** incorreta, discordamos do gabarito oficial pois a reação de decomposição ou de análise é um dos tipos de reação química em que determinado composto, por ação espontânea ou não espontânea, ao se desfragmentar quimicamente, dá origem a pelo menos dois produtos diferentes. Na reação (I) na formação de radicais hidroxil (•OH) pela exposição à radiação ultravioleta (UV) não há formação de substâncias, mas sim de radicais livres, caracterizando uma reação de radicalização. A decomposição da água oxigenada pode ser corretamente representada pela equação a seguir: $2H_{2}02 \longrightarrow 2H_{2}0 + 0_{2}$; **3:** incorreta, pois as membranas celulares são formadas por dupla camada de fosfolipídios, que são moléculas anfipáticas, já que possuem uma extremidade hidrofílica ou polar (solúvel em meio aquoso) e uma extremidade hidrofóbica ou não polar (insolúvel em água). A parte polar dos fosfolipídios, na composição da dupla camada, fica voltada para o meio externo e o corpo apolar fica voltado para o interior da dupla camada. Dessa forma, moléculas polares interagem mais facilmente com as membranas celulares, o peróxido de hidrogênio (água oxigenada) é uma molécula polar e por isso é capaz de transpor facilmente membranas celulares; **4:** correta, na reação de Fenton, o Fe2+ é oxidado a Fe3+ (perde 1 elétron), o peróxido de hidrogênio sofre redução na formação do ânion OH-, desta forma nessa reação de oxirredução o ferro é o agente redutor e o peróxido de hidrogênio é o agente oxidante.

Gabarito Oficial 1E, 2C (Nosso Gabarito: 2E), 3E, 4C

(Soldado Combatente do Corpo de Bombeiros/ES – 2011 – CESPE)
O uso de xilenos (ou dimetilbenzenos) como solventes orgânicos constitui significativo risco à saúde do trabalhador. A exposição crônica a essas substâncias acarreta cefaleia, fadiga, sonolência, distúrbios cardiovasculares, náuseas, vômitos e, até mesmo, coma e morte. A biotransformação dos xilenos no corpo humano ocorre, fundamentalmente, por duas vias principais, ilustradas, de forma simplificada, a seguir.

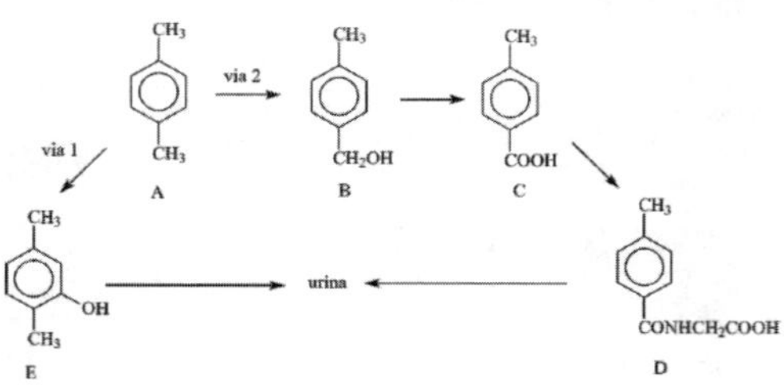

S. Oga. **Fundamentos de toxicologia**. São Paulo: Ateneu, 2003 (com adaptações).

A partir das informações acima, julgue os itens que se seguem.

(1) Na via 2 de biotransformação, a sequência de reações A → B → C envolve a oxidação do carbono de um dos grupamentos metila do xileno.

(2) De acordo com as regras da IUPAC (*International Union of Pure and Applied Chemistry*), a molécula E pode ser denominada 2,5-dimetilfenol.

(3) Nas moléculas A, B, C e D, os grupos ligados ao anel aromático encontram-se na posição meta.

(4) A análise da estrutura do metabólito D permite concluir que, na composição dele, estão presentes as funções amina e ácido carboxílico.

1: correta. Na sequência de reações apresentada A ⟶ B ⟶ C, o Número de Oxidação (NOx) do átomo de carbono de um dos grupamentos metila (CH_3) varia da seguinte forma: composto A NOx -3, composto B NOx -1, composto C NOx +3, caracterizando uma sequência de oxidações do carbono relacionado; **2:** correta, pois a molécula E possui um grupamento hidroxila ligado ao anel aromático que caracteriza a função fenol, segundo as regras da IUPAC, quando há grupo que caracteriza uma função orgânica ligado ao anel aromático, o carbono ao qual está ligado esse grupamento será considerado o carbono número 1. Dessa forma o carbono adjacente (no qual está ligado o primeiro grupamento metil) será o carbono de número 2, a fim de se obter a menor sequência de numeração dos grupamentos, seguindo essa ordem de numeração dos carbonos do anel aromático, o segundo grupamento metil encontra-se ligado ao carbono de número 5 e a nomenclatura correta da molécula é 2,5-dimetilfenol; **3:** incorreta, pois, em todos os compostos citados, A, B, C e D, os grupo ligados ao anel aromático encontram-se na posição para; **4:** incorreta, pois na composição do metabólito D estão presentes as funções amida (caracterizada pelo grupo CONH) e ácido carboxílico (caracterizada pelo grupo COOH).

Gabarito 1C, 2C, 3E, 4E

(Soldado Combatente do Corpo de Bombeiros/ES – 2011 – CESPE)
Bebidas especialmente ingeridas por esportistas têm representado importante fatia de consumo. Tais bebidas são soluções isotônicas repositoras hidroeletrolíticas e, portanto, auxiliam na manutenção e preparação física de atletas de todas as modalidades. A seguir, reproduz-se parte da tabela nutricional constante no rótulo de uma dessas bebidas.

porção de 200 mL (1 copo)	
valor energético	45 kcal
carboidratos	12 g
sódio	90 mg
potássio	25 mg
cloreto	84 mg

A partir dessas informações e considerando os múltiplos aspectos que elas suscitam, julgue os itens subsequentes.

(1) Considerando-se o valor aproximado de 6×10^{23} mol^{-1} para a constante de Avogadro, conclui-se que é superior a 3×10^{20} a quantidade de íons potássio presente em 1 copo de 200 mL da referida bebida isotônica.

(2) Na referida bebida, a concentração de íons cloreto é inferior a 0,010 mol/L.

(3) Os cloretos de sódio e de potássio podem ser preparados por meio da neutralização total do ácido clórico com hidróxidos de sódio e de potássio, respectivamente.

(4) Por serem soluções eletrolíticas, as referidas bebidas conduzem corrente elétrica.

1: correta, pois sabendo que a Massa Molar do potássio é 39 g/mol, que o enunciado considera o valor aproximado para a constante de Avogadro como $6x10^{23}$ mol^{-1} e que um copo (200 mL) possui 25 mg de íons de potássio (K^+), calcula-se a quantidade de íons potássio da seguinte forma:

39 g de (K^+) = $6x10^{23}$ íons K^+ = 1 mol de (K^+)

$25x10^{-3}$ g de K^+ = X íons K^+

X = ($6x10^{23}$) x ($25x10^{-3}$) / 39

X = $3,8x10^{20}$ íons K^+

A quantidade de íons potássio presente em um copo de 200 mL da referida bebida é superior a $3x10^{20}$;

2: incorreta, pois, sabendo que a Massa Molar do cloro é 35,5 g/mol, calcula-se a concentração de íons cloreto em mol/L ($C_{mol/L}$) na solução da seguinte forma:

Dados:

Massa de cloreto (m_{soluto}) = 84.10^{-3} g

Volume de solução ($V_{solução}$) = 200.10^{-3} L

$$C(mol/L) = \frac{m_{soluto}\ (g)}{MM_{soluto}\ (g/mol) \cdot V_{solução}\ (L)}$$

$$C(mol/L) = \frac{84 \cdot 10^{-3}}{35,5 \cdot 200 \cdot 10^{-3}}$$

$$C(mol/L) = 0,0118\,mol/L$$

Na referida bebida, a concentração de íons cloreto é superior a 0,010 mol/L;
3: incorreta, pois a neutralização total dos hidróxidos de sódio (NaOH) e potássio (KOH) com o ácido clórico ($HClO_3$), citado no item, resultará nos sais clorato de sódio ($NaClO_3$) e clorato de potássio (KCl03), conforme as reações a seguir:
$NaOH + HClO_3 \longrightarrow NaClO_3 + H_2O$
$KOH + HClO_3 \longrightarrow KClO_3 + H_2O$
O obtenção do cloreto de sódio e cloreto de potássio é dada pela neutralização total dos respectivos hidróxidos com o ácido clorídrico (HCl), conforme as reações a seguir:
$NaOH + HCl \longrightarrow NaCl + H_2O$
$KOH + HCl \longrightarrow KCl + H_2O$
4: correta, pois sais inorgânicos, em seu estado sólido, apesar de iônicos, não conduzem corrente elétrica. No entanto, quando dissolvidos em meio aquoso ocorre a dissociação dos íons que formam o retículo cristalino, originando uma solução eletrolítica que é um meio condutor de corrente elétrica.

Gabarito 1C, 2E, 3E, 4C

(Soldado Combatente do Corpo de Bombeiros/ES – 2011 – CESPE) Em ambientes fechados, o superóxido de potássio (KO_2) é utilizado em máscaras de respiração, para remover o dióxido de carbono e a água do ar exalado. A remoção de água gera oxigênio para a respiração por meio da reação

(I) $4KO_2(s) + 2H_2O(l) \rightarrow 3O_2(g) + 4KOH(s)$.

O hidróxido de potássio remove o dióxido de carbono da máscara pela reação

(II) $KOH(s) + CO_2(g) \rightarrow KHCO_3(s)$.

P. W. Atkins e L. Jones. **Princípios de química**. Rio de Janeiro: LTC, 2006, p. 125.

Com base nas informações acima, julgue os próximos itens.

(1) A análise da estrutura do superóxido de potássio demonstra que ele é uma substância de natureza molecular.
(2) A equação II representa a reação entre uma base forte e um óxido ácido, da qual resulta o sal carbonato de potássio.
(3) Considerando a proporção estequiométrica entre as substâncias envolvidas na reação representada pela equação I, conclui-se que cada mol de superóxido de potássio, ao reagir com quantidade suficiente de água, produz 0,75 mol de gás oxigênio.
(4) De acordo com o modelo atômico de Thomson, os átomos de oxigênio da molécula de O_2 podem ser representados por esferas maciças e indivisíveis.

1: incorreta, superóxidos são compostos inorgânicos derivados do íon O_2^-. O ânion radical superóxido, mais comumente designado por apenas superóxido, é uma das espécies reativas do oxigênio. Essas espécies são provenientes da oxidação ou da redução do oxigênio molecular. A sua fórmula química é $O_2^{\bullet -}$, encontrando-se por vezes a notação mais simples O_2^-. Os superóxidos são compostos iônicos formados por cátions alcalinos ou alcalinos terrosos. Incluído neste grupo está o superóxido de potássio (KO_2) citado no texto; **2:** incorreta, a equação (II) representa a reação entre uma base forte e um óxido ácido, da qual resulta o sal bicarbonato de potássio ($KHCO_3$). O sal carbonato de potássio (K_2CO_3) é resultante da neutralização total do ácido carbônico (H_2CO_3) com o hidróxido de potássio (KOH), conforme a equação a seguir: $2KOH + H_2CO_3 \longrightarrow K_2CO_3 + 2H_2O$; **3:** correta, pois fazendo a relação entre as proporções estequiométricas da reação $4KO_2(s) + 2H_2O(l) \longrightarrow 3O_2(g) + 4KOH(s)$ tem-se:
4 mol de KO_2 = 3 mol de O_2
1 mol de KO_2 = X
X = ¾ = 0,75 mol de O_2
4: incorreta, pois, segundo o modelo atômico de Dalton, os átomos de oxigênio da molécula de O_2 podem ser representados por esferas maciças e indivisíveis. Segundo o modelo atômico de Thomson (também conhecido como pudim de passas), os átomos de oxigênio podem ser representados como uma massa densa positiva incrustrada de cargas negativas (elétrons).

Gabarito 1E, 2E, 3C, 4E

(Soldado Bombeiro Militar/MA – 2012 – FGV) Os aceleradores de partículas são equipamentos que fornecem energia a feixes de partículas subatômicas eletricamente carregadas. Todos os aceleradores de partículas possibilitam a concentração de alta energia em pequeno volume e em posições arbitradas e controladas de forma precisa. Exemplos comuns de aceleradores de partículas existem nas televisões e geradores de raios X, na produção de isótopos radioativos, na radioterapia do câncer, na radiografia de alta potência para uso industrial e na polimerização de plásticos.

(Fonte:< http://www.explicatorium.com/Acelerador-particulas.php>. Acesso em : 26 out. 2012)

Dentre as partículas subatômicas, aquela que apresenta carga negativa é denominada:

(A) próton.
(B) nêutron.
(C) elétron.
(D) partícula alfa.
(E) partícula gama.

A: incorreta, pois o próton é partícula subatômica de carga positiva; **B:** incorreta, pois o nêutron é partícula subatômica de carga nula (zero); **C:** correta, pois o elétron é partícula subatômica de carga negativa; **D:** incorreta, pois a partícula alfa, emitida do núcleo de alguns elementos instáveis (radioativos), é formada por 2 prótons e 2 nêutrons, possuindo, portanto, carga positiva +2; **E:** incorreta, pois a radiação gama, também emitida por núcleos de alguns elementos instáveis (radioativos) não possui carga e não é uma partícula subatômica, e sim uma radiação eletromagnética.

Gabarito "C"

(Soldado Bombeiro Militar/MA – 2012 – FGV) Com o objetivo de analisar a fusão e a ebulição de alguns materiais inertes entre si, foi criada a tabela a seguir.

Material	Ponto de fusão (°C)	Ponto de Ebulição (°C)
Ouro	1063	2966
Cloreto de sódio	801	1413
Grafite	3527	4027
Alumínio	660	2519
Prata	961	2162

O experimento consistia em colocar em um recipiente uma barra de 20 g de ouro, 100 g de cloreto de sódio, 50 g de grafite, uma barra de 200 g de alumínio e um bloco de 30 g de prata e elevar a temperatura do recipiente a 1.000 °C.

Com base na tabela, encontraremos no recipiente:

(A) cloreto de sódio e alumínio sólidos.
(B) prata líquida e alumínio sólido.
(C) grafite e prata sólidos.
(D) ouro e grafite sólidos.
(E) ouro sólido e cloreto de sódio gasoso.

A: incorreto, pois na temperatura de 1.000 °C, cloreto de sódio e alumínio estão em estado líquido, pois seus pontos de fusão são inferiores a 1.000 °C; **B:** incorreta, pois na temperatura citada, a prata e o alumínio estarão no estado líquido, uma vez que seus pontos de fusão são inferiores a 1.000 °C; **C:** incorreta, pois o grafite por possuir ponto de fusão 3.527 °C ainda estará em estado sólido a 1.000 °C; já a prata, que possui ponto de fusão 961 °C, estará no estado líquido; **D:** correta, pois como o ouro e o grafite são as duas únicas substâncias apresentadas cujos pontos de fusão são superiores a 1.000 °C, ambas serão encontradas no estado sólido nesta temperatura; **E:** incorreta, pois apesar de o ouro estar no estado sólido na temperatura de 1.000 °C, o cloreto de sódio(sal) não estará no estado gasoso, pois seu ponto de ebulição é superior a 1.000 °C (1.413 °C); ele estará no estado líquido.

Gabarito "D"

(Soldado Bombeiro Militar/MA – 2012 – FGV) Leia o fragmento a seguir.

A obtenção do Sal

"Ao longo de toda a história o homem coletou ou produziu sal. Os três principais métodos de produzi-lo – evaporação, fervura da água salgada e mineração de sal gema – foram utilizados na Antiguidade e continuam em uso atualmente. A evaporação da água do mar pelo Sol era (e continua sendo) o método mais comum de produção em regiões litorâneas tropicais."

(Fonte: LE COUTER, P. e BURRESON, J. **Os Botões de Napoleão**, Rio de Janeiro: Zahar.)

Em laboratório, o processo de obtenção do sal, a partir de água salgada, é denominado destilação, método utilizado para separar

(A) duas substâncias.
(B) duas moléculas.
(C) duas misturas.
(D) dois átomos.
(E) dois íons.

Misturas são sistemas químicos formados por duas ou mais substâncias diferentes. A água salgada é basicamente uma mistura formada pelas substâncias cloreto de sódio e água. O processo de separação do sal da água, chamado destilação, baseia-se nos diferentes pontos de ebulição dos componentes da mistura e é um processo físico de separação. A água possui ponto de ebulição menor que o sal e com o aumento da temperatura ela evapora, enquanto o sal permanece no estado sólido. Na sequência, a água passa por um condensador, onde será resfriada voltando ao estado líquido, já separada do sal. Considerando que todos os processos de separação de mistura têm por objetivo recuperar cada um de seus constituintes e que todas as misturas são formadas por substâncias, a única alternativa correta para a questão é a letra A. O conjunto de moléculas iguais forma uma mesma substância. Dois átomos e dois íons podem formar uma molécula ou um composto iônico respectivamente.

Gabarito "A"

(Soldado Bombeiro Militar/MA – 2012 – FGV) "*Uma das características das soluções é a sua maior ou menor capacidade de condução da corrente elétrica. A água pura, por exemplo, é má condutora de eletricidade. Esta capacidade pode ser medida quando mergulhamos dois eletrodos num líquido/solução, ligando-os aos polos de uma bateria e observando a passagem da corrente elétrica. Pode-se assim estudar o comportamento de soluções alcalinas, ácidos fortes e fracos, sais, solventes orgânicos e água desionizada*".

(http://objetoseducacionais2.mec.gov.br)

Assinale a alternativa que indica a substância que, quando dissolvida em água, não permitirá condução de corrente elétrica e a sua natureza.

(A) Ácido sulfúrico (H_2SO_4), por ser iônico.
(B) Cloreto de sódio (NaCl), por ser iônico
(C) Ácido clorídrico (HCl), por ser molecular
(D) Hidróxido de sódio (NaOH), por ser iônico
(E) Sacarose ($C_{12}H_{22}O_{11}$), por ser molecular.

A: incorreto, pois a solução de ácido sulfúrico em água permitirá condução de corrente elétrica, porém o H_2SO_4 não é substância iônica, o ácido sulfúrico é molecular e, quando dissolvido em água, sofre ionização liberando íons H^+ e SO_4^{2-} que tornarão a solução condutora; **B:** incorreta, pois a solução do sal cloreto de sódio, que é um composto iônico, irá liberar os íons Na^+ e Cl^- (dissociação iônica) que permitirão a passagem de corrente; **C:** incorreta, pois o ácido clorídrico (HCl), assim como o ácido sulfúrico, é uma substância molecular que, quando dissolvida em água, sofre ionização, liberando íons H^+ e Cl^-, tornando a solução condutora de eletricidade; **D:** incorreta, pois a base forte hidróxido de sódio (NaOH), substância iônica, quando dissolvida em água sofre dissociação liberando íons Na^+ e OH^- que permitirão a passagem de corrente; **E:** correta, pois a sacarose ($C_{12}H_{22}O_{11}$), composto orgânico, molecular, dissolve-se em água sem que ocorra liberação de íons (ionização), portanto, a solução de sacarose não será condutora de corrente elétrica, uma vez que não haverá presença de eletrólitos (íons livres) em solução.

Gabarito "E"

(Soldado Bombeiro Militar/MA – 2012 – FGV) Butano é o gás armazenado em botijões ou encanamentos, usado no cozimento dos alimentos.

O gás butano, derivado do petróleo, é uma substância inodora e incolor. Devido a essas características outros elementos costumam ser acrescentados ao butano, para que, em caso de vazamento, possa se sentir o cheiro e evitar possíveis acidentes.

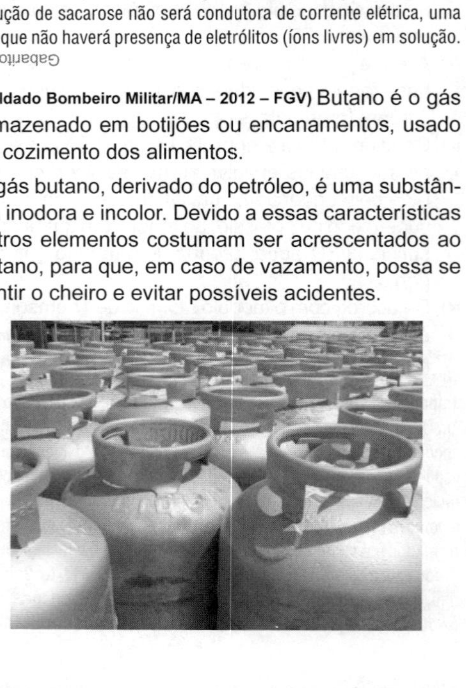

A combustão completa desse gás produz gás carbônico e água segundo a equação não balanceada a seguir

$$C_4H_{10}(g) + O_2(g) \longrightarrow CO_2(g) + H_2O(l)$$

O balanceamento correto dessa equação permite concluir que, para cada molécula de butano queimada, há produção de

(A) uma molécula de CO_2.
(B) quatro moléculas de CO_2.
(C) quatro átomos de CO_2.
(D) cinco mols de CO_2.
(E) dez mols de CO_2.

A: incorreta, pois o balanceamento da equação em questão indica a formação de quatro moléculas de CO_2 e não uma; **B:** correta, pois o balanceamento de uma equação química estabelece as proporções com que os reagentes irão se combinar para formar os produtos. Todo balanceamento de equação é baseado na Lei de Conservação de Massa, que estabelece que a quantidade de átomos presentes antes de uma transformação química será igual à quantidade de átomos após a recombinação. Os coeficientes estequiométricos, portanto, indicam essas proporções entre reagentes e produtos que podem ser correlacionadas em quantidade de matéria (mol), número de moléculas ou átomos, a depender do que se deseja analisar. A questão pede a proporção entre reagentes e produtos em número de moléculas, portanto, a resposta deverá ser dada com base em moléculas. O balanceamento correto da equação de combustão do butano é: $C_4H_{10}(g) + 13/2\ O_2(g) \longrightarrow 4\ CO_2(g) + 5\ H_2O(l)$. Dessa equação balanceada temos que para cada molécula de butano queimado serão liberadas 4 moléculas de gás carbônico (CO_2) e 5 moléculas de água (H_2O); **C:** incorreta, pois a substância dióxido de carbono é formada por moléculas de CO_2. Esta molécula, por sua vez, é formada por dois átomos de oxigênio e um átomo de carbono. O item refere-se ao CO_2 como átomo de forma equivocada; **D:** incorreta, pois a proporção solicitada no comando da questão é em número de moléculas e não em quantidade de matéria (número de mol), ademais a formação de cinco mol de CO_2 também está incorreta, caso a análise fosse em quantidade de matéria a proporção deveria ser mantida: para um mol de butano queimado seriam produzidos 4 mol de CO_2; **E:** incorreta, pois pelas mesmas justificativas do item anterior: a proporção solicitada no comando da questão é em número de moléculas e não em quantidade de matéria (número de mol). Além disso, a formação de dez mol de CO_2 também está incorreta, caso a análise fosse em quantidade de matéria, a proporção deveria ser mantida: para um mol de butano queimado seriam produzidos 4 mol de CO_2.

Gabarito "B"

(Soldado da Polícia Militar /PR – 2010 – UELCOPS) Uma maneira eficiente de fazer limpeza de ferimentos é utilizar o soro fisiológico, que é uma solução que contém 0,9% em massa de NaCl em água destilada e pH 6,0.

Em relação ao soro fisiológico, considere as afirmativas a seguir:

I. Para preparar um litro de soro fisiológico utiliza-se 0,9 gramas de cloreto de sódio.
II. A água destilada utilizada para preparar o soro fisiológico é uma solução heterogênea.
III. O soro fisiológico apresenta uma concentração de hidroxila menor que a dos íons hidrônio.
IV. O soro fisiológico é uma solução isotônica em relação ao sangue humano.

Assinale a alternativa correta.

(A) Somente as afirmativas I e II são corretas.
(B) Somente as afirmativas I e III são corretas.
(C) Somente as afirmativas III e IV são corretas.
(D) Somente as afirmativas I, II e IV são corretas.
(E) Somente as afirmativas II, III e IV são corretas.

I: incorreta, pois o soro fisiológico é uma solução 0,9% em massa de NaCl, portanto, a composição dessa solução pode ser definida da seguinte forma: para preparar 1 kg de soro fisiológico utiliza-se 0,009 kg de NaCl (0,9% de 1 kg corresponde a 0,009 kg ou 9 g). Em uma proporção massa/massa, a mesma unidade de massa deverá ser mantida para definir o preparo da solução, seja ela em kg ou gramas; II: incorreta, pois se considera que a água destilada é água pura (sem sais ou outros componentes dissolvidos), caracterizando-a como substância e não mistura (ou solução), em adição, não existem soluções heterogêneas, todas as soluções são homogêneas; III: correta, pois se o pH da solução é 6, tem-se que a concentração de íons hidrônio é 10-6 mol/L (pH = -log[H+]), pelo produto iônico da água (Kw = 10-14 a 25 °C), a soma do pH com o pOH deverá ser 14. Assim o pOH dessa solução é igual a 8 e a concentração de hidroxila [OH-] é 10-8 g/mol, menor que a concentração de íons hidrônio; IV: correta, pois soluções isotônicas são aquelas que apresentam mesma concentração de soluto, consequentemente mesma pressão osmótica, assim, a solução de cloreto de sódio 0,9% é isotônica ao sangue humano, pois possui a mesma concentração de cloreto de sódio que o fluido corporal.

Gabarito "C"

(Soldado da Polícia Militar /PR – 2010 – UELCOPS) Algumas ações do nosso dia a dia confirmam os parâmetros e as variáveis que governam as reações químicas. Analise as afirmativas a seguir, que se referem a algumas dessas ações:

I. Um comprimido efervescente reage mais rapidamente com a água se for colocado inteiro porque sua superfície de contato é maior do que se fosse triturado.
II. O processo de deterioração de um quilo de carne de boi envolvida em plástico será mais lento se a peça inteira for colocada em um *freezer* do que se a carne for fatiada e envolvida individualmente em plástico no mesmo *freezer*.
III. Na despressurização de um avião voando a grande altitude, a atmosfera interna torna-se mais rica em oxigênio, aumentando a rapidez das reações de combustão.
IV. A cabeça do palito de fósforo, com um ligeiro atrito em uma superfície áspera, entra em combustão em um processo exotérmico.

Assinale a alternativa correta.

(A) Somente as afirmativas I e II são corretas.
(B) Somente as afirmativas II e IV são corretas.
(C) Somente as afirmativas III e IV são corretas.
(D) Somente as afirmativas I, II e III são corretas.
(E) Somente as afirmativas I, III e IV são corretas.

I: incorreta, pois, de acordo com os estudos de cinética das reações químicas, quanto maior a superfície de contato entre os reagentes, mais rápida será a reação. O comprimido efervescente inteiro possui área superficial menor que o comprimido triturado. Dessa forma, a reação do comprimido inteiro com a água será mais lenta que a reação com o comprimido triturado; II: correta, pois, com base nos mesmos princípios relativos à influência da superfície de contato na velocidade das reações, a peça de carne inteira irá sofrer decomposição mais lentamente do que quando for cortada em fatias, pois sua área superficial é menor, no caso desse item, há também a questão da influência da temperatura na velocidade das reações químicas, quanto menor for a temperatura, menor será o grau de agitação das moléculas e/ou átomos envolvidos na reação e menor será a velocidade da reação, ou seja, para a decomposição da carne em um *freezer* (esteja a peça inteira ou fatiada), a velocidade de decomposição será menor dentro do *freezer* do que fora dele; III: incorreta, pois os gases se movimentam sempre de áreas de maior pressão para áreas de menor pressão, durante a despressurização de um avião voando a grande altitude, a movimentação dos gases da atmosfera interna da aeronave será em direção ao exterior do avião, uma vez que em uma aeronave pressurizada, a pressão interna é maior que a pressão externa, com esta movimentação, a atmosfera interna ficará mais pobre em oxigênio (O_2), gás essencial para que ocorra a combustão, e a queda na concentração desse reagente irá desfavorecer a reação de combustão; IV: correta, pois o atrito realizado ao se riscar um palito de fósforo gera energia suficiente para desencadear a reação de combustão do fósforo (que fica na cabeça do palito), já que a energia de ativação dessa reação é muito pequena. Reações de combustão são exotérmicas, ou seja, liberam energia (nesse caso, na forma de luz e calor).

Gabarito "B"

(Soldado da Polícia Militar /PR – 2010 – UELCOPS) Conhecer algumas propriedades dos líquidos é importante no caso de transporte e armazenamento a fim de evitar acidentes e minimizar perdas por evaporação.

Observe o gráfico a seguir, cujo eixo da abscissa representa a temperatura de ebulição de três líquidos.

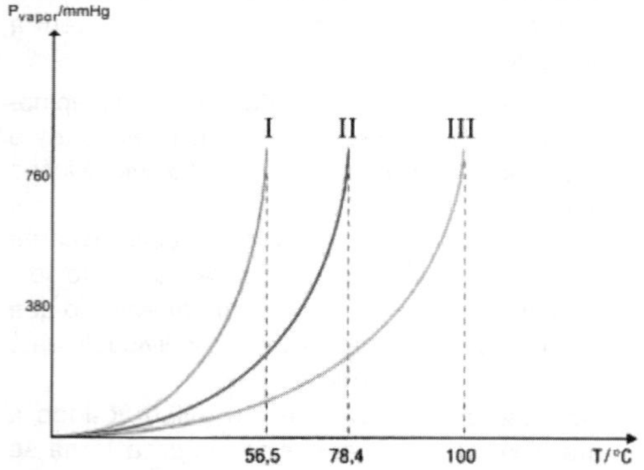

Com base no enunciado e no gráfico, considere as afirmativas a seguir:

I. O líquido I é o mais volátil dentre os três, pois apresenta a menor temperatura de ebulição.
II. Os três líquidos têm a mesma pressão de vapor em suas respectivas temperaturas de ebulição.
III. Dentre os três líquidos na mesma temperatura, o líquido II apresenta a menor pressão de vapor.
IV. As moléculas do líquido I ligam-se umas às outras por ligações de hidrogênio em quantidade maior que as moléculas do líquido III.

Assinale a alternativa correta.

(A) Somente as afirmativas I e II são corretas.
(B) Somente as afirmativas I e IV são corretas.
(C) Somente as afirmativas III e IV são corretas.
(D) Somente as afirmativas I, II e III são corretas.
(E) Somente as afirmativas II, III e IV são corretas.

I: correta, pois, pela análise do gráfico apresentado, na temperatura de 56,5 °C (a menor das três apresentadas), a pressão de vapor do líquido I se iguala à pressão atmosférica, caracterizando que essa é a temperatura em que ocorre a transição de fase do líquido para o gasoso; II: correta, pois a temperatura de ebulição (ou vaporização) corresponde àquela temperatura em que uma substância passa do estado líquido para o estado gasoso, para que essa transição de fase ocorra é necessário que as moléculas que formam essa substância consigam energia suficiente para romper a barreira da pressão atmosférica e se desprender do líquido para permanecer no estado gasoso. Dessa forma, quando a pressão de vapor de um líquido se iguala à pressão atmosférica, inicia-se o processo de vaporização; III: incorreta, pois ao analisar o gráfico, para um mesmo ponto de temperatura (56,5 °C), a pressão de vapor do líquido I é maior que a do líquido II, que por sua vez é maior que a do líquido III, portanto, dentre os três, o líquido III apresenta menor pressão de vapor (é o menos volátil); IV: incorreta, pois para que ocorram interações do tipo ligações de hidrogênio entre moléculas é necessária a presença de um hidrogênio ligado a um oxigênio, nitrogênio ou flúor na estrutura química da substância, como não é dada a estrutura molecular dos líquidos I, II e III, não é possível afirmar que existam ligações de hidrogênio entre as moléculas.

Gabarito "A"

(Soldado da Polícia Militar /PR – 2010 – UELCOPS) O fogo é o resultado de uma reação química entre combustível, gás oxigênio e energia suficiente para que a reação em cadeia se inicie.

Com base nessa informação e nos conhecimentos sobre o assunto, é correto afirmar:

(A) Em uma combustão a quantidade de energia dos produtos é maior que a quantidade de energia dos reagentes e há absorção de calor.
(B) A técnica de abafamento de fogo consiste em impossibilitar a chegada do combustível à combustão, diminuindo seu percentual necessário à queima.
(C) Os líquidos e gases, quando aquecidos, expandem-se, tornam-se mais pesados e tendem a descer.
(D) O fogo é o resultado de uma reação química endotérmica, portanto, com absorção de calor denominada combustão.
(E) A água, por ser condutora, deve ser evitada em fogo envolvendo equipamentos elétricos, pois a intensidade da corrente pode ocasionar eventuais curtos-circuitos.

A: incorreta, pois, uma vez iniciada, a reação de combustão libera energia, ela é exotérmica, neste tipo de reação, a quantidade de energia dos produtos é menor que a quantidade de energia dos reagentes; **B:** incorreta, pois, ao abafar o fogo, estamos impedindo que o gás oxigênio (O2), que é o comburente, entre em contato com o combustível provocando assim a interrupção da reação de combustão; **C:** incorreta, pois, quando líquidos e gases são aquecidos, suas moléculas absorvem energia e se afastam, resultando numa expansão, que os tornam menos densos com tendência a subir; **D:** incorreta, o fogo é resultado de uma reação exotérmica (que libera energia), a combustão (reação de um combustível com oxigênio) é um exemplo de reação exotérmica; **E:** correta, pois, de fato, a água utilizada no combate ao fogo é condutora e em contato com equipamentos eletrônicos ou instalações elétricas pode levar a ocorrência de curtos-circuitos. Cabe, no entanto, alertar que a substância água (sem sais dissolvidos) não é boa condutora de eletricidade, somente quando há sais (eletrólitos) dissolvidos ela passa a conduzir bem a corrente elétrica. Como a água que bebemos e utilizamos em outras atividades do nosso cotidiano possui sais dissolvidos, podemos dizer que ela é condutora.

Gabarito "E"

(Soldado da Polícia Militar /PR – 2010 – UELCOPS) As principais fontes geradoras da poluição atmosférica são os motores a combustão, as indústrias, a incineração de lixo doméstico e as queimadas de campos e florestas.

O poluente de maior ocorrência nas grandes metrópoles que tem a capacidade de se recombinar com a hemoglobina do sangue, inutilizando-a para o transporte de gás oxigênio, é o

(A) dióxido de enxofre.
(B) óxido de hidrogênio.
(C) dióxido de nitrogênio.
(D) monóxido de carbono.
(E) óxido de silício.

A: incorreta, pois o dióxido de enxofre (SO2) é resultante da combustão de compostos sulfurados presentes, por exemplo, nos combustíveis e lixo orgânico. Este gás, quando liberado na atmosfera, é um dos responsáveis pela formação da chuva ácida, pois reage com água formando o ácido sulfúrico (H2SO4); **B:** incorreta, pois o óxido de hidrogênio (H2O), água, não é composto químico poluente atmosférico; **C:** incorreta, pois o dióxido de nitrogênio (NO2) é resultante da combustão de compostos nitrogenados e, assim como o dióxido de enxofre, reage com água formando ácido nítrico (HNO3) tornando a chuva ácida; **D:** correta, pois a molécula de CO (monóxido de carbono) possui capacidade de se ligar com a hemoglobina do sangue de forma irreversível nos sítios onde se ligariam as moléculas de oxigênio, inutilizando-a para o transporte de oxigênio. O monóxido de carbono é resultante da combustão incompleta de compostos orgânicos (que possuem carbono em sua estrutura) e se atingir grandes concentrações na corrente sanguínea pode levar à morte por asfixia; **E:** incorreta, pois o óxido de silício (SiO2), também conhecido como sílica (ou areia), é encontrado na natureza em estado sólido, não é poluente atmosférico e é utilizado na fabricação do vidro.

Gabarito "D"

(Soldado do Corpo de Bombeiros Militar/SC – 2012 – IESES) Uma transformação química, também designada por reação química, consiste numa transformação em que há formação de novas substâncias, pois ocorre a alteração das propriedades características das substâncias iniciais (reagentes). Há transformações químicas que ocorrem por ação do calor (termólises), por ação da luz (fotólises), por ação mecânica, por ação da corrente elétrica (eletrólises) e por junção de substâncias. Muitas transformações químicas podem ser facilmente detectadas pelos efeitos que se observam: mudança de cor, variação de temperatura, libertação de um gás, formação de um sólido, formação de uma chama e carbonização de uma substância.

Como exemplos de transformações químicas, temos:

(A) A combustão de uma substância, o azedar do leite, o enferrujamento de um prego, a fotossíntese, evaporação de uma substância, a confecção dos alimentos.
(B) A combustão de uma substância, o azedar do leite, o enferrujamento de um prego, a fotossíntese, a respiração, a confecção dos alimentos.
(C) A combustão de uma substância, o cair das folhas no outono, o enferrujamento de um prego, a fotossíntese, a respiração, a confecção dos alimentos.
(D) Aquecer água, o azedar do leite, o enferrujamento de um prego, a fotossíntese, a respiração, a confecção dos alimentos.

A: incorreta, pois a evaporação de uma substância não corresponde a um fenômeno químico, a transição de fase, mudança do estado líquido para o estado gasoso, é um fenômeno físico e não há mudança na composição química da substância que sofre evaporação; **B:** correta, pois a combustão de uma substância corresponde a uma transformação química exotérmica resultante da reação com o oxigênio. O azedar do leite é um processo de fermentação, conjunto de reações químicas que ocorrem graças à ação de enzimas, em que uma molécula orgânica (geralmente a glicose) é degradada em compostos mais simples, no caso do leite, ácido lático e butírico. O enferrujamento de um prego ocorre graças à reação química de oxidação do ferro, que ao reagir com o oxigênio do ar, na presença de água, forma óxido de ferro (Fe_2O_3). A fotossíntese é o processo de transformação química no qual as plantas convertem dióxido de carbono em glicose utilizando a energia da luz, conforme a equação a seguir: $12H_2O + 6CO_2 \longrightarrow 6O_2 + 6H_2O + C_6H_{12}O_6$. A respiração corresponde à transformação química que ocorre no corpo em que glicose e oxigênio são convertidos em CO_2, água e energia. Essa reação ocorre em várias etapas complexas no organismo, mas pode ser resumida pela seguinte equação: $C_6H_{12}O_6 + 6O_2 \longrightarrow 6CO_2 + 6H_2O$ + energia. Durante o cozimento dos alimentos ocorrem diversas transformações químicas provocadas pelo calor, como desnaturação de proteínas e a reação de Maillard, que é uma reação química entre um aminoácido ou proteína e um carboidrato reduzido, obtendo-se produtos que dão sabor, odor (flavor) e cor aos alimentos, bem como o aspecto dourado após assado; **C:** incorreta, pois o cair das folhas não representa um fenômeno químico, ele é tão somente um fenômeno físico relacionado à interação de campos gravitacionais; **D:** incorreta, pois aquecer a água é um processo físico de transferência de calor, o aquecimento da água em estado líquido pode levar à vaporização da mesma (passagem do estado líquido para o gasoso), porém não há mudanças na estrutura química da substância, caracterizando uma transformação física apenas.

Gabarito "B"

(Soldado do Corpo de Bombeiros Militar/SC – 2012 – IESES) A importância da água para a vida provém das suas características físicas e químicas que por sua vez resultam da sua estrutura molecular (Kramer & Boyer, 1995). Quando os dois átomos de hidrogênio e o de oxigênio se combinam para formar água há uma partilha dos elétrons de valência, aos pares, entre os átomos de hidrogênio e o do oxigênio. A água possui uma ligação:

(A) Covalente.
(B) Divalente.
(C) Valente.
(D) Bivalente.

Existem três principais tipos de ligação química: ligações iônicas que ocorrem quando há perda e ganho de elétrons e formação de íons positivos (cátions) e íons negativos (ânions), ligações metálicas, que ocorrem exclusivamente entre átomos de metais e são caracterizadas pela presença de uma estrutura aglomerada de cátions metálicos rodeados de elétrons livres e ligações covalentes, que são formadas quando há compartilhamento de pares de elétrons entre os átomos. Pelas definições dos tipos de ligações químicas e sabendo que, na molécula de água, há compartilhamento de pares de elétrons entre o átomo de oxigênio e os átomos de hidrogênio, o tipo de ligação presente na molécula de água é a ligação covalente. É importante apontar que divalente, valente e bivalente não são tipos de ligações químicas.

Gabarito Oficial "C" /Nosso Gabarito "A"

(Soldado do Corpo de Bombeiros Militar/SC – 2012 – IESES) A tabela periódica dos elementos químicos é a disposição sistemática dos elementos na forma de uma tabela, em função de suas propriedades. São muito úteis para se preverem as características e tendências dos átomos. Permite, por exemplo, prever o comportamento de átomos e das moléculas deles formadas, ou entender porque certos átomos são extremamente reativos enquanto outros são praticamente inertes. Na tabela identificamos os metais alcalinos. São exemplos desses metais:

(A) Lítio, Sódio, Cálcio e Magnésio.
(B) Lítio, Sódio, Potássio e Frâncio.
(C) Lítio, Ferro, Cálcio e Magnésio.
(D) Berílio, Magnésio, Cálcio e Frâncio.

A: incorreta, pois cálcio e magnésio são metais alcalinos terrosos e pertencem ao grupo 2 da Tabela Periódica; **B:** correta, pois o grupo dos metais alcalinos corresponde à primeira coluna da tabela periódica (grupo 1), excluindo-se o hidrogênio, que não é metal. Dessa forma, fazem parte do grupo dos metais alcalinos: lítio (Li), sódio (Na), potássio (K), rubídio (Rb), césio (Cs) e frâncio (Fr); **C:** incorreta, pois cálcio e magnésio são metais alcalinos terrosos e pertencem ao grupo 2 da Tabela Periódica, enquanto o ferro é um metal de transição que está no grupo 8 da Tabela; **D:** incorreta, pois berílio, magnésio e cálcio são metais alcalinos terrosos e estão no grupo 2 da Tabela Periódica.

Gabarito Oficial "C"/Nosso Gabarito "B"

(Soldado do Corpo de Bombeiros Militar/SC – 2012 – IESES) Polímeros são definidos como o conjunto de pequenas moléculas denominadas monômeros, elas se ligam para formar macromoléculas. Daí o nome do grego: *poli* = muitos + *meros* = partes. Os polímeros se classificam em naturais e artificiais. São polímeros naturais:

(A) Borracha, celulose, proteínas e colas.
(B) Borracha, celulose, proteínas e polissacarídeos.
(C) Borracha, celulose, colas e polissacarídeos.
(D) Borracha, colas, proteínas e celulose.

Com exceção da cola, que é resultado da mistura de três derivados do petróleo: álcool polivinílico, persulfato de amônio e acetato de vinila, todos os polímero citados nos itens da questão são polímeros naturais: proteínas são polímeros formados pela ligação de vários aminoácidos e são encontradas em diversos organismos vivos, a celulose é um polímero cujo monômero é a molécula de glicose e é o principal constituinte das paredes celulares, os polissacarídeos correspondem a uma classe de vários polímeros naturais, cujos monômeros são monossacarídeos (açúcares) como a glicose, galactose, arabinose e manose, os polissacarídeos são classificados em dois tipos: polissacarídeos de reserva energética, como o amido e o glicogênio e os polissacarídeos estruturais como a quitina e celulose, a borracha, obtida a partir da coagulação do látex extraído das seringueiras é um polímero natural; no entanto, é importante lembrar que nem toda borracha é natural, existem as borrachas sintéticas produzidas a partir de derivados de petróleo. Desta forma, o único item correto é a letra B.

Gabarito Oficial "A"/Nosso Gabarito "B"

9. Programas Relacionados à Segurança Pública

Abelardo Rocha

(Oficial da Polícia Militar/BA – 2012 – CONSULTEC) A Secretaria de Promoção da Igualdade Racial, SEPROMI, criada pela Lei nº 10.549/2006, alterada pela Lei nº 12.212/2011, tem por finalidade planejar e executar políticas de promoção da igualdade racial e proteção dos direitos de indivíduos, e grupos étnicos atingidos pela discriminação e demais formas de intolerância.

Dentre outras, é de competência da Secretaria de Promoção da Igualdade Racial

(A) coordenar as atividades pertinentes ao planejamento e à execução das políticas públicas de caráter transversal para as mulheres.

(B) acompanhar políticas transversais voltadas para a promoção da igualdade racial e de gênero, executadas pelos diversos órgãos do governo federal e municipal.

(C) planejar, propor, implementar e monitorar programas, projetos e ações contra práticas discriminatórias na prestação de serviços públicos e privados, bem como na relação da Administração Pública com os servidores e agentes públicos e funcionários de empresas privadas do Município.

(D) acompanhar a aplicação e a evolução da legislação, acordos e convenções apenas internacionais sobre assuntos de sua competência e sugerir inovações e modificações na legislação municipal e federal, quando for o caso.

(E) estudar, propor e acompanhar medidas de relacionamento dos órgãos governamentais com a comunidade negra, visando resgatar o direito à sua plena cidadania e participação na sociedade.

A: incorreta, pois, com o advento da Lei nº 12.212/2011, que modificou a estrutura organizacional e de cargos em comissão da Administração Pública do Poder Executivo Estadual da Bahia, a execução de políticas públicas em relação às mulheres passou a ser atribuição da Secretaria de Políticas para as Mulheres – SPM e não mais da SEPROMI; **B:** incorreta, pois não é atribuição da Secretaria de Promoção da Igualdade Racial a promoção de igualdade de gênero, conforme estabelece o art. 12 da Lei nº 12.212/2011; **C:** incorreta, pois não é de competência da SEPROMI a gestão na prestação de serviços públicos e privados, tampouco a relação da Administração Pública com os servidores e agentes públicos e funcionários de empresas privadas do município; **D:** incorreta, pois, também não é competência da SEPROMI o acompanhamento da aplicação e a evolução legislativa sobre assuntos de sua competência, sugerindo inovações e modificações na legislação municipal e federal; **E:** correta, pois esta é exatamente a competência da SEPROMI prevista no art. 12 da Lei nº 12.212/2011, que modificou a Lei nº 10.549/2006.

Gabarito "E"

(Cabo da Polícia Militar/PI – 2012 – UESPI) Em relação ao conceito de Segurança Pública, adotado pela Secretaria Nacional de Segurança Pública (SENASP), é correto afirmar que, EXCETO.

(A) A Segurança Pública está prevista na Constituição Federal do Brasil de 1988, nesse contexto, manteve-se o aspecto repressivo e de controle social, não possibilitando a participação social na seara da Segurança Pública brasileira.

(B) Um aspecto marcante da Segurança Pública atual é a busca do resgate à cidadania da maior parcela da sociedade, através do respeito à dignidade da pessoa humana.

(C) A Segurança Pública é um processo sistêmico e otimizado que envolve um conjunto de ações públicas e comunitárias, visando assegurar a proteção do indivíduo e da coletividade e a aplicação da justiça na punição, recuperação e tratamento dos que violam a lei, garantindo direitos e cidadania a todos.

(D) O marco legal diferencial do Sistema de Segurança Pública atual é a possibilidade legal de participação social na gestão da Segurança Pública.

(E) Segurança Pública é realizada com o fito de proteger a cidadania, prevenindo e controlando manifestações da criminalidade e da violência, efetivas ou potenciais, garantindo o exercício pleno da cidadania nos limites da lei.

A: incorreta, devendo ser assinalada, pois, de acordo com a SENASP, a Segurança Pública é uma atividade pertinente aos órgãos estatais e à comunidade como um todo, logo deve ser possibilitada a participação social no assunto; **B:** correta, pois, segundo a SENASP, a Segurança Pública é uma atividade pertinente aos órgãos estatais e à comunidade como um todo, realizada com o fito de proteger a cidadania; **C:** correta, pois, de fato, para a SENASP, a Segurança Pública, entre outras atribuições, deve controlar manifestações da criminalidade e da violência, efetivas ou potenciais; **D:** correta, pois, segundo o conceito atual, Segurança Pública é uma atividade pertinente aos órgãos estatais e à comunidade como um todo; **E:** correta, pois, como já se disse, para a SENASP, a Segurança Pública, entre outras atribuições, deve controlar manifestações da criminalidade e da violência, efetivas ou potenciais.

Gabarito "A"

(Cabo da Polícia Militar/PI – 2012 – UESPI) Tendo como referência a Política de Segurança Pública do Brasil estabelecida pelo Plano Nacional de Segurança Pública (PNSP), de 2002, organizado pelo Instituto Cidadania, identifique com V, as afirmativas VERDADEIRAS e F, as FALSAS, e marque, em seguida, a alternativa que apresenta a sequência CORRETA.

( ) A gestão compartilhada da Segurança Pública restringe-se à participação em reuniões entre a polícia e a sociedade, devendo todas as questões importantes serem levantadas pelos verdadeiros operadores da Segurança Pública, os policiais.

( ) A sociedade tem um novo papel como sujeito da gestão de políticas multidimensionais e plurissetoriais de Segurança Pública – que não se restrinjam a intervenções policiais ou orientadas para as polícias e sua reforma, ainda que as incluam com a atenção devida, respeitando a importância de seu papel na construção da paz, e sim uma participação ativa nas questões da Segurança Pública.

( ) A nova abordagem, proposta pelo PNSP requer um gestor de novo tipo ou um novo sujeito institucional e ambos exigem uma nova aliança ou uma nova modalidade de pacto com a sociedade.

( ) Não há política de segurança consequente sem participação e transparência, sem confiança popular nas polícias e nas instituições públicas – e todos sabem que, frequentemente, o policial uniformizado na esquina é a face mais tangível do Estado.

( ) O diálogo com as sociedades locais focalizadas criará condições, em pouco tempo, para a negociação democrática de contratos locais de cogestão do programa de segurança, entendido em seu sentido mais abrangente, e que poderá também ser denominado programa de construção social da paz.

( ) A Política de Segurança Pública deve privilegiar a compra de armamento e viaturas, bem como a contratação de mais policiais. Tais ações se justificam pela diminuição dos índices de criminalidade.

(A) V, V, V, V, V, V
(B) V, V, V, V, F, F
(C) F, V, F, V, F, F
(D) F, V, V, V, V, F
(E) F, F, F, V, V, V

I: incorreta, pois, de acordo com o Plano Nacional de Segurança Pública (PNSP), de 2002, a gestão compartilhada da Segurança Pública não se restringe apenas à participação em reuniões entre a polícia e a sociedade e sim um pacto; **II:** correta, pois, de acordo o PNSP de 2002, a sociedade deve ter uma participação ativa nas questões da Segurança Pública; **III:** correta, pois o PNSP propõe um novo modelo de gestão de Segurança Pública que pode ser traduzido numa espécie de aliança ou uma nova modalidade de pacto com a sociedade; **IV:** correta, pois o PNSP determina com clareza a premissa segundo a qual uma gestão eficiente de Segurança Pública passa necessariamente pela transparência e pela participação da população, traduzida, esta última, na confiança da sociedade no policial fardado; **V:** correta, pois, como já dissemos, a palavra de ordem no PNSP é a chamada cogestão, na qual o Poder Público deve ouvir a sociedade nos assuntos de Segurança Pública; **VI:** incorreta, pois, de acordo com o PNSP, a Política de Segurança Pública não deve privilegiar exclusivamente a compra de armamento e viaturas, bem como a contratação de mais policias e sim a qualificação dos policiais já contratados e o investimento em intervenções policiais orientadas para diminuição dos índices criminais.

Gabarito "D"

(Sargento da Polícia Militar/PI – 2012 – UESPI) Considerando o conceito de Segurança Pública, adotado pela Secretaria Nacional de Segurança Pública (SENASP), identifique com V, as alternativas VERDADEIRAS e F, as FALSAS, e marque, em seguida, a sequência CORRETA.

( ) A Segurança Pública pós Constituição Federal do Brasil de 1988 reproduziu aspectos da fase da Ditadura Militar brasileira (1964-1985), não apresentando a previsão legal da participação social na Segurança Pública.

( ) Segurança Pública é realizada com o fito de proteger a cidadania, prevenindo e controlando manifestações da criminalidade e da violência, efetivas ou potenciais, garantindo o exercício pleno da cidadania nos limites da lei.

( ) A Segurança Pública é uma atividade pertinente aos órgãos estatais e à comunidade como um todo, realizada com o fito de proteger a cidadania, através do respeito à dignidade da pessoa humana.

( ) A Segurança Pública deve ser desenvolvida por meio de ações preventivas e repressivas, controlando manifestações da criminalidade e da violência, efetivas ou potenciais, garantindo o exercício pleno da cidadania nos limites da lei.

( ) A Segurança Pública atual se caracteriza pelo controle e concentração da força pelo Estado, que deve exercer com exclusividade a gestão da Segurança Pública.

(A) V, V, V, V, V
(B) F, V, V, V, F
(C) F, F, F, F, V
(D) V, V, V, V, F
(E) F, F, F, F, F

I: incorreta, pois a Constituição Federal do Brasil de 1988 redemocratizou o Brasil, logo, em hipótese alguma, poderia ter reproduzido qualquer aspecto da fase da Ditadura Militar brasileira (1964-1985), mormente no que se refere à gestão da Segurança Pública, mas, ao contrário, apresentou previsão legal da participação social na Segurança Pública (CF, art. 144); **II:** correta, pois o principal objetivo da Segurança Pública é a proteção da cidadania por meio de medidas iminentemente preventivas, mediante o controle da criminalidade e da violência; **III:** correta, pois, de fato, o Poder Público e a sociedade são parceiros numa espécie de pacto social; **IV:** correta (CF, art. 144, § 5º); **V:** incorreta, pois a gestão de Segurança Pública, atualmente, não deve ser exercida com exclusividade pelo Estado.

Gabarito "B"

(Sargento da Polícia Militar/PI – 2012 – UESPI) Tomando como referência à Política de Segurança Pública do Brasil estabelecida pelo Plano Nacional de Segurança Pública (PNSP), de 2002, organizado pelo Instituto Cidadania, identifique com V, as afirmativas VERDADEIRAS e F, as FALSAS, e marque, em seguida, a sequência CORRETA.

( ) A Política de Segurança Pública expressa no PNSP tem como fundamentos: o diagnóstico das dinâmicas criminais e dos fatores de risco (seja de vitimização, seja de atração para o crime, a elaboração de um plano de ação, capaz de formular uma agenda, identificar prioridades e recursos, e estipular metas; sua implementação (que importa em tarefas de coordenação e de garantia de cumprimento de metas e cronogramas); sua avaliação (não só dos resultados, também do processo), seguida do monitoramento, que significa a correção de rumo ditada pela constatação dos erros.

( ) A intervenção efetivamente capaz de prevenir a violência e a criminalidade é aquela que busca alterar as condições propiciatórias imediatas, isto é, as condições diretamente ligadas às práticas que se deseja eliminar.

( ) Há necessidade da instauração de um novo ângulo de abordagem da problemática da segurança pública, com a formação de um novo sujeito institucional para a gestão da política de segurança e a negociação de uma nova aliança, de uma nova modalidade de pacto com a sociedade, particularmente com as comunidades locais.

( ) O novo ângulo de abordagem é aquele definido pela compreensão de que os fenômenos da violência e da criminalidade violenta são complexos e multidimensionais, isto é, envolvem dimensões objetivas e subjetivas e são condicionados por fatores diversos, variáveis, cuja eficácia depende dos contextos históricos e das mediações culturais.

( ) Participação não é uma palavra vazia, um *slogan* demagógico, uma retórica populista, nem uma fórmula mágica. É condição efetiva da elaboração competente e do monitoramento racional de toda política pública de segurança que se pretenda consistente e consequente.

( ) A Política Nacional de Segurança Pública deve ter como eixo central a aquisição de mais viaturas, armamentos e contratação efetivo policial.

(A) V, V, V, V, V, V
(B) F, V, V, V, V, V
(C) V, V, V, V, V, F
(D) V, F, V, F, V, F
(E) V, V, V, V, F, F

I: correta (Plano Nacional de Segurança Pública – PNSP, de 2002, pág. 16); **II:** correta (PNSP, pág. 12); **III:** correta (PNSP, pág. 19); **IV:** correta (PNSP, pág. 17); **V:** correta (PNSP, pág. 18); **VI:** incorreta, pois, de acordo com o PNSP de 2002, o eixo central da Política Nacional de Segurança Pública está na prevenção primária (pág. 12). Fonte: http:/www.dhnet.org.br/3exec/novapolicia/plano_segpub.htm.

Gabarito "C"

10. TÉCNICAS POLICIAIS

Luciano Ramos

(1º Sargento da Polícia Militar /MG – 2011) Marque a alternativa CORRETA. De acordo com o Caderno Doutrinário 1, dentre os diferentes estados de prontidão, identifique a classificação Estado de Atenção:

(A) Neste estado o policial detecta um problema e está ciente de que um confronto é provável.
(B) Neste estado, o policial ainda se encontra despreparado para um eventual confronto.
(C) Neste estado, o policial estará preparado para empregar ações de respostas adequadas às situações de normalidade.
(D) Neste estado, o risco é real e uma resposta da polícia é necessária.

A: incorreta, pois o item se refere ao "estado de alerta", que é um nível acima do estado de atenção; **B:** incorreta, pois o item se refere ao "estado relaxado", um nível abaixo do estado de atenção; **C:** correta, conforme o Capítulo III da Resolução 3664 da PMMG que trata dos Estados de Alerta, é a forma ideal para a realização de patrulhamento; **D:** incorreta, o item trata do "estado de alarme", que está dois níveis comportamentais acima do previsto no caderno doutrinário em comento.

Gabarito "C"

(1º Sargento da Polícia Militar /MG – 2011) Marque a alternativa CORRETA. De acordo com o Caderno Doutrinário 1, o uso de força pelos policiais deve ser norteado pela preservação da vida, da integridade física e da dignidade de todas as pessoas envolvidas em uma intervenção policial. É princípio essencial do uso de força, dentre outros:

(A) Dissuasão.
(B) Responsabilidade.
(C) Potencialização.
(D) Conveniência.

A: incorreta, termo empregado para operações policiais de choque, a fim de desestimular manifestações, protestos e turbas; **B:** incorreta, a responsabilidade está voltada para uso da força, pois o agente responde pelos atos praticados (responsabilidade subjetiva), mas não é classificado como princípio essencial; **C:** incorreta, a potencialização sempre é voltada para os riscos operacionais das mais diversas atividades policiais e uso de instrumentos (armas, equipamentos, etc.) e também não está no rol dos princípios básicos (essenciais) do uso da força; **D:** correta, é o último princípio essencial (ou básico, como está na lei) consagrado na Resolução Nº 3668/02-PMMG, compreendendo a "legalidade, necessidade, proporcionalidade e conveniência".

Gabarito "D"

(1º Sargento da Polícia Militar /MG – 2011) Marque a alternativa CORRETA. De acordo com o Caderno Doutrinário 1, dentro da classificação dos níveis para o uso diferenciado de força, qual o nível que emprega técnicas de menor potencial ofensivo:

(A) Nível complementar.
(B) Nível primário.
(C) Nível terciário.
(D) Nível secundário.

A: incorreta, pois o nível complementar leva em consideração a presença policial, a verbalização e os controles de contato; **B:** incorreta, o nível em comento aduz o uso de arma letal e só pode ser empregado em casos extremos; **C:** incorreta, diz respeito ao controle físico quando há resistência ativa por parte do abordado; **D:** correta, estabelecida conforme a ilustração da Resolução Nº 3668/02 – PMMG (p. 45), para o uso de técnicas de menor potencial ofensivo.

Gabarito "D"

(1º Sargento da Polícia Militar /MG – 2011) Marque a alternativa CORRETA. De acordo com o Caderno Doutrinário 3, o local para instalação da blitz policial, não pode ser escolhido aleatoriamente. Deve ser definido a partir de dados obtidos na análise criminal e em conformidade com as metas estabelecidas, tomando-se por base, dentre outras:

(A) A probabilidade de invasão.
(B) A interferência no fluxo de trânsito.
(C) A marca do veículo a ser parado.
(D) As condições dos órgãos de trânsito.

A: incorreta, aqui é nitidamente uma tentativa de confundir o examinado, pois um dos itens que toma-se por base é a "probabilidade de evasão" e não "invasão"; **B:** correta, o fluxo de trânsito é um dos fatores contidos no rol necessário para escolha do local a ser definido, com vistas à fluidez e a segurança, conforme prevê a Lei 9.503/1997; **C:** incorreta, não é a "marca", mas sim o "tipo" do veículo a ser parado, de acordo com o objetivo da operação; **D:** incorreta, neste item há uma mescla entre dois aspectos a ser considerados para instalação da blitz policial: as condições de "tráfego" e o apoio de outros "órgãos".

Gabarito "B"

(1º Sargento da Polícia Militar /MG – 2011) Marque a alternativa CORRETA. De acordo com o Caderno Doutrinário 3, caso ocorra a parada de um veículo com número de ocupantes adultos superior ao de policiais e ainda estejam presentes outros fatores da análise de risco que indiquem falta de segurança para a guarnição seguir na intervenção, é recomendável:

(A) Segurar o veículo e pedir reforço.
(B) Realizar a abordagem no estado de risco eminente.
(C) Liberar imediatamente o veículo sem abordá-lo e recorrer a outros procedimentos técnicos e táticos.
(D) Realizar a abordagem completa, já que a iniciou, contudo com as armas em condições de pronto emprego.

De acordo com o Caderno Doutrinário 3, que diz respeito à realização de blitz policial, a recomendação é liberar imediatamente o veículo sem abordá-lo, recorrendo a outros procedimentos técnicos e táticos como o cerco ou o apoio de outras viaturas, ou ainda o bloqueio viário, pois o foco está na segurança dos policiais (p. 15). Neste apontamento, ficam desqualificados os outros itens, que claramente colocam em risco a vida dos policiais da guarnição.

Gabarito "C"

(1º Sargento da Polícia Militar /MG – 2011) Marque a alternativa CORRETA. De acordo com a Diretriz para a Produção de Serviços de Segurança Pública – DPSSP Nº 3.01.06/2011, que regula a aplicação da filosofia de Polícia Comunitária pela PMMG, é um dos princípios de Polícia Comunitária:

(A) Construção em conjunto de aquartelamento.
(B) Extensão do mandato policial.
(C) Resposta repressiva qualificada aos problemas.
(D) Diferenciar de Policiamento Tradicional.

De fato, a extensão do mandato policial é o único item constante dos princípios de Polícia Comunitária. Trata-se da transcendência das atribuições de um policial tradicional, onde a polícia atua não somente em ocorrências rotineiras, mas auxilia também na qualidade de vida da sociedade, no local em que o próprio policial trabalha. Importante ainda que se mencione, que são dez os princípios da Polícia Comunitária: filosofia e estratégia organizacional; Comprometimento da organização com a concessão de poder à comunidade; policiamento descentralizado e personalizado; resolução preventiva de problemas a curto e em longo prazo; ética, legalidade, responsabilidade e confiança; extensão do mandato policial (princípio comentado); ajuda às pessoas com necessidades específicas; criatividade e apoio básico por parte dos diversos níveis de Comando; mudança interna; Construção do futuro

Gabarito "B"

(1º Sargento da Polícia Militar /MG – 2011) Marque a alternativa CORRETA. De acordo com a Diretriz para a Produção de Serviços de Segurança Pública – DPSSP nº 3.01.06/2011, que regula a aplicação da filosofia de Polícia Comunitária pela PMMG, qual é o significado da sigla GEPAR:

(A) Grupo Especializado em Ações Repressivas.
(B) Grupo Especial de Prevenção em Ações de Risco.
(C) Grupamento Especial em Aglomerados e Repressão.
(D) Grupamento Especializado em Áreas de Risco.

Previsto na instrução 02/2005-CG, o GEPAR – Grupamento Especializado em Áreas de Risco foi criado para atuar nas favelas de Belo Horizonte, posteriormente se estendendo para o interior do estado de MG. Conjuga as atuações de polícia comunitária, policiamento orientado para o problema e repressão qualificada no exercício das atividades de segurança pública.

Gabarito "D"

(1º Sargento da Polícia Militar /MG – 2011) Marque a alternativa CORRETA. De acordo com a Diretriz para a Produção de Serviços de Segurança Pública – DPSSP nº 3.01.06/2011, que regula a aplicação da filosofia de Polícia Comunitária pela PMMG, a avaliação da qualidade deve ser abrangente, contínua, fácil de ser feita, útil e válida a fim de servir de aprendizagem e motivação para a Instituição e ajudá-la a melhorar sua prestação de serviços. Para uma eficiente avaliação da qualidade, dentre outros, é necessário:

(A) Restrição à fase intermediária.
(B) Metodologia de alto entendimento e compreensão complexa.
(C) Medir como a Instituição se relaciona com o seu usuário, sua satisfação.
(D) Planejamento no nível estratégico de forma unicentral.

De acordo com o saudoso mestre Paladini (2007, p.33), são necessários para uma avaliação eficiente de qualidade: metodologia clara e de fácil entendimento ao usuário, procedimento eficiente e "medir como a instituição se relaciona com o seu usuário, sua satisfação". Qualquer outro meio é uma fase intermediária para se chegar a esta.

Gabarito "C"

(1º Sargento da Polícia Militar /MG – 2011) Marque a alternativa CORRETA. De acordo com a Diretriz para a Produção de Serviços de Segurança Pública – DPSSP nº 3.01.06/2011, que regula a aplicação da filosofia de Polícia Comunitária pela PMMG, em qual fase do método I.A.R.A os policiais verificam a efetividade de suas respostas:

(A) Avaliação.
(B) Identificação.
(C) Análise.
(D) Resposta.

A: correta, a avaliação encontra-se na 4ª e última fase do método, verificando a efetividade de suas respostas; **B:** incorreta, ligada a 1ª fase, é composta pela produção de maior número de informações para subsidiar a resolução do problema; **C:** incorreta, é o coração do processo e está inserida na 2ª fase, procurando uma solução do problema e aquisição de experiências; **D:** incorreta, encontra-se na 3ª fase e procura o meio mais efetivo para lidar com o problema.

Gabarito "A"

(1º Sargento da Polícia Militar /MG – 2011) Marque a alternativa CORRETA. De acordo com a Instrução nº 3.03.07/2010-CG, que regula a atuação da Base Comunitária Móvel (BCM) na Polícia Militar de Minas Gerais, é atribuição do Comandante da Base Comunitária:

(A) Estabelecer convênios a serem desenvolvidos pela BC.
(B) Responsabilizar-se mediatamente pelo desenvolvimento do serviço e supervisionar as atividades da BC.

(C) Manter banco de dados atualizado sobre infratores recorrentes na área de atuação da BC.

(D) Utilizar o serviço para auferir vantagem para a BC.

A: incorreta, não está no nível de gestão, atinente ao comandante da Base Comunitária; **B:** incorreta, pois o gestor da BC é imediato, sem intermediários; **C:** correta, o gestor da BC deve manter dados atualizados do histórico da área de atuação da BC, o que implica em manter nestes, dados sobre infratores; **D:** incorreta, o item constitui ilícito penal, pois qualquer agente público não deve se valer de sua função ou serviço prestado para auferir vantagem.

Gabarito "C"

(1º Sargento da Polícia Militar /MG – 2011) Marque a alternativa CORRETA. De acordo com a Instrução nº 3.03.05/2010-CG, que regula a atuação operacional dos Policiais-Militares lotados nos Destacamentos e Subdestacamentos da PMMG, qual é a terceira etapa da Metodologia de Resolução de Problemas:

(A) Planejar uma ação.

(B) Implementar a ação.

(C) Identificar o problema.

(D) Analisar as causas fundamentais do problema.

A: correta, é a 3ª etapa da metodologia de resolução de problemas; **B:** incorreta, trata-se da 4ª etapa; **C:** incorreta, é a 1ª etapa; **D:** incorreta, pois pertence à 2ª etapa.

Gabarito "A"

(1º Sargento da Polícia Militar /MG – 2011) Marque a alternativa CORRETA. De acordo com a Instrução nº 3.03.11/2011-CG, que regula a implantação de Redes de Vizinhos Protegidos/Redes de Proteção nas Comunidades do Estado de Minas Gerais, é um dos pressupostos básicos para criação de Redes:

(A) Sensibilização dos comerciantes e da população flutuante usuária.

(B) Sensibilização dos policiais.

(C) Sub-rede de vigia pessoal.

(D) Sub-redes de Identificação.

A: incorreta, a sensibilização é dos moradores e não dos comerciantes; **B:** incorreta, os policiais são os agentes que promovem a sensibilizações dos demais atores da criação de redes; **C:** incorreta, pois a sub-rede de vigia é mútua; **D:** correta, trata-se da demonstração em diversos pontos da região que aquela localidade integra a rede de vizinhos protegidos.

Gabarito "D"

(1º Sargento da Polícia Militar /MG – 2011) Marque a alternativa CORRETA. De acordo com a Instrução de Corregedoria nº 02/2009, o Relatório de Investigação Preliminar (RIP), deverá ser concluído em até:

(A) 30 (trinta) dias, sendo improrrogável mesmo em situações em que restar demonstrada a necessidade de dilação do prazo.

(B) 15 (quinze) dias, podendo a autoridade instauradora ou aquela competente para solucionar o RIP autorizar a sua prorrogação por mais 10 (dez) dias, com registro no sistema de controle da PMMG, em situações em que restar demonstrada a necessidade de dilação do prazo.

(C) 30 (trinta) dias, sendo que em situações em que restar demonstrada a necessidade de dilação do prazo, a autoridade instauradora ou aquela competente para solucionar o RIP poderá autorizar a sua prorrogação por mais 30 (trinta) dias, independente de registro no sistema de controle da PMMG.

(D) 15 (quinze) dias, sendo improrrogável mesmo em situações em que restar demonstrada a necessidade de dilação do prazo.

De fato o prazo contido no item "B" é o correto, conforme dispõe o § 1º do Artigo 17 da Instrução nº 2 da Corregedoria da PMMG, não sendo os outros itens – de acordo com os prazos apresentados – parte do RIP.

Gabarito "B"

(1º Sargento da Polícia Militar /MG – 2011) De acordo com a Instrução de Corregedoria nº 02/2009, é CORRETO afirmar sobre o Relatório de Investigação Preliminar (RIP):

(A) O encarregado do RIP deverá ser, obrigatoriamente, militar da ativa, de maior posto/graduação ou mais antigo do que o investigado.

(B) A autoridade militar que mandar instaurar o RIP precisa, necessariamente, deter poder hierárquico sobre o(s) militar(es) envolvido(s), sendo, no mínimo, comandante de destacamento.

(C) A instauração ocorrerá por intermédio de "Despacho" da autoridade militar, até o nível mínimo de Comandante de Pelotão ou equivalente, com numeração prévia fornecida pelo controle interno da PMMG, preservando-se, em regra, a identificação do(s) acusado(s) e demais envolvidos.

(D) Mesmo que a documentação que comunicar prática de transgressão disciplinar vier instruída com provas que demonstrem a efetiva existência do fato e sua autoria, com prévia causa de justificação ou absolvição, não pode a autoridade competente formalizar diretamente ato de arquivamento.

A: incorreta, está em desacordo com o artigo 4º da lei em comento, que inclui não só militar da ativa, mas também o reconvocado; **B:** incorreta, em desacordo com o § 3º do artigo 3º da respectiva instrução, onde menciona que basta que a autoridade detenha cargo de chefia, comando e direção no local onde o fato ocorrer, sendo, no mínimo, comandante de pelotão; **C:** correta, transcrição fiel do artigo 3º da instrução em comento; **D:** incorreta, a autoridade pode sim formalizar o ato de arquivamento, conforme artigo 5º, § 2º da Instrução de Corregedoria nº 2 – PMMG.

Gabarito "C"

(1º Sargento da Polícia Militar /MG – 2011) De acordo com a Instrução de Recursos Humanos nº 310/2004, é CORRETO afirmar que:

(A) O Sindicante deverá diligenciar no sentido de confirmar ou não a procedência da acusação. As primeiras medidas constituem-se, na maioria dos casos, na realização de audições formais de pessoas que presenciaram ou tomaram conhecimento do objeto da apuração.

(B) A Sindicância Regular, doutrinariamente, apresenta duas etapas distintas, sendo a primeira, apuratória e a segunda, acusatória. A documentação existente que ensejar na elaboração da Portaria e encontrar-se anexa a ela, definirá a necessidade ou não de se proceder as duas etapas.

(C) Inobstante se verificada a improcedência da acusação, após realizadas as diligências necessárias, haverá necessidade de se notificar o sindicado para apresentar suas razões finais de defesa.

(D) A coleta de provas materiais, quando possível, não deve ser priorizada pelo Sindicante, pois, em regra, as provas testemunhais servem de base para a acusação.

A: incorreta, o termo "audições" está em desacordo com o dispositivo legal da questão, que aduz "entrevistas" (informais), conforme artigo 2º da instrução nº 310; **B:** correta, transcrição fiel do artigo 1º da normativa em comento; **C:** incorreta, sendo a acusação improcedente, o sindicado já foi cientificado do procedimento e, portanto, já tem ciência de seus prazos; **D:** incorreta, pois o artigo 3º estabelece o contrário, isto é, que a coleta de provas deve ser priorizada face às testemunhas.

Gabarito "B"

(1º Sargento da Polícia Militar /MG – 2011) Marque a alternativa CORRETA. De acordo com a Resolução nº 4.123/2010, entre outros, constitui requisito para a movimentação por interesse próprio:

(A) Ter obtido avaliação satisfatória na última Avaliação de Desempenho Individual (ADI).

(B) Ter sido sancionado, nos últimos 36 (trinta e seis) meses, no máximo, por uma transgressão disciplinar de natureza grave transitada em julgado ou ativada.

(C) Ter, no mínimo, 3 (três) anos a contar da data da última movimentação ou de conclusão de qualquer curso de formação/habilitação da Instituição.

(D) Se inapto no TPB, estar classificado, pelo menos, no conceito B com 30 pontos positivos.

De fato, e conforme artigo 8º, inciso I, da respectiva resolução, o item correto é o "A", sendo os outros itens não pertencentes ao rol do artigo 8º do normativo em questão.

Gabarito "A"

(3º Sargento da Polícia Militar /MG – 2011) Sobre a Teoria de Prevenção ao Crime, prevista na Diretriz para Produção de Serviços de Segurança Pública nº 3.01.06/2011, que regula a aplicação da filosofia de Polícia Comunitária pela PMMG, é CORRETO afirmar que:

(A) A prevenção terciária é composta por ações dirigidas às pessoas e grupos mais suscetíveis de praticar ou sofrer crimes e violências, bem como dos fatores que contribuem para sua vulnerabilidade, a fim de evitar o seu envolvimento com o crime e a violência ou limitar os danos causados por este envolvimento.

(B) A prevenção eficaz é composta de ações dirigidas às pessoas que já praticaram crimes e violências, cujo objetivo é evitar a reincidência e promover o seu tratamento, a reabilitação e reintegração familiar, profissional e social.

(C) A prevenção social é composta por ações dirigidas ao meio ambiente físico/social, com foco prioritário nos fatores de riscos e de proteção.

(D) Na prevenção primária, poderão, também, incluir ações que implicam mudanças mais abrangentes na estrutura da sociedade ou comunidade, que visa reduzir a pré-disposição para a prática de crimes e violências na sociedade (prevenção social).

A: incorreta, a prevenção terciária e dirigida a pessoas que já praticaram crimes e violências, evitando a reincidência e promovendo o tratamento e sua recondução/reabilitação à convivência no meio social; **B:** incorreta, o conceito apresentado é o da prevenção terciária e não a prevenção eficaz; **C:** incorreta, pois o item descreve a prevenção primária e social de maneira incompleta e de certa forma distorcida; **D:** correta, conforme procedimentos estabelecidos no normativo em tela para prevenção primária, ou prevenção social.

Gabarito "D"

(3º Sargento da Polícia Militar /MG – 2011) De acordo com a Instrução nº 3.03.11/2011- CG, que organiza e disciplina a implantação de redes de vizinhos protegidos no Estado de Minas Gerais pela PMMG, NÃO constitui objetivo pretendido com a criação das redes de proteção.

(A) Recuperar cada vez mais a sensação de segurança, aumentando a confiança da população na PMMG.

(B) Reduzir os índices de criminalidade nos locais onde serão implementadas as ações denominadas Rede de Vizinhos Protegidos.

(C) Criar dificultadores para coibir a ação criminosa, tendo por objetivo melhorar a proteção pessoal e patrimonial e, conseqüentemente, o aumento da segurança e garantia da paz social.

(D) Aproximar comunidade e Polícia Militar, desenvolvendo atividades que compreendem estratégias aparentemente simples, bem organizadas, de fácil execução, eficientes, de baixo custo, elevado valor social, que reforçam a presença, através da aproximação direta e constante, da Polícia Militar junto à população ordeira e pacífica de Minas Gerais.

A: incorreta: trata-se do objetivo 3.3 das redes de vizinhos; **B:** incorreta: é o objetivo 3.2 do assunto em comento; **C:** correta, o item está inserido nas propostas das redes de vizinhos e não nos objetivos; **D:** incorreta, é o objetivo 3.1.

Gabarito "C"

(3º Sargento da Polícia Militar /MG – 2011) A Instrução nº 3.03.11/2011- CG, que organiza e disciplina a implantação de redes de vizinhos protegidos no Estado de Minas Gerais pela PMMG, estabelece, entre outros, os seguintes pressupostos básicos para a criação de redes:

(A) As sub-redes de vigilância pessoal; as sub-redes de identificação; as sub-redes de segurança.

(B) A sensibilização dos policiais; as sub-redes de verificação; as redes sociais primárias ou informais.

(C) O comportamento da vítima; a predisposição do autor; a ausência da polícia/vigilância.

(D) A importância do processo de mobilização das pessoas envolvidas para criação das redes; o conceito e a criação da rede de vizinhos protegidos; como desenvolver um processo de mobilização.

A: incorreta, pois não há sub-redes de segurança; **B:** incorreta, não há sensibilização dos policiais, pois são agentes promotores de sensibilização; **C:** incorreta, trata-se do "triângulo do crime" e não de pressupostos básicos da criação de redes; **D:** correta, correspondem na doutrina vigente aos itens 6.2, 6.4 e 6.3 do normativo apresentado no comando da questão.

Gabarito "D"

(3º Sargento da Polícia Militar /MG – 2011) Sobre o recurso disciplinar, é CORRETO afirmar que:

(A) A imprevisibilidade legal da retroação recomenda à Administração Militar, na hipótese de efetivação da sanção, considerar a eventual depreciação do conceito a partir do exaurimento do impasse recursal, e todos os efeitos decorrentes da aplicabilidade do ato.

(B) São pressupostos de admissibilidade dos recursos: intempestividade, ilegitimidade e interesse de agir.

(C) Terá efeito suspensivo nas duas instâncias recursais, e poderá ser interposto no prazo de 5 dias úteis, contados a partir do primeiro dia útil posterior à data da decisão pela autoridade militar.

(D) A 2ª instância recursal será, sempre, Comandante-Geral.

A: correta, são diversas as decisões administrativas que consolidam no Código de Ética da PMMG (Lei 14.310/2002), em especial aos procedimentos do art. 64, I do próprio Código de Ética, o procedimento depreciativo do conceito, até mesmo por economia processual; **B:** incorreta, só o interesse de agir está no rol dos pressupostos, pois o recurso deve ser interposto no prazo (tempestivo) e a parte deve ser legítima (interessado); **C:** incorreta, pois o Código de Ética estabelece efeito suspensivo apenas para a primeira instância recursal, não apresentando tal efeito na segunda instância, conforme artigo 60, § único do CEDM. **D:** incorreta, a 2ª instância recursal não será sempre normatizada pelo comandante geral, mas sim os casos omissos ou duvidosos, conforme artigo 97 do CEDM

Gabarito "A"

11. Direito Constitucional

Flávio Daher e Gustavo Stteel

1. PODER CONSTITUINTE

(Oficial Policial Militar de Administração/DF – 2010 – CESPE) Acerca do poder constituinte, julgue os seguintes itens.

(1) Uma das características do poder constituinte originário é a de ser inicial, o que significa que inaugura uma nova ordem jurídica, rompendo com a anterior.

(2) A CF é rígida e, por isso, não pode ser submetida ao poder constituinte derivado.

(3) O poder constituinte decorrente é aquele cuja competência consiste em elaborar ou modificar as constituições dos Estados-membros da Federação.

1: certa, o poder constituinte é originário, ele funda uma nova ordem jurídica, um país completamente novo, juridicamente falando, por isso o Poder Constituinte Originário não é subordinado a nenhum ordenamento anterior; **2:** errada, pois o fato dela ser classificada como rígida não quer dizer que seja imutável. Uma Constituição rígida é aquela que possui mecanismos específicos de mudança de seu texto pelo Poder Reformador, como é o caso das emendas constitucionais na nossa Constituição, as quais possuem um rito muito mais complexo de mudança do que as leis ordinárias; **3:** certa, o Poder Constituinte Decorrente é o poder conferido aos Estados-membros de elaborarem e alterarem suas Constituições (art. 25 da CF).

Gabarito 1C, 2E, 3C

2. TEORIA DA CONSTITUIÇÃO E PRINCÍPIOS FUNDAMENTAIS

(Cadete da Polícia Militar/GO – 2013 – UEG) Considerados como princípios fundamentais os politicamente conformadores do Estado, dentre esses encontram-se na Constituição da República Federativa do Brasil aqueles referentes

(A) à liberdade, à igualdade e à fraternidade.

(B) à propriedade privada, à isonomia e à legalidade.

(C) à separação de poderes, à legalidade e à igualdade.

(D) à federação, à república e ao estado democrático de direito.

Esta é uma classificação de CANOTILHO, a qual define os princípios fundamentais politicamente conformadores como sendo as opções políticas fundamentais conformadoras da Constituição, ou seja, opções políticas fundamentais sobre forma de existência política da nação, de como ela vai se estruturar. Assim, os princípios politicamente conformadores definem a estrutura do Estado, caracterizam a forma de governo, estruturam o regime político adotado e definem a organização política em geral. Desta forma, dentre as opções de resposta, a única que traz unicamente elementos de estruturação do Estado é a letra "D", com a Federação, a República e o Estado Democrático de Direito.

Gabarito "D"

(Soldado da Polícia Militar/GO – 2010 – FUNCAB) De acordo com a Constituição Federal, são fundamentos da República Federativa do Brasil previstos no artigo 1º do Texto Constitucional, EXCETO:

(A) a soberania e a cidadania.

(B) o pluralismo político e a dignidade da pessoa humana.

(C) a cidadania e a dignidade da pessoa humana.

(D) os valores sociais do trabalho e da livre iniciativa.

(E) concessão de asilo político e a independência nacional.

O art. 1º da CF traz elencados cinco fundamentos da República Federativa do Brasil: a soberania (inciso I), a cidadania (inciso II), a dignidade da pessoa humana (inciso III), os valores sociais do trabalho e da livre iniciativa (inciso IV) e o pluralismo político (inciso V). Desta forma, dentre as opções de respostas, as únicas que não estão elencadas na Constituição como fundamentos são a concessão de asilo político e a independência nacional, na letra "E".

Gabarito "E"

3. HERMENÊUTICA CONSTITUCIONAL E EFICÁCIA DAS NORMAS CONSTITUCIONAIS

(Oficial Policial Militar/DF – 2010 – CESPE) Acerca das normas constitucionais e do poder constituinte, julgue os próximos itens.

(1) Por necessitarem de leis integrativas para produzirem os seus efeitos, as normas constitucionais de eficácia limitada não revogam de imediato a legislação infraconstitucional precedente incompatível com o seu conteúdo.

(2) Por ser a intervenção da União em determinado município localizado em território federal uma medida excepcional e temporária, pode-se, durante sua vigência, emendar a CF para a ela acrescentar direitos e garantias fundamentais.

1: errada, pois, embora as normas constitucionais de eficácia limitada necessitem de norma regulamentadora posterior para atingirem a plenitude de seus efeitos, estas já são válidas, servindo, inclusive, para revogar legislação precedente que lhe seja contrária. Ou seja, mesmo carecendo de regulamentação para produzir todos seus efeitos, a norma de eficácia limitada já tem validade e certa eficácia; **2:** errada, pois a Constituição não será emendada de forma alguma durante a vigência de intervenção federal (e também durante a vigência de estado de defesa e de estado de sítio – art. 60, § 1º, da CF), não havendo qualquer ressalva, nem mesmo para o acréscimo de direitos.

Gabarito 1E, 2E

4. CONTROLE DE CONSTITUCIONALIDADE

(Cadete da Polícia Militar/GO – 2010 – FUNCAB) No que concerne ao controle de constitucionalidade, assinale a alternativa correta.

(A) A concessão de medida cautelar em ação direta de inconstitucionalidade torna aplicável a legislação anterior acaso existente, salvo expressa manifestação em sentido contrário.

(B) É inadmissível o indeferimento liminar de petição inicial em ação direta de inconstitucionalidade.

(C) A decisão que declara a inconstitucionalidade de lei ou ato normativo em ação direta pode ser objeto de ação rescisória.

(D) É sempre permitida a intervenção de terceiros no processo de ação declaratória de constitucionalidade.

(E) A declaração de constitucionalidade ou de inconstitucionalidade tem eficácia contra todos e efeito vinculante em relação aos órgãos do Poder Legislativo.

A: correta, uma vez que concessão de liminar suspende a lei atacada e, a fim de evitar a existência de um "vácuo jurídico" no ordenamento, a lei anterior, se existente, volta a ser aplicável, salvo expressa manifestação em sentido contrário, de acordo com o art. 11, § 2º, da Lei 9.868/1999; **B:** incorreta, pois de acordo com o art. 4º da Lei 9.868/1999, a petição inicial inepta, não fundamentada e a manifestamente improcedente serão liminarmente indeferidas pelo relator; **C:** incorreta, de acordo com o art. 26 da Lei 9.868/1999 a decisão que declara a inconstitucionalidade da lei ou do ato normativo em ação direta é irrecorrível, não podendo, também, ser objeto de ação rescisória; **D:** incorreta, de acordo com o art. 18 da Lei 9.868/1999 não se admite intervenção de terceiros no processo de ação declaratória de constitucionalidade; **E:** incorreta, nos termos do art. 28, parágrafo único, da Lei 9.868/1999, que dispõe que a declaração de constitucionalidade ou de inconstitucionalidade da lei têm eficácia contra todos e efeito vinculante em relação aos órgãos do Poder Judiciário e à Administração Pública federal, estadual e municipal. Ou seja, não tem efeito vinculante sobre o Legislativo, pois isso iria engessar este Poder que pode legislar em sentido contrário.

Gabarito "A"

5. DIREITOS E DEVERES INDIVIDUAIS E COLETIVOS

(Soldado da Polícia Militar/GO – 2010 – FUNCAB) Com base nos direitos e garantias fundamentais previstos na Constituição da República, assinale a alternativa correta.

(A) É livre a manifestação de pensamento, sendo admitido, em regra, o anonimato.

(B) A possibilidade de reparação por danos morais não está prevista expressamente no texto Constitucional.

(C) A casa é asilo inviolável, podendo nela penetrar através de decisão judicial, durante o dia ou durante a noite.

(D) A lei só poderá restringir a publicidade dos atos processuais quando a defesa da intimidade ou o interesse social o exigirem.

(E) O mandado de segurança é cabível na hipótese de violação dos direitos fundamentais, ainda que tutelável por *habeas corpus* ou *habeas data*.

A: incorreta, pois a Constituição veda expressamente o anonimato (art. 5º, IV, da CF); **B:** incorreta, a indenização por dano moral, assim como material e à imagem estão assegurados na Constituição (art. 5º, V, da CF); **C:** incorreta, uma vez que a entrada no domicílio, para cumprimento de ordem judicial, só pode ser feita no período diurno e nunca à noite (art. 5º, XI, da CF); **D:** correta, nos exatos termos do art. 5º, LX, da CF; **E:** incorreta, o mandado de segurança é "residual", ou seja, a Constituição deixa claro que este não poderá ser usado nos casos em que seja admissível o *habeas corpus* e o *habeas data*.

Gabarito "D"

(Cadete da Polícia Militar/GO – 2013 – UEG) A Constituição Federal dá ampla proteção ao meio ambiente e trata do tema em vários capítulos. Assim, enquanto direito fundamental, comporta modalidades cuja proteção abrange o meio ambiente

(A) cultural, em que se protege o patrimônio histórico, artístico e arqueológico.

(B) do trabalho, baseado na salubridade no trabalho, contrapondo-se ao ambiente artificial.

(C) artificial, que compreende o espaço urbano, as florestas adjacentes e o patrimônio arqueológico.

(D) natural, que é o ambiente físico em que se protegem a fauna e as manifestações culturais relativas a ela.

A proteção do meio ambiente enquanto direito fundamental é tratada por meio do art. 5º, LXXIII, da CF, onde a Constituição tutela este direito legitimando qualquer cidadão a ser parte para propor ação popular que tem o fim de proteger meio ambiente e ao patrimônio histórico e cultural, trazendo ainda em seu art. 23, inc. III, a competência **comum** da União, dos Estados, do Distrito Federal e dos Municípios proteger os documentos, as obras e outros bens de valor histórico, artístico e cultural, os monumentos, as paisagens naturais notáveis e os sítios arqueológicos.

Gabarito "A"

(Cadete da Polícia Militar/GO – 2010 – FUNCAB) Sobre as regras que tratam dos direitos e deveres individuais e coletivos, dispostas na Constituição Federal, assinale a alternativa correta.

(A) A legitimidade das entidades associativas para representar seus filiados judicialmente independe de qualquer autorização expressa dos associados.

(B) A obtenção de certidões em repartições públicas, para defesa de direitos e esclarecimentos de situações de interesse pessoal, dispensa o pagamento de taxas.

(C) A prisão ilegal será sempre revogada pela autoridade judiciária.

(D) É vedada a adesão do Brasil à jurisdição de Tribunal Penal Internacional.

(E) Os tratados sobre direitos humanos que forem aprovados em dois turnos no Senado Federal serão equivalentes às emendas constitucionais.

A: incorreta, pois de acordo com o art. 5º, XXI, da CF, as entidades associativas têm legitimidade para representar seus filiados judicial ou extrajudicialmente quando **expressamente autorizadas**; **B:** correta, nos termos do art. 5º, XXXIV, "b", da CF; **C:** incorreta, pois a revogação pressupõe a legalidade do ato, que por conveniência e oportunidade de quem o expediu pode então ser revogado. O relaxamento da prisão pressupõe sua ilegalidade e consequentemente a avaliação por autoridade judiciária, nos termos do art. 5º, LXV, da CF. Desta forma, dizemos sempre que a prisão ilegal será relaxada pelo Juiz e não revogada; **D:** incorreta, pois a Emenda Constitucional 45/2004 trouxe o § 4º para o art. 5º da CF, determinando que o Brasil se submeta à jurisdição de Tribunal Penal Internacional a cuja criação tenha manifestado adesão; **E:** incorreta, pois o trâmite para a aprovação dos tratados internacionais de direitos humanos que tem *status* de emenda constitucional está disposto no § 3º do art. 5º da CF, sendo que deverá ser aprovado o tratado em **cada Casa do Congresso Nacional** (Senado Federal e Câmara dos Deputados) em dois turnos, por três quintos dos votos dos respectivos membros.

Gabarito "B"

(Sargento da Polícia Militar/ES – 2011 – IDECAN) A Constituição Federal veda (proíbe):

(A) O direito de herança.

(B) A prestação de assistência religiosa nas entidades civis e militares de internação coletiva.

(C) Associações de caráter paramilitar.

(D) A liberdade de consciência e de crença.

(E) O direito de propriedade.

A: incorreta, pois o direito à herança é garantido no art. 5º, inciso XXX, da CF; **B:** incorreta, uma vez que o art. 5º, inciso VII, da CF assegura a prestação de assistência religiosa nas referidas entidades; **C:** correta, já que as associações de caráter paramilitar são expressamente vedadas pela Constituição em seu art. 5º, inciso XVII; **D:** incorreta, pois o art. 5º, inciso VI, da CF assegura a liberdade de consciência e de crença; **E:** incorreta, pois o direito à propriedade é garantido pela Constituição em seu art. 5º, inciso XXII, da CF.

Gabarito "C"

(Oficial Policial Militar de Administração/DF – 2010 – CESPE) Quanto aos direitos e às garantias fundamentais, julgue os itens subsequentes.

(1) Segundo a CF, as normas constitucionais que prescrevem direitos e garantias fundamentais têm eficácia contida e dependem de regulamentação.

(2) Se o Congresso Nacional aprovar, em cada uma de suas casas, em dois turnos, por três quintos dos seus votos dos respectivos membros, tratado internacional que verse sobre direitos humanos, esse tratado será equivalente às emendas constitucionais.

(3) A CF prevê, entre outras garantias fundamentais, o mandado de injunção como instrumento para assegurar o conhecimento de informações relativas à pessoa do impetrante, constantes de registros ou bancos de dados de entidades governamentais ou de caráter público.

(4) Em casos de crimes que causem grande comoção nacional, como no caso de genocídio, a CF permite que seja constituído tribunal penal especial para julgá-los.

1: errada, pois as normas que prescrevem os direitos e as garantias fundamentais, em sua maioria, são de eficácia plena. Contudo, até as normas de eficácia contida como, por exemplo, a defesa do consumidor (art. 5º, XXXII, da CF) têm aplicação imediata como determina o § 1º do art. 5º; **2:** certa, esta forma foi introduzida na Constituição pela Emenda Constitucional 45/2004, a qual eleva ao *status* de emenda constitucional os tratados de direitos humanos aprovados nesta forma (art. 5º, § 3º); **3:** errada, o mandado de injunção é utilizado quando a falta de norma reguladora torne inviável o exercício dos direitos e liberdades constitucionais e das prerrogativas inerentes à nacionalidade, à soberania e à cidadania (art. 5º, LXXI, da CF); já o instrumento destinado a assegurar o conhecimento de informações relativas à pessoa do impetrante, como descrito na questão, é o *habeas data* (art. 5º, LXXII, "a", da CF); **4:** errada, pois a criação de tribunais especiais para o julgamento de um crime ocorrido é a essência do Tribunal de Exceção, completamente vedado por nossa Constituição em seu inciso XXXVII do art. 5º.

Gabarito 1E, 2C, 3E, 4E

(Sargento da Polícia Militar/ES – 2011 – IDECAN) Nos termos da Constituição Federal, a Ação Popular pode ser proposta:

(A) Apenas pelos juízes.

(B) Por qualquer cidadão.

(C) Apenas pelo Ministério Público.

(D) Pelos brasileiros e estrangeiros residentes no país.

(E) Apenas pela administração pública.

A ação popular, como o nome diz, é um instrumento destinado ao cidadão. Desta forma, as instituições, como o Poder Judiciário, o Ministério Público e a própria Administração Pública, não são os destinatários da ação popular previstos na Constituição (art. 5º, LXXIII). Contudo, não são todos os brasileiros que podem fazer uso deste instrumento. O conceito de cidadão para a Constituição é mais restrito do que o do senso comum que leva a crer ser cidadão qualquer brasileiro. O cidadão para a Constituição é aquele que goza de direitos políticos, conforme disposto pela Lei 4.717/1965, a qual regula a ação popular e em seu artigo 1º, § 3º estabelece que a prova da cidadania será feita com o título eleitoral. Desta forma, nem todos os brasileiros gozam de direitos políticos (pode haver caso de perda, suspensão etc.) e desta forma não estão aptos a fazer uso da ação popular.

Gabarito "B"

(Sargento da Polícia Militar/ES – 2011 – IDECAN) Considere as afirmações relacionadas com o "mandado de segurança coletivo":

I. Pode ser impetrado por qualquer cidadão em defesa do meio ambiente e do patrimônio histórico e cultural.

II. Pode ser impetrado por partido político com representação no Congresso Nacional.

III. Pode ser impetrado por organização sindical, entidade de classe ou associação legalmente constituída e em funcionamento há pelo menos um ano, em defesa dos interesses de seus membros ou associados.

Está(ão) correta(s) apenas a(s) alternativa(s):

(A) I
(B) II
(C) II, III
(D) I, III
(E) III

I: incorreta, pois a ação impetrada por qualquer cidadão para defesa do meio ambiente e patrimônio histórico é a ação popular (art. 5º, LXXIII, da CF); II: correta, pois um dos legitimados a impetrar o mandado de segurança coletivo é o partido político com representação no Congresso Nacional (art. 5º, LXX, "a", da CF); III: correta, exatamente como dispõe o art. 5º, LXX, "b", da CF.

Gabarito "C"

(Sargento da Polícia Militar/ES – 2011 – IDECAN) Os tratados e convenções internacionais sobre Direitos Humanos serão equivalentes às emendas constitucionais, desde que aprovados em cada Casa do Congresso Nacional pelos respectivos membros em:

(A) Dois turnos, por três quintos dos votos.
(B) Três turnos, por maioria simples dos votos.
(C) Um só turno, por unanimidade dos votos.
(D) Dois turnos, por dois quintos dos votos.
(E) Um só turno.

A Emenda Constitucional 45/2004 inseriu novo tratamento aos tratados internacionais de direitos humanos que forem aprovados na forma do § 3º do art. 5º da CF, ou seja, que sejam introduzidos no ordenamento pátrio com a aprovação em cada Casa do Congresso Nacional, em dois turnos, por 3/5 de seus respectivos membros. Estes tratados, aprovados nestes trâmites, passam a gozar de *status* de emenda constitucional.

Gabarito "A"

(Sargento da Polícia Militar/ES – 2011 – IDECAN) De acordo com a Constituição Federal, o indivíduo que pratica o racismo está sujeito à pena de reclusão, nos termos da lei, constituindo crime*:*

(A) Afiançável.
(B) Suscetível de indulto.
(C) Inafiançável e imprescritível.
(D) Suscetível de graça.
(E) Hediondo.

A nossa Constituição, trazendo muitos direitos e garantias ao povo, traz expressamente em seu art. 4º, VIII, o repúdio ao racismo. De forma a repudiá-lo com veemência, classificou-o (art. 5º, XLII) como sendo um crime inafiançável e imprescritível (assim como ação de grupos armados, civis ou militares, contra a ordem constitucional e o Estado Democrático – art. 5º, XLIV). Uma dica para concurso é lembrar que embora todos sejam inafiançáveis, a Constituição separou como imprescritíveis o racismo e a ação de grupos armados, civis ou militares, contra a ordem constitucional e o Estado Democrático e de outro como insuscetíveis de graça e anistia os crimes do grupo "TTTH" (Terrorismo, Tráfico, Tortura e Hediondos).

Gabarito "C"

(Sargento da Polícia Militar/ES – 2011 – IDECAN) *"Remédio constitucional que supre a falta de norma regulamentadora que torne inviável o exercício dos direitos e liberdades constitucionais e das prerrogativas inerentes à nacionalidade, à soberania e à cidadania".* Trata-se de:

(A) *Habeas Corpus.*
(B) *Habeas Data.*
(C) Mandado de Segurança.
(D) Mandado de Injunção.
(E) Ação Popular.

A: incorreta, pois o *Habeas Corpus* é utilizado contra a violência ou coação em sua liberdade de locomoção, por ilegalidade ou abuso de poder (art. 5º, LXVIII, da CF); **B:** incorreta, pois o *Habeas Data* é usado para assegurar o conhecimento de informações relativas à pessoa do impetrante, constantes de registros ou bancos de dados de entidades governamentais ou de caráter público ou para retificá-los (art. 5º, LXXII, "a" e "b", da CF); **C:** incorreta, já que o Mandado de Segurança se destina a proteger direito líquido e certo, não amparado por *habeas corpus* ou *habeas data*, quando o responsável pela ilegalidade ou abuso de poder for autoridade pública ou agente de pessoa jurídica no exercício de atribuições do Poder Público (art. 5º, LXIX, da CF); **D:** correta, pois é o Mandado de Injunção o instrumento destinado à garantia de direitos quando a falta de norma regulamentadora torne inviável o exercício dos direitos e liberdades constitucionais e das prerrogativas inerentes à nacionalidade, à soberania e à cidadania (art. 5º, LXXI); **E:** incorreta, pois a Ação Popular visa a anular ato lesivo ao patrimônio público ou de entidade de que o Estado participe, à moralidade administrativa, ao meio ambiente e ao patrimônio histórico e cultural (art. 5º, LXXIII).

Gabarito "D"

(Sargento da Polícia Militar/ES – 2011 – IDECAN) É lícita a extradição de acordo com a Constituição Federal:

(A) Do brasileiro nato, em caso de prática de crime definido como hediondo.
(B) Do estrangeiro, em caso de crime político.
(C) Do estrangeiro, em caso de crime de opinião.
(D) Do brasileiro naturalizado, em caso de comprovado envolvimento em tráfico ilícito de entorpecentes e drogas afins, na forma da lei.
(E) Do brasileiro naturalizado, em caso de crime definido como hediondo.

A: incorreta, pois o brasileiro nato em nenhuma hipótese pode ser extraditado (art. 5º, LI, da CF); **B:** incorreta, uma vez que o texto constitucional proíbe a extradição de estrangeiro por crime político (art. 5º, LII, da CF); **C:** incorreta, uma vez que o texto constitucional proíbe a extradição de estrangeiro por crime de opinião (art. 5º, LII, da CF); **D:** correta, pois, no caso de brasileiro naturalizado, será concedida sua extradição em caso de comprovado envolvimento em tráfico ilícito de entorpecentes e drogas afins, na forma da lei, independentemente de o crime ter ocorrido antes ou após a sua naturalização (art. 5º, LII, da CF); **E:** incorreta, pois o cometimento de crime hediondo não é, por si só, causa de extradição de brasileiro naturalizado. O brasileiro naturalizado só pode ser extraditado por tráfico ilícito de drogas ou crime comum cometido antes de sua naturalização.

Gabarito "D"

(Sargento da Polícia Militar/ES – 2011 – IDECAN) *"Fulano iniciou uma agressão contra sua esposa Sicrana, pretendendo matá-la por espancamento. Os policiais, após acionados, necessitando adentrar nesta residência, onde ocorriam as agressões, durante a noite, a fim de evitar a consumação do crime que já se iniciara e capturar o indivíduo em flagrante delito, entram sem o consentimento do seu dono".* É correto afirmar que:

(A) Os policiais só poderiam invadir a casa com autorização do juiz.
(B) Os policiais agiram ilegalmente.
(C) Os policiais agiram de acordo com o que diz a Constituição.
(D) Os policiais infringiram os Direitos Humanos.
(E) Os policiais serão responsabilizados, pois é vedada de forma absoluta a entrada noturna da polícia em residências.

A: incorreta, pois a ocorrência de flagrante delito é uma das situações (juntamente com a ocorrência de desastre ou para prestação de socorro) em que a Constituição autoriza a entrada no domicílio independentemente de autorização judicial e podendo ser tanto de dia como a noite (art. 5º, XI); **B:** incorreta, pois estando dentro da situação de flagrante delito, cuja entrada no domicílio é permitida pela Constituição, os policiais agiram legalmente (art. 5º, XI); **C:** correta, pois os policiais agiram de acordo com o que determina a Constituição, sendo a ocorrência de flagrante delito um dos casos em que é permitida a entrada no domicílio sem o consentimento do morador e independentemente do horário; **D:** incorreta, como os policiais agiram conforme determina o art. 5º, XI, da CF, estes agiram legalmente e assim não infringiram os direitos humanos; **E:** incorreta, uma vez que agiram legalmente e não serão responsabilizados, pois se utilizaram de uma das exceções previstas no texto constitucional quanto à inviolabilidade de domicílio (art. 5º, XI, da CF).

Gabarito "C"

(Sargento da Polícia Militar/ES – 2011 – IDECAN) A liberdade de reunião é garantia constitucional e está condicionada:

(A) A autorização da prefeitura onde ocorrerá a reunião.
(B) A ser pacífica, sem uso de armas, em locais abertos ao público, com prévio aviso a autoridade competente e desde que não frustre outra reunião já marcada para o mesmo local.
(C) A situação política do indivíduo que a está promovendo.
(D) A ser pacífica, sem uso de armas, sendo exigido autorização policial.
(E) A ser pacífica, sem uso de armas, sendo exigido autorização do corpo de bombeiros.

A: incorreta, pois o exercício da liberdade de reunião previsto no art. 5º, XVI, da CF não se condiciona à autorização prévia de nenhum órgão, e sim ao aviso prévio à autoridade competente; **B:** correta, conforme a redação do art. 5º, XVI, da CF; **C:** incorreta, pois não se condiciona a situação pessoal de seus organizadores, sendo que as únicas condições constam expressamente do texto constitucional em seu art. 5º, XVI, da CF; **D:** incorreta, uma vez que não é exigida autorização de nenhum órgão; **E:** incorreta, uma vez que, conforme já alegado, não há a necessidade de autorização de nenhum órgão.

Gabarito "B"

(Cadete da Polícia Militar/GO – 2013 – UEG) Os direitos fundamentais, embora sistematizados nos artigos 5º a 17 da Constituição Federal, não se restringem aos previstos a esses artigos. Há diversos direitos fundamentais espalhados ao longo do texto constitucional, dentre os quais estão os direitos coletivos e os direitos individuais. Dentre os direitos individuais encontra-se o direito à vida, como

(A) valor intrínseco em si, que se determina pelas condições de existência natural e física.
(B) direito individual referente à vida humana, compreendido pelas condições naturais e de dignidade.
(C) direito individual fundamental, abrangendo toda e qualquer forma de existência.
(D) valor intrínseco em si, abrangente de todas as formas de vida e de existência, inclusive a humana.

A: incorreta, pois o valor intrínseco do direito à vida não se determina pelas condições de existência natural e física; **B:** correta, pois o direito individual refere-se à vida humana, tanto no sentido de existência quanto no sentido de dignidade, **C:** incorreta, pois como dito, não abrange toda e qualquer forma de vida e sim a vida humana; **D:** incorreta, pois abrange somente a vida humana.

Gabarito "B"

6. DIREITOS POLÍTICOS

(Cadete da Polícia Militar/GO – 2010 – FUNCAB) Sobre a disciplina normativa que trata da nacionalidade e dos direitos políticos, prevista na Constituição Federal, é correto afirmar que:

(A) a filiação partidária não é considerada condição de elegibilidade.
(B) é permitida a cassação de direitos políticos em decorrência de condenação criminal transitada em julgado.
(C) o militar, ainda que alistável, é sempre inelegível.
(D) será declarada a suspensão da nacionalidade do brasileiro nato que adquirir outra nacionalidade.
(E) para concorrer a outros cargos, o Presidente da República deve renunciar ao respectivo mandato até seis meses antes do pleito.

A: incorreta, pois a filiação partidária é um dos requisitos para a elegibilidade nos termos do art. 14, § 3º, V, da CF; **B:** incorreta, pois a cassação de direitos políticos (que significa a perda definitiva e irrevogável) é vedada pela Constituição, nos termos do art. 15 da CF, sendo passível de perda ou suspensão desses direitos no caso de condenação criminal transitada em julgado, enquanto durarem seus efeitos (art. 15, III, da CF); **C:** incorreta, pois o militar alistável é elegível nos termos do art. 14, § 8º, I e II, da CF; **D:** incorreta, pois será declarada a PERDA da nacionalidade do brasileiro nato que adquirir outra nacionalidade (art. 12, § 4º, II, da CF); **E:** correta, nos termos do art. 14, § 6º, da CF.

Gabarito "E"

7. ORGANIZAÇÃO DO ESTADO

(Cadete da Polícia Militar/GO – 2010 – FUNCAB) No que concerne à organização do Estado, é correto afirmar que:

(A) compete exclusivamente à União cuidar da saúde e assistência pública, e da proteção e garantia das pessoas portadoras de deficiência.

(B) é possível aos Estados editar medidas provisórias para regulamentar a exploração dos serviços de gás canalizado.
(C) compete aos Municípios organizar e prestar, diretamente ou por delegação, o serviço de transporte coletivo de interesse local.
(D) ao Distrito Federal são atribuídas todas as competências legislativas reservadas à União.
(E) é competência privativa da União legislar sobre responsabilidade por dano ao meio ambiente.

A: incorreta, pois é competência comum da União, dos Estados, do Distrito Federal e dos Municípios cuidar da saúde e assistência pública, da proteção e garantia das pessoas portadoras de deficiência, nos termos do art. 23, II, da CF; **B:** incorreta, pois a Constituição veda expressamente a edição de medida provisória, pelos Estados, para a regulamentação da exploração dos serviços de gás canalizado (art. 25, § 2º, da CF); **C:** correta, nos termos do art. 30, V, da CF; **D:** incorreta, pois de acordo com o art. 32, § 1º, da CF "ao Distrito Federal são atribuídas as competências legislativas reservadas aos **Estados e Municípios**"; **E:** incorreta, pois de acordo com o art. 24, VIII, da CF compete à União, aos Estados e ao Distrito Federal legislar **concorrentemente** sobre a responsabilidade por dano ao meio ambiente, ao consumidor, a bens e direitos de valor artístico, estético, histórico, turístico e paisagístico.

Gabarito "C"

(Oficial Policial Militar/DF – 2010 – CESPE) No tocante à organização político-administrativa do Estado e aos direitos e garantias fundamentais, julgue os itens a seguir.

(1) Não será ofendido o direito à inviolabilidade de domicílio caso o agente estatal adentre em casa alheia, durante o dia ou no período noturno, independentemente de autorização do morador, em caso de flagrante delito ou em decorrência do cumprimento de mandado judicial de busca e apreensão devidamente especificado e expedido por autoridade competente.
(2) A autonomia política dos Municípios será violada caso a Constituição de determinado Estado-membro venha a disciplinar a vocação sucessória dos cargos de prefeito e de vice-prefeito, na hipótese de dupla vacância.

1: errada, pois a entrada em domicílio alheio pelo agente estatal sem consentimento do morador tanto no horário diurno como noturno é permitida pela Constituição em caso de flagrante delito (além de ser também para prestar socorro e em caso de acidente), contudo para o cumprimento de ordem judicial só poderá ocorrer durante o dia; **2:** certa, pois o município, como ente federativo, possui poder de auto-organização, autolegislação, autogoverno e autoadministração. O STF já se posicionou neste caso (ADI 3.549/GO) e reconheceu a violação à autonomia política do município caso Constituição Estadual venha a regular tema relativo à legislação sucessória do município, uma vez que a CF atribui aos municípios (art. 30, I) o direito de legislar sobre assuntos de interesse local.

Gabarito 1E, 2C

8. DA ADMINISTRAÇÃO PÚBLICA

(Sargento da Polícia Militar/ES – 2011 – IDECAN) De acordo com a Constituição Federal, em seu art. 37, a Administração Pública deve observar alguns princípios, dentre os quais se inclui:

(A) A imprescritibilidade.
(B) A pontualidade.
(C) A legalidade
(D) A universalidade.
(E) A adequação.

O texto constitucional, no "caput" de seu art. 37, traz cinco princípios que devem ser obedecidos por toda a administração, seja direta, seja indireta nas três esferas, conhecidos pela sigla "LIMPE", sendo estes: Legalidade, Impessoalidade, Moralidade, Publicidade e Eficiência. Dentre as opções de resposta o único princípio presente é a legalidade, na letra "C".

Gabarito "C"

(Sargento da Polícia Militar/ES – 2011 – IDECAN) Analise as afirmativas:

I. Os cargos, empregos e funções públicas são acessíveis aos brasileiros que preencham os requisitos estabelecidos em lei, assim como aos estrangeiros, na forma da lei.
II. As pessoas portadoras de deficiência não poderão ocupar cargos e empregos públicos.
III. A Lei estabelecerá os casos de contratação por tempo determinado para atender a necessidade temporária de excepcional interesse público.

Está(ão) correta(s) apenas a(s) afirmativa(s):

(A) I
(B) II
(C) II, III
(D) I, III
(E) I, II, III

I: correta, nos termos do art. 37, I, da CF; II: incorreta, pois ocorre justamente o inverso, garantindo a Constituição, em seu art. 37, VIII, que as pessoas portadoras de deficiência tenham um percentual de cargos e empregos públicos reservados por lei, definindo o critério de sua admissão; III: correta, nos termos do art. 37, IX. da CF.

Gabarito "D"

(Sargento da Polícia Militar/ES – 2011 – IDECAN) A aposentadoria compulsória do servidor público civil, de acordo com a Constituição Federal, ocorre:

(A) Aos setenta anos de idade com proventos proporcionais ao tempo de contribuição.
(B) Aos setenta e cinco anos de idade com proventos proporcionais ao tempo de serviço.
(C) Aos sessenta e cinco anos de idade se homem e sessenta anos de idade se mulher.
(D) Aos sessenta anos de idade com proventos proporcionais ao tempo de contribuição.
(E) Aos cinquenta e cinco anos de idade.

A Constituição Federal trouxe a idade limite de trabalho de 70 anos, a partir da qual o servidor será aposentado compulsoriamente e com proventos proporcionais ao tempo de contribuição nos termos do art. 40, § 1º, II, da CF.

Gabarito "A"

(Sargento da Polícia Militar/ES – 2011 – IDECAN) De acordo com a Constituição Federal, é correto afirmar que o servidor público estável:

(A) Não perderá o cargo em virtude da estabilidade que possui, em nenhuma hipótese.
(B) Só perderá o cargo em virtude de processo administrativo.
(C) Jamais perderá o cargo, salvo por motivo de abandono.

(D) Perderá o cargo em virtude de sentença judicial transitada em julgado.
(E) Perderá o cargo automaticamente, sem direito a defesa, se praticar insubordinação.

A: incorreta, pois o art. 41, § 1°, da CF traz em seus três incisos as formas em que poderá haver a perda do cargo pelo servidor público estável, que são: I – em virtude de sentença judicial transitada em julgado, II – mediante processo administrativo em que lhe seja assegurada ampla defesa; III – mediante procedimento de avaliação periódica de desempenho, na forma de lei complementar, assegurada ampla defesa; **B:** incorreta, pois, como vimos, a CF traz três formas em que se pode dar a perda do cargo e não apenas em virtude de processo administrativo; **C:** incorreta, em razão das hipóteses de perda do cargo já elencadas; **D:** correta. Esta alternativa não está dizendo que é a única hipótese, por isso a questão não está incompleta; **E:** incorreta, pois em todas as hipóteses é garantida ao servidor a ampla defesa.

Gabarito "D"

(Sargento da Polícia Militar/ES – 2011 – IDECAN) De acordo com a Constituição Federal, são estáveis após três anos de efetivo exercício os servidores nomeados para cargo de provimento efetivo em virtude de concurso público. Como condição para a aquisição da estabilidade é obrigatório:

(A) Avaliação especial de desempenho por comissão instituída para essa finalidade.
(B) Participação em curso de capacitação.
(C) Mestrado em ciências administrativas.
(D) Avaliação de conduta ética.
(E) Pós-graduação na área de atuação.

A Constituição Federal previu em seu art. 41, § 4° como condição obrigatória para a aquisição da estabilidade a avaliação especial de desempenho por comissão instituída para essa finalidade. Assim, dentre as opções de resposta, a única constante do texto constitucional é a letra "A".

Gabarito "A"

(Oficial Policial Militar/DF – 2010 – CESPE) No que se refere às medidas provisórias e à regulamentação constitucional da Administração Pública, julgue os itens subsequentes.

(1) Servidor público lotado em autarquia federal, ao ser investido no mandato de vereador, deve afastar-se temporariamente do cargo e optar por uma das remunerações, ainda que haja compatibilidade de horários entre as atividades públicas.
(2) Mesmo diante de pedido expresso do presidente do Supremo Tribunal Federal e no intuito de contribuir para a efetividade e a celeridade judicial, seria considerada inconstitucional medida provisória que determinasse a criação de vara federal, na região Norte do país, especializada no processo e julgamento de matérias fundiárias.

1: incorreta, pois a Constituição permite a acumulação de um cargo de servidor público com o mandato de vereador quando houver compatibilidade de horários, havendo assim, por conseguinte, a acumulação das remunerações (art. 38, III, da CF), valendo lembrar que na impossibilidade de acumulação em razão da incompatibilidade de horários, poderá o servidor escolher entre as remunerações de seu cargo ou do cargo de vereador; **2:** correta, pois compete privativamente aos tribunais propor a criação de novas varas judiciárias, de acordo com o art. 96, I, "d" da CF.

Gabarito 1E, 2C

9. PODER LEGISLATIVO

9.1. ORGANIZAÇÃO E COMPETÊNCIAS DO CONGRESSO NACIONAL

(Cadete da Polícia Militar/GO – 2013 – UEG) O órgão do Poder Legislativo da União é o Congresso Nacional, composto pela Câmara dos Deputados e pelo Senado Federal. De acordo com a Constituição Federal, a Câmara dos Deputados compõe-se pelos representantes do povo, eleitos

(A) diretamente pelo sistema proporcional, nos Estados, Distritos e Territórios.
(B) diretamente, seguindo o sistema majoritário, nos Estados, Distritos e Territórios.
(C) indiretamente pelo sistema universal, nos Estados, Distritos e Territórios.
(D) indiretamente pelo sistema de quociente partidário, nos Estados, Distritos e Territórios.

A Câmara dos Deputados compõe-se de representantes do povo, eleitos, pelo sistema proporcional, em cada Estado, em cada Território e no Distrito Federal nos termos do art. 45 da CF. São eleitos pelo sistema proporcional os vereadores, deputados estaduais e federais. Pelo sistema majoritário são eleitos os senadores e chefes do Poder Executivo (Presidente da República, Governadores e Prefeitos).

Gabarito "A"

(Soldado da Polícia Militar/GO – 2010 – FUNCAB) Em relação às regras constitucionais que disciplinam o Poder Legislativo, é correto afirmar que:

(A) a Câmara dos Deputados é composta por representantes dos Estados, eleitos pelo sistema proporcional.
(B) cada Estado e Distrito Federal elegerão cinco Senadores, com mandato de oito anos.
(C) é da competência exclusiva do Congresso Nacional autorizar o Presidente e o Vice-Presidente a se ausentarem do País, quando a ausência exceder a quinze dias.
(D) compete privativamente à Câmara dos Deputados processar e julgar o Presidente da República nos crimes de responsabilidade.
(E) as Comissões Parlamentares de Inquérito não terão poderes de investigação próprios de autoridade judicial.

A: incorreta, pois a Câmara dos Deputados é composta de representantes do POVO, eleitos pelo sistema proporcional (art. 45, "caput", da CF); **B:** incorreta, pois o número de senadores eleitos é de 3 para um mandato de 8 anos (art. 46, § 1°, da CF); **C:** correta, nos termos do art. 49, III, da CF. Lembrando que competência exclusiva é aquela que, sob nenhuma hipótese, pode ser delegada; **D:** incorreta, pois esta atribuição compete ao SENADO FEDERAL (art. 52, I da CF); **E:** incorreta, pois as Comissões Parlamentares de Inquérito terão poderes de investigação próprios de autoridade judicial conforme dispõe o art. 58, § 3°, da CF.

Gabarito "C"

9.2. PROCESSO LEGISLATIVO

(Soldado da Polícia Militar/GO – 2010 – FUNCAB) Sobre o Processo Legislativo, assinale a alternativa que está de acordo com o texto Constitucional.

(A) Não será objeto de deliberação a proposta de emenda constitucional tendente a abolir a forma federativa de Estado.
(B) É admissível a deliberação de proposta de emenda constitucional que vise a extinguir o voto secreto e periódico.
(C) O Presidente da República não tem legitimação para enviar proposta de emenda constitucional ao Congresso Nacional.
(D) A Constituição só não poderá ser emendada na vigência de intervenção federal, podendo entretanto, ser emendada durante o estado de defesa ou estado de sítio.
(E) A matéria constante de proposta de emenda rejeitada poderá ser objeto de nova proposta na mesma sessão legislativa.

A: correta, de acordo com o que determina o art. 60, § 4º, I, da CF, trata-se de cláusula pétrea, não podendo ser objeto de supressão no ordenamento jurídico brasileiro; **B:** incorreta, pois a Constituição veda a deliberação de proposta que vise a abolir o voto secreto, periódico e universal (art. 60, § 4º, II, da CF), trata-se de cláusula pétrea, não podendo ser objeto de supressão no ordenamento jurídico brasileiro; **C:** incorreta, uma vez que o Presidente da República é um dos legitimados pela Constituição Federal (art. 60, II) a propor a emenda à Constituição; **D:** incorreta, pois a Constituição não poderá ser emendada tanto na vigência de intervenção federal como nos estados de sítio e defesa, nos termos do que determina o art. 60, § 1º, da CF; **E:** incorreta, pois a matéria constante de proposta de emenda rejeitada só poderá ser objeto de nova proposta na próxima sessão legislativa (art. 60, § 5º, da CF).

Gabarito "A"

(Cadete da Polícia Militar/GO – 2013 – UEG) O processo legislativo pode envolver diferentes procedimentos ou ritos. No procedimento legislativo ordinário, o projeto de lei

(A) emendado pela casa revisora será enviado para o arquivamento.
(B) rejeitado pela casa revisora será indicado à sanção.
(C) aprovado pela casa revisora será encaminhado para sanção.
(D) rejeitado pela casa revisora será devolvido à casa de origem.

A: incorreto, pois o projeto de lei emendado pela casa revisora será enviado à Casa iniciadora (art. 65, parágrafo único, da CF); **B:** incorreta, pois se for rejeitado pela casa revisora será arquivado (art. 65, "caput", da CF); **C:** correta, nos termos do art. 65, "caput", da CF; **D:** incorreta, pois se for rejeitado pela casa revisora será arquivado (art. 65, "caput", da CF).

Gabarito "C"

10. PODER EXECUTIVO

(Cadete da Polícia Militar/GO – 2010 – FUNCAB) Acerca do Poder Executivo, assinale a alternativa correta.

(A) Será considerado eleito Presidente da República o candidato que obtiver a maioria simples de votos, computados os em branco e os nulos.
(B) Nos crimes de responsabilidade, o Presidente da República será submetido a julgamento perante o Supremo Tribunal Federal.
(C) O Presidente da República, na vigência de seu mandato, pode ser responsabilizado por atos estranhos ao exercício de suas funções.
(D) Compete privativamente ao Presidente da República vetar projetos de lei, total ou parcialmente.
(E) A concessão de indulto e comutação de penas é atribuição indelegável do Presidente da República.

A: incorreta, pois será considerado eleito Presidente da República o candidato que obtiver a maioria ABSOLUTA de votos, não computados os em branco e os nulos, nos termos do art. 77, § 2º, da CF; **B:** incorreta, pois o Presidente da República será submetido a julgamento, nos crimes de responsabilidade, perante o Senado Federal (art. 86, "caput", da CF); será submetido a julgamento perante o Supremo Tribunal Federal nas infrações penais comuns; **C:** incorreta, pois de acordo com o art. 86, § 4º, da CF "O Presidente da República, na vigência de seu mandato, NÃO pode ser responsabilizado por atos estranhos ao exercício de suas funções", ou seja, evita que o Presidente seja processado no curso de seu mandato por atos estranhos ao exercício de suas funções; **D:** correta, nos exatos termos do art. 84, V, da CF; **E:** incorreta, pois a concessão de indulto, mesmo sendo competência privativa do Presidente da República (art. 84, XII, da CF), poderá ser delegada aos seus Ministros de Estado, ao Procurador-Geral da República ou ao Advogado-Geral da União, nos termos do art. 84, parágrafo único.

Gabarito "D"

11. PODER JUDICIÁRIO

(Sargento da Polícia Militar/ES – 2011 – IDECAN) Com relação à Justiça Militar é INCORRETO afirmar que:

(A) A lei estadual poderá criar, mediante proposta do Tribunal de Justiça, a Justiça Militar estadual.
(B) A Justiça Militar estadual será constituída, em primeiro grau, pelos juízes de direito e pelos Conselhos de Justiça.
(C) A Justiça Militar estadual será constituída, em segundo grau, pelo Ministério Público Militar, nos Estados em que o efetivo militar seja superior a dez mil integrantes.
(D) Compete aos juízes de direito do juízo militar processar e julgar, singularmente, os crimes militares cometidos contra civis e as ações judiciais contra atos disciplinares militares.
(E) Sempre que necessário à eficiente prestação jurisdicional, o juiz far-se-á presente no local de litígio.

A: correta, de acordo com o texto do art. 125, § 3º, da CF; **B:** correta, pois em primeiro grau a Justiça Militar estadual é constituída pelos juízes de direito e pelos Conselhos de Justiça (especial e permanente) de acordo com o texto do art. 125, § 3º, primeira parte, da CF; **C:** incorreta, devendo esta alternativa ser assinalada, pois o Ministério Público não faz parte do Poder Judiciário (art. 92 da CF), sendo instituição permanente, essencial à função jurisdicional do Estado, nos termos do art. 127 da CF. A Justiça Militar estadual é constituída, em segundo grau, pelo próprio Tribunal de Justiça, ou por Tribunal de Justiça Militar nos Estados em que o efetivo militar seja superior a vinte mil integrantes (art. 125, § 3º, segunda parte, da CF); **D:** correta, nos termos do art. 125, § 5º, da CF; **E:** correta, nos exatos termos do art. 126, parágrafo único, da CF.

Gabarito "C"

12. CONSELHOS NACIONAIS DE JUSTIÇA E DO MINISTÉRIO PÚBLICO

(Oficial Policial Militar de Administração/DF – 2010 – CESPE) No que se refere ao Poder Judiciário e ao MP, julgue os itens a seguir.

(1) O Conselho Nacional de Justiça é um órgão do Poder Judiciário e tem jurisdição em todo o território nacional.

(2) Aos juízes e membros do MP é vedado exercer a advocacia no juízo ou tribunal do qual se afastou, antes de decorridos três anos do afastamento do cargo por aposentadoria ou exoneração.

(3) Uma das funções do MP é a de exercer o controle externo da atividade policial.

1: errada. O CNJ é órgão do Poder Judiciário, mas não exerce jurisdição, ou seja, não profere sentenças e acórdãos judiciais como os outros tribunais, tendo um caráter administrativo. Sendo que os órgãos do Poder Judiciário que têm jurisdição em todo território nacional são o STF, o STJ, o CNJ e Tribunais Superiores (art. 92, § 2º, da CF); **2:** certa, esta medida conhecida como "quarentena" foi trazida pela EC 45/2004 e evita que juízes e desembargadores possam usar de influência de anos de trabalho para advogar logo em seguida nos tribunais de onde se aposentaram; **3:** certa, o exercício do controle externo da atividade policial pelo Ministério Público é função prevista no inciso VII do art. 129 da CF.

Gabarito 1E, 2C, 3C

13. FUNÇÕES ESSENCIAIS À JUSTIÇA

(Oficial da Polícia Militar/BA – 2012 – CONSULTEC) O Ministério Público é instituição permanente, essencial à função jurisdicional do Estado, incumbindo-lhe a defesa da ordem jurídica, do regime democrático e dos interesses sociais e individuais indisponíveis. Ao Ministério Público é assegurada autonomia funcional e administrativa, podendo, observado o disposto no art. 169 da Constituição Federal, propor ao Poder Legislativo a criação e a extinção de seus cargos e serviços auxiliares, provendo-os por concurso público de provas ou de provas e títulos, a política remuneratória e os planos de carreira; a lei disporá sobre sua organização e funcionamento.

Sobre o Ministério Público e seus atributos, é correto afirmar:

(A) Os Ministérios Públicos dos Estados e o do Distrito Federal e Territórios formarão lista tríplice dentre integrantes da carreira, na forma da lei respectiva, para escolha de seu Procurador-Geral, que será nomeado pelo Chefe do Poder Legislativo, para mandato de quatro anos, permitida uma recondução.

(B) O Ministério Público da União tem por chefe o Procurador-Geral da República, nomeado pelo Presidente da República dentre integrantes da carreira, maiores de quarenta e cinco anos, após a aprovação de seu nome pela maioria absoluta dos membros da Câmara Federal, para mandato de dois anos, permitida a recondução.

(C) As Leis complementares da União e dos Estados, cuja iniciativa é facultada aos respectivos Deputados Federais e Estaduais, estabelecerão a organização, as atribuições e o estatuto de cada Ministério Público, observadas, relativamente a seus membros.

(D) Os Procuradores-Gerais, nos Estados e no Distrito Federal e Territórios, poderão ser destituídos por deliberação da maioria absoluta do Poder Legislativo, na forma da lei complementar respectiva.

(E) A destituição do Procurador-Geral da República, por iniciativa do Presidente da Câmara Federal, deverá ser precedida de autorização da maioria absoluta do Senado Federal.

A: incorreta, existem dois erros na afirmativa. O primeiro é que a nomeação do Procurador-Geral se dá pelo chefe do Poder Executivo (Governadores no caso dos Estados e o Presidente da República no caso do Ministério Público do Distrito Federal e Territórios – MPDFT) e não pelo chefe do Poder Legislativo. O segundo erro está no prazo do mandato que é de dois anos e não de quatro anos, permitida uma recondução. Tudo como determinado no art. 128, § 3º, da CF; **B:** incorreta, pois a idade mínima para a nomeação é de 35 anos e aprovação se dá pela maioria absoluta do SENADO FEDERAL (art. 128, § 1º, da CF); **C:** incorreta, uma vez que a iniciativa destas leis é facultada ao respectivo Procurador-Geral e não aos deputados (art. 128, § 5º, da CF), **D:** correta, conforme a redação do art. 128, § 4º, da CF; **E:** incorreta, pois a destituição do Procurador-Geral da República se dá por iniciativa do Presidente da República (art. 128, § 2º, da CF).

Gabarito "D"

14. DEFESA DO ESTADO

(Cadete da Polícia Militar/GO – 2013 – UEG) A Constituição Federal dispõe, no artigo 144, que a segurança pública é dever do Estado, direito e responsabilidade de todos, sendo exercida para a preservação da ordem, a incolumidade das pessoas e do patrimônio, atribuindo a seguinte competência:

(A) cabe à polícia militar apurar as infrações penais em detrimento de bens, serviços e interesses da União.

(B) cabe à polícia civil a função de polícia judiciária e a apuração de infrações penais, exceto as militares.

(C) cabe à polícia militar exercer as funções de polícia judiciária, atuando junto à União e aos estados.

(D) cabe à polícia federal apurar infrações penais militares e as que ocorrem em detrimento dos bens da União.

A: incorreta, pois às polícias militares cabem a polícia ostensiva e a preservação da ordem pública (art. 144, § 5º, da CF), **B:** correta, nos termos do art. 144, § 4º, da CF; **C:** incorreta, às polícias militares cabem a polícia ostensiva e a preservação da ordem pública (art. 144, § 5º, da CF) enquanto que a função de polícia judiciária da União e dos Estados cabe às Polícias Federal e dos Estados, respectivamente; **D:** incorreta, pois cabe à Polícia Federal, nos termos do art. 144, § 1º, I, da CF apurar infrações penais contra a ordem política e social ou em detrimento de bens, serviços e interesses da União ou de suas entidades autárquicas e empresas públicas, assim como outras infrações cuja prática tenha repercussão interestadual ou internacional e exija repressão uniforme, segundo se dispuser em lei, não se inserindo entre suas atribuições apurar as infrações penais militares.

Gabarito "B"

(Oficial da Polícia Militar/BA – 2012 – CONSULTEC) A segurança pública, dever do Estado, direito e responsabilidade de todos, é exercida para a preservação da ordem pública e da incolumidade das pessoas e do patrimônio, através dos seguintes órgãos: polícia federal, polícia rodoviária federal, polícia ferroviária federal, polícias civis, polícias militares e corpos de bombeiros militares.

Em relação aos militares, é correto afirmar:

(A) O militar da ativa que, de acordo com a lei, tomar posse em cargo, emprego ou função pública civil temporária, não eletiva, ainda que da administração indireta, não ficará agregado ao respectivo quadro e somente poderá, enquanto permanecer nessa situação, ser promovido por antiguidade, contando-lhe o tempo de serviço apenas para aquela promoção e transferência para a reserva, sendo depois de 90 dias de afastamento, contínuos ou não, transferido para a reserva, nos termos da lei.

(B) Às polícias civis, dirigidas por delegados de polícia de carreira, incumbem, ressalvada a competência da União, as funções de polícia judiciária e a apuração de infrações penais, exceto as militares.

(C) O oficial condenado na justiça, comum ou militar, à pena privativa de liberdade superior a três anos, por sentença transitada em julgado, será submetido ao julgamento do tribunal militar de caráter permanente.

(D) A polícia ferroviária estadual, órgão permanente, organizado e mantido pelo Estado e estruturado em carreira, destina-se, na forma da lei, ao patrulhamento ostensivo das ferrovias estaduais.

(E) Caberá *habeas corpus* em relação a punições disciplinares militares.

A: incorreta, na questão há dois erros. Primeiro, o correto é que o militar FICARÁ agregado ao respectivo quadro e segundo, que a transferência para reserva se dará após DOIS ANOS de afastamento, contínuos ou não, nos termos do art. 142, § 3º, III, da CF; **B:** correta, nos exatos termos do art. 144, § 4º, da CF; **C:** incorreta, pois a pena deve ser superior a DOIS anos e não três anos. Há que se lembrar, também, que pode ser julgado por tribunal permanente em tempo de paz ou tribunal especial em tempo de guerra (art. 142, § 3º, VI e VII, da CF); **D:** incorreta, pois a Constituição Federal prevê a Polícia Ferroviária FEDERAL e não estadual, e consequentemente fala de ferrovias FEDERAIS (art. 144, § 3º, da CF); **E:** incorreta, pois conforme art. 142, § 2º, da CF não é cabível o *habeas corpus* em relação a punições disciplinares militares. Este último item deve ser estudado com atenção, pois a doutrina e a jurisprudência têm entendido que não cabe *habeas corpus* contra punições disciplinares militares no que diz respeito ao mérito das punições disciplinares, contudo, caberá *habeas corpus* no que tange à legalidade do ato atacado. O STF já se pronunciou sobre o tema no RE 338840 "**Não há que se falar em violação ao art. 142, § 2º, da CF, se a concessão de** habeas corpus, **impetrado contra punição disciplinar militar, volta-se tão somente para os pressupostos de sua legalidade, excluindo a apreciação de questões referentes ao mérito**".

Gabarito "B".

(Sargento da Polícia Militar/ES – 2011 – IDECAN) Analise as afirmativas e marque **V** para as verdadeiras e **F** para as falsas:

( ) As Forças Armadas, constituídas pela Marinha, pelo Exército e pela Aeronáutica, são instituições nacionais permanentes e regulares, organizadas com base na hierarquia e na disciplina, sob a autoridade suprema do Presidente da República, e destinam-se à defesa da Pátria, à garantia dos poderes constitucionais e, por iniciativa de qualquer destes, da lei e da ordem.

( ) O militar em atividade que tomar posse em cargo ou emprego público civil permanente será transferido para a reserva, nos termos da lei.

( ) O militar da ativa que, de acordo com a lei, tomar posse em cargo, emprego ou função pública civil temporária, não eletiva, ainda que da administração indireta, ficará agregado ao respectivo quadro e somente poderá, enquanto permanecer nessa situação, ser promovido por antiguidade, contando-se-lhe o tempo de serviço apenas para aquela promoção e transferência para a reserva, sendo depois de dois anos de afastamento, contínuos ou não, transferido para a reserva, nos termos da lei.

( ) O militar poderá estar filiado a partidos políticos, mesmo enquanto em serviço ativo.

A sequência está correta em:

(A) V, V, F, F
(B) F, F, V, V
(C) V, F, V, F
(D) V, V, V, F
(E) V, V, V, V

I: correta, nos termos do art. 142, "caput", da CF; II: correta, nos termos do art. 142, II, da CF; III: correta, nos termos do art. 142, III, da CF; IV: incorreta, pois a Constituição Federal veda a filiação partidária de militares em serviço ativo, nos termos do art. 142, V, da CF.

Gabarito "D".

(Sargento da Polícia Militar/ES – 2011 – IDECAN) De acordo com a Constituição Federal é INCORRETO afirmar que:

(A) Aos corpos de bombeiros militares, incumbe apenas a execução de atividades de defesa civil.

(B) A Segurança Pública é exercida através dos seguintes órgãos: polícia federal, polícia rodoviária federal, polícia ferroviária federal, polícias civis, polícias militares e corpos de bombeiros militares.

(C) Às polícias militares cabem a polícia ostensiva e a preservação da ordem pública.

(D) As polícias militares estão subordinadas aos Governadores dos Estados, do Distrito Federal e dos Territórios.

(E) A polícia ferroviária federal é órgão permanente, organizado e mantido pela União.

A: incorreta, devendo esta alternativa ser assinalada, pois aos corpos de bombeiros militares, além da execução de atividades de defesa civil, cabem a estes as atribuições definidas em lei (art. 144, § 5º, da CF); **B:** correta, nos termos do art. 144, incisos I a V, da CF;

C: correta, de acordo com o disposto no art. 144, § 5º, da CF; **D:** correta, de acordo com art. 144, § 6º, da CF; **E:** correta, de acordo com o art. 144, § 3º, da CF.

Gabarito "A"

(Soldado da Polícia Militar/GO – 2010 – FUNCAB) Em hipóteses excepcionalmente previstas na Constituição da República, poderão ser decretados no País o estado de sítio e o estado de defesa. A respeito de tais institutos, marque a alternativa correta.

(A) O decreto que instituir o estado de defesa não poderá restringir os direitos de sigilo de correspondência.
(B) O estado de defesa poderá ser decretado por tempo indeterminado e poderá abranger áreas indeterminadas.
(C) No caso de ocorrência de fatos que comprovem a ineficácia de medida tomada durante o estado de defesa, poderá ser decretado o estado de sítio.
(D) Na vigência do estado de defesa, é permitida a incomunicabilidade do preso.
(E) A declaração do estado de guerra não autoriza a decretação do estado de sítio.

A: incorreta, pois a instituição do estado de defesa autoriza restrições ao sigilo de correspondência (art. 136, §1º, I, "b", da CF); **B:** incorreta, pois a Constituição Federal determina que o decreto que institua o estado de defesa deverá determinar o tempo de sua duração e as áreas a serem abrangidas (art. 136, § 1º, da CF); **C:** correta, pois se comprovado que as medidas tomadas sob estado de defesa foram ineficazes poderá ser decretado o estado de sítio (art. 137, I, da CF); **D:** incorreta, de acordo com o art. 136, § 3º, IV, da CF, é vedada a incomunicabilidade do preso; **E:** incorreta, pois o estado de sítio poderá ser declarado em estado de guerra, de acordo com o art. 137, II, da CF.

Gabarito "C"

15. TEMAS COMBINADOS DE DIREITO CONSTITUCIONAL

(Soldado da Polícia Militar/GO – 2013 – UEG) Considerados como princípios fundamentais os politicamente conformadores do Estado, dentre esses encontram-se na Constituição da República Federativa do Brasil aqueles referentes

(A) à liberdade, à igualdade e à fraternidade.
(B) à propriedade privada, à isonomia e à legalidade.
(C) à separação de poderes, à legalidade e à igualdade.
(D) à federação, à república e ao estado democrático de direito.

O Título I da Constituição Federal tem a ementa "Dos Princípios Fundamentais" englobando os quatro primeiro artigos da CF. Sempre que a questão falar sobre Princípios Fundamentais estará falando sobre o que consta nestes dispositivos. As assertivas "A", "B" e "C" estão ostensivamente falando sobre itens consagrados no Título II da CF (Direitos e Garantias Fundamentais), apesar de em alguns itens (liberdade e separação de poderes) haver sobreposição nos assuntos. Já a assertiva "D" traz temas que estão todos elencados no *caput* do art. 1º da CF: "A **República Federativa** do Brasil, formada pela união indissolúvel dos Estados e Municípios e do Distrito Federal, constitui-se em **Estado Democrático de Direito** e tem como fundamentos".

Gabarito "D"

(Soldado da Polícia Militar/GO – 2013 – UEG) Os direitos fundamentais, embora sistematizados nos artigos 5º a 17 da Constituição Federal, não se restringem aos previstos a esses artigos. Há diversos direitos fundamentais espalhados ao longo do texto constitucional, dentre os quais estão os direitos coletivos e os direitos individuais. Dentre os direitos individuais encontra-se o direito à vida, como

(A) valor intrínseco em si, que se determina pelas condições de existência natural e física.
(B) direito individual referente à vida humana, compreendido pelas condições naturais e de dignidade.
(C) direito individual fundamental, abrangendo toda e qualquer forma de existência.
(D) valor intrínseco em si, abrangente de todas as formas de vida e de existência, inclusive a humana.

O Direito à Vida é um Direito Determinável quanto ao seu objeto (logo não é difuso) e Divisível quanto à sua fruição (logo não é coletivo). Só pode ser, portanto, um direito individual. Não é extensível aos animais que são objeto de proteção do direito e não titulares de direito: logo só pode se falar em direito à vida referente à vida humana (os animais têm sua vida protegida pelo direito mas eles não são os titulares desse direito, estando sua proteção contida na proteção ao meio ambiente). No direito moderno a vida transcende o mero direito à existência física (caracterizado, apenas, como uma vedação aos atos exteriores que podem causar a morte – ou seja, implementado, apenas, por condutas negativas) e alcançou um *status* de direito à vida com dignidade (modificando a feição do direito e impondo aos obrigados a tutelar tal direito posturas positivas no sentido de promover ações destinadas a propiciar o acesso às necessidades básicas do ser humano ao mesmo tempo que amplia o conteúdo das posturas negativas vedando não só as que promovam o extermínio da vida, mas também as que caracterizem qualquer tratamento indigno, tendo como melhor exemplo a vedação à tortura).

Gabarito "B"

(Soldado da Polícia Militar/GO – 2013 – UEG) O processo legislativo pode envolver diferentes procedimentos ou ritos. No procedimento legislativo ordinário, o projeto de lei

(A) emendado pela casa revisora será enviado para o arquivamento.
(B) rejeitado pela casa revisora será indicado à sanção.
(C) aprovado pela casa revisora será encaminhado para sanção.
(D) rejeitado pela casa revisora será devolvido à casa de origem.

APROVADO o Projeto de Lei na Casa Iniciadora, ele segue para a Casa Revisora. Na Casa Revisora o Projeto pode ser REPROVADO (vai para o arquivo), APROVADO sem emendas OU podem ser apresentadas emendas ao Projeto de Lei. Emendas são proposições apresentadas com exclusividade por deputados ou senadores como acessórias de uma proposição principal. As emendas podem ser: aditivas, supressivas, aglutinativas, modificativas, substitutivas e de redação. Se ele for APROVADO sem emendas ele segue para SANÇÃO OU VETO do Presidente da República, mas se tiver Emenda ele volta para a Casa Iniciadora para apreciação das emendas (art. 65, parágrafo único, da CF) – Para o STF SÓ RETORNA SE FOR ALTERAÇÃO SUBSTANCIAL. É vedada a apresentação de subemendas e as emendas são apreciadas em bloco (exceto se houver pareceres divergentes das comissões que estão apreciando as emendas ou se houver pedido de destaque). SE AS EMENDAS FOREM REJEITADAS, VAI O PROJETO DE LEI ORIGINAL PARA SANÇÃO OU VETO DO PRESIDENTE.

Gabarito "C"

(Soldado da Polícia Militar/GO – 2013 – UEG) A Constituição Federal dá ampla proteção ao meio ambiente e trata do tema em vários capítulos. Assim, enquanto direito fundamental, comporta modalidades cuja proteção abrange o meio ambiente

(A) cultural, em que se protege o patrimônio histórico, artístico e arqueológico.
(B) do trabalho, baseado na salubridade no trabalho, contrapondo-se ao ambiente artificial.
(C) artificial, que compreende o espaço urbano, as florestas adjacentes e o patrimônio arqueológico.
(D) natural, que é o ambiente físico em que se protegem a fauna e as manifestações culturais relativas a ela.

Apesar de conceito unitário, a doutrina costuma analisar o meio ambiente subdividindo-o em quatro aspectos específicos: 1) Meio ambiente natural ou físico: conjunto de condições, leis, influências e interações de ordem física, química e biológica, que permite, abriga e rege a vida em todas as sua formas; 2) Meio ambiente cultural: integrado pelo patrimônio histórico, artístico, arqueológico, paisagístico e turístico; 3) Meio ambiente artificial ou humano: é aquele originado a partir da agência da indústria humana, identificado principalmente a partir do referencial arquitetônico-urbanístico; e, 4) Meio ambiente do trabalho: se destaca do meio ambiente artificial ganhando autonomia a partir das especificidades surgidas da interação surgida no ambiente do trabalho. A única assertiva que delimita uma das abordagens, sem macular com exemplo das demais é a assertiva "A".

Gabarito "A".

(Soldado da Polícia Militar/GO – 2013 – UEG) A Constituição Federal dispõe, no artigo 144, que a segurança pública é dever do Estado, direito e responsabilidade de todos, sendo exercida para a preservação da ordem, a incolumidade das pessoas e do patrimônio, atribuindo a seguinte competência:

(A) cabe à polícia militar apurar as infrações penais em detrimento de bens, serviços e interesses da União.
(B) cabe à polícia civil a função de polícia judiciária e a apuração de infrações penais, exceto as militares.
(C) cabe à polícia militar exercer as funções de polícia judiciária, atuando junto à União e aos estados.
(D) cabe à polícia federal apurar infrações penais militares e as que ocorrem em detrimento dos bens da União.

Trata-se de dicção literal dos parágrafos do art. 144 da CF, senão vejamos:

Art. 144. A segurança pública, dever do Estado, direito e responsabilidade de todos, é exercida para a preservação da ordem pública e da incolumidade das pessoas e do patrimônio, através dos seguintes órgãos: I – polícia federal; II – polícia rodoviária federal; III – polícia ferroviária federal; IV – polícias civis; V – polícias militares e corpos de bombeiros militares.

§ 1º **A polícia federal**, instituída por lei como órgão permanente, organizado e mantido pela União e estruturado em carreira, destina-se a: I – **apurar infrações penais** contra a ordem política e social ou **em detrimento de bens, serviços e interesses da União** ou de suas entidades autárquicas e empresas públicas, assim como outras infrações cuja prática tenha repercussão interestadual ou internacional e exija repressão uniforme, segundo se dispuser em lei; II – prevenir e reprimir o tráfico ilícito de entorpecentes e drogas afins, o contrabando e o descaminho, sem prejuízo da ação fazendária e de outros órgãos públicos nas respectivas áreas de competência; III – exercer as funções de polícia marítima, aeroportuária e de fronteiras; IV – exercer, com exclusividade, as funções de polícia judiciária da União.

[...]

§ 4º **às polícias civis**, dirigidas por delegados de polícia de carreira, incumbem, ressalvada a competência da União, as **funções de polícia judiciária e a apuração de infrações penais, <u>exceto as militares</u>**.

§ 5º **às polícias militares** cabem a **polícia ostensiva e a preservação da ordem pública**; aos corpos de bombeiros militares, além das atribuições definidas em lei, incumbe a execução de atividades de defesa civil.

Gabarito "B".

(Soldado da Polícia Militar/GO – 2013 – UEG) O órgão do Poder Legislativo da União é o Congresso Nacional, composto pela Câmara dos Deputados e pelo Senado Federal. De acordo com a Constituição Federal, a Câmara dos Deputados compõe-se pelos representantes do povo, eleitos

(A) diretamente pelo sistema proporcional, nos Estados, Distritos e Territórios.
(B) diretamente, seguindo o sistema majoritário, nos Estados, Distritos e Territórios.
(C) indiretamente pelo sistema universal, nos Estados, Distritos e Territórios.
(D) indiretamente pelo sistema de quociente partidário, nos Estados, Distritos e Territórios.

A regra no Brasil hoje é que todas as eleições sejam através do voto direto (a única exceção é a hipótese de vacância do Presidente e do Vice nos dois últimos anos do Mandato: se o Presidente e o Vice deixam os cargos vagos nos primeiros dois anos haverá novas eleições diretas no prazo de 90 dias; se o Presidente e o Vice deixam os cargo nos dois últimos anos haverão eleições indiretas no Congresso Nacional no prazo de 30 dias – em ambos os casos trata-se do "mandato tampão"). Existem dois Sistemas Eleitorais vigentes hoje no Brasil:

Sistema Majoritário: com maioria absoluta – para ser eleito é necessário ter mais da metade dos votos válidos (Presidente, Governadores e Prefeitos nos Municípios com mais de 200 mil eleitores); com maioria simples – para ser eleito basta ter mais votos que os demais candidatos (Senadores e Prefeitos nos Municípios com menos de 200 mil eleitores).

Sistema Proporcional: não importa apenas a quantidade de votos no candidato, mas também na coligação partidária da qual faz parte (todos os membros do Legislativo, exceto os Senadores, nos termos do que dispõe o art. 45 da CF).

Gabarito "A".

(Oficial da Polícia Militar/MG – 2011 – FUMARC) Há um rol limitado de legitimados para propositura de determinadas ações constitucionais. São legitimados para propor ação direta de inconstitucionalidade e ação declaratória de constitucionalidade, marque a alternativa **correta**.

(A) O Presidente, os Governadores e os Presidentes de Oscip's.
(B) O Conselho Federal da OAB, o Ministério Público Estadual e a Mesa das Câmaras Municipais.
(C) Partidos Políticos, Sindicatos e Governadores.
(D) O Presidente, os Governadores e a Mesa do Senado Federal.

A partir da EC 45/2004, os legitimados para ação direta de inconstitucionalidade – ADI – e ação declaratória de constitucionalidade – ADECON – passaram a ser os mesmos, senão vejamos (resposta da questão no trecho grifado):

Art. 103. Podem propor a ação direta de inconstitucionalidade e a ação declaratória de constitucionalidade: [Redação dada pela Emenda Constitucional nº 45, de 2004]

I – o Presidente da República;

II – a Mesa do Senado Federal;

III – a Mesa da Câmara dos Deputados;

IV – a Mesa de Assembleia Legislativa ou da Câmara Legislativa do Distrito Federal; [Redação dada pela Emenda Constitucional nº 45, de 2004]

V – o Governador de Estado ou do Distrito Federal; [Redação dada pela Emenda Constitucional nº 45, de 2004]

VI – o Procurador-Geral da República;

VII – o Conselho Federal da Ordem dos Advogados do Brasil;

VIII – partido político com representação no Congresso Nacional;

IX – confederação sindical ou entidade de classe de âmbito nacional.

Gabarito "D".

O texto abaixo diz respeito às próximas duas questões, leia-o, atentamente:

"Dizer que a Segurança Pública é um dever do Estado determina uma interpretação ampliada do artigo 144 da Constituição Federal, porque distribui a responsabilidade por inúmeros órgãos. A própria noção de Segurança Pública precisa ser realmente compreendida, porque retrata diversas circunstâncias em que a incolumidade física e patrimonial de pessoas é colocada em xeque, ou seja, para além de uma tipologia penal. Contudo, o maior desafio é a conceituação da preservação da ordem pública como referencial, já que o universo a que estamos envolvidos tange a salubridade, a segurança e a tranquilidade pública, o que amplia o contexto para além da capacidade das instituições de Segurança Pública. A capacidade jurídica de cada órgão, limitada pela lei, não se impõe sobre um princípio de primazia da prevenção, nem a distribuição de responsabilidades para toda a sociedade. Assim como o Poder de Polícia não é o Poder da Polícia, Polícia não faz apenas com a Polícia!"

(Jorge Tassi)

(Oficial da Polícia Militar/MG – 2011 – FUMARC) Sobre a afirmação acima, assinale a alternativa que **melhor** avalia o pensamento destacado:

(A) O constituinte resolveu trabalhar o conceito de Segurança Pública de maneira ampla, por isso criou um rol de órgãos públicos responsáveis e distribuiu as competências de cada um, atingindo todos os campos envolvidos por meio das Polícias.

(B) Os ditames constitucionais tornam a segurança pública um direito fundamental e designam competências para determinados órgãos, mas não excluem jamais a possibilidade de integração e da cumulação de objetos no campo da prevenção. A prevenção da violência é uma responsabilidade socialmente repartida, de maneira que o cidadão deve exercer seu papel, assim como a escola ou os hospitais. Cada um pode contribuir para o processo.

(C) A Segurança Pública assumiu um caráter de direito fundamental, pois envolveu uma gama de direitos individuais e coletivos que precisam ser protegidos não apenas por órgãos policiais, mas também por outras instituições, como o Ministério Público e o Poder Judiciário. Dizer que o Estado possui o Monopólio da Força impede, contudo, o cidadão de ser parte atuante, ou seja, apenas o Estado pode exercer atividades de controle social para a prevenção da ordem pública.

(D) No sistema de Segurança Pública, a competência é reduzida por ser vinculada. Os órgãos que fazem polícia preventiva não podem fazer polícia judiciária e vice-versa. Contudo, o cidadão é responsável pelos seus atos e, segundo a lei, pode comunicar às autoridades. Em Segurança Pública, apenas os órgãos delimitados pela lei são responsáveis pelo combate ao crime e à violência.

A questão tem que ser resolvida pela detecção dos erros nas assertivas incorretas. Indo por eliminação, a questão "A" fala que a Constituição elencou de forma exauriente todas as possibilidades de atuação dos órgãos policiais e isso é intuitivamente impossível uma vez que os assuntos relativos à atuação da Polícia estão constantemente em evolução. Uma dica para o aluno: umas das formas mais corriqueiras de se redigir uma assertiva errada é colocar a questão em termos absolutos, reconhecíveis pelo uso de expressões como "sempre", "nunca", ou então com redação que dá a entender que uma possibilidade de incidência da norma sobre um fato foram todas antevistas na lei (algo impossível). Já a assertiva "C" fala que ao cidadão está vedado o uso eventual da força, o que não é verdadeiro, vide a possibilidade do flagrante facultativo ou da legítima defesa. Por fim, a assertiva "D" está errada por duas razões: ela novamente repele a atuação eventual do cidadão no combate ao crime (que, como vimos, pode atuar excepcionalmente), e também divide os órgãos de segurança pública de forma sectária, excluindo a possibilidade de apuração de infrações aos órgãos de prevenção e excluindo da prevenção os órgãos de apuração e sabemos que ao menos a Polícia Federal possui ambas as atribuições (Polícia Judiciária nos crimes contra a União e Polícia Preventiva na atuação como Polícia Marítima).

Gabarito "B".

(Bombeiro Militar/PB – 2011 – FURNE) Acerca dos direitos e garantias fundamentais, assinale a alternativa **INCORRETA**:

(A) Os direitos fundamentais têm como destinatários os brasileiros e os estrangeiros residentes, excluindo-se os estrangeiros em trânsito, que se regem apenas pelas regras de direito internacional.

(B) Enquanto os direitos fundamentais são disposições declaratórias ou enunciativas dos direitos, as garantias fundamentais são disposições assecuratórias que, em defesa dos direitos, limitam o poder.

(C) Os direitos fundamentais de primeira geração compreendem as liberdades clássicas ou negativas, tais como o direito à vida e à liberdade de locomoção. Já os direitos de segunda geração se identificam com os direitos econômicos, sociais e culturais, demandando, em regra, prestação estatal. Por último, os direitos de terceira geração dizem com aqueles de titularidade coletiva, de que é exemplo o direito ao meio ambiente sadio.

(D) Podem ser titulares de direitos fundamentais tanto as pessoas físicas quanto as pessoas jurídicas, estando expresso na Constituição Federal de 1988 o reconhecimento de alguns direitos fundamentais fruíveis por pessoas jurídicas.

(E) Os direitos fundamentais expressos na Constituição Federal não excluem outros decorrentes do regime e dos princípios por ela adotados.

Segundo o art. 5º, "caput", da CF **os brasileiros** e os **estrangeiros residentes no país** seriam os únicos titulares dos direitos fundamentais. Pela literalidade da lei, a Constituição Federal esqueceu do estrangeiro turista – **estrangeiro em trânsito** – no entanto, apesar a lacuna, eles são, sim, titulares de direitos fundamentais, de acordo com o STF (albergando o Princípio da Universalidade – todos os que estão no território brasileiro titularizam Direitos Fundamentais. Ex.: turista estrangeiro pode impetrar HC). Esta lacuna é uma falha redacional que remonta à Constituição de 1891.

Gabarito "A".

(Bombeiro Militar/PB – 2011 – FURNE) Assinale a alternativa correta:

(A) O direito à vida, por ser pressuposto de todos os demais direitos, é absoluto, não admitindo restrições.

(B) Diante do princípio da legalidade, ninguém poderá ser forçado a fazer ou deixar de fazer alguma coisa, senão em virtude de lei.

(C) O princípio da igualdade, ao dispor que todos são iguais perante a lei, impede que as normas jurídicas concedam tratamento diferenciado a categorias diversas de sujeitos.

(D) Por força do princípio da anterioridade penal, uma norma que deixe de considerar crime determinado comportamento, não pode retroagir e alcançar sujeitos que tenham praticado aquele fato antes considerado criminoso.

(E) O mandado de segurança é o remédio jurídico adequado para a proteção do direito de liberdade de ir e vir.

A assertiva "B" traz o conceito do inciso II do art. 5º da CF. A assertiva "A" está incorreta uma vez que a própria Constituição Federal autoriza a pena de morte excepcionalmente quando no próprio art. 5º aduz:" XLVII – não haverá penas: *a)* de morte, salvo em caso de guerra declarada, nos termos do art. 84, XIX". A alternativa "C" traduz o conteúdo da igualdade formal (isonomia pura e simples), mas se esquece do conteúdo da igualdade material (tratar desigualmente os desiguais na medida de suas desigualdades). Por fim a alternativa "D" traz a hipótese de cabimento do *habeas corpus* e não do mandado de segurança (sempre subsidiário ao *habeas corpus* e ao *habeas data*).

Gabarito "B".

(Bombeiro Militar/PB – 2011 – FURNE) Assinale a alternativa **INCORRETA**:

(A) As associações só poderão ser compulsoriamente dissolvidas ou ter suas atividades suspensas por decisão judicial, exigindo-se, no primeiro caso, o trânsito em julgado.

(B) A casa é asilo inviolável do indivíduo, ninguém nela podendo penetrar sem consentimento do morador, salvo em caso de flagrante delito ou desastre, ou para prestar socorro, ou, durante o dia, por determinação judicial;

(C) O exercício legítimo do direito de reunião em locais abertos ao público depende de prévia autorização da autoridade pública competente em matéria de segurança pública.

(D) O civilmente identificado não será submetido à identificação criminal, salvo nas hipóteses previstas em lei.

(E) A criação de associações independem de autorização do Estado, sendo vedada a interferência estatal no seu funcionamento.

As assertivas "A", "B", "D" e "E" correspondem, respectivamente, aos termos dos incisos XIX, XI, LVIII e XVIII do art. 5º da CF. A assertiva "C" está errada porque para o exercício do direito de reunião basta o aviso prévio à autoridade competente, sendo desnecessária a autorização desta, conforme determina o art. 5º, inc. XVI, da CF.

Gabarito "C".

(Bombeiro Militar/PB – 2011 – FURNE) A Constituição autoriza as seguintes formas de prisão:

(A) Por determinação do Ministro da Justiça, em caso de condutas criminosas atentatórias à honra, vida ou intimidade do Presidente da República.

(B) Em flagrante delito, por mandado de prisão assinado por autoridade judiciária ou, ainda, por ordem escrita da autoridade policial.

(C) Em flagrante delito, por mandado de prisão assinado por autoridade judiciária competente, e por ordem de qualquer policial, em caso de necessidade de averiguação.

(D) Por determinação escrita e fundamentada de qualquer pessoa.

(E) Em flagrante delito ou por mandado de prisão assinado por autoridade judiciária competente devidamente fundamentado.

Segundo o art. 5º, inc. LXI, da CF, "ninguém será preso senão em **flagrante delito** ou **por ordem escrita e fundamentada de autoridade judiciária competente**, salvo nos casos de transgressão militar ou crime propriamente militar, definidos em lei". No grifo temos as regras e no sublinhado temos as exceções. A autoridade responsável por determinar a prisão nas hipóteses de exceção é o oficial da carreira militar.

Gabarito "E".

(Bombeiro Militar/PB – 2011 – FURNE) Nos termos da Constituição Federal de 1988, é inviolável o sigilo das comunicações telefônicas, salvo se determinada sua quebra por

(A) ordem judicial, para fins de investigação criminal ou civil.

(B) ordem da autoridade policial, para fins de investigação criminal ou civil.

(C) ordem judicial, para fins de investigação criminal ou instrução processual penal.

(D) autorização do Ministério Público, para instruir de inquérito civil público ou ação penal pública.

(E) ordem policial, para fins de investigação criminal ou instrução processual penal.

Nos termos do art. 5º, inc. XII, da CF "é inviolável o sigilo da correspondência e das comunicações telegráficas, de dados e das comunicações telefônicas, salvo, no último caso, **por ordem judicial**, nas hipóteses e na forma **que a lei estabelecer** para fins **de investigação criminal ou instrução processual penal**". Quando a Constituição Federal diz "salvo, no último caso" ela se refere ao sigilo de dados e das comunicações telefônicas e não apenas das comunicações telefônicas (repare que a Constituição Federal redigiu dois blocos de formas de comunicação: 1º Bloco – da correspondência **e** das comunicações telegráficas; 2º Bloco – de dados **e** das comunicações telefônicas – a partícula aditiva "E" separando as formas de comunicação dentro de cada bloco e a vírgula entre os dois blocos evidenciam esse expediente). Ela também exigiu que a quebra de sigilo dependesse de ordem judicial e que fosse restrita às hipóteses de instrução criminal (processual ou pré-processual), apesar de excepcionalmente se aceitar o resultado da quebra para instruir Procedimentos Disciplinares Administrativos (de índole, portanto, não criminal). Por fim, repare que o inciso XII é uma norma constitucional de eficácia limitada, pois demanda lei para lhe desenvolver a aplicabilidade, comando obedecido pelo legislador infraconstitucional em 1996 com a edição da Lei 9.296.

Gabarito "C"

(Bombeiro Militar/PB – 2011 – FURNE) Acerca das imunidades e prerrogativas, assinale a alternativa correta.

(A) Os deputados estaduais, ao contrário dos deputados federais, podem ser presos em qualquer circunstância, exceto se disser respeito às suas palavras, opiniões e votos, sobre os quais haverá imunidade.
(B) Os agentes diplomáticos, tais como embaixadores, legados e núncios não podem ser presos, salvo em flagrante delito de crime inafiançável.
(C) Os membros do Congresso Nacional, ou seja, os Deputados Federais e os Senadores da República, não podem ser presos, salvo em flagrante de crime inafiançável.
(D) Os vereadores, uma vez diplomados, só podem ser presos com autorização prévia da câmara municipal a que pertencerem.
(E) Como a imunidade dos agentes diplomáticos visa a garantir o exercício de suas próprias funções, os seus familiares poderão ser presos nas mesmas condições em que o são os brasileiros.

Novamente temos a literalidade da lei: "Art. 53 (...) § 2º Desde a expedição do diploma, os membros do Congresso Nacional **não poderão ser presos** [conteúdo da inviolabilidade formal relativa a prisão], **salvo em flagrante de crime inafiançável** [ressalva, ou seja, exceção]. Nesse caso, os autos serão remetidos dentro de vinte e quatro horas à Casa respectiva, para que, pelo voto da maioria de seus membros, resolva sobre a prisão".

Gabarito "C"

(Bombeiro Militar/PB – 2011 – FURNE) É lícito o ingresso do PM em casa alheia nas seguintes circunstâncias, **EXCETO**:

(A) Com o consentimento do morador, em auxílio a investigações policiais.
(B) Ainda que sem o consentimento do morador, em caso de flagrante delito.
(C) Ainda que sem o consentimento do morador, por ordem judicial, desde que durante o dia.
(D) Em decorrência de mandado judicial de busca e apreensão, a qualquer hora do dia ou da noite, desde que vinculado a inquérito policial ou ação penal em curso.
(E) Sem o consentimento do morador em caso de desastre ou para prestar socorro.

Art. 5º, inc. XI, da CF – Inviolabilidade Domiciliar: "casa" segundo o STF (RHC 90.736/RJ) compreende a residência, o quarto de hotel ocupado, o quarto de motel ocupado, o local de trabalho não aberto ao público (ex.: consultório médico em sua parte reservada), o trailer ocupado: "Para os fins da proteção jurídica a que se refere o art. 5º, XI, da Constituição da República, o conceito normativo de 'casa' revela-se abrangente". É também cobrado o conceito do art. 150, § 4º, do CP, em que a expressão "casa" compreende: I – qualquer compartimento habitado; II – aposento ocupado de habitação coletiva; e III – compartimento não aberto ao público, onde alguém exerce profissão ou atividade. Exceções à inviolabilidade domiciliar: consentimento do morador; flagrante delito; desastre; para prestar socorro; **durante o dia mediante mandado judicial** (trata-se aqui de reserva de jurisdição e nem mesmo CPI pode emitir mandado para tal cautelar real). Prevalece o entendimento que dia é das 06 às 18 horas (apesar de existir o critério astronômico – da aurora ao crepúsculo).

Gabarito "D"

(Cabo da Polícia Militar /PI – 2012 – UESPI) Órgão permanente, organizado e mantido pela União e estruturado em carreira, destina-se na forma da lei, ao patrulhamento ostensivo das rodovias.

(A) Polícia Ferroviária Federal.
(B) Polícia Militar.
(C) Polícia Federal.
(D) Polícia Rodoviária Federal.
(E) Polícia Civil.

Conforme dispõe o art. 144, § 2º, da CF, "a polícia rodoviária federal, **órgão permanente, organizado e mantido pela União** e **estruturado em carreira, destina-se, na forma da lei, ao patrulhamento ostensivo das rodovias federais**".

Gabarito "D"

(Cabo da Polícia Militar /PI – 2012 – UESPI) O instrumento legal em que se estabelecerá as normas gerais a serem adotadas na organização, no preparo e no emprego das Forças Armadas.

(A) Lei Complementar.
(B) Lei Ordinária.
(C) Emenda Constitucional.
(D) Decreto Legislativo.
(E) Medida Provisória.

Conforme determina o art. 142, § 1º, da CF, "**lei complementar** estabelecerá as normas gerais a serem adotadas na organização, no preparo e no emprego das Forças Armadas".

Gabarito "A"

(Cabo da Polícia Militar /PI – 2012 – UESPI) Conforme o artigo 5º, inc. XXXVIII, da Constituição Federal, é reconhecida a instituição do júri, com a organização que lhe der a Lei, assegurados, **EXCETO**.

(A) A ampla defesa.
(B) O sigilo das votações.
(C) A soberania dos veredictos.
(D) A plenitude da defesa.
(E) A competência para o julgamento dos crimes dolosos contra a vida.

No caso do Tribunal do Júri a Constituição no inciso XXXVIII do art. 5º, consagrou a plenitude da defesa, que segundo a doutrina é algo ainda mais abrangente que a ampla defesa. As assertivas "B",

"C", "D" e "E" são as alíneas "b", "c", "a" e "d", respectivamente, do inciso XXXVIII do art. 5º. Logo, a Constituição Federal em relação ao Júri consagrou uma possibilidade de defesa ainda maior que nas outras situações de persecução penal substituindo a ampla defesa pela plena defesa.

Gabarito "A"

(Cabo da Polícia Militar /PI – 2012 – UESPI) Conforme o artigo 37º, § 4º, da Constituição Federal, os atos de improbidade administrativa importarão, para o servidor público, as seguintes consequências, **EXCETO.**

(A) Perda dos direitos políticos.
(B) Responder à ação penal cabível.
(C) Indisponibilidade dos bens.
(D) Perda da função pública.
(E) Ressarcimento do erário.

Conforme o art. 37, § 4º, da CF, "os atos de improbidade administrativa importarão **a suspensão dos direitos políticos**, a **perda da função pública**, a **indisponibilidade dos bens** e o **ressarcimento ao erário**, na forma e gradação previstas em lei**, sem prejuízo da ação penal cabível**".

Gabarito "A"

(Sargento da Polícia Militar /PI – 2012 – UESPI) Marque a alternativa **INCORRETA**, conforme a Constituição Federal do Brasil.

(A) As Polícias Militares e Corpos de Bombeiros Militares, Forças Auxiliares e Reserva do Exército, subordinam-se, juntamente com as Polícias Civis, aos Governadores dos Estados, do Distrito Federal e dos Territórios.
(B) Os Municípios poderão constituir guardas municipais destinadas à proteção de seus bens, serviços e instalações, conforme dispuser a lei.
(C) Às Polícias Militares cabem a polícia ostensiva e a preservação da ordem pública; aos Corpos de Bombeiros Militares, além das atribuições definidas em lei, incumbe a execução de atividades de defesa civil.
(D) O Decreto Regulamentar disciplinará a organização e o funcionamento dos órgãos responsáveis pela segurança pública, de maneira a garantir a eficiência de suas atividades.
(E) A Polícia Rodoviária Federal, órgão permanente, organizado e mantido pela União e estruturado em carreira, destina-se, na forma da lei, ao patrulhamento ostensivo das rodovias federais.

Na verdade, de acordo com o § 7º do art. 144 da CF é função da lei e não do decreto regulamentar disciplinar sobre a organização e o funcionamento dos órgãos responsáveis pela segurança pública, de maneira a garantir a eficiência de suas atividades, senão vejamos:"§ 7º A lei disciplinará a organização e o funcionamento dos órgãos responsáveis pela segurança pública, de maneira a garantir a eficiência de suas atividades."

Gabarito "D"

(Sargento da Polícia Militar /PI – 2012 – UESPI) Marque a alternativa **INCORRETA**, conforme a Constituição Federal do Brasil.

(A) As Forças Armadas, constituídas pela Marinha, Exército e Aeronáutica, são instituições nacionais permanentes e regulares, organizadas com base na hierarquia e na disciplina, sob a autoridade suprema do Presidente da República, e destinam-se à defesa da Pátria, à garantia dos poderes constitucionais e, por iniciativa de qualquer destes, da lei e da ordem.
(B) Não caberá "habeas corpus" em relação a punições disciplinares militares.
(C) O militar, enquanto em serviço ativo, não pode estar filiado a partidos políticos.
(D) As mulheres e os eclesiásticos ficam isentos do serviço militar obrigatório em tempo de paz, sujeitos, porém, a outros encargos que a lei lhes atribuir.
(E) O militar em atividade que tomar posse em cargo ou emprego público civil permanente será agregado, nos termos da lei.

Conforme o art. 142, § 3º, da CF: "II – o militar em atividade que tomar posse em cargo ou emprego público civil permanente será transferido para **a reserva**, nos termos da lei". A questão tenta confundir o aluno com a questão da elegilibilidade do militar (possibilidade de concorrer a cargo eletivo) aonde temos: 1) militar conscrito não pode se eleger (inalistável e inelegível); 2) militar com menos de 10 anos de atividade para se candidatar tem que **deixar a atividade militar**; 3) militar com mais de 10 anos de atividade pode candidatar, mas ficará **agregado (afastado temporariamente)** e se for eleito passa para a inatividade.

Gabarito "E"

(Sargento da Polícia Militar /PI – 2012 – UESPI) Marque a alternativa **INCORRETA**, conforme o artigo 5º da Constituição Federal do Brasil.

(A) É livre a manifestação do pensamento, sendo vedado o anonimato.
(B) A casa é asilo inviolável do indivíduo, ninguém nela podendo penetrar sem consentimento do morador, salvo em caso de flagrante delito ou desastre, ou para prestar socorro, ou, durante o dia, por determinação judicial.
(C) Ninguém será privado de direitos por motivo de crença religiosa ou de convicção filosófica ou política, salvo se as invocar para eximir-se de obrigação legal a todos imposta e recusar-se a cumprir prestação alternativa, fixada em lei.
(D) A propriedade atenderá a sua função social.
(E) No caso de iminente perigo público, a autoridade competente poderá usar de propriedade particular, assegurada ao proprietário indenização ulterior, mesmo se não houver dano.

As assertivas "A", "B", "C" e "D" estão esposadas respectivamente nos incisos IV, XI, VIII e XXIII do art. 5º da CF. Já a alternativa "E" deveria reproduzir o conteúdo do inciso XXV do mesmo artigo ("XXV – no caso de iminente perigo público, a autoridade competente poderá usar de propriedade particular, **assegurada ao proprietário indenização ulterior, se houver dano**"). No entanto, a assertiva afirma que haverá indenização ainda que não haja dano, consequência não prevista na Constituição e que consagraria o locupletamento ilícito do administrado.

Gabarito "E"

(Sargento da Polícia Militar /PI – 2012 – UESPI) Marque a alternativa **CORRETA**, conforme o artigo 37 da Constituição Federal do Brasil.

(A) O prazo de validade do concurso público será de até dois anos, prorrogável uma vez, por mais 02 anos.
(B) O direito de greve será exercido nos termos e nos limites definidos em lei complementar.
(C) A lei estabelecerá os casos de contratação por tempo determinado para atender a necessidade temporária de excepcional interesse público.
(D) A lei estabelecerá os prazos de prescrição para ilícitos praticados por qualquer agente, servidor ou não, que causem prejuízos ao erário, inclusive as respectivas ações de ressarcimento.
(E) É vedado ao servidor público civil o direito à livre associação sindical.

A alternativa "A" leva o candidato a erro uma vez que ela **quase** reproduz a literalidade do inciso III do art. 37 que afirma "III – o prazo de validade do concurso público será de até dois anos, prorrogável uma vez, por igual período". Qual o erro? Simples, o prazo de validade do concurso é de até 02 anos (pode ser menor ou igual a 02 anos mas jamais superior); caso o concurso tenha validade de 01 ano, por exemplo, ele pode ser prorrogado, mas **por igual período**, ou seja, mais 01 ano e não obrigatoriamente 02 anos. Quanto à assertiva "B", o direito de greve do servidor será exercido nos termos e limites definidos em lei, lei ordinária específica (monotemática – apenas com esse assunto) no caso, conforme o inciso VII do art. 37 e não nos termos de lei complementar. Já a assertiva "D" inclui nas hipóteses de prescrição as ações de ressarcimento ao erário em caso de dano que, conforme o § 5º do art. 37 ("A lei estabelecerá os prazos de prescrição para ilícitos praticados por qualquer agente, servidor ou não, que causem prejuízos ao erário, **ressalvadas as respectivas ações de ressarcimento**"), estão expressamente exclusos dessa regra sendo, portanto, ações imprescritíveis (lembre-se que o que não prescreve é apenas e tão somente a ação de reparação de dano ao erário, a ação para apuração e responsabilização do ilícito do servidor ou do particular em desfavor da Administração, essa prescreverá). A assertiva "E" simplesmente contraria frontalmente o preceito do inciso VI do art. 37 da CF que assegura ao servidor o direito de livre associação sindical. Por fim, a assertiva correta é a da letra "C" que simplesmente reproduz a literalidade do inciso IX do art. 37 da CF.

Gabarito "C"

(Soldado Combatente da Polícia Militar /RR – 2013 – UERR) Julgue os itens:

I. A lei considerará crimes inafiançáveis e insuscetíveis de graça ou anistia a prática da tortura, o tráfico ilícito de entorpecentes e drogas afins, o terrorismo e os definidos como crimes hediondos, por eles respondendo os mandantes, os executores e os que, podendo evitá-los, se omitirem.
II. Constitui crime inafiançável e imprescritível a ação de grupos armados, civis ou militares, contra a ordem constitucional e o Estado Democrático.
III. São a todos assegurados, independentemente do pagamento de taxas, o direito de petição aos Poderes Públicos em defesa de direitos ou contra ilegalidade ou abuso de poder.

Assinale a alternativa CORRETA:

(A) Apenas I e III são verdadeiras.
(B) Apenas I e II são verdadeiras.
(C) Apenas II e III são verdadeiras.
(D) Todas as alternativas são verdadeiras.
(E) Todas as alternativas são falsas.

Todas as alternativas estão corretas, conforme os incisos XLIII, XLIV e XXXIV, "a", do art. 5º da CF, respectivamente.

Gabarito "D"

(Soldado Combatente da Polícia Militar /RR – 2013 – UERR) Julgue os itens e assinale a alternativa **CORRETA**:

I. São inelegíveis os inalistáveis e os analfabetos.
II. É vedada a cassação de direitos políticos, cuja perda ou suspensão se dará exclusivamente nos casos de condenação criminal transitada em julgado, enquanto durarem seus efeitos.
III. Para concorrerem a outros cargos, o Presidente da República, os Governadores de Estado e do Distrito Federal e os Prefeitos devem renunciar aos respectivos mandatos até seis meses antes do pleito.

(A) Apenas I e III são verdadeiras.
(B) Apenas I e II são verdadeiras.
(C) Apenas II e III são verdadeiras.
(D) Todas as alternativas são verdadeiras.
(E) Todas as alternativas são falsas.

O direito de sufrágio compreende o direito de votar (**alistabilidade ou capacidade eleitoral ativa**) e de ser votado (**elegibilidade ou capacidade eleitoral passiva**). O voto é **obrigatório** para os maiores de 18 e menores de 70 anos e é **facultativo** para os maiores de 16 anos e menores de 18, para os maiores de 70 anos e para os analfabetos (art. 14, § 1º, da CF). O voto é **proibido** para os estrangeiros (exceto o português equiparado), para o menor de 16 anos e para o militar conscrito (durante o serviço militar obrigatório). Logo, o militar conscrito e o estrangeiro não estão na **lista de eleitores** (art. 14, § 2º, da CF), sendo, portanto, **inalistáveis**. Por sua vez, são **condições de elegibilidade** (art. 14, § 3º, da CF): 1) Ser brasileiro (exceto o português equiparado); **2) Alistamento eleitoral**; 3) Filiação partidária; 4) Tem que estar no gozo dos direitos políticos; 5) Ter domicílio eleitoral na circunscrição; 6) Idade mínima (35 anos: Presidente, Vice e Senador; 30 anos: Governador e Vice de Estado e do Distrito Federal; 21 anos: Prefeito e Vice, Deputados Estadual ou Distrital e Juiz de Paz; 18 anos: Vereador). Logo, quem não é **alistável** também não será **elegível**, pois lhe faltará a condição elencada no item 2 supra. Existem, também, as situações de INELEGIBILIDADE, caracterizadoras da **impossibilidade de ser votado** que divide em: **1)** ABSOLUTA – vale para todos dos cargos, ou seja, a pessoa não pode se candidatar a nada (**estrangeiros, militar conscrito**, pois são inalistáveis; e o **analfabeto**) ou **2)** RELATIVA (**2.1** pela **reeleição – 2.1.1 para o mesmo cargo**: chefe do Poder Executivo só pode se reeleger uma vez consecutiva, permitindo novas reeleições não consecutivas – para que haja a reeleição não é necessária a desincompatibilização – no Poder Legislativo não há limites de reeleições; **2.1.2** para **outros cargos**: o Chefe do Poder Executivo para se candidatar a outros cargos deve renunciar ao atual mandato seis meses antes da eleição – essa limitação não se aplica ao Poder Legislativo; **2.2** pelo **parentesco ou REFLEXA:** alguns parentes do Chefe do Poder Executivo não podem se candidatar dentro da respectiva circunscrição – **2.2.1 cônjuge e companheiro**. Obs.: a separação do casal durante o mandato não afasta a inelegibilidade, conforme determina a Súmula Vinculante

18 do STF: “A dissolução da sociedade ou do vínculo conjugal, no curso do mandato, não afasta a inelegibilidade prevista no § 7º do artigo 14 da Constituição Federal”; **2.2.2 parentes até o segundo grau** (pai, avô, filho, neto, irmão). Obs.: se o parente já era ocupante de cargo eletivo antes ou concomitante aí não existe problema e ele pode se candidatar à reeleição; e, por fim, **2.3** a inelegibilidade do **militar**: militar conscrito não pode se eleger – militar com menos de 10 anos de atividade para se candidatar tem que deixar a atividade militar e militar com menos de 10 anos de atividade pode candidatar mas ficará agregado (afastado temporariamente) e se for eleito passa para a inatividade. Por fim, não existe mais cassação dos direitos políticos (perda definitiva dos mesmos), mas, apenas, situações de perda com possibilidade de reaquisição com prazo certo (suspensão) ou incerto (perda), existindo um total de seis hipóteses e não apenas a condenação criminal transitada em julgado, senão vejamos:

Perda dos direitos políticos	Suspensão dos direitos políticos
Ação para Cancelamento da Naturalização	Sentença Penal condenatória transitada em julgado enquanto durarem seus efeitos (mesmo em caso de regime aberto, livramento condicional ou *sursis*). Obs.: preso provisório pode votar
Aquisição Voluntária de outra Nacionalidade	Condenação por Improbidade Administrativa
Escusa de Consciência	Incapacidade Civil Absoluta

Gabarito “A”.

(Soldado Combatente da Polícia Militar /RR – 2013 – UERR) Complete a lacuna com a alternativa **CORRETA**:

Conceder-se-á ____________________ sempre que a falta de norma regulamentadora torne inviável o exercício dos direitos e liberdades constitucionais e das prerrogativas inerentes à nacionalidade, à soberania e à cidadania.

(A) Mandado de injunção
(B) Mandado de Segurança.
(C) “Habeas Corpus”.
(D) “Habeas Data”.
(E) Processo administrativo.

Trata-se de umas das formas que a Constituição Federal vislumbrou para combater a síndrome da inefetividade das normas constitucionais (a outra forma foi a ADI por Omissão). O Mandado de Injunção encontra-se previsto no inciso LXXI do art. 5º da CF e busca evitar que um direito constitucional permaneça ineficaz quando sua aplicabilidade depender de lei infraconstitucional.

Gabarito “A”.

(Soldado Combatente da Polícia Militar /RR – 2013 – UERR) A Emenda Constitucional nº 18, dispõe sobre o regime constitucional dos militares. Com base nesta Emenda, assinale a alternativa **INCORRETA**:

(A) O militar em atividade que tomar posse em cargo ou emprego público civil permanente será transferido para a reserva, nos termos da lei.
(B) Ao militar são proibidas a sindicalização e a greve.
(C) O militar, enquanto em serviço ativo, não pode estar filiado a partidos políticos.
(D) O oficial só perderá o posto e a patente se for julgado indigno do oficialato ou com ele incompatível, por decisão de tribunal militar de caráter permanente, em tempo de paz, ou de tribunal especial, em tempo de guerra.
(E) Os membros das Forças Armadas não são denominados militares.

De acordo com as alterações promovidas acrescentando o § 3º ao art. 142 da CF pela EC 18/1998, as assertivas “A”, “B”, “C” e “D” correspondem à redação dos atuais incisos II, IV, V e VI daquele dispositivo, respectivamente. A assertiva “E” é diametralmente oposta à previsão a redação do § 3º que inicia sua redação afirmando “Os membros das Forças Armadas são denominados militares (...)”.

Gabarito “E”.

(Oficial da Polícia Militar/SC – 2010 – IESES) Leia atentamente as proposições abaixo e assinale a que se apresentar correta:

(A) A obra intitulada “Que é o Terceiro Estado?” tem sua autoria atribuída a Montesquieu e justificou a célebre “teoria da tripartição dos poderes”, por ele defendida.
(B) Os Estados-membros possuem autonomia e capacidade de auto-organização, regendo-se pelas constituições e leis que adotarem, o que leva a concluir que se trata de manifestação do poder constituinte derivado decorrente.
(C) Diz-se originário o poder constituinte, quando o legislador pátrio, imbuído do espírito de modernizar o sistema jurídico, promove reforma constitucional.
(D) A assembleia nacional constituinte constitui forma de expressão do poder constituinte derivado.

A obra intitulada **O que é o Terceiro Estado** foi da lavra do abade Emmanuel Joseph Sieyès e não de Montesquieu, mas em sua obra “O Espírito das Leis” que foi criada a “teoria da tripartição dos poderes”, dividindo o poder do Estado conforme suas funções: Judiciário, Executivo e Legislativo. O Poder Constituinte Originário é um poder extraordinário que surge em momento extraordinário e que visa a desconstituir a ordem anterior e constituir uma nova ordem (é um poder desconstitutivo-constitutivo): é dele a obra de confeccionar uma Nova Carta Constitucional e ele se expressa através de uma Assembleia Nacional Constituinte. O Poder Constituinte Derivado possui duas espécies: o Reformador (aquele que promove modificações na obra gerada pelo Poder Constituinte Originário) e o Decorrente (poder conferidos aos Estados-membros de complementar a Constituição dentro do âmbito de suas atribuições constitucionalmente deferidas). Dentro do tríplice aspecto que denota a autonomia dos Estados-membros (autogoverno, auto-organização e autoadministração) a capacidade de elaborar o arquétipo orgânico de sua realidade administrativa numa Constituição Estadual é o ponto alto da chamada auto-organização.

Gabarito “B”.

(Oficial da Polícia Militar/SC – 2010 – IESES) Leia atentamente as proposições abaixo e assinale a que se apresentar correta:

(A) Compete ao Supremo Tribunal Federal processar e julgar, originariamente, a ação direta de inconstitucionalidade contra lei ou ato normativo municipal, em face da Constituição Federal.
(B) No sistema jurídico brasileiro de controle de constitucionalidade, é vedado o controle prévio realizado pelo Poder Legislativo.

(C) Cabe ação direta de inconstitucionalidade contra lei do Distrito Federal derivada de sua competência municipal.

(D) Lei ou norma de caráter ou efeito concreto já exaurido não pode ser objeto de controle abstrato de constitucionalidade, em ação direta de inconstitucionalidade.

Lei Municipal não é objeto de controle em ação direta de inconstitucionalidade – ADI. O Poder Legislativo realiza controle prévio de constitucionalidade através das Comissões de Constituição e Justiça e de Cidadania de ambas as Casas Congressuais. Cabe ADI contra lei distrital, mas somente se derivada de sua competência estadual (lembre-se que o § 1º do art. 32 da CF contempla o Distrito Federal com competências estaduais e municipais), e não de sua competência municipal, conforme Súmula 642 do STF: "Não cabe ação direta de inconstitucionalidade de lei do distrito federal derivada da sua competência legislativa municipal". O gabarito deu a assertiva "D" como correto, mas, no entanto, desde 2009 o STF reconhece a possibilidade de leis de efeito concreto, como as leis orçamentárias, serem objetos de ADI (a Jurisprudência anterior da Corte negava essa possibilidade); o mesmo STF entende que não cabe ADI contra leis já revogadas (ADI não se presta a tutelar situações concretas) e este lógica vale para as leis de efeito concreto já exauridas (quem deveria ter sido atingido pelos efeitos da lei já foi); logo, se o STF analisar a constitucionalidade de uma lei de efeito concreto já exaurida ele estará analisando casos concretos específicos. Fizemos a ressalva para alertar o aluno que se a pergunta não trouxesse a questão do exaurimento a assertiva estaria incorreta.

Gabarito "D"

(Oficial da Polícia Militar/SC – 2010 – IESES) Leia atentamente as proposições abaixo e assinale a que se apresentar correta:

(A) Os estrangeiros não residentes no país não estão albergados pela proteção aos direitos fundamentais estabelecidos na Constituição da República, quando em trânsito pelo território nacional.

(B) O surgimento dos direitos humanos de primeira geração ou dimensão é marcado pela busca de reivindicações trabalhistas e normas de assistência social.

(C) As associações de caráter paramilitar devem obedecer, para efeitos de instituição e funcionamento, aos ditames expostos na Constituição Federal.

(D) Entre as penas admitidas pelo sistema constitucional brasileiro, figura a de suspensão ou interdição de direitos.

Segundo o art. 5º, "caput", da CF **os brasileiros** e os **estrangeiros residentes no país** seriam os únicos titulares dos direitos fundamentais. Pela literalidade da lei a Constituição Federal esqueceu do estrangeiro turista – **estrangeiro em trânsito** – no entanto, apesar a lacuna, eles são, sim, titulares de direitos fundamentais, de acordo com o STF (albergando o Princípio da Universalidade – todos os que estão no território brasileiro titularizam direitos fundamentais. Ex.: turista estrangeiro pode impetrar HC). Esta lacuna é uma falha redacional que remonta a Constituição de 1891. O surgimento dos direitos humanos **de segunda geração** é que foi marcado pela busca de reivindicações trabalhistas e normas de assistência social. Segundo o inciso XVII (é plena a liberdade de associação para fins lícitos, vedada a de caráter paramilitar) do art. 5º da CF é vedada a associação de caráter paramilitar. Conforme dispõe o art. 5º, XLVI, da CF, "a lei regulará a individualização da pena e adotará, entre outras, as seguintes: *a)* privação ou restrição da liberdade; *b)* perda de bens; *c)* multa; *d)* prestação social alternativa; *e)* **suspensão ou interdição de direitos**".

Gabarito "D"

(Oficial da Polícia Militar/SC – 2010 – IESES) Leia atentamente as proposições abaixo e assinale a que se apresentar **INCORRETA**:

(A) As pessoas jurídicas não ostentam legitimidade ativa para impetrar mandado de segurança, pois não podem ser titulares de direito líquido e certo a defender.

(B) É dos tribunais de justiça estaduais a competência originária para julgamento do *habeas corpus* impetrado contra ato das turmas recursais dos juizados especiais criminais.

(C) O *habeas corpus* liberatório destina-se a fazer acessar a violência ou coação contra a liberdade de ir e vir.

(D) O mandado de segurança coletivo pode ser impetrado por associação legalmente constituída e em funcionamento há pelo menos um ano, em defesa dos interesses de seus membros ou associados.

A: correta. No caso do mandado de segurança, o impetrante pode ser pessoa física ou jurídica, pode ser brasileiro ou estrangeiro e, em todo caso, patrocinado por advogado. Questão interessante é a da assertiva "B" senão vejamos: a competência para julgar o *Habeas Corpus* depende da autoridade coatora – impetrar-se-á junto à autoridade acima da autoridade coatora. Sendo a Turma do JECrim a autoridade coatora, entende o STF, deixando de aplicar a Súmula 690, que **a competência é do TJ ou do TRF** (ESTA É A POSIÇÃO ATUAL). **STF Súmula nº 690** – 24/09/2003 – *DJ de 9/10/2003, p. 5; DJ de 10/10/2003, p. 5; DJ de 13/10/2003, p. 5.* **Competência Originária – Habeas Corpus Contra Turma Recursal de Juizados Especiais Criminais** "Compete originariamente ao Supremo Tribunal Federal o julgamento de habeas corpus contra decisão de turma recursal de juizados especiais criminais." (Não Prevalência pelos HC 86834-DJ de 9/3/2007, HC 89378 AgR-DJ de 15/12/2006 e HC 90905 AgR-DJ de 11/5/2007 – Determinam Competência para Tribunais de Justiça dos Estados); **C:** correta, lembrando-se que, nesse caso, a ilegalidade já é existente; **D:** correta. É o que preceitua o art. 21 da Lei 12.016/2009.

Gabarito "A"

(Oficial da Polícia Militar/SC – 2010 – IESES) Leia atentamente as proposições abaixo e assinale a que se apresentar correta:

(A) O descumprimento de princípios indicados na Constituição Estadual e o desrespeito à ordem emanada da autoridade judicial não constituem motivos expressos na Carta da República para representação de intervenção perante o Tribunal de Justiça Estadual.

(B) União Federal e República Federativa do Brasil são as designações mais conhecidas do país Brasil, tanto na ordem interna, como na ordem internacional.

(C) Os Estados podem incorporar-se entre si, subdividir-se ou desmembrar-se para se anexarem a outros, ou formarem novos Estados ou Territórios Federais, mediante aprovação da população diretamente interessada, através de plebiscito, e do Congresso Nacional, por lei complementar.

(D) A União Federal não intervirá nos Estados, no Distrito Federal e nos Municípios, exceto para, por exemplo, manter a integridade nacional.

Segundo o inciso IV do art. 35 da CF o descumprimento de princípios indicados na Constituição Estadual e o desrespeito à ordem emanada da autoridade judicial são motivos expressos na Carta da República para representação de intervenção perante o Tribunal de Justiça Estadual. A União Federal é pessoa jurídica de Direito Público Interno (se relaciona com as outras pessoas jurídicas de direito público, como os Estados-membros e os Municípios); a República Federativa do Brasil é pessoa jurídica de direito público externo (se relaciona com os outros países e com organismos internacionais como a ONU). Quando se quer falar em país Brasil o correto é fazer menção à República Federativa do Brasil. A questão estaria de toda forma equivocada uma vez que não separa o âmbito de atuação da União e da República Federativa do Brasil. A assertiva "C" é cópia do § 3º do art. 18 da CF. E, por fim, a assertiva "D" está errada porque não existe intervenção por salto: a União intervém nos Estados ou no Distrito Federal (Intervenção Federal – art. 34 da CF) e os Estados nos seus Municípios (Intervenção Estadual – art. 35 da CF) – a União não intervém diretamente nos Municípios.

Gabarito "C"

(Oficial da Polícia Militar/SC – 2010 – IESES) Assinale a alternativa que **NÃO FIGURA** entre os fundamentos da República Federativa do Brasil arrolados no art. 1.º, da Constituição da República:

(A) Pluralismo político.
(B) Valores sociais do trabalho e da livre-iniciativa.
(C) Dignidade da pessoa humana.
(D) A construção de uma sociedade livre, justa e solidária.

Construir uma sociedade livre, justa e solidária é um objetivo fundamental da República Federativa do Brasil (art. 3º, I, da CF). Já o pluralismo político, os valores sociais do trabalho e da livre-iniciativa e a dignidade da pessoa humana são fundamentos da República Federativa do Brasil que estão arrolados nos incisos V, IV e III do art. 1º da CF, respectivamente.

Gabarito "D"

(Oficial da Polícia Militar/SC – 2010 – IESES) Leia atentamente as proposições abaixo e assinale a que se apresentar correta:

(A) São brasileiros natos os nascidos no estrangeiro, de pai brasileiro ou mãe brasileira, desde que qualquer deles esteja a serviço da República Federativa do Brasil.
(B) A Constituição da República não mais admite que pais brasileiros registrem seus filhos nascidos no estrangeiro perante as repartições públicas brasileiras situadas no exterior, exigindo-se, para efeitos de aquisição da nacionalidade brasileira, o retorno do interessado ao país e a opção, depois de atingida a maioridade, em qualquer tempo, pela nacionalidade brasileira.
(C) O brasileiro nato que houver praticado atividade nociva ao interessa nacional poderá perder a nacionalidade, desde que decretada por sentença judicial transitada em julgado.
(D) Para adquirirem a nacionalidade brasileira, os estrangeiros originários de países de língua portuguesa deverão comprovar residência no país há mais de quinze anos ininterruptos e idoneidade moral.

São brasileiros natos (art. 12, I, da CF): 1) Os nascidos em território brasileiro (adoção do critério territorial – *jus solis*), salvo filho de pais estrangeiros a serviço de seu país; 2) Os nascidos no estrangeiro de pai ou mãe brasileira, desde que um deles esteja a serviço do Brasil (adoção do critério do *jus sanguinis* + critério funcional); 3) Os nascidos no estrangeiro de pai ou mãe brasileira e que seja registrado em repartição brasileira competente (adoção do critério *jus sanguinis* + registro). Incluído pela EC 54/2007 – Repartição pode ser consulado, embaixada. Tal possibilidade existia pela redação original da Constituição Federal e foi retirado pela Emenda Revisional número 2 de 1994. A EC 54/2007 retroagiu para beneficiar para os nascidos entre 1994 e 2007; 4) Os nascidos no estrangeiro de pai ou mãe brasileira que venha a residir no Brasil e opte pela nacionalidade brasileira (adoção do critério *jus sanguinis* + residência no Brasil + opção). NACIONALIDADE POTESTATIVA. Não existe prazo para fixar residência. A opção é feita na Justiça Federal (art. 109, X, da CF) – a opção só pode ser feita pelo nascido no estrangeiro que venha morar no Brasil, e opte, a qualquer tempo, depois de atingir a maioridade, pela nacionalidade brasileira (art. 12, I, *c*, da CF). É ato personalíssimo. Segundo o STF, a nacionalidade será adquirida no momento da fixação da residência (nacionalidade precária – tal jurisprudência surgiu para que os menores à época anterior à EC 54/2007 não permanecessem apátridas – vinha no RG: "brasileiro pendente de opção"). Só se torna definitiva com a opção. Segundo o TSE, o alistamento eleitoral não depende de prova de opção pela nacionalidade brasileira (Resolução 21.385/2003). Para adquirirem a nacionalidade brasileira, os estrangeiros originários de países de língua portuguesa deverão **comprovar residência por um ano** e idoneidade moral. O brasileiro **naturalizado** que houver praticado atividade nociva ao interesse nacional poderá perder a nacionalidade, desde que decretada por sentença judicial transitada em julgado (o brasileiro nato só perde a nacionalidade brasileira se adquirir voluntariamente outra nacionalidade – e apenas quando essa aquisição não for uma imposição de naturalização, pela norma estrangeira, ao brasileiro residente em estado estrangeiro, como condição para permanência em seu território ou para o exercício de direitos civis).

Gabarito "A"

(Oficial da Polícia Militar/SC – 2010 – IESES) **NÃO CONSTITUI** cargo privativo de brasileiro nato arrolado na Constituição Federal, o cargo de:

(A) Ministro do Supremo Tribunal Federal.
(B) Oficial das Forças Armadas.
(C) Deputado Estadual.
(D) Ministro de Estado da Defesa.

Conforme dispõe o art. 12, § 3º, da CF: "São privativos de brasileiro nato os cargos: I – de Presidente e Vice-Presidente da República; II – de Presidente da Câmara dos Deputados; III – de Presidente do Senado Federal; IV – de Ministro do Supremo Tribunal Federal; V – da carreira diplomática; VI – de oficial das Forças Armadas; VII – de Ministro de Estado da Defesa".

Gabarito "C"

(Oficial da Polícia Militar/SC – 2010 – IESES) Assinale a alternativa que contém exclusivamente espécies normativas sujeitas ao processo legislativo tratado na Constituição da República:

(A) Medidas provisórias; emendas à constituição; resoluções; leis complementares e decretos regulamentares.
(B) Leis delegadas; decretos legislativos; resoluções; leis ordinárias e decretos administrativos.
(C) Emendas à constituição; decretos regulamentares; leis ordinárias; decretos administrativos e medidas provisórias.
(D) Decretos legislativos; resoluções; leis ordinárias; medidas provisórias e emendas à constituição.

Conforme a lista sétupla do art. 59 da CF: decretos legislativos (inc. VI), resoluções (inc. VII), leis ordinárias (inc. III), medidas provisórias (inc. V) e emendas à constituição (inc. I), que ainda inclui leis complementares (inc. II) e leis delegadas (inc. IV).

Gabarito "D"

(Soldado da Polícia Militar /SC – 2011 – IESES) Assinale a alternativa correta:

(A) Ninguém será preso senão em flagrante delito ou por ordem escrita e fundamentada de autoridade judiciária competente, inclusive nos casos de transgressão militar ou crime propriamente militar, definidos em lei.

(B) O infrator será levado à prisão ou nela mantido, mesmo quando a lei admitir a liberdade provisória, com ou sem fiança.

(C) A prisão de qualquer pessoa e o local onde se encontre serão comunicados em até quarenta e duas horas ao juiz competente e à família do preso ou à pessoa por ele indicada.

(D) A casa é asilo inviolável do indivíduo, ninguém nela podendo penetrar sem consentimento do morador, salvo em caso de flagrante delito ou desastre, ou para prestar socorro, ou, durante o dia, por determinação judicial.

Nos casos de transgressão militar ou crime propriamente militar, a prisão prescinde da ordem escrita e fundamentada do juiz. Sempre que se admitir liberdade provisória com ou sem fiança o infrator não será mantido na prisão. A prisão de qualquer pessoa e o local onde se encontre serão comunicados imediatamente ao juiz competente e à família do preso ou à pessoa por ele indicada, conforme redação do inciso LXII do art. 5º da CF. A assertiva "D" é cópia literal do inciso XI do art. 5º da CF.

Gabarito "D"

(Soldado da Polícia Militar /SC – 2011 – IESES) Assinale a alternativa correta:

(A) Ao militar é facultada a sindicalização, todavia, será proibida a greve.

(B) Todos têm direito a receber dos órgãos públicos informações de seu interesse particular, ou de interesse coletivo ou geral, que serão prestadas no prazo da lei, sob pena de responsabilidade, ressalvadas aquelas cujo sigilo seja imprescindível à segurança da sociedade e do Estado.

(C) Compete à Justiça Militar estadual processar e julgar os militares dos Estados, nos crimes militares definidos em lei e as ações judiciais contra atos disciplinares militares, inclusive a competência do júri quando a vítima for civil, cabendo ao Comando Militar competente decidir sobre a perda do posto e da patente dos oficiais e da graduação das praças.

(D) Caberá "habeas corpus" em relação a punições disciplinares militares, desde que a pena prevista não ultrapasse a de detenção por dois anos.

Trata-se do direito à informação insculpido no art. 5º, inciso XXXIII, da CF (todos têm direito a receber dos órgãos públicos **informações** de seu interesse **particular**, ou de interesse **coletivo** ou **geral**, que serão prestadas no prazo da lei, sob pena de responsabilidade, **ressalvadas** aquelas cujo **sigilo seja imprescindível à segurança da sociedade e do Estado**). O direito de receber dos órgãos públicos informações de interesse particular ou coletivo não é absoluto, não podendo ser exercido em relação a informações cujo sigilo seja imprescindível à segurança do Estado e da sociedade. A jurisprudência já pacificou entendimento de que o direito a essas informações é protegido pelo **mandado de segurança**, e não pelo *habeas data*, que só protege as informações pessoais constantes de um banco de dados público ou acessível ao público (art. 5º, LXXII, da CF). Segundo o art. 142, § 3º, IV, da CF ao **militar são proibidas a sindicalização e a greve**. Segundo o art. 125, § 4º, da CF "compete à Justiça Militar estadual processar e julgar os militares dos Estados, nos crimes militares definidos em lei e as ações judiciais contra atos disciplinares militares, **ressalvada a competência do júri quando a vítima for civil**, cabendo ao tribunal competente decidir sobre a perda do posto e da patente dos oficiais e da graduação das praças". Segundo o art. 142, § 2º, da CF "**não caberá** 'habeas corpus' em relação a punições disciplinares militares".

Gabarito "B"

(Soldado da Polícia Militar /SC – 2011 – IESES) A segurança pública, dever do Estado, direito e responsabilidade de todos, é exercida para a preservação da ordem pública e da incolumidade das pessoas e do patrimônio, através dos seguintes órgãos:

I. Polícia federal
II. Polícia rodoviária federal
III. Polícia ferroviária estadual
IV. Polícias civis
V. Polícias militares e corpos de bombeiros militares

(A) Apenas II, III e IV estão corretas.

(B) I, II, IV e V estão corretas.

(C) III e V estão incorretas.

(D) Apenas I, IV e V estão corretas.

A lista estaria idêntica a do art. 144 da CF se no item "III" ao invés de Polícia Ferroviária Estadual estivesse denominada a Polícia Ferroviária Federal.

Gabarito "B"

(Cabo da Polícia Militar /SP – 2012 – CETRO) A República Federativa do Brasil constitui-se em um Estado Democrático de Direito e tem como um de seus fundamentos a dignidade da pessoa humana. No artigo 5º da Constituição Federal, estão relacionados vários direitos e deveres, individuais e coletivos. Sendo assim, é correto afirmar que, no Brasil,

(A) só haverá penas de privação ou restrição de liberdade e multa.

(B) não haverá penas de perda de bens e de caráter perpétuo.

(C) não haverá penas de perda de bens e de suspensão ou interdição de direitos.

(D) não haverá pena de morte, salvo em caso de guerra declarada nos termos do artigo 84, XIX, da própria Constituição Federal.

Conforme o art. 5º, XLVI, da CF "a lei regulará a individualização da pena e adotará, entre outras, as seguintes: *a)* **privação ou restrição da liberdade**; *b)* perda de bens; *c)* **multa**; *d)* prestação social alternativa; *e)* suspensão ou interdição de direitos". Logo, a assertiva "A" contempla hipóteses constitucionais de penas de índole criminal, mas quando afirma que somente as listadas no item são as que constam no elenco da Constituição Federal (supra) ela se torna errada, pois olvidou a perda de bens, a prestação social alternativa e a suspensão ou interdição de direitos. Quanto à assertiva "B" ela se equivoca quando afirma que não haverá pena de perda de bens (acerta em relação à vedação as penas de caráter perpétuo), assim como a assertiva "C", que erra duplamente uma vez que afirma não existir, também, a pena de suspensão ou interdição de direitos. A assertiva "D" é cópia do art. 5º, inciso XLVII, "a", da CF.

Gabarito "D"

(Sargento da Polícia Militar /SP – 2012 – VUNESP) Em relação ao artigo 5.º, XXXVI, da Constituição da República, assinale a alternativa correta.

(A) A coisa julgada é aquela que se aperfeiçoou, que reuniu todos os elementos necessários à sua formação, sob a égide da lei em vigor à época.

(B) O ato jurídico perfeito é a decisão judicial transitada em julgado, ou seja, aquela de que já não caiba recurso.

(C) O direito adquirido é o bem da vida incorporado definitivamente ao patrimônio jurídico de seu titular.

(D) O direito adquirido não emana diretamente da lei, como o ato jurídico perfeito, o qual é uma decisão judicial fundada na lei, apta a produzir os seus efeitos.

Segundo o art. 5º, XXXVI, da CF "a lei não prejudicará o **direito adquirido**, o **ato jurídico perfeito** e a **coisa julgada**". A assertiva "A" traz o conceito de ato jurídico perfeito e a assertiva "B" de coisa julgada (logo, elas inverteram os conceitos). Já a assertiva "D" afirma que o ato jurídico perfeito só exsurge de decisão judicial o que é completamente equivocado (ele surge de qualquer situação em que um fato se amolde a uma norma independente de qualquer manifestação estatal sobre o assunto). O inciso XXXVI traz o conteúdo do princípio da segurança jurídica. O **princípio da segurança jurídica** representa uma garantia para o cidadão, ao limitar a retroatividade das leis, impedindo que uma lei nova prejudique situações já consolidadas sob a vigência de uma lei anterior. Observe-se que esse princípio não impede a retroatividade das leis benéficas, a exemplo do que ocorre no Direito Penal, em que a lei penal não retroage, salvo para beneficiar o réu, e no Direito Tributário, no caso das leis que concedem isenções tributárias. A proibição refere-se à retroatividade da lei que prejudique situações consolidadas do indivíduo: o direito adquirido, o ato jurídico perfeito e a coisa julgada.

Sobre o princípio da segurança jurídica, ressaltamos que:

1) **Não existe direito adquirido contra norma originária da Constituição** (considerando que o poder constituinte originário é **ilimitado juridicamente**). Já a emenda constitucional não pode contrariar o direito adquirido (uma vez que o poder constituinte derivado possui limites jurídicos, a exemplo das cláusulas pétreas – art. 60, § 4º, CF).

2) **Não existe direito adquirido à manutenção de um regime ou estatuto jurídico**, a exemplo do regime jurídico dos servidores públicos.

3) A proteção do direito adquirido e do ato jurídico perfeito aplica-se a toda e qualquer lei no direito brasileiro, seja de ordem privada (a chamada "lei dispositiva"), seja de ordem pública.

4) De acordo com a jurisprudência do STF, a entidade responsável pela elaboração de uma lei retroativa não pode alegar direito adquirido ou ato jurídico perfeito em virtude de sua aplicação, por ter sido ela mesma que editou a norma que criou os direitos ou obrigações que posteriormente quer evitar (STF, RE 153.662/SP). No mesmo sentido, cf. a Súmula 654 do STF: "A garantia da irretroatividade da lei, prevista no art. 5.º, XXXVI, da Constituição da República, não é invocável pela entidade estatal que a tenha editado".

Gabarito "C"

12. Direito Administrativo

Elisson Costa

1. PRINCÍPIOS ADMINISTRATIVOS

(Cadete da Polícia Militar/GO – 2013 – UEG) A vedação de que o ato administrativo seja dirigido para beneficiar alguma pessoa ou alguma empresa decorre do princípio da

(A) moralidade
(B) impessoalidade
(C) motivação
(D) legalidade

A: incorreta, pois a moralidade é o princípio que impõe a conduta dentro de padrões éticos; **B:** correta, pois o princípio da impessoalidade determina que o administrador público não pode beneficiar e nem prejudicar pessoas determinadas; **C:** incorreta, pois o princípio da motivação impõe a necessidade da Administração apresentar os pressupostos de fato e de direito que fundamentam as suas decisões; **D:** incorreta pois o princípio da legalidade significa que o administrador somente pode fazer aquilo que a Lei determina ou autoriza.

Gabarito "B"

(Cadete da Polícia Militar/GO – 2013 – UEG) Pelo princípio do controle ou tutela, a Administração

(A) direta fiscaliza a atividade dos próprios órgãos.
(B) indireta revoga os atos da Administração direta.
(C) indireta realiza correção sobre os seus atos.
(D) direta fiscaliza entidade da Administração indireta.

De fato, a tutela é o princípio pelo qual a Administração Pública direta fiscaliza as atividades dos entes da Administração Indireta para garantir as suas finalidades institucionais. É um controle finalístico que não se presume e deve ser exercido nos limites definidos em Lei. Por exemplo, ao se criar uma autarquia para gerir saneamento ambiental a Administração Direta exerce o controle para verificar se a finalidade da autarquia (saneamento ambiental) está sendo cumprida, por isso o controle chama-se finalístico.

Gabarito "D"

(Soldado da Polícia Militar/GO – 2010 – FUNCAB) Em relação aos Princípios do Direito Administrativo, assinale a alternativa correta.

(A) O princípio da legalidade a que está submetida a Administração Pública, significa que os agentes públicos podem fazer tudo aquilo que a Lei não proíbe.
(B) O princípio da impessoalidade, apesar de não estar previsto expressamente na Constituição Federal, rege de forma relativa a atividade administrativa estatal.
(C) Decorre do princípio da autotutela o poder da Administração de anular, de ofício, os seus atos ilegais.
(D) Os princípios da conveniência e oportunidade regem todos os atos administrativos.
(E) O administrador público, na edição de seus atos, não está submetido ao princípio da razoabilidade.

A: incorreta, pois o princípio da legalidade preconiza que o administrador público só poderá fazer aquilo que a Lei determinar ou autorizar; **B:** incorreta, pois o princípio da impessoalidade está previsto expressamente no art. 37 *caput* da CF; **C:** correta, pois a autotutela consiste na possibilidade da Administração anular os atos ilegais e revogar os inconvenientes e inoportunos (Súmula 473 STF e art. 53 da Lei 9.784/1999);**D:** incorreta, pois os princípios da conveniência e oportunidade regerão apenas os atos administrativos discricionários. A decisão discricionária é a que ocorre entre duas ou mais soluções, sendo todas igualmente válidas para o direito. **E:** incorreta a palavra "não", pois o princípio da razoabilidade impõe que o administrador atue de forma compatível com os fins que ele deseja atingir e está previsto no art. 2º da Lei 9.784/1999.

Gabarito "C"

(Assistente Administrativo da Polícia Militar/MG – 2012 – FCC) Em relação à ética na Administração Pública, a Constituição Federal brasileira estabelece que a Administração Pública direta ou indireta obedecerá, dentre outros, aos princípios de

(A) lealdade e autoridade.
(B) legalidade e moralidade.
(C) liberdade e credibilidade.
(D) disponibilidade e pessoalidade.

De fato, a CF estabelece no *caput* do art. 37 que a legalidade e a moralidade são princípios a serem obedecidos pela Administração pública direta e indireta de qualquer dos Poderes da União, dos Estados, do Distrito Federal e dos Municípios. A legalidade impõe que o administrador público só pode fazer aquilo que a Lei determina ou autoriza e a moralidade impõe a conduta dos agentes públicos dentro de padrões éticos.

Gabarito "B"

(Oficial da Polícia Militar/SC – 2010 – IESES) Assinale a alternativa **INCORRETA**:

(A) A clássica divisão dicotômica classifica o interesse em público e privado, predominando no primeiro o interesse geral da coletividade, e no segundo o interesse particular.

(B) O interesse público primário é o modo pelo qual os órgãos da Administração entendem o interesse público, e o secundário é o interesse social, não podendo o segundo interesse contrariar o primeiro.

(C) O interesse público primário equivale ao interesse social, e o interesse público secundário é o modo pelo qual os órgãos da Administração entendem o interesse público, não podendo o segundo interesse contrariar o primeiro.

(D) A Administração pública pode celebrar contratos de interesse público primário e de interesse público secundário.

De fato, o interesse público primário é o interesse da coletividade, da sociedade como um todo. Já o secundário, é o interesse da pessoa jurídica de direito público que seja parte em uma relação jurídica, como por exemplo, a Caixa Econômica Federal, empresa pública, na captação de clientes. Portanto, o administrador público, no exercício da função administrativa deve atender a satisfação do interesse público primário.

Gabarito "B".

2. PODERES ADMINISTRATIVOS

(Cadete da Polícia Militar/GO – 2013 – UEG) Quanto aos poderes da Administração Pública:

(A) pelo poder disciplinar podem ser aplicadas sanções a particulares que não estão sujeitos à disciplina interna da Administração.

(B) por meio do poder regulamentar são editadas normas diante da ausência de Leis.

(C) a avocação de atribuições é inerente ao poder hierárquico.

(D) a possibilidade de delegação de atribuições exclusivas decorre do poder hierárquico.

A: incorreta a palavra "não", pois o poder disciplinar é a faculdade de que dispõe o administrador público para punir internamente a conduta funcional de seus servidores e demais pessoas sujeitas à disciplina administrativa, tais como licitantes e contratados; **B:** incorreta, pois o poder regulamentar ou normativo, em regra, tem como função regulamentar Leis existentes; **C:** correta, na medida que o poder hierárquico possibilita o superior distribuir, avocar, escalonar, ordenar e rever a atuação de seus órgãos e agentes subordinados; **D:** incorreta, pois atribuições exclusivas de um determinado agente não podem ser delegadas.

Gabarito "C".

(Soldado da Polícia Militar/GO – 2010 – FUNCAB) Em relação aos Poderes Administrativos, pode-se afirmar que:

(A) no exercício do poder regulamentar, a Administração Pública edita atos gerais que equivalem à Lei em sentido estrito.

(B) o poder hierárquico não confere ao agente em plano superior o poder de fiscalização das atividades exercidas por agentes a ele subordinados.

(C) o poder de polícia é uma prerrogativa pública que autoriza a Administração, com base na Lei, a restringir direitos individuais em favor do interesse da coletividade.

(D) o poder discricionário autoriza que sejam editados atos administrativos contrários à Lei.

(E) no exercício do poder disciplinar, podem ser aplicadas sanções aos agentes públicos infratores não previstas em Lei.

A: incorreta, pois o poder normativo ou regulamentar tem como função expedir atos veiculadores de normas, ou seja, regulamentar a Lei, sem extrapolar seu conteúdo; **B:** incorreta a palavra "não" pois uma decorrência do poder hierárquico é a possibilidade de fiscalizar o trabalho dos subordinados; **C:** correta, pois o poder de polícia é a faculdade de que dispõe a Administração Pública para condicionar e restringir o uso e gozo de bens, atividades e direitos individuais em benefício da coletividade ou do próprio Estado (art. 78 do CTN); **D:** incorreta, pois os atos discricionários são aqueles praticados com margem de liberdade, outorgada pela Lei, dentro de critérios de oportunidade e conveniência para que o administrador público diante do caso concreto adote a medida mais adequada; **E:** incorreta, pois o poder disciplinar deve ser exercido dentro dos limites da Lei, assim qualquer sanção a ser aplicada ao agente público deve ter previsão legal.

Gabarito "C".

O texto abaixo é atinente à próxima questão. Leia-o, atentamente.

"...os entes estatais tem inerentes a eles esses poderes como instrumento para buscar a finalidade pública, dependendo, a sua utilização, das respectivas competências fixadas e estabelecidas na Constituição... Maria Sylvia Zanella Di Pietro, com bastante nitidez, ratifica o caráter de instrumento afirmando que todos eles encerram prerrogativas de autoridade as quais, por isso mesmo, só podem ser exercidas nos limites da Lei."

(BRUNO, Reinaldo Moreira. **Direito Administrativo Didático**. 2ª edição: Del Rey, Belo Horizonte, 2008, p.88)

(Oficial da Polícia Militar/MG – 2011 – FUMARC) É atributo do Poder de Polícia Administrativa:

(A) O princípio da autotutela, que garante a capacidade da Administração de tratar de seus próprios assuntos, inclusive de sua autofiscalização e controle.

(B) A autoexecutoriedade, que é a oportunidade de decidir sobre quais campos atuar, sem limitações de legitimidade.

(C) A coercibilidade, que é a capacidade de materializar os mandamentos por meio da imposição de força, se for necessário.

(D) A discricionariedade, que é a liberdade de escolher os objetos de decisão, independentemente da competência específica.

A: incorreta, pois o princípio da autotutela não é considerado um atributo do poder de polícia; **B:** incorreta, pois a autoexecutoriedade consiste na possibilidade que a Administração Pública tem de, com os próprios meios, pôr em execução as suas decisões sem necessidade de recorrer previamente ao Poder Judiciário; **C:** correta, uma vez que a coercibilidade é a possibilidade que a Administração pública tem de impor medidas coativas diante da resistência do particular; **D:** incorreta, pois o exercício da discricionariedade deve ser exercido dentro da Lei, com competência específica.

Gabarito "C"

(Soldado Combatente da Polícia Militar /RR – 2013 – UERR) A Administração Pública está exercendo seu poder de polícia quando:

(A) Utiliza a faculdade de avocar e o autocontrole pela via recursal.
(B) Pune o servidor por descumprimento de seus deveres funcionais.
(C) Fiscaliza bares e restaurantes.
(D) Autoriza um comerciante a colocar 7 mesas em frente ao seu estabelecimento comercial.
(E) Edita normas gerais e abstratas que permitam o cumprimento das Leis.

A: incorreta, pois a faculdade de avocar decorre do poder hierárquico; **B:** incorreta, pois a punição do servidor público por descumprimento de seus deveres funcionais é atribuição do poder disciplinar; **C:** correta, pois o poder de polícia é a aquele que restringe e condiciona bens e atividades individuais em benefício do bem comum ou do Poder Público, como por exemplo, a fiscalização de estabelecimentos; **D:** incorreta, pois ao autorizar um comerciante colocar mesas em frente ao seu estabelecimento a Administração não está exercendo poder de polícia; **E:** incorreta, pois a edição de normas pela Administração é decorrência do poder normativo ou regulamentar.

Gabarito "C"

(Oficial da Polícia Militar/SC – 2010 – IESES) Leia atentamente as proposições abaixo e assinale a que se apresentar correta:

(A) O Administrador Público, para atuar, conta com o poder discricionário, que é insuscetível de fiscalização pelo Poder Judiciário.
(B) Do poder hierárquico não se infere a possibilidade de revisão dos atos praticados por agentes de nível hierárquico mais baixo.
(C) O poder regulamentar conferido ao Administrador Público ostenta natureza jurídica originária ou primária.
(D) Há indevida intromissão do Poder Judiciário na esfera de atuação do Poder Executivo, quando este exerce a fiscalização de atos discricionários, partindo exclusivamente do exame de conveniência e oportunidade do ato editado.

A: incorreta, pois o poder discricionário, embora praticado com margem de liberdade, deve ser exercido dentro dos limites da Lei e por consequência é suscetível de controle do Poder Judiciário; **B:** incorreta a palavra "não", já que uma das prerrogativas do poder hierárquico é a possibilidade de revisão dos atos praticados pelo agente de nível inferior pelo superior; **C:** incorreta, pois o poder regulamentar ostenta natureza jurídica secundária já que sua função é a de regulamentar a Lei; **D:** correta, pois o controle do Poder Judiciário sobre os atos discricionários é limitado aos aspectos da legalidade.

Gabarito "D"

3. ATO ADMINISTRATIVO

(Oficial Policial Militar de Administração/DF – 2010 – CESPE) João, valendo-se do cargo de chefia que ocupava em determinado órgão público, exonerou Ricardo do cargo em comissão que ocupava. No ato de exoneração, João alegou que Ricardo era desidioso e que havia faltado a 15 dias de trabalho no mês anterior à exoneração.

Considerando a situação hipotética acima, julgue os itens a seguir, relativos a ato administrativo.

(1) De acordo com a teoria dos motivos determinantes, mesmo que o ato de exoneração de cargo em comissão seja discricionário, nessa situação, a validade do ato vincula-se à existência dos motivos alegados para a exoneração de Ricardo. Assim, se os motivos alegados forem falsos, o ato será considerado nulo.
(2) Por se tratar de ato administrativo discricionário, a legalidade do ato de exoneração em apreço não pode ser apreciada pelo Poder Judiciário.

1: certa, pois a teoria dos motivos determinantes impõe que a validade do ato administrativo vincula-se aos motivos indicados como seu fundamento. Assim, se a Administração declarar o motivo que determinou a prática de um ato discricionário que, em princípio, não precisaria ser motivado, ficará vinculada à existência do motivo por ela declarado. Nesse caso, se o motivo não for verdadeiro, o ato pode ser invalidado; **2:** errada, uma vez que o ato discricionário é praticado com margem de liberdade outorgada pela Lei. Logo, pode tanto ser revogado como anulado, sendo que a revogação caberá apenas à Administração, enquanto que a anulação caberá à Administração ou ao Poder Judiciário.

Gabarito 1C, 2E

(Cadete da Polícia Militar/GO – 2010 – FUNCAB) Acerca dos atos administrativos, assinale a alternativa correta.

(A) É sempre possível a convalidação de ato administrativo com vício de motivo ou finalidade.
(B) Ocorre a cassação do ato administrativo pelo advento de nova legislação que impede a permanência da situação anteriormente consentida.
(C) O ato administrativo com vício de legalidade somente pode ser anulado pela Administração Pública.
(D) A anulação de ato administrativo que afete interesse individual deve observar o princípio do contraditório.
(E) A revogação é forma de desfazimento do ato administrativo em virtude de existência de vício de legalidade.

A: incorreta, pois o vício de motivo ou finalidade não são passíveis de convalidação, somente o de sujeito e forma, em determinadas situações; **B:** incorreta a palavra "cassação", na verdade é a caducidade que pelo advento de nova legislação torna inadmissível situação antes permitida; **C:** incorreta a palavra "somente", já que o ato administrativo pode ser anulado tanto pela Administração Pública como pelo Poder Judiciário; **D:** correta, pois o art. 5°, inc. LV determina que aos litigantes, em processo administrativo ou judicial é assegurado o contraditório. Logo um ato que afete interesse individual; **E:** incorreta a palavra "revogação", já que é a "anulação" que desfaz o ato administrativo em razão da existência de vício de ilegalidade.

Gabarito "D"

(Cadete da Polícia Militar/GO – 2013 – UEG) Acerca do ato administrativo:

(A) válido é o ato administrativo que não contraria a ordem jurídica.
(B) diz-se perfeito o ato administrativo editado conforme a Constituição Federal.
(C) perfeição e validade do ato administrativo possuem o mesmo significado.
(D) invalidação do ato administrativo ocorre por razões de oportunidade e conveniência.

A: correta, pois o ato administrativo válido é aquele com total conformidade com o ordenamento jurídico; **B:** incorreta, pois perfeito é o ato que está pronto, ou seja, que já concluiu as etapas de sua formação; **C:** incorreta, pois a perfeição relaciona-se com a finalização das etapas de formação do ato ao passo que validade é a conformação do ato com a ordem jurídica; **D:** incorreta a palavra "invalidação", já que é a revogação do ato administrativo que ocorre por razões de oportunidade e conveniência.

Gabarito "A"

(Soldado da Polícia Militar/GO – 2010 – FUNCAB) São características inerentes aos atos administrativos, EXCETO:

(A) autoexecutoriedade.
(B) presunção de legitimidade.
(C) imperatividade.
(D) coercitividade.
(E) relatividade.

De fato, a relatividade não é característica ou atributo do ato administrativo. Dessa forma, os atributos do ato administrativo são: a autoexecutoriedade, presunção de legitimidade, imperatividade e a coercitividade. A autoexecutoriedade consiste na possibilidade que a Administração Pública tem de, com os próprios meios, pôr em execução as suas decisões sem necessidade de recorrer previamente ao Poder Judiciário. A presunção de legitimidade determina que os atos da Administração são presumivelmente legais, até prova em contrário. A imperatividade é o atributo pelo qual os atos administrativos se impõem a terceiros independentemente de sua concordância. A coercitividade é a possibilidade de imposição de medidas coativas diante da resistência do particular.

Gabarito "E"

(Soldado da Polícia Militar/GO – 2010 – FUNCAB) Os atos administrativos podem ser vinculados ou discricionários. No entanto, mesmo nos atos administrativos discricionários, há três elementos que obrigatoriamente serão vinculados, devendo obediência à estrita previsão legal. São eles:

(A) motivo, objeto e competência.
(B) forma, objeto e finalidade.
(C) finalidade, competência e motivo.
(D) competência, forma e finalidade.
(E) objeto, competência e forma.

A: De fato, os atos discricionários são aqueles praticados com margem de liberdade, outorgada pela Lei, ao administrador público para que ele, mediante critérios de oportunidade e conveniência, possa escolher a alternativa mais adequada diante do caso concreto. Embora esse ato seja expedido com liberdade, existem elementos que são vinculados, quais sejam: competência, forma e finalidade.

Gabarito "D"

(Soldado Combatente da Polícia Militar /RR – 2013 – UERR) **NÃO** pode ser considerado atributo do ato administrativo:

(A) Presunção de legitimidade ou veracidade ou validade ou legalidade.
(B) Imperatividade.
(C) Exigibilidade ou coercibilidade.
(D) Autoexecutoriedade ou executoriedade.
(E) Pertinência com a função administrativa.

De fato, os atributos do ato administrativo são: a presunção de legitimidade, a imperatividade, a exigibilidade e a autoexecutoriedade. Exclui-se desse rol a pertinência com a função administrativa. A presunção de legitimidade determina que os atos da Administração sejam presumivelmente considerados legais. Tal presunção é decorrência lógica do princípio da legalidade para a Administração Pública. A imperatividade é o atributo pelo qual os atos administrativos se impõem a terceiros independentemente de sua concordância. A exigibilidade é o direito da Administração exigir de terceiros a observância das obrigações por ela imposta. A Autoexecutoriedade consiste na possibilidade que a Administração Pública tem de, com os próprios meios, pôr em execução as suas decisões sem necessidade de recorrer previamente ao Poder Judiciário.

Gabarito "E"

(Soldado Combatente da Polícia Militar /RR – 2013 – UERR) Analise as afirmativas:

I. Um ato administrativo pode estar enquadrado em várias classificações ao mesmo tempo. Ex: Ato de permissão de uso é ato individual, externo, de império, discricionário e simples.
II. Atos de império são aqueles praticados sob o regime de prerrogativas públicas. A Administração de forma unilateral impõe sua vontade sobre os administrados (princípio da supremacia dos interesses públicos). Ex: Interdição de estabelecimento comercial por irregularidades.
III. Aprovação é o ato administrativo unilateral discricionário, pelo qual a Administração manifesta sua concordância com ato jurídico já praticado ou que ainda deva ser praticado. É um ato jurídico que controla outro ato jurídico.

(A) Apenas I e II estão corretas.
(B) Apenas II e III estão corretas.
(C) Apenas I e III estão corretas.
(D) Todas estão corretas.
(E) Todas estão incorretas.

I: correta, pois variadas são as classificações dos atos administrativos, tais como quanto aos destinatários, alcance, prerrogativas, regramento, formação, eficácia, efeitos, dentre outros; II: correta, pois quanto às prerrogativas, os atos administrativos podem ser classificados como atos de império ou de gestão, sendo que os primeiros são aqueles praticados pela Administração valendo-se de sua supremacia sobre o particular; III: correta, pois a aprovação pode ser definida como o ato unilateral e discricionário pelo qual se exerce o controle a priori ou a posteriori do ato administrativo, por isso é um ato jurídico que controla outro ato jurídico.

Gabarito "D"

4. ORGANIZAÇÃO DA ADMINISTRAÇÃO PÚBLICA

(Cadete da Polícia Militar/GO – 2013 – UEG) Quanto à Administração Pública em sentido subjetivo verifica-se que

(A) a autarquia e a fundação estão inseridas na Administração direta.
(B) a Administração direta é composta pela União, estados, Distrito Federal e municípios.

(C) a empresa pública e a sociedade de economia mista compõem a Administração direta.

(D) a Administração direta é também chamada de Administração descentralizada.

A: incorreta, pois autarquias e fundações integram a Administração Indireta (art. 4º, inc. II, "a" e "d" do Dec.-lei 200/1967); **B:** correta, pois a União, Estados, Distrito Federal e Municípios são as pessoas políticas que integram a Administração direta; **C:** incorreta, pois empresas públicas e sociedades de economia mista fazem parte da Administração indireta (art. 4º, inc. II, "b" e "c" do Dec.-lei 200/1967); **D:** incorreta a palavra "descentralizada" já que é a Administração indireta que possui essa denominação.

Gabarito "B"

(Soldado da Polícia Militar/GO – 2010 – FUNCAB) No que se refere à regulamentação normativa acerca da Administração Direta e Indireta, assinale a alternativa correta.

(A) A Administração Direta caracteriza-se pela descentralização, fenômeno através do qual os seus órgãos adquirem personalidade jurídica autônoma.

(B) As empresas públicas e as sociedades de economia mista integram a Administração Indireta.

(C) Os órgãos que compõem a Administração Indireta, uma vez criados, desvinculam-se totalmente do Ente Público que as criou.

(D) As sociedades de economia mista podem ser criadas por ato do Poder local, independentemente de previsão legal autorizadora.

(E) As autarquias integram a Administração Direta e não precisam ser criadas por Lei.

A: incorreta a expressão " Administração Direta" , pois a descentralização é característica da Administração Indireta; **B:** correta, uma vez que está de acordo com o art. 4º, II, "b" "c" do Dec.-lei 200/1967; **C:** incorreta a expressão "desvincula-se totalmente", pois os órgãos públicos integram a estrutura do Estado e das demais pessoas jurídicas como partes deles; **D:** incorreta, pois as sociedades de economia mista dependem de autorização legal, de acordo art. 37, XIX da CF; **E:** incorreta, pois as autarquias integram a Administração Indireta (art. 4º, II, "a" do Dec.-lei 200/1967) e além disso devem ser criadas por Lei (art. 37, XIX, da CF.).

Gabarito "B"

5. SERVIDORES PÚBLICOS

(Soldado da Polícia Militar/GO – 2010 – FUNCAB) Os servidores públicos civis ou militares integram a classe dos agentes públicos que representa o conjunto de pessoas que, a qualquer título, exercem uma função pública como preposto do Estado.Com relação às espécies de provimentos dos agentes públicos, assinale a alternativa correta.

(A) Através do provimento derivado, o servidor inicia nova relação estatutária com a Administração Pública.

(B) O provimento derivado materializa-se através do ato de nomeação.

(C) A readaptação é a forma de provimento originário de transferência do servidor de seu cargo efetivo para outro de igual denominação, situado em quadro funcional diverso.

(D) Promoção é forma de provimento originário pela qual o servidor deixa o seu cargo e ingressa em outro de classe mais elevada.

(E) A posse é o ato da investidura pelo qual são atribuídos ao servidor as prerrogativas, os direitos e os deveres do cargo.

A: incorreta, pois o provimento é o ato pelo qual o servidor é investido no cargo, emprego ou função. Pode ser originário ou derivado, sendo que este último é aquele que depende de um vínculo anterior do servidor com a Administração; **B:** incorreta, a palavra "derivado" já que o provimento originário é feito por meio da nomeação que pressupõe a inexistência de vínculo anterior com a Administração; **C:** incorreta, pois a readaptação é a investidura do servidor em cargo de atribuições e responsabilidades compatíveis com a limitação que tenha sofrido em sua capacidade física ou mental verificada em inspeção médica (art. 24, Lei 8.112/1990); **D:** incorreta a palavra "originário", pois a promoção é forma de provimento derivado; **E:** correta, pois é o ato de posse que atribui ao servidor as prerrogativas, direito e deveres do cargo.

Gabarito "E"

(Oficial da Polícia Militar/SC – 2010 – IESES) Leia atentamente as proposições abaixo e assinale a que se apresentar correta:

(A) A Lei não poderá estabelecer qualquer forma de contagem de tempo de contribuição fictício.

(B) São estáveis após dois anos de efetivo exercício os servidores nomeados para cargo de provimento efetivo em virtude de concurso público.

(C) Ao servidor ocupante, exclusivamente, de cargo em comissão declarado em Lei de livre nomeação e exoneração bem como de outro cargo temporário ou de emprego público, aplica-se o regime estatutário de previdência social, onde houver.

(D) O servidor estadual em estágio probatório pode ser demitido sem maiores formalidades, diante da precariedade do vínculo com o Poder Público, posto que ainda não atingida a estabilidade.

A: correta, pois CF ao tratar da aposentadoria dos servidores, determina que a Lei não poderá estabelecer qualquer forma de contagem de tempo de contribuição fictício (art. 40 §10 da CF); **B:** incorreta a palavra "dois", pois o prazo para aquisição da estabilidade é de três anos de efetivo exercício (art. 41 da CF); **C:** incorreta a palavra "estatutário", pois os servidores ocupantes de cargo em comissão, os temporários e os empregados públicos não se submetem ao regime estatutário; **D:** incorreta, pois a demissão do servidor em estágio probatório exige processo administrativo em que lhe seja garantida a ampla defesa e o contraditório.

Gabarito "A"

(Oficial da Polícia Militar/SC – 2010 – IESES) Assinale a alternativa que contém acumulação **INDEVIDA** de cargos públicos:

(A) Exercício de um cargo de médico e outro de perito criminal com especialidade em medicina veterinária, em compatibilidade de horários.

(B) Exercício de dois cargos de médico, em compatibilidade de horários.

(C) Exercício de um cargo de professor com outro técnico ou científico, em compatibilidade de horários.

(D) Exercício de dois cargos de professor, em compatibilidade de horários.

De fato, a regra estabelecida pela CF é a da não acumulação de cargos públicos, exceto se houver compatibilidade de horários e nas seguintes situações: dois cargos de professor; um cargo de professor com outro técnico e de dois cargos ou empregos privativos de profissionais de saúde, com profissões regulamentadas (art. 37, XVI da CF). Portanto, não é possível a acumulação de um cargo de profissional da saúde (médico) com um cargo técnico ou científico (perito criminal), ainda que os horários sejam compatíveis.

Gabarito "A"

(Oficial da Polícia Militar/SC – 2010 – IESES) Leia atentamente as proposições abaixo e assinale a que se apresentar correta:

(A) A alteração da remuneração paga aos servidores públicos pode ser feita por ato administrativo, independente de Lei anterior.

(B) Comprovada a necessidade de contratação de pessoal, devem-se nomear os candidatos aprovados no certame em vigor em detrimento da renovação de contrato temporário celebrado para atender as necessidades excepcionais da Administração.

(C) É facultada a vinculação ou equiparação de quaisquer espécies remuneratórias para o efeito de remuneração de pessoal do serviço público.

(D) Não caracteriza preterição de vaga a terceirização, pelo Poder Público, daquelas vagas objeto de concurso público para o qual restaram aprovados determinados candidatos.

A: incorreta, pois a remuneração dos servidores somente poderá ser fixada ou alterada por Lei específica (art. 37, XI da CF); **B:** correta pois durante o prazo improrrogável previsto no edital de convocação, aquele aprovado em concurso público de provas ou de provas e títulos será convocado com prioridade sobre novos concursados para assumir cargo ou emprego, na carreira (art. 37, IV da CF); **C:** incorreta a palavra "facultada" já que é vedada a vinculação ou equiparação (art. 37, XIII, da CF); **D:** incorreta a palavra "não" já que as vagas objeto do concurso público não podem ser terceirizadas àqueles que não prestaram o concurso.

Gabarito "B"

6. IMPROBIDADE ADMINISTRATIVA

(Oficial da Polícia Militar/BA – 2012 – CONSULTEC) Os atos de improbidade praticados por qualquer agente público, servidor ou não, contra a Administração direta, indireta ou fundacional de qualquer dos poderes da União, dos estados, do Distrito Federal, dos municípios, de Território, de empresa incorporada ao patrimônio público ou de entidade para cuja criação ou custeio o erário haja concorrido ou concorra com mais de cinquenta por cento do patrimônio ou da receita anual, serão punidos na forma da Lei 8.429, de 2 de junho de 1992. Estão também sujeitos às penalidades dessa Lei os atos de improbidade praticados contra o patrimônio de entidade que receba subvenção, benefício ou incentivo, fiscal ou creditício, de órgão público, bem como daquelas para cuja criação ou custeio o erário haja concorrido ou concorra com menos de cinquenta por cento do patrimônio ou da receita anual, limitando-se, nesses casos, a sanção patrimonial à repercussão do ilícito sobre a contribuição dos cofres públicos.

Constitui ato de improbidade administrativa que atenta contra os princípios da Administração pública qualquer ação ou omissão que viole os deveres de honestidade, imparcialidade, legalidade, lealdade às instituições e, notadamente,

(A) frustrar a licitude de concurso público; revelar ou permitir que chegue ao conhecimento de terceiro, antes da respectiva divulgação oficial, teor de medida política ou econômica capaz de afetar o preço de mercadoria, bem ou serviço; não utilizar a Lei de licitação para efetuar as compras necessárias; empregar funcionários sem realização de concurso público; não prestar contas ao Tribunal de Contas da respectiva esfera governamental.

(B) retardar ou deixar de praticar, indevidamente, ato de ofício; revelar fato ou circunstância de que tem ciência em razão das atribuições e que deva permanecer em segredo; efetuar publicidade aos atos oficiais em veículos de pouca circulação; não realização de concurso público; deixar de prestar contas quando esteja obrigado a fazê-lo; não elaborar documentações contábeis devidamente assinadas por profissional competente.

(C) praticar ato visando a fim proibido em Lei ou regulamento ou diverso daquele previsto, na regra de competência; retardar ou deixar de praticar, indevidamente, ato de ofício; revelar fato ou circunstância de que tem ciência em razão das atribuições e que deva permanecer em segredo; negar publicidade aos atos oficiais; frustrar a licitude de concurso público; deixar de prestar contas quando esteja obrigado a fazê-lo; revelar ou permitir que chegue ao conhecimento de terceiro, antes da respectiva divulgação oficial, teor de medida política ou econômica capaz de afetar o preço de mercadoria, bem ou serviço.

(D) revelar ou permitir que chegue ao conhecimento de terceiro, antes da respectiva divulgação oficial, teor de medida política ou econômica capaz de afetar o preço de mercadoria, bem ou serviço; não utilizar a Lei de licitação para efetuar as compras necessárias; empregar funcionários sem realização de concurso público; não prestar contas ao Tribunal de Contas da respectiva esfera governamental.

(E) deixar de prestar contas quando esteja obrigado a fazê-lo; revelar ou permitir que chegue ao conhecimento de terceiro, antes da respectiva divulgação oficial, teor de medida política ou econômica capaz de afetar o preço de mercadoria, bem ou serviço; realizar nepotismo em órgão públicos; não utilizar a Lei de licitação para efetuar as compras necessárias.

A: Incorreta as afirmações "não utilizar a Lei de licitação para efetuar as compras necessárias; empregar funcionários sem realização de concurso público; não prestar contas ao Tribunal de Contas da respectiva esfera governamental", pois não estão de acordo com o estipulado no art. 11 da Lei 8.429/1992; **B:** Incorreta as afirmações "efetuar publicidade aos atos oficiais em veículos de pouca circulação; não realização de concurso público; deixar de prestar contas quando esteja obrigado a fazê-lo; não elaborar documentações contábeis devidamente assinadas por profissional competente", uma vez que não atendem ao disposto nos inc. I a VII do art. 11 da Lei 8.429/1992; **C:** Correta, pois está em consonância com a redação dos inc. I a VII do art. 11 da Lei 8.429/1992; **D:** Incorreta as afirmações "não utilizar a Lei de licitação para efetuar as compras necessárias; empregar funcionários sem realização de concurso público; não prestar contas ao Tribunal de Contas da respectiva esfera governamental", uma vez que são condutas não descritas nos inc. I a VII do art. 11 da Lei 8.429/1992; **E:** Incorreta a afirmação "realizar nepotismo em órgãos públicos; não utilizar a Lei de licitação para efetuar as compras necessárias", pois são condutas não descritas nos inc. I a VII do art. 11 da Lei 8.429/1992.

Gabarito "C"

(Oficial da Polícia Militar/SC – 2010 – IESES) Leia atentamente as proposições abaixo e assinale a que se apresentar **INCORRETA**:

(A) Reputa-se agente público, para os efeitos da fiscalização da probidade administrativa, todo aquele que exerce, ainda que transitoriamente ou sem remuneração, por eleição, nomeação, designação, contratação ou qualquer outra forma de investidura ou vínculo, mandato, cargo, emprego ou função nas entidades da Administração Direta, indireta ou fundacional, e também nas empresas cujo custeio o erário tenha concorrido com mais de cinquenta por cento do patrimônio ou receita anual.

(B) O sucessor do administrador público falecido considerado ímprobo, responde pelos atos praticados pelo seu genitor, até o limite de seus bens, inclusive os da herança, excetuado aquele considerado como bem de família.

(C) O reconhecimento da improbidade administrativa exige a demonstração de culpa ou dolo. Doutrina e jurisprudência vêm afirmando, reiteradamente, que não há responsabilização objetiva nos casos de improbidade administrativa.

(D) Será punido com pena de demissão, a bem do serviço público, sem prejuízo de outras sanções cabíveis, o agente público que se recusar a prestar declaração dos bens, dentro do prazo determinado, ou que a prestar falsa, porque assim agindo impede a fiscalização dos atos de improbidade administrativa.

A: correta, pois essa definição de agente público encontra-se no art. 2º da Lei 8.429/1992; **B:** incorreta, devendo ser assinalada, pois a Lei 8.429/1992 em seu art. 8º determina que o sucessor do ímprobo responde até o limite do valor da herança; **C:** correta, pois o STJ entende que o reconhecimento da conduta do agente como incurso nas previsões da Lei de Improbidade exige a demonstração do elemento subjetivo, consubstanciado pelo dolo para os tipos previstos nos arts. 9º (enriquecimento ilícito) e 11 (violação dos princípios da Administração Pública) e, ao menos, pela culpa nas hipóteses do art. 10 (prejuízo ao erário). (Resp 1.192.056-DF); **D:** correta, pois a pena de demissão a bem do serviço público em caso de recusa da prestação de declaração de bens do agente público ou que a prestar falsa, está prevista no art. 13, § 3° da Lei 8.429/1992.

Gabarito "B"

(Oficial da Polícia Militar/SC – 2010 – IESES) Leia atentamente as proposições abaixo e assinale a que se apresentar **INCORRETA**:

(A) No que concerne aos atos de improbidade administrativa, a perda da função pública e a suspensão dos direitos políticos só se efetivam com o trânsito em julgado da sentença condenatória.

(B) Não constitui ato de improbidade administrativa o ato voluntário e inequívoco praticado por Prefeito Municipal, que contrata com posto de combustível, diretamente e sem maiores formalidades, o abastecimento da frota municipal por preço pouco acima do valor médio de mercado.

(C) O terceiro só pode responder aos termos da Lei 8.429/1992 se restar comprovada a improbidade praticada por agente público visando beneficiá-lo, direta ou indiretamente, bem como a sua consciência inequívoca de que a vantagem não era lícita (dolo).

(D) Qualquer pessoa poderá representar à autoridade administrativa competente para que seja instaurada investigação destinada a apurar a prática de ato de improbidade.

A: correta, pois o art. 20 da Lei 8.429/1992 determina que a perda da função pública e a suspensão dos direitos políticos somente se efetivam com o trânsito em julgado da sentença condenatória; **B:** incorreta, devendo ser assinalada, pois o ato do Prefeito pode-se caracterizar como incurso no art. 10, inc. VIII, ou seja, ato que cause dano ao erário já que houve uma contratação direta indevida; **C:** correta, pois é possível a punição do terceiro não agente público desde que este se beneficie intencionalmente (art. 5º da Lei 8.429/1992); **D:** correta, pois o art. 14 da Lei 8.429/1992 determina a possibilidade de qualquer pessoa representar à autoridade administrativa competente para que seja instaurada investigação destinada a apurar a prática de ato de improbidade.

Gabarito "B"

7. INTERVENÇÃO NA PROPRIEDADE E NO DOMÍNIO ECONÔMICO

(Cadete da Polícia Militar/GO – 2010 – FUNCAB) Sobre a intervenção do Estado na propriedade, é correto afirmar que:

(A) servidão administrativa é o direito real público que autoriza o Poder Público a usar a propriedade imóvel, de forma a permitir a execução de obras e serviços de interesse coletivo.

(B) ocupação temporária é forma de intervenção na propriedade pela qual o Poder Público busca proteger o patrimônio cultural brasileiro.

(C) a requisição administrativa depende de decisão judicial, e recai somente sobre bens móveis.

(D) a desapropriação é sempre temporária e instituída através de sentença judicial.

(E) a limitação administrativa é forma de intervenção que incide sobre propriedade individualmente identificada, como meio de apoio à execução de obras e serviços públicos.

A: correta, pois a servidão é um direito real imposto pelo Poder Público e que incide sobre a propriedade privada, de forma a permitir a execução de obras e serviços, sendo possível a indenização dos prejuízos efetivamente suportados pelo particular; **B:** incorreta a expressão "ocupação temporária", pois é o tombamento que protege o patrimônio cultural brasileiro, por meio de uma declaração do Poder Público acerca do valor histórico, artístico e cultural de um bem; **C:** a requisição consiste na utilização coativa de bens ou serviços particulares pelo Poder Público por ato de execução imediata e direta da autoridade requisitante e indenização ulterior, para atendimento de necessidades coletivas, urbanas, urgentes e transitórias (art. 5º, XXV, da CF); **D:** incorreta, pois na desapropriação há a transferência definitiva da propriedade para o Poder Público e, além disso, ela nem sempre será por sentença judicial, pois se houver acordo entre as partes ela se consumará administrativamente; **E:** incorreta, pois a limitação é medida de ordem geral, unilateral e que não gera indenização pela qual o Poder Público condiciona o exercício de direitos e atividades particulares.

Gabarito "A"

(Oficial da Polícia Militar/SC – 2010 – IESES) Leia atentamente as proposições abaixo e assinale a que se apresentar **INCORRETA**:

(A) A servidão administrativa ostenta natureza de direito real público, porque destinada a atender fatores de interesse público.
(B) A servidão administrativa não enseja perda da propriedade e a indenização deve referir-se à extensão dos prejuízos causados ao respectivo proprietário.
(C) A desapropriação confiscatória não é admitida pelo ordenamento jurídico pátrio, justamente porque exclui o direito à indenização do expropriado.
(D) O tombamento pode ter por objeto bens móveis e imóveis.

A: correta, pois a servidão administrativa é um ônus real de uso imposto pelo Poder Público à propriedade particular para assegurar a realização e conservação de obras e serviços públicos, mediante indenização dos prejuízos efetivamente suportados pelo proprietário; **B:** correta, pois na servidão administrativa restringe-se o uso da propriedade sem perdê-la, por essa razão que a indenização refere-se aos prejuízos suportados pelo proprietário; **C:** incorreta, devendo ser assinalada, pois a desapropriação confiscatória é prevista no art. 243 da CF e incide sobre glebas que cultivam ilegalmente substâncias psicotrópicas; **D:** correta, pois o tombamento é uma declaração do Estado acerca do valor histórico, artístico, ambiental, cultural de um bem móvel ou imóvel (art. 1º do Dec.-lei 25/1937).

Gabarito "C"

8. RESPONSABILIDADE DO ESTADO

(Soldado da Polícia Militar/GO – 2010 – FUNCAB) O artigo 37, § 6º da Constituição da República, que estabelece que o Estado responderá pelos atos que seus agentes cometerem no exercício ou em razão da função, consagra a seguinte espécie de responsabilidade civil do Estado:

(A) subjetiva pelo fato do serviço.
(B) integral.
(C) objetiva.
(D) ampla irresponsabilidade.
(E) subjetiva com culpa.

De fato, a responsabilidade extracontratual do Estado pode ser definida como aquela que impõe ao Estado a obrigação de indenizar os danos causados aos particulares pelos agentes públicos, no exercício de suas funções ou a pretexto de exercê-las. No Brasil, a teoria consagrada pela CF é a objetiva conhecida também como teoria do risco, que exclui o elemento subjetivo (culpa ou dolo) dentre os seus requisitos, sendo que para sua caracterização não há a necessidade de verificar se o serviço funcionou mal, foi retardado o não funcionou.

Gabarito "C"

(Oficial da Polícia Militar/MG – 2011 – FUMARC) "...a responsabilidade patrimonial extracontratual do Estado incumbe a obrigação de reparar economicamente os danos causados a terceiros e que lhes sejam imputáveis em decorrência de comportamentos comissivos e omissivos, materiais ou jurídicos."

(BANDEIRA DE MELLO, Celso Antônio. **Direito Administrativo Brasileiro**, 2008, 552.).

Considerando que o Estado é constitucionalmente obrigado a zelar pela Segurança Pública e que a violência definitivamente ocorre na sociedade, pode-se aduzir que

(A) o Estado pode ser condenado pelos danos civis inerentes à violência social porque o dever constitucional infere a responsabilidade objetiva em relação à sociedade.
(B) não podemos alegar a responsabilidade civil objetiva, porque o dever do Estado está sendo cumprido e por motivos alheios, terceiros se propugnar a propalar a violência.
(C) o Estado pode ser condenado pelos danos civis inerentes à violência social quando restar caracterizada a culpa direta do representante legal, ou ainda, a negligência institucional em face de um caso específico, jamais genérico.
(D) a concorrência do Estado com a responsabilidade do cidadão, delineada no artigo 144 da CF impede a imputação de responsabilidade para o Estado.

De fato, o art. 37, §6º da CF determina que as pessoas jurídicas de direito público e as de direito privado, prestadoras de serviços públicos, responderão pelos danos que seus agentes, nessa qualidade, causarem a terceiros, assegurado o direito de regresso contra o responsável nos casos de dolo ou culpa. Todavia, isso não implica dizer que o Estado é um segurador universal, ou seja, responsável por todos os danos causados aos particulares. É por essa razão que nos casos de violência social o Estado somente poderá ser condenado quando caracterizada a culpa direta do agente público ou caracterizada a omissão estatal diante de uma situação específica.

Gabarito "C"

9. LICITAÇÕES E CONTRATOS

(Oficial Policial Militar de Administração/DF – 2010 – CESPE) Julgue os itens a seguir, que tratam de licitações e contratos.

(1) As normas que determinam que obras, serviços, compras e alienações no âmbito da Administração pública sejam contratados mediante processo de licitação pública visam garantir a observância do princípio da isonomia.

(2) De acordo com a Lei 8.666/1993, a concorrência é um tipo de licitação.

(3) Com o advento da CF, as contratações por meio da modalidade convite passaram a ser consideradas inconstitucionais.

1: certa, pois se trata de disposição constante nos arts. 1° e 3° da Lei 8.666/1993 que estabelece a obrigatoriedade de licitação para a Administração Pública e observância de princípios, dentre eles o da isonomia; **2:** errada, uma vez que a concorrência é uma modalidade de licitação, prevista no art. 22, inc. I da Lei 8.666/1993. Os tipos de licitação referem-se aos critérios de julgamento e estão elencados no art. 45 da Lei 8.666/1993; **3:** errada, tendo em vista que a modalidade convite está prevista no art. 22, inc. III e § 3° da Lei 8.666/1993 sendo a modalidade entre interessados do ramo pertinente ao seu objeto, cadastrados ou não, escolhidos e convidados em número mínimo de 3 (três) pela unidade administrativa, a qual afixará, em local apropriado, cópia do instrumento convocatório e o estenderá aos demais cadastrados na correspondente especialidade que manifestarem seu interesse com antecedência de até 24 (vinte e quatro) horas da apresentação das propostas.

Gabarito 1C, 2E, 3E

(Cadete da Polícia Militar/GO – 2010 – FUNCAB) O instrumento utilizado no contrato administrativo, objetivando o reequilíbrio contratual afetado por fato superveniente, não conhecido pelos contratantes na ocasião da celebração do contrato, recebe o nome de:

(A) reajuste.

(B) rescisão.

(C) cláusula exorbitante.

(D) revisão.

(E) contraposição.

A: incorreta, pois o reajuste, de acordo com o art. 40, XI, da Lei 8.666/1993 consiste na atualização do valor inicialmente pactuado pelas partes em razão das elevações do mercado de forma a corrigir os efeitos da inflação; **B:** incorreta, pois a rescisão dá-se por motivos de interesse público ou por inadimplência da contratada (arts. 58, II; arts. 79, I, e 78, I a XII e XVII da Lei 8.666/1993); **C:** incorreta, pois cláusula exorbitante é aquela que confere uma prerrogativa para a Administração pública, colocando-a em posição de supremacia com relação ao particular, como por exemplo, a alteração unilateral do contrato; **D:** correta, pois a revisão ocorre na hipótese de sobrevirem fatos imprevisíveis, ou previsíveis, porém de efeitos incalculáveis, conforme dispõe o art. 65, II, "*d*", da Lei 8.666/1993; **E:** incorreta, pois a contraposição é modalidade de extinção do ato administrativo que ocorre quando um ato deixa de ser válido em razão de outro ato cujos efeitos lhe são contrapostos, como exemplo, na exoneração que possui efeitos contrapostos a nomeação do servidor.

Gabarito "D"

(CHO – Oficial da Polícia Militar/MG – 2010) Para que uma compra possa ser concretizada pela Administração pública, nos termos previstos na Lei n. 8.666/1993, é correto afirmar que deverá:

(A) Balizar-se pelos preços praticados no âmbito das entidades do setor privado.

(B) Obrigatoriamente, ser processada através de sistema de registro de preços.

(C) Sempre que possível, atender ao princípio da padronização.

(D) Ser processada em parcela única, visando economicidade.

A: incorreta, pois a Administração deve balizar-se pelos preços praticados no âmbito de seus órgãos e entidades (art. 15, V, da Lei 8.666/1993); **B:** incorreta, pois o sistema de registro de preços deve ser utilizado sempre que possível e não obrigatoriamente (art. 15, II da Lei 8.666/1993); **C:** correta, pois o art. 15, inc. I, da Lei 8.666/1993 determina que as compras, sempre que possível deverão atender ao princípio da padronização, que imponha compatibilidade de especificações técnicas e de desempenho, observadas, quando for o caso, as condições de manutenção, assistência técnica e garantia oferecidas; **D:** incorreta, pois as compras devem, sempre que possível, ser subdivididas em tantas parcelas quantas necessárias para aproveitar as peculiaridades do mercado, visando economicidade (art. 15, inc. IV, da Lei 8.666/1993).

Gabarito "C"

(CHO – Oficial da Polícia Militar/MG – 2010) Na ocorrência do pregão presencial, nos termos do Decreto Estadual 44.786/2008, deve-se observar:

(A) É permitido aos licitantes alterar o preço das propostas exclusivamente por meio de lances verbais, que poderão ser decrescentes ou crescentes.

(B) Não há possibilidade de aceitação de proposta única.

(C) Uma vez declarado o vencedor, os demais licitantes terão o prazo de cinco dias úteis para apresentação das razões do recurso, sendo irrelevante a manifestação da intenção de recorrer, no momento da sessão.

(D) As propostas serão abertas na sessão e somente serão classificadas se estiverem em conformidade com o edital.

A: incorreta, pois o art. 12, inc. VII, do Decreto 44.786/2008 determina que a apresentação de lances verbais pelos licitantes cujas propostas foram selecionadas deverão ser formuladas de forma sucessiva, em valores distintos e decrescentes, a partir do autor da proposta de maior preço; **B:** incorreta a palavra "não", pois o inc. XII, do art. 12 do Decreto 44.786/2008 admite a proposta única; **C:** incorreta, pois uma vez declarado o vencedor para os licitantes que manifestarem a intenção de recorrer, será concedido o prazo de 03 dias úteis para apresentação das razões de recurso (art. 12, XXVII, *c* do Decreto 44.786/2008); **D:** correta, pois a abertura das propostas dar-se-á na sessão marcada para tal finalidade, sendo que as propostas somente serão classificadas se estiverem de acordo com o edital (art. 12, IV, do Decreto 44.786/2008).

Gabarito "D"

(CHO – Oficial da Polícia Militar/MG – 2010) Durante a realização do pregão eletrônico, nos termos do Decreto Estadual 44.786/2008, deve-se observar:

(A) no caso de empate entre dois ou mais lances, será feito sorteio para definir qual deles prevalecerá, se outro procedimento não for estabelecido no edital.

(B) todos os atos da fase externa do pregão eletrônico deverão ser realizados eletronicamente.

(C) deve-se informar aos demais licitantes, durante a sessão pública e em tempo real, a identificação do licitante que propôs o lance de menor valor.

(D) se a proposta de menor valor não for aceitável, deve o pregoeiro encerrar os trabalhos e propor a realização de novo certame licitatório.

A: incorreta, pois no caso de empate entre duas ou mais propostas, em que seus proponentes não tiverem ofertado lance, será realizado, obrigatoriamente, sorteio aleatório pelo próprio sistema (art.13, XXI do Decreto 44.786/2008); **B:** correta, pois os atos da fase externa do pregão eletrônico serão feitos eletronicamente (art. 13, IV do Decreto 44.786/2008); **C:** incorreta, pois é vedada a identificação do titular do lance de menor valor (art. 13, XXIV, do Decreto 44786/08); **D:** incorreta, pois se a proposta ou lance de menor valor não for aceitável, ou se o licitante desatender às exigências para habilitação, o pregoeiro examinará as ofertas subsequentes, na ordem de classificação, verificando a sua aceitabilidade e procedendo à verificação da habilitação do seu ofertante, até a seleção de proposta que atenda ao edital (art. 13, XXXVII do Decreto 44.786/2008).

Gabarito "B"

(Oficial da Polícia Militar/SC – 2010 – IESES) Leia atentamente as proposições abaixo e assinale a que se apresentar correta:

(A) O princípio da vinculação ao instrumento convocatório evita que sejam alterados os critérios de julgamento na licitação e dele decorre o princípio do julgamento objetivo.

(B) No processo licitatório, admite-se a oferta de vantagens de um licitante baseada na oferta de outro.

(C) É obrigatória a licitação para o Administrador Público no caso de contratação de fornecimento ou suprimento de energia elétrica com o concessionário ou permissionário do respectivo serviço público.

(D) A dispensa de licitação não exige motivação específica.

A: correta, pois o princípio da vinculação ao instrumento convocatório obriga tanto a Administração quanto ao licitante, a observarem as normas e condições estabelecidas no ato convocatório (edital ou carta-convite). O art. 41 da Lei 8.666/1993 estabelece que a Administração não poderá descumprir as normas e condições do edital, ao qual se acha estritamente vinculada; **B:** incorreta, pois o princípio da isonomia veda a oferta de vantagens a um licitante em detrimento do outro; **C:** incorreta a palavra "obrigatória", pois o art. 24, inc XXII da Lei 8.666/1993 permite a contratação direta no caso de fornecimento ou suprimento de energia elétrica com o concessionário ou permissionário do serviço; **D:** incorreta, as hipóteses tanto de dispensa como de inexigibilidade de licitação, devem ser necessariamente justificadas nos termos do art. 26 da Lei 8.666/1993.

Gabarito "A"

10. SERVIÇO PÚBLICO, CONCESSÕES E PPP

(Oficial da Polícia Militar/MG – 2011 – FUMARC)

O serviço público é uma atividade oferecida à coletividade, realizada pelo Estado, no exercício da função pública regular.

Nesse sentido, analise as afirmativas atinentes às características do serviço público:

I. É um dever inescusável do Estado, como razão de sua própria existência;

II. Todas as autoridades competentes para regular são competentes para a execução;

III. Tem sua adequação como direito fundamental, de acordo com princípios da própria Constituição.

Assinale a alternativa **correta** .

(A) As afirmativas I, II e III estão incorretas.

(B) As afirmativas I, II e III estão corretas.

(C) Apenas a afirmativa II está incorreta.

(D) Apenas a afirmativa III está incorreta.

I: correta, pois a prestação de serviços públicos incumbe ao Poder Público, que na forma da Lei, o prestará diretamente ou sob regime de concessão ou permissão, sempre através de licitação (art. 175 da CF); II: correta, pois o serviço público pode ser prestado diretamente ou indiretamente, ou seja, o titular do serviço é o Estado que é competente tanto para regulá-lo quanto para executá-lo; III: correta, pois o princípio da adequação do serviço público pressupõe que a sua prestação deve atender plenamente às necessidades dos usuários, satisfazendo, assim, as condições de regularidade, continuidade, eficiência (serviço satisfatório qualitativa e quantitativamente), segurança, atualidade, generalidade (serviço para todos os usuários), cortesia na sua prestação (bem tratamento aos usuários) e modicidade das tarifas (tarifas razoáveis), sendo portanto um direito fundamental que se coaduna com os princípios da Constituição, como por exemplo a eficiência.

Gabarito "B"

(Sargento da Polícia Militar /SP – 2012 – VUNESP) De acordo com a Lei 7.783/1989 – Lei de Greve –, assinale a alternativa correta.

(A) A atividade de compensação bancária é considerada um serviço essencial.

(B) Frustrada a negociação ou verificada a impossibilidade de recursos via arbitral, é obrigatória a cessação coletiva do trabalho.

(C) São assegurados aos grevistas, dentre outros direitos, o emprego de meios coercitivos tendentes a persuadir ou aliciar os trabalhadores a aderirem à greve.

(D) É assegurado o direito de greve, competindo à Justiça do Trabalho, independentemente de provocação, decidir sobre a oportunidade de exercê-lo e sobre os interesses que devam por meio dele defender.

A: correta, pois a atividade de compensação bancária é considerada serviços essencial nos termos do inciso XI do art. 10º da Lei 7.783/1989; B incorreta a palavra "obrigatória", pois nos termos do art. 3º da Lei 7.783/1989 frustrada a negociação ou verificada a impossibilidade de recursos via arbitral, é facultada a cessação coletiva do trabalho; **C:** incorreta a palavra "coercitivos", pois de acordo com o art. 6º, I da Lei 7.783/1989 é assegurado ao grevista o emprego de meios pacíficos tendentes a persuadir ou aliciar os trabalhadores a aderirem à greve; **D:** incorreta, pois é assegurado o direito de greve, competindo aos trabalhadores decidir sobre a oportunidade de exercê-lo e sobre os interesses que devam por meio dele defender (art. 1º da Lei 7.783/1989).

Gabarito "A"

11. CONTROLE DA ADMINISTRAÇÃO

(Cadete da Polícia Militar/GO – 2010 – FUNCAB) No que concerne à disciplina do mandado de segurança individual e coletivo, prevista na Lei 12.016/2009, assinale a alternativa correta.

(A) O pedido de mandado de segurança não poderá ser renovado dentro do prazo decadencial, ainda que a decisão denegatória não lhe tenha apreciado o mérito.

(B) Da decisão do juiz de primeiro grau que conceder ou denegar a liminar caberá apelação.

(C) Não se concederá mandado de segurança quando se tratar de decisão judicial transitada em julgado.

(D) É cabível mandado de segurança contra os atos de gestão comercial praticados pelos administradores de empresas públicas, de sociedade de economia mista e de concessionárias de serviço público.

(E) Quando o direito ameaçado ou violado couber a várias pessoas, somente uma delas poderá requerer o mandado de segurança.

A: incorreta a palavra "não", pois de acordo com o art. 6°, §6° da Lei 12.016/2009 o pedido de mandado de segurança poderá ser renovado dentro do prazo decadencial, se a decisão denegatória não lhe houver apreciado o mérito; **B:** incorreta, a palavra "apelação", pois da decisão que concede ou denega liminar cabe agravo de instrumento (art. 7° §°1 da Lei 12.016/2009); **C:** correta, pois o art. 5°, inciso III da Lei 12.016/2009 estabelece que não se concederá mandado de segurança quando se tratar de decisão transitada em julgado; **D:** incorreta a palavra "cabível" já que o art. 1°, §2° impede o mandado de segurança contra atos de gestão comercial; **E:** incorreta, pois a CF e a Lei 12.016/2009 permitem a impetração do mandado de segurança coletivo (art. 5°, LXX da CF e art. 21 da Lei 12.016/2009).

Gabarito "C"

(Cadete da Polícia Militar/GO – 2013 – UEG) No que respeita ao controle da Administração Pública,

(A) o Poder Legislativo não exerce controle sobre a Administração Pública.

(B) invalidação e revogação são indistintamente usadas para extinguir um ato administrativo.

(C) por meio do poder de tutela a Administração direta exerce controle sobre os próprios atos.

(D) atos administrativos são revogados por motivo de conveniência ou oportunidade.

A: incorreta, pois o Poder Legislativo exerce o controle político e orçamentário sobre a Administração pública; **B:** incorreta, pois a invalidação ocorre por motivos de ilegalidade ao passo que a revogação por conveniência ou oportunidade; **C:** incorreta a palavra "tutela", pois o controle da Administração sobre os seus próprios atos denomina-se autotutela. Tutela é o princípio pelo qual a Administração Pública direta fiscaliza as atividades dos entes da Administração Indireta para garantir as suas finalidades institucionais; **D:** correta já que a revogação do ato Administração ocorre por razões de conveniência ou oportunidade.

Gabarito "D"

12. PROCESSO ADMINISTRATIVO

(Cabo da Polícia Militar /PI – 2012 – UESPI) A Lei 9.784/1999 que regula os processos administrativos prevê que a competência é:

(A) irrenunciável e nunca pode ser delegada nem sofrer avocação;

(B) irrenunciável, mas pode, em certos casos, ser delegada e, excepcionalmente, sofrer avocação temporária;

(C) renunciável apenas nas hipóteses de delegação e de avocação, para as quais é dispensada qualquer justificação;

(D) renunciável apenas nos casos de livre delegação, pois a avocação não implica renúncia por ser originária de hierarquia superior;

(E) renunciável, seja nos casos de livre delegação, seja nos de avocação, seja nos de substituição de um órgão por outro.

De fato, a competência é irrenunciável e se exerce pelos órgãos administrativos a que foi atribuída como própria, salvo os casos de delegação e avocação legalmente admitidos. Assim, um órgão administrativo e seu titular poderão, se não houver impedimento legal, delegar parte da sua competência a outros órgãos ou titulares, ainda que estes não lhe sejam hierarquicamente subordinados, quando for conveniente, em razão de circunstâncias de índole técnica, social, econômica, jurídica ou territorial. (arts. 11 e 12 da Lei 9.784/1999).

Gabarito "B"

(Cabo da Polícia Militar /PI – 2012 – UESPI) Segundo a Lei 9.784/1999, o particular que requereu a instauração de processo administrativo:

(A) não pode desistir do processo;

(B) pode desistir do processo, gerando necessariamente sua extinção;

(C) pode desistir do processo, competindo à autoridade processante a faculdade discricionária de aceitar a desistência ou não, por seu livre convencimento;

(D) pode desistir do processo, o qual no entanto poderá prosseguir se o interesse público assim o justificar;

(E) apenas poderá desistir do processo se obtiver autorização judicial.

De fato, o interessado poderá, mediante manifestação escrita, desistir total ou parcialmente do pedido formulado ou, ainda, renunciar a direitos disponíveis. Além disso, a desistência ou renúncia do interessado, conforme o caso, não prejudica o prosseguimento do processo, se a Administração considerar que o interesse público assim o exige (art. 51 da Lei 9.784/1999).

Gabarito "D"

(Sargento da Polícia Militar /PI – 2012 – UESPI) Conforme a Lei 9.784/1999 (Lei do Processo Administrativo Federal) aplicada subsidiariamente a todos os entes políticos podemos afirmar, **EXCETO**.

(A) A Administração deve anular seus próprios atos, quando eivados de vício de legalidade, e pode revogá-los por motivo de conveniência ou oportunidade, respeitados os direitos adquiridos.

(B) O direito da Administração de anular os atos administrativos de que decorram efeitos favoráveis para os destinatários decai em 04 (quatro) anos, contados da data em que foram praticados, salvo comprovada má-fé.

(C) Em decisão na qual se evidencie não acarretarem lesão ao interesse público nem prejuízo a terceiros, os atos que apresentarem defeitos sanáveis poderão ser convalidados pela própria Administração.

(D) No caso de efeitos patrimoniais contínuos, o prazo de decadência contar-se-á da percepção do primeiro pagamento

(E) Considera-se exercício do direito de anular qualquer medida de autoridade administrativa que importe impugnação à validade do ato.

A: correta, pois o princípio da autotutela permite que a Administração anule os atos ilegais e revogue os inconvenientes ou inoportunos (Súmula 473 STF e art. 53 da Lei 9.784/1999); **B:** incorreta a expressão "04 anos", pois o direito da Administração nesse caso decai em 05 anos (art. 54 da Lei 9.784/1999); **C:** correta, pois a convalidação consiste em suprir o vício existente em um determinado ato, sendo restrita aos vícios de sujeito e forma, desde que não causem lesão ao interesse público ou de terceiros (art. 55 da Lei 9.784/1999); **D:** correta, pois está de acordo com o art. 54, § 1° da Lei 9.784/1999; **E:** correta, pois atende o disposto no art. 54, § 2° da Lei 9.784/1999.

Gabarito "B"

(Sargento da Polícia Militar /PI – 2012 – UESPI) Conforme a Lei 9.784/1999 (Lei do Processo Administrativo Federal), são legitimados como interessados no processo administrativo, **EXCETO**.

(A) Pessoas físicas ou jurídicas que o iniciem como titulares de direitos ou interesses individuais ou no exercício do direito de representação.

(B) Aqueles que, sem terem iniciado o processo, têm direitos ou interesses que possam ser afetados pela decisão a ser adotada.

(C) As organizações e associações representativas, no tocante a direitos e interesses individuais.

(D) As pessoas legalmente constituídas quanto a direitos ou interesses difusos.

(E) As associações legalmente constituídas quanto a direitos ou interesses difusos.

De fato, o art. 9º da Lei 9.784/1999 determina que são legitimados como interessados no processo administrativo as pessoas físicas ou jurídicas que o iniciem como titulares de direitos ou interesses individuais ou no exercício do direito de representação; aqueles que, sem terem iniciado o processo, têm direitos ou interesses que possam ser afetados pela decisão a ser adotada; as organizações e associações representativas, no tocante a direitos e interesses coletivos; as pessoas ou as associações legalmente constituídas quanto a direitos ou interesses difusos. Portanto, as organizações e associações são interessadas, no tocante a direitos e interesses coletivos e não individuais.

Gabarito "C"

13. TEMAS COMBINADOS

(Oficial Policial Militar de Administração/DF – 2010 – CESPE) No que concerne aos princípios, aos poderes e à organização da Administração pública, julgue os itens seguintes.

(1) As secretarias de segurança pública estaduais são consideradas pessoas jurídicas de natureza pública, dotadas de personalidade jurídica própria e com atribuições para atuar em prol do interesse público.

(2) Considere que o órgão responsável pela fiscalização sanitária de determinado município, ao inspecionar determinado restaurante, tenha constatado que o estabelecimento não atendia aos requisitos mínimos de higiene e segurança para o público. Considere, ainda, que o agente público responsável pela fiscalização tenha aplicado multa e interditado o estabelecimento até que as irregularidades fossem sanadas. Nessa situação, a Administração pública exerceu seu poder de polícia.

(3) Ao apurar infrações e aplicar penalidades aos servidores públicos, a Administração pública exerce o poder hierárquico.

(4) Segundo a CF, os cargos, os empregos e as funções públicas são acessíveis aos brasileiros que preencham os requisitos estabelecidos em Lei, assim como, na forma da Lei, aos estrangeiros.

(5) A CF veda expressamente que a publicidade dos atos governamentais caracterize promoção pessoal de autoridades ou de servidores públicos.

1: errada, pois as secretarias de segurança pública são fruto de desconcentração administrativa e não de descentralização, ou seja, não são novos entes da Administração Pública, logo não possuem personalidade jurídica; **2:** certa, pois o poder de policia é aquele em que a Administração Pública condiciona e restringe direitos e atividades individuais em benefício da coletividade ou do próprio Estado; **3:** errada, pois a aplicação de penalidades a servidor público é expressão do poder disciplinar e não hierárquico; **4:** certa, pois se trata de disposição acerca da acessibilidade aos cargos públicos prevista no art. 37, inc. I da CF; **5:** correta, pois se trata da vedação à promoção pessoal do administrador público, estabelecida no §1° do art. 37 da CF.

Gabarito 1E, 2C, 3E, 4C, 5C

(Oficial Policial Militar/DF – 2010 – CESPE) No que se refere aos institutos do direito administrativo, julgue os itens subsequentes.

(1) De acordo com o princípio da obrigatoriedade da licitação, previsto na Constituição Federal de 1988 (CF), salvo disposição em contrário, obras, serviços, compras e alienações devem ser contratados mediante processo licitatório público que assegure a igualdade de condições entre todos os participantes.

(2) A delegação de serviço público, em qualquer de suas modalidades, implica transferência da titularidade do serviço.

(3) Se, após a celebração de contrato administrativo, houver sensível aumento das despesas assumidas pelo contratado, decorrente de fatos imprevisíveis, o contrato administrativo deverá ser rescindido, diante da impossibilidade de alteração de suas cláusulas originais, para recompor os valores.

(4) Pelo princípio da legalidade, aplicável no âmbito da Administração pública, o administrador público pode praticar todas as condutas que não estejam expressamente proibidas em Lei.

(5) A Administração pública pode desconcentrar sua atuação por intermédio da criação de entidades dotadas de personalidade jurídica própria.

(6) Os militares integram a categoria dos agentes públicos, e estão submetidos a regime estatutário definido em legislação própria.

1: certo, pois se trata de disposição constante nos arts. 1° e 3° da Lei 8.666/1993 que estabelece a obrigatoriedade de licitação para a Administração pública e observância de princípios, dentre eles o da igualdade ou isonomia; **2:** errada, pois a delegação do serviço público implica na transferência da execução e não titularidade do serviço; **3:** errada, pois no caso de fatos imprevisíveis o contrato administrativo pode ser revisto e consequentemente alterado, tendo em vista o disposto no art. 65, II,"d" da Lei 8.666/1993; **4:** errada, uma vez que incorreta a palavra "não", ou seja, pelo princípio da legalidade o administrador só pode fazer aquilo que a Lei determina ou autoriza; **5:** errada a expressão "desconcentrar", uma vez que a desconcentração é distribuição de competências dentro dos vários órgãos da Administração pública, ao passo que a descentralização implica na criação de entidades dotadas de personalidade jurídica; **6:** certo, pois os militares são agentes públicos com regime estatutário definidos em Lei específica, conforme determina o art. 142, § 3°, inciso X da CF e Decreto 4.307/2002.

Gabarito 1C, 2E, 3E, 4E, 5E, 6C

(Oficial da Polícia Militar/SC – 2010 – IESES) Leia atentamente as proposições abaixo e assinale a que se apresentar correta:

(A) O princípio da publicidade pode ser reclamado, sem prejuízo de outros meios legais, através de dois instrumentos básicos: o direito de petição e as certidões.
(B) Os órgãos públicos não possuem capacidade processual para figurar como parte em processos judiciais. Nem mesmo à Assembleia Legislativa Estadual, elevado órgão do Poder Público constitucionalmente reconhecido, é dado estar em juízo, defendendo seus interesses.
(C) Os serviços públicos essenciais, como os de fornecimento de água e luz, remunerados por tarifa, não admitem suspensão por falta de pagamento, e o corte, por esse comprovado motivo, realizado pela concessionária do serviço público, enseja reparação por danos morais.
(D) Caracteriza-se o excesso de poder quando o agente, embora dentro de sua competência, afasta-se do interesse público que deve imantar a atividade administrativa.

A: correta, pois o princípio da publicidade estabelece que o administrador público divulgue amplamente os seus atos, sendo certo que o direito de petição e o de obtenção de certidões são instrumentos para sua efetivação (art. 5°, incisos XXXIV "a" e "b" da CF); **B:** incorreta, pois embora os órgãos públicos não tenham capacidade processual esse entendimento, segundo a jurisprudência foi alterado no tocante a alguns órgãos como, por exemplo a Assembleia Legislativa que a par de ser órgão com autonomia financeira goza de independência organizacional, sendo titular de direitos subjetivos, tendo pois capacidade processual (TJ-BA ApCív n°24.417-7); **C:** incorreta, pois a Lei 8.987/1995 permite a interrupção na prestação do serviço no caso de inadimplência do usuário, desde que haja aviso prévio (art. 6° da Lei 8.987/1995); **D:** incorreta, pois o excesso de poder dá-se exatamente quando o agente público extrapola a sua competência, afastando-se do interesse público.

Gabarito "A"

(Oficial da Polícia Militar/SC – 2010 – IESES) Leia atentamente as proposições abaixo e assinale a que se apresentar **INCORRETA**:

(A) A Administração pública pode anular seus próprios atos, quando inquinados de ilegalidade.
(B) O servidor público integrante da Administração direta ou indireta que se encontrar no exercício de mandato eletivo federal será afastado do cargo, emprego ou função, facultando-se-lhe optar pela sua remuneração.
(C) A responsabilidade civil do Estado é subjetiva quando se tratar de ato omissivo do Poder Público, exigindo-se, para a sua responsabilização, a configuração do dolo ou culpa.
(D) O servidor público investido no mandato de Vereador, havendo compatibilidade de horários, perceberá as vantagens de seu cargo, emprego ou função, sem prejuízo da remuneração do cargo eletivo.

A: correta, pois a autotutela permite que a Administração anule seus atos ilegais (Súmula 473 STF e art. 53 da Lei 9.784/1999); **B:** incorret, devendo ser assinalada. A palavra "facultando-lhe" é que esta inadequada, pois no caso de mandato eletivo federal o servidor não pode optar pela remuneração (art. 38, I da CF); **C:** correta, pois a doutrina fixou entendimento que no caso de omissão na prestação do serviço público o Estado responde de forma subjetiva; **D:** correta, pois no caso de compatibilidade de horário o servidor investido no mandato de vereador poderá acumular a sua remuneração com o subsídio do cargo eletivo (art. 38, III, da CF).

Gabarito "B"

13. Direito Penal

Adriano Barbosa e Roberta Cordeiro

1. CONCEITO, FONTES E PRINCÍPIOS DO DIREITO PENAL

(Cadete da Polícia Militar/GO – 2013 – UEG) Sobre os princípios constitucionais do Direito Penal, verifica-se que o princípio da:

(A) individualização da pena tem por destinatário único o juiz por ocasião da aplicação da pena.
(B) fragmentariedade indica que a intervenção penal somente deve ocorrer para tutelar bens jurídicos de relevo para a sociedade.
(C) culpabilidade tem tradução na vedação da responsabilidade subjetiva.
(D) intervenção mínima orienta para a aplicação do direito penal quando a lesão ou ameaça de lesão ao bem jurídico for irrelevante.

A: incorreta, pois o princípio da individualização da pena determina que a pena não deve ser padronizada, cabendo a cada delinquente a exata medida punitiva pelo que fez; dirige-se ao legislador, quando da cominação da pena, e ao juiz, por ocasião da aplicação da pena, sendo aplicado também na fase de execução penal (art. 5.º da LEP); **B:** correta, pois o caráter fragmentário do direito penal significa que uma vez escolhidos os bens fundamentais, comprovada a lesividade e a inadequação das condutas que os ofendem, esses bens passarão a fazer parte de uma pequena parcela que é protegida pelo direito penal, originando-se, assim, a sua natureza fragmentária; **C:** incorreta, pois, de acordo com o princípio da culpabilidade, ninguém será penalmente punido se não houver agido com dolo ou culpa, dando mostras de que a responsabilização não deve ser objetiva, mas subjetiva; **D:** incorreta, pois, conforme o princípio da intervenção mínima, o direito penal não deve interferir em demasia na vida do indivíduo, retirando-lhe a autonomia e liberdade. O direito penal é considerado a *ultima ratio*, ou seja, a última cartada do sistema legislativo quando se entende que outra solução não pode haver senão a criação de lei penal incriminadora, impondo sanção ao infrator.

Gabarito "B"

(Oficial Policial Militar de Administração/DF – 2010 – CESPE) Julgue os itens subsequentes, relativos ao direito penal.

(1) Os inimputáveis, assim como os menores de dezoito anos de idade, não praticam crime e, portanto, não se submetem a qualquer sanção criminal nem a medida de proteção ou socioeducativa.
(2) Em relação à aplicabilidade da norma penal incriminadora, admite-se a interpretação extensiva e a analogia, para assegurar que determinados fatos, assemelhados aos descritos na norma criminal sancionadora, ainda que não previstos expressamente na legislação penal, não fiquem sem punição.
(3) Entre os princípios constitucionais relativos ao direito penal, consta a proibição da retroatividade da lei penal, salvo para, de qualquer modo, beneficiar o réu, sendo que a lei posterior mais benéfica pode ser aplicada mesmo a fatos anteriores decididos por sentença condenatória transitada em julgado.
(4) Para a existência da coautoria, são necessários os seguintes requisitos: pluralidade de condutas, relevância causal, liame subjetivo entre os agentes e identidade de infração para todos os participantes.

1: incorreta, pois os inimputáveis, assim como os menores de dezoito anos, não praticam crime, de acordo com a posição majoritária do conceito analítico que diz que crime é fato típico, ilícito e culpável; mas os inimputáveis submetem-se à medida de segurança (art. 97 do CP) e os menores de dezoito anos de idade submetem-se à medida de proteção ou socioeducativa (art. 112 da Lei 8.069/1990); **2:** incorreta, pois em relação à aplicabilidade da norma penal incriminadora admite-se a interpretação extensiva consiste na ampliação do alcance das palavras da lei, a fim de que se atenda o real objetivo do texto (ex.: art. 121, I, III e IV do CP), mas não se admite a analogia, que é a aplicação do conteúdo de uma lei a casos não pretendidos abranger por sua vontade, sendo que só é admitida no direito penal em benefício de agente; **3:** correta, pois nos termos do art. 2.º, parágrafo único, do CP assim dispõe: "A lei posterior, que de qualquer modo favorecer o agente, aplica-se aos fatos anteriores, ainda que decididos por sentença condenatória transitada em julgado."; **4:** correta (art. 29 do CP), pois os requisitos elencados na assertiva são aqueles do concurso de pessoas: pluralidade de condutas, relevância causal de todas as condutas, liame subjetivo ou concurso de vontades ou unidade de desígnios e identidade de infração para todos.

Gabarito 1E, 2E, 3C, 4C

(Soldado da Polícia Militar/GO – 2010 – FUNCAB) O artigo 5.º, inciso XL, da Constituição da República prevê que "a lei penal não retroagirá, salvo para beneficiar o réu". Tal dispositivo constitucional refere-se ao princípio da:

(A) individualização da pena.

(B) legalidade estrita.
(C) retroatividade benéfica da lei penal.
(D) irretroatividade total da lei penal.
(E) aplicação imediata da lei processual penal.

A: incorreta (art. 5.º, XLVI, da CF e 5.º da LEP), pois prega este princípio que a pena não deve ser padronizada, cabendo a cada delinquente a exata medida punitiva pelo que fez; **B:** incorreta (art. 5.º, XXXIX, da CF), pois tudo o que não for expressamente proibido, é lícito em direito penal. Por intermédio da lei, existe a segurança jurídica do cidadão de não ser punido se não houver previsão legal criando o tipo incriminador, definindo as condutas proibidas, sob ameaça de sanção. O princípio da legalidade possui quatro funções: 1. proibir a retroatividade da lei penal: que só poderá retroagir para beneficiar o réu. A regra é a irretroatividade; a exceção, a retroatividade para beneficiar o agente; 2. proibir a criação de crimes e de penas pelos costumes: assim, da afirmação de que somente da lei pode-se originar crimes e cominar penas, proíbe-se a invocação do costume para a fundamentação ou agravação da pena; 3. proibir o emprego da analogia para criar crimes, fundamentar ou agravar penas: veda-se o recurso da analogia *in malam partem* para produzir hipóteses que venham a prejudicar o agente, seja criando crimes, seja incluindo novas causas de aumento de pena, de circunstâncias agravantes etc. Não pode o intérprete socorrer-se da analogia para gerar fatos similares aos criados pelo legislador em prejuízo do agente; 4. proibir incriminações vagas e indeterminadas: a reserva legal não impõe somente a existência de lei anterior ao fato cometido pelo agente, definindo infrações penais, mas obriga, ainda, que no preceito primário do tipo penal incriminador haja uma definição exata da conduta proibida ou imposta, sendo vedada, com base em tal princípio, a criação de tipos que contenham conceitos vagos e imprecisos. A lei deve ser, por isso, taxativa; **C:** correta, uma vez que a Constituição Federal determina em seu art. 5.º, XL: "a lei penal não retroagirá, salvo para beneficiar o réu"; **D:** incorreta (art. 5.º, XL, da CF), pois a lei penal não retroagirá para abranger situações já consolidadas, sob o império de legislação diferenciada. Logo, quando novas leis entram em vigor, devem abranger somente fatos concretizados sob a sua égide. Abre-se exceção à irretroatividade, quando ingressamos no campo da lei penal benéfica. Esta sim pode voltar no tempo para favorecer o agente, ainda que o fato tenha sido decidido por sentença condenatória transitada em julgado; **E:** incorreta (art. 2.º do CPP), pois no direito processual penal adota-se o princípio da aplicação imediata ou do efeito imediato da lei processual, sendo que, diferente do direito penal, vigora a regra do *tempus regit actum* e a lei processual aplica-se imediatamente, sendo considerados válidos os atos processuais já realizados.

Gabarito "C"

2. APLICAÇÃO DA LEI PENAL NO TEMPO

(Soldado Combatente da Polícia Militar/RR – 2013 – UERR) A respeito da Lei Penal no tempo e no espaço, assinale a alternativa **INCORRETA**:

(A) Ninguém pode ser punido por fato que lei posterior deixa de considerar crime, cessando em virtude dela a execução e os efeitos penais e civis da sentença condenatória.
(B) A lei excepcional ou temporária, embora decorrido o período de sua duração ou cessadas as circunstâncias que a determinaram, aplica-se ao fato praticado durante sua vigência.
(C) Considera-se praticado o crime no momento da ação ou omissão, ainda que outro seja o momento do resultado.
(D) Aplica-se a lei brasileira, sem prejuízo de convenções, tratados e regras de direito internacional, ao crime cometido no território nacional.
(E) É também aplicável a lei brasileira aos crimes praticados a bordo de aeronaves ou embarcações estrangeiras de propriedade privada, achando-se aquelas em pouso no território nacional ou em voo no espaço aéreo correspondente, e estas em porto ou mar territorial do Brasil.

A: incorreta (devendo ser assinalada), pois a *abolitio criminis* não contempla a cessação de efeitos civis relacionados ao crime abolido, conforme o que prescreve o art. 2.º, *caput*, CP; **B:** correta, tendo em vista o que determina o Código Penal sobre a lei excepcional e a lei temporária, segundo o que ordena o art. 3.º; **C:** correta, pois o *Codex* Criminal pátrio adota o Princípio da Atividade em relação ao tempo do crime, como disciplina o art. 4.º; **D:** correta, considerando que o CP adota o Princípio da Territorialidade Temperada quanto à aplicação da lei penal no espaço, como regulamenta o art. 5.º, *caput*; **E:** correta, levando em conta o instituto da Territorialidade por Extensão previsto no art. 5.º, § 1.º, CP.

Gabarito "A"

(Oficial da Polícia Militar/SC – 2010 – IESES) Em relação ao Código penal, assinale a assertiva correta:

(A) Na contagem do prazo em matéria penal exclui-se o dia do começo, incluindo-se o dia final.
(B) *Abolitio criminis* significa a supressão da figura criminosa, por ter o legislador considerado que a ação, antes prevista como delituosa, não é mais idônea a ferir o bem jurídico tutelado.
(C) Com relação ao tempo do crime, o ordenamento jurídico brasileiro adotou a teoria da atividade, já, em relação ao lugar do crime o legislador manifestou sua preferência pela teoria da ubiquidade.
(D) Referente à tentativa, pode dizer que é punível com a pena correspondente ao crime consumado, diminuída de 1 (um) a 2/5 (dois quintos).

A: incorreta, pois na contagem dos prazos em matéria penal o dia de início é incluído, como prescreve o art. 10, CP; **B:** correta, tendo em vista que a *abolitio criminis* (abolição do crime), previsto no art. 2.º, *caput*, CP, leva à descriminalização de condutas típicas, passando um fato criminoso a ser um indiferente penal, sendo a abolição do crime, conforme o art. 107, III, CP, uma causa de extinção da punibilidade; **C:** incorreta, de acordo com o gabarito oficial. Entretanto, entendemos que a assertiva está correta, pois o Código Penal brasileiro adota a teoria da atividade a teoria da atividade, que determina que o tempo do crime é o da ação ou omissão, como disciplina o art. 4.º, CP, de outro lado, em relação ao lugar do crime o CP adota a teoria da ubiquidade, que determina que o local do crime será tanto o da ação ou omissão, quanto o do resultado do crime, segundo o que ordena o seu art. 6.º; **D:** incorreta, considerando que o CP preceitua no art. 14, parágrafo único, que a diminuição será de 1 a 2/3.

Gabarito "B"

3. APLICAÇÃO DA LEI PENAL NO ESPAÇO

(Bombeiro Militar/PB – 2011 – FURNE) Acerca da aplicação da lei penal, aponte a assertiva **INCORRETA**:

(A) A pena cumprida no estrangeiro atenua a pena imposta no Brasil pelo mesmo crime, quando diversas, ou nela é computada, quando idênticas.

(B) A lei posterior, que de qualquer modo favorecer o agente, aplica-se aos fatos anteriores, ainda que tenha havido o trânsito em julgado da sentença.
(C) O princípio da insignificância é considerado, na jurisprudência do Supremo Tribunal Federal, como causa supralegal excludente de tipicidade.
(D) Considera-se praticado o crime no momento do resultado, pois só neste momento o bem jurídico terá sido afetado.
(E) Considera-se praticado o crime no lugar em que ocorreu a ação ou omissão, no todo ou em parte, bem como onde se produziu ou deveria produzir-se o resultado.

A: correta, segundo o que determina o CP no seu art. 8.º; **B:** correta, pois o CP traz o instituto da *novatio legis in mellius* (lei nova melhor) no seu art. 2.º, parágrafo único; **C:** correta, tendo em vista que o Supremo Tribunal Federal (STF) segue o seguinte entendimento jurisprudencial: *(...) A aplicação do princípio da insignificância, de modo a tornar a ação atípica, exige a satisfação, de forma concomitante, de certos requisitos, quais sejam, conduta minimamente ofensiva, ausência de periculosidade social da ação, reduzido grau de reprovabilidade do comportamento e lesão jurídica inexpressiva* (RHC 11.5490, Rel. Min. Ricardo Lewandowski, Segunda Turma, j. 21.05.2013); **D:** incorreta (devendo ser assinalada), pois o CP adota a Teoria da Atividade para determinar o momento da prática do crime, conforme o previsto no seu art. 4.º; **E:** correta, considerando que o CP dá pálio à Teoria da Ubiquidade no que se refere ao lugar do crime, expresso no seu art. 6.º.

Gabarito "D"

4. CLASSIFICAÇÃO DOS CRIMES

(Oficial da Polícia Militar/SC – 2010 – IESES) Quanto à classificação dos crimes, assinale a alternativa correta:

(A) O crime descrito no artigo 216-A, do Código Penal – Assédio sexual – é considerado crime impróprio.
(B) Por delito de mão própria, entende-se como aquele que só pode ser cometido pelo autor em pessoa e de forma direta; por exemplo, artigo 342, do Código de Penal – Falso testemunho ou falsa perícia.
(C) O crime de perigo de contágio venéreo é considerado como crime de mera atividade.
(D) O delito qualificado pelo resultado conjuga a culpa no antecedente e o dolo no consequente.

A: incorreta, considerando que o crime de assédio sexual previsto no Código Penal exige para sua prática que o sujeito ativo da ação criminosa exerça uma condição de superior hierárquico em relação à vítima, ou tenha com ela uma relação de ascendência própria do exercício de emprego, cargo ou função, sendo, portanto, crime próprio, como prescreve o art. 216-A, CP; **B:** correta, pois o crime de mão própria é o perpetrado diretamente pelo agente através de suas próprias mãos, sem delegação a terceiros, através de ações personalíssimas, como é o caso do crime de falso testemunho ou falsa perícia, nos termos do art. 342, *caput*, CP; **C:** incorreta, tendo em vista que o crime de perigo de contágio venéreo é crime formal, de perigo concreto, sendo necessária prova material (pericial) para determinação de sua prática, conforme o que determina o art. 130, *caput*, CP; **D:** incorreta, tendo em vista que o crime qualificado pelo resultado é o que traz dolo em relação à conduta perpetrada e culpa quanto ao resultado alcançado (crime preterdoloso, p.ex. art. 129, § 3.º, CP), podendo ainda no crime qualificado pelo resultado haver dolo na conduta e dolo em relação ao resultado obtido.

Gabarito "B"

5. FATO TÍPICO E TIPO PENAL

(Soldado Combatente da Polícia Militar/RR – 2013 – UERR) Analise as afirmações abaixo e assinale a resposta **CORRETA** sobre o tema Teoria da Conduta:

I. No que concerne a Teoria Naturalista, também denominada causal, mecanicista ou clássica, a conduta – segundo o postulado de Franz von Liszt – representaria tão só uma produção de resultado mediante o emprego de força física. Melhor explicando, a conduta seria o comportamento humano voluntário que produz um resultado modificativo do mundo exterior.
II. A Teoria Finalista, cujo maior expoente foi Hanz Welzel, rechaçou a ideia de que a conduta era um mero acontecimento causal e trouxe para a ciência penal algo que era inatingível para os naturalistas, o fato de que a conduta é a ação humana, voluntária e consciente, dirigida a um fim.
III. Para a Teoria Social da Ação, a conduta é o comportamento humano socialmente relevante, ou seja, somente há que se considerar a conduta humana para efeitos penais, quando atingir o meio social em que vive o agente de forma relevante. Ao contrário do que possa parecer ao estudioso mais incauto, a teoria social da ação não exclui os postulados naturalistas e finalistas, mas sim acrescenta a estes o conceito de relevância social.

(A) Apenas I e II estão corretas.
(B) Apenas II e III estão corretas.
(C) Apenas I e III estão corretas.
(D) Todas estão corretas.
(E) Todas estão incorretas.

I: correta, pois, a Teoria Causal da Ação que criou o sistema causal-naturalista, concebido por Franz Von Liszt e Ernst Von Beling, também chamado de Sistema Litsz-Beling, preconiza que o conceito de ação criminal repousa na concepção de uma ação que advém de um movimento humano voluntário que dá ensejo a uma modificação do mundo exterior; II: correta, tendo em vista que o Finalismo "Welzeliano", concebido por Hanz Welzel, adotado pelo Código Penal Brasileiro, concebe a ação penal relevante como sendo aquela que traduz um comportamento humano, voluntário e dirigido a uma finalidade, seja esta ilícita (quando há ação dolosa, por exemplo), seja lícita (quando há crime culposo); III: correta, considerando os postulados de Johannes Welsses, um dos ícones da Teoria Social da Ação, que ensina que o conceito de ação, comum a todas as formas de conduta, encontra-se na relevância social da ação e da omissão.

Gabarito "D"

(Sargento da Polícia Militar/SP – 2012 – VUNESP) Se a morte da vítima decorreu de suas condições pessoais, pois era cardíaca, circunstância ignorada pelo agente, não a tendo atingido os tiros desfechados por este, responderá por:

(A) crime tentado.
(B) crime consumado.
(C) erro de tipo.
(D) lesão corporal dolosa tentada.

Há de se asseverar que no caso sob exame existe a incidência de causa preexistente relativamente independente. Ou seja, as condições pessoais da vítima (doença cardíaca) eram anteriores à ação do agente (disparo de tiros) e ensejaram a sua morte, por si mesmas, em que pese o desencadeamento do resultado ter sido iniciado por conduta do agente. De outro lado, a ação do agente não alcança o resultado por circunstâncias alheias à sua vontade, que são as condições pessoais da vítima, respondendo aquele pelas condutas praticadas, conforme o que ordena o art. 13, CP.

Gabarito "A"

(Cabo da Polícia Militar/PI – 2012 – UESPI) Uma pessoa desferiu em outra, querendo ceifar sua vida, alguns golpes de faca. A vítima foi socorrida e levada ao pronto socorro, porém, uma semana depois, veio a óbito por infecção hospitalar. O crime praticado por quem esfaqueou foi:

(A) lesão corporal seguida de morte.
(B) lesão corporal grave.
(C) homicídio simples.
(D) homicídio qualificado.
(E) tentativa de homicídio.

De fato, se uma pessoa age com o *animus necandi* (intenção de matar) em relação a uma vítima, mas não consegue êxito no seu intento criminoso por circunstâncias alheias a sua vontade, responde por tentativa de homicídio, nos termos do art. 121, CP combinado com o art. 14, II, CP. De outro lado, neste mesmo cenário, se o resultado morte advém de causa superveniente relativamente independente que de per si produz este resultado, que está fora da linha de desdobramento físico da ação do agente, como é o caso de infecção hospitalar, o resultado morte não pode ser atribuído ao agente que causou o ferimento. Isso, conforme o que prescreve o art. 13, § 1.º, CP.

Gabarito "E"

(Sargento da Polícia Militar/ES – 2011 – IDECAN) Considere as seguintes afirmativas:

I. O resultado, de que depende a existência do crime, somente é imputável a quem lhe deu causa. Considera-se causa a ação ou omissão sem a qual o resultado não teria ocorrido.
II. A superveniência de causa relativamente independente exclui a imputação quando, conjugada com a ação do agente, produziu o resultado.
III. A omissão é penalmente relevante quando o omitente devia e podia agir para evitar o resultado.

Está(ão) correta(s) apenas a(s) afirmativa(s):

(A) I
(B) I, II
(C) I, III
(D) II, III
(E) I, II, III

I: correta. De acordo com o art. 13, *caput*, do CP: "O resultado, de que depende a existência do crime, somente é imputável a quem lhe deu causa. Considera-se causa a ação ou omissão sem a qual o resultado não teria ocorrido."; II: incorreta. O Código Penal, em seu art. 13, § 1.º, assim dispõe: "A superveniência de causa relativamente independente exclui a imputação quando, por si só, produziu o resultado; os fatos anteriores, entretanto, imputam-se a quem os praticou."; III: correta. O art. 13, § 2.º, do CP preceitua: "A omissão é penalmente relevante quando o omitente devia e podia agir para evitar o resultado.".

Gabarito "C"

(Oficial da Polícia Militar/MG – 2011 – FUMARC) Analise a expressão abaixo, depois assinale a alternativa que melhor atende à disposição expressa. O resultado de um crime apenas pode ser imputado em uma relação causa e efeito.

(A) Todo crime depende de uma conduta realizada de livre e espontânea vontade pelo agente, ainda que seja omissiva, ainda que o resultado não seja obtido.
(B) Todo crime depende de uma conduta, ainda que o agente não queira praticá-la, ainda que seja omissiva, ainda que o resultado não seja obtido.
(C) Todo crime depende de uma conduta, ainda que o agente não queira praticá-la, ainda que seja omissiva, mas que o resultado dependa dela.
(D) Todo crime depende de uma conduta realizada de livre e espontânea vontade pelo agente, ainda que seja omissiva, mas que o resultado dependa dela.

De fato, o Código Penal pátrio no seu art. 13, *caput*, prevê que o resultado, de que depende a existência do crime, somente é imputável a quem lhe deu causa. Dessa forma, o resultado de um crime há de ser imputado a alguém no contexto de uma relação de causa e efeito. De outro lado, o CP adotou a Teoria Finalista da ação em que a conduta penalmente relevante é a que é praticada com consciência (saber) e vontade (querer) de forma livre e espontânea e voltada para uma finalidade.

Gabarito "D"

6. CRIMES DOLOSOS, CULPOSOS E PRETERDOLOSOS; ERRO DE TIPO, DE PROIBIÇÃO E DEMAIS ERROS

(Sargento da Polícia Militar/SP – 2012 – VUNESP) Mévio, imaginando estar utilizando uma pomada cicatrizante, aplica a um ferimento do filho ácido corrosivo, ofendendo-lhe a integridade corporal. Nessa hipótese, Mévio responderá por:

(A) crime doloso, por dolo eventual.
(B) imputação objetiva.
(C) crime culposo, se previsto em lei.
(D) crime culposo, necessariamente.

Há de se argumentar que um dos elementos do fato típico culposo é a inobservância de dever de cuidado. Ou seja, no contexto da culpa o agente atua sem os cuidados necessários que o caso exige. No cenário sob exame, flagra-se que o pai (Mévio) age de forma apressada (imprudente) sem dar conta que o material que estava ministrando no seu filho não era um medicamento, mas sim, um agente lesivo. Neste contexto, há uma conduta típica, lesão corporal culposa, conforme o que prevê o art. 129, § 6.º, CP. Há de se esclarecer ainda que a imputação objetiva advém da Teoria da imputação objetiva que sustenta que o resultado de uma ação penalmente relevante não pode ser imputado ao agente quando decorrer da prática de: a) um risco permitido, b) uma ação que vise diminuir um risco não permitido, c) um risco permitido que não realize o resultado concreto e d) um resultado que se encontra fora da esfera de proteção da norma. O risco permitido é aquele que é inerente ao convívio social, logo tolerável.

Gabarito "C"

(Sargento da Polícia Militar/SP – 2012 – VUNESP) Um agente que, conscientemente, conduz um veículo com pessoas agarradas à sua traseira, sem qualquer segurança, arrisca-se a um resultado danoso, razão pela qual, em ocorrendo, responderá por ele a título de:

(A) dolo eventual.
(B) culpa consciente.
(C) culpa inconsciente.
(D) dolo genérico.

De fato, o dolo, no contexto da conduta penalmente relevante, é a vontade (elemento volitivo) e a consciência (elemento cognitivo) voltadas à concretização do tipo penal descrito na norma penal incriminadora. Mais ainda, o dolo no Código Penal brasileiro pode ser direto, quando o agente quer realizar a conduta descrita no tipo penal (Teoria da Vontade) ou indireto (dolo eventual), quando o agente não quer diretamente o resultado criminoso, mas assume o risco de produzi-lo (Teoria do Assentimento). Isso, de acordo com o prescreve o art. 18, I, CP.

Gabarito "A"

(Sargento da Polícia Militar/SP – 2012 – VUNESP) Supondo-se a conduta de um agente que, regularmente habilitado, sai de uma garagem dirigindo seu veículo em marcha-ré e atropelando um pedestre, não observando as cautelas necessárias porque estava com pressa, a modalidade culposa se dará por:

(A) imperícia.
(B) negligência e imperícia.
(C) dano.
(D) imprudência.

Como é cediço, a conduta culposa possui os seguintes elementos constitutivos: a) conduta voluntária, b) resultado involuntário, c) nexo de causalidade entre a conduta e o resultado, d) tipicidade, e) inobservância de dever de cuidado e f) previsibilidade. De outro lado, são espécies de culpa que dão ensejo à prática do crime culposo, a imprudência, a negligência e a imperícia, conforme o art. 18, II, CP. A imprudência ocorre quando há uma conduta positiva (*facere*) atabalhoada sem os cuidados que as circunstâncias requerem. A negligência, ao contrário, acontece quando há uma conduta negativa (*non facere*) e o agente deixa de fazer o que deveria. A imperícia, de outro lado, ocorre quando o agente no exercício de arte, emprego ou ofício atua com inaptidão, sendo adstrita, portanto, a uma atividade profissional. De acordo com o gabarito oficial, a resposta correta é a alternativa "A". Porém, discordamos desse entendimento, visto que a espécie de culpa que se aplica ao caso em concreto é a imprudência (opção "D").

Gabarito "A"

(Sargento da Polícia Militar/ES – 2011 – IDECAN) *"João da Silva está numa floresta, caçando, quando vê ao lado de seu amigo Josevaldo, um alce. Os dois, o alce e Josevaldo, estão muito próximos, mas mesmo assim, ou seja, mesmo sabendo que pode atingir seu amigo, João da Silva assume o risco e atira, matando Josevaldo."* No caso, a conduta de João da Silva é:

(A) Culposa por imprudência.
(B) Dolosa.
(C) Culposa por negligência.
(D) Culposa por imperícia.
(E) Agravada pelo resultado.

De acordo com o art. 18 do CP, o crime será culposo quando o agente praticá-lo por imprudência, negligência ou imperícia, enquanto que haverá crime doloso quando o agente quiser o resultado ou assumir o risco de produzi-lo. Quando quer o resultado, o agente responde por crime doloso, com dolo direto. Se assumir o risco de provocar o resultado, o agente agirá com dolo eventual.

Gabarito "B"

(Sargento da Polícia Militar/ES – 2011 – IDECAN) Sobre Direito Penal, analise:

I. Salvo os casos expressos em lei, ninguém pode ser punido por fato previsto como crime, senão quando o pratica dolosamente.
II. Pelo resultado que agrava a pena, só responde o agente que o houver causado ao menos culposamente.
III. O erro quanto à pessoa contra a qual o crime é praticado não isenta de pena. Não se consideram, neste caso, as condições ou qualidades da vítima, senão as da pessoa contra quem o agente queria praticar o crime.

Está(ão) correta(s) apenas a(s) afirmativa(s):

(A) I
(B) II
(C) III
(D) I, II
(E) I, II, III

I: correta. O art. 18, parágrafo único, do CP assim dispõe: "Salvo os casos expressos em lei, ninguém pode ser punido por fato previsto como crime, senão quando o pratica dolosamente."; II: correta. O Código Penal preceitua em seu art. **19:** "Pelo resultado que agrava especialmente a pena, só responde o agente que o houver causado ao menos culposamente."; III: correta. O § 3.º do art. 20 do CP: "O erro quanto à pessoa contra a qual o crime é praticado não isenta de pena. Não se consideram, neste caso, as condições ou qualidades da vítima, senão as da pessoa contra quem o agente queria praticar o crime.".

Gabarito "E"

(Cadete da Polícia Militar/GO – 2010 – FUNCAB) Acerca do crime, assinale a alternativa correta.

(A) O erro sobre elemento constitutivo do tipo legal de crime sempre exclui a culpa.
(B) O erro quanto à pessoa contra a qual o crime é praticado sempre isenta o agente de pena.
(C) Entende-se em legítima defesa quem, usando moderadamente dos meios necessários, repele injusta agressão, atual ou iminente, a direito seu ou de outrem.
(D) Pelo resultado que agrava especialmente a pena, somente responde o agente que o houver causado dolosamente.
(E) É isento de pena o agente que, nos crimes cometidos sem violência ou grave ameaça à pessoa, repara o dano ou restitui a coisa até o recebimento da denúncia ou da queixa.

A: incorreta. De acordo com o *caput* do art. 20, do CP: "O erro sobre elemento constitutivo do tipo legal de crime exclui o dolo, mas permite a punição por crime culposo, se previsto em lei."; **B:** incorreta. O § 3.º do art. 20 do CP: "O erro quanto à pessoa contra a qual o crime é praticado não isenta de pena. Não se consideram, neste caso, as condições ou qualidades da vítima, senão as da pessoa contra quem o agente queria praticar o crime."; **C:** correta. Conforme art. 25 do CP: "Entende-se em legítima defesa quem, usando moderadamente dos meios necessários, repele injusta agressão, atual ou iminente, a direito seu ou de outrem."; **D:** incorreta. O Código Penal preceitua em seu art. **19:** "Pelo resultado que agrava especialmente a pena, só responde o agente que o houver causado ao menos culposamente."; **E:** incorreta. O art. 16 do CP assim dispõe: "Nos crimes cometidos sem violência ou grave ameaça à pessoa, reparado o dano ou restituída a coisa, até o recebimento da denúncia ou da queixa, por ato voluntário do agente, a pena será reduzida de um a dois terços.".

Gabarito "C"

7. TENTATIVA, CONSUMAÇÃO E CRIME IMPOSSÍVEL

(Sargento da Polícia Militar/SP – 2012 – VUNESP) Quanto ao dolo, especificamente na modalidade do crime tentado, é correto afirmar:

(A) não é o mesmo dolo do crime consumado, não excluindo a ideia de culpa.
(B) não basta tão somente o desencadeamento do processo executivo de uma conduta típica e antijurídica, mas se exige também que se identifique a presença de uma vontade voltada à direção do resultado, que é a mesma do crime consumado.
(C) não exige atos inequívocos de sua intenção dolosa.
(D) a interrupção é mera expressão da vontade do agente.

A: incorreta, considerando que o dolo no contexto do crime tentado é o mesmo do dolo do crime consumado, não havendo neste cenário de crime doloso a ideia de culpa; **B:** correta, pois no contexto do crime tentado pode-se elencar três elementos constitutivos: a) conduta dolosa (que não possui diferença do dolo que permeia o dolo do crime consumado), b) ingresso nos atos de execução do *iter criminis* (marcha do crime) e c) não consumação do crime devido a circunstâncias alheias à vontade do agente; **C:** incorreta, tendo em vista que o crime tentado avança no *iter criminis* até a sua fase de execução, onde já estão presentes atos inequívocos da ação dolosa do agente; **D:** incorreta, levando em conta que a interrupção da ação, no contexto do crime tentado, acontece por circunstâncias alheias à vontade do agente, conforme o que prescreve o art. 14, II, CP.

Gabarito "B"

(Sargento da Polícia Militar/ES – 2011 – IDECAN) *"Armandinho Gaúcho saca uma arma de fogo e desfere dois tiros contra Armandão, objetivando ceifar-lhe a vida, mas não atinge seu intento, pois Roberto Carlos empurrou a vítima visada, evitando que fosse atingida."* A hipótese é de:

(A) Tentativa de homicídio.
(B) Desistência voluntária.
(C) Arrependimento eficaz.
(D) Arrependimento posterior.
(E) Crime impossível.

A: correta (art. 14, II, do CP), pois na tentativa o agente inicia a execução, mas não chega na consumação por circunstâncias alheias à sua vontade; **B:** incorreta (art. 15 do CP), pois neste caso o agente inicia a execução, mas não chega na consumação por vontade do próprio agente; **C:** incorreta (art. 15 do CP), pois, assim como na desistência voluntária, o agente inicia a execução, mas não chega na consumação por vontade própria; na desistência voluntária, o agente realiza parte dos atos executórios, enquanto no arrependimento eficaz, o agente faz todos os atos executórios; **D:** incorreta (art. 16 do CP), pois, neste caso, ocorre após a consumação até o recebimento da denúncia, onde o agente repara o dano ou restitui a coisa, por ato voluntário, tendo direito a uma diminuição de pena de um terço a dois terços; **E:** incorreta (art. 17 do CP), pois no crime impossível, também chamado de tentativa inidônea ou inadequada, o agente inicia a execução do crime, mas não chega na consumação por ineficácia absoluta do meio ou por absoluta impropriedade do objeto.

Gabarito "A"

(Sargento da Polícia Militar/ES – 2011 – IDECAN) De acordo com o Código Penal Brasileiro, salvo disposição em contrário:

(A) Não se pune a tentativa.
(B) A tentativa é punida com metade da pena do crime consumado.
(C) Pune-se a tentativa com a pena correspondente ao crime consumado, diminuída de um a dois terços.
(D) Pune-se a tentativa com a pena correspondente ao crime consumado, diminuída de um terço.
(E) Pune-se a tentativa com a pena correspondente ao crime consumado, diminuída de um terço a metade.

De acordo com o art. 14, parágrafo único, do CP, a tentativa é punível com a mesma pena do crime consumado, porém esta pena sofrerá uma diminuição dependendo da proximidade ou distância da consumação, dentro do *iter criminis*, sendo que esta pena será diminuída de um terço a dois terços.

Gabarito "C"

(Sargento da Polícia Militar/ES – 2011 – IDECAN) *"Neyvar furta uma carteira de seu vizinho Paulo Pato, mas antes de iniciada a própria investigação, devolve, voluntariamente, a res furtiva ao seu verdadeiro dono."* Sobre a pena a ser aplicada a Neyvar, é correto afirmar que:

(A) Será a do tipo de furto, integralmente.
(B) Terá a incidência de uma causa de aumento de pena.
(C) Será reduzida de um a dois terços.
(D) Será reduzida de metade.
(E) Terá a incidência de uma atenuante.

De acordo com o art. 16 do CP, cabível no caso, a pena será diminuída de um terço a dois terços, se o agente, nos crimes praticados sem violência ou grave ameaça, após a consumação, mas antes do recebimento da denúncia, reparar o dano ou restituir a coisa integralmente, por ato voluntário. Ao aplicar uma pena ao sentenciado o juiz o fará num sistema trifásico. A causa de diminuição é diferente da atenuante, uma vez que esta é aplicada na segunda fase de dosimetria da pena, não podendo levá-la abaixo do mínimo legal (Súmula 231 do STJ), enquanto a causa de diminuição de pena é aplicada da terceira fase de dosimetria da pena, podendo levá-la abaixo do mínimo previsto em lei.

Gabarito "C"

8. ANTIJURIDICIDADE E CAUSAS EXCLUDENTES

(Soldado Combatente da Polícia Militar/RR – 2013 – UERR) São excludentes de ilicitude:

(A) Erro sobre a ilicitude do fato, obediência hierárquica e coação irresistível.

(B) Legítima defesa, estrito cumprimento de dever legal, obediência hierárquica e exercício regular de direito.
(C) Estado de necessidade, legítima defesa, em estrito cumprimento de dever legal, exercício regular de direito e coação irresistível.
(D) Estado de necessidade, legítima defesa, em estrito cumprimento de dever legal, exercício regular de direito, obediência hierárquica e coação irresistível.
(E) Estado de necessidade, legítima defesa, estrito cumprimento de dever legal e exercício regular de direito.

Em verdade, no ordenamento jurídico pátrio há as excludentes legais de ilicitude. Estas excludentes estão previstas no Código Penal no art. 23, I, II e III, CP, nos seguintes termos: *Não há crime quando o agente pratica o fato: I – em estado de necessidade; II – em legítima defesa; III – em estrito cumprimento de dever legal ou no exercício regular de direito.*

Gabarito "E"

(Soldado Combatente da Polícia Militar/RR – 2013 – UERR) Marque a alternativa que preenche a lacuna abaixo:

Considera-se em ____________________ quem pratica o fato para salvar de perigo atual, que não provocou por sua vontade, nem podia de outro modo evitar, direito próprio ou alheio, cujo sacrifício, nas circunstâncias, não era razoável exigir-se.

(A) Estado de necessidade.
(B) Legítima defesa.
(C) Estrito cumprimento de dever legal.
(D) Exercício regular de direito.
(E) Crime culposo.

De fato, a exclusão de ilicitude do estado de necessidade está previsto no art. 24, ***caput*****, CP nos seguintes termos:** *Considera-se em estado de necessidade quem pratica o fato para salvar de perigo atual, que não provocou por sua vontade, nem podia de outro modo evitar, direito próprio ou alheio, cujo sacrifício, nas circunstâncias, não era razoável exigir-se.*

Gabarito "A"

(Cadete da Polícia Militar/GO – 2013 – UEG) Sobre a legítima defesa, constata-se que:

(A) a mera provocação não dá ensejo a legítima defesa.
(B) a injustiça da agressão não está vinculada à sua ilicitude.
(C) não se admite a legítima defesa para proteger direitos metaindividuais.
(D) a legítima defesa subjetiva ocorre quando presente o excesso doloso.

A: correta (art. 25 do CP), pois um dos requisitos da legítima defesa é a injusta agressão e não a mera provocação; **B:** incorreta (art. 25 do CP), pois na legítima defesa há uma repulsa à injusta agressão, ou seja, aquela que contraria o direito em sentido amplo e a ilicitude é a contradição do fato com a ordem jurídica, sendo, pois, a lesão a um interesse protegido; **C:** incorreta (art. 25 do CP), pois se admite legítima defesa para proteção de quaisquer direitos; **D:** incorreta (art. 20, § 1.º, 1ª parte, do CP), pois a legítima defesa subjetiva é o excesso por erro de tipo escusável, que exclui o dolo e a culpa.

Gabarito "A"

(Cabo da Polícia Militar/SP – 2012 – CETRO) Em relação ao Código Penal Brasileiro, haverá exclusão de ilicitude em alguns casos, ou seja, não haverá crime, quando o agente praticar o fato:

(A) somente mediante legítima defesa e em estado de necessidade.
(B) mediante legítima defesa e em estrito cumprimento do dever legal.
(C) somente mediante legítima defesa e com o arrependimento posterior do autor do crime.
(D) mediante legítima defesa ou no caso do arrependimento eficaz do autor do crime em estado de necessidade.

Como é cediço, são causas legais de exclusão de ilicitude de acordo com o que determina o Código Penal no seu art. 23, I, II e III: o estado de necessidade; a legítima defesa; o estrito cumprimento de dever legal e o exercício regular de direito.

Gabarito "B"

(Cabo da Polícia Militar/PI – 2012 – UESPI) São excludentes de ilicitude, previstas no Código Penal Brasileiro, **EXCETO**.

(A) O estado de necessidade e a legítima defesa.
(B) A legítima defesa e o estrito cumprimento de dever legal ou o exercício regular de direito.
(C) O estado de necessidade, a legítima defesa, o consentimento do ofendido e o estrito cumprimento de dever legal ou o exercício regular de direito.
(D) O estado de necessidade e o estrito cumprimento de dever legal ou o exercício regular de direito.
(E) A legítima defesa, o estrito cumprimento de dever legal ou o exercício regular de direito e estado de necessidade.

De fato, o CP prescreve em seu art. 23 que: *Não há crime quando o agente pratica o fato: I – em estado de necessidade; II – em legítima defesa, III – em estrito cumprimento de dever legal ou no exercício regular de direito.* O consentimento do ofendido, de outro lado, é uma causa supralegal de exclusão de ilicitude não tendo previsão no Código Penal Brasileiro e só vem à tona quando: a) a vítima possui capacidade para consentir, b) o bem jurídico atingido pela conduta seja disponível e c) o consentimento seja anterior ou concomitante à conduta do agente.

Gabarito "C"

(Sargento da Polícia Militar/PI – 2012 – UESPI) Sobre as excludentes de ilicitude podemos afirmar, **EXCETO**.

(A) Mesmo amparado pelas excludentes de ilicitude, o agente responderá pelo excesso doloso ou culposo de sua ação.
(B) Considera-se em legítima defesa quem pratica o fato para salvar de perigo atual, que não provocou por sua vontade, nem podia de outro modo evitar, direito próprio ou alheio, cujo sacrifício, nas circunstâncias, não era razoável exigir-se.
(C) O estado de necessidade tem como um de seus requisitos a preservação de direito próprio ou de outrem.

(D) A legítima defesa tem como um de seus requisitos a reação a agressão injusta, atual ou iminente.

(E) Para que esteja amparado pela excludente do estrito cumprimento do dever legal (art. 23, III, 1ª Parte, do Código Penal), é necessário que o agente obedeça rigorosamente os limites do dever, sendo que, se ultrapassá-los, responderá pelo abuso de direito ou excesso de dever.

A: correta, considerando que o Código Penal além de prescrever as causas de exclusão da ilicitude no *caput* do seu art. 23, também traz no seu parágrafo único a previsão de responsabilização pelos excessos praticados da seguinte forma: *O agente, em qualquer das hipóteses deste artigo, responderá pelo excesso doloso ou culposo*; **B:** incorreta (devendo ser assinalada), pois no contexto da legítima defesa a exclusão da ilicitude acontece para repelir injusta agressão e não perigo atual, segundo o que determina o art. 25, CP; **C:** correta, pois o estado de necessidade ampara não somente direito próprio, mas também é hábil a proteger direito alheio, conforme o que determina o art. 24, *caput*, CP; **D:** correta, tendo em vista o que ordena o art. 25, CP; **E:** correta, considerando que quem age sob o manto de uma excludente de ilicitude necessita observar os seus requisitos, sob pena de incidir em excesso, seja por culpa, seja por dolo.

Gabarito "B"

(Sargento da Polícia Militar/ES – 2011 – IDECAN) De acordo com o Código Penal são causas de exclusão da ilicitude:

(A) A coação irresistível e obediência hierárquica.

(B) A imputabilidade, a coação irresistível e a legítima defesa.

(C) Ter praticado o fato em obediência hierárquica ou em estado de necessidade.

(D) Ter praticado o fato em estado de necessidade, em legítima defesa, em estrito cumprimento do dever legal ou no exercício regular de direito.

(E) Ter praticado o fato em estado de necessidade, em legítima defesa, com obediência hierárquica ou no exercício regular de um direito.

A: incorreta (art. 22 do CP), pois a coação moral irresistível e a obediência hierárquica são excludentes da culpabilidade; **B:** incorreta (arts. 22, 23 e 26 do CP), pois a imputabilidade e a coação irresistível são excludentes da culpabilidade; **C:** incorreta (arts. 22 e 23 do CP), pois a obediência hierárquica é excludente da culpabilidade; **D:** correta. Conforme art. 23 do CP: "Não há crime quando o agente pratica o fato: I – em estado de necessidade; II – em legítima defesa; III – em estrito cumprimento de dever legal ou no exercício regular de direito."; **E:** incorreta (art. 22 e 23 do CP), pois a obediência hierárquica é causa de exclusão da culpabilidade.

Gabarito "D"

(Sargento da Polícia Militar/ES – 2011 – IDECAN) Sobre o tema Estado de Necessidade, analise:

I. Considera-se em estado de necessidade quem pratica o fato para salvar de perigo atual, que não provocou por sua vontade, nem podia de outro modo evitar, direito próprio ou alheio, cujo sacrifício, nas circunstâncias não era razoável exigir-se.

II. Pode alegar estado de necessidade quem tinha o dever legal de enfrentar o perigo.

III. Sendo razoável exigir-se o sacrifício do direito ameaçado, a pena não poderá ser reduzida.

Está(ão) correta(s) apenas a(s) afirmativa(s):

(A) I

(B) II

(C) III

(D) I, III

(E) II, III

I: correta. Conforme art. 24, *caput*, do CP: "Considera-se em estado de necessidade quem pratica o fato para salvar de perigo atual, que não provocou por sua vontade, nem podia de outro modo evitar, direito próprio ou alheio, cujo sacrifício, nas circunstâncias, não era razoável exigir-se."; II: incorreta, pois de acordo com o § 1.º, do art. 24, do CP: "Não pode alegar estado de necessidade quem tinha o dever legal de enfrentar o perigo."; III: incorreta. O art. 24, § 2.º, do CP preceitua: "Embora seja razoável exigir-se o sacrifício do direito ameaçado, a pena poderá ser reduzida de um a dois terços.".

Gabarito "A"

(Soldado da Polícia Militar/SC – 2011 – IESES) Não há crime quando o agente pratica o fato:

I. Em estado de necessidade.

II. Em legítima defesa.

III. Em estrito cumprimento do dever legal.

IV. Em exercício regular de direito.

V. Em violenta emoção.

(A) apenas IV e V estão corretas.

(B) apenas III e IV estão corretas.

(C) apenas IV está incorreta.

(D) apenas V está incorreta.

De fato, conforme o que prescreve o Código Penal no seu art. 23, I, II e III: *Não há crime quando o agente pratica o fato: I – em estado de necessidade; II – em legítima defesa; III – em estrito cumprimento de dever legal ou no exercício regular de direito.*

Gabarito "D"

(Oficial da Polícia Militar/MG – 2011 – FUMARC) Analise as afirmativas abaixo:

I. É impossível imputar o crime de roubo quando o agente utiliza arma de brinquedo.

II. A pessoa que ao atirar em legítima defesa contra quem atenta contra sua vida e acerta indevidamente uma pessoa que atravessou a linha de tiro deve ser condenada pelo crime culposo, porque assumiu o risco ao atirar.

III. O Estado de Necessidade pode não ser reconhecido totalmente quando era razoável abrir mão do direito ameaçado, gerando a aplicação de pena reduzida em até dois terços.

Assinale a alternativa correta.

(A) As afirmativas I, II e III estão corretas.

(B) As afirmativas I, II e III estão incorretas.

(C) Apenas as afirmativas I e II estão incorretas.

(D) Apenas as afirmativas I e III estão incorretas.

I: incorreta, pois, o crime de roubo pode ser consumado seja por violência, seja por grave ameaça, e o emprego da arma de brinquedo pelo agente pode configurar a grave ameaça, conforme o art. 157, *caput*, CP; II: incorreta, pois, a pessoa que agindo em legítima defesa atinge terceiro responde como se tivesse atingido o agressor, sendo esta situação um caso de erro acidental; III: correta, pois o art. 24, § 2.º, CP prevê que em havendo estado de necessidade e embora seja razoável exigir-se o sacrifício do direito ameaçado, a pena poderá ser reduzida de um a dois terços.

Gabarito "C"

9. CONCURSO DE PESSOAS

(Soldado Combatente da Polícia Militar/RR – 2013 – UERR) Sobre concurso de pessoas, assinale a alternativa **INCORRETA:**

(A) Quem, de qualquer modo, concorre para o crime incide nas penas a este cominadas, na medida de sua culpabilidade.
(B) Se a participação for de menor importância, a pena pode ser diminuída de um sexto a um terço.
(C) Se algum dos concorrentes quis participar de crime menos grave, ser-lhe-á aplicada a pena deste. Essa pena será aumentada até metade, na hipótese de ter sido previsível o resultado mais grave.
(D) Não se comunicam as circunstâncias e as condições de caráter pessoal, ainda que elementares do crime.
(E) O ajuste, a determinação ou instigação e o auxílio, salvo disposição expressa em contrário, não são puníveis, se o crime não chega, pelo menos, a ser tentado.

A: correta, tendo em vista que o Código Penal adota a Teoria Monista (ou Unitária) que preceitua que todos aqueles que concorrem para a perpetração de uma infração penal incidem nas penas a esta cominada proporcionalmente à reprovação social da sua conduta (culpabilidade), sendo que tal Teoria tem pálio no que prescreve o art. 29, *caput*, CP; **B:** correta, o Superior Tribunal de Justiça (STJ), por exemplo, sustenta que a participação de menor importância "é aquela secundária praticamente dispensável, e que, embora dentro da causalidade, se não prestada não impediria a realização do crime" (HC 21767/SP, Rel. Min. Hamilton Carvalhido), além disso, o próprio CP no seu art. 29, § 1.º, traz a seguinte causa de diminuição de pena: *Se a participação for de menor importância, a pena pode ser diminuída de um sexto a um terço*; **C:** correta, considerando que no Brasil a legislação penal, notadamente o Código Penal, reconhece a figura da participação em crime menos grave (ou desvio subjetivo de conduta) que confere a quem concorre à prática de crime uma sanção penal que se vincula ao dolo deste concorrente, não respondendo ele pelo desvio subjetivo da conduta daquele que executa diretamente a ação criminosa, de acordo com o que prescreve o art. 29, § 2.º, CP; **D:** incorreta (devendo ser assinalada), levando em conta o que prescreve o art. 30, CP, que configura as chamadas circunstâncias incomunicáveis; **E:** correta, de acordo com a figura do ajuste impunível (ou impunibilidade da participação) nos moldes do que ordena o art. 31, CP.

Gabarito "D"

(Sargento da Polícia Militar/SP – 2012 – VUNESP) Caso duas pessoas, ao mesmo tempo, sem conhecerem a intenção uma da outra, dispararem sobre a vítima, responderão cada uma por um crime se os disparos de ambas forem causas da morte. Se a vítima morreu apenas em decorrência da conduta de uma, a outra responderá por tentativa de homicídio.

Havendo dúvida insanável quanto à autoria da morte, dever-se-á:

(A) ambas responderem por homicídio doloso.
(B) aplicar o princípio do *favor rei*, absolvendo ambas.
(C) ambas responderem por homicídio culposo.
(D) aplicar o princípio do *in dubio pro reo*, punindo-se ambas por tentativa de homicídio.

Há de se argumentar que o caso sob exame trata de autoria colateral que acontece quando dois ou mais agentes convergem as suas condutas para a perpetração da mesma infração penal sem, contudo, manterem entre si liame subjetivo. Por não haver este liame, não há de se falar em concurso de pessoas neste contexto. A autoria colateral pode ser incerta (desconhecida), quando não há como se determinar com precisão, de forma individualizada, quem levou a termo a prática do delito, ou certa (conhecida), quando, embora colateral, é possível apontar quem consumou a ação delituosa. A autoria incerta tem como consequência a imputação de tentativa aos autores colaterais em relação ao delito praticado. Isso, pois, como há dúvida sobre a individualização da autoria, prevalece a interpretação mais favorável aos perpetradores do ato (*in dubio pro reo*), futuros investigados e possíveis réus.

Gabarito "D"

(Sargento da Polícia Militar/SP – 2012 – VUNESP) Considerando a conduta de Tício, médico regularmente habilitado, que, desejando matar seu paciente, entrega à enfermeira uma injeção contendo veneno, afirmando tratar-se de um anestésico e faz com que ela a aplique no respectivo paciente, é correto afirmar que:

(A) trata-se de crime praticado na modalidade de concurso de pessoas, respondendo Tício na modalidade dolosa e a enfermeira na modalidade culposa.
(B) trata-se de erro cometido por terceiro, respondendo pela conduta criminal tão somente Tício.
(C) a enfermeira responderá como partícipe, tendo sua pena diminuída em 1/6 (um sexto).
(D) a enfermeira, tendo agido por determinação de seu superior, mas sem acautelar-se sobre o conteúdo da injeção,responderá na modalidade culposa.

A: incorreta, tendo em vista que para haver concurso de pessoas é necessário que haja a confluência dos seguintes requisitos: a) pluralidade de agentes e de condutas, b) relevância causal de cada conduta, c) liame subjetivo entre os agentes e d) identidade de infração penal e no caso sob análise não se observa o requisito, *sine qua non*, para caracterização do concurso de pessoas que é o liame subjetivo; **B:** correta, pois a conduta da enfermeira sob exame só vem à tona devido ao erro em que ela incide provocado por Tício, nos termos do que prescreve o art. 20, § 2.º, CP; **C:** incorreta, considerando que não há concurso de pessoas no contexto do fato apresentado; **D:** incorreta, levando em conta que o erro em que incide a enfermeira é plenamente justificado (descriminante putativa), pois ele é causado por médico regularmente habilitado que lhe entrega veneno sob o argumento de que se trata de anestésico para ser aplicado à vítima, sendo neste contexto a enfermeira mero instrumento dos desígnios criminosos do autor mediato do crime, de acordo com o que prescreve o § 1.º, *in limine*, do art. 20, CP.

Gabarito "B"

(Bombeiro Militar/PB – 2011 – FURNE) Assinale a alternativa correta:

(A) É possível autoria mediata nos crimes comuns, nos crimes próprios e nos crimes de mão própria.
(B) Nos crimes unissubjetivos, quem, de qualquer modo, concorre para a prática do crime, incide nas penas a este cominadas, na medida de sua culpabilidade.

(C) Partícipe é aquele que auxilia moral (induzimento ou instigação) ou materialmente, exercendo papel secundário e acessório na intentada criminosa, submetendo-se às mesmas penas do autor principal.
(D) É possível a redução da pena, no caso de participação de somenos importância, podendo ser diminuída de 1/6 e 2/3.
(E) Nos crimes praticados por organização criminosa, tem-se entendido como autor apenas o chefe ou comandante da intentada criminosa.

A: incorreta, tendo em vista que a autoria mediata (ou autoria indireta) acontece quando um agente se vale de terceiro para cometer uma infração penal, de outro lado os crimes de mão própria são considerados personalíssimos e exigem a atuação pessoal e intransferível do agente; **B:** correta, pois os crimes unissubjetivos (ou monossubjetivos) são aqueles que podem ser praticados por um ou mais agentes em concurso com observância do que prescreve o art. 29, *caput*, CP; **C:** incorreta, considerando que no ordenamento jurídico pátrio partícipe é o agente que atua em suporte à prática de uma infração penal, sendo essa participação moral (quando há indução, que é fazer brotar a ideia criminosa e instigação, que é o estímulo de uma ideia criminosa já existente) ou material (quando há auxílio, que é a prestação de facilidades materiais à prática criminosa, p. ex., empréstimo da arma do crime), neste contexto a pena do partícipe será cominada na medida de sua culpabilidade, conforme o *caput* do art. 29 do CP; **D:** incorreta, levando em conta o que prescreve o § 1.º do art. 29, CP; **E:** incorreta, pois nos moldes do que ordena o art. 29, *caput*, CP todos os membros da organização criminosa serão autores dos crimes praticados pela própria organização na medida de sua culpabilidade.

Gabarito "B"

(Sargento da Polícia Militar/ES – 2011 – IDECAN) Marque **V** para as afirmativas verdadeiras e **F** para as falsas:

( ) Quem, de qualquer modo, concorre para o crime incide nas penas a este cominadas, na medida de sua culpabilidade.
( ) Se algum dos concorrentes quis participar de crime menos grave, ser-lhe-á aplicada a pena deste; essa pena será aumentada até metade, na hipótese de ter sido previsível o resultado mais grave.
( ) Não se comunicam as circunstâncias e as condições de caráter pessoal, salvo quando elementares do crime.

A sequência está correta em:

(A) F, F, V
(B) V, V, F
(C) V, F, V
(D) F, V, V
(E) V, V, V

I: correta. De acordo com o art. 29, *caput*, do CP: "Quem, de qualquer modo, concorre para o crime incide nas penas a este cominadas, na medida de sua culpabilidade."; II: correta. O Código Penal, em seu art. 29, § 1.º, assim preceitua: "Se a participação for de menor importância, a pena pode ser diminuída de um sexto a um terço."; III: correta, conforme art. 30 do CP: "Não se comunicam as circunstâncias e as condições de caráter pessoal, salvo quando elementares do crime.".

Gabarito "E"

(Soldado da Polícia Militar/GO – 2010 – FUNCAB) Com relação às regras previstas no Código Penal sobre o concurso de pessoas, é correto afirmar que:

(A) as circunstâncias e as condições de caráter pessoal não se comunicam, nem quando são elementares do crime.
(B) o desvio subjetivo de conduta de um dos agentes do crime não tem relevância penal.
(C) a participação no crime, salvo disposição em contrário, não é punível, se o crime não chega, pelo menos, a ser tentado.
(D) a participação de menor importância no crime não afeta de nenhum modo a pena do agente.
(E) o concurso de pessoas não é previsto como causa de aumento de crimes da parte especial do Código Penal.

A: incorreta (art. 30 do CP), pois as circunstâncias e as condições de caráter pessoal não se comunicam, salvo quando são elementares do crime; **B:** incorreta (art. 29, § 2.º, do CP), pois no desvio subjetivo de condutas, cooperação dolosamente distinta ou participação em crime menos grave ocorre uma exceção à teoria unitária ou monista, nos termos do art. 29, § 2.º, do CP; **C:** correta, o Código Penal, em seu art. 29, § 1.º, assim preceitua: "Se a participação for de menor importância, a pena pode ser diminuída de um sexto a um terço."; **D:** incorreta. Conforme dito anteriormente, o art. 29, § 1.º, do CP dispõe: "Se a participação for de menor importância, a pena pode ser diminuída de um sexto a um terço."; **E:** incorreta. A alternativa está incorreta nos termos do art. 226, I, do CP. Assim, "a pena é aumentada: I – de quarta parte, se o crime é cometido com o concurso de 2 (duas) ou mais pessoas.".

Gabarito "C"

10. CULPABILIDADE E CAUSAS EXCLUDENTES

(Sargento da Polícia Militar/SP – 2012 – VUNESP) Supondo o comando e a execução de uma ordem não manifestamente ilegal de superior hierárquico, é correto afirmar:

(A) será possível ao subordinado a apreciação do caráter da ordem.
(B) caso ocorra uma conduta delituosa, excluir-se-á a culpabilidade, por parte do subordinado que cumpriu a ordem.
(C) caso ocorra uma conduta delituosa, o subordinado responderá pelos atos praticados, na modalidade culposa.
(D) caso ocorra uma conduta delituosa, o subordinado responderá pelos atos praticados, na modalidade culposa ou dolosa, conforme dispuser a lei.

De fato, a culpabilidade, que é um dos elementos analíticos do crime, constitui o juízo de reprovação social da conduta criminosa, possuindo três elementos: a) imputabilidade, 2) potencial consciência da ilicitude e c) exigibilidade de conduta diversa. Em relação a cada um destes elementos incidem causas que as excluem, arredando a culpabilidade, que são as causas dirimentes. Entre estas causas há a obediência hierárquica, nos termos do art. 22, *in fine*, CP, que quando incide afasta a exigibilidade de conduta diversa e exclui, por conseguinte, a culpabilidade e o próprio crime.

Gabarito "B"

(Sargento da Polícia Militar/SP – 2012 – VUNESP) A culpabilidade é um juízo de reprovação e somente pode ser responsabilizado o agente quando poderia ter agido em conformidade com a norma penal. É necessário saber, portanto, quando se pode atribuir ao agente a prática do crime, para se poder falar em censurabilidade da conduta. De acordo com a teoria da imputabilidade moral (livre-arbítrio), o homem é um ser inteligente e livre, podendo escolher entre o bem e o mal, entre o certo e o errado, e por isso a ele se pode atribuir a responsabilidade pelos ilícitos que praticar. Essa atribuição é chamada imputação, de onde provém o termo "imputabilidade", elemento (ou pressuposto) da culpabilidade. Portanto, é correto afirmar:

(A) há imputabilidade quando o sujeito é capaz de compreender a ilicitude de sua conduta e de agir de acordo com esse entendimento.
(B) não é reprovável a conduta se o sujeito tem certo grau de capacidade psíquica que lhe permite compreender a antijuricidade do fato e também a de adequar essa conduta à sua consciência.
(C) nos termos do Código Penal Brasileiro, excluem a imputabilidade e, em consequência, a culpabilidade a doença mental e o desenvolvimento mental incompleto ou retardado; a menoridade, embriaguez voluntária ou culposa, pelo álcool ou substâncias de efeitos análogos.
(D) quando houver dúvida quanto à integridade mental do réu, o Juiz poderá declará-lo inimputável tão somente por presunção e por livre consentimento, não havendo a necessidade de prova pericial.

A: correta, pois a imputabilidade, que é um dos elementos constitutivos da culpabilidade, é a capacidade que o indivíduo possui de entender o caráter ilícito de um fato (elemento intelectual) e a capacidade de se determinar em relação a este entendimento (elemento volitivo); **B:** incorreta, tendo em vista que é sim reprovável a conduta de indivíduo que consegue compreender a ilicitude do fato e de adequar essa conduta à sua consciência; **C:** incorreta, levando em consideração que a embriaguez voluntária não é causa de exclusão da imputabilidade, nos termos do art. 28, II, CP; **D:** incorreta, tendo em vista o que prescreve o Código de Processo Penal (CPP) no seu art. 149: *Quando houver dúvida sobre a integridade mental do acusado, o juiz ordenará, de ofício ou a requerimento do Ministério Público, do defensor, do curador, do ascendente, descendente, irmão ou cônjuge do acusado, seja este submetido a exame médico-legal.*

Gabarito "A"

(Sargento da Polícia Militar/SP – 2012 – VUNESP) O artigo 28 do Código Penal Brasileiro versa sobre a emoção e a paixão. Nesse sentido, é correto afirmar que tais causas:

(A) excluem a ilicitude da conduta delituosa.
(B) excluem a imputabilidade do agente.
(C) não excluem a imputabilidade do agente.
(D) são consideradas agravantes da conduta delituosa.

Como é cediço, para fins penais a emoção é uma perturbação afetiva arrebatadora de rápida duração desencadeada como forma de reação a determinados eventos; a paixão, por outro lado, é um estado afetivo violento com certa duração que prevalece sobre a atividade psíquica do agente, provocando alterações na sua conduta. Nos termos do Código Penal, nem a emoção, nem a paixão são causas de exclusão da culpabilidade, nos termos do art. 28, I, CP.

Gabarito "C"

(Sargento da Polícia Militar/ES – 2011 – IDECAN) *"José Augusto dos Santos portava arma de fogo em via pública. Quando abordado por Policiais Militares argumentou que, apesar de saber da proibição do porte de arma, desconhecia a existência do Estatuto do Desarmamento (Lei 10.826, de 22 de dezembro de 2003) e que, portanto, não estaria cometendo crime algum."* Com base no que estabelece o Código Penal e o referido Estatuto, é correto afirmar que José Augusto dos Santos:

(A) Cometeu o crime de porte de arma de fogo, já que o desconhecimento da lei é inescusável.
(B) Não cometeu crime, já que o erro sobre a ilicitude do fato, se inevitável, isenta de pena.
(C) Cometeu o crime de porte de arma de fogo, já que tanto o desconhecimento da lei, quanto o erro sobre a ilicitude do fato são inescusáveis.
(D) Não cometeu crime, já que se trata de causa excludente da culpabilidade.
(E) Cometeu o crime de porte de arma de fogo, já que o desconhecimento da lei é uma causa excludente da ilicitude.

A: correta. Conforme o disposto no art. 21, *caput*, do CP: "O desconhecimento da lei é inescusável. O erro sobre a ilicitude do fato, se inevitável, isenta de pena; se evitável, poderá diminuí-la de um sexto a um terço."; **B:** incorreta (art. 21 do CP), pois o erro de proibição não é o desconhecimento da lei, mas o erro sobre a ilicitude do fato, no qual o agente imagina que sua conduta é justa, quando na verdade é injusta, pensa que o errado é certo; **C:** incorreta (art. 21 do CP), pois o desconhecimento da lei é inescusável e o erro de proibição, se escusável (invencível, inevitável) isenta de pena, mas se inescusável (vencível, evitável) diminui a pena de um sexto a um terço; **D:** incorreta (arts. 21, 22, 26 e 28 do CP), pois, neste caso, não há qualquer causa de exclusão da culpabilidade; **E:** incorreta (art. 21 do CP), pois o desconhecimento da lei não é causa excludente da ilicitude, mas estas excludentes legais estão previstas no art. 23 do CP.

Gabarito "A"

(Soldado da Polícia Militar/GO – 2010 – FUNCAB) É causa excludente da culpabilidade do agente:

(A) a legítima defesa.
(B) a estrita obediência à ordem manifestamente ilegal de superior hierárquico.
(C) a embriaguez voluntária e preordenada.
(D) o estrito cumprimento de dever legal.
(E) a coação moral irresistível.

A: incorreta (art. 23 do CP), pois a legítima defesa é causa excludente da ilicitude; **B:** incorreta (art. 22 do CP), pois a excludente da culpabilidade da obediência hierárquica deve conter os seguintes requisitos: a) um superior, b) um subordinado, c) uma ordem do superior para o subordinado, d) uma relação de direito público entre eles, e) a ilegalidade da ordem, f) a aparente legalidade da ordem (ordem não manifestamente ilegal); **C:** incorreta (art. 28 do CP), pois a embriaguez que exclui a culpabilidade é a acidental, proveniente de caso fortuito ou força maior, e completa; na embriaguez voluntária, o agente responde pelo crime por conta da teoria da *actio libera in causa*, enquanto a preordenada é uma agravante genérica; **D:**

incorreta (art. 23 do CP), pois o estrito cumprimento do dever legal é causa excludente da ilicitude; **E:** correta (art. 22 do CP). A coação moral irresistível, assim como a obediência hierárquica, são causas excludentes da culpabilidade e não da ilicitude, uma vez que excluem a exigibilidade de conduta diversa, elemento da culpabilidade.

Gabarito "E"

11. PENAS E MEDIDAS DE SEGURANÇA

(Soldado Combatente da Polícia Militar/RR – 2013 – UERR) Assinale a alternativa **INCORRETA**:

(A) As penas restritivas de direitos são autônomas e substituem as privativas de liberdade, quando aplicada pena privativa de liberdade, não superior a quatro anos e o crime não for cometido com violência ou grave ameaça à pessoa ou, qualquer que seja a pena aplicada, se o crime for culposo.

(B) A prestação pecuniária consiste no pagamento em dinheiro à vítima, a seus dependentes ou a entidade pública ou privada com destinação social, de importância fixada pelo juiz, não inferior a 01 (um) salário-mínimo nem superior a 360 (trezentos e sessenta) salários-mínimos.

(C) A pena de multa consiste no pagamento à vítima, a seus dependentes ou a entidade pública ou privada com destinação social da quantia fixada na sentença e calculada em dias-multa.

(D) A limitação de fim de semana consiste na obrigação de permanecer, aos sábados e domingos, por 5 (cinco) horas diárias, em casa de albergado ou outro estabelecimento adequado.

(E) O valor pago a título de pena restritiva de direitos, chamada de prestação pecuniária, será deduzido do montante de eventual condenação em ação de reparação civil, se coincidentes os beneficiários.

A: correta, levando em conta o rol legal das penas restritivas de direito elencado no art. 44, *caput*, I, do CP; **B:** correta, considerando o que ordena o mandamento do art. 45, § 1.º, *in limine*, CP; **C:** incorreta (devendo ser assinalada), tendo em vista que a pena de multa conforme o que prescreve o art. 49, *caput*, CP consiste no pagamento ao fundo penitenciário da quantia fixada na sentença e calculada em dias-multa; **D:** correta, à luz do que prescreve o art. 48, *caput*, CP; **E:** correta, tendo em vista o que prescreve art. 45, § 1.º, *in fine*, CP.

Gabarito "C"

(Cadete da Polícia Militar/GO – 2013 – UEG) Sobre as penas previstas no Código Penal, tem-se que:

(A) a prestação de serviços à comunidade ou a entidades públicas é aplicável às condenações superiores a um ano de privação da liberdade.

(B) se o condenado for reincidente, o juiz não poderá aplicar a substituição.

(C) a culpabilidade, os antecedentes, a conduta social e a personalidade do condenado, bem como os motivos e as circunstâncias, devem ser levados em consideração quando da substituição da pena privativa de liberdade por restritiva de direitos.

(D) a limitação de fim de semana consiste na obrigação de permanecer, aos sábados, domingos e feriados, por 5 (cinco) horas diárias, em casa de albergado ou outro estabelecimento adequado.

A: incorreta, pois, de acordo com o art. 46, *caput*, do CP: "A prestação de serviços à comunidade ou a entidades públicas é aplicável às condenações superiores a seis meses de privação da liberdade."; **B:** incorreta. De acordo com o art. 44, § 3.º, do CP: "Se o condenado for reincidente, o juiz poderá aplicar a substituição, desde que, em face de condenação anterior, a medida seja socialmente recomendável e a reincidência não se tenha operado em virtude da prática do mesmo crime"; **C:** correta, porque, conforme art. 44, III, do CP: "As penas restritivas de direitos são autônomas e substituem as privativas de liberdade, quando: III – a culpabilidade, os antecedentes, a conduta social e a personalidade do condenado, bem como os motivos e as circunstâncias indicarem que essa substituição seja suficiente."; **D:** incorreta. O art. 48, *caput*, do CP: "A limitação de fim de semana consiste na obrigação de permanecer, aos sábados e domingos, por 5 (cinco) horas diárias, em casa de albergado ou outro estabelecimento adequado.".

Gabarito "C"

(Soldado Combatente da Polícia Militar/RR – 2013 – UERR) São penas restritivas de direito, **EXCETO**:

(A) Prestação pecuniária.

(B) Perda de bens e valores.

(C) Prestação de serviço à comunidade ou a entidades públicas.

(D) Interdição permanente de direitos.

(E) Limitação de fim de semana.

Em verdade, o Código Penal traz o elenco das penas restritivas de direito no seu art. 43, I, II, IV, V, VI, nos seguintes termos: *As penas restritivas de direitos são: I – prestação pecuniária; II – perda de bens e valores; III – Vetado, IV – prestação de serviço à comunidade ou a entidades públicas; V – interdição temporária de direitos; VI – limitação de fim de semana.*

Gabarito "D"

(Soldado Combatente da Polícia Militar/RR – 2013 – UERR) São espécies de pena:

(A) Privativa de liberdade, privativa de direitos e medida de segurança.

(B) Privativa de liberdade, restritiva de direitos e multa.

(C) Restritiva de liberdade, restritiva de direitos e multa.

(D) Privativa de liberdade, privativa de direito e prestação pecuniária.

(E) Restritiva de liberdade, restritiva de direitos, medida de segurança e multa.

Como é cediço, o CP apresenta o rol das espécies de penas admitidas, em regra, no ordenamento jurídico pátrio como forma de sanção penal. Esta relação é estampada no art. 32, I, II e III, CP, da seguinte forma: *As penas são: I – privativas de liberdade; II – restritivas de direitos; III – de multa.*

Gabarito "B"

(Sargento da Polícia Militar/SP – 2012 – VUNESP) Se o agente for considerado inimputável, o juiz determinará sua internação (artigo 97 do CP). Se, todavia, a conduta prevista como criminosa for punível com detenção, poderá o juiz submetê-lo a:

(A) prisão albergue.

(B) tratamento curativo.

(C) tratamento ambulatorial.

(D) medida de segurança.

De fato, o Código Penal regula a aplicação de medidas de segurança, que tem por escopo, ao menos em tese, o tratamento curativo dos inimputáveis que praticam atos ilícitos e típicos. A imposição de medida de segurança para inimputáveis está disciplinada no art. 97, CP.

Gabarito "D"

(Sargento da Polícia Militar/SP – 2012 – VUNESP) São espécies de penas:

(A) prisão simples, detenção e reclusão.
(B) de multa, detenção e reclusão.
(C) privativas de liberdade, restritivas de direitos e de multa.
(D) transação penal, detenção e reclusão.

Há de se asseverar que a relação de espécies de pena tem previsão legal no Código Penal, segundo o que prescreve o seu art. 32, I, II, III, nos seguintes termos: *As penas são: I – privativas de liberdade; II – restritivas de direitos; III – de multa.*

Gabarito "C"

(Cabo da Polícia Militar/SP – 2012 – CETRO) De acordo com o Código Penal Brasileiro, Decreto-Lei 2.848/40, são consideradas espécies de penas:

(A) as penas privativas de liberdade, as restritivas de direitos e as de multas.
(B) somente as privativas de liberdade e as restritivas de direito.
(C) as penas privativas de liberdade e as de prestação pecuniária.
(D) as penas privativas de liberdade e a interdição temporária de direitos.

De fato, o Código Penal traz o rol das espécies de penas no seu art. 32, I, II, III, nos seguintes termos: *As penas são: I – privativas de liberdade; II – restritivas de direitos; III – de multa.*

Gabarito "A"

(Sargento da Polícia Militar/ES – 2011 – IDECAN) Sobre o tema Suspensão Condicional da Pena, analise:

I. A condenação anterior a pena de multa impede a concessão do benefício.
II. A execução da pena privativa de liberdade, não superior a quatro anos, poderá ser suspensa, por quatro a seis anos, desde que o condenado seja maior de setenta anos de idade, ou razões de saúde justifiquem a suspensão.
III. A suspensão se estende às penas restritivas de direito, mas não à de multa.

Está(ão) correta(s) apenas a(s) afirmativa(s):

(A) I
(B) II
(C) III
(D) I, II
(E) I, III

I: incorreta. De acordo com o § 1.º, do art. 77, do CP: "A condenação anterior a pena de multa não impede a concessão do benefício."; II: correta. O art. 77, § 2.º, do estatuto repressivo dispõe: "A execução da pena privativa de liberdade, não superior a quatro anos, poderá ser suspensa, por quatro a seis anos, desde que o condenado seja maior de setenta anos de idade, ou razões de saúde justifiquem a suspensão."; III: incorreta, pois o art. 80 do CP assim preceitua: "a suspensão não se estende às penas restritivas de direitos nem à multa.".

Gabarito "B"

(Cadete da Polícia Militar/GO – 2010 – FUNCAB) No que tange às penas e sua aplicação, é correto afirmar que:

(A) o condenado a pena superior a 8 (oito) anos deverá começar a cumpri-la em regime semiaberto.
(B) é sempre vedada a substituição da pena, se o condenado for reincidente.
(C) cometer crime com abuso de poder ou violação de dever inerente a cargo é circunstância que sempre agrava a pena, quando não constitui ou qualifica crime.
(D) sobrevindo condenação por fato posterior ao início do cumprimento da pena, é vedada a realização de nova unificação da pena.
(E) no concurso de infrações, será executada primeiramente a pena menos grave.

A: incorreta, pois dispõe o estatuto repressivo em seu art. 33, § 2.º, *a*: "As penas privativas de liberdade deverão ser executadas em forma progressiva, segundo o mérito do condenado, observados os seguintes critérios e ressalvadas as hipóteses de transferência a regime mais rigoroso: a) o condenado a pena superior a 8 (oito) anos deverá começar a cumpri-la em regime fechado." **B:** incorreta, uma vez que o Código Penal, em seu art. 44, § 3.º, preceitua: "Se o condenado for reincidente, o juiz poderá aplicar a substituição, desde que, em face de condenação anterior, a medida seja socialmente recomendável e a reincidência não se tenha operado em virtude da prática do mesmo crime."; **C:** correta , pois, de acordo com o art. 61, II, *g*, do CP: "São circunstâncias que sempre agravam a pena, quando não constituem ou qualificam o crime: II – ter o agente cometido o crime: g) com abuso de poder ou violação de dever inerente a cargo, ofício, ministério ou profissão."; **D:** incorreta. Conforme art. 75, § 2.º, do CP: "Sobrevindo condenação por fato posterior ao início do cumprimento da pena, far-se-á nova unificação, desprezando-se, para esse fim, o período de pena já cumprido."; **E:** incorreta, pois de acordo com o art. 76 do CP: "No concurso de infrações, executar-se-á primeiramente a pena mais grave.".

Gabarito "C"

(Oficial da Polícia Militar/SC – 2010 – IESES) Em relação à aplicação da pena, assinale a assertiva correta:

(A) Para fins de reincidência, não prevalece a condenação anterior se entre a data do cumprimento ou extinção da pena e a infração posterior tiver decorrido período de tempo superior a 5 (cinco anos), computando-se o período de prova de suspensão ou de livramento condicional.
(B) Para o acréscimo da pena base nas circunstâncias judiciais do artigo 59, do Código Penal, o juiz deve levar em consideração os inquéritos em andamento.
(C) A opinião do julgador acerca da gravidade em abstrato do crime constitui motivação idônea para a imposição de regime mais severo do que o permitido segundo a pena aplicada.
(D) É considerado pelo Código Penal circunstância atenuante ser o acusado (réu) menor de 21 anos na data da prolação da sentença.

A: correta, tendo em vista o que prescreve o art. 64, I, CP; **B:** incorreta, considerando o que ordena o mandamento do art. 59, *caput*, CP que traz o elenco das circunstâncias judiciais a serem observadas pelo juiz para fins de fixação da pena, onde não se encontra "inquérito em andamento"; **C:** incorreta, pois toda decisão judicial há de ser fundamentada, de acordo com o art. 93, IX, da Carta Magna, não podendo subsidiar decisões judiciais a mera "opinião do julgador" sobre a gravidade em abstrato do crime. Nesta esteira, o Superior Tribunal de Justiça (STJ) editou a Súmula de 440 que orienta: *Fixada a pena-base no mínimo legal, é vedado o estabelecimento de regime prisional mais gravoso do que o cabível em razão da sanção imposta, com base apenas na gravidade abstrata do delito*; **D:** incorreta, pois a redação do art. 65, I, CP exige que o agente tenha 21 anos na data do fato, e não na data da prolação da sentença.

Gabarito "A"

(Oficial da Polícia Militar/SC – 2010 – IESES) Em relação à aplicação da pena restritiva de direitos pode afirmar que:

(A) A limitação do final de semana consiste na obrigação de permanecer aos sábados e domingos, por 8 (oito) horas diárias, em casa do albergado ou estabelecimento adequado, a ser determinado pelo juiz.

(B) Suspensão de autorização ou de habilitação para dirigir veículo, espécie de pena de interdição temporária, não poderá ser aplicada aos crimes culposos de trânsito, quando houver outra espécie de pena aplicada, segundo o Código Penal.

(C) Podem-se considerar espécies de penas restritivas de direitos: prestação pecuniária, perda de bem e valores, prestação de serviço à comunidade ou a entidades públicas, interdição temporária de direitos, limitação de fim de semana e multa.

(D) A pena restritiva de direitos converte-se em privativa de liberdade quando ocorrer o descumprimento injustificado da restrição imposta. No cálculo da pena privativa de liberdade a executar será deduzido o tempo cumprido da pena restritiva de direitos, respeitando o saldo mínimo de 30 (trinta) dias de detenção ou reclusão.

A: incorreta, levando em conta a forma como é regulamentada a pena restritiva de direito de limitação de fim de semana nos termos do art. 48, *caput*, CP; **B:** incorreta, considerando o que ordena o mandamento do art. 57, CP; **C:** incorreta, tendo em vista que o Código Penal prescreve quais são as penas restritivas de direito, conforme o que manda o art. 43, I, II, IV, V e VI, CP, sendo a pena de multa uma pena pecuniária nos moldes do art. 49 e seguintes do CP; **D:** correta, à luz do que ordena o art. 44, § 4.º, CP.

Gabarito "D"

12. CONCURSO DE CRIMES

(Sargento da Polícia Militar/SP – 2012 – VUNESP) Havendo o agente subtraído um automóvel, e na fuga atropelado um pedestre e arrebatado uma mulher com o fim de praticar crime de estupro, pode-se afirmar que responderá na forma do:

(A) Concurso Material.

(B) Concurso Formal.

(C) Crime Continuado.

(D) Concurso Formal Benéfico.

Há de se sustentar que quando ocorre a prática de mais de um crime, através de mais de uma conduta, movidas por desígnios criminosos autônomos, há em baila concurso material de crimes, tendo como consequência a aplicação cumulativa das penas dos delitos perpetrados. Isso, na forma do que prescreve ao art. 69, CP.

Gabarito "A"

13. EXTINÇÃO DA PUNIBILIDADE – PRESCRIÇÃO

(Bombeiro Militar/PB – 2011 – FURNE) Acerca da extinção de punibilidade, assinale a alternativa **INCORRETA**:

(A) A prescrição, antes de transitar em julgado a sentença final, começa a correr do dia em que o crime se consumou. No caso de tentativa, do dia em que cessou a atividade criminosa. Já nos crimes permanentes, do dia em que cessou a permanência.

(B) A prescrição da pretensão punitiva deve observar a pena aplicada no título judicial, sem diminuir-se período em que o réu esteve, provisoriamente, sob a custódia do Estado.

(C) O casamento do ofendido com o ofensor não é mais previsto expressamente como causa de extinção de punibilidade.

(D) A jurisprudência dos Tribunais Superiores tem admitido a decretação da prescrição da pretensão punitiva do Estado, tomando como base a pena presumida, antes mesmo do término da ação penal, retirando-lhe a justa causa.

(E) O Perdão judicial é clemência prevista em lei, que afasta a punibilidade, desde que presentes os requisitos objetivos e subjetivos da norma. A sentença concessiva do perdão judicial é declaratória da extinção da punibilidade, não subsistindo qualquer efeito condenatório.

A: correta, tendo em vista o que é normatizado sobre a prescrição penal no art. 111, I, II, e III, do CP; **B:** correta, considerando o que ordena o mandamento do art. 110, *caput*, CP; **C:** correta, pois a Lei 11.106/2005 revogou o inciso VII do art. 107, CP que previa esta causa de extinção da punibilidade; **D:** incorreta (devendo ser assinalada), devido ao entendimento jurisprudencial do STJ na Súmula 438, que informa: É inadmissível a extinção da punibilidade pela prescrição da pretensão punitiva com fundamento em pena hipotética, independentemente da existência ou sorte do processo penal; **E:** correta, o Juiz por ocasião do julgamento da causa aplica o perdão judicial se presentes os requisitos objetivos previstos em lei e os subjetivos relativos ao réu, como os que estão presentes no art. 121, § 5.º, CP, havendo ainda o entendimento jurisprudencial consolidado pelo STJ na Súmula 18, que prescreve: *A sentença concessiva do perdão judicial é declaratória da extinção da punibilidade, não subsistindo qualquer efeito condenatório.*

Gabarito "D"

(Cadete da Polícia Militar/GO – 2010 – FUNCAB) Sobre extinção da punibilidade, é correto afirmar que:

(A) a prescrição antes de transitar em julgado a sentença condenatória regula-se pela pena aplicada.

(B) o curso da prescrição é suspenso pelo recebimento da denúncia ou queixa.

(C) a sentença que conceder o perdão judicial é sempre considerada para efeitos de reincidência.

(D) no caso de concurso de crimes, a extinção da punibilidade incidirá sobre a pena de cada um, isoladamente.

(E) nos crimes conexos, a extinção da punibilidade de um deles sempre impede, quanto aos outros, a agravação da pena resultante da conexão.

A: incorreta, pois, de acordo com o art. 109 do CP: "A prescrição, antes de transitar em julgado a sentença final, salvo o disposto no § 1.º do art. 110 deste Código, regula-se pelo máximo da pena privativa de liberdade cominada ao crime."; **B:** incorreta. O Código Penal, em seu art. 117, I, dispõe; "O curso da prescrição interrompe-se: I – pelo recebimento da denúncia ou da queixa". Com a suspensão da prescrição, terminada esta, o prazo volta a correr, aproveitando-se o tempo já decorrido; com a interrupção encerrada, o prazo recomeça do início; **C:** incorreta, de acordo com o art. 120 do CP: "A sentença que conceder perdão judicial não será considerada para efeitos de reincidência; **D:** correta. O art. 119 do CP assim preceitua: "No caso de concurso de crimes, a extinção da punibilidade incidirá sobre a pena de cada um, isoladamente."; **E:** incorreta, pois conforme art. 108 do CP: "A extinção da punibilidade de crime que é pressuposto, elemento constitutivo ou circunstância agravante de outro não se estende a este. Nos crimes conexos, a extinção da punibilidade de um deles não impede, quanto aos outros, a agravação da pena resultante da conexão.".

Gabarito "D"

14. CRIMES CONTRA A PESSOA

14.1. CRIMES CONTRA A VIDA

(Cadete da Polícia Militar/GO – 2013 – UEG) Sobre o crime de homicídio e suas qualificadoras, verifica-se que:

(A) a premeditação é considerada qualificadora.
(B) motivo torpe é aquele pequeno demais, de somenos importância, desproporcional.
(C) dissimulação é o ocultamento do agente, que surpreende a vítima quando ela passa pelo local escolhido para a prática do crime.
(D) o motivo fútil tem natureza subjetiva.

A: incorreta (art. 121, § 2.º, do CP), pois a premeditação não está prevista na lei como qualificadora; **B:** incorreta (art. 121, § 2.º, I, do CP), pois motivo fútil é aquele pequeno demais, de somenos importância, desproporcional, enquanto motivo torpe é o repugnante, abjeto; **C:** incorreta (art. 121, § 2.º, IV, do CP), pois dissimulação é dar falsas mostras de amizade, enquanto a emboscada ocorre quando o agente se oculta e surpreende a vítima quando ela passa pelo local escolhido para a prática do crime; **D:** correta (art. 121, § 2.º, II, do CP), pois as qualificadoras previstas nos incisos I, II e V são subjetivas, enquanto nos incisos III e IV são previstas circunstâncias objetivas.

Gabarito "D"

(Sargento da Polícia Militar/SP – 2012 – VUNESP) Comprovada a autoria, contudo não comprovado o nexo de causalidade entre a influência do estado puerperal e a morte do infante, de modo a diminuir a capacidade de entendimento ou autoinibição, a parturiente responderá por:

(A) homicídio.
(B) infanticídio.
(C) aborto.
(D) abandono de incapaz com resultado morte.

Há de se asseverar que o estado puerperal é circunstância elementar do tipo penal do infanticídio, nos termos do art. 123, CP. Dessa forma, não sendo comprovado o nexo de causalidade desta elementar com a morte de um nascituro, há de ocorrer a desclassificação do crime praticado pela parturiente de infanticídio para homicídio, nos moldes do que prescreve o art. 121, CP. Há de se ressaltar, ainda, que no cenário apresentado não há o crime de aborto tendo em vista que a conduta do agente, no contexto da prática deste crime, se volta contra a vida intrauterina e não contra o infante, de acordo com o art. 124 e seguintes do CP.

Gabarito "A"

(Oficial da Polícia Militar/SC – 2010 – IESES) Relacionado aos crimes contra a pessoa, assinale a alternativa correta:

(A) O enfermeiro que praticar manobra abortiva, se não há outro meio para salvar a vida da gestante terá sua ilicitude excluída em razão do aborto necessário, segundo o Código Penal.
(B) Havendo homicídio privilegiado pelo motivo relevante valor moral e sendo praticado em concurso de pessoas, os coautores não se beneficiarão da causa de diminuição do homicídio privilegiado, visto que as circunstâncias e as condições de caráter pessoal não se comunicam, salvo quando elementares do crime.
(C) A consumação do latrocínio se dará com a morte do agente, por isso a doutrina considera crime doloso contra a vida.
(D) O crime de infanticídio poderá ocorrer na forma dolosa ou culposa.

A: incorreta, pois esta modalidade de estado de necessidade, referente ao aborto necessário só contempla, por força de lei, nos termos do art. 128, I, CP, a ação de médico, em sendo o caso de um enfermeiro que promove manobra abortiva para salvar a vida da gestante. O caso poderá ser alcançado pela figura genérica do estado de necessidade do art. 24, CP; **B:** correta, tendo em vista o que prescreve o *Codex* Criminal relativo às circunstâncias incomunicáveis de acordo com o art. 30, CP; **C:** incorreta, considerando que o crime de latrocínio é uma forma qualificada do crime de roubo, sendo, portanto, crime contra o patrimônio na forma do art. 157, § 3.º, CP; **D:** incorreta, pois não há previsão legal para a figura culposa do crime de infanticídio conforme o art. 123, CP. 273

Gabarito "B"

14.2. CRIMES CONTRA A HONRA

(Sargento da Polícia Militar/ES – 2011 – IDECAN) *"Antunes Guimarães espalha para diversos vizinhos que sua cunhada estaria mantendo um relacionamento amoroso com um homem casado."* Antunes Guimarães cometeu o crime de:

(A) Calúnia.
(B) Difamação.
(C) Injúria.
(D) Desacato.
(E) Injúria real.

A: incorreta (art. 138 do CP). Calúnia é a falsa imputação de fato definido como crime. Ofende-se a honra objetiva; **B:** correta (art. 139 do CP). É a imputação de um fato ofensivo à reputação da pessoa, sem ser um fato criminoso; **C:** incorreta (art. 140 do CP). Injúria é a ofensa à honra subjetiva, à dignidade e ao decoro. Injúria é um xingamento e não a imputação de um fato; **D:** incorreta (art. 331 do CP). Desacato é a ofensa a funcionário público no exercício da função ou em razão dela; **E:** incorreta (art. 140, § 2.º, do CP). Injúria real é injúria consistente em violência ou vias de fato, que, por sua natureza ou pelo meio empregado, se considerem aviltantes.

Gabarito "B"

14.3. OUTROS CRIMES CONTRA A PESSOA

(Cadete da Polícia Militar/GO – 2013 – UEG) Sobre o crime de ameaça:

(A) pode ser praticado por qualquer meio, palavras, gestos, escritos, tratando-se, portanto, de crime de ação vinculada.
(B) configura-se quando o mal for injusto, idôneo, sério, verossímil e iminente.
(C) o mal prometido deve recair sobre a própria vítima da ameaça.
(D) a ação penal procede-se mediante queixa.

A: incorreta (art. 147 do CP), pois o crime de ação é de forma livre e não de ação vinculada. Os crimes de forma livre são os que podem ser cometidos por meio de qualquer comportamento que cause determinado resultado, enquanto os de forma vinculada são aqueles em que a lei descreve a atividade de modo particularizado, como por exemplo, o art. 284 do CP; **B:** correta (art. 147 do CP), pois no crime em comento, a ameaça deve ser de mal injusto, idôneo, sério, verossímil e iminente, pois a ameaça de causar um mal justo constitui exercício regular de direito ou estrito cumprimento do dever legal; **C:** incorreta (art. 147 do CP), pois a ameaça pode ser direta ou indireta, sendo a primeira dirigida imediatamente à pessoa do sujeito passivo ou seu patrimônio, e a segunda, quando, embora dirigida ao sujeito passivo, o mal não recaia sobre a sua pessoa ou seu patrimônio, mas, sim, no de terceiros que lhe são próximos, geralmente por uma relação de afeto; **D:** incorreta (art. 147, parágrafo único, do CP), pois a ação penal é pública condicionada à representação, procedendo-se mediante denúncia do Ministério Público.

Gabarito "B"

(Sargento da Polícia Militar/ES – 2011 – IDECAN) Considere o seguinte tipo penal: *"Expor a perigo a vida ou a saúde de pessoa sob sua autoridade, guarda ou vigilância, para fins de educação, ensino, tratamento ou custódia, quer privando-a de alimentação ou cuidados indispensáveis, quer sujeitando-a a trabalho excessivo ou inadequado, quer abusando de meios de correção ou disciplina".* Trata-se do crime de:

(A) Maus-tratos.
(B) Lesão corporal.
(C) Abandono de incapaz.
(D) Perigo para a vida ou a saúde de outrem.
(E) Exposição ou abandono de recém-nascido.

A: correta (art. 136 do CP), uma vez que o crime de maus tratos consiste em "expor a perigo a vida ou a saúde de pessoa sob sua autoridade, guarda ou vigilância, para fim de educação, ensino, tratamento ou custódia, quer privando-a de alimentação ou cuidados indispensáveis, quer sujeitando-a a trabalho excessivo ou inadequado, quer abusando de meios de correção ou disciplina"; **B:** incorreta (art. 129 do CP), pois a lesão corporal é a ofensa a integridade corporal ou a saúde de outrem; **C:** incorreta (art. 133 do CP). Abandono de incapaz é o abandono de pessoa que está sob seu cuidado, guarda, vigilância ou autoridade, e, por qualquer motivo, incapaz de defender-se dos riscos resultantes do abandono; **D:** incorreta (art. 132 do CP). O perigo para a vida ou a saúde de outrem consiste em "expor a vida ou a saúde de outrem a perigo direto e iminente"; **E:** incorreta (art. 134 do CP), pois a exposição ou abandono de recém-nascido é um crime descrito no Código Penal nos seguintes termos: "Expor ou abandonar recém-nascido, para ocultar desonra própria.".

Gabarito "A"

(Sargento da Polícia Militar/ES – 2011 – IDECAN) *"Durante uma partida de futebol, diversas pessoas começam a se agredir mutuamente, sem que seja possível distinguir grupos definidos. Todos lutam contra todos, de modo que diversas pessoas acabam sendo lesionadas levemente."* Os agentes responderão pelo crime de:

(A) Lesão corporal de natureza leve.
(B) Lesão corporal de natureza grave.
(C) Rixa.
(D) Perigo para a vida ou a saúde de outrem.
(E) Lesão corporal culposa.

A: incorreta (art. 129, *caput*, do CP), pois a lesão corporal é a ofensa a integridade corporal ou a saúde de outrem. A lesão leve é verificada por exceção, ou seja, todas as vezes que a lesão não for grave, prevista nos § 1.º e 2.º do CP, ela será leve; **B:** incorreta, pois a lesão grave é prevista no Código Penal e é um dos casos do art. 129, §§ 1.º e 2.º; **C:** correta (art. 137 do CP), uma vez que o crime de rixa, que é a briga desordenada entre no mínimo três pessoas, descrito na lei nos seguintes termos: "participar de rixa, salvo para separar os contendores"; **D:** incorreta (art. 132 do CP). O perigo para a vida ou a saúde de outrem consiste em "expor a vida ou a saúde de outrem a perigo direto e iminente"; **E:** incorreta (art. 129, § 6.º, do CP), pois a lesão corporal culposa é aquela praticada por imprudência, negligência ou imperícia (art. 18, II, do CP).

Gabarito "C"

(Oficial Policial Militar/DF – 2010 – CESPE) Em relação aos crimes contra a pessoa e contra o patrimônio e ao concurso de pessoas, julgue os itens subsequentes.

(1) Cometerá o delito de furto mediante fraude e não estelionato o indivíduo que desviar, em proveito próprio, dinheiro da conta-corrente de outro indivíduo, por meio de acesso fraudulento pela Internet.

(2) Considere a seguinte situação hipotética. Os indivíduos A e B planejaram subtrair aparelhos eletrodomésticos de uma residência. Para tanto, escolheram o período da manhã, pois estavam certos de que, nesse horário, não haveria ninguém no imóvel. Cabia a B apenas a função de vigiar o perímetro externo e dirigir o veículo usado na empreitada criminosa. Ao entrar na casa, A foi surpreendido pela presença da moradora e, então, após subjugá-la, matou-a, tendo, em seguida, fugido no veículo guiado por B, levando os eletrodomésticos subtraídos. Nessa situação, B não será responsabilizado pelo delito de homicídio.

(3) A mãe que abandona o filho recém-nascido em um local ermo para ocultar a própria desonra pratica o delito de abandono de incapaz.

1: correta (art. 155, § 4.º, II, do CP), pois a diferença entre o furto mediante fraude e o estelionato é que naquele a fraude é usada para distrair a vigilância da vítima e facilitar a subtração, enquanto que neste, a fraude é usada para que a vítima entregue a coisa ao sujeito ativo do crime; **2:** correta, pois, de acordo com o art. 29 § 2.º, do CP: "Se algum dos concorrentes quis participar de crime menos grave, ser-lhe-á aplicada a pena deste; essa pena será aumentada até metade, na hipótese de ter sido previsível o resultado mais grave.";

3: incorreta (art. 134 do CP), pois o tipo penal de exposição ou abandono de recém-nascido prevê: "Expor ou abandonar recém-nascido, para ocultar desonra própria: pena – detenção, de 6 (seis) meses a 2 (dois) anos." O art. 133 do CP prevê o crime de abandono de incapaz com o seguinte tipo penal: "Abandonar pessoa que está sob seu cuidado, guarda, vigilância ou autoridade, e, por qualquer motivo, incapaz de defender-se dos riscos resultantes do abandono: pena – detenção, de 6 (seis) meses a 3 (três) anos."

Gabarito 1C, 2C, 3E

15. CRIMES CONTRA O PATRIMÔNIO

(Soldado Combatente da Polícia Militar/RR – 2013 – UERR) Caio furta um carro e o esconde na praia da Polar. Mévio, com pleno conhecimento da origem do carro, apodera-se dele. Mévio cometeu o crime de:

(A) Furto, assim como Caio.
(B) Apropriação indébita.
(C) Receptação dolosa.
(D) Furto qualificado.
(E) Receptação culposa.

Em verdade, o crime de furto ocorre quando há subtração de coisa alheia móvel, nos termos do art. 155, CP, independentemente do bem subtraído estar na posse de terceiro que também subtraiu o bem. Por sua vez, o crime de apropriação indébita se perfaz quando alguém se apropria de coisa alheia móvel, de que tem a posse ou a detenção, de acordo com o que ordena o art. 168, *caput*, CP. De outro lado, o crime de receptação versa sobre aquisição, recebimento, transporte, condução ou ocultação, em proveito próprio ou alheio, de coisa que sabe ser produto de crime, ou influência para que terceiro, de boa-fé, adquira, receba ou oculte este bem, como prescreve o art. 180, *caput*, CP; o furto qualificado será o praticado com destruição ou rompimento de obstáculo à subtração da coisa, com abuso de confiança, ou mediante fraude, escalada ou destreza, com emprego de chave falsa ou mediante concurso de duas ou mais pessoas, conforme a rodem do art. 155, § 1.°, CP e a receptação culposa é que acontece ao se adquirir ou receber coisa que, por sua natureza ou pela desproporção entre o valor e o preço, ou pela condição de quem a oferece, deve presumir-se obtida por meio criminoso, tendo em vista a redação do art. 180, § 3.°, CP.

Gabarito "A"

(Soldado Combatente da Polícia Militar/RR – 2013 – UERR) Joana entra em um hotel e furta do quarto de um hóspede quantia significativa, empreendendo fuga pela escadaria onde encontra um zelador. Sentindo-se encurralada, o ameaça com uma faca e consegue escapar. Na hipótese ocorreu:

(A) Furto qualificado.
(B) Furto simples.
(C) Roubo impróprio.
(D) Roubo qualificado.
(E) Roubo na forma tentada.

De fato, o crime de roubo impróprio é praticado quando há emprego de violência ou grave ameaça para garantir o êxito na ação criminosa patrimonial, conforme o que prescreve o art. 157, § 1.°, CP. Por sua vez, o crime de furto, seja na modalidade simples, seja na modalidade qualificada, nos termos do art. 155, *caput*, CP e do art. 155, § 4.°, CP não traz previsão de emprego de violência ou grave ameaça, seja para a subtração, seja para assegurar o êxito da subtração.

Gabarito "C"

(Oficial da Polícia Militar/BA – 2012 – CONSULTEC) Para furto, que vem a ser subtrair, para si ou para outrem, coisa alheia móvel, o Código Penal prevê reclusão, de um a quatro anos, e multa, sendo que a pena é aumentada em um terço, se o crime é praticado durante o repouso noturno. Como também, se o criminoso é primário e é de pequeno valor a coisa furtada, nesse caso, o juiz pode substituir a pena de reclusão pela de detenção, diminuí-la de um a dois terços, ou aplicar somente a pena de multa.

Em se tratando de furto qualificado, a pena de reclusão de dois a oito anos e multa será aplicada, se o crime cometido for:

(A) a subtração de veículo automotor que venha a ser transportado para outro Estado ou para o exterior; com abuso de confiança; com emprego de chave falsa.
(B) com destruição ou rompimento de obstáculo à subtração da coisa; com abuso de confiança, ou mediante fraude, escalada ou destreza; com emprego de chave falsa; mediante concurso de duas ou mais pessoas.
(C) com abuso de confiança, ou mediante fraude; mediante concurso de três ou mais pessoas; se a subtração for de joias folheadas; abuso de confiança de funcionários públicos em órgãos governamentais.
(D) a subtração de utensílios de casa mediante concurso de duas ou mais pessoas; quadrilhas em casas comerciais; subtração de alimentos em feiras livres.
(E) a subtração de documentos de órgãos públicos; com abuso de confiança, ou mediante fraude, mediante concurso de duas ou mais pessoas; veículo automotor com ligação direta, mesmo que não empregue chave falsa.

A: incorreta, pois nos termos do art. 155, § 5.°, do CP, ao crime de subtração de veículo automotor que venha a ser transportado para outro Estado ou para o exterior, possui a pena de reclusão de três a oito anos; **B:** correta, nos termos do art. 155, § 4.°, I, II, III e IV do CP; **C:** incorreta, pois, nos termos do art. 155, § 4.°, IV, do CP, o furto será qualificado se praticado mediante o concurso de duas ou mais pessoas e não de três ou mais pessoas; de outro lado, não há previsão na lei de furto qualificado se a subtração for de joias folheadas ou abuso de confiança de funcionários públicos em órgãos governamentais; **D:** incorreta, pois as hipóteses elencadas na alternativa não têm previsão legal (art. 155, § 4.°, I, II, III e IV do CP); **E:** incorreta, pois nos termos da lei (art. 155, § 4.°, I, II, III e IV do CP) não há previsão de qualificadora quando a subtração for de documentos de órgão públicos ou de veículo automotor com ligação direta, mesmo que não empregue chave falsa.

Gabarito "B"

(Oficial da Polícia Militar/MG – 2011 – FUMARC) Imaginemos a seguinte situação: um brasileiro, morando na Argentina e em uma casa própria, quitada e segurada, situada num condomínio residencial, foi preso por colocar fogo em seu próprio patrimônio, não colocando em risco o meio ambiente, a vida ou bens de outrem. Aqui no Brasil, ele seria acusado:

(A) Pelo incêndio qualificado, para a obtenção de vantagem de econômica a partir do recebimento do prêmio do seguro.

(B) Pelo incêndio simples e pelo estelionato, pois não existe expressa designação de que a concorrência com uma fraude ao seguro seja qualificadora do delito "incêndio", havendo concurso material de crimes.

(C) Pelo incêndio qualificado e pelo estelionato, na proporção de que ambos são crimes autônomos e suas circunstâncias, ainda que se comuniquem, concorrem materialmente para o mesmo resultado.

(D) Apenas pelo crime de estelionato, porque o caso em questão não se alinha às hipóteses do crime de incêndio.

De fato, ocorre o crime previsto no art. 250, CP, quando se causa incêndio, expondo a perigo a vida, a integridade física ou o patrimônio de outrem. De outro lado, a ocorrência da figura qualificada do § 1.º, I, deste dispositivo, que traz o intuito do agente de obter vantagem pecuniária pressupõe a afetação do bem jurídico da incolumidade pública com a exposição de perigo descrita no *caput*. Por sua vez o crime de estelionato, cujo objeto jurídico é o patrimônio alheio, conforme o art. 171, § 2.º, V, CP, prevê a fraude para recebimento de indenização ou valor de seguro quando se destrói, total ou parcialmente, ou oculta coisa própria, ou lesa o próprio corpo ou a saúde, ou agrava as consequências da lesão ou doença, com o intuito de haver indenização ou valor de seguro. Isso, sem necessariamente haver risco ao meio ambiente, a vida ou bens de outrem.

Gabarito "D"

(Soldado da Polícia Militar/GO – 2010 – FUNCAB) No que se refere aos crimes contra o patrimônio previstos no Código Penal, assinale a alternativa correta.

(A) O concurso de agentes é causa de aumento de pena no crime de roubo.

(B) A lei penal não considera crime o furto de coisa comum.

(C) O furto cometido com abuso de confiança tem a mesma pena do furto simples.

(D) No crime de extorsão, a indevida vantagem pretendida pelo agente não é econômica.

(E) A lei penal prevê o crime de dano culposo.

A: correta (art. 157, § 2.º, II, do CP); **B:** incorreta (art. 156 do CP); **C:** incorreta (art. 155, *caput* e 4.º, II, do CP), pois a pena do furto simples é de reclusão de 1 a 4 anos e multa, enquanto que a pena do furto qualificado é de reclusão de 2 a 8 anos e multa; **D:** incorreta (art. 158 do CP), pois a extorsão é crime contra o patrimônio, sendo assim a indevida vantagem pretendida pelo agente deve ser econômica, até mesmo porque é previsão da lei; **E:** incorreta (art. 163 do CP), pois o crime culposo é excepcional (art. 18, parágrafo único, do CP), só existindo quando houver previsão legal, o que não é o caso do crime de dano.

Gabarito "A"

(Oficial da Polícia Militar/SC – 2010 – IESES) Com relação aos crimes contra o patrimônio, assinale assertiva verdadeira:

(A) Maneco, com 18 anos de idade, usuário de substância entorpecente, filho de Serafim, com 59 anos, furtou da casa de seu pai uma televisão para trocar por drogas. Segundo o Código Penal, Maneco estará isento pena.

(B) Para a tipificação do crime de estelionato, (artigo 171, do CP) é dispensável a existência de fraude, portanto, a criança, ou o débil mental poderá ser vítima do delito.

(C) Para que se possa falar em receptação, é imprescindível a prática de um delito anterior, porém, para a persecução penal e condenação no crime de receptação é necessário que seja conhecido ou não seja isento de pena o autor do crime antecedente.

(D) A diferença entre roubo (artigo 157, do CP) e extorsão (artigo 158, do CP) é que neste, o autor toma a coisa pessoalmente, naquele, faz com que lhe seja entregue ou colocada à disposição. Na extorsão, a violência pode ser posterior à consecução do objetivo.

A: correta, levando em conta que o Código Penal prevê situações de fato que ensejam imunidades penais absolutas (e também relativas) no caso de crimes contra o patrimônio praticados sem violência e sem grave ameaça contra a pessoa, nos termos do art. 181, I e II, CP; **B:** incorreta, tendo em vista que a fraude é um elemento normativo caracterizador do crime de estelionato. O próprio Supremo Tribunal Federal editou a Súmula 246 que diz: *Comprovada não ter havido fraude, não se configura o crime de emissão de cheque sem fundos.* Em sendo a vítima inimputável afastar-se-á a figura típica do estelionato ascendendo em seu lugar outro delito como o crime de abuso de incapaz, nos termos do art. 173, CP; **C:** incorreta, considerando que o crime de receptação é punível ainda que desconhecido ou isento de pena o autor do crime de que proveio a coisa, nos termos do art. 180, § 4.º, CP; **D:** incorreta, pois as características estão exatamente às avessas, vale dizer, no crime de roubo o autor toma a coisa pessoalmente, conforme o art. 157, *caput*, CP, e no crime de extorsão o autor faz com que o objeto material do crime lhe seja entregue ou colocado à sua disposição, de acordo com o art. 158, *caput*, CP.

Gabarito "A"

16. CRIMES CONTRA A DIGNIDADE SEXUAL

(Sargento da Polícia Militar/SP – 2012 – VUNESP) O tipo penal do artigo 216-A, parágrafo 2.º, do Código Penal Brasileiro, prevendo o aumento da pena, em até 1/3 (um terço), se a vítima for menor de 18 (dezoito) anos, dispõe *in verbis*: "constranger alguém com o intuito de obter vantagem ou favorecimento sexual, prevalecendo-se o agente da sua condição de superior hierárquico ou ascendência inerente são exercício de emprego, cargo ou função." Trata-se de crime de:

(A) sedução.

(B) estupro de vulnerável.

(C) assédio sexual.

(D) corrupção de menores.

De fato, o Código Penal prescreve o tipo penal do assédio sexual nos termos do art. 216-A. Mais ainda, o § 2.º deste dispositivo traz causa de aumento de pena quando a vítima é menor de 18 anos. De outra margem, há de se destacar que o crime de sedução foi abolido pela lei 11.106/2005; o crime de estupro de vulnerável é o que é praticado quando alguém tem conjunção carnal ou pratica outro ato libidinoso com menor de 14 (catorze) anos, ou com alguém que, por enfermidade ou deficiência mental, não tem o necessário discernimento para a prática do ato, ou que, por qualquer outra causa, não pode oferecer resistência, conforme com o que prescreve o art. 217-A e seu § 1.º do CP; e o crime de corrupção de menores acontece quando se corrompe ou se facilita a corrupção de menor de 18 (dezoito) anos, com ele praticando infração penal ou induzindo-o a praticá-la, nos termos do art. 244-B da lei 8069/1990.

Gabarito "C"

(Oficial da Polícia Militar/SC – 2010 – IESES) Assinale a opção correta com referência aos crimes contra os costumes:

(A) Petrukus praticou ato libidinoso diferente de conjunção carnal, sem haver o consentimento da vítima Maricota, em setembro de 2010, devendo, ser denunciado por atentado violento ao pudor, crime descrito no artigo 214, do Código Penal.
(B) Comete crime de estupro de vulnerável o agente que tem conjunção carnal ou pratica ato libidinoso com alguém, mediante fraude ou outro meio que impeça ou dificulte a livre manifestação de vontade da vítima.
(C) Segundo a doutrina majoritária, o crime de assédio sexual é classificado crime formal.
(D) O crime de bigamia e adultério foram extintos do Código Penal, por serem condutas aceitas no meio social.

A: incorreta, levando em conta que a prática de ato libidinoso, diverso da conjunção carnal, mediante violência ou grave ameaça constitui crime de estupro, conforme a reforma do CP que promoveu a Lei 12.015/2009, nos termos do art. 213, *caput*, CP; **B:** incorreta, tendo em vista que o ato de prática de conjunção carnal ou de ato libidinoso mediante fraude implica na perpetração do crime de violação sexual mediante fraude, na forma que ordena o art. 215, *caput*, CP; **C:** correta, considerando que o crime de assédio sexual previsto no art. 216-A, CP, tem como núcleo verbal do tipo o verbo "constranger", consumando-se com a prática do constrangimento em si, sem haver necessariamente a obtenção da vantagem ou do favorecimento sexual, circunstância que caracteriza o crime formal; **D:** incorreta, pois o crime de bigamia, diferentemente do antigo crime de adultério, abolido pela Lei 11.106/2005, não foi extinto, tendo sua previsão vigente nos termos do art. 235, *caput*, CP.

Gabarito "C"

17. CRIMES CONTRA A ADMINISTRAÇÃO PÚBLICA

(Sargento da Polícia Militar/PI – 2012 – UESPI) Uma Guarnição PM prendeu em flagrante delito um infrator e o conduziu, com seus pertences, para uma delegacia policial. Posteriormente, parte desses pertences (um relógio e um cordão de ouro) sumiu. Após investigações, descobriu-se que um policial de serviço naquele dia na delegacia havia subtraído para si os objetos. Neste caso, houve:

(A) peculato;
(B) apropriação indébita;
(C) furto simples;
(D) furto qualificado;
(E) roubo.

A: correta, pois, o CP no seu art. 312, § 1.º prevê a figura típica do peculato-furto; **B:** incorreta, pois a apropriação indébita é crime contra o patrimônio, não constituindo crime funcional, como prevê o art. 168, CP; **C:** incorreta, tendo em vista que o furto simples é crime contra o patrimônio, não constituindo crime funcional, como prevê o art. 155, CP; **D:** incorreta, considerando que o crime de furto qualificado é crime contra o patrimônio, não constituindo crime funcional, como prevê o art. 155, § 4.º, CP; **E:** incorreta, tendo em vista que o crime de roubo é crime contra o patrimônio, não constituindo crime funcional, como prevê o art. 157, CP.

Gabarito "A"

(Oficial da Polícia Militar/BA – 2012 – CONSULTEC) Com relação aos crimes contra a Administração Pública, o Decreto-Lei 2.848, de 7 de dezembro de 1940, com a redação dada pela Lei 7.209, de 11 de julho de 1984, classifica:

(A) Excesso de exação – se o funcionário exige tributo ou contribuição social que sabe ou deveria saber indevido, ou, quando devido, emprega na cobrança meio vexatório ou gravoso, que a lei não autoriza.
(B) Corrupção passiva – exigir, para si ou para outrem, direta ou indiretamente, ainda que fora da função, ou antes de assumi-la, mas em razão dela, vantagem indevida.
(C) Concussão – extraviar livro oficial ou qualquer documento, de que tem a guarda em razão do cargo; sonegá-lo ou inutilizá-lo, total ou parcialmente.
(D) Peculato – solicitar ou receber, para si ou para outrem, direta ou indiretamente, ainda que fora da função ou antes de assumi-la, mas em razão dela, vantagem indevida, ou aceitar promessa de tal vantagem.
(E) Extravio, sonegação ou inutilização de livro ou documento – apropriar-se o funcionário público de dinheiro, valor ou qualquer outro bem móvel, público ou particular, de que tem a posse em razão do cargo, ou desviá-lo, em proveito próprio ou alheio.

A: correta, pois, nos termos do art. 316, § 1.º, do CP: "Se o funcionário exige tributo ou contribuição social que sabe ou deveria saber indevido, ou, quando devido, emprega na cobrança meio vexatório ou gravoso, que a lei não autoriza."; **B:** incorreta (art. 317 do CP) e o crime que está descrito na assertiva é, na verdade, o crime de concussão do art. 316 do CP; **C:** incorreta (art. 316, *caput*, do CP) e o crime que está previsto na assertiva é extravio, sonegação ou inutilização de livro ou documento do art. 314 do CP; **D:** incorreta (art. 312 do CP), sendo que o crime que está descrito na assertiva é o do art. 317, ou seja, corrupção passiva; **E:** incorreta (art. 314 do CP), sendo que o crime descrito na assertiva é o do art. 312 do CP, ou seja, peculato.

Gabarito "A"

(Oficial da Polícia Militar/MG – 2011 – FUMARC) Os crimes contra a Administração Pública possuem características próprias, seja pela qualidade da(s) vítima(s), seja pela qualidade do(s) autor(es) ou do(s) objeto(s) ou resultado(s) atingido(s). O peculato é um dos delitos contra a Administração Pública. Nesse sentido, é necessário saber que:

(A) a apropriação de bem, dinheiro ou valor é essencial para configuração do crime, por se tratar de crime de mero resultado.
(B) normalmente não se opera a extinção da punibilidade se o agente ativo reparar imediatamente o dano, antes da sentença condenatória.
(C) os bens ou valores obtidos como vantagem devem pertencer à Administração Pública, caso contrário o delito praticado é o furto ou o roubo.
(D) pode ocorrer na modalidade culposa quando a conduta do servidor público concorrer com a do agente ativo, ainda que o resultado não tenha ocorrido.

A: incorreta, pois, o crime de peculato, nos termos do art. 312, CP tem resultado naturalístico, sendo, portanto, um crime material e não crime de mera conduta; **B:** correta, pois somente se opera a extinção da punibilidade em caso de peculato culposo, nos termos do art. 312, § 2.°, CP e somente se a reparação do dano precede à sentença irrecorrível, se a reparação é posterior, reduz de metade a pena imposta; **C:** incorreta, tendo em vista que o objeto material do peculato pode ser dinheiro, valor ou qualquer outro bem móvel, público ou particular que o funcionário público tem a posse em razão do cargo; **D:** incorreta, pois a modalidade culposa do crime de peculato acontece quando o funcionário público concorre para a prática de crime de terceiro, de acordo com o que prescreve o art. 312, § 2.°, CP.

Gabarito "B"

(Sargento da Polícia Militar/ES – 2011 – IDECAN) O servidor público que exige, para si ou para outrem, direta ou indiretamente, ainda que fora da função ou antes de assumi-la, mas em razão dela, vantagem indevida, pratica o crime de:

(A) Concussão.
(B) Corrupção ativa.
(C) Corrupção passiva.
(D) Excesso de exação.
(E) Prevaricação.

A: correta (art. 316, *caput*, do CP), pois concussão é a exigência, para si ou para outrem, direta ou indiretamente, ainda que fora da função ou antes de assumi-la, mas em razão dela, de vantagem indevida; **B:** incorreta (art. 333 do CP). Corrupção ativa é a oferta ou promessa de vantagem indevida a funcionário público, para determiná-lo a praticar, omitir ou retardar ato de ofício; **C:** incorreta (art. 317 do CP), uma vez que a corrupção passiva consiste em solicitar ou receber, para si ou para outrem, direta ou indiretamente, ainda que fora da função ou antes de assumi-la, mas em razão dela, vantagem indevida, ou aceitar promessa de tal vantagem; **D:** incorreta (art. 316, § 1.°, do CP). O excesso de exação está assim previsto no Código Penal nos seguintes termos: "Se o funcionário exige tributo ou contribuição social que sabe ou deveria saber indevido, ou, quando devido, emprega na cobrança meio vexatório ou gravoso, que a lei não autoriza."; **E:** incorreta (art. 319 do CP). Prevaricação é a conduta de retardar ou deixar de praticar, indevidamente, ato de ofício, ou praticá-lo contra disposição expressa de lei, para satisfazer interesse ou sentimento pessoal.

Gabarito "A"

(Sargento da Polícia Militar/ES – 2011 – IDECAN) Há o crime de resistência quando o particular:

(A) Usurpa o exercício de função pública.
(B) Opõe-se à execução de ato legal, mediante violência ou grave ameaça a funcionário competente para executá-lo ou a quem lhe esteja prestando auxílio.
(C) Desobedece a ordem legal de funcionário público.
(D) Desacata funcionário público no exercício da função ou em razão dela.
(E) Retarda ou deixa de praticar, indevidamente, ato de ofício ou o pratica contra disposição expressa de lei, para satisfazer interesse ou sentimento pessoal.

A: incorreta. Usurpação de função pública é crime diverso da resistência e com previsão no art. 328, *caput*, do CP; **B:** correta (art. 329, *caput*, do CP). O crime de resistência está previsto no Código Penal nos seguintes termos: "Opor-se à execução de ato legal, mediante violência ou ameaça a funcionário competente para executá-lo ou a quem lhe esteja prestando auxílio."; **C:** incorreta (art. 330 do CP). Desobediência é "desobedecer a ordem legal de funcionário público"; **D:** incorreta (art. 331 do CP) Desacato é "desacatar funcionário público no exercício da função ou em razão dela"; **E:** incorreta (art. 319 do CP). Prevaricação é a conduta de retardar ou deixar de praticar, indevidamente, ato de ofício, ou praticá-lo contra disposição expressa de lei, para satisfazer interesse ou sentimento pessoal.

Gabarito "B"

(Soldado da Polícia Militar/GO – 2010 – FUNCAB) A figura típica descrita no Código Penal como "Apropriar-se o funcionário Público de dinheiro, valor ou qualquer outro bem móvel, público ou particular, de que tem a posse em razão do cargo, ou desviá-lo, em proveito próprio" configura o crime de:

(A) concussão.
(B) excesso de exação.
(C) peculato.
(D) corrupção ativa.
(E) corrupção passiva.

A: incorreta (art. 316, *caput*, do CP); pois concussão é a exigência, para si ou para outrem, direta ou indiretamente, ainda que fora da função ou antes de assumi-la, mas em razão dela, de vantagem indevida; **B:** incorreta (art. 316, § 1.°, do CP). O excesso de exação está assim previsto no Código Penal nos seguintes termos: "Se o funcionário exige tributo ou contribuição social que sabe ou deveria saber indevido, ou, quando devido, emprega na cobrança meio vexatório ou gravoso, que a lei não autoriza."; **C:** correta (art. 312 do CP). Peculato é a apropriação, por funcionário público de dinheiro, valor ou qualquer outro bem móvel, público ou particular, de que tem a posse em razão do cargo, ou o desvio, em proveito próprio ou alheio; **D:** incorreta (art. 333 do CP). Corrupção ativa é a oferta ou promessa de vantagem indevida a funcionário público, para determiná-lo a praticar, omitir ou retardar ato de ofício; **E:** incorreta (art. 317 do CP), uma vez que a corrupção passiva consiste em solicitar ou receber, para si ou para outrem, direta ou indiretamente, ainda que fora da função ou antes de assumi-la, mas em razão dela, vantagem indevida, ou aceitar promessa de tal vantagem.

Gabarito "C"

(Oficial da Polícia Militar/SC – 2010 – IESES) A respeito do crime praticado por funcionário público contra a administração pública, assinale a opção correta:

(A) Distingue-se o crime de concussão do crime de corrupção passiva porque naquele o funcionário solicita ou aceita, ao passo que na corrupção passiva ele exige a vantagem que sabe indevida.
(B) Deixar o Diretor da Penitenciária de cumprir seu dever de vedar ao preso o acesso a aparelho telefônico, de rádio ou similar, que permita a comunicação com outros presos ou com o ambiente externo, não está tipificado como crime no Código Penal, causando apenas infração administrativa.
(C) O peculato culposo ocorre quando o funcionário público faltando com o dever de cuidado a que estava obrigado pelas circunstâncias, dá causa a que outrem se aproprie, desvie ou subtraia o objeto material, agindo com imprudência, negligência ou imperícia.
(D) A extinção de punibilidade no peculato culposo cessa os efeitos secundários civis e criminais, constituindo óbice à aplicação das sanções disciplinares pertinentes ao caso concreto.

A: incorreta, pois, o que de fato difere o crime de concussão e a corrupção passiva é a exigência de vantagem indevida em que há no primeiro, nos termos do art. 316, *caput*, CP; **B:** incorreta, tendo em vista o que ordena o Código Penal no seu art. 319-A; **C:** correta, considerando que o CP prevê a figura típica do crime de peculato culposo, que como todo tipo penal culposo pressupõe uma conduta que inobserva o dever de cuidado e que se materializa através de imprudência, negligência ou imperícia, nos termos do seu art. 312, § 2.º; **D:** incorreta, pois em face da modalidade culposa do crime de peculato a extinção da punibilidade prevista no art. 312, § 3.º, CP, somente alcança os efeitos penais, não produzindo efeitos na seara civil ou administrativa.

Gabarito "C"

(1.º Tenente QOS da Polícia Militar/MG – 2010) Em qual das condutas abaixo se insere no tipo penal de corrupção passiva?

(A) Dar dinheiro ou vantagem indevida para a prática de ato funcional.
(B) Oferecer vantagem indevida para a omissão de ato funcional.
(C) Prometer dinheiro para o retardamento de ato funcional.
(D) Receber, para si ou para outrem, direta ou indiretamente, ainda que fora da função, mas em razão dela, vantagem indevida.

Como é cediço, o Código Penal prevê os crimes de corrupção ativa (crime praticado por particular contra a administração pública), com descrição do tipo básico no *caput* do art. 333, CP e corrupção passiva (crime praticado por funcionário público contra a administração pública), com descrição do tipo básico no *caput* do art. 317, CP. A corrupção ativa implica na conduta de oferecer ou prometer vantagem indevida a funcionário público, para determiná-lo a praticar, omitir ou retardar ato de ofício. A corrupção passiva implica em solicitar ou receber, para si ou para outrem, direta ou indiretamente, ainda que fora da função ou antes de assumi-la, mas em razão dela, vantagem indevida, ou aceitar promessa de tal vantagem.

Gabarito "D"

18. CRIMES RELATIVOS A DROGAS

(Soldado da Polícia Militar/GO – 2013 – UEG) A delação premiada, prevista na Lei 11.343/2006 (tráfico de drogas), é causa:

(A) de aumento de pena ao condenado que praticou o crime em concurso de pessoas, tendo ficado demonstrado que teve pequena participação no resultado.
(B) atenuante de pena, ao indiciado ou acusado que voluntariamente colaborar com a investigação policial e o processo criminal confessando o crime por ele praticado e possibilitando a recuperação total ou parcial do produto do crime.
(C) de redução de pena ao indiciado ou acusado que voluntariamente colaborar com a investigação policial e o processo criminal, na identificação de demais coautores e partícipes, e na recuperação total ou parcial do produto do crime.
(D) atenuante de pena aplicável ao indiciado ou acusado primário, com bons antecedentes e que não se dedique a atividades criminosas nem integre organização criminosa.

Nos termos do art. 41 da Lei 11.343/2006: "O indiciado ou acusado que colaborar voluntariamente com a investigação policial e o processo criminal na identificação dos demais coautores ou partícipes do crime e na recuperação total ou parcial do produto do crime, no caso de condenação, terá pena reduzida de um terço a dois terços.

Gabarito "C"

(Cabo da Polícia Militar/SP – 2012 – CETRO) Em relação à Lei 11.343/2006, que instituiu o Sistema Nacional de Políticas Públicas Sobre Drogas – Sisnad, a pessoa que adquirir, guardar, tiver em depósito, transportar ou trouxer consigo drogas, sem autorização ou em desacordo com determinação legal, para o seu consumo pessoal, estará sujeita a receber como penas: advertência sobre os efeitos da droga, a prestação de serviço à comunidade e a medida educativa de comparecimento a programa ou curso educativo. No tocante a penas de prestação de serviço à comunidade e à medida educativa de comparecimento a programa ou curso educativo, é correto afirmar que:

(A) as penas serão aplicadas pelo prazo máximo de 3 (três) meses.
(B) as penas serão aplicadas pelo prazo máximo de 1 (um) mês.
(C) as penas serão aplicadas pelo prazo máximo de 5 (cinco) meses, sendo que em caso de reincidência serão aplicadas até o prazo máximo de 10 (dez) meses.
(D) as penas serão aplicadas pelo prazo máximo de 5 (cinco) meses e, em caso de reincidência, a pena poderá ser aplicada no prazo máximo de 12 (doze) meses.

Como é cediço a Lei 11.343/2006 no seu art. 28, tipifica a conduta de *Quem adquirir, guardar, tiver em depósito, transportar ou trouxer consigo, para consumo pessoal, drogas sem autorização ou em desacordo com determinação legal ou regulamentar será submetido às seguintes penas: I – advertência sobre os efeitos das drogas; II – prestação de serviços à comunidade; III – medida educativa de comparecimento a programa ou curso educativo.* Em relação às penas de prestação de serviço à comunidade e à medida educativa de comparecimento a programa ou curso educativo a lei prevê o seguinte: § 3º *As penas previstas nos incisos II e III do caput deste artigo serão aplicadas pelo prazo máximo de 5 (cinco) meses.* E dispõe ainda: *§ 4º Em caso de reincidência, as penas previstas nos incisos II e III do caput deste artigo serão aplicadas pelo prazo máximo de 10 (dez) meses.*

Gabarito "C"

(Oficial da Polícia Militar/BA – 2012 – CONSULTEC) A Lei 11.343, de 23 de agosto de 2006, que instituiu o Sistema Nacional de Políticas Públicas sobre Drogas (Sisnad), prescreve medidas para prevenção do uso indevido, atenção e reinserção social de usuários e dependentes de drogas, estabelece normas para repressão à produção não autorizada e ao tráfico ilícito de drogas e define crimes. Para fins dessa lei, consideram-se como drogas as substâncias ou os produtos capazes de causar dependência, assim especificados em lei ou relacionados em listas atualizadas periodicamente pelo Poder Executivo da União. Ficam proibidas, em todo o território nacional, as drogas, bem como o plantio, a cultura, a colheita e a exploração de vegetais e substratos dos quais possam ser extraídas ou produzidas drogas, ressalvada a hipótese de autorização legal ou regulamentar, bem como o que estabelece a Convenção de Viena, das Nações Unidas, sobre Substâncias Psicotrópicas, de 1971, a respeito de plantas de uso estritamente ritualístico-religioso. Entretanto, pode a União autorizar o plantio, a cultura e a colheita dos vegetais, exclusivamente para fins medicinais ou científicos, em local e prazo predeterminados, mediante fiscalização.

As atividades de prevenção do uso indevido de drogas devem observar os seguintes princípios e diretrizes:

(A) O estabelecimento de políticas de formação continuada na área da prevenção do uso indevido de drogas para profissionais de educação em, pelo menos, 2 (dois) dos níveis de ensino.
(B) Não inclui o investimento em alternativas esportivas, culturais, artísticas, profissionais, entre outras, como forma de inclusão social e de melhoria da qualidade de vida.
(C) A adoção de estratégias preventivas diferenciadas e adequadas às especificidades socioculturais das diversas populações, bem como das diferentes drogas utilizadas.
(D) A adoção de conceitos objetivos e de fundamentação científica como forma de orientar as ações somente nos serviços públicos comunitários, para evitar preconceitos e estigmatização das pessoas e dos serviços que as atendam.
(E) O compartilhamento de responsabilidades e a colaboração mútua com as instituições do setor público e com os diversos segmentos sociais, incluindo usuários e dependentes de drogas sem envolver os respectivos familiares.

A: incorreta. Art. 19, X, da Lei 11.343/2006: "As atividades de prevenção do uso indevido de drogas devem observar os seguintes princípios e diretrizes: X – o estabelecimento de políticas de formação continuada na área da prevenção do uso indevido de drogas para profissionais de educação nos 3 (três) níveis de ensino"; **B:** incorreta. Art. 19, IX, da Lei 11.343/2006: "As atividades de prevenção do uso indevido de drogas devem observar os seguintes princípios e diretrizes: IX – o investimento em alternativas esportivas, culturais, artísticas, profissionais, entre outras, como forma de inclusão social e de melhoria da qualidade de vida"; **C:** correta. Art. 19, V, da Lei 11.343/2006: "As atividades de prevenção do uso indevido de drogas devem observar os seguintes princípios e diretrizes: V – a adoção de estratégias preventivas diferenciadas e adequadas às especificidades socioculturais das diversas populações, bem como das diferentes drogas utilizadas"; **D:** incorreta. Art. 19, II, da Lei 11.343/2006: "As atividades de prevenção do uso indevido de drogas devem observar os seguintes princípios e diretrizes: II – a adoção de conceitos objetivos e de fundamentação científica como forma de orientar as ações dos serviços públicos comunitários e privados e de evitar preconceitos e estigmatização das pessoas e dos serviços que as atendam"; **E:** incorreta. Art. 19, IV, da Lei 11.343/2006: "As atividades de prevenção do uso indevido de drogas devem observar os seguintes princípios e diretrizes: IV – o compartilhamento de responsabilidades e a colaboração mútua com as instituições do setor privado e com os diversos segmentos sociais, incluindo usuários e dependentes de drogas e respectivos familiares, por meio do estabelecimento de parcerias".

Gabarito "C"

(Sargento da Polícia Militar/ES – 2011 – IDECAN) A Lei 11.343/06, de 23 de agosto de 2006 diferencia aquele que traz droga consigo para consumo pessoal, daquele que transporta com objetivo de mercancia. De acordo com a referida lei, para determinar se a droga destinava-se a consumo pessoal, o juiz atenderá:

(A) Exclusivamente à quantidade da droga.
(B) Ao tipo de droga apreendida.
(C) À natureza e à quantidade da substância apreendida, ao local e às condições em que se desenvolveu a ação, às circunstâncias sociais e pessoais, bem como à conduta e aos antecedentes do agente.
(D) Ao tipo e à quantidade de droga apreendida.
(E) À maneira como a droga estava armazenada.

Conforme dispõe o art. 28, § 2.º, da Lei 11.343/2006: "Para determinar se a droga destinava-se a consumo pessoal, o juiz atenderá à natureza e à quantidade da substância apreendida, ao local e às condições em que se desenvolveu a ação, às circunstâncias sociais e pessoais, bem como à conduta e aos antecedentes do agente".

Gabarito "C"

(Cadete da Polícia Militar/GO – 2010 – FUNCAB) Acerca das regras previstas na Lei 11.343/2006, é correto afirmar que:

(A) é sempre cabível a aplicação de pena privativa de liberdade ao usuário de drogas.
(B) o crime de importar, exportar, ou vender substância entorpecente, sem autorização ou em desacordo com determinação legal ou regulamentar, é punido na modalidade culposa.
(C) a infiltração de agentes de polícia, em tarefas de investigação relativa aos crimes previstos na Lei 11.343/2006, é permitida mediante autorização judicial.
(D) ao usuário de substância entorpecente em situação de flagrância, deverá ser sempre imposta a prisão em flagrante.
(E) o inquérito policial será concluído no prazo de 15 (quinze) dias, se o indiciado estiver preso, e de 30 (trinta) dias, quando solto.

A: incorreta (art. 28 da Lei 11.343/2006), pois, de acordo com posicionamento do Supremo Tribunal Federal, houve a despenalização e não *abolitio criminis* do delito de posse de drogas para consumo pessoal (RE 430105QO/RJ, 1ª T., rel. Sepúveda Pertence, 13.02.2007, v.u., **Informativo** 456); **B:** incorreta (art. 33 da Lei 11.343/2006), pois a modalidade culposa é excepcional e só existe quando há previsão legal, o que não é o caso do artigo em questão; **C:** correta. O art. 53 da Lei 11.343/2006 assim dispõe: "Em qualquer fase da persecução criminal relativa aos crimes previstos nesta Lei, são permitidos, além dos previstos em lei, mediante autorização judicial e ouvido o Ministério Público, os seguintes procedimentos investigatórios: I – a infiltração por agentes de polícia, em tarefas de investigação, constituída pelos órgãos especializados pertinentes"; **D:** incorreta. O § 2.º do art. 48 da Lei 11.343/2006 assim preceitua: "Tratando-se da conduta prevista no art. 28 desta Lei, não se imporá prisão em flagrante, devendo o autor do fato ser imediatamente encaminhado ao juízo competente ou, na falta deste, assumir o compromisso de a ele comparecer, lavrando-se termo circunstanciado e providenciando-se as requisições dos exames e perícias necessários"; **E:** incorreta. O art. 51, *caput*, da Lei 11.343/2006 estabelece: "O inquérito policial será concluído no prazo de 30 (trinta) dias, se o indiciado estiver preso, e de 90 (noventa) dias, quando solto".

Gabarito "C"

(Soldado da Polícia Militar/GO – 2010 – FUNCAB) Com base na Lei 11.343/2006, conhecida como Lei de Drogas, marque a alternativa que está de acordo com a referida disciplina legal.

(A) O uso de substância entorpecente é considerado crime hediondo.
(B) A lei admite a substituição da pena privativa de liberdade do crime de tráfico ilícito de substâncias entorpecentes por pena restritiva de direitos.
(C) Há previsão de causa de aumento de pena para o crime de tráfico ilícito de entorpecentes praticado com emprego de arma de fogo.
(D) O crime de tráfico ilícito de entorpecentes admite a modalidade culposa.
(E) Não há previsão de causa de diminuição de pena para o agente primário e de bons antecedentes no crime de tráfico ilícito de entorpecentes.

A: incorreta (art. 1.º da Lei 8.072/1990), pois somente são considerados hediondos os crimes enumerados no art. 1.º da Lei dos crimes hediondos; **B:** incorreta. O art. 44, *caput*, da Lei 11.343/2006 dispõe: "Os crimes previstos nos arts. 33, *caput* e § 1,º, e 34 a 37 desta Lei são inafiançáveis e insuscetíveis de *sursis*, graça, indulto, anistia e liberdade provisória, vedada a conversão de suas penas em restritivas de direitos"; **C:** correta. O art. 40 da Lei 11.343/2006, em seu inciso IV assim preceitua: "As penas previstas nos arts. 33 a 37 desta Lei são aumentadas de um sexto a dois terços, se: IV – o crime tiver sido praticado com violência, grave ameaça, emprego de arma de fogo, ou qualquer processo de intimidação difusa ou coletiva"; **D:** incorreta (art. 33 da Lei 11.343/2006), pois o crime culposo é excepcional, só existindo quando houver previsão legal, o que não é o caso do artigo; **E:** incorreta. O § 4.º do art. 33 da Lei 11.343/2006, assim estabelece: "Nos delitos definidos no *caput* e no § 1.º deste artigo, as penas poderão ser reduzidas de um sexto a dois terços, vedada a conversão em penas restritivas de direitos, desde que o agente seja primário, de bons antecedentes, não se dedique às atividades criminosas nem integre organização criminosa" (a execução de parte do § 4.º foi suspensa pela Resolução n. 5, de 2012).

Gabarito "C"

(1.º Tenente QOPM QOC da Polícia Militar/MG – 2010) A Lei 11.343/2006 – Lei de Tóxicos – institui o Sistema Nacional de Políticas Públicas sobre Drogas – Sisnad. Acerca das questões penais e processuais penais introduzidas pela referida lei, com relação à figura do usuário de drogas, assinale a opção CORRETA:

(A) Não há tipificação legal para a conduta daquele que, para consumo pessoal, cultiva plantas destinadas à preparação de substância capaz de causar dependência física ou psíquica.
(B) O porte de drogas para consumo pessoal tornou-se infração de menor potencial ofensivo, estando sujeito, o seu usuário, em regra, aos procedimentos da Lei 9.099/95, que dispõe sobre os juizados especiais criminais.
(C) É possível, além das penas de advertência, prestação de serviços à comunidade ou medida educativa, a imposição de pena privativa de liberdade ao usuário de drogas.
(D) Poderá ser imposta ao usuário de drogas prisão em flagrante, com seu imediato encaminhamento ao juízo competente para que este se manifeste sobre a manutenção da prisão, após a lavratura do termo circunstanciado.

De fato a Lei 11.343/2006 no seu art. 28, tipifica a conduta relativa ao indivíduo que adquirir guardar, tiver em depósito, transportar ou trouxer consigo, para consumo pessoal, drogas sem autorização ou em desacordo com determinação legal ou regulamentar. As penas cominadas a este tipo penal, de acordo com os incisos I, II e III, deste dispositivo penal, são de advertência sobre os efeitos das drogas, prestação de serviços à comunidade, medida educativa de comparecimento a programa ou curso educativo. Trata-se, assim, de infração penal de ínfimo potencial ofensivo que está sujeito, como regra, ao procedimento sumaríssimo adstrito ao Juizado Especial Criminal, segundo o que prescreve a Lei 9.099/1995.

Gabarito "B"

(1.º Sargento QOPM QOC da Polícia Militar/MG – 2010) De acordo com a Lei 11.343, de 23 de agosto de 2006, que instituiu o Sistema Nacional de Políticas Públicas sobre Drogas, quem adquirir, guardar, tiver em depósito, transportar ou trouxer consigo, para consumo pessoal, drogas sem autorização ou em desacordo com determinação legal ou regulamentar estará sujeito à pena de:

(A) Prisão simples e multa.
(B) Detenção e multa.
(C) Prestação de serviços à comunidade e prisão simples.
(D) Prestação de serviços à comunidade.

De fato a Lei 11.343/2006 no seu art. 28, incisos I, II e III, determina que as penas para quem adquirir, guardar, tiver em depósito, transportar ou trouxer consigo, para consumo pessoal, drogas sem autorização ou em desacordo com determinação legal ou regulamentar será de advertência sobre os efeitos das drogas, prestação de serviços à comunidade e medida educativa de comparecimento a programa ou curso educativo.

Gabarito "D"

(1.º Sargento QOPM QOC da Polícia Militar/MG – 2010) De acordo com a Lei 11.343, de 23 de agosto de 2006, que instituiu o Sistema Nacional de Políticas Públicas sobre Drogas, o indiciado ou acusado que colaborar voluntariamente com a investigação policial e o processo criminal na identificação dos demais coautores ou partícipes do crime e na recuperação total ou parcial do produto do crime, no caso de condenação, terá pena reduzida de:

(A) Um terço a dois terços.
(B) Um sexto a metade.
(C) No mínimo a metade.
(D) Um quarto a metade.

De fato a Lei 11.343/2006 no seu art. 41 prevê causa de diminuição de pena (delação premiada) quando o indiciado ou acusado que colaborar voluntariamente com a investigação policial e o processo criminal na identificação dos demais coautores ou partícipes do crime e na recuperação total ou parcial do produto do crime, no caso de condenação, terá pena reduzida de um terço a dois terços.

Gabarito "A"

19. LEI MARIA DA PENHA

(Sargento da Polícia Militar/SP – 2012 – VUNESP) Sobre as formas de violência doméstica e familiar contra a mulher, contidas no artigo 7.º, da Lei Federal 11.340/2006, analise as assertivas que seguem:

I. a violência física, entendida como qualquer conduta que ofenda sua integridade ou saúde corporal;

II. a violência psicológica, entendida como qualquer conduta que lhe cause dano emocional e diminuição da autoestima ou que lhe prejudique e perturbe o pleno desenvolvimento ou que vise degradar ou controlar suas ações, comportamentos, crenças e decisões, mediante ameaça, constrangimento, humilhação, manipulação, isolamento, vigilância constante, perseguição contumaz, insulto, chantagem, ridicularização, exploração e limitação do direito de ir e vir ou qualquer outro meio que lhe cause prejuízo à saúde psicológica e à autodeterminação;

III. a violência sexual, entendida como qualquer conduta que a constranja a presenciar, a manter ou a participar de relação sexual não desejada, mediante intimidação, ameaça, coação ou uso da força; que a induza a comercializar ou a utilizar, de qualquer modo, a sua sexualidade, que a impeça de usar qualquer método contraceptivo ou que a force ao matrimônio, à gravidez, ao aborto ou à prostituição, mediante coação, chantagem, suborno ou manipulação; ou que limite ou anule o exercício de seus direitos sexuais e reprodutivos;

IV. a violência patrimonial, entendida como qualquer conduta que configure retenção, subtração, destruição parcial ou total de seus objetos, instrumentos de trabalho, documentos pessoais, bens, valores e direitos ou recursos econômicos, incluindo os destinados a satisfazer suas necessidades;

V. a violência moral, entendida como qualquer conduta que configure calúnia, difamação ou injúria.

Pode-se afirmar que:

(A) todas as afirmações são verdadeiras.

(B) todas as afirmações são falsas.

(C) somente as afirmações I, III e IV são verdadeiras.

(D) somente as afirmações II, IV e V são falsas.

De fato o art. 7.º, I, II, III e IV, da Lei 11.340/2006 elenca o rol das formas de violência doméstica e familiar contra a mulher. Estas formas de violência abrange a violência física, psicológica, sexual, patrimonial e moral do modo que é descrito na questão sob análise, sendo todas as assertivas apresentadas corretas.

Gabarito "A"

(3.º Sargento QPPM da Polícia Militar/MG – 2011) Sobre o que prevê a Lei 11.340/06 (Violência Doméstica e Familiar) é CORRETO afirmar que:

(A) Somente o delegado e o Ministério Público podem requerer ao juiz a concessão de uma Medida Protetiva de Urgência.

(B) Cometer crime de injúria contra a esposa não configura violência doméstica e familiar, pois o ato praticado não é se reveste de violência.

(C) A lei prevê como vítima da violência doméstica e familiar, somente a mulher, mas, não estabeleceu se o agente deve ser do sexo masculino.

(D) Nos Juizados de Violência Doméstica e Familiar contra a Mulher, os atos processuais não poderão realizar-se em horário noturno.

A: correta, de acordo com o gabarito oficial. Porém, discordamos desse entendimento, pois a Lei 11.340/2006, no seu art. 19 regulamenta que as medidas protetivas de urgência poderão ser concedidas pelo juiz, a requerimento do Ministério Público ou a pedido da ofendida. (...) **C:** incorreta, de acordo com o gabarito oficial. Mas entendemos que a alternativa está correta, tendo em vista que a Lei 11.340/2006 prevê no seu art. 5.º, parágrafo único, que as relações pessoais que implicam em violência doméstica e familiar contra a mulher independem de orientação sexual, logo a violência pode advir também de mulher em face de outra mulher."; **B:** incorreta, pois o art. 7.º, V, da Lei 11.340/2006 determina que são formas de violência doméstica e familiar contra a mulher, entre outras a violência moral, entendida como qualquer conduta que configure calúnia, difamação ou injúria.

Gabarito "A"

(Oficial da Polícia Militar/MG – 2011 – FUMARC) Quanto ao atendimento da mulher/vítima dos crimes estipulados na Lei Maria da Penha, analise as afirmativas abaixo:

I. A autoridade policial deve adotar providências imediatas ao constatar que as medidas protetivas de urgência deferida que não foram adotadas em relação à vítima.

II. Os órgãos policiais devem providenciar transporte para a ofendida quando for importante colocá-la em um abrigo.

III. A autoridade policial deverá mandar em 24 horas um expediente apartado para o Juiz, com a finalidade de propor a aplicação de medidas protetivas de urgência em relação à ofendida.

Assinale a alternativa correta.

(A) As afirmativas I, II e III estão corretas.

(B) As afirmativas I, II e III estão incorretas.

(C) Apenas a afirmativa I está correta.

(D) Apenas as afirmativas I e II estão corretas.

I: correta, pois, a Lei 11.340/2006 no seu art. 10, parágrafo único, determina que a Autoridade Policial (Delegado de Polícia) que tomar conhecimento da iminência ou da prática de violência doméstica e familiar contra a mulher adotará, de imediato, as providências legais cabíveis, bem como quando houver descumprimento de medida protetiva de urgência deferida; II: correta, tendo em vista que o art. 11, III, da Lei 11.340/2006 determina que no atendimento à mulher em situação de violência doméstica e familiar, o Delegado de Polícia deverá, entre outras providências fornecer transporte para a ofendida e seus dependentes para abrigo ou local seguro, quando houver risco de vida; III: incorreta, pois a Lei 11.340/2006 no seu art. 12, III, prevê que em todos os casos de violência doméstica e familiar contra a mulher, feito o registro da ocorrência, deverá a Autoridade Policial de imediato, entre outras medidas, remeter, no prazo de 48 (quarenta e oito) horas, expediente apartado ao juiz com o pedido da ofendida, para a concessão de medidas protetivas de urgência.

Gabarito "D"

(Oficial da Polícia Militar/MG – 2011 – FUMARC) Ainda sobre a Lei Maria da Penha, o Juiz poderá decidir:

(A) Apreender imediatamente a arma do agressor, cancelando por cinco anos seu porte de arma de fogo.
(B) Determinar o afastamento definitivo do domicílio comum com a ofendida.
(C) Pela proibição da alienação ou locação de bens comuns, liminarmente.
(D) Prestação de caução por perdas e danos materiais decorrentes da violência mediante recibo da vítima, sob pena de prisão.

A: incorreta, pois, a Lei 11.340/2006, no seu art. 22, I, determina que constatada a prática de violência doméstica e familiar contra a mulher o juiz poderá aplicar, de imediato, ao agressor, entre outras, a medida protetiva de urgência de suspensão da posse ou restrição do porte de armas, com comunicação ao órgão competente, nos termos da Lei 10.826/2003, sem menção ao prazo de cinco anos; **B:** incorreta, pois o art. 22, II, da Lei 11.340/2006 ordena que constatada a prática de violência doméstica e familiar contra a mulher o juiz poderá aplicar, de imediato, ao agressor, entre outras, a medida protetiva de urgência de afastamento do lar, domicílio ou local de convivência com a ofendida, sem menção sobre esta medida ser definitiva; **C:** correta, tendo em vista que a Lei 11.340/2006 prevê no seu art. 24, II, que o juiz poderá determinar, liminarmente, entre outras medidas de proteção patrimonial dos bens da sociedade conjugal ou daqueles de propriedade particular da mulher, a proibição temporária para a celebração de atos e contratos de compra, venda e locação de propriedade em comum, salvo expressa autorização judicial; **D:** incorreta, pois o art. 24, IV, da Lei 11.340/2006 prescreve que o juiz poderá determinar, liminarmente, entre outras medidas de proteção patrimonial dos bens da sociedade conjugal ou daqueles de propriedade particular da mulher, a prestação de caução provisória, mediante depósito judicial, por perdas e danos materiais decorrentes da prática de violência doméstica e familiar contra a ofendida, sem menção a cominação de pena de prisão.

Gabarito "C"

(Cadete da Polícia Militar/GO – 2010 – FUNCAB) Sobre as regras previstas na Lei 11.340/2006, que trata da violência doméstica e familiar contra a mulher, é correto afirmar que:

(A) o Ministério Público não intervirá, quando não for parte, nas causas criminais decorrentes da violência doméstica e familiar contra a mulher.
(B) as medidas protetivas de urgência poderão ser concedidas pela autoridade policial, independentemente de manifestação judicial.
(C) em todos os casos de violência doméstica e familiar contra a mulher não será lavrado o registro de ocorrência.
(D) para a proteção patrimonial dos bens da sociedade conjugal, poderá o juiz determinar a proibição temporária para a celebração de atos e contratos de compra e venda de propriedade comum do casal.
(E) é permitida a aplicação de penas de cesta básica ou outra prestação de natureza pecuniária, nos casos de violência doméstica e familiar contra a mulher.

A: incorreta, pois o art. 25 da Lei 11.340/2006 dispõe: "O Ministério Público intervirá, quando não for parte, nas causas cíveis e criminais decorrentes da violência doméstica e familiar contra a mulher."; **B:** incorreta. O art. 19, caput, da Lei Maria da Penha assim preceitua: "As medidas protetivas de urgência poderão ser concedidas pelo juiz, a requerimento do Ministério Público ou a pedido da ofendida."; **C:** incorreta. O art. 12 da Lei 11.340/2006: "Em todos os casos de violência doméstica e familiar contra a mulher, feito o registro da ocorrência, deverá a autoridade policial adotar, de imediato, os seguintes procedimentos, sem prejuízo daqueles previstos no Código de Processo Penal: (...)"; **D:** correta. O art. 24, II, da Lei 11.340/2006 estabelece: "Para a proteção patrimonial dos bens da sociedade conjugal ou daqueles de propriedade particular da mulher, o juiz poderá determinar, liminarmente, as seguintes medidas, entre outras: II – proibição temporária para a celebração de atos e contratos de compra, venda e locação de propriedade em comum, salvo expressa autorização judicial"; **E:** incorreta. De acordo com o art. 17 da Lei Maria da Penha: "É vedada a aplicação, nos casos de violência doméstica e familiar contra a mulher, de penas de cesta básica ou outras de prestação pecuniária, bem como a substituição de pena que implique o pagamento isolado de multa.".

Gabarito "D"

20. CRIMES DE TRÂNSITO

(Sargento da Polícia Militar/SP – 2012 – VUNESP) Ainda com relação à Lei 9.503/97 – Código de Trânsito Brasileiro – e suas alterações, é correto afirmar que, se o réu for reincidente na prática de crime previsto neste Código:

(A) o juiz aplicará a penalidade de suspensão da permissão ou habilitação para dirigir veículo automotor, com prejuízo das demais sanções penais cabíveis.
(B) o juiz poderá aplicar a penalidade de suspensão da permissão ou habilitação para dirigir veículo automotor, sem prejuízo das demais sanções penais cabíveis.
(C) o juiz aplicará a penalidade de suspensão da permissão ou habilitação para dirigir veículo automotor, sem prejuízo das demais sanções penais cabíveis.
(D) o juiz poderá aplicar a penalidade de suspensão da permissão ou habilitação para dirigir veículo automotor, com prejuízo das demais sanções penais cabíveis.

De fato, de acordo com o que determina a Lei 9.503/1997 no seu art. 296 (*Se o réu for reincidente na prática de crime previsto neste Código, o juiz aplicará a penalidade de suspensão da permissão ou habilitação para dirigir veículo automotor, sem prejuízo das demais sanções penais cabíveis*).

Gabarito "C"

21. CRIMES DE ABUSO DE AUTORIDADE

(Sargento da Polícia Militar/SP – 2012 – VUNESP) Sobre a Lei Federal 4.898/1965, é correto afirmar:

(A) as penas previstas para a sanção penal do parágrafo 3.º, artigo 6.º, serão aplicadas cumulativamente.
(B) regula o direito de representação e o processo de responsabilidade administrativa, civil e penal nos casos de abuso de autoridade.

(C) para exercer esse direito, o interessado procederá mediante queixa ou denúncia dirigida à autoridade superior que tiver atribuição legal para apurar e aplicar sanção à autoridade civil ou militar acusada da prática do abuso.

(D) quando o abuso for cometido por agente de autoridade policial, civil ou militar, de qualquer categoria, poderá ser cominada a pena autônoma ou acessória, de não poder o acusado exercer funções de natureza policial ou militar no município da culpa, por prazo de um a dois anos.

A: incorreta, tendo em vista o que ordena a Lei de abuso de autoridade, a Lei 4.898/1965, no seu no seu art. 6.°, § 4.°; **B:** correta, pois a Lei 4.898/1965 em seu preâmbulo informa exatamente a assertiva sob exame; **C:** incorreta, tendo em vista o que determina a Lei 4.898/1965 no seu art. 2.°, alíneas *a* e *b;* **D:** incorreta, pois a Lei 4.898/1965 no seu art. 6.°, § 5.°, prescreve: *quando o abuso for cometido por agente de autoridade policial poderá ser cominada a pena autônoma ou acessória, de não poder o acusado exercer funções de natureza policial ou militar no município da culpa, por prazo de um a cinco anos.*

Gabarito "B"

(1.° Sargento da Polícia Militar /MG – 2011) Marque a alternativa CORRETA. De acordo com a Lei 4.898/1965, que dispõe sobre Abuso de Autoridade, a sanção administrativa será aplicada de acordo com a gravidade do abuso cometido e consistirá em:

(A) Perda do cargo e a inabilitação para o exercício de qualquer outra função pública por prazo até três anos.

(B) Demissão, a bem do serviço público.

(C) Multa.

(D) Detenção.

A: incorreta (art. 6.°, § 2.°, *c*, da Lei 4.898/1965), pois é sanção penal e não administrativa; **B:** correta (art. 6.°, § 1.°, *f*, da Lei 4.898/1965); **C:** incorreta (art. 6.°, § 2.°, *a*, da Lei 4.898/1965), pois é sanção penal e não administrativa; **D:** incorreta (art. 6.°, § 2.°, *b*, da Lei 4.898/1965), pois é sanção penal e não administrativa.

Gabarito "B"

(Cadete da Polícia Militar/GO – 2010 – FUNCAB) Sobre a Lei 4.898/1965, que prevê a disciplina normativa do abuso de autoridade, assinale a alternativa correta.

(A) A Justiça Militar é competente para julgar os crimes de abuso de autoridade cometidos contra civis.

(B) A ação dos crimes de abuso de autoridade é pública condicionada à representação.

(C) O crime de abuso de autoridade consistente em atentado à liberdade de locomoção admite a tentativa.

(D) O abuso de autoridade somente sujeita o autor às sanções de natureza penal e administrativa.

(E) Considera-se autoridade, para os efeitos dessa lei, quem exerce cargo, emprego ou função pública, de natureza civil ou militar, ainda que transitoriamente e sem remuneração.

A: incorreta (art. 2.° da Lei 4.898/1965), pois a Justiça Militar não tem competência para julgar crimes de abuso de autoridade, ao menos quando cometidos contra civis, por não haver descrição típica da infração no Código Penal Militar; assim, cuida-se de caso afeto à Justiça Estadual, quando praticado por militar; **B:** incorreta: (art. 12 da Lei 4.898/1965), pois a ação é pública incondicionada; **C:** incorreta (art. 3.°, *a*, da Lei 4.898/1965), pois não admite tentativa, já que esta é equiparada ao crime consumado; **D:** incorreta (art. 6.° da Lei 4.898/1965); **E:** correta (art. 5.° da Lei 4.898/1965).

Gabarito "E"

(Soldado da Polícia Militar/GO – 2010 – FUNCAB) A Lei 4.898/1965 regula a responsabilidade administrativa, civil e penal nos casos de abuso de autoridade. Sobre o tema, é correto afirmar que:

(A) os crimes previstos nesta lei são de ação penal pública condicionada à representação.

(B) os crimes previstos nesta lei são comuns, podendo ser praticados por qualquer pessoa do povo.

(C) os crimes de abuso de autoridade são admitidos na modalidade dolosa e culposa.

(D) o prolongamento indevido da execução de prisão, de pena ou de medida de segurança por agente público caracteriza abuso de autoridade.

(E) não constitui crime de abuso de autoridade o atentado à inviolabilidade de domicílio.

A: incorreta. O art. 12 da Lei de Abuso de Autoridade (Lei 4.898/1965) dispõe: "A ação penal será iniciada, independentemente de inquérito policial ou justificação por denúncia do Ministério Público, instruída com a representação da vítima do abuso."; **B:** incorreta, pois preceitua o art. 5.° da Lei de Abuso de Autoridade: "Considera-se autoridade, para os efeitos desta lei, quem exerce cargo, emprego ou função pública, de natureza civil, ou militar, ainda que transitoriamente e sem remuneração."; **C:** incorreta. Os arts. 3.° e 4.° não preveem modalidade culposa, mas somente dolosa; **D:** correta. De acordo com o art. 4.°, *i*, da Lei 4.898/1965: "Art. 4.° Constitui também abuso de autoridade: i) prolongar a execução de prisão temporária, de pena ou de medida de segurança, deixando de expedir em tempo oportuno ou de cumprir imediatamente ordem de liberdade"; **E:** incorreta (art. 3.°, b, da Lei 4.898/1965). O art. 3.°, b, da Lei 4.898/1965 estabelece: "Art. 3.°. Constitui abuso de autoridade qualquer atentado: b) à inviolabilidade do domicílio".

Gabarito "D"

(1.° Tenente QOPM QOC da Polícia Militar/MG – 2010) Quanto ao crime de abuso de autoridade, conforme previsto na Lei 4.898/1965, nos itens abaixo, marque (V) VERDADEIRO ou (F) FALSO.

A seguir, assinale a alternativa que contém a sequência CORRETA:

( ) Constitui abuso de autoridade qualquer atentado aos direitos e garantias legais assegurados ao exercício profissional e do culto religioso.

( ) Inabilitação para o exercício de qualquer outra função pública por prazo de até três anos é espécie de sanção penal prevista na Lei 4.898/1965.

( ) As testemunhas de acusação e defesa deverão ser intimadas pessoalmente e apresentadas em juízo pelas partes envolvidas.

(A) V – F – V

(B) F – V – V

(C) F – F – F

(D) V – V – F

Primeira assertiva: (V) verdadeiro, pois, como prescreve a Lei 4.898/1965, no seu art. 3.º, alíneas *e* e *j*; Segunda assertiva: (V) verdadeiro, tendo em vista o que ordena o art. 6.º, § 3.º, *c* da Lei 4.898/1965; Terceira assertiva: (F) falso, considerando o que determina o art. 18 da Lei 4.898/1965.

Gabarito "D"

(1.º Tenente QOPM QOC da Polícia Militar/MG – 2010) Com base na Lei 4.898/1965, que regula os Crimes de Abuso de Autoridade, assinale a afirmativa INCORRETA:

(A) Qualquer atentado ao direito de reunião constitui abuso de autoridade.
(B) As penas de multa, detenção, perda do cargo e inabilitação para o exercício de qualquer outra função pública poderão ser aplicadas cumulativamente.
(C) Quando o abuso for cometido por agente de autoridade policial, poderá ser cominada pena de não poder o acusado exercer funções de natureza policial no município da culpa.
(D) O processo administrativo poderá ser sobrestado para aguardar a decisão da ação penal.

A: correta, considerando o que determina a Lei de abuso de autoridade, a Lei 4.898/1965, no seu art. 3.º, *h*; **B:** correta, conforme o previsto na Lei 4.898/1965 no seu art. 6.º, § 4.º; **C:** correta, tendo em vista o que diz a Lei 4.898/1965 no seu art. 6.º, § 5.º; **D:** incorreta (devendo ser assinalada), pois o art. 7.º da Lei 4.898/1965 no seu § 3.º determina que o processo administrativo, referente ao abuso de autoridade, não poderá ser sobrestado para o fim de aguardar a decisão da ação penal ou civil.

Gabarito "D"

(1.º Tenente QOPM QOC da Polícia Militar/MG – 2010) O crime de abuso de autoridade sujeita o agente público federal, estadual e municipal:

(A) À responsabilidade civil, apenas.
(B) À responsabilidade penal, apenas.
(C) À responsabilidade administrativa civil e penal.
(D) À responsabilidade civil e administrativa, apenas.

De fato a Lei 4.898/1965 no seu art. 6.º, *caput*, determina que o crime de abuso de autoridade sujeita o seu autor à responsabilidade administrativa, civil e penal.

Gabarito "C"

(1.º Sargento QOPM QOC da Polícia Militar/MG – 2010) Marque a alternativa CORRETA. De acordo com a Lei 4.898, de 9 de dezembro de 1965, que regula o Direito de Representação e o processo de Responsabilidade Administrativa Civil e Penal, nos casos de abuso de autoridade, qual sanção administrativa estará sujeito o autor de abuso de autoridade:

(A) Multa.
(B) Detenção.
(C) Demissão.
(D) Inabilitação para o exercício de qualquer outra função pública.

Há de se asseverar que a Lei 4.898/1965 no seu art. 6.º prevê que o abuso de autoridade sujeitará o seu autor à sanção administrativa, civil e penal. De outro lado, a Lei informa que a sanção administrativa será aplicada de acordo com a gravidade do abuso cometido e consistirá em: a) advertência; b) repreensão; c) suspensão do cargo, função ou posto por prazo de cinco a cento e oitenta dias, com perda de vencimentos e vantagens; d) destituição de função; e) demissão; f) demissão, a bem do serviço público.

Gabarito "C"

22. CRIMES HEDIONDOS

(Cadete da Polícia Militar/GO – 2013 – UEG) É crime hediondo:

(A) o crime praticado em razão de preconceito de raça ou de cor (racismo).
(B) o homicídio, em qualquer hipótese.
(C) o roubo praticado com emprego de arma de fogo.
(D) a tentativa de latrocínio e o latrocínio consumado.

A: incorreta, pois não consta no art. 1.º da Lei 8.072/1990; **B:** incorreta (art. 1.º, I, da Lei 8.072/1990), sendo hediondo o homicídio simples praticado em atividade típica de grupo de extermínio, ainda que cometido por um só agente, e o homicídio qualificado; **C:** incorreta, pois o roubo circunstanciado (art. 157, § 2.º, I, do CP) não consta do art. 1.º da Lei 8.072/1990; **D:** correta (art. 1.º, II, da Lei 8.072/1990).

Gabarito "D"

(Cadete da Polícia Militar/GO – 2013 – UEG) Antônio tem o registro de uma arma de fogo de uso permitido (revólver calibre 38) devidamente regularizada perante a Polícia Federal. No dia 15 de novembro de 2012, encontrava-se na via pública, nas proximidades de sua residência, mostrando a referida arma a um conhecido. Tal situação, nos termos do Estatuto do Desarmamento, é:

(A) legal, pois a arma de fogo encontra-se regularizada.
(B) crime de posse irregular de arma de fogo de uso permitido.
(C) crime de porte ilegal de arma de fogo de uso permitido.
(D) crime de posse irregular de arma de fogo de uso permitido, por parte do conhecido, caso ele fique sozinho com a arma.

O crime previsto no art. 14 da Lei 10.826/2003 prevê a conduta de portar arma de fogo de uso permitido, ou seja, carregá-la consigo como sendo crime. O registro só permite a posse nos termos do art. 12 da Lei 10.826/2003 que prevê a conduta de possuir ou manter arma de fogo, acessório ou munição, de uso permitido, em desacordo com determinação legal ou regulamentar, no interior de sua residência ou dependência desta, ou no seu local de trabalho, desde que seja o titular ou o responsável legal do estabelecimento ou empresário.

Gabarito "C"

(Oficial da Polícia Militar/BA – 2012 – CONSULTEC) O Sistema Nacional de Armas (Sinarm), instituído no Ministério da Justiça, no âmbito da Polícia Federal, tem circunscrição em todo o território nacional.

Ao Sinarm compete:

(A) cadastrar as armas de fogo produzidas, importadas e vendidas no exterior.
(B) informar às Secretarias de Segurança Pública dos Estados e do Distrito Federal os registros e autorizações de porte de armas de fogo nos respectivos territórios, bem como manter o cadastro atualizado para consulta.

(C) cadastrar a identificação do tambor da arma, as características das impressões de raiamento e de microestriamento de projétil disparado, conforme marcação e testes obrigatoriamente realizados pelo fabricante.

(D) cadastrar somente o extravio, furto, roubo e outras ocorrências suscetíveis de alterar os dados cadastrais, inclusive as decorrentes de fechamento de empresas de segurança privada e de transporte de valores, não sendo de sua responsabilidade a transferência de propriedade.

(E) cadastrar as autorizações de porte de arma de fogo e as renovações expedidas somente pela Guarda Municipal e Polícia Estadual.

A: incorreta. Dispõe o art. 2.º, II, da Lei do Desarmamento (Lei 10.826/2003): "Art. 2.º Ao Sinarm compete: II – cadastrar as armas de fogo produzidas, importadas e vendidas no País"; **B:** correta. O art. 2.º, XI, da Lei do Desarmamento preceitua: "Art. 2.º Ao Sinarm compete: XI – informar às Secretarias de Segurança Pública dos Estados e do Distrito Federal os registros e autorizações de porte de armas de fogo nos respectivos territórios, bem como manter o cadastro atualizado para consulta"; **C:** incorreta, pois o art. 2.º, X, assim estabelece: "Art. 2.º Ao Sinarm compete: X – cadastrar a identificação do cano da arma, as características das impressões de raiamento e de microestriamento de projétil disparado, conforme marcação e testes obrigatoriamente realizados pelo fabricante"; **D:** incorreta. Conforme dispõe o art. 2.º, IV, da Lei 10.826/2003: "Art. 2.º Ao Sinarm compete: IV – cadastrar as transferências de propriedade, extravio, furto, roubo e outras ocorrências suscetíveis de alterar os dados cadastrais, inclusive as decorrentes de fechamento de empresas de segurança privada e de transporte de valores"; **E:** incorreta. O art. 2.º, III, da Lei do Desarmamento dispõe: "Art. 2.º Ao Sinarm compete: III – cadastrar as autorizações de porte de arma de fogo e as renovações expedidas pela Polícia Federal".

Gabarito "B"

(1.º Sargento da Polícia Militar /MG – 2011) Marque a alternativa CORRETA. De acordo com a Lei 10.826/2003, que dispõe sobre Sistema Nacional de Armas – SINARM, é permitido o porte de arma de fogo para os integrantes:

(A) Do quadro provisório dos agentes e guardas prisionais, bem como os integrantes das escoltas de valores e as guardas ferroviárias.

(B) Das entidades de desporto ilegalmente constituídas, cujas atividades esportivas demandem o uso de armas de fogo, observando-se, no que couber, a legislação esportiva.

(C) Do corpo administrativo da Agência Brasileira de Inteligência.

(D) Das guardas municipais nos municípios com mais de 50.000 (cinquenta mil) e menos de 500.000 (quinhentos mil) habitantes, quando em serviço.

A: incorreta. "Art. 6.º É proibido o porte de arma de fogo em todo o território nacional, salvo para os casos previstos em legislação própria e para: VII – os integrantes do quadro efetivo dos agentes e guardas prisionais, os integrantes das escoltas de presos e as guardas portuárias"; **B:** incorreta. "Art. 6.º É proibido o porte de arma de fogo em todo o território nacional, salvo para os casos previstos em legislação própria e para: IX – para os integrantes das entidades de desporto legalmente constituídas, cujas atividades esportivas demandem o uso de armas de fogo, na forma do regulamento desta Lei, observando-se, no que couber, a legislação ambiental"; **C:** incorreta. "Art. 6.º É proibido o porte de arma de fogo em todo o território nacional, salvo para os casos previstos em legislação própria e para: V – os agentes operacionais da Agência Brasileira de Inteligência e os agentes do Departamento de Segurança do Gabinete de Segurança Institucional da Presidência da República"; **D:** correta. "Art. 6.º É proibido o porte de arma de fogo em todo o território nacional, salvo para os casos previstos em legislação própria e para: IV – os integrantes das guardas municipais dos Municípios com mais de 50.000 (cinquenta mil) e menos de 500.000 (quinhentos mil) habitantes, quando em serviço.".

Gabarito "D"

(Cadete da Polícia Militar/GO – 2010 – FUNCAB) Sobre a Lei 8.072/1990, que dispõe sobre os crimes hediondos, é correto afirmar que:

(A) a progressão de regime, no caso dos condenados pelos crimes previstos na Lei 8.072/1990, ocorre após o cumprimento de 1/6 (um sexto) se o condenado for primário, e de 2/5 (dois quintos), se reincidente.

(B) a prisão temporária nos crimes hediondos terá o prazo improrrogável de 10 (dez) dias.

(C) é sempre obrigatório o recolhimento do réu à prisão, em caso de sentença condenatória.

(D) os crimes hediondos são insuscetíveis de anistia, graça ou indulto.

(E) a pena por crimes hediondos será cumprida em regime integralmente fechado.

A: incorreta. De acordo com o art. 2.º, § 2.º, da Lei 8.072/1990: "A progressão de regime, no caso dos condenados aos crimes previstos neste artigo, dar-se-á após o cumprimento de 2/5 (dois quintos) da pena, se o apenado for primário, e de 3/5 (três quintos), se reincidente."; **B:** incorreta, pois o art. 2.º, § 4.º, da Lei 8.072/1990 estabelece: "A prisão temporária, sobre a qual dispõe a Lei 7.960, de 21 de dezembro de 1989, nos crimes previstos neste artigo, terá o prazo de 30 (trinta) dias, prorrogável por igual período em caso de extrema e comprovada necessidade."; **C:** incorreta. O art. 2.º, § 3.º, da Lei 8.072/1990: "Em caso de sentença condenatória, o juiz decidirá fundamentadamente se o réu poderá apelar em liberdade."; **D:** correta. O art. 2.º, I, da Lei 8.072/1990, preceitua: "Os crimes hediondos, a prática da tortura, o tráfico ilícito de entorpecentes e drogas afins e o terrorismo são insuscetíveis de: I – anistia, graça e indulto"; **E:** incorreta. Conforme art. 2.º, § 1.º, da Lei 8.072/1990: "A pena por crime previsto neste artigo será cumprida inicialmente em regime fechado."

Gabarito "D"

(Soldado da Polícia Militar/GO – 2010 – FUNCAB) A Lei 8.072/1990, considerada a lei dos crimes hediondos, sofreu alteração legislativa pela Lei 11.464/2007. Sobre a disciplina dos crimes hediondos, pode-se afirmar que:

(A) poderá ser concedida fiança nos crimes hediondos, se o julgador vislumbrar os requisitos do instituto no caso concreto.

(B) apesar da alteração legislativa, a progressão de regime ainda é vedada nos crimes hediondos.

(C) o homicídio simples não é considerado crime hediondo.

(D) a tentativa dos crimes previstos na referida lei não será considerada crime hediondo, somente o sendo o crime consumado.

(E) o crime de epidemia com resultado morte deixou de ser considerado hediondo.

A: incorreta. O art. 2.º, II, da Lei 8.072 dispõe: "Os crimes hediondos, a prática da tortura, o tráfico ilícito de entorpecentes e drogas afins e o terrorismo são insuscetíveis de: II – fiança"; **B:** incorreta. De acordo com o art. 2.º, § 2.º, da Lei 8.072/1990: "A progressão de regime, no caso dos condenados aos crimes previstos neste artigo, dar-se-á após o cumprimento de 2/5 (dois quintos) da pena, se o apenado for primário, e de 3/5 (três quintos), se reincidente."; **C:** correta (art. 1.º, I, da Lei 8.072/1990), pois o homicídio simples é previsto no art. 1.º da Lei 8.072/1990, quando praticado em atividade típica de grupo de extermínio, ainda que cometido por um só agente; os crimes previstos na Lei dos crimes hediondos o são de forma taxativa; **D:** incorreta. Conforme art. 1.º, *caput*, da Lei 8.072/1990: "São considerados hediondos os seguintes crimes, todos tipificados no Decreto-Lei no 2.848, de 7 de dezembro de 1940 – Código Penal, consumados ou tentados: (...)"; **E:** incorreta, pois o art. 1.º, VII, da Lei 8.072/1990 prevê: "São considerados hediondos os seguintes crimes, todos tipificados no Decreto-Lei 2.848, de 7 de dezembro de 1940 – Código Penal, consumados ou tentados: epidemia com resultado morte (art. 267, § 1.º).".

Gabarito "C"

(Cadete da Polícia Militar/GO – 2010 – FUNCAB) Acerca das regras previstas na Lei 10.826/2003, que dispõe sobre registro, posse e comercialização de armas de fogo e munição, é correto afirmar que:

(A) o sujeito passivo do delito de posse irregular de arma de fogo de uso permitido é sempre pessoa determinada.

(B) a consumação do crime de porte ilegal de arma de fogo de uso permitido depende da ocorrência de dano efetivo ao patrimônio ou integridade física individual.

(C) o agente que carrega arma inapta a produzir disparo comete o crime de posse ilegal de arma de fogo de uso permitido.

(D) somente o militar pode praticar o crime de posse ilegal de arma de fogo de uso restrito.

(E) o delito de disparo de arma de fogo não é punido na modalidade culposa.

A: incorreta (art. 12 da Lei 10.826/2003), pois o sujeito passivo do crime de posse irregular de arma de fogo de uso permitido, o sujeito passivo é a sociedade; cuida-se de crime vago, aquele que não tem sujeito passivo determinado; **B:** incorreta (art. 14 da Lei 10.826/2003), pois este crime é de perigo abstrato, ou seja, a probabilidade de vir a ocorrer algum dano, pelo mau uso da arma, acessório ou munição, é presumida pelo tipo penal; **C:** incorreta (art. 12 da Lei 10.826/2003), pois a arma objeto do crime é aquela que funciona por intermédio da deflagração de carga explosiva, lançando ao ar um projétil; **D:** incorreta (art. 16 da Lei 10.826/2003), pois o sujeito ativo do crime de posse irregular de arma de fogo de uso restrito pode ser qualquer pessoa; **E:** correta. O art. 15 da Lei do Desarmamento prevê: "Disparar arma de fogo ou acionar munição em lugar habitado ou em suas adjacências, em via pública ou em direção a ela, desde que essa conduta não tenha como finalidade a prática de outro crime: Pena – reclusão, de 2 (dois) a 4 (quatro) anos, e multa.", não havendo previsão de crime culposo.

Gabarito "E"

(Soldado da Polícia Militar/GO – 2010 – FUNCAB) Com relação às regras previstas na Lei 10.826/2003, conhecida como Lei de Armas, é correto afirmar que:

(A) o porte ilegal de arma de fogo de uso permitido deixou de ser considerado crime, tratando-se de infração administrativa.

(B) a posse irregular de arma de fogo é crime inafiançável.

(C) a supressão de sinal de identificação da arma de fogo é infração administrativa punida com multa.

(D) o disparo de arma de fogo deixou de ser considerado crime, tratando-se de contravenção penal.

(E) há causa de aumento de pena para os crimes de posse ou porte ilegal de arma de fogo de uso restrito praticados por policiais civis ou militares.

A: incorreta, segundo o tipo penal previsto no art. 14 da Lei 10.826/2003; **B:** incorreta (art. 12 da Lei 10.826/2003 e arts. 323 e 324 do CPP). Atualmente os crimes inafiançáveis estão previstos em dois artigos do Código de Processo Penal: arts. 323 e 324, que fazem previsão dos mesmos crimes inafiançáveis previstos na Constituição Federal; **C:** incorreta. A supressão de sinal identificação da arma de fogo é crime previsto no art. 16, parágrafo único, I, da Lei 10.826/2003, nos seguintes termos: "Art. 16. Possuir, deter, portar, adquirir, fornecer, receber, ter em depósito, transportar, ceder, ainda que gratuitamente, emprestar, remeter, empregar, manter sob sua guarda ou ocultar arma de fogo, acessório ou munição de uso proibido ou restrito, sem autorização e em desacordo com determinação legal ou regulamentar: Pena – reclusão, de 3 (três) a 6 (seis) anos, e multa. Parágrafo único. Nas mesmas penas incorre quem: I – suprimir ou alterar marca, numeração ou qualquer sinal de identificação de arma de fogo ou artefato"; **D:** incorreta. O disparo de arma de fogo continua sendo crime, com previsão no art. 15 da Lei 10.826/2003: "Art. 15. Disparar arma de fogo ou acionar munição em lugar habitado ou em suas adjacências, em via pública ou em direção a ela, desde que essa conduta não tenha como finalidade a prática de outro crime: Pena – reclusão, de 2 (dois) a 4 (quatro) anos, e multa."; **E:** correta. É a letra do art. 20 da Lei do Desarmamento: "Nos crimes previstos nos arts. 14, 15, 16, 17 e 18, a pena é aumentada da metade se forem praticados por integrante dos órgãos e empresas referidas nos arts. 6.º, 7.º e 8.º desta Lei.".

Gabarito "E"

23. OUTROS CRIMES DA LEGISLAÇÃO EXTRAVAGANTE

(Soldado da Polícia Militar/GO – 2013 – UEG) Considera-se criança e adolescente, nos termos da Lei 8.069/1990, respectivamente, a pessoa até:

(A) doze anos de idade incompletos e a pessoa entre doze e dezoito anos de idade.

(B) quatorze anos de idade incompletos e a pessoa entre quatorze e dezoito anos de idade.

(C) doze anos de idade incompletos e a pessoa entre doze e vinte e um anos de idade.

(D) quatorze anos de idade incompletos e a pessoa entre quatorze e vinte e um anos de idade.

Nos termos do art. 2.º, *caput*, da Lei 8.069/1990, "considera-se criança, para os efeitos desta Lei, a pessoa até 12 (doze) anos de idade incompletos, e adolescente aquela entre 12 (doze) e 18 (dezoito) anos de idade".

Gabarito "A"

(Soldado da Polícia Militar/GO – 2013 – UEG) Adolescente flagrado pela Polícia Militar, no momento em que pratica ato infracional, deve ser imediatamente encaminhado:

(A) ao Conselho Tutelar, o qual dará início ao procedimento de apuração, solicitando apoio da Polícia Civil, se necessário.

(B) à autoridade policial, visando à lavratura do auto de apreensão em flagrante, se for o caso.
(C) ao Juiz da Infância e Juventude, que deliberará sobre a apreensão do adolescente.
(D) ao Ministério Público, visando à realização de oitiva informal, com possibilidade de concessão de remissão ao adolescente.

Nos termos do art. 172, *caput*, da Lei 8.069/1990: "o adolescente apreendido em flagrante de ato infracional será, desde logo, encaminhado à autoridade policial competente". Será encaminhado à autoridade judiciária, desde logo, quando for apreendido por força de ordem judicial.

Gabarito "B"

(Soldado da Polícia Militar/GO – 2013 – UEG) São infrações penais de menor potencial ofensivo:

(A) todas as contravenções penais, independentemente da pena prevista, e, ainda, os crimes com pena máxima não superior a dois anos.
(B) as infrações penais (crime e contravenções penais) com pena máxima não superior a dois anos.
(C) os crimes com pena máxima não superior a dois anos.
(D) os crimes e contravenções penais afiançáveis.

De acordo com o art. 61 da Lei 9.099/1995: "Consideram-se infrações penais de menor potencial ofensivo, para efeitos desta Lei, as contravenções penais e os crimes a que a lei comine pena máxima não superior a 2 (dois) anos, cumulada ou não com multa".

Gabarito "A"

(Sargento da Polícia Militar/SP – 2012 – VUNESP) A respeito da Lei 9.605/1998 – Lei de Proteção ao Meio Ambiente – é correto afirmar que:

(A) as pessoas jurídicas serão responsabilizadas civil e administrativamente conforme a Lei, nos casos em que a infração seja cometida por decisão de qualquer funcionário destas, no interesse ou benefício próprio.
(B) a responsabilidade das pessoas jurídicas exclui a das pessoas físicas, autoras, coautoras ou partícipes do mesmo fato.
(C) a pessoa física ou jurídica que, de qualquer forma, concorre para a prática dos crimes contra o meio ambiente, incide nas penas a estes cominadas, na medida da sua culpabilidade.
(D) não será desconsiderada a personalidade da pessoa jurídica quando esta for obstáculo ao ressarcimento de prejuízos causados à qualidade do meio ambiente.

A: incorreta, considerando que no contexto dos crimes ambientais é pertinente a responsabilização penal das pessoas jurídicas, de acordo com o que prevê a Lei 9.605/1998, art. 3.º; **B:** incorreta, tendo em vista que a Lei de crimes ambientais adota a teoria da dupla imputação penal, onde a responsabilidade da pessoa jurídica não exclui a das pessoas físicas autoras, coautoras ou partícipes pelo mesmo fato criminoso, nos termos do art. 3.º, parágrafo único, da Lei 9.605/1998; **C:** correta, de acordo com o que determina o art. 2.º da Lei 9.605/1998; **D:** incorreta, pois o art. 4.º da Lei 9.605/1998 prevê a possibilidade de desconsideração da pessoa jurídica sempre que sua personalidade for obstáculo ao ressarcimento de prejuízos causados à qualidade do meio ambiente.

Gabarito "C"

(Sargento da Polícia Militar/SP – 2012 – VUNESP) Nos termos da Lei 7.716/1989 – Lei do Preconceito Racial – e suas alterações, considera-se crime:

(A) recusar, negar ou impedir a inscrição ou ingresso de aluno em estabelecimento de ensino público ou privado de qualquer grau, desde que o aluno seja menor de 18 (dezoito) anos.
(B) recusar hospedagem em hotel, pensão ou estalagem, salvo para manutenção do padrão social do estabelecimento.
(C) impedir o acesso ou recusar atendimento em restaurantes, bares, confeitarias, ou locais semelhantes, mesmo que não abertos ao público.
(D) impedir ou obstar o acesso de alguém ao serviço em qualquer ramo das Forças Armadas.

A: incorreta, pois a Lei 7.716/1989 no seu art. 6.º prevê que constitui crime: *Recusar, negar ou impedir a inscrição ou ingresso de aluno em estabelecimento de ensino público ou privado de qualquer grau*, sem limitação etária; **B:** incorreta, considerando o que prescreve o art. 7.º da Lei 7.716/1989 que ordena, sem ressalvas que é crime: *Impedir o acesso ou recusar hospedagem em hotel, pensão, estalagem, ou qualquer estabelecimento similar*; **C:** incorreta tendo em vista o que prescreve o art. 8.º da Lei 7.716/1989 que determina que é infração penal: *Impedir o acesso ou recusar atendimento em restaurantes, bares, confeitarias, ou locais semelhantes abertos ao público*; **D:** correta, de acordo com o que prescreve o art. 13 da Lei 7.716/1989.

Gabarito "D"

(Sargento da Polícia Militar/SP – 2012 – VUNESP) De acordo com a Lei 10.826/2003 – Estatuto do Desarmamento – e suas alterações, constitui crime:

(A) deixar de observar as cautelas necessárias para impedir que menor de 25 (vinte e cinco) anos ou pessoa portadora de deficiência mental se apodere de arma de fogo que esteja sob sua posse ou que seja de sua propriedade.
(B) deixar o proprietário ou diretor responsável de empresa de segurança e transporte de valores de registrar ocorrência policial e de comunicar à Polícia Federal perda, furto, roubo ou outras formas de extravio de arma de fogo, acessório ou munição que estejam sob sua guarda, dentro de 05 (cinco) dias depois de ocorrido o fato.
(C) possuir ou manter sob sua guarda arma de fogo, acessório ou munição, de uso permitido, de acordo com determinação legal ou regulamentar, no interior de sua residência ou dependência desta, ou, ainda no seu local de trabalho, desde que seja o titular ou o responsável legal do estabelecimento ou empresa.
(D) portar, deter, adquirir, fornecer, receber, ter em depósito, transportar, ceder, ainda que gratuitamente, emprestar, remeter, empregar, manter sob guarda ou ocultar arma de fogo, acessório ou munição, de uso permitido, sem autorização e em desacordo com determinação legal ou regulamentar.

A: incorreta, pois o crime de omissão de cautela previsto no art. 13 da Lei 10.826/2003 tem como sujeito passivo (vítima) menor de 18 (dezoito) anos ou pessoa portadora de deficiência mental que se apodera de arma de fogo; **B:** incorreta, tendo em vista que o parágrafo único do art. 13 da Lei 10.826/2003, prevê uma figura equiparada da omissão de cautela que prescreve a mesma pena do *caput* ao proprietário ou diretor responsável de empresa de segurança e transporte de valores que deixarem de registrar ocorrência policial e de comunicar à Polícia Federal perda, furto, roubo ou outras formas de extravio de arma de fogo, acessório ou munição que estejam sob sua guarda, nas primeiras 24 (vinte quatro) horas depois de ocorrido o fato; **C:** incorreta, considerando que a posse criminosa de arma de fogo de uso permitido acontece quando a posse está em desacordo com determinação legal ou regulamentar, nos termos do art. 12 da Lei 10.826/2003; **D:** correta, levando em conta a tipificação do crime de porte de arma de fogo de uso permitido, nos termos do art. 14, *caput*, da Lei 10.826/2003.

Gabarito "D"

(Sargento da Polícia Militar/SP – 2012 – VUNESP) Sobre a Lei 9.455/97 – Lei de Tortura – e suas alterações, assinale a alternativa correta.

(A) O disposto nesta Lei não se aplica quando o crime é cometido fora do território nacional, sendo a vítima brasileira ou encontrando-se o agente em local sob jurisdição brasileira.
(B) O crime de tortura é inafiançável e insuscetível de graça ou anistia.
(C) Aquele que se omite diante de um delito de tortura, quando tinha o dever de evitá-lo ou de apurá-lo, incorre nas mesmas penas do torturador.
(D) A condenação acarretará a perda do cargo, função ou emprego público e a interdição para seu exercício pelo décuplo do prazo da pena aplicada.

A: incorreta, tendo em vista o que determina o art. 2.º da Lei 9.455/1997 prevê aplicação do Princípio da Extraterritorialidade ao crime de tortura autorizando a sua aplicação ainda que o crime não tenha sido cometido em território nacional, sendo a vítima brasileira ou encontrando-se o agente em local sob jurisdição brasileira; **B:** correta, pois o crime de tortura é equiparado ao crime hediondo e segundo ao art. 2.º, da Lei 8.072/1990 é insuscetível de anistia, graça, indulto e fiança; **C:** incorreta, considerando que a tortura por omissão, prevista no art. 1.º, § 2.º da Lei 9.455/1997, tem pena de 1 a 4 anos de detenção, diversa do agente que realiza materialmente o ato de tortura; **D:** incorreta, conforme o que prescreve o art. 1.º da Lei 9.455/1997 no seu § 5.º.

Gabarito "B"

(Oficial da Polícia Militar/BA – 2012 – CONSULTEC) A Lei 7.437, de 20 de dezembro de 1985, inclui entre as contravenções penais a prática de atos resultantes de preconceito de raça, de cor, de sexo ou de estado civil. Dando nova redação à Lei 1.390, de 3 de julho de 1951 – Lei Afonso Arinos, prevê que recusar a venda de mercadoria em lojas de qualquer gênero ou o atendimento de clientes em restaurantes, bares, confeitarias ou locais semelhantes, abertos ao público, por preconceito de raça, de cor, de sexo ou de estado civil, é uma contravenção passível de pena de:

(A) prisão simples, de 30 (trinta) dias a 3 (três) meses, e multa de 1 (uma) a 3 (três) vezes o valor de referência (MVR).
(B) prisão simples, de 45 (quarenta e cinco) dias a 4 (quatro) meses, e multa de 1 (uma) a 4 (quatro) vezes o maior valor de referência (MVR).
(C) prisão simples, de 60 (sessenta) dias a 6 (seis) meses, e multa de 1 (uma) a 6 (seis) vezes o maior valor de referência (MVR).
(D) prisão simples, de 15 (quinze) dias a 3 (três) meses, e multa de 1 (uma) a 3 (três) vezes o maior valor de referência (MVR).
(E) prisão simples, de 120 (cento e vinte) dias a 4 (quatro) meses, e multa de 1 (uma) a 4 (quatro) vezes o maior valor de referência (MVR).

O art. 4.º da Lei 7.437/1985 prevê: "Recusar a venda de mercadoria em lojas de qualquer gênero ou o atendimento de clientes em restaurantes, bares, confeitarias ou locais semelhantes, abertos ao público, por preconceito de raça, de cor, de sexo ou de estado civil. Pena – Prisão simples, de 15 (quinze) dias a 3 (três) meses, e multa de 1 (uma) a 3 (três) vezes o maior valor de referência (MVR).". Assim, a alternativa correta é a letra "D".

Gabarito "D"

(1.º Sargento da Polícia Militar /MG – 2011) De acordo com a Lei 9.455/1997, que define Crimes de Tortura, é CORRETO afirmar que:

(A) Aumenta-se a pena de metade se o crime é cometido por agente público.
(B) A condenação nos crimes de tortura acarretará a perda do cargo, função ou emprego público e a interdição para seu exercício pelo triplo do prazo da pena aplicada.
(C) Constranger alguém com emprego de violência ou grave ameaça, causando-lhe sofrimento físico ou mental com o fim de provocar ação ou omissão de natureza criminosa, constitui crime de tortura.
(D) Aplica-se somente quando o crime tenha sido cometido em território nacional, sendo a vítima brasileira ou encontrando-se o agente em local sob jurisdição brasileira.

A: incorreta (art. 1.º, § 4.º, I, da Lei 9.455/1997), pois se aumenta a pena de 1/6 (um sexto) até 1/3 (um terço); **B:** incorreta (art. 1.º, § 5.º, da Lei 9.455/1997), pois a condenação nos crimes de tortura acarretará a perda do cargo, função ou emprego público e a interdição para seu exercício pelo dobro do prazo da pena aplicada; **C:** correta, pois, de acordo com o art. 1.º, I, *b*, da Lei 9.455/1997: "Art. 1.º Constitui crime de tortura: I – constranger alguém com emprego de violência ou grave ameaça, causando-lhe sofrimento físico ou mental: b) para provocar ação ou omissão de natureza criminosa"; **D:** incorreta. Art. 2.º da Lei 9.455/1997: "O disposto nesta Lei aplica-se ainda quando o crime não tenha sido cometido em território nacional, sendo a vítima brasileira ou encontrando-se o agente em local sob jurisdição brasileira.".

Gabarito "C"

(1.º Sargento da Polícia Militar /MG – 2011) De acordo com a Lei 9.455/1997, que define Crimes de Tortura, é CORRETO afirmar que:

(A) Aquele que se omite em face dessas condutas, quando tinha o dever de evitá-las ou apurá-las, incorre na pena de detenção de um a quatro anos.
(B) O crime de tortura é inafiançável, embora suscetível de graça ou anistia.
(C) Submeter alguém, sob sua guarda, poder ou autoridade, com emprego de violência ou grave ameaça, a intenso sofrimento físico ou mental, como forma de aplicar castigo pessoal ou medida de caráter preventivo, não caracteriza tortura.

(D) Se o crime é cometido mediante sequestro, não há aumento de pena, pois, trata-se de delito já previsto na legislação penal comum.

A: correta, pois o art. 1.º, § 2.º, da Lei 9.455/1997 estabelece: "Aquele que se omite em face dessas condutas, quando tinha o dever de evitá-las ou apurá-las, incorre na pena de detenção de um a quatro anos."; **B:** incorreta, uma vez que o art. 1.º, § 6.º, da Lei 9.455/1997 dispõe: "O crime de tortura é inafiançável e insuscetível de graça ou anistia."; **C:** incorreta. O art. 1.º, II, da Lei 9.455/1997: "Art. 1.º Constitui crime de tortura: II – submeter alguém, sob sua guarda, poder ou autoridade, com emprego de violência ou grave ameaça, a intenso sofrimento físico ou mental, como forma de aplicar castigo pessoal ou medida de caráter preventivo. Pena – reclusão, de dois a oito anos."; **D:** incorreta,conforme art. 1.º, § 4.º, III, da Lei 9.455/1997: "Aumenta-se a pena de um sexto até um terço: III – se o crime é cometido mediante sequestro.".

Gabarito "A"

(3.º Sargento da Polícia Militar /MG – 2011) Qual das situações abaixo NÃO configura crime de tortura:

(A) Constranger alguém com emprego de violência ou grave ameaça, causando-lhe sofrimento físico ou mental, em razão de discriminação racial ou religiosa.

(B) Constranger alguém com emprego de violência ou grave ameaça, causando-lhe sofrimento físico ou mental, como forma de aplicar castigo pessoal ou medida de caráter preventivo.

(C) Constranger alguém com emprego de violência ou grave ameaça, causando-lhe sofrimento físico ou mental, com o fim de obter informação, declaração ou confissão da vítima.

(D) Constranger alguém com emprego de violência ou grave ameaça, causando-lhe sofrimento físico ou mental, para provocar ação ou omissão de natureza criminosa.

A: incorreta. O art. 1.º, I, *c*, da Lei 9.455/1997: "Art. 1.º Constitui crime de tortura: I – constranger alguém com emprego de violência ou grave ameaça, causando-lhe sofrimento físico ou mental: c) em razão de discriminação racial ou religiosa"; **B:** correta, pois não há correspondente na Lei 9.455/1997; **C:** incorreta, pois o art. 1.º, I, *a*, da Lei 9.455/1997: "Art. 1.º Constitui crime de tortura: I – constranger alguém com emprego de violência ou grave ameaça, causando-lhe sofrimento físico ou mental: a) com o fim de obter informação, declaração ou confissão da vítima ou de terceira pessoa"; **D:** incorreta. O art. 1.º, I, *b*, da Lei 9.455/1997: "Art. 1.º Constitui crime de tortura: I – constranger alguém com emprego de violência ou grave ameaça, causando-lhe sofrimento físico ou mental: b) para provocar ação ou omissão de natureza criminosa".

Gabarito "B"

(Oficial da Polícia Militar/MG – 2011 – FUMARC) O SINARM envolve todas as instituições do Sistema de Segurança Pública, criando uma rede de competências e de responsabilidades. Dentre elas, é fundamental saber que:

I. pelo sistema, as armas apreendidas junto a processos criminais e que não mais interessarem à Justiça, e não forem restituídas aos seus reais proprietários, poderão ser encaminhadas pelo juiz como doação aos órgãos de Segurança Pública.

II. o SINARM é responsável pelo controle dos acervos de armas das polícias do Brasil e integração dos dados, sob controle do FUSP (Fundo Nacional de Segurança Pública).

III. o SINARM controla o uso de arma de fogo de empresas de segurança privada, que são de propriedade exclusiva das empresas, sendo proibido que o profissional de segurança privada utilize armamento de propriedade pessoal, ainda que regularizado junto à Polícia Federal, como instrumento de trabalho essencial.

Assinale a alternativa correta.

(A) As afirmativas I, II e III estão corretas.

(B) As afirmativas I, II e III estão incorretas.

(C) Apenas as afirmativas I e II estão corretas.

(D) Apenas as afirmativas I e III estão corretas.

I: correta, pois, como prescreve o Estatuto do Desarmamento, a Lei 10.826/2006, no seu art. 25, as armas de fogo apreendidas, após a elaboração do laudo pericial e sua juntada aos autos, quando não mais interessarem à persecução penal serão encaminhadas pelo juiz competente ao Comando do Exército para destruição ou doação aos órgãos de segurança pública ou às Forças Armadas; II: incorreta, pois o SINARM é responsável apenas pela integração dos acervos policiais e está sob o controle da Polícia Federal, nos termos dos arts. 1.º e 2.º, VI, da Lei 10.826/2006; III: correta, conforme o art. 7.º da Lei 10.826/2006 que prescreve que as armas de fogo utilizadas pelos empregados das empresas de segurança privada serão de propriedade, responsabilidade e guarda das respectivas empresas, somente podendo ser utilizadas quando em serviço.

Gabarito "D"

(Oficial da Polícia Militar/MG – 2011 – FUMARC) Sobre os crimes previstos no Estatuto do Desarmamento, é importante destacar que:

(A) a lei concebeu delitos que tratam progressivamente de maneira mais gravosa, de acordo com o tipo de armamento, sendo de uso permitido ou de uso restrito.

(B) a pessoa que permite que pessoa menor de 18 anos se apodere de arma de fogo de sua propriedade, responderá por hipotética violência praticada culposamente.

(C) pratica crime o empresário ou diretor responsável de empresa de segurança ou transporte de valores que deixar de registrar ocorrência policial e de comunicar à Polícia Federal o extravio de arma de fogo no prazo máximo de 48 horas do fato.

(D) a posse irregular de uso permitido ocorre na circunstância em que o agente ativo guarda consigo, no interior de sua casa, uma arma de fogo com a numeração raspada.

A: correta, pois, conforme o que determina a Lei 10.826/2003, nos seus arts. 12, 14 e 16, onde, nos dois primeiros, se tipificam a posse e o porte de armas de uso permitido e no último se incrimina a posse e o porte de arma de uso proibido ou restrito; **B:** incorreta, pois a pessoa que deixar de observar as cautelas necessárias para impedir que menor de 18 (dezoito) anos ou pessoa portadora de deficiência mental se apodere de arma de fogo que esteja sob sua posse ou que seja de sua propriedade responderá pelo crime de omissão de cautela, conforme o art. 13 da Lei 10.826/2003; **C:** incorreta, pois, a Lei 10.826/2003 no art. 13, parágrafo único, incrimina a conduta do proprietário ou diretor responsável de empresa de segurança e transporte de valores que deixarem de registrar ocorrência policial e de comunicar à Polícia Federal perda, furto, roubo ou outras formas de extravio de arma de fogo, acessório ou munição que estejam sob sua guarda, nas primeiras 24 (vinte quatro) horas depois de ocorrido o fato; **D:** incorreta, pois de acordo com o art. 16, parágrafo único da Lei 10.826/2003 equipara se a posse ou porte ilegal de arma de fogo de uso restrito a arma que é objeto de supressão ou alteração de marca, numeração ou qualquer sinal de identificação de arma de fogo ou artefato.

Gabarito "A"

(3.º Sargento da Polícia Militar/MG – 2011) Sobre os crimes previstos na Lei 10.826/03 (Estatuto do Desarmamento), é INCORRETO afirmar que:

(A) Quem deixa de observar as cautelas necessárias para impedir que menor de 18 (dezoito) anos ou pessoa portadora de deficiência mental se apodere de arma de fogo que esteja sob sua posse ou que seja de sua propriedade, comete o crime de omissão de cautela.

(B) Quem dispara arma de fogo em via pública ou em direção a ela, comete crime previsto na referida lei, desde que essa conduta não tenha como finalidade a prática de outro crime.

(C) Quem, no exercício de atividade comercial, vende arma de fogo sem autorização ou em desacordo com determinação legal ou regulamentar, pratica o crime de comércio ilegal de arma de fogo.

(D) A simples posse de munições de arma de fogo no interior da residência, em desacordo com a lei ou regulamento, não configura crime, se não for localizada nenhuma arma de fogo no local.

A: correta, pois, conforme a Lei 10.826/2003, art. 13, *caput*, quem deixar de observar as cautelas necessárias para impedir que menor de 18 (dezoito) anos ou pessoa portadora de deficiência mental se apodere de arma de fogo que esteja sob sua posse ou que seja de sua propriedade pratica o crime de omissão de cautela; **B:** correta, pois a Lei 10.826/2003 considera crime disparar arma de fogo ou acionar munição em lugar habitado ou em suas adjacências, em via pública ou em direção a ela, desde que essa conduta não tenha como finalidade a prática de outro crime, conforme o art. 15 da Lei 10.826/2003; **C:** correta, pois, a Lei 10.826/2003 no art. 17, incrimina a conduta de comércio ilegal de arma de fogo que consiste, além de outras condutas, em vender no exercício de atividade comercial ou industrial, arma de fogo sem autorização ou em desacordo com determinação legal ou regulamentar; **D:** incorreta (devendo ser assinalada), pois o art. 12 da Lei 10.826/2003 determina que é crime possuir ou manter sob sua guarda munição, em desacordo com determinação legal ou regulamentar, no interior de residência ou dependência desta, isso, sem menção a localização de arma de fogo no local.

Gabarito "D"

(3.º Sargento da Polícia Militar/MG – 2011) Sobre o Certificado de Registro de Arma de Fogo (CRAF) é CORRETO afirmar que:

(A) O CRAF tem validade estadual.

(B) Qualquer trabalhador que seja o proprietário do CRAF regularizado, não suspenso ou não revogado, pode manter a respectiva arma de fogo no seu local de trabalho.

(C) Qualquer pessoa que seja a proprietária do CRAF regularizado, não suspenso ou não revogado, pode manter a respectiva arma de fogo, exclusivamente, no interior de sua residência ou domicílio, ou dependência desses.

(D) Os registros de propriedade expedidos pelos órgãos estaduais, realizados até a data da publicação da Lei 10.826 (estatuto do Desarmamento), deverão ser renovados mediante o pertinente registro federal até o dia 31 de dezembro de 2014, o ano da copa no Brasil.

A: incorreta, pois, o CRAF tem validade nacional, conforme previsão legal do art. 5.º, *caput*, da Lei 10.826/2003; **B:** incorreta, pois a Lei 10.826/2003 autoriza apenas o titular ou o responsável legal pelo estabelecimento ou empresa, proprietário do CRAF, a manter a arma de fogo no seu local de trabalho, art. 5.º, *caput*, da Lei 10.826/2003; **C:** correta, pois, a Lei 10.826/2003 no art. 5.º, *caput*, autoriza que o proprietário do CRAF pode manter sua arma de fogo exclusivamente no interior de sua residência ou domicílio, ou dependência desses; **D:** incorreta, nos termos do art. 5.º, § 3.º da Lei 10.826/2003, que determina que o proprietário de arma de fogo com certificados de registro de propriedade expedido por órgão estadual ou do Distrito Federal até a data da publicação desta lei que não optar pela entrega espontânea deverá renová-lo mediante o pertinente registro federal, até o dia 31 de dezembro de 2008.

Gabarito "C"

(3.º Sargento da Polícia Militar/MG – 2011) De acordo com a Lei 9.455/1997, que define os crimes de tortura e dá outras providências, aumenta-se a pena do crime de tortura, de um sexto até um terço se o crime é cometido:

(A) Por adolescente.

(B) Contra pessoa maior de 60 anos de idade.

(C) Contra funcionário público.

(D) Por quadrilha ou bando.

De fato a Lei 9.455/1997 no seu art. 1.º, § 4.º, II, determina que se aumenta a pena do crime de tortura de um sexto até um terço se é cometido contra criança, gestante, portador de deficiência, adolescente ou maior de 60 (sessenta) anos.

Gabarito "B"

(Oficial da Polícia Militar/MG – 2011 – FUMARC) A Lei de Tortura incorporou dentre seus fundamentos:

(A) O aumento de pena para o delito praticado mediante sequestro da vítima.

(B) A punição para o homicídio doloso praticado por meio da tortura.

(C) Uma cláusula de aumento de pena para o delito derivado da discriminação racial.

(D) A penalização pelo crime de tortura do agente que se omite diante do dever de evitar a conduta de outrem.

A: correta, pois, a Lei 9.455/1997 determina em seu art. 1.º, § 4.º, III, que no crime de tortura aumenta-se a pena de um sexto até um terço se o crime é cometido mediante sequestro; **B:** incorreta, pois a Lei 9.455/1997 não prevê punição para o homicídio doloso praticado por meio de tortura, tal previsão está no art. 121, § 2.º, III do Código Penal que tipifica o homicídio qualificado por meio de tortura; **C:** incorreta, pois, a discriminação racial não é causa de aumento de pena, constituindo uma modalidade simples do crime de tortura, conforme o art. 1.º, I, *c*, da Lei 9.455/1997; **D:** incorreta, tendo em vista que a Lei 9.455/1997 determina que aquele que se omite em face das condutas que configuram o crime de tortura, quando tinha o dever de evitá-las ou apurá-las, prática o crime de tortura por omissão e em incorre outra pena que é de detenção de um a quatro anos (art. 1.º, § 2.º).

Gabarito "A"

(1.º Sargento QOPM QOC da Polícia Militar/MG – 2010) De acordo com a Lei 9.455, de 7 de abril de 1997, que define os crimes de tortura, marque a alternativa CORRETA:

(A) O crime de tortura é inafiançável e suscetível de graça, indulto e anistia.

(B) Constitui crime de tortura, constranger alguém com emprego de violência ou grave ameaça, causando-lhe sofrimento físico ou mental, com o fim de obter informação, declaração ou confissão da vítima ou de terceira pessoa.

(C) A condenação só acarretará a perda do cargo, função ou emprego público, se da tortura resultar, no mínimo, lesão corporal de natureza grave.

(D) No crime de tortura cometido contra criança, gestante, deficiente e adolescente, haverá diminuição da pena.

A: incorreta, pois, a Lei 9.455/1997 determina em seu art. 1.º, § 6.º, o crime de tortura é inafiançável e insuscetível de graça ou anistia, ao invés de suscetível como diz este quesito; **B:** correta, pois a Lei 9.455/1997 no seu art. 1.º, I, *a*, prevê que constitui crime de tortura constranger alguém com emprego de violência ou grave ameaça, causando-lhe sofrimento físico ou mental com o fim de obter informação, declaração ou confissão da vítima ou de terceira pessoa; **C:** incorreta, pois, o § 5.º do art. 1.º da Lei 9.455/1997 determina que a condenação por crime de tortura acarretará a perda do cargo, função ou emprego público e a interdição para seu exercício pelo dobro do prazo da pena aplicada, independente do resultado; **D:** incorreta, tendo em vista que a Lei 9.455/1997 determina exatamente o contrário, conforme o que prescreve o art. 1.º, § 4.º, II, havendo causa de aumento de pena quando a tortura é cometida contra criança, gestante, portador de deficiência, adolescente ou maior de 60 (sessenta) anos.

Gabarito "B"

(1.º Tenente QOPM QOC da Polícia Militar/MG – 2010) O Tenente Paud'alho, Oficial da Polícia Militar, está sendo processado pela prática do crime de tortura, na condição de mandante, contra a vítima Senocente, também policial militar.

A prática do crime se deu quando o Ten. Paud'alho buscava obter informações a respeito de uma arma que havia sido furtada pela vítima.

Considerando a situação hipotética acima, assinale a opção CORRETA, de acordo com a lei que define os crimes de tortura:

(A) O tipo de tortura a que se refere a situação mencionada somente poderá ser a física, pois a tortura psicológica e os sofrimentos mentais não estão incluídos na disciplina da lei que define os crimes de tortura entre agentes públicos.

(B) Se o Ten. Paud'alho for condenado, a sentença deve declarar expressamente a perda ou não do cargo e a interdição para seu exercício pelo dobro do prazo da pena aplicada, pois esses efeitos não são automáticos.

(C) Se o Ten. Paud'alho for condenado, deve incidir uma causa de aumento de pena pelo fato de ele ser agente público.

(D) O delito de tortura será desqualificado para o Tenente, devido sua condição de autor intelectual.

A: incorreta, pois, a Lei 9.455/1997 determina em seu art. 1.º, I, que constitui crime de tortura constranger alguém com emprego de violência ou grave ameaça, causando-lhe sofrimento físico ou mental; **B:** incorreta, tendo em vista que o § 5.º do art. 1.º da Lei 9.455/1997 determina que a condenação por crime de tortura acarretará a perda do cargo, função ou emprego público e a interdição para seu exercício pelo dobro do prazo da pena aplicada, independente do resultado de forma automática, sem necessidade de declaração expressa na sentença condenatória; **C:** correta, devido ao que prescreve, o § 4.º, I do art. 1.º da Lei 9.455/1997 ao dizer que se aumenta a pena do crime de tortura, de um sexto até um terço, se o crime é cometido por agente público; **D:** incorreta, tendo em vista que a condição de mandante (autor intelectual) não desqualifica o delito de tortura, respondendo este pela prática do delito na medida de sua culpabilidade, conforme o que prescreve o art. 29 do CP que determina que quem, de qualquer modo, concorre para o crime incide nas penas a este cominadas, na medida de sua culpabilidade.

Gabarito "C"

(Oficial Policial Militar/DF – 2010 – CESPE) Julgue os próximos itens, relativos aos crimes hediondos e à definição dos crimes de tortura.

(1) Considera-se tortura constranger alguém com grave ameaça, causando-lhe sofrimento mental, com o fim de obter informação, ainda que de terceira pessoa.

(2) Quando um cidadão for condenado por sentença por ter cometido crime considerado hediondo, caberá ao juiz decidir fundamentadamente se o condenado poderá apelar em liberdade.

1: correta. O art. 1.º, I, *a*, da Lei 9.455/1997 dispõe: "Art. 1.º Constitui crime de tortura: I – constranger alguém com emprego de violência ou grave ameaça, causando-lhe sofrimento físico ou mental: a) com o fim de obter informação, declaração ou confissão da vítima ou de terceira pessoa"; **2:** correta. Conforme art. 2.º, § 3.º, da Lei 8.072/1990, no caso dos crimes hediondos e assemelhados: "Em caso de sentença condenatória, o juiz decidirá fundamentadamente se o réu poderá apelar em liberdade.".

Gabarito 1C, 2C

(Cadete da Polícia Militar/GO – 2010 – FUNCAB) No que tange à Lei 9.455/97, que disciplina os crimes de tortura, assinale a alternativa correta.

(A) Incorre nas penas do crime de tortura aquele que submete pessoa presa ou sujeita à medida de segurança a sofrimento físico ou mental, por intermédio da prática de ato não previsto em lei ou resultante de medida legal.

(B) O crime de tortura admite a concessão de anistia.

(C) O crime de tortura praticado contra criança, gestante, idoso ou deficiente físico é considerado qualificado.

(D) Somente o agente público, ocupante de cargo de provimento efetivo, pode ser sujeito ativo do crime de tortura.

(E) A lesão corporal de natureza grave ou morte, no crime de tortura, constitui causa de aumento de pena de 1/6 (um sexto) até 1/3 (um terço).

A: correta (art. 1.º, § 1.º, da Lei 9.455/1997); **B:** incorreta (art. 1.º, § 6.º, da Lei 9.455/1997); **C:** incorreta (art. 1.º, § 4.º, II, da Lei 9.455/1997), pois é causa de aumento de pena de 1/6 (um sexto) até 1/3 (um terço) e não qualificadora (esta última, altera dos limites da pena); **D:** incorreta (art. 1.º da Lei 9.455/1997), pois o sujeito passivo do crime de tortura pode ser qualquer pessoa; **E:** incorreta (art. 1.º, § 3.º, da Lei 9.455/1997), pois não é causa de aumento de pena e, sim, qualificadora, uma vez que altera os limites mínimo e máximo da pena privativa de liberdade.

Gabarito "A"

(Soldado da Polícia Militar/GO – 2010 – FUNCAB) A respeito da disciplina da Lei 9.455/97, que define os crimes de tortura, assinale a alternativa correta.

(A) Os crimes previstos na referida lei são suscetíveis de fiança, graça, anistia e liberdade provisória.
(B) Há previsão na lei de causa de aumento de pena para os crimes de tortura praticados por agentes públicos.
(C) Se da prática da tortura resultar a morte, o agente responderá somente pelo homicídio simples.
(D) Não há previsão na referida lei da modalidade omissiva do crime de tortura, de forma que o agente público que se omite responderá pela omissão de socorro do Código Penal.
(E) O efeito de perda do cargo, função ou emprego público do agente público condenado pelo crime de tortura não é automático, dependendo de decisão fundamentada do julgador.

A: incorreta. Dispõe o art. 1.º, § 6.º da Lei 9.455/1997: "O crime de tortura é inafiançável e insuscetível de graça ou anistia."; **B:** correta. O art. 1.º, § 4.º, I, da Lei 9.455/1997 assim estabelece: "Aumenta-se a pena de um sexto até um terço: I – se o crime é cometido por agente público."; **C:** incorreta. Conforme art. 1.º, § 3.º, da Lei 9.455/1997: "Se resulta lesão corporal de natureza grave ou gravíssima, a pena é de reclusão de quatro a dez anos; se resulta morte, a reclusão é de oito a dezesseis anos."; **D:** incorreta, pois o art. 1.º, § 2.º da Lei 9.455/1997 preceitua: "Aquele que se omite em face dessas condutas, quando tinha o dever de evitá-las ou apurá-las, incorre na pena de detenção de um a quatro anos."; **E:** incorreta. O art. 1.º, § 5.º, da Lei 9.455/1997: "A condenação acarretará a perda do cargo, função ou emprego público e a interdição para seu exercício pelo dobro do prazo da pena aplicada.".

Gabarito "B"

(Soldado da Polícia Militar/GO – 2010 – FUNCAB) De acordo com a normativa do Decreto-Lei 3.688/1941, que regula as contravenções penais, é correto afirmar que:

(A) não é punível a tentativa de contravenção penal.
(B) é vedada a aplicação das regras dos Juizados Especiais Criminais às contravenções penais.
(C) às contravenção penais somente se aplica a pena de multa, não sendo admitida a pena de prisão.
(D) a ação penal nas contravenções penais é privada, em regra.
(E) não há aplicação de medida de segurança para as contravenções penais.

A: correta, pois o art. 4.º do Decreto-lei 3.688/1941 dispõe: "Não é punível a tentativa de contravenção."; **B:** incorreta. Conforme art. 1.º do Decreto-lei 3.688/1941: "Aplicam-se as contravenções às regras gerais do Código Penal, sempre que a presente lei não disponha de modo diverso."; **C:** incorreta, uma vez que, de acordo com o art. 5.º do Decreto-lei 3.688/1941: "As penas principais são: I – prisão simples. II – multa."; **D:** incorreta. Art. 17 do Decreto-lei 3.688/1941: "A ação penal é pública, devendo a autoridade proceder de ofício."; **E:** incorreta. O art. 13 do Decreto-lei 3.688/1941 preceitua: "Aplicam-se, por motivo de contravenção, as medidas de segurança estabelecidas no Código Penal, à exceção do exílio local.".

Gabarito "A"

(Soldado da Polícia Militar/GO – 2010 – FUNCAB) A conduta de "Fazer afirmação falsa ou enganosa, ou omitir informação relevante sobre a natureza, característica, qualidade, quantidade, segurança, desempenho, durabilidade, preço ou garantia de produtos ou serviços", prevista pelo Artigo 66 do Código de Defesa do Consumidor (Lei 8.078/1990), é considerada:

(A) mera infração administrativa.
(B) contravenção penal punida com multa.
(C) contravenção penal punida com detenção.
(D) crime contra as relações de consumo.
(E) conduta atípica.

De acordo com o art. 66 da Lei 8.078/1990, é prevista como crime a seguinte conduta: "Fazer afirmação falsa ou enganosa, ou omitir informação relevante sobre a natureza, característica, qualidade, quantidade, segurança, desempenho, durabilidade, preço ou garantia de produtos ou serviços", punida com detenção de 3 (três) meses a 1 (um) ano e multa. A diferença entre o crime e a contravenção é que o primeiro tem previsão de pena de reclusão ou detenção, cumulativamente ou alternativamente com a pena de multa, enquanto que na contravenção pode haver penas de prisão simples e/ou multa (art. 5.º do Decreto-lei 3.688/1941).

Gabarito "D"

24. CRIMES COMBINADOS

(Oficial Policial Militar de Administração/DF – 2010 – CESPE) Em cada um dos próximos itens, é apresentada uma situação hipotética, seguida de uma assertiva a ser julgada com base no direito penal.

(1) Um PM, quando não estava exercendo atividade policial nem atividade a esta vinculada, e um agente civil, em concurso de pessoas, praticaram diversos atos com o objetivo de auxiliar servidor público federal a desviar dinheiro e bens da autarquia em que trabalhava. O servidor apropriava-se dos valores e dos bens subtraídos e dividia-os em iguais partes que eram, então, distribuídas entre os três. Nessa situação, além de outras condutas delituosas que tenham praticado, responderão todos pelo crime de peculato.
(2) A bordo de navio venezuelano de propriedade particular, que estava atracado no porto de Santos – SP, ocorreu um crime doloso contra a vida de um dos tripulantes. Nessa situação, como o navio era estrangeiro, não se aplicará a norma penal brasileira.
(3) A PM foi acionada para solucionar confusão praticada por gangues em determinada área de Brasília. Ao avistar a viatura policial, um dos participantes, para evitar a atuação da polícia, ateou fogo em ônibus de transporte urbano que passava pelo local. Nessa situação, referido participante responderá pelo crime de incêndio qualificado

– além de outros delitos que tenha praticado ou que venham a resultar da ação incendiária –, cujo elemento subjetivo é o dolo de perigo, ou seja, a vontade livre e consciente de produzir risco de dano à incolumidade pública.

(4) Um grupo composto de cinco pessoas, por diversas vezes, perturbou a realização de cultos religiosos em determinado local da cidade. Na última vez, com emprego de violência contra as pessoas que assistiam ao ritual, impediram a realização da cerimônia religiosa, até serem presos pela polícia. Nessa situação, os agentes da conduta delituosa responderão apenas pelas lesões corporais que praticaram, e os sujeitos passivos do delito serão somente as vítimas diretas da violência física.

(5) Um médico praticou aborto de gravidez decorrente de estupro, sem autorização judicial, mas com consentimento da gestante. Nessa situação, o médico deverá responder por crime, já que provocar aborto sem autorização judicial é sempre punível, segundo o CP.

1: correta, pois nos termos do art. 29 do CP, aplica-se a teoria unitária ou monista no concurso de pessoas, sendo que, todo aquele que concorre para o crime incide nas penas a este cominadas, na medida de sua culpabilidade; **2:** incorreta (art. 5.º, § 2.º, do CP), uma vez que está previsto na lei que na hipótese de crime praticado a bordo de navio estrangeiro particular, aplica-se o princípio da territorialidade, isto é, se este navio estiver no território brasileiro, aplica-se a lei penal brasileira; **3:** correta (art. 250, § 1.º, *c*, do CP), sendo que o elemento subjetivo é o dolo de perigo e não de dano, uma vez que neste o sujeito quer o dano ou assume o risco de produzi-lo, enquanto que naquele o agente não quer o dano nem assume o risco de produzi-lo, desejando ou assumindo o risco de produzir um resultado de perigo, sendo que este perigo constitui o resultado. O agente quer ou assume o risco de expor o bem jurídico a perigo de dano; **4:** incorreta (art. 208 do CP), pois o crime é o de ultraje a culto e impedimento ou perturbação de ato a ele relativo, nos seguintes termos: "Escarnecer de alguém publicamente, por motivo de crença ou função religiosa; impedir ou perturbar cerimônia ou prática de culto religioso; vilipendiar publicamente ato ou objeto de culto religioso: Pena – detenção, de um mês a um ano, ou multa. Parágrafo único – Se há emprego de violência, a pena é aumentada de um terço, sem prejuízo da correspondente à violência"; **5:** incorreta (art. 128, II, do CP), pois o aborto de gravidez decorrente de estupro praticado por médico, não exige autorização judicial, mas somente consentimento da gestante ou de seu representante legal.

Gabarito 1C, 2E, 3C, 4E, 5E

(Oficial Policial Militar de Administração/DF – 2010 – CESPE) Acerca da aplicabilidade das normas de direito penal, julgue os itens seguintes.

(1) Entre as formas de extinção da punibilidade do agente de fato delituoso previstas no CP, inclui-se a possibilidade de casamento do autor do crime de estupro com a vítima, contanto que o casamento se realize antes de a sentença penal condenatória transitar em julgado.

(2) O principal efeito da condenação é a imposição de pena ou medida de segurança e, entre os efeitos secundários de natureza extrapenal, há o dever de indenizar pelo dano causado pelo crime, que não precisa vir expresso na sentença penal condenatória.

(3) O erro de proibição é aquele que recai sobre a ilicitude do fato, excluindo a culpabilidade do agente, porque esse supõe que inexiste regra proibitiva da prática da conduta. O erro de proibição não exclui o dolo, mas afasta, por completo, a culpabilidade do agente quando escusável e reduz a pena de um sexto a um terço quando inescusável, atenuando a culpabilidade.

(4) No tocante aos crimes contra o patrimônio, o direito penal brasileiro tutela tanto a posse quanto a propriedade. O sujeito ativo desse tipo de crime poderá ser qualquer pessoa, não se exigindo qualidade especial do sujeito ativo do delito. Se, em um clube de tiro, por erro, um civil se apossar voluntariamente da arma de um PM, responderá por furto culposo.

(5) A violação do dever de cuidado é um componente normativo dos tipos penais culposos, sendo necessárias, para a caracterização desses tipos penais, a ocorrência do resultado danoso e a necessária relação entre o descumprimento e o dano.

(6) Em relação ao estado de necessidade, que constitui uma das causas excludentes de antijuridicidade, o direito penal brasileiro adotou a teoria unitária, segundo a qual não se deve fazer ponderação dos bens ou interesses em conflito.

1: incorreta, pois nos termos do art. 107 do CP, não se encontra entre as causas de extinção da punibilidade o casamento do autor do crime de estupro com a vítima em nenhuma hipótese, uma vez que, desde a Lei 11.106 de 2005, tal causa foi retirada do art. 107 do CP; **2:** correta (art. 91 do CP), uma vez que o efeito principal da condenação é a imposição de pena ao imputável e de medida de segurança ao inimputável ou semi-imputável e como um dos efeitos secundários de natureza extrapenal ou civil, há o dever de indenizar o dano causado pelo crime, que não precisa vir expresso na sentença penal condenatória uma vez que é efeito automático de qualquer condenação; **3:** correta. De acordo com o art. 21 do CP: "O desconhecimento da lei é inescusável. O erro sobre a ilicitude do fato, se inevitável, isenta de pena; se evitável, poderá diminuí-la de um sexto a um terço.". O erro de tipo é o que recai sobre uma situação fática. Pode ser essencial ou acidental. Quando essencial, sempre exclui o dolo. Pode ser de duas espécies: escusável (invencível, inevitável) ou inescusável (vencível, evitável), sendo escusável exclui também a culpa e quando inescusável, o agente responde por crime culposo quando houver previsão legal. O erro de proibição é a errada compreensão de uma regra jurídica. Pode ser escusável (invencível, inevitável), excluindo a culpabilidade, ou inescusável (vencível, evitável), este último diminuindo a pena do agente de 1/6 (um sexto) a 1/3 (um terço); **4:** incorreta (art. 155 do CP), pois nos crimes contra o patrimônio o objeto jurídico tutelado é o patrimônio (posse e propriedade); o sujeito ativo desse tipo de crime poderá ser qualquer pessoa, não sendo, portanto crime próprio; se, em um clube de tiro, por erro, um civil se apossar voluntariamente da arma de um PM, não poderá responder por furto culposo se o erro essencial for inescusável, pois, de acordo com o art. 18, parágrafo único, do CP, o crime culposo é excepcional, e não há furto culposo previsto como crime no Código Penal; **5:** correta (art. 18, II, do CP), pois são elementos do fato típico culposo a conduta voluntária, o resultado involuntário, o nexo causal, a tipicidade, a previsibilidade objetiva, a quebra do dever objetivo de cuidado (por imprudência, negligência ou imperícia) e a ausência de previsão; **6:** correta (art. 24 do CP), pois o Código Penal adota a teoria unitária. O Código Penal Militar adota a teoria diferenciadora (art. 39 e 43).

Gabarito 1E, 2C, 3C, 4E, 5C, 6C

(Oficial Policial Militar/DF – 2010 – CESPE) Em relação às normas penais especiais, julgue os itens subsecutivos.

(1) O delito de tortura também pode ser praticado na forma omissiva.

(2) A autoridade policial que deixa de comunicar, imediatamente, ao juiz competente a prisão de qualquer pessoa pratica abuso de autoridade; no entanto, a autoridade judicial que deixa de ordenar o relaxamento de prisão ilegal que lhe seja comunicada não incorre em conduta abusiva, fato que tem gerado severas críticas dos especialistas no assunto.

(3) Terá a pena reduzida de um a dois terços o agente que, em razão da dependência ou sob o efeito de droga, era, ao tempo da ação ou da omissão, qualquer que tenha sido a infração penal praticada, inteiramente incapaz de entender o caráter ilícito do fato ou de determinar-se de acordo com esse entendimento.

1: correta, pois o art. 1.º, § 2.º, da Lei 9.455/1997 estabelece: "Aquele que se omite em face dessas condutas, quando tinha o dever de evitá-las ou apurá-las, incorre na pena de detenção de um a quatro anos."; **2:** incorreta. Conforme Lei 4.898/1965: "Art. 4.º Constitui também abuso de autoridade: c) deixar de comunicar, imediatamente, ao juiz competente a prisão ou detenção de qualquer pessoa; d) deixar o Juiz de ordenar o relaxamento de prisão ou detenção ilegal que lhe seja comunicada"; **3:** incorreta, pois o art. 26, *caput* e seu parágrafo único, do CP, dispõem: "Art. 26. É isento de pena o agente que, por doença mental ou desenvolvimento mental incompleto ou retardado, era, ao tempo da ação ou da omissão, inteiramente incapaz de entender o caráter ilícito do fato ou de determinar-se de acordo com esse entendimento. Parágrafo único. A pena pode ser reduzida de um a dois terços, se o agente, em virtude de perturbação de saúde mental ou por desenvolvimento mental incompleto ou retardado não era inteiramente capaz de entender o caráter ilícito do fato ou de determinar-se de acordo com esse entendimento.".

Gabarito 1C, 2E, 3E

(Oficial da Polícia Militar/SC – 2010 – IESES) É certo afirmar:

I. Todos os crimes cometidos pelos Prefeitos Municipais e por seus substitutos, previstos no Decreto-Lei n. 201/1967, são dolosos, vale dizer, intencionais, porquanto o prefeito ou seu substituto busca de forma intencional o resultado, ou assume o risco de produzi-lo.

II. O porte de entorpecente para o uso próprio foi descriminalizado pela nova legislação antitóxico.

III. Os crimes de responsabilidade dos Prefeitos Municipais sujeitos ao julgamento pelo Poder Judiciário, dependem do pronunciamento da Câmara de Vereadores.

IV. Suprimir ou alterar marca, numeração ou qualquer sinal de identificação de arma de fogo ou artefato, se equipara ao crime de posse ou porte ilegal de arma de fogo de uso restrito.

Analisando as proposições, pode-se afirmar:

(A) Somente as proposições II e IV estão corretas.

(B) Somente as proposições II e III estão corretas.

(C) Somente as proposições I e III estão corretas.

(D) Somente as proposições I e IV estão corretas.

I: correta, pois o art. 1.º do Decreto-lei 201/1967 não traz figuras culposas das condutas criminais elencadas como sendo crimes de responsabilidade dos Prefeitos municipais; II: incorreta, tendo em vista que o art. 28 da Lei 11.343/2006 criminaliza o porte de entorpecente para uso próprio; III: incorreta, considerando o que o art. 1.º do Decreto-lei 201/1967 ordena: *São crimes de responsabilidade dos Prefeitos Municipal, sujeitos ao julgamento do Poder Judiciário, independentemente do pronunciamento da Câmara dos Vereadores*; IV: correta, em face do que prescreve o Estatuto do desarmamento, Lei 10.826/2003, no seu art. 16, parágrafo único, I: *Nas mesmas penas incorre quem: I – suprimir ou alterar marca, numeração ou qualquer sinal de identificação de arma de fogo ou artefato.*

Gabarito "D"

(1.º Tenente QOPM QOC da Polícia Militar/MG – 2010) Fundamentado nas legislações penais especiais (Lei 4.898, que regula o direito de Representação e o processo de Responsabilidade Administrativa Civil e Penal, nos casos de abuso de autoridade; Lei 11.343, que institui o Sistema Nacional de Políticas Públicas sobre Drogas – Sisnad e Lei 9.455, que define os crimes de tortura), assinale a opção CORRETA.

(A) Nos casos previstos na Lei 4.898, a ação penal será iniciada, independentemente de inquérito policial ou justificação, por denúncia do Ministério Público, instruída com a representação da vítima do abuso.

(B) A nova Lei de Drogas (Lei 11.343/2006) estabelece um rol de penas possíveis para a pessoa que adquirir, guardar, tiver em depósito, transportar ou trouxer consigo, para uso pessoal, drogas ilícitas e, para determinar se a droga se destinava ao consumo pessoal, o juiz observará apenas a natureza e a quantidade da droga.

(C) Considera-se autoridade, para os efeitos da Lei 4.898, quem exerce cargo, emprego ou função pública, de natureza civil ou militar, exceto quando transitoriamente e sem remuneração.

(D) Sendo crime próprio, o crime de tortura é caracterizado por seu sujeito ativo, que deve ser necessariamente funcionário público.

A: correta, pois, a Lei 4.898/1965 determina em seu art. 12 que a ação penal relativa ao abuso de autoridade será iniciada, independentemente de inquérito policial ou justificação por denúncia do Ministério Público, instruída com a representação da vítima do abuso; **B:** incorreta, tendo em vista que a Lei 11.343/2006 no seu art. 28, § 2.º ordena que para determinar se a droga se destina a consumo pessoal, o juiz atenderá à natureza e à quantidade da substância apreendida, ao local e às condições em que se desenvolveu a ação, às circunstâncias sociais e pessoais, bem como à conduta e aos antecedentes do agente; **C:** incorreta, de acordo com o art. 5.º da Lei 4.898/1965 que determina que é considerada autoridade, quem exerce cargo, emprego ou função pública, de natureza civil, ou militar, ainda que transitoriamente e sem remuneração; **D:** incorreta, considerando que o crime de tortura previsto na Lei 9.455/1997 pode ser praticado por qualquer pessoa, não somente por funcionário público, como é o caso, por exemplo, da tortura em razão de discriminação racial ou religiosa, conforme o art. 1.º, I, *c*, desta lei.

Gabarito "A"

14. Direito Processual Penal

Rafael Andreatta

1. FONTES, PRINCÍPIOS GERAIS E INTERPRETAÇÃO

(Cadete da Polícia Militar/GO – 2013 – UEG) É princípio fundamental do processo penal:

(A) princípio da verdade formal.
(B) princípio da defesa limitada.
(C) princípio da sigilosidade processual.
(D) princípio da presunção da não culpabilidade.

A: incorreta, pois o Princípio do processo penal é o da verdade real e não o formal; **B:** incorreta, tendo em vista que a defesa deverá sem a mais ampla possível e não limitada; **C:** incorreta, pois no processo penal a regra é a publicidade dos atos processuais, sendo exceção o sigilo; **D:** correta, pois o Princípio da presunção de inocência ou da não culpabilidade é um Princípio Fundamental previsto constitucionalmente no art. 5º, LVII, da CF.

Gabarito "D"

(Cadete da Polícia Militar/GO – 2013 – UEG) No sistema acusatório,

(A) um único órgão de jurisdição preside a fase de investigação, acusação e julgamento do processo.
(B) o acusado é mero objeto do processo, não lhe sendo garantidos direitos.
(C) as partes se encontram em igualdade de posições e, a ambas, um juiz imparcial e equidistante se sobrepõe.
(D) não há contraditório.

A: incorreta, pois no sistema acusatório, não há concentração de poder em um único órgão. Neste sistema, cabe ao advogado o dever de exercitar a defesa, o MP de acusar e o juiz de julgar; **B:** incorreta, tendo em vista que o STF, já se posicionou que o investigado não é mero objeto de investigação e sim sujeito de direitos por força da CF; **C:** correta, tendo em vista a paridade de armas e a imparcialidade do julgador; **D:** incorreta, pois o contraditório é a possibilidade da parte se manifestar no processo e tem previsão no art. 5º, LV da CF.

Gabarito "C"

(Soldado da Polícia Militar/GO – 2010 – FUNCAB) São princípios que regem o processo penal brasileiro, EXCETO:

(A) Ampla defesa.
(B) Duração razoável do processo.
(C) Juiz natural.
(D) Oralidade.
(E) Sigilo.

A: correta, pois o Princípio da ampla defesa possui previsão constitucional (art. 5º, LV da CF); **B:** correta, pois a duração razoável do processo tem previsão no art. 5º, LXXVIII, da CF; **C:** correta, pois o Princípio do juiz natural está previsto no art. 5º, XXXVIII da CF; **D:** correta, porém salientando que a regra é de que o processo penal não é regido pela oralidade, salvo em relação à competência dos juizados especiais criminais por determinação expressa do art. 62 da Lei 9.099/1995; **E:** incorreta, tendo em vista que em regra os processos serão públicos (art. 5, LX da CF).

Gabarito "E"

(Soldado da Polícia Militar/GO – 2010 – FUNCAB) A respeito dos sistemas processuais existentes no Processo Penal, pode-se afirmar que:

(A) o sistema inquisitivo rege o processo penal brasileiro, com a concentração das funções acusatória, de defesa e julgadora na mesma pessoa, o Juiz acusador.
(B) o sistema acusatório caracteriza-se pela divisão das funções acusatória, de defesa e julgadora em diferentes personagens, sendo o Juiz imparcial.
(C) o inquérito policial, apesar de não ser um processo, obedece às regras e aos princípios do sistema acusatório, com a garantia da ampla defesa e do contraditório.
(D) o sistema processual inquisitivo tem como característica marcante a oralidade e a publicidade.
(E) o sistema acusatório caracteriza-se por ser eminentemente escrito e secreto.

A: incorreta, pois no processo penal brasileiro, vige o sistema acusatório, onde as funções de acusar, denunciar e julgar não ficam concentradas na pessoa do julgador; **B:** correta, pois no sistema acusatório as funções são divididas e o julgador é imparcial; **C:** incorreta, tendo em vista que não há acusação e defesa no inquérito policial e sim respeito aos direitos fundamentais do investigado, não sendo ele mais mero objeto de investigação e sim sujeito de direitos conforme já decidiu o STF; **D:** incorreta, pois no sistema inquisitivo, não há publicidade e oralidade; **E:** incorreta, tendo em vista que no sistema acusatório o sigilo é a exceção.

Gabarito "B"

(Soldado da Polícia Militar/GO – 2010 – FUNCAB) Com relação às regras que disciplinam o Inquérito Policial no Código de Processo Penal, marque a alternativa correta.

(A) Nos crimes de ação penal pública condicionada à representação, o inquérito policial será iniciado de ofício ou mediante requisição da autoridade judiciária.

(B) Do despacho da autoridade policial que indeferir o requerimento de abertura de inquérito policial, não caberá recurso.
(C) O inquérito policial deverá terminar no prazo de dez dias se o indiciado estiver preso em flagrante ou preventivamente.
(D) O inquérito policial é indispensável para a deflagração da ação penal.
(E) A autoridade policial, convencendo-se da atipicidade da conduta, poderá determinar o arquivamento do inquérito.

A: incorreta, pois nos crimes de ação penal pública condicionada, o inquérito só poderá ser iniciado com a requisição do ministro da justiça, nas hipóteses em que a lei determina e com a representação do ofendido ou de seu representante legal: **B:** incorreta, já que do despacho que indeferir o requerimento de abertura de inquérito policial, caberá recurso ao chefe de polícia (art. 5º, § 2º do CPP); **C:** correta, pois o prazo de conclusão do inquérito policial é de 10 dias estando o indicado preso em flagrante ou preventivamente (art. 10 do CPP). Salientando que o prazo de conclusão do inquérito na PF é de 15 dias se o indiciado estiver preso conforme previsão contida no art. 66 da Lei 5.010/1966; **D:** incorreta, o inquérito policial é dispensável para a propositura da ação penal, desde que o titular da ação tenha elementos suficientes para propô-la (art. 39, § 5º do CPP); **E:** incorreta, pois o delegado de polícia jamais poderá arquivar autos de inquérito conforme art. 17 do CPP.

Gabarito "C"

(Soldado da Polícia Militar/GO – 2013 – UEG) É princípio fundamental do processo penal:

(A) princípio da verdade formal.
(B) princípio da defesa limitada.
(C) princípio da sigilosidade processual.
(D) princípio da presunção da não culpabilidade.

A: incorreta, pois no processo penal, vigora o Princípio da verdade real e não formal; **B:** incorreta, tendo em vista que a defesa deverá ser a mais ampla possível e não limitada (art. 5º, LV da CF); **C:** incorreta, pois a regra é que o processo seja público, salvo exceções legais (art. 5º, LX da CF); **D:** correta, pois vigora no processo penal, o Princípio da não culpabilidade ou inocência par alguns (art. 5º, LVII da CF).

Gabarito "D"

(Soldado da Polícia Militar/GO – 2013 – UEG) No sistema acusatório,

(A) um único órgão de jurisdição preside a fase de investigação, acusação e julgamento do processo.
(B) o acusado é mero objeto do processo, não lhe sendo garantidos direitos.
(C) as partes se encontram em igualdade de posições e, a ambas, um juiz imparcial e equidistante se sobrepõe.
(D) não há contraditório.

A: incorreta, tendo em vista que no sistema acusatório, não há concentração de funções em um único órgão de jurisdição; **B:** incorreta, pois o investigado não é mais mero objeto de investigação e sim sujeito de direitos conforme já se posicionou o STF em diversos julgados; **C:** correta, pois no sistema acusatório, não pode haver concentração de funções para que não haja desigualdade de posições entre as partes; **D:** incorreta, pois o contraditório é inerente ao sistema acusatório.

Gabarito "C"

2. INQUÉRITO POLICIAL

(Oficial Policial Militar/DF – 2010 – CESPE) A respeito do inquérito policial e da ação penal, julgue os seguintes itens.

(1) Ao delegado de polícia somente é permitido arquivar autos de inquérito policial, caso não tenha sido possível a identificação do autor do delito.
(2) Nos delitos de ação penal pública condicionada, apenas após o recebimento da denúncia é que a representação será irretratável.
(3) Tratando-se de crimes de ação privada, a autoridade policial pode iniciar e concluir o inquérito mesmo sem o requerimento de quem tenha qualidade para intentá-la, uma vez que o inquérito policial é mera peça informativa.

1: incorreta, pois o delegado de polícia não poderá em nenhuma hipótese arquivar autos de inquérito policial, art.17, CPP; **2:** incorreta, A representação será irretratável após o oferecimento da denúncia e não após o seu recebimento (art. 25 do CPP); **3:** incorreta, nos crimes de ação penal privada a autoridade policial somente poderá iniciar o inquérito após o requerimento do ofendido ou de seu representante legal (art. 5º, § 5º do CPP).

Gabarito 1E, 2E, 3E

(Cadete da Polícia Militar/GO – 2013 – UEG) O inquérito policial, segundo o Código de Processo Penal,

(A) deverá ser concluído no prazo de 10 dias, se o indiciado tiver sido preso em flagrante, ou estiver preso preventiva ou temporariamente, contado o prazo, nestas últimas hipóteses, a partir da data da decretação da prisão.
(B) poderá ser arquivado por determinação expressa da autoridade policial.
(C) acompanhará a denúncia ou a queixa, sempre que servir de base a uma ou a outra.
(D) depois de ordenado o arquivamento pela autoridade policial, não é possível ser desarquivado, mesmo se de outras provas se tiver notícia.

A: incorreta, pois o prazo de 10 dias será para conclusão do inquérito se o indiciado estiver preso em flagrante ou preventivamente e não temporariamente conforme art. 10 do CPP; **B:** incorreta, pois o inquérito policial só poderá ser arquivado pelo juiz a pedido do Ministério Público (art. 17 do CPP); **C:** correta, tendo em vista o disposto no art. 12 do CPP; **D:** incorreta, pois a autoridade policial não poderá arquivar autos de inquérito Art. 17 do CPP). O inquérito policial poderá ser desarquivado segundo o que consta no art. 18 do CPP.

Gabarito "C"

(Soldado da Polícia Militar/GO – 2013 – UEG) O inquérito policial, segundo o Código de Processo Penal,

(A) deverá ser concluído no prazo de 10 dias, se o indiciado tiver sido preso em flagrante, ou estiver preso preventiva ou temporariamente, contado o prazo, nestas últimas hipóteses, a partir da data da decretação da prisão.
(B) poderá ser arquivado por determinação expressa da autoridade policial.
(C) acompanhará a denúncia ou a queixa, sempre que servir de base a uma ou a outra.
(D) depois de ordenado o arquivamento pela autoridade policial, não é possível ser desarquivado, mesmo se de outras provas se tiver notícia.

A: incorreta, pois o inquérito policial deverá ser concluído em 10 dias se o indiciado estiver preso em flagrante ou preventivamente (art. 10 do CPP); **B:** incorreta, pois o delegado de polícia não possui a atribuição de arquivar autos de inquérito (art. 17 do CPP); **C:** correta, tendo em vista previsão expressa do art. 12 do CPP); **D:** incorreta, pois não tem o delegado de polícia a atribuição de arquivar autos de inquérito policial, medida que compete ao juiz a pedido do MP (art. 117 do CPP).

Gabarito "C"

(Oficial da Polícia Militar/MG – 2011 – FUMARC) O Inquérito Policial é providência de ordem investigativa essencial para a apuração efetiva dos crimes em espécies ocorridos no Brasil. A competência para sua instauração e para o exercício da investigação é vinculada e exercida por autoridades policiais de carreira. Também, sobre o inquérito policial, é importante saber que

(A) o requisitante da instauração de inquérito policial por crime de ação pública poderá recorrer ao chefe de polícia, acerca do contido no despacho de indeferimento de sua instauração.

(B) as autoridades públicas que tomarem conhecimento de crimes de ação pública devem instaurar de ofício o devido Inquérito Policial.

(C) o princípio da Indisponibilidade garante que, nos crimes de ação pública é presumido o interesse de qualquer pessoa que tomar conhecimento do delito pode verbalmente ou por escrito requerer a instauração de Inquérito ao Delegado de Polícia, que é obrigado a instaurar o procedimento investigativo.

(D) é lícito às partes envolvidas requererem providências investigatórias no curso do inquérito, bem como a produção de perícias, provas, inquirição de testemunhas e apreensão de documentos.

A: incorreta, pois caso o inquérito policial seja requisitado pelo juiz ou pelo MP (art. 5º, II do CPP), o delegado está obrigado a instaurá-lo havendo justa causa. O recurso ao chefe de polícia que está previsto no art. 5º, § 2º do CPP diz respeito ao requerimento do ofendido ou de seu representante legal; **B:** incorreta, pois o inquérito policial deverá ser instaurado de ofício pelo delegado nos crimes de ação pública incondicionada e não por qualquer autoridade pública; **C:** incorreta, pois deve o delegado de polícia antes de instaurar o devido inquérito verificar a procedência das informações (art. 5º, § 3º do CPP); **D:** correta, tendo em vista o art. 14 do CPP.

Gabarito "D"

(Oficial da Polícia Militar/MG – 2011 – FUMARC) **Leia e analise a informação abaixo:**

"João X procurou o Promotor de Justiça da cidade de Jejum/MG e requereu por meio de documento a instauração de um Inquérito Policial, em razão da conduta de um vizinho, na prática inveterada de crimes contra o patrimônio e, para tanto, apresentou fotos, documentos e testemunhas da prática delitiva."

Em relação ao caso acima descrito, é **incorreto** dizer que

(A) Entendendo que os apontamentos são suficientes para tal, o promotor de justiça pode promover imediatamente a denúncia e propor a aplicação de medidas assecuratórias perante o judiciário.

(B) O promotor de justiça pode requisitar a instauração de inquérito policial, visando aquilatar a investigação sobre os fatos e, em separado, requerer a aplicação de medidas assecuratórias perante o judiciário.

(C) Caso o Juiz tome conhecimento antes do MP, deve encaminhar ao *Parquet* a documentação pertinente para análise e, caso seja pertinente, apresentação da denúncia.

(D) O promotor, de ofício, deve encaminhar a documentação ao magistrado, que por sua vez deliberará pela instauração ou não do devido processo legal.

A: correta, havendo elementos que o habilitem a promover a ação penal, não há necessidade de instauração de inquérito policial (art. 39, § 5º do CPP); **B:** correta, nada impede que o promotor complemente as informações requisitando inquérito policial (art. 47 do CPP); **C:** correta, pois o art. 40 do CPP assim determina: **D:** incorreta, devendo ser assinalada, tendo em vista que não compete ao juiz ajuizar a ação penal e sim ao promotor.

Gabarito "D"

3. AÇÃO PENAL, SUSPENSÃO CONDICIONAL DO PROCESSO E AÇÃO CIVIL

(Cadete da Polícia Militar/GO – 2013 – UEG) A ação penal será classificada como:

(A) pública condicionada, quando a atuação do Ministério Público estiver subordinada à requisição do Ministro da Justiça ou à determinação da autoridade policial.

(B) privada personalíssima, quando somente o Ministério Público puder ajuizá-la.

(C) pública incondicionada, quando qualquer do povo puder ajuizá-la.

(D) privada subsidiária da pública, admitida nos crimes de ação pública, se esta não for intentada no prazo legal.

A: incorreta, pois ação pública será condicionada a requisição do ministro da justiça ou da representação do ofendido ou de quem tiver qualidade para representá-lo, sem qualquer determinação da autoridade policial (art. 24 do CPP). Importante salientar que na ação pública o dono da ação penal é o MP, razão pela qual não há submissão à autoridade policial; **B:** incorreta, já que na ação privada personalíssima, somente o ofendido poderá ajuizá-la, não se admitindo sucessão processual (art. 236 do CP); **C:** incorreta, pois a ação penal pública incondicionada será proposta pelo ministério público, salvo quando se quedar inerte, tendo em vista previsão da ação penal privada subsidiária da pública contida no art. 29 do CPP; **D:** correta: tendo em vista a literalidade do art. 29 do CPP.

Gabarito "D"

(Soldado da Polícia Militar/GO – 2010 – FUNCAB) Marque a alternativa que está de acordo com as regras do Código de Processo Penal sobre a ação penal.

(A) Seja qual for o crime, quando praticado em detrimento do patrimônio ou interesse da União, Estado e Município, a ação penal será pública.

(B) A representação só poderá ser retratada até a prolação da sentença condenatória.

(C) O Ministério Público poderá desistir da ação penal pública condicionada à representação.

(D) Nas ações penais privadas, a renúncia ao direito de queixa em relação a um dos autores do crime não se estenderá aos demais.

(E) Na ação penal pública, o prazo para oferecimento da denúncia, se o réu estiver preso, será de quarenta dias, contados do dia em que o Ministério Público receber o inquérito policial.

A: correta, tendo em vista a redação expressa do art. 24, § 2º do CPP; **B:** incorreta, pois a representação poderá ser retratada até o oferecimento da denúncia (art. 25 do CPP); **C:** incorreta, pois nas ações penais públicas o MP não poderá desistir (art. 42 do CPP); **D:** incorreta, a renúncia ao exercício do direito de queixa feita a um, a todos se estenderá (art 49 do CPP); **E:** incorreta, tendo em vista que o prazo para o oferecimento da denúncia na ação penal pública é de 5 dias se o réu estiver preso (art. 46 do CPP).

Gabarito "A"

(Soldado da Polícia Militar/GO – 2013 – UEG) A ação penal será classificada como:

(A) pública condicionada, quando a atuação do Ministério Público estiver subordinada à requisição do Ministro da Justiça ou à determinação da autoridade policial.

(B) privada personalíssima, quando somente o Ministério Público puder ajuizá-la.

(C) pública incondicionada, quando qualquer do povo puder ajuizá-la.

(D) privada subsidiária da pública, admitida nos crimes de ação pública, se esta não for intentada no prazo legal.

A: incorreta, tendo em vista que a autoridade policial não determina a instauração de ação penal; **B:** incorreta, pois na ação penal privada personalíssima, somente o ofendido poderá ajuizá-la; **C:** incorreta, tendo em vista que na ação pública incondicionada, o titular da ação penal é o MP e não o povo. Em caso de inércia do MP, o art. 29 do CPP autoriza a ação penal privada subsidiária da pública; **D:** correta, tendo em vista disposição expressa do art. 29 do CPP.

Gabarito "D"

4. PRISÃO, MEDIDAS CAUTELARES E LIBERDADE PROVISÓRIA

(Oficial Policial Militar/DF – 2010 – CESPE) Acerca da prisão em flagrante e da prova, julgue os itens subsecutivos.

(1) São inadmissíveis no processo as provas derivadas de provas ilícitas, mesmo quando não evidenciado o nexo de causalidade entre umas e outras.

(2) A prisão em flagrante apenas pode ser decretada — como garantia da ordem pública, da ordem econômica, por conveniência da instrução criminal, ou para assegurar a aplicação da lei penal — quando houver prova da existência do crime e identificação do seu autor.

(3) Não se admite a prisão em flagrante quando o acusado se apresenta espontaneamente à autoridade policial.

1: incorreta, pois segundo o art. 157, § 1º, do CPP, não evidenciado o nexo de causalidade entre umas e outras, ou quando as derivadas puderem ser obtidas por uma fonte independente das primeiras admite-se a prova; **2:** incorreta, A assertiva traz os fundamentos e pressupostos da prisão preventiva, art. 312, CPP e não da prisão em flagrante delito, art.302, CPP; **3:** incorreta, se levarmos em conta que o antigo teor do art. 317 do CPP foi suprimido pela Lei 12.403/2011. Entendemos que mesmo tendo sido suprimido, a apresentação espontânea impede a lavratura do auto de prisão em flagrante caso ainda não tenha havido conhecimento do crime pela polícia.

Gabarito 1E, 2E, 3E/C

(Sargento da Polícia Militar/ES – 2011 – IDECAN) Sobre o tema Busca e Apreensão, marque **V** para as afirmativas verdadeiras e **F** para as falsas:

( ) Não será permitida a apreensão de documento em poder do defensor do acusado, salvo quando constituir elemento do corpo de delito.

( ) A busca pessoal dependerá de mandado, no caso de prisão ou quando houver fundada suspeita de que a pessoa esteja na posse de arma proibida ou de objetos ou papéis que constituam corpo de delito.

( ) A busca pessoal independerá de mandado quando a medida for determinada no curso de busca domiciliar.

A sequência está correta em:

(A) V, V, V

(B) F, F, F

(C) V, F, V

(D) F, V, V

(E) V, V, F

A: correta (art. 243, § 2º do CPP); **B:** incorreta, pois em se tratando de busca pessoal, não há necessidade de mandado judicial para sua execução, devendo haver fundadas suspeitas de acordo com o art. 240, §, 2º do CPP; **C:** correta, tendo em vista o disposto no art. 244 do CPP.

Gabarito "C"

(Sargento da Polícia Militar/ES – 2011 – IDECAN) Havendo prova da existência do crime e indício suficiente de autoria, para garantia da ordem pública, o juiz poderá:

(A) Decretar a prisão preventiva.

(B) Determinar a prisão em flagrante.

(C) Liberar o acusado.

(D) Determinar a prisão temporária.

(E) Decretar a prisão administrativa.

A: correta, desde que atendidos também os fundamentos e requisitos objetivos elencado nos arts. 312 e 313 do CPP; **B:** incorreta, pois para a prisão em flagrante não há necessidade de autorização judicial para o seu cumprimento (art. 301 do CPP); **C:** incorreta, pois a liberação do acusado é incompatível com a assertiva; **D:** incorreta, tendo em vista que para a decretação da prisão temporária o juiz deve levar em consideração outros pressupostos previstos nos art.1º da Lei 7.960/1989; **E:** incorreta, pois com o advento da Lei 12.403/2011, foram revogados os dispositivos que eram previstos para a decretação da prisão administrativa pelo juiz. Importante salientar que desde a CF de 1988, não podia mais a autoridade administrativa decretar a prisão administrativa.

Gabarito "A"

(Sargento da Polícia Militar/ES – 2011 – IDECAN) *"_____________ poderá(ão) e _________________ deverão prender quem quer que se encontre em flagrante delito."* Assinale a alternativa que completa correta e sequencialmente a afirmativa anterior:

(A) Qualquer do povo / as autoridades policiais e seus agentes
(B) As autoridades policiais / seus agentes
(C) Os Policiais Militares / os Policiais Civis
(D) Os Policiais Federais / os Policiais Civis e Militares
(E) Os Magistrados / os Policiais Civis e Militares

A: correta, tendo em vista dispositivo expresso no art. 301 do CPP; **B:** incorreta, pois tanto as autoridades policiais (Delegados de Polícia) quanto seus agentes deverão prender quem quer que se encontre em flagrante delito; **C:** incorreta, tendo em vista que tanto os policiais militares como nos civis deverão prender quem quer que se encontre em flagrante delito; **D:** incorreta, pois todos os policiais deverão realizar a prisão em flagrante delito; **E:** incorreta, pois não é exigido aos magistrados o dever de prender em flagrante delito, podendo fazê-la se quiserem, pois se trata de um exercício regular de um direito.

Gabarito "A"

(Sargento da Polícia Militar/ES – 2011 – IDECAN) Havendo prisão em flagrante, será entregue ao preso nota de culpa, assinada pela autoridade, com o motivo da prisão, o nome do condutor e das testemunhas, no prazo de:

(A) 24 horas.
(B) 48 horas.
(C) 5 dias.
(D) 10 dias.
(E) 15 dias.

A: correta (art. 306,§, 2º do CPP); **B:** incorreta (art. 306, § 2º do CPP); **C:** incorreta (art. 306, §2º do CPP); **D:** incorreta (art. 306, § 2º do CPP); **E:** (art. 306, §, 2º do CPP).

Gabarito "A"

(Sargento da Polícia Militar/ES – 2011 – IDECAN) Sobre o tema Prisão em Flagrante, analise:

I. Nas infrações permanentes, entende-se o agente em flagrante delito enquanto não cessar a permanência.
II. Apresentado o preso à autoridade competente, ouvirá esta o condutor e colherá, desde logo, sua assinatura, entregando a este, cópia do termo e recibo de entrega do preso. Em seguida, procederá à oitiva das testemunhas que o acompanharem e ao interrogatório do acusado sobre a imputação que lhe é feita, colhendo, após cada oitiva suas respectivas assinaturas, lavrando, a autoridade, afinal, o auto.
III. Dentro de 48 horas depois da prisão, será encaminhado ao juiz competente o auto de prisão em flagrante acompanhado de todas as oitivas colhidas e, caso o autuado não informe o nome de seu advogado, cópia integral para a Defensoria Pública.

Está(ão) correta(s) apenas a(s) afirmativa(s):

(A) I
(B) II
(C) I, III
(D) I, II
(E) II, III

I: correta, pois é o que consta no art. 303 do CPP; **II**: correta, tendo em vista a literalidade do art. 304 do CPP; **III**: incorreta, pois a lei processual penal aduz que o prazo de encaminhamento do auto ao juiz e a Defensoria Pública, caso o autuado não informe o nome de seu advogado será de até 24h (art. 306, § 1º do CPP).

Gabarito "D"

(Sargento da Polícia Militar/ES – 2011 – IDECAN) Em qualquer fase do inquérito policial ou da instrução criminal, caberá a prisão preventiva decretada pelo juiz:

(A) De ofício, a requerimento do Ministério Público, ou do querelante, ou mediante representação da autoridade policial.
(B) Mediante requerimento da vítima.
(C) Mediante representação de advogado da vítima.
(D) Desde que requerida pelo Ministério Público.
(E) Desde que requerida pela autoridade policial.

A: incorreta, pois com a reforma introduzida pela Lei 12.403/2011, o juiz não pode mais decretar a preventiva de ofício no inquérito policial, somente no curso da ação penal (art. 311 do CPP); **B:** incorreta, pois a vítima não está no rol dos legitimados a requerer a prisão preventiva, mas sim o querelante, que tecnicamente é o ofendido da ação penal privada; **C:** incorreta, pois o advogado da vítima não está elencado no art. 311 do CPP; **D:** correta, pois cabe ao MP requerer a prisão preventiva tanto no inquérito como na ação penal; **E:** incorreta, pois o delegado de polícia não requer e sim representa.

Gabarito "D"

(Cadete da Polícia Militar/GO – 2010 – FUNCAB) Sobre a disciplina da prisão e da liberdade provisória, prevista no Código de Processo Penal, é correto afirmar que:

(A) a apresentação espontânea do acusado sempre impede a decretação da prisão preventiva.
(B) a autoridade policial somente poderá conceder fiança nos casos de infração punida com reclusão ou prisão simples.
(C) em qualquer fase do inquérito policial caberá a prisão em flagrante, decretada pela autoridade policial.
(D) é vedada a concessão de fiança em caso de prisão militar.
(E) é admitida a decretação de prisão preventiva nos crimes culposos, punidos com pena de multa.

A: incorreta, pois a apresentação espontânea do acusado não impede a decretação da prisão preventiva, desde que presentes os pressupostos, fundamentos e requisitos objetivos que justifiquem a medida (arts. 311 a 313 do CPP); **B:** incorreta, tendo em vista que com nova Lei 12.403/2011, a autoridade policial poderá conceder a fiança em qualquer crime em que a pena máxima não supere 4 anos, pouco importando se o crime é de detenção ou reclusão (art. 322 do CPP); **C:** incorreta, tendo em vista que a prisão em flagrante deverá ser realizada todas as vezes em que as autoridades policias e seus agentes se depararem com algum crime (arts. 301 e 302 do CPP); **D:** correta (art. 324, II do CPP); **E:** incorreta, pois não hipótese para decretação de prisão preventiva em crime culposo, punido com pena de multa.

Gabarito "D"

(Cadete da Polícia Militar/GO – 2013 – UEG) A prisão preventiva poderá

(A) ser decretada para garantia da ordem pública ou da ordem econômica, quando houver prova da existência do crime e indício suficiente de autoria.
(B) ser decretada pelo Ministério Público, ou pela autoridade policial durante o inquérito devendo sempre ser ratificada pelo juiz.
(C) ser decretada somente durante o inquérito policial.
(D) ter prazo de 30 dias, prorrogável por mais 30, em caso de crimes graves.

A: correta, porém é importante frisar que com o advento da Lei 12.403/2011, outros fundamentos e requisitos também foram introduzidos (arts. 312 e 313 do CPP); **B:** incorreta, pois somente compete ao juiz o decreto de prisão preventiva, pois se trata de cláusula de reserva de jurisdição (art. 311 do CPP); **C:** incorreta, pois a preventiva poderá ser decretada tanto no inquérito como na ação penal (art. 311 do CPP); **D:** incorreta, pois em regra a prisão preventiva não tem um prazo específico definido em lei. A doutrina vinha sustentando que o prazo não poderia ser superior ao da instrução processual penal de 81 dias. Os Tribunais Superiores não estão aplicando este entendimento (Exs: HC 116395/PE e HC 116815/SP).
Gabarito "A"

(Soldado da Polícia Militar/GO – 2010 – FUNCAB) São espécies de prisão provisória a prisão em flagrante e a prisão preventiva. Sobre o tema, é correto afirmar que:

(A) não se considera em flagrante delito quem é encontrado, logo depois do crime, com instrumentos, armas e objetos ou papéis que façam presumir ser ele o autor da infração.
(B) nas infrações permanentes, entende-se o agente em flagrante delito enquanto não cessar a permanência.
(C) é admitida a prisão preventiva nos crimes culposos punidos com reclusão.
(D) a decisão que decretar a prisão preventiva não precisa de fundamentação.
(E) uma vez decretada a prisão preventiva, esta não mais poderá ser revogada, somente podendo cessar com a prolação da sentença.

A: incorreta, pois é o típico caso de flagrante presumido previsto no art. 302, IV do CPP; **B:** correta, tendo em vista o art. 303 do CPP (ex: de extorsão mediante sequestro); **C:** incorreta, pois a prisão preventiva autônoma não é permitida por força do art. 313 do CPP, lido a contrario sensu; **D:** incorreta, pois toda decisão judicial que decretar a prisão preventiva deverá ser fundamentada (art. 315 do CPP); **E:** incorreta, pois a prisão preventiva poderá ser revogada se os motivos deixarem de subsistir (art. 316 do CPP).
Gabarito "B"

(Soldado da Polícia Militar/GO – 2013 – UEG) A prisão preventiva poderá

(A) ser decretada para garantia da ordem pública ou da ordem econômica, quando houver prova da existência do crime e indício suficiente de autoria.
(B) ser decretada pelo Ministério Público, ou pela autoridade policial durante o inquérito devendo sempre ser ratificada pelo juiz.
(C) ser decretada somente durante o inquérito policial.
(D) ter prazo de 30 dias, prorrogável por mais 30, em caso de crimes graves.

A: correta, porém, outros requisitos objetivos devem estar presentes também conforme disposto no art. 313 do CPP: **B:** incorreta, pois compete ao juiz e não ao MP ou delegado a decretação de prisão provisória, tendo me vista que se trata de cláusula de reserva de jurisdição; **C:** incorreta, pois poderá ser tanto no inquérito como no curso da ação penal conforme o art. 311 do CPP; **D:** incorreta, pois em regra a prisão preventiva não tem um prazo específico definido em lei. A doutrina vinha sustentando que o prazo não poderia ser superior ao da instrução processual penal de 81 dias. Os Tribunais Superiores não estão aplicando este entendimento (Exs: HC 116395/PE e HC 116815/SP).
Gabarito "A"

(Bombeiro Militar/PB – 2011 – FURNE) Acerca da prisão cautelar, assinale a alternativa **INCORRETA**:

(A) Configura situação de flagrante preparado, e portanto nulificando a prisão, o contexto em que a Polícia, tendo conhecimento prévio do fato delituoso, vem a surpreender, em sua prática, o agente que, espontaneamente, iniciara o processo de execução do "iter criminis".
(B) O relaxamento de prisão preventiva, por excesso de prazo, não impede sua decretação por outros fundamentos explicitados na sentença.
(C) A mera sujeição de alguém a simples investigações policiais ou a persecuções criminais ainda em curso não basta, por si só, para justificar a decretação de prisão cautelar
(D) A gravidade em abstrato do crime e a alegação de que o paciente reside em domicílio diverso do distrito da culpa não se revestem, por si sós, de idoneidade jurídica para justificar a sua prisão provisória.
(E) O simples fato de o acusado não possuir residência fixa nem ocupação lícita não é motivo legal para a decretação da custódia cautelar.

A: incorreta, devendo ser assinalada. No caso apresentado, não houve preparação nenhuma por parte da polícia, razão pela qual se trata de flagrante esperado e não provocado. No caso de flagrante provocado aplica-se a Súmula 145 do STF; **B:** correta, pois havendo relaxamento da prisão preventiva em razão da ilegalidade da decretação, nada impede nova decretação se estiverem presentes os pressupostos, fundamentos e requisitos objetivos dos arts. 311 a 313 do CPP; **C:** correta, pois nenhuma prisão cautelar poderá ser decretada sem que haja necessidade; **D:** correta, tendo em vista entendimento pacífico dos tribunais superiores, que entendem que o decreto de prisão provisória deverá demonstrar a necessidade do encarceramento, independentemente da gravidade do delito ou residência fora do domicílio da culpa; **E:** correta, tendo em vista entendimento dos tribunais superiores, que só admitem o decreto de prisão cautelar se estiver demonstrada a necessidade do caso concreto.
Gabarito "A"

(Bombeiro Militar/PB – 2011 – FURNE) Assinale a alternativa correta:

(A) A autoridade ou seus agentes poderão penetrar no território de jurisdição alheia, ainda que de outro Estado, quando, para o fim de apreensão, forem no seguimento de pessoa ou coisa, devendo apresentar-se à competente autoridade local sempre antes da diligência.
(B) A busca pessoal independerá de mandado, no caso de prisão ou quando houver fundada suspeita de que a pessoa esteja na posse de arma proibida ou de objetos ou papéis que constituam corpo de delito.

(C) A falta de testemunhas da infração não impedirá o auto de prisão em flagrante; mas, nesse caso, com o condutor, deverão assiná-lo pelo menos três pessoas que hajam testemunhado a apresentação do preso à autoridade.

(D) Apenas caberá a prisão preventiva decretada pelo juiz no curso da ação penal.

(E) A apresentação espontânea do acusado à autoridade impedirá a decretação da prisão preventiva, mas não impedirá a prisão decorrente de sentença condenatória.

A: incorreta, pois a apresentação à autoridade local competente poderá ocorrer antes ou depois da diligência conforme a urgência (art. 250 do CPP); **B:** correta, já que em se tratando de busca pessoal, não haverá a necessidade de mandado judicial conforme disposto no art. 244 do CPP; **C:** incorreta, tendo em vista que a lei processual penal em seu art. 304, § 2º do CPP, estabelece o número de 2 testemunhas que tenham visto o conduzido ser apresentado a autoridade policial; **D:** incorreta, pois poderá ser decretada também no inquérito policial, desde que não seja de ofício pelo magistrado (art. 311 do CPP); **E:** incorreta, pois muito embora tenha havido a revogação do art. 318 do CPP que não impedia a prisão preventiva em caso de apresentação espontânea, pode-se imaginar que com a supressão do artigo passou-se a proibi-la. Ocorre que mesmo tendo havido a eliminação do antigo texto, permanece válida a decretação da preventiva se estiverem presentes os pressupostos, fundamentos e requisitos da mesma de acordo com o arts. 311 e 312 do CPP.

Gabarito "B"

(Oficial da Polícia Militar/SC – 2010 – IESES) É certo afirmar:

I. O auto de flagrante deve estar escoimado de irregularidades e defeitos substanciais, sob pena de ser nulo e írrito, motivando em consequência, o relaxamento da prisão, embora possa valer como peça informativa da investigação.

II. Em casos especiais o ordenamento jurídico brasileiro admite como lícito o flagrante preparado.

III. Hodiernamente se entende a prisão preventiva como uma antecipação da prisão pena, concedida através de uma "antecipação dos efeitos da tutela".

IV. A prisão temporária somente poderá ser decretada pelo juiz, mediante representação da autoridade policial ou a requerimento do Ministério Público.

Analisando as proposições, pode-se afirmar:

(A) Somente as proposições II e III estão corretas.

(B) Somente as proposições II e IV estão corretas.

(C) Somente as proposições I e IV estão corretas.

(D) Somente as proposições I e III estão corretas.

I: correta, tendo em vista que estando o auto de flagrante irregular, pode o mesmo ensejar o relaxamento da prisão, valendo como peça informativa. Importante salientar que não é apropriado falar em nulidade do auto de prisão e sim em irregularidade; **II:** incorreta, pois não há crime em caso de flagrante preparado em razão da Súmula 145 do STF; **III:** incorreta, pois a prisão preventiva como medida excepcional não é antecipação de pena e sim uma medida cautelar submetida aos pressupostos, fundamentos e requisitos dos arts. 311 a 313 do CPP; **IV:** correta, tendo em vista o art. 2º da Lei 7.960/1989.

Gabarito "C"

5. SUJEITOS PROCESSUAIS, CITAÇÃO, INTIMAÇÃO E PRAZOS

(Oficial da Polícia Militar/SC – 2010 – IESES) É certo afirmar:

I. Verificando que o réu se oculta para não ser citado, o oficial de justiça certificará a ocorrência e procederá à citação com hora certa, na forma estabelecida pelo Código de Processo Civil.

II. O militar é intimado dos atos processuais via mandado por intermédio de seu chefe.

III. O processo penal brasileiro admite a carta precatória itinerante.

IV. O inquérito policial é a única forma de "inquérito" admitido no ordenamento jurídico brasileiro competente para investigar delitos penais.

Analisando as proposições, pode-se afirmar:

(A) Somente as proposições I e III estão corretas.

(B) Somente as proposições I e IV estão corretas.

(C) Somente as proposições II e IV estão corretas.

(D) Somente as proposições II e III estão corretas.

I: correta, pois o art. 362 do CPP admite a citação por hora em caso de ocultação do réu; **II:** incorreta, tendo em vista que o militar é citado por intermédio do chefe do respectivo serviço conforme art. 358 do CPP; **III:** correta, tendo em vista previsão contida no parágrafo 1ºdo art. 355 do CPP; **IV:** incorreta, pois no ordenamento jurídico, há previsão do termo circunstanciado para apurar crimes de pequeno potencial ofensivo (art. 69 da Lei 9.099/1995), inquérito policial militar para apurar os crimes militares e outros.

Gabarito "A"

6. PROCESSOS E PROCEDIMENTOS; SENTENÇA, PRECLUSÃO E COISA JULGADA

(Oficial da Polícia Militar/SC – 2010 – IESES) É certo afirmar:

I. A sentença considerar-se-á "publicada" somente quando for disponibilizada através do Diário da Justiça, seja eletrônico ou não.

II. Nos crimes de ação pública, o juiz poderá proferir sentença condenatória, ainda que o Ministério Público tenha opinado pela absolvição, bem como reconhecer agravantes, embora nenhuma tenha sido alegada.

III. O rito penal será comum ou especial, sendo o do Tribunal do Júri um exemplo de comum ordinário.

IV. Nos procedimentos ordinário e sumário, oferecida a denúncia ou queixa, o juiz, se não a rejeitar liminarmente, recebê-la-á e ordenará a citação do acusado para responder à acusação, por escrito através de defesa preliminar, no prazo de 10 (dez) dias.

Analisando as proposições, pode-se afirmar:

(A) Somente as proposições II e IV estão corretas.

(B) Somente as proposições II e III estão corretas.

(C) Somente as proposições I e IV estão corretas.

(D) Somente as proposições I e III estão corretas.

I: incorreta, tendo em vista que mesmo tendo havido publicação no Diário da Justiça, considera-se publicada a sentença em mãos do escrivão conforme art. art. 389 do CPP; **II**: correta, pois o art. 385 do CPP possibilita que o juiz condene ou reconheça agravantes, embora nenhuma tenha sido alegada; **III**: incorreta, pois o rito do tribunal do júri é especial é não comum; **IV**: correta, tendo em vista o contido no art. 396 do CPP.

Gabarito "A"

7. PROCESSO DOS CRIMES DA COMPETÊNCIA DO JÚRI

(Cadete da Polícia Militar/GO – 2010 – FUNCAB) Acerca dos processos em espécie, assinale a alternativa correta.

(A) Em sua defesa prévia, o acusado somente poderá arrolar testemunhas e requerer diligências.
(B) A soberania dos veredictos e a plenitude de defesa são garantias asseguradas pela Constituição nos julgamentos submetidos ao Tribunal do Júri.
(C) Somente nos procedimentos do Tribunal do Júri é permitida a absolvição sumária.
(D) A sentença de pronúncia faz coisa julgada material, pois analisa o mérito das ações submetidas a julgamento pelo Tribunal do Júri.
(E) No procedimento comum, o juiz que presidir a instrução deverá ser distinto daquele que proferirá a sentença.

A: incorreta, pois na resposta á acusação, chamada anteriormente por defesa prévia, o acusado poderá arguir preliminares e alegar tudo o que interesse á sua defesa, oferecer documentos e justificações, especificar as provas pretendidas e arrolar testemunhas (art. 396-A do CPP); **B:** correta, pois são garantias asseguradas pela CF (art. XXXVIII); **C:** incorreta, pois a absolvição sumária também é possível nos demais procedimentos (art. 397 do CPP); **D:** incorreta, pois a decisão de pronúncia, em regra, só faz coisa julgada formal, tendo em vista que o conteúdo da acusação não poderá mais ser modificado após a preclusão das vias impugnativas; **E:** incorreta, tendo em vista que no processo penal também é dotado o Princípio da Identidade física do juiz. O juiz que presidir a instrução deverá proferia a sentença (art. 399, § 2º do CPP).

Gabarito "B"

(Oficial da Polícia Militar/SC – 2010 – IESES) É certo afirmar:

I. Se o interesse da ordem pública o reclamar, ou houver dúvida sobre a imparcialidade do Júri ou a segurança pessoal do acusado, o Tribunal a requerimento do Ministério Público, do assistente, do querelante, ou do acusado, ou mediante representação do juiz competente, poderá determinar o desaforamento do julgamento para outra comarca da região, onde não existam aqueles motivos, preferencialmente as mais próximas.
II. Contra a sentença de impronúncia ou de absolvição sumária caberá recurso em sentido estrito.
III. No sistema processual penal vigente, quando da pronúncia poderá o juiz dar ao fato definição jurídica diversa da constante da acusação, embora o acusado fique sujeito a pena mais grave, realizando assim a *emendatio libelli*.
IV. Quando o juiz se convencer, em discordância com a acusação de crime diverso daquele narrado na peça acusatória, deverá absolver sumariamente o réu, visto ser incompetente para o julgamento.

Analisando as proposições, pode-se afirmar:

(A) Somente as proposições II e III estão corretas.
(B) Somente as proposições I e IV estão corretas.
(C) Somente as proposições I e III estão corretas.
(D) Somente as proposições II e IV estão corretas.

I: correta, tendo em vista literalidade do art. 427 do CPP; **II**: incorreta, tendo em vista o art. 416 do CPP, que prevê o recurso de apelação e não em sentido estrito; **III**: correta, tendo em vista o art. 418 do CPP; **IV**: incorreta, pois neste caso deverá o juiz, caso entenda que não é competente para decidir, encaminhar os autos para outro que o seja (art. 419 do CPP).

Gabarito "C"

8. RECURSOS

(Cadete da Polícia Militar/GO – 2010 – FUNCAB) No que tange aos recursos, assinale a alternativa correta.

(A) Caberá recurso em sentido estrito da decisão de absolvição sumária.
(B) Da decisão que decretar extinta a punibilidade cabe recurso em sentido estrito.
(C) O recurso interposto contra sentença absolutória impede que o réu seja posto imediatamente em liberdade.
(D) Cabe apelação da decisão que não receber denúncia ou queixa.
(E) É expressamente vedada, pelo Código de Processo Penal, a oposição de embargos de declaração.

A: incorreta, o recurso cabível é apelação (art. 593, I do CPP); **B:** correta, tendo em vista o art. 581, VIII do CPP; **C:** incorreta, tendo em vista que o recurso não impede que o réu seja posto imediatamente em liberdade conforme disposição expressa do art. 596 do CPP; **D:** incorreta, pois o recurso cabível é o recurso em sentido estrito (art. 581, I do CPP); **E:** incorreta, pois o CPP não veda a interposição de embargos de declaração conforme art. 620 do CPP.

Gabarito "B"

(Oficial da Polícia Militar/SC – 2010 – IESES) É certo afirmar:

I. Considera-se a nulidade absoluta uma mácula tão grande para o processo que é equiparada a um ato inexistente.
II. O processo dos crimes de responsabilidade dos funcionários públicos terá forma sumária, iniciando-se por portaria da autoridade policial ou do juiz que ordenará a citação do réu para se ver processar até julgamento final, e designará dia e hora para a inquirição das testemunhas, cujo número não excederá de três.
III. No ordenamento jurídico vigente, todos os recursos serão voluntários, isto é, dependem da iniciativa da parte.
IV. Tratando-se de apelação criminal prevista no Código de Processo Penal, detém o réu a faculdade de optar em apresentar as suas razões ou no primeiro grau ou no segundo grau de jurisdição.

Analisando as proposições, pode-se afirmar:

(A) Somente as proposições II e III estão corretas.
(B) Somente as proposições I e IV estão corretas.

(C) Somente as proposições II e IV estão corretas.
(D) Somente as proposições I e III estão corretas.

I: correta, pois na nulidade absoluta o prejuízo é presumido sendo o ato inválido; **II**: incorreta, tendo em vista nenhum processo será iniciado por portaria da autoridade policial ou do juiz, pois o titular da ação penal pública é o ministério público; **III**: incorreta, tendo em vista que nas decisões concessivas de HC`s, de reabilitação (art. 746 e art. 574, I do CPP), do arquivamento de inquérito e absolvição nos crimes contra a economia popular e saúde pública (art. 7º da Lei 1.521/1951) haverá o recurso de ofício pelo juiz; **IV**: correta, tendo em vista o art. 600, § 4º do CPP.

Gabarito "B"

9. LEGISLAÇÃO EXTRAVAGANTE E TEMAS COMBINADOS

(Oficial Policial Militar de Administração/DF – 2010 – CESPE) Quanto ao direito processual penal, julgue os itens de 86 a 100.

(1) Se, instaurado IP, for constatado, após a colheita dos elementos informativos preliminares, que o autor do fato praticou a conduta em legítima defesa, poderá o delegado de polícia ordenar o arquivamento da referida peça investigatória.

(2) *Notitia criminis* e queixa crime são sinônimos e possuem a mesma finalidade de comunicar a prática de crime e de solicitar a apuração dos fatos com a responsabilização do agente, sendo ambas dirigidas à autoridade policial.

(3) No exercício do controle externo da atividade policial, pode o MP, além de fiscalizar o atendimento das normas que regem a atuação da polícia, requerer a instauração de IP e requisitar diligências. A participação de membro do MP na fase investigatória criminal não acarreta seu impedimento ou suspeição para o oferecimento da denúncia.

(4) O regular arquivamento de IP que investigava crime de ação penal pública incondicionada, por decisão do juízo da vara criminal e a pedido do MP, com fundamento na ausência de elementos suficientes à propositura de ação penal contra o investigado, autoriza o ofendido ou seu representante legal a oferecer ação penal privada subsidiária da pública, já que o fato delituoso não pode ficar impune.

(5) A ação penal é o instrumento utilizado para provocar a jurisdição a conhecer o fato delituoso e aplicar a sanção penal ao caso concreto. Em determinadas situações, a lei condiciona o exercício da ação penal à representação da vítima.

(6) Para atender ao princípio da obrigatoriedade da ação penal pública, a lei processual penal veda ao MP a possibilidade de desistir da ação penal e, do mesmo modo, do recurso criminal ofertado.

(7) O foro por prerrogativa de função assegura a determinados agentes públicos e aos detentores de mandatos eletivos o direito de serem julgados por tribunais específicos. No caso de um prefeito municipal e dois deputados federais, em concurso de agentes, praticarem crimes contra a administração pública, o juízo competente será o Superior Tribunal de Justiça.

(8) A regra geral estabelecida no ordenamento jurídico brasileiro, no que diz respeito a provas, é a inadmissibilidade das provas ilícitas no processo penal, assim entendidas as obtidas com violação das normas constitucionais ou legais. As provas ilícitas devem, portanto, ser desentranhadas dos autos do processo.

(9) No sistema processual penal brasileiro, a liberdade provisória somente pode ser concedida mediante fiança e assinatura de termo de comparecimento a todos os atos do processo ou investigação policial, sob pena de revogação da medida liberatória.

(10) A lei processual penal considera em flagrante delito aquele que é perseguido pela autoridade, pelo ofendido ou por qualquer pessoa, logo após cometer infração penal, e ainda quem é encontrado com instrumentos, armas e objetos ou papéis que façam presumir ser ele autor da infração. Nessas situações, a autoridade policial tem o dever legal de prender o agente do fato delituoso.

(11) A prisão preventiva pode ser decretada em qualquer fase da persecução penal. A apresentação espontânea do acusado à autoridade policial não impede a sua decretação, nos casos em que a lei a autoriza.

(12) A finalidade da prisão temporária é assegurar a execução de diligências investigatórias no curso do IP. Entre os requisitos dessa modalidade de custódia cautelar, incluem-se a ausência de residência fixa do investigado e a recusa em fornecer elementos que levem à sua identificação pessoal.

(13) O rito para julgamento dos crimes de responsabilidade dos funcionários públicos é o ordinário, que prevê a citação do funcionário para apresentação da resposta escrita no prazo de dez dias. Nessa resposta, podem ser arguidas preliminares, e o funcionário pode alegar tudo o que interessa à sua defesa, assim como pode oferecer documentos e justificações e especificar as provas pretendidas. Após a resposta, o juiz pode absolver sumariamente o acusado, se presentes as hipóteses legais.

(14) No procedimento dos crimes funcionais, a citação do funcionário público, ordenada pelo juiz após o recebimento da denúncia, deve ser realizada por mandado e efetivada por intermédio do chefe imediato do respectivo serviço.

(15) A citação é ato de comunicação processual por meio do qual se dá ciência ao réu da ação ajuizada, para que ele venha integrar a relação jurídica processual e nesta produza a sua defesa. Se verificar que o réu se oculta para não ser citado, o oficial de justiça deverá certificar a ocorrência e proceder à citação com hora certa, nos termos da legislação processual civil.

1: incorreta, pois somente o juiz, a pedido do Ministério Público poderá arquivar o inquérito policial (art. 17 do CPP); **2:** incorreta, pois *notitia criminis* e queixa-crime não são sinônimos, tendo em vista que a primeira é a comunicação pela vítima de uma infração penal à autoridade policial (art. 5º, § 3º do CPP), ao Ministério Público (art. 27 do CPP), ou até mesmo ao juiz. Enquanto que a queixa-crime é a petição inicial da ação penal privada e é dirigida a justiça pelo ofendido ou seu representante legal: **3:** correta, tendo em vista o disposto no art. 5º, II, 13, II e 16 do CPP; **4:** incorreta, pois a ação penal privada subsidiária da pública só é permitida em caso de inércia do MP (art. 29 do CPP); **5:** correta, pois a regra geral é que os crimes são de ação pública incondicionada. Porém, nos crimes de ação penal pública condicionada, a lei penal exige que a vítima ou seu representante legal manifestem a vontade por meio de representação (art. 24, 2ª parte); **6:** correta, já que havendo denúncia oferecida ou mesmo recurso interposto, o MP não poderá desistir de ambos em razão do Princípio da Obrigatoriedade (arts. 42 e 572 do CPP); **7:** incorreta, pois o foro competente no presente caso é o STF, tendo em vista que o foro de maior graduação (Deputados Federais – art. 53,§ 1º, CF) em se tratando de concurso de agentes vincula em regra o Prefeito que seria julgado pelo TJ caso houvesse cometido o delito sozinho (art. 29, X, CF); **8:** correta, tendo em vista que a CF em seu art. 5º, LVI, não admite a utilização das chamadas provas ilícitas, devendo ser retiradas do processo (art. 157 do CPP Além da prova ilícita em si, há também a que decorre da chamada prova ilícita por derivação, existente no processo penal brasileiro, inspirada no direito americano que criou a teoria *fruits of the poisonous tree* (frutos da árvore envenenada). Esta doutrina consiste na inadmissão de prova, ainda que produzida licitamente, mas que decorra de uma prova considerada ilícita. É importante deixar claro que a vedação se aplica somente a acusação, podendo tais provas ser utilizadas pela defesa para provar a inocência do réu em caso de estado de necessidade; **9:** incorreta, tendo em vista que o Título IX " Da prisão, das Medidas Cautelares e da Liberdade Provisória", no Capítulo VI do CPP, possibilita que a liberdade provisória ocorra com ou sem fiança. Importante salientar que somente o juiz poderá conceder a liberdade provisória sem a fiança (art. 350 do CPP); **10:** correta, pois o art. 302, I a IV do CPP, elenca as espécies de flagrantes. No presente caso, trata-se dos flagrantes impróprio (inciso III) e presumido (inciso IV). As hipóteses previstas no CPP são de obediência obrigatória pela autoridade policial e seus agentes por força do art. 301; **11:** correta, pois muito embora tenha havido a revogação do art. 318 do CPP que não impedia a prisão preventiva em caso de apresentação espontânea, pode-se imaginar que com a supressão do artigo passou-se a proibi-la. Ocorre que mesmo tendo havido a eliminação do antigo texto, permanece válida a decretação da preventiva se estiverem presentes os pressupostos, fundamentos e requisitos da mesma de acordo com o arts. 311 e 312 do CPP; **12:** correta, tendo em vista que a Lei 7.960/1998, autoriza a decretação desta espécie de prisão quando for imprescindível para as investigações do inquérito policial, ausência de residência fixa do indiciado ou falta de elementos necessários ao esclarecimento de sua identidade consoante o art. 1º, I e II da referida lei. Importante salientar que o melhor entendimento é de que os incisos I ou II devem ser conjugados com os crimes previstos no inciso III; **13:** incorreta, pois a doutrina entende que o rito é de natureza especial, tendo o funcionário público, após ser notificado, que oferecer resposta no prazo de 15 dias em se tratando de crimes afiançáveis (art. 514 do CPP); **14:** incorreta, segundo a lei, o dia designado para funcionário público comparecer em juízo, como acusado, será notificado assim a ele como ao chefe de sua repartição (art. 359 do CPP); **15:** correta, é o que descreve o art. 362 do CPP.

Gabarito 1E, 2E, 3C, 4E, 5C, 6C, 7E, 8C, 9E, 10C, 11C, 12C, 13E, 14E, 15C

(Sargento da Polícia Militar/ES – 2011 – IDECAN) Marque a alternativa que indica uma pessoa que NÃO tem direito a ser recolhida a prisão especial:

(A) Os ministros de Estado.
(B) Os governadores de território.
(C) Os diplomados em cursos técnicos.
(D) Os cidadãos inscritos no "Livro de Mérito".
(E) Os ministros de confissão religiosa.

A: incorreta (art. 295, I, do CPP). Os Ministros de Estado possuem a garantia da prisão especial até a condenação definitiva; **B:** incorreta, tendo em vista que os Governadores de Territórios estão elencados no rol das autoridades que possuem a prerrogativa (art. 295, II, do CPP); **C:** correta, pois os diplomados por qualquer das faculdades superiores da República possuem a prerrogativa legal (art. 295, VII, do CPP); **D:** incorreta, tendo em vista o disposto no art. 295, IV, do CPP; **E:** incorreta, tendo em vista que os Ministros de confissão Religiosa fazem jus a prisão especial (art. 295, VIII).

Gabarito "C"

(Sargento da Polícia Militar/ES – 2011 – IDECAN) Sobre o tema Prisão Especial, analise:

I. Não havendo estabelecimento específico para o preso especial, este será recolhido em cela distinta do mesmo estabelecimento.
II. A cela especial poderá consistir em alojamento coletivo, atendidos os requisitos de salubridade do ambiente, pela concorrência dos fatores de aeração, insolação e condicionamento térmico adequados à existência humana.
III. O preso especial não será transportado juntamente com o preso comum.

Está(ão) correta(s) apenas a(s) afirmativa(s):

(A) I
(B) II
(C) III
(D) I, II, III
(E) I, III

I: correta (art. 295, § 2º do CPP); **II:** correta (art. 295, § 3º do CPP); **III:** correta (art. 295, § 3º do CPP).

Gabarito "D"

(Sargento da Polícia Militar/ES – 2011 – IDECAN) A competência do Juizado Especial Criminal (Lei nº. 9.099, de 26 de setembro de 1995) será determinada pelo lugar:

(A) Do domicílio da vítima.
(B) Em que foi encontrado o cadáver da vítima.
(C) Em que foi praticada a infração penal.
(D) Em que foi praticada a ação, ou no local onde ocorreu a consumação do crime.
(E) Em que o juiz primeiro tomar conhecimento do fato.

A: incorreta, tendo em vista que o domicílio da vítima não firma competência em matéria processual penal; **B:** incorreta, pois o cadáver da vítima, ainda que possa sugerir que o crime ali tenha sido praticado, não possui o condão de firmar competência; **C:** correta, pois no JEC vigora a teoria da atividade (local do crime – art. 63 da Lei 9.099/1995) conforme já decidiu o STF, diferentemente dos crimes que não são de competência dos Juizados Especiais Criminais (crimes com pena superior a 2 anos), que por adoção da Teoria da ubiquidade ou mista, considera tanto o local da ação como o da consumação; **D:** incorreta, pois as infrações penais que não são de menor potencial ofensivo adotam como já dito a teoria da ubiquidade ou mista (art. 6º do CP); **E:** incorreta, pois o juiz que primeiro tomar conhecimento do fato só será competente se o réu não tiver residência certa ou for ignorado o seu paradeiro conforme preceitua o art. 72,§ 2º do CPP.

Gabarito "C"

(Sargento da Polícia Militar/ES – 2011 – IDECAN) De acordo com a Lei dos Juizados Especiais Criminais (Lei nº. 9099, de 26 de setembro de 1995), além das hipóteses do Código Penal e da legislação especial, dependerá de representação a ação penal relativa aos crimes de:

(A) Lesões corporais graves e furto.
(B) Lesões corporais leves e culposas.
(C) Vias de fato e apropriação de coisa achada.
(D) Vias de fato e furto.
(E) Lesões corporais gravíssimas.

A: incorreta, pois lesão grave e furto independem de representação da vítima ou de seu representante legal, já que as ações penais são públicas incondicionadas; **B:** correta, pois as ações penais de lesão leve e culposa são públicas condicionadas a representação (art. 88 da Lei 9.099/1995); **C:** incorreta, pois tanto a contravenção de vias de fato como o delito de apropriação de coisa achada independem de representação tendo em vista que as ações penais são públicas incondicionadas; **D:** incorreta, pois a contravenção de vias de fato é de ação penal pública incondicionada, assim como o crime de furto; **E:** incorreta, pois o crime de lesão corporal gravíssima é de ação penal pública incondicionada.

Gabarito "B"

(Sargento da Polícia Militar/ES – 2011 – IDECAN) Sobre os Juizados Especiais Criminais (Lei nº. 9099/95 de 26 de setembro de 1995), analise:

I. Os atos processuais serão públicos e poderão realizar-se em horário noturno e em qualquer dia da semana, conforme dispuserem as normas de organização judiciária.
II. Na audiência preliminar, presente o representante do Ministério Público, o autor do fato e a vítima e, se possível, o responsável civil, acompanhados de seus advogados, o juiz esclarecerá sobre a possibilidade da composição civil dos danos e da aceitação da proposta de aplicação imediata de pena não privativa de liberdade.
III. A conciliação será conduzida por juiz ou por conciliador sob sua orientação.

Está(ão) correta(s) apenas a(s) afirmativa(s):

(A) I
(B) II
(C) I, III
(D) I, II
(E) I, II, III

I: correta, (art. 64 da Lei 9.099/1995; **II**: correta, (art. 72 da Lei 9.099/1995); **III**: correta (art. 73 da Lei 9.099/1995).

Gabarito "E"

(Cadete da Polícia Militar/GO – 2010 – FUNCAB) Sobre as regras que tratam dos Juizados Especiais Criminais, previstas na Lei n° 9.099/95, é correto afirmar que:

(A) a competência do Juizado será determinada pelo lugar do domicílio do acusado.
(B) é permitida a realização de citação por edital.
(C) é vedada a proposta de transação penal se ficar comprovado ter sido o agente beneficiado anteriormente pela mesma medida, no prazo de cinco anos.
(D) o não oferecimento da representação na audiência preliminar implica a decadência do respectivo direito.
(E) a apelação será interposta no prazo de 15 (quinze) dias, contados da ciência da sentença pelo Ministério Público, pelo réu e seu defensor.

A: incorreta, pois a competência do Juizado será determinada pelo local da infração (art. 63 da Lei 9.099/1995); **B:** incorreta, pois no Juizado Especial Criminal, a citação será pessoal conforme disposto no art. 66 da Lei 9.099/1995; **C:** correta, tendo em vista que a vedação está prevista no art. 76, § 2°, II da Lei 9.099/1995; **D:** incorreta, pois o art. 75, § único da lei, prevê que não há decadência caso não ocorra a representação na audiência preliminar; **E:** incorreta, pois o prazo correto é de 10 dias conforme o previsto no art. 82, §1°, da Lei 9.099/1995.

Gabarito "C"

(Soldado da Polícia Militar/GO – 2010 – FUNCAB) O instituto da prisão temporária é regulado pela Lei n° 7.960/1989. A seu respeito, assinale a alternativa que está de acordo com a referida legislação especial.

(A) O crime de quadrilha ou bando não admite a decretação de prisão temporária.
(B) A prisão temporária poderá ser decretada pela Autoridade Policial, se presentes os indícios da prática de infração penal.
(C) Nos crimes hediondos ou equiparados, diferentemente dos demais crimes, a prisão temporária terá a duração de quinze dias, sendo prorrogável por igual período.
(D) Os crimes contra o sistema financeiro admitem a decretação de prisão temporária, se presentes os seus requisitos.
(E) Em regra, a prisão temporária terá o prazo de dez dias, prorrogável por igual período.

A: incorreta, tendo em vista que o referido crime está elencado no art. 1°, L da Lei 7.960/1989; **B:** incorreta, pois a prisão temporária somente poderá ser decretada pelo juiz (art. 2° da Lei 7.960/1989); **C:** incorreta, tendo em vista que o prazo nestas hipóteses é de 30 dias prorrogáveis por igual período conforme art. 2°, § 4°da Lei 8.072/1990; **D:** correta, pois o crime está previsto no art. 1°, o da Lei 7.960/1989; **E:** incorreta, pois a regra é de que o prazo será de 5 dias prorrogáveis por igual período (art. 2° da Lei 7.960/1989.

Gabarito "D"

(Oficial da Polícia Militar/MG – 2011 – FUMARC) Sobre os inquéritos e ou processos na área penal, analise as afirmativas abaixo.

I. A prevenção é o sistema de indução de competência que determina a competência de um juiz ou delegado de polícia quando, na existência de duas ou mais autoridades, uma delas tomou conhecimento do fato em razão da natureza.
II. No caso de crimes de homicídio, o Código de Processo Penal determina que os cadáveres sejam identificados preliminarmente e fotografados posteriormente na posição original, assim como cada uma das lesões aparentes, ainda no local.
III. No curso de uma investigação, um homem pode realizar busca pessoal numa mulher, se comprovar a possibilidade de prejuízo à diligência.

Assinale a alternativa **correta** .

(A) As afirmativas I, II e III são corretas.
(B) As afirmativas I, II e III são incorretas.
(C) Apenas as afirmativas I e II estão incorretas.
(D) Apenas as afirmativas I e III estão incorretas.

I: incorreta, tendo em vista que delegado de polícia não possui competência e sim atribuição. A prevenção citada no presente caso induz a competência do juiz que primeiro tomou conhecimento do fato (art. 83 do CPP); **II**: incorreta, tendo em vista que não há no CPP tal obrigatoriedade; **III**: correta, tendo em vista disposição expressa do art. 249 do CPP. Deixando claro que a regra é da busca em mulher ser realizada por mulher, salvo prejuízo ou retardamento da diligência.

Gabarito "C"

(Oficial da Polícia Militar/MG – 2011 – FUMARC) A atividade de busca e apreensão e o flagrante são atividades eminentemente policiais. É **correto** dizer, nesse sentido que:

(A) Se o imóvel estiver vazio, o mandado de busca e apreensão pode ser executado, com o arrombamento da porta pela autoridade policial.
(B) A busca domiciliar apenas pode acontecer de dia, exceto no caso de flagrante delito
(C) A autoridade policial não poderá figurar como competente para lavrar o APFD quando se situar na condição de vítima.
(D) Apenas a autoridade policial pode realizar a busca e apreensão.

A: correta, pois o art. 245, § 4º do CPP, prevê que não havendo ninguém na residência, a autoridade policial ou seus agentes intimarão a assistir a diligência, qualquer vizinho se houver e estiver presente, lavrando o respectivo auto circunstanciado; **B:** incorreta, pois a busca domiciliar poderá ocorrer a noite também em caso de desastre ou para prestar socorro ou ainda se houver autorização do morador; **C:** incorreta, tendo em vista que o art. 307 do CPP, permite ao delegado a lavratura do auto de prisão em flagrante delito; **D:** incorreta, pois a lei autoriza tanto a autoridade policial como seus agentes (art. 250 do CPP).

Gabarito "A"

(Oficial da Polícia Militar/SC – 2010 – IESES) É certo afirmar:

I. Os documentos originais, juntos a processo findo, quando não exista motivo relevante que justifique a sua conservação nos autos, poderão, mediante requerimento, e ouvido o Ministério Público, ser entregues à parte que os produziu, ficando traslado nos autos.
II. Ao juiz e ao promotor incumbirão prover à regularidade do processo e manter a ordem no curso dos respectivos atos, podendo, para tal fim, requisitarem individualmente ou conjuntamente a força pública.
III. O juiz poderá impor à testemunha faltosa prisão até 15 dias, sem prejuízo do processo penal por crime de desobediência, e condená-la ao pagamento das custas da diligência.
IV. Considera-se indício a circunstância conhecida e provada, que, tendo relação com o fato, autorize, por indução, concluir-se a existência de outra, ou outras, circunstâncias.

Analisando as proposições, pode-se afirmar:

(A) Somente as proposições I e III estão corretas.
(B) Somente as proposições II e IV estão corretas.
(C) Somente as proposições II e III estão corretas.
(D) Somente as proposições I e IV estão corretas.

I: correta, tendo em vista literalidade do art. 238 do CPP; **II**: incorreta, tendo em vista que não compete ao promotor estas atividades e sim ao juiz (art. 251 do CPP); **III**: incorreta, pois o juiz poderá impor a testemunha faltosa a multa prevista no art. 453 do CPP, atual art. 458, CPP, responsabilizá-la por crime de desobediência e condená-la ao pagamento das custas da diligência (art. 219 do CPP); **IV**: correta, visto que no art. 239 do CPP está descrita a classificação de indícios.

Gabarito "D"

(Cabo da Polícia Militar /SP – 2012 – CETRO) Nos termos da Lei nº 11.340/2006, denominada "Lei Maria da Penha", é correto afirmar que, no caso de crimes praticados com violência doméstica e familiar contra a mulher,

(A) se pode aplicar a Lei nº 9.099/1995 nos casos de pena máxima imposta não superior a 1 (um) ano.
(B) se pode aplicar a Lei nº 9.099/1995 nos casos de pena máxima imposta não superior a 2 (dois) anos.
(C) independente da pena estipulada, dado menor potencial ofensivo deste tipo de crime, sempre será aplicada a Lei nº 9.099/1995.
(D) independente da pena prevista, não se aplica aos crimes enquadrados na "Lei Maria da Penha" a Lei nº 9.099/1995.

A: incorreta, tendo em vista que o STF entendeu que não se aplicam os institutos despenalizadores da Lei 9.099/1995 nos crimes praticados com violência doméstica e familiar contra a mulher: **B:** incorreta, tendo em vista explicação anterior; **C:** incorreta, tendo em vista explicação anterior; **D:** correta, tendo em vista que o STF entendeu que não se aplica a Lei 9.099/1995 para os crimes praticados com violência doméstica e familiar contra a mulher previstos na Lei 11.340/2006, conforme seu art. 41.

Gabarito "D"

(Sargento da Polícia Militar /SP – 2012 – VUNESP) No tocante à Lei n.º 9.099/1995 – Juizados Especiais Cíveis e Criminais – e suas alterações, assinale a alternativa correta.

(A) A autoridade policial que tomar conhecimento da ocorrência lavrará termo circunstanciado e o encaminhará imediatamente ao Juizado, com o autor do fato e a vítima, providenciando-se as requisições dos exames periciais necessários.
(B) Aplicam-se concomitantemente as disposições dos Códigos Penal e de Processo Penal, no que não forem incompatíveis com esta Lei.
(C) As disposições desta Lei aplicam-se no âmbito da Justiça Militar Estadual, mas não se aplicam à Justiça Militar da União.
(D) O processo perante o Juizado Especial orientar-se-á pelos critérios da oralidade, formalidade, economia processual e celeridade, objetivando, sempre que possível, a reparação dos danos sofridos pela vítima e a aplicação de pena privativa de liberdade.

A: correta, tendo em vista o disposto no art. 69 da Lei 9.099/1995; **B:** incorreta, pois se aplicam subsidiariamente as disposições dos códigos penal e processo penal nos que não forem incompatíveis com esta lei (art. 92 da Lei 9.099/1995); **C:** incorreta, tendo em vista o disposto no art. 90-A da Lei 9.099/1995; **D:** incorreta, tendo em vista que os critérios são os da : oralidade, informalidade, economia processual e celeridade, conforme art. 62 da Lei 9.099/1995.

Gabarito "A"

15. Direito Penal Militar

Alexandre Henriques

(Oficial Policial Militar de Administração/DF – 2010 – CESPE) No que concerne à aplicação da lei penal militar, ao crime e à imputabilidade penal, julgue os itens a seguir.

(1) As leis excepcionais e temporárias, mesmo depois de revogadas, continuam sendo aplicadas aos fatos praticados durante sua vigência, o que não se contrapõe às regras constitucionais que norteiam o direito penal militar, a exemplo da irretroatividade da lei penal.

(2) O CPM adotou para o local e o tempo do crime, entre outras correntes teóricas, a teoria da ubiquidade, que considera como local e tempo do crime tanto aqueles em que foi desenvolvida a ação ou omissão, como aqueles nos quais foi produzido o resultado.

(3) Ao contrário da lei penal comum, o CPM em vigor considera imputável o maior de 16 anos, a exemplo de alunos de colégios ou outros estabelecimentos de ensino sob direção e disciplina militares. Diante da prática de um ilícito penal militar, esses alunos ficam sujeitos às sanções penais e disciplinares previstas no CPM.

(4) Considere que um militar em situação de atividade, acometido de fortes dores de cabeça, tenha tomado um forte analgésico e, em decorrência de uma reação orgânica involuntária, tenha se inebriado, perdendo, completamente, a capacidade volitiva e comportamental. Considere, ainda, que, nesse estado, tenha cometido delito contra a integridade física de um superior. Nessa situação, o militar será punido, pois o efeito inebriante da substância não exclui a sua culpabilidade, apenas a atenua, reduzindo a pena de um dois terços.

(5) Em eventual conflito aparente de normas, tanto o CPM quanto a lei ordinária que estabeleça tipos penais militares devem prevalecer sobre a legislação comum, em decorrência do princípio da especialidade.

1: assertiva correta, nos termos do artigo 4º do Código Penal Militar (CPM – Decreto-lei n.º 1.001/1969); **2:** assertiva incorreta, pois, nos termos do artigo 5º do CPM, para as considerações do tempo do crime, adotou-se a teoria da atividade, em que se considera praticado o crime no momento da ação ou omissão, ainda que outro seja o do resultado; **3:** assertiva incorreta, pois o artigo 50 e a alínea "c" do artigo 51 do CPM não foram recepcionados pelo disposto no artigo 228 da CF, respondendo o "militar menor" pelos delitos prescritos na legislação penal nos termos do Estatuto da Criança e do Adolescente; **4:** assertiva incorreta, pois dispõe o "caput" do artigo 49 do CPM que a embriaguez involuntária completa se traduz numa excludente de culpabilidade, reconhecendo-se a inimputabilidade; **5:** assertiva correta, sendo tal princípio, inclusive, descrito no próprio CPM em seu artigo 28, que trata dos casos de prevalência do Código Penal Militar.

Gabarito 1C, 2E, 3E, 4E, 5C

(Oficial Policial Militar de Administração/DF – 2010 – CESPE) Em relação a penas, extinção da punibilidade do agente e concurso de agentes, julgue os itens de subsequentes.

(1) São causas extintivas da punibilidade previstas no CPM, entre outras, a graça, o indulto, a anistia e a morte do agente.

(2) A perda de bem ou valor que constitua proveito auferido pelo agente com a prática delituosa constitui efeito extrapenal genérico da condenação.

(3) Se três indivíduos, todos imputáveis, buscando um resultado comum, praticarem crime de concurso eventual, cada um dos concorrentes deverá responder por um delito próprio, com elemento subjetivo próprio e produção de resultado próprio. Nesse caso, configura-se a pluralidade de agentes e de crimes.

(4) A ação penal militar, no caso de o MP não oferecer a denúncia no prazo legal, poderá ser intentada mediante queixa do particular ofendido ou de quem tenha qualidade para representá-lo.

(5) No que se refere aos prazos prescricionais, o CPM estabeleceu, para cada crime, os limites temporais da prescrição punitiva tendo como referência principal o máximo da pena prevista em abstrato, com lastro na expectativa de apenamento máximo para toda e qualquer hipótese infracional nele tipificada.

1: assertiva incorreta, pois no artigo 123 do CPM, que traz o rol de causas extintivas da punibilidade, não consta a graça; **2:** assertiva correta, haja vista as determinações da alínea "b" do inciso II do artigo 109 do CPM; **3:** assertiva incorreta, pois, nos termos da teoria monista adotada majoritariamente tanto no CP quanto no CPM, os coautores de um crime responderão por este incidindo nas mesmas penas (artigo 53 do CPM); **4:** assertiva correta, considerando-se as prescrições do inciso LIX do artigo 5º da CF; **5:** assertiva correta, conforme expõe o "caput" do artigo 125 do CPM.

Gabarito 1E, 2C, 3E, 4C, 5C

(Oficial Policial Militar de Administração/DF – 2010 – CESPE) Quanto aos crimes militares, cada um dos próximos itens apresenta uma situação hipotética, seguida de uma assertiva a ser julgada.

(1) Uma praça da PM da ativa praticou, de forma reiterada, com intuito de lucro, compra e revenda de automóveis, tornando essa atividade comercial a sua principal fonte de renda. Nessa situação, a conduta da praça resolver-se-á no âmbito disciplinar, uma vez que o crime de comércio ilícito previsto no diploma penal castrense tem como sujeito ativo somente o militar, na condição de oficial.

(2) Um militar, em dias determinados, alegando imperativo de consciência decorrente de crença religiosa, se recusou a obedecer ordem emanada de superior hierárquico que determinava o serviço de limpeza das dependências do quartel. Nessa situação, a recusa do militar caracterizou crime de insubordinação.

1: assertiva correta, pois o artigo 204 do CPM traduz-se num crime próprio quanto ao sujeito ativo: ser "oficial da ativa", não sendo a praça sujeito ativo deste delito, apenas estando a sua conduta passível de avaliação no âmbito disciplinar; **2:** assertiva incorreta, pois inexiste crime de insubordinação, sendo esta um capítulo do CPM; o crime em questão será o de recusa de obediência, delimitado no artigo 163 do CPM.

Gabarito 1C, 2E

(Oficial Policial Militar de Administração/DF – 2010 – CESPE) Ainda quanto aos crimes militares, julgue os itens que se seguem.

(1) A distinção entre a conduta de desrespeito e o desacato ao superior consiste em que, na primeira situação, o subordinado falta com o respeito e a consideração devida ao superior — o que se resolve apenas no âmbito disciplinar, sem tipicidade penal —, ao passo que, na situação de desacato prevista como crime militar, o agente ofende moralmente o superior, com o livre propósito de diminuir a sua autoridade.

(2) Mesmo sendo crimes propriamente militares, a revolta e o motim podem ter um civil como coautor, visto que a descrição típica dos delitos exige, para a sua configuração, a participação de dois ou mais agentes.

(3) Segundo a classificação doutrinária, o homossexualismo, o desafio para duelo e o ultraje incluem-se entre os crimes atentatórios à disciplina militar que têm somente o militar como sujeito ativo, não obstante se tratar de delitos impropriamente militares.

1: assertiva incorreta, pois a diferença entre os crimes previstos respectivamente nos artigos 160 e 298 do CPM está relacionada à sua objetividade jurídica, sendo que o desrespeito a superior relaciona-se ao impedimento ao ato de menosprezo ao superior, sem chegar à ofensa, enquanto o delito de desacato a superior refere-se ao fato de atentar-se contra a própria autoridade militar, impedindo-se a ofensa a esta. Outra menção interessante é a questão de que no desrespeito a superior exige-se a presença de outro militar para a subsunção do fato ao tipo penal, enquanto no desacato esta não é uma exigência; **2:** assertiva incorreta, pois no tipo penal prescrito no artigo 149 do CPM não se menciona "agentes", mas sim "militares ou assemelhados"; **3:** assertiva incorreta, pois o "homossexualismo" não é um delito militar, sendo delito militar o ato homossexual ou não, desde que praticado em lugar sujeito à administração militar, conforme aponta o artigo 235 do CPM.

Gabarito 1E, 2E, 3E

(Oficial Policial Militar/DF – 2010 – CESPE) Julgue o item seguinte, relativo à aplicação da lei militar.

(1) Lei posterior, supressiva de incriminação, impede a punição de uma pessoa por fato que deixou de considerar crime, cessando, em virtude dela, a própria vigência de sentença penal condenatória.

1: assertiva correta, nos termos do artigo 2º do CPM.

Gabarito 1C

(Oficial Policial Militar/DF – 2010 – CESPE) Durante ensaio para um desfile militar, dois militares iniciaram um conflito que resultou em agressões verbais e físicas mútuas e, em decorrência dessas agressões, um dos militares sofreu lesão corporal grave.

Com referência a essa situação hipotética, julgue os itens que se seguem.

(1) Na situação apresentada, não há relação de causalidade entre as condutas dos agentes, pois, embora o fato tenha se consumado com a lesão corporal, trata-se, conforme explicitado, de agressões mútuas, e, além disso, a relação de causalidade somente é imputada a quem deu causa ao fato imputado como crime.

(2) Nessa situação, configurou-se crime militar próprio, por ter sido praticado por militares em atividade.

1: assertiva incorreta, pois há relação de causalidade na conduta do agente que determinou o resultado lesivo no outro militar, considerando-se as disposições do artigo 29 do CPM. Aliás, inexiste no âmbito penal a chamada "compensação" entre os crimes praticados por agentes em coautoria por condutas divergentes; **2:** assertiva incorreta, pois o delito sob a rubrica "lesão corporal grave", conforme expõe o artigo 209, "caput" e § 1.º, do CPM, não exige a condição de militar como sujeito ativo.

Gabarito 1E, 2E

(Oficial Policial Militar/DF – 2010 – CESPE) Determinado militar, após alguns anos de serviço, começou a apresentar problemas de saúde mental, que, conforme o laudo da perícia médica, se agravaram, a ponto de comprometer consideravelmente o seu grau de discernimento. Embora a junta médica tenha determinado o imediato afastamento do militar, o comandante, acreditando tratar-se de simulação, manteve-o em serviço. Em determinado momento, configurada a diminuição de sua capacidade de discernimento e autodeterminação, o militar cometeu, em serviço, crime militar.

Com base na situação apresentada acima, julgue o seguinte item.

(1) Nesse caso, a pena poderá, facultativamente, ser reduzida.

1: assertiva correta, nos termos do parágrafo único do artigo 48 do CPM.

Gabarito 1C

(Oficial Policial Militar/DF – 2010 – CESPE) Determinado crime militar próprio foi cometido por quatro militares. Conforme ficou apurado, o crime foi organizado pelo superior hierárquico ao qual os outros eram subordinados; o superior instigou os outros militares à prática do crime; a ação criminosa teve participação bem diferenciada de cada militar, que concorreu de modo diverso para a ocorrência do evento delituoso, sendo que um deles teve participação de menor relevância e outro já havia sido condenado com sentença transitada em julgado por prática culposa de crime militar próprio.

Com base nessa situação hipotética, julgue o item a seguir.

(1) Nesse caso, não há coautoria, mas concurso de agentes, já que a conduta de cada agente é independente, o que implica que a punibilidade dos concorrentes é, também, independente, devendo ser determinada segundo a sua própria culpabilidade.

1: assertiva incorreta, pois, apesar das condutas serem paralelas, sendo os atos delituosos diferentes entre si, todos concorreram para o crime, aplicando-se o prescrito no artigo 53 do CPM, ou seja, há concurso de agentes já que houve liame subjetivo para a conduta.

Gabarito 1E

(Cadete da Polícia Militar/GO – 2010 – FUNCAB) Acerca da aplicação da lei penal militar, é correto afirmar que:

(A) a lei excepcional ou temporária, depois de decorrido o período de sua duração ou cessadas as circunstâncias que a determinaram, não se aplica ao fato praticado durante sua vigência.
(B) para os efeitos da lei penal militar consideram-se como extensão do território nacional as aeronaves e os navios brasileiros, onde quer que se encontrem, sob comando militar ou militarmente utilizados ou ocupados por ordem legal de autoridade competente, ainda que de propriedade privada.
(C) os crimes dolosos contra a vida praticados por militar contra civil são da competência da Justiça Militar.
(D) considera-se praticado o crime no momento do resultado, ainda que outro seja o da ação ou omissão.
(E) aos crimes praticados em tempo de guerra, nunca se aplicam as penas cominadas para o tempo de paz.

A: assertiva incorreta, pois a lei excepcional ou temporária é aplicada ao fato praticado durante sua vigência, nos termos do artigo 4º do CPM; **B:** assertiva correta, conforme prescreve o § 1º do artigo 7º do CPM; **C:** assertiva incorreta, nos termos do parágrafo único do artigo 9º do CPM, que indica que os crimes dolosos contra a vida cometidos contra civil são de competência da justiça comum, salvo quando praticados no contexto de ação militar; **D:** assertiva incorreta consoante ao disposto no artigo 5º do CPM que, para as considerações do tempo do crime, adotou a teoria da atividade, em que se considera praticado o crime no momento da ação ou omissão, ainda que outro seja o do resultado; **E:** assertiva incorreta, nos termos do que dispõe o art. 20 do CPM, que assenta que "aos crimes praticados em tempo de guerra, salvo disposição especial, aplicam-se as penas cominadas para o tempo de paz, com o aumento de um terço".

Gabarito "B"

(Cadete da Polícia Militar/GO – 2010 – FUNCAB) Sobre as regras que tratam do crime, previstas no Decreto-Lei nº 1.001/1969, assinale a alternativa correta.

(A) Pelos resultados que agravam especialmente as penas só responde o agente quando os houver causado dolosamente.
(B) Considera-se sob coação resistível quem, usando moderadamente dos meios necessários, repele injusta agressão, atual ou iminente, a direito seu ou de outrem.
(C) Nos crimes em que há violação do dever militar, o agente não pode invocar coação irresistível senão quando física ou material.
(D) O agente que, voluntariamente, desiste de prosseguir na execução ou impede que o resultado se produza, não responde pelos atos já praticados.
(E) A pena pode ser atenuada ou substituída por outra menos grave quando o agente, em se tratando de crime que atente contra o dever militar, supõe lícito o fato, por ignorância ou erro de interpretação da lei, se escusáveis.

A: assertiva incorreta, pois, nos termos do artigo 34 do CPM, é previsto que o agente responde pelos resultados que agravam especialmente as penas quando os houver causado, pelo menos, culposamente; **B:** assertiva incorreta, sob a prescrição do artigo 41 c/c o artigo 38, "a", do CPM; **C:** assertiva correta, conforme dispõe literalmente o artigo 40 do CPM; **D:** assertiva incorreta, consoante ao prescrito no artigo 31 do CPM, sendo que o agente só responderá pelos atos já praticados; **E:** assertiva incorreta, nos termos do artigo 35 do CPM, sendo exceção à atenuação ou à substituição de pena por outra menos grave o crime que atente contra o dever militar.

Gabarito "C"

(Cadete da Polícia Militar/GO – 2010 – FUNCAB) Dentre as penas previstas no Código Penal Militar, NÃO se inclui a de:

(A) detenção.
(B) impedimento.
(C) reforma.
(D) reclusão.
(E) multa.

A pena de multa não está prevista como "pena principal" no artigo 55 do CPM.

Gabarito "E"

(Cadete da Polícia Militar/GO – 2010 – FUNCAB) Sobre os crimes militares em tempo de paz, previstos no Código Penal Militar, assinale a alternativa INCORRETA.

(A) Assumir o militar, sem ordem ou autorização, salvo se em grave emergência, qualquer comando, ou a direção de estabelecimento militar é considerado crime contra a autoridade ou disciplina militar.
(B) A ausência do militar, sem licença, da unidade em que serve, ou do lugar em que deve permanecer, por mais de 8 (oito) dias constitui crime de deserção.
(C) Não é punível a conduta de desrespeitar superior diante de outro militar.
(D) A conduta de comerciar, ou tomar parte na administração ou gerência de sociedade comercial, constitui a prática de crime punível com suspensão do exercício do posto, ou reforma.

(E) É considerada prática de insubmissão a conduta do convocado de deixar de se apresentar à incorporação, dentro do prazo que lhe foi marcado.

A: assertiva correta, nos termos do artigo 167 do CPM; **B:** assertiva correta, considerando o previsto no artigo 187 do CPM; **C:** assertiva incorreta, devendo esta alternativa ser assinalada, pois tal conduta é crime previsto no artigo 160 do CPM; **D:** assertiva correta, pois prevê o artigo 204 do CPM o delito de comércio ilícito praticado por oficial da ativa; **E:** assertiva correta, pela previsão do artigo 183 do CPM.

Gabarito "C"

(Cadete da Polícia Militar/GO – 2013 – UEG) Sobre o concurso de pessoas, no direito penal militar, verifica-se que

(A) o crime de homicídio, previsto no artigo 205 do CPM, é considerado crime de concurso necessário.
(B) na prática de crime de autoria coletiva necessária, reputam-se cabeças os que dirigem, provocam, instigam ou excitam a ação.
(C) o crime de motim, previsto no art. 149 do CPM, é classificado como crime unissubjetivo.
(D) o crime de falso testemunho, previsto no art. 346 do CPM, é denominado crime próprio, porquanto admissível a coautoria.

A: assertiva incorreta, pois se trata de crime de concurso eventual; **B:** assertiva correta, conforme prevê o § 4º do artigo 53 do CPM; **C:** assertiva incorreta, pois se trata de crime plurissubjetivo, ou de autoria coletiva necessária; **D:** assertiva incorreta, pois se trata de crime de mão própria, mas não próprio, haja vista não exigir qualidade especial do agente, qual seja, ser, exclusivamente, a testemunha.

Gabarito "B"

(Cadete da Polícia Militar/GO – 2013 – UEG) O Código Penal Militar dispõe o seguinte, sobre a embriaguez:

(A) na embriaguez involuntária completa, o agente será considerado imputável.
(B) o estado de embriaguez não constitui tipo autônomo previsto na legislação penal militar, considerado apenas contravenção penal na legislação comum.
(C) a embriaguez patológica é considerada doença mental, e, no caso de não suprimir completamente a capacidade de entendimento, estará presente a semi-imputabilidade, ocasionando uma redução da pena.
(D) na embriaguez voluntária preordenada completa, o agente será considerado inimputável.

A: assertiva incorreta, nos termos do artigo 49 do CPM; **B:** assertiva incorreta, pois o artigo 202 do CPM dispõe sobre o crime propriamente militar de embriaguez em serviço; **C:** assertiva correta, pela previsão do parágrafo único do artigo 49 do CPM; **D:** assertiva incorreta, conforme aponta a alínea "c" do inciso II do artigo 70 do CPM, tratando-se de circunstância agravante do crime.

Gabarito "C"

(Cadete da Polícia Militar/GO – 2013 – UEG) Sobre a ação penal nos crimes militares, verifica-se que

(A) embora pública, admite-se a ação penal privada subsidiária.
(B) há previsão expressa da ação penal pública condicionada à representação do ofendido.
(C) vigora o princípio da disponibilidade.
(D) a requisição, por encerrar ordem dirigida ao membro do Ministério Público Militar, o obriga a ajuizar a ação penal.

A: assertiva correta, conforme aponta o inciso LIX do artigo 5º da CF, se a ação pública não for intentada no prazo legal; **B:** assertiva incorreta, inexistindo qualquer previsão no CPM a respeito; **C:** assertiva incorreta, pois, sendo a ação penal pública, não há disponibilidade da ação penal (artigos 30 e 32 do CPPM – Decreto-lei n.º 1.002/1969); **D:** assertiva incorreta, nos termos do artigo 397 do CPPM.

Gabarito "A"

(Cadete da Polícia Militar/GO – 2013 – UEG) São consideradas penas principais, segundo o Código Penal Militar, a

(A) perda de posto e patente.
(B) suspensão do exercício do posto, graduação, cargo ou função.
(C) incompatibilidade com o oficialato.
(D) exclusão das forças armadas.

A alternativa "B" aponta uma pena principal exposta na alínea "f" do artigo 55 do CPM, enquanto as demais alternativas apontam penas acessórias insculpidas no artigo 98 do CPM.

Gabarito "B"

(Cadete da Polícia Militar/GO – 2013 – UEG) Em relação aos crimes contra a autoridade ou disciplina militar, tem-se que:

(A) o delito de conspiração se aperfeiçoa quando os autores se reúnem conscientemente com a finalidade de praticar futuro motim.
(B) o delito de omissão de lealdade militar (art. 151. Deixar o militar ou assemelhado de levar ao conhecimento do superior o motim ou revolta de cuja preparação teve notícia, ou, estando presente ao ato criminoso, não usar de todos os meios ao seu alcance para impedi-lo) admite a modalidade culposa.
(C) o crime de incitamento do art. 155 do CPM pode ser praticado apenas por militar, porquanto o bem jurídico tutelado é a disciplina militar.
(D) no delito de conspiração pode haver a diminuição da pena ao agente que denuncia o ajuste de que participou, antes da execução do crime ou quando era ainda possível evitar-lhe as consequências.

A: assertiva correta, conforme prevê o artigo 152 do CPM; **B:** assertiva incorreta, nos termos do parágrafo único do artigo 33 do CPM, haja vista que não há a previsão da modalidade culposa no tipo penal delineado no artigo 151 do CPM; **C:** assertiva incorreta, pois não há previsão no tipo penal a condição de militar para o sujeito ativo do crime; **D:** assertiva incorreta, pois o parágrafo único do artigo 152 do CPM determina que tais circunstâncias são cumulativas para que haja a isenção da pena, não prevendo situação de diminuição.

Gabarito "A"

(Cadete da Polícia Militar/GO – 2013 – UEG) Sobre o crime de deserção, previsto no Código Penal Militar, tem-se que:

(A) não admite coautoria.
(B) é considerado crime instantâneo.
(C) o afastamento injustificado é considerado um elemento descritivo do tipo penal.
(D) é considerado crime de mão própria.

A: assertiva incorreta, pois admite coautoria, inclusive admite a coautoria na própria cogitação e preparação da deserção coletiva (artigo 191, do CPM); **B:** assertiva incorreta, pois tal crime é considerado doutrinariamente como permanente, permitindo-se a prisão do militar desertor nos termos do artigo 452 do CPPM; **C:** assertiva incorreta, pois o tipo exige a “ausência sem licença” (artigo 187, do CPM); **D:** assertiva correta, pois se trata de delito que somente o próprio militar pode praticá-lo, não permitindo a sua prática na forma indireta.

Gabarito “D”

(Soldado da Polícia Militar/GO – 2010 – FUNCAB) Sobre a aplicação da lei penal militar, nos moldes do Decreto-Lei n° 1.001/1969, é correto afirmar que:

(A) a lei posterior, que de qualquer forma favorecer o agente, não retroagirá se já tiver sobrevindo sentença condenatória irrecorrível.

(B) considera-se praticado o crime no momento da ação ou omissão, ainda que outro seja o do resultado.

(C) a lei excepcional ou temporária, quando decorrido o tempo de sua duração, não se aplica ao fato praticado durante a sua vigência.

(D) somente se considera local do crime aquele onde se produziu o resultado, sendo irrelevante o local da ação ou omissão.

(E) a pena cumprida no estrangeiro não atenua nem é computada da pena imposta no Brasil pelo mesmo crime.

A: assertiva incorreta, nos termos do § 1° do artigo 2° do CPM; **B:** assertiva correta, conforme prescreve o artigo 5° do CPM; **C:** assertiva incorreta, consoante ao delineado no artigo 4° do CPM; **D:** assertiva incorreta, nos termos do artigo 6° do CPM; **E:** assertiva incorreta, segundo os ditames do artigo 8° do CPM.

Gabarito “B”

(Soldado da Polícia Militar/GO – 2010 – FUNCAB) NÃO se considera crime militar, em tempo de paz, o crime praticado:

(A) por militar em situação de atividade ou assemelhado, contra militar na mesma situação ou assemelhado.

(B) por militar em situação de atividade ou assemelhado, em lugar sujeito à administração militar, contra militar da reserva.

(C) por militar em serviço ou atuando em razão da função contra civil.

(D) por militar em situação de atividade contra o patrimônio sob a administração ou a ordem administrativa militar.

(E) por militar em território nacional ou estrangeiro, militarmente ocupado.

A alternativa “E” não foi inserida no artigo 9° do CPM, que elenca quais crimes são considerados crimes militares em tempo de paz, mas sim na alínea “a” do inciso III do artigo 10, quando trata dos crimes militares em tempo de guerra.

Gabarito “E”

(Soldado da Polícia Militar/GO – 2010 – FUNCAB) A respeito das disposições legais sobre o crime no Código Penal Militar, assinale a alternativa correta.

(A) Diz-se o crime tentado quando, iniciada a execução, não se consuma por circunstâncias alheias à vontade do agente.

(B) Há desistência voluntária quando o agente, por circunstâncias alheias a sua vontade, deixa de prosseguir na execução do crime.

(C) Para a aplicação do instituto do arrependimento eficaz, é irrelevante se o resultado do crime foi efetivamente evitado pelo agente ou não.

(D) Há crime impossível quando, pela ineficácia relativa do meio empregado, não se consuma o crime pretendido pelo agente.

(E) Em regra, todos os crimes admitem a modalidade culposa, devendo constar expressamente da lei a vedação ao tipo culposo.

A: assertiva correta, conforme aponta o inciso II do artigo 30 do CPM; **B:** assertiva incorreta, nos termos do artigo 31 do CPM, pois o militar deve deixar de prosseguir na ação criminosa voluntariamente; **C:** assertiva incorreta, pois o resultado do crime é o principal fator de análise de tal instituto considerando o previsto no artigo 31 do CPM. Em ocorrendo o resultado não haverá a consideração do arrependimento eficaz; **D:** assertiva incorreta, pois a ineficácia do meio empregado deverá ser absoluta, conforme delimita o artigo 32 do CPM; **E:** assertiva incorreta, conforme determina o parágrafo único do artigo 33 do CPM, que somente nos casos previstos em lei o agente pode ser punido pela prática culposa do crime.

Gabarito “A”

(Soldado da Polícia Militar/GO – 2010 – FUNCAB) No que se refere às causas excludentes da ilicitude e da culpabilidade do crime previstas no Código Penal Militar, marque a opção certa.

(A) Na coação moral irresistível, o autor da coação não responde pelo crime.

(B) O estado de necessidade, nos crimes militares, não exclui a ilicitude nem a culpabilidade do agente.

(C) Há crime militar ainda que o agente o pratique em estrito cumprimento do dever legal.

(D) Nos crimes em que há violação do dever militar, o agente não pode invocar coação irresistível, senão quando física ou material.

(E) Não há a previsão de legítima defesa como causa excludente de ilicitude do crime.

A: assertiva incorreta, havendo o cometimento do crime, apesar de não ser culpado o agente, nos termos da alínea “a” do artigo 38 do CPM; **B:** assertiva incorreta, nos termos do artigo 39, do artigo 42, inciso I, e do artigo 43 do CPM; **C:** assertiva incorreta haja vista o previsto no inciso III do artigo 42 do CPM; **D:** assertiva correta conforme expõe o artigo 40 do CPM; **E:** assertiva incorreta consoante ao inciso II do artigo 42 do CPM.

Gabarito “D”

(Soldado da Polícia Militar/GO – 2010 – FUNCAB) Em relação à previsão legal sobre o concurso de agentes no Código Penal Militar, a pena NÃO é agravada em relação ao agente:

(A) que instiga ou determina a cometer o crime alguém sujeito a sua autoridade.

(B) que executa o crime, ou nele participa, mediante paga ou promessa de recompensa.

(C) cujo participação é de menor importância.

(D) que coage outrem à execução material do crime.

(E) que promove ou organiza a cooperação no crime ou dirige a atividade dos demais agentes.

A alternativa “C” traz uma circunstância própria de atenuação de pena prevista no § 3° do artigo 53 do CPM, diferentemente das demais que se referem a situações de agravação de pena, previstas no § 2° do mesmo dispositivo legal.

Gabarito “C”

(1º Sargento da Polícia Militar /MG – 2011) Marque a alternativa CORRETA. Conforme o Código Penal Militar, a lei posterior que, de qualquer outro modo, favorece o agente, em virtude dela, aplica-se:

(A) Retroativamente, ainda quando já tenha sobrevindo sentença condenatória irrecorrível.
(B) Retroativamente, somente quando tenha sobrevindo sentença condenatória recorrível.
(C) Irretroativamente, ainda quando já tenha sobrevindo sentença condenatória irrecorrível.
(D) Irretroativamente, e, mesmo assim, quando tenha sobrevindo sentença condenatória recorrível.

A alternativa "A" está correta nos termos do § 1º do artigo 2º do CPM.

Gabarito "A".

(1º Sargento da Polícia Militar /MG – 2011) Conforme o Código Penal Militar, sobre a lei excepcional ou temporária, é CORRETO afirmar que:

(A) Decorrido o período de sua duração ou cessadas as circunstâncias que a determinaram, aplica-se ao fato praticado após sua vigência.
(B) Embora decorrido o período de sua duração, somente se cessadas as circunstâncias que a determinaram, aplica-se ao fato praticado após sua vigência.
(C) Decorrido o período de sua duração não mais se aplica ao fato praticado durante sua vigência.
(D) Embora decorrido o período de sua duração ou cessadas as circunstâncias que a determinaram, aplica-se ao fato praticado durante sua vigência.

A alternativa "D" está correta nos termos do artigo 4º do CPM.

Gabarito "D".

(1º Sargento da Polícia Militar /MG – 2011) Marque a alternativa CORRETA. Pelo Código Penal Militar, a insubordinação caracteriza-se pelo (a):

(A) Desrespeito a superior, desde que na presença de outro militar.
(B) Recusa em obedecer a ordem do superior sobre assunto ou matéria de serviço, ou relativamente a dever imposto em lei, regulamento ou instrução.
(C) Desrespeito a superior, independente da presença de outro militar.
(D) Recusa em obedecer ordem de superior ainda que versando sobre assunto ou matéria estranha ao serviço, ou relativamente a dever imposto em lei, regulamento ou instrução, desde que na presença de outro militar.

Nos termos do artigo 163 do CPM, a alternativa "B" se refere ao delito de "recusa de obediência", crime este constante do capítulo da "insubordinação".

Gabarito "B".

(1º Sargento da Polícia Militar /MG – 2011) Marque a alternativa CORRETA. Conforme Código Penal Militar, no caso de lesões corporais levíssimas, o juiz:

(A) Pode considerar a infração como disciplinar.
(B) Deve aplicar a pena correspondente, pois trata-se de crime.
(C) Agravar a pena se o crime resulta de inobservância de regra técnica de profissão, arte ou ofício.
(D) Pode diminuir a pena de um a dois terços, se forem recíprocas, não se sabendo qual dos contendores atacou primeiro.

A correta é a alternativa "A" em face do prescrito no § 6º do artigo 209 do CPM.

Gabarito "A".

(1º Sargento da Polícia Militar /MG – 2011) Conforme Código Penal Militar, sobre o crime de furto, é CORRETO afirmar que:

(A) Se a coisa é subtraída para o fim de uso momentâneo e, a seguir, vem a ser imediatamente restituída ou reposta no lugar onde se achava, não há crime, pois, o CPM não tipifica a modalidade do furto de uso.
(B) Se praticado durante a noite, classifica-se como simples.
(C) Equipara-se à coisa móvel a energia elétrica ou qualquer outra apesar de não ter valor econômico.
(D) Se o agente é primário e é de pequeno valor a coisa furtada, o juiz pode substituir a pena de reclusão pela de detenção.

A: assertiva incorreta, pois tal fato é considerado crime militar sob a rubrica "furto de uso", previsto no artigo 241 do CPM; **B:** assertiva incorreta, pois se trata tal circunstância de uma qualificadora, conforme prescreve o § 4º do artigo 240 do CPM; **C:** assertiva incorreta, por exigir que a energia tenha valor econômico, conforme determina o § 3º do artigo 240 do CPM; **D:** assertiva correta conforme aponta o § 1º do artigo 240 do CPM.

Gabarito "D".

(3º Sargento da Polícia Militar /MG – 2011) De acordo com o Código Penal Militar, a conduta do 3° Sgt PM que, por tolerância, deixa de levar ao conhecimento da autoridade competente infração administrativa cometida por um Cb PM que se encontrava no exercício do seu cargo, constitui:

(A) Não constitui crime contra a Administração Militar.
(B) Crime de prevaricação.
(C) Crime de inobservância de lei, regulamento ou instrução.
(D) Crime de condescendência criminosa.

A resposta correta está na alternativa "D" considerando a tipificação imposta no artigo 322 do CPM.

Gabarito "D".

(3º Sargento da Polícia Militar /MG – 2011) De acordo com o Código Penal Militar, o militar que recebe coisa que, por manifesta desproporção entre o valor e o preço, deve presumir-se obtida por meio criminoso, comete o seguinte crime militar:

(A) Receptação culposa.
(B) Receptação dolosa.
(C) Peculato mediante aproveitamento do erro de outrem.
(D) Estelionato.

A resposta correta está na alternativa "A" considerando a tipificação imposta no artigo 255 do CPM.

Gabarito "A".

(3º Sargento da Polícia Militar /MG – 2011) O Sd PM que agride um Cb PM que se encontrava de serviço como sentinela do 5° BPM, comete o seguinte crime militar:

(A) Violência contra superior (art. 157 do CPM).
(B) Desrespeito a superior (art. 160 do CPM).
(C) Lesão corporal leve (art. 209 do CP).
(D) Violência contra militar de serviço (art. 158 do CPM).

A resposta correta está na alternativa "A" considerando a tipificação imposta no artigo 157 do CPM, pois o ato de agressão, ainda que não resulte em lesão, se trata de um ato de violência, constituindo-se em si um delito classificado como formal.

Gabarito "A"

(CHO – Oficial da Polícia Militar/MG – 2010) No tocante às regras previstas na Parte Geral do Código Penal Militar, é correto afirmar:

(A) O militar da reserva, empregado na administração militar, equipara-se ao militar em situação de atividade, para o efeito da aplicação da lei penal militar.
(B) Considera-se praticado o crime no momento em que ocorre o resultado da ação ou da omissão praticada.
(C) Quando por ineficácia absoluta do meio empregado é impossível consumar-se o crime, a pena aplicável é diminuída de um terço até a metade.
(D) Diz-se o crime consumado, quando o agente quis o resultado ou assumiu o risco de produzi-lo.

A: assertiva correta, nos exatos termos do artigo 12 do CPM; **B:** assertiva incorreta, segundo o disposto no artigo 5º do CPM, que adotou a teoria da atividade, em que se considera praticado o crime no momento da ação ou omissão, ainda que outro seja o do resultado; **C:** assertiva incorreta em face do previsto no artigo 32 do CPM, pois tal situação se configura como causa de exclusão de pena; **D:** assertiva incorreta, pois tal definição é inerente ao crime doloso, previsto no inciso I do artigo 33 do CPM, e não ao consumado, o qual definição disposta no inciso I do artigo 30 do CPM.

Gabarito "A"

(CHO – Oficial da Polícia Militar/MG – 2010) O militar que apropria-se de um bem móvel público, de que tem a posse em razão do cargo, comete o crime de:

(A) Desvio.
(B) Apropriação indébita.
(C) Estelionato.
(D) Peculato.

A alternativa "D" é a correta em face da conduta exposta se tratar do crime previsto no "caput" do artigo 303 do CPM.

Gabarito "D"

(Oficial da Polícia Militar/MG – 2011 – FUMARC) O artigo 9º do Código Penal Militar trata das hipóteses de incidência da Lei Penal Militar em tempo de paz. Analise os fatos abaixo:

"Num final de semana, um Coronel da Ativa Y viaja de férias para Poços de Caldas/MG e encontra o Tenente da Reserva PMMG X, que fora seu subordinado e desafeto. Inesperadamente, o Tenente X agride o Coronel Y na saída do hotel em que estavam hospedados."

Assinale a alternativa ***correta***:

(A) A atitude do Tenente X configura crime militar, mas por se tratar de oficial da reserva o autor, o processo tramitará na Justiça Comum.
(B) A atitude do Tenente X configura crime militar, por se tratar de crime de militar para militar e o processo tramitará na Justiça Militar
(C) A atitude do Tenente X não configura crime militar, mas o processo tramitará na Justiça Militar por se tratar de crime de militar para militar.
(D) A atitude do Tenente X não configura crime militar, mas sim crime comum, e o processo tramitará na Justiça Comum.

A alternativa correta é a "D", pois prevê o inciso III do artigo 9º do CPM que os delitos praticados por militar inativo somente serão considerados como militares quando praticados "contra as instituições militares", o que não se verifica neste caso. Assim, em sendo crime comum, o processo será realizado na Justiça Comum, haja vista as disposições dos artigos 124 e 125 da CF.

Gabarito "D"

(Oficial da Polícia Militar/MG – 2011 – FUMARC) O Código Penal Militar incorpora dentre as figuras típicas, alguns delitos inimagináveis na legislação comum. Em verdade, o rigor da hierarquia e da disciplina predispõe que o policial militar tenha comportamentos irrepreensíveis em relação à instituição e em relação aos seus superiores, pares e subordinados. Analise as afirmativas abaixo:

I. Os crimes de Motim e Revolta se diferenciam em dois aspectos. No Motim os militares que se reúnem decididamente não portam armas, enquanto na Revolta, por serem utilizadas armas de fogo, a pena é aumentada em até um terço para os "cabeças" ou líderes;
II. As penas aplicáveis aos crimes de Motim e Revolta são aumentadas em até um terço se resultarem lesão corporal grave e em até dois terços se resultarem morte;
III. O disciplina militar determina que a violência praticada contra o Comandante é considerada mais grave do que praticada contra outro superior qualquer.

Assinale a alternativa ***correta***.

(A) Apenas a afirmativa III está correta.
(B) Apenas a afirmativa II está correta.
(C) As afirmativas I, II e III estão incorretas.
(D) As afirmativas I, II e III estão corretas.

A alternativa "C" é a correta, pois a assertiva I está incorreta haja vista que apontou que, para a revolta, os militares utilizam armas de fogo, o que não se coaduna com a previsão do parágrafo único do artigo 149 do CPM, exigindo-se apenas que os militares estejam armados, seja qual for a arma, inexigindo-se a sua utilização. A afirmação II também está incorreta, pois não existe previsão de tal circunstância no artigo 149 do CPM, sendo que haverá na realidade cumulação das penas referentes à violência (artigo 153 do CPM). A afirmação III também é incorreta, pois a violência contra o Comandante de Unidade é uma qualificadora, e não uma agravante (artigo 157, § 1º, do CPM).

Gabarito "C"

(Oficial da Polícia Militar/MG - 2011 - FUMARC) Teodoro é policial militar e deveria retornar de férias no dia 25 de janeiro, às 22h. Contudo, o policial não compareceu ao serviço. Em relação à suposta deserção do policial, assinale a alternativa ***correta***:

(A) A deserção é crime militar em tempo de guerra e não pode ser imputada em tempo de paz.
(B) A deserção será consumada no dia 01 de fevereiro.
(C) A deserção será consumada no dia 02 de fevereiro.
(D) A deserção será consumada no dia 03 de fevereiro.

Nos termos do artigo 187 do CPM, que determina o prazo de mais de 8 dias de ausência do militar, e atendidos os pressupostos do § 1° do artigo 451 do CPPM, a alternativa correta é a "D". Cabe ressaltar que o delito de deserção detém previsão tanto em tempo de paz (artigos 187 a 192 do CPM) quanto em tempo de guerra (artigos 391 e 392 do CPM), motivo pelo qual a alternativa "A" está incorreta.

Gabarito "D"

(Oficial da Polícia Militar/MG - 2011 - FUMARC) Analise como ***(V) Verdadeiras*** ou ***(F) Falsas*** as afirmativas relativas ao Código Penal Militar:

( ) O Oficial da Polícia Militar que for sócio de sociedade comercial, na condição de gerente ou sócio cotista de S/A incorre em crime militar.
( ) Quando o policial militar, na função, exige taxa ou emolumento indevido está praticando o crime de excesso de exação.
( ) Quando o policial militar desvia, em proveito próprio ou de outrem o que recebeu indevidamente, em razão do cargo ou função e deveria ser recolhido aos cofres públicos está configurado o crime de peculato.
( ) Pratica a prevaricação o superior que deixar de responsabilizar o subordinado que pratica infração no exercício do cargo.

Assinale a alternativa ***correta***, na ordem de cima para baixo.

(A) V, V, V, V.
(B) F, V, F, V.
(C) V, F, F, V.
(D) F, V, F, F.

A alternativa correta é a "D". A primeira afirmação é falsa porque para a configuração do crime de comércio ilícito deverá o sujeito ativo ser oficial da ativa (artigo 204 do CPM), e não somente oficial; cumpre ressaltar que o artigo 204 do CPM prevê a possibilidade do oficial da ativa ser acionista ou cotista em sociedade anônima ou por cotas de responsabilidade limitada. A segunda afirmação é verdadeira nos termos do artigo 306 do CPM. A terceira afirmação é falsa, pois o crime militar configurado é o "desvio" (artigo 307 do CPM); o crime de peculato, previsto no artigo 303 do CPM, consiste em apropriar-se de dinheiro, valor ou qualquer outro bem móvel, público ou particular, de que tem a posse ou detenção, em razão do cargo ou comissão, ou desviá-lo em proveito próprio ou alheio. A quarta afirmação também é falsa haja vista que a conduta exposta subsume-se ao crime de condescendência criminosa delimitado no artigo 322 do CPM; o crime de prevaricação, previsto no artigo 319 do CPM, consiste em retardar ou deixar de praticar, indevidamente, ato de ofício, ou praticá-lo contra expressa disposição de lei, para satisfazer interesse ou sentimento pessoal.

Gabarito "D"

(Oficial da Polícia Militar/MG - 2011 - FUMARC) O CPM prevê, dentre outras, as seguintes penas acessórias, marque a alternativa ***correta***.

(A) Perda de posto e patente, Transferência Compulsória e Suspensão dos Direitos Políticos.
(B) Indignidade para o Oficialato, Incompatibilidade com o Oficialato e Inabilitação para o exercício de função pública.
(C) Reforma Administrativa, Perda de posto e patente e Inabilitação para o exercício de função pública.
(D) Incompatibilidade para com o Oficialato, Exação e Perda da Função Pública.

A alternativa correta é a "B", conforme dispõe o artigo 98 do CPM, que aponta as penas acessórias.

Gabarito "B"

(1° Sargento QOPM QOC da Polícia Militar /MG - 2010) Com base no artigo 123 do Código Penal Militar, em qual hipótese não ocorrerá a extinção da punibilidade do militar.

(A) Pela morte do agente.
(B) Pela prescrição.
(C) Pelo perdão da vítima.
(D) Pela reabilitação.

A alternativa correta é a "C", pois, nos termos do artigo 123 do CPM, não existe o perdão da vítima como forma de extinção de punibilidade.

Gabarito "C"

(1° Sargento QOPM QOC da Polícia Militar /MG - 2010) Os militares, desarmados, que se reúnem, agindo contra a ordem recebida de superior, ou negam-se a cumpri-la, praticam o crime militar de:

(A) Revolta.
(B) Reunião Ilícita.
(C) Organização de Grupo Ilegal.
(D) Motim.

A alternativa correta é a "D", pois tal fato subsume-se ao prescrito no inciso I do artigo 149 do CPM. Cumpre destacar que, embora não previsto expressamente no "caput" do artigo 149 do CPM, o crime de motim exige que os militares estejam desarmados, pois, se eles estiverem armados, o crime deixa de ser o motim e passa a ser outro, mais grave: o crime de revolta, previsto no parágrafo único do artigo 149 do CPM.

Gabarito "D"

(1° Sargento QOPM QOC da Polícia Militar /MG - 2010) O militar que deixa de levar ao conhecimento do superior o motim ou revolta de cuja preparação teve notícia, pratica o crime militar de:

(A) Conspiração.
(B) Omissão de Lealdade.
(C) Omissão de Ofício.
(D) Desídia.

A alternativa correta é a "B", consoante ao previsto no artigo 151 do CPM.

Gabarito "B"

(1º Sargento QOPM QOC da Polícia Militar /MG – 2010) Na hipótese de Aloprado, Soldado policial militar do serviço ativo, pertencente ao 95° BPM, de BH, agredir e ofender um Cabo PM de seu BPM, ainda que da agressão não resultem lesões corporais, pratica o crime militar de:

(A) Injúria.
(B) Vias de fato.
(C) Violência Contra Superior.
(D) Desacato.

A alternativa correta é a "C", pois o fato insere-se como crime previsto no artigo 157 do CPM, sendo pertinente apontar que para a configuração do crime de violência contra superior não é exigida a ocorrência de lesão corporal como resultado, tratando-se em si de crime formal.

Gabarito "C"

(1º Sargento QOPM QOC da Polícia Militar /MG – 2010) O militar que recusa obedecer a ordem do superior sobre assunto ou matéria de serviço, ou relativamente a dever imposto em lei, regulamento ou instrução, pratica o crime militar de:

(A) Desobediência.
(B) Recusa de obediência.
(C) Oposição a ordem.
(D) Descaso de superior.

A alternativa correta é a "B", pois o fato está adstrito ao crime de recusa de obediência previsto no artigo 163 do CPM.

Gabarito "B"

(1º Sargento QOPM QOC da Polícia Militar /MG – 2010) O militar que empregando manobra com arma de fogo, em exercício de tiro, sem as devidas cautelas, propiciando disparos com ferimento letal em outro militar, pratica o crime militar de:

(A) Homicídio culposo.
(B) Homicídio simples.
(C) Lesão Corporal seguida de morte.
(D) Não cometeu crime previsto no CPM.

A alternativa correta é a "A", tendo-se em vista que o resultado morte ocorrera de forma culposa, atendida a prescrição do inciso II do artigo 33 do CPM. Assim, a conduta subsume-se ao tipo penal inserto no artigo 206 do CPM (homicídio culposo).

Gabarito "A"

(1º Sargento QOPM QOC da Polícia Militar /MG – 2010) O militar que revela, sem justa causa, segredo de que tem ciência, em razão de função ou profissão, exercida em local sob administração militar, desde que da revelação possa resultar dano a outrem, pratica o crime militar de:

(A) Violação de correspondência.
(B) Lesão das comunicações.
(C) Infidelidade profissional.
(D) Violação de segredo profissional.

A alternativa menos incorreta é a "D", pois o tipo atinente à conduta encontra respaldo no artigo 326 do CPM, tendo a rubrica "violação de sigilo funcional".

Gabarito "D"

(1º Sargento QOPM QOC da Polícia Militar /MG – 2010) A aceitação de vantagem indevida em razão da função policial militar, quando do exercício de policiamento de Trânsito Rodoviário, configura o crime militar de:

(A) Concussão.
(B) Recebimento indevido.
(C) Corrupção ativa.
(D) Corrupção passiva.

A alternativa correta é a "D", pois o tipo atinente à conduta encontra respaldo no "caput" do artigo 308 do CPM.

Gabarito "D"

(1º Sargento QOPM QOC da Polícia Militar /MG – 2010) O militar que dá às verbas ou ao dinheiro público aplicação diversa da estabelecida em lei, pratica o crime militar de:

(A) Exercício funcional ilegal.
(B) Aplicação ilegal de verba ou dinheiro.
(C) Abuso de confiança.
(D) Omissão funcional.

A alternativa correta é a "B", pois o tipo atinente à conduta encontra respaldo no artigo 331 do CPM.

Gabarito "B"

(1º Sargento QOPM QOC da Polícia Militar /MG – 2010) O militar que ofende superior, procurando denegrir-lhe a autoridade ou ofender sua dignidade, pratica o crime militar de:

(A) Desacato a militar.
(B) Desacato a superior.
(C) Desacato a funcionário militar.
(D) Ofensa a superior.

A alternativa correta é a "B", pois o tipo atinente à conduta encontra respaldo no artigo 298 do CPM.

Gabarito "B"

(1º Tenente QOPM QOC da Polícia Militar /MG – 2010) No crime de deserção, embora decorrido o prazo de prescrição, esta só extingue a punibilidade quando o agente, sendo Oficial:

(A) Atingir a idade de 60 (sessenta) anos.
(B) Não for reincidente em crime doloso.
(C) Contar com pelo menos 30 (trinta) anos de idade quando do início do fluxo do prazo prescricional.
(D) Permanecer incorporado à instituição militar.

A alternativa correta é a "A", considerando-se a determinação do artigo 132 do CPM.

Gabarito "A"

(1º Tenente QOPM QOC da Polícia Militar /MG – 2010) A respeito da prescrição e da reabilitação no Direito Penal Militar, é CORRETO afirmar:

(A) O curso da prescrição da execução da pena interrompe-se enquanto o condenado está preso por outro motivo, e suspende-se pelo início ou continuação do cumprimento da pena, ou pela reincidência.
(B) A prescrição começa a correr, no crime de insubmissão, do dia em que o insubmisso atinge a idade de sessenta anos.

(C) A reabilitação alcança quaisquer penas impostas por sentença definitiva.

(D) A prescrição substitui-se pela reabilitação nos crimes cuja pena cominada é de reforma ou de perda do cargo.

A: assertiva incorreta, pois tal situação não se refere a uma circunstância própria de interrupção da prescrição nos termos do § 5º do artigo 125 do CPM; **B:** assertiva incorreta nos termos do artigo 131 do CPM, pois a prescrição do insubmisso começa a correr quando o insubmisso atinge a idade de trinta anos; **C:** assertiva correta, conforme determina o "caput" do artigo 134 do CPM; **D:** assertiva incorreta, haja vista que o instituto da prescrição e da reabilitação são independentes (*vide* o artigo 127 e o § 1º do artigo 134 do CPM).

Gabarito "C"

(1º Tenente QOPM QOC da Polícia Militar /MG – 2010) Baseado no Código Penal Militar e no Código de Processo Penal Militar, assinale a alternativa CORRETA:

(A) No âmbito do direito penal militar somente será admitida ação penal de iniciativa privada nos crimes contra a honra.

(B) O militar da reserva, quando empregado na administração militar, equipara-se ao militar da ativa para efeito da aplicação da lei penal militar.

(C) O civil poderá ser coautor do crime de insubordinação previsto no Código Penal Militar, nos casos ocorridos em Força Auxiliar.

(D) A Justiça Militar dos Estados e do Distrito Federal possui competência para processar e julgar integrantes das Forças Armadas quando praticarem crimes contra policiais militares ou bombeiros militares.

A: assertiva incorreta, pois não há previsão para os delitos militares de ação penal privada, excetuando-se os casos de ação penal de iniciativa privada subsidiária da pública, consoante ao prescrito no inciso LIX do artigo 5º da CF; **B:** assertiva correta, nos termos do artigo 12 do CPM; **C:** assertiva incorreta, haja vista que, no âmbito da Justiça Militar Estadual, o civil não está sujeito à jurisdição militar, conforme determina o § 4º do artigo 125 da CF, não sendo aplicado o disposto no inciso III do artigo 9º do CPM quando o civil praticar delitos previstos nos CPM; **D:** assertiva incorreta, conforme dispõe o § 4º do artigo 125 da CF.

Gabarito "B"

(1º Tenente QOPM QOC da Polícia Militar /MG – 2010) O Decreto-Lei nº 1001, de 21/10/1969 (Código Penal Militar – CPM), no Título II da Parte Especial, trata dos crimes contra a autoridade ou disciplina militar. A respeito do contido no mencionado supedâneo legal, é CORRETO afirmar que:

(A) Se os agentes de motim estiverem armados, configura-se o crime de revolta.

(B) Para caracterizar o crime de motim, é necessária a reunião de 4 (quatro) ou mais militares, à semelhança do crime de quadrilha ou bando, previsto no Código Penal Brasileiro.

(C) Reduz-se a pena de um terço até a metade para aquele que, antes da execução do crime de conspiração e quando ainda era possível evitar-lhe as consequências, denuncia o ajuste de que participou.

(D) O crime de conspiração, previsto no CPM, está vinculado ao delito de desrespeito a superior hierárquico.

A: assertiva correta, nos termos do parágrafo único do artigo 149 do CPM; **B:** assertiva incorreta, pois não há tal exigência no tipo delineado no "caput" do artigo 149 do CPM; **C:** assertiva incorreta, haja vista que se trata de circunstância que determina a isenção de pena, nos termos do parágrafo único do artigo 152 do CPM, não sendo em si uma circunstância de privilégio ao delito; **D:** assertiva incorreta, pois o delito de conspiração está vinculado ao crime de motim, e sua forma qualificada (revolta), conforme aponta a sua figuração típica no artigo 152 do CPM.

Gabarito "A"

(1º Tenente QOPM QOC da Polícia Militar /MG – 2010) Uma guarnição PM, comandada por 3º Sargento e composta por dois Soldados, aborda um motorista de caminhão que trafegava pela cidade com uma carga de cigarros, sem os documentos necessários para o transporte da carga. Diante disso, os militares passaram a exigir do motorista 3 (três) caixas do produto para não lavrarem o boletim de ocorrência. O motorista, não tendo alternativa, aceita a negociação e entrega o produto aos PM.

Os militares incorreram na prática do crime militar de:

(A) Peculato.

(B) Corrupção ativa.

(C) Apropriação indébita.

(D) Concussão.

A alternativa correta é a "D", pois tal hipótese encontra tipificação no artigo 305 do CPM.

Gabarito "D"

(1º Tenente QOS da Polícia Militar /MG – 2010) Das condutas descritas abaixo, qual NÃO constitui crime de motim, capitulado no Código Penal Militar?

(A) Recusar obedecer a ordem do superior sobre matéria de serviço.

(B) Reunirem-se militares agindo contra ordem recebida de superior.

(C) Reunirem-se militares ou assemelhados negando-se a cumprir ordem de superior.

(D) Reunirem-se militares recusando obediência a superior, quando estejam agindo sem ordem.

A alternativa correta é a "A", pois tal hipótese não encontra previsão no artigo 149 do CPM, sendo, em si, crime de recusa de obediência prescrito no artigo 163 do CPM.

Gabarito "A"

(1º Tenente QOS da Polícia Militar /MG – 2010) O artigo 303 do Código Penal Militar encontra-se assim escrito: "Apropriar-se de dinheiro, valor ou qualquer outro bem móvel, público ou particular, de que tem a posse ou detenção, em razão de cargo ou comissão, ou desviá-lo em proveito próprio ou alheio". Sobre o dispositivo acima, marque a alternativa CORRETA:

(A) Está descrito o tipo penal de Furto.

(B) Está descrito o tipo penal chamado Peculato.

(C) Está descrito o tipo penal de Roubo.
(D) Está descrito o tipo penal de Apropriação Indébita.

A alternativa correta é a "B", pois se encontra tal tipificação inserida no crime sob a rubrica "peculato".

Gabarito "B"

(1º Tenente QOS da Polícia Militar /MG – 2010) O Capítulo V do Título VII dos Crimes Contra a Administração Militar, traz a descrição dos Crimes da Falsidade, que tratam da falsificação de documento e falsidade ideológica. Qual das condutas abaixo NÃO constitui crime de Falsidade Ideológica?

(A) Falsificar, no todo ou em parte, documento público ou particular, ou alterar documento verdadeiro, desde que o fato atente contra a Administração ou Serviço Militar.
(B) Omitir, em documento público ou particular, declaração que dele devia constar, com o fim de criar obrigação ou prejudicar direito, desde que o fato atente contra a Administração militar.
(C) Inserir, em documento público ou particular, declaração falsa, com o fim de prejudicar direito ou criar obrigação, desde que o fato atente contra a Administração Militar.
(D) Fazer inserir, em documento público ou particular, declaração diversa da que devia ser escrita, com o fim de prejudicar direito, desde que o fato atente contra o serviço militar.

A alternativa correta que não constitui crime de falsidade ideológica é a "A", pois neste caso a falsidade é material, falsificação de documento, prescrita no artigo 311 do CPM, e não intelectual, conforme expõe o artigo 312 do mesmo "Codex".

Gabarito "A"

(Bombeiro Militar/PB – 2011 – FURNE) Assinale a alternativa correta:

(A) As práticas de incitar à desobediência, à indisciplina ou à prática de crime militar são consideradas hipóteses de coautoria ou participação, a depender do caso concreto.
(B) O crime de "entendimento para empenhar o Brasil à neutralidade ou à guerra" pode ser caracterizado como crime de resultado, unissubsistente e transeunte.
(C) O crime de falso testemunho previsto no Código Penal Militar deixa de ser punível se, antes da sentença, o agente se retrata ou declara a verdade.
(D) O crime de apropriação indébita, mesmo que cometido por militar em atividade, sujeita-o às penas do Código Penal, por não existir a previsão desta conduta criminosa no Código Penal Militar.
(E) Não é típica a conduta do militar que mata alguém, desde que em legítima defesa.

A: assertiva incorreta, pois se trata de tipo penal próprio prescrito no artigo 155 do CPM, não sendo apenas as condutas consideradas como hipótese de coautoria ou participação, cujo instituto vem descrito no artigo 53 do CPM; **B:** assertiva incorreta, haja vista que, nos termos do artigo 140 do CPM, tal tipificação inexige resultado lesivo, sendo crime de perigo de perigo abstrato, além de ser crime plurissubsistente, possibilitando a realização de várias condutas para a sua prática, além de ser instantâneo, consumando-se no momento em que houve a figuração nuclear do tipo; **C:** assertiva correta, conforme prevê o § 2º do artigo 346 do CPM; **D:** assertiva incorreta, consoante aos tipos penais previstos nos artigos 248 e 249 do CPM; **E:** assertiva incorreta, pois a conduta é típica, nos termos do artigo 205 do CPM, não havendo em si antijuridicidade caso seja praticado sob legítima defesa, conforme aponta o inciso II do artigo 42 do CPM.

Gabarito "C"

(Bombeiro Militar/PB – 2011 – FURNE) Consideram-se crimes militares, em tempo de paz, **EXCETO**

(A) os crimes previstos no Código Penal Militar, ainda que também definidos na lei penal comum, quando praticados por militar durante o período de manobras ou exercício, contra militar da reserva, ou reformado, ou assemelhado, ou civil.
(B) os crimes tratados no Código Penal militar, quando definidos de modo diverso na lei penal comum, ou nela não previstos, qualquer que seja o agente, salvo disposição especial.
(C) os crimes previstos no Código Penal Militar, ainda que também definidos na lei penal comum, quando praticados por militar em situação de atividade ou assemelhado, contra militar na mesma situação ou assemelhado.
(D) os crimes previstos no Código Penal Militar, ainda que também definidos na lei penal comum, quando praticados por militar em situação de atividade ou assemelhado, em lugar sujeito à administração militar, contra militar da reserva, ou reformado, ou assemelhado, ou civil.
(E) os crimes praticados por militar da reserva, ou reformado, excluído o civil, contra as instituições militares, quando cometidos em lugar sujeito à administração militar contra militar em situação de atividade ou assemelhado, ou contra funcionário de Ministério militar ou da Justiça Militar, no exercício de função inerente ao seu cargo.

A alternativa correta é a "E", pois não encontra respaldo no artigo 9º do CPM, haja vista que o civil, nos termos de seu inciso III, poderá ser sujeito ativo de crime impropriamente militar, observados os limites de competência da Justiça Militar expostos nos artigos 124 e 125, § 4º, da CF.

Gabarito "E"

(Cabo da Polícia Militar /PI – 2012 – UESPI) Policial militar que, reagindo à prisão, agride verbalmente superior de serviço, com palavras de baixo calão, denegrindo sua autoridade, comete, dentre outros, o delito militar de:

(A) desacato a superior;
(B) desacato a militar;
(C) insubmissão;
(D) revolta;
(E) desobediência.

A alternativa correta é a "A", pois tal conduta ofensiva proferida verbalmente ao superior hierárquico se configura como crime de desacato a superior previsto no artigo 298 do CPM.

Gabarito "A"

(Cabo da Polícia Militar /PI – 2012 – UESPI) São crimes propriamente militares, previstos no Código Penal Militar.

(A) Motim, violência contra superior, desacato, recusa de obediência.

(B) Motim, desacato a superior, deserção, abandono de posto.

(C) Motim, desacato a superior, desacato, desobediência.

(D) Motim, deserção, desacato, embriaguez em serviço.

(E) Motim, desacato, embriaguez em serviço, abandono de posto.

A: assertiva incorreta, pois o crime de desacato, que pode ser a militar ou a assemelhado ou funcionário (artigos 299 e 300 do CPM), é crime impropriamente militar, podendo ser cometido por civil (artigo 9º, inciso III, do CPM); **B:** assertiva correta, haja vista todos os tipos exigirem a condição de militar para a sua prática; **C:** assertiva incorreta, pois tanto o desacato quanto a desobediência (artigo 301 do CPM) são crimes impropriamente militares; **D:** assertiva incorreta quanto ao desacato; **E:** assertiva incorreta quanto ao desacato.

Gabarito "B"

(Sargento da Polícia Militar /PI – 2012 – UESPI) Dentre os crimes militares, temos o crime de motim, previsto no art. 149 do Código Penal Militar. Sobre este tipo delituoso podemos afirmar, **EXCETO**.

(A) É um crime propriamente militar, previsto apenas no Código Penal Militar, que tem, dentre outras características, a reunião de militares em ação contra a ordem recebida de superior, ou negando-a cumpri-la.

(B) É um crime propriamente militar, previsto apenas no Código Penal Militar, que tem, dentre outras características, a recusa conjunta de obediência, ou em resistência ou violência, em comum, contra superior.

(C) É um crime propriamente militar, previsto apenas no Código Penal Militar, praticado contra a autoridade e a disciplina militar.

(D) É um crime propriamente militar, previsto apenas no Código Penal Militar, que tem, dentre outras características, a reunião de militares em ação contra a ordem recebida de superior, ou negando-a cumpri-la, praticado contra a administração militar.

(E) É um crime propriamente militar previsto apenas no Código Penal Militar, que tem, dentre outras características, a reunião de militares em ação contra a ordem recebida de superior, ou negando-a cumpri-la, praticado contra a autoridade e disciplina militar.

A alternativa a ser marcada é a "D", pois não há a previsão na figuração típica de ser praticado contra a administração militar (inciso I do artigo 149 do CPM).

Gabarito "D"

(Sargento da Polícia Militar /PI – 2012 – UESPI) Sobre a deserção, crime propriamente militar, previsto nos arts. 187 e 188, do CPM, podemos afirmar, **EXCETO**.

(A) É um crime propriamente militar, previsto apenas no Código Penal Militar.

(B) De acordo com o art. 132, do Código Penal Militar, tem-se extinta a punibilidade quando a praça desertora atinge a idade de 45 (quarenta e cinco) anos, e, se oficial, a de 60 (sessenta) anos.

(C) É um crime propriamente militar, se tratando de delito formal, por se constituir pelo simples decurso do prazo, que é de oito dias de ausência do militar, sem licença, da unidade em que serve, ou do lugar em que deva permanecer.

(D) O crime de deserção se trata de delito formal, se constituindo pelo simples decurso do prazo, que é de mais de oito dias de ausência do militar, sem licença, da unidade em que serve, ou do lugar em que deva permanecer.

(E) Na mesma pena pelo crime de deserção, incorre o militar que consegue exclusão do serviço ativo ou situação de inatividade, criando ou simulando incapacidade.

A alternativa que não é correta sobre a deserção e que deve ser marcada é a "C", pois tal crime de deserção se consuma quando o militar estiver ausente ilegalmente por mais de oito dias, conforme se depreende do próprio elemento descritivo do tipo insculpido no artigo 187 do CPM.

Gabarito "C"

(Cabo da Polícia Militar /SP – 2012 – CETRO) Em uma situação hipotética, um grupo de dez policiais militares da ativa, de folga, se reúne, ocupando o quartel ao qual pertencem, agindo contra ordem recebida de superior, e se negando a cumpri-la; recusando obediência ao superior, agindo sem ordem; assentindo esses policiais militares em recusa conjunta de obediência, estando alguns destes militares, inclusive, portando pistolas de modo ostensivo sem, no entanto, esses armamentos serem utilizados efetivamente. Diante do fato exposto, analise essas condutas à luz do Código Penal Militar e, em seguida, assinale a alternativa correta.

(A) Não haveria crime militar, já que o quartel é um local público e a Constituição Federal autoriza a livre manifestação de reunião e pensamento desde que não haja o emprego de violência.

(B) Não haveria crime militar, estando os militares sujeitos apenas a Regulamento Disciplinar.

(C) Haveria a prática do crime de motim previsto no artigo 149, em sua forma simples, conforme Código Penal Militar.

(D) Os militares responderiam pelo crime de motim qualificado pela revolta, pelo fato de alguns policiais estarem armados, conforme o artigo 149, parágrafo único do Código Penal Militar.

A alternativa correta é a "D", pois, estando os militares armados em recusa ao cumprimento da ordem superior, configura-se a tipificação descrita no parágrafo único do artigo 149 do CPM.

Gabarito "D"

(Cabo da Polícia Militar /SP – 2012 – CETRO) De acordo com o Código Penal Militar, Decreto-Lei nº 1.001/1969, a pena para o militar que se embriaga durante o serviço, ou se apresenta embriagado para assunção deste, é de detenção de 6 (seis) meses a 2 (dois) anos. Em relação à Lei nº 9.099/1995, que considera infrações penais de menor potencial ofensivo as contravenções penais e os crimes a que a Lei comine em pena máxima não superior a dois anos, cumulada ou não com multa, e em relação ao fato em tela, é correto afirmar que

(A) se aplicam dessa forma as disposições da Lei nº 9.099/1995 no âmbito da Justiça Militar.
(B) as disposições previstas na Lei nº 9.099/1995 não se aplicam no âmbito da Justiça Militar.
(C) as disposições da Lei nº 9.099/1995, na Justiça Militar, serão aplicadas apenas por requerimento do réu ou de seu advogado.
(D) as disposições da Lei nº 9.099/1995, na Justiça Militar, serão aplicadas somente a requerimento do representante do Ministério Público.

A alternativa correta é a "B", pois, nos termos do artigo 90-A da Lei Federal nº 9.099/1995, não se aplicam os institutos inerentes aos delitos de menor potencial ofensivo no âmbito da Justiça Militar.

Gabarito "B"

(Cabo da Polícia Militar /SP – 2012 – CETRO) O soldado da PM "A", de folga, envolveu-se em uma briga com seu amigo, o soldado da PM "B", também de folga. O primeiro efetuou vários disparos de arma de fogo contra o segundo, acarretando o óbito deste. Analisando a situação narrada e segundo o Código Penal Militar, Decreto-Lei nº 1.001/1969, é correto afirmar que, em tese,

(A) o homicídio praticado pelo soldado da PM "A" será julgado pela Justiça Comum, pois ambos os militares estavam de folga.
(B) o homicídio praticado pelo soldado da PM "A" somente seria crime militar se os dois policiais envolvidos estivessem de serviço.
(C) o soldado da PM "A" deverá ser julgado pelo Tribunal do Júri, pois se trata de Crime Doloso contra a vida, sendo considerado crime comum não abrangido pela Justiça Militar.
(D) o soldado da PM "A" deverá ser processado e julgado pela Justiça Militar, pois sua conduta se enquadra em uma das situações do artigo 9º do CPM.

A alternativa correta é a "D", pois, nos termos da alínea "a" do inciso II do artigo 9º do CPM, o delito é considerado como militar, estando sujeito à jurisdição castrense conforme rezam os artigos 124 e 125, § 4º, da CF. Vale ressaltar que tal fato não é de competência da Justiça Comum (Júri), pois não há adequação à previsão do parágrafo único do artigo 9º do CPM, pois o sujeito passivo também é militar.

Gabarito "D"

(Sargento da Polícia Militar /SP – 2012 – VUNESP) É correto afirmar que, consumado o crime de deserção, nos casos previstos na lei penal militar, o Comandante da Unidade, ou autoridade correspondente, ou ainda a autoridade superior, exceto:

(A) fará lavrar o respectivo termo, imediatamente, que poderá ser impresso ou datilografado, sendo por ele assinado e por duas testemunhas idôneas, além do militar incumbido da lavratura.
(B) quanto à contagem dos dias de ausência, para efeito da lavratura do termo de deserção, determinará que se inicie na primeira hora do dia àquele em que for verificada a falta injustificada do militar.
(C) no caso de deserção especial, prevista no art. 190 do Código Penal Militar, determinará a lavratura mediata do termo.
(D) fornecerá os elementos necessários à propositura da ação penal, sujeitando, desde logo, o desertor à prisão.

A: assertiva correta, conforme prescreve o artigo 451 do CPPM; **B:** assertiva incorreta, devendo esta alternativa ser assinalada, consoante ao exposto no § 1º do artigo 451 do CPPM, que determina que a contagem dos dias de ausência se iniciará na zero hora do dia seguinte àquele em que for verificada a falta injustificada do militar; **C:** assertiva correta, nos termos do § 2º do artigo 451 do CPM; **D:** assertiva correta em face do prescrito no artigo 452 do CPM.

Gabarito "B"

(Sargento da Polícia Militar /SP – 2012 – VUNESP) Pode-se afirmar que caracteriza o crime de motim, reunirem-se militares ou assemelhados:

(A) agindo em conjunto ou separadamente, em favor da ordem recebida de superior e negando a cumpri-la de imediato.
(B) assentindo em recusa conjunta de obediência, ou em resistência ou violência, em comum, contra superior.
(C) ocupando quartel, fortaleza, arsenal, fábrica, aeronave, viatura militar ou qualquer local para a prática de violência militar ou concertarem-se com armamento ou material bélico, a fim da prática de violência.
(D) com o intuito de patrocinar a clandestinagem de informações a países estrangeiros.

A: assertiva incorreta, pois não existe tal tipificação nos incisos do artigo 149 do CPM; **B:** assertiva correta, nos termos do inciso III do artigo 149 do CPM; **C:** assertiva incorreta, pois a segunda parte encontra tipificação no artigo 150 do CPM (crime de organização de grupo para a prática de violência), não se configurando como crime de motim; **D:** assertiva incorreta, haja vista que tal crime encontra amparo no artigo 146 do CP (crime de penetração com o fim de espionagem), não se configurando como crime de motim.

Gabarito "B"

(Sargento da Polícia Militar /SP – 2012 – VUNESP) Sd PM Barreto, de serviço, havendo tão somente a si e um outro Sd PM no serviço de sentinela da OPM, e estando o serviço em aparente situação de normalidade, por volta das 23h40m, sem solicitar autorização de seu Comandante, deliberou por sair para comprar uma *pizza* em uma lanchonete a cerca de 100 metros. Tal conduta caracterizará o crime de

(A) abandono de posto.
(B) recusa de obediência a ordem de superior e abandono de posto.
(C) oposição à ordem de sentinela.
(D) desrespeito à superior.

A alternativa correta é a "A", pois a conduta encontra-se tipificada no artigo 195 do CPM, configurando-se crime de abandono de posto.
Gabarito "A"

(Sargento da Polícia Militar /SP – 2012 – VUNESP) Durante o serviço, no período noturno, em uma Unidade de Corpo de Bombeiros, um Soldado PM, escalado no serviço de telegrafia, sem intenção, acomodou-se em uma cadeira e dormiu. Tal conduta

(A) caracterizará o crime de dormir no posto sem autorização de superior, na modalidade culposa.
(B) caracterizará o crime de dormir em serviço, na modalidade culposa.
(C) caracterizará o crime de dormir em serviço.
(D) não caracterizará crime, em face da ausência de dolo.

A alternativa correta é a "D", pois tal conduta de dormir em serviço, tipificada no artigo 203 do CPM, somente será considerada como crime caso haja dolo, nos termos do parágrafo único do artigo 33 do CPM. Assim, o militar que dormir em serviço de forma culposa não incorrerá em crime, mas somente terá sua conduta analisada na via disciplinar.
Gabarito "D"

(Sargento da Polícia Militar /SP – 2012 – VUNESP) Bombeiros, Militares do Estado, armados, reúnem-se e invadem instalações militares do Corpo de Bombeiros, pleiteando aumento salarial por meio da prática de violência, em desobediência a ordem superior. Tal conduta

(A) caracterizará o crime de revolta.
(B) caracterizará os crimes de revolta e recusa de obediência.
(C) caracterizará o crime de insubordinação.
(D) na hipótese, muito embora criminosa, necessariamente, será anistiada pelo Congresso Nacional.

A alternativa correta é a "A", pois tal conduta configura-se crime militar de revolta, nos termos do parágrafo único do artigo 149 do CPM.
Gabarito "A"

16. Direito Processual Penal Militar

Alexandre Henriques

(Oficial Policial Militar de Administração/DF – 2010 – CESPE) Considerando os preceitos legais que regem o processo penal militar e o entendimento jurisprudencial e doutrinário dominantes, julgue os próximos itens.

(1) Nos casos em que a PM e o corpo de bombeiros militar sejam subordinados ao comando do secretário de segurança pública, este, como servidor civil, não exerce a função de polícia judiciária militar, atividade exclusiva de autoridade castrense.

(2) Conforme previsão constitucional, à justiça militar federal compete processar e julgar, nos crimes militares, os integrantes das Forças Armadas e os civis, enquanto à justiça militar estadual compete o processo e o julgamento dos PMs e bombeiros militares, excluídos os civis, mesmo que tenham praticado um crime militar.

(3) No caso de crime contra a segurança externa do país, a requisição ao procurador-geral da justiça militar para a instauração de ação penal não vincula o MP, que somente proporá ação penal se preenchidos os requisitos legais pertinentes.

(4) Caso um PM do DF praticasse vários crimes militares em continuidade delitiva no estado da Bahia, no de Goiás e no de Minas Gerais, vindo a ser preso no último estado, nessa situação, se o juiz da Auditoria Militar de Minas Gerais praticasse algum ato no processo, tornar-se-ia prevento.

(5) Para o crime de deserção, a qualidade de militar da ativa é condição de procedibilidade para a propositura da ação penal e para o seu prosseguimento até decisão final.

(6) Um oficial da PM que, na inatividade, praticar crime militar contra bem ou interesse da corporação, será processado e julgado pelo Conselho Especial de Justiça, composto por oficiais do serviço ativo de posto superior ao do acusado ou, na falta, por oficiais do mesmo posto.

(7) A insubmissão é o único crime militar cujo agente do delito é exclusivamente o civil, sendo que tal qualidade integra o tipo penal. Todavia, a incorporação do insubmisso é condição objetiva de procedibilidade da ação penal.

1: Correta, pois, nos termos do art. 7º do CPPM, somente os Oficiais das Forças Armadas, das Polícias Militares e dos Corpos de Bombeiros Militares é que poderão exercer as atividades de apuração dos crimes militares, seja de forma originária ou delegada, **2:** Correta, pois a Justiça Militar Federal detém a competência de julgar militares e civis quando do cometimento de crimes militares, nos termos do art. 124 da CF, valendo ressaltar que os civis também cometem crimes militares nos termos do inc. III do art. 9º do CPM. A Justiça Militar no âmbito do Estado somente poderá julgar os crimes militares cometidos pelos militares estaduais, conforme dispõe o art. 125 § 4º da CF; **3:** Correta, pois apesar de ser formulada a requisição pelo Ministério a que esteja subordinado o autor do crime (agente), (art. 31 do CPPM), ao Procurador-geral da Justiça Militar, a denúncia deverá somente ser oferecida se observados os requisitos impostos no art. 30 do mesmo Código. Vale ressaltar que o art. 56 do CPPM também dispõe a respeito da independência do Ministério Público; **4:** Incorreta, pois a competência no caso dos militares estaduais está restrita à Justiça Militar no âmbito do território ao qual o seu órgão militar (Polícia Militar ou Corpo de Bombeiro Militar) está adstrito, nos termos do art. 125 § 4º da CF e do art. 6º do CPPM; **5:** Correta, pois conforme se depreende de trecho do acórdão à seguir, a qualidade de militar da ativa, é de fato condição de procedibilidade. *"...a perda superveniente da condição de militar da ativa gerou óbice invencível ao prosseguimento da ação penal."* (STM – CP: 62920107110011 DF 0000006-29.2010.7.11.0011, Relator: José Américo dos Santos, Data de Julgamento: 19.02.2013, Data de Publicação: 08.03.2013, Vol: Veículo: DJE). *Vide* art. 456, §§ 4º e 5º do CPPM; **6:** Correta, consoante ao disposto no art. 125, § 5º, da CF, observados os arts. 399, "a" e 400, ambos do CPPM; **7:** Correta. O crime de insubmissão vem descrito no art. 183 do CPM, sendo autor deste delito o civil ainda não incorporado às Forças Armadas; entretanto, nos termos do art. 464 do CPPM, deverá o autor do crime ser incluído na Força Armada, pois, caso contrário, em sendo incapaz, ficará isento do processo penal.

Gabarito 1C, 2C, 3C, 4E, 5C, 6C, 7C

(Oficial Policial Militar de Administração/DF – 2010 – CESPE) Acerca dos atos probatórios, da inauguração da ação penal militar e dos incidentes processuais, julgue os itens a seguir.

(1) Considere que, no curso da instrução probatória de processo para a apuração de crime militar, tenha sido instaurado incidente de insanidade mental, por pairarem dúvidas quanto à saúde mental do acusado. Considere, ainda, que, realizada a perícia, tenha concluído o laudo pela inimputabilidade do acusado, em razão de doença mental, que, ao tempo do crime, suprimiu sua capacidade de entender o caráter ilícito do fato. Nessa situação, o acusado será absolvido de imediato, independentemente da conclusão do processo, sendo declarada a sua inimputabilidade com a aplicação da medida de segurança correspondente.

(2) O interrogatório do acusado será realizado em dia, lugar e hora designados pelo juiz, após o recebimento da denúncia, devendo a autoridade judiciária, antes de iniciar o ato, advertir o acusado de que o seu silêncio poderá ser interpretado em prejuízo de sua defesa.

(3) A classificação do crime contida na denúncia ou queixa, consistente na indicação dos dispositivos da lei penal militar violada, não vincula o juízo, uma vez que poderá ser alterada, quando do julgamento, com observância das normas processuais pertinentes.

(4) A correspondência particular interceptada antes de ser aberta pelo seu destinatário, se juntada aos autos por determinação da autoridade judiciária competente, será considerada como prova documental e poderá embasar decreto condenatório.

1: Incorreta, pois o art. 160 do CPPM determina a continuidade do processo até a sentença, a qual deterá os requisitos expostos no art. 439 do CPPM; **2:** Incorreta, pois, conforme dispõe o art. 402 do CPPM, a qualificação e o interrogatório do acusado serão feitos após a prestação de compromisso pelos membros do Conselho de Justiça, e não após o recebimento da denúncia; **3:** Correta, pois se trata da aplicação do princípio da consubstanciação penal, onde os fatos estão sob julgamento, cabendo a classificação do crime ao juízo, conforme aponta o art. 437 do CPPM; **4:** Incorreta, pois nos termos do art. 5º, XII da CF, é inviolável o sigilo da correspondência, sendo que, neste caso, deverá tal documento ser desentranhado dos autos, conforme prescreve o art. 375 do CPPM.

Gabarito 1E, 2E, 3C, 4E

(Oficial Policial Militar de Administração/DF – 2010 – CESPE) A respeito das medidas imputadas a quem pratica crime militar, julgue os itens subsequentes.

(1) Suponha que um militar, em situação de atividade, tenha praticado crime tipificado como violência contra superior, cuja pena prevista é de 3 meses a 2 anos de detenção. No caso de ter sido autuado em flagrante delito pela autoridade competente, o acusado poderá livrar-se solto. Nessa situação, será obrigatória a concessão da liberdade provisória.

(2) Ainda que a insubmissão seja considerada crime permanente, a apresentação ou captura do insubmisso não importará em recolhimento à prisão, uma vez que, nesses casos, a lei garante ao acusado o benefício da menagem, independentemente de decisão judicial ou de ato da autoridade militar concedendo o benefício.

(3) Suponha que um civil tenha sido indiciado formalmente em inquérito policial militar pela prática de crime militar e que, no decorrer das investigações, o encarregado do inquérito tenha determinado a prisão provisória do indiciado. Nessa situação, tratando-se de medida cautelar, a prisão será limitada a 30 dias, prorrogável por mais 20 dias, caso seja devidamente justificada.

(4) Considere que um civil tenha praticado um crime militar cuja pena máxima privativa de liberdade prevista não exceda a quatro anos. Considere, ainda, que, no curso do processo instaurado em razão do delito, o acusado tenha solicitado a concessão do benefício da menagem, sob o argumento de que se encontravam preenchidos os requisitos necessários ao atendimento do pedido. Nessa situação, é incabível o deferimento do pedido, pois o instituto da menagem é exclusivo da justiça militar, não podendo, portanto, ser concedido a civil.

1: Incorreta, pois, nos termos do art. 270, "b" do CPPM, não se livrará solto o autor de crime previsto no art. 157 do CPM, sendo este o crime sob a rubrica "violência contra superior"; **2:** Correta, pois tal direito à menagem ao insubmisso vem descrita no *caput* do art. 464 c.c. o art. 266 do CPPM; **3:** Incorreta. O Oficial encarregado de um Inquérito Policial Militar (IPM) somente poderá determinar como medida cautelar privativa de liberdade (prisão provisória) a detenção, prescrita no *caput* do art. 18 c.c. art. 225 do CPPM, cujo fundamento se restringe aos crimes propriamente militares, nos termos do inc. LXI do art. 5º da CF. Conceitualmente crimes militares são aqueles prescritos somente no CPM e sendo autores somente os militares (crime próprio). Assim o Encarregado de IPM não poderá determinar a detenção de um civil, mas somente de militares que cometerem crimes propriamente militares; **4:** Incorreta. Nos termos do art. 263 do CPPM, não há impedimento de concessão de menagem ao civil autor de crime militar. Ademais, além do requisito de que a pena privativa não exceda a quatro anos, a lei determina que se observe a natureza do crime e os antecedentes do acusado.

Gabarito 1E, 2C, 3E, 4E

(Oficial Policial Militar/DF – 2010 – CESPE) Com base nos institutos de direito processual penal militar, julgue os itens subsequentes.

(1) O Código de Processo Penal Militar (CPPM) não disciplina a ação penal militar privada subsidiária, razão pela qual se aplicam, supletivamente, as disposições do Código de Processo Penal comum para essa espécie de ação no âmbito da justiça militar.

(2) O Ministério Público Militar é o órgão de acusação no processo penal militar, cabendo ao procurador geral exercê-la nas ações de competência originária no Superior Tribunal Militar e aos procuradores, nas ações perante os órgãos judiciários de primeira instância, sendo vedado aos seus membros opinar pela absolvição do réu.

(3) O prazo para se concluir o inquérito policial militar é de dez dias, se o indiciado estiver preso, e conta a partir do dia em que se executar a ordem de prisão. Se o indiciado estiver solto, o prazo é de trinta dias, contados a partir da data de instauração do inquérito.

1: Correta, pois conforme prescreve o art. 3º, "a" do CPPM, os casos omissos no CPPM serão supridos pela legislação do processo penal comum, quando aplicável ao caso concreto e sem prejuízo da índole do processo penal militar; **2:** Incorreta, pois o parágrafo único do art. 54 do CPPM dispõe que o Ministério Público não está impedido de opinar pela absolvição do acusado; **3:** Incorreta, pois o *caput* do art. 20 do CPPM aponta que o prazo de conclusão do IPM estando o indiciado preso é de **vinte dias** a partir do dia em que se executar a ordem de prisão, e solto é de **quarenta** dias, a contar da data de instauração do IPM.

Gabarito 1C, 2E, 3E

(Oficial Policial Militar/DF – 2010 – CESPE) Julgue o seguinte item.

(1) Para se efetuar a prisão preventiva de pessoa que esteja no estrangeiro, a autoridade policial deve dirigir-se ao ministro da Defesa para que sejam tomadas as providências que couberem no caso.

1: Incorreta. Conforme reza o art. 254 do CPPM, a autoridade de polícia judiciária militar deverá representar pela prisão preventiva de uma pessoa ao Juiz da Auditoria Militar.

Gabarito 1E

(Cadete da Polícia Militar/GO – 2010 – FUNCAB) Sobre as regras que tratam da competência, previstas no Dec.-Lei nº 1.002/1969, assinale a alternativa correta.

(A) É vedado o desaforamento no processo penal militar.
(B) A conexão e a continência importam unidade de processo e julgamento, ainda que haja concurso entre a jurisdição militar e a comum.
(C) A distribuição realizada em virtude de ato anterior à fase judicial do processo não prevenirá o juízo.
(D) Para o militar em situação de atividade, o lugar da infração, quando este não puder ser determinado, será o da unidade, navio, ou órgão onde estiver servindo.
(E) Há conflito de competência negativo quando duas ou mais autoridades judiciárias entenderem, ao mesmo tempo, que lhes cabe conhecer do processo.

A: Incorreta, pois o art. 109 do CPPM expõe as circunstâncias passíveis de desaforamento de um processo no âmbito da Justiça Militar; **B:** Incorreta, pois nos termos do art. 102, "a" do CPPM a conexão e a continência não determinarão a unidade do processo quando houver concurso entre a jurisdição militar e a comum; **C:** Incorreta, pois dispõe o art. 94 do CPPM que prevenirá o juízo atos anteriores ao oferecimento da denúncia; **D:** Correta, nos termos do art. 96 do CPPM; **E:** Incorreta, pois se trata de conflito positivo de atribuições previsto no art. 112, I "a" do CPPM.

Gabarito "D"

(Cadete da Polícia Militar/GO – 2010 – FUNCAB) Acerca das medidas assecuratórias, previstas no Código de Processo Penal Militar, é correto afirmar que:

(A) são expressamente vedadas a busca e a revista pessoal.
(B) estão sujeitos à hipoteca legal os bens móveis do acusado, necessários para satisfação do dano causado pela infração penal, ao patrimônio sob administração militar.
(C) estão sujeitos a sequestro os bens adquiridos com os proventos da infração penal, quando desta haja resultado, de qualquer modo, lesão a patrimônio sob administração militar, ainda que já tenham sido transferidos a terceiros por qualquer forma de alienação, ou por abandono ou renúncia.
(D) é permitido o arresto de bens insuscetíveis de penhora e os que, de qualquer modo, signifiquem conforto indispensável ao acusado e à sua família.
(E) a busca domiciliar, ainda que expressamente autorizada pelo morador, não poderá ser realizada à noite.

A: Incorreta, pois o art. 170 do CPPM autoriza tais medidas, tanto a busca domiciliar quanto a pessoal, na forma prevista nos arts. 179 à 184 do citado Código; **B:** Incorreta, haja vista que o art. 206 do CPPM dispõe que somente os bens **imóveis** estão sujeitos à hipoteca legal; **C:** Correta, nos termos do art. 199 do CPPM; **D:** Incorreta, haja vista que o art. 217 do CPPM impõe para o arresto a não permissão sobre os bens insuscetíveis de penhora, ou àqueles que signifiquem conforto indispensável ao acusado e à sua família; **E:** Incorreta, pois, nos termos do art. 5º, XI da CF c.c o parágrafo único do art. 175 do CPPM, a busca domiciliar poderá ser realizada à noite quando houver expresso consentimento do morador.

Gabarito "C"

(Cadete da Polícia Militar/GO – 2010 – FUNCAB) Conforme o Dec.-lei nº 1.002/1969, NÃO é cabível recurso em sentido estrito da decisão que:

(A) reconhecer a inexistência de crime militar, em tese.
(B) julgar procedente a exceção, salvo de suspeição.
(C) concluir pela incompetência da Justiça Militar, do auditor ou do Conselho de Justiça.
(D) indeferir o pedido de reconhecimento da prescrição ou de outra causa extintiva da punibilidade.
(E) de forma definitiva, condenar ou absolver o réu.

A: incorreta. É cabível o recurso nos termos do art. 516, "a" do CPPM; **B:** incorreta. É cabível o recurso nos termos do art. 516, "f" do CPPM; **C:** incorreta. É cabível o recurso nos termos do art. 516, "e" do CPPM; **D:** incorreta. É cabível o recurso nos termos do art. 516, "l" do CPPM; **E:** correta. Não é cabível o recurso especial em sentido estrito nestes casos, pois o recurso cabível é a apelação, nos termos do art. 526, "a" do CPPM.

Gabarito "E"

(Cadete da Polícia Militar/GO – 2010 – FUNCAB) A respeito dos atos probatórios, disciplinados no Dec.-lei nº 1.002/1969, assinale a alternativa correta.

(A) A prova no juízo penal militar se submete sempre às restrições estabelecidas na lei civil.
(B) O ônus da prova compete a quem alegar o fato, sendo vedado ao juiz determinar, de ofício, a realização de diligências.
(C) A perícia pode ter por objeto os vestígios materiais deixados pelo crime ou as pessoas e coisas, que, por sua ligação com o crime, possam servir-lhe de prova.
(D) Não é admitida a acareação entre testemunhas no processo penal militar.
(E) Pode o juiz negar a realização do exame de corpo de delito, quando reputar a prova desnecessária ao esclarecimento da verdade.

A: Incorreta, pois, nos termos do art. 294 do CPPM, a prova no juízo penal militar não está sujeita às restrições estabelecidas na lei civil, salvo quanto ao estado das pessoas; **B:** Incorreta, pois o art. 296 do CPPM autoriza ao juiz a determinação de realização de diligências de ofício; **C:** Correta, nos termos do art. 314 do CPPM; **D:** Incorreta, pois é permitida a acareação entre as testemunhas no processo penal militar nos termos do art. 365,"b" do CPPM; **E:** Incorreta. Se a prova for desnecessária ao esclarecimento da verdade, poderá o juiz negar a realização da perícia, *exceto se for o exame de corpo de delito.*

Gabarito "C"

(Cadete da Polícia Militar/GO – 2010 – FUNCAB) A polícia judiciária militar é exercida pelas seguintes autoridades, EXCETO:

(A) chefe do Estado-Maior das Forças Armadas, em relação a entidades que, por disposição legal, estejam sob sua jurisdição.
(B) comandantes de Região Militar, Distrito Naval ou Zona Aérea, nos órgãos e unidades dos respectivos territórios.
(C) comandantes de Exército e pelo comandante-chefe da Esquadra, nos órgãos e unidades compreendidos no âmbito da respectiva ação de comando.
(D) ministros da Justiça, da Marinha, do Exército e da Aeronáutica.
(E) comandantes de unidades ou navios.

A atividade de polícia judiciária militar é exercida nos termos do art. 7º do CPPM, sendo que, de forma originária, somente os Oficiais delineados dentre as alíneas "a" a "h" detêm tal competência. Em sendo assim o Ministro da Justiça não foi incluído no rol de autoridades competentes, mas somente os da Marinha, do Exército e da Aeronáutica, conforme disposto no art. 7º, "a" do CPPM, estando assim a alternativa D incorreta.

Gabarito "D"

(3º Sargento da Polícia Militar /MG – 2011) Sobre o Inquérito Policial Militar (IPM) e nos termos do Código de Processo Penal Militar (CPPM), marque a alternativa INCORRETA:

(A) A autoridade militar que determinar o arquivamento dos autos de IPM que concluir pela inexistência de crime militar, deverá comunicar o fato à autoridade judiciária.
(B) O IPM é a apuração sumária de fato, que, nos termos legais, configure crime militar, e de sua autoria, cuja finalidade precípua é a de ministrar elementos necessários à propositura da ação penal.
(C) Independentemente de flagrante delito, o indiciado poderá ficar detido, durante as investigações policiais, até trinta dias, comunicando-se a detenção à autoridade judiciária competente.
(D) O inquérito é sigiloso, mas seu encarregado pode permitir que dele tome conhecimento o advogado do indiciado.

A: Incorreta, devendo ser assinalada, pois, nos termos do art. 24 do CPPM, é vedado à autoridade militar determinar o arquivamento dos autos IPM, ainda que conclusivo pela inexistência de crime militar; **B:** Correta, nos termos do *caput* do art. 9º do CPPM; **C:** Correta, conforme prescreve o art. 18 do CPPM; **D:** Correta, consoante ao previsto no art. 16 do CPPM.

Gabarito "A"

(Oficial da Polícia Militar/MG – 2011 – FUMARC) Em se tratando do Inquérito Policial Militar, é importante saber que

(A) o posto do indiciado induz a competência para instauração do procedimento, mas não a delegação de instrução.
(B) em regra, o Poder de Polícia Judiciária Militar é exercido pelos Oficiais e eventualmente pode ser delegado às praças.
(C) ainda que a delegação para a instrução não tenha ocorrido, os Oficiais responsáveis pelo Comando quando da incidência de crime militar devem proceder de ofício as providências preliminares de investigação.
(D) a solução do Inquérito é providência essencial para que a autoridade instauradora possa prolatar o Relatório do IPM.

A: Incorreta, pois para a delegação também é essencial a observância do posto do indiciado, conforme reza o art. 7º § 2º do CPPM; **B:** Incorreta, pois não pode haver delegação às praças quanto ao poder de polícia judiciária militar. Isto em conformidade ao disposto no art. 7º, § 1º, do CPPM; **C:** Correta. Nos termos do art. 10, § 2º, c.c. o art. 12 do CPPM; **D:** Incorreta. Conforme prescreve o art. 22 § 1º do CPPM, o relatório é a peça que precederá à solução do Inquérito Policial Militar.

Gabarito "C"

(Oficial da Polícia Militar/MG – 2011 – FUMARC) Sobre a competência no âmbito do Direito Penal Militar, analise os conceitos infrarrelacionados:

I. "A competência, de modo geral, é determinada pelo local da infração. Contudo, em crimes em que haja mais de um local de consumação, a competência é exercida pela sede do lugar de exercício funcional do policial militar."
II. "a prerrogativa de posto ou função inibe a utilização de outro critério para a determinação da competência."
III. Na ocorrência de continência ou conexão, o princípio da unidade do processo é regra, exceto quando há cumulação de competências da Justiça Comum e Justiça Militar.

Assinale a alternativa **correta** .

(A) As afirmativas I, II e III estão corretas.
(B) As afirmativas I, II e III estão incorretas.
(C) Apenas a afirmativa III está correta.
(D) Apenas a afirmativa I está incorreta.

I: Incorreta, pois nos casos em que houver mais de um local de consumação a competência será solucionada por prevenção, nos termos do art. 95, "c" do CPPM. II: Correta, nos termos do art. 87 "b" do CPPM. III: Correta, nos termos do art. 102, "a" do CPPM. Deste modo, a resposta correta está na alternativa "D".

Gabarito "D"

(Oficial da Polícia Militar/MG – 2011 – FUMARC) Em se tratando de exceções interpostas no curso do processo penal militar, é **correto** inferir que

(A) a exceção de coisa julgada não atinge o fato, sendo limitada às pessoas envolvidas na demanda.
(B) a decretação do incidente de sanidade mental sustará o processo durante seu processamento, bem como o IPM, se ocorrida na fase inquisitorial, e a juntada do laudo determinará seu recomeço imediato, do ponto em que parou.
(C) a incompetência deve ser alegada pela parte, ainda quando o juiz a conheça, pois é possível sua prorrogação, para que não haja prejuízo à instrução processual.

(D) o Juiz sobre o qual foi alegada a suspeição, não a aceitando, de ofício reterá a exceção junto aos autos, em procedimento apartado, visando análise em recurso pela instância superior, caso ele seja suscitado pela parte condenada ou pelo Ministério Público.

A: Correta, nos termos do art. 155 do CPPM; **B:** Incorreta, pois o art. 161 do CPPM dispõe que o inquérito ou o processo ficarão suspensos quando a doença mental for superveniente ao crime, bem como o IPM ou processo, voltarão ao seu curso quando o acusado se restabeleça, nos termos do § 2º do retrocitado dispositivo legal; **C:** Incorreta. A incompetência, quando reconhecida pelo Juiz, dispensa a alegação pela parte, conforme prescreve o art. 147 do CPPM; **D:** Incorreta, pois, nos termos do art. 133 do CPPM, haverá autuação em apartado da exceção, a qual será encaminhada à instância superior para julgamento.

Gabarito "A"

(Oficial da Polícia Militar/MG – 2011 – FUMARC) A prisão em flagrante delito por crime militar está tipificada no art. 243 e seguintes do CPPM. Sobre tal instituto, é importante salientar:

(A) Em regra, qualquer um do povo pode prender o militar que esteja na prática de crime militar, exceto no que condiz ao crime de Deserção, que é propriamente militar, situação em que apenas um militar pode prender outro militar.

(B) Qualquer um do povo pode prender um militar que esteja na prática de crime militar e o superior hierárquico deve prender seu subordinado, nessa condição. No caso do autor do crime ser o superior hierárquico, o subordinado deve comunicar imediatamente a autoridade superior a ambos para que as providências legais sejam adotadas imediatamente.

(C) O estado de flagrância é prorrogado, no caso de crimes propriamente militares, que por definição sempre são permanentes.

(D) O preso em flagrante delito por crime militar deverá ser apresentado perante o Comandante ou Oficial de Dia/de Serviço para autuação, respeitando os preceitos hierárquicos para a elaboração do feito.

A: Incorreta. O art. 243 do CPPM não delimita que "qualquer do povo" não possa prender o desertor; **B:** Incorreta, pois o art. 243 do CPPM não determina que um subordinado deva comunicar o fato a um superior comum para a efetivação da prisão; **C:** Incorreta, haja vista que o art. 244 do CPPM traz as formas de flagrância tanto para os crimes permanentes quanto instantâneos; **D:** Correta, haja vista que o art. 245 do CPPM declarou quais as autoridades competentes para a elaboração do Auto de Prisão em Flagrante Delito.

Gabarito "D"

(Oficial da Polícia Militar/MG – 2011 – FUMARC) Analisando o instituto da MENAGEM, é importante saber que

(A) é um instituto aplicado ao policial militar que tenha mais de 20 anos de serviço e que praticou delito sem violência, mas incompatível com a função, e que, por seus bons antecedentes, merece ser reformado proporcionalmente ao tempo de serviço.

(B) é aplicável para policiais militares que possuem bons antecedentes, para crimes cuja pena aplicável não seja privativa de liberdade, permitindo que possam manter a função pública, ainda que condenados judicialmente.

(C) é um instituto que permite ao juiz a concessão do cumprimento da pena privativa de liberdade que não exceda quatro anos, para acusados que tenham bons antecedentes, no lugar de sua residência.

(D) é um instituto privativo do militar da ativa que permite a permuta do tempo de cumprimento da pena privativa de liberdade por serviço público regular, além das atividades ordinárias da rotina do profissional.

O instituto da menagem foi delineado nos arts. 263 a 269 do CPPM, sendo cabível em face do cometimento de crimes cuja pena privativa de liberdade não exceda a quatro anos, avaliando-se conjuntamente a natureza do crime e os antecedentes do agente. Assim a alternativa correta é a "C".

Gabarito "C"

(1º Sargento QOPM QOC da Polícia Militar /MG – 2010) Marque a alternativa CORRETA. O prazo para a conclusão do Inquérito Policial Militar será de:

(A) Quarenta dias, improrrogáveis, quando o indiciado estiver solto.

(B) Vinte dias, prorrogáveis por mais dez dias, se o indiciado estiver preso, contado esse prazo a partir do dia em que executar a ordem de prisão.

(C) Vinte dias, improrrogáveis, se o indiciado estiver preso, contado esse prazo a partir do dia em que executar a ordem de prisão.

(D) Quarenta dias, prorrogáveis pelo mesmo período, quando o indiciado estiver solto.

Nos termos do art. 20 do CPPM: "O inquérito deverá terminar dentro em vinte dias, se o indiciado estiver preso, contado esse prazo a partir do dia em que se executar a ordem de prisão; ou no prazo de quarenta dias, quando o indiciado estiver solto, contados a partir da data em que se instaurar o inquérito". Assim, a alternativa correta é a "C".

Gabarito "C"

(1º Sargento QOPM QOC da Polícia Militar /MG – 2010) De acordo com o Código de Processo Penal Militar, e em relação à ação penal militar e do seu exercício, marque a alternativa CORRETA:

(A) A ação penal é pública e somente pode ser promovida por denúncia do Ministério Público Militar.

(B) A ação penal é pública e pública condicionada à representação do ofendido e somente pode ser promovida por denúncia do Ministério Público Militar.

(C) A ação penal é pública, sendo promovida por denúncia do Ministério Público Militar ou privada, sendo promovida por queixa do ofendido.

(D) Oferecida a denúncia pelo Ministério Público, a representação será irretratável.

Nos termos do art. 29 do CPPM: "A ação penal é pública e sòmente pode ser promovida por denúncia do Ministério Público Militar". Portanto, a alternativa correta é a "A".

Gabarito "A"

(Bombeiro Militar/PB – 2011 – FURNE) O inquérito policial militar é a apuração sumária de fato, que, nos termos legais, configure crime militar, e de sua autoria. Tem o caráter de instrução provisória, cuja finalidade precípua é a de ministrar elementos necessários à propositura da ação penal.

A seu respeito está **INCORRETA** a seguinte assertiva:

(A) O inquérito deverá terminar dentro em vinte dias, se o indiciado estiver preso, ou no prazo de quarenta dias, quando o indiciado estiver solto.
(B) O inquérito pode ser iniciado mediante portaria, de ofício, pela autoridade militar em cujo âmbito de jurisdição ou comando haja ocorrido a infração penal, atendida a hierarquia do infrator.
(C) O inquérito pode ser iniciado por determinação ou delegação da autoridade militar superior.
(D) O encarregado do inquérito poderá tomar o depoimento do ofendido, do indiciado, ouvir testemunhas, proceder a reconhecimento de pessoas e coisa, e acareações, mas as medidas necessárias destinadas à proteção de testemunhas, peritos ou do ofendido, quando coactos ou ameaçados de coação, deverão ser requeridas ao juízo.
(E) O arquivamento de inquérito não obsta a instauração de outro, se novas provas aparecerem em relação ao fato, ao indiciado ou a terceira pessoa, ressalvados o caso julgado e os casos de extinção da punibilidade.

A: Correta, nos termos do art. 20 do CPPM; **B:** Correta, conforme reza º art. 10, "a" do CPPM; **C:** Correta, nos termos do art. 10, "b" do CPPM; **D:** Incorreta, devendo ser assinalada, pois, consoante ao previsto no art. 13, "i" do CPPM, o encarregado de IPM poderá adotar tais medidas protetivas de ofício; **E:** Correta, estando prescrito no art. 25 do CPPM.

Gabarito "D"

(Bombeiro Militar/PB – 2011 – FURNE) Acerca do processo penal militar, assinale a alternativa **INCORRETA**:

(A) O juiz dar-se-á por suspeito e, se não o fizer, poderá ser recusado por qualquer das partes quando tiver funcionado como juiz de outra instância, pronunciando-se, de fato ou de direito, sobre a questão.
(B) Os funcionários ou serventuários da justiça Militar são, nos processos em que funcionam, auxiliares do juiz, a cujas determinações devem obedecer.
(C) Far-se-á citação por edital quando o acusado se ocultar ou opuser obstáculo para não ser citado.
(D) A citação a militar em situação de atividade ou a assemelhado deverá ser feita mediante requisição à autoridade sob cujo comando ou chefia estiver.
(E) A intimação ou notificação à pessoa que residir fora da sede do juízo poderá ser feita por carta com assinatura da autoridade judiciária. Nesta hipótese, também poderá ser feita através de telegrama.

A: Incorreta, devendo ser assinalada, nos termos do art. 37, "c" do CPPM, pois se trata de uma situação de impedimento, e não de suspeição; **B:** Correta, conforme prevê o art. 42 do CPPM; **C:** Correta, consoante art. 277, inc. V "a"do CPPM; **D:** Correta, nos termos do art. 280 do CPPM; **E:** Correta, haja vista o determinado no art. 288 § 1º do CPPM.

Gabarito "A"

(Sargento da Polícia Militar /SP – 2012 – VUNESP) A Lei Federal n.º 9.299, promulgada em 08 de outubro de 1996, alterou dispositivos dos Decretos-leis n.º 1.001 e 1.002, de 21 de outubro de 1969, Códigos Penal e de Processo Penal Militar, respectivamente, passando a vigorar com as alterações. Sobre tais alterações, é correto afirmar que:

(A) os crimes, quando dolosos contra a vida e cometidos por militar em serviço contra civil, serão de competência da Justiça Militar.
(B) os crimes, quando dolosos contra a vida e cometidos contra civil, serão da competência da Justiça Comum.
(C) quando da prática de crimes dolosos contra a vida, praticados contra civil, a justiça comum sempre encaminhará os autos de inquérito policial à justiça castrense.
(D) os crimes dolosos contra a vida, na esfera penal militar, quando qualificados, são considerados como crime hediondo, nos termos da Lei Federal n.º 8.072/1990.

Tal previsão veio descrita no art. 9º, parágrafo único do CPM, determinando a competência da Justiça Comum para o julgamento dos crimes dolosos contra a vida praticados contra civil, estando assim a alternativa "B" correta.

Gabarito "B"

17. DIREITOS HUMANOS

Gustavo Stteel

1. TEORIA, GERAÇÕES, CARACTERÍSTICAS E CLASSIFICAÇÃO DOS DIREITOS HUMANOS

(Sargento da Polícia Militar/ES – 2011 – IDECAN) Com relação às características dos Direitos Humanos, pode-se afirmar sobre a “universalidade”:

(A) Os direitos fundamentais aplicam-se a todos os indivíduos, independentemente de sua nacionalidade, sexo, raça, credo ou convicção político-filosófica.
(B) Os direitos fundamentais aplicam-se apenas aos nacionais de um país.
(C) Os direitos fundamentais devem ser interpretados isoladamente.
(D) Os direitos fundamentais podem ser transferidos para outra pessoa.
(E) Os direitos humanos podem ser renunciáveis.

A: correta, pois o princípio da universalidade significa que estes direitos são aplicáveis a todos, incondicionalmente; **B:** incorreta, pois pelo princípio da universalidade, tais direitos são aplicáveis a todos, tanto nacionais, como estrangeiros, residentes ou não e até aos apátridas, **C:** incorreta, pois os direitos fundamentais têm como característica serem concorrentes, ou seja, podem ser aplicados em conjunto. A aplicação de um direito não exclui a aplicação de outro; **D:** incorreta, pois uma das características dos direitos fundamentais é a inalienabilidade. Isto quer dizer que tais direitos são pessoais e não podem ser transferidos para outra pessoa. **E:** incorreta, pois a irrenunciabilidade é outra característica dos direitos fundamentais. O indivíduo, sob nenhum pretexto, poderá renunciar a estes.

Gabarito “A”

(Sargento da Polícia Militar/ES – 2011 – IDECAN) “*Nenhuma lei infraconstitucional e nenhuma autoridade podem desrespeitar os direitos fundamentais de outrem, sob pena de responsabilização civil, administrativa e criminal.*” A característica dos Direitos Humanos que apresenta essa afirmativa é:

(A) Nacionalidade.
(B) Inviolabilidade.
(C) Renunciabilidade.
(D) Temporariedade.
(E) Imprescritibilidade.

Uma das características dos direitos fundamentais é a inviolabilidade. Isto quer dizer que uma vez assegurados à pessoa humana, eles não podem ser suprimidos, cassados ou desrespeitados, ou seja, são invioláveis. A irrenunciabilidade (outra característica) quer dizer que nenhum indivíduo tem o direito de renunciar, de abdicar destes direitos a ele conferidos. A imprescritibilidade significa que tais direitos fundamentais não se perdem com o passar do tempo. Temporariedade e nacionalidade não são características dos direitos fundamentais.

Gabarito “B”

(Cabo da Polícia Militar /PI – 2012 – UESPI) Identifique a sequência que apresenta apenas características dos Direitos Humanos.

(A) Inviolabilidade, Universalidade, Efetividade e Prescritibilidade.
(B) Universalidade, Irrenunciabilidade, Efetividade e Complementaridade.
(C) Interdependência, Alienabilidade, Imprescritibilidade e Inviolabilidade.
(D) Inalienabilidade, Complementaridade, Regionalidade e Independência.
(E) Regionalidade, Independência, Universalidade e Irrenunciabilidade.

A: incorreta, em razão da palavra “prescritibilidade”, pois o correto seria “imprescritibilidade”; **B:** correta, apresentando todos os itens corretamente como características dos Direitos Humanos; **C:** incorreta, em razão da palavra “Alienabilidade”, pois o correto seria “inalienabilidade”; **D:** incorreta, em razão da “Regionalidade” e da “independencia”, pois o correto seria “universalidade” e “Interdependência”; **E:** incorreta, em razão da “Regionalidade” e da “independencia”, pois o correto seria “Interdependência”. Quanto à “Regionalidade”, o correto “Universalidade” já está presente na resposta.

Gabarito “B”

(Cabo da Polícia Militar /PI – 2012 – UESPI) Os Direitos Humanos ao longo da história estão em constante evolução, assim em relação às Gerações dos Direitos Humanos, pode-se afirmar, **EXCETO**.

(A) Os direitos de 1ª geração são os direitos e garantias individuais e políticos clássicos (direito à vida, à liberdade, à expressão e à locomoção).
(B) Os direitos de 3ª geração, também chamados de solidariedade ou fraternidade, englobam o meio ambiente ecologicamente equilibrado, a paz, uma qualidade de vida saudável, a autodeterminação dos povos, além de outros direitos difusos.

(C) Os direitos de 2ª geração são os direitos sociais, econômicos e culturais (direito ao trabalho, ao seguro social, à subsistência, ao amparo à doença, à velhice, entre outros).

(D) Os direitos de 5ª geração são os direitos das minorias sociais, dos seres humanos em situação de vulnerabilidade, entre eles: idoso, mulher, negro e grupo glbtts.

(E) Os direitos de 4ª geração, também chamados de direitos dos povos, são provenientes da última fase da estruturação do Estado Social (globalização do Estado Neoliberal), englobam o direito à democracia, à informação, ao pluralismo, entre outros. Há quem entenda ser o direito vinculado à evolução da ciência (genética, DNA, clonagem, biodireito, biotecnologia, entre outros).

A: correta, pois os direitos de 1ª geração, são os direitos de LIBERDADE, trazem as garantia individuais e direitos políticos. Caracterizam-se pela abstinência do estado na vida do indivíduo. **B:** correta, sendo os direitos de 3ª geração conhecidos como direitos de fraternidade, destinados a proteger uma sociedade já modernamente organizada, sendo direitos que pertencem a todos os indivíduos, sendo de interesse difuso e comum para a proteção de grupos humanos; **C:** correta, uma vez que os direitos de 2ª geração relacionam-se com as liberdades positivas, reais ou concretas assegurando o princípio da igualdade material entre o ser humano. **D:** incorreta (deve ser marcada), segundo os defensores da existência da 5ª geração de direitos, dentre eles Paulo Bonavides, seria o direito à paz entre os povos, também podendo ser para outra corrente, direitos ligados à cibernética. **E:** correto, não havendo um consenso sobre esta classificação, mas entendida, majoritariamente, como sendo de direitos novos ligados à evolução da ciência.

Gabarito "D"

(Sargento da Polícia Militar /PI – 2012 – UESPI) Em relação ao conceito dos Direitos Humanos, identifique com **V** as alternativas **VERDADEIRAS** e **F**, as **FALSAS** e marque, em seguida, a sequência **CORRETA.**

( ) O núcleo do conceito de Direitos Humanos se encontra no reconhecimento da dignidade da pessoa humana. Essa dignidade expressa num sistema de valores, exerce uma função orientadora sobre a ordem jurídica porquanto estabelece "o bom e o justo" para o homem.

( ) Direitos Humanos é uma expressão moderna, mas o princípio que invoca é tão antigo quanto a própria humanidade. É que determinados direitos e liberdades são fundamentais para a existência humana.

( ) Os Direitos Humanos surgiram a partir do século XX, e devem ser utilizados apenas nos países democráticos.

( ) Os Direitos Humanos são considerados fundamentais porque sem eles a pessoa humana não consegue existir ou não é capaz de se desenvolver e de participar plenamente da vida.

( ) Os Direitos Humanos devem privilegiar apenas a parcela da população mais carente, fato que justifica sua própria existência.

(A) V, V, F, V, F
(B) V, V, V, V, V
(C) V, V, F, F, V
(D) F, F, V, F, V
(E) V, V, F, F, F

1: verdadeira, o respeito à dignidade da pessoa humana, sendo um dos princípios para a formação de um estado de direito, serve para nortear a ordem jurídica estabelecida a fim de que as leis sejam justas com os indivíduos; **2:** verdadeira, pois os Direitos Humanos protegem direitos mais básicos dos indivíduos a serem garantidos a fim de se preservar a dignidade humana. Estes direitos mesmo não reconhecidos oficialmente sempre estiveram presentes; **3:** falsa, pois como dito, os direitos humanos vêm de um longo e crescente surgimento desde épocas mais antigas, tendo como característica a sua extensão a todos os seres humanos, independente de fronteiras ou quaisquer outras condições; **4:** verdadeira, uma vez que se destinam a assegurar um rol de direitos necessários para que o indivíduo viva com dignidade, bem estar e segurança; **5:** falsa, pois os direitos humanos são destinados a todo e qualquer indivíduo, independentemente de condição social, econômica, ou qualquer outra condição. Por isso tem a característica de ser universal.

Gabarito "A"

2. SISTEMA GLOBAL DE PROTEÇÃO DOS DIREITOS HUMANOS

(Sargento da Polícia Militar /PI – 2012 – UESPI) O sistema global de proteção aos Direitos Humanos é composto por vários documentos internacionais e alguns ratificados pelo Brasil.

Assinale a alternativa que não apresenta documento dos Direitos Humanos ratificado pelo governo brasileiro.

(A) Carta das Nações Unidas, adotada e aberta a assinatura pela Conferência de São Francisco em 26/06/1945.
(B) Declaração Universal dos Direitos Humanos, de 10/12/1948.
(C) Pacto Internacional dos Direitos Civis e Políticos, de 16/12/1966.
(D) Estatuto de Roma, de 17/07/1998.
(E) Estatuto de Defesa do Menor Abandonado da Costa Rica, promulgado em 12/06/1969 e assinado pelo governo brasileiro em 12/08/1991.

A: correta, a Carta das Nações Unidas foi promulgada no Brasil através do Decreto nº 19.841, de 22 de outubro de 1945; **B:** correta, a Declaração Universal dos Direitos Humanos foi adotada e proclamada pela Resolução n. 217A, da III Assembleia Geral das Nações Unidas de 10.12.1948 e assinada pelo Brasil na mesma data; **C:** correta, Pacto Internacional de Direitos Civis e Políticos de 1966 foi promulgado do Brasil através do Decreto nº 592, de 6 de julho de 1992; **D:** correta, pois o Estatuto de Roma foi promulgado no Brasil através do **Decreto nº 4.388, de 25 de setembro de 2002**; **E:** incorreta, devendo ser assinalada, pois o que foi promulgado da Costa Rica em 1969 foi o Pacto de São José da Costa Rica e não o "Estatuto de Defesa do Menor Abandonado da Costa Rica" o qual não existe.

Gabarito "E"

(Sargento da Polícia Militar /SP – 2012 – VUNESP) Em relação à Declaração Universal dos Direitos do Homem, pode-se afirmar que:

(A) reconhece solenemente a dignidade da pessoa humana, mas não contempla as liberdades civis e políticas.

(B) proclama, dentre outros direitos, o direito à igualdade, à não discriminação, à vida, à nacionalidade, à propriedade.
(C) foi aprovada na Convenção de Filadélfia, Estados Unidos da América, no ano de 1787.
(D) foi aprovada pela Organização dos Estados Americanos (OEA).

A: incorreta, pois a DUDH, alem de reconhecer a dignidade da pessoa humana, traz ao longo dos seus 30 artigos diversas liberdades civis e políticas. **B:** correta, pois o texto da DUDH traz expressamente o direito à igualdade (Arts. I, II e VII), à não discriminação (art. II), à vida (art. III), à nacionalidade (XV) e à propriedade (art. XVII); **C:** incorreta, pois foi aprovada pela Assembleia Geral das Nações Unidas em 10 de dezembro de 1948; **D:** incorreta, pois foi aprovada pela Assembleia Geral das Nações Unidas em 10 de dezembro de 1948;

Gabarito "B"

(Sargento da Polícia Militar/ES – 2011 – IDECAN) Em relação aos Direitos Humanos é correto afirmar:

(A) Um indivíduo poderá perder todos os seus direitos fundamentais, se cometer algum delito ou violar alguma lei.
(B) Não incumbe ao Estado a responsabilidade pela efetiva vigência dos Direitos Humanos.
(C) A expressão "Direitos Humanos" é uma forma abreviada de mencionar os direitos fundamentais da pessoa humana.
(D) Os Direitos Humanos fundamentais se perdem pelo decurso de prazo, não sendo, portanto, permanentes.
(E) A construção do sistema de proteção dos Direitos Humanos é estática, não sendo possível adaptações das leis e costumes às novas realidades sociais.

A: incorreta, pois uma das características dos direitos fundamentais é a inviolabilidade. Assim, independentemente do crime cometido, os direitos fundamentais da pessoa nunca poderão ser retirados; **B:** incorreta, pois incumbe ao Estado garantir e fazer viger os Direitos Humanos; **C:** correta, pois são conhecidos como "direitos humanos" os direitos fundamentais que garantem as condições mínimas para o ser humano conduzir sua vida de forma plena e sadia. Assim, são direitos mínimos a serem garantidos a todos os seres humanos. **D:** incorreta, pois uma das características dos direitos humanos é a imprescritibilidade, ou seja, não se perdem pelo passar do tempo, são permanentes; **E:** incorreta, pois a construção do sistema de proteção dos Direitos Humanos é dinâmica, acompanhando a evolução humana e se adaptando às novas realidades sociais, tal como ocorre com as dimensões de direitos fundamentais (também conhecidas como gerações de direitos).

Gabarito "C"

(Oficial da Polícia Militar/BA – 2012 – CONSULTEC) Considerando-se que o reconhecimento da dignidade inerente a todos os membros da família humana e de seus direitos iguais e inalienáveis é o fundamento da liberdade, da justiça e da paz no mundo; considerando que o desprezo e o desrespeito pelos direitos humanos resultaram em atos bárbaros que ultrajaram a consciência da Humanidade e que o advento de um mundo em que os homens gozem de liberdade de palavra, de crença e da liberdade de viverem a salvo do temor e da necessidade foi proclamado como a mais alta aspiração do homem comum; considerando essencial que os direitos humanos sejam protegidos pelo Estado de Direito, para que o homem não seja compelido, como último recurso, à rebelião contra a tirania e a opressão; considerando essencial promover o desenvolvimento de relações amistosas entre as nações; considerando que os povos das Nações Unidas reafirmaram, na Carta, sua fé nos direitos humanos fundamentais, na dignidade e no valor da pessoa humana e na igualdade de direitos dos homens e das mulheres, e que decidiram promover o progresso social e melhores condições de vida em uma liberdade mais ampla; considerando que os Estados-Membros se comprometeram a desenvolver, em cooperação com as Nações Unidas, o respeito universal aos direitos humanos e liberdades fundamentais e a observância desses direitos e liberdades; considerando que uma compreensão comum desses direitos e liberdades é da mais alta importância para o pleno cumprimento desse compromisso, a Assembleia Geral das Nações Unidas proclama que

(A) toda pessoa, vítima de perseguição, tem o direito de procurar e de gozar asilo em outros países. Esse direito não pode ser invocado em caso de perseguição legitimamente motivada por crimes de direito comum ou por atos contrários aos propósitos e princípios das Nações Unidas.
(B) a maternidade e a infância têm direito a cuidados e assistência especiais, mas as crianças nascidas dentro ou fora do matrimônio não gozarão da mesma proteção social e serão resolvidas por regulamentações diferentes.
(C) toda pessoa acusada de um ato delituoso tem o direito de ser presumida inocente até que a sua culpabilidade tenha sido provada de acordo com a lei, em julgamento privado, no qual lhe tenham sido asseguradas todas as garantias necessárias à sua defesa.
(D) toda pessoa poderá ser culpada por qualquer ação ou omissão que, no momento, não constituíam delito perante o direito nacional ou internacional. Será imposta pena mais forte do que aquela que, no momento da prática, era aplicável ao ato delituoso.
(E) só as pessoas com mais de 65 anos de idade têm direito a receber, dos tributos nacionais competentes, remédio efetivo para os atos que violem os direitos fundamentais que lhe sejam reconhecidos pela constituição ou pela lei.

A: correta, de acordo com o disposto no artigo XIV, itens 1 e 2 da declaração universal dos direitos do homem; **B:** incorreta, de acordo com o artigo XXV, item 2 da declaração universal dos direitos do homem; **C:** incorreta, pois de acordo com o artigo XI, item 1 da declaração universal dos direitos do homem, o julgamento deve ser público; **D:** incorreta, de acordo com o artigo XI, item 2 da declaração universal dos direitos do homem, ninguém poderá ser culpado por qualquer ação ou omissão que, no momento, não constituíam delito perante o direito nacional ou internacional. **Não** será imposta pena mais forte do que aquela que, no momento da prática, era aplicável ao ato delituoso; **E:** incorreta, pois este direito não está reservado apenas aos maiores de 65 anos e sim qualquer pessoa, nos termos do artigo VIII da declaração universal dos direitos do homem.

Gabarito "A"

3. SISTEMA GLOBAL DE PROTEÇÃO ESPECÍFICA DOS DIREITOS HUMANOS

3.1. CONVENÇÃO CONTRA A TORTURA E OUTROS TRATAMENTOS OU PENAS CRUÉIS, DESUMANOS OU DEGRADANTES

(CFO – Oficial da Polícia Militar/MG – 2010) De acordo com a Lei 9.455, de 7 de abril de 1997, que define os crimes de tortura e dá outras providências, aumenta-se a pena de um sexto até um terço, se o crime é cometido:

(A) Por agente privado; contra criança, adolescente, índio, gestante, adolescente, deficiente ou pessoa com 60 (sessenta) anos.

(B) Por agente público; contra criança, gestante, portador de deficiência, adolescente ou maior de 60 (sessenta) anos; e mediante sequestro.

(C) Por agente público; contra criança, gestante, pessoa com deficiência física e menor de 60 (sessenta) anos.

(D) Apenas contra criança, gestante, índio e adolescente.

Nos termos do art. 1º, §4º, II da Lei 9.455, de 7 de abril de 1997. A inclusão do idoso maior de 60 anos no rol deste artigo se deu com a Lei nº 10.741, de 2003 (estatuto do idoso).

Gabarito "B"

3.2. CONVENÇÃO SOBRE A ELIMINAÇÃO DE TODAS AS FORMAS DE DISCRIMINAÇÃO CONTRA A MULHER

(Oficial da Polícia Militar/BA – 2012 – CONSULTEC) O Decreto nº 4.377, de 13 de setembro de 2002, publicada no DOU de 16/09/2002, promulga a Convenção, de 1979, sobre a Eliminação de Todas as Formas de Discriminação contra a Mulher e revoga o Decreto nº 89.460, de 20 de março de 1984. Neste Decreto ficou estabelecido que os Estados Partes condenam a discriminação contra a mulher em todas as suas formas, por todos os meios apropriados e sem dilações, especificando uma política destinada a eliminar a discriminação contra a mulher.

Com tal objetivo, se comprometeram, no seu Art. 2°, a

(A) estabelecer a proteção jurídica dos direitos da mulher numa base de igualdade com os do idoso e garantir a sua proteção efetiva contra todo ato de discriminação.

(B) promover aulas adequadas para as crianças, ensinando as sanções cabíveis de discriminação contra a mulher.

(C) consagrar, se ainda não o tiverem feito, em suas constituições nacionais ou em outra legislação apropriada, o princípio da igualdade do homem e da mulher e assegurar por lei outros meios apropriados à realização prática desse princípio.

(D) tomar as medidas apropriadas para diminuir a discriminação contra a mulher praticada por qualquer pessoa, organização ou empresa.

(E) derrogar todas as disposições penais estaduais que constituam discriminação contra a mulher.

A: incorreta, pois de acordo com o art. 2º, "c" do referido decreto a igualdade a ser estabelecida é com o homem e não com o idoso; **B:** incorreta, pois o referido decreto não faz alusão à promoção de aulas para as crianças; **C:** correta, nos termos do art. 2º, "a" do referido decreto; **D:** incorreta, pois o art. 2º, "e" do referido decreto fala em eliminar a discriminação e não diminuir; **E:** incorreta, pois são disposições penais nacionais e não estaduais.

Gabarito "C"

4. SISTEMA AMERICANO DE PROTEÇÃO ESPECÍFICA DOS DIREITOS HUMANOS

(Oficial Policial Militar/DF – 2010 – CESPE) Julgue os itens que se seguem, referentes ao Sistema Interamericano de Direitos Humanos e ao que dispõe a Lei n.º 4.319/1964 quanto ao Conselho de Defesa dos Direitos da Pessoa Humana (CDDPH).

(1) O CDDPH tem por principal atribuição receber denúncias e investigar, em conjunto com as autoridades competentes locais, violações de direitos humanos de especial gravidade com abrangência nacional, como, por exemplo, chacinas e massacres.

1: correto, o CDDPH tem por principal atribuição receber denúncias e investigar, em conjunto com as autoridades competentes locais, violações de direitos humanos de especial gravidade com abrangência nacional, como chacinas, extermínio, assassinatos de pessoas ligadas à defesa dos direitos humanos, massacres, abusos praticados por operações das polícias militares, art. 4º, 13, da Lei 4.319/1964

Gabarito 1C

(Oficial da Polícia Militar/BA – 2012 – CONSULTEC) Reconhecendo que os direitos essenciais da pessoa humana não derivam do fato de ser ela nacional de determinado Estado, mas sim do fato de ter como fundamento os atributos da pessoa humana, razão por que justificam uma proteção internacional, de natureza convencional, coadjuvante ou complementar da que oferece o direito interno dos Estados americanos, e considerando que esses princípios foram consagrados na Carta da Organização dos Estados Americanos, na Declaração Americana dos Direitos e Deveres do Homem e na Declaração Universal dos Direitos do Homem, e que foram reafirmados e desenvolvidos em outros instrumentos internacionais, tanto de âmbito mundial como regional, o Pacto de San José da Costa Rica é um dos principais fundamentos legais de direito internacional americano para proteção dos direitos da personalidade. Trata-se de um tratado que ingressou no ordenamento jurídico brasileiro seguindo o devido processo legal (inclusive no que diz respeito ao quorum), anteriormente à Emenda nº 45 de 2004, que determinou, em seu parágrafo terceiro, que "os tratados e convenções internacionais sobre direitos humanos que forem aprovados, em cada Casa do Congresso Nacional, em dois turnos, por três quintos dos votos dos respectivos membros, serão equivalentes às emendas constitucionais".

Sobre o que consta do Pacto de San José da Costa Rica, é correto afirmar:

(A) Em alguns casos, o estrangeiro pode ser expulso ou entregue a outro país, seja ou não de origem, onde seu direito à vida ou à liberdade pessoal esteja em risco de violação em virtude de raça, nacionalidade, religião de outrem, condição social ou de opiniões políticas de terceiros.

(B) Ninguém deve ser constrangido a executar trabalho forçado ou obrigatório. Nos países em que se prescreve, para certos delitos, pena privativa de liberdade acompanhada de trabalhos forçados, essa disposição não pode ser interpretada no sentido de proibir o cumprimento da dita pena, imposta por um tribunal militar, nesse caso, só este tribunal é competente. O trabalho forçado não deve afetar a dignidade, nem a capacidade física e intelectual do recluso.

(C) Nos países em que não houverem abolido a pena de morte, esta só poderá ser imposta pelos delitos mais graves, em cumprimento de sentença final de tribunal competente e em conformidade com a lei que estabeleça tal pena, mesmo que ela seja promulgada *a posteriori* de haver o delito sido cometido, podendo se estender sua aplicação a delitos aos quais não se aplique atualmente.

(D) Mesmo quando se é condenado por atos ou omissões que, no momento em que foram cometidos, não constituam delito, de acordo com o direito aplicável, poder-se-á impor pena mais grave do que a aplicável no momento da ocorrência do delito. Se, depois de perpetrado o delito, a lei estipular a imposição de pena mais leve, o delinquente deverá dela beneficiar-se.

(E) Toda pessoa privada da liberdade tem direito a recorrer a um juiz ou tribunal competente, a fim de que este decida, sem demora, sobre a legalidade de sua prisão ou detenção e ordene sua soltura, se a prisão ou a detenção forem ilegais. Nos Estados Partes cujas leis preveem que toda pessoa que se vir ameaçada de ser privada de sua liberdade tem direito a recorrer a um juiz ou tribunal competente, a fim de que este decida sobre a legalidade de tal ameaça, tal recurso não pode ser restringido nem abolido. O recurso pode ser interposto pela própria pessoa ou por outra pessoa.

A: incorreta, de acordo com o art. 22, item 8 do pacto de San José da Costa Rica, em nenhum caso o estrangeiro pode ser expulso ou entregue a outro país, seja ou não de origem, onde seu direito à vida ou à liberdade pessoal esteja em risco de violação em virtude de sua raça, nacionalidade, religião, condição social ou de suas opiniões políticas; **B:** incorreta, pois não se trata de "tribunal militar" e sim "juiz ou tribunal competente" conforme disposto no art. 6º, item 2 do pacto de San José da Costa Rica; **C:** incorreta, pois, de acordo com o art. 4º, item 2 do pacto de San José da Costa Rica, a lei que estabeleça pena de morte deverá ter sido promulgada **antes** de haver o delito sido cometido. Tampouco se estenderá sua aplicação a delitos aos quais não se aplique atualmente; **D:** incorreta, trata-se do princípio da legalidade e da irretroatividade, pois ninguém poderá ser condenado por atos ou omissões que, no momento em que foram cometidos, não constituam delito, de acordo com o direito aplicável (ou seja, a lei não pode retroagir no tempo para condenar alguém por um ato que naquele momento não era considerado crime). Tampouco poder-se-á impor pena mais grave do que a aplicável no momento da ocorrência do delito, como disposto no art. 9º do pacto de San José da Costa Rica; **E:** correta, nos termos do art. 7º , item 6 do pacto de San José da Costa Rica.

Gabarito "E"

5. DIREITO HUMANITÁRIO

(Oficial Policial Militar/DF – 2010 – CESPE) Acerca dos conceitos básicos de direito internacional, julgue os itens a seguir.

(1) O direito internacional humanitário não pode ser suspenso ou derrogado, diferentemente do direito internacional dos direitos humanos. Em relação a este último, admite-se, em casos de estado de sítio, a suspensão de determinados direitos, salvo aqueles insuscetíveis de suspensão ou de derrogação, como o direito a um julgamento justo e imparcial.

(2) O direito internacional humanitário é o conjunto de normas internacionais destinadas a resolver problemas causados diretamente por conflitos armados, com o propósito de salvaguardar os direitos das pessoas que não participem da hostilidade e mitigar, na medida do possível, seus sofrimentos, restringindo os meios e métodos de guerra.

1: correta, pois o direito internacional humanitário é aplicável em tempo de conflito armado e protege as pessoas afetadas por tais conflitos, como a população civil, feridos, prisioneiros etc. O direito internacional humanitário não pode ser suspenso ou derrogado. O direito internacional dos direitos humanos se destina a todas as pessoas, na proteção de direitos civis, políticos, econômicos, sociais e culturais. Pode ter certos direitos suspensos no caso de estado de sítio, como a liberdade de locomoção e a liberdade de imprensa, mas outros não, como a vida e o direito a julgamento justo e imparcial, art. 27 da Convenção Americana de Direitos Humanos; **2:** correta, O direito internacional humanitário protege através de seus tratados, como a convenção de Genebra, contra infrações graves de instituições do próprio Estado ou de outros Estados em conflitos armados internacionais. Restringe o uso de certas armas e protege as pessoas envolvidas nos conflitos.

Gabarito 1C, 2C

6. DIREITOS FUNDAMENTAIS NA CONSTITUIÇÃO FEDERAL

(Soldado da Polícia Militar /RJ – 2010) A casa é asilo inviolável do indivíduo. De acordo com a Constituição Brasileira em vigor, uma pessoa só pode penetrar na casa de outra em algumas situações.

Assinale uma dessas situações.

(A) Prestar socorro.

(B) Resgatar objeto que lhe pertence e que tenha fortuitamente caído na casa.

(C) Saber que a casa está vazia.

(D) Apoderar-se de frutas provindas de árvore cujas raízes e tronco estejam do lado de fora da casa.

A única resposta que encontra respaldo nas situações em que a Constituição Federal permite a entrada no domicílio sem o consentimento do morador é a prestação de socorro, de acordo com o art. 5º, XI da CF.

Gabarito "A"

(Soldado da Polícia Militar /RJ – 2010) A Constituição Federal, em vigor, determina direitos para as pessoas que são presas. Os itens abaixo propõem-se a descrever alguns desses direitos.

Leia-os e marque a opção correta.

I. O direito de permanecer calado.

II. O direito à identificação dos responsáveis por sua prisão.

III. O direito à assistência de advogado.

(A) Apenas o item I está correto.

(B) Apenas os itens I e II estão corretos.

(C) Os itens I, II e III estão corretos.

(D) Apenas os itens I e III estão corretos.

I: correta, de acordo com o art. 5º, LXIII da CF; **II**: correta, de acordo com o art. 5º, LXIV da CF; **III**: correta, de acordo com o art. 5º, LXIII da CF.

Gabarito "C"

(Soldado da Polícia Militar /RJ – 2010) A Constituição Federal, em vigor, determina os casos em que uma pessoa pode ser presa.

NÃO constitui um desses casos a prisão

(A) em flagrante delito.

(B) para averiguação dos antecedentes criminais.

(C) por ordem escrita e fundamentada de autoridade judiciária competente.

(D) nos casos de transgressão militar, definida em lei.

A: correta, a Constituição Federal prevê a hipótese de prisão em caso de flagrante delito, conforme art. 5º, LXI da CF; **B:** incorreta, pois com a promulgação da Constituição Federal de 1988, a prisão para averiguação não foi listada como um dos casos de prisão admitida, sendo, por consequência, proibida pela Constituição; **C:** correta, a Constituição Federal prevê a hipótese de por ordem escrita e fundamentada de autoridade judiciária competente, conforme art. 5º, LXI da CF; **D:** correta, pois a Constituição Federal prevê a hipótese de prisão em caso de transgressão militar, conforme art. 5º, LXI da CF;

Gabarito "B"

(Soldado da Polícia Militar /RJ – 2010) A Constituição Federal, em vigor, determina que quaisquer pessoas podem reunir-se pacificamente, sem armas, em locais abertos ao público.

Considere os itens abaixo, referentes às determinações da Constituição quanto a esse assunto.

I. Essa reunião não pode frustrar outra reunião anteriormente convocada para o mesmo local.

II. Para as pessoas se reunirem, é necessária a autorização da autoridade competente.

III. Existem restrições ao número de pessoas presentes à reunião.

Está correto o que se afirma em

(A) I, II e III.

(B) I apenas.

(C) II apenas.

(D) II e III apenas.

I: correta, O texto constitucional, ao assegurar o direito de reunião em locais abertos ao público, no art. 5o, XVI da CF, condiciona expressamente que a reunião não pode frustrar outra reunião anteriormente convocada para o mesmo local; **II**: incorreta, pois conforme o art. 5o, XVI da CF, não há necessidade de autorização de nenhum órgão e sim de prévio aviso tão somente; **III**: incorreta, pois a Constituição em seu art. 5o, XVI não impõe quaisquer restrições quanto ao número de participantes.

Gabarito "B"

7. COMBINADAS E OUTROS TEMAS

(Sargento da Polícia Militar/ES – 2011 – IDECAN) As práticas policiais devem estar em conformidade com os princípios da legalidade, necessidade e proporcionalidade. Com relação à ética policial é INCORRETO afirmar:

(A) Os policiais devem sempre cumprir o dever que a lei lhes impõe, servindo a comunidade e protegendo todas as pessoas contra atos ilegais.

(B) Os assuntos de natureza confidencial em poder dos policiais devem ser mantidos confidenciais, a não ser que o cumprimento do dever ou a necessidade de justiça exijam estritamente o contrário.

(C) Os policiais não devem cometer qualquer ato de corrupção. Devem, igualmente, opor-se rigorosamente e combater todos os atos desta índole.

(D) É livre o emprego da força pelos policiais como meio para assegurar a ordem pública e paz social.

(E) Os policiais devem respeitar e proteger a dignidade humana, manter e apoiar os direitos fundamentais de todas as pessoas.

A: correta, de acordo com o art. 1º do Código de Conduta para os Encarregados da Aplicação da Lei (CCEAL) adotado pela Assembleia Geral das Nações Unidas, em sua resolução 34/169 de 17 de dezembro de 1979; **B:** correta, de acordo com o art. 4º do Código de Conduta para os Encarregados da Aplicação da Lei (CCEAL); **C:** correta, de acordo com o art. 7º do Código de Conduta para os Encarregados da Aplicação da Lei (CCEAL); **D:** incorreta (deve ser marcada), de acordo com o art. 3º do Código de Conduta para os Encarregados da Aplicação da Lei (CCEAL) Os policiais só podem empregar a força quando tal se apresente estritamente necessário, e na medida exigida para o cumprimento do seu dever; **E:** correta, de acordo com o art. 2º do Código de Conduta para os Encarregados da Aplicação da Lei (CCEAL).

Gabarito "D"

(Oficial Policial Militar/DF – 2010 – CESPE) A respeito da investigação de violações dos direitos humanos, julgue os itens conseguintes.

(1) De acordo com o Pacto Internacional de Direitos Civis e Políticos, quando uma denúncia é considerada admissível, o Comitê de Direitos Humanos (CDH) prosseguirá, citando o Estado-parte concernente. Dentro de um ano, o Estado deverá submeter ao CDH esclarecimentos por escrito ou declarações elucidando a matéria e o recurso que possa ter sido adotado por aquele Estado.

(2) Para uma denúncia de discriminação racial entre Estados ser admitida, é suficiente que o Estado que apresenta a denúncia contra outro Estado tenha reconhecido a jurisdição do Comitê sobre a Eliminação da Discriminação Racial, sendo facultativo o reconhecimento por parte do Estado que sofre a denúncia.

1: incorreta, pois quando uma denúncia é considerada admissível, o Comitê prosseguirá, levando-a à atenção do Estado Parte concernente. Dentro de seis meses, o Estado que a recebeu deverá submeter ao Comitê esclarecimentos por escrito ou declarações elucidando a matéria e o recurso, se houver, que possa ter sido adotado por aquele Estado, nos termos do art. 41 do Pacto Internacional sobre os Direitos Civis e Políticos; **2:** incorreta, pois o reconhecimento da jurisdição do Comitê por parte do estado que sofre a denuncia também é obrigatório nos termos do art. 14 da Convenção Internacional sobre a Eliminação de Todas as Formas de Discriminação Racial.

Gabarito 1E, 2E

(Sargento da Polícia Militar/ES – 2011 – IDECAN) Para que o ato de detenção pelo policial esteja de acordo com os padrões internacionais é INCORRETO:

(A) Manter um entendimento claro de seus poderes de detenção e dos procedimentos a serem adotados durante e em seguida a detenção.

(B) Deter apenas quando a lei lhe der poder para fazê-lo, e somente quando for necessário exercer este poder.

(C) Certificar-se de que suas ações, ao executar uma detenção, são legais e processualmente corretas, e que você está agindo com disciplina e moderação.

(D) Desenvolver e manter as necessárias habilidades interpessoais e principalmente as habilidades de comunicação.

(E) Respeitar a dignidade humana e o direito de todos os detidos a um tratamento humano, salvo em caso de greve, calamidade pública ou guerra.

A: correta, o policial deve ter a ciência dos limites de seus poderes de detenção e os procedimentos a serem seguidos; **B:** correta, pois o agente policial deve agir dentro dos limites da lei e qualquer detenção não autorizada pela lei é ilegal, devendo agir com detenção somente quando for necessário. **C:** correta, as ações do policial em uma detenção devem ser pautadas estritamente dentro da legalidade e dos tramites processuais; **D:** correta, pois como o policial lida com a população diretamente deve habilidades de comunicação a fim de desempenhar sua função com transparência e eficiência; **E:** incorreta, devendo ser assinalada, pois não existe exceção para o respeito da dignidade da pessoa humana e do tratamento humano a todos os detidos, devendo ser aplicados sempre.

Gabarito "E"

Atenção: A questão abaixo refere-se à legislação específica do estado de Minas Gerais, sendo lei estadual e decreto estadual de MG.

(CFO – Oficial da Polícia Militar/MG – 2010) O Decreto 43.683, de 10/12/2003, regulamentou a Lei nº 14.170, de 15 de janeiro de 2002, que determina a imposição de sanções à pessoa jurídica por ato discriminatório praticado contra pessoa em virtude de sua orientação sexual. Com base no previsto no Decreto 43.683, podemos afirmar que:

(A) Ao infrator não é assegurado o direito à ampla defesa e ao contraditório.

(B) Coibir manifestação de afeto em logradouro público, em virtude de orientação sexual da vítima, não é considerado discriminação, coação e atentado contra os direitos da pessoa.

(C) Quando a infração estiver associada a atos de violência ou outras formas de discriminação ou preconceito, como as baseadas em raça ou cor da pele, deficiência física, convicção religiosa ou política, condição social ou econômica, não será aplicada a pena de advertência.

(D) A Comissão Especial, instituída na estrutura do CONEDH, será composta por sete membros titulares.

A: incorreta, pois conforme o art. 3º, §5º do referido decreto, ao infrator é assegurado o direito à ampla defesa e ao contraditório; **B:** incorreta, conforme art. 2º, IV do referido decreto, considera-se ato de discriminação a coibição de manifestação de afeto em logradouro público,estabelecimento público ou estabelecimento aberto ao público,inclusive o de propriedade de ente privado; **C:** correta, nos termos do art. 3º, §3º do referido decreto; **D:** incorreta, pois a Comissão especial será composta de 5 membros, nos termos do art. 10 do referido decreto.

Gabarito "C"

(Soldado da Polícia Militar /RJ – 2010) Ricardo Balestreri, em seu livro *Direitos Humanos: Coisa de polícia*, faz diversas afirmações sobre o papel do policial na construção de uma nova democracia.

Analise os itens abaixo referentes à descrição dessas posições.

I. O agente de Segurança Pública é, antes de tudo, um cidadão. Contudo, um cidadão qualificado, ao emblematizar o Estado em seu contato mais imediato com a população.

II. O uso legítimo da força pelo policial confunde-se, contudo, com truculência.

III. Ter identidade com a polícia, amar a corporação da qual participa, coisas essas desejáveis, não se podem confundir, em momento algum, com acobertar práticas abomináveis. Ao contrário, a verdadeira identidade policial exige do sujeito um permanente zelo pela "limpeza" da instituição da qual participa.

Está correto apenas o que se afirma em

(A) I.

(B) II.

(C) I e II.

(D) I e III.

I. correta, segundo Balestreri , "(o policial) Sendo a autoridade mais comumente encontrada tem, portanto, a missão de ser uma espécie de "porta voz" popular do conjunto de autoridades das diversas áreas do poder."; **II.** incorreta, pois segundo Balestreri "A fronteira entre a força e a violência é delimitada, no campo formal, pela lei, no campo racional pela necessidade técnica e, no campo moral, pelo antagonismo que deve reger a metodologia de policiais e criminosos.", desta forma, a truculência é a extrapolação da legalidade e da técnica policial, não podendo nunca ser confundida com o uso legítimo da força; **III.** correta, segundo Balestreri, "Um verdadeiro policial, ciente de seu valor social, será o primeiro interessado no "expurgo" dos maus profissionais, dos corruptos, dos torturadores, dos psicopatas."

Gabarito "D"

18. DIREITOS DIFUSOS, ECA, IDOSO E MEIO AMBIENTE

Marcos Desteffeni

(Oficial da Polícia Militar/BA – 2012 – CONSULTEC) A Lei nº 7.853, de 24 de outubro de 1989, dispõe sobre o apoio às pessoas portadoras de deficiência, sua integração social, sobre a Coordenadoria Nacional para Integração da Pessoa Portadora de Deficiência (Corde), institui a tutela jurisdicional de interesses coletivos ou difusos dessas pessoas, disciplina a atuação do Ministério Público, definindo crimes, quando estabelece as normas gerais que asseguram o pleno exercício dos direitos individuais e sociais das pessoas portadoras de deficiências, e sua efetiva integração social, nos termos desta Lei. Na aplicação e interpretação dessa lei, são considerados os valores básicos da igualdade de tratamento e oportunidade, da justiça social, do respeito à dignidade da pessoa humana, do bem-estar, e outros, indicados na Constituição ou justificados pelos princípios gerais de direito. As normas dessa lei visam garantir às pessoas portadoras de deficiência as ações governamentais necessárias ao seu cumprimento e das demais disposições constitucionais e legais que lhes concernem, afastadas as discriminações e os preconceitos de qualquer espécie, e entendida a matéria como obrigação nacional a cargo do Poder Público e da sociedade. Ao Poder Público e seus órgãos cabe assegurar às pessoas portadoras de deficiência o pleno exercício de seus direitos básicos, inclusive dos direitos à educação, à saúde, ao trabalho, ao lazer, à previdência social, ao amparo à infância e à maternidade, e de outros que, decorrentes da Constituição e das leis, propiciem seu bem-estar pessoal, social e econômico.

Assim sendo, os órgãos e entidades da administração direta e indireta devem dispensar, no âmbito de sua competência e finalidade, aos assuntos objetos dessa lei, tratamento prioritário e adequado, tendente a viabilizar, sem prejuízo de outras, as seguintes medidas na área

(A) de recursos humanos, o acesso de alunos portadores de deficiência aos benefícios conferidos aos demais educandos, inclusive material escolar, merenda escolar e bolsas de estudo.

(B) da saúde, a promoção de ações preventivas, como as referentes ao planejamento familiar, ao aconselhamento genético, ao acompanhamento da gravidez, do parto e do puerpério, à nutrição da mulher e da criança, à identificação e ao controle da gestante e do feto de alto risco, à imunização, às doenças do metabolismo e seu diagnóstico e ao encaminhamento precoce de outras doenças causadoras de deficiência.

(C) de recursos humanos, a adoção e a efetiva execução de normas que garantam a funcionalidade das edificações e vias públicas, que evitem ou removam os óbices às pessoas portadoras de deficiência, permitam o acesso destas a edifícios, a logradouros e a meios de transporte.

(D) da formação profissional e do trabalho, o oferecimento obrigatório de programas de Educação Especial de nível pré-escolar, em unidades hospitalares e congêneres nas quais estejam internados, por prazo igual ou superior a 1 (um) ano, a educandos portadores de deficiência.

(E) da educação, a inserção, no referido sistema educacional, das escolas especiais privadas, uma vez que as públicas não dispõem de condições especiais para atendimento dos deficientes.

A: incorreta, pois, nos termos do art. 2º, parágrafo único, I, "e", da Lei nº 7.853/1989, referidas medidas devem ser viabilizadas na área de educação; **B:** correta, conforme o art. 2º, parágrafo único, II, "a", da Lei nº 7.853/1989; **C:** incorreta, pois, nos termos do art. 2º, parágrafo único, V, "a", da Lei nº 7.853/1989, referidas medidas devem ser viabilizadas na área das edificações; **D:** incorreta, pois nos termos do art. 2º, parágrafo único, I, "d", da Lei nº 7.853/1989, referidas medidas devem ser viabilizadas na área de educação; **E:** incorreta, pois, **conforme** o art. 2º, parágrafo único, I, "b", da Lei nº 7.853/1989, é necessária a inserção, no referido sistema educacional, de escolas privadas e públicas.

Gabarito "B"

(Oficial Policial Militar de Administração/DF – 2010 – CESPE) Pelo menos 100 mil mulheres são assassinadas todo ano no mundo e 25% da população feminina mundial é vítima de algum tipo de violência ao menos uma vez na vida.

Época (com adaptações).

Em relação à violência contra a mulher, julgue os itens subsequentes.

(1) A violência contra a mulher sempre pode ser enquadrada como violência doméstica.

(2) A violência contra a mulher não se caracteriza, necessariamente, pela violência física.

(3) A Lei Maria da Penha, de 2006, estabelece que as agressões contra a mulher sejam punidas com trabalhos comunitários e pagamento de cestas básicas.

1: incorreta, pois, conforme esclarece o art. 6º da Lei nº 11.340/2006, *a violência doméstica e familiar contra a mulher constitui uma das formas de violação dos direitos humanos*; **2:** correta, pois a Lei nº 11.340/2006, em seu art. 7º, dispõe sobre diversas formas de violência: física, psicológica, sexual, patrimonial e moral; **3:** incorreta, pois estabelece o art. 41 da Lei nº 11.340/2006 que *aos crimes praticados com violência doméstica e familiar contra a mulher, independentemente da pena prevista, não se aplica a Lei no 9.099, de 26 de setembro de 1995.*

Gabarito 1E, 2C, 3E

(Oficial Policial Militar de Administração/DF – 2010 – CESPE) Em conformidade com o que dispõe o ECA acerca da prática do ato infracional, julgue os itens a seguir.

(1) A apreensão de qualquer adolescente e o local onde ele se encontra recolhido só podem ser comunicados à família do apreendido por meio de ofício da autoridade judiciária competente.

(2) Na apreensão do menor infrator, deve ser examinada, desde logo e sob pena de responsabilidade, a possibilidade de internação, antes da sentença, pelo prazo máximo de quarenta e cinco dias. No entanto, havendo indícios suficientes de autoria e materialidade, restará demonstrada a necessidade imperiosa da medida até que seja prolatada a sentença.

(3) O adolescente tem o direito de solicitar a presença de seus pais ou seu responsável em qualquer fase do procedimento, e também asseguram-se a ele garantias, como o direito de ser ouvido pessoalmente pela autoridade competente e a defesa técnica por advogado.

1: incorreta. O art. 107 do ECA determina que "a apreensão de qualquer adolescente e o local onde se encontra recolhido serão incontinenti comunicados à autoridade judiciária competente e à família do apreendido ou à pessoa por ele indicada". Todavia não restringe o meio de comunicação ao ofício da autoridade judiciária. Na verdade, é a própria autoridade judiciária que tem que ser imediatamente comunicada; **2:** incorreta. Conforme o parágrafo único do art. 107 do ECA, "examinar-se-á, desde logo e sob pena de responsabilidade, a possibilidade de liberação imediata"; **3:** correta. Referidas garantias processuais estão elencadas no art. 111 do ECA.

Gabarito 1E, 2E, 3C

(Oficial Policial Militar de Administração/DF – 2010 – CESPE) Em cada um dos itens subsequentes, é apresentada uma situação hipotética relativa aos crimes e às infrações administrativas previstos no ECA, seguida de uma assertiva a ser julgada.

(1) O PM Pedro avistou o adolescente Carlos perambulando pela rodoviária do Plano Piloto, calçado com um par de tênis de conhecida marca comercial. Julgando improvável que o referido adolescente tivesse condições de comprar tal calçado, acreditou tratar-se de produto de roubo, procedendo, então, à apreensão do menor. Nessa situação, o PM agiu em conformidade com o que dispõe o ECA.

(2) A professora de ensino fundamental Célia notou que sua aluna Zélia vinha apresentando vários hematomas pelo dorso, pelas pernas e pelos braços. Um dia, a discente estava com hematomas acentuados ao redor dos olhos e em torno dos lábios. Diante desses fatos, a professora dirigiu-se ao conselho tutelar e deu ciência do ocorrido a um dos conselheiros. Nessa situação, a professora infringiu as normas do ECA, pois esse diploma legal não contempla a delação.

1: incorreta. O adolescente não foi surpreendido em estado de flagrante. A conduta do policial afronta o disposto no art. 106 do ECA, segundo o qual "nenhum adolescente será privado de sua liberdade senão em flagrante de ato infracional ou por ordem escrita e fundamentada da autoridade judiciária competente"; **2:** incorreta, pois a professora agiu em conformidade às regras do ECA. Com efeito, estabelece o art. 13 do ECA que "os casos de suspeita ou confirmação de maus-tratos contra criança ou adolescente serão obrigatoriamente comunicados ao Conselho Tutelar da respectiva localidade, sem prejuízo de outras providências legais".

Gabarito 1E, 2E

(Oficial Policial Militar de Administração/DF – 2010 – CESPE) Com relação à Lei Maria da Penha, julgue os seguintes itens.

(1) Toda mulher goza dos direitos fundamentais inerentes à pessoa humana, sendo-lhe asseguradas as oportunidades e facilidades para viver sem violência. Cabe ao poder público desenvolver políticas que visem garantir os direitos humanos das mulheres no âmbito das relações domésticas e familiares com vistas a resguardá-las de toda forma de negligência, discriminação, exploração, violência, crueldade e opressão.

(2) Apenas o cônjuge ou companheiro podem ser considerados autores de violência doméstica e familiar contra as mulheres.

(3) A violência doméstica e familiar contra a mulher constitui uma das formas de violação dos direitos humanos. Essa violência apresenta-se sob diversas formas, tais como: a violência física, a violência psicológica, a violência sexual, a violência patrimonial e a violência moral.

(4) Quando necessário o afastamento do local de trabalho por até seis meses, o juiz assegura à mulher em situação de violência doméstica e familiar, para preservar sua integridade física e psicológica, a manutenção do vínculo trabalhista.

(5) No atendimento à mulher em situação de violência doméstica e familiar, a autoridade policial deve, entre outras providências, garantir proteção policial, quando necessário, comunicando de imediato essa proteção ao MP e ao Poder Judiciário, e fornecer transporte para a ofendida e seus dependentes em direção a abrigo ou local seguro, quando houver risco de vida.

1: correta, pois assim estabelecem os arts. 2º e 3º da Lei nº 11.340/2006; **2:** incorreta, pois, de acordo com o art. 5º da Lei nº 11.340/2006, para os efeitos da Lei Maria da Penha, podem ser autores de violência doméstica e familiar contra as mulheres pessoas do convívio, com ou sem vínculo familiar, inclusive as esporadicamente agregadas, bem como por indivíduos que são ou se consideram aparentados, unidos por laços naturais, por afinidade ou por vontade expressa. Também podem ser autores pessoas que mantenham qualquer relação íntima de afeto, na qual o agressor conviva ou tenha convivido com a ofendida, independentemente de coabitação; **3:** correta, pois assim dispõem os arts. 6º e 7º da Lei nº 11.340/2006; **4:** correta, pois é o que estabelece o art. 9º, § 2º, II, da Lei nº 11.340/2006; **5:** correta, pois assim dispõe o art. 11 da Lei nº 11.340/2006.

Gabarito 1C, 2E, 3C, 4C, 5C

(Cadete da Polícia Militar/GO – 2010 – FUNCAB) Sobre as regras que tratam da guarda, da tutela e da adoção, previstas na Lei n° 8.069/1990, assinale a alternativa correta.

(A) A guarda destina-se a regularizar a posse de fato, podendo ser deferida liminarmente nos procedimentos de adoção por estrangeiros.

(B) A adoção atribui a condição de filho ao adotado, com os mesmos direitos e deveres, inclusive sucessórios, desligando-o de qualquer vínculo com pais e parentes, salvo os impedimentos matrimoniais.

(C) A morte dos adotantes restabelece o poder familiar dos pais naturais.

(D) O deferimento da tutela não implica o dever de guarda, e independe da perda ou suspensão do poder familiar.

(E) A guarda, uma vez deferida, não poderá ser revogada.

A: incorreta, pois o art. 33, § 1º, do ECA, estabelece que "a guarda destina-se a regularizar a posse de fato, podendo ser deferida, liminar ou incidentalmente, nos procedimentos de tutela e adoção, exceto no de adoção por estrangeiros". Portanto, não pode ser deferida liminarmente no caso de adoção por estrangeiro; **B:** correta, pois assim dispõe o art. 41 do ECA; **C:** incorreta, pois, nos termos do art. 49 do ECA, "a morte dos adotantes não restabelece o poder familiar dos pais naturais"; **D:** incorreta. Conforme o art. 36, parágrafo único, do ECA, "o deferimento da tutela pressupõe a prévia decretação da perda ou suspensão do poder familiar e implica necessariamente o dever de guarda"; **E:** incorreta. Pelo que estabelece o art. 35 do ECA, "a guarda poderá ser revogada a qualquer tempo, mediante ato judicial fundamentado, ouvido o Ministério Público".

Gabarito "B"

(Cadete da Polícia Militar/GO – 2010 – FUNCAB) Dentre as medidas de proteção, aplicáveis à criança e ao adolescente em situação de risco social ou pessoal, NÃO se inclui a(o):

(A) requisição de tratamento médico, psicológico ou psiquiátrico,em regime hospitalar ou ambulatorial.

(B) inclusão em programa comunitário ou oficial de auxílio à família, à criança e ao adolescente.

(C) inclusão em programa de acolhimento familiar.

(D) internação em estabelecimento educacional.

(E) inclusão em programa oficial ou comunitário de auxílio, orientação e tratamento a alcoólatras e toxicômanos.

A: incorreta, pois a medida está prevista no art. 101, V, do ECA; **B:** incorreta, pois a medida está prevista no art. 101, IV, do ECA; **C:** incorreta, pois a medida está prevista no art. 101, VIII, do ECA; **D:** correta, pois não se trata de medida de proteção, mas sim decorrente da prática de ato infracional, nos termos do art. 112, VI, do ECA; **E:** incorreta, pois a medida está prevista no art. 101, VI, do ECA.

Gabarito "D"

(Cadete da Polícia Militar/GO – 2010 – FUNCAB) Acerca das regras que tratam da prática de ato infracional, previstas no Título III, do Estatuto da Criança e do Adolescente, é correto afirmar que:

(A) a advertência poderá ser aplicada ainda que não haja prova da materialidade e indícios suficientes da autoria.

(B) o regime de semiliberdade, somente pode ser determinado como forma de transição para o meio aberto, possibilitada a realização de atividades externas, independentemente de autorização judicial.

(C) a internação constitui medida privativa da liberdade, sujeita aos princípios de brevidade, excepcionalidade e respeito à condição peculiar de pessoa em desenvolvimento.

(D) a medida de semiliberdade somente pode ser aplicada pelo prazo máximo de 2(dois) anos.

(E) são penalmente imputáveis os menores de 18 anos.

A: incorreta, pois, nos termos do art. 114, parágrafo único, do ECA, "a advertência poderá ser aplicada sempre que houver prova da materialidade e indícios suficientes da autoria"; **B:** incorreta, pois estabelece o art. 120 do ECA que "o regime de semiliberdade pode ser determinado desde o início, ou como forma de transição para o meio aberto"; **C:** correta, pois assim estabelece o art. 121 do ECA; **D:** incorreta, pois, à medida de semiliberdade, aplicam-se, no que couber, as disposições relativas à internação. E o período máximo de internação não excederá a três anos (art. 121, § 3º, do ECA); **E:** incorreta, pois, conforme o art. 228 da Constituição Federal, "são penalmente inimputáveis os menores de dezoito anos, sujeitos às normas da legislação especial".

Gabarito "C"

(Cadete da Polícia Militar/GO – 2010 – FUNCAB) Sobre a disciplina dos recursos, prevista na Lei n° 8.069/1990, assinale a alternativa correta.

(A) A sentença que destituir ambos ou qualquer dos genitores do poder familiar fica sujeita a apelação, que deverá ser recebida apenas no efeito devolutivo.

(B) A interposição dos recursos sempre depende de preparo.

(C) Em todos os recursos, salvo o de agravo de instrumento e de embargos de declaração, o prazo para interpor e para responder será de 15 (quinze) dias.

(D) A sentença que deferir a adoção se sujeita ao recurso de apelação, que será sempre recebido no efeito suspensivo.

(E) Contra as decisões proferidas por autoridade judiciária sobre a entrada e permanência de criança ou adolescente, desacompanhado dos pais ou responsável em bailes ou promoções dançantes caberá agravo de instrumento.

A: correta, pois assim dispõe o art. 199-B do ECA, incluído pela Lei nº 12.010/2009; **B:** incorreta, pois "os recursos serão interpostos independentemente de preparo" (art. 198, I, do ECA); **C:** incorreta, pois, "em todos os recursos, salvo nos embargos de declaração, o prazo para o Ministério Público e para a defesa será sempre de 10 (dez) dias", art. 198, II do ECA (redação dada pela Lei nº 12.594/2012); **D:** incorreta. Nos termos do art. 199-A do ECA, "a sentença que deferir a adoção produz efeito desde logo, embora sujeita a apelação, que será recebida exclusivamente no efeito devolutivo, salvo se se tratar de adoção internacional ou se houver perigo de dano irreparável ou de difícil reparação ao adotando" (incluído pela Lei nº 12.010/2009); **E:** incorreta, pois o recurso será de apelação, conforme o art. 199 do ECA.

Gabarito "A"

(Cadete da Polícia Militar/GO – 2013 – UEG) Considera-se criança e adolescente, nos termos da Lei n. 8069/90, respectivamente, a pessoa até

(A) doze anos de idade incompletos e a pessoa entre doze e dezoito anos de idade.
(B) quatorze anos de idade incompletos e a pessoa entre quatorze e dezoito anos de idade.
(C) doze anos de idade incompletos e a pessoa entre doze e vinte e um anos de idade.
(D) quatorze anos de idade incompletos e a pessoa entre quatorze e vinte e um anos de idade.

Conforme o art. 2º do ECA, "considera-se criança a pessoa até doze anos de idade incompletos, e adolescente aquela entre doze e dezoito anos de idade". Portanto, deve ser assinalada a alternativa A.

Gabarito "A"

(Cadete da Polícia Militar/GO – 2013 – UEG) Adolescente flagrado pela Polícia Militar, no momento em que pratica ato infracional, deve ser imediatamente encaminhado

(A) ao Conselho Tutelar, o qual dará início ao procedimento de apuração, solicitando apoio da Polícia Civil, se necessário.
(B) à autoridade policial, visando à lavratura do auto de apreensão em flagrante, se for o caso.
(C) ao Juiz da Infância e Juventude, que deliberará sobre a apreensão do adolescente.
(D) ao Ministério Público, visando à realização de oitiva informal, com possibilidade de concessão de remissão ao adolescente.

Estabelece o art. 172 do ECA que "o adolescente apreendido em flagrante de ato infracional será, desde logo, encaminhado à autoridade policial competente". Sendo assim, é correta a alternativa B.

Gabarito "B"

(Assistente Administrativo da Polícia Militar/MG – 2012 – FCC) De acordo com a Lei de Diretrizes e Bases da Educação Nacional (LDB no 9.394/1996), o ensino será ministrado com base, dentre outros, no seguinte princípio:

(A) respeito ao uso do livro escolar escolhido pela família e/ou criança.
(B) liberdade do uso ou não de uniforme nas dependências da escola.
(C) igualdade de condições para o acesso e permanência na escola.
(D) incentivo aos estudos e acompanhamento das lições de casa pela família.

A: incorreta, pois a assertiva não se refere a princípio estabelecido no art. 3º da Lei n. 9.394/1996, que estabelece as diretrizes e bases da educação nacional; **B:** incorreta, pois a assertiva não se refere a princípio estabelecido no art. 3º da Lei n. 9.394/1996; **C:** correta, pois o art. 3º, I, da Lei n. 9.394/1996, que estabelece as diretrizes e bases da educação nacional, dispõe que o ensino será ministrado com base no seguinte princípio: igualdade de condições para o acesso e permanência na escola; **D:** incorreta, pois a assertiva não se refere a princípio estabelecido no art. 3º da Lei n. 9.394/1996.

Gabarito "C"

(Assistente Administrativo da Polícia Militar/MG – 2012 – FCC) A LDB estabelece que a verificação do rendimento escolar observará o critério de

(A) obrigatoriedade de estudos de recuperação, de preferência paralelos ao período letivo, para os casos de baixo rendimento escolar.
(B) realização de reunião mensal entre pais e professores para o devido acompanhamento da aprendizagem dos alunos.
(C) oportunidade de encaminhamento administrativo a serviços de psicólogos e assistentes sociais para o avanço intelectual dos alunos.
(D) definição das funções dos professores e dos pais no plano de ensino da escola, prevendo as ações de ambas as partes no processo de aprendizagem do aluno.

A: correta. O gabarito dava a afirmativa como incorreta. Todavia, a assertiva está correta, pois é o que estabelece o art. 24, V, "e", da Lei n. 9.394/1996. O mencionado dispositivo legal ainda estabelece que os estudos de recuperação serão "disciplinados pelas instituições de ensino em seus regimentos"; **B:** incorreta, pois não se trata de critério mencionado no art. 24, V, da Lei n. 9.394/1996; **C:** incorreta, pois não se trata de critério mencionado no art. 24, V, da Lei n. 9.394/1996, que estabelece as diretrizes e bases da educação nacional; **D:** incorreta, pois a assertiva não se refere a critério previsto no art. 24, V, da Lei n. 9.394/1996.

Gabarito "A"

(Assistente Administrativo da Polícia Militar/MG – 2012 – FCC) Conforme a LDB, a educação básica, nos níveis fundamental e médio, será organizada de acordo com as seguintes regras comuns:

(A) número de dias letivos e carga horária mínima anual de acordo com as necessidades do planejamento político pedagógico de cada escola.
(B) número de dias letivos e carga horária mínima anual, de acordo com as peculiaridades locais, definidos pela direção da escola.
(C) carga horária mínima anual e dias letivos a critério das necessidades do sistema de ensino municipal em acordo com o sistema de ensino estadual.
(D) carga horária mínima anual de oitocentas horas, distribuídas por um mínimo de duzentos dias de efetivo trabalho escolar.

De acordo com o art. 24, I, da Lei n. 9.394/1996, que estabelece as diretrizes e bases da educação nacional, a educação básica, nos níveis fundamental e médio, será organizada de acordo com a seguinte regra comum: "a carga horária mínima anual será de oitocentas horas, distribuídas por um mínimo de duzentos dias de efetivo trabalho escolar, excluído o tempo reservado aos exames finais, quando houver". Portanto, deve ser assinalada a alternativa D.

Gabarito "D"

(Assistente Administrativo da Polícia Militar/MG – 2012 – FCC) O Estatuto da Criança e do Adolescente (ECA – Lei nº 8.069/1990) considera criança a pessoa com idade até

(A) onze anos.
(B) treze anos.
(C) doze anos incompletos.
(D) quatorze anos incompletos.

Conforme o art. 2º do ECA, "considera-se criança a pessoa até doze anos de idade incompletos, e adolescente aquela entre doze e dezoito anos de idade". Portanto, deve ser assinalada a alternativa C.
"Gabarito "C"

(Assistente Administrativo da Polícia Militar/MG – 2012 – FCC) De acordo com o Estatuto da Criança e do Adolescente, os casos de reiteração de faltas injustificadas e de evasão escolar, esgotados os recursos escolares, e os casos de

(A) encaminhados pela professora à direção da escola, para a devida advertência do aluno.
(B) comunicados ao Conselho Tutelar pelos dirigentes de estabelecimentos de Ensino Fundamental.
(C) notificados à secretaria da escola, pelo professor, para devido registro no livro de ocorrências.
(D) registrados no diário de classe, para posterior notificação ao Conselho de Escola.

Dispõe o art. 56 do ECA: "Os dirigentes de estabelecimentos de ensino fundamental comunicarão ao Conselho Tutelar os casos de: I – maus-tratos envolvendo seus alunos; II – reiteração de faltas injustificadas e de evasão escolar, esgotados os recursos escolares; III – elevados níveis de repetência". Por isso, é correta a alternativa B.
Gabarito "B"

(Assistente Administrativo da Polícia Militar/MG – 2012 – FCC) No Estatuto da Criança e do Adolescente, está previsto que é direito dos pais ou responsáveis

(A) matricular seu filho em escola da rede privada, por meio de bolsa de estudo concedida pelo MEC.
(B) reivindicar dispensa das aulas de Educação Física ao filho, mediante comprovação de qualquer tipo de deficiência.
(C) ter ciência do processo pedagógico, bem como participar da definição das propostas educacionais.
(D) participar da definição orçamentária da escola em relação à distribuição de bolsas de estudo aos alunos carentes.

De acordo com o art. 53, parágrafo único, do ECA, "é direito dos pais ou responsáveis ter ciência do processo pedagógico, bem como participar da definição das propostas educacionais". Por isso, correta a alternativa C.
Gabarito "C"

(Assistente Administrativo da Polícia Militar/MG – 2012 – FCC) A criança e o adolescente têm direito à educação. Para que de fato o aluno possa usufruir deste direito, está previsto no Estatuto da Criança e do Adolescente que

(A) os pais ou responsáveis têm a obrigação de matricular seus filhos ou pupilos na rede regular de ensino.
(B) a direção da escola não pode negar matrícula a qualquer criança que apresentar atestado de pobreza.
(C) é função da secretaria da escola efetuar lista de inscrição de acordo com a idade/série para matricular primeiramente as crianças de menor idade.
(D) é função do Conselho Tutelar acompanhar as matrículas escolares cuidando para não haver desrespeito legal.

A: correta, pois assim estabelece o art. 55 do ECA: "Os pais ou responsável têm a obrigação de matricular seus filhos ou pupilos na rede regular de ensino"; **B:** incorreta, pois a regra não consta do ECA; **C:** incorreta, pois a regra não consta do ECA; **D:** incorreta, pois não se trata de função prevista pelo ECA.
Gabarito "A"

(Assistente Administrativo da Polícia Militar/MG – 2012 – FCC) A criança e o adolescente têm direito à liberdade, ao respeito e à dignidade como pessoas humanas em processo de desenvolvimento e como sujeitos de direitos civis, humanos e sociais garantidos na Constituição e nas leis (ECA, Art.15).

Segundo a legislação, o direito à liberdade compreende vários aspectos, dentre eles

(A) participar do ensino à distância para poder trabalhar.
(B) estudar, obedecer as leis e ir a eventos culturais.
(C) realizar as tarefas de casa e conservar seu material escolar.
(D) brincar, praticar esportes e divertir-se.

A: incorreta, pois não se trata de aspecto compreendido no art. 16 do ECA, que estabelece o rol dos aspectos relacionados ao direito de liberdade; **B:** incorreta, pois não se trata de aspecto compreendido no art. 16 do ECA; **C:** incorreta, pois não se trata de aspecto compreendido no art. 16 do ECA; **D:** correta, pois assim estabelece o art. 16, IV, do ECA.
Gabarito "D"

(Assistente Administrativo da Polícia Militar/MG – 2012 – FCC) Na violência cometida contra as mulheres, o mais frequente é aquela que acontece no interior dos próprios lares e, diante disso, uma das causas mais presentes é o

(A) desamparo da família de baixa renda.
(B) afastamento dos valores religiosos.
(C) analfabetismo.
(D) alcoolismo.

A: incorreta, pois a baixa renda não é motivo relevante para a violência contra a mulher, que acontece em todas as classes sociais; **B:** incorreta, pois o alcoolismo e o uso de drogas são os grandes fatores; **C:** incorreta, pois não há associação do analfabetismo com a violência contra a mulher; **D:** correta, pois dados do Ministério da Saúde apontam o alcoolismo como uma das causas mais presentes nos relatos de violência contra a mulher. Confira-se, a propósito, notícia veiculada pelo portal UOL (http://noticias.uol.com.br/ciencia/ultimas-noticias/redacao/2010/12/20/alcool-esta-associado-a-30-dos-casos-de-violencia-domestica-e--sexual-contra-mulheres.htm).
Gabarito "D"

(Assistente Administrativo da Polícia Militar/MG – 2012 – FCC) Uma mulher, vítima de violência doméstica que resultou em lesões irreversíveis a sua saúde, como paraplegia e outras sequelas, se transformou em símbolo da luta contra essa forma de violência.

O texto acima está se referindo à Lei

(A) Maria da Penha.
(B) Maria da Fé.
(C) Maria da Glória.
(D) Maria Aparecida.

A Lei 11.340/2006, que cria mecanismos para coibir a violência doméstica e familiar contra a mulher, é conhecida como Lei Maria da Penha.

Gabarito "A"

(Assistente Administrativo da Polícia Militar/MG – 2012 – FCC) Se o idoso ou seus familiares não possuir condições econômicas de prover o seu sustento, impõe-se ao Poder Público esse provimento no âmbito

(A) dos Conselhos Municipais da Saúde.
(B) da Assistência Social.
(C) dos Conselhos Estaduais dos Idosos.
(D) da Procuradoria da União.

Estabelece o Estatuto do Idoso (Lei 10.741/2003), em seu art. 14: "Se o idoso ou seus familiares não possuírem condições econômicas de prover o seu sustento, impõe-se ao Poder Público esse provimento, no âmbito da assistência social". Portanto, deve ser assinalada a alternativa B.

Gabarito "B"

(Assistente Administrativo da Polícia Militar/MG – 2012 – FCC) Visando a integração do idoso à vida moderna, o Estatuto do Idoso (Lei 10.741/ 2003) prevê que

(A) as faculdades públicas das áreas humanas reservem 5% de suas vagas para os idosos que apresentem a certificação do Ensino Médio completo ou equivalente.
(B) os idosos tenham direito à formação profissional pública e/ou privada por meio de telecursos profissionalizantes e cursos de informática a distância.
(C) os cursos especiais para idosos incluirão conteúdo relativo às técnicas de comunicação, computação e demais avanços tecnológicos.
(D) os idosos sejam preparados para a aposentadoria por meio de atividades educacionais que possibilitem sua adaptação ao mercado de trabalho.

A: incorreta, pois não se trata de garantia prevista no Estatuto do Idoso (Lei 10.741/2003); **B:** incorreta, pois não se trata de garantia prevista no Estatuto do Idoso; **C:** correta, pois assim estabelece o art. 21, § 1°, do Estatuto do Idoso (Lei n. 10.741/2003); **D:** incorreta, pois não se refere a programa previsto no art. 28 do Estatuto do Idoso.

Gabarito "C"

(Assistente Administrativo da Polícia Militar/MG – 2012 – FCC) Para que a escola seja inclusiva, respeitando e valorizando a diversidade cultural existente em nossa sociedade, nos estabelecimentos de Ensino Fundamental e de Ensino Médio, públicos e privados,

(A) o estudo da história e cultura afrobrasileira e indígena é obrigatório.
(B) a aprendizagem de LIBRAS tornou-se parte integrante dos currículos escolares.
(C) o direito à liberdade de expressão foi legalmente instituído aos grupos socialmente discriminados.
(D) a aquisição da leitura e da escrita se dará a partir do estudo do Estatuto da Criança e do Adolescente.

A: correta, pois é o que estabelece o art. 26-A, § 2°, da Lei n. 9.394/1996, que estabelece as diretrizes e bases da educação nacional; **B:** incorreta, pois o respeito à diversidade cultural está relacionado à obrigatoriedade do estudo da cultura afro-brasileira e indígena; **C:** incorreta, pois a liberdade de expressão é garantida a todos (CF, art. 5°, IX); **D:** incorreta, pois a aquisição da leitura e da escrita é objetivo da educação fundamental.

Gabarito "A"

(Assistente Administrativo da Polícia Militar/MG – 2012 – FCC) Na concretização da escola inclusiva, é preciso assegurar à criança e ao adolescente, segundo o ECA (Estatuto da Criança e do Adolescente),

(A) escolas especiais aos alunos portadores de deficiência e cursos de formação específica aos pais dos alunos.
(B) professores especializados, com curso de pedagogia e especialização em educação especial.
(C) salas de aula especiais, na escola regular de ensino, por meio de atendimento individualizado de acordo com a deficiência apresentada.
(D) atendimento educacional especializado aos portadores de deficiência, preferencialmente na rede regular de ensino.

A: incorreta, pois o ECA garante o "atendimento educacional especializado aos portadores de deficiência" (art. 208, II); **B:** incorreta, pois o ECA garante o "atendimento educacional especializado aos portadores de deficiência" (art. 208, II); **C:** incorreta, pois o ECA garante o "atendimento educacional especializado aos portadores de deficiência" (art. 208, II); **D:** correta, pois assim dispõe o art. 54, III, do ECA.

Gabarito "D"

(Assistente Administrativo da Polícia Militar/MG – 2012 – FCC) A LDB (Lei de Diretrizes e Bases da Educação Nacional) estabelece que é dever dos pais ou responsáveis efetuar a matrícula, no ensino fundamental, dos menores, a partir dos

(A) cinco anos e onze meses.
(B) seis anos de idade.
(C) sete anos de idade.
(D) oito anos de idade.

A Lei. 9.394/1996, que estabelece as diretrizes e bases da educação nacional, dispunha, em seu art. 6°, ser dever dos pais ou responsáveis efetuar a matrícula dos menores, a partir dos seis anos de idade, no ensino fundamental. Com a redação dada pela Lei 12.796/2013, a matrícula é obrigatória, na educação básica, a partir dos 4 (quatro) anos de idade. Portanto, no momento em que a questão foi elaborada deveria ser assinalada a alternativa B.

Gabarito "B"

(Assistente Administrativo da Polícia Militar/MG – 2012 – FCC) A alfabetização passa a ser concebida, pela UNESCO (1999), como "conhecimento básico, necessário a todos num mundo em transformação; em sentido amplo, é um direito humano fundamental [...]".

A alfabetização, nesta concepção, tem principalmente o papel de

(A) ensinar técnicas de leitura e escrita para melhor desenvolver a concentração dos alunos nos estudos.

(B) possibilitar a inserção das pessoas no mercado de trabalho informal, de maneira a permitir a ascensão social.
(C) incentivar os alunos a teorizar, por meio da aquisição de conhecimentos empíricos, para que consigam prosseguir os estudos.
(D) promover a participação em atividades sociais, econômicas, políticas e culturais, além de ser requisito básico para a educação continuada durante a vida.

A: incorreta, pois a alfabetização tem o papel de promover a participação em atividades sociais, econômicas, políticas e culturais; **B:** incorreta, pois a alfabetização não está relacionada à inserção no mercado informal; **C:** incorreta, pois o papel fundamental da alfabetização é a promoção da participação em atividades sociais, econômicas, políticas e culturais; **D:** correta, pois, conforme a Declaração de Hamburgo sobre Educação de Adultos, "a alfabetização tem também o papel de promover a participação em atividades sociais, econômicas, políticas e culturais, além de ser requisito básico para a educação continuada durante toda a vida".

Gabarito "D"

(Soldado da Polícia Militar /PR – 2010 – UELCOPS) O ECA estabelece a doutrina de proteção integral como diretriz básica e única no atendimento de crianças e adolescentes e como dever da família, da sociedade e do Estado, de forma coerente com a Constituição Federal de 1988 e documentos internacionais. Sobre a doutrina de proteção integral, considere as afirmativas a seguir:

I. A questão da criança e do adolescente deve ser tratada como prioridade absoluta, pela condição de pessoa em desenvolvimento.
II. As leis e o direito devem priorizar o aspecto penal do ato praticado pela ou contra a criança e o adolescente.
III. A criação e a manutenção de serviços voltados à criança e ao adolescente devem estar subordinados à disponibilidade de verbas e ao programa político do gestor em exercício.
IV. A criança e o adolescente devem ter preferência na formulação e implantação das políticas sociais públicas e receber destinação privilegiada de recursos públicos na área de proteção.

Assinale a alternativa correta.

(A) Somente as afirmativas I e II são corretas.
(B) Somente as afirmativas I e IV são corretas.
(C) Somente as afirmativas III e IV são corretas.
(D) Somente as afirmativas I, II e III são corretas.
(E) Somente as afirmativas II, III e IV são corretas.

I: correta, pois assim estabelece o ECA. Por exemplo, em seu art. 4º; **II:** incorreta, pois o ato infracional praticado pela criança ou pelo adolescente não a sujeita a sanções penais, mas sim a medidas protetivas e socioeducativas; **III:** incorreta, pois deve ser observada a preferência na formulação e na execução das políticas sociais públicas, bem como a destinação privilegiada de recursos públicos nas áreas relacionadas com a proteção à infância e à juventude (art. 4º, parágrafo único, "d", do ECA); **IV:** correta, pois assim dispõe o art. 4º, parágrafo único, "c" e "d", do ECA.

Gabarito "B"

(Soldado da Polícia Militar /PR – 2010 – UELCOPS) O ECA, no art. 53, prevê que "a criança e o adolescente têm direito à educação, visando ao pleno desenvolvimento de sua pessoa, preparo para o exercício da cidadania e qualificação para o trabalho", assegurando-lhes, entre outros direitos:

I. Igualdade de condições de acesso e permanência na escola, salvo se não tiver a mesma idade dos demais alunos da série, se não for portador de deficiência ou se tiver cometido ato infracional.
II. Acesso à escola pública e gratuita próxima de sua residência.
III. O direito de ser respeitado por seus educadores e de contestar critérios avaliativos, podendo, inclusive, recorrer às instâncias escolares superiores.
IV. O direito dos pais ou responsáveis de decidirem qual o processo pedagógico e o conteúdo que a escola deverá adotar.

Assinale a alternativa correta.

(A) Somente as afirmativas I e IV são corretas.
(B) Somente as afirmativas II e III são corretas.
(C) Somente as afirmativas III e IV são corretas.
(D) Somente as afirmativas I, II e III são corretas.
(E) Somente as afirmativas I, II e IV são corretas.

I: incorreta, pois o direito à igualdade de condições de acesso e permanência não tem ressalva no art. 53, **I**, do ECA; **II:** correta, pois assim dispõe o art. 53, V, do ECA; **III:** correta, pois assim estabelece o art. 53, **II** e **III**, do ECA; **IV:** incorreta, pois não se trata de direito garantido pelo art. 53 do ECA.

Gabarito "B"

(Soldado da Polícia Militar /PR – 2010 – UELCOPS) O ECA, no art. 5º, prevê que "nenhuma criança ou adolescente será objeto de qualquer forma de negligência, discriminação, exploração, violência, crueldade e opressão, punido na forma da lei qualquer atentado, por ação ou omissão, aos seus direitos fundamentais".

Em caso de violência sexual infanto-juvenil, devem-se tomar as seguintes providências:

I. Quando houver flagrante, a Polícia Militar deve ser acionada imediatamente.
II. O Conselho Tutelar deverá ser notificado sobre o fato para que analise a sua procedência e leve a situação ao conhecimento do Ministério Público quando for confirmado.
III. Em municípios onde inexiste o Conselho Tutelar, o fato deve ser comunicado primeiramente ao prefeito.
IV. O Conselho Municipal dos Direitos da Criança e do Adolescente deve ser comunicado imediatamente sobre o fato para que realize a investigação.

Assinale a alternativa correta.

(A) Somente as afirmativas I e II são corretas.
(B) Somente as afirmativas II e IV são corretas.
(C) Somente as afirmativas III e IV são corretas.
(D) Somente as afirmativas I, II e III são corretas.
(E) Somente as afirmativas I, III e IV são corretas.

I: correta, pois incumbe à polícia militar zelar pela condução do responsável à presença da autoridade policial competente; **II:** correta, pois são atribuições do Conselho Tutelar, nos termos do art. 136, do ECA, incidindo, no caso, especialmente, o inciso IV do mencionado dispositivo legal; **III:** incorreta, pois o fato deve ser comunicado, no caso, ao Ministério Público ou ao Poder Judiciário; **IV**: incorreta, pois não se trata de atribuição do Conselho Municipal a realização da investigação.

Gabarito "A"

(Soldado da Polícia Militar /PR – 2010 – UELCOPS) De acordo com o ECA, a conduta do adolescente é considerada ato infracional

I. quando descrita como crime.
II. quando descrita como contravenção penal.
III. desde que se considerada indisciplinada.
IV. desde que se considerada ofensiva.

Assinale a alternativa correta.

(A) Somente as afirmativas I e II são corretas.
(B) Somente as afirmativas I e IV são corretas.
(C) Somente as afirmativas III e IV são corretas.
(D) Somente as afirmativas I, II e III são corretas.
(E) Somente as afirmativas II, III e IV são corretas.

I: correta, pois, nos termos do art. 103 do ECA, "considera-se ato infracional a conduta descrita como crime ou contravenção penal"; **II:** correta, como se depreende da afirmação anterior; **III:** incorreta, pois não basta a indisciplina. Há necessidade de tipificação da conduta como crime ou contravenção; **IV**: incorreta, como se depreende das afirmações anteriores.

Gabarito "A"

(Soldado da Polícia Militar /PR – 2010 – UELCOPS) O ECA, no art. 7°, prevê o direito à vida e à saúde como direitos fundamentais.

Assinale a alternativa que apresenta peculiaridades desse direito.

(A) Interrupção da gravidez quando existir a suspeita de que o nascituro possa vir a ter algum tipo de má-formação ou quando a gravidez for indesejada.
(B) Início das políticas públicas de proteção voltadas à criança após o seu nascimento.
(C) Proteção gratuita à vida e à saúde da criança e do adolescente na rede pública básica de saúde, e paga nos serviços especializados.
(D) Isenção da responsabilidade do Estado pela garantia de proteção à vida e à saúde do adolescente quando ele é abrigado ou passa a cumprir medida socioeducativa.
(E) Garantia de vida ao nascituro e de que o nascimento e o desenvolvimento de crianças e adolescentes sejam realizados em condições dignas de existência.

A: incorreta, pois a assertiva não se refere a aspectos relacionados à proteção do direito à vida das crianças ou dos adolescentes, nem mesmo a hipóteses em que o abortamento é legalmente permitido; **B:** incorreta, pois as políticas públicas devem ser desenvolvidas mesmo antes do nascimento; **C:** incorreta, pois a proteção gratuita se estende aos serviços especializados; **D:** incorreta, pois o cumprimento de medida socioeducativa não isente o Estado da responsabilidade de garantir a proteção à vida e à saúde do adolescente; **E:** correta, pois **é o que estabelece o art. 7º do ECA.**

Gabarito "E"

(Soldado da Polícia Militar /PR – 2010 – UELCOPS) Carlinhos, na noite da véspera do seu aniversário de 18 anos, foi autor de um furto na residência do Sr. José, que o viu levando sua TV e seu DVD no momento em que chegava em casa. Diante do fato, o Sr. José foi à delegacia comunicar o ocorrido. Os policiais chegaram à casa de Carlinhos por volta da zero hora e trinta minutos do dia seguinte ao furto, justamente durante a comemoração dos seus 18 anos, constatando que ele estava na posse dos bens furtados.

De acordo com o texto e com base no ECA, é correto afirmar:

(A) Carlinhos deve ser levado à delegacia de adultos por ter praticado crime e ter 18 anos.
(B) Os policiais ficam impedidos de levar Carlinhos a qualquer delegacia pelo furto praticado na adolescência.
(C) Carlinhos deve ser levado à delegacia do adolescente por ter praticado ato infracional aos 17 anos.
(D) Os policiais ficam impedidos de levar Carlinhos a qualquer delegacia pelo furto praticado na infância.
(E) A competência para levar Carlinhos à delegacia é do Conselho Tutelar, que é responsável pela proteção de seus direitos.

A: incorreta, pois deve ser considerada a idade de Carlinhos no momento da conduta e não no momento em que foi localizado (art. 104, parágrafo único, do ECA); **B:** incorreta, pois a prática de fato definido como crime constitui ato infracional, podendo sujeitar o adolescente a alguma medida socioeducativa; **C:** correta, pois, como se disse, o fato é considerado um ato infracional; **D:** incorreta, pois Carlinhos é adolescente, estando sujeito a medidas socioeducativas; **E:** incorreta, pois **os policiais têm competência para conduzir o menor à delegacia.**

Gabarito "C"

(Soldado da Polícia Militar /PR – 2010 – UELCOPS) De acordo com o ECA, a internação de um adolescente antes da sentença, em virtude da prática de ato infracional, deve ser no máximo de

(A) 45 dias.
(B) 50 dias.
(C) 55 dias.
(D) 60 dias.
(E) 65 dias.

O ECA, no art. 108, estabelece que "a internação, antes da sentença, pode ser determinada pelo prazo máximo de quarenta e cinco dias". Acrescenta o parágrafo único do mesmo dispositivo que "a decisão deverá ser fundamentada e basear-se em indícios suficientes de autoria e materialidade, demonstrada a necessidade imperiosa da medida". Por isso, correta a alternativa A.

Gabarito "A"

(Soldado da Polícia Militar /PR – 2010 – UELCOPS) Durante uma briga na escola, Fábio, 11 anos, desferiu golpes contra Jonas, 12 anos, ocasionando fratura na costela e perda de um dente.

De acordo com o texto e com base no ECA, é correto afirmar que a direção da escola

(A) deve chamar os pais e a Polícia, pelo fato de Fábio ser adolescente e ter praticado ato infracional.
(B) deve chamar a Polícia e o promotor do Ministério Público, para que Fábio seja apreendido.

(C) fica isenta de chamar qualquer pessoa, pois é sua exclusiva responsabilidade apurar o fato e punir os responsáveis.

(D) deve levar o caso ao Juiz para que ele determine a expulsão de Fábio da escola.

(E) deve chamar os pais e o Conselho Tutelar, pelo fato de Fábio ser criança e não incorrer na prática de ato infracional.

A: incorreta, pois Fábio é criança, nos termos do art. 2º do ECA: "Considera-se criança, para os efeitos desta Lei, a pessoa até doze anos de idade incompletos, e adolescente aquela entre doze e dezoito anos de idade"; **B:** incorreta, pois, sendo criança, está sujeito a medidas protetivas e não à apreensão; **C:** incorreta, pois a direção da escola tem o dever de comunicar o fato às autoridades; **D:** incorreta, pois a questão da expulsão ou não da escola não será decidida pelo Juiz, mas sim pelo estabelecimento de ensino; **E:** correta, pois é o que se depreende, dentre outros, do art. 105 do ECA, pois no caso aplicar-se-á as medidas protetivas constantes do art. 101 do ECA.

Gabarito "E"

(Oficial da Polícia Militar/SC – 2010 – IESES) Sobre os interesses socialmente relevantes:

(A) Interesses individuais homogêneos são necessidades de pessoas indeterminadas, de natureza divisível e origem comum.

(B) Interesses difusos são necessidades transindividuais de natureza indivisível cuja titularidade é de grupo, categoria ou classe de pessoas ligadas entre si por uma relação jurídica de base.

(C) Interesses coletivos são necessidades transindividuais de natureza indivisível cuja titularidade é de grupo, categoria ou classe de pessoas ligadas entre si por uma relação jurídica de base.

(D) Nenhuma das alternativas está correta.

A: incorreta, pois os interesses individuais homogêneos têm origem comum e de natureza divisível. Porém, pertencem a pessoas determinadas; **B:** incorreta, pois a definição corresponde aos direitos coletivos (Código de Defesa do Consumidor, art. 81, parágrafo único, I); **C:** correta, pois assim estabelece o art. 81, parágrafo único, II, do CDC; **D:** incorreta, pois a afirmativa "c" está correta.

Gabarito "C"

(Oficial da Polícia Militar/SC – 2010 – IESES) A defesa dos interesses difusos e coletivos:

I. É feita mediante legitimação concorrente para a propositura de ação civil pública.

II. Pode ser realizada por meio do Inquérito Civil, procedimento esse prévio e indispensável para a propositura de ação civil pública.

III. Pode ser efetivada por meio da assinatura de termo de compromisso de ajustamento de conduta nos autos do Inquérito Civil, desde que homologado judicialmente.

IV. Pode ser efetivada por meio de ação civil pública, que necessariamente conterá pedido liminar.

V. Nenhuma pessoa física possui legitimidade para ajuizar ação civil pública na defesa dos mencionados interesses, mas possui legitimidade exclusiva para a ação popular, que não se estende às pessoas jurídicas.

É correto afirmar que:

(A) I, II e IV estão corretas.

(B) II, III e V estão corretas.

(C) I e V estão corretas.

(D) II, III e IV estão corretas.

I: correta, pois existem vários entes colegitimados à propositura da ação civil pública, como se depreende do art. 5º da Lei n. 7.347/1985; **II:** incorreta, pois o inquérito civil não é indispensável para a propositura de ação civil pública. De início, cabe lembrar que, dentre os colegitimados, só o Ministério Público é que pode instaurar o inquérito civil. Além disso, mesmo o Ministério Público pode propor a ação civil pública independentemente da instauração de inquérito civil. Basta que receba uma representação instruída com todos os documentos indispensáveis à propositura da ação; **III:** incorreta, pois o compromisso de ajustamento de conduta é um titulo executivo extrajudicial. Assim, não está sujeito à homologação judicial, art. 5º, §6º, da Lei 7.347/1985; **IV:** incorreta, pois a ação civil pública pode conter pedido de medida liminar, mas o pedido de liminar não é necessário e imprescindível em todo e qualquer caso; **V:** correta, pois o art. 5º da Lei da Ação Civil Pública não arrola, entre os colegitimados, a pessoa física. Somente os entes públicos e as associações, que integram o *Terceiro Setor*. De outro lado, a Lei da Ação Popular (Lei n. 4.717/1965) só confere legitimidade ativa ao cidadão eleitor, sendo que o Supremo Tribunal Federal entende que a pessoa jurídica não pode propor ação popular, como se vê da Súmula n. 365: "Pessoa jurídica não tem legitimidade para propor ação popular".

Gabarito "C"

(Oficial da Polícia Militar/SC – 2010 – IESES) Assinale a alternativa correta:

I. É cabível ação civil pública para analisar as pretensões que envolvam contribuições previdenciárias, em razão de seu caráter contributivo.

II. O objeto da ação civil pública pode ser, dentre outros, a condenação em dinheiro ou o cumprimento de obrigação de fazer ou não fazer.

III. A associação não poderá ser dispensada do prazo de um ano de sua constituição para propor a ação civil pública.

IV. É permitido ao juiz conceder mandado liminar em ação civil pública, com ou sem justificação prévia, em decisão sujeita a agravo.

V. É competente o foro do local no qual ocorrer o dano para a propositura da ação civil pública; e, tratando-se de dano regional, o juízo da Capital do Estado.

É correto afirmar que:

(A) I e III estão corretas.

(B) I, II, III, IV e V estão corretas.

(C) II e III estão corretas.

(D) II, IV e V estão corretas.

I: incorreta, pois há expressa vedação legal. Com efeito, estabelece o parágrafo único do art. 1º da Lei n. 7.347/1985: "Não será cabível ação civil pública para veicular pretensões que envolvam tributos, contribuições previdenciárias, o Fundo de Garantia do Tempo de Serviço – FGTS ou outros fundos de natureza institucional cujos beneficiários podem ser individualmente determinados"; **II:** correta, pois assim dispõe o art. 3º da Lei n. 7.347/1985; **III:** incorreta, pois "o requisito da pré-constituição poderá ser dispensado pelo juiz, quando haja manifesto interesse social evidenciado pela dimensão ou característica do dano, ou pela relevância do bem jurídico a ser protegido" (art. 5º, § 4º, da Lei 7.347/1985); **IV:** correta, pois assim estabelece o art. 12 da Lei 7.347/1985; **V:** correta, pois assim estabelece o art. 2º da Lei 7.347/1985 e o art. 93, II, da Lei 8.078/1990.

Gabarito "D"

(Oficial da Polícia Militar/SC – 2010 – IESES) Sobre a ação popular:

(A) A sentença que julga procedente a ação popular possui efeitos *ultra partes*, limitados ao requerente e ao requerido e terceiros determinados cujos interesses tenham sido porventura prejudicados.

(B) Tem por objetivo anular ou declarar nulos os atos lesivos ao patrimônio público ou a entidade da qual o Estado participa, assim como os atos contrários à moralidade administrativa, ao meio ambiente, ao consumidor e ao patrimônio histórico e cultural.

(C) O Ministério Público sempre assumirá a titularidade da ação popular caso o autor não lhe dê o devido andamento, no prazo de 180 dias, contados da inércia do requerente.

(D) A pessoa física do representante legal não poderá ser demandada em ação popular porque formalmente não praticou o ato reputado lesivo.

A: incorreta, pois, nos termos do art. 18 da Lei 4.717/1965, "a sentença terá eficácia de coisa julgada oponível *erga omnes*, exceto no caso de haver sido a ação julgada improcedente por deficiência de prova; neste caso, qualquer cidadão poderá intentar outra ação com idêntico fundamento, valendo-se de nova prova"; **B:** correta, pois é o que decorre do art. 1º da Lei 4.717/1965; **C:** incorreta, pois nem sempre o Ministério Público assumirá a titularidade da ação no caso de abandono por parte do autor. Outro cidadão poderá assumir a titularidade ativa. Além disso, o prazo não é de 180 dias e também não é contado da inércia do requerente. A propósito, assim estabelece o art. 9º da Lei 4.717/1965: "Se o autor desistir da ação ou der motiva à absolvição da instância, serão publicados editais nos prazos e condições previstos no art. 7º, inciso II, ficando assegurado a qualquer cidadão, bem como ao representante do Ministério Público, dentro do prazo de 90 (noventa) dias da última publicação feita, promover o prosseguimento da ação"; **D:** incorreta, pois a pessoa física será demandada. Há, na ação popular, um litisconsórcio passivo necessário imposto pelo art. 6º da Lei 4.717/1965: "A ação será proposta contra as pessoas públicas ou privadas e as entidades referidas no art. 1º, contra as autoridades, funcionários ou administradores que houverem autorizado, aprovado, ratificado ou praticado o ato impugnado, ou que, por omissas, tiverem dado oportunidade à lesão, e contra os beneficiários diretos do mesmo".

Gabarito "B"

(Oficial da Polícia Militar/SC – 2010 – IESES) **NÃO** é princípio da Política Nacional do Meio Ambiente expresso na lei, no intuito de se assegurar, a todos, o direito ao meio ambiente ecologicamente equilibrado:

(A) A educação ambiental em todos os níveis do ensino, inclusive a educação da comunidade.

(B) O controle e zoneamento das atividades potencial ou efetivamente poluidoras.

(C) Os incentivos ao estudo e à pesquisa de tecnologias orientadas para o uso racional e a proteção de recursos ambientais.

(D) A ação governamental na manutenção do equilíbrio ecológico, considerando o meio ambiente como um patrimônio particular nacional a ser assegurado e protegido apenas de degradações estrangeiras, em respeito à soberania.

A: incorreta, pois a assertiva se refere ao princípio previsto no art. 2º, X, da Lei 6.938/1981 (Lei de Política Nacional do Meio Ambiente); **B:** incorreta, pois a assertiva se refere ao princípio previsto no art. 2º, V, da Lei 6.938/1981; **C:** incorreta, pois a assertiva se refere ao princípio previsto no art. 2º, VI, da Lei 6.938/1981; **D:** correta, pois o meio ambiente é um patrimônio público (e não particular) a ser protegido e assegurado. A propósito, assim dispõe o art. 2º, I, da Lei 6.938/1981: "Ação governamental na manutenção do equilíbrio ecológico, considerando o meio ambiente como um patrimônio público a ser necessariamente assegurado e protegido, tendo em vista o uso coletivo".

Gabarito "D"

(Oficial da Polícia Militar/SC – 2010 – IESES) A garantia de assegurar, com prioridade, os direitos do idoso, compreende:

(A) O atendimento de forma imediata e individualizada junto aos órgãos públicos, sendo esta garantia estendida aos órgãos privados, quando prestadores de serviços públicos.

(B) A prioridade no Recebimento de FGTS, em caso de desemprego involuntário.

(C) As destinações privilegiadas dos recursos públicos e privados, nas áreas ligadas à proteção do idoso, na forma da Lei.

(D) A destinação privilegiada de recursos nas áreas ligadas com a proteção do idoso.

A: incorreta, pois o art. 3º, parágrafo único, I, do Estatuto do Idoso (Lei 10.741/2003), determina o "atendimento preferencial imediato e individualizado junto aos órgãos públicos e privados prestadores de serviços à população"; **B:** incorreta. O art. 3º, parágrafo único, do Estatuto do Idoso, estabelece o conteúdo da garantia de prioridade não mencionado a prioridade no recebimento de FGTS; **C:** incorreta, pois o art. 3º, parágrafo único, III, do Estatuto do Idoso, estabelece que é garantida a destinação privilegiada de recursos públicos nas áreas relacionadas com a proteção ao idoso (não menciona a destinação privilegiada de recursos privados); **D:** correta, pois assim dispõe o art. 3º, parágrafo único, III, do Estatuto do Idoso. **Importante frisar, porém, que o mencionado inciso garante a destinação privilegiada de recursos públicos.**

Gabarito "D"

(Oficial da Polícia Militar/SC – 2010 – IESES) De acordo com o estatuto do Idoso:

I. É dever somente da família na qual o idoso está inserido, prevenir a ameaça ou violação aos seus direitos.

II. O Estatuto do Idoso tem por finalidade regular todas as relações jurídicas celebradas por pessoas com idade superior a 60 anos.

III. A obrigação alimentar somente é devida ao idoso de maneira solidária, entre os seus respectivos descendentes.

IV. A prioridade na tramitação de processos, assim como na execução dos atos e diligências judiciais garantidas ao idoso, por se tratar de direito personalíssimo, cessa com a morte.

V. Nos transportes coletivos urbanos e semiurbanos, é garantida a gratuidade aos maiores de 65 anos, salvo nos serviços seletivos e especiais prestados de forma paralela aos serviços regulares.

É correto afirmar que:

(A) III e V estão corretas.
(B) II e III estão corretas.
(C) I, II e V estão corretas.
(D) I, III e IV estão corretas.

I: incorreta, pois o dever é de todos (art. 4º, § 1º, do Estatuto do Idoso – Lei 10.741/2003); **II: incorreta, pois o** Estatuto do Idoso não regula todas as relações jurídicas celebradas por idosos. O Estatuto assegura direitos, prioridades, garantias, mas não incide em todas as relações jurídicas; **III: correta. Como o direito à prestação de alimentos é recíproco entre pais e filhos** (Código Civil, **art. 1.696**), há solidariedade entre os responsáveis, podendo o idoso optar entre os prestadores (art. 12 do Estatuto do Idoso); **IV: incorreta, pois, nos termos do** art. 71, § 2º, do Estatuto do Idoso, "a prioridade não cessará com a morte do beneficiado"; **V: correta, nos termos do** art. 39 do Estatuto do Idoso.

Gabarito "A"

(Oficial da Polícia Militar/SC – 2010 – IESES) Quando ameaçados ou violados os direitos reconhecidos pelo Estatuto do Idoso, o Poder Judiciário **NÃO** poderá determinar:

(A) O encaminhamento à família, mediante termo de responsabilidade.
(B) O encaminhamento ao curador, mediante termo de responsabilidade.
(C) A requisição para o tratamento de sua saúde em ambulatórios, hospitais, ou no próprio domicilio.
(D) O abrigo definitivo.

A: incorreta, pois a medida pode ser determinada nos termos do art. 45, I, do Estatuto do Idoso (Lei 10.741/2003); **B:** incorreta, pois a medida pode ser determinada nos termos do art. 45, I, do Estatuto do Idoso; **C:** incorreta, pois a medida pode ser determinada nos termos do art. 45, III, do Estatuto do Idoso; **D:** correta, pois a medida de abrigo é temporária (e não definitiva), nos termos do art. 45, VI, do Estatuto do Idoso.

Gabarito "D"

(Oficial da Polícia Militar/SC – 2010 – IESES) Quanto ao patrimônio cultural, assinale a alternativa verdadeira:

(A) O tombamento dos bens da União, Estados e Municípios se dará de ofício ou mediante requerimento.
(B) O ato de tombar pode se dar apenas de forma definitiva.
(C) É dispensado registro para que os bens sejam considerados partes integrantes do patrimônio histórico brasileiro.
(D) A lei não prevê tombamento voluntário, por ser um ato que restringe o direito de propriedade.

A: correta, pois é o que se depreende dos arts. 5º a 9º do Decreto-Lei nº 25/1937, que organiza a proteção do patrimônio histórico e artístico nacional; **B:** incorreta, pois, conforme o art. 10 do Decreto-Lei nº 25/1937, "o tombamento dos bens, a que se refere o art. 6º desta lei, será considerado provisório ou definitivo, conforme esteja o respectivo processo iniciado pela notificação ou concluído pela inscrição dos referidos bens no competente Livro do Tombo"; **C:** incorreta, pois, nos termos do art. 1º, § 1º, do Decreto-Lei nº 25/1937, "os bens a que se refere o presente artigo só serão considerados parte integrante do patrimônio histórico o artístico nacional, depois de inscritos separada ou agrupadamente num dos quatro Livros do Tombo"; **D:** incorreta, pois o Decreto-Lei nº 25/1937, em seu art. 7º, prevê o tombamento voluntário: "Proceder-se-á ao tombamento voluntário sempre que o proprietário o pedir e a coisa se revestir dos requisitos necessários para constituir parte integrante do patrimônio histórico e artístico nacional, a juízo do Conselho Consultivo do Serviço do Patrimônio Histórico e Artístico Nacional, ou sempre que o mesmo proprietário anuir, por escrito, à notificação, que se lhe fizer, para a inscrição da coisa em qualquer dos Livros do Tombo".

Gabarito "A"

(Cabo da Polícia Militar /SP – 2012 – CETRO) A ação penal em relação aos crimes previstos na Lei nº 8.069/90 – Estatuto da Criança e do Adolescente (ECA), praticados contra a criança e o adolescente, será

(A) pública condicionada à representação do ofendido.
(B) privada pela característica dos ofendidos, ou seja, sua menor idade.
(C) pública incondicionada.
(D) pública condicionada à representação do ofendido ou seu representante legal.

O ECA, no art. 227, estabelece que "os crimes definidos nesta Lei são de ação pública incondicionada". Sendo assim, está correta a alternativa C.

Gabarito "C"

(Assistente Administrativo da Polícia Militar/MG – 2012 – FCC) De acordo com a Lei 11.340/2006, configura-se violência doméstica e familiar contra a mulher qualquer ação ou omissão baseada no gênero que lhe cause morte, lesão, sofrimento físico, sexual ou psicológico e dano moral ou patrimonial.

Esta variedade de violência contra a mulher constitui

(A) uma das formas de violação dos direitos humanos.
(B) um problema de ordem familiar e financeira.
(C) uma conduta desfavorável à educação da criança.
(D) um aspecto da questão de gênero, restrito à ordem particular.

A: correta, pois, conforme esclarece o art. 6º da Lei nº 11.340/2006, *a violência doméstica e familiar contra a mulher constitui uma das formas de violação dos direitos humanos*; **B:** incorreta, pois não se trata de um problema de ordem financeira; **C:** incorreta, pois a violência contra a mulher não é apenas uma conduta desfavorável à educação da criança. É, também uma das formas de violação dos direitos humanos; **D:** incorreta, pois a questão não se restringe à ordem particular, tanto que a "a violência doméstica e familiar contra a mulher constitui uma das formas de violação dos direitos humanos" (art. 6º da Lei nº 11.340/2006).

Gabarito "A"

19. Legislação de Trânsito

Paulo Sérgio Borges

(Sargento da Polícia Militar/ES – 2011 – IDECAN) É o órgão máximo normativo e consultivo do Sistema Nacional de Trânsito no Brasil:

(A) JARI (Juntas Administrativas de Recursos de Infrações).
(B) CETRAN (Conselho Estadual de Trânsito).
(C) Polícia Rodoviária Federal.
(D) CONTRAN (Conselho Nacional de Trânsito).
(E) CONTRANDIFE (Conselho de Trânsito do Distrito Federal).

A: incorreta, pois a JARI compõe o Sistema Nacional de Trânsito (SNT), conforme artigos 7º, VII, e 13 do Código de Trânsito Brasileiro – CTB, mas não é o órgão máximo normativo e consultivo da União; **B:** incorreta, pois o CETRAN é o órgão normativo e consultivo dos Estados, conforme artigos 7º, II, e 14 do CTB; **C:** A PRF compõe o Sistema Nacional de Trânsito, mas suas competências estão restritas às Rodovias e Estradas Federais, conforme artigos 7º, V, e 20 do CTB; **D:** correta, conforme artigos 7º, I, e 12 do CTB; **E:** incorreta, pois o CONTRANDIFE é o órgão normativo e consultivo do DF, conforme artigos 7º, II, e 14 do CTB.

Gabarito "D"

(Sargento da Polícia Militar/ES – 2011 – IDECAN) De acordo com o Código de Trânsito Brasileiro, compete à Polícia Rodoviária Federal, no âmbito das rodovias e estradas federais:

(A) Realizar o patrulhamento ostensivo, executando operações relacionadas com a segurança pública, com o objetivo de preservar a ordem, incolumidade das pessoas, o patrimônio da União e o de terceiros.
(B) Julgar os recursos interpostos pelos infratores.
(C) Designar, em caso de recursos deferidos e na hipótese de reavaliação dos exames, junta especial de saúde para examinar os candidatos à habilitação para conduzir veículos automotores.
(D) Organizar e manter o Registro Nacional de Carteiras de Habilitação – RENACH.
(E) Expedir a Permissão para Dirigir, a Carteira Nacional de Habilitação, os Certificados de Registro e o de Licenciamento Anual.

A: correta, conforme artigo 20, II, da Lei nº 9.503/1997 – Código de Trânsito Brasileiro (CTB); **B:** incorreta, pois a competência para julgar os recursos interpostos pelos infratores é da JARI, conforme artigo 17 do CTB; **C:** incorreta, pois tal competência é do CETRAN/CONTRANDIFE, conforme artigo 14, XI, do CTB; **D:** incorreta, pois tal competência é do DENATRAN (órgão máximo executivo de trânsito da União), conforme artigo 19, VIII, do CTB; **E:** incorreta, pois tal competência é do DENATRAN, conforme artigo 19, VII, do CTB.

Gabarito "A"

(Soldado da Polícia Militar /SC – 2011 – IESES) Assinale a alternativa correta:

(A) Compete aos órgãos e entidades executivos de trânsito dos Municípios, no âmbito de sua circunscrição, entre outras atribuições, coletar dados estatísticos e elaborar estudos sobre acidentes de trânsito e suas causas.
(B) Compete aos órgãos e entidades executivos de trânsito dos Municípios, no âmbito de sua circunscrição, entre outras atribuições, planejar e implantar medidas para redução da circulação de veículos e reorientação do tráfego, com o objetivo de diminuir a emissão global de poluentes.
(C) O trânsito de veículos nas vias terrestres abertas à circulação obedecerá, entre outras normas, o uso obrigatório de dispositivos de alarme sonoro e de iluminação vermelha intermitente sempre que uma viatura oficial deixar as dependências de sua sede.
(D) O trânsito de veículos nas vias terrestres abertas à circulação obedecerá, entre outras normas, que a circulação far-se-á pelo lado esquerdo da via, admitindo-se as exceções devidamente sinalizadas.

A: incorreta, pois tal atribuição é restrita aos órgãos e entidades executivos e executivos rodoviários de trânsito e a PRF, conforme artigos 20, VII, 21, IV e 22, IX, do CTB, não cabendo a referida competência aos órgãos municipais; **B:** correta, conforme artigo 24, XVI, do CTB; **C:** incorreta, pois o uso de alarme sonoro (sirene) e luz vermelha intermitente somente ocorrerão, em casos de urgência, nos termos do artigo 29, VII, do CTB; **D:** incorreta, pois segundo o artigo 29, I, do CTB, a circulação far-se-á pelo lado direito da via, admitindo-se as exceções devidamente sinalizadas.

Gabarito "B"

(Soldado da Polícia Militar /SC – 2011 – IESES) Compete aos órgãos ou entidades executivos de trânsito dos Estados e do Distrito Federal, no âmbito de sua circunscrição:

I. Realizar, fiscalizar e controlar o processo de formação, aperfeiçoamento, reciclagem e suspensão de condutores, expedir e cassar Licença de Aprendizagem, Permissão para Dirigir e Carteira Nacional de Habilitação, mediante delegação do órgão federal competente.

II. Vistoriar, inspecionar quanto às condições de segurança veicular, registrar, emplacar, selar a placa, e licenciar veículos, expedindo o Certificado de Registro e o Licenciamento Anual, mediante delegação do órgão municipal competente.

III. Estabelecer, em conjunto com as Polícias Militares, as diretrizes para o policiamento ostensivo de trânsito.

IV. Executar a fiscalização de trânsito, autuar e aplicar as medidas administrativas cabíveis pelas infrações previstas neste Código, inclusive as medidas administrativas cabíveis relativas a infrações por excesso de peso, dimensões, estacionamento e lotação dos veículos.

(A) I e III estão corretas.
(B) III e IV estão corretas.
(C) I, II e IV estão corretas.
(D) II, III e IV estão corretas.

I: correta, conforme artigo 22, II do CTB; II: incorreta, pois tal competência somente poderá ocorrer mediante delegação do órgão máximo executivo de trânsito da União (DENATRAN = órgão federal competente), conforme artigo 22, III, do CTB; III: correta, conforme artigo 22, IV, do CTB; IV: incorreta, pois as medidas administrativas cabíveis relativas a infrações por excesso de peso, dimensões, estacionamento e lotação dos veículos são competências dos órgãos municipais, conforme artigo 24, VI, VII e VIII do CTB.

Gabarito "A".

(Sargento da Polícia Militar/ES – 2011 – IDECAN) Analise as afirmativas:

I. Nenhum condutor deverá frear bruscamente seu veículo, salvo por razões de segurança.

II. Mesmo que a indicação luminosa do semáforo lhe seja favorável, nenhum condutor pode entrar em uma interseção, se houver possibilidade de ser obrigado a imobilizar o veículo na área do cruzamento, obstruindo ou impedindo a passagem do trânsito transversal.

III. Os passageiros de motocicletas, motonetas e ciclomotores só poderão ser transportados utilizando capacete de segurança.

Está(ão) correta(s) apenas a(s) afirmativa(s):

(A) I
(B) II
(C) III
(D) I, III
(E) I, II, III

I: correta, conforme artigo 42 do CTB; II: correta, conforme artigo 45 do CTB; III: correta, conforme artigo 55 do CTB.

Gabarito "E".

(Sargento da Polícia Militar/ES – 2011 – IDECAN) É INCORRETO afirmar que gozam de livre circulação, estacionamento e parada, quando em serviço de urgência e devidamente identificados:

(A) Os veículos de socorro de incêndio e salvamento.
(B) Os veículos de polícia.
(C) Os veículos de fiscalização e operação de trânsito.
(D) As ambulâncias.
(E) Os veículos de segurança privada.

A: incorreta, pois os veículos de socorro de incêndio e salvamento (Corpo de Bombeiros) gozam de livre circulação, estacionamento e parada, nos termos do artigo 29, VII, do CTB; **B:** incorreta, pois os veículos de polícia, em serviço de urgência, gozam de tais prerrogativas, nos termos do artigo 29, VII, do CTB; **C:** incorreta, pois os veículos de fiscalização e operação de trânsito (DETRAN/DER) também gozam de livre circulação, estacionamento e parada, nos termos do artigo 29, VII, do CTB; **D:** incorreta, pois as ambulâncias, em serviço de urgência, gozam de tais prerrogativas, nos termos do artigo 29, VII, do CTB; **E:** correta, pois os veículos de segurança privada não gozam de livre circulação, parada e estacionamento em nenhuma situação na via, tais prerrogativas são para os veículos estabelecidos no artigo 29, VII, do CTB.

Gabarito "E".

(Sargento da Polícia Militar/ES – 2011 – IDECAN) A velocidade máxima permitida para a via será indicada por meio de sinalização, obedecidas suas características técnicas e às condições de trânsito. Onde não existir sinalização regulamentadora, a velocidade máxima, nas vias urbanas, será de:

(A) Sessenta quilômetros por hora, nas vias de trânsito rápido.
(B) Quarenta quilômetros por hora, nas vias locais.
(C) Oitenta quilômetros por hora, nas vias de trânsito rápido.
(D) Noventa quilômetros por hora, nas vias locais.
(E) Trinta quilômetros por hora, nas vias de trânsito rápido.

A: incorreta, pois nas vias de trânsito rápido, não sinalizadas, a velocidade máxima permitida é de 80 quilômetros por hora, conforme artigo 61 do CTB; **B:** incorreta, pois nas vias locais, não sinalizadas, a velocidade máxima permitida é de 30 quilômetros por hora, conforme artigo 61 do CTB; **C:** correta, conforme artigo 61 do CTB; **D:** incorreta, pois nas vias locais, não sinalizadas, a velocidade máxima permitida é de 30 quilômetros por hora, conforme artigo 61 do CTB; **E:** incorreta, pois nas vias de trânsito rápido, não sinalizadas, a velocidade máxima permitida é de 80 quilômetros por hora, conforme artigo 61 do CTB.

Gabarito "C".

(Sargento da Polícia Militar/ES – 2011 – IDECAN) É correto afirmar que, respeitadas as condições operacionais de trânsito e da via, a velocidade mínima em uma via NÃO poderá ser inferior a:

(A) Um terço da velocidade máxima estabelecida.
(B) Metade da velocidade máxima estabelecida.
(C) Quarenta por cento da velocidade máxima estabelecida.
(D) Sessenta por cento da velocidade máxima estabelecida.
(E) Um quarto da velocidade máxima estabelecida.

A: incorreta, nos termos do artigo 62 do CTB; **B:** correta, conforme artigos 62 e 219 do CTB; **C:** incorreta, nos termos do artigo 62 do CTB. **D:** incorreta, nos termos do artigo 62 do CTB. **E:** incorreta, nos termos do artigo 62 do CTB.

Gabarito "B"

(Sargento da Polícia Militar/ES – 2011 – IDECAN) É INCORRETO afirmar que os veículos classificam-se, quanto à categoria em:

(A) Oficial.
(B) Particular.
(C) De aluguel.
(D) De aprendizagem.
(E) De exibição e esportivo.

A: incorreta, pois os veículos se classificam quanto à categoria em: Oficial, particular, de aluguel, de aprendizagem e de representação diplomática, conforme artigo 96, III, do CTB; **B:** incorreta, conforme artigo 96, III do CTB; **C:** incorreta, conforme artigo 96, III, do CTB; **D:** incorreta, conforme artigo 96, III, do CTB; **E:** correta, pois os veículos não se classificam, em nenhuma hipótese, em exibição e esportivo, nos termos do artigo 96 do CTB.

Gabarito "E"

(Sargento da Polícia Militar/ES – 2011 – IDECAN) A infração administrativa sobre disputa de corrida por espírito de emulação enseja a seguinte medida administrativa:

(A) Recolhimento do documento de habilitação e remoção do veículo.
(B) Multa, suspensão do direito de dirigir e apreensão do veículo.
(C) Retenção do veículo e recolhimento do documento de habilitação.
(D) Retenção do veículo.
(E) Multa.

A: correta, nos termos do artigo 173 e 269 do CTB; **B:** incorreta, pois a multa, a suspensão do direito de dirigir e a apreensão do veículo são consideradas penalidades, nos termos do artigo 256 do CTB; **C:** incorreta, pois não há previsão para a retenção do veículo no artigo 173 do CTB; **D:** incorreta, conforme artigo 173 do CTB; **E:** incorreta, pois a multa não é uma medida administrativa, e sim penalidade, nos termos do artigo 256 do CTB.

Gabarito "A"

(Sargento da Polícia Militar/ES – 2011 – IDECAN) A infração administrativa de parar o veículo sobre a faixa de pedestres na mudança de sinal luminoso enseja a seguinte penalidade:

(A) Multa.
(B) Retenção do veículo.
(C) Remoção do veículo.
(D) Recolhimento do documento de habilitação.
(E) Recolhimento do Certificado de Licenciamento Anual.

A: correta, nos termos do artigo 183 do CTB; **B:** incorreta, pois não há previsão da medida administrativa de retenção do veículo no artigo 183 do CTB; **C:** incorreta, pois não há previsão de remoção do veículo no artigo 183 do CTB; **D:** incorreta, pois o recolhimento do documento de habilitação é uma medida administrativa prevista no artigo 269 e não há previsão de tal medida no artigo 183 do CTB; **E:** incorreta, conforme artigo 183 e 269 do CTB, pois se trata de medida administrativa.

Gabarito "A"

(Soldado da Polícia Militar /SC – 2011 – IESES) Assinale a alternativa correta:

(A) Seguir veículo em serviço de urgência, estando este com prioridade de passagem devidamente identificada por dispositivos regulamentares de alarme sonoro e iluminação vermelha intermitentes, constitui infração gravíssima, punida com apreensão do veículo.
(B) Deixar de guardar a distância lateral de um metro e cinquenta centímetros ao passar ou ultrapassar bicicleta, constitui infração grave, punida com multa.
(C) Desobedecer às ordens emanadas da autoridade competente de trânsito ou de seus agentes constitui infração grave, punida com multa.
(D) Deixar de indicar com antecedência, mediante gesto regulamentar de braço ou luz indicadora de direção do veículo, o início da marcha, a realização da manobra de parar o veículo, a mudança de direção ou de faixa de circulação, constitui infração média, punida com advertência.

A: incorreta, pois se trata de uma infração de natureza grave punida apenas com multa, conforme artigo 190 do CTB; **B:** incorreta, pois se trata de uma infração de natureza média, conforme artigo 201 do CTB; **C:** correta, conforme artigo 195 do CTB; **D:** incorreta, pois se trata de uma infração de natureza grave, conforme artigo 196 do CTB.

Gabarito "C"

(Cabo da Polícia Militar /SP – 2012 – CETRO) Segundo a Lei nº 9.503/1997, que institui o Código de Trânsito Brasileiro (CTB), seguir veículos em serviço de urgência, estando este veículo em prioridade de passagem, devidamente identificada por dispositivos regulamentares de alarmes sonoros e iluminação vermelha intermitente, caracteriza

(A) infração grave, sujeita a penalidade de apreensão do veículo.
(B) infração gravíssima, sujeita a penalidade de multa, apenas.
(C) infração gravíssima, sujeita a penalidade de multa, apreensão do veículo e suspensão do direito de dirigir.
(D) infração grave, sujeita a penalidade de multa.

A: incorreta, pois caracteriza infração grave, porém sujeita apenas a penalidade de multa, conforme artigo 190 do CTB; **B:** incorreta, pois se trata de infração grave, conforme artigo 190 do CTB; **C:** incorreta, pois se trata de infração grave, conforme artigo 190 do CTB; **D:** correta, conforme artigo 190 do CTB.

Gabarito "D"

(Soldado da Polícia Militar /SC – 2011 – IESES) Constitui infração gravíssima, punida com pena de multa e apreensão do veículo, conduzi-lo:

I. Com o lacre, a inscrição do chassi, o selo, a placa ou qualquer outro elemento de identificação violado ou falsificado.
II. Sem equipamento obrigatório ou estando este ineficiente ou inoperante.
III. Com dispositivo antirradar.

IV. Com a cor ou característica alterada.
V. Com o equipamento do sistema de iluminação e de sinalização alterados.

(A) II, III e IV estão corretas.
(B) II e V estão corretas.
(C) I e III estão corretas.
(D) I, III e IV estão corretas.

I: correta, conforme artigo 230, I, do CTB; II: incorreta, pois se trata de infração de natureza grave e retenção do veículo, conforme artigo 230, IX, do CTB; III: correta, conforme artigo 230, III, do CTB; IV: incorreta, pois se trata de infração de natureza grave e retenção do veículo, conforme artigo 230, XIII, do CTB.
Gabarito "C"

(Sargento da Polícia Militar/ES – 2011 – IDECAN) Sobre o tema Medidas Administrativas no Código de Trânsito Brasileiro (Lei nº. 9503, de 23 de setembro de 1997), analise:

I. A ordem, o consentimento, a fiscalização, as medidas administrativas e coercitivas adotadas pelas autoridades de trânsito e seus agentes terão por objetivo prioritário a proteção à vida e à incolumidade física da pessoa.
II. As medidas administrativas previstas no Código de Trânsito Brasileiro impedem a aplicação das penalidades impostas por infrações de trânsito.
III. São documentos de habilitação: a Carteira Nacional de Habilitação e a Permissão para Dirigir.

Está(ão) correta(s) apena(s) a(s) afirmativa(s):

(A) I
(B) II
(C) I, III
(D) I, II
(E) II, III

I: correta, conforme artigo 269, § 1º, do CTB; II: incorreta, pois as medidas administrativas complementam e não elidem a aplicação das penalidades, nos termos do artigo 269, § 2º, do CTB; III: correta, conforme artigo 159, § 5º, do CTB.
Gabarito "C"

(Sargento da Polícia Militar/ES – 2011 – IDECAN) O Código de Trânsito Brasileiro (Lei nº. 9503, de 23 de setembro de 1997) estabelece que a autoridade de trânsito, na esfera da competência estabelecida no Código e dentro de sua circunscrição, julgará a consistência do auto de infração e aplicará a penalidade cabível. De acordo com a referida lei, o auto de infração será arquivado e seu registro julgado insubsistente:

(A) Se no prazo máximo de dez dias, não for expedida a notificação da autuação.
(B) Se no prazo máximo de quinze dias, não for expedida a notificação da autuação.
(C) Se no prazo máximo de vinte dias, não for expedida a notificação da autuação.
(D) Se no prazo máximo de trinta dias, não for expedida a notificação da autuação.
(E) Se no prazo máximo de sessenta dias, não for expedida a notificação da autuação.

A: incorreta, pois o prazo é de 30 dias, conforme artigo 281, parágrafo único, II, do CTB; **B:** incorreta, conforme artigo 281, parágrafo único, II do CTB; **C:** incorreta, conforme artigo 281, parágrafo único, II do CTB; **D:** correta, nos termos do artigo 281, parágrafo único, II, do CTB; **E:** incorreta, conforme artigo 281, parágrafo único, II, do CTB.
Gabarito "D"

(Sargento da Polícia Militar/ES – 2011 – IDECAN) A cada infração leve é computado o seguinte número de pontos na Carteira Nacional de Habilitação:

(A) 1
(B) 3
(C) 4
(D) 5
(E) 7

A: incorreta, pois as infrações são classificadas de acordo com sua gravidade em: leves, médias, graves e gravíssimas, com as respectivas pontuações, 3, 4, 5 e 7 pontos, conforme artigo 259 do CTB; **B:** correta, conforme artigo 259, IV, do CTB; **C:** incorreta, pois 04 pontos são para as infrações médias, conforme artigo 259, III, do CTB; **D:** incorreta, conforme artigo 259, II, do CTB; **E:** incorreta, conforme artigo 259, I, do CTB.
Gabarito "B"

(Soldado da Polícia Militar /RJ – 2010) Segundo o Código de Trânsito Brasileiro, a cada infração de trânsito cometida são computados números de pontos.

Marque a opção que classifica a infração com o correto número de pontos.

(A) Infração gravíssima – sete pontos.
(B) Infração grave – quatro pontos.
(C) Infração média – três pontos.
(D) Infração leve – um ponto.

A: correta, conforme artigo 259, I, do CTB; **B:** incorreta, pois à infração grave correspondem 05 pontos, conforme artigo 259, II, do CTB; **C:** incorreta, pois à infração média correspondem 04 pontos, conforme artigo 259, III, do CTB; **D:** incorreta, pois à infração leve correspondem 03 pontos, conforme artigo 259, IV, do CTB.
Gabarito "A"

(Soldado da Polícia Militar /SC – 2011 – IESES) A cada infração de trânsito cometida são computados os seguintes números de pontos:

I. Gravíssima – seis pontos.
II. Grave – cinco pontos.
III. Média – três pontos.
IV. Leve – um ponto.

(A) Apenas II está correta.
(B) Apenas III está correta.
(C) Apenas II e IV estão corretas.
(D) Apenas I e IV estão corretas.

I: incorreta, pois para cada infração gravíssima são computados 07 pontos, conforme artigo 259, I, do CTB; **II:** correta, pois à infração grave correspondem 05 pontos, conforme artigo 259, II, do CTB; **III:** incorreta, pois à infração média correspondem 04 pontos, conforme artigo 259, III, do CTB; **IV:** incorreta, pois à infração leve correspondem 03 pontos, conforme artigo 259, IV, do CTB.
Gabarito "A"

(Soldado da Polícia Militar /RJ – 2010) Segundo o Código de Trânsito Brasileiro, quando o infrator cometer, simultaneamente, duas ou mais infrações,

(A) ser-lhe-á aplicada a penalidade referente à infração de maior gravidade.
(B) ser-lhe-ão aplicadas, cumulativamente, as respectivas penalidades.
(C) ser-lhe-á aplicada a penalidade referente à infração em que for reincidente.
(D) não lhe será aplicada a penalidade referente à infração de natureza leve ou média, não sendo reincidente o infrator na mesma infração, nos últimos seis meses.

A: incorreta, pois ser-lhe-ão aplicadas, cumulativamente, as respectivas penalidades, conforme artigo 266 do CTB; **B:** correta, conforme artigo 266 do CTB; **C:** incorreta, conforme artigo 266 do CTB; **D:** incorreta, conforme artigo 266 e 267 do CTB, pois nos casos de infrações leves ou médias, onde não houver reincidência nos últimos doze meses, poderá ser concedida a penalidade de Advertência por Escrito.

Gabarito "B"

(Soldado da Polícia Militar /RJ – 2010) O Código de Trânsito Brasileiro determina os casos em que o infrator será submetido a curso de reciclagem.

Leia alguns destes possíveis casos e, em seguida, marque a opção correta.

I. Quando se envolver em acidente grave para o qual haja contribuído, independentemente de processo judicial.
II. Quando condenado judicialmente por delito de trânsito.
III. A qualquer tempo, se for constatado que o condutor está colocando em risco a segurança do trânsito.

(A) Apenas os itens I e III estão corretos.
(B) Todos os itens estão corretos.
(C) Apenas os itens I e II estão corretos.
(D) Todos os itens estão incorretos.

I: correta, conforme artigo 268, III, do CTB; **II:** correta, conforme artigo 268, IV, do CTB; **III:** correta, conforme artigo 268, V, do CTB.

Gabarito "B"

(Soldado da Polícia Militar /RJ – 2010) A autoridade de trânsito, na esfera das competências estabelecidas no Código de Trânsito Brasileiro e dentro de sua circunscrição, deverá aplicar penalidades às infrações nele previstas.

Marque a opção que NÃO corresponde a uma dessas penalidades.

(A) Multa.
(B) Apreensão do veículo.
(C) Advertência por escrito.
(D) Advertência verbal.

A: incorreta, pois a Multa é uma penalidade prevista no artigo 256, II, do CTB; **B:** incorreta, pois a Apreensão do veículo é uma penalidade prevista no artigo 256, IV, do CTB; **C:** incorreta, pois a Advertência por escrito é uma penalidade prevista no artigo 256, I, do CTB; **D:** correta, pois a Advertência verbal não é uma penalidade prevista no CTB, conforme artigo 256.

Gabarito "D"

(Soldado da Polícia Militar /RJ – 2010) O Código de Trânsito Brasileiro determina que a autoridade de trânsito ou seus agentes, na esfera das competências estabelecidas no citado Código e dentro de sua circunscrição, deverá adotar específicas medidas administrativas.

NÃO é uma dessas medidas o(a)

(A) remoção do veículo.
(B) recolhimento da Carteira Nacional de Habilitação.
(C) recolhimento de animais que se encontrem soltos nas vias e na faixa de domínio das vias de circulação, restituindo-os aos seus proprietários, após o pagamento de multas e encargos devidos.
(D) recolhimento da carga composta de produtos perecíveis, com data de validade prestes a vencer em prazo inferior a vinte e quatro horas.

A: incorreta, pois a remoção do veículo é uma medida administrativa prevista nos artigos 269, II, e 271 do CTB; **B:** incorreta, pois o recolhimento da CNH é uma medida administrativa prevista nos artigos 269, III, e 272 do CTB; **C:** incorreta, pois o recolhimento de animais soltos na via é uma medida administrativa prevista no artigo 269, X, do CTB; **D:** correta, pois tal recolhimento não é medida administrativa prevista no artigo 269 do CTB.

Gabarito "D"

(Soldado da Polícia Militar /SC – 2011 – IESES) Assinale a alternativa correta:

(A) O Condutor é responsável pela infração relativa ao transporte de carga com excesso de peso nos eixos ou no peso bruto total, quando for o único remetente da carga ou o peso declarado na nota fiscal, fatura ou manifesto for superior àquele aferido.
(B) O transportador e o condutor são solidariamente responsáveis pela infração relativa ao excesso de peso bruto total, se o peso declarado na nota fiscal, fatura ou manifesto for superior ao limite legal.
(C) Aos proprietários e condutores caberá sempre a responsabilidade pela infração referente à prévia regularização e preenchimento das formalidades e condições exigidas para o trânsito do veículo na via terrestre, conservação e inalterabilidade de suas características, componentes, agregados e outras disposições que deva observar.
(D) Aos proprietários e condutores de veículos serão impostas concomitantemente as penalidades de que trata o Código de Trânsito Brasileiro toda vez que houver responsabilidade solidária em infração dos preceitos que lhes couber observar, respondendo cada um de *per si* pela falta em comum que lhes for atribuída.

A: incorreta, pois se trata de infração de responsabilidade do embarcador, conforme artigo 257, § 4º, do CTB; **B:** incorreta, pois a responsabilidade por tal infração é do transportador e do embarcador, conforme artigo 257, § 6º, do CTB; **C:** incorreta, pois tal responsabilidade é exclusiva do proprietário, conforme artigo 257 § 2º do CTB; **D:** correta, conforme artigo 257 § 1º do CTB.

Gabarito "D"

(Soldado da Polícia Militar /SC – 2011 – IESES) Assinale a alternativa correta:

(A) Quando a infração de trânsito for cometida com veículo licenciado no exterior, em trânsito no território nacional, a multa respectiva deverá ser paga no país de licenciamento.

(B) As multas decorrentes de infração de trânsito cometida em unidade da Federação diversa daquela do licenciamento do veículo poderão ser cobradas no ato da autuação, garantido o direito de recurso.

(C) A penalidade de suspensão do direito de dirigir será aplicada pelo prazo mínimo de um mês até o máximo de seis meses e, no caso de reincidência no período de doze meses, pelo prazo mínimo de seis meses até o máximo de um ano.

(D) Quando ocorrer a suspensão do direito de dirigir, a Carteira Nacional de Habilitação será devolvida a seu titular imediatamente depois de cumprida a penalidade e o curso de reciclagem.

A: incorreta, pois tais infrações devem ser pagas antes do veículo sair do país, conforme artigos 119, parágrafo único, e 260 § 4º do CTB; **B:** incorreta, pois tais infrações poderão ser comunicadas ao órgão de trânsito responsável pelo licenciamento, que emitirá a devida notificação, proporcionando todas as formas de recursos cabíveis ao infrator antes do pagamento, conforme artigo 260, § 2º, do CTB; **C:** incorreta, pois a penalidade de suspensão do direito de dirigir será aplicada pelo prazo mínimo de um mês até o máximo de doze meses e, no caso de reincidência no período de doze meses, pelo prazo mínimo de seis meses até o máximo de dois anos, conforme artigo 261 do CTB. **D:** correta, conforme artigo 261, § 2º, do CTB.

Gabarito "D"

(Sargento da Polícia Militar/ES – 2011 – IDECAN) O condutor de veículo que dolosamente atropela uma pessoa, objetivando causar-lhe lesões corporais, será responsabilizado:

(A) Pelo crime de lesão corporal do Código Penal (art. 129 do Código Penal).

(B) Pelo crime de homicídio do Código Penal (art. 121 do Código Penal).

(C) Pelo crime de lesão corporal culposa do Código de Trânsito (Lei nº. 9503, de 23 de setembro de1997).

(D) Pelo crime de homicídio culposo do Código de Trânsito (Lei nº. 9503, de 23 de setembro de1997).

(E) Pelo crime de expor a perigo a vida ou a saúde de outrem (art. 132 do Código Penal).

A: correta, pois o CTB tipifica como crime a lesão corporal culposa na direção de veículo automotor, conforme artigo 303 da Lei nº 9.503/1997, deixando os casos de dolo para o Código Penal, conforme artigo 291 do CTB; **B:** incorreta, pois não houve o crime de homicídio do artigo 121 do CP e sim a lesão corporal tipificada no artigo 129 do CP; **C:** incorreta, conforme artigo 291 e 303 do CTB, pois houve o dolo; **D:** incorreta, pois não houve crime de homicídio culposo previsto no artigo 302 do CTB; **E:** incorreta, pois se trata de crime de lesão corporal culposa tipificada no artigo 129 do Código Penal.

Gabarito "A"

20. LEGISLAÇÃO LOCAL, ESTATUTOS E PROCESSO DISCIPLINAR

Sandro Lúcio Dezan

(Oficial da Polícia Militar/BA – 2012 – CONSULTEC) Os integrantes da Polícia Militar do Estado da Bahia constituem a categoria especial de servidores públicos militares estaduais denominados policiais militares, cuja carreira é integrada por cargos técnicos estruturados hierarquicamente. A hierarquia e a disciplina são a base institucional da Polícia Militar. A hierarquia policial militar é a organização em carreira da autoridade em níveis diferentes, dentro da estrutura da Polícia Militar, consubstanciada no espírito de acatamento à sequência de autoridade. Disciplina é a rigorosa observância e o acatamento integral das leis, regulamentos, normas e disposições que fundamentam o organismo policial militar e coordenam seu funcionamento regular e harmônico, traduzindo-se pelo perfeito cumprimento do dever por parte de todos e de cada um dos componentes desse organismo. A disciplina e o respeito à hierarquia devem ser observados e mantidos em todas as circunstâncias da vida, entre os policiais militares. A situação jurídica dos policiais militares é definida pelos dispositivos constitucionais que lhe forem aplicáveis, pelo Estatuto e por legislação específica e peculiar que lhes outorguem direitos e prerrogativas e lhes imponham deveres e obrigações.

É requisito e condição para o ingresso na Polícia Militar

(A) possuir Carteira Nacional de Habilitação válida, categoria D.
(B) possuir idoneidade moral, comprovada por meio de Folha Corrida policial militar e judicial, na forma prevista em Edital.
(C) ter o mínimo de dezoito e o máximo de trinta e cinco anos de idade.
(D) possuir estatura mínima de 1,70m para os candidatos do sexo masculino e 1,65m para as candidatas do sexo feminino.
(E) possuir a escolaridade ou formação profissional exigida, mínimo nível médio profissionalizante, ao acompanhamento do curso de formação a que se candidata, na forma prevista em Edital.

A: assertiva incorreta, pois, o art. 5.º, IX, da Lei estadual n.º 7.990/2001, da Bahia, faz a previsão de Categoria "B" e não "D" para a CNH válida, ao estipular como um dos requisitos para ingresso na Polícia Militar do Estado da Bahia "possuir Carteira Nacional de Habilitação válida, categoria B"; **B:** assertiva correta, pois o art. 5.º, V, da Lei estadual n.º 7.990/2001, da Bahia, expressamente prevê como requisito para ingresso na Polícia Militar do Estado da Bahia "possuir idoneidade moral, comprovada por meio de folha corrida policial militar e judicial, na forma prevista em edital"; **C:** assertiva incorreta, pois o mesmo art. 5.º, da Lei estadual n.º 7.990/2001, da Bahia, em seu inciso II, faz menção ao limite máximo de idade de 30 anos e não de 35 anos, como aponta a alternativa da questão, senão vejamos: "ter o mínimo de dezoito e o máximo de trinta anos de idade"; **D:** assertiva incorreta, pois a estatura mínima prevista no art. 5.º, VII, da Lei estadual de regência n.º 7.990/2001, da Bahia, refere-se a 1,60m para homens e 1,55m para mulheres, ao apresentar como requisito "possuir estatura mínima de 1,60m para candidatos do sexo masculino e 1,55m para as candidatas do sexo feminino"; **E:** assertiva incorreta, pois a Lei não faz menção ao grau de escolaridade, deixando a cargo do edital a estipulação da escolaridade necessária ao ingresso. Assim, a referência da alternativa ao "mínimo nível médio profissionalizante" não compreende requisito legal-objetivo de ingresso na Polícia Militar do Estado da Bahia, conforme se infere do teor do inciso VIII, do art. 5.º, da Lei estadual n.º 7.990/2001, da Bahia, ao assinalar necessário "possuir a escolaridade ou formação profissional exigida ao acompanhamento do curso de formação a que se candidata, na forma prevista em edital".

Gabarito "B".

(Soldado da Polícia Militar/CE – 2012 – CESPE) Com relação à disciplina militar e aos deveres dos policiais militares do Estado do Ceará, julgue os itens seguintes.

(1) Ao militar inativo é assegurado o direito de opinar sobre assunto político e externar pensamento e conceito ideológico, filosófico ou relativo à matéria pertinente ao interesse público; contudo, ao exercer esse direito, deve o militar observar os preceitos da ética militar e preservar os valores militares em suas manifestações essenciais.
(2) Constitui dever ético imposto aos militares emanado dos valores militares estaduais abster-se, exceto se na inatividade, do uso das designações hierárquicas em atividade comercial ou industrial.
(3) Ao militar candidato a cargo eletivo impõe-se o dever ético de abster-se do uso das designações hierárquicas nas atividades político-partidárias.
(4) É vedado ao militar em serviço ativo exercer atividade de segurança particular e comércio, bem como tomar parte da administração ou gerência de sociedade empresária, dela ser sócio ou participar, exceto como acionista, cotista ou comanditário.

1: assertiva correta, pois, o § 4.º, do art. 8.º, da Lei estadual n.º 13.407/2003, do Ceará, que institui o Código Disciplinar da Polícia

Militar do Ceará e do Corpo de Bombeiros do Estado do Ceará prevê exatamente essas condições para a manifestação de opiniões, assinalando que "É assegurado ao militar do Estado inativo o direito de opinar sobre assunto político e externar pensamento e conceito ideológico, filosófico ou relativo à matéria pertinente ao interesse público, devendo observar os preceitos da ética militar e preservar os valores militares em suas manifestações essenciais". Como visto, trata-se de resposta que cobra o texto da lei, em que o candidato não deve confundir o Código Disciplinar, objeto deste item e que dispõe sobre o comportamento ético dos militares, com o Estatuto da Polícia Militar do Ceará, que trata de normas gerais e mais abrangentes; **2:** assertiva errada, pois o art. 8.º, XXI, "b", da Lei estadual n.º 13.407/2003, do Ceará prescreve que ser dever ético emanado dos valores militares estaduais e que conduzem a atividade profissional sob a retidão moral abster-se, ainda que na inatividade, do uso das designações hierárquicas, em atividade comercial ou industrial. O inciso XXI ressalta o referido dever mesmo para os inativos; **3:** assertiva errada, pois o inciso XXI, "a", da Lei estadual n.º 13.407/2003, do Ceará, prescreve o dever de "XXI – abster-se, ainda que na inatividade, do uso de designações hierárquicas em: *a)* atividade político-partidária, salvo quando candidato a cargo eletivo". Repare que a parte final do dispositivo legal faz a ressalva para os cargos eletivos, livrando o militar candidato, nestes casos, do dever ético referido; **4:** assertiva correta, pois o art. 13, § 1.º, incisos XX e XXII, da Lei estadual n.º 13.407/2003, do Ceará apresenta como infrações de natureza grave, respectivamente, "exercer, o militar do Estado em serviço ativo, a função de segurança particular ou administrar ou manter vínculo de qualquer natureza com empresa do ramo de segurança ou vigilância" e "exercer, o militar do Estado em serviço ativo, o comércio ou tomar parte na administração ou gerência de sociedade empresária ou dela ser sócio, exceto como acionista, cotista ou comanditário".

Gabarito 1C, 2E, 3E, 4C

(Soldado da Polícia Militar/CE – 2012 – CESPE) Tendo como referência a Lei n.º 13.407/2003, do Estado do Ceará, julgue os itens subsequentes, relativos à transgressão disciplinar militar.

(1) A aplicação das penas disciplinares previstas no Código Disciplinar da Polícia Militar e do Corpo de Bombeiros Militar do Estado do Ceará independe do resultado de eventual ação penal ou cível, exceto nos casos de absolvição criminal do acusado por falta de comprovação da autoria ou da materialidade do fato.

(2) Ofender a moral e os bons costumes por atos, palavras ou gestos é considerado transgressão disciplinar média.

(3) Simular doença para esquivar-se do cumprimento do dever constitui transgressão disciplinar média.

(4) As transgressões disciplinares correspondem a ações que violam os valores e deveres militares. Transgressões de natureza meramente desonrosa são consideradas leves.

(5) O oficial que transfira ao escrivão a responsabilidade da elaboração de inquérito policial militar e se exima da responsabilidade pelas devidas inquirições comete transgressão disciplinar grave.

1: assertiva errada, pois o § 5.º, do art. 12, da Lei estadual n.º 13.407/2003, do Ceará, é claro ao afirmar que "A aplicação das penas disciplinares previstas neste Código independe do resultado de eventual ação penal ou cível". Assim, diferentemente do trato da matéria em sede de regime disciplinar dos servidores públicos civis, as sentenças penais (ou cíveis) que neguem a existência do fato ou a autoria não fazem coisa julgada na seara militar. As instâncias penal e disciplinar militar são absolutamente independentes; **2:** assertiva errada, pois, de acordo com o art. 13, § 1.º, XXXII, da Lei estadual n.º 13.407/2003, do Ceará, a conduta de ofender a moral e os bons costumes por atos, palavras ou gestos constitui transgressão disciplinar grave; **3:** assertiva correta, pois o art. 13, § 2.º, XXVIII, da Lei estadual n.º 13.407/2003, do Ceará, assim o prescreve, indicando tratar-se de infração média, e não grave como poderia se pensar ao comparar com estatutos referentes a policiais civis, que comumente apresentam esta infração disciplinar como de natureza, a exemplo da Lei federal n.º 4.878/1965, atinente aos policiais federais; **4:** assertiva incorreta, pois segundo o art. 12, § 1.º, II c/c § 2.º, III, da Lei estadual n.º 13.407/2003, do Ceará, todas as ações ou omissões que violem os valores e deveres militares serão classificadas como graves se forem de natureza desonrosa; **5:** assertiva errada, pois a transferência da responsabilidade de elaboração de inquérito policial militar constitui-se em transgressão de natureza leve, de acordo com o art. 13, § 3.º, XXVI, da Lei estadual n.º 13.407/2003, do Ceará.

Gabarito 1E, 2E, 3C, 4E, 5E

(Soldado da Polícia Militar/CE – 2012 – CESPE) Em relação às sanções administrativas disciplinares a que se sujeitam os militares do estado do Ceará, julgue os itens a seguir.

(1) A condenação, na justiça comum ou militar, à pena privativa de liberdade por tempo superior a dois anos, por sentença passada em julgado, implica a aplicação à praça ou ao oficial da pena de demissão.

(2) A advertência aplica-se, verbalmente, exclusivamente nos casos de faltas de natureza leve, constituindo ato nulo a sua aplicação a casos de faltas médias ou graves.

(3) Nos dias em que permanecer sob a sanção denominada custódia disciplinar, o militar terá assegurados todos os direitos e vantagens decorrentes do exercício do posto ou graduação, inclusive o direito de computar o tempo da pena para todos os efeitos.

1: assertiva correta, consistindo esse o teor do art. 23, I, "a", da Lei estadual n.º 13.407/2003, do Ceará, que institui o Código Disciplinar da Polícia Militar do Ceará e do Corpo de Bombeiros do Estado do Ceará; **2:** assertiva correta, de acordo com o teor do art. 15 e seu parágrafo único, da Lei estadual n.º 13.407/2003, do Ceará, que prescrevem, respectivamente, que "a advertência, forma mais branda de sanção, é aplicada verbalmente ao transgressor, podendo ser feita particular ou ostensivamente, sem constar de publicação, figurando, entretanto, no registro de informações de punições para oficiais, ou na nota de corretivo das praças" e que "A sanção de que trata o "caput" aplica-se exclusivamente às faltas de natureza leve, constituindo ato nulo quando aplicada em relação à falta média ou grave". Assim, o regime disciplinar militar não permite a aplicação de advertência às faltas médias e graves, ficando adstrita somente às faltas leves; **3:** assertiva errada, uma vez que o art. 20, § 1.º, da Lei estadual n.º 13.407/2003, do Ceará, afirma justamente o contrário, ou seja, a perda de todas as vantagens e direitos decorrentes do exercício do posto ou graduação nos dias em que o militar permanecer custodiado.

Gabarito 1C, 2C, 3E

(Soldado da Polícia Militar/CE – 2012 – CESPE) Com base nas previsões do Código Disciplinar da Polícia Militar do Estado do Ceará, julgue os itens subsequentes, a respeito da competência, do julgamento, da aplicação e do cumprimento das sanções disciplinares.

(1) Não haverá aplicação de sanção disciplinar quando a suposta transgressão tiver sido praticada em obediência a ordem superior, desde que a ordem recebida não seja manifestamente ilegal.

(2) Na ocorrência de mais de uma transgressão, havendo ou não conexão entre elas, serão impostas as sanções correspondentes a cada uma delas isoladamente.

(3) Nenhum militar pode ser interrogado ou sofrer sanção se estiver em estado de embriaguez ou sob a ação de substância entorpecente ou que determine dependência física ou psíquica, sendo vedado, nesse caso, o recolhimento transitório preventivo.

(4) Compete aos oficiais do posto de capitão a aplicação, aos seus subordinados, das sanções disciplinares de advertência, repreensão e permanência disciplinar de até dez dias.

1: assertiva correta, pois este é o teor do art. 34, IV, da Lei estadual n.º 13.407/2003, do Ceará, em que se percebe a aplicação da teoria da legalidade formal-material, seguindo a linha moderna dos nossos diplomas disciplinares, que têm optado pela permissão de os servidores subalternos adentrarem no mérito da estipulação, com a faculdade de recusa ao seu cumprimento, no caso de manifesta ilegalidade, fator que vem a retirar a presunção de legitimidade do mandamento; **2:** assertiva errada, na medida em que o art. 45, da Lei estadual n.º 13.407/2003, do Ceará, prescreve distinção para a aplicação das sanções em caso de conexão (em que a de menor gravidade figurará como agravante) ou de ausência de conexão (em que se aplicam isoladamente as penas correspondentes a cada uma delas), conforme se afere que "na ocorrência de mais de uma transgressão, sem conexão entre elas, serão impostas as sanções correspondentes isoladamente; em caso contrário, quando forem praticadas de forma conexa, as de menor gravidade serão consideradas como circunstâncias agravantes da transgressão principal"; **3:** assertiva errada, pois o art. 50, da Lei n.º 13.407/2003, do Estado do Ceará, prevê justamente nesses casos, se necessário, o recolhimento transitório, por medida preventiva. Todavia, as proibições de interrogatório e sanção permanecem em casos de estado de embriaguez; **4:** assertiva correta, pois esse é o teor do art. 32, VI, da Lei estadual n.º 13.407/2003, do Ceará, que, ao distribuir a competência sancionatória em razão dos postos em harmonia com a gravidade das sanções, estipulou "aos oficiais do posto de capitão: as sanções disciplinares de advertência, repreensão e permanência disciplinar de até 10 (dez) dias".

Gabarito 1C, 2E, 3E, 4C

(Soldado da Polícia Militar/CE – 2012 – CESPE) À luz do Código Disciplinar da Polícia Militar do Estado do Ceará e do Corpo de Bombeiros Militar do Estado do Ceará (Lei n.º 13.407/2003), julgue os itens a seguir.

(1) Posto é o grau hierárquico das praças, conferido por ato do comandante-geral da respectiva corporação militar.

(2) Hierarquia militar estadual é a ordenação progressiva da autoridade, em graus diferentes, da qual decorre a obediência, dentro da estrutura da polícia militar e do corpo de bombeiros militar. Nessa hierarquia, o mais alto grau refere-se ao secretário de segurança pública do Estado, chefe supremo das corporações militares do estado.

(3) Tratando-se de promoção a primeiro-tenente, de nomeação de oficiais ou de admissão de cadetes ou alunos-soldados, prevalece, para efeito de antiguidade, a ordem de classificação obtida nos respectivos cursos ou concursos.

1: assertiva errada, posto não é o grau hierárquico das praças, mas sim dos oficiais, que é conferido por ato do Governador de Estado e não pelo comandante-geral da respectiva corporação, consoante art. 3.º, § 2.º, da Lei estadual n.º 13.407/2003, do Ceará, que afirma que "posto é o grau hierárquico dos oficiais, conferido por ato do Governador do Estado e confirmado em Carta Patente ou Folha de Apostila"; **2:** assertiva errada, pois a teor do "caput" do art. 3.º, da Lei estadual 13.407/2003, do Ceará, o mais alto grau da hierarquia é o Governador de Estado e não o secretário de segurança pública, que é subordinado ao Governador, este figurando sim como Chefe Supremo das Corporações Militares do Estado do Ceará; **3:** assertiva correta, consoante literal prescrição do parágrafo único do art. 4.º, da Lei estadual n.º 13.407/2003, do Ceará, que assevera que "nos casos de promoção a primeiro-tenente, de nomeação de oficiais, ou admissão de cadetes ou alunos-soldados prevalecerá, para efeito de antiguidade, a ordem de classificação obtida nos respectivos cursos ou concursos".

Gabarito 1E, 2E, 3C

(Soldado da Polícia Militar/CE – 2012 – CESPE) Acerca da deontologia policial-militar, conforme a Lei Estadual n.º 13.407/2003, julgue os próximos itens.

(1) Aplicada aos componentes das corporações militares, independentemente de posto ou graduação, a deontologia policial-militar reúne princípios e valores úteis e lógicos e valores espirituais superiores, destinados a elevar a profissão do militar estadual à condição de missão.

(2) A probidade consta expressamente em lei como um valor fundamental, determinante da moral militar estadual.

1: assertiva correta, consoante o teor do art. 6.º, § 1.º, da Lei estadual n.º 13.407/2003, do Ceará, que literalmente prescreve que "aplicada aos componentes das Corporações Militares, independentemente de posto ou graduação, a deontologia policial-militar reúne princípios e valores úteis e lógicos a valores espirituais superiores, destinados a elevar a profissão do militar estadual à condição de missão"; **2:** assertiva errada, apesar de figurar expressamente na Lei n.º 13.407/2003, do Estado do Ceará, no art. 8.º, XXXII, como um dos deveres éticos, emanados dos valores militares estaduais e que conduzem a atividade profissional sob o signo da retidão moral, a probidade não figura no rol de valores fundamentais determinantes da moral militar estadual, o qual se compõe do patriotismo, do civismo, da hierarquia, da disciplina, do profissionalismo, da lealdade, da constância, da verdade real, da honra, da dignidade humana, da honestidade e da coragem. A questão gira em torno não do fato de a probidade constar na lei, mais sim em constar na lei, no rol específico atinente aos valores fundamentais determinantes da moral militar estadual. Consta na lei, mas não no rol de valores fundamentais determinantes da moral militar estadual, como induz o item.

Gabarito 1C, 2E

(Soldado da Polícia Militar/CE – 2012 – CESPE) Julgue os itens seguintes, acerca do recolhimento transitório e sobre a violação dos valores, dos deveres e da disciplina militar, tendo como referência a Lei Estadual n.º 13.407/2003.

(1) O superior hierárquico responde solidariamente, na esfera administrativo-disciplinar, incorrendo nas mesmas sanções da transgressão praticada por seu subordinado, quando presenciar o cometimento da transgressão e deixar de atuar para fazê-la cessar imediatamente.

(2) A violação da disciplina militar será tão mais grave quanto mais baixo for o grau hierárquico de quem a cometer.

(3) O recolhimento transitório caracteriza sanção disciplinar, sendo medida preventiva e acautelatória da ordem social e da disciplina militar, consistente no desarmamento e recolhimento do militar à prisão, com nota de punição publicada em boletim. Essa sanção poderá ser adotada quando houver fortes indícios de autoria de crime propriamente militar ou transgressão militar.

(4) A condução do militar à autoridade competente para determinar o seu recolhimento transitório somente poderá ser efetuada por superior hierárquico ou por oficial com precedência funcional ou hierárquica sobre o conduzido.

(5) O militar sob recolhimento transitório somente poderá permanecer nessa situação pelo tempo necessário ao restabelecimento da normalidade da situação considerada, não podendo o recolhimento ultrapassar cinco dias, salvo determinação em contrário da autoridade judiciária competente.

1: assertiva correta, pois este é o teor do art. 11, § 2.º, I, da Lei n.º 13.407/2003, do Estado do Ceará, que firma a responsabilidade administrativo-disciplinar solidária do superior hierárquico, ao alinhavar que "o superior hierárquico responderá solidariamente, na esfera administrativo-disciplinar, incorrendo nas mesmas sanções da transgressão praticada por seu subordinado quando: I – presenciar o cometimento da transgressão deixando de atuar para fazê-la cessar imediatamente"; **2:** assertiva errada, pois o art. 11, § 3.º, da Lei estadual n.º 13.407/2003, do Ceará, firma a responsabilidade de acordo com a relevância e hierarquia do posto, prescrevendo, ao contrário do que diz a questão, que quanto mais alto o grau hierárquico maior será a gravidade da violação militar; **3:** assertiva errada, pois o recolhimento transitório, como medida cautelar, não possui natureza jurídica de sanção ou pena disciplinar, consoante expressamente previsto na primeira parte do art. 26, "caput", da Lei estadual n.º 13.407/2003, do Ceará, ao alinhavar que "o recolhimento transitório não constitui sanção disciplinar, sendo medida preventiva e acautelatória da ordem social e da disciplina militar (...)"; **4:** assertiva correta, pois esse é o teor literal do § 1.º, do art. 26, da Lei estadual n.º 13.407/2003, do Ceará, ao assentar que "a condução do militar do Estado à autoridade competente para determinar o recolhimento transitório somente poderá ser efetuada por superior hierárquico ou por oficial com precedência funcional ou hierárquica sobre o conduzido"; **5:** assertiva correta, pois esse é o teor literal do § 4.º, do art. 26, da Lei n.º 13.407/2003, do Estado do Ceará, ao assentar que "o militar do Estado sob recolhimento transitório, nos termos deste artigo, somente poderá permanecer nessa situação pelo tempo necessário ao restabelecimento da normalidade da situação considerada, sendo que o prazo máximo será de 5 (cinco) dias, salvo determinação em contrário da autoridade judiciária competente".

Gabarito 1C, 2E, 3E, 4C, 5C

(Soldado da Polícia Militar/CE – 2012 – CESPE) A respeito do procedimento disciplinar, de acordo com a Lei Estadual n.º 13.407/2003, julgue os itens que se seguem.

(1) A comunicação disciplinar deverá ser apresentada no prazo de cinco dias, contado da constatação ou do conhecimento do fato, inclusive no caso de recolhimento transitório.

(2) A representação contra ato disciplinar será feita somente depois de solucionados os recursos disciplinares e desde que a matéria recorrida verse sobre a legalidade do ato praticado.

1: assertiva errada, pois o art. 28, § 1.º, da Lei n.º 13.407/2003, do Estado do Ceará, apresenta a ressalva para os casos de recolhimento cautelar transitório, alinhavando que "a comunicação disciplinar deverá ser apresentada no prazo de 5 (cinco) dias, contados da constatação ou conhecimento do fato, ressalvadas as disposições relativas ao recolhimento transitório, que deverá ser feita imediatamente". Assim, prevalece o prazo de cinco dias para as comunicações disciplinares e excepcionalmente com o dever de comunicação disciplinar imediata, para os casos de recolhimento transitório; **2:** assertiva correta, sendo esse o teor do art. 30, § 2.º, da Lei estadual n.º 13.407/2003, do Ceará, não havendo que se confundir, quanto aos prazos e requisitos, o instituto da "representação contra ato disciplinar", tratado neste item, com a "comunicação disciplinar", tratada no item anterior .

Gabarito 1E, 2C

(Soldado da Polícia Militar/CE – 2012 – CESPE) Julgue os itens subsequentes, a respeito do comportamento e das recompensas dos militares, com base na Lei Estadual n.º 13.407/2003.

(1) O elogio individual, ato administrativo que coloca em relevo as qualidades morais e profissionais do militar, só pode ser formulado ao militar que ostenta, no mínimo, bom comportamento.

(2) A dispensa do serviço é uma recompensa militar e somente poderá ser concedida por oficiais dos postos de tenente-coronel e coronel a seus subordinados funcionais.

(3) Para fins disciplinares e outros efeitos, o comportamento do militar classifica-se em ótimo quando, no período de dez anos, não lhe tenha sido aplicada qualquer sanção disciplinar, mesmo em decorrência de falta leve.

1: assertiva errada, pois o elogio constitui espécie de recompensa militar, previsto no art. 68, I, da Lei n.º 13.407/2003 do Estado do Ceará e segundo o parágrafo único do mesmo dispositivo, "poderá ser formulado independentemente da classificação de seu comportamento"; **2:** assertiva correta, consoante literal disposição do art. 69, "caput", da Lei estadual n.º 13.407/2003, que prescreve que "a dispensa do serviço é uma recompensa militar e somente poderá ser concedida por oficiais dos postos de tenente-coronel e coronel a seus subordinados funcionais", não sendo concedida às praças; **3:** assertiva errada, pois, de acordo com o art. 54, II, da Lei estadual n.º 13.407/2013, do Ceará, somente será considerado ótimo quando aferidas não no período de 10 anos, mas sim de 5 anos, a aplicação de até duas sanções de repreensão. Repare bem que mesmos sofrendo até duas sanções da espécie classificada como repreensão, terá o comportamento classificado como ótimo.

Gabarito 1E, 2C, 3E

(Soldado da Polícia Militar/CE – 2012 – CESPE) Acerca do processo regular, segundo a Lei Estadual n.º 13.407/2003, julgue os itens a seguir.

(1) O Conselho de Disciplina dispõe do prazo de quarenta e cinco dias, a contar da data de sua nomeação, para a conclusão dos trabalhos relativos ao processo, e de mais quinze dias para deliberação, confecção e remessa do relatório conclusivo.

(2) O militar submetido a processo regular deverá, quando houver possibilidade de prejuízo para a hierarquia, disciplina ou para a apuração do fato, ser designado para o exercício de outras funções, enquanto perdurar o processo, podendo ainda a autoridade instauradora proibir-lhe o uso do uniforme e o porte de arma, como medida cautelar.

(3) O Conselho de Justificação destina-se a apurar as transgressões disciplinares cometidas pela praça e a incapacidade desta para permanecer no serviço ativo militar.

(4) O Conselho de Disciplina destina-se a apurar as transgressões disciplinares cometidas pelos oficiais da ativa ou da reserva remunerada e a sua incapacidade moral para permanecer no serviço ativo militar ou na situação de inatividade em que se encontra.

1: assertiva correta, sendo que esse é o teor do art. 92, da Lei estadual n.º 13.407/2003, do Ceará, que prescreve literalmente que "o Conselho de Disciplina dispõe de um prazo de 45 (quarenta e cinco) dias, a contar da data de sua nomeação, para a conclusão de seus trabalhos relativos ao processo, e de mais 15 (quinze) dias para deliberação, confecção e remessa do relatório conclusivo"; **2:** assertiva correta, sendo que esse é o teor do art. 72, da Lei estadual n.º 13.407/2003, do Ceará, que prescreve literalmente que "o militar do Estado submetido a processo regular deverá, quando houver possibilidade de prejuízo para a hierarquia, disciplina ou para a apuração do fato, ser designado para o exercício de outras funções, enquanto perdurar o processo, podendo ainda a autoridade instauradora proibir-lhe o uso do uniforme e o porte de arma, como medida cautelar"; **3:** assertiva errada, pois, a teor do art. 75, "caput", da Lei n.º 13.407/2003, do Estado do Ceará, não se destina às transgressões disciplinares cometidas pelas praças, mas sim cometidas por oficial; **4:** assertiva errada, pois, de acordo com o art. 88, "caput", da Lei estadual n.º13.407/2003, do Ceará, "o Conselho de Disciplina destina-se a apurar as transgressões disciplinares cometidas pela praça da ativa ou da reserva remunerada e a incapacidade moral desta para permanecer no serviço ativo militar ou na situação de inatividade em que se encontra".

Gabarito 1C, 2C, 3E, 4E

(Soldado da Polícia Militar/CE – 2012 – CESPE) Julgue os itens seguintes, com base no Estatuto dos Militares Estaduais do Ceará.

(1) O ingresso na Polícia Militar do Ceará depende de prévia aprovação em concurso público de provas e títulos. Além disso, devem ser atendidos outros requisitos cumulativos, como: ter boa reputação social, não estar respondendo a processo criminal nem ter sido indiciado em inquérito policial e ser confirmado na etapa dos exames médico-odontológico, biométrico e toxicológico.

(2) A hierarquia e a disciplina são a base institucional das corporações militares do Estado e devem ser mantidos em todas as circunstâncias entre os militares, não existindo prevalência entre os mesmos postos ou de uma mesma graduação.

(3) Aplica-se o disposto no estatuto, no que couber, aos militares estaduais da reserva remunerada e aos reformados.

(4) Ato do governador do Estado pode convocar para o serviço ativo os militares estaduais da reserva remunerada e os reformados, em caráter transitório, caso em que não poderá haver recusa por parte do militar.

(5) O provimento do cargo efetivo dos militares estaduais – postos e graduações –, previstos na Lei de Fixação de Efetivo de cada corporação militar, é realizado por ato administrativo do comandante-geral.

1: assertiva correta, pois esse é o teor do art. 10 e incisos da Lei n.º 13.729/2006, que dispõe sobre o Estatuto dos Militares Estaduais do Ceará; **2:** assertiva errada, pois o § 2.º do art. 29, da Lei estadual n.º 13.729/2006, do Ceará, estipula ser a antiguidade um fator de prevalência entre os mesmos postos, assentando que "a ordenação é realizada por postos ou graduações dentro de um mesmo posto ou de uma mesma graduação e se faz pela antiguidade ou precedência funcional no posto ou na graduação"; **3:** assertiva correta, de acordo com o teor do art. 9.º, "caput", da Lei estadual n.º 13.729/2006, que estipula que "o disposto neste Estatuto aplica-se, no que couber, aos militares estaduais da reserva remunerada e aos reformados"; **4:** assertiva errada, pois a aceitação da convocação não é obrigatória, mas sim voluntária, consoante "caput" do art. 6.º, da Lei n.º 13.729/2006, do Estado do Ceará, que prescreve que "os militares estaduais da reserva remunerada poderão ser convocados para o serviço ativo e poderão também ser para este designados, em caráter transitório e mediante aceitação voluntária, por ato do Governador do Estado"; **5:** assertiva errada, pois a questão faz referência aos postos e graduações, sendo que somente as praças são providas por ato administrativo do comandante-geral, ao passo que o provimento do cargo de oficial é realizado por ato governamental (art. 35, parágrafo único, da Lei n.º 13.729/2006).

Gabarito 1C, 2E, 3C, 4E, 5E

(Soldado da Polícia Militar/CE – 2012 – CESPE) No que se refere às prerrogativas estabelecidas no Estatuto dos Militares Estaduais do Ceará, julgue os itens subsequentes.

(1) Nos casos de transgressão disciplinar ou de crime propriamente militar, o militar só poderá ser preso por ordem escrita e fundamentada da autoridade judiciária competente.

(2) Nos termos do estatuto, somente em casos de flagrante delito o militar estadual poderá ser preso por autoridade policial civil, ficando retido na delegacia durante o tempo necessário à lavratura do flagrante, comunicando-se imediatamente ao juiz competente e ao comando da respectiva corporação militar.

(3) O estatuto veda, expressamente, ao militar estadual usar uniformes em manifestação de caráter político-partidário.

(4) O militar que utiliza uniforme da corporação militar para, por exemplo, apresentação artística, responde por seu uso. Essa regra, entretanto, não se aplica ao uso isolado, sem o respectivo uniforme, de distintivos, insígnias, divisas e emblemas.

(5) O estatuto assegura ao militar estadual o cumprimento de pena de prisão ou detenção, mesmo após o trânsito em julgado da sentença penal condenatória, em organização militar da corporação a que pertença o preso e na qual o comandante, chefe ou diretor preceda-o hierarquicamente.

1: assertiva errada, pois também pode ser preso, nesses casos, por ordem de autoridade militar competente, conforme se afere do teor do "caput" do art. 70, da Lei estadual n.º 13.729/2006, do Ceará, que assenta que "o militar estadual só poderá ser preso em caso de flagrante delito ou por ordem escrita e fundamentada da autoridade judiciária competente ou de autoridade militar estadual competente, nos casos de transgressão disciplinar ou de crime propriamente militar, definidos em lei"; **2:** assertiva correta, sendo esse o literal teor do § 1.º do art. 70 da Lei n.º 13.729/2006, Estatuto dos Militares Estaduais do Ceará, assentando que "somente em casos de flagrante delito, o militar estadual poderá ser preso por autoridade policial civil, ficando retido na Delegacia durante o tempo necessário à lavratura do flagrante, comunicando-se imediatamente ao juiz competente e ao comando da respectiva Corporação Militar, após o que deverá ser encaminhado preso à autoridade militar de patente superior mais próxima da Organização Militar da Corporação a que pertencer, ficando esta obrigada, sob pena de responsabilidade funcional e penal, a manter a prisão até que deliberação judicial decida em contrário"; **3:** assertiva correta, pois esse é o teor do art. 75, I, da Lei estadual n.º 13.729/2006, do Ceará; **4:** assertiva errada, pois a vedação se estende aos distintivos, insígnias, divisas e emblemas, consoante interpretação *a contrario sensu* do art. 75, e incisos, da Lei n.º 13.729/2006, que traz em seu "caput" a proibição genérica e nos incisos as ressalvas de uso do uniforme e acréscimos; **5:** assertiva correta, nos termos do que dispõe o inciso III do parágrafo único do art. 69 da Lei estadual n.º 13.729/2006, do Ceará, que traz que são prerrogativas dos militares estaduais: "cumprimento de pena de prisão ou detenção, mesmo após o trânsito em julgado da sentença, somente em Organização Militar da Corporação a que pertence, e cujo comandante, chefe ou diretor tenha precedência hierárquica sobre o militar".

Gabarito 1E, 2C, 3C, 4E, 5C

(Soldado da Polícia Militar/CE – 2012 – CESPE) Julgue os itens seguintes, relativos ao Estatuto dos Militares Estaduais do Ceará.

(1) Assegura-se ao militar estadual o direito de perceber, em reconhecimento dos bons serviços prestados e de acordo com as normas regulamentares da corporação, recompensas, como, por exemplo, condecorações por serviços prestados, elogios e dispensas do serviço.

(2) O subsídio ou os vencimentos dos militares estaduais são irredutíveis e não estão sujeitos à penhora, sequestro ou arresto, salvo nos casos previstos em lei.

(3) O direito à licença para tratar de interesse particular e a licença por motivo de doença é garantido aos militares estaduais; entretanto, em ambos os casos, o tempo de licença implica prejuízo da remuneração, da contagem do tempo de serviço e(ou) de contribuição e da antiguidade no posto ou na graduação.

(4) Nos termos do estatuto, não faz jus às férias regulamentares o militar estadual que esteja aguardando solução de processo de inatividade nem o que esteja matriculado em curso de formação para ingresso na corporação.

(5) Consideram-se dispensas do serviço as autorizações concedidas aos militares estaduais para afastamento total do serviço, em caráter temporário. Nesse caso, não há prejuízo da remuneração integral nem da contagem do tempo de efetivo serviço e(ou) de contribuição militar. Essas dispensas podem ser descontadas em férias já publicadas e não gozadas, no todo ou em parte, ou concedidas em razão de prescrição médica.

1: assertiva correta, pois esse é o literal teor do art. 68, da Lei n.º 13.729/2006, do Estado do Ceará, que assenta que "as recompensas constituem reconhecimento dos bons serviços prestados pelos militares estaduais e serão concedidas de acordo com as normas regulamentares da Corporação. Parágrafo único. São recompensas militares estaduais, além das previstas em outras leis: I – prêmios de honra ao mérito; II – condecorações por serviços prestados; III – elogios; IV – dispensas do serviço, conforme dispuser a legislação"; **2:** assertiva correta, pois de acordo com o art. 55, da Lei n.º 13.729/2006, "o subsídio ou os vencimentos dos militares estaduais são irredutíveis e não estão sujeitos à penhora, sequestro ou arresto, exceto nos casos previstos em Lei". Firma, assim, a irredutibilidade dos vencimentos dos militares estaduais, de forma idêntica aos dos servidores públicos civis; **3:** assertiva errada, pois, no caso da licença por motivo de doença, não há prejuízo à remuneração nos seis primeiros meses, conforme se verifica do teor do § 7.º, do art. 62, da Lei estadual n.º 13.729/2006, do Ceará: "Na hipótese do inciso IV deste artigo o militar poderá ser licenciado por motivo de doença (...)em qualquer caso, desde que prove ser indispensável a sua assistência pessoal e esta não possa ser prestada simultaneamente com o exercício funcional, pelo prazo máximo de 2 (dois) anos, dos quais os 6 (seis) primeiros meses sem prejuízo de sua remuneração (...)"; **4:** assertiva errada, pois o § 2.º do art. 59, da Lei n.º 13.729/2006, somente faz menção ao militar que esteja aguardando solução de processo de inatividade, asseverando que "não fará jus às férias regulamentares o militar estadual que esteja aguardando solução de processo de inatividade". Dessa forma, por interpretação *a contrario sensu*, os militares estaduais farão jus às férias mesmo no período em que estiverem matriculados em curso de formação para ingresso na Corporação; **5:** assertiva correta, sendo esse o teor do art. 65 c/c art. 66 e incisos, da Lei n.º 13.729/2006.

Gabarito 1C, 2C, 3E, 4E, 5C

(Soldado da Polícia Militar/CE – 2012 – CESPE) À luz do Estatuto dos Militares Estaduais do Ceará, julgue os próximos itens, relativos ao compromisso, ao comportamento ético e à responsabilidade disciplinar e penal militar.

(1) Ao militar estadual é expressamente assegurado o direito de recorrer ou interpor recurso, quando se julgar prejudicado ou ofendido, a qualquer ato administrativo, no prazo de cento e vinte dias corridos, sob pena de prescrição desse direito.

(2) A competência para conhecer, processar e julgar os crimes militares ou comuns praticados por militares estaduais contra civis é do Conselho de Justiça, presidido por um de juiz de direito.

(3) As ações judiciais contra atos disciplinares militares, com recurso para o Tribunal de Justiça do Estado do Ceará, são julgadas singularmente por juízes de direito do juízo militar.

(4) Ao ingressar na corporação militar estadual, o praça, tão logo tenha adquirido grau de instrução compatível com o perfeito entendimento de seus deveres como integrante da respectiva corporação, deve prestar compromisso de honra, de caráter solene, na presença de tropa ou guarnição formada, no qual afirmará a aceitação consciente das obrigações e dos deveres militares e manifestará a sua firme disposição de bem cumpri-los.

(5) Enquanto não concluir o curso de formação, o aluno-soldado submetido a procedimento de apuração de responsabilidade administrativo-disciplinar está sujeito apenas às disposições normativas disciplinares previstas no estabelecimento de ensino onde estiver matriculado.

1: assertiva errada, pois não há essa previsão expressa ao militar estadual, sendo, todavia, o prazo de 120 dias um prazo muito extenso e desarrazoado, induzindo o candidato a fazer confusão com o prazo decadencial da ação judicial de mandado de segurança. Não obstante, há prazo para recurso para os oficiais que se julgarem prejudicados ao seu direito de promoção, conforme se infere do teor do "caput" do art. 124, da Lei estadual n.º 13.729/2006, do Ceará, que prescreve que "o Oficial que se julgar prejudicado, em consequência de composição de Quadro de Acesso ou em seu direito de promoção, poderá apresentar recurso ao Comandante-Geral, no prazo de 15 (quinze) dias corridos, a contar da ciência do ato, ou do conhecimento, na OPM ou OBM em que serve, da publicação oficial a respeito"; **2:** assertiva errada, pois a Constituição Federal de 1988, fazendo distinção entre crimes comuns, crimes militares e dolosos contra a vida, subtrai da competência do Conselho de Justiça os crimes dolosos contra a vida praticados por militares estaduais contra vítimas civis, ao estipular, no art. 125, § 4.º, que "compete à Justiça Militar estadual processar e julgar os militares dos Estados, nos crimes militares definidos em lei e as ações judiciais contra atos disciplinares militares, ressalvada a competência do júri quando a vítima for civil, cabendo ao tribunal competente decidir sobre a perda do posto e da patente dos oficiais e da graduação das praças". Do mesmo modo, o art. 125, § 5.º, da CF/88, assenta que fica a cargo não do Conselho de Justiça, mas sim do Juiz de Direito do Juízo Militar processar e julgar singularmente os crimes militares cometidos contra civis e as ações contra atos disciplinares militares; **3:** assertiva correta, sendo esse o teor do art. 125, § 5.º, da CF/88, ao assentar que "compete aos juízes de direito do juízo militar processar e julgar, singularmente, os crimes militares cometidos contra civis e as ações judiciais contra atos disciplinares militares, cabendo ao Conselho de Justiça, sob a presidência de juiz de direito, processar e julgar os demais crimes militares". Esse também é o teor do art. 51, da Lei estadual n.º 13.729/2006, do Ceará, ao prescrever que "os militares estaduais, nos crimes militares definidos em lei, serão processados e julgados perante a Justiça Militar do Estado, em primeira instância exercitada pelos juízes de direito e Conselhos de Justiça, e em segunda instância pelo Tribunal de Justiça do Estado, enquanto não for criado o Tribunal de Justiça Militar do Estado"; **4:** assertiva correta, sendo esse o teor literal do art. 49, I, "a", da Lei estadual n.º 13.729/2006, do Ceará; **5:** assertiva errada, pois o art. 50, § 2.º, da Lei n.º 13.729/2006, assevera que "ao Cadete e ao Aluno-Soldado aplicam-se, cumulativamente ao Código Disciplinar, as disposições normativas disciplinares previstas no estabelecimento de ensino onde estiver matriculado".

Gabarito 1E, 2E, 3C, 4C, 5E

(Soldado da Polícia Militar/CE – 2012 – CESPE) Acerca dos direitos dos militares estaduais, julgue os itens a seguir, de acordo com o disposto no Estatuto dos Militares Estaduais do Ceará.

(1) Ao praça é assegurado o livre acesso, independentemente de encontrar-se ou não em serviço ou de estar agindo em razão deste, aos locais que estejam sujeitos à fiscalização da polícia ou do bombeiro militar.

(2) Ao militar estadual da ativa e ao em inatividade, fardado e mediante a apresentação de sua identidade militar, é garantido o acesso gratuito aos transportes rodoviários coletivos, intermunicipais e interestaduais, estabelecida cota máxima de dois militares por veículo.

(3) O militar estadual alistável é elegível. No caso de ser suplente, ao assumir o cargo eletivo, o militar passará automaticamente, no ato da diplomação, para a reserva remunerada, com proventos proporcionais ao tempo de contribuição.

(4) O porte de arma é direito dos militares estaduais, tanto para os do serviço ativo como para os em inatividade, salvo se a inativação for proveniente de alienação mental ou de condenação que desaconselhe o porte.

(5) É assegurado ao militar estadual, oficial ou praça, o direito à assistência jurídica integral, gratuita e oficial do estado em caso de questionamento de ato por ele praticado no legítimo exercício da missão.

1: assertiva errada, pois o art. 52 do Estatuto dos Militares Estaduais do Estado do Ceará (Lei estadual n.º 13.729/2006), que estipula os direitos dos militares estaduais, prevê, em seu inciso XIV, o livre acesso somente quando em serviço ou em razão deste; **2:** assertiva errada, pois esse acesso gratuito aos transportes rodoviários coletivos intermunicipais é restrito somente ao militar da ativa, conforme art. 52, XXVI, da Lei estadual n.º 13.729/2006, do Ceará; **3:** assertiva correta, pois se trata do teor do art. 53, III, c/c o art. 58, da Lei n.º 13.729/2006; **4:** assertiva correta, pois esse é o teor do art. 52, XI, da Lei estadual n.º 13.729/2006, do Ceará; **5:** assertiva correta, sendo esse o teor do art. 52, XIII, da Lei n.º 13.729/2006. Apesar de não mencionar a expressão "integral" esta decorre do entendimento de ser ela prestada oficialmente pelo Estado.

Gabarito 1E, 2E, 3C, 4C, 5C

(Soldado da Polícia Militar/CE – 2012 – CESPE) Ainda com base no Estatuto dos Militares Estaduais do Ceará, julgue os próximos itens.

(1) Na apuração do tempo de contribuição do militar estadual, não poderá ser computada superposição de tempos, de quaisquer naturezas.

(2) Nos termos do estatuto, a deserção do militar estadual acarreta interrupção do serviço, com a consequente perda da remuneração. O militar desertor será agregado ao seu quadro ou qualificação, até a decisão transitar em julgado.

(3) O estatuto veda, expressamente, que sociedade simples ou empresária ou organização civil de modo geral use de designação que possa sugerir sua vinculação a corporação militar estadual.

(4) O comandante-geral da polícia militar poderá determinar o emprego da força militar em regime de tempo integral de serviço em razão de rebelião, fuga, invasão, greve, mobilização, protesto e agitação que causem grave perturbação da ordem pública. Nesse caso, a adesão do militar estadual será voluntária e àquele que se dispuser a participar de escala de serviço, durante parte do período de sua folga, estará assegurada, como retribuição, vantagem pecuniária, eventual, compensatória e específica, não incorporável à remuneração normal.

(5) A exoneração a pedido é uma das formas previstas no estatuto para o desligamento do militar da corporação militar estadual. Sua concessão ocorre mediante requerimento do interessado, sendo vedada ao militar que estiver respondendo a Conselho de Justificação, Conselho de Disciplina ou processo administrativo-disciplinar ou ainda àquele que se encontrar cumprindo pena de qualquer natureza.

1: assertiva correta, tratando-se o enunciado do art. 214, da Lei n.º 13.729/2006, assentando que "na contagem do tempo de contribuição, não poderá ser computada qualquer superposição dos tempos de qualquer natureza"; **2:** assertiva correta, pois o item reproduz os preceitos do art. 202 e §1.º, da Lei estadual n.º 13729/2006, do Ceará, os quais assentam "a deserção do militar estadual acarreta interrupção do serviço com a consequente perda da remuneração. § 1.º O Oficial ou a Praça, na condição de desertor, será agregado ao seu Quadro ou Qualificação, na conformidade do art. 172, inciso III, alínea 'g', até a decisão transitada em julgado e não terá direito a remuneração referente a tempo não trabalhado"; **3:** assertiva errada, pois a expressão organização civil "de modo geral" abarcaria "as associações, clubes e círculos que congregam membros das Corporações Militares e que se destinem, exclusivamente, a promover intercâmbio social, recreativo e assistencial entre militares estaduais e seus familiares e entre esses e a sociedade, e os conveniados com o Comando-Geral da Corporação", previstas no parágrafo único do art. 226, da Lei n.º 13.729/2006 como exceção à regra. Deste modo, o que torna errado o item é apenas essa expressão "de modo geral" que não deixa margem para qualquer exceção; **4:** assertiva errada, pois o § 2.º, do art. 217, da Lei n.º 13.729/2006, apesar de prescrever a adesão voluntária do militar estadual, deve ser combinado com o § 4.º do mesmo dispositivo, em que este último excepciona a voluntariedade, tornando a participação em regime de tempo integral uma obrigação, nos casos de estado de defesa ou estado de sítio, catástrofe, grande acidente, incêndio, inundação, seca, calamidade ou sua iminência, rebelião, fuga e invasão, sequestro e crise de alta complexidade, greve, mobilização, protesto e agitação que causem grave perturbação da ordem pública ou ensejem ameaça disso, evento social, festivo, artístico ou esportivo que cause grande aglomeração de pessoas e quaisquer outros eventos ou ocorrências que o Comando-Geral identifique como de ameaça à preservação da ordem pública e da incolumidade das pessoas e do patrimônio; **5:** assertiva correta, pois esse é o literal teor do art. 198 e incisos, da Lei estadual n.º 13.729/2006, do Ceará.

Gabarito 1C, 2C, 3E, 4E, 5C

(Soldado da Polícia Militar/CE – 2012 – CESPE) Com relação ao Estatuto dos Militares Estaduais do Ceará e o disposto na Lei Complementar n.º 93/2011, julgue os itens que se seguem.

(1) Considera-se comando a prerrogativa pessoal do militar investido nessa função, vinculada ao grau hierárquico. Essa prerrogativa consiste na soma de autoridade, deveres e responsabilidades de que o militar estadual está legalmente investido quando conduz subordinados ou dirige uma organização militar estadual.

(2) O militar estadual reformado por incapacidade definitiva que for julgado apto em inspeção de saúde por junta superior, em grau de recurso ou revisão, poderá retornar ao serviço ativo, a qualquer tempo, por ato do governador do Estado.

(3) Expulsão e deserção são formas de desligamento do serviço ativo da corporação militar estadual previstas no estatuto. Ambas decorrem de ato do governador do Estado, efetivado após a publicação no Diário Oficial do Estado.

(4) De acordo com o estatuto, as promoções às graduações de subtenente, primeiro-sargento e cabo serão efetivadas mediante atos do governador do Estado – com base em proposta da CPP, que é o órgão de processamento das promoções – e publicadas no Diário Oficial do Estado.

(5) Constitui falta grave a conduta dolosa consistente no requerimento ou na abertura de processo de reserva ou reforma sem que o militar tenha implementado todas as condições para requerer o benefício, assim como, após a abertura do processo, a injustificada demora no cumprimento de diligências da procuradoria-geral do Estado destinadas à sua conclusão.

1: assertiva errada, pois não se trata de uma prerrogativa pessoal, mas sim impessoal, conforme se denota do teor do art. 42, da Lei estadual do Ceará n.º 13.729/2006, que prescreve que "comando é a soma de autoridade, deveres e responsabilidades de que o militar estadual está investido legalmente, quando conduz subordinados ou dirige uma Organização Militar Estadual, sendo vinculado ao grau hierárquico e constituindo uma prerrogativa impessoal, em cujo exercício o militar estadual se define e se caracteriza como chefe". Há de se considerar que o princípio da impessoalidade, previsto no "caput" do art. 37 da CF/88 também vincula os militares estaduais; **2:** assertiva errada, pois o militar não poderá retornar às atividades a qualquer tempo, mas sim se não ultrapassar dois anos, consoante os preceitos do § 1.º, do art. 194, da Lei n.º 13.729/2006, que assenta que "o retorno ao serviço ativo ocorrerá se o tempo decorrido na situação de reformado não ultrapassar 2 (dois) anos"; **3:** assertiva correta, sendo esse o teor do art. 178, VI e VII, e parágrafo único da Lei estadual n.º 13.729/2006, do Ceará; **4:** assertiva errada, pois os atos de promoções são do Comandante-Geral da Corporação, conforme teor do art. 154, da Lei 13.729/2006; **5:** assertiva correta, pois esse é o teor do art. 13, § 1.º, VI, do Regime Disciplinar da Polícia Militar do Ceará e do Corpo de Bombeiros do Estado do Ceará, Lei n.º 13.407/2003, que prescreve tratar-se de falta grave "faltar com a verdade", o que compreende a conduta dolosa acima mencionada.

Gabarito 1E, 2E, 3C, 4E, 5C

(Oficial Policial Militar de Administração/DF – 2010 – CESPE) Com relação ao Regulamento Disciplinar do Exército (RDE), julgue os itens a seguir.

(1) O pundonor militar é o dever do militar de pautar a sua conduta como um profissional correto, de que se exige, em qualquer ocasião, alto padrão de comportamento ético. Já a honra pessoal é o sentimento de dignidade própria, com o apreço e o respeito de que é objeto ou se torna merecedor o militar.

(2) Se determinado militar for absolvido criminalmente porque o fato imputado a ele não ocorreu, para que a responsabilidade cível e a administrativa sejam afastadas por esse mesmo fato será necessário que haja o trânsito em julgado da sentença que o absolveu.

(3) Caso determinado militar cometa uma transgressão disciplinar e, durante a apuração do ocorrido, alegue falta de prática de serviço, essa alegação será considerada circunstância agravante, haja vista que o militar só pode exercer sua função quando estiver apto para tal exercício.

(4) Qualquer transgressão disciplinar que afete o decoro da classe militar sempre será classificada como grave.

(5) Quando ocorre uma passagem de comando, a punição disciplinar aplicada a um militar pode ser relevada, desde que ele tenha cumprido, pelo menos, um terço da punição.

1: assertiva correta, pois esse é a essência de noções de ética e de moral que se extraem do teor do art. 29 e incisos da Lei federal n.º 7.289/1984, que institui o Estatuto dos Policiais Militares do Distrito Federal; **2:** assertiva correta, pois esse é o teor do art. 14, § 3.º, do Decreto Presidencial n.º 4.346/2002 ("As responsabilidades cível e administrativa do militar serão afastadas no caso de absolvição criminal, com sentença transitada em julgado, que negue a existência do fato ou da sua autoria"), que institui o Regime disciplinar do Exército (R-4) e que, por força do Decreto do Governador do Distrito Federal n.º 23.317/2002, determina a aplicação do Regime Disciplinar do Exército à Polícia Militar do Distrito Federal e ao Corpo de Bombeiros Militar do Distrito Federal; **3:** assertiva errada, pois se trata não de agravante, mas sim de circunstância atenuante, nos termos do art. 19, V, do Decreto Presidencial n.º 4.346/2002; **4:** assertiva correta, pois esse é o teor do art. 22, do Decreto Presidencial n.º 4.346/2002, que prescreve que "será sempre classificada como 'grave' a transgressão da disciplina que constituir ato que afete a honra pessoal, o pundonor militar ou o decoro da classe"; **5:** assertiva errada, pois, para se relevar uma punição disciplinar na passagem de comando, há a necessidade de cumprimento não de um terço, mas sim de metade da punição disciplinar, nos termos do que dispõe o inciso II do art. 45 do Decreto Presidencial n.º 4.346/2006: "Por motivo de passagem de comando ou por ocasião de datas festivas militares, desde que se tenha cumprido, pelo menos, metade da punição disciplinar".

Gabarito 1C, 2C, 3E, 4C, 5E

(Oficial Policial Militar de Administração/DF – 2010 – CESPE) No que se refere ao Estatuto dos Policiais Militares da PMDF, julgue os itens que se seguem.

(1) Os PMs de carreira têm vitaliciedade assegurada ou presumida.

(2) O aspirante a oficial PM e o subtenente são considerados praças especiais.

(3) A praça na reserva remunerada pode ser submetida a conselho de disciplina.

(4) O oficial que perder o posto e a patente deve ser demitido de ofício, com direito à remuneração equivalente aos anos de serviços prestados.

(5) Se determinado PM se candidatar a cargo eletivo quando tiver 7 anos de efetivo serviço, ele deve ser excluído do serviço ativo, mediante licenciamento de ofício.

1: assertiva correta, pois esse é o literal teor do art. 3.º, § 2.º, da Lei federal n.º 7.289/1984, que institui o Estatuto dos Policiais Militares do Distrito Federal; **2:** assertiva errada, pois somente os aspirantes a oficial da Polícia Militar do Distrito Federal são considerados Praças Especiais, consoante teor do art. 15, § 3.º, da Lei federal n.º 7.289/1984; **3:** assertiva correta, sendo esse o teor do § 2.º, do art. 49, da Lei federal n.º 7.289/1984; **4:** assertiva errada, pois o oficial que perder o posto e a patente será demitido "ex officio", sem direito a qualquer remuneração, conforme prescreve o art. 107, da Lei federal n.º 7.289/1984; **5:** assertiva errada, pois, nesse caso, o policial militar deve ser afastado temporariamente do serviço, consoante teor do art. 52, parágrafo único, II, da Lei federal n.º 7.289/1984, que assenta que "os policiais militares são alistáveis como eleitores, desde que Oficiais, Aspirantes a Oficial, Subtenentes e Sargentos ou Alunos de curso de nível superior para a Formação de Oficiais. Parágrafo único. Os policiais militares alistáveis são elegíveis, atendidas as seguintes condições: (...) II – o policial militar em atividade, com 5 (cinco) anos ou mais de efetivo serviço, ao se candidatar a cargo eletivo, será afastado, temporariamente do serviço ativo, agregado e considerado em licença para tratar de interesse particular; se eleito, será no ato da diplomação, transferido para a reserva remunerada, percebendo a remuneração a que fizer jus em função de seu tempo de serviço".

Gabarito 1C, 2E, 3C, 4E, 5E

(Oficial Policial Militar de Administração/DF – 2010 – CESPE) Com relação à Lei de Remuneração dos Militares do DF, julgue os itens a seguir.

(1) Quando o militar atingir a idade limite de permanência no serviço ativo e for transferido de ofício, para a reserva remunerada, no respectivo posto ou graduação, terá direito ao soldo integral, se tiver 30 ou mais anos de efetivo serviço, ou ao soldo proporcional, se tiver menos de 30 anos de serviço.

(2) O militar da ativa não pode receber mensalmente, a título de remuneração, importância superior à remuneração bruta do comandante-geral da PM, excluindo-se desse cômputo os valores inerentes à gratificação de função de natureza especial que venha a receber.

(3) A taxa de uso por ocupação de próprio nacional residencial ou do DF é considerada desconto autorizado.

(4) O pagamento de diária ao militar não pode ser cumulativo com o pagamento do auxílio-alimentação.

(5) O PM que receber ajuda de custo para realização de curso e, após ter seguido destino, receber ordem para regressar, deverá restituir o valor recebido.

1: assertiva errada, pois, nesses casos, o militar sempre terá direito ao soldo integral, consoante art. 20, § 3.º, da Lei federal n.º 10.486/2002, que dispõe sobre a remuneração dos militares do Distrito Federal, que assenta que "o militar transferido para a reserva remunerada *ex officio*, por haver atingido a idade limite de permanência em atividade, no respectivo posto ou graduação, tem direito ao soldo integral"; **2:** assertiva correta, pois esse é o literal teor do art. 30, parágrafo único, III, da Lei federal n.º 10.486/2002; **3:** assertiva errada, pois a taxa de uso por ocupação de próprio nacional residencial ou do Distrito Federal é considerada desconto obrigatório, segundo o art. 28, VII, da Lei federal n.º 10.486/2002; **4:** assertiva correta, posto que o art. 11, IV, da Lei federal n.º 10.486/2002 proíbe tal pagamento cumulativo; **5:** assertiva errada, uma vez que a restituição do valor integral recebido somente ocorrerá se o policial militar não tiver seguido destino. Seguindo destino, restituirá o valor pela metade, conforme art. 13, II e III, da Lei federal n.º 10.486/2002.

Gabarito 1E, 2C, 3E, 4C, 5E

(Oficial Policial Militar/DF – 2010 – CESPE) A respeito da organização básica da Polícia Militar do Distrito Federal (PMDF) e do seu Conselho de Disciplina, bem como do Regime Jurídico dos Policiais Militares da PMDF e do Sistema Nacional de Políticas Públicas sobre Drogas, julgue os itens seguintes.

(1) A praça da reserva remunerada da PMDF que cometa ato lesivo ao decoro da classe não poderá ser submetida ao Conselho de Disciplina da PMDF.

(2) É vedado à PMDF compor seu quadro de pessoal civil com contratado no regime celetista.

(3) Quem adquirir drogas sem autorização ou em desacordo com determinação legal ou regulamentar, para consumo pessoal, não cometerá crime.

(4) Caso um oficial da PMDF seja desligado de curso por falta de aproveitamento, ele não terá direito a ajuda de custo.

1: assertiva errada, pois, nesses casos, a praça da reserva poderá ser submetido ao Conselho de Disciplina, nos termos do art. 49, § 2.º, da Lei federal n.º 7.289/1984, que dispõe sobre o Estatuto dos Policiais Militares do Distrito Federal; **2:** assertiva errada, pois o art. 30, § 3.º, da Lei federal n.º 7.289/1984, permite a atividade profissional civil aos oficiais titulados no Quadro de Saúde, sem fazer qualquer ressalva ao regime celetista; **3:** assertiva errada, pois o Código Penal Militar, Decreto-lei n.º 1.001/1969, no art. 290, tipifica o tráfico, a posse ou o uso de entorpecentes ou substância de efeito similar; **4:** assertiva correta, pois esse é o literal teor do art. 12, II, da Lei federal n.º 10.486/2002.

Gabarito 1E, 2E, 3E, 4C

(Oficial Policial Militar/DF – 2010 – CESPE) Com relação à organização dos poderes e à organização administrativa do DF, julgue os itens a seguir.

(1) Após a expedição do diploma, os deputados distritais passam a ter o direito de ser processados e julgados, criminalmente, perante o Tribunal de Justiça do Distrito Federal e Territórios.

(2) Tanto a proposta de emenda à Lei Orgânica do DF quanto o projeto de lei, se forem rejeitados, não poderão ser repropostos na mesma sessão legislativa.

1: assertiva correta, pois esses são os termos do art. 61, § 1.º, da Lei Orgânica do Distrito Federal c/c art. 125, § 1.º, da CF/88, ou seja, a Constituição Federal deixa a cargo dos Estados (incluindo-se o Distrito Federal) a definição de competência dos Tribunais de Justiça e a Lei Orgânica do Distrito Federal, fazendo uso desse exercício, define que "os deputados distritais, desde a expedição do diploma, serão submetidos a julgamento perante o Tribunal de Justiça do Distrito Federal e Territórios"; **2:** assertiva errada, pois, em que pese o art. 70, § 4.º, da Lei Orgânica do Distrito Federal não permitir a reproposição na mesma sessão legislativa para os casos de matéria constante de proposta de emenda rejeitada ou havida por prejudicada, o art. 74, § 7.º, da Lei Orgânica do Distrito Federal, permite a reproposição de projeto de lei, assentando que "a matéria constante de projeto lei rejeitado somente poderá constituir objeto de novo projeto, na mesma sessão legislativa, mediante proposta da maioria absoluta dos membros da Câmara Legislativa".

Gabarito 1C, 2E

(Oficial Policial Militar/DF – 2010 – CESPE) No que se refere à administração pública e aos servidores públicos do DF, bem como à segurança pública dessa unidade federada, julgue os itens subsequentes.

(1) Apenas o agente público do governo do DF ocupante de cargo de provimento efetivo pode exercer função de confiança no respectivo órgão.

(2) A polícia civil do DF goza de autonomia funcional.

(3) Os servidores do DF têm direito a participar na elaboração e alteração dos respectivos planos de carreira.

1: assertiva correta, pois esta é a redação do art. 19, V, da Lei Orgânica do Distrito Federal, ao asseverar que "as funções de confiança, exercidas exclusivamente por servidores ocupantes de cargo efetivo, e pelo menos cinquenta por cento dos cargos em comissão, a serem preenchidos por servidores de carreira nos casos e condições previstos em lei, destinam-se apenas às atribuições de direção, chefia e assessoramento"; **2:** assertiva errada, pois apesar da previsão da autonomia funcional nos preceitos do art. 119, § 1.º, da Lei Orgânica do Distrito Federal, esse dispositivo, (quanto à expressão "autonomia funcional) foi declarado inconstitucional, nos termos ADI – Ação Direta de Inconstitucionalidade n.º 1045/DF; **3:** assertiva correta, pois essa é a previsão do art. 35, VII, da Lei Orgânica do Distrito Federal, assentando que "são direitos dos servidores públicos, sujeitos ao regime jurídico único, além dos assegurados no § 2.º do art. 39 da Constituição Federal, os seguintes: (...) VII – participação na elaboração e alteração dos planos de carreira".

Gabarito 1C, 2E, 3C

(Cadete da Polícia Militar/GO – 2010 – FUNCAB) A respeito do Estatuto dos Policiais Militares do Estado de Goiás, é correto afirmar que:

(A) no concurso de crime militar e de transgressão disciplinar, será aplicada somente a pena relativa à transgressão.

(B) a Justiça Militar Estadual é o órgão competente para processar e julgar os policiais militares nos crimes definidos em lei como militares.

(C) as penas disciplinares de detenção ou prisão não podem ultrapassar de dez (10) dias.

(D) a remoção é um ato administrativo e tem como finalidade básica a seleção dos policiais militares para o exercício de funções pertinentes ao grau hierárquico superior.

(E) a transferência para a reserva remunerada ou a reforma sempre isenta o policial militar da indenização dos prejuízos causados à Fazenda Estadual ou a terceiros nem do pagamento das pensões decorrentes de sentença judicial.

A: assertiva incorreta, pois as instâncias civil, administrativa e penal são relativamente independentes. Havia um § 2.° ao art. 40, na Lei estadual n.° 8.033/1975, de Goiás, que institui o Estatuto dos Policiais Militares do Estado de Goiás, que prescrevia a prevalência da instância penal sobre a instância disciplinar, onde assentava que "no concurso de crime militar e de transgressão disciplinar, será aplicada somente a pena relativa ao crime", porém foi revogado pela Lei Goiana n.° 16.552/2009; **B:** assertiva correta, pois assim prescreve o art. 125, § 4.°, da CF/88, assentando que "compete à Justiça Militar estadual processar e julgar os militares dos Estados, nos crimes militares definidos em lei e as ações judiciais contra atos disciplinares militares, ressalvada a competência do júri quando a vítima for civil, cabendo ao tribunal competente decidir sobre a perda do posto e da patente dos oficiais e da graduação das praças"; **C:** assertiva incorreta, pois o art. 32, I, "b" e "c", do Decreto n.° 4.717/1996, do Estado de Goiás, faz previsão de detenção ou de prisão de 1 a 30 dias, para as transgressões disciplinares de natureza média e grave, respectivamente; **D:** assertiva incorreta, pois, de acordo com o art. 58, § 2.°, da Lei n.° 8.033/1975, do Estado de Goiás, esse instituto é denominado de "promoção" e não de "remoção"; **E:** assertiva incorreta, pois a situação é justamente o contrário, ou seja, a transferência para a reserva remunerada ou a reforma não isenta o policial militar de indenização dos prejuízos causados à Fazenda Estadual ou a terceiros nem do pagamento das pensões decorrentes de sentença judicial, nos termos do que dispõe o art. 86 da Lei estadual n.° 8.033/1975, de Goiás.

Gabarito "B"

(Soldado da Polícia Militar/GO – 2010 – FUNCAB) A Lei n° 8.033/1975 do Estado de Goiás dispõe sobre o Estatuto dos Policiais Militares do Estado de Goiás. De acordo com a referida legislação, pode-se afirmar que fica sujeito à declaração de indignidade para o oficialato, ou de incompatibilidade com o mesmo por julgamento do Tribunal de Justiça do Estado, o Oficial que, EXCETO:

(A) for condenado por tribunal civil ou militar à pena restritiva de liberdade individual superior a dois anos, em decorrência de sentença condenatória passada em julgado.
(B) for condenado por sentença passada em julgado por crimes para os quais o Código Penal Militar comina essas penas acessórias e por crimes previstos na legislação concernentes à Segurança Nacional.
(C) incidir nos casos previstos em lei específica que motivam o julgamento por Conselho de Justificação e neste for considerado culpado.
(D) tiver perdido a nacionalidade brasileira.
(E) por conveniência da Administração, não for mais necessário aos quadros da corporação.

A: assertiva incorreta, pois esse é o exato preceito do art. 108, I, da Lei estadual n.° 8.033/1975, de Goiás; **B:** assertiva incorreta, pois esse é o preceito literal do art. 108, II, da Lei n.° 8.033/1975, do Estado de Goiás; **C:** assertiva incorreta, pois esse é o preceito do art. 108, III, da Lei estadual n.° 8.033/1975, de Goiás; **D:** assertiva incorreta, pois esse é o preceito do art. 108, IV, da Lei estadual n.° 8.033/1975, de Goiás; **E:** assertiva correta, pois no art. 108, em seus quatro incisos, da Lei n.° 8.033/1975, do Estado de Goiás, não há qualquer previsão à discricionariedade da Administração para a declaração de indignidade do oficialato, tratando-se a matéria em um rol taxativo, *numerus clausus*.

Gabarito "E"

(1° Sargento da Polícia Militar /MG – 2011) Marque a alternativa CORRETA. De acordo com a Lei nº 5.301/1969 – EMEMG, o militar, quando em tratamento de saúde em consequência de ferimentos ou doença decorrentes do serviço público, terá:

(A) Direito ao soldo e vantagens do posto ou graduação, até o período de 3 (três) anos.
(B) Direito ao soldo e vantagens do posto ou graduação, até o período de 2 (dois) anos.
(C) Direito ao soldo e vantagens do posto ou graduação, até o período de 1 (um) ano.
(D) Direito à metade do soldo e vantagens do posto ou graduação, até o período de 2 (dois) anos.

A: assertiva correta, pois esse é o teor do art. 49, da Lei Mineira n.° 5.301/1969, que disciplina o Estatuto dos Militares do Estado de Minas Gerais, em que assenta que: "O militar, quando em tratamento de saúde, em consequência de ferimentos ou doença decorrentes do serviço público, terá direito ao soldo e vantagens do posto ou graduação, até o período de 3 (três) anos". Os demais itens fogem ao literal teor da Lei quanto ao período e/ou ao valor do soldo.

Gabarito "A"

(1° Sargento da Polícia Militar /MG – 2011) Marque a alternativa CORRETA. De acordo com a Lei nº 5.301/1969 – EMEMG, para cada cinco dias de férias anuais cassadas e não gozadas:

(A) Será acrescido um dia, para efeito de Adicional de Desempenho.
(B) Será acrescido um dia, para efeito de contagem do tempo de serviço do militar.
(C) Serão acrescidos tantos dias de férias quanto forem cassados, para efeito de contagem do tempo de serviço do militar.
(D) Será acrescido um dia de vencimento, para efeito de percentual de Abono de Desempenho.

B: assertiva correta, pois esse é o teor do art. 104, parágrafo único, da referida Lei Mineira, que disciplina o Estatuto dos Militares do Estado de Minas Gerais, em que assenta que: "Para cada cinco dias de férias anuais cassadas e não gozadas, será acrescido um dia, para efeito de contagem do tempo de serviço do militar". Os demais itens da questão fogem ao literal teor da Lei.

Gabarito "B"

(1° Sargento da Polícia Militar /MG – 2011) Marque a alternativa CORRETA. De acordo com a Lei nº 5.301/1969 – EMEMG, os militares que tenham de afastar-se, em caráter definitivo, da guarnição em que servem, por motivo de transferência de Unidade, classificação, adição ou comissão de caráter permanente, se subtenentes ou sargentos, terão direito aos seguintes períodos de trânsito e instalação:

(A) 20 (vinte) dias.
(B) 10 (dez) dias úteis.
(C) 16 (dezesseis) dias.
(D) 08 (oito) dias úteis.

A: assertiva incorreta, pois esse é o período previsto no art. 112, I, da Lei n.° 5.301/1969, para os oficiais e os aspirantes a oficial que tenham de afastar-se, em caráter definitivo, da guarnição em que servem, por motivo de transferência de Unidade, classificação, adição ou comissão de caráter permanente; **B:** assertiva incorreta, pois esse é o período para os cabos e os soldados, previsto no art. 112, III, da Lei n.º 5.301/1969; **C:** assertiva correta, pois esse é o período previsto no art. 112, II, da Lei n.º 5.301/1969, para os Subtenentes e os sargentos; **D:** assertiva incorreta, pois esse período não se encontra previsto para qualquer policial militar.

Gabarito "C"

(1º Sargento da Polícia Militar /MG – 2011) Marque a alternativa CORRETA. O Código de Ética e Disciplina dos Militares de Minas Gerais – CEDM – tem por finalidade definir, especificar e classificar:

(A) Crimes e transgressões disciplinares de natureza militar, estabelecer normas relativas a sanções disciplinares, recompensas, bem como regulamentar o funcionamento do Conselho de Ética e Disciplina Militares da Unidade – CEDMU.

(B) Os crimes militares e estabelecer normas relativas a sanções disciplinares, conceitos, recursos, bem como regulamentar o Processo Administrativo-Disciplinar e o funcionamento do Conselho de Ética e Disciplina Militares da Unidade – CEDMU.

(C) As transgressões disciplinares e estabelecer normas relativas a sanções disciplinares, recursos disciplinares, recompensas, bem como regulamentar o Processo Administrativo de Exoneração.

(D) As transgressões disciplinares e estabelecer normas relativas a sanções disciplinares, conceitos, recursos, recompensas, bem como regulamentar o Processo Administrativo-Disciplinar e o funcionamento do Conselho de Ética e Disciplina Militares da Unidade – CEDMU.

A: assertiva incorreta, pois a Lei Mineira n.º 14.310/2002, que dispõe sobre o Código de Ética e Disciplina dos Policiais Militares de Minas Gerais – CEDM, não tem por finalidade definir, especificar e classificar "crimes", quer sejam eles comuns ou militares, mas tão somente transgressões disciplinares militares (art. 1.º do CEDM); **B:** assertiva incorreta, pois a Lei Mineira n.º 14.310/2002, que dispõe sobre o Código de Ética e Disciplina dos Policiais Militares De Minas Gerais – CEDM, do mesmo modo que esclarecemos no item anterior, não tem por finalidade definir, especificar e classificar "crimes", quer sejam eles comuns ou militares, mas tão somente, quanto ao que tange ao ilícito, as transgressões disciplinares militares (art. 1.º do CEDM); **C:** assertiva incorreta, pois não se refere ao processo administrativo de exoneração, mas sim ao processo administrativo-disciplinar, que são coisas distintas, posto que este último visa, como materialização do devido processo legal, à aplicação da sanção disciplinar ao policial infrator (arts. 1.º e 63 e seguintes do CEDM); **D:** assertiva correta, sendo esse o exato teor do contido no art. 1.º, da Lei estadual n.º 14.310/2002, de Minas Gerais.

Gabarito "D"

(1º Sargento da Polícia Militar /MG – 2011) Marque a alternativa CORRETA. De acordo com o Código de Ética e Disciplina dos Militares de Minas Gerais – CEDM, para cada transgressão, a autoridade aplicadora tomará por base a seguinte pontuação:

(A) Quinze pontos para transgressão de natureza leve, sobre a qual incidirão, se existirem, as atenuantes e agravantes.

(B) Quinze pontos para transgressão de natureza média, sobre a qual não incidirão as atenuantes e agravantes.

(C) Quinze pontos para transgressão de natureza leve, sobre a qual incidirão, se existirem, as excludentes de ilicitude.

(D) Quinze pontos para transgressão de natureza média, sobre a qual incidirão, se existirem, as atenuantes e agravantes.

A: assertiva incorreta, pois a Lei Mineira n.º 14.310/2002, que dispõe sobre o Código de Ética e Disciplina dos Policiais Militares de Minas Gerais – CEDM, no seu art. 18, § 1.º, II, atribui o valor de 15 pontos para as transgressões de natureza média; **B:** assertiva incorreta, pois apesar de a Lei Mineira n.º 14.310/2002, que dispõe sobre o Código de Ética e Disciplina dos Policiais Militares de Minas Gerais – CEDM, no seu art. 18, § 1.º, II, atribuir o valor de 15 pontos para as transgressões de natureza média, o § 1.º em sua redação capitular, afirma que também incidirão, se existirem, as atenuantes e as agravantes; **C:** assertiva incorreta, pois além de a assertiva ter previsto que incidirão, se existirem, as excludentes de ilicitude, que estão previstas no art. 19 da Lei Mineira n.º 14.310/2002, sendo que as circunstâncias atenuantes e agravantes estão previstas nos arts. 20 e 21, respectivamente da Lei Mineira n.º 14.310/2002, que dispõe sobre o Código de Ética e Disciplina dos Policiais Militares de Minas Gerais – CEDM, no seu art. 18, § 1.º, II, atribui o valor de 15 pontos para as transgressões de natureza média e não leve, como aponta o item; **D:** assertiva correta, pois esse é o literal teor do art. 18, § 1.º, II, da Lei estadual n.º 14.310/2002, de Minas Gerais.

Gabarito "D"

(1º Sargento da Polícia Militar /MG – 2011) Marque a alternativa CORRETA. De acordo com o Código de Ética e Disciplina dos Militares de Minas Gerais – CEDM, a reforma disciplinar compulsória consiste em:

(A) Uma medida para afastamento do militar, de ofício, do serviço ativo da Corporação, pela gravidade de falta cometida, quando contar pelo menos cinco anos de serviço.

(B) Uma medida oportuna para administração, que culmina no afastamento do militar do serviço ativo/inativo da Corporação, pelo reiterado cometimento de faltas graves, quando contar pelo menos dez anos de serviço.

(C) Uma medida excepcional, de conveniência da administração, que culmina no afastamento do militar, de ofício, do serviço ativo da Corporação, pelo reiterado cometimento de faltas ou pela sua gravidade, quando contar pelo menos quinze anos de efetivo serviço.

(D) Uma medida excepcional, de conveniência e oportunidade para a administração, que culmina no afastamento do militar do serviço inativo da Corporação, pelo reiterado cometimento de faltas ou pela sua gravidade, quando contar pelo menos dez anos de efetivo serviço.

A: assertiva incorreta, pois a Lei Mineira n.º 14.310/2002, que dispõe sobre o Código de Ética e Disciplina dos Policiais Militares de Minas Gerais – CEDM, em seu art. 32, "caput", deixa claro que a medida não se dá em razão tão somente da gravidade da transgressão, mas também da reiteração de transgressões disciplinares. A gravidade da falta somente será levada em consideração quando o militar contar com pelo menos de 15 anos de serviço; **B:** assertiva incorreta, pois a Lei Mineira n.º 14.310/2002, que dispõe sobre o Código de Ética e Disciplina dos Policiais Militares de Minas Gerais – CEDM, em seu art. 32, "caput", não faz menção a se tratar de uma "medida oportuna", mas sim a uma "medida excepcional", tampouco se refere a incidir sobre o policial inativo; **C:** assertiva correta, sendo esse o exato teor do "caput" do art. 32, da Lei n.º 14.310/2002, do Estado de Minas Gerais; **D:** assertiva incorreta, pois a Lei Mineira n.º 14.310/2002, que dispõe sobre o Código de Ética e Disciplina dos Policiais Militares de Minas Gerais – CEDM, em seu art. 32, "caput", refere-se a pelo menos 15 anos e não a 10 anos, como traz o item.

Gabarito "C"

(1º Sargento da Polícia Militar /MG – 2011) Marque a alternativa CORRETA. De acordo com o Código de Ética e Disciplina dos Militares de Minas Gerais – CEDM, fica impedido de atuar na Comissão de Processo Administrativo Militar, o militar que:

(A) Tenha particular interesse na causa.
(B) Tiver sido encarregado do inquérito policial-militar sobre o fato acusatório.
(C) Seja amigo capital do acusado.
(D) Estiver respondendo processo instaurado por Sindicância Regular.

A: assertiva incorreta, pois a Lei Mineira n.º 14.310/2002, que dispõe sobre o Código de Ética e Disciplina dos Policiais Militares de Minas Gerais – CEDM, em seu art. 66, no § 3.º, em que trata do instituto do impedimento processual administrativo-disciplinar, não faz essa menção, sendo o "particular interesse na causa" ensejador de suspeição, nos termos do § 4.º, II, do mesmo artigo; **B:** assertiva correta, pois esse é o teor da segunda parte do § 3.º, inciso I, do art. 66, da Lei estadual n.º 14.310/2002, de Minas Gerais; **C:** assertiva incorreta, pois a Lei Mineira n.º 14.310/2002, em seu art. 66, no § 3.º, em que trata do instituto do impedimento processual administrativo-disciplinar, não faz essa menção, sendo a "amizade íntima ou a inimizade" ensejadores de suspeição processual, nos termos do § 4.º, I, do mesmo artigo; **D:** assertiva incorreta, pois o § 3.º, III, do art. 66, do Regime Disciplinar trazido pela Lei n.º 14.310/2002, faz menção não à sindicância, mas sim ao processo administrativo-disciplinar, os quais não se confundem, pois a sindicância é instrumento investigativo ao passo que o processo é instrumento contraditorial.

Gabarito "B"

(1º Sargento da Polícia Militar /MG – 2011) De acordo com o Código de Ética e Disciplina dos Militares de Minas Gerais – CEDM, sobre o Processo Administrativo-Disciplinar Sumário – PADS – é CORRETO afirmar que o mesmo, assegurando a ampla defesa e o contraditório, se aplica no caso de:

(A) Demissão de militar da ativa com menos de três anos de efetivo serviço.
(B) Demissão de militar da ativa com mais de três anos de serviço.
(C) Exoneração de militar com menos de três anos de efetivo serviço.
(D) Exoneração de militar da ativa com mais de três anos de efetivo serviço.

A: assertiva correta, pois a Lei Mineira n.º 14.310/2002, que dispõe sobre o Código de Ética e Disciplina dos Policiais Militares de Minas Gerais – CEDM, assim dispõe literalmente no "caput" do art. 34; **B:** assertiva incorreta, pois, por força do "caput" do art. 34, da Lei Mineira n.º14.310/2002, o processo administrativo-disciplinar sumário somente se aplica, ressalvados os casos do art. 42, § 1.º, da CF/88, aos militares da ativa com menos de 3 anos de efetivo exercício; **C:** assertiva incorreta, pois consoante o teor do "caput" do art. 34, da Lei n.º14.310/2002, do Estado de Minas Gerais, o processo administrativo-disciplinar sumário somente é posto para aplicar sanções disciplinares, não sendo a exoneração espécie de sanção, mas sim de desligamento; **D:** assertiva incorreta, pois consoante o teor do "caput" do art. 34, da Lei estadual n.º14.310/2002, de Minas Gerais, o processo administrativo-disciplinar sumário somente é posto para aplicar sanções disciplinares, não sendo a exoneração espécie de sanção, mas sim de desligamento, além de ser aplicado aos militares da ativa com menos de 3 anos de efetivo exercício.

Gabarito "A"

(1º Sargento da Polícia Militar /MG – 2011) Marque a alternativa CORRETA. Conforme a Resolução nº 4.068/2010 – Diretrizes de Educação de Polícia Militar – a Educação de Polícia Militar é um processo formativo, de essência específica e profissionalizante, desenvolvido de forma integrada pelo ensino, treinamento, pesquisa e extensão, que permitem ao militar adquirir competências que o habilitem para:

(A) A formação cidadã de caráter pessoal, independente dos valores institucionais, com foco na preservação da vida de sua família e na garantia da paz econômica.
(B) As atividades de polícia ostensiva e/ou velada, alicerçadas ainda que não previstas em lei, nos valores pessoais, com foco na preservação da segurança pública.
(C) As atividades de polícia ostensiva, preservação da ordem pública e defesa territorial, alicerçadas na lei e nos valores institucionais, com foco na preservação da vida e na garantia da paz social.
(D) A formação cidadã de caráter pessoal, alicerçada nos valores institucionais, com foco na preservação da incolumidade patrimonial.

A: assertiva incorreta, pois a Resolução n.º 4.068/2010, que define as Diretrizes de Educação da Polícia Militar do Estado de Minas Gerais, prescreve que a Educação Policial Militar é alicerçada na lei e nos valores institucionais (art. 1.º, "caput"); **B:** assertiva incorreta, pois a Resolução de Diretrizes de Educação da Polícia Militar, no "caput" do art. 1.º, que trata da vinculação das diretrizes à lei e aos valores institucionais, não faz referência à polícia "velada" e, tampouco, a valores "pessoais"; **C:** assertiva correta, pois esse é o literal teor do caput do art. 1.º da Resolução n.º 4.068/2010, que define as Diretrizes de Educação da Polícia Militar do Estado de Minas Gerais; **D:** assertiva incorreta, pois a Resolução n.º 4.068/2010, do Estado de Minas Gerais, não se reporta ao caráter pessoal, mas sim institucional, e não se limita à preservação da incolumidade patrimonial, mas, com um viés mais abrangente, à preservação da ordem pública e defesa territorial.

Gabarito "C"

(1º Sargento da Polícia Militar /MG – 2011) Marque a alternativa CORRETA. Conforme a Resolução nº 4.068/2010 – Diretrizes de Educação de Polícia Militar – o Treinamento Tático consiste em:

(A) Atividade teórica, discutido quinzenalmente com todos os militares, independentemente da atividade que exerçam, e intercalado com o Treinamento de Defesa Pessoal Policial.
(B) Atividade prática, que tem por finalidade preparar o efetivo a ser lançado no turno operacional nas diversas Frações e deverá abordar, exclusivamente, assuntos da execução operacional.

(C) Atividades teóricas e práticas, que tem por finalidade preparar os integrantes do corpo de serviço para suas atividades administrativas.

(D) Atividade prática, que tem por finalidade preparar o efetivo a ser lançado no policiamento de eventos especiais, exclusivamente, assuntos administrativos.

A: assertiva incorreta, pois a Resolução n.º 4.068/2010, que define as Diretrizes de Educação da Polícia Militar do Estado de Minas Gerais, afirma que o Treinamento Tático consiste em atividade prática e, assim, o item encontra-se incorreto por fazer menção à atividade teórica (art. 37, "caput"); **B:** assertiva correta, pois esse é o literal teor do art. 37, "caput", da Resolução n.º 4.068/2010, do Estado de Minas Gerais; **C:** assertiva incorreta, pois, conforme já se apontou no comentário do item "A", a Resolução n.º 4.068/2010,, que define as Diretrizes de Educação da Polícia Militar do Estado de Minas Gerais, afirma que o Treinamento Tático consiste em atividade prática e, assim, o item encontra-se incorreto por fazer menção à atividade teórica (art. 37, "caput"); **D:** assertiva incorreta, pois o Treinamento Tático deverá abordar, exclusivamente, assuntos da execução operacional (art. 37, "caput").

Gabarito "B".

(3º Sargento da Polícia Militar /MG – 2011) Sobre o Relatório de Investigação Preliminar (RIP) é INCORRETO afirmar que:

(A) Tem caráter meramente investigatório, cujo objetivo é apurar, em exame rápido e sem rígidas formalidades, qualquer ato ou fato aparentemente irregular, devendo ser utilizado para os casos de menor gravidade ou de autoria incerta.

(B) Será, em regra, dispensado para a investigação de transgressão disciplinar residual aflorada em auto de prisão em flagrante, inquérito policial ou processo judicial.

(C) O RIP poderá ter origem em documentos anônimos ou apócrifos.

(D) Não possui as formalidades exigidas para a sindicância regular e, para sua instauração, basta que a autoridade militar delegante exerça comando, direção ou chefia no local onde o fato ocorrer, mesmo que envolva militares lotados em Unidades distintas.

A: assertiva incorreta, devendo esta alternativa ser assinalada, pois a essência do parágrafo único, do art. 2.º, do Relatório de Investigação Preliminar – RIP, instituído pela Instrução de Corregedoria da Polícia Militar de Minas Gerais n.º 2/2009, não leva a crer tratar-se de medida para apuração de casos de menor gravidade, mas sim para os quais não se tenha ainda identificado eventual autoria e materialidade capazes de subsidiar uma acusação, posto que o RIP "tem caráter de instrução preliminar e inquisitorial, cuja finalidade precípua é evitar a instauração de portarias e despachos de processos regulares, sem que haja elementos de convicção suficientes da ocorrência do fato e de sua autoria"; **B:** assertiva correta, pois nesse sentido prescreve o art. 1.º, em seu parágrafo único, da Instrução de Corregedoria da Polícia Militar de Minas Gerais n.º 2/2009, assentando que "será dispensado, em regra, o RIP para a transgressão disciplinar residual ao Auto de Prisão em Flagrante (APF), Inquérito Policial Militar (IPM), Inquérito Policial (IP) ou Processo Judicial (...)"; **C:** assertiva correta, pois a Instrução de Corregedoria da Polícia Militar de Minas Gerais n.º 2/2009 possibilita, sim, o RIP com base em documentos anônimos ou apócrifos ao prescrever em seu art. 5.º que "o RIP poderá ter origem em documentos regulares, anônimos, apócrifos ou qualquer outro que contenha notícia de transgressão disciplinar, crime ou contravenção penal que demande, efetivamente, necessidade de investigação preliminar"; **D:** assertiva correta, pois o art. 3.º, § 1.º, da Instrução de Corregedoria da Polícia Militar de Minas Gerais n.º 2/2009, deixa claro a possibilidade de instauração para fatos que envolvem militares de Unidades Distintas ao assentar que "em sendo instaurado por comandante de fração descentralizada ou destacada, este deverá solicitar, previamente, por qualquer meio, o número do procedimento à SRH ou equivalente na Unidade".

Gabarito "A".

(3º Sargento da Polícia Militar /MG – 2011) A Resolução nº 4.135, de 24 de março de 2011, criou as Subcorregedorias na Polícia Militar. Sobre o que prevê a resolução é CORRETO afirmar que:

(A) Embora o Comando de Policiamento Especializado (CPE) seja uma Unidade de Direção Intermediária, a resolução não dispôs sobre a criação da Subcorregedoria naquela Unidade.

(B) As Subcorregedorias são subordinadas hierarquicamente à Corregedoria de Polícia Militar (CPM).

(C) As Unidades de Direção Intermediária constantes na resolução ficam, no limite de suas competências, autorizadas a efetuar os remanejamentos de militares para preenchimento dos cargos nas Subcorregedorias.

(D) A resolução dispôs sobre a criação de uma Subcorregedoria na Academia de Polícia Militar.

A: incorreta, pois a Resolução n.º 4.135/2011, que Cria Subcorregedorias Regionais em sedes de Regiões de Polícia Militar e no Comando de Policiamento Especializado, instituindo o Sistema Correicional da PMMG, e dá outras providências, em seu art. 2.º, XVI, cria a Subcorregedoria de Belo Horizonte, afeta ao Comando de Policiamento Especializado (CPE); **B:** incorreta, pois não há hierarquia orgânica entre as Subcorregedorias e a Corregedoria de Polícia Militar, mas tão somente vinculação técnica, conforme se afere no § 2.º, do art. 2.º, da Resolução n.º 4.135/2011; **C:** incorreta, pois o art. 4.º da Resolução não se limita ao preenchimento de cargos nas Subcorregedorias, consoante assenta que "As Unidades de Direção Intermediaria constantes do art. 2º ficam, no limite de sua competência, autorizadas a efetuar os remanejamentos de militares para preenchimento dos cargos"; **D:** correta, consoante anexo da Resolução n.º 4.135/2011, publicado no BGPM 24, de 29/03/2011.

Gabarito "D".

(3º Sargento da Polícia Militar /MG – 2011) No que tange ao Processo Administrativo-Disciplinar (PAD), marque a alternativa CORRETA:

(A) Ao militar submetido a PAD, por ato que afete a honra pessoal ou o decoro da classe ou que vier a cometer nova falta disciplinar grave, se classificado no conceito "C", poderá, ao seu final, receber uma das seguintes sanções disciplinares: reforma disciplinar compulsória, demissão, perda do posto, patente ou graduação do militar da reserva.

(B) A nulidade declarada de um ato da CPAD, nem sempre acarretará, por consequência, a nulidade dos outros atos que o sucederem.

(C) O Comandante-Geral deverá nomear e convocar a CPAD somente em casos excepcionais, já que é ele a única autoridade militar que pode aplicar a sanção de demissão.

(D) Nos termos do CEDM, em nenhuma reunião da CPAD será dispensada a presença do defensor do acusado.

A: assertiva incorreta, pois as sanções referentes à honra pessoal e ao decoro da classe podem ser aplicadas independentemente dc conceito do militar (art. 24, "caput", e incisos, c/c arts. 34, II, e 64, II, todos da Lei estadual n.º 14.310/2002, de Minas Gerais, que dispõe sobre o Código de Ética e Disciplina dos Militares de Minas Gerais – CEDM); **B:** assertiva correta, sendo a jurisprudência pacífica nesse sentido e passível de se aferir da interpretação *a contrario sensu* do art. 69, § 2.º, da Lei estadual n.º 14.310/2002, que prescreve que "a nulidade de um ato acarreta a de outros sucessivos dele dependentes"; **C:** assertiva incorreta, uma vez que a Lei n.º 14.310/2002 do Estado de Minas Gerais deixa crer tratar-se de medida ordinária para apuração de infrações disciplinares e, e.g., o art. 65 da referida Lei, que trata da nomeação e convocação da CPAD não faz qualquer restrição; **D:** assertiva incorreta, pois, quando do trato do funcionamento do processo, art. 70 da Lei n.º 14.310/2002 do Estado de Minas Gerais, a CPDA poderá, nomear outro defensor para o acusado, ou mesmo curador, para o caso de revelia (inciso VII), assim como realizar deliberações sem a presença do defensor do acusado, consoante combinações dos incisos XVI e XXI do referido artigo 70 da Lei n.º 14.310/2002.

Gabarito "B"

(3º Sargento da Polícia Militar /MG – 2011) De acordo com a Instrução de Corregedoria nº. 02/09, é INCORRETO afirmar que:

(A) Caso o militar acusado em uma sindicância regular seja afastado, para aguardar a sua transferência para a reserva remunerada, mesmo assim a SR terá o seu curso normal já que o militar ainda se encontra no serviço ativo.

(B) Mesmo que o fato constitutivo de crime militar envolva militares, na condição de autores, lotados em Unidades distintas, a instauração do IPM ou a lavratura de Auto de Prisão em Flagrante (APF), em regra, será de atribuição da autoridade em cujo âmbito de atuação territorial tenha ocorrido a infração penal militar.

(C) O princípio da insignificância não constitui causa de justificação ou de absolvição de forma a fundamentar o pedido ou o arquivamento dos autos do processo disciplinar.

(D) A não homologação pela SAS da Unidade de licença saúde concedida por profissional de saúde particular, poderá acarretar no crime de deserção decorrente da falta reiterada ao serviço por parte do militar que não teve sua licença homologada.

A: assertiva incorreta, devendo esta alternativa ser assinalada, pois, de acordo com o art. 86, "caput", da Instrução de Corregedoria da Polícia Militar de Minas Gerais n.º 2/2009, nesse caso os autos não podem ter o curso normal, mas sim devem sobrestados até a publicação do ato; **B:** assertiva correta, pois esse é o literal teor do art. 43 e parágrafo único da Instrução de Corregedoria da Polícia Militar de Minas Gerais n.º 2/2009; **C:** assertiva correta, pois o art. 35 da Instrução da Corregedoria da Polícia Militar de Minas Gerais n.º 2/2009 remete ao art. 19 do CEDM – Código de Ética e Disciplina dos Militares de Minas Gerais, Lei estadual n.º 14.310/2002, que não faz a previsão da insignificância ou da bagatela como causa de justificação ou de excludente de ilicitude; **D:** assertiva correta, pois de acordo com o inciso III do art. 30, da Instrução de Corregedoria da Polícia Militar n.º 2/2009, do Estado de Minas Gerais, "se o militar apresentar o atestado fora do prazo regulamentar, três ou mais dias úteis, para homologação ou não do médico da SAS ou JCS de eventual dispensa/licença do serviço, caso não seja homologada a dispensa/licença, haverá, em tese, a prática de transgressões disciplinares descritas no inciso XX, do art. 13 (faltar ao serviço) e no inciso XV, do art. 14 (inobservância de prazo regulamentar), ambos do CEDM. Se o atestado for apresentado após 08 (oito) dias, sem que haja a devida homologação, atentar, inclusive, para indícios do crime militar de deserção, caso o militar tenha agido de maneira consciente e sabedor de sua obrigação, após ter sido devidamente orientado a retornar ao serviço. Deve-se observar, ainda, as demais orientações especificadas no item anterior".

Gabarito "A"

(3º Sargento da Polícia Militar /MG – 2011) Com a edição da lei 11.340/06, o Estado pretende coibir os casos de violência doméstica e familiar no Brasil. Na referida lei está previsto que o juiz pode aplicar, ao agressor, algumas Medidas Protetivas de Urgência. Sobre estas medidas é INCORRETO afirmar que:

(A) O juiz pode determinar a suspensão ou a restrição do porte de armas ao agressor, comunicando o fato ao órgão competente.

(B) O juiz não pode conceder, de imediato, a Medida Protetiva de Urgência, antes da manifestação do Ministério Público, mesmo que o juiz comunique prontamente àquele órgão.

(C) O juiz pode determinar ao agressor a prestação de alimentos provisórios ou provisionais.

(D) As Medidas Protetivas de Urgência podem ser aplicadas autônoma ou isoladamente e poderão ser substituídas a qualquer tempo.

A: assertiva incorreta, pois, segundo o inciso I do art. 22 da Lei federal n.º 11.340/2006, que trata das medidas protetivas de urgência que obrigam o agressor, o juiz poderá determinar a suspensão da posse da arma e não do porte de arma. Para o porte de arma, somente poderá o juiz determinar a restrição, ou seja, a limitação do porte; **B:** assertiva incorreta, pois o art. 19, § 1.º, da Lei n.º 11.340/2006, permite ao juiz proceder a medidas protetivas de urgência, assentando que "as medidas protetivas de urgência poderão ser concedidas de imediato, independentemente de audiência das partes e de manifestação do Ministério Público, devendo este ser prontamente comunicado"; **C:** assertiva correta, sendo esse o teor do art. 22, V, da Lei n.º 11.340/2006; **D:** assertiva correta, sendo esse o teor do art. 18, § 2.º, da Lei federal n.º 11.340/2006, ao assentar que "as medidas protetivas de urgência serão aplicadas isolada ou cumulativamente, e poderão ser substituídas a qualquer tempo por outras de maior eficácia, sempre que os direitos reconhecidos nesta Lei forem ameaçados ou violados".

Gabarito "A" e "B"

(3º Sargento da Polícia Militar /MG – 2011) Enumere a 2ª coluna, ligando as transgressões disciplinares definidas no CEDM, à sua respectiva classificação. A seguir, marque a alternativa que contém a sequencia CORRETA.

(1) Grave.
(2) Média.
(3) Leve.

( ) induzir ou instigar alguém a prestar declaração falsa em procedimento penal, civil ou administrativo ou ameaçá-lo para que o faça.

( ) retardar injustificadamente o cumprimento de ordem ou o exercício de atribuição.

( ) faltar com a verdade, na condição de testemunha, ou omitir fato do qual tenha conhecimento, assegurado o exercício constitucional da ampla defesa.

( ) deixar de providenciar medida contra irregularidade de que venha a tomar conhecimento ou esquivar-se de tomar providências a respeito de ocorrência no âmbito de suas atribuições

( ) autorizar, promover ou tomar parte em manifestação ilícita contra ato de superior hierárquico ou contrária à disciplina militar.

(A) 1, 3, 2, 2, 1.
(B) 1, 3, 1, 2, 1.
(C) 2, 3, 1, 1, 2.
(D) 2, 2, 1, 3, 1.

A alternativa "**A**" é a correta, pois o induzimento ou a instigação a falso testemunho, previsto no primeiro item compreende infração disciplinar de natureza grave, de acordo com o art. 13, XVIII, do CEDM – Código de Ética e Disciplina dos Militares de Minas Gerais, Lei estadual n.º 14.310/2002; o segundo item, "retardar injustificadamente o cumprimento de ordem ou o exercício de atribuições", compreende infração leve, nos termos do que dispõe o art. 15, V, do CEDM; o terceiro item corresponde à infração de natureza média, de acordo com o art. 14, VII, do CEDM; o quarto item, assim como o item anterior, se consubstancia em infração de natureza média, conforme o disposto no art. 14, VIII, do CEDM; o quinto item compreende infração grave, também de acordo com art. 13 do CEDM, inciso XIII.

Gabarito "A"

(3º Sargento da Polícia Militar /MG – 2011) Nos termos da legislação e normas internas vigentes que regulam a concessão de recompensas na PMMG, marque a alternativa CORRETA:

(A) A autoridade competente para concessão do elogio ou nota meritória designará um militar mais antigo que o indicado ou diligenciará junto ao escalão superior para que sejam apuradas sumariamente as circunstâncias e condições do fato, emitindo um parecer e encaminhando toda documentação ao CEDMU.

(B) Para recebimento de elogio decorrente de atuação operacional, o militar deverá ter destacada atuação, com relevantes benefícios para a comunidade na atividade-fim, ou para Unidade, na atividade administrativa.

(C) São situações que justificam a concessão da dispensa ao serviço: possuir reiteradas ações destacadas no âmbito operacional ou administrativo; participação em atividades que ensejam uma dedicação além da jornada normal de trabalho.

(D) As recompensas serão pontuadas, positivamente, nos seguintes limites: elogio individual: 05 pontos cada; nota meritória e comendas concedidas pela Instituição: 03 pontos cada. Referida pontuação terá validade por 05 anos a partir da data da sua concessão.

A: correta, pois esse é o teor que se infere da interpretação sistemática do art. 50 e 51 e § 2.º, do CEDM – Código de Ética e Disciplina dos Militares de Minas Gerais, Lei estadual n.º 14.310/2002; **B:** incorreta, pois De acordo com a Decisão Administrativa n.º 29/2002 – CG, a respeito do Decreto n.º 42.843/2002 – MG, as recompensas previstas nos artigos 50 e 51 do CEDM, especialmente o elogio e a nota meritória, carecem, para as suas concessões, do cumprimento das exigências previstas no Decreto referido, **C:** incorreta, pois o CEDM – Código de Ética e Disciplina dos Militares de Minas Gerais, Lei estadual n.º 14.310/2002, mormente no capítulo das regras de concessões, arts. 54 e seguintes, não apresenta esses requisitos; **D:** incorreta, pois, a exemplo do aludido na letra "c", o CEDM – Código de Ética e Disciplina dos Militares de Minas Gerais, Lei estadual n.º 14.310/2002, mormente no capítulo das regras de concessões, arts. 54 e seguintes, não apresenta essas regras de pontuação.

Gabarito "A"

(3º Sargento da Polícia Militar /MG – 2011) Sobre Processo Administrativo-Disciplinar (PAD) e, nos termos da legislação que rege o assunto, marque a alternativa CORRETA:

(A) São, entre outras, peças fundamentais do processo: o interrogatório do acusado, os termos de inquirição de testemunhas, as atas das reuniões da CPAD, o laudo decorrente de perícia psicopatológica, as razões finais de defesa do acusado, o parecer da Comissão.

(B) Ao acusado é assegurado, após o interrogatório, prazo de quarenta e oito horas (sugere se disponibilizar dois dias úteis) para oferecer sua defesa prévia e o rol de testemunhas.

(C) O interrogante inquirirá, sucessiva e separadamente, as testemunhas que a Comissão julgar necessárias ao esclarecimento da verdade e as apresentadas pelo acusado, estas limitadas a cinco, salvo nos casos em que a portaria for motivada em mais de um fato, quando o limite máximo será de dez.

(D) A ausência do acusado ou do seu defensor acarretará no impedimento para a realização de qualquer ato da Comissão.

A: assertiva incorreta, pois o laudo decorrente de perícia psicopatológica, previsto no art. 73, parágrafo único, da Lei estadual n.º 14.310/2002, de Minas Gerais, que dispõe sobre o Código de Ética e Disciplina dos Militares do Estado de Minas Gerais – CEDM, não constitui peça fundamental do processo administrativo-disciplinar. As peças fundamentais do processo estão elencadas no art. 68 da Lei estadual n.º 14.310/2002, de Minas Gerais: o interrogatório do acusado (inc. VI), os termos de inquirição de testemunhas (inc. VIII), as atas de reuniões da CPAD (inc. IX), as razões finais de defesa do acusado (inc. X) e o parecer da Comissão (inc. XI); **B:** assertiva incorreta, pois o prazo para a apresentação de defesa prévia e de rol de testemunhas pelo acusado é de 5 dias úteis após o interrogatório, consoante o art. 70, VIII, *c*, da Lei Mineira n.º 14.310/2002; **C:** assertiva correta, pois esse é o exato teor da alínea *d* do inciso VIII do art, 70 da Lei estadual de Minas Gerais, n.º 14.310/2002, que assenta que " o interrogante inquirirá, sucessiva e separadamente, as testemunhas que a Comissão julgar necessárias ao esclarecimento da verdade e as apresentadas pelo acusado, estas limitadas a cinco, salvo nos casos em que a portaria for motivada em mais de um fato, quando o limite máximo será de dez"; **D:** assertiva incorreta, pois, nos termos do art. 70, XXI, da Lei n.º 14.310/2002, do Estado de Minas Gerais, " a ausência injustificada do acusado ou do defensor não impedirá a realização de qualquer ato da Comissão, desde que haja um defensor nomeado pelo presidente".

Gabarito "C"

(3º Sargento da Polícia Militar /MG – 2011) Com base no Decreto nº 44.557/07, que contém o Regulamento de Promoção de Praças, será computado no Decreto nº 44.557/07, que contém o Regulamento de Promoção de Praças o período em que a praça estiver:

(A) Em licença, sem vencimentos, para tratar de interesse particular.
(B) Cumprindo sentença penal ou prisão judicial.
(C) No exercício de cargo de direção em entidades associativas de militares, nos casos previstos em lei.
(D) Interditada judicialmente.

A: assertiva incorreta, pois o artigo 12, do Decreto n.º 44.557/2007, afirma que "a praça que se enquadrar nas hipóteses previstas nos incisos I, II, V, VI e VII do art. 10, enquanto perdurar a situação, não terá computado o período como tempo de interstício". Em análise ao art. 10 referido, afere-se que a licença sem vencimentos, para o trato de interesse particular compreende o inciso I, não se computando o seu período para como tempo de interstício; **B:** assertiva incorreta, pois também, do mesmo modo do item precedente, o artigo 12, do Decreto n.º 44.557/2007, afirma que na hipótese prevista no inciso VI do art. 10, não terá computado o período como tempo de interstício, aferindo-se que o cumprimento de sentença penal ou prisão judicial compreende o inciso VI, de modo que não se computa o seu período para como tempo de interstício; **C:** assertiva correta, pois o artigo 12, do Decreto n.º 44.557/2007, afirma que nas hipóteses previstas nos incisos I, II, V, VI e VII do art. 10, enquanto perdurar a situação, não terá computado o período como tempo de interstício. Conforme se depreende do art. 10 referido, verifica-se que o exercício de cargo de direção em entidades associativas militares compreende o inciso IV e, assim, computando-se o seu período para como tempo de interstício; **D:** assertiva incorreta, pois o artigo 12, do Decreto n.º 44.557/2007, afirma que na hipótese prevista no inciso VII do art. 10, não terá computado o período como tempo de interstício, do qual se afere que a praça interditada judicialmente compreende o inciso VII, razão pela qual não se computa o seu período para como tempo de interstício.

Gabarito "C"

(CHO – Oficial da Polícia Militar/MG – 2010) O Cap Minotauro foi designado membro de uma determinada CPAD. O acusado tratava-se de um Sd PM que acabara de ser aprovado e classificado dentro das vagas para o CFO, sendo que o primeiro excedente no concurso era um irmão do Cap Minotauro. No caso em questão pode-se afirmar que:

(A) poderá ser arguido, a qualquer tempo, o impedimento do Cap Minotauro.
(B) poderá ser arguido, até o término da primeira reunião, a suspeição do Cap Minotauro.
(C) poderá ser arguido, a qualquer tempo, a suspeição do Cap Minotauro.
(D) poderá ser arguido, até o término da primeira reunião, o impedimento do Cap Minotauro.

A: assertiva incorreta, pois não se trata de causa de impedimento, mas sim de suspeição, nos termos do §.4.º, II, do art. 66, da Lei estadual n.º 14.310/2002, de Minas Gerais, que instituiu o Código de Ética e Disciplina dos Militares do Estado de Minas Gerais – CEDM, que assenta ser suspeito os militares que "tenham particular interesse na decisão da causa". Com efeito, não há que se falar, no caso, em arguição de impedimento; **B:** assertiva correta, pois a segunda parte do art. 67, § 1.º, da Lei n.º 14.310/2002, do Estado de Minas Gerais – CEDM, assenta que "a arguição de impedimento poderá ser feita a qualquer tempo e a de suspeição até o término da primeira reunião, sob pena de decadência, salvo quando fundada em motivo superveniente" e, sendo o caso de suspeição pelo interesse na causa, poderá esta ser arguida até o término da primeira reunião; **C:** assertiva incorreta, pois embora se trate de caso de suspeição, esta não poderá ser arguida a qualquer tempo, mas somente até o término da primeira reunião, sob pena de decadência, salvo quando fundada em motivo superveniente (segunda parte do art. 67, § 1.º, da Lei Mineira n.º 14.310/2002 – CEDM); **D:** assertiva incorreta, pois como visto acima, não se trata de caso de impedimento, mas sim de suspeição. Todavia, ainda que fosse caso de possibilidade de arguição de impedimento esta poderia se dar a qualquer tempo, nos termos da primeira parte do art. 67, § 1.º, da Lei Mineira n.º 14.310/2002 – CEDM.

Gabarito "B"

(CHO – Oficial da Polícia Militar/MG – 2010) A respeito do RIP (Relatório de Investigação Preliminar), marque a alternativa CORRETA.

(A) Serve como fase investigativa da sindicância.
(B) A autoridade competente para sua instauração é aquela que exerça comando, direção ou chefia, até o nível de Companhia Independente.
(C) Deve ser utilizado quando do afloramento de transgressão disciplinar residual ao APF ou IPM.
(D) O termo de abertura de vistas ao militar investigado constitui-se de uma das fases do RIP.

A: assertiva correta, pois nesse sentido prescreve o art. 2.º, da Instrução de Corregedoria n.º 2/2009, da Polícia Militar de Minas Gerais, assentando que o Relatório de Instrução Preliminar, "elaborado de maneira oportuna, subsidiará a autoridade militar competente, quanto à eventual necessidade de instauração do processo/procedimento administrativo adequado, ou mesmo buscar elementos que demonstrem a desnecessidade da mencionada providência". Do mesmo modo, prescreve o parágrafo único do art. 10 da Instrução de Corregedoria n.º 2/2009, da Polícia Militar de Minas Gerais, que "o RIP substituirá a etapa investigatória da sindicância, quando já estiverem demonstrados os indícios de autoria e materialidade da prática de transgressão disciplinar, havendo, nos termos do art. 84 do MAPPAD, um prazo de 30 (trinta) dias para conclusão do processo regular"; **B:** assertiva incorreta, pois o art. 3.º da Instrução de Corregedoria n.º 2/2009, de Minas Gerais, refere-se a até o nível mínimo de Comandante de Pelotão ou equivalente, e não à Companhia independente; **C:** assertiva incorreta, pois o parágrafo único do art. 1.º, da Instrução de Corregedoria n.º 2/2009, prescreve que o RIP será dispensado, em regra, para "a transgressão disciplinar residual ao Auto de Prisão em Flagrante (APF), Inquérito Policial Militar (IPM), Inquérito Policial (IP) ou Processo Judicial, considerando que os indícios acerca da sua existência já se encontram nos autos da investigação ou processo criminal, devendo-se instaurar o processo administrativo adequado à apuração da falta"; **D:** assertiva incorreta, pois considerando o RIP como procedimento investigativo ou inquisitivo, sem acusados, fica vedada a abertura de vistas, incidente esse de interesse de eventuais acusados, nos termos do que dispõe o art. 12 da Instrução de Corregedoria n.º 2/2009, da Polícia Militar de Minas Gerais.

Gabarito "A"

(CHO – Oficial da Polícia Militar/MG – 2010) A respeito do RIP, marque "V" para as afirmativas verdadeiras e "F" para as falsas e, a seguir, assinale a alternativa que contenha a sequência CORRETA.

( ) O encarregado deve priorizar a busca de provas materiais, especialmente documentos em geral.

( ) O comandante de uma Cia Ind pode determinar a instauração de RIP a respeito de fato ocorrido na área de sua unidade, que envolva militar de outra unidade.

( ) O RIP poderá ter origem em decorrência de documentos anônimos ou apócrifos.

( ) O ato de solução do RIP deverá ser necessariamente publicado.

(A) V – F – F – V

(B) F – V – V – F

(C) V – V – V – F

(D) F – F – F – V

A: assertiva verdadeira, pois esse é o teor do art. 6.º, II, da Instrução de Corregedoria n.º 2/2009, da Polícia Militar de Minas Gerais, que assenta que o encarregado deve "priorizar a busca de provas materiais, especialmente documentos em geral"; **B:** assertiva verdadeira, pois essa afirmativa deflui do art. 3.º, § 3.º, da Instrução de Corregedoria n.º 2/2009, de Minas Gerais, que assenta que "a autoridade militar que mandar instaurar o RIP não precisa, necessariamente, deter poder hierárquico sobre o(s) militar(es) envolvido(s), bastando que exerça comando, direção ou chefia no local onde o fato ocorrer, sendo, no mínimo, comandante de pelotão"; **C:** assertiva verdadeira, pois esse é o teor do art. 5.º, da Instrução de Corregedoria n.º 2/2009, que assevera que "o RIP poderá ter origem em documentos regulares, anônimos, apócrifos ou qualquer outro que contenha notícia de transgressão disciplinar, crime ou contravenção penal que demande, efetivamente, necessidade de investigação preliminar"; **D:** assertiva falsa, pois apenas o ato de solução do RIP pelo seu arquivamento deve ser publicado, consoante se depreende do art. 21, da Instrução de Corregedoria n.º 2/2009, da Polícia Militar de Minas Gerais, que assevera que "o Ato de Solução do RIP, pelo arquivamento, é a única peça do procedimento que deverá ser, necessariamente, publicada".

Gabarito "C"

(CHO – Oficial da Polícia Militar/MG – 2010) Uma sindicância que contou com três militares sindicados, e que não foi necessário a sua remessa a outros órgãos após solucionada, será:

(A) arquivada na pasta do militar de maior precedência hierárquica, devendo cópia da portaria, do relatório e da solução serem arquivados na pasta dos demais militares.

(B) arquivada na pasta do militar de maior precedência hierárquica, devendo cópia de todos os autos serem arquivados na pasta dos demais militares.

(C) arquivada na pasta do militar de maior precedência hierárquica, não sendo necessário nenhum arquivo na pasta dos demais militares.

(D) arquivada na secretaria da unidade, devendo cópia da portaria, do relatório e da solução serem arquivados na pasta de todos os militares envolvidos.

A: assertiva correta, pois esse é o literal teor do art. 72, "caput" e § 2.º, da Lei estadual n.º 14.310/2002, de Minas Gerais – CEDM, ao assentar que "quando forem dois ou mais os acusados por faltas disciplinares conexas que justifiquem a instauração de Processo Administrativo-Disciplinar, adotar-se-á o princípio da economia processual, com instalação de um único processo. (...) quando ocorrer a situação descrita neste artigo, o processo original ficará arquivado na pasta funcional do militar mais graduado ou mais antigo, arquivando-se também cópia do parecer e da decisão nas pastas dos demais acusados". O candidato deve notar que processo aqui foi referido como gênero que abarca tanto o processo administrativo quanto a sindicância; **B:** assertiva incorreta, pois o referido artigo não fala em cópia dos autos, mas sim de referidas peças dos autos; **C:** assertiva incorreta, pois o artigo 72, "caput" e § 2.º referido faz menção ao arquivamento de cópia do parecer e da decisão nas pastas dos demais acusados; **D:** assertiva incorreta, pois o referido arquivo não faz menção ao arquivamento na secretaria da Unidade.

Gabarito "A"

(CHO – Oficial da Polícia Militar/MG – 2010) Marque a alternativa CORRETA.

(A) Na sindicância em que aflorar a prática de crime militar, o relatório final constituirá, necessariamente, a peça inicial do competente IPM.

(B) A sindicância regular deverá ser instruída com o Extrato de Registros Funcionais (ERF) do sindicado.

(C) Quando, após o início da sindicância, for constatado que seu fato já foi resolvido em outra apuração, o sindicante a encerrará relatando tal situação, sugerindo o arquivamento.

(D) Quando da apuração de reclamações do público externo contra militares destacados é viável que o sindicante, ao chegar na localidade mantenha-se, na medida do possível, incógnito quanto à sua situação de militar e procure, inicialmente, auscultar pessoas da sociedade local, colhendo opiniões sobre a atuação e conduta dos sindicados.

A: assertiva incorreta, pois a peça inicial do inquérito policial militar é uma portaria, como manifestação de ato ordinatório da patente responsável (arts. 68, II e § 2.º, e 70, IV, da Lei estadual n.º 14.310/2002, de Minas Gerais – CEDM e art. 31, § 3.º, I e II, da Resolução n.º 3.666/2002, da Polícia Militar de Minas Gerais); **B:** assertiva incorreta, pois a sindicância somente deverá ser obrigatoriamente instruída com o Extrato de Registros Funcionais (ERF) do sindicado sobre acusação de militar em estado de embriaguez ou tenha cometido ato que afete a honra ou o decoro da classe, sendo que nos demais casos a providência é facultativa (art. 82, da Resolução n.º 3.666/2002, da Polícia Militar de Minas Gerais); **C:** assertiva incorreta, conforme se depreende do "caput" do art. 83 da Resolução n.º 3.666/2002, da Polícia Militar de Minas Gerais, que assenta que "quando, após o início da Sindicância, for constatado que seu objeto é fato resolvido noutra apuração ou não for mais necessário apurar os fatos, a Portaria que a determinou deve tornar-se insubsistente, com publicação em boletim"; **D:** assertiva correta, nos termos do que dispõe o art. 79, "caput", I e II, da Resolução n.º 3.666/2002, da Polícia Militar de Minas Gerais: "Art. 79. Quando o objeto da apuração for reclamação do público externo contra militares destacados, o Sindicante deverá adotar, sempre que viável, na sequência, os seguintes procedimentos: I – chegar à localidade onde serão realizadas as apurações em trajes civis e manter-se incógnito, na medida do possível, quanto à sua condição de militar; II – procurar, inicialmente, auscultar pessoas da sociedade local, colhendo opiniões sobre a atuação e conduta da fração, especialmente dos sindicados".

Gabarito "D"

(CHO – Oficial da Polícia Militar/MG – 2010) A respeito do Procedimento Sumário (PS), marque a alternativa CORRETA.

(A) Um Sgt PM comandante de destacamento é competente para determinar abertura de PS, no âmbito de sua fração.

(B) Um fato de autoria incerta, mas de natureza grave, não poderá ser apurado mediante PS.

(C) Poderá ser iniciado mediante ordem verbal da autoridade militar competente.

(D) Por ser um procedimento simples, sem obediência às formalidades exigidas para uma Sindicância Regular, não há necessidade de se ter expressos nos autos os dados de identificação das pessoas entrevistadas informalmente.

A: assertiva incorreta, pois a Resolução n.º 3.666/2002, da Polícia Militar de Minas Gerais determina em seu art. 85, § 1.º que o procedimento sumário "poderá ser iniciado por despacho ou ordem verbal da autoridade militar a nível mínimo de Comandante de Pelotão ou equivalente e destinado a Oficial ou Praça sob seu comando direto ou chefia"; **B:** assertiva incorreta, pois o procedimento sumário tem como objetivo apurar qualquer ato ou fato aparentemente irregular, devendo ser utilizado para os casos de menos gravidade ou de autoria incerta (art. 85, "caput", da Resolução n.º 3.666/2002, da Polícia Militar de Minas Gerais); **C:** assertiva correta, conforme se depreende do teor do § 1.º do art. 85 da Resolução n.º 3.666/2002, da Polícia Militar de Minas Gerais, que assenta que o procedimento sumário " poderá ser iniciado por despacho ou ordem verbal da autoridade militar a nível mínimo de Comandante de Pelotão ou equivalente e destinado a Oficial ou Praça sob seu comando direto ou chefia"; **D:** assertiva incorreta, pois, embora seja um procedimento de apuração mais simples, que deve ser feito sem obediência às formalidades exigidas pela sindicância regular (§ 3.º do art. 85 da Resolução n.º 3.666/2002 citada), as pessoas que forem ouvidas ou entrevistadas informalmente deverão ter seus dados de identificação expressos nos autos, a fim de facilitar futuras diligências, se necessário for, conforme dispõe o § 3.º do art. 85 da Resolução n.º 3.666/2002, da Polícia Militar de Minas Gerais.

Gabarito "C"